Handbuch

Das System Bahn

Gesamtkoordination Dipl.-Ing. Dietmar Lübke

Bibliographische Information der Deutschen Bibliothek:
Die Deutsche Bibliothek verzeichnet diese Publikation in der Deutschen Nationalbibliographie; detaillierte bibliographische Daten sind im Internet unter http://d-nb.de abrufbar.

Verlag:	DVV Media Group GmbH | DVV Rail Media (Eurailpress) Postfach 10 16 09 · D-20010 Hamburg Nordkanalstraße 36 · D-20097 Hamburg Telefon: +49 (0) 40 – 237 14 02 Telefax: +49 (0) 40 – 237 14 236 E-Mail: info@eurailpress.de Internet: www.eurailpress.de, www.dvvmedia.com
Verlagsleitung:	Detlev K. Suchanek
Lektorat:	Ulrike Schüring
Anzeigen:	Silke Härtel (verantw.)
Vertrieb und Buchservice:	Riccardo di Stefano
Umschlaggestaltung:	Karl-Heinz Westerholt
Layout und Produktion:	Axel Pfeiffer
Druck:	TZ-Verlag & Print GmbH, Roßdorf
Copyright:	© 2008 DVV Media Group GmbH, Hamburg

Das Buch einschließlich aller seiner Teile ist urheberrechtlich geschützt. Jede Verwertung außerhalb der engen Grenzen des Urheberrechtsgesetzes ist ohne Zustimmung des Verlages unzulässig und strafbar. Das gilt insbesondere für Vervielfältigungen, Mikroverfilmungen sowie die Einspeicherung und Verarbeitung in elektronischen Systemen.

1. Auflage 2008, ISBN 978-3-7771-0374-7

Printed in Germany

Eine Publikation der DVV Media Group

Inhaltsverzeichnis

	Vorwort	13
	Einleitung	15
1	**Grundelemente des Systems Bahn und Konsequenzen für die Systemgestaltung**	**19**
1.1	Systembestandteile und Wirkungsmechanismen	19
1.2	Interdependenzen der Teilsysteme	21
1.2.1	Kontaktpunkt Rad/Schiene	21
1.2.2	Zugbildung und Infrastruktur	21
1.2.3	Sicherheit	22
1.2.4	Fahrplan und Betriebsführung	24
1.3	**Systemelemente und wichtige Schnittstellen**	**24**
1.3.1	Regelungsnotwendigkeit	24
1.3.2	Zuständigkeiten	26
1.3.3	Maßgebende Gesetze	28
1.3.4	Ausführungsbestimmungen der EVU/EIV und der NE-Bahnen	28
2	**Die Entwicklung des Systems Bahn**	**29**
2.1	**Die Wurzeln in England und Deutschland**	**29**
2.2	**Eisenbahnen in Deutschland bis 1914**	**30**
2.3	**Die Zeit 1914–1945**	**35**
2.4	**Entwicklungen 1945–1993**	**37**
2.4.1	Die Aufteilung der Bahn in Deutschland	37
2.4.2	Die Deutsche Reichsbahn der DDR	38
2.4.3	Die Deutsche Bundesbahn und ihr Umfeld	39
2.5	**Von der Dampfeisenbahn zum InterCity-System**	**40**
2.6	**F&E für die Rad/Schiene-Technologie**	**43**
2.7	**Netzausbau (NBS/ABS) und schnelle Züge**	**45**
2.8	**Entwicklungen seit der Bahnreform 1994**	**47**
2.8.1	Die erste Stufe der Bahnreform	47
2.8.2	Die zweite Stufe der Bahnreform	48
2.9	**ICE 3, neue Strecken, neue Angebote**	**49**
3	**Regelungen zur Sicherung des Systems Bahn**	**53**
3.1	**Regelungsgrundsätze**	**53**
3.1.1	Regelungsbedarf	53
3.1.2	Struktur der Regelungen	55
3.1.3	Verantwortung für das Einhalten der Regelungen	59
3.2	**Regelwerke für die Eisenbahnen**	**59**
3.2.1	Europäische Eisenbahngesetzgebung	59
3.2.2	Internationale Übereinkommen und Vereinbarungen	66
3.2.3	Nationale Eisenbahngesetzgebung	68
3.2.4	Untergesetzliche Regelwerke	69
3.2.5	Regelwerke der Eisenbahnverkehrsverwaltung	70

Inhaltsverzeichnis

4	**Verkehrsmärkte**	**73**
4.1	**Personenverkehr**	**73**
4.1.1	Aufgaben der Marktforschung	73
4.1.2	Erhebung von Marktdaten	73
4.1.3	Hauptdeterminanten der Verkehrsnachfrage	75
4.1.4	Modellierung der Verkehrsmärkte	75
4.1.5	Die Potenziale in Deutschland und Europa	87
4.1.6	Angebotsstrategien für den Schienenpersonenverkehr	91
4.1.7	Datenquellen zum Verkehrsverhalten	93
4.2	**Güterverkehrsmärkte**	**93**
4.2.1	Prognosen im Güterverkehr	93
4.2.2	Verkehrserzeugung und -verflechtung	96
4.2.3	Verkehrsteilung (Verkehrsmittelwahl, Modal-Split)	98
4.2.4	Verkehrsumlegung	101
4.2.5	Datenquellen	106
5	**Anforderungen an das System Bahn und Konsequenzen für die Strategie**	**109**
5.1	**Anforderungen an das System Bahn**	**109**
5.2	**Anforderungen an die Sub- und Teilsysteme**	**111**
5.3	**Anforderungen an die Schnittstellen des Systems Bahn**	**115**
5.4	**Konsequenzen für die Strategien der Bahnen**	**118**
5.5	**Entwicklung des Systems Bahn: Themen der Zukunft**	**121**
6	**Gesamtsystemzusammenhang und Wirkungsmechanismen des Systems Bahn**	**123**
6.1	**Spurführungstechnik**	**123**
6.1.1	Kräfte zwischen Rad und Schiene	123
6.1.2	Rad/Schiene-Effekte	134
6.1.3	Spurführungsprinzip Radsatz	135
6.1.4	Bogenlaufverhalten des Radsatzes	145
6.1.5	Spurführungsprinzip Losrad	153
6.1.6	Verhalten von Fahrzeugen	154
6.1.7	Bogenlaufverhalten	161
6.1.8	Fahrtechnische Prüfung zur Zulassung von Schienenfahrzeugen	166
6.2	**Fahrdynamik**	**167**
6.2.1	Einleitung	167
6.2.2	Mechanische Modellbildung und Einflussgrößen	168
6.2.3	Methodische Ansätze	168
6.2.4	Anwendungsbeispiel: Energiesparende Fahrweise (EFS)	169
6.2.5	Anwendungsbeispiel: Grenzlasten	172
6.2.6	Zusammenfassung	173
6.3	**Bremsen**	**173**
6.3.1	Aufgaben und Randbedingungen	173
6.3.2	UIC-Druckluftbremse – Wirkprinzip	174
6.3.3	Bremsbetrieb	176
6.3.4	Zugdynamik	178

6.3.5	Bremsprobe	181
6.3.6	Regelwerke und Normen	182
6.4	**Fahrbahntechnik**	**183**
6.4.1	Systemintegrator Fahrbahntechnik	183
6.4.2	Anforderungen an den Untergrund	184
6.4.3	Oberbauarten	186
6.4.4	Weichen	191
6.4.5	Schienentechnik	192
6.4.6	Fahrzeug-Fahrweg-Wechselwirkung	193
6.4.7	Fahrbahn-LST-Wechselwirkung	195
6.5	**Bahnenergieversorgung**	**196**
6.5.1	Nutzung der elektrischen Energie zur Fortbewegung	197
6.5.2	Warum 16,7 Hz?	197
6.5.3	Zentrale und dezentrale Energieversorgung	200
6.5.4	Genormte Spannungen für Bahnanwendungen	203
6.5.5	Bahnstromleitungen 110 kV/16,7 Hz	203
6.5.6	Automatisierung der Betriebsführung	207
6.6	**Wechselwirkung Fahrleitung-Stromabnehmer**	**210**
6.6.1	Anforderungen an das System Stromabnehmer-Oberleitung	210
6.6.2	Kontaktkraft	213
6.6.3	Fahrleitungs- und Stromabnehmermaterial	215
6.6.4	Geometrische Anforderungen	216
6.6.5	Fazit	216
6.7	**Leit- und Sicherungstechnik für den Eisenbahnbetrieb**	**217**
6.7.1	Funktionale Verknüpfung von Fahrweg und Fahrzeugen: Beispiel Bremskurven	218
6.7.2	Zugortung	220
6.8	**Aerodynamik**	**221**
6.8.1	Systemverbundthema Aerodynamik	221
6.8.2	Aerodynamik der Freien Strecke	221
6.8.3	Tunnelaerodynamik	226
6.9	**Akustik – Luftschall und Erschütterungen aus dem Schienenverkehr**	**229**
6.9.1	Grundsätzliches	229
6.9.2	Rad/Schiene-Dynamik als Quelle für Schall und Erschütterungen	231
6.9.3	Akustische Effekte beim Hochgeschwindigkeitsverkehr	238
6.9.4	Sonstige Quellen	241
6.9.5	Ausblick auf künftige Entwicklungen	241
7	**Produktionsplanung**	**245**
7.1	**Begriffe, Ziele**	**245**
7.1.1	Produktionsplanung	245
7.1.2	Betriebsplanung	245
7.1.3	Fahrplan	246
7.1.4	Ziele der Angebotsplanung	247
7.2	**Angebotsplanung im Schienenpersonenverkehr**	**248**
7.2.1	Die Anforderungen des Marktes an die Angebotserstellung	248
7.2.2	Die Planungsschritte	250
7.2.3	Prognosen als Datenbasis	251

Inhaltsverzeichnis

7.2.4	Planung von Netzen für den Schienenpersonenverkehr	251
7.2.5	Die Planung des Angebotsnetzes im Fernverkehr	253
7.2.6	Die Linienplanung	254
7.2.7	Fahrpläne für Nahverkehrslinien	256
7.2.8	Systematische und nicht systematische Bedienungssysteme	257
7.2.9	Der integrale Taktfahrplan	261
7.2.10	Fahrplanoptimierung	264
7.2.11	Die Kapazitätsplanung	266
7.2.12	Die Fahrzeugeinsatzplanung	268
7.3	**Angebotssysteme im Eisenbahngüterverkehr**	**269**
7.3.1	Formen des Eisenbahngüterverkehrs	269
7.3.2	Der Einzelwagenverkehr	270
7.3.3	Der Kombinierte Verkehr	274
7.4	**Netzfahrplan**	**275**
7.4.1	Rechtliche Rahmenbedingungen	275
7.4.2	Der Prozess der Netzfahrplanerstellung	276
7.4.3	Fahrplanbearbeitung, Koordinierungs- und Entscheidungsverfahren	277
7.4.4	Trassenbestellung	277
7.5	**Die Technik der Fahrplanerstellung**	**278**
7.5.1	Fahrplankonstruktion	278
7.5.2	Fahrzeitermittlung	279
7.5.3	Zeitanteile im Fahrplan	282
7.5.4	Planmäßige Wartezeiten und Synchronisationszeiten	284
7.5.5	Fahrplan und Leistungsfähigkeit von Strecken und Knoten	285
7.5.6	Fahrplanleistung und Fahrplanqualität	288
7.6	**Darstellungsformen des Fahrplans**	**290**
8	**Die Infrastruktur**	**295**
8.1	**Leistungsfähigkeitsuntersuchungen und Simulationen**	**295**
8.1.1	Ausgangslage für eisenbahnbetriebswissenschaftliche Untersuchungen	295
8.1.2	Leistungsfähigkeit	296
8.1.3	Grundlagen der eisenbahnbetriebswissenschaftlichen Verfahren	298
8.1.4	Verfahrensfamilien und Methoden	300
8.1.5	Durchführung von Untersuchungen	305
8.1.6	Strecke	307
8.1.7	Knoten	313
8.1.8	Netz	320
8.1.9	Die eisenbahnbetriebswissenschaftlichen Untersuchungen in den Planungsphasen	321
8.2	**Betriebliche und verkehrliche Planung der Bahnanlagen**	**321**
8.2.1	Grundlegende Gestaltungselemente des Fahrwegs	322
8.2.2	Streckengestaltung nach Verkehrsaufkommen und Verkehrsarten	337
8.2.3	Netzspezialisierung	348
8.2.4	Gestaltung der Bahnhöfe	359
8.2.5	Zugang zum System Bahn im Personenverkehr – Der Bahnhof als Schnittstelle zu anderen Verkehrssystemen	371
8.2.6	Knoten des Güterverkehrs im Licht der Kundenanforderungen	379

Visionen, Wege, Partner
Höchster Anspruch, komplette Leistung

Fahrweg I Technik I Elektrotechnik I Ingenieurbau I Logistik   www.spitzke.de

SPITZKE
EUROPEAN CLASS

Inhaltsverzeichnis

8.3	**Planung, Bau und Inbetriebnahme von Infrastrukturprojekten**	**391**
8.3.1	Planungsrechtliche Vorschriften für den Bau und die Änderung von Betriebsanlagen der Eisenbahn	391
8.3.2	Bauaufsicht	393
8.3.3	Baumaßnahmen im Transeuropäischen Netz (TEN)	394
8.4	**Instandhaltung**	**400**
8.4.1	Grundlagen	400
8.4.2	Gleisinstandhaltung	402
8.4.3	Instandhaltung von Brücken und Tunneln	409
8.4.4	Instandhaltung der Erdbauwerke	411
8.4.5	Instandhaltung der Anlagen der Leit- und Sicherungstechnik (LST)	412
8.4.6	Instandhaltung der Oberleitungsanlagen	415
8.4.7	Fahren und Bauen – Baubetriebsplanung	416
9	**Schienenfahrzeuge**	**425**
9.1	**Anforderungen**	**425**
9.1.1	Nutzeranforderungen	425
9.1.2	Anforderungen seitens der Infrastruktur	426
9.1.3	Zuverlässigkeit und Verfügbarkeit	426
9.1.4	Leistungsvermögen	428
9.1.5	Passive Sicherheit (Crash-Verhalten)	429
9.2	**Kennzeichen moderner Schienenfahrzeuge**	**431**
9.2.1	Triebfahrzeuge	431
9.2.2	Reisezugwagen	437
9.2.3	Güterwagen	437
9.3	**Fahrzeugkomponenten**	**438**
9.3.1	Fahrwerke	438
9.3.2	Zug- und Stoßeinrichtungen	444
9.3.3	Bremsen	446
9.3.4	Klimaanlage	458
9.3.5	Geschlossene Toilettensysteme	459
9.3.6	Türen	460
9.4	**Ausgewählte Fahrzeugbeispiele**	**461**
9.4.1	TRAXX-Lokomotiv-Familie	461
9.4.2	Regionaltriebwagen-Familie Protos	469
9.4.3	Hochgeschwindigkeitstriebwagenzug	471
9.4.4	Neigezug ICN	473
9.4.5	Doppelstocktriebwagen RABe 514 (S-Bahn Zürich)	477
9.4.6	Reisezugwagen	479
9.4.7	Güterwagen	480
9.5	**Schienenfahrzeuge für den BOStrab/EBO-Mischbetrieb**	**483**
9.6	**Fahrzeugzugang zur Eisenbahninfrastruktur**	**486**
9.6.1	Europäische Regelungen	486
9.6.2	Technische Zugangvoraussetzungen	487
9.6.3	Abnahme von Fahrzeugen oder Komponenten	488
9.6.4	Feststellung der Kompatibilität	491
9.6.5	Bekanntgabe der Anforderungen	494

9.6.6	Regelwerk für den Infrastrukturzugang	497
9.6.7	Verfahrensabläufe	499
9.6.8	Versuchs- und Probefahrten	499

10	**Betriebsführung**	**505**
10.1	**Regelung und Sicherung der Zugfolge**	**505**
10.1.1	Abstandsregelung bei Führung der Züge durch ortsfeste Signale	506
10.1.2	Abstandsregelung bei Führung der Züge durch Führerraumanzeigen	513
10.1.3	Zugfolgesicherung	516
10.2	**Fahrwegsicherung**	**521**
10.2.1	Begriff der Fahrstraße	521
10.2.2	Verschließen der Fahrwegelemente	522
10.2.3	Fahrstraßenausschlüsse	524
10.2.4	Flankenschutz	525
10.2.5	Sicherung der Durchrutschwege	526
10.2.6	Stellwerksbauformen	527
10.3	**Zugbeeinflussung**	**529**
10.3.1	Punktförmige Zugbeeinflussung	529
10.3.2	Linienförmige Zugbeeinflussung	531
10.3.3	ETCS	533
10.4	**Betriebsverfahren**	**536**
10.4.1	Einteilung der Betriebsverfahren nach der Art der Einteilung der Zustimmung zur Zugfahrt	536
10.4.2	Einteilung der Betriebsverfahren nach der Struktur der Fahrdienstleitung	537
10.4.3	Rückfallebenen	539
10.4.4	Besonderheiten	541
10.4.5	Durchführen von Rangierfahrten	542
10.5	**Betriebsleittechnik**	**543**
10.5.1	Zuglaufverfolgung	543
10.5.2	Zuglenkung	545
10.5.3	Betriebszentralen	547

11	**Bahn und Umwelt**	**551**
11.1	**Klimaschutz**	**551**
11.2	**Lärmschutz**	**553**
11.3	**Luftschadstoffe**	**554**
11.4	**Abrieb**	**555**
11.5	**Vegetationskontrolle**	**556**
11.6	**Fahrtziel Natur**	**556**

12	**Interoperabilität des Transeuropäischen Bahnsystems**	**557**
12.1	**Begriffsbestimmung**	**557**
12.2	**150 Jahre interoperabler Bahnbetrieb in Europa**	**557**
12.3	**Hochgeschwindigkeitsverkehr: beschränkt interoperabel**	**560**
12.3.1	Deutschland und Frankreich	560
12.3.2	Grenzüberschreitende Hochgeschwindigkeitssysteme	563

Inhaltsverzeichnis

12.4	**Eisenbahnnetze für Europa**	**566**
12.4.1	EIL und ERIM	566
12.4.2	AGC und AGTC	566
12.4.3	Vorschlag für ein europäisches HGV-Netz	567
12.5	**Das Europäische Vertragswerk**	**570**
12.5.1	Rom, Maastricht und die Folgen	570
12.5.2	Das TEN der Bahnen	572
12.5.3	Die „Richtlinie über die Interoperabilität des transeuropäischen Hochgeschwindigkeitsbahnsystems" entsteht	573
12.6	**Die Richtlinien „Interoperabilität" und die TSI**	**575**
12.6.1	Richtlinie 96/48/EG	575
12.6.2	Richtlinie 2001/16/EG	575
12.6.3	Richtlinie 2004/50/EG (Änderungsrichtlinie)	576
12.6.4	Aufbau der Richtlinie	576
12.6.5	Teilsysteme	578
12.6.6	Technische Spezifikationen	578
12.7	**Erstellung der TSI und Beispiel**	**580**
12.7.1	AEIF (1998-2006)	580
12.7.2	ERA (ab 2005)	580
12.7.3	TSI Güterwagen	582
12.8	**Normen**	**589**
12.9	**Eine neue Bahnwelt entsteht**	**590**
13	**Wirtschaftlichkeit des Systems Bahn**	**593**
13.1	**Kostenstrukturen der Eisenbahnverkehrsunternehmen (EVU)**	**593**
13.1.1	Fahrzeugkosten	593
13.1.2	Personalkosten	594
13.1.3	Gebühren für die Nutzung des Netzes (Trassenpreise)	594
13.1.4	Anlagen- und Stationspreise	594
13.1.5	Energiekosten	595
13.1.6	LCC-Analyse	596
13.1.7	Interne Geldflüsse in der DB AG	597
13.2	**Erlöse der EVU**	**597**
13.3	**Kosten- und Erlösstrukturen der Eisenbahninfrastrukturunternehmen (EIU)**	**598**
13.4	**Wirtschaftlichkeitsrechnungen für BVWP-Maßnahmen**	**602**
13.5	**Staatliche Finanzbeihilfen für die DB AG und die Chancen für privates Engagement**	**604**
13.5.1	Investitionszuschüsse und Privatfinanzierung	604
13.5.2	Regionalisierungsmittel und Wettbewerb auf der Schiene	605
14	**Bahnen besonderer Bauart**	**607**
14.1	**Nicht interoperable Bahnen besonderer Bauart**	**607**
14.1.1	Straßenbahnen	607
14.1.2	Metro/U-Bahnen	614
14.1.3	Magnetschwebebahnen	616
14.2	**Interoperable Bahnen besonderer Bauart**	**621**
14.2.1	Schwerlastbahnen	621

15	**Perspektiven des Systems Bahn**	**625**
15.1	**Verkehrsmarktentwicklung**	**625**
15.1.1	SPNV	625
15.1.2	SPFV	625
15.1.3	SGV	626
15.2	**Anforderungen an das System Bahn der Zukunft**	**629**
15.2.1	Netzentwicklung	629
15.2.2	Leit- und Sicherungstechnik, Kommunikation	630
15.2.3	Fahrzeugtechnik	631
15.3	**Vision einer Eisenbahn im Jahr 2050**	**631**
15.3.1	Europa	631
15.3.2	Bahnen außerhalb Europas	633
	Glossar	**635**
	Stichwortverzeichnis	**647**
	Abkürzungsverzeichnis	**667**
	Die Autoren	**675**
	Inserentenverzeichnis	**679**

Vorwort

Die Eisenbahn ist spurgeführt, ihr Betrieb wird von ortsfesten Stellen aus gesteuert, und ihr Trag- und Führsystem besitzt in der Werkstoffpaarung Stahl auf Stahl mehrere Vorteile:
- Der Rollwiderstand ist sehr gering, somit auch der Energieverbrauch und die CO_2-Emission des Zugbetriebs. Die Bahn ist ein umweltfreundliches Verkehrssystem.
- Jeder Zugverband nutzt, weil die einzelnen Wagen quasi im eigenen Windschatten fahren, den geringeren Luftwiderstand pro Nutzlänge aus.
- Die Spurführung erlaubt nicht nur die Außensteuerung durch Fahrdienstleiter, sondern ist geradezu prädestiniert für automatische Steuerungs- und Sicherungstechniken.
- Eine Gesamtoptimierung von Fahrplan und Disposition kann die Produktivität des Systems steigern, insbesondere bei Verbundproduktion auf einem Gleis und im gesamten Netz, auch bei notwendigen Instandhaltungsarbeiten im Gleis.

Neue Dimensionen der Leistungsfähigkeit (z. B. höhere Geschwindigkeiten) sind in diesem System allerdings nur beherrschbar, wenn bestimmte technische Parameter von Fahrzeug und Fahrweg aufeinander abgestimmt werden, zum Beispiel:
- Die Trassierungselemente des Fahrwegs müssen abgestimmt sein mit den fahrdynamischen Eigenschaften der Züge (Zugkraft, Masse).
- Die Laufprofile der Räder müssen abgestimmt sein mit den Eigenschaften des Gleises, wie Schienenneigung und Schienenkopfprofil, um ein stabiles Laufverhalten und die dafür notwendige äquivalente Konizität zu gewährleisten.
- Die dynamischen Beanspruchungen von Fahrwegelementen und Fahrzeugen sind abhängig von den geometrischen Verhältnissen und von der Konstruktion der zusammenwirkenden Teilsysteme, von ihren Elastizitäten und ihrem Schwingungs-/Dämpfungsverhalten.
- Aerodynamische Effekte schneller Züge sind sowohl bei der Konstruktion der Züge als auch bei der Infrastruktur zu berücksichtigen.

Optimierungspotenziale im System Bahn können nur dann genutzt werden, wenn kompetente, verantwortungsvolle Menschen das System mit seinen Abhängigkeiten und Wechselwirkungen gut kennen, das System beherrschen, und wenn sie die Chance haben, möglichst in geschlossenen Management- und Verantwortungskreisen die einzelnen Stellhebel koordiniert und ausgleichend zu nutzen. Dies gilt insbesondere für zielorientierte, abgestimmte Entwicklungen und Investitionsentscheidungen, um das System Bahn im Wettbewerb hinsichtlich Qualität und Kapazität leistungsfähiger zu machen.

Dieses Handbuch soll dazu beitragen, das Know-how über das System Bahn zu erhalten und zu verbreiten. Es soll den Verantwortlichen in der Praxis helfen, das System Bahn besser zu beherrschen und gut weiterzuentwickeln.

(Dipl.-Ing. Roland Heinisch
war als Vorstand der DB AG bis 08/2007
unter anderem für das Ressort
„Systemverbund Bahn" zuständig)

Die unverzichtbaren Nachschlagewerke von Rail Media

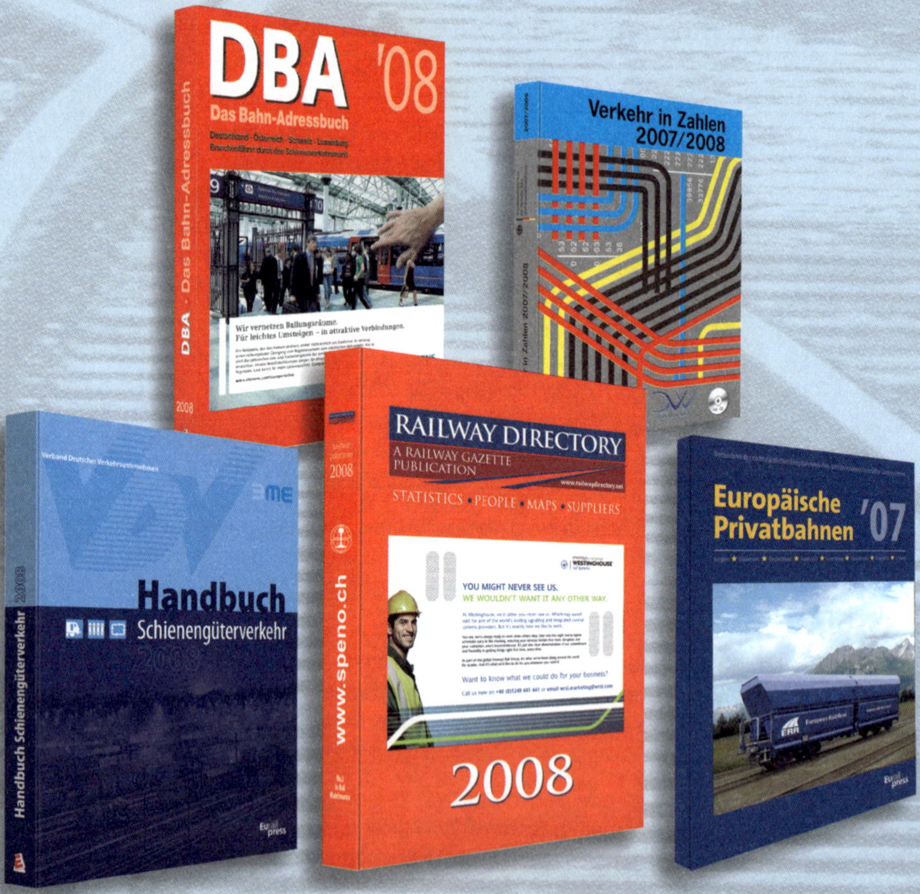

www.eurailpress.de
www.railwaydirectory.net

Einleitung
Dietmar Lübke

Jedes System ist in komplexer Weise nach innen mit seinen einzelnen Teilsystemen und nach außen mit seinem Umfeld verflochten. Es ist nicht zulässig, ein System physisch oder gedanklich aus diesem Umfeld zu lösen, ohne wesentliche Zusammenhänge außer Acht zu lassen oder die Erkenntnisgewinnung zu beeinträchtigen.

Das System Bahn bildet ein in höchstem Maße komplexes System, das durch eine Vielzahl interner und externer Rückkopplungen zwischen den Teilsystemen und seinem Umfeld gekennzeichnet ist.

Die engen Verflechtungen mit der Siedlungs-, Wirtschafts- und Verkehrsstruktur stellen einerseits die externen Rückkopplungen des Systems Bahn mit der Umwelt und andererseits die vielfältigen internen Rückkopplungen zwischen den Teilen dieses Systems dar, wie z. B. zwischen Infrastruktur, Fahrzeug und Betriebsführung. Diese Rückkopplungen sind in den letzten Jahrzehnten durch die raschen Fortschritte in der elektronischen Datenverarbeitung stärker, komplexer und komplizierter geworden. Das System Bahn muss folglich stets als Ganzes betrachtet werden.

Die Beschäftigung mit dem System Bahn zeigt sehr schnell Unschärfen im Gebrauch der Begriffe und Terminologien im Verkehrswesen auf. Wie weit diese Unschärfe reicht, zeigt die undifferenzierte Verwendung des Begriffs „Verkehrssystem". Ökonomen verstehen hierunter die Summe aller Verkehrsverbindungen zwischen den jeweils in Betracht kommenden Orten und Regionen. Demgegenüber sprechen die Ingenieure von neuartigen und konventionellen Verkehrssystemen wie z. B. Magnetschnellbahnsystemen, Container- oder ICE-Systemen. Hier beinhaltet der Begriff Verkehrssystem einen mehr technologischen Aspekt des Verkehrsgeschehens.

Schon anhand dieses einen Beispiels wird deutlich, dass für eine ganzheitliche Betrachtung des Systems Bahn auch eine einheitliche Begriffsterminologie unabdingbar ist. Im vorliegenden Handbuch wird daher für die Ausdrücke Transport und Verkehr durchgängig folgende Begriffsterminologie verwendet:

Von **Transport** (Transportsysteme, Transportkomponenten, Transportelemente usw.) wird überall dort gesprochen, wo es um **technologische** oder **betriebstechnische** Fragen bei Fahrzeugen, Fahrwegen und sonstigen Einrichtungen der Bahn geht; ebenso auch bei der Planung konkreter Transportabläufe.

Der Begriff **Verkehr** wird überall dort verwendet, wo in einem gegebenen Raum menschliche Aktivitäten und deren Bedürfnisse materielle Ströme (Verkehrsströme) oder – im übertragenen Sinn – immaterielle Ströme (z. B. Kommunikationsströme) entstehen lassen.

Ein **Transportsystem** besteht demzufolge aus der Menge gleichartiger Transportträger und der dazugehörigen Transportanlagen. Die Regeleinrichtungen, die beide Komponenten zum Transportsystem verknüpfen, sind ebenfalls Bestandteil des Transportsystems. Ein solches Transportsystem ist das ICE-System der Deutschen Bahn. Betriebspersonal, das in diesem System z. B. als Triebfahrzeugführer, Zugchef und Stellwerksbediensteter tätig ist, oder die Automation von Betriebsabläufen werden ebenfalls dem Transportsystem zugerechnet.

Ein **Verkehrssystem** besteht dagegen aus der Menge aller Transportsysteme eines bestimmten Raumes und den Einrichtungen (Unternehmungen), die an der Erstellung von Transportleistungen durch planende, ordnende oder koordinierende Eingriffe in die Transportsysteme sowie durch unterstützende Dienstleistungen beteiligt sind. Ordnend wirken z. B. Zulassungs- und Prüfungsbehörden wie das *Eisenbahn-Bundesamt (EBA)*.

Einleitung

Ordnend wirkt auch die **Logistik**. Dieser Begriff stammt aus dem militärischen Transport- und Versorgungswesen. Entsprechend setzen auch die Bahnen die Logistik bei der Organisation, Planung und Steuerung der gezielten Bereitstellung und des zweckgerichteten Einsatzes der Produktionsfaktoren (Arbeitskräfte, Betriebsmittel, Material) und Dienstleistungen zur Durchführung ihrer Transportaufträge ein. Ein aktuelles logistisches Organisationsprinzip im Schienengüterverkehr ist z. B. die Just-in-Time-Zulieferung von Automobilzubehörteilen zur Einsparung von Lagerkosten bei der Automobilindustrie.

Eine auf der Basis der Abgrenzung zwischen den Grundbegriffen Transport und Verkehr erstellte Zusammenstellung technologischer Ausdrücke des Transport- und Verkehrswesens sowie weitere wichtige Begriffsdefinitionen zum System Bahn finden Sie im Glossar zu diesem Handbuch.

Das Handbuch soll jungen Ingenieuren, denen das Transportsystem Bahn noch weitgehend unbekannt ist, sowie Planern, Entwicklern, Herstellern und Betreibern von Bahnsystemen einen Einblick in die Gesamtsystemzusammenhänge und den aktuellen Entwicklungsstand des Systems Bahn vermitteln. Dabei wird insbesondere der Systemverbund herausgestellt. Kenntnisse aus Teilbereichen des Bahnwesens können so in das Gesamtsystem eingeordnet und Synergien, aber auch Randbedingungen der anderen Bereiche erkannt und genutzt werden.

Das Handbuch soll keineswegs vorhandene sektorale Handbücher und Schriften kopieren. Auf sie wird vielmehr zur Vertiefung des Wissensstandes verwiesen. Das Wichtigste aus ihnen ist jedoch im Handbuch System Bahn zusammengestellt worden.

Der Inhalt des Handbuchs wurde von einem Autorenteam erarbeitet. Das Autorenteam dankt den vielen Mitarbeitern bei den Technischen Universitäten Berlin, Braunschweig und Dresden, der Deutschen Bahn und dem Verlag, die mit wertvollen Anregungen und Zuarbeiten dazu beigetragen haben, das Handbuch zu einem hilfreichen Kompendium auch für den praktischen Gebrauch werden zu lassen.

Nicht zuletzt sei auch den Herausgebern der *Eisenbahntechnischen Rundschau (ETR)*, den Herren *Heinisch (DB AG)*, *Keppel (EBA)*, *Dr. Klumpp (VDB)* und *Prof. Dr.-Ing. habil. Siegmann (TU Berlin)*, für ihr Engagement bei der Herausgabe sowie *Herrn Suchanek* (Verlagsleiter *DVV Media Group GmbH/Eurailpress*) für seine tatkräftige Unterstützung und Beratung bei der Gestaltung des Handbuchs gedankt.

DB International hat mehr als 40 Jahre Erfahrung im Bereich Schiene – weltweit. Profitieren auch Sie davon.

Von der Idee bis zur Umsetzung: Infrastruktur und Management.

Unsere internationalen Kunden nutzen das weltweit anerkannte Know-how der Deutschen Bahn für ihre Verkehrsprojekte – von der Idee bis zur Umsetzung. Wir beraten und unterstützen sie mit innovativen und kostengünstigen Lösungen für mehr Mobilität und reibungslosen Transport.

Über unseren kompletten Service für die Projektentwicklung hinaus decken unsere Beratungsdienstleistungen alles rund um das System Schiene ab. Mit dem Ziel, sämtliche bahnrelevanten Dienstleistungen aus einer Hand zu bieten. Sehen Sie selbst:
www.db-international.de

Ihre monatliche Quelle für Fachinformationen im Schienenverkehr

Aus der Praxis für die Praxis – Berichte über die gesamte Bandbreite moderner Bahntechnologie

Die international einzigartige Fachzeitschrift für Signaltechnik, Telekommunikation und Fahrgastinformation

Impulsgeber für das System Bahn – mit den Schwerpunkten Technik, Betrieb, Wissenschaft und Forschung

www.eurailpress.de

DVV Rail Media

1 Grundelemente des Systems Bahn und Konsequenzen für die Systemgestaltung

Jürgen Siegmann

1.1 Systembestandteile und Wirkungsmechanismen

Unter Bahnen werden Transportwege verstanden, auf denen Fahrzeuge oder Fahrzeuggruppen (Züge) spurgeführt werden. Die Spurführung erfolgt zumeist durch stählerne Leitwege (Schienen) und entsprechend geformte Räder, die ebenfalls aus Stahl sind.

Die Bahnen gewinnen ihren wichtigsten Systemvorteil aus der geringen Rollreibung zwischen Stahlrad und Stahlschiene. Daraus resultiert ein relativ niedriger spezifischer Energieverbrauch. Die im Rad/Schiene-Kontaktpunkt übertragbaren Längskräfte sind begrenzt. Der Quotient aus übertragbarer Längskraft zu Vertikalkraft liegt beim Anfahren im Regelfall unter 0,35 und beim Bremsen im Höchstfall bei 0,25, im Regelfall bei 0,15. Das hat entsprechende Auswirkungen auf die Fahr- und Bremsdynamik (siehe Kap. 6.1, 6.3 u. 9.3.3).

In engen Gleisbögen ist zur Spurhaltung eine formschlüssige Führung über den Spurkranz erforderlich. Der meist starre Radsatz wird auf zwei Schienen geführt, die auf Querschwellen oder Einzelstützpunkten gelagert sind und so einen definierten Abstand voneinander haben, siehe Abb. 1.1.1.

Zu den schienengeführten Transportsystemen nach diesem Prinzip zählen die Eisenbahnen (mit unterschiedlichen Spurweiten, Normalspur in Mitteleuropa: 1435 mm), die Bergbahnen ohne Luftseilbahnen sowie die Straßen-, Stadt- und U-Bahnen. Einige Systeme wie die Magnetbahnen werden berührungsfrei mit Hilfe von magnetischen Kraftfeldern geführt. H-Bahnen und weitere Sonderlösungen zählen ebenfalls zu den spurgeführten Systemen. Letztlich sind auch Fahrtreppen und Fahrstühle spurgeführte Transportsysteme.

Bei schnell fahrenden Zügen ist der Bremsweg auf der Schiene größer als die Sichtweite des Triebfahrzeugführers. Um sicher vor einem Gefahrenpunkt zum Halten zu kommen, braucht der Triebfahrzeugführer daher rechtzeitig eine klare Anweisung. Diese gibt ihm der Fahrdienstleiter, und zwar durch Signale. Die Sicherung der Zugfahrten gegen Auffahren (Abstandshaltung der Züge) und

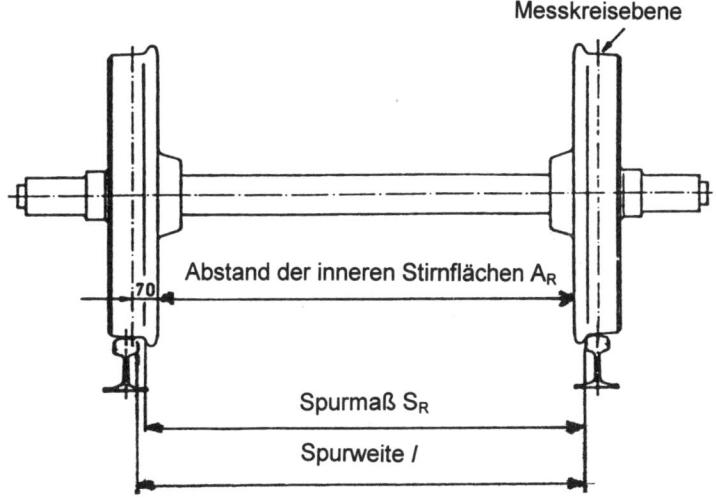

Abb. 1.1.1: Radsatz und Schienen

1 Grundelemente des Systems Bahn und Konsequenzen für die Systemgestaltung

gegen Fahrwegkonflikte und Flankenfahrten geschieht beim Eisenbahnsystem von außen, also durch ein ortsfestes Betriebsleit- und -sicherungssystem (siehe Kap. 10).

Das System Bahn besteht aus
- der **Infrastruktur** (Fahrweg, Bahnhöfe und Betriebsgebäude),
- der **Suprastruktur** (Signale und Gleisschaltmittel, Stellwerke und Leitzentralen, Energieversorgung und Oberleitung),
- den **Fahrzeugen** (Triebfahrzeuge einschließlich Triebwagen und Wagen) und
- der verkehrlichen und betrieblichen **Organisation** inkl. des Personals.

Die Infrastruktur besteht aus Strecken und Bahnhöfen. Ein Bahnhof ist nach *EBO* (siehe Kap. 3) eine Bahnanlage mit mindestens einer Weiche, in der Züge halten, beginnen, enden oder wenden können. Strecken können ein- oder mehrgleisig sein. Abb. 1.1.2 zeigt einen typischen Streckenquerschnitt in Deutschland.

Die Infrastruktur wird von so genannten **Eisenbahninfrastrukturunternehmen (EIU)** betrieben. Bahnanlagen des öffentlichen Verkehrs müssen allen Nutzern zu gleichen Bedingungen offen stehen, im Regelfall gegen Entgelt. Um Konflikte zwischen Infrastruktur und Fahrzeugen auszuschließen, müssen die Nutzer – die Eisenbahnverkehrsunternehmer (EVU) – gewisse Randbedingungen einhalten. Die wichtigsten davon sind die Begrenzungslinien der Fahrzeuge und die zulässigen Radsatzlasten.

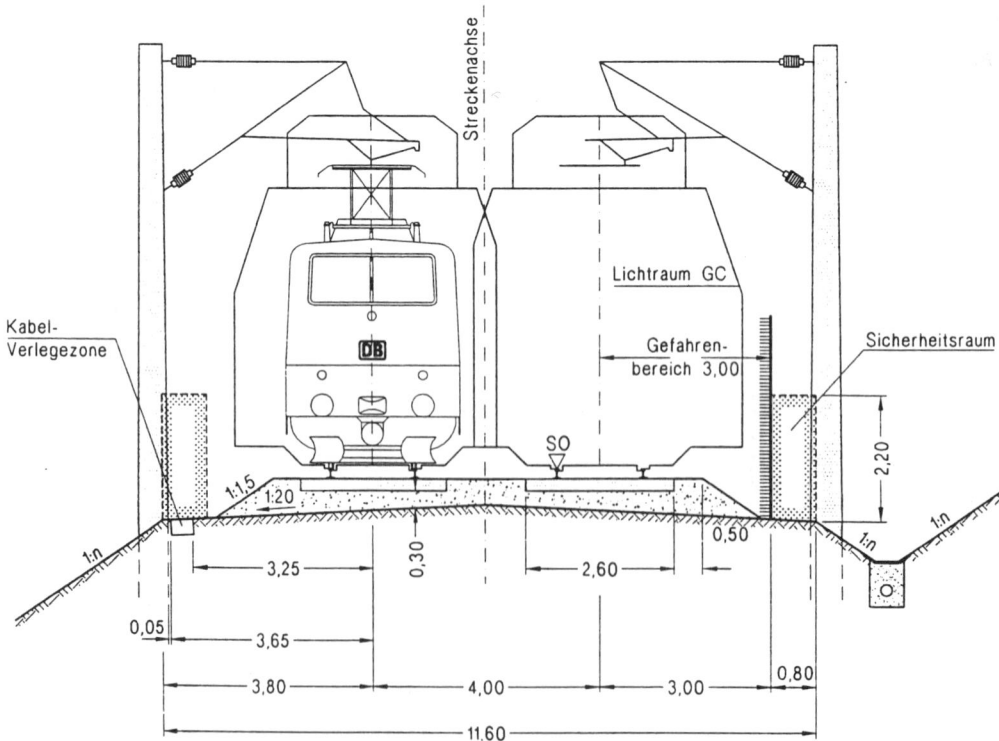

Abb. 1.1.2: Streckenquerschnitt in der Geraden, mit Schotteroberbau, für Entwurfsgeschwindigkeiten bis 200 km/h (für ICE bis 230 km/h zulässig);
Quelle: Ril 800.0130, Anhang 3, *DB Netz AG* 1997

1.2 Interdependenzen der Teilsysteme

Die Produktionseinheit im Schienensystem ist der Zug. Dies begründet sich in dem Systemvorteil der geringen Rollreibung zwischen Stahlrad und Stahlschiene, der es erlaubt, große Massen mit wenig Energie zu bewegen. Ein Zug besteht aus angetriebenen Einheiten (Triebfahrzeugen, Tfz) und nicht angetriebenen Wagen. Die Wagen und Tfz sind mechanisch gekuppelt, so dass Zug- und Druckkräfte im Zugverband übertragen werden können. Die Druckkräfte werden zumeist über die Seitenpuffer übertragen. Das sind Federelemente, die Stöße dämpfen, die aber auch eine Zuglängsdynamik erzeugen, die zu Spitzen in den Zugkräften führen können. Da jede Kupplung Beschränkungen in den maximal aufzunehmenden Kräften unterliegt, resultiert daraus auch eine Beschränkung der maximalen Zuglasten und indirekt daraus auch der Zuglängen.

Jedem Streckenabschnitt ist eine Streckenhöchstgeschwindigkeit zugeordnet. Aus der Bauart der Triebfahrzeuge und Wagen sowie aus der Zugkonfiguration, insbesondere dem Bremsvermögen, können Einschränkungen in der zulässigen Geschwindigkeit resultieren.

Eisenbahnverkehrsunternehmen (EVU) betreiben ihre Züge mit eigenem Personal und führen daneben alle kundenrelevanten Operationen durch, von der Marktanalyse über das Marketing, der Angebotsplanung, den Verkaufs- und Preissystemen bis hin zu den sonstigen Dienstleistungen.

Die tägliche Wartung und die Instandhaltung der Züge gehört mit zu den Aufgaben der Zugbetreiber.

Betrieb von Schienenbahnen ist die operative Durchführung der im Fahrplan angebotenen Zugfahrten einschließlich der dazu notwendigen Prozesse wie Zugbildung und Abstellung. Dem Infrastrukturbetreiber obliegt die Steuerung und Sicherung der Zugfahrten und die Instandhaltung der ortsfesten Anlagen. Er organisiert auch das Zusammenwirken von Zugfahrt- und Baubetrieb bei Baustellen im Gleisbereich (Baubetriebsplanung, siehe Kap. 8.4).

Eine der Hauptaufgaben des Betriebes ist die sichere und zuverlässige Abwicklung der Zugfahrten auch bei kleinen und großen Unregelmäßigkeiten innerhalb noch tolerierbarer Verspätungen. Ein Schlüsselbegriff des Betriebes ist daher die Pünktlichkeit, d.h. das Einhalten der im Fahrplan angebotenen Abfahrts- und Ankunftszeiten. Die dort ausgewiesenen Fahrzeiten sind das Ergebnis einer Summenbildung aus den fahrdynamischen Mindestfahrzeiten und bestimmten Fahrzeitreserven zum Abfangen von Unregelmäßigkeiten.

1.2 Interdependenzen der Teilsysteme

1.2.1 Kontaktpunkt Rad/Schiene

Infrastruktur und Fahrzeuge zeigen vielfältige Wechselwirkungen. Im Kontaktpunkt Rad/Schiene müssen die Geometrien und Toleranzen abgestimmt werden. Infolge der sehr hohen Kräfte und Spannungen sind auch die Materialpaarungen wichtig. 22,5 t statische Radsatzlast bedeuten eine Vertikalkraft von etwa 120 kN je Radaufstandspunkt. Die mittlere vertikale Spannung beträgt bei einer Kontaktfläche von 4 cm^2 – so groß wie ein Daumennagel – 300 N/mm^2.). Ein zu hartes Material auf der einen Seite wird zu starkem Verschleiß auf der anderen Seite führen.

Antriebs-, Brems- und Führungskräfte werden ebenfalls über diesen einen Kontaktpunkt übertragen und müssen vom Oberbau sicher und verschleißarm aufgenommen werden.

1.2.2 Zugbildung und Infrastruktur

Die Nutzlängen der Gleise und Bahnsteige müssen auf die Zuglängen abgestimmt werden. Jedes Fahrzeug muss unter allen Umständen in das Mindest-Lichtraumprofil passen. Dazu wird zu jedem

1 Grundelemente des Systems Bahn und Konsequenzen für die Systemgestaltung

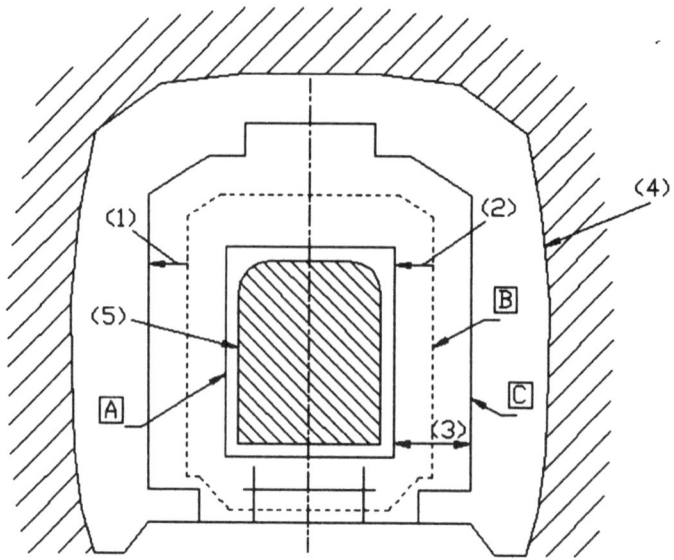

(A) Fahrzeugbegrenzungslinie
(B) Bezugslinie für die kinematische Berechnung
(C) Mindestlichtraumprofil (Grenzlinie für feste Gegenstände)
(1) Zuschläge seitens der Infrastruktur (Ausladungen, Wanken, Toleranzen)
(2) Einschränkungen Ei oder Ea für die Fahrzeugbegrenzung
(3) Summe (1) + (2)
(4) Feste Gegenstände
(5) Fahrzeug

Abb. 1.2.1: Zusammenhang Fahrzeugbegrenzung-Bezugslinie-Lichtraum;
Quelle: *prEN 15273-1* (2007)

Lichtraumprofil auch ein maximaler Fahrzeugumriss definiert. Die Freiräume zwischen Fahrzeugbegrenzung und Lichtraum sind gemäß spezieller Rechenregeln für geometrische Verschiebungen bei Fahrt im Gleisbogen, für kinematische Bewegungen bei Fahrt mit einer nicht ausgeglichenen Seitenbeschleunigung und für dynamische Fahrzeugbewegungen bei Fahrt auf einem Gleis mit den üblichen Gleislage-Unregelmäßigkeiten vorzuhalten. Die „kinematische Berechnungsmethode" teilt mit Hilfe einer Bezugslinie diese Freiräume in zwei Verantwortungsbereiche (Fahrzeugtechnik und Infrastruktur) auf, siehe Abb. 1.2.1. Näheres hierzu ist in Kap. 8.3.2.1 erläutert.

Im unteren Bereich wird der Lichtraum durch den Raumbedarf von Radlenkern (das sind Elemente der Weichen und Kreuzungen), Gleisschaltmitteln und anderen Elementen der Leit- und Sicherungstechnik begrenzt. Der obere Bereich des Lichtraumprofils ist meistens abgeschrägt, ein Überbleibsel aus der Frühzeit der Eisenbahnen, in der Brücken und Tunnel als Gewölbe ausgebaut wurden. Diese Schrägen behindern heute insbesondere den Huckepack- und Containerverkehr. Bei allen größeren Umbauten wendet die *DB Netz AG* deshalb das Profil GC an, was diese Restriktionen beseitigt.

1.2.3 Sicherheit (siehe auch Kap. 3)

Bevor eine Zugfahrt stattfinden darf, muss der Fahrweg als frei und befahrbar überprüft sein. Die Gleisfreimeldung kann auf unterschiedliche Art erfolgen: per Augenschein, mit Hilfe von Zugeinwir-

1.2 Interdependenzen der Teilsysteme

kung über elektromechanische Gleisschaltmittel (zum Beispiel Druckkontakte) in Verbindung mit entsprechender Stellwerkstechnik, durch Gleisstromkreise (Gleichstrom niederer Spannung oder Tonfrequenz-Gleisstromkreise), durch Achszähleinrichtungen oder durch Balisen im Gleis.

Die Fahr- oder Haltbefehle werden entweder über ortsfeste Signale optisch an den Tfz-Führer übermittelt oder direkt in den Führerraum des Triebfahrzeugs übertragen. Im letztgenannten Fall kann der kontinuierliche Informationsaustausch über die Schienen mit Hilfe codierter Gleisstromkreise erfolgen (französisches System *TVM*), über ein spezielles Linienleiterkabel im Gleis (deutsches System *LZB*) oder über Funk (europäisches System *ETCS*). Im überwiegenden Teil des Streckennetzes der DB AG kann der Triebfahrzeugführer außerdem über Funk erreicht werden (bisher Analogfunk, künftig in moderner Technik: Digitalfunk *GSM-R*).

Das Sicherungskonzept beruht in der Regel auf dem Prinzip des Fahrens im festen Raumblock (siehe Kap. 10). Die Gleise für Zugfahrten (Strecken- und Hauptgleise der Bahnhöfe) werden in Blöcke unterteilt, die von Hauptsignalen begrenzt sind. In einen Block darf nur dann ein Zug einfahren, wenn dieser Block frei und gegenüber anderen Zugfahrten abgesichert ist. Ist das nicht der Fall, muss ein Zug vor diesem Block bzw. vor dem Hauptsignal abbremsen und anhalten. Entsprechend frühzeitig, nämlich im Bremswegabstand vor dem Signal, muss der Tfz-Führer wissen, was das Signal zeigt. Dazu dienen Vorsignale. In Deutschland wurde der Bremswegabstand und somit der Vorsignalabstand schon um das Jahr 1900 zu 1000 m als Regelwert festgelegt. Das resultiert aus dem Bremsweg eines damaligen Zuges aus 140 km/h bis zum Stand.

Wenn Haupt- und Vorsignal am selben Mast montiert sind, fallen Bremsweg und Blockabschnitt zusammen. Im Regelfall beträgt die minimale Blockabschnittslänge somit ebenfalls 1000 m; sie kann

DUO TRACK® – DIE STRECKENVERKABELUNG FÜR REGIONALBAHNEN.

DuoTrack® – Die All-in-One-Systemlösung für die Streckenverkabelung von Regionalbahnen. DuoTrack® stellt einen Durchbruch für die Steuerungs- und Kommunikationstechnologie auf Regionalstrecken dar. Die Verbindung von kupferbasierten Diensten und faseroptischer Übertragung in einem Kabel ermöglicht eine schnelle und kostengünstige Modernisierung der Infrastruktur im Regionalbereich.
DuoTrack® ist robust und schnell zu verlegen. Die Installation des Kabels mithilfe von innovativen Klammern direkt an der Schiene ist dabei so sicher wie die Trogverlegung. Der Zeitgewinn bei der Kabelverlegung und der Verzicht auf Tiefbauarbeiten ergibt eine Kostenersparnis von bis zu 40 % gegenüber einer konventionellen Streckenverkabelung mit Betontrog.

Nexans Deutschland Industries GmbH & Co. KG
Bonnenbroicher Str. 2-14
41238 Mönchengladbach
Tel. 02166 272723
Fax 02166 272632
www.nexans.de

Globale Kompetenz in Kabeln und Kabelsystemen

1 Grundelemente des Systems Bahn und Konsequenzen für die Systemgestaltung

ohne besondere Maßnahmen noch um 50 m verkürzt werden. Mit einem Durchrutschweg = Sicherheitsabstand von 200 m resultiert daraus auch die (derzeit) maximale Zuglänge von 750 m.

Die Länge der Reisezüge ist geringer. Für internationale Züge hat man sich in Europa auf eine Bahnsteig-Nutzlänge von mindestens 400 m festgelegt, das ist die Mindestnutzlänge der Bahnsteige nach *AGC* und *TSI Infrastruktur* und entspricht der Maximallänge interoperabler Hochgeschwindigkeitszüge nach der *TSI Fahrzeuge* (siehe Kap. 12). Für Züge des Regional- und Nahverkehrs genügen kürzere Bahnsteige, meist mit etwa 200 m Nutzlänge.

Die Fahrgäste sollen möglichst bequem in die Züge einsteigen können. Dazu ist es erforderlich, die Höhe und Lage der Trittstufen und der Bahnsteigkanten aufeinander abzustimmen. Im Geltungsbereich der *EBO* sollen die Bahnsteigkanten im Regelfall auf eine Höhe von 0,76 m über Schienenoberkante gelegt werden. Näheres zu Bahnsteigen und zur Abstimmung Bahnsteig/Fahrzeugeinstieg siehe Kap. 8.2, 8.3 und 12.

1.2.4 Fahrplan und Betriebsführung

Die Zugfahrten müssen koordiniert ablaufen. Dazu wird im Planungsstadium ein Sollfahrplan für jede Zugfahrt erstellt. Basiselemente zur Fahrplanerstellung sind die Laufwege der Züge, ihre Sollfahrzeiten zwischen den Betriebsstellen und ihre Haltezeiten an Bahnhöfen. Auch gegenseitige Verknüpfungen müssen festgelegt werden (Anschlüsse). Die Wunschfahrplantrassen müssen nun zusammen mit allen anderen auf Konfliktfreiheit getestet werden, wobei alle betrieblichen Belange und Zwänge (wie Fahrstraßen-Ausschlüsse in Knotenbereichen des Netzes) überprüft werden. Der Sollfahrplan muss fahrbar sein. Im alltäglichen Betrieb wird er aber nie genau eingehalten. Verspätungen, spontan eingelegte Züge, Baustellen und anderes erzwingen eine ständige Aktualisierung. Zu weiteren Details siehe Kap. 7 und 10.

1.3 Systemelemente und wichtige Schnittstellen

1.3.1 Regelungsnotwendigkeit

Ein komplexes System wie das des Schienenverkehrs verlangt nach Normung der wichtigsten **Systemelemente**, damit die Teile wie bei einem Getriebe ineinanderpassen. An der wichtigsten **Schnittstelle** zwischen Infrastruktur/Netz (Eisenbahninfrastrukturunternehmen, EIU) einerseits und dem Transport/Betrieb der untereinander im Wettbewerb auf dem Netz stehenden Eisenbahnverkehrsunternehmen (EVU) andererseits müssen insbesondere geregelt werden:

Lademaß/Lichtraumprofil (siehe auch Kap. 3, 6, 8.2 und 9)

Die Schienenfahrzeuge müssen nicht nur im Stillstand oder bei Geradeausfahrt, sondern auch in Gleisbögen, bei unterschiedlichen Einfederungen und entsprechend ihres Wankverhaltens jeden Punkt der zu befahrenden Strecken gefahrlos passieren können. Dazu wurden Lichtraumprofile für den frei zu haltenden Raum entlang einer Strecke definiert (siehe Abb. 1.2.1). Daraus abgeleitet wurden die Lademaße, die die maximal erlaubten Abmessungen eines Fahrzeuges einschließlich seiner Ladung wiedergeben. Zur Vereinfachung sind die jeweiligen Profile codiert.

Die Lichtraumprofile sind in Europa sehr unterschiedlich. Das kleinste Profil findet sich historisch bedingt in England. Die größten Abmessungen erlauben die Bahnen in den USA und Russland. Vielfach sind die Querschnitte unter alten Bogenbrücken und in Tunneln durch das Lichtraumprofil begrenzt. Auch steht einer Vergrößerung der zulässigen Fahrzeughöhe, z.B. zur Durchführung von Doppelstock-Containerverkehren, der Systemscheid zum elektrischen Betrieb mit Oberleitung

1.3 Systemelemente und wichtige Schnittstellen

entgegen. Die Fahrzeughöhe muss stets kleiner als die Lichtraumhöhe sein (4,80 m = Höhe des Regellichtraums, vgl. Grenzlinie Anl. 2 (3) *EBO* und Regellichtraum GC in Kap. 8.2). Die lichte Bauwerkshöhe (Überführungsbauwerke, Tunnel) richtet sich nach dem Lichtraumprofil bzw. bei elektrifizierten Strecken nach dem Stromsystem und der Systemhöhe der Oberleitungskonstruktion (lichte Mindesthöhen siehe Tabelle 2.12 in Kap. 2 „Querschnittsgestaltung der Bahnanlagen" im „Handbuch Eisenbahninfrastruktur", *Springer-Verlag*, 2006).

Zulässige Radsatzlasten und -klassen (siehe auch Kap. 8)

Die Kräfte auf die Schienen und damit auf den gesamten Oberbau setzen sich aus den statischen Kräften und einem nicht unerheblichen dynamischen Anteil zusammen. Als Schnittstelle wird jedoch nur die statische Last definiert, wobei von einer gleichmäßigen Verteilung der Ladung über den Wagen ausgegangen wird. In **Streckenklassen** werden max. Radsatzlasten von 12 bis 22,5 t je Achse definiert (niedrigste Streckenklasse „A" = 16 t, vgl. Tabelle in Erl. zu § 8 Abs. 1 im Kommentar zur *EBO*), in Ausnahmefällen bis 25 t im deutschen Netz. **Schwerlastbahnen** (vgl. Kap. 14.2.1) befahren einen Spezialoberbau mit 35 t je Achse und mehr. Daneben wird eine maximal zulässige Last je Meter Zuglänge definiert, u. a. zur Bemessung von Brücken. Dieser Wert reicht bis 8 t/m.

Maximale Zuglängen / Nutzlängen (siehe auch Kap. 8 und 10)

Die Fahrdienstvorschrift der *DB AG (KoRil 408.0711)* schreibt eine max. Wagenzuglänge von 700 m vor, was für Güterzüge relevant ist. Das Maß resultiert aus der kürzesten Blockstreckenlänge von

RHOMBERG BAHNTECHNIK GRUPPE – MODERNSTE BAHNTECHNOLOGIEN - TOTALUNTERNEHMER: VON DER ENTWICKLUNG BIS ZUR INSTANDHALTUNG ALLES AUS EINER HAND.

DIE BAHNTECHIK-TOOLS VON RHOMBERG: FÜR JEDE AUFGABE DAS RICHTIGE LEISTUNGSPAKET.

Rhomberg Bahntechnik begegnet jeder Herausforderung mit effizienten individuellen Leistungen und projektorientierten Schwerpunkten.

☐ **Schottergleis**
Wir haben mehr als 50 Jahre Erfahrung beim Bau und der Unterhaltung von Schottergleisen mit modernstem Maschinenpark.

☐ **Zusätzliche Leistungen im Bahnbau**
Unsere Spezialisten arbeiten kundenorientiert mit modernsten Mitteln für Planung, Projekt- und Schnittstellenmanagement. Wir bieten einzigartige Lösungen für Tunnel und komplexe Anlageninstallationen.

☐ **Planung und Consulting**
Systemabwicklung und aufgabenorientierte Logistiklösungen.

☐ **Technische Lösungen für Feste Fahrbahn**
Systeme und Know-how für sämtliche Anforderungen für den hochwertigen Bau der Festen Fahrbahn durch innovative Eigenentwicklungen - für Hochgeschwindigkeitsstrecken, Tunnelausrüstung auf Hochleistungsbahnen sowie für Metros und Stadtbahnen.

Rhomberg Bahntechnik GmbH
Mariahilfstraße 29, 6900 Bregenz (Austria)
E-Mail: info@bahntechnik.com, www.bahntechnik.com
Rhomberg Bahntechnik AG
Poststrasse 17, 9000 St.Gallen (Switzerland)
E-Mail: info@bahntechnik.ch, www.bahntechnik.ch

1 Grundelemente des Systems Bahn und Konsequenzen für die Systemgestaltung

950 m abzüglich eines Durchrutschweges hinter dem Signal von 200 m, 40 m für zwei Triebfahrzeuge in Doppeltraktion und 10 m Sichtweg auf ein Signal. Die kürzeste Blocklänge wurde seinerzeit so gewählt, dass alle Züge aus den damals zulässigen Geschwindigkeiten noch innerhalb des Blockes zum Stehen kamen. Bezüglich der zulässigen Geschwindigkeit von Reisezügen in Deutschland siehe Abb. 8.2.2 in Kap. 8.2. Die BO von 1928 ließ 120 km/h zu, die Änderung der BO ab 1. März 1943 erlaubte in besonderen Fällen mit Zugbeeinflussung 135 km/h. Höhere Geschwindigkeiten wurden mit Erlaubnis des Verkehrsministers noch lange Zeit mit Dieseltriebwagen gefahren: 1933 mit 150 km/h, 1935 mit 160 km/h, ab 1957 durch TEE mit 140 km/h.

Reisezüge dürfen 400 m Länge nicht überschreiten. Auf diese so definierten Zuglängen werden die Nutzlängen der Gleise und ggf. die Bahnsteiglängen bemessen.

Bahnsteighöhen

Der Sachverhalt wird im Detail in Kapitel 8.2 erörtert.

Netzzugang und Wettbewerbsregeln (siehe auch Kap. 9.6)

Die Infrastruktur hat Interesse an klaren und zukunftssicheren Regelungen für die Dimensionskriterien der Infrastrukturelemente, weil deren Langlebigkeit und Kosten eine schnelle Anpassung an veränderte Anforderungen erschwert. Die Transporteure (EVU), profitieren ebenfalls von klaren Regeln, weil damit gleiche Wettbewerbsbedingungen für alle geschaffen werden. Aktuell finden sich hierzu Regelungen in der *EIBV (Eisenbahninfrastrukturbenutzung-Verordnung)*. Insbesondere wird dort geregelt, welche Bedingungen ein EVU erfüllen muss, um das bundesdeutsche Schienennetz nutzen zu dürfen.

1.3.2 Zuständigkeiten

Nationale und regionale Perspektive

Der Bund ist (noch) zu 100 % Eigentümer der *DB AG* mit allen ihren Unternehmensgliederungen. Nach Artikel 73 des *Grundgesetzes (GG)* obliegt dem Bund daher die ausschließliche Gesetzgebung für die bundeseigenen Bahnen und die konkurrierende Gesetzgebung über die nichtbundeseigenen Eisenbahnen (NE-Bahnen). Im *Allgemeinen Eisenbahngesetz (AEG)* sind die Grundsätze für alle Eisenbahnen festgelegt. Für die NE-Bahnen haben die Bundesländer eigene Landeseisenbahngesetze.

Die wichtigsten Aufgaben der Aufsicht und Zulassung hat der Bund an das *Eisenbahn-Bundesamt (EBA)* delegiert. Die Länder haben Landeseisenbahnaufsichten (LEA), die aber viele ebenfalls in die Hände des *EBA* gelegt haben. Grundsätzlich wird nur das Nötigste für das technische und wirtschaftliche Zusammenspiel von EIU und EVU geregelt. Die Einzelheiten finden sich in den Regelwerken der jeweiligen Unternehmen.

Europäische Perspektive (siehe auch Kap. 12)

Im Rahmen der Liberalisierung und Harmonisierung des europäischen Eisenbahnsystems hat die EU-Kommission immer mehr Kompetenz an sich gezogen. So sind die EU-Verordnungen zur Trennung von Netz und Transport oder zum Zugang zum Netz für Dritte inzwischen in nationales Recht umgesetzt worden. Gemeinsam mit den Eisenbahnverbänden und der Industrie werden die *Technischen Spezifikationen für die Interoperabilität (TSI)* erarbeitet, die bereits für einige Bereiche

KOMPETENZZENTRUM DEUTSCHE PLASSER.

Ihr Stopfaggregat ist bei uns in guten Händen. Vom fachgerechten Zerlegen, Reinigen, Aufarbeiten mit modernsten Bearbeitungsmethoden über die fachmännische Montage, bis zum Leistungstest auf den eigenen Prüfständen, werden alle Arbeiten am Standort München präzise erledigt.

SCHNELL - LEISTUNGSSTARK - KOMPETENT

www.deutsche-plasser.de

Deutsche Plasser

1 Grundelemente des Systems Bahn und Konsequenzen für die Systemgestaltung

Gültigkeit erlangt haben. Hiervon betroffen sind vor allem neue Projekte, während für den Bestand noch relativ langfristige Übergangsregelungen gelten.

1.3.3 Maßgebende Gesetze (siehe auch Kap. 3)

Eisenbahn-Bau- und -Betriebsordnung (EBO)

Die wichtigste Verordnung für alle regelspurigen Bahnen ist die *EBO*; sie gilt nicht für den Bau, den Betrieb oder die Benutzung der Bahnanlagen eines nichtöffentlichen Eisenbahninfrastrukturunternehmens. Die *EBO* regelt die Grundzüge der Bahnanlagen (z. B. Bau- und Trassierungsfragen, Mindestradien und Gleisüberhöhungen), der Fahrzeuge (z. B. Radsatzlasten, Begrenzung, Bremsen sowie Abnahme und Zulassung), des Bahnbetriebes (z. B. Fahrgeschwindigkeit und Sicherung der Zugfolge), der Anforderungen an das Betriebspersonal sowie die Sicherheit und Ordnung auf dem Gebiet der Bahnanlagen.

Eisenbahn-Bau und -Betriebsordnung für Anschlussbahnen (EBOA/BOA)

Für vereinfachte Verhältnisse finden die *Bau- und Betriebsordnungen für Anschlussbahnen (EBOA/ BOA)* Anwendung. Die Bahnen erlassen auf dieser Basis betriebsinterne Regelwerke.

Eisenbahnsignalordnung (ESO)

Die *ESO* beinhaltet die gesetzliche Festlegung für die einheitliche Signalgebung bei den Eisenbahnen des öffentlichen Verkehrs im Gebiet der Bundesrepublik Deutschland. Sie wurde erstmals 1875 aufgestellt und ist die Grundlage für das *Signalbuch (SB)* der *Deutschen Bahn* (siehe auch Kap. 10). Die Signale der *ESO* müssen mindestens in dem Umfang angewendet werden, den die *EBO* und die *ESBO* vorschreiben.

Eisenbahnkreuzungsgesetz (EKrG)

Das Gesetz über Kreuzungen von Eisenbahnen und Straßen (*Eisenbahnkreuzungsgesetz – EKrG*) regelt die Art, den Umfang und die Durchführung von Maßnahmen bei Kreuzungen von Schienenwegen und Straßen.

Bau- und Betriebsordnung für Straßenbahnen (BOStrab)

Die *BOStrab* beinhaltet den Bau und die Regelung des Betriebs von Straßen-, Stadt- und U-Bahnen. Sie legt den Mindeststandard fest und bildet den Rahmen für weitere unternehmensspezifische Festlegungen.

1.3.4 Ausführungsbestimmungen der EVU/EIU und der NE-Bahnen (siehe auch Kap. 3)

Zur Konkretisierung der Vorgaben aus den Gesetzen erlassen die jeweiligen Bahngesellschaften besondere Ausführungsbestimmungen als interne Anweisungen. Bei der DB AG sind dies die Konzernrichtlinien (KoRil), die NE-Bahnen berufen sich meist auf die *VDV-Vorschriften*.

Die Bahnen haben hier Gestaltungsmöglichkeiten, um einerseits ihrer Verpflichtung zur sicheren Betriebsführung und andererseits dem Druck zur Wirtschaftlichkeit nachzukommen.

2 Die Entwicklung des Systems Bahn
Eberhard Jänsch, Jürgen Siegmann

2.1 Die Wurzeln in England und Deutschland

Schon im Altertum, bei den alten Griechen und Römern, gab es auf den Transportwegen Streckenabschnitte mit Spurrillen. In Mitteleuropa wurden spurgeführte Fahrzeuge im mittelalterlichen Bergbau eingesetzt. Erst mit Menschenkraft, dann mit Hilfe von Pferden und später mit Seilzügen und stationären Dampfmaschinen wurden Wagen über die Gleise in den Zechen gezogen. Loren ließen sich leichter schieben oder ziehen, wenn sie spurgeführt waren. Kraftersparnis, Verlegegenauigkeit und Verschleißfestigkeit waren Motive für den Übergang von Holz- auf gusseiserne Schienen und später auf Stahlschienen. Schon 1767 wurden in Coalbrookdale die ersten Barrenschienen gegossen, damals noch für die „Waggonways", auf denen in den Eisenwerken Erz und Kohle transportiert wurden.

James Watt erfand 1769 die (zunächst nur stationäre) Dampfmaschine und erhielt 1784 ein Patent für Maschinen, die Personen, Waren oder andere Gegenstände von Platz zu Platz bewegen sollten und daher selbst transportabel sein mussten. 1804 fuhr *Richard Trevithick* den ersten mit einer Lokomotive gezogenen Zug auf einer Bahnstrecke des Eisenwerks *Pen-y-darran*. Es war ein gemischter Personen- und Güterzug, beladen mit 10 t Eisen und 17 Reisenden, und man benötigte 4:05 Stunden für die 14,5 Kilometer lange Fahrt. Kohlenzechen und Eisenhütten waren auf Grund der hier anstehenden Transportaufgaben (große, regelmäßig aufkommende Massen, aber geringe Transportweiten; handwerkliche Fähigkeiten der Belegschaft, gute Ausrüstung der Werkstätten) das ideale Experimentierfeld für die Eisenbahnpioniere.

1820 wurden die bis dahin gusseisernen, nur 3 Fuß langen Schienen durch die über fünf Stützpunkte durchlaufende, 15 Fuß (etwa 4,5 m) lange schmiedeeiserne Schiene von *John Birkenshaw* abgelöst. Zehn Jahre später erhielten *Losh* und *Walker* ein Patent auf schmiedeeiserne Radkränze und Speichen. Bis zur Erfindung des nahtlos gefertigten Radreifens durch *Alfred Krupp* vergingen aber noch weitere zwei Jahrzehnte (Patente von 1851/52).

George Stephenson eröffnete im Jahr 1825 mit seiner *lokomotive engine* „Locomotion No. 1" die erste öffentliche Eisenbahnstrecke von Stockton nach Darlington.

1830 wurden in der knapp 50 km langen Strecke Liverpool-Manchester alle bis zum damaligen Zeitpunkt erkennbaren Entwicklungslinien zu dem neuen Transportsystem Eisenbahn verknüpft. „Der Prototyp des Systems Eisenbahn" entstand (*Weigelt*) [1]. Die Eröffnung der Strecke am 15. September 1830 kann somit als Geburtsstunde des Systems Eisenbahn gelten. Lieferant der Lokomotiven war *Robert Stephenson & Company*, die 1823 von *George Stephenson* mit seinem Sohn *Robert* gegründete erste Lokomotivenfabrik der Welt. Der gesamte Streckenentwurf stammte von *George Stephenson*, einschließlich des 1:48 geneigten, 2 km langen Steilrampen-Tunnels in Liverpool zwischen Edge Hill und dem Hafengelände in Wapping, und der hier erstmals angewandten Spurweite von 4 Fuß 8½ Zoll (1435 mm). Das berüchtigte „Chat Moss", in dem schon mancher Reisende versunken sein soll und das vordem als unüberwindliches Hindernis galt, durchquert die Strecke auf einem auf Faschinen schwimmend gelagerten Damm. Die zweigleisige Neubaustrecke war mit Gleisbogenradien nicht unter 1990 m trassiert, mit mehreren Fluss- und Kanalbrücken, und alle querenden Straßen wurden von der Bahnlinie höhenfrei gekreuzt.

1832 wurde die Bahnstrecke Linz-Budweis in Betrieb genommen – mit Pferden als Traktionsmittel, was schon damals als anachronistisch anzusehen war, sich aber bis 1854 behaupten konnte.

2.2 Eisenbahnen in Deutschland bis 1914

Am 7. Dezember 1835 konnte die *Ludwigs-Eisenbahn* als erste deutsche Strecke von Nürnberg nach Fürth in Betrieb gehen, mit der Lokomotive *Der Adler* aus der Werkstatt von *Robert Stephenson & Co*, und dem Engländer *William Wilson* als Lokomotivführer (Abb. 2.2.1). Ab Ende der 1830er Jahre entwickelte sich auch in Deutschland und Amerika eine Eisenbahnindustrie (Abb. 2.2.2), und in den folgenden Jahren ein dichtes Netz von Eisenbahnstrecken.

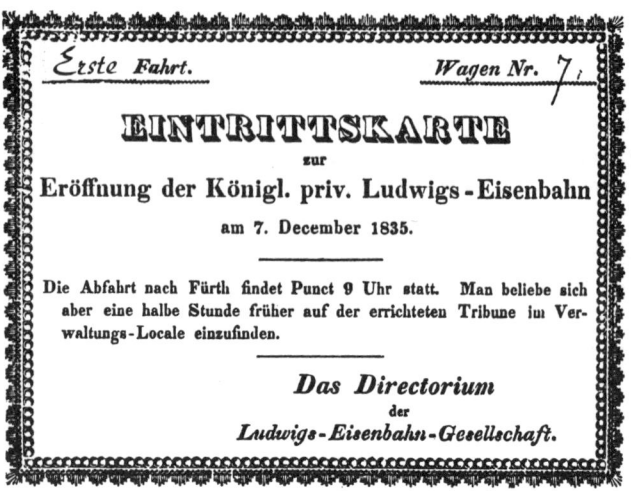

Abb. 2.2.1: Eröffnung der *Ludwigs-Eisenbahn* 1835; Quelle: [2]

Abb. 2.2.2: Lokomotive Jaxt der *Württembergischen Staatsbahn*, hergestellt von *Norris* (Philadelphia) 1845; Quelle: [2]

2.2 Eisenbahnen in Deutschland bis 1914

1839 ging mit der 115 km langen Neubaustrecke Leipzig-Dresden die erste deutsche Fernbahnstrecke in Betrieb. Weitere Bahnen entstanden in rascher Folge. Die Streckenlänge auf dem Gebiet Deutschlands betrug
- 1840: 580 km,
- 1870: 18 000 km,
- 1895: 46 560 km,
- 1915: 62 410 km.

Das 1833 von *Friedrich List* für Deutschland entworfene Fernbahnnetz (Abb. 2.2.3) wurde in dieser Form allerdings nicht planmäßig oder systematisch realisiert. Vielmehr waren es die Initiativen einzelner privater Investoren und die Interessen einzelner deutscher Staaten, die den Ausbau der Strecken und deren Verknüpfung voranbrachten. Ein einheitliches Schema dafür gab es nicht.

In Preußen wurden viele Bahnen zunächst privat finanziert, außer der 1857 auf Staatskosten fertig gestellten Ostbahn Berlin-Danzig-Königsberg. Durch preußisches Gesetz von 1853 sollten die Privatbahnen vom Staat käuflich erworben werden. Das wurde schon 1859 revidiert, und der Staat verkaufte seine Anteile wieder, so zum Beispiel 1866 die *Köln-Mindener Eisenbahn*. Nachdem sich aber in der Folgezeit allmählich Unzulänglichkeiten hinsichtlich der Leistungsfähigkeit der einzelnen Gesellschaften und ihrer Abstimmung untereinander zeigten, begannen die deutschen Länder erneut

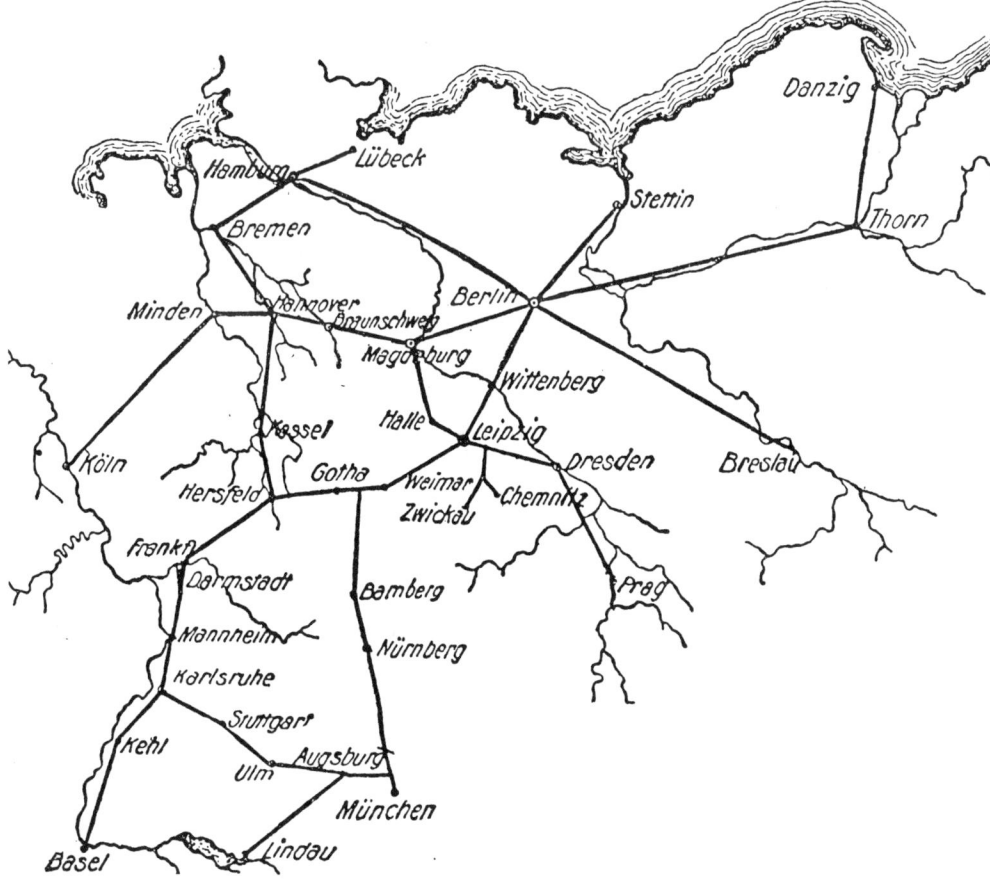

Abb. 2.2.3: Vorschlag für ein deutsches Eisenbahnnetz, *List* 1833; Quelle: [2]

2 Die Entwicklung des Systems Bahn

mit der planmäßigen Verstaatlichung, so ab 1876 Sachsen und ab 1879 Preußen. Mit Eisenbahnverkehr ließ sich auch gutes Geld verdienen. So verteilte sich der Gesamtüberschuss der Betriebs- und Steuerverwaltung in Preußen gemäß Abb. 2.2.4 wie folgt:

Überschuss aus:	1880/81	1893/94
Steuern	52,40 %	32,80 %
Forsten, Bergbau usw.	19,20 %	10,30 %
Eisenbahnen	24,40 %	55,90 %

Abb. 2.2.4: Überschuss für die preußische Staatskasse; Quelle: [3]

In Bayern erfolgte der Ankauf der wichtigsten Hauptstrecke des Landes, der privat finanzierten Strecke Augsburg–München, durch den Staat schon im Jahr 1844, vier Jahre nach deren Inbetriebnahme. Einzelne deutsche Länder, wie Württemberg und Baden, bauten ihr Netz von vornherein auf gesetzlicher Grundlage als Staatseisenbahnen aus. Seit 1845 gab es bereits ein Kursbuch für die Post- und Eisenbahnverbindungen (Abb. 2.2.5).

Die nach 1871 stürmisch verlaufende industrielle Entwicklung in Deutschland ging einher mit dem weiteren Ausbau der Bahnanlagen. Neben dem Streckenneubau waren es die Umgestaltung der großen Personenbahnhöfe, der Bau von Rangierbahnhöfen, Industriebahnhöfen und Ladehallen, die Verbesserung der Spurpläne in Netzknoten und der Bau von Güterumgehungsbahnen und Verbindungsbahnen.

Abb. 2.2.5: Kursbuch von 1845; Quelle: [2]

2.2 Eisenbahnen in Deutschland bis 1914

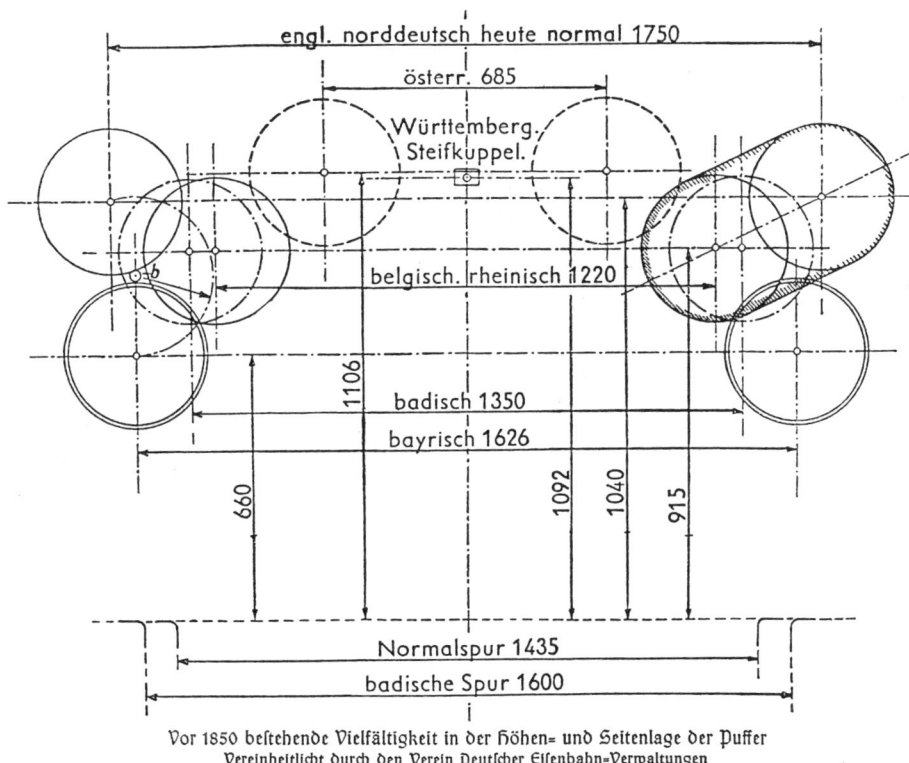

Vor 1850 bestehende Vielfältigkeit in der Höhen= und Seitenlage der Puffer
Vereinheitlicht durch den Verein Deutscher Eisenbahn=Verwaltungen

Abb. 2.2.6: Pufferhöhen und -seitenlage bis 1850; Quelle: [2]

Im Verlauf des 19. Jahrhunderts wurden die technischen Parameter und Komponenten harmonisiert, wozu ab 1846 der *Verein Mitteldeutscher* (später: *Mitteleuropäischer*) *Eisenbahnverwaltungen* mit seinen *Technischen Vereinbarungen* (*TV*, 1866) und ab 1887 die *Technische Einheit* (*TE*) in Bern wesentliche Beiträge geleistet haben. 1850 wurden mit den *Grundzügen für die Gestaltung der Eisenbahnen Deutschlands* Pufferhöhen und -abstände harmonisiert (siehe Abb. 2.2.6).

Die noch heute genutzte Schraubenkupplung wurde Mitte des 19. Jahrhunderts standardisiert und eingeführt, ähnliches gilt für die Druckluftbremse, die Anfang des 20. Jahrhundert in Deutschland etabliert wurde.

Einen besonders wichtigen Platz nimmt die Entwicklung der Kommunikations- und Signaltechnik ein. Die optische Informationsübermittlung wurde schon rasch durch elektrische Kommunikation (zum Beispiel „Läutewerk" für Schrankenwärter), Telegraphie und später Telephonie abgelöst. Das Fahren im Raumabstand mit elektrischem Streckenblock und die Signalabhängigkeit der Weichen wurden zwischen 1850 und 1870 eingeführt. Ab 1.4.1875 galt eine einheitliche *Signalordnung für die Eisenbahnen Deutschlands*, beschlossen vom Deutschen Bundesrat. Nicht zu vergessen ist die einheitliche Uhrzeit für Mitteleuropa, ohne die geregelter Bahnbetrieb nicht möglich ist.

Mit der kleinen elektrischen Lokomotive von *Siemens & Halske* (Berliner Gewerbeausstellung 1879, siehe Abb. 2.2.7) kündigte sich eine weitere technische Revolution im Eisenbahnwesen an.

Die *Studiengesellschaft für Elektrische Schnellbahnen* (*StES*) erreichte mit ihren beiden Versuchstriebwagen im Jahr 1903 210 km/h auf gerader Strecke. Diese wurden gespeist aus einer mit 3-Phasen betriebenen Oberleitung (siehe Abb. 2.2.8).

Abb. 2.2.7: Der erste elektrische Personenzug der Welt, *Siemens*, 1879; Quelle: [4]

Abb. 2.2.8: *AEG*-Versuchstriebwagen der *StES*, Drehstrom-Oberleitung; Quelle: [4]

1907 nahm die elektrische Vorortbahn Blankenese-Ohlsdorf ihren Betrieb auf. Die Strecke wurde mit Triebwagen befahren (6 kV/25 Hz, Oberleitung). 1911 begann der elektrische Betrieb mit Wechselstrom 10 kV/15 Hz auf der Strecke Dessau-Bitterfeld; der Strom dafür kam aus dem neuen Bahnstrom-Dampfkraftwerk Muldenstein. Ein Jahr später legte ein *Übereinkommen betreffend die Ausführung elektrischer Zugförderung* zwischen den Preußisch-Hessischen Staatsbahnen und den Staatsbahnen Bayerns und Badens das Oberleitungs-Stromsystem für Fernbahnen auf Einphasen-Wechselstrom mit 15 kV/16$^{2}/_{3}$ Hz fest. Mit dem Einphasen-System kann die Stromversorgung sehr einfach aufgebaut werden, und Phasentrennstellen in der Oberleitung werden vermieden. Die auf $^{1}/_{3}$ der üblichen 50 Hz-Landesversorgungssysteme herabgesetzte Frequenz sollte dazu dienen, die sonst zu beobachtende Funkenbildung in den Reihenschluss-Kommutatormotoren der Triebfahrzeuge zu vermeiden.

2.3 Die Zeit 1914–1945

Im Deutsch-Französischen Krieg 1870/71 und erst recht im ersten Weltkrieg übernahmen die Bahnen logistische Aufgaben für das Militär. Kurz nach dem ersten Weltkrieg, im Jahr 1920, wurden die acht deutschen Staatsbahnen zu den deutschen Reichseisenbahnen zusammengelegt („Verreichlichung" der Ländereisenbahnen). Im Februar 1924 wurde zunächst das Unternehmen *Deutsche Reichsbahn* geschaffen. Im Oktober desselben Jahres gingen die Betriebsrechte per Gesetz auf die *Deutsche Reichsbahn-Gesellschaft (DRG)* über, in deren Verwaltungsrat auch die Siegermächte vertreten waren. Die *DRG* war formal eine Aktiengesellschaft, wurde aber ähnlich einer Anstalt öffentlichen Rechts geführt, und sie wird heute im Nachhinein als „juristische Person öffentlichen Rechts" bezeichnet. Sie hatte einen unternehmerischen Auftrag, jedoch kein Eigentum, denn alle Anlagen, Fahrzeuge und Betriebsmittel blieben kraft Gesetzes Eigentum des Reiches. Insofern war die DRG eine Verkehrs- und Betriebsführungsgesellschaft. Bis 1932 hatte sich diese Gesellschaft mit sehr großen Summen an den Reparationszahlungen zu beteiligen. Sie wurde Ende Januar 1937 für aufgelöst erklärt und als Sondervermögen unmittelbar dem Reichsverkehrsministerium unterstellt, nun wieder unter dem Namen *Deutsche Reichsbahn*.

Die von den Länderbahnen eingebrachten Betriebsmittel stellten eine bunt zusammengewürfelte Auswahl meist veralterter und durch Kriegseinwirkung heruntergekommener Teile dar. Die Reichsbahn begann daher mit einem breit angelegten Vereinheitlichungsprogramm für Lokomotiven, Wagen und Anlagen. Ab 1926 wurden die Lokomotiven mit der *Induktiven Zugsicherung (Indusi)* ausgerüstet, die bei Nichtbeachten „Halt" oder „Halt erwarten" zeigender Signale eine Zwangsbremsung auslöst – ein Meilenstein in der Zugfahrt-Sicherungstechnik. Die Güterzüge wurden mit der durchgehenden Druckluftbremse ausgerüstet, was den Einsatz von 28 000 Bremsschaffnern bei der Reichsbahn entbehrlich machte [5].

Die Elektrifizierung der Hauptstrecken, die durch den Weltkrieg aufgehalten war, schritt nun voran, und zwar in Sachsen, Schlesien, Bayern und Thüringen. Die Elektrolokomotiven wurden leistungsstärker; einige Dampflokomotiven erhielten stromlinienförmige Verkleidungen (Abb. 2.3.1). Als Spitzenangebot verbanden dieselelektrisch oder dieselhydraulisch angetriebene Schnelltriebwagen wie der *Fliegende Hamburger* (Abb. 2.3.2) und seine Nachfolgemodelle die deutschen Großstädte untereinander und mit Berlin (Abb. 2.3.3). Diese Züge erreichten mit einer Höchstgeschwindigkeit von 160 km/h und durch betriebliche Sonderbehandlung sehr kurze Fahrzeiten, wie Berlin Lehrter Bahnhof-Hamburg Hbf in 2:18 h, Berlin Zoo–Köln Hbf in 5:00 h.

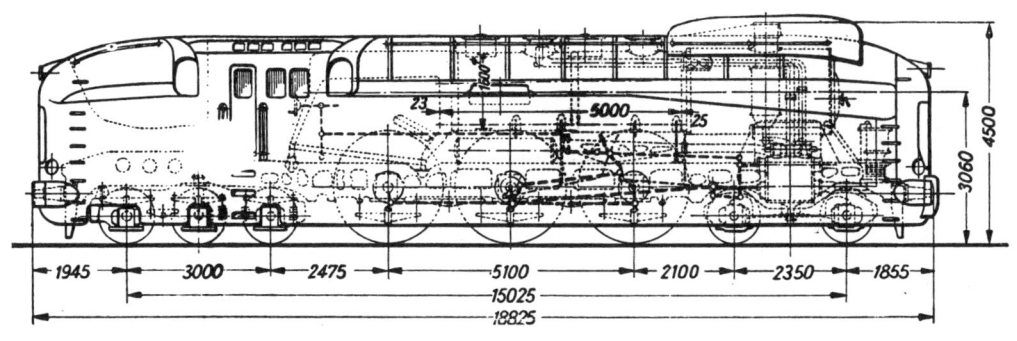

Abb. 2.3.1: Dampflokomotive von Henschel für den Einsatz Berlin-Dresden; Quelle: *Henschel-Lokomotiventaschenbuch*, 1952

2 Die Entwicklung des Systems Bahn

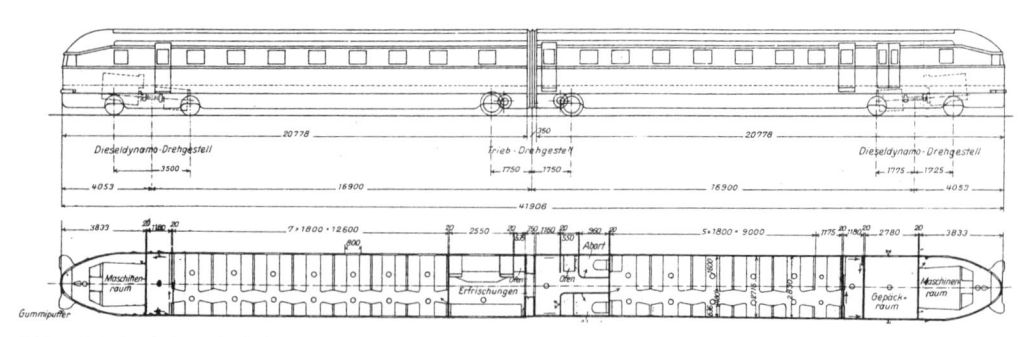

Abb. 2.3.2: Schnelltriebwagen-Prototyp Fliegender Hamburger, Görlitz 1932; Dieselelektrischer Antrieb, Magnetschienenbremse; Quelle: [4]

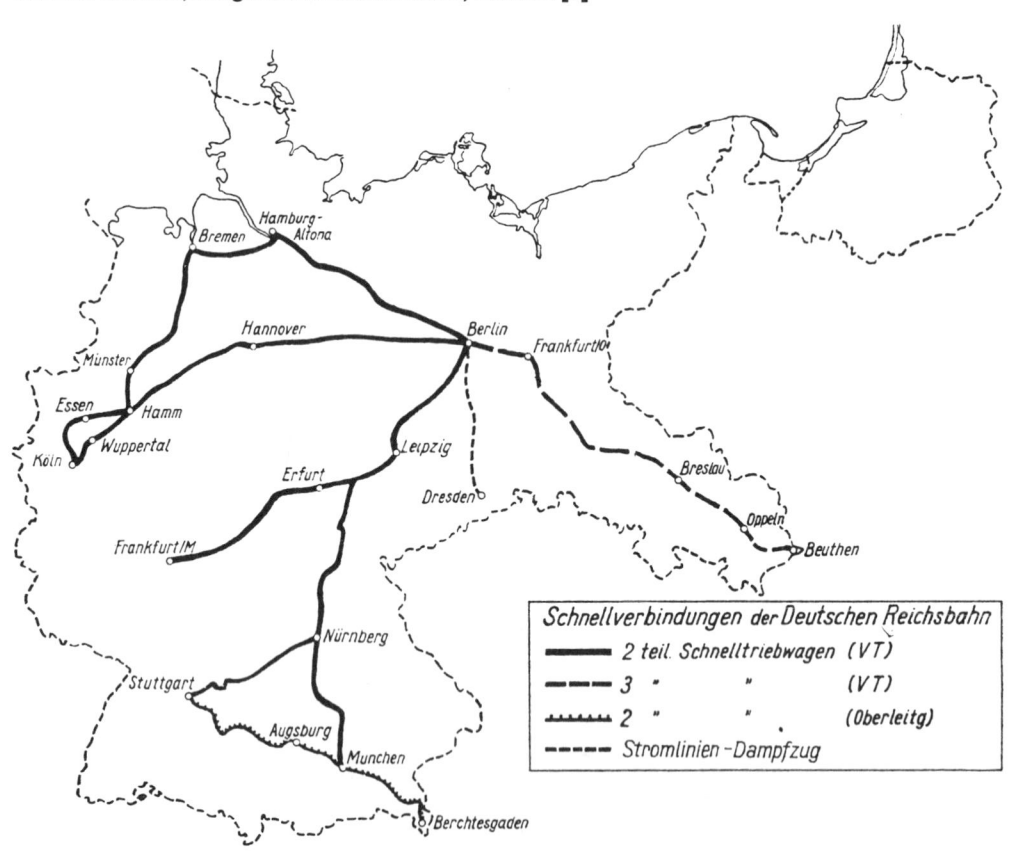

Abb. 2.3.3: Schnellfahrnetz der Reichsbahn, Stand Dezember 1936; Quelle: [6]

In Berlin wurden die Stadt-, Ring- und Vorortbahnen mit Gleichstrom elektrifiziert und in „S-Bahn" umbenannt (*Die Reichsbahn, Amtlicher Teil*, 24. Dezember 1930).

Im Güterverkehr transportierte die Reichsbahn etwa ¾ des Transportaufkommens in Deutschland [5]. Die Hauptabfuhrlinien gehen aus Abb. 2.3.4 hervor.

Im zweiten Weltkrieg wurde die Eisenbahn zu einem wichtigen Teil der Kriegsführung zu Lande, weil nur sie in der Lage war, die Nachschubtransporte über die langen Distanzen bis zu den Fronten zu

2.4 Entwicklungen 1945–1993

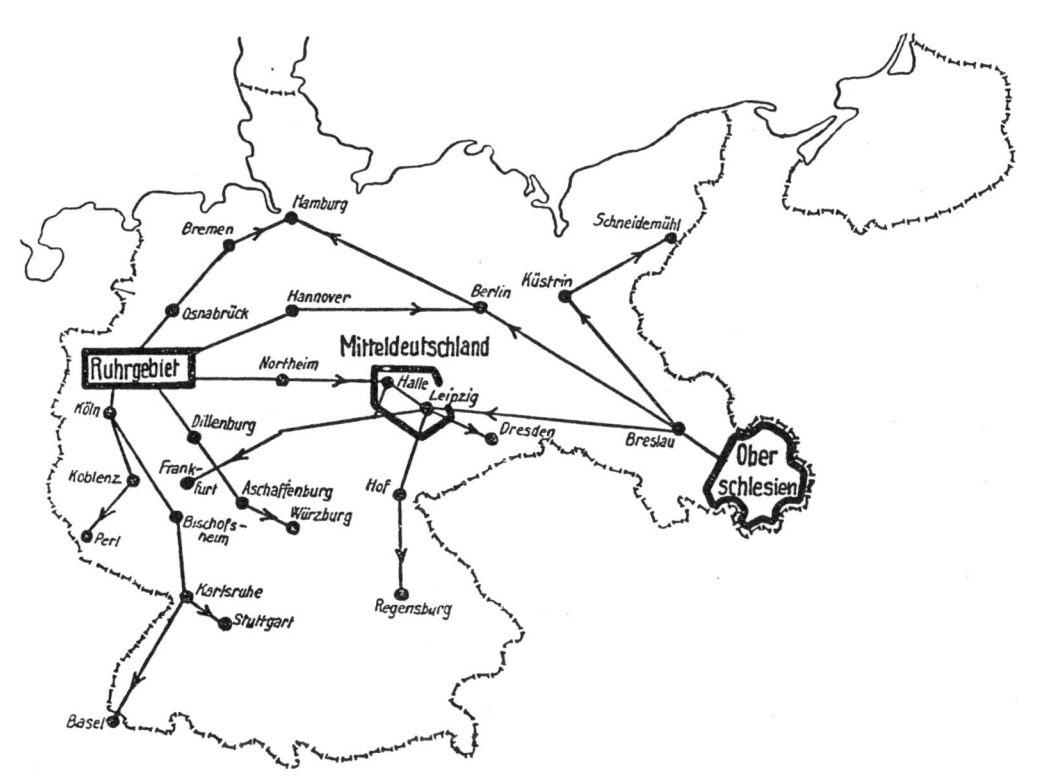

Abb. 2.3.4: Hauptabfuhrstrecken des Güterverkehrs, 1935; Quelle: [2]

realisieren. Die Reichsbahn gehörte zum Verkehrsministerium und musste alles transportieren, was von ihr verlangt wurde: Nicht nur, wie bisher Kohle und Lebensmittel, sondern auch Panzer und Munition, Soldaten, Verwundete, Ausgebombte und Flüchtlinge, und ebenso war sie an den Deportationen in die Konzentrationslager beteiligt.

Das etwa 58 000 km umfassende Schienennetz der Reichsbahn war bevorzugtes Ziel der Bombenangriffe. Eisenbahnbrücken, Bahnhöfe, Rangieranlagen, Betriebswerke wurden bombardiert. Bei Kriegsende war fast alles zerstört.

2.4 Entwicklungen 1945–1993

2.4.1 Die Aufteilung der Bahn in Deutschland

In beachtenswerter Pionierleistung wurde das desolate Netz nach dem Krieg notdürftig repariert, um den Betrieb schnell wieder aufnehmen zu können. Die wenigen Personenzüge waren weit überbesetzt (Wanderungsbewegungen, Hamsterfahrten).

Durch die Aufteilung Deutschlands wurde auch das Netz der *Deutschen Reichsbahn* in mehrere Teile gespalten. Im Bereich der damaligen sowjetischen Besatzungszone (ab 07.10.1949 DDR) und Berlin behielt die **Deutsche Reichsbahn (DR)** den Betrieb. Die britische und amerikanische Besatzungszone wurden zunächst zu einem „Vereinigten Wirtschaftsgebiet" zusammengefasst. Mit Wirkung vom 07. September 1949 (dem Tag, als die konstituierende Sitzung von Bundesrat und Bundestag

2 Die Entwicklung des Systems Bahn

stattfand) wurde die Bezeichnung **Deutsche Bundesbahn (DB)** für die bisherige *Deutsche Reichsbahn* im Vereinigten Wirtschaftsgebiet wirksam. Einen Monat später kamen die Südwestdeutschen Eisenbahnen in der französischen Besatzungszone hinzu. Die Eisenbahnen des Saarlandes kamen erst mit dem deutsch-französischen Saarvertrag am 1.1.1957 zur *DB*.

Zwischen den Netzen der *DB* und *DR* gab es nur einige wenige Grenzübergänge – mit langen Aufenthalten wegen langwieriger Kontrollen. Die Neuausrichtung des Verkehrs in die Nord-Süd-Richtung in Westdeutschland machte einen erheblichen Mangel deutlich: Die vor dem Krieg weniger bedeutenden Nord-Süd-Strecken waren aus historischen Gründen nicht besonders gut ausgebaut, was zu betrieblichen Qualitätsproblemen führte.

2.4.2 Die *Deutsche Reichsbahn* der DDR

In Ostdeutschland wurden erhebliche Infrastrukturen im Rahmen der Reparationsleistungen von den Sowjets abgebaut. Nahezu alle zweigleisigen Strecken wurden auf ein Gleis reduziert, auf einigen Strecken die Elektrifizierung abgebaut. West-Berlin lag wie ein Fremdkörper im Netz der *DR*, daher wurde mit großen Anstrengungen der Berliner Außenring (BAR) erstellt, um ohne Passage durch West-Berlin den Eisenbahnverkehr der DDR durchführen zu können. Der Osten litt sehr stark unter dem Verlust der früheren Ost-West-Arbeitsteilung in Deutschland. Die Schwerindustrie und andere Schlüsselindustrien mussten neu aufgebaut werden, dadurch fehlten zunächst diese Ressourcen für den Wiederaufbau der Eisenbahn. Rohstoffmangel und Demontage kamen erschwerend hinzu.

Die Bahn wurde zum wichtigsten Verkehrsträger der ehemaligen DDR, zumal sich aufgrund der sozialistischen Politik ein Individualverkehr kaum ausbilden konnte. Die staatlich gelenkte Planwirtschaft griff restriktiv in die Transportwirtschaft ein und zwang Gütertransporte auf die Schiene; ihr Anteil am Gütertransportvolumen betrug über 70 %.

Bis Ende der 1980er Jahre war die Braunkohle als zentraler Energieträger der DDR das wichtigste Transportgut im Massenverkehr. Containerverkehre wurden Ende der sechziger Jahre begonnen, führten aber bis zuletzt nur ein Schattendasein.

In den sechziger Jahren begann die *DR* mit der Umstellung auf Dieseltraktion, zumal der Treibstoff infolge der Öllieferungen aus der UdSSR günstig zu erwerben war.

Durch politisch gewollte Arbeitsteilung im *Rat für gegenseitige Wirtschaftshilfe (RGW)* wurde die *DR* gezwungen, Großdiesellokomotiven aus der Sowjetunion und Rumänien zu importieren. Ein Teil dieser Maschinen fährt auch heute noch im Netz der *Deutschen Bahn*. Die Arbeitsteilung band aber auch Waggonbaukapazitäten in der DDR, die beispielsweise für die Sowjetunion Wagenmaterial produzierte. Dies führte zu Wagenmangel und zur Fahrzeugherstellung in den Ausbesserungswerken der *Deutschen Reichsbahn*. Nach den Ölkrisen Mitte der siebziger Jahre begann man mit einem ehrgeizigen Elektrifizierungsprogramm und der Produktion von Elektrolokomotiven. Damit verfügte die *Deutsche Reichsbahn* zum Zeitpunkt der Vereinigung über einen modernen Triebfahrzeugbestand.

Die nicht vorhandene Konkurrenz des Individualverkehrs und der Bau von Trabantenstädten, die durch den öffentlichen Nahverkehr erschlossen wurden, bescherten der *Deutschen Reichsbahn* eine große Nachfrage im Personenverkehr. Allerdings waren die Qualität des rollenden Materials und der Infrastruktur mit der *Deutschen Bundesbahn* nicht vergleichbar. Das Netz wurde stark in Nord-Süd-Richtung ausgerichtet, mit Berlin als Zentrum. Die großen Belastungen im Güter- und Personenverkehr und die unzureichenden Investitionen stellten hohe Anforderungen an das Personal (250 000 Mitarbeiter 1989). Das Bahnsystem wurde „auf Verschleiß gefahren".

2.4 Entwicklungen 1945–1993

2.4.3 Die *Deutsche Bundesbahn* und ihr Umfeld

Bei der *Deutschen Bundesbahn* verlief die Entwicklung anders. Ausführlich ist dies in [7] dokumentiert.

Bereits 1953 wurde bei der *DB* begonnen, die Schienen lückenlos zu verschweißen, wozu 1959 die Betonschwelle B 59 auf den Hauptstrecken eingeführt wurde, um eine ausreichende Lagestabilität des Gleises bei hohen temperaturbedingten Kräften zu erreichen. Später (1970) wurde mit der Schwelle B 70 eine noch schwerere Bauform eingeführt und erste Versuche mit Betonplattenoberbau, der Festen Fahrbahn (FF) wurden durchgeführt.

Im Jahre 1961 wurde die wichtigste Strecke im Netz der *DB*, die Nord-Süd-Strecke Göttingen-Bebra-Würzburg, erneuert und elektrifiziert. Die Bahnsteige der Fernzughalte wurden auf 400 m Nutzlänge verlängert, die Güterzugüberholungsgleise erhielten 750 m Nutzlänge. Rationalisierungen betrafen die Reduktion der Weichenanzahl, die Eliminierung der Kreuzungen in Hauptgleisen, den Bau schlanker Weichenstraßen und die Installation von damals modernen Gleisbild-Stellwerken – Frankfurt (M) Hbf 1957, München Hbf 1964 – und Selbstblocksignalen auf den Streckengleisen.

Das Verkehrswesen in der Bundesrepublik Deutschland vollzog in den Jahren nach dem Krieg einen radikalen Wandel, ausgelöst durch drei Entwicklungsfelder:
1. Die bebaute Fläche stieg von 2 % (1939, auch etwa für 1950 anzunehmen) auf 6 % (1985).
2. Der Bestand an Personenkraftwagen (Pkw) stieg von 0,6 Millionen (Mio) im Jahr 1950 auf 25,8 Mio im Jahr 1985 und 30,7 Mio in 1990, vor der Wiedervereinigung (Quelle: *Verkehr in Zahlen*, Hrsg. *BMVBS*, *DVV*) [8].
3. Der Bestand an öffentlichen Straßen stieg von etwa 350 000 km in 1950 auf etwa 490 000 km in 1985 (einschließlich Gemeindestraßen). Insbesondere der Ausbau der Autobahnen vergrößerte

RAWIE®
SINCE 1882

A. RAWIE GmbH & Co. KG
Dornierstraße 11
49090 Osnabrück
Deutschland
+49_5 41_91 20 70
info@rawie.de
www.rawie.de

RAWIE-Bremsprellböcke bieten den Betreibern des schienengebundenen Verkehrs aller Art größtmögliche Sicherheit am Gleisende. Standardbauarten oder Sonderkonstruktionen haben sich weltweit tausendfach bewährt und besitzen EBA-Genehmigung. Schützen Sie Ihre Reisenden, Ihr Personal, Rollmaterial und Infrastruktur vor Schäden – durch RAWIE-Gleisabschlüsse.

HERSTELLER UND LIEFERANT VON SICHERHEITSPRELLBÖCKEN. FÜR VOLLBAHNEN, STRASSENBAHNEN, METROS UND INDUSTRIEBAHNEN SOWIE AUTOMATISCHE BAHNÜBERGANGSSICHERUNGEN.

2 Die Entwicklung des Systems Bahn

deren Länge von 2100 km (1950) auf 8200 km in 1985, wozu noch etwa 3600 km Bundesstraßen mit einer Fahrbahnbreite von mehr als 12 m hinzukamen (autobahnähnlich ausgebaute Schnellstraßen).

Siedlungsstruktur, Straßenbau und privater Fahrzeugbesitz führten zu einem starken Anstieg der jährlichen Verkehrsleistung auf der Straße.

Der Anteil der Bahn an der Personenverkehrsleistung (der Modal Split) ging auf Grund dieses Wandels von 35,7 % in 1950 auf 7,1 % in 1985 zurück, und das, obwohl die jährliche Verkehrsleistung der Eisenbahn von 1950 bis 1985 von 31,9 Mrd Pkm auf 43,5 Mrd Pkm angestiegen ist [8].

Der Güterverkehr veränderte sich ebenfalls, und zwar auch auf Grund der Güterstruktur. Statt bahnaffiner Massengüter galt es immer mehr Klein-, Express- und Kaufmannsgüter zu befördern. Das begünstigte den Lastkraftwagen als Transportmittel wegen seiner höheren Flexibilität und seiner günstigeren Kostenstruktur.

Der Anteil der Bahn an der Transportleistung (in Milliarden Tonnenkilometern = Mrd tkm) ging von etwa 55 % in 1950 auf 25,0 % in 1985 zurück, während die Transportleistung in absoluten Zahlen von 39,5 Mrd tkm in 1950 auf 64,0 Mrd tkm in 1985 anstieg. Die Zahlen von 1950 enthalten noch nicht das Saarland [8].

Die Veränderungen in der Wirtschaft führten nach einiger Zeit zum Rückgang der Anzahl der Gleisanschlüsse. Mit der Aufgabe des Kleingutverkehrs entfiel auch die Funktion der öffentlichen Freiladegleise und Güterbahnhöfe.

2.5 Von der Dampfeisenbahn zum InterCity-System

Die *DB* begann zunächst mit dem Entwurf eines Typenprogramms für Dampflokomotiven; 1950 wurden erste Exemplare der Rangierlokomotive Baureihe 82 und der Personenzuglokomotive Baureihe 23 ausgeliefert, und 1957 die Baureihe 10 für den Fernverkehr. 1959 wurden noch 60 % der Zug-

Abb. 2.5.1: IC-Zug ab 1979; Foto: *Deutsche Bundesbahn*

2.5 Von der Dampfeisenbahn zum InterCity-System

kilometer mit Dampflokomotiven gefahren; 1977 wurde die letzte Dampflok aus dem Regelbetrieb genommen.

Moderne Diesel-Triebfahrzeuge ergänzten und ersetzten bald die Dampflokomotiven, wie die dreiachsige Rangierlokomotive V 60 (ab 1956), die elegante V 200 (Prototyp 1953) und der TEE-Triebkopfzug VT 11 aus dem Jahr 1957 (später umbenannt in VT 601).

Seit Anfang der 50er Jahre wurde aber auch an einem Typenprogramm für elektrische Lokomotiven gearbeitet. Die Baureihen E 10, E 40 und 41 sowie die schwere E 50 für den Güterzugbetrieb entstanden. 1965 wurde anlässlich einer Verkehrsausstellung in München der Prototyp E 03 (später Baureihe 103) auf Publikumsfahrten mit 200 km/h vorgestellt.

Mit den Lokomotiven BR 103 und (ab 1979) BR 120 wurden die meisten Züge des hochwertigen Personenfernverkehrs bespannt (Abb. 2.5.1 und 2). Star unter den Zügen der *DB* war der Rheingold-Express, der mit seiner besonders gepflegten Ausstattung an vergangene Zeiten anknüpfte (Abb. 2.5.3).

„Hochwertig" – das war ab 1971 das InterCity-System („Deutschland im 2-Stunden-Takt"), welches ab 1979 zu einem 1-Stunden-Taktsystem mit erster und zweiter Klasse („Jede Stunde, jede Klasse") umgestaltet wurde. Nun fuhren immer mehr IC-Züge auf Ausbaustrecken mit 200 km/h. Das war unter anderem deshalb möglich, weil das kontinuierliche Zugsicherungssystem, die Linienzugbeeinflussung (*LZB*), nun zur Betriebstauglichkeit gereift und somit das Problem der langen Bremswege sicherungstechnisch gelöst war.

Das System ist gut auf die polyzentrische Siedlungsstruktur der Bundesrepublik abgestimmt. Wo die Verkehrsströme keine direkte Verbindung rechtfertigen, ist Umsteigen erforderlich. Beim IC-System

BEVOR DIE BAHN KOMMT ...

... kommt beim Gleisbau die Geometrie. Jede Schwelle, jede Weiche, jede Brücke, jeder Tunnel müssen präzise eingemessen und gebaut werden.
Mit dem richtigen Maß haben Sie die Nase vorn.

I Vermessung I Geotechnik I Geoinformatik I Entwicklung I

intermetric
Das richtige Maß

intermetric GmbH I Industriestr. 24 I 70565 Stuttgart I T 0711 780039-2 I www.intermetric.de

2 Die Entwicklung des Systems Bahn

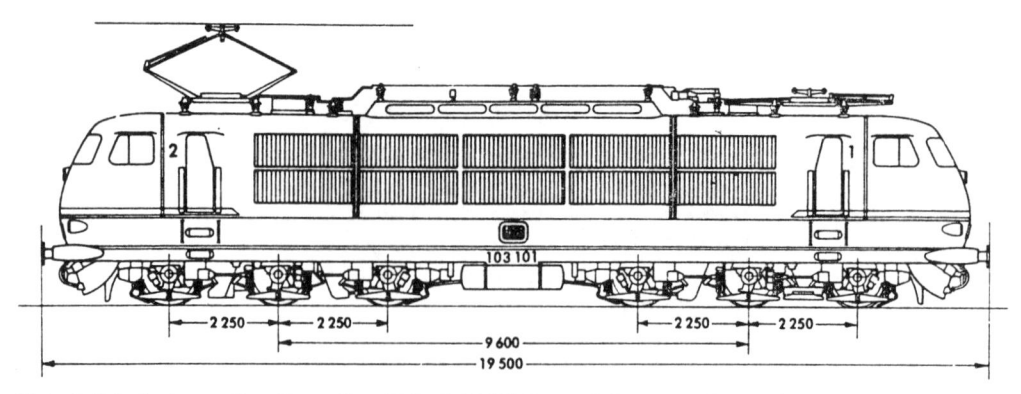

Abb. 2.5.2: Lokomotive Baureihe 103; 7,4 MW Dauerleistung, 200 km/h; Quelle: [4]

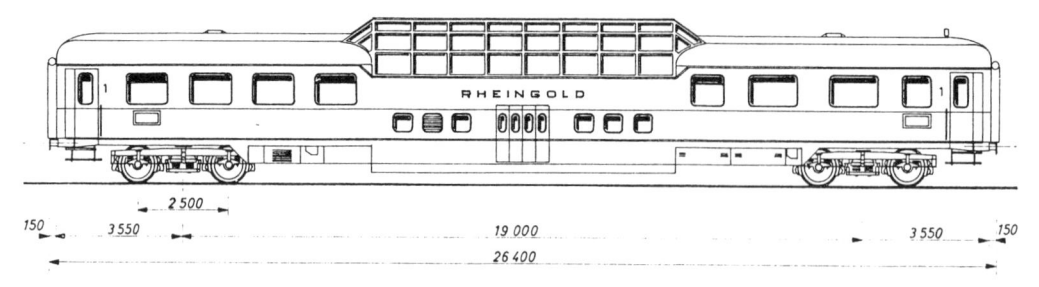

Abb. 2.5.3: Aussichtswagen des Rheingold-Express

wird auf definierten Korrespondenzbahnhöfen umgestiegen, und zwar im Regelfall auf den Zug, der am selben Bahnsteig gegenüber zur selben Zeit hält. Derartige „fußläufige Netzverknüpfungen", die der Fahrgast selbst vornimmt, sind beim IC-System jede Stunde in den Bahnhöfen Hannover, Dortmund, Köln, Mannheim und Würzburg vorgesehen. In dem 3100 km umfassenden Liniennetz mit 33 Systemhalten wurde schon 1979 eine Reisegeschwindigkeit von mehr als 100 km/h erreicht, womit auf vielen Relationen die Bahn schneller war als das Auto.

Unterhalb des IC-Systems diente ab 1988 das im 2-Stunden-Takt betriebene InterRegio-System, welches die herkömmlichen D-Züge weitestgehend ersetzte, als Zu- und Abbringer-Verkehrsmittel und zur Bedienung aufkommensschwächerer Relationen, mit einer Streckenlänge von etwa 6500 km und 175 Haltestationen.

Die Olympischen Spiele 1972 in München erforderten den Ausbau der leistungsfähigen S- und U-Bahnnetze. München erhielt eine erste Ost-West-Stammstrecke, auf der mehrere S-Bahn-Linien gebündelt und mit hoher Frequenz die Innenstadt vom Hauptbahnhof bis zum Ostbahnhof unterqueren. Mit dem Triebzug ET 420 wurde ein spurtstarkes S-Bahn-Fahrzeug entwickelt, das noch heute im Einsatz ist und erst zur EXPO 2000 Nachfolge-Baureihen gefunden hat. Das Konzept der S-Bahn in München war Vorbild für Frankfurt, Köln, Stuttgart, Nürnberg und das Ruhrgebiet.

Der Strukturwandel in der Zugförderung hat zu einer erheblichen Verringerung des spezifischen Energieverbrauchs und damit auch der Umweltbelastung geführt. Nach [9] betrug der spezifische Primärenergieverbrauch für die Traktion 1953, als noch 90,7 % der Verkehrsleistungen der *DB* durch Dampflokomotiven erfolgte, ca. 6000 kJ/tkm. 1987 wurden hingegen 85 % der Verkehrsleistungen der *DB* mit elektrischen Triebfahrzeugen bewältigt, und der spezifische Primärenergieverbrauch für Traktionszwecke sank bei der *DB* auf ca. 1500 kJ/tkm.

2.6 F&E für die Rad/Schiene-Technologie

Das stetige Anwachsen des Autoverkehrs ließ in der Fachwelt den Gedanken reifen, durch ein autobahnparalleles Transportsystem die Autobahnen vom weiteren Verkehrszuwachs zu entlasten. *Mes-*

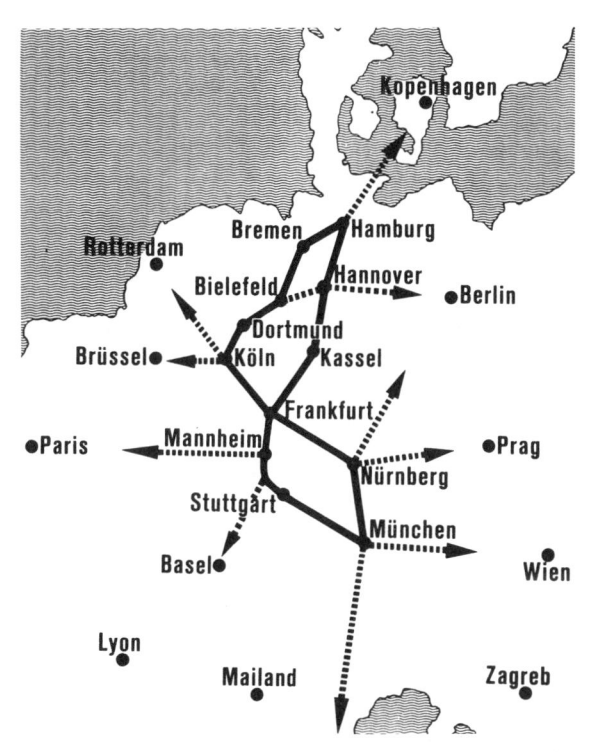

Abb. 2.6.1: Das Schnellverkehrsnetz der *HSB*-Studiengesellschaft; Quelle: [4]

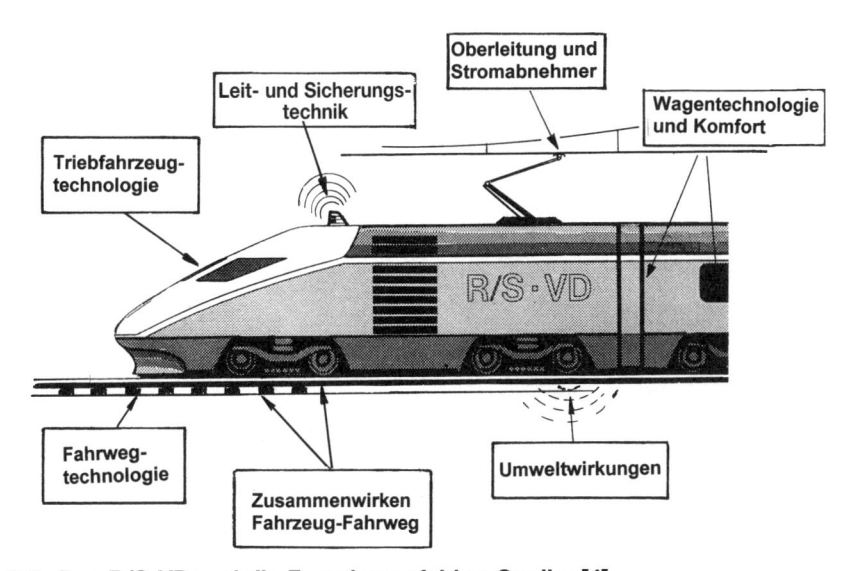

Abb. 2.6.2: Das R/S-VD und die Forschungsfelder; Quelle: [4]

2 Die Entwicklung des Systems Bahn

Jahr	Forschung&Entwicklung BMV, BMFT, BMVBW	Versuche, Fahrzeuge, Projekte Industrie + DB/ DB AG			Neubaustrecken (NBS)	Schnellfahrrekorde SNCF + DB
1969						SNCF-Lok, 331 km/h (1955)
1970	HSB-Studie (BMV) 08/69 – 12/71					
1971						
1972	Projekt Donauried R/S- und MSB-Technik Versuchsanlage für 400 km/h	KIS-Fahrzeug 400 km/h Projektstudie		DB - Schnellfahrversuche Gütersloh – Neubeckum V = 250 km/h		TGV 001 318 km/h (08.12.72)
1973					08/73 1. Rammschlag in Laatzen bei Hannover	Lok 103, 251 km/h (12.09.73)
1974			HG-Triebfzg. Studie G-Büro Industrie			
1975						
1976						
1977	11/1977 - Abbruch					
1978	Projekt EVA Rheine – Freren V = 350 km/h Nov. 1981 Abbruch	Projekt TVE Lathen V = 400 km/h Magnetbahn Transrapid				
1979			R/S-VD 350 km/h Versuchs- und Demofahrzeug bis 03/81			
1980						
1981					2 NBS in Bau	TGV, 380 km/h (26.02.81)
1982		ab 09/82 ICE-V Intercity Experimental 350 km/h				
1983						
1984				Vorstands-Projekt HGV (ab 05/1984)		Lok 120, 265 km/h (12.09.84)
1985		07/85 Fertigstellung				Lok 103, 283 km/h (14.06.85) ICE-V, 317 km/h (26.11.85)
1986						ICE-V, 345 km/h (17.11.86)
1987	12/87 Fertigstellung					
1988					05/88 Fulda – Würzburg	ICE-V, 406 km/h (01.05.88)
1989						TGV, 482 km/h (05.12.89)
1990					05/91 Fertigstellung Hannover – Fulda, Mannheim – Stuttgart	TGV, 515 km/h (18.05.90)
1991						
1992		ICE 1 280 km/h 1991 - 1993				
1993						
1994	03/94 Kabinettsentscheid Projekt Magnetbahn Hamburg – Berlin (MPG)			ICE 3-Konzeption		
1995						
1996						
1997		ICE 2 280 km/h 1997 – 1998			Inbetriebnahmen div. NBS: 1998 Hannover – Berlin	
1998						
1999		ICE-T (230 km/h) ab 1998 ICE 3 (330 km/h) ab 1999				
2000	02/2000 Projektabbruch WEP + neue Strecken München + Ruhrgebiet			DB und SNCF: HTE		
2001						
2002				HTE = HS Train Europa Trenitalia HTE-Partner HTE → Schublade	06/02 Köln - Rhein/Main	
2003						
2004	MSR Rhein/Ruhr wird R/S					
2005	DB übernimmt MVP + Projektplanung München				12/05 Hamburg – Berlin	
2006		ICE 1 Redesign		TGV-POS Zulassung	05/06 Nürnberg – Ingolstadt	ÖBB-Lok 357 km/h (02.09.06)
2007		ICE3 MF (Umbau)		ICE 3 MF- Zulassung	07/07 RFF/SNCF LGV Est	TGV, 574,8 km/h (03.04.07)

Abb. 2.6.3: Synopse der Forschungsprojekte, Fahrzeugentwicklungen, Neubaustrecken und Rekordfahrten

serschmitt-Bölkow-Blohm, die *Strabag Bau-AG* und die *Deutsche Bundesbahn* gründeten 1968 die *Autoschienenbahn Studien- und Entwicklungsgesellschaft mbH*, die sich später in *Hochleistungs-Schnellbahn-Studiengesellschaft (HSB)* umbenannte. Der Bundesminister für Verkehr beauftragte diese Gesellschaft mit einer umfassenden Studie über ein Hochleistungsschnellverkehrssystem. Die *HSB*-Studie wurde Ende 1971 abgeliefert. Sie umfasste sowohl Rad/Schiene-Technik als auch das neue System „Magnetschwebetechnik", das sich erst am Beginn ihrer technologischen Entwicklung befand. Untersucht wurde ein großräumiges Netz – die „Große Acht" – für den Transport von Lastkraftwagen in schnellen Zügen, aber auch für Personenverkehr (Abb. 2.6.1).

Bereits 1970 begann die Forschungsförderung durch die Bundesregierung, zunächst für die Magnetschwebetechnik, ein Jahr später auch für die Rad/Schiene-Technik. Das von der Industrie, der *DB* und Hochschulen eingebrachte Programm „Erforschung der Grenzen des Rad/Schiene-Systems" führte in mehr als 20 Jahren Laufzeit zu einer Fülle wertvoller Erkenntnisse und zu technologischen Innovationen der Spitzenklasse.

Das Zusammenwirken Fahrzeug/Fahrweg stand zunächst im Mittelpunkt des Forschungsprogramms. Neben neuen Komponenten auf der Fahrwegseite, wie der „Festen Fahrbahn" – eingebaut 1972 in Rheda – sollten alle fahrzeugseitigen Komponenten und Subsysteme in einem „Rad/Schiene-Versuchs- und Demonstrationsfahrzeug" (R/S-VD) vereinigt werden (Abb. 2.6.2). Dieses wurde schließlich tatsächlich gebaut, es stand 1985 als „Intercity Experimental" auf den Schienen.

Das Rad/Schiene-Forschungsprogramm und die Ausbaumaßnahmen im Netz der Eisenbahn sind nicht direkt aneinander gekoppelt. Dennoch stehen sie zueinander in enger Verbindung und gegenseitiger Abhängigkeit, bis hin in die jüngste Zeit. In der Abbildung 2.6.3 ist das synoptisch dargestellt, ergänzt um die Schnellfahrten und Rekorde auf deutschen und französischen Strecken, mit denen die „Grenzen des Rad/Schiene-Systems" immer weiter hinausgeschoben wurden.

2.7 Netzausbau (NBS/ABS) und schnelle Züge

Im Jahr 1970 legte die *DB* ihr *Ausbauprogramm für das Netz der Deutschen Bundesbahn* vor, mit folgenden Projekten:
- Neubau von 2225 km Strecken für 300 km/h (NBS)
- Ausbau von 1250 km Strecken für 200 km/h (ABS)
- Neubau von 4 großen Rangierbahnhöfen
- Ausbau von weiteren 15 Rangierbahnhöfen
- Technische Verbesserungen am Oberbau, neue Signaltechnik, Elektrifizierung, Beseitigung von höhengleichen Bahnübergängen und
- S-Bahn-Systeme in Ballungsräumen

Ab 1973 wurden diese Projekte teilweise in das *Koordinierte Investitionsprogramm (KIP)* und später in den *Bundesverkehrswegeplan (BVWP)* übernommen. 1977 waren im *KIP* nur die beiden Neubaustrecken (NBS) Hannover-Würzburg und Mannheim-Stuttgart zu finden. Sie sollten nach damaligen Vorstellungen 1985 fertig werden, was sich aber stark verzögerte. Grund dafür waren die immer komplizierter werdenden Planungsprozesse. Bürgerinitiativen wie auch einzelne Gebietskörperschaften standen der Bahnplanung sehr kritisch gegenüber, und der Klageweg durch drei Instanzen, vor denen die strittigen Punkte jeweils erneut in der Sache zu behandeln waren, trug zur dieser Verlängerung bei.

Im Mai 1988 konnte der Abschnitt Fulda-Würzburg als erster Teil der NBS Hannover-Würzburg in Betrieb genommen werden. Am 1. Mai 1988 erreichte der IC Experimental (ICE, Abb. 2.7.1) – das Produkt der vom *Bundesminister für Forschung und Technologie (BMFT)* geförderten Rad/Schiene-Forschung – auf der Mainbrücke in Gemünden als erstes Schienenfahrzeug der Welt eine Fahrgeschwindigkeit von mehr als 400 km/h. Der NBS-Abschnitt ging dann anschließend zunächst mit lokomotivbespannten IC-Zügen – die für ihren Einsatz auf NBS umgerüstet worden waren – und mit Güterzügen in Betrieb.

Im Jahre 1991 wurden die beiden genannten NBS schließlich auf ganzer Länge in Betrieb genommen. Wirtschaftlich war der Streckenneubau vorwiegend durch prognostizierte kapazitive Engpässe für den Güterverkehr in Nord-Süd-Relationen begründet. Das hing unter anderem mit historisch gewachsenen Unzulänglichkeiten der Altstrecken zusammen. Außerdem verlangte der schnelle „Nachtsprung" im Hinterlandverkehr der deutschen Nordseehäfen Hamburg und Bremen eine qualitativ gute, behinderungsfreie Infrastruktur. Der Personenverkehr wurde jedoch bei der Gestaltung der Strecken nicht vergessen, und die bestehenden Bahnhöfe wurden um- oder neugebaut.

2 Die Entwicklung des Systems Bahn

Abb. 2.7.1: Der Intercity Experimental; Foto: *DB*

Das Betriebsprogramm für die Strecken hat sich im Verlauf der Planung mehrfach geändert. Im Ausbauprogramm 1970 der *DB* waren alle Neubaustrecken für 300 km/h vorgesehen. Als Folge der Ölkrise galt ab 1974, dass in einer ersten, zeitlich unbefristeten Betriebsstufe lokomotivbespannte Reise- und Güterzüge die Strecke im Mischbetrieb befahren sollten, wie er auch für die Ausbaustrecken geplant und ab 1979 realisiert worden ist, mit einer Höchstgeschwindigkeit von 200 km/h. Die Entwurfsgeschwindigkeiten der NBS selbst betrugen 80 km/h für Güter- und 250 km/h für Reisezüge, Letzteres als Zukunftsoption für die 2. Betriebsstufe.

Nach den Erfolgen des TGV-Verkehrs in Frankreich ab 1981 und angesichts der technischen Möglichkeiten, die sich aus der R/S-Forschung abzeichneten, wurde diese Konzeption 1984 verworfen. An ihre Stelle trat das Ziel, auf Neubaustrecken die technischen Möglichkeiten zum Hochgeschwindigkeitsverkehr auszunutzen und auch den Güterzugbetrieb so schnell zu machen wie möglich. Auf der Basis des Intercity Experimental, der damals erst im Bau war (Fertigstellung 1985), der NBS-Planung und mit dem InterCity-System als Angebotsrahmen wurde nun das künftige deutsche Hochgeschwindigkeitssystem entwickelt. Der unter der Bezeichnung InterCity Express eingeführte Hochgeschwindigkeitszug besteht aus zwei Triebköpfen an den Zugenden und bis zu 14 Mittelwagen, darunter einem Speisewagen (derzeitige Regellänge: 12 Wagen). Die ICE erreichten auf ihren drei in Nord-Süd-Richtung verlaufenden Linien die für sie geplanten Verkehrsmengen schneller als prognostiziert.

Für den ICE-Einsatz wurden alle Bahnsteigkanten der vorgesehenen Regelhalte im *DB*-Netz durchgehend auf 76 cm Höhe gebracht. Dazu mussten die niedrigeren Teile der eben fertig gestellten Bahnsteige in Fulda und Würzburg erneut umgebaut und die im Bahnsteigbereich liegenden Absenkungen für Gepäckkarren – dort Bahnsteighöhe Null über Schienenoberkante (SO) – beseitigt werden. In Frankfurt am Main wurden zwei Fernbahnsteige verbreitert. In Basel SBB wurde der ICE-Bahnsteig auf 55 cm über SO gebracht, was mit dem ICE-System abgedeckt ist. Neue ICE-Betriebswerke (Hamburg, München) gehörten ebenso zum System, zumal nur mit modernsten Inspektions- und Wartungsanlagen und kurzen Werkstattaufenthalten die aus wirtschaftlichen Gründen notwendige hohe jährliche Laufleistung zu erzielen war. Diese, zu etwa 475 000 km pro Jahr und Zugeinheit geplant, hat sich im Lauf der Jahre auf über 500 000 km gesteigert.

Der Güterverkehr erlebte mit den ersten beiden NBS ebenfalls eine Beschleunigung und Qualitätsverbesserung. Weite Strecken konnten nun mit durchgehend 120 km/h befahren werden, unter

2.8 Entwicklungen seit der Bahnreform 1994

Anwendung der LZB auf NBS/ABS; Traktionsmittel war zunächst die Lokomotivbaureihe 120. Einige 160 km/h-Spezial-Güterzüge ergänzen das Angebot.

Mit dem Beitritt der fünf neuen Bundesländer am 3. Oktober 1990 wurde die deutsche Wiedervereinigung besiegelt. Die getrennten Netze wurden nun durch Lückenschlussmaßnahmen nach und nach wieder verknüpft und die Fahrpläne zwischen DB und DR koordiniert. Im Vorgriff auf einen gesamtdeutschen Bundesverkehrswegeplan wurden vom Bundesminister für Verkehr 1991 die *Verkehrsprojekte Deutsche Einheit (VDE)* vorgestellt. Eines der Ziele der Planung war die Schaffung leistungsfähiger Verbindungen zwischen den Wirtschaftsregionen im Osten und Westen Deutschlands, und zwar mit neun Eisenbahn-Fernstrecken, sieben Straßenprojekten und einem Wasserstraßenprojekt.

Eine der ersten ausgebauten Strecken im Bahnnetz war der Abschnitt Helmstedt–Magdeburg, der – saniert und elektrifiziert – ab Sommerfahrplan 1993 mit ICE auf der Verbindung Frankfurt (Main)–Berlin befahren wurde. Die schon durch Staatsvertrag zwischen der Bundesrepublik und der DDR vereinbarte Schnellfahrverbindung Hannover-Stendal-Berlin wurde 1998 fertig gestellt, wobei erstmals im großen Stil die neue schotterlose Feste Fahrbahn eingebaut worden ist. Das *VDE*-Projekt Nr. 8, die ABS/NBS Berlin–Halle/Leipzig–Erfurt–Nürnberg, ist als Teil der prioritären *transeuropäischen Netze (TEN)* ein noch langfristig laufendes Projekt mit abschnittsweiser Fertigstellung.

Die *DR* und die *DB* waren bis Ende 1993 wie bisher verwaltungsmäßig und technologisch getrennt. Historisch bedingte Abweichungen geringeren Umfangs im technischen und betrieblichen Regelwerk wurden erst allmählich angeglichen. Ein Verbund fand jedoch über das *Führungsgremium Deutscher Eisenbahnen (FDE)* statt, in dem die Vorstände beider Bahnverwaltungen zusammenkamen.

2.8 Entwicklungen seit der Bahnreform 1994

2.8.1 Die erste Stufe der Bahnreform

Der Jahresfehlbetrag der *Deutschen Bundesbahn* und ihre steigende Verschuldung zwangen Ende der 80er Jahre die Wirtschafts- und Verkehrspolitik zum Handeln. Im September 1989 begann die Tätigkeit der unabhängigen *Regierungskommission Bundesbahn*, die den Auftrag der Bundesregierung hatte, *„vor dem Hintergrund zunehmender finanzieller Risiken aus dem Verkehrssystem Schiene... eine tragfähige Grundlage für eine positive Entwicklung der DB unter verkehrspolitischen, raumordnungspolitischen und umweltpolitischen sowie ökonomischen und fiskalischen Gesichtspunkten zu schaffen"*. Der Bericht der Regierungskommission vom Dezember 1991 führt ergänzend aus: *„Mit der deutschen Vereinigung und der politischen Öffnung des Ostens änderte sich die Situation beider deutscher Staatsbahnen grundlegend. Daraus ergab sich zwangsläufig, die DR in das Gutachten einzubeziehen"* [10].

Die Regierungskommission sah die Umwandlungen der *DB* und *DR* in eine bundeseigene *Deutsche Eisenbahn-Aktiengesellschaft (DEAG)* vor, die in die Sparten Fahrweg, Güterverkehr und Personenverkehr zu gliedern ist. Im Bericht heißt es weiter: *„Die Sparten Güterverkehr und Personenverkehr konkurrieren miteinander und mit Dritten um die Trassen. Sie zahlen dafür Fahrwegnutzungspreise an die Fahrwegsparte."*

Die *Richtlinie 91/440/EWG über die Entwicklungen der Eisenbahnunternehmen in der Gemeinschaft*, veröffentlicht im Amtsblatt der EG vom 21.07.1991, ist in dem Bericht der Regierungskommission noch nicht erwähnt; sie war zum Zeitpunkt der Berichtsabfassung auch noch nicht in nationales Recht umgesetzt.

2 Die Entwicklung des Systems Bahn

Für die Fahrweginvestitionen, die nicht im wirtschaftlichen Interesse der DEAG liegen, sah die Regierungskommission einen Nachteilsausgleichsanspruch gegenüber dem Bund vor. Es war ebenfalls vorgesehen, dass gemeinwirtschaftliche Leistungen insbesondere im Nahverkehr auf Bestellung durchgeführt und vom Besteller bezuschusst werden können.

Nach entsprechenden Gesetzesänderungen wurde die *Deutsche Bahn AG* am 1. Januar 1994 gegründet. Sie erhielt wenige Tage später vom *Eisenbahn-Bundesamt (EBA)*, das mit Wirkung vom 1. Januar 1994 nach Artikel 3 des *Eisenbahnneuordnungsgesetzes* als selbständige Bundesoberbehörde eingerichtet worden ist, die Genehmigung zum Betreiben einer Eisenbahn-Infrastruktur und zum Erbringen von Eisenbahn-Verkehrsleistungen [11].

Das *EBA* führt hoheitliche Aufgaben aus, die bislang von den Bahnen selbst wahrgenommen worden sind. Im Laufe der Jahre konnte es sich als wirksames Kontrollorgan, als Planfeststellungsbehörde für Bahnanlagen und als Partner in der Systementwicklung etablieren. Für die Konformitäts- und Gebrauchstauglichkeitsprüfungen und für die EG-Prüfungen von Teilsystemen nach den Richtlinien Interoperabilität ist *Eisenbahn-Cert* als benannte Stelle Interoperabilität im Jahr 2000 notifiziert worden. Die Betriebserlaubnisse werden dann auf Grund der Prüfergebnisse und Zertifikate vom *EBA* erteilt.

2.8.2 Die zweite Stufe der Bahnreform

In einer zweiten Stufe der Bahnreform (1999) wurden die **Geschäftsbereiche** in eigenständige AG umgewandelt. Es entstanden
– DB Reise & Touristik AG für den Fernverkehr (jetzt: *DB Fernverkehr AG*),
– DB Regio AG für den Personen-Nahverkehr,
– DB Cargo AG (jetzt *Railion Deutschland AG*) für den Schienengüterverkehr,
– DB Netz AG und
– DB Station und Service AG.

Außerdem wurden mehrere Gesellschaften mit beschränkter Haftung gegründet, so die *DB Energie GmbH*.

Die EU-Richtlinien verlangen die rechnerische und institutionelle Trennung von Netz und Transport, was auch in den meisten EU-Staaten so praktiziert wird.

Andernfalls sind geeignete Mittel einzusetzen, um einen diskriminierungsfreien Netzzugang sicherzustellen. Neben internen Regelungen, die das bewerkstelligen, wacht künftig eine unabhängige Regulierungsstelle über dieses Feld.

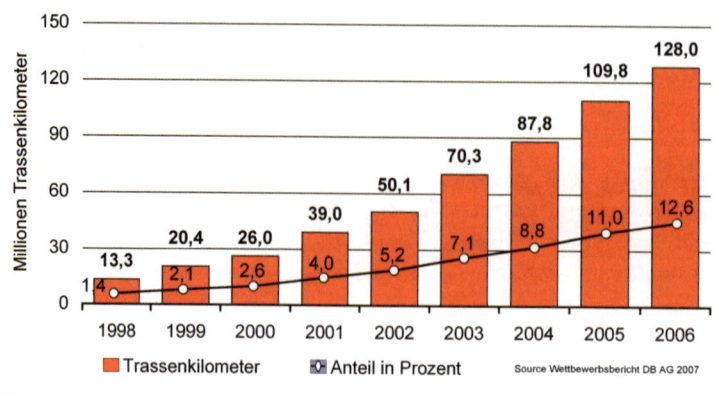

Abb. 2.8.1: Trassenkilometer pro Jahr von Nicht-*DB*-Unternehmen auf dem Netz der *DB AG*; Quelle: [12, 13]

2.9 ICE 3, neue Strecken, neue Angebote

Mitte 2007 fuhren mehr als 340 Eisenbahnverkehrsunternehmen (einschließlich Baufirmen) auf dem Netz der *DB*, mehr als bei jedem anderen Eisenbahninfrastrukturunternehmen. Abb. 2.8.1 zeigt die Entwicklung der jährlichen Trassenkilometer Dritter auf dem Netz der *DB* dar.

Der Anteil Dritter an der Nahverkehrsleistung (Mrd. Pkm) betrug 2006 6,7 %, an der Verkehrsleistung im Güterverkehr (Mrd. tkm) 16,3 %, Tendenz: weiter steigend [12].

Die Länge des Netzes der *DB AG* verringerte sich von 40 300 km (1994) auf 34 128 km (2006), davon waren etwa 19 500 km elektrifiziert [13].

Der Personalbestand reduzierte sich im gleichen Zeitraum von 356 000 Personen auf 229 000 Personen im jeweiligen Jahresdurchschnitt [13].

2.9 ICE 3, neue Strecken, neue Angebote

Im Jahr 2000 wurde ein neuer Hochgeschwindigkeits-Triebzug in Dienst gestellt, der ICE 3 (Abb. 2.9.1). Zunächst im Einsatz für Sonderfahrten zur EXPO 2000 in Hannover, wurden ICE 3-Triebzüge, und zwar die Mehrsystemvariante BR 406, ab November 2000 im Verkehr Frankfurt am Main–Amsterdam eingesetzt. Ab Juni 2002 konnten die ICE 3-Züge die Neubaustrecke Köln–Frankfurt befahren, die erste 300 km/h-Strecke in Deutschland.

Im Dezember 2004 wurde die zum zweiten Male umgebaute Strecke Hamburg–Berlin wiedereröffnet. Die seit 1998 beschafften Neigetechnik-Züge ICE-T konnten nun mit 230 km/h die 286 km lange Distanz planmäßig in 1 ½ Stunden zurücklegen.

2006 wurde das Netz durch die NBS/ABS Nürnberg–Ingolstadt–München und durch die Berliner Nord-Süd-Verbindung mit dem neuen Hauptbahnhof im Kreuzungspunkt mit der Stadtbahn ergänzt (Abb. 2.9.2).

Abb. 2.9.1: Der erste ICE 3 auf der Fahrzeugschau des *UIC*-Symposiums „Eurailspeed" 1998 in Berlin

2 Die Entwicklung des Systems Bahn

Fahrplan 2007 ICE

- ICE
- ICE-T
- NBS

Abb. 2.9.2: ICE-Netz der *DB AG*, Zustand 2007

Die Neubauabschnitte sind in den Hochgeschwindigkeitsbereichen und in den Tunnelabschnitten durchweg mit einer Festen Fahrbahn ausgerüstet. Beim Bau der Strecken kamen die neuesten Erkenntnisse aus dem Erd-, Brücken- und Tunnelbau zur Anwendung, ebenso modernste Signaltechnik, durchweg mit elektronischen Stellwerken und Steuerung der Strecken aus der Betriebszentrale. Ergänzt wird der Reigen der systemtechnischen Neuerungen durch das Zugsteuerungs- und Sicherungssystem *ETCS*, welches auf der Ausbaustrecke Jüterbog–Halle/Leipzig erfolgreich erprobt wurde. Der nächste Einsatz dieses Systems ist auf der Ausbaustrecke Saarbrücken–Mannheim vorgesehen. Dort konnte im Juni 2007 der ICE 3 M-Betrieb in der Relation Frankfurt am Main–Paris aufgenommen werden – mit Tempo 320 km/h auf der französischen Neubaustrecke. Im Gegenzug fährt die *SNCF* mit den TGV-Zügen über Strasbourg bis Stuttgart und seit dem 9. Dezember 2007 auch einmal täglich nach München.

Durch den Neu- und Ausbau der Strecken und die ergänzenden Maßnahmen in Netzknoten und Bahnhöfen sowie durch die neuen Hochgeschwindigkeitszüge, die im Liniennetzverbund mit den lokomotivbespannten IC-Zügen eingesetzt werden, hat sich die Attraktivität des Fernverkehrs am Markt erhalten können. Die Statistik zeigt, dass der ICE-Verkehr inzwischen einen Anteil von $2/3$ am

HOCHLEISTUNG I PRÄZISION I ZUVERLÄSSIGKEIT

Plasser & Theurer

Einen Schritt voraus.

Der Name Plasser & Theurer steht als Synonym für hochentwickelte und innovative Maschinen für Bau und Instandhaltung des Fahrweges der Eisenbahnen in aller Welt. Neben technologischen Spitzenleistungen zählt für Plasser & Theurer vor allem die Fähigkeit, gemeinsam mit dem Kunden dessen Probleme zu lösen und ihm ein zuverlässiger, langfristiger Partner zu sein. Jahrzehntelange Erfahrung, modernes Know-How und die daraus resultierende ausgezeichnete Qualität zeichnen mehr als 13.700 Gleisbaumaschinen von Plasser & Theurer in 103 Ländern der Welt aus.

Plasser & Theurer I Export von Bahnbaumaschinen Gesellschaft m.b.H. I A-1010 Wien I Johannesgasse 3 I Tel. (+43) 1 515 72 - 0

2 Die Entwicklung des Systems Bahn

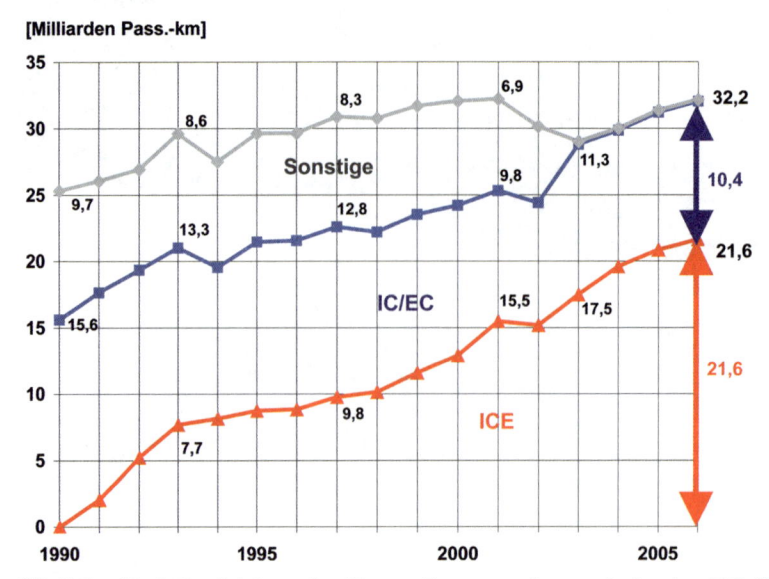

Abb. 2.9.3: Jährliche Verkehrsleistung im Tages-Personenfernverkehr der *DB AG*

Tages-Personenfernverkehr der *DB AG* erreicht hat (Abb. 2.9.3). Der in der Abbildung nicht enthaltene Nachtreiseverkehr summierte sich im Jahr 2006 auf 2,25 Mrd Pkm. Zusammen betrug die Leistung im Personenfernverkehr der *DB* im Jahr 2006 demnach 34,45 Mrd Pkm. Verschwunden aus der Statistik sind hingegen die Reisenden, die früher das Interregio-System nutzten. Sie sind mit der Aufgabe dieses Angebots größtenteils in den Datenbestand des Regionalverkehrs abgewandert.

Literaturverzeichnis

[1] Weigelt, Horst (Hrsg): Fünf Jahrhunderte Bahntechnik. Hestra-Verlag, Darmstadt 1986
[2] Reichsverkehrsministerium (Hrsg): Hundert Jahre deutsche Eisenbahnen. 2. Auflage, Berlin,1938
[3] Eisenbahnjahr-Ausstellungsgesellschaft (Hrsg): Zug der Zeit-Zeit der Züge, Band 1, Siedler-Verlag, Berlin, 1985
[4] Münchschwander, Peter (Hrsg): Schienenschnellverkehr, Band 1-4. R.v.Decker's Verlag, Heidelberg, 1989/1990
[5] Rehbein, Elfriede, und Ellwanger, Gunther: Die Deutsche Reichsbahn-Gesellschaft. Die Bundesbahn, Heft 9, 1990
[6] Stroebe, Erfahrungen mit dieselelektrischen Schnelltriebwagen in Bau und Betrieb. Verkehrstechnische Woche, H.49, 1936
[7] Weigelt, Horst, und Langner, Ulrich: 44 Jahre Zeitgeschichte, Chronik Deutsche Bundesbahn. 2. Auflage, Hestra-Verlag, Darmstadt 1998
[8] Der Bundesminister für Verkehr (Hrsg): Verkehr in Zahlen, div. Ausgaben (ab 1989), Bonn
[9] Harprecht, Wolfgang: Welche Vorteile hat der elektrische Zugbetrieb der Deutschen Bundesbahn gebracht? Elektrische Bahnen, Heft 4, 1987
[10] Bericht der Regierungskommission Bundesbahn, Bonn, Dezember 1991
[11] EBA (Hrsg): Kompetenz und Verantwortung – 10 Jahre Eisenbahn-Bundesamt. Bonn, 2004
[12] DB AG: Wettbewerbsbericht 2007
[13] DB AG: Geschäftsberichte Konzern, Netz, Fernverkehr, Regio, Railion (2001...2006)

3 Regelungen zur Sicherung des Systems Bahn
Walter Mittmann

3.1 Regelungsgrundsätze

3.1.1 Regelungsbedarf

Ohne verbindliche Regeln und Handlungsvorschriften kann Eisenbahnbetrieb nicht stattfinden. Die hohe Komplexität des Systems Bahn mit seinen vielfältigen technischen Nahtstellen zwischen der Infrastruktur und den Fahrzeugen erlaubt nur dann einen sicheren, störungsfreien und wirtschaftlichen Fahrbetrieb, wenn sowohl die Unternehmen, die die Infrastruktur bereitstellen, als auch diejenigen, die auf ihr Eisenbahnverkehr betreiben, entsprechenden Vorschriften unterliegen und die Betriebssysteme, Sicherungseinrichtungen und Kommunikationstechnologien hierauf abgestellt sind.

Die Eisenbahn als ein im Wesentlichen technisches System verlangt insbesondere Vorschriften für das Bauen und Betreiben. In den Anfängen der Eisenbahn genügte es, wenn diese Vorschriften von den Eisenbahnverwaltungen nur für ihre eigene Strecke oder ihr eigenes Netz aufgestellt wurden. Das konnten spezifische Regelungen sein, z. B. zur Signalisierung oder für die Verständigung der am Eisenbahnbetrieb Beteiligten untereinander, aber auch solche, die im Hinblick auf vorgegebene Parameter zwingend einzuhalten waren, wie die Spurweite der Gleise.

Die rasch fortschreitende Verknüpfung von Streckennetzen untereinander erforderte jedoch schon bald Vorgaben, die über die Nahtstellen Fahrzeug/Infrastruktur hinausgingen und auch die Art der Betriebsführung betrafen. So enthielten die erstmals im Jahre 1850 herausgegebenen Gestaltungsvorschriften für die Eisenbahnen Deutschlands bereits sicherheitspolizeiliche Anordnungen. Eine Vereinheitlichung staatsrechtlicher Bestimmungen über den Betrieb von Eisenbahnen hatte dem Norddeutschen Bund ab 1867 länderübergreifende Befugnisse auf dem Gebiet des Eisenbahnwesens übertragen. Nach 1871 wurde die weitere Vereinheitlichung der Regelungen in den deutschen Staaten schrittweise vollzogen. Die *Eisenbahn-Bau- und Betriebsordnung (BO)* von 1904 führte schließlich die bis dahin geltenden Einzelvorschriften von 1892 für die Eisenbahnen Deutschlands zusammen. Dies war die Geburtsstunde der in ihren wesentlichen Festlegungen bis heute geltenden Vorschriften der *Eisenbahn-Bau- und Betriebsordnung (EBO)* von 1967, die seither wiederholt an die technische Entwicklung angepasst wurde [1].

Die deutschen Eisenbahnen hatten aber nicht nur die Notwendigkeit zur Harmonisierung ihrer Vorschriften untereinander erkannt, sondern sie suchten auch den Kontakt zu benachbarten europäischen Eisenbahnverwaltungen. Zum Ziel hatte man sich gesetzt, die Regeln für die Konstruktion von Fahrzeugen und den Bau von Strecken zu vereinheitlichen, damit ein freizügiger Verkehr von Wagen und Ladungen grenzüberschreitend möglich würde. Durch den Wechsel der Triebfahrzeuge an den Landesgrenzen wurden die Schwierigkeiten des Systemwechsels zwischen den Bahnen allerdings noch jahrzehntelang umgangen. Die seit 1866 als *Technische Vereinbarungen über den Bau und die Betriebseinrichtungen der Eisenbahnen (TV)* herausgegebenen Regelungen der Mitgliedsbahnen fanden ebenso wie die Vereinbarungen der *Technischen Einheit im Eisenbahnwesen (TE)*, deren erste Fassung auf europäischer Regierungsebene im Jahr 1887 beschlossen wurde, unter laufender Anpassung an den technischen Fortschritt Eingang in die Eisenbahn-Bau- und Betriebsordnungen.

Die Regelungen für das System Bahn haben gerade im zentral gelegenen Deutschland, dessen Netz von zahlreichen Eisenbahnverkehrsunternehmen genutzt wird, ein besonders breites Spektrum des Eisenbahnverkehrs abzudecken: Personen- und Güterverkehr mit einer Vielzahl unterschiedlich gestalteter und ausgerüsteter Fahrzeuge auf einem überwiegend im Mischverkehr betriebenen

3 Regelungen zur Sicherung des Systems Bahn

Netz, ein breites Geschwindigkeitsband, schwere und leichte Transporte. Entsprechend vielfältig und umfangreich ist der betrieblich-technische Regelungsbedarf. Hinzu kommt, dass sich das auf europäischer Ebene gesetzte Ziel einer weitgehenden Interoperabilität, und zwar sowohl auf einem ausgewiesenen *transeuropäischen Hochgeschwindigkeitsbahnnetz (TEN)* als auch auf Teilen des konventionellen Netzes, nur mithilfe entsprechender Vorgaben erreichen lässt (siehe auch Kap. 12).

Daneben steht die Kundenorientierung mit einem möglichst optimalen Zusammenspiel zwischen den Reisenden/Frachtkunden und den Fahrzeugen/Bahnanlagen. Genannt seien hier beispielhaft die Vorschriften für einen barrierefreien Zugang zu den Fahrzeugen und die Beladevorschriften.

Grundsätzlich zu regelnde Sachverhalte	
- Begriffserklärungen (Bahnanlagen, Fahrzeuge, Bahnbetrieb)	
- Anforderungen an Bahnanlagen (Bau, Ausrüstung, Untersuchung und Überwachung)	
- Anforderungen an Fahrzeuge (Bau, Ausrüstung, Abnahme, Inbetriebnahme, Untersuchung und Überwachung)	
- Anforderungen an die Betriebsführung (insbesondere Fahrordnung, Zugfolge, Fahrgeschwindigkeit, Besetzen der Triebfahrzeuge und Züge)	
- Regelungen zur Sicherung von Bahnübergängen	
- Anforderungen an Betriebsbeamte (Befähigung, Tauglichkeit)	
- Unfallverhütung im Gleisbereich (Gefahrenbereiche, Sicherheitsabstände)	
- Sicherheit und Ordnung auf dem Gebiet der Bahnanlagen und in den Fahrzeugen	
- Infrastrukturzugang (Fahrplan, Benutzungsbedingungen, Fahrgastinformation)	
- Beförderung von Personen und Gütern (Beförderungsbedingungen, Fahrpreise, Entgelte, Haftung)	
Technische Systemschnittstellen Fahrweg/Fahrzeug	
Technische Parameter des Fahrwegs	**Technische Parameter der Fahrzeuge**
Beschaffenheit des Fahrwegs, insbesondere: - Spurweite - Gleisabstand - Abstand fester Gegenstände - Gestaltung der Linienführung und Weichen - Schienenkopfprofil - Belastbarkeit des Oberbaus und der Bauwerke - Lichtraumumgrenzung - Stromsystem (Stromart, Nennspannung) - Stromzuführung (Oberleitung, Stromschiene) - Höhe der Bahnsteigkanten - Gleis- und Bahnsteignutzlängen - Höhe der Seitenrampen	Konstruktion der Fahrzeuge, insbesondere: - Spurmaß - Fahrzeugbreite für den Begegnungsfall - Fahrzeugabmessungen, Sicherheitsabstand - Antrieb, Bremsen und Laufwerke - Radreifenprofil - Radsatzlast, Fahrzeuggewicht je Längeneinheit - Fahrzeugbegrenzung - Antrieb bei elektrischer Zugförderung - Stromabnehmer - Höhe der Einstiegsebene - Länge der Züge - Höhe der Ladeebene
Ausrüstung des Fahrwegs, insbesondere: - Anlagen der Zugsteuerung, Zugsicherung und Signalgebung - Anlagen zur Kommunikation	Ausrüstung der Fahrzeuge, insbesondere: - Einrichtungen der Zugsteuerung und Zugsicherung - Einrichtungen zur Kommunikation

Abb. 3.1.1: Regelungssachverhalte für das System Bahn

3.1 Regelungsgrundsätze

Von besonderer Wichtigkeit sind die Vorschriften zur Unfallverhütung im Gefahrenbereich der Gleise, deren Befolgung allen sich dort von Berufs wegen aufhaltenden Personen einen ausreichenden und zumutbaren Schutz vor den Gefahren des Eisenbahnbetriebs gewähren soll; als Verhaltensvorschriften ergänzen sie die in der *EBO* geregelten konkreten Anforderungen an den Bau von Bahnanlagen, den Bau und die Ausrüstung von Fahrzeugen sowie an den Bahnbetrieb.

Hinsichtlich der Anforderungen an die Sicherheit der Eisenbahnen trifft die *EBO* keine abschließende Regelung. Abgesehen davon, dass es praktisch unmöglich ist, alle nur denkbaren Sicherheitsfragen der Eisenbahnen in einer Rechtsverordnung zu regeln, wäre ein starres Festschreiben bis ins Kleinste auch unzweckmäßig, weil dies die rasche Verbesserung der Sicherheit aufgrund neuer Erkenntnisse und Möglichkeiten zumindest verzögern würde. Nur da, wo die *EBO* ausdrückliche Vorschriften enthält, gelten die Anforderungen der Sicherheit und Ordnung an die Bahnanlagen und Fahrzeuge als erfüllt. Solche Vorschriften finden sich in der *EBO* vor allem dort, wo das System Bahn wegen der wechselseitigen Abhängigkeit von Rad und Schiene auf die verbindliche Vorgabe von Grunddaten angewiesen ist. So haben sich z.B. an die normierte Spurweite alle anderen Systembestandteile anzupassen.

Die wesentlichen für die Sicherung des Systems Bahn zu regelnden Sachverhalte sind in Abb. 3.1.1 zusammengestellt.

Mit ihrem reichen Erfahrungshintergrund, der Größe und Vielfalt ihrer Verkehre sowie durch umfassende Forschung und ganzheitliche Weiterentwicklung prägen insbesondere die Eisenbahnunternehmen der *DB AG* als größte deutsche Eisenbahnen das betrieblich-technische System Bahn. Die Aufsichtsbehörden – *Bundesministerium für Verkehr, Bau und Stadtentwicklung (BMVBS)*, *Eisenbahn-Bundesamt (EBA)*, Länderaufsichtsbehörden – sind in öffentlich-rechtlicher Hinsicht Anwalt für dessen Sicherung. Ohne lückenlos ineinander greifende Regeln ist ein sicheres Zusammenwirken der Systemkomponenten undenkbar und somit auch keine Prozesssicherheit gegeben.

3.1.2 Struktur der Regelungen

Das *Allgemeine Eisenbahngesetz (AEG)* [2] verpflichtet alle Eisenbahnunternehmen in Deutschland zur sicheren Betriebsführung sowie dazu, die Eisenbahninfrastruktur, die Fahrzeuge und das Zubehör sicher zu bauen und in betriebssicherem Zustand zu halten. Dem Staat obliegt es dabei, die rechtlichen Grundlagen zu schaffen, indem er Gesetze und Rechtsverordnungen erlässt, die die Anforderungen konkretisieren. So definiert die *EBO* als Rechtsverordnung – neben allgemeinen Anforderungen der Sicherheit und Ordnung sowie den für den grenzüberschreitenden Verkehr international festgelegten technischen Normen – im Wesentlichen die für den nationalen Verkehr notwendigen Normativbestimmungen, Sicherheitsvorschriften und Grundsatzforderungen. Diese betreffen in erster Linie regelungsbedürftige Sachverhalte bei den Bahnanlagen, den Fahrzeugen und der Betriebsführung, aber auch Grenzwerte, deren Einhaltung die Einheitlichkeit des Systems Bahn gewährleistet [1].

Soweit die *EBO* keine ausdrücklichen Vorschriften enthält, sind – soweit vorhanden – anerkannte Regeln der Technik zwingend zu berücksichtigen; hiervon darf nur abgewichen werden, wenn mindestens die gleiche Sicherheit wie bei Beachtung dieser Regeln nachgewiesen ist. Die Einhaltung der anerkannten Regeln der Technik reicht allerdings nicht aus, wenn diese Regeln hinter der technischen und wissenschaftlichen Entwicklung und jüngeren Gefahrenerkenntnissen herhinken; in diesem Fall geht der aktuelle Stand der Technik den gelegentlich nicht mehr aktuellen, weil nicht angepassten „anerkannten Regeln der Technik" vor.

In der *EBO* werden die zu regelnden Sachverhalte je nach ihrer Bedeutung im Allgemeinen auf verschiedene Weise behandelt (Abb. 3.1.2).

3 Regelungen zur Sicherung des Systems Bahn

	Art der Vorschriften	Regelungstatbestand	Sachverhalt (Beispiele)
1	Bindende Vorschriften	Ausnahmen sind grundsätzlich unzulässig	Spurweite der Gleise
2	„Regel"-Vorschriften	Die Vorschriften sind in der Regel einzuhalten, doch wird ein gewisser Ermessensspielraum zugebilligt	Stetige Änderung der Richtung durchgehender Hauptgleise
3	„Soll"-Vorschriften	Abweichungen sind nur erlaubt, wenn besondere Umstände dies erfordern	Mindestgröße des Bogenradius' in durchgehenden Hauptgleisen bei Neubauten, Gleisneigung
4	Vorschriften, bei denen Ausnahmen vorgesehen sind	Es dürfen ausdrücklich Ausnahmen durch die Behörden zugelassen werden	Mindestabstand fester Gegenstände auf Personenbahnsteigen
5	Vorschriften mit vorgesehener besonderer Genehmigung	Es dürfen andere Ausführungsarten als die Regelausführung zugelassen werden	Erleichterte Sicherung eingleisiger Bahnen bei mäßigem Verkehr
6	Vorschriften, von denen unter bestimmten Voraussetzungen abgewichen werden darf	Abweichungen dürfen unter bestimmten Voraussetzungen nach pflichtgemäßem Ermessen der Bahnen zugelassen werden	Belassen des Gleisabstands im Bahnhof bis zum Umbau der Gleisanlagen bei Vergrößern des Gleisabstands der freien Strecke
7	Vorschriften mit ergänzenden Ausführungsanweisungen	Die Bahnen werden zu ergänzenden Ausführungsanweisungen verpflichtet	Untersuchen und Überwachen der Bahnanlagen
8	Vorschriften, die bestimmte Zuständigkeiten festlegen	Es wird die Zuständigkeit für die Regelung bestimmter Aufgaben festgelegt	Art der Betriebsführung bei höhengleichen Kreuzungen von Schienenbahnen
9	Vorschriften, durch die der Anwendungsbereich ausgedehnt werden darf	Die Behörden werden ermächtigt, den Anwendungsbereich bestimmter Vorschriften auszudehnen	Ausrüstung von Zugbeeinflussung für Strecken, auf denen bis zu 100 km/h zugelassen sind

Abb. 3.1.2: Wertigkeit der *EBO*-Vorschriften

Durch die unterschiedlichen Regelungsarten berücksichtigt die *EBO* z. B. die Belange der Praxis im Hinblick auf die unterschiedlichen Anforderungen an Haupt- und Nebenbahnen sowie an bestehende oder neu zu bauende Anlagen.

Soll von bindenden Vorschriften der *EBO* abgewichen werden, sei es, dass bestehende Anlagen oder Fahrzeuge den Vorschriften nicht entsprechen oder dass für Neubauten die Erfüllung der Vorschriften technisch nicht notwendig, nicht möglich oder wirtschaftlich nicht zumutbar ist, bedarf es der ausdrücklichen Zulassung einer Ausnahme durch die zuständige Behörde. Das können der Verordnungsgeber selbst, das *EBA* oder die zuständige Aufsichtsbehörde eines Bundeslandes sein. Die Möglichkeiten zur Zulassung von Ausnahmen von Vorschriften der *EBO* sind bewusst weit gefasst und nicht auf den Einzelfall beschränkt worden, zumal im System Bahn ein hohes Maß an Flexibilität

3.1 Regelungsgrundsätze

geboten ist. Unterschiedliche Entscheidungen der Aufsichtsbehörden zu gleichen Sachverhalten müssen dabei vermieden werden.

Auch wenn prinzipiell von allen Vorschriften der *EBO* Ausnahmen zugelassen werden können oder diese für Bahnanlagen, Fahrzeuge und die Betriebsführung notwendig sind, um der technischen Entwicklung Rechnung zu tragen, kommt für die Praxis nur ein begrenzter Teil in Betracht. Nicht hierunter fallen in der Regel Grundsatzvorschriften, die die Kompatibilität Fahrzeug/Fahrweg betreffen; hier sind Ausnahmen nur zur Berücksichtigung besonderer Verhältnisse zulässig.

Bei nicht ins Detail gehenden Vorgaben der *EBO* muss auf untergesetzliche Regelwerke, wie DIN-Normen und vergleichbare Regelwerke, zurückgegriffen werden. Sie präzisieren durch genaue Angaben zu Maßen und deren Toleranzen gesetzliche Normen und sind damit Grundlage auch für bahntechnische Normen und innerbetriebliche Regelwerke der Bahnen. Sie sind die wesentliche Arbeitsgrundlage für alle am System Bahn Beteiligten.

Die von der Europäischen Union erlassenen Verordnungen, Richtlinien und Entscheidungen dienen der Harmonisierung der unterschiedlichen nationalen Rechtsordnungen und sollen so verhindern, dass die Mitgliedstaaten neue einzelstaatliche Regelungen erlassen oder Projekte in Angriff nehmen, die die Uneinheitlichkeit des bestehenden Systems noch verstärken. Damit genießen internationale Normen Vorrang gegenüber den Bestimmungen der *EBO*, soweit das transeuropäische Eisenbahnsystem betroffen ist. Zwar werden verbindlich Ziele vorgegeben, die Art der nationalen Umsetzung bleibt jedoch den Mitgliedstaaten überlassen. Dies kann durch Gesetze und Rechtsverordnungen, aber auch durch Erlasse und Verwaltungsvorschriften der Aufsichtsbehörden geschehen. Als Beispiel mag der interoperable Fahrzeugeinsatz dienen, für dessen Teilsysteme jeweils *Technische Spezifikationen für die Interoperabilität (TSI)* gelten (siehe Kap. 12). Sofern hierin für bestimmte Tatbestände keine oder nur übergeordnete Regelungen enthalten sind, gelten ergänzend die nationalen Regelungen. Im Fall eines gegenüber dem nationalen Regelwerk niedrigeren TSI-Niveaus ist bezüglich einer Festlegung oder eines vorgegebenen Wertes der Nachweis gleicher Sicherheit zu führen und dem *EBA* vorzulegen.

Neben den Regelungen nach Gemeinschaftsrecht stehen internationale Regelungen, die den Stand der Technik wiedergeben; sie sind anzuwenden, wenn dies aufgrund von Verträgen oder Vereinbarungen vorgeschrieben oder in Regelwerken entsprechend festgelegt ist. Das Regelwerk der *DB AG* ist – wie auch das der nichtbundeseigenen Eisenbahnen (NE) – in diese Regelwerksordnung eingebunden (Abb. 3.1.3).

Die Komplexität des Systems Bahn und die hiermit zusammenhängenden Sicherheitsaspekte verlangen eine exakte, den jeweiligen Anwendern zugeschiedene Verantwortung für die Regelungsinhalte und -prozesse sowie die Abgrenzung zu den Aufgaben der Aufsichtsbehörden. Von besonderer Bedeutung sind hierbei die
– Vollständigkeit der Regelungen mit eindeutiger Formulierung,
– Qualitätssicherung der Regelwerksprozesse (u. a. Aktualität, Dokumentation, Kontrollmechanismen),
– Sicherheit der Verfahren nach dem Stand der Technik,
– Entbehrlichkeit von überflüssigen Regelungen sowie
– Anwenderfreundlichkeit der Regelwerke (u. a. durch Modularisierung, Anwenderhandbücher, EDV-Unterstützung).

Aus der Art der Formulierung von Festlegungen unter Verwendung der modalen Hilfsverben nach *Anhang E* des *Teils 2* der *DIN EN 820-2:2000-01 Normungsarbeit – Gestaltung von Normen* und ausnahmsweise deren dort aufgeführten gleichbedeutenden Ausdrücken ergibt sich die Wertigkeit für die Anwendung der Regelungen. Für die Einheitlichkeit des Systems Bahn sind allerdings nur die

3 Regelungen zur Sicherung des Systems Bahn

Art der Regelung	Zuständigkeit (Ersteller)	Beispiele
EU-Richtlinien und -Verordnungen	EU-Kommission, Europäisches Parlament und Rat	RiL 2004/49/EG [Eisenbahnsicherheit], VO (EG) Nr. 881/2004 [Errichtung ERA]
EU-Spezifikationen und Euronormen	Im Auftrag der EU-Kommission: ERA, CEN/CENELEC, ETSI	TSI Infrastruktur für den HGV, DIN EN 14752 [Türsysteme]
Internat. Übereinkommen und Vereinbarungen	Internat. Eisenbahnverband, Mitgliedstaaten oder -bahnen	UIC-Kodex, TE, RIC/RIV, COTIF, Eurofima, AGC
Internationale Normen	ISO-Normungsgremium	DIN EN ISO 14040 [Umweltmanagement, Ökobilanz, ...]
Gesetze	Gesetzgeber (Bund, Länder)	AEG (EdB, NE), LEG (NE) – öffentlich, nichtöffentlich –
Rechtsverordnungen	Verordnungsgeber (Bund, Länder)	EdB, NE: EBO, ESBO, ESO – öffentlich – NE: EBOA, BOA – nichtöffentlich –
Verwaltungsvorschriften	Eisenbahnverkehrsverwaltung (EBA, Länderaufsichtsbehörden)	VV Abnahme § 32 EBO des EBA
Vorschriften und Richtlinien Dritter	Berufsgenossenschaften, Verbände	Unfallverhütungsvorschriften der EUK und der BG Bahnen, VDI
Nationale technische Normen	DIN, VDE	DIN 27505 [Fahrzeugbegrenzung], VDE 0831 [Signaltechnische Sicherheitsbestimmungen]
(Anerkannte) Regeln der Technik	Eisenbahnen, Verbände	DB-Richtlinien, VDV-Schriften, Technische Mitteilungen
Richtlinien, Vorschriften	Eisenbahnen	(Konzern-)Richtlinien der DB AG und des VDV
Handbücher	Eisenbahnen	HB 88301 [Eisenbahnvermessung]
Unterlagen	Eisenbahnen	Merkblätter, örtliche Regelungen

Abb. 3.1.3: Hierarchische Ordnung der Regelungen

verbindlichen Festlegungen in Form von Anforderungen zwingend zu beachten. Den höchsten Grad der Verbindlichkeit haben Gebote und Verbote, die grundsätzlich einzuhalten sind; nur in besonderen Fällen kann die zuständige Stelle – Aufsichtsbehörde oder Eisenbahnunternehmen – Abweichungen genehmigen. Im Normalfall handelt es sich um Regeln und Grundsätze, bei denen Abweichungen lediglich aktenkundig begründet werden müssen. Von Empfehlungen, Erlaubnissen und unverbindlichen Festlegungen (Möglichkeiten) darf hingegen Gebrauch gemacht werden, wenn diese keinen Eingriff in die Einheitlichkeit des Systems Bahn darstellen; das Gebot der Wirtschaftlichkeit ist jedoch zu beachten.

Gemeinsam ist allen Vorschriften, dass sie Freiräume für innovative Ansätze enthalten sollen und damit den Anwendern und den Aufsichtsbehörden die Möglichkeit geben, Regelungstatbestände

3.2 Regelwerke für die Eisenbahnen

zukunftsweisend weiterzuentwickeln sowie Entscheidungen zu treffen, die auf besondere Situationen zugeschnitten sind. Im Einzelfall kann dies auch zur Stärkung der Wettbewerbsfähigkeit des Systems Bahn beitragen.

3.1.3 Verantwortung für das Einhalten der Regelungen

Die Regelungen für das System Bahn erfüllen nur dann ihren Zweck, wenn sie mit hoher Zuverlässigkeit angewendet werden und ihre Anwendung im erforderlichen Umfang stichprobenhaft überwacht wird. In der Verantwortung hierfür stehen sowohl die Eisenbahnen – Eisenbahninfrastruktur- und Eisenbahnverkehrsunternehmen – und die Fahrzeughalter, die im Rahmen ihrer Geschäfts- und Betreiberverantwortung das jeweils für ihren Geschäftsumfang notwendige Regelwerk zu beachten haben, als auch die Aufsichtsbehörden von Bund und Ländern. Diesen Behörden obliegt die Überwachung der Umsetzung der Regelungen im Rahmen ihrer Aufsichts- und Genehmigungskompetenz, und sie stehen in der Pflicht, auf eine das System Bahn sichernde und fördernde einheitliche Handlungsweise der Eisenbahnen hinzuwirken.

Eine ständige Aufgabe sowohl der Bahnen als auch der Aufsichtsbehörden besteht darin, den betrieblich-technischen Regelungsbedarf zur Sicherung des Systems Bahn sowohl von der Notwendigkeit als auch von den Inhalten her kontinuierlich zu überprüfen, die Regelungssachverhalte an neue Entwicklungen, wirtschaftlichere Produktionsweisen und geänderte Organisationsstrukturen anzupassen sowie überkommene Bestimmungen herauszunehmen. Wegen des den Eisenbahnen eigenen Gefährdungspotenzials, das keine ungeregelten Sachverhalte insbesondere in der Mensch-Maschine-Beziehung duldet, kommt den mit der Erstellung und der Weiterentwicklung von Vorschriften und Handlungsanweisungen befassten Stellen eine hohe Geschäftsverantwortung zu.

Die Wahrung der Betriebssicherheit auf der Grundlage aller relevanten Vorschriften liegt in der unternehmerischen Verantwortung der Eisenbahnen. Daneben steht die Verantwortung der Fahrzeughalter, die für die Einhaltung der entsprechenden Vorschriften – auch hinsichtlich des Fahrzeugzustandes – geradezustehen haben. Darüber hinaus haben die Eisenbahnen vor der ersten Betriebsaufnahme einen oder mehrere Betriebsleiter gemäß *Eisenbahnbetriebsleiterverordnung (EBV)* [3] zu bestellen und durch die Aufsichtsbehörde bestätigen zu lassen. Unbeschadet der Verantwortung des Unternehmers sind die Betriebsleiter für das sichere Betreiben der Eisenbahninfrastruktur sowie für das sichere Erbringen der Eisenbahnverkehrsleistungen verantwortlich; beide Funktionen können auch zusammenfallen. Damit leistet der Eisenbahnbetriebsleiter ebenfalls einen wichtigen Beitrag zur Sicherung des Systems Bahn.

3.2 Regelwerke für die Eisenbahnen

3.2.1 Europäische Eisenbahngesetzgebung

3.2.1.1 Einführung

Die Tätigkeit der Europäischen Gemeinschaft ist u. a. darauf gerichtet, einen Binnenmarkt zu schaffen, der nach Beseitigung der Hindernisse für den freien Waren-, Personen-, Dienstleistungs- und Kapitalverkehr zwischen den Mitgliedstaaten gekennzeichnet ist durch
– die Aufstellung gemeinsamer Regeln für den internationalen Verkehr,
– die Festlegung der Bedingungen für die Zulassung von Verkehrsunternehmen zum Verkehr innerhalb eines Mitgliedstaates, in dem sie nicht ansässig sind,

3 Regelungen zur Sicherung des Systems Bahn

- den Erlass von Regelungen zur Verbesserung der Verkehrssicherheit und
- den Erlass sonstiger zweckdienlicher Vorschriften.

Den Bürgern der Union, den Wirtschaftsbeteiligten sowie den regionalen und lokalen Gebietskörperschaften sollen hierdurch in vollem Umfang die Vorteile zugute kommen, die sich aus der Schaffung eines Raumes ohne Binnengrenzen und ohne Handelsbeschränkungen ergeben.

Aufgabe der nationalen Eisenbahnpolitik, deren gesetzgeberische Umsetzung mit dem *Eisenbahnneuordnungsgesetz* vom 27. Dezember 1993 in einem ersten Schritt erfolgte, ist daher vor allem, den wirtschaftlichen Niedergang der Eisenbahn zu stoppen, wieder mehr Verkehr auf die Schiene zu bringen, den Staatshaushalt zu entlasten und den Wettbewerb gegenüber anderen Verkehrsträgern sowie der Eisenbahnen untereinander zu stärken [4].

Ziele der Eisenbahnreform in Europa und Deutschland sind insbesondere
- die Stärkung der Wettbewerbsfähigkeit des Schienenverkehrs gegenüber den anderen Verkehrsarten,
- der Ausbau des transeuropäischen Schienennetzes mit schrittweiser Herstellung eines einheitlichen Eisenbahnsystems (Interoperabilität),
- die Entlastung der Staatshaushalte durch unternehmerische Ausrichtung der Eisenbahnunternehmen,
- der Wettbewerb zwischen den Eisenbahnverkehrsunternehmen durch Öffnung der Schienennetze für den intramodalen Wettbewerb,
  das Sicherstellen des diskriminierungsfreien Wettbewerbs unter behördlicher Aufsicht,
- die Gewährleistung einheitlicher hoher Sicherheitsstandards und
- die Vernetzung der Eisenbahnbehörden in den Mitgliedstaaten unter europäischer Führung (*Europäische Eisenbahnagentur*).

3.2.1.2 Richtlinien der EG

Abb. 3.2.1 gibt einen Überblick über die in den neunziger Jahren des vorigen Jahrhunderts aufgenommenen vielschichtigen Aktivitäten auf dem Gebiet des Europäischen Eisenbahnrechts mit ihren Auswirkungen auf die nationale Eisenbahngesetzgebung [5, 6]. Die Maßnahmen dienen der Erreichung der vorstehend genannten Ziele und sollen das System Bahn als umweltfreundlichen Verkehrsträger fördern.

Die *Richtlinie 91/440/EWG* [7] bildet den Rahmen für die Strukturreform der Eisenbahnen. Sie soll die Anpassung der Eisenbahnunternehmen der Gemeinschaft an die Erfordernisse des Binnenmarktes erleichtern und ihre Leistungsfähigkeit erhöhen, indem
- die Unabhängigkeit der Geschäftsführung der Eisenbahnunternehmen von unmittelbaren staatlichen Eingriffen gewährleistet wird,
- der Betrieb der Eisenbahninfrastruktur und die Erbringung von Verkehrsleistungen durch die Eisenbahnunternehmen voneinander getrennt werden, wobei die Trennung der Rechnungsführung obligatorisch, die organisatorische oder institutionelle Trennung fakultativ ist,
- die Finanzstruktur der Eisenbahnunternehmen saniert wird und
- internationalen Gruppierungen von Eisenbahnunternehmen sowie Eisenbahnunternehmen, die Verkehrsleistungen im grenzüberschreitenden kombinierten Güterverkehr erbringen, Zugangsrechte zu den Eisenbahnnetzen der Mitgliedstaaten garantiert werden.

Diesen Forderungen liegt das Ziel der Beseitigung der Staatsbahnen mit ihren Netz- und Verkehrsmonopolen und ihre Ausgliederung aus staatlichen Organisations- und Finanzstrukturen bei gleichzeitiger Schaffung von staatlich unabhängigen Wirtschaftsunternehmen zugrunde.

3.2 Regelwerke für die Eisenbahnen

EU-Richtlinie (RL)	Ziel	Nationale Umsetzung durch ...	Anmerkungen
RL 91/440/EWG vom 29. Juli 1991	Beseitigung der Monopole der Staatsbahnen, Schaffung staatlich unabhängiger Unternehmen	Bahnstrukturreform von 1993	In Deutschland weiter reichende Änderungen als gefordert; zuletzt geändert durch RL 2004/51/EG vom 29. April 2004
RL 95/18/EG vom 19. Juni 1995	Anforderungen an die Erteilung von Genehmigungen für den grenzüberschreitenden Netzzugang nach der RL 91/440/EWG	Eisenbahnunternehmer-Berufszugangsverordnung (EBZugV) vom 27. Oktober 1994 in der geänderten Fassung vom 17. Februar 1997	ergänzt die RL 91/440/EWG; zuletzt geändert durch die 2. VO zum Erlass und zur Änderung eisenbahnrechtlicher Vorschriften vom 5. Juli 2007
RL 95/19/EG vom 19. Juni 1995	Gewährleistung der Sicherheit des Eisenbahnbetriebs bei der Ausübung der Netzzugangsrechte nach der RL 91/440/EWG (Sicherheitsbescheinigung)	u.a. AEG (2. Gesetz zur Änderung eisenbahnrechtlicher Vorschriften vom 21. Juni 2002) und Eisenbahninfrastruktur-Benutzungsverordnung (EIBV) vom 17. Dezember 1997	ergänzt die RL 91/440/EWG in Bezug auf die Zuweisung von Fahrwegkapazität und die Berechnung von Wegeentgelten; aufgehoben durch RL 2001/14/EG vom 26. Februar 2001
RL 96/48/EG vom 23. Juli 1996	Förderung des Auf- und Ausbaus der transeuropäischen Netze zur Verwirklichung eines einheitlichen transeuropäischen Hochgeschwindigkeitsverkehrs	VO über die Interoperabilität des transeuropäischen Hochgeschwindigkeitsbahnsystems (EIV) vom 20. Mai 1999; aufgehoben durch die 2. VO zum Erlass und zur Änderung eisenbahnrechtlicher Vorschriften vom 5. Juli 2007 und ersetzt durch die TEIV	geändert durch RL 2004/50/EG vom 29.04.2004 über die Interoperabilität des transeuropäischen Hochgeschwindigkeitsbahnsystems; der Umsetzung dienen die „Technischen Spezifikationen für die Interoperabilität (TSI)"
RL 2001/16/EG vom 19. März 2001	Vereinheitlichung der konventionellen Eisenbahnsysteme, u.a. Straffung der Zulassungsverfahren (EG-weit anzuerkennende Zertifizierungen durch Benannte Stellen, z. B. durch Eisenbahn-CERT/EBC beim EBA)	VO über die Interoperabilität des konventionellen transeuropäischen Eisenbahnsystems (KonVEIV) vom 3. Januar 2005, ersetzt durch Version vom 9. Juni 2005; aufgehoben durch die 2. Verordnung vom 5. Juli 2007 und ersetzt durch die TEIV	Räumlicher Geltungsbereich gemäß Anhang I der RL; Prüfverfahren für Teilsysteme (z. B. Wagen) und Interoperabilitätskomponenten (z. B. Schwellen) werden auf Grundlage der anzuwendenden TSI von den Benannten Stellen durchgeführt

Abb. 3.2.1: Richtlinien der EG und deren Umsetzung in nationales Recht

3 Regelungen zur Sicherung des Systems Bahn

EU-Richtlinie (RL)	Ziel	Nationale Umsetzung durch ...	Anmerkungen
RL 2001/12/ EG vom 26. Februar 2001	Diskriminierungsfreier Zugang zur Eisenbahninfrastruktur durch a) Öffnung der Schienennetze (zunächst Zugang zu einem Transeuropäischen Schienengüternetz (TESG), später zum gesamten Netz der europäischen Schienenwege), b) Trennung von Fahrweg und Verkehr (Entscheidungen über die Trassenzuweisung und die Wegeentgelte durch Drittstellen)	Drittes Gesetz zur Änderung eisenbahnrechtlicher Vorschriften vom 27. April 2005	Das TESG-Netz schließt alle wichtigen Schienenverkehrsstrecken ein und umfasst auch Umleitungsstrecken, Häfen, Terminals (insbesondere für den kombinierten Verkehr) und Zubringerstrecken
RL 2001/13/ EG vom 26. Februar 2001	Regelung bestimmter Anforderungen an alle Genehmigungen für Eisenbahnunternehmen in der Gemeinschaft (künftige Gültigkeit im gesamten EG-Bereich) zum Schutz von Kunden und Dritten	Drittes Gesetz zur Änderung eisenbahnrechtlicher Vorschriften vom 27. April 2005	Änderung der RL 95/18/EG unter Berücksichtigung der Ausweitung der internationalen Zugangsrechte zu den Schienennetzen im EG-Bereich
RL 2001/14/ EG vom 26. Februar 2001	Vermeidung von Diskriminierungen und Prinzipien der Bildung der Trassenpreise; Neuerungen: a) Erstellen und Veröffentlichen von detaillierten Schienennetz-Benutzungsbedingungen (SNB), b) bestimmte Leistungspflichten des Infrastrukturbetreibers, c) Zuweisung von Fahrwegkapazität durch unabhängige Zuweisungsstelle, d) Rahmenregelungen für Wegeentgelte, e) Einrichten einer Regulierungsstelle, f) Sicherheitsbescheinigungspflicht	Drittes Gesetz zur Änderung eisenbahnrechtlicher Vorschriften vom 27. April 2005 sowie VO zum Erlass und zur Änderung eisenbahnrechtlicher Vorschriften vom 3. Juni 2005 (u.a. grundlegende Überarbeitung der EIBV zur Anpassung an die detaillierten Vorgaben der RL) zu f): 5. Gesetz zur Änderung eisenbahnrechtlicher Vorschriften vom 16. April 2007, 2. VO zum Erlass und zur Änderung eisenbahnrechtl. Vorschriften vom 5. Juli 2007	RL 95/19/EG wird aufgehoben; jetzt sehr viel detailliertere Regelungen für den Netzzugang zu e): Bundesnetzagentur (BNetzA); diese Behörde kann sich im Falle des Diskriminierungsvorwurfs insbesondere mit den SNB, der Trassenvergabe und der Preisfestsetzung befassen zu f): Das Verfahren der Sicherheitsbescheinigung wird für obligatorisch erklärt

Abb. 3.2.2: Das Erste Eisenbahnpaket

3.2 Regelwerke für die Eisenbahnen

Der internationale Eisenbahnverkehr wird durch die großen technischen Unterschiede erschwert. Diese Unterschiede behindern vor allem den europaweiten Hochgeschwindigkeitsverkehr der Eisenbahnen. Durch die *Richtlinie 96/48/EG über die Interoperabilität des transeuropäischen Hochgeschwindigkeitsbahnsystems* [8] fördert die Gemeinschaft den Auf- und Ausbau der transeuropäischen Netze in den Bereichen der Verkehrs-, Telekommunikations- und Energieinfrastruktur; sie legt die Bedingungen fest, die im Gebiet der Gemeinschaft für die Verwirklichung eines einheitlichen transeuropäischen Hochgeschwindigkeitsverkehrs der Eisenbahnen erfüllt sein müssen.

Durch die *Zweite Verordnung zum Erlass und zur Änderung eisenbahnrechtlicher Vorschriften* vom 5. Juli 2007 [9] wurden die bis dahin bestehenden Regelungen der *EIV (Verordnung über die Interoperabilität des transeuropäischen Hochgeschwindigkeitsbahnsystems* vom 20. Mai 1999) und der *KonVEIV (Verordnung über die Interoperabilität des konventionellen transeuropäischen Eisenbahnsystems* vom 9. Juni 2005) aufgehoben und in der *Verordnung über die Interoperabilität des transeuropäischen Eisenbahnsystems (TEIV)* zusammengeführt. Die *TEIV* [10] lehnt sich an die bisherige Rechtslage der *KonVEIV* an und enthält darüber hinaus Regelungen zur Zulassung von Fahrzeugbaureihen (Bauartzulassung) und der hierauf aufbauenden
- vereinfachten Inbetriebnahmegenehmigung für Fahrzeuge einer zugelassenen Bauart,
- vereinfachten Inbetriebnahmegenehmigung für ausländische Fahrzeuge,
- Inbetriebnahmegenehmigung bei umfangreichen Umrüstungen und Erneuerungen.

3.2.1.3 Das Erste Eisenbahnpaket

Die EU hat das von der *Europäischen Kommission* vorgeschlagene *Eisenbahninfrastrukturpaket* [11] mit den in Abb. 3.2.2 aufgeführten Richtlinien umgesetzt; sie regeln die Bereiche für die Struktur der Eisenbahnen und für den Netzzugang neu.

Mit der *Richtlinie 2001/12/EG* [12] wird die *Richtlinie 91/440/EWG* [7] geändert, um den bei der Anwendung der Richtlinie gesammelten Erfahrungen und Entwicklungen Rechnung zu tragen. Die Richtlinie stellt Vorgaben für die Gestaltung des Eisenbahnwesens in den Mitgliedstaaten der EU auf und wird damit wesentliche Grundlage für die weitere Entwicklung bei den Eisenbahnunternehmen, aber auch bei der Aufgabenteilung zwischen der öffentlichen Hand und der privaten Eisenbahnwirtschaft. Grundidee ist dabei, den diskriminierungsfreien Zugang zur Infrastruktur zu ermöglichen (vgl. Kap. 9.6).

3.2.1.4 Das Zweite Eisenbahnpaket

Im *Weißbuch der EU-Kommission Die europäische Verkehrspolitik bis 2010: Weichenstellungen für die Zukunft* vom 12. September 2001 nimmt die Kommission den immer weiter sinkenden Marktanteil der Eisenbahn am europäischen Güterverkehr zum Anlass, für den Eisenbahnsektor weitere Maßnahmen zur Verbesserung der Wettbewerbsposition insbesondere gegenüber dem Straßenverkehr, zur Netzöffnung, zur Vereinheitlichung technischer Systeme und zur Qualitätssteigerung anzukündigen.

Am 23. Januar 2002 hat die Kommission ein Zweites Eisenbahnpaket (Abb. 3.2.3) vorgelegt, das eine an den *Rat und das Europäische Parlament* gerichtete Mitteilung über die *Schaffung eines integrierten europäischen Eisenbahnraums* sowie konkrete Vorschläge enthält [13].

Hauptanliegen der *Richtlinie 2004/49/EG über die Eisenbahnsicherheit* [14, 15] ist, den Netzzugang von Eisenbahnunternehmen nicht dadurch zu erschweren, dass in den Mitgliedstaaten unterschiedliche Sicherheitsanforderungen gestellt und unterschiedliche Verfahren bei deren Prüfung angewendet werden.

3 Regelungen zur Sicherung des Systems Bahn

EU-Richtlinie (RL)	Ziel	Nationale Umsetzung durch ...	Anmerkungen
RL 2004/49/EG vom 29. April 2004	Eisenbahnsicherheit in der Gemeinschaft durch gemeinsame Sicherheitsziele sowie durch die Einrichtung unabhängiger Sicherheitsbehörden und Unfalluntersuchungsstellen	a) Fünftes Gesetz zur Änderung eisenbahnrechtlicher Vorschriften vom 16. April 2007; b) Zweite VO zum Erlass und zur Änderung eisenbahnrechtlicher Vorschriften vom 5. Juli 2007	In der RL 95/18/EG werden die im Genehmigungsverfahren einzuhaltenden Anforderungen an die Sicherheit aufgehoben; in der RL 2001/14/EG werden die Regelungen über die Sicherheitsbescheinigung gestrichen
RL 2004/50/EG vom 29. April 2004	Ausdehnung der Interoperabilitäts-Anforderungen auf das gesamte europäische Eisenbahnsystem und damit auch auf Nebenbahnen und Strecken mit rein innerstaatlicher Bedeutung	a) Erstes Gesetz zur Änderung des AEG vom 13. Dezember 2006; b) Zweite VO zum Erlass und zur Änderung eisenbahnrechtlicher Vorschriften vom 5. Juli 2007	Inhaltliche Harmonisierung der beiden Interoperabilitätsrichtlinien 96/48/EG und 2001/16/EG
RL 2004/51/EG vom 29. April 2004	Schrittweise Öffnung des Schienenwegenetzes für den nationalen und internationalen Schienengüterverkehr sowie für Kabotage	Viertes Gesetz z.ur Änderung eisenbahnrechtlicher Vorschriften vom 3. August 2005	Änderung der RL 91/440/EWG zur Entwicklung der Eisenbahnunternehmen in der Gemeinschaft
Verordnung 881/2004/EG vom 29. April 2004 (Agenturverordnung)	Errichtung einer Europäischen Eisenbahnagentur (European Rail Agency – ERA)		Entwicklung gemeinsamer Lösungen auf dem Gebiet der Sicherheit und der Interoperabilität
Empfehlung der EU-Kommission für den Beitritt zum Übereinkommen über den internationalen Eisenbahnverkehr (COTIF) vom 17. November 2003	Neben der Beteiligung durch ihre Mitgliedstaaten an der Zwischenstaatlichen Organisation für den internationalen Eisenbahnverkehr (OTIF) auch unmittelbare Einflussnahme auf die Ausgestaltung des internationalen Eisenbahnrechts		Das COTIF (vom 9. Mai 1980) regelt die Bedingungen für die grenzüberschreitende Beförderung von Personen, Gepäck und Gütern mit der Eisenbahn; es trat am 1. Juli 2006 in einer grundsätzlich überarbeiteten Fassung in Kraft

Abb. 3.2.3: Das Zweite Eisenbahnpaket

3.2 Regelwerke für die Eisenbahnen

Die Richtlinie regelt, dass Infrastrukturbetreiber und Verkehrsunternehmen in ihrem jeweiligen Systembereich die volle Verantwortung für den sicheren Betriebsablauf und für die Kontrolle der von ihnen verursachten Risiken tragen. Dies gilt auch für die von Herstellern, Auftragnehmern und Bewertungsstellen geleisteten Materiallieferungen und Dienstleistungen. Das Sicherheitsmanagement muss demgemäß eine Kontrolle der Risiken vorsehen, die von ihren Auftragnehmern verursacht werden oder die durch Verwendung des Materials entstehen. Die Zulieferer und Bewertungsstellen sind für ihre Produkte und Dienstleistungen gegenüber den Eisenbahnunternehmen nach den nationalen Haftungsbestimmungen verantwortlich. Die Richtlinie stellt klar, dass die primäre Verantwortung für die Produkt- bzw. Dienstleistungssicherheit bei dem jeweiligen Hersteller bzw. Dienstleister verbleibt. Die Haftung der Eisenbahnunternehmen gegenüber Benutzern, Kunden und Dritten bleibt davon unberührt.

Der Fahrwegbetreiber benötigt für die Verwaltung und den Betrieb einer Eisenbahninfrastruktur eine Sicherheitsgenehmigung der Sicherheitsbehörde. Sie beinhaltet die Genehmigungen über die Zulassung eines Sicherheitsmanagementsystems und über die Zulassung der Vorkehrungen, die der Fahrwegbetreiber getroffen hat, um die besonderen Anforderungen für eine sichere Auslegung, Instandhaltung und einen sicheren Betrieb der Eisenbahninfrastruktur (einschließlich Verkehrssteuerungs- und Signalgebungssysteme) zu erfüllen.

Mit der Sicherheitsbescheinigung weist das Eisenbahnunternehmen nach, dass es ein Sicherheitsmanagementsystem eingeführt hat und die in den *TSI* und anderen einschlägigen Rechtsvorschriften der Gemeinschaft sowie in nationalen Sicherheitsvorschriften festgelegten Anforderungen erfüllen kann und damit in der Lage ist, Risiken zu kontrollieren und einen sicheren Verkehrsbetrieb auf dem Netz zu gewährleisten.

Die *Zweite Verordnung zum Erlass und zur Änderung eisenbahnrechtlicher Vorschriften* vom 5. Juli 2007 [9, 16] regelt insbesondere
– den Erlass einer *Eisenbahn-Sicherheitsverordnung (ESiV)*,
– den Erlass einer *Eisenbahn-Unfalluntersuchungsverordnung (EUV)*,
– die Änderung der *Eisenbahnbetriebsleiterverordnung (EBV)* und der *Eisenbahnbetriebsleiter-Prüfungsverordnung (EBPV)* sowie
– die Änderung der *Verordnung über die Gebühren und Auslagen für Amtshandlungen der Eisenbahnverkehrsverwaltung des Bundes (BEGebV)*.

Von der Sicherheitsrichtlinie unterscheiden sich die Interoperabilitätsrichtlinien dadurch, dass sie die Sicherheitsanforderungen für die Teilsysteme des transeuropäischen Eisenbahnnetzes festlegen, jedoch keine gemeinsamen Anforderungen für das Gesamtsystem Eisenbahn enthalten und keine näheren Bestimmungen zu Fragen der Regelung, des Managements und der Überwachung von Sicherheit regeln. Dies ist vielmehr Zweck der Sicherheitsrichtlinie.

3.2.1.5 Das Dritte Eisenbahnpaket

Am 25. September 2007 hat das *Europäische Parlament* ein Drittes Eisenbahnpaket verabschiedet. Kernpunkte sind die künftige Marktöffnung für grenzüberschreitende Personenverkehrsdienste, ein einheitlicher Führerschein für Lokführer sowie eine deutliche Stärkung der Fahrgastrechte.

Die **Öffnung der nationalen Schienennetze für den grenzüberschreitenden Eisenbahnpersonenverkehr** (einschließlich der Kabotage in grenzüberschreitenden Zügen) zum 1. Januar 2010 erlaubt mehr Wettbewerb auf dem europäischen Personenverkehrsmarkt. Diese Änderung der *Richtlinie 91/440/EWG* [7] stellt eine weitere Etappe auf dem Weg zur vollständigen Öffnung des Schienenverkehrsmarktes dar. Zugleich wird den Eisenbahnunternehmen **Planungs- und Rechtssicherheit** gegeben, indem Rahmenverträge über die Infrastrukturnutzung bei langfristigen Investitionen, wie z. B. Hochgeschwindigkeitsverbindungen, abgeschlossen werden können.

3 Regelungen zur Sicherung des Systems Bahn

Die gegenseitige Anerkennung der Fahrerlaubnisse und die Harmonisierung der Fachkenntnisse der Lokführer sind unerlässlich für die Schaffung eines europäischen Eisenbahnraums bei weiterer Stärkung des hohen Sicherheitsniveaus im Eisenbahnverkehr. Für den zukünftig einheitlichen Führerschein für Lokführer, die im grenzüberschreitenden Verkehr eingesetzt werden, legt die *Richtlinie über die Zertifizierung von mit dem Führen von Triebfahrzeugen im Eisenbahnnetz der Gemeinschaft betrautem Zugpersonal* Mindestanforderungen für die Qualifikation und damit für die Zertifizierung der Lokführer fest. Neben den fachlichen Voraussetzungen und der Kenntnis der betreffenden Infrastruktur gehören hierzu auch grundlegende Anforderungen hinsichtlich Schulausbildung, Mindestalter, Sprachkenntnissen und Tauglichkeit.

Die *Verordnung über die Rechte und Pflichten der Fahrgäste* wird zum Jahresende 2009 in Kraft treten. Sie gilt für alle Eisenbahnfahrten und -dienste, nicht nur für Fahrgäste im grenzüberschreitenden Verkehr. Die Verordnung regelt u. a. die Entschädigung bei großen Verspätungen, die Haftung der Unternehmen für die Fahrgäste und deren Gepäck, die Beförderung von behinderten Personen und Personen mit eingeschränkter Mobilität sowie die Informationspflichten der Eisenbahnunternehmen. Mit den Regelungen knüpft die *EU-Kommission* an Entwicklungen im Luftverkehr an, indem die Haftung der Eisenbahn verschärft wird, insbesondere für Personenschäden sowie bei Verspätung und Zugausfall. Da es nicht allen Mitgliedstaaten möglich sein wird, sämtliche Bestimmungen der Verordnung bereits bei deren Inkrafttreten anzuwenden, wird ihnen die Möglichkeit eingeräumt, für inländische Personenverkehrsdienste befristete Ausnahmen zu gewähren.

Die Umsetzung des Dritten Eisenbahnpakets durch den deutschen Gesetz- und Verordnungsgeber in nationales Recht muss spätestens im Laufe des Jahres 2009 erfolgt sein.

Für die Zeit nach 2009 sind in einem weiteren Eisenbahnpaket bislang folgende Themen vorgesehen:
– Entschädigungen bei Nichterfüllung vertraglicher Qualitätsanforderungen im Schienengüterverkehr
– Beseitigung von Eintrittsschranken zum Eisenbahngüterverkehrsmarkt
– Einführung des europäischen Zugsteuerungs- und Zugsicherungssystems *ERTMS*
– Ausweitung der Befugnisse der Regulierungsstellen
– Vereinfachung der Zollverfahren
– Verringerung der Umweltbelastung durch den Eisenbahngüterverkehr
– schrittweiser Aufbau eines eigenen Schienennetzes für den Güterverkehr

3.2.2 Internationale Übereinkommen und Vereinbarungen

Schon frühzeitig erforderte der grenzüberschreitende Verkehr auf der Schiene eine enge Zusammenarbeit der Bahnen und ihrer Regierungen, und zwar zunächst zwischen den verschiedenen deutschen Eisenbahnverwaltungen, dann aber auch zunehmend mit benachbarten ausländischen Bahnen. Aber erst mit dem *Übereinkommen über die Hauptlinien des internationalen Eisenbahnverkehrs (AGC)* vom 31.05.1985 wurden einheitliche Standards für den Bau und den Ausbau bestimmter europäischer Hauptmagistralen festgelegt und damit auch für Strecken des deutschen Eisenbahnnetzes, die später Bestandteil des transeuropäischen Eisenbahnsystems wurden.

Durch die *Technische Einheit im Eisenbahnwesen (TE)*, eine Vereinbarung von zwanzig europäischen Staaten, wurden im Jahre 1887 zunächst eine einheitliche Spurweite und technische Normen für das rollende Material festgeschrieben; in späteren Fassungen kamen u. a. die internationale Wagenbegrenzungslinie sowie Vorschriften für die Breiteneinschränkungen von Wagen und Ladungen hinzu. Erst in den Fassungen des Revisionstextes der zurzeit noch gültigen, weil bislang nicht von allen Mitgliedstaaten ratifizierten *TE 1938* wurden ab 1960 auch Triebfahrzeuge in die Vorschriften einbe-

bbw - bewusst, besser, wirtschaftlicher

STOPFEXPRESS 09-4X DYNAMIC

SCHOTTERBEWIRTSCHAFTUNGSSYSTEM BDS 2000

- GLEIS- UND WEICHENSTOPFARBEITEN
- GLEIS- UND WEICHENNEULAGEN
- SCHIENENSCHLEIFEN
- ARBEITEN MIT GLEISBAUKRÄNEN

- PORTALKRANARBEITEN
- HÄNDISCHER OBERBAU
- MODERNER MASCHINENPARK

NEU: 09-4X DYNAMIC, BDS 2000, MFS 100

GLEISBAUKRAN KIROW KRC 1200

bbw
BAHNBAU WELS

ein Unternehmen der Bahntechnik Gruppe

Bahnbau Wels GmbH
Grünbachplatz
4600 Wels
Tel.: +43 (0)7242 47045 0
Fax: +43 (0)7242 47045 1
www.bbw.at, office@bbw.at

3 Regelungen zur Sicherung des Systems Bahn

zogen. Die *Eisenbahn-Bau- und Betriebsordnung (EBO)* berücksichtigt sowohl die *TE 1938* als auch bereits den letzten Revisionstext der Fassung von 1988.

Der Revisionstext der *TE* wird aber auch in verschiedenen internationalen Vereinbarungen der Eisenbahnen berücksichtigt, z. B. im *Übereinkommen über die gegenseitige Benutzung der Personen- und Gepäckwagen bzw. der Güterwagen im internationalen Verkehr (RIC und RIV)* und im *Kodex des Internationalen Eisenbahnverbandes (UIC)*. Die Entscheidungen der *UIC* werden in Merkblättern veröffentlicht, deren Vorschriften für die Mitgliedsbahnen entweder verbindlich sind oder Empfehlungen darstellen.

Daneben werden technische Anforderungen für den Eisenbahnbereich durch die von den europäischen Normungskomitees *CEN* und *CENELEC* (speziell für die elektrotechnische Normung) sowie die vom *Europäischen Institut für Telekommunikationsnormen (ETSI)* ausgearbeiteten *Europäischen Normen (EN)* verbindlich festgelegt. Dies trägt dazu bei, technische und auch wirtschaftliche Handelshemmnisse in der EU zu beseitigen.

3.2.3 Nationale Eisenbahngesetzgebung

Die nationale Eisenbahngesetzgebung ist seit den neunziger Jahren des 20. Jahrhunderts geprägt von der europäischen Rechtsetzung durch Verordnungen, Richtlinien und Entscheidungen der EU (vgl. Kap. 3.2.1). In besonderem Maße hat sich diese Entwicklung auf das *Allgemeine Eisenbahngesetz (AEG)* [2] ausgewirkt, das diejenigen allgemeinen Fragen des Eisenbahnwesens behandelt, die einer bundesrechtlichen Regelung bedürfen. Dies sind alle Eisenbahnen des Bundesgebietes, also sowohl die Eisenbahnen des Bundes als auch die nichtbundeseigenen Eisenbahnen. Soweit das *AEG* Bundesrecht schafft, entfällt für die Länder nach *Art. 31* des *Grundgesetzes* die Befugnis zu eigener Gesetzgebung, lässt aber Spielraum, die vom Bund nicht geregelten Fragen durch ergänzendes Landesrecht zu regeln. Davon haben die meisten Länder durch Erlass eigener *Landeseisenbahngesetze (LEG)* Gebrauch gemacht.

Das *AEG* ist Grundlage für die Ermächtigung des Bundesverkehrsministers zum Erlass von Rechtsverordnungen. Das System Bahn ist insbesondere gekennzeichnet durch für den Eisenbahnbau und -betrieb erlassene Rechtsverordnungen, wie die
- *Eisenbahn-Signalordnung (ESO)* vom 7. Oktober 1959, zuletzt geändert durch Artikel 498 der *Neunten Zuständigkeitsanpassungsverordnung vom 31. Oktober 2006*,
- *Eisenbahn-Bau- und Betriebsordnung (EBO)* vom 8. Mai 1967, zuletzt geändert durch Artikel 499 der *Neunten Zuständigkeitsanpassungsverordnung vom 31. Oktober 2006*,
- *Eisenbahn-Bau- und Betriebsordnung für Schmalspurbahnen (ESBO)* vom 25. Februar 1972, zuletzt geändert durch Artikel 500 der *Neunten Zuständigkeitsanpassungsverordnung vom 31. Oktober 2006*.

Zu den nichtöffentlichen Eisenbahnen gehören insbesondere die Anschlussbahnen (z. B. Hafenbahnen), aber auch sonstige Eisenbahnen ohne Anschluss an eine öffentliche Eisenbahn, wie Werkbahnen oder Grubenbahnen. Soweit es sich bei diesen Bahnen um nichtbundeseigene Eisenbahnen handelt, gelten die *Bau- und Betriebsordnungen* der Länder für *Anschlussbahnen (BOA/EBOA)*.

Die bis 1992 in der *EBO* beschriebenen Aufgaben der Bahnpolizei finden sich jetzt im *Bundespolizeigesetz (BPolG)* [17]. Die Bundespolizei hat – wie zuvor die Bahnpolizei – die Aufgabe, auf dem Gebiet der Bahnanlagen der Eisenbahnen des Bundes Gefahren für die öffentliche Sicherheit und Ordnung abzuwehren, die
- den Benutzern, den Anlagen oder dem Betrieb der Bahn drohen oder
- beim Betrieb der Bahn entstehen oder von den Bahnanlagen ausgehen.

3.2 Regelwerke für die Eisenbahnen

Eine Berührung mit Zuständigkeiten der Länder kann z. B. bei der Überschneidung des Eisenbahn- und des Straßenverkehrs auf Bahnhofsvorplätzen sowie bei Kreuzungen (Beschädigung von Eisenbahnbrücken durch Straßenfahrzeuge, Unfälle auf Bahnübergängen mit daraus folgender Straßensperrung) gegeben sein.

3.2.4 Untergesetzliche Regelwerke

Gesetze und Rechtsverordnungen enthalten meist keine ins Detail gehenden Vorgaben. Hierfür muss auf untergesetzliche Regelwerke, wie Normen und Richtlinien, zurückgegriffen werden.

Normen beschreiben den Stand der Technik und präzisieren durch genaue Angaben zu Maßen, Toleranzen oder Messmethoden anerkannte Regeln der Technik, d. h. sie geben den Stand der technischen und wissenschaftlichen Entwicklung zum Zeitpunkt ihrer Erstellung wieder. *Euro-Normen (EN,* siehe Kap. 3.2.2) genießen Vorrang vor den nationalen Normen und müssen daher in die nationale Normung übernommen werden. Die deutschen Umsetzungen sind dann als *DIN EN-Normen* Bestandteil des deutschen Normenwerks.

Auf den Normen baut das innerbetriebliche Regelwerk mit einer Vielzahl bahntechnischer Normen auf, da u. a. die Spurgebundenheit des Systems Bahn umfangreichere zusätzliche Festlegungen als für andere Verkehrsmittel verlangt.

Bei der *DB AG* gelten Konzernrichtlinien wegen ihrer grundsätzlichen und übergreifenden Bedeutung für alle oder mehrere Konzernunternehmen, wie insbesondere die *Fahrdienstvorschrift (KoRil 408)* mit einer Vielzahl von Einzelmodulen. Daneben stehen die speziellen Richtlinien (Ril) der Konzernunternehmen, z. B. die *Ril 800 Netzinfrastruktur Technik entwerfen* der *DB Netz AG*. Handbücher (HB) der *DB AG* richten sich durch eine Zusammenfassung von anwender- oder themenbezogenem Regelwerk an bestimmte Anwender oder Anwendergruppen.

Das durch die Bahnen erarbeitete betriebliche und technische Regelwerk [18] wird dem *EBA* vor Einführung vorgelegt und nach Zustimmung als Grundlage der behördlichen Entscheidungen zur Anwendung in seinem Geschäftsbereich (*EBA*-Außenstellen) bekannt gegeben.

Als „mitgeltendes Regelwerk" werden Richtlinien bezeichnet, die ein Konzernunternehmen erarbeitet hat und die aus Synergiegründen durch andere Konzernunternehmen mitgenutzt werden. Alle weiteren dokumentierten Regelungsgegenstände, wie Verfahrensanweisungen, Prozessbeschreibungen und technische Dokumentationen, werden als „Sonstige Unterlagen" bezeichnet. Hierzu zählen u. a. Merkblätter, technische Beschreibungen, Bedienungsanleitungen, örtliche Regelungen (z. B. zu Betriebs- oder Arbeitsabläufen) sowie Bedienungs-, Arbeits- und Überwachungsanweisungen.

Für die *nichtbundeseigenen Eisenbahnen (NE)* und den nichtöffentlichen Eisenbahnverkehr hat der *Verband Deutscher Verkehrsunternehmen (VDV)* eigene Regelwerke herausgegeben, u. a. die *FV-NE* (Fahrdienstvorschrift), die *BÜV-NE* (Vorschrift für die Sicherung der Bahnübergänge) und die *BUVO-NE* (Betriebsunfallvorschrift). Daneben stehen *VDV*-Schriften, in denen weitere Sachverhalte, z. B. betrieblicher und technischer Art, geregelt werden. Einige dieser Regelwerke sind in Zusammenarbeit mit der *DB AG* erarbeitet und durch *EBA*-Bescheid auch im Bereich der Eisenbahnen des Bundes sowie von Aufsichtsbehörden der Länder eingeführt worden.

Die Vorschriften der *EBO* zur Sicherheit der Anlagen, Fahrzeuge und Betriebsführung werden im Hinblick auf die Sicherheit und Gesundheit der Mitarbeiter der Eisenbahnen durch Unfallverhütungsvorschriften (UVV) ergänzt. Für die *DB AG* erlässt die *Eisenbahn-Unfallkasse (EUK)* als Träger der gesetzlichen Unfallversicherung entsprechende UVV. Für die nicht zu den Eisenbahnen des Bundes gehörenden Eisenbahnen des öffentlichen Verkehrs und die Anschlussbahnen (NE) hat die *Berufsgenossenschaft der Straßenbahnen, U-Bahnen und Eisenbahnen (BG Bahnen)* die UVV *Schienen-*

bahnen erlassen. Die UVV verpflichten einerseits den Unternehmer, Schutzeinrichtungen zu schaffen und Schutzmaßnahmen zu treffen, andererseits die Mitarbeiter der Eisenbahnen zu einem Verhalten, durch das Unfälle verhütet werden. Hierzu dienen auch entsprechende Hefte zur Unfallverhütung im Gefahrenbereich der Bahnen.

3.2.5 Regelwerke der Eisenbahnverkehrsverwaltung

Die Aufgaben der *Eisenbahnverkehrsverwaltung* für die *Eisenbahnen des Bundes (EdB)* werden, soweit das *Gesetz über die Eisenbahnverkehrsverwaltung des Bundes (BEVVG)* [19] nichts anderes bestimmt, vom *Bundesministerium für Verkehr, Bau und Stadtentwicklung (BMVBS)* oder von einer von ihm bestimmten Stelle wahrgenommen. So wurde als selbstständige Bundesoberbehörde für Aufgaben der Eisenbahnverkehrsverwaltung das *Eisenbahn-Bundesamt (EBA)* eingerichtet, das seine Tätigkeit als Aufsichts- und Genehmigungsbehörde im Sinne des *AEG* zeitgleich mit der Geschäftsaufnahme der *DB AG* Anfang 1994 aufgenommen hat. Die Eisenbahnen, die nicht *EdB* sind, unterliegen der Aufsicht der Länder. Außer Berlin, Hamburg und Niedersachsen haben alle übrigen Länder dem *EBA* die Durchführung der Landeseisenbahnaufsicht übertragen.

Das *EBA* unterliegt der Aufsicht sowie den Weisungen des *BMVBS* und nimmt in diesem Rahmen seine Aufgaben eigenverantwortlich wahr. Hierzu gehören die hoheitlichen Aufgaben, die vor 1994 der *Deutschen Bundesbahn* und der *Deutschen Reichsbahn* als Behörden oblagen, wie die Planfeststellung und die Ausübung der Eisenbahnaufsicht. So gibt das *EBA* eigene Regelwerke heraus, die für die Eisenbahnen des Bundes und für Eisenbahnverkehrsunternehmen mit Sitz im Ausland für das Gebiet der Bundesrepublik Deutschland verbindlich sind. Hierbei handelt es sich insbesondere um
- Verwaltungsvorschriften, z. B.
    - über die Bauaufsicht im Ingenieurbau, Oberbau und Hochbau *(VV BAU)*,
    - über die Technische Aufsicht von bautechnischen und maschinentechnischen Anlagen *(VV TAU)*,
    - für die Bauaufsicht über Signal-, Telekommunikations- und Elektrotechnische Anlagen *(VV BAU-STE)*,
    - für die Eisenbahnaufsicht über Signal-, Telekommunikations- und Elektrotechnische Anlagen *(VV TAU-STE(Ü))*
    - zur Abnahme von Eisenbahnfahrzeugen nach § 32 EBO,
    - für die Eisenbahnaufsicht über Fahrzeuge *(VV EbAu(F))*,
- Richtlinien, z. B.
    - Anforderungen des Brand- und Katastrophenschutzes an den Bau und den Betrieb von Eisenbahntunneln *(Tunnelrichtlinie)*,
    - Planfeststellungsrichtlinien *(PF-RL)*,
- Verwaltungsrichtlinien, z. B.
    - für überwachungsbedürftige Anlagen der Schienenfahrzeuge der *EdB* gemäß § 33 EBO,
    - zur Messung und Angabe der Geräuschemission bei der Abnahme von Schienenfahrzeugen,
    - Untersuchung von Gefährlichen Ereignissen im Eisenbahnbetrieb,

sowie um Leitfäden und Merkblätter.

Daneben stehen Erlasse *(BMVBS)* und Schreiben der Aufsichtsbehörden, mit denen den Bahnen – auch auf deren Antrag – Entscheidungen zu Vorschriften der *EBO* mitgeteilt werden. Hierbei handelt es sich u. a. um
- Ausnahmen von Vorschriften der *EBO* zur Berücksichtigung besonderer Verhältnisse (ggf. mit entsprechenden Bedingungen),
- den Verzicht des *BMVBS* auf Zulassung einer Ausnahme,
- die zeitliche Befristung von Ausnahmen,

3.2 Regelwerke für die Eisenbahnen

- die behördliche Auslegung von *EBO*-Vorschriften, z. B. zum Umfang der Anforderungen,
- Regelungen im Verhältnis der Aufsichtsbehörden untereinander, z. B. die Übertragung von Entscheidungen des *BMVBS* auf das *EBA*,
- den Verzicht des *EBA* auf behördliche Genehmigungen,
- Auflagen des *EBA* wegen fehlenden Praxisbezugs (z. B. im Hinblick auf die Betriebssicherheit),
- die Vorlage bestimmter Nachweise beim *EBA*.

Des Weiteren können gemäß *§ 2 Abs. 4 EBO* sowohl das *EBA* als auch die für die *NE* zuständige Landesbehörde zur ordnungsgemäßen Erstellung und Unterhaltung der Bahnanlagen und Fahrzeuge sowie zur Durchführung des sicheren Eisenbahnbetriebes entsprechende Anweisungen durch Verwaltungsakt erlassen.

Literaturverzeichnis

[1] Wittenberg, K.-D.; Heinrichs, H.-P.; Mittmann, W.; Mallikat, J.: Kommentar zur Eisenbahn-Bau- und Betriebsordnung (EBO), 5. Aufl., Eurailpress Tetzlaff-Hestra, Hamburg (2006)

[2] Allgemeines Eisenbahngesetz (AEG) vom 27. Dezember 1993, zuletzt geändert durch das Dritte Gesetz zur Änderung des Allgemeinen Eisenbahngesetzes vom 8. November 2007, BGBl. I S. 2566 (2007)

[3] Verordnung über die Bestellung und Bestätigung sowie die Aufgaben und Befugnisse von Betriebsleitern für Eisenbahnen (Eisenbahnbetriebsleiterverordnung – EBV) vom 7. Juli 2000, mit amtlicher Begründung und mit Erläuterungen in: [1] S. 415–438 (2006), geändert durch

3 Regelungen zur Sicherung des Systems Bahn

Artikel 4 der Zweiten Verordnung zum Erlass und zur Änderung eisenbahnrechtlicher Vorschriften vom 5. Juli 2007, BGBl. I S. 1305 (2007)

[4] Harting, M.: Aktuelle Entwicklungen der europäischen und der deutschen Eisenbahnpolitik, in: ETR – Eisenbahntechnische Rundschau 54 (2005), H. 7/8, S. 415–419, Eurailpress Tetzlaff-Hestra, Hamburg (2005)

[5] Gemeinschaft Europäischer Bahnen und Infrastrukturgesellschaften – CER (Hrsg.): Handbuch der Europäischen Eisenbahngesetzgebung, Eurailpress Tetzlaff-Hestra, Hamburg (2004)

[6] Suckale, M. (Hrsg.): Kompendium Eisenbahngesetze, 14. Aufl, Eurailpress Tetzlaff-Hestra, Hamburg (2006)

[7] Richtlinie 91/440/EWG des Rates vom 29. Juli 1991 zur Entwicklung der Eisenbahnunternehmen der Gemeinschaft, zuletzt geändert durch Richtlinie 2004/51/EG des Europäischen Parlaments und des Rates vom 29. April 2004, in: [6], S. 628–640 (2004)

[8] Richtlinie 96/48/EG des Rates vom 23. Juli 1996 über die Interoperabilität des transeuropäischen Hochgeschwindigkeitsbahnsystems, zuletzt geändert durch RL 2007/32/EG der Kommission vom 1. Juni 2007 (mit Änderungen bis April 2004 in: [6], S. 759–792) (2004)

[9] Zweite Verordnung zum Erlass und zur Änderung eisenbahnrechtlicher Vorschriften vom 5. Juli 2007 BGBl. I S. 1305 (2007)

[10] Verordnung über die Interoperabilität des transeuropäischen Eisenbahnsystems (Transeuropäische-Eisenbahn-Interoperabilitätsverordnung – TEIV) vom 5. Juli 2007, BGBl. I S. 1305 (2007)

[11] Ronellenfitsch, M.: Die Umsetzung des Eisenbahninfrastrukturpaketes, in: DVBl – Deutsches Verwaltungsblatt, S. 657 (2002)

[12] Richtlinie 2001/12/EG des Europäischen Parlaments und des Rates vom 26. Februar 2001 zur Änderung der Richtlinie 91/440/EWG des Rates vom 29. Juli 1991 zur Entwicklung der Eisenbahnunternehmen der Gemeinschaft

[13] Schweinsberg, R.; Fischer, C.: Die europäische Entwicklung im Eisenbahnbereich – Chance für den Güterverkehr, in: ETR – Eisenbahntechnische Rundschau 54 (2005), H. 7/8, S. 420–427, Eurailpress Tetzlaff-Hestra, Hamburg (2005)

[14] Richtlinie 2004/49/EG des Europäischen Parlaments und des Rates vom 29. April 2004 über Eisenbahnsicherheit in der Gemeinschaft und zur Änderung der Richtlinie 95/18/EG des Rates über die Erteilung von Genehmigungen an Eisenbahnunternehmen und der Richtlinie 2001/14/EG über die Zuweisung von Fahrwegkapazität der Eisenbahn, die Erhebung von Entgelten für die Nutzung von Eisenbahninfrastruktur und die Sicherheitsbescheinigung („Richtlinie über die Eisenbahnsicherheit"), in: [6], S. 842–873 (2004)

[15] Müller, S.: Erteilung von Sicherheitsbescheinigung und Sicherheitsgenehmigung gemäß RL 2004/49/EG, in: ETR – Eisenbahntechnische Rundschau 56 (2007), H. 7/8, S. 416–420

[16] Kühlwetter, H.-J.: Neue Eisenbahn-Sicherheitsverordnung und neue Eisenbahn-Unfalluntersuchungsverordnung, Eisenbahn-Revue International 11/2007, S. 564–567 (2007)

[17] Gesetz über die Bundespolizei (Bundespolizeigesetz – BPolG) vom 19. Oktober 1994, geändert durch Gesetz vom 26. Juni 2007, BGBl. I S. 1142 (2007), Auszug mit Erläuterungen in: [1] S. 453–484 (2006), zuletzt geändert durch Artikel 1 des Gesetzes vom 26. Juni 2007, BGBl. I S. 1142

[18] Muncke, M.; Freystein, H.; Schollmeier, P.: Handbuch Entwerfen von Bahnanlagen, Eurailpress Tetzlaff-Hestra, Hamburg (2005)

[19] Gesetz über die Eisenbahnverkehrsverwaltung des Bundes (Bundeseisenbahnverkehrsverwaltungsgesetz – BEVVG) vom 27. Dezember 1993 (mit Änderungen bis Juli 2005 in [6], S. 111–113 (2005), zuletzt geändert durch Artikel 2 des Fünften Gesetzes zur Änderung eisenbahnrechtlicher Vorschriften vom 16. April 2007, BGBl. I S. 522 (2007)

4 Verkehrsmärkte
Kristina Birn, Frank Schäfer

4.1 Personenverkehr

4.1.1 Aufgaben der Marktforschung

Die Kenntnis der Nachfrage nach Transportdienstleistungen ist für die Auslegung der langlebigen Eisenbahninfrastruktur und die Planung marktgerechter Angebote von wesentlicher Bedeutung. Sie stellt die Grundlage für die Ermittlung der betriebs- und volkswirtschaftlichen Bilanzen und für den effizienten Einsatz von Personal und Betriebsmitteln dar.

Kenntnisse über den Verkehrsmarkt sind aber auch da erforderlich, wo Ersteller und Besteller von Transportdienstleistungen in Beziehung zueinander treten oder sich mehrere Verkehrsunternehmen für gemeinsame Vertriebsaktivitäten in Verkehrsverbünden zusammenschließen, um ihre Leistungen beurteilen und ihre Einnahmen gegeneinander verrechnen zu können.

Verkehrsunternehmen und Aufgabenträger bedienen sich daher der Marktforschung, um eine solide Grundlage zur Beurteilung des aktuellen Marktgeschehens zu schaffen. Die Ansprüche an die von der Marktforschung verlangten Informationen variieren dabei so stark wie die Aufgaben, zu deren Zwecken die Informationen bereitzustellen sind:

- **Controlling** und **Leistungsverrechnung** erfordern eine genaue Analyse der in einem Betrachtungszeitraum, z. B. einem Geschäftsjahr, erbrachten Leistungen (Einnahmen, beförderte Personen, Verkehrsleistung in Personenkilometern).
- Die **operative Planung** erfordert zusätzliche Kenntnisse über die Anforderungen, welche die Kunden an öffentliche Verkehrsmittel stellen.
- Die **strategische Planung** schließlich muss die langfristige Entwicklung des Gesamtverkehrsmarktes in Betracht ziehen, um Chancen und Risiken für den öffentlichen Verkehr und das System Bahn aufzeigen zu können und um die Notwendigkeit und Nachhaltigkeit von Innovationen und Investitionen nachweisen zu können.

Die Verkehrswissenschaft hat eine Vielzahl von Methoden und Verfahrensansätzen zur Abbildung des aktuellen Verkehrsgeschehens und zur Prognose der zukünftigen Entwicklung hervorgebracht. Mit den Fortschritten in der elektronischen Datenverarbeitung sind die Möglichkeiten der Umsetzung solcher Verfahren und Methoden gestiegen.

Dennoch stößt die Modellierung der Verkehrsmärkte an ihre Grenzen. Zum einen bedarf es einer Vielzahl von Informationen für die Abbildung des Verkehrsmarktes als Ganzes, die in ihrer Gesamtheit aus wirtschaftlichen und datenschutzrechtlichen Gründen praktisch nicht oder nicht vollständig verfügbar sind. Zum anderen wären solche Modelle in der Praxis nicht anwendbar, da sich die komplexen Wirkungsmechanismen zwischen der Verkehrsnachfrage einerseits und den vielfältigen Einflussgrößen (sozio-ökonomische und sozio-demografische Struktur, Reisezeiten, Verkehrsmittelnutzerkosten, Bedienungshäufigkeiten etc.) andererseits einer Kontrolle durch verantwortungsbewusste Analysten und Planer entziehen würden und Fehler im Verfahrens- oder Datengerüst schnell zu falschen Ergebnissen führen. Daher haben sich in den verschiedenen Anwendungsbereichen eigenständige Marktmodelle entwickelt.

4.1.2 Erhebung von Marktdaten

Grundlage für die Analyse und Prognose der Verkehrsnachfrage ist die Kenntnis des aktuellen Verkehrsmarktes. Für die retrospektive Betrachtung und für einfache Analysen genügt es häufig,

4 Verkehrsmärkte

die Menge der Verkehrsnachfrage in Form von Aufkommen (Anzahl Personenfahrten) und Verkehrsleistung (Personenkilometer) zu bestimmen. Für komplexere Fragestellungen, insbesondere aber zur Abschätzung der zukünftigen Marktentwicklung ist es erforderlich, neben der Menge auch die Struktur der Verkehrsnachfrage zu bestimmen, um das Kundenverhalten möglichst zuverlässig voraussagen zu können.

Folgende strukturelle Merkmale spielen dabei eine wesentliche Rolle:
- Start- und Zielpunkt der Reise und die im Verlauf der Reise benutzten Verkehrsmittel – hieraus leiten sich die Verfügbarkeit der Verkehrsmittel, die Reisezeit und die Anzahl der gegebenenfalls erforderlich werdenden Umsteigevorgänge ab.
- Reiseanlass bzw. Fahrtzweck – hieraus leiten sich neben den Sensitivitäten in Bezug auf die Angebotseigenschaften „Zeit", „Kosten", „Umsteigen" und „Bedienungshäufigkeiten" auch die zeitliche Lage des Reisewunsches im Jahres-, Wochen- und Tagesverlauf ab.

Für verkehrswirtschaftliche Analysen im öffentlichen Verkehr werden darüber hinaus sehr häufig detaillierte Informationen, z. B. über die genutzte Fahrscheinart, die Reisegruppengröße und Nutzungshäufigkeiten von Zeitkarten benötigt, um die durchschnittlichen Verkehrsmittelnutzerkosten und die Ertragskraft der Tarifangebote bestimmen zu können.

Datenquellen

Zur Bestimmung der Nachfragemengen in Teilnetzen oder für einzelne Angebote werden im Regelfall Verkehrszählungen durchgeführt. Diese können entweder manuell oder unter Verwendung von Zählgeräten durchgeführt werden. Im Bahnverkehr werden die Zählungen überwiegend in den Verkehrsmitteln vorgenommen. Dabei wird häufig nicht nur die Besetzung zwischen den Haltepunkten, sondern auch die Anzahl der Ein- und Aussteiger an den einzelnen Stationen gezählt. Dadurch stehen bereits erste wichtige Strukturinformationen zur Verfügung, die eine grobe Abschätzung der wesentlichen Aufkommenspotentiale zulassen.

Um weitergehende Informationen über die Fahrten der Reisenden und den zugrunde liegenden Entscheidungen zu erhalten, ist es notwendig, die Reisenden zu befragen. Die Reisenden können entweder direkt im Verkehrsmittel (oder kurz vor dem Einstieg in das Verkehrsmittel) befragt werden, oder sie werden unabhängig von einer konkreten Reise zu Hause befragt (Haushaltsbefragung). Welches Verfahren zum Einsatz kommt, hängt sehr stark von der Aufgabenstellung ab. Während bei Befragungen in den Verkehrsmitteln in der Regel nur Fragen zur aktuell durchgeführten Fahrt gestellt werden können, ist es bei Haushaltsbefragungen möglich und sinnvoll, Informationen zu einem Bündel von Fahrten abzufragen.

Um quantitative und qualitative Informationen innerhalb eines Teilnetzes oder eines Nachfragesegmentes zu erhalten, werden Befragungen in den Verkehrsmitteln bevorzugt. Für allgemeine Fragestellungen, die sich insbesondere auf verkehrsmittelübergreifende Fragestellungen beziehen, sind Haushaltsbefragungen das geeignete Instrument.

Bei Betrachtung von Teilmärkten ist es alternativ möglich, die Informationen aus dem Vertriebssystem der Verkehrsunternehmen auszuwerten. Je nach Ausgestaltung des Tarifsystems können aus Fahrscheinverkäufen Rückschlüsse auf Menge und Struktur der Verkehrsnachfrage gezogen werden. In der Praxis ist es zwar nicht möglich, alle für die Analyse der Verkehrsnachfrage notwendigen Informationen alleine aus den Vertriebsdaten abzuleiten, durch eine Kombination von Verkehrserhebungen mit der Auswertung von Vertriebsdaten können jedoch erhebliche Kosteneinsparungen und Genauigkeitsgewinne gegenüber reinen Verkehrserhebungen erzielt werden.

4.1 Personenverkehr

4.1.3 Hauptdeterminanten der Verkehrsnachfrage

Der umfassende Ausbau des Eisenbahnnetzes in der zweiten Hälfte des 19. Jahrhundert und zu Beginn des 20. Jahrhunderts revolutionierte nicht nur den Wirtschaftsverkehr, er veränderte auch die Siedlungsstruktur. Es entwickelte sich ein vom Wirtschaftsverkehr unabhängiger und sich dynamisch entwickelnder Personenverkehr. In kurzer Zeit verdreifachte sich die Nachfrage nach Transportdienstleistungen im Eisenbahnverkehr (auf dem Gebiet des Deutschen Reichs von 14 Mrd. Personenkilometer im Jahre 1895 auf 41 Mrd. Personenkilometern im Jahre 1913 [4]).

Komfortaspekte spielten zu Beginn des Eisenbahnzeitalters eine eher untergeordnete Rolle. Lange, beschwerliche Zugangswege zu den Bahnstationen mussten in Kauf genommen werden, und die Bedienung beschränkte sich oftmals auf einige wenige Verbindungen pro Tag. Zudem stellte sich für breite Bevölkerungsschichten der Komfort in den Fahrzeugen ausgesprochen spärlich dar. Kürzere Reisezeiten und geringere Kosten waren bereits damals die entscheidenden Faktoren für die Entwicklung.

Das Automobil brachte einen Quantensprung in den Kriterien Verfügbarkeit und Komfort. Im Idealfall steht es seinem Besitzer überall und jederzeit zur Verfügung. Es bietet eine hohe Bequemlichkeit, Individualität und Unabhängigkeit von anderen Reisenden. Mit dem Automobil veränderte sich der Transportmarkt ein weiteres Mal grundlegend. Zwischen 1950 und 1990 erhöhten sich die Verkehrsleistungen in der Bundesrepublik Deutschland von ca. 90 Mrd. auf über 720 Mrd. Personenkilometer. Der Verkehrszuwachs fand dabei nahezu ausschließlich im Individualverkehr statt, dessen Marktanteil von ehedem 35 % auf über 80 % stieg.

Mit immer kürzer werdenden Reisezeiten und Zunahme der Verkehrsnachfrage wuchs die Bedeutung von Zuverlässigkeit und Pünktlichkeit der Verkehrsmittel. Der Pkw mit seinem immensen Flächenbedarf sowohl im fließenden als auch im ruhenden Verkehr ist hiervon besonders betroffen. Staus und Parkplatzsuche verlängern die Reisezeiten um ein Mehrfaches im Vergleich zur technisch kürzest möglichen Fahrzeit. Aber auch die anderen Verkehrsmittel sind in einer Zeit von streng nach wirtschaftlichen Kriterien ausgelegten Verkehrsnetzen nicht frei von Friktionen, Ausfällen und Verspätungen.

Als wesentliche und von der Planung beeinflussbare Determinanten der Mobilität und der Verkehrsmittelwahl sind somit folgende Aspekte zu benennen:
- Verfügbarkeit der Verkehrsmittel
- Reisezeit
- Kosten
- Umsteigenotwendigkeit und -häufigkeit
- Komfort
- Pünktlichkeit und Zuverlässigkeit.

Neben den zuvor genannten Parametern spielen natürlich Aspekte wie Mobilitätseinschränkungen der Reisenden, Gepäcktransport, subjektive Produktpräferenzen, Image und Information eine ebenso wichtige Rolle für die Mobilität und die Verkehrsmittelwahl wie raumbezogene Besonderheiten, administrative Grenzen, örtliche Besonderheiten und Sprachbarrieren. Der Einfluss letztgenannter Größen ist je nach Fragestellung in geeigneter Form in die Betrachtung mit einzubeziehen.

4.1.4 Modellierung der Verkehrsmärkte

Bei der Prognose der Verkehrsnachfrage sind die Wirkungsmechanismen bei der Entscheidungsfindung der Reisenden nachzuvollziehen. Eine vollständige Modellierung aller Einzelaspekte ist aber aufgrund des umfangreichen Spektrums an nachfragerelevanten Kriterien und der großen Bandbrei-

4 Verkehrsmärkte

ten bei den Sensitivitäten der Reisenden in Bezug auf diese Kriterien unmöglich. Alle in der Praxis zum Einsatz kommenden Modelle abstrahieren daher die Realität und beschränken sich in der Regel auf die Abbildung von wenigen Wirkungsmechanismen, die für die Beantwortung der gestellten Fragen die größte Bedeutung haben.

Für öffentliche Verkehrsmittel sind folgende Fragestellungen von Bedeutung:
- Wie groß ist das gesamte Reisendenpotential (Mobilität)?
- Wie verteilt sich dieses Reisendenpotential im Raum (Zielwahl)?
- Wie verteilt sich die Verkehrsnachfrage auf die verschiedenen Verkehrsmittel (Verkehrsmittelwahl, Modal-Split)?
- Wie verteilt sich das Reisendenaufkommen im öffentlichen Verkehr auf die verschiedenen Produkte (Produkt-Split, Routenwahl)?

Für alle vier Fragestellungen ist die Bestimmung der Verbindungs- und Angebotsqualität der im Wettbewerb stehenden Verkehrsmittel in den einzelnen Relationen von großer Bedeutung. Auch dieser Aspekt wird daher im Weiteren näher behandelt werden.

Um die Verkehrsnachfrage in einem Verkehrsraum detailliert abbilden und modellieren zu können, ist dieser in einer für den Untersuchungsgegenstand geeigneten Form in Teilräume, so genannte Verkehrszellen, zu unterteilen. Die Abgrenzung der Verkehrszellen wird in den meisten Fällen administrativen Grenzen folgen, also Kreis-, Gemeinde- oder Stadtbezirksgrenzen, da die für die Nachfragemodellierung benötigten Strukturdaten wie z. B. Einwohner, Beschäftigte und Schulplätze in der Regel nur auf diesen administrativen Raumeinheiten zur Verfügung stehen.

4.1.4.1 Mobilität und Zielwahl

Die Mobilität beschreibt die Anzahl der Wege und die zurückgelegte Wegstrecke einer bestimmten Person oder Bevölkerungsgruppe innerhalb eines definierten Zeitraumes. Die wesentlichen Variablen für die individuelle Mobilitätsrate bzw. das individuelle Mobilitätsmuster einer Person sind:
- Alter und Geschlecht,
- Einkommen,
- Beruf (einschl. Ausbildung, Arbeitslosigkeit usw.) und
- Größe des Haushaltes, in dem die betroffene Person lebt.

Das Aufkommenspotenzial einer Verkehrszelle wird bestimmt durch
- die Anzahl Einwohner in der Differenzierung nach Alter und Geschlecht sowie nach Beruf,
- Einkommensklassen und Haushaltsgrößen (siehe oben),
- die Anzahl der Beschäftigten,
- die Anzahl der Schulplätze,
- die Größe und Attraktivität von Einkaufs- und Freizeiteinrichtungen und
- das Angebot von Dienstleistungseinrichtungen.

Die Verteilung auf die einzelnen Verkehrsbeziehungen ist schließlich von der Zielattraktivität der in Frage kommenden Zielverkehrszellen und von der Qualität der Verkehrswege und des Angebots im öffentlichen Verkehr zwischen den Verkehrszellen abhängig.

Die Bestimmung der Ist-Mobilität sollte vorrangig über Verkehrserhebungen erfolgen (siehe Kap. 4.1.2). Die Modellierung von Reisendenpotenzialen ist sehr komplex und sehr fehleranfällig. Probleme bereiten zum einen der Binnenverkehr eines Teilraumes bzw. einer Verkehrszelle und zum anderen die Randbereiche eines Untersuchungsraumes. Innerhalb einer Verkehrszelle können keine zuverlässigen Aussagen über die Verbindungs- und Angebotsqualität getroffen werden. In den Randbereichen werden die Ergebnisse durch das Fehlen bzw. die gröbere Differenzierung der Verkehrszel-

4.1 Personenverkehr

len außerhalb des Untersuchungsgebietes verzerrt. Für den öffentlichen Verkehr kommt erschwerend hinzu, dass aufgrund der in den meisten Fällen eher geringen Marktanteile eine rein rechentheoretische Nachfrageermittlung für den Status-Quo auch sehr stark von der Qualität der Modal-Split-Berechnungen abhängig ist. Die Anwendung von Verkehrsmodellen für die Nachfrageermittlung im öffentlichen Verkehr sollte daher auf die Schließung von Datenlücken beschränkt werden.

Zur Bestimmung der zukünftigen Entwicklung der Reisendenpotentiale ist der Einsatz von Verkehrsmodellen unumgänglich. Hier stehen verschiedene Verfahrensansätze zur Verfügung. Es sind zu unterscheiden Modelle, welche die kausalen Zusammenhänge und die komplexen Wechselwirkungen innerhalb des Untersuchungsraums nachbilden, so genannte Erklärungs- bzw. Erzeugungs- und Verteilungsmodelle, und Modelle, welche sich aus Aufwandsgründen lediglich auf die Betrachtung der Veränderungen einzelner Einflussgrößen auf Relationsebene beschränken, so genannte Marginalmodelle.

Erzeugungs- und Verteilungsmodelle

Für die Stärke eines Verkehrsflusses sind – in Analogie zu den Gesetzen der Elektrizität – der Potenzialunterschied zwischen zwei Orten und der Widerstand des leitenden Mediums zwischen diesen Orten maßgebend. Die Potenziale sind z. B. Wohnorte, Arbeitsplätze, Schulen, Versorgungs-, Dienstleistungs- und Freizeiteinrichtungen. Der Verkehrswiderstand fasst die den Verkehrsfluss hemmenden Größen in einem gemeinsamen Begriff zusammen (siehe Kap. 4.1.4.4).

Das Fahrtenaufkommen F_{ij} auf einer Relation von einer Quelle i zu einem Ziel j ist eine von den Potenzialen des Quellgebietes QP_i (z. B. Einwohner), den Potenzialen des Zielgebietes ZP_j (z. B. Arbeitsplätze) und der relationsspezifischen Fahrtenmobilität f_{ij} abhängige Größe:

$$F_{ij} = QP_i \cdot ZP_j \cdot f_{ij} \qquad (4.1.1)$$

Die relationsspezifische Fahrtenmobilität f_{ij} setzt sich zusammen aus einer allgemeinen Mobilitätsrate m (Zeit-Kosten-Budget) und der relationsspezifischen, widerstandsabhängigen Nutzungsintensität NI_{ij}. Aufgrund der komplexen Abhängigkeiten zwischen den Relationen ist eine Ausgleichsrechnung erforderlich, die dafür sorgt, dass die quell- und zielgebietsspezifischen Potenziale nicht mehrfach genutzt werden. Ein einfacher und praktikabler Ansatz ist es, die Quell- und Zielverkehrsgunst QVG_i bzw. ZVG_j in die Berechnung der relationsspezifischen Fahrtenmobilität mit einzubeziehen:

$$f_{ij} = m \cdot NI_{ij} \cdot \left(\frac{1}{QVG_i} + \frac{1}{ZVG_j} \right)/2 \qquad (4.1.2)$$

mit

$$QVG_i = \sum_j ZP_j \cdot NI_{ij}$$

$$ZVG_j = \sum_i QP_i \cdot NI_{ij}$$

Die vom Verkehrswiderstand abhängige Nutzungsintensität ist in ihrer einfachsten Formulierung eine hyperbolische Funktion:

$$NI_{ij} = f(W_{ij}) = \frac{1}{W_{ij}^a} \qquad (4.1.3)$$

mit

a   Kalibrierungsexponent

4 Verkehrsmärkte

Dieser Ansatz zeigt, dass das Verkehrsaufkommen einer Relation wächst, wenn
- sich die Anzahl der im Teilraum lebenden Personen erhöht,
- die Mobilitätsraten dieser Personen steigt oder
- die Verkehrswiderstände zwischen den Aktivitätsorten sinken.

Während veränderte Einwohnerzahlen und veränderte Mobilitätsraten das Verkehrsaufkommen insgesamt erhöhen, werden durch verringerte Widerstände lediglich Nachfrageströme zwischen den Relationen mit steigenden durchschnittlichen Reiseweiten umverteilt.

Der vorgestellte Ansatz zeigt bereits, wie schwer nachvollziehbar ein solches Modell aufgrund der komplexen Abhängigkeiten zwischen den Relationen (größere Untersuchungsräume weisen im Regelfall mindestens 500 Verkehrszellen auf) ist. Dabei sind hier noch nicht einmal alle Feinheiten, wie z. B. unterschiedliche Mobilitäten verschiedener Einwohnerschichten, unterschiedliche Zielverkehrspotenziale je nach Branche und Art des Arbeitsplatzes oder die Bildung von Wegeketten herausgearbeitet.

Die Anwendung dieser Verfahren erfordert die Modellierung aller relevanten Verkehrsbeziehungen eines Verkehrsraumes, da nur so die Wechselwirkungen zwischen den verschiedenen Verkehrsrelationen abgebildet werden können. Probleme bereiten in diesen Fällen insbesondere die Binnenverkehre der Verkehrszellen und die Einbeziehung von nicht-motorisierten Wegen (Fußwege, Wege mit dem Fahrrad). Besondere Sorgfalt ist auf die Auswahl des funktionalen Ansatzes und die Kalibrierung des Modells zu legen, die anhand von empirisch erhobenen Mobilitatskennwerten vorzunehmen ist.

Marginalmodelle

Sofern umfassende Informationen über das Verkehrsaufkommen im Status-Quo vorliegen und davon ausgegangen werden kann, dass die erwarteten Veränderungen von Strukturdaten, Rahmenbedingungen und Angebot nicht zu einem grundlegend veränderten Verkehrsverhalten führen werden, kann man sich darauf beschränken, die Auswirkungen von Veränderungen der Einflussparameter auf die Verkehrsnachfrage zu ermitteln. In diesem Fall ist es also nicht erforderlich, das Mobilitätsverhalten zu erklären.

Einen entsprechenden einfachen Modellansatz stellt das Elastizitätsmodell dar, welches die Veränderung der Verkehrsnachfrage in Beziehung zur Veränderung einer oder mehrerer Einflussgrößen setzt:

$$F_{ij,Prognose}^{FZW} = F_{ij,Ist\text{-}Zustand}^{FZW} \times \left[1 + \left(\frac{E_{i,Prognose}^{I}}{E_{i,Ist\text{-}Zustand}^{I}} - 1\right) \times \varepsilon^{I,FZW}\right] \times \left[1 + \left(\frac{E_{j,Prognose}^{II}}{E_{j,Ist\text{-}Zustand}^{II}} - 1\right) \times \varepsilon^{II,FZW}\right] \quad (4.1.4)$$

mit

F_{ij}^{FZW} Fahrtzweckspezifisches Fahrtenaufkommen auf der Relation von i nach j

E_{i}^{I}, E_{j}^{II} Einflussgrößen 1 und 2 des Teilraumes i bzw. j

$\varepsilon^{I,FZW}, \varepsilon^{II,FZW}$ Fahrtzweckspezifische Elastizität in Bezug auf die Einflussgröße 1 bzw. 2.

Die Elastizitäten werden aus Zeitreihenbetrachtungen, aus interregionalen Vergleichen oder aus speziell hierzu durchgeführten Marktstudien abgeleitet. Die Elastizitäten sind gegebenenfalls nach Marktsegmenten, wie zum Beispiel Fahrtzwecken und Raumtypen oder Entfernungsklassen, zu differenzieren. Diese Art von Modellen können zur Abbildung der Effekte aus
- der demografischen Entwicklung,
- der Einkommensentwicklung,

4.1 Personenverkehr

- der Pkw-Verfügbarkeit und
- der Preisentwicklung

eingesetzt werden.

Das Marginalmodel zur Abbildung der infrastruktur- und angebotsabhängigen Veränderungen der Verkehrsnachfrage basiert ebenso wie die Erzeugungs- und Verteilungsmodelle auf der Hypothese eines konstanten Zeit-Kosten-Budgets. Die Elastizität berücksichtigt dabei, dass das durch die Angebotsverbesserungen zusätzlich zur Verfügung stehende Mobilitätsbudget nicht nur in dem betrachteten Marktsegment verwendet wird.

$$F_{ij,Prognose} = F_{ij,Ist\text{-}Zustand} \times \left[1 + \left(\frac{W_{ij,Ist\text{-}Zustand}}{W_{ij,Prognose}} - 1 \right) \times \varepsilon^W \right] \quad (4.1.5)$$

mit

F_{ij} Fahrtenaufkommen auf der Relation von i nach j im Ist- bzw. Prognosezustand

W_{ij} Verkehrswiderstand auf der Relation von i nach j im Ist- bzw. Prognosezustand

ε^W Elastizität in Bezug auf den Verkehrswiderstand.

Marginalmodelle vernachlässigen die räumlichen Abhängigkeiten der Verkehrsrelationen untereinander und unterstellen lineare Abhängigkeiten zwischen der Verkehrsnachfrage und deren Einflussgrößen. Sie sind daher aus theoretischen Überlegungen heraus nur eingeschränkt verwendbar. Andererseits zeigt die Praxis, dass die Unschärfen in den meisten Fällen relativ gering ausfallen und für die Beurteilung von verschiedenen Szenarien und Planungsvarianten nur von untergeordneter Bedeutung sind.

4.1.4.2 Modal-Split

Die Bestimmung der Marktanteile der verschiedenen Verkehrsmittel (Modal-Split) ist in vielen Fällen die entscheidende Fragestellung für die Beurteilung des Verkehrsmarktes und für Wirtschaftlichkeitsuntersuchungen von Infrastruktur- und- Angebotsmaßnahmen im öffentlichen Verkehr. Zum einen resultieren wesentliche Nachfrageeffekte vielmehr aus Verkehrsverlagerungen von bzw. zu konkurrierenden Verkehrsmitteln wie Pkw und Luftverkehr als aus Neuverkehren. Zum anderen spielen bei volkswirtschaftlichen Bewertungen gerade die Verkehrsverlagerungen im Hinblick auf Umweltwirkungen mithin die wesentliche Rolle.

Allen gebräuchlichen Modellen zur rechnerischen Bestimmung der verkehrsmittelspezifischen Marktanteile $p_{ij,k}$ ist die Gegenüberstellung der Verkehrswiderstandswerte für die in die Betrachtung einbezogenen Verkehrsmittel gemein. Hierbei erfahren die verkehrsmittelspezifischen Verkehrswiderstände $W_{ij,k}$ im Regelfall eine weitere Transformation:

$$p_{ij,k} = \frac{\frac{1}{f(W_{ij})}}{\sum_{l=1}^{k} \frac{1}{f(W_{ij,l})}} \quad (4.1.6)$$

Je nach Transformationsfunktion, bewertet die Modal-Split-Formel verstärkt Reisezeitdifferenzen, welche bei großen Reiseweiten eine bedeutendere Rolle spielen, oder Reisezeitverhältnisse, die bei kürzeren Reisen eine wichtigere Rolle spielen. In nachfolgender Funktion sind verschiedene Transformationsregeln exemplarisch zusammengefasst:

$$f(W_{ij,k}) = b_k \cdot W_{ij,k}^{\ c} \cdot e^{d^*W_{ij,k}} \quad (4.1.7)$$

4 Verkehrsmärkte

mit

- b einem verkehrsmittelspezifischen Faktor, der das Gewicht eines Verkehrsmittels allgemein beeinflusst;
- c einem Exponenten, der die Bewertung von Reisezeitverhältnissen beeinflusst;
- d einem Faktor, der die Bewertung von Reisezeitdifferenzen beeinflusst.

Die konkrete Ausformulierung hängt wiederum von der jeweiligen Aufgabenstellung ab. Eine wesentliche Aufgabe der Modellierung besteht auch darin, die Kalibrierungsparameter entsprechend der Struktur des Untersuchungsraumes und der Differenzierung der Nachfragesegmente (z. B. Unterscheidung von Reiseanlässen und Personengruppen) korrekt zu setzen.

Der tatsächliche Verlauf der Modal-Split-Funktion ist sehr stark abhängig von der Verfügbarkeit der verschiedenen Verkehrsmittel.

Reisenden, denen kein Pkw oder keine Mitfahrgelegenheit zur Verfügung stehen, sind an öffentliche Verkehrsmittel gebunden (captive riders). Andere Reisende sind aufgrund der Reisebegleitumstände (z. B. Mitnahme von sperrigen Waren oder Gepäckstücken), häufig aber auch aufgrund ihrer Einstellung zu den Verkehrsmitteln nicht in der Lage oder nicht bereit, öffentliche Verkehrsmittel zu benutzen (captive drivers). Alle anderen, nicht gebundenen Reisenden, werden als wahlfrei bezeichnet (choice riders).

Eine weitere wesentliche Einflussgröße für den Modal-Split, insbesondere bei der Betrachtung von Stadt- und Regionalverkehren, aber auch bei Zubringerverkehren zu Flughäfen, ist die Parkplatzverfügbarkeit.

Die Auswirkungen einer geringen Parkplatzverfügbarkeit können nicht in Form von zusätzlichen Teilreisezeiten bestimmt werden. Die zu beobachtenden Parkplatz-Suchzeiten spiegeln die Relevanz dieser Komponente nicht in ausreichendem Maße wider. Im Nachfragemodell der Standardisierten Bewertung [8,11] wird der Widerstand des motorisierten Individualverkehrs $W_{ij,MIV}$ aus der Reisezeit $T_{ij,MIV}$ sowie der Parkplatzverfügbarkeit an der Quelle der Fahrt $V_{P,i}$ und am Ziel der Fahrt $V_{P,j}$ wie folgt ermittelt:

$$W_{ij,MIV} = \frac{T_{ij,MIV}}{\min(V_{P,i}; V_{P,j})} \quad (4.1.8)$$

Der Wertebereich der Parkplatzverfügbarkeit liegt zwischen 0,4 (geringe Parkplatzverfügbarkeit) und 1 (uneingeschränkte Parkplatzverfügbarkeit).
- Eine uneingeschränkte Parkplatzverfügbarkeit liegt vor, wenn für alle Aktivitäten eine ausreichende Anzahl von in der Regel kostenfreien Stellplätzen in einer kurzen fußläufigen Entfernung zum originären Quell- bzw. endgültigen Zielort vorhanden ist.
- Eine geringe Parkplatzverfügbarkeit liegt vor, wenn für einen Großteil der Aktivitäten i.d.R. keine ausreichende Anzahl von Stellplätzen auch im weiteren Umkreis vom endgültigen Ziel bzw. der originären Quelle vorhanden ist oder wenn ausschließlich kostenpflichtige Stellplätze öffentlich verfügbar sind.

Abb. 4.1.1 zeigt den prinzipiellen Verlauf der Modal-Split-Funktion im Stadt- und Regionalverkehr für verschiedene Ansätze der Parkplatzverfügbarkeit. Die äußerst hohen Marktanteile von öffentlichen Verkehrsmitteln in Verkehrsbeziehungen zu den Zentren von Mittel- und Großstädten sind mit der eingeschränkten Parkplatzverfügbarkeit gut zu erklären.

Der vergleichsweise einfache Ansatz zur Abbildung der Parkplatzverfügbarkeit kann dazu genutzt werden, die unterschiedliche Ausgangssituation für den öffentlichen Verkehr größenordnungsmäßig richtig abzubilden und ist damit ein wichtiges Hilfsmittel bei der Modellkalibrierung. Die verkehrlichen

4.1 Personenverkehr

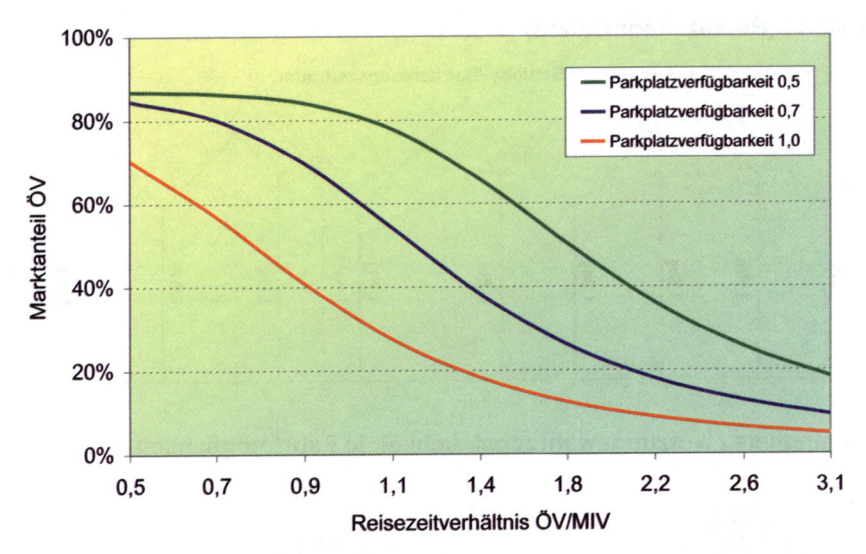

Abb. 4.1.1: Funktionsverlauf Modal-Split-Funktion

Auswirkungen einer Parkraumbewirtschaftung können mit diesem Verfahren nicht exakt bestimmt werden.

4.1.4.3 Routenwahl

In der Routenwahl sind die jeweils günstigsten Wege zwischen Start- und Zielgebiet einer Reise zu bestimmen. Der günstigste Weg ist derjenige, der in der Summe über alle Widerstandskomponenten den geringsten Widerstand aufweist (vgl. Kap. 4.1.4.4). Das heißt, nicht nur die Reisezeit sondern auch Fahrpreise und Komfortaspekte wie z. B. Umsteigenotwendigkeit, Systemverfügbarkeit und Anteil Fußwege sind bei der Routensuche zu berücksichtigen und zu bewerten. Bei der Routensuche im öffentlichen Verkehr sind je nach Bedienungsdichte neben dem Bestweg mehrere Alternativrouten zu berücksichtigen, so dass im Zusammenspiel von durchschnittlichem Fahrtwiderstand und zeitlicher Verfügbarkeit ein Optimum für den Relationswiderstand entsteht. Die Systematik zeigt Abb. 4.1.2.

Im fahrplangenauen Verfahren wird zu jedem Zeitpunkt des Tages jeweils die Fahrtmöglichkeit als Bestweg ausgewählt, die in der Summe von Fahrtwiderstand und dem Widerstand aus der Anpassungszeit (Differenz zwischen Wunschabfahrtszeit und Zeitlage der jeweiligen Fahrtmöglichkeit) den geringsten Widerstand aufweist (Abb. 4.1.2, oberer Teil). Ergebnis dieses Arbeitsschrittes ist für jede relevante Fahrtmöglichkeit, die zumindest einmal am Tag den Bestweg darstellt, ein Zeitintervall, für das sie den Bestweg darstellt.

Diese Bestwegzeitintervalle werden anschließend mit der Tagesganglinie des betrachteten Fahrtzweckes überlagert (Abb. 4.1.2, unterer Teil). Der Flächeninhalt repräsentiert dabei die Nutzungswahrscheinlichkeit (Anteil am Aufkommen des Gesamttages).

Die Darstellung zeigt, dass die Nutzung von langsameren Verbindungen mit einem hohen Fahrtwiderstand von der Anzahl schnellerer Verbindungen mit einem geringeren Fahrtwiderstand abhängig ist.

In komplexen Anwendungsfällen, wie z. B.
– Untersuchungen zu Park&Ride und
– Untersuchungen zur landseitigen Anbindung von Flughäfen

4 Verkehrsmärkte

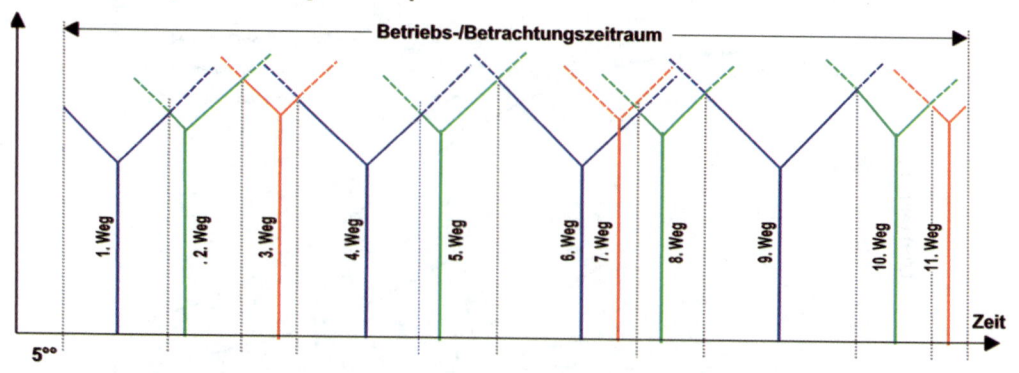

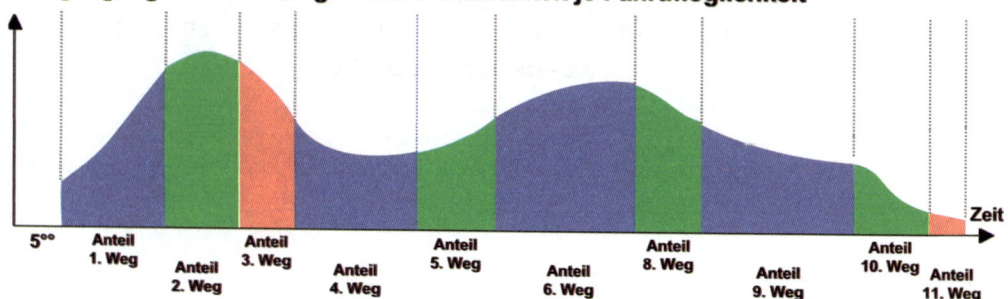

Abb. 4.1.2: Berechnung der Nutzungswahrscheinlichkeiten der Routen

ist die Routenwahl verkehrsmittelübergreifend auszugestalten. Hierzu sind geeignete Verknüpfungen zwischen den Netz- und Angebotsmodellen der verschiedenen Verkehrsträger herzustellen.

4.1.4.4 Verbindungs- und Angebotsqualität, Verkehrswiderstände

Die Verbindungs- und Angebotsqualität bzw. deren reziproker Wert, die Verkehrswiderstände, sind, wie bereits gezeigt wurde, wesentlicher Bestandteil aller Arten von Verkehrsmodellen. Der Verkehrswiderstandsbegriff fasst die den Verkehrsfluss hemmenden Größen in einer gemeinsamen Größe zusammen.

Die Zusammenfassung der Einzelgrößen zu einer gemeinsamen Widerstandsgröße setzt eine Umrechnung verschiedener Maßeinheiten in eine universelle Referenzgröße voraus. Gebräuchlich ist die Umrechnung in Reisezeitäquivalente oder Geldeinheiten. Da die Einzelgröße Reisezeit im Gegensatz zu den Kosten in praktisch allen Modellen zum Einsatz kommt, ist dieser Ansatz zu bevorzugen. Der Bestimmung von Umrechnungswerten fällt bei der Modellierung von Verkehrsmärkten eine Schlüsselrolle zu.

In Kap. 4.1.3 wurden die Hauptdeterminanten der Verkehrsnachfrage beschrieben. Die relevanten Einflussgrößen sind: Reisezeit, Kosten, Umsteigenotwendigkeit und -häufigkeit sowie Komfortaspekte, Systemverfügbarkeit, Pünktlichkeit und Zuverlässigkeit. Komfortaspekte und Pünktlichkeit fließen in die Transformationsregeln für die Bestimmung der Reisezeitäquivalenzwerte der Reisezeitkomponenten mit ein. Die anderen Größen werden explizit behandelt.

4.1 Personenverkehr

Reisezeit

Die Reisezeit stellt die Zeit zur Raumüberwindung von Haustür zu Haustür dar. Je nach Verkehrsmittel setzt sie sich aus verschiedenen Reisezeitkomponenten zusammen, siehe Abb. 4.1.3. Die Hauptkomponenten sind
- Fußwegzeiten für den Zu- und Abgang sowie beim Umsteigen;
- Terminal- und Abfertigungszeiten (insbesondere im Luftverkehr);
- Wartezeiten beim Einsteigen und beim Umsteigen und
- Beförderungszeiten in den Verkehrsmitteln (fahrplanmäßige Zeit und Verspätungen).

Bei Wegen, die unter Nutzung verschiedener Verkehrsmittel zurückgelegt werden, wiederholen sich einzelne Reisezeitkomponenten.

Gesamtreisezeit →

Zugangszeit	Fahrzeit	Umsteigen	Fahrzeit	Abgangszeit
Fußweg-, Abfertigungs- und Wartezeit	Fahrplanmäßige Zeit und Verspätungen	Fußweg-, Abfertigungs- und Wartezeit	Fahrplanmäßige Zeit und Verspätungen	Fußwegzeit

Abb. 4.1.3: Zusammensetzung der Gesamtreisezeit aus den Teilreisezeiten

Beim Pkw-Verkehr sind Parkplatzsuchzeiten hinzuzurechnen. Bei sehr langen Reisen sind die Übernachtungszeiten, die je nach Reiseanlass zu wesentlichen Teilen als Reisezeit angerechnet werden müssen, zu berücksichtigen. Fährverbindungen und Nachtzüge erzielen durch die Substitution dieser Übernachtungszeiten ihren spezifischen Nutzen für die Reisenden.

Die einzelnen Reisezeitkomponenten werden von den Reisenden unterschiedlich wahrgenommen und bewertet. Fußweg- und Wartezeiten werden ebenso unangenehm empfunden wie Verspätungen. Bei der Beurteilung der Angebotsqualität eines Verkehrsmittels werden den Reisezeitkomponenten also unterschiedliche Gewichte beigemessen.

Fußwegzeiten

Für die Umrechnung der Fußwegzeiten hat sich der in Abb. 4.1.4 veranschaulichte Verlauf einer quadratischen Funktion als sinnvoller Bewertungsansatz herausgestellt. Kurze Fußwegzeiten erhalten eine geringere Gewichtung als lange. Beispielsweise beträgt bei 5 Minuten Fußwegzeit das Reisezeitäquivalent etwa 8 Minuten, bei 12 Minuten Fußwegzeit beträgt es bereits mehr als 30 Minuten.

Wartezeiten

Wartezeiten beim Einsteigen sind mit einem konstanten Faktor von 1,3 zu gewichten. Als Reisezeit ist dabei nur die tatsächliche Wartezeit an der Station zu berücksichtigen. Eine weitere wichtige Widerstandskomponente ist die von der Zugfolgezeit abhängige Anpassungszeit, die nachfolgend im Abschnitt „Zeitliche Verfügbarkeit" beschrieben ist.

Bei der Bewertung von Wartezeiten bei Umsteigevorgängen kann von einer progressiven Funktion wie bei den Zugangszeiten ausgegangen werden. Lange Umsteigezeiten werden unangenehmer empfunden als kurze. Sehr kurze Umsteigezeiten wären noch mit einem hohen „Stressfaktor" zu belegen, da Anschlüsse im Falle von Verspätungen gefährdet werden. Die Anwendung einer solchen Bewertungsfunktion setzt voraus, dass für den Planungszustand sehr genaue Aussagen über die

83

4 Verkehrsmärkte

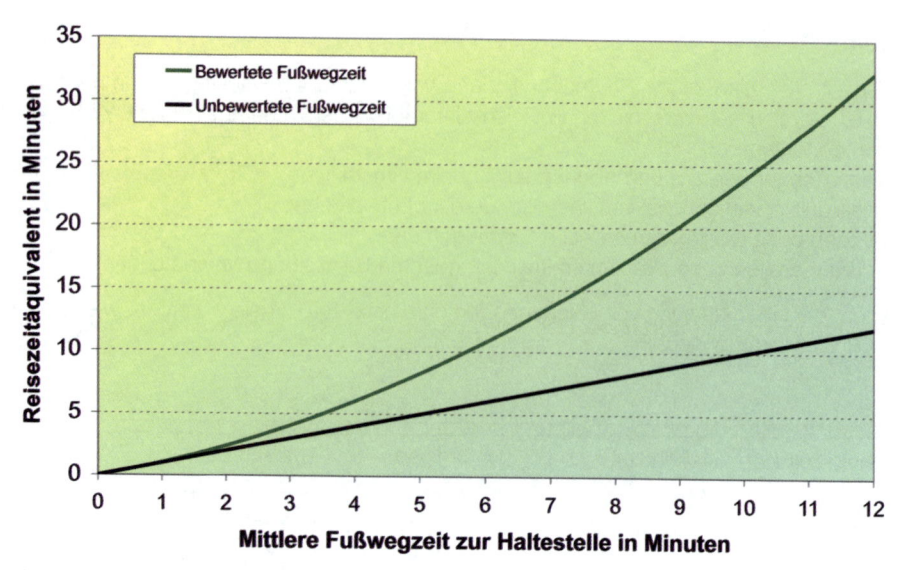

Abb. 4.1.4: Funktionaler Zusammenhang zwischen mittlerer Fußwegzeit zur Haltestelle und Reisezeitäquivalenzwert

Dauer der Umsteigezeiten getroffen werden können. Vereinfachend können die Wartezeiten beim Umsteigen ebenfalls mit einem konstanten Faktor von 1,3 gewichtet werden.

Fahrzeiten in den Verkehrsmitteln

Die Fahrzeiten sind unter Berücksichtigung von Auslastung und Verspätungen zu bestimmen. Die Beurteilung der Fahrzeiten im Fahrzeug ist eine vom Reisekomfort abhängige Größe. Komfortablere Produkte werden, unabhängig vom tatsächlichen Fahrzeitgewinn, stärker genutzt als andere. Dieser Effekt konnte im Zusammenhang mit der Einführung des ICE-Verkehrs und der Einführung von Stadtbahnsystemen nachgewiesen werden. Die Unterschiede in der Bewertung liegen in einer Größenordnungen von bis zu 30 %.

Auch der Vergleich zwischen Straßen-, Bahn- und Luftverkehr zeigt eine unterschiedliche Bewertung der Fahrzeiten durch den Reisenden. Für größere Reiseweiten wurden Unterschiede von bis zu 20 % dokumentiert. Auf sehr kurzen Distanzen wird die Reisezeit im MIV mit bis zu 50 % günstigeren Werten gewichtet.

Verspätungen

Den Auswirkungen von Verspätungen im Schienenverkehr messen die Reisenden ein sehr hohes Gewicht bei. Ankunftsverspätungen sind mit einem Faktor von 2,7 zu beaufschlagen. Die Berücksichtigung dieser Reisezeitkomponente ist aber nur dann erforderlich, wenn Verspätungen für die Beurteilung von Planungsvarianten von ausschlaggebender Bedeutung sind, denn die Bestimmung von Ist-Werten der Verspätungen und die Prognose von Verspätungswerten sind äußerst aufwendig.

Nutzerkosten

Für den Preis gilt ebenso wie bei der Reisezeit der Grundsatz, dass alle Kostenkomponenten für die Reise von Haustür zu Haustür anzurechnen sind. Die Modellierung der Nutzerkosten macht komplexe Überlegungen erforderlich.

4.1 Personenverkehr

Beim Individualverkehr beispielsweise stellt sich die Frage, mit welchem Anteil die Fixkosten für die Fahrzeughaltung bei der Berechnung der Kosten für eine Einzelreise neben den Out-of-pocket-Kosten z. B. für Kraftstoffe einzubeziehen sind. Die auf eine Einzelperson bezogenen Fahrtkosten hängen ferner von der Reisegruppengröße ab.

Auch bei den öffentlichen Verkehrsmitteln sind die Fahrpreise für eine Einzelreise äußerst schwer zu bestimmen. Welche Fahrscheinart wird der Berechnung zu Grunde gelegt: Einzelfahrschein oder Zeitkarte? Welche Ermäßigung und welche Sonderangebote können genutzt werden: Schülerfahrschein, BahnCard-Ermäßigung oder Pauschalangebote? Sehr schwierig wird die Preisbestimmung bei einem ausgeprägten Yield-Management der Verkehrsunternehmen in Verkehrsmärkten, die einem starken Wettbewerb ausgesetzt sind. Beispiele aus dem Luftverkehr zeigen Preisunterschiede für ein und dieselbe Flugverbindung je nach Vorausbuchungsfrist in einem Verhältnis von bis zu 10:1.

Aufgrund der Komplexität der Preisbildung und der Preisberechnung können keine allgemeingültigen Regeln für die modellhafte Abbildung der Preise aufgestellt werden. Für Analysezwecke und kurzfristige Prognosen kommen in der Regel sehr differenziert arbeitende Modelle zum Einsatz. Für langfristige Prognosen, in denen vor allem die Entwicklung von Durchschnittswerten von Interesse ist, können einfachere Ansätze, z. B. fahrtzweckspezifische Durchschnittspreise je Personenkilometer, vorgesehen werden.

Wenn für den Untersuchungsgegenstand
– von einer unveränderten Preispolitik der Verkehrsunternehmen oder
– von einem nur wenig vom Preiswettbewerb dominierten Markt (z. B. in Verkehrsverbünden) ausgegangen werden kann, oder wenn
– von einer unveränderten Preispolitik ausgegangen werden muss, wie z. B. bei der vergleichenden Untersuchung von Infrastrukturmaßnahmen,

kann auf die explizite Abbildung der Nutzerkosten verzichtet werden.

Umsteigen

Umsteigevorgänge haben einen gravierenden Einfluss auf das Verkehrsmittelwahlverhalten. Ein einmaliger Umsteigevorgang bei sonst gleicher Angebotsqualität verursacht einen Rückgang des ÖV-Aufkommens von bis zu 40 % [6]. Umsteigevorgänge im Hauptlauf haben dabei offensichtlich einen stärkeren Einfluss als start- oder zielnahe Umsteigevorgänge, da der (potentielle) Reisende am Start oder Ziel in aller Regel über bessere Kenntnisse und Erfahrungen über das Angebot und die Alternativen verfügt.

Die subjektive Wahrnehmung des Umsteigens unterscheidet sich bei Kunden des öffentlichen Verkehrs und der Gesamtheit der Reisenden (also MIV-Nutzer eingeschlossen) eklatant. Die Erfahrungen und Kenntnisse von regelmäßigen Nutzern öffentlicher Verkehrsmittel führen dazu, dass Umsteigevorgänge von diesem Personenkreis weniger gravierend empfunden werden als von Personen, die öffentliche Verkehrsmittel nicht oder nur selten benutzen. Daher gelten die für die Modal-Split-Berechnung ermittelten Reisezeitäquivalente nur eingeschränkt für die Routenwahl, da beide Verfahren sich auf unterschiedlich abgegrenzte Reisendensegmente beziehen.

Die Reisezeitäquivalente für Modal-Split-Berechnungen bewegen sich erfahrungsgemäß in einem Wertebereich von 10 Minuten für wohnort- oder zielnahe Umsteigevorgänge im städtischen Berufsverkehr und 120 Minuten für Umsteigevorgänge im Hauptlauf von Urlaubsreisen.

Räumliche Verfügbarkeit

Der Zugang zu den meisten öffentlichen Verkehrsmitteln ist nur an diskreten Orten – den Haltestellen und Bahnhöfen – möglich. Der Abstand zwischen den Haltestellen und die flächenmäßige Erschlie-

4 Verkehrsmärkte

ßung eines Verkehrsgebietes hängen von der Siedlungsdichte, der Siedlungsstruktur und der Art des öffentlichen Verkehrsmittels ab. Bei sehr geringer Nachfrage kann das Angebot der öffentlichen Verkehrsmittel nicht sehr stark ausdifferenziert werden, dementsprechend sind große Zugangswege in Kauf zu nehmen. Durch lange Zugangswege, die einer progressiven Bewertung unterworfen sind (siehe oben), zusätzliche Umsteigevorgänge oder den Einsatz weiterer, teurer Verkehrsmittel (z. B. Pkw oder Taxi) wird der ÖV-Widerstand erhöht und die Wahrscheinlichkeit der Nutzung öffentlicher Verkehrsmittel nimmt ab.

Zeitliche Verfügbarkeit

Aus langen Zugfolgezeiten resultieren Verlustzeiten für den Reisenden, weil er seine Fahrt nicht zu seinem Wunschzeitpunkt realisieren kann. Je nach Disponibilität beträgt die durchschnittliche Anpassungszeit (Differenz aus Wunschabfahrtszeit und realisierter Abfahrt) bei einer angenommenen zeitlichen Gleichverteilung der Reisewünsche das 0,25 bis 0,5-fache der durchschnittlichen Zugfolgezeit.

Die Anpassungszeit ist keine Wartezeit im eigentlichen Sinne, weil sie durchaus für andere Aktivitäten nutzbar wäre. Die subjektive Wahrnehmung der Anpassungszeit durch den Reisenden entspricht jedoch der einer Wartezeit. Dies liegt vermutlich daran, dass bei der Beurteilung des Angebotes öffentlicher Verkehrsmittel spontane Entscheidungen vorausgesetzt werden, die eine anderweitige Nutzung der Anpassungszeiten nicht mehr zulassen würde.

In Räumen mit geringer Bedienungsdichte ist ein überproportionales Absinken der Nutzung öffentlicher Verkehrsmittel festzustellen, da das Zeitfenster für die Aktivitäten am Zielort aufgrund der zunehmenden Anpassungszeiten – ganz im Gegensatz zu einer Fahrt mit dem Pkw – sehr stark eingeengt wird. Lange Fahrtfolgezeiten sind daher mit einer zusätzlichen Gewichtung zu versehen.

Den Verlauf der Bewertungsfunktion für die Anpassungszeit im Verfahren der Standardisierten Bewertung [8, 11] zeigt Abb. 4.1.5. Kurze Anpassungszeiten bis etwas 30 Minuten erfahren nur eine geringfügige Gewichtung. Bei einer Zugfolgezeit von 120 Minuten beträgt die Anpassungszeit

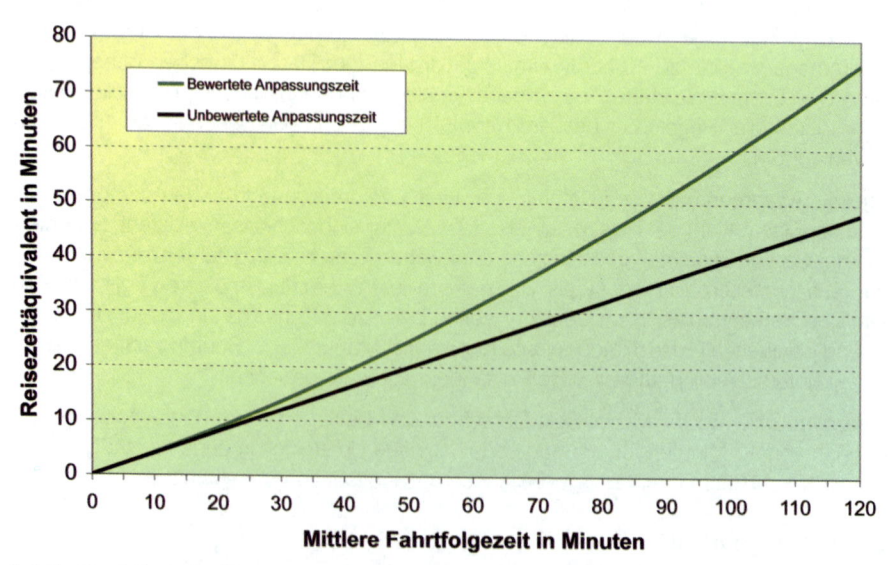

Abb. 4.1.5: Funktionaler Zusammenhang zwischen mittlerer Fahrtfolgezeit und Reisezeitäquivalenzwert der zeitlichen Verfügbarkeit

4.1 Personenverkehr

bei durchschnittlicher Disponibilität 48 Minuten. Das Reisezeitäquivalent der Anpassungszeit beträgt dagegen bereits 75 Minuten.

Weitere systembedingte Zugangsbeschränkungen und Kriterien

Eine Vielzahl weiterer Kriterien beeinflussen die Verfügbarkeit und damit die Nutzung öffentlicher Verkehrsmittel. Hierzu zählen Aspekte wie z. B. Barrierefreiheit, Information, Fahrzeug- und Stationsausstattung. Eine explizite Abbildung in den Modellen erfolgt jedoch nicht, da die Merkmalsausprägungen zu unterschiedlich und teilweise nicht messbar sind. Im Verfahren der Standardisierten Bewertung beispielsweise werden diese Aspekte zunächst qualitativ beurteilt. Anschließend erfolgt gemeinsam mit weiteren Komfortkriterien eine Einstufung von Stationen und Fahrzeugen in verschiedenen Komfortstufen. Anhand dieser Komfortstufen erfolgt, wie zuvor bereits ausgeführt wurde, eine Bewertung der Fahr- und Haltezeiten.

4.1.5 Die Potenziale in Deutschland und Europa

4.1.5.1 Verkehrsmarkt in Deutschland

Im Jahre 2005 wurden in Deutschland ca. 70 Milliarden Personenfahrten im motorisierten Verkehr durchgeführt. Dabei wurden ca. 1080 Milliarden Personenkilometer zurückgelegt. Die Verkehrsleistung verteilte sich auf den motorisierten Individualverkehr mit ca. 870 Milliarden Personenkilometer, auf den Eisenbahnverkehr mit ca. 75 Milliarden Personenkilometer, auf den Luftverkehr mit ca. 53 Milliarden Personenkilometer und auf den öffentlichen Straßenpersonenverkehr mit ca. 83 Milliarden Personenkilometer (vgl. Abb. 4.1.6). Die genannten Leistungswerte beziehen sich dabei auf die auf oder über dem Territorium der Bundesrepublik Deutschland zurückgelegten Weganteile. Nicht enthalten sind also Weganteile außerhalb Deutschlands, welche insbesondere im Luftverkehr einen wesentlichen Bestandteil der Gesamtverkehrsleistung ausmachen.

Von 1990 bis 2005 ist die Verkehrsleistung im motorisierten Verkehr um knapp 12 % gestiegen. Straßen- und Eisenbahnverkehr haben im Vergleichszeitraum gleichermaßen an diesem Verkehrswachstum teilgenommen. Der Luftverkehr ist dagegen sprunghaft angestiegen. Die Verkehrsleistung hat sich von 23 Milliarden Personenkilometern im Jahr 1990 auf 53 Milliarden Personenkilometer im Jahr 2005 mehr als verdoppelt. Die Verkehrsleistung im ÖSPV ist dagegen um etwa 16 % zurückgegangen [2].

Die Entwicklung seit 1990 ist in zwei Phasen abgelaufen. Die erste Hälfte der 90er Jahre war geprägt von einem durchschnittlichen jährlichen Verkehrswachstum von 1 %. Die Sondereinflüsse der Wiedervereinigung waren hierbei mit ausschlaggebend. Insbesondere die Entwicklung des öffentlichen Personenverkehrs auf der Straße und der Schiene war durch die veränderten Bedingungen in Ostdeutschland nach 1990 beeinflusst. Er verlor durch die einsetzende Motorisierungswelle in kurzer Zeit stark an Marktanteilen. Während der Eisenbahnverkehr sich nach kurzer Zeit wieder erholte, setzte sich der negative Trend im ÖSPV weiter fort. Hierfür waren vor allem zurückgehende Schülerverkehre verantwortlich. Ab Mitte der 90er Jahre verlangsamte sich das Verkehrswachstum deutlich. Zwischen 1995 und 2005 wuchs die Verkehrsleistung im Durchschnitt jährlich nur noch um 0.5 %. Verschiedene Sondereinflüsse prägten diese Entwicklung. Neben einer schwachen konjunkturellen Entwicklung waren dies der kurzfristige Anstieg der Kraftstoffpreise, unter anderem bedingt durch die Einführung der Ökosteuer in den Jahren 1999 und 2000, der vorübergehende Einbruch im Luftverkehr nach den Terroranschlägen auf das World Trade Center in New York am 11. September 2001 und Probleme bei der Einführung eines neuen Preissystems für den Eisenbahnverkehr im Jahre

4 Verkehrsmärkte

2002. Das Jahr 2005 wiederum war von einer starken Preissteigerung der Kraftstoffe geprägt, die am Ende der Rezessionsphase deutliche Spuren in den Fahrleistungen auf der Straße hinterließ. Die Erfahrungen zeigen allerdings, dass die durch Sondereinflüsse hervorgerufenen Einbrüche nach relativ kurzer Zeit wieder ausgeglichen werden. Der Luftverkehr beispielsweise hat im Jahre 2005 bereits wieder einen Wert erreicht, der dem langfristigen Trend entspricht.

In regelmäßigen Abständen werden Prognosen zur Entwicklung der Verkehrsnachfrage in Deutschland erstellt. Den Prognosen werden im Regelfall unterschiedliche Szenarien zur weiteren Entwicklung der sozio-ökonomischen Struktur und verkehrspolitischen Rahmenbedingungen sowie zur Entwicklung der Nutzerkosten, der Infrastruktur und der Angebote im Straßen-, Schienen- und Luftverkehr zugrunde gelegt.

In der letzten bis zum Zeitpunkt der Drucklegung des Buches veröffentlichten und aus dem Jahre 2001 stammenden Studie zur Entwicklung des Personenverkehrs in Deutschland [7] wurde eine weiter steigende Verkehrsnachfrage bis zum Jahre 2015 mit einer Wachstumsrate von jährlich ca. 1 % prognostiziert (vgl. Abb. 4.1.6). Bei diesen Prognosen wurden zwei Hauptszenarien unterschieden: ein Trendszenario und ein Integrationsszenario. Im Trendszenario wurde gegenüber dem Basisjahr von weitgehend unveränderten Rahmenbedingungen für den Transportbereich ausgegangen. Im

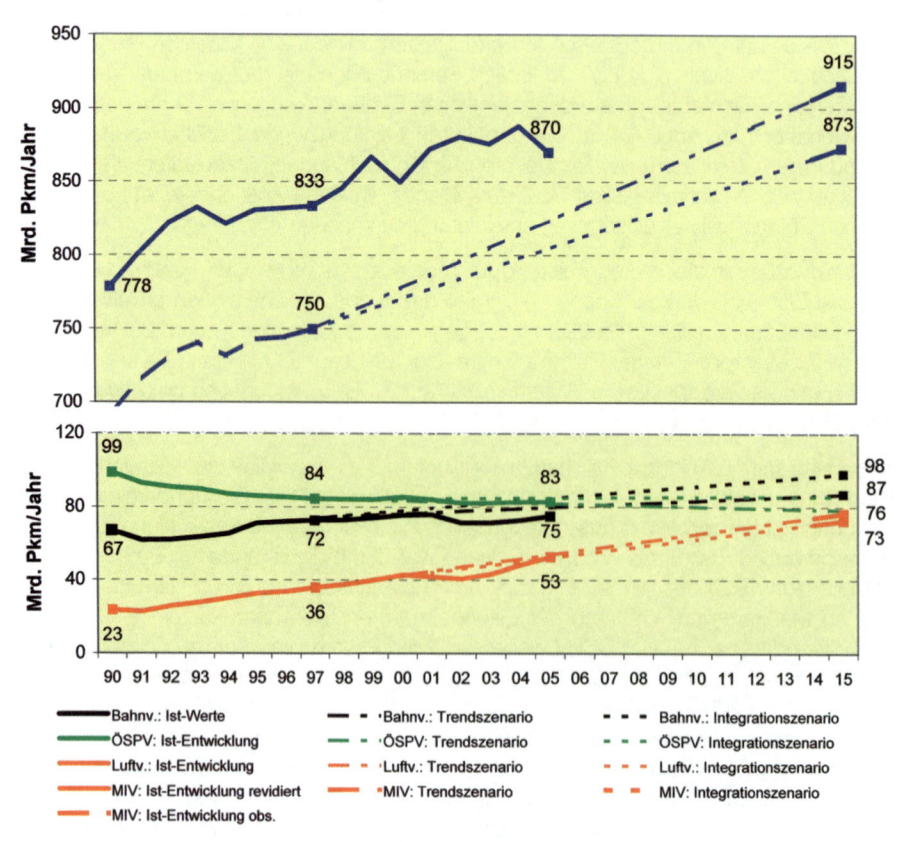

Abb. 4.1.6: Entwicklung der Verkehrsleistung im Personenverkehr in Deutschland

4.1 Personenverkehr

Ist-Entwicklung und Prognose der Marktanteile Bahn und ÖSPV

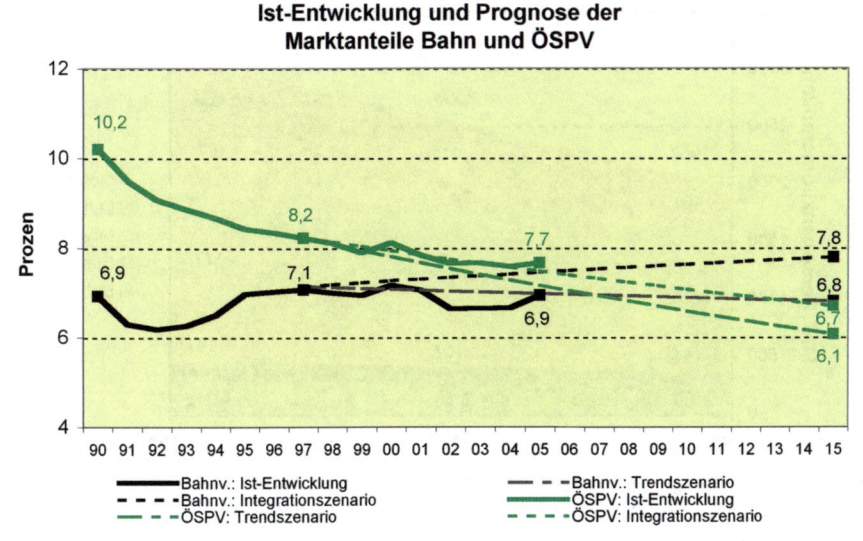

Abb. 4.1.7: Entwicklung der Marktanteile von Bahn und ÖSPV im Personenverkehr Deutschlands

Integrationsszenario wurden dagegen die Rahmenbedingungen im Hinblick auf ein reduziertes Verkehrswachstums und eine Stärkung des öffentlichen Verkehrs gesetzt.

Das Verkehrswachstum im Integrationsszenario fiel zwar etwas geringer aus als im Trendszenario, eine Trendumkehr wurde jedoch nicht erwartet. Einen stärkeren Einfluss haben die veränderten Rahmenbedingungen jedoch auf die Nachfrage im öffentlichen Verkehr. Bahn und ÖSPV könnten ihre Marktanteile um ca. 10% erhöhen (vgl. Abb. 4.1.7).

Eine neuere, zur Drucklegung des Buches noch nicht veröffentlichte Studie zum Personenverkehr in Deutschland bestätigt die bereits in der Studie von 2001 festgestellten grundlegenden Entwicklungstendenzen.

4.1.5.2 Internationaler Verkehr

In den westeuropäischen Ländern wird sich einer Studie der UIC zufolge die Verkehrsnachfrage im Personenfernverkehr ab 80 km Reiseweite (ohne Berücksichtigung des Interkontinentalverkehrs) von 2,0 Billionen Personenkilometer im Jahr 1999 um knapp 60 % bzw. jährlich 2,3 % auf ca. 3,1 Billionen im Jahr 2020 erhöhen, siehe Abb. 4.1.8 [3, 9]. Die erwartete Wachstumsrate liegt damit doppelt so hoch wie im gesamten motorisierten Verkehr der Bundesrepublik Deutschland.

Das Wachstum der Verkehrsnachfrage auf langen nationalen Relationen und im internationalen Verkehr ist sehr viel stärker ausgeprägt als im Kurzstreckenverkehr, da es zu wesentlichen Teilen aus einer Erhöhung der Reiseweiten durch Verlagerung der Reisen von näher liegenden auf weiter entfernter liegende Ziele resultiert. Die derzeit starke Dynamik im Bereich des Billigflugsektors unterstützt diese Entwicklung.

Im motorisierten Individualverkehr schlägt sich das Verkehrswachstum mit einer Steigerung der Fahrleistungen um 45 % nieder. Der Fernbusverkehr weist eine Steigerungsrate von lediglich 5 % auf. Überdurchschnittlich hoch ist das Wachstum im Eisenbahnverkehr mit 67 %, sofern die ehrgeizigen Pläne zum Ausbau des Hochgeschwindigkeitsverkehrs umgesetzt werden. Die Verkehrsleistung im

4 Verkehrsmärkte

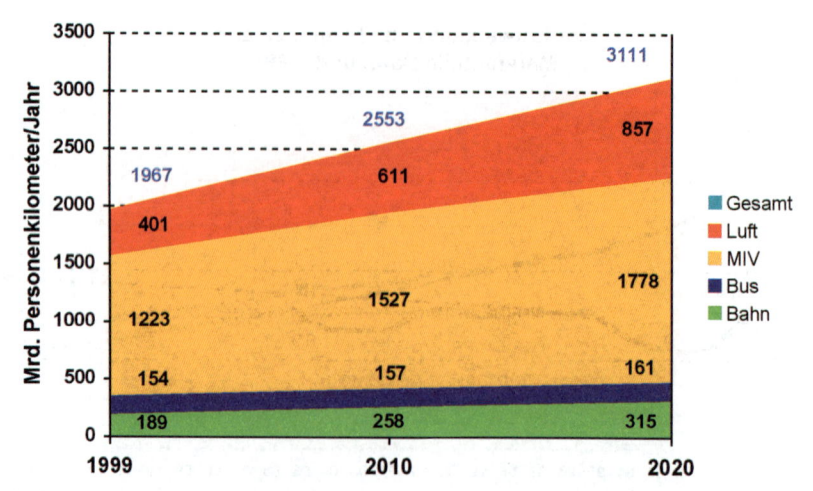

Abb. 4.1.8: Entwicklung der Verkehrsleistung im Personenverkehr ab 80 km Reiseweite (ohne Interkontinentalverkehr; Quelle: *UIC*-Studie – Basis-Szenario [9])

Luftverkehr wird sich mehr als verdoppeln. Der Marktanteil des Luftverkehrs steigt damit im Betrachtungszeitraum von 20,4 % auf 27,5 %.

Trotz des absoluten Wachstums der Verkehrsleistungen werden die Bahnen ihren Marktanteil gegenüber dem Referenzjahr 1999 nur geringfügig erhöhen können (vgl. Abb. 4.1.9). Der geplante Ausbau von Hochgeschwindigkeitsstrecken wird der Bahn ein Wachstum von ca. 40 % ermöglichen. Ohne diesen Ausbau würde der Marktanteil der Bahn spürbar sinken.

Im internationalen Verkehr liegt der Marktanteil der Bahn heute deutlich unter den Marktanteilen in den nationalen Netzen. Auch wenn durch den Ausbau internationaler Verbindungen der Marktanteil in diesem Marktsegment um 50 % von 3,6 % auf 5,3 % gesteigert werden kann, wird er im Jahre

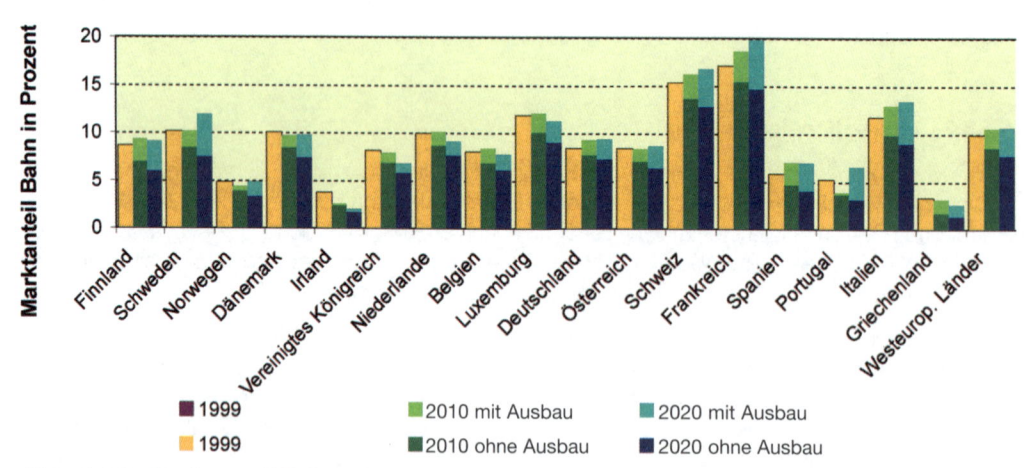

Abb. 4.1.9: Marktanteil Bahn 1999, 2010 und 2020 mit und ohne weitergehendem Ausbau der Hochgeschwindigkeitsnetze[1]

---

[1] bezogen aud die Verkehrsleistung im Personenverkehr ab 80 km/h Reiseweite; ohne Interkontinentalverkehr, Quelle: *UIC-Studie – Basis Szenario* [9]

4.1 Personenverkehr

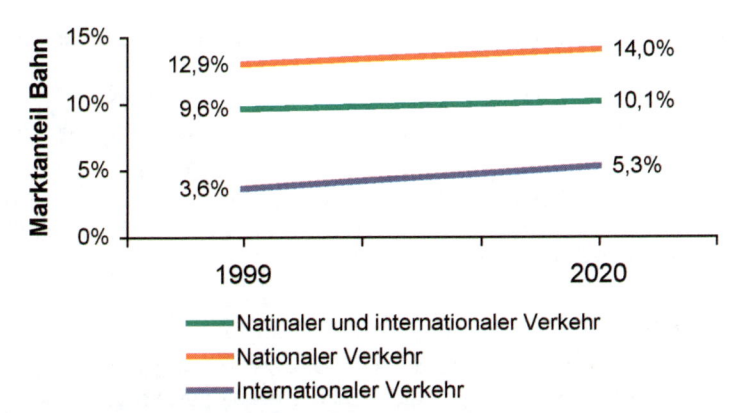

Abb. 4.1.10: Marktanteil Bahn 1999 und 2020 differenziert nach Art der Verkehrsbeziehung, bezogen auf die Verkehrsleistung im Personenverkehr ab 80 km Reiseweite; ohne Interkontinentalverkehr; Quelle: *UIC*-Studie – Basis-Szenario [9]

2020 nach wie vor nicht einmal halb so hoch sein wie in den nationalen Netzen (vgl. Abb. 4.1.10). Im Durchschnitt steigen die Marktanteile dort von 12,9 % auf 14,0 %. Hier offenbaren sich nach wie vor die infrastrukturellen und organisatorischen Probleme der Eisenbahn im Wachstumsmarkt „Internationaler Verkehr", der mit einer Verdopplung der Gesamtnachfrage zwischen 1999 und 2020 im Vergleich zu einem nur 35 %-igen Wachstum in den nationalen Märkten, aufwarten kann. Das ist auch der Grund dafür, dass die Erfolge in den Teilmärkten sich in der Summe nur in einem geringen Gesamtwachstum des Marktanteils der Bahnen um 0,5 % niederschlagen.

4.1.6 Angebotsstrategien für den Schienenpersonenverkehr

Die Verkürzung der Reisezeiten durch den Ausbau der Infrastruktur und den Einsatz moderner, schneller und komfortabler Fahrzeuge allein reicht für eine nachhaltige Steigerung der Marktanteile der Bahn nicht aus. Maßgebend ist vielmehr die Attraktivität der gesamten Transportkette vom originären Herkunftsort bis zum endgültigen Zielort.

Zeiten, die im Zugang zu den öffentlichen Verkehrsmitteln und beim Umsteigen verbracht werden, weisen eine höhere Gewichtung bei der Beurteilung der Angebotsqualität auf als die reine Fahrzeit in den Verkehrsmitteln. Umsteigevorgänge stellen zudem ein sehr großes Hemmnis in der Nutzung öffentlicher Verkehrsmittel dar.

Neben kurzen Reisezeiten ist also auch Wert auf eine gute Erschließung der Verkehrsmärkte, eine direkte Bedienung der Aufkommensschwerpunkte, gut abgestimmte Umsteigebeziehungen und eine dichte Fahrtenfolge zu legen.

Die Schaffung von optimalen Randbedingungen in den Bereichen Tarifwesen, Vertrieb und Information ist selbstverständlich Grundvoraussetzung für eine hohe Akzeptanz des Angebotes der Eisenbahnen.

Kurze Reisezeiten versus zusätzliche Systemhalte

Die Reisezeiten sind in erster Linie abhängig vom Ausbauzustand der Infrastruktur. Daneben bestimmt die Haltepolitik die Reisezeiten. Zusätzliche Systemhalte verbessern die Erreichbarkeit und erhöhen die Anzahl von Direktverbindungen auf der einen Seite, verlängern aber für Reisende im Durchgangsverkehr die Reisezeiten.

4 Verkehrsmärkte

Die Festlegung zusätzlicher Systemhalte hat daher unter Abwägung der folgenden Gesichtspunkte zu erfolgen:
- Wie viele Reisende können durch einen zusätzlichen Halt gewonnen werden?
- Wie viele Reisende gehen durch längere Fahrzeiten im Durchgangsverkehr verloren?

Den Reisenden im Durchgangsverkehr fällt dabei aufgrund der im Durchschnitt größeren Reiseweiten ein höheres Gewicht in der Bilanz zu als den Reisenden, die an einem zusätzlichen Systemhalt ein- und aussteigen. In der Gesamtbilanz sind darüber hinaus neben der Reisenden-Bilanz auch die Kosten für den zusätzlichen Systemhalt zu berücksichtigen.

Bedienungshäufigkeiten

Die von der Bedienungshäufigkeit abhängigen Anpassungszeiten (siehe ‚Zeitliche Verfügbarkeit', Kap. 4.1.4.4) stellen im Vergleich der Angebotsqualität des öffentlichen Verkehrs mit den Reisezeiten im motorisierten Individualverkehr eine zusätzliche Widerstandskomponente dar. Die Anpassungszeiten können die Reisezeitvorteile des Verkehrsmittels Bahn konterkarieren, wenn sie einen im Vergleich zur Reisezeit zu hohen Wert annehmen. Im Stadt- und Regionalverkehr mit Reisezeiten in der Größenordnung von bis zu einer Stunde sind Zugfolgezeiten von einer Stunde und länger als unattraktiv einzustufen. Im Fernverkehr mit Reisezeiten ab einer Stunde ist eine mindestens zweistündliche Bedienung anzustreben.

Als Maßstab für eine sehr gute Bedienungsdichte im Stadt- und Regionalverkehr ist eine Zugfolgezeit von 10 Minuten anzunehmen, im Fernverkehr eine Zugfolgezeit von 30 Minuten.

Produktdifferenzierung und Systemverknüpfungen

Ideal ist es, wenn verschiedene Teilmärkte durch eigene möglichst schnelle Produkte bedient werden können. Dies setzt jedoch eine hinreichend große Verkehrsnachfrage voraus, so dass die Anforderungen an die Bedienungshäufigkeiten gleichermaßen erfüllt werden können.

Im Falle einer geringen Nachfrage in einzelnen Netzbereichen, die einen umfassenden Ausbau der Infrastruktur und eine Ausdifferenzierung der Produkte nicht zulässt, sind Überlegungen zur Überwindung von unternehmensbezogenen und technologischen Systemgrenzen anzustellen. Durch einen fließenden Übergang von Fern-, Regional- und Nahverkehrsprodukten können Umsteigezwänge abgebaut und die Erschließung der Verkehrsmärkte verbessert werden.

Optimierung von Umsteigebeziehungen

Sind die Nachfrageströme für die Bildung von Direktverbindungen zu gering, so sind die Umsteigebeziehungen mit kurzen Wegen und Zeiten möglichst attraktiv auszugestalten. Um eine große Zahl von Umsteigebeziehungen herzustellen, bedarf es einer integrierten und rhythmisierten Planung des Angebotes. Entsprechende Angebote werden unter dem Begriff *Integraler Taktfahrplan (ITF)* vermarktet. Die Herstellung gegenseitiger Anschlüsse erfordert dabei zum Teil eine Verlängerung der Haltezeiten in den ITF-Knoten. Hier ist analog zur Einrichtung zusätzlicher Haltepunkte eine Abwägung zwischen den Vorteilen für die Reisenden auf den Umsteigebeziehungen und den Nachteilen für die Reisenden im Durchgangsverkehr vorzunehmen. Nicht in jedem Fall ist die Herstellung von optimierten Umsteigeverbindungen in der Gesamtbetrachtung zielführend. Mit zu beachten sind ferner die möglicherweise höheren Kosten durch eine aufwändigere Infrastruktur in den Netzknoten.

Verknüpfungen mit anderen Verkehrsträgern (intermodal)

Zur Erschließung von Gebieten, die nicht direkt mit schienengebundenen Verkehrsmitteln bedient werden können, ist die Bahn auf Zubringerdienste angewiesen. Dazu sind optimale Verknüpfungen

4.2 Güterverkehrsmärkte

mit dem straßengebundenen öffentlichen Nahverkehr und dem Individualverkehr (Park&Ride und Bike&Ride) zu schaffen. Diese Maßnahmen dienen der Steigerung der Attraktivität eines integrierten Gesamtverkehrssystems.

Ein Marktsegment mit wachsender Bedeutung sind Zubringerdienste zu den Flughäfen. Bei der Anbindung von Flughäfen an das Schienennetz für den öffentlichen Verkehr ist aus Sicht der Bahn darauf zu achten, dass diese nicht nur der Attraktivitätssteigerung des Luftverkehrs dienen, sondern die Eisenbahn selbst hiervon profitiert. Die Bedienung von Verkehrsflughäfen durch den SPFV hat da ihre Grenzen, wo die zusätzliche Nachfrage im Zubringerverkehr durch Nachfrageverluste infolge von Reisezeitverlängerung im Durchgangsverkehr kompensiert wird. Für den SPFV bedeutet dies, dass sich die Verknüpfung mit dem Luftverkehr auf eine Bedienung von Flughäfen mit einem bedeutenden Anteil von internationalem und interkontinentalem Verkehr beschränken muss.

4.1.7 Datenquellen zum Verkehrsverhalten

Wesentliche Datenquellen zum Verkehrsverhalten sind:
- MiD (Mobilität in Deutschland)
- KiD (Kraftfahrzeugverkehr in Deutschland)
- MOP (Mobilitätspanel)
- DATELINE (Erhebung zum Fernverkehr in Europa)
- INVERMO (Erhebung zum Fernverkehr in Deutschland)
- KONTIV (Kontinuierliche Erhebung zum Verkehrsverhalten)
- Querschnittszählungen

4.2 Güterverkehrsmärkte

4.2.1 Prognosen im Güterverkehr

Grundsätzlich kann anhand des Prognosezeitraums zwischen kurz- und mittelfristigen sowie langfristigen Prognosen unterschieden werden. Kurz- und mittelfristige Prognosen beinhalten einen Prognosezeitraum von wenigen Jahren und spiegeln in der Regel aktuelle Konjunkturentwicklungen und -erwartungen wider. Langfristige Prognosen beziehen sich auf einen sehr viel größeren Prognosezeitraum (z. B. 20 Jahre), aktuelle kurz- und mittelfristige Einflüsse und Erwartungen sind deshalb nur eingeschränkt übertragbar. Stattdessen spielen langfristige Entwicklungstrends eine stärkere Rolle. Aufgrund der langen Planungs-, Bau- und Nutzungszeiten von Verkehrsinfrastrukturanlagen sowie der erheblichen Finanzierungs- und Unterhaltungskosten sind langfristige Verkehrsprognosen ein wichtiges und unerlässliches Hilfsmittel für die Verkehrsplanung.

Je nach räumlicher und sektoraler Differenzierung wird zwischen Makro- und Mikroprognosen unterschieden. Makroprognosen werden nur auf einer sehr groben räumlichen und sektoralen Ebene durchgeführt, z. B. räumlich nur nach den Hauptverkehrsbeziehungen
- innerstaatlicher Verkehr (Binnenverkehr),
- grenzüberschreitender Versand und Empfang,
- Durchgangsverkehr (Transitverkehr)

oder aber nach einzelnen Ländern. Im Gegensatz hierzu werden Mikroprognosen in feiner räumlicher und sektoraler Differenzierung durchgeführt, z. B. räumlich innerhalb Deutschlands nach Stadt- und Landkreisen. Oft werden Mikroprognosen durch parallel durchgeführte Makroprognosen ergänzt und iterativ abgeglichen.

4 Verkehrsmärkte

Mikroprognosen des Güterverkehrs umfassen ganz überwiegend die folgenden vier Stufen, die sequentiell durchlaufen werden (teilweise werden auch mehrere Stufen gemeinsam bearbeitet, man spricht dann z. B. von integrierter Verkehrsteilung und Verkehrsumlegung):

1. **Verkehrserzeugung**: Quell- und Zielaufkommen der Zonen;
2. **Verkehrsverflechtung**: Verkehrsströme zwischen den Zonen;
3. **Verkehrsteilung/Modal Split**: Aufteilung der Verkehrsströme auf die verschiedenen Verkehrsmittel (Wettbewerber)
4. **Verkehrsumlegung**: Belastung der Verkehrsnetze der verschiedenen Verkehrsmittel

Abhängigkeiten zwischen den einzelnen Modellstufen können über Rückkopplungsschleifen und iterative Abarbeitung berücksichtigt werden. Dies betrifft z. b. den Einfluss des Verkehrsangebots auf die Verkehrsverflechtung (Rückkopplungsschleife von Stufe 3 nach Stufe 2) oder aber den Einfluss von Kapazitätsengpässen auf die Verkehrserzeugung und Verkehrsteilung (Rückkopplungsschleife von Stufe 4 nach Stufe 1 und 3).

4.2.1.1 Aktuelle Prognosen

Langfristige Prognosen für Europa

Vor dem Hintergrund einer zunehmenden wirtschaftlichen Verflechtung in einem geeinten Europa und der Ausdehnung der Aktivitäten auf neue Auslandsmärkte werden langfristige europaweite Nachfrageprognosen und Güterverkehrsverflechtungen zunehmend wichtiger.

Eine offizielle Langfristprognose für Europa wurde 2003 von der *Europäischen Union* in der Studie *EU Energy and Transport – Trends to 2030* veröffentlicht. Darin werden die wichtigsten Daten zur Demographie, Wirtschaft, Verkehr und Energie von 1990 bis 2030 jeweils in Fünfjahresschritten ausgewiesen. In den EU15-Staaten werden für die Transportleistung zwischen 2000 und 2010 jährliche Wachstumsraten von 2,3 % für alle Verkehrsträger und 2,8 % für die Straße prognostiziert. In den darauf folgenden zehn Jahren werden die Zahlen auf 2,1 % (alle Verkehrsträger) bzw. 1,8 % p. a. (Straße) sinken.

Nach Berechnungen der *BVU Beratergruppe Verkehr und Umwelt GmbH* steigt die Transportleistung bis zum Jahr 2015 in den Ländern Westeuropas um 2,4 % p. a. weniger stark als in den Beitrittsländern. Hier wird ein jährliches Wachstum von 3 % p. a. zwischen 2000 und 2015 prognostiziert.

Langfristige Prognosen für Deutschland

Im Rahmen der deutschen Bundesverkehrswegeplanung (BVWP) werden schon seit 25 Jahren langfristige Prognosen erstellt. Diese basieren jedoch nicht auf einer groben Abschätzung von Eckwerten der einzelnen Verkehrsträger, sondern die Auswertungen erfolgen güterarten- und relationsspezifisch. Nur so können später Aussagen zur Bewertung einzelner Projekte getroffen werden.

In der Güterverkehrsprognose für die *BVWP 2003* mit Basisjahr 1997 wird für das Jahr 2015 eine jährliche Verkehrsleistung von 689,0 Mrd tkm/a (im Vergleich zu 1997 + 2,56 % p. a.) für alle Verkehrsträger und für die Schiene 92,3 Mrd. tkm (+ 1,33 % p. a.) im „Trendszenario" sowie 114,9 Mrd. tkm/a (+ 2,57 % p. a.) im „Integrationszenario" prognostiziert. Im Jahr 1997 waren es noch 437,1 Mrd tkm/a bzw. 72,8 Mrd tkm/a. Vergleicht man diese Werte mit den aktuellen Entwicklungen, so hat die Schiene die Rückgänge der Jahre 1999, 2001 und 2002 aufgeholt und liegt seit 2004 sogar leicht über dem Wachstumspfad des „Integrationsszenarios".

Vom *Bundesministerium für Verkehr, Bau- und Stadtentwicklung (BMVBS)* wurde 2005 eine neue Langfristprognose mit Horizont 2025 vergeben. Aufgrund der demographischen Entwicklung wurde

4.2 Güterverkehrsmärkte

vom BMVBS als Novum auch eine sehr langfristige Abschätzung des Güterverkehrs bis 2050 in Auftrag gegeben.

Kurz- und mittelfristige Prognosen für Deutschland

Forschungsinstitute geben überwiegend kurz- und mittelfristige Prognosen zur Wirtschaftsentwicklung ab, deren Input häufig über Konjunkturumfragen erhoben wird. Beispiele für solche Umfragen sind:
– Transportmarktbarometer von *ProgTrans* und *ZEW (Zentrum für europäische Wirtschaftsforschung)*,
– Konjunkturumfragen des *BGL (Bundesverband Güterverkehr, Logistik und Entsorgung)*.

Zu einer der bekanntesten kurzfristigen Verkehrsprognosen zählt die Kurz- und Mittelfristprognose des *BMVBS*. Sie wird
– halbjährlich für das laufende Jahr und das Folgejahr und
– jährlich für das laufende Jahr und vier Folgejahre veröffentlicht.

Darin wird ein konsistentes Bild der Ist-Entwicklung und ihrer Bestimmungsgrößen gegeben; die kurz- und mittelfristigen Entwicklungen werden prognostiziert.

4.2.1.2 Prognosequalität und -erfahrungen

Langfristprognosen treffen Aussagen über die ferne Zukunft, prognostizierte Entwicklungen werden deshalb immer nur mit einer gewissen Wahrscheinlichkeit zu einem gewissen Grade eintreten. Oft

---

railtracon

Ingenieurdienstleistungen und Management Beratung

Ihr Partner für Aufbauorganisation EVU, Schienenfahrzeugparkoptimierung, Instandhaltungs- und Logistikkonzepte, Umlaufgestaltung, Qualitätsmanagement, Risikomanagement, Controlling, Fahrzeug-, Personal- und Finanzierungsvermittlung

www.railtracon.de
info@railtracon.de

4 Verkehrsmärkte

werden verschiedene mögliche Entwicklungsszenarien gerechnet, um Bandbreiten der zukünftigen Verkehrsnachfrage zu erhalten.

Rückblickend können prognostizierte Entwicklungen mit aktuellen Entwicklungen verglichen werden. Abweichungen zwischen Ist-Entwicklung und prognostizierter Entwicklung können vielfältige Ursachen haben, wie z. B.
– Nicht eintreffende, der Verkehrsprognose zugrunde gelegte Annahmen zur demographischen und wirtschaftlichen Entwicklung, zur Wirtschaftspolitik, zur Verkehrsinfrastruktur sowie den Verkehrsangeboten;
– Kurzfristige Abweichungen vom langjährlichen Trend, bedingt z. B. durch Terroranschläge oder Ölknappheit;
– Technologische Innovationen, die so nicht absehbar waren;
– Statistikbrüche, die einen Vergleich der Entwicklungen erschweren, und
– Modellhaft bedingte Abweichungen, z. B. ungenügend abgebildetes Verkehrsverhalten.

Erfahrungen im Güterverkehr zeigen, dass das gesamtmodale Verkehrsaufkommen langfristig relativ präzise prognostiziert werden kann, zumeist wurde das Verkehrswachstum eher unter- als überschätzt. Größere Abweichungen treten beim Modal Split auf, wobei dies oft durch die den Verkehrsprognosen zugrunde gelegten Annahmen begründet ist (vgl. oben). Einen guten Überblick über deutschlandbezogene Prognosen sowie Abweichungen und deren Ursachen gibt die *ADAC*-Studie zur Mobilität *Überprüfung ausgewählter langfristiger Verkehrsprognosen* (April 2004).

4.2.2 Verkehrserzeugung und -verflechtung

Ziel dieses Arbeitsschrittes ist die Prognose der gesamten Versand- und Empfangsvolumina der einbezogenen Verkehrszonen sowie der gesamtmodalen Verkehrsverflechtungen zwischen den einzelnen Zonen. Dabei geht es im Güterverkehr ausschließlich um eine abgeleitete Nachfrage, hier liegt ein wesentlicher Unterschied zum Personenverkehr.

Zunächst wird das gesamtmodale Güterverkehrsaufkommen, differenziert nach Versand (Produktion) und Empfang (Nachfrage), der Verkehrszonen prognostiziert. Je nach Prognosemethodik kann zwischen multinomialen Regressionsansätzen sowie Input-Output-Modellen unterschieden werden:
– Bei multinomialen Regressionsansätzen werden die Aufkommensvolumina, differenziert nach Güterarten, erklärenden soziodemographischen und sozioökonomischen Variablen auf Basis von Zeitreihen gegenübergestellt und funktionale Zusammenhänge abgeleitet. Diese Methodik wird z. B. im Güterverkehrsmodell der Bundesverkehrswegeplanung eingesetzt.
– Input-Output-Modelle modellieren explizit die Verflechtung zwischen den Produktionssektoren und dem Endverbrauch, benötigen aber im Vergleich zu den Regressionsansätzen einen sehr viel größeren Dateninput.

Wesentliche güterverkehrsrelevante soziodemographische und sozioökonomische Leitdaten sind
– Bevölkerungs- und Beschäftigtenzahl,
– Bruttoinlandsprodukt/Bruttowertschöpfung sowie Umsätze nach Produktionssektoren und Branchen,
– privater Verbrauch,
– Steinkohlenförderung und Rohstahlerzeugung,
– Raffinerieeinsatz und Verbrauch von Mineralölerzeugnissen, und
– gütergruppenspezifische außenwirtschaftliche Verflechtung (Importe/Exporte).

In der Regel wird nach zehn Güterabteilungen (NST[1]-Kapitel/NST-Einsteller) differenziert, die aus den Hauptgütergruppen des Güterverzeichnisses für die Verkehrsstatistik abgeleitet sind. Die *Deutsche*

---
[1] NST = Nomenclature uniforme des marchandises pour les Statistiques des Transports (Gütersystematik für die Verkehrsstatistik)

4.2 Güterverkehrsmärkte

Bahn AG unterscheidet 18 Güterbereiche, teilweise wird auch mit den 24 Güterarten gemäß *Eurostat* gearbeitet.

Die der Verkehrserzeugung zugrunde liegende Prognosemethodik kann entweder eine Zeitreihen- oder eine Querschnittsanalyse oder auch eine Kombination aus beiden darstellen. Als Stützperiode dient i. d. R. eine Zeitreihe von mehreren Jahren. Durch die Einbeziehung einer Zeitreihe lassen sich insbesondere zeitliche Entwicklungen der Wertdichten – also der Verhältnisse Wirtschaftsaktivität zu Transportaktivität – erkennen und entsprechend berücksichtigen, was insbesondere bei langfristigen Prognosen eine wesentliche Rolle spielt. Bei statistischer Signifikanz und inhaltlicher Plausibilität eines für die Vergangenheit festgestellten ökonometrischen Erklärungsansatzes wird nunmehr die Frage geprüft, ob diese Zusammenhänge unverändert in die Zukunft übertragen werden können oder ob wegen erkennbarer Trendänderungen und/oder Änderungen in den Transportelastizitäten (etwa aufgrund eines Logistikeffekts) eine Variation des Erklärungsansatzes erforderlich ist.

Die funktionalen Zusammenhänge des oben beschriebenen mehrdimensionalen Regressionsansatzes können wie folgt beschrieben werden (jeweils differenziert nach Versand und Empfang):

$$T_{ig}^a = \alpha_g \cdot \beta_{ig} \cdot \prod_k (X_{ik}^a)^{\gamma_k} \quad (4.2.1)$$

mit:

i	= Zone
g	= Gutart
T_{ig}^a	= Versand-/Empfangsaufkommen von Zone i in der Gutart g im Analysejahr a
X_{ik}^a	= k-tes Strukturmerkmal von Zone i im Analysejahr a
$\alpha_g, \beta_{ig}, \gamma_k$	= Schätzparameter

Dabei können durch den Parameter β_{ig} Niveauverschiebungen einzelner Verkehrszonen berücksichtigt werden. Dies gilt z. B. für große Seehäfen, bei denen sich ein Teil des Transportaufkommens nicht aus der Wirtschaftsaktivität dieser Region, sondern lediglich aus der Funktion als Hafenumschlagplatz erklärt.

Die Berechnung des Modells, d. h. die Ermittlung der signifikanten Strukturmerkmale X_{ik}^a und Schätzung der zunächst unbekannten Parameter $\alpha_g, \beta_{ig}, \gamma_k$ erfolgt durch log-lineare Regression:

$$\log T_{ig}^a = \log \alpha_g + \log \beta_{ig} + \sum_k \gamma_k \cdot \log X_{ik}^a \quad (4.2.2)$$

Die Anwendung des Prognosemodells erfolgt durch einen **Marginalansatz**, bei dem Veränderungen ermittelt und eingerechnet werden:

$$T_{ig}^p = T_{ig}^a \cdot \prod_k \left(\frac{X_{ik}^p}{X_{ik}^a}\right)^{\gamma_k} \quad (4.2.3)$$

Hierbei bezeichnet das Kürzel „p" das Prognosejahr.

Während sich gesamtmodale Versand-/Empfangsvolumina sehr gut durch Struktur- und Außenhandelsdaten bestimmen lassen, sind Transitverkehre (d. h. Durchgangsverkehre) im Wesentlichen durch die bestehenden Handelsbeziehungen der einzelnen Länder und deren räumliche Lage zueinander geprägt und spiegeln demzufolge kaum die (deutschen) Wirtschaftsaktivitäten wider. Transitverkehre werden aufgrund dieser Problematik deshalb in der Regel über ausländische Strukturdaten und Trends fortgeschrieben und exogen in die Erzeugung eingespeist.

Nach Abschätzung der regionalisierten Versand- und Empfangsvolumina der inländischen und ausländischen Verkehrszonen sind die gutartspezifischen Quelle-Ziel-Verflechtungen unter Einhal-

4 Verkehrsmärkte

tung der vorgegebenen Randsummen im Versand und Empfang vorzunehmen. Dabei wird die im Basisjahr gegebene Ausgangsverteilung so verändert, dass die sektoral unterschiedliche Veränderung der Versand- und Empfangsvolumina und die Verbindungsqualität der Regionen berücksichtigt werden. In einem nachfolgenden Arbeitsschritt werden die so erhaltenen Verflechtungen den vorgegebenen regionalisierten Versand- und Empfangsaufkommenswerten angepasst. Dabei wird sichergestellt, dass einerseits die im Basisjahr beobachteten Transportströme die Grundlage der Prognosematrix bilden, andererseits regionale Änderungen der Aufkommensgewichte und durch die verallgemeinerten Nutzen, d.h. die über die Transportmittel gewogenen Nutzen der Transportmittelwahl, auch strukturelle Änderungen in Verkehrsinfrastruktur und Verkehrsangebot berücksichtigt werden. Funktional kann die Prognosemethodik durch Anwendung eines Gravitationsmodells wie folgt beschrieben werden:

$$T^p_{ijg} = \alpha_{ig} \cdot \beta_{jg} \cdot \gamma_{ijg} \cdot \frac{T^p_{ig} T^p_{jg}}{\sum_u T^p_{ug}} \exp(N^p_{ijg}) \qquad (4.2.4)$$

mit:

i	= Quellzone
j	= Zielzone
g	= Gutart
T^p_{ig}, T^p_{jg}	= In den vorhergehenden Arbeitsschritten ermitteltes Aufkommen von Zone i bzw. nach Zone j in Gutart g im Prognosejahr p
T^p_{ijg}	= Aufkommen von Zone i nach Zone j in Gutart g im Prognosejahr p
N^p_{ijg}	= Verallgemeinerte Nutzen aus der Transportmittelwahl (inverse Raumwiderstände)
α_{ig}, β_{jg}, γ_{ijg}	= Schätzparameter

4.2.3 Verkehrsteilung (Verkehrsmittelwahl, Modal-Split)

Der Markterfolg eines Anbieters im Güterverkehr wird durch eine Vielzahl von Einzelentscheidungen der Nachfrager bestimmt. Wie Abb. 4.2.1 zeigt, hängt das Ergebnis solcher Entscheidungen zur Verkehrsmittelwahl außer von den individuellen Präferenzen des Entscheiders von den Eigenschaften des Transportgutes und den geltenden ordnungspolitischen Rahmenbedingungen des Verkehrsmarktes ab. Wichtigste Bestimmungsgröße ist jedoch die spezifische Angebotsqualität der einzelnen konkurrierenden Wettbewerber in allen ihren Ausprägungen.

Mit geeigneten mathematisch-statistischen Methoden lassen sich solche Zusammenhänge zwischen den Angebotseigenschaften der konkurrierenden Verkehrsmittel einerseits und des ausgewählten Verkehrsmittels andererseits identifizieren und quantifizieren. Grundlage hierfür sind Informationen über einzelne Entscheidungen der Verlader und Spediteure, welche in der Regel aus Erhebungen gewonnen werden. Da es sich hierbei um Einzelentscheidungen handelt, spricht man auch von disaggregiert geschätzten Modellen. Unterschieden wird zudem zwischen real durchgeführten Wahlentscheidungen (Revealed-Preferences) und simulierten Wahlentscheidungen (Stated-Preferences). Üblicherweise werden beide Erhebungsmethoden kombiniert, um die spezifischen Vor- und Nachteile beider Methoden auszugleichen.

4.2.3.1 Das Logit-Modell

In der Verkehrsforschung und -planung am weitesten verbreitet ist das multinomiale Logit-Modell (MNL-Modell). Hier wird davon ausgegangen, dass aus einer individuell unterschiedlichen Menge von

4.2 Güterverkehrsmärkte

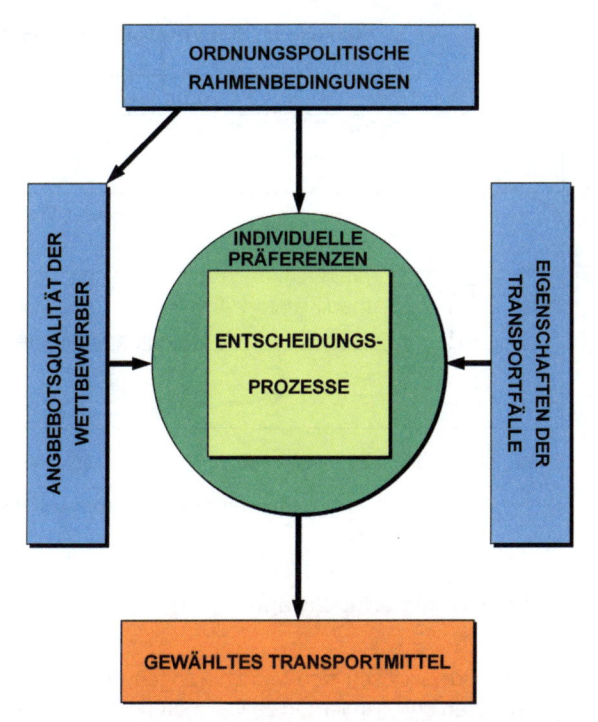

Abb. 4.2.1: Entscheidungsmodell der Verkehrsmittelwahl im Güterverkehr

Alternativen jeder Entscheider von diesen Alternativen einen unterschiedlichen Nutzen erwartet und anschließend diejenige Alternative mit größtem Nutzen gewählt wird. Jede Alternative wird durch eine Reihe von Charakteristiken beschrieben, deren Ausprägungen für verschiedene Alternativen variieren. Charakteristiken umfassen neben den Eigenschaften der Verkehrsmittel (z. B. Transportpreis und –zeit) auch Charakteristiken des Entscheiders (z. B. Standort, Zugang zu Gleisanschluss) sowie des spezifischen Transportfalls (z. B. Gefahrgut, Just-in-Time). Der jeweilige Nutzen einer Alternative ergibt sich nun aus einer unterschiedlichen Bewertung der verschiedenen Charakteristiken, mathematisch wird dies als Linearkombination der Kriterien modelliert:

$$N_{ae} = \sum_{k} \alpha_k \cdot x_{aek} + \varepsilon_{ae} \qquad (4.2.5)$$

mit:

- a = Alternative
- e = Entscheider (Person)
- N_{ae} = Nutzen von Entscheider e für die Alternative a
- x_{aek} = k-tes Entscheidungskriterium für Alternative a von Entscheider e
- α_k = Schätzparameter
- ε_{ae} = Zufallskomponente, welche nicht-messbare und -beobachtbare Einflüsse beinhaltet

Die Wahrscheinlichkeit p_{ae} der Wahl einer einzelnen Alternative a eines Entscheiders e errechnet sich nun aus dem Nutzen der Alternative a in Relation zur Summe aller anderen Alternativen wie folgt:

$$p_{ae} = \frac{\exp N_{ae}}{\sum_{b} \exp N_{be}} \qquad (4.2.6)$$

4 Verkehrsmärkte

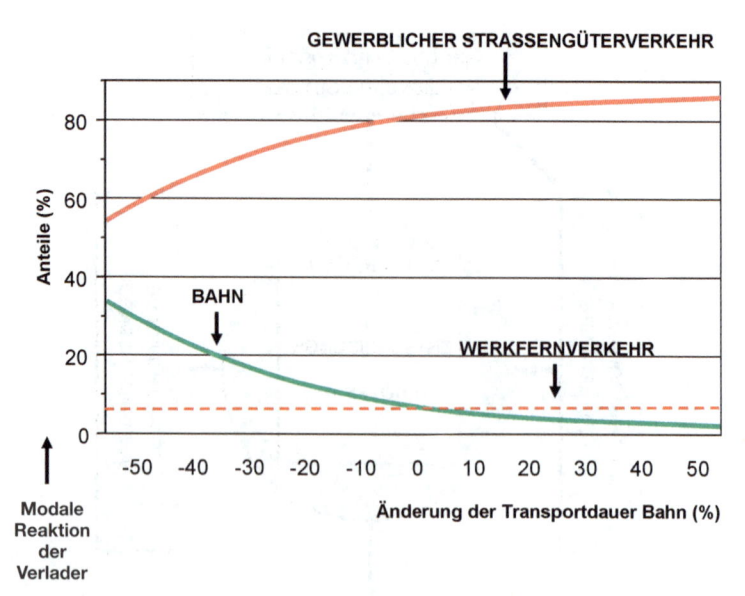

Abb. 4.2.2: Zeitelastizität der Transportnachfrage

Durch Anwendung des Logit-Modells lassen sich Veränderungen der Verkehrsmittelwahl aufgrund veränderter Angebotseigenschaften und damit modale Verlagerungen zwischen den Wettbewerbern abschätzen. Abb. 4.2.2 zeigt beispielhaft die modale Reaktion der Entscheider bei einer Änderung der Transportzeit der Bahn (Transportelastizitäten).

Eine Erweiterung des oben dargestellten Logit-Modells bilden so genannte hierarchische Logit-Modelle (nested Logit), bei denen einzelne Alternativen zu Gruppen zusammengefasst werden können. Kreuzelastizitäten (Verlagerungen) innerhalb einer Gruppe können damit anders modelliert werden als Kreuzelastizitäten nach außerhalb einer Gruppe. Abb. 4.2.3 zeigt als Beispiel das für den Bundesverkehrswegeplan 2003 eingesetzte Modell.

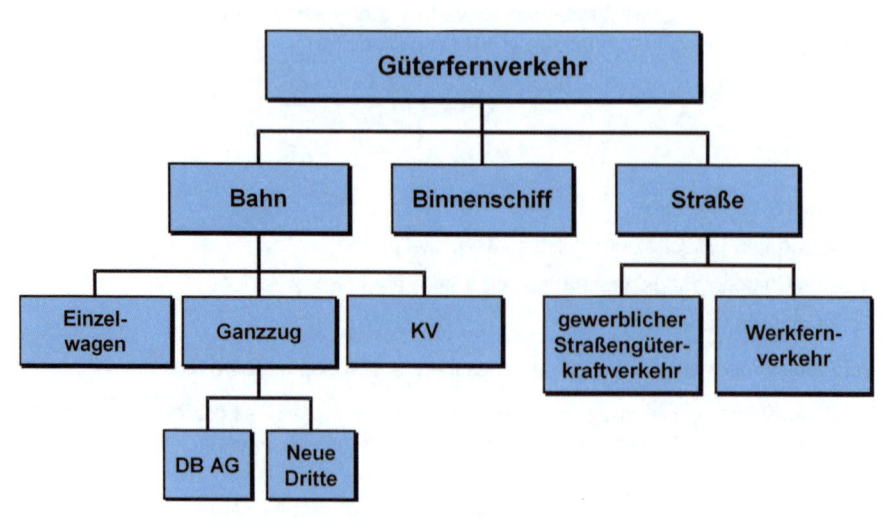

Abb. 4.2.3: Hierarchisches Verkehrsmittelwahlmodell im Güterverkehr

4.2 Güterverkehrsmärkte

Angebotseigenschaften	Charakteristiken der Entscheider	Charakteristiken des Transports
Transportpreis (Haus-Haus)	Standort	Gutart
Transportzeit (Haus-Haus)	Gleis- und Binnenwasseranschlüsse	Partiegröße und -volumen
Pünktlichkeit/Zuverlässigkeit	Zugang zu Umschlaganlagen etc.	Transportweite
Schadenshäufigkeit	Werkverkehr	Gefahrgut
Bereitstellung und Eignung des Transportraumes	Verfügbarkeit von Nutzfahrzeugen und Equipment	Besondere Merkmale (z. B. „verderblich")
Sendungsverfolgung		Just in Time
Time to Market/Platzbuchung		Abrufbestellung
Fachkundige Betreuung		
Ergänzende logist. Dienstleistungen		
Einhaltung Nachtsprung		
Problemlösung bei Störungen		
Terminals und Umschlaganlagen: - Vor- und Nachlauf - Ladeschluss/Bereitstellung - Fahrtenhäufigkeit - Bewachung - Serviceeinrichtungen		

Abb. 4.2.4: Entscheidungskriterien der Verkehrsmittelwahl im Güterverkehr

4.2.3.2 Kriterien der Verkehrsmittelwahl im Güterverkehr

Wie oben dargestellt umfassen Kriterien der Verkehrsmittelwahl quantitative und qualitative Angebotseigenschaften der einzelnen Wettbewerber, Charakteristiken der Entscheider sowie des spezifischen Transportfalls. Nachfolgende Tabelle (Abb. 4.2.4) gibt einen Überblick über wesentliche Entscheidungskriterien.

Quantitative Entscheidungskriterien, insbesondere Transportpreise und -zeiten, werden in der Regel über eine Verkehrsumlegung modelliert. Dabei handelt es sich bei den Transportzeiten nicht nur um reine Fahrzeiten, sondern um realistische Haus-zu-Haus-Gesamttransportzeiten. Hier sind je nach Verkehrsmittel Vor- und Nachlaufzeiten, Pausenzeiten, Belade-, Endlade- und Umladezeiten, Schleusenzeiten, Rangier- und Umstellzeiten einzubeziehen. Transportpreise ergeben sich durch Verknüpfungen von Zeiten und Entfernungen sowie Belade-, Entlade- und Umladevorgängen mit entsprechenden Kostensätzen. Qualitative Entscheidungskriterien können mit Hilfe empirischer Informationen sowie von Veröffentlichungen und ergänzenden Annahmen modelliert werden.

4.2.4 Verkehrsumlegung

Wie in den vorangegangenen Kapiteln dargestellt, erfolgt die Aufbereitung und Prognose der Schienengüterverkehrsnachfrage in aller Regel differenziert nach Verkehrszonen im In- und Ausland, nach

4 Verkehrsmärkte

Güterarten und Produktionssystemen. Gemessen wird die Nachfrage in beförderten Tonnen/Jahr, über Entfernungsmatrizen abgeleitet können daraus Tonnenkilometer/Jahr – ggf. differenziert nach Streckenanteilen im In- und Ausland – ermittelt werden.

Für die Verkehrsumlegung, die Ermittlung von Netzbelastungen und Netzengpässen ist zunächst eine Wagen- und Zugbildung notwendig, die folgende Schritte umfasst:
- Umrechnung der Tonnage in beladene Wagen
- Simulation von Leerwagenbewegungen und
- eigentliche Zugbildung mit Erstellung eines Güterverkehrsfahrplans

Anschließend kann die eigentliche Verkehrsumlegung, üblicherweise zusammen mit Zügen des Personennah- und -fernverkehrs, erfolgen.

4.2.4.1 Wagenbildung

Grundlage der Wagenbildung sind so genannte Musterwagen, welche gutart- und system-spezifisch vorgegeben werden können und ähnliche Wagentypen in sich vereinen. Je Musterwagen sind gemittelte Angaben zu
- mittlere Beladung in Tonnen,
- Eigengewicht des Wagens in Tonnen,
- Länge des Wagens in Meter

vorzugeben. Die Umrechnung der Nachfrage in beladene Wagen kann dann als Quotient der Nachfrage (Tonnen/Jahr) und der mittleren Beladung des Musterwagens (Tonnen/Wagen) erfolgen.

Zusätzlich zu den beladenen Wagen ist eine Simulation der Leerwagenbewegungen notwendig, da im System Bahn in erheblichem Umfang Leerwagen abgefahren werden müssen. Insgesamt können für die Simulation der Leerwagenbewegungen drei verschiedene Verfahren unterschieden werden:

1. Leerwagenbildung durch Spiegeln
In diesem Verfahren werden die Leerwagen durch Spiegeln der beladenen Wagen ermittelt, d. h. es wird die Annahme getroffen, dass jeder beladene Wagen wieder leer zurückfährt. Dieses Verfahren findet typischerweise für Ganzzugverkehre Anwendung.

2. Leerwagenbildung durch einfachen Ausgleich
In diesem Verfahren werden die relationsspezifischen Ungleichgewichte zwischen den Strömen in Hin- und Rückrichtung ausgeglichen. Für den Ausgleich werden dabei in der aufkommensschwächeren Richtung zusätzliche Leerwagen erzeugt, die der Differenz der beladenen Wagen entsprechen. Eine typische Anwendung für dieses Verfahren wäre z. B. für kombinierte Ladungsverkehre gegeben.

3. Leerwagenbildung durch Verfahren der lineare Optimierung
Während in den beiden erstgenannten Verfahren zur Leerwagenbildung relationsspezifisch Leerwagen stets so erzeugt werden, dass die Gesamtzahl der beladenen und leeren Wagen in beiden Richtungen ausgeglichen ist, berücksichtigt dieses Verfahren die Tatsache, dass Leerwagen zu einem bestimmten Grade disponierbar und damit räumlich austauschbar sind. Falls also z. B. Leerwagen an einem bestimmten Bahnhof benötigt werden, können diese ggf. von einem „in der Nähe" liegenden Bahnhof angefordert werden, falls sie dort nicht mehr gebraucht werden. Insgesamt stellt sich somit die Aufgabe, die Leerwagenbewegungen so zu disponieren, dass ein möglichst wirtschaftliches (d. h. kostenminimales) Ergebnis erzielt wird. Berücksichtigt man die zusätzlichen Nebenbedingungen, dass keine Leerwagenquellen oder -senken auftreten, so führt dieses Dispositionsproblem unmittelbar zu einem linearen Optimierungsproblem, welches mit dem Simplexverfahren effizient gelöst werden kann. Berücksichtigt werden kann dabei auch, dass die Kosten für den Transport der Leer-

wagen zusätzlich auch von der Anzahl der beladenen Wagen abhängt.[2] Typischerweise wird dieses Verfahren für den Einzelwagenverkehr angewendet.

4.2.4.2 Zugbildung

Da die Zugbildungssimulation in der Regel auf Basis eines (Durchschnitts-)Werktages erfolgt, sind zu Beginn der Zugbildung die Jahresmengen zunächst auf Tageswerte zu pegeln. Des Weiteren ist eine Anbindung der Verkehrszonen an die Verkehrsnetze notwendig. Hierzu ist jede Verkehrszone einem oder mehreren Ladepunkten im Netz zuzuordnen.

Während sich die Zugbildung im Ganzzugverkehr relativ einfach aus den Verkehrsmengen zwischen den Ladepunkten im Netz und einer mittleren Nettotonnage pro beladenem Zug ergibt, erfolgt für den Einzelwagenverkehr und den Kombinierten Ladungsverkehr die Simulation über hierarchische Produktionssysteme (flexibles Knotenpunktsystem). Hierbei werden die **Produktionsebenen**
– Rangierbahnhof bzw. Drehscheibe (Rbf),
– Knotenpunktbahnhof (Kbf),
– KV-Terminal (Ubf),
– Bedienpunkt (Satelliten mit Rangiermittel) und
– Güterverkehrsstelle (GVst)

unterschieden und Züge in einer vorgegebenen Reihenfolge gebildet.

Die *Railion Deutschland AG* beispielsweise unterscheidet im Einzelwagenverkehr aktuell nach folgenden Zugtypen:
– direkter Zug zwischen Bedienpunkten
– CB (Cargo Bedienfahrt) zwischen Bedienpunkt und Kbf
– IRC (InterRegio Cargo) zwischen Kbf
– RC (Regio Cargo) zwischen Kbf und eigenem Rbf
– IRC (InterRegio Cargo) zwischen Kbf und fremdem Rbf
– IRC (InterRegio Cargo) zwischen fremdem Rbf und Kbf
– IRC (InterRegio Cargo) zwischen Rbf

Jedem Zugtyp müssen für eine Simulation Musterzüge zugeordnet werden, die neben physikalischen Angaben des Zuges insbesondere Zugbildungsregeln auf Basis von Mindestauslastungen jeweils für Länge und Gewicht des Zuges beinhalten. Züge werden immer dann gebildet, wenn genügend Menge auf der jeweiligen Quelle-Ziel-Relation vorhanden ist, d. h. falls Länge oder Gewicht eines Zuges auf einer Relation die Mindest-Auslastungsgrenze erreicht oder überschreitet.

Neben den reinen Fahrzeiten sind im Rahmen der Zugbildung auch Bedienungs- und auslastungsabhängige Wartezeiten in den Umschlags- und Rangieranlagen zu modellieren. Je nach Anwendung und Zielsetzung kann dies auf Basis strategischer (vereinfachter) oder analytischer (sehr detaillierter) Modelle erfolgen. So führt z. B. der Überlauf der physikalischen Stundenleistungsfähigkeit des Ablaufberges in Rangieranlagen zu zusätzlichen Wartezeiten der Wagen und Züge.

4.2.4.3 Routing/Umlegung der Verkehrsströme

Bei der Umlegung der Verkehrsströme auf das Schienennetz kann grundsätzlich zwischen mikroskopischen und makroskopischen (analytischen) Umlegungsverfahren unterschieden werden:

---

[2] Je mehr beladene Wagen und damit Züge verkehren, desto kostengünstiger ist es, Leerwagen durch Anhängen an die bestehenden Züge mit abzufahren. Berücksichtigt werden kann dies im Simplexverfahren durch eine Transformation der Kosten als Funktion der Anzahl der beladenen Wagen.

4 Verkehrsmärkte

- Bei **mikroskopischen Umlegungsverfahren** werden die Betriebsabläufe (i. d. R. eines Tages) im Detail simuliert, die Züge werden quasi in Echtzeit im Netz abgefahren. Hierzu sind detaillierte Angaben zur Verkehrsinfrastruktur, zu den einzelnen Zügen (z. B. Fahrdynamik) und Fahrplänen notwendig. In jeder Einzelsimulation eines Betriebstages werden Urverspätungen über einen stochastischen Zufallsprozess eingestreut, die Mittelung über viele Einzelsimulationen liefert dann ein durchschnittliches Bild des Betriebsgeschehens. Beispiele für mikroskopische Umlegungsmodelle sind *RailSys* und *OpenTrack*.
- **Makroskopische Umlegungsverfahren** abstrahieren dahingehend, dass Zugbelastungen innerhalb eines bestimmten Zeitraums fahrplanunabhängig zusammengefasst und über analytische Modelle durchschnittliche Bedienungs- und Wartezeiten ermittelt werden. Als Vorteil resultieren wesentlich geringere Anforderungen an die Abbildung der Verkehrsinfrastruktur sowie die Genauigkeit der Fahrpläne. Des Weiteren können durch Berücksichtigung von Verspätungsverteilungen für die Urverspätungen alle möglichen Verspätungsfälle in einem Male gerechnet werden, Mehrfachsimulationen sind deshalb nicht notwendig, was eine deutliche Reduktion der Rechenzeit mit sich bringt. Nachteile sind aufgrund der nur makroskopischen Betrachtungsweise „unschärfere" Ergebnisse. Beispiele für makroskopische Umlegungsverfahren sind das im Rahmen der Bundesverkehrswegeplanung eingesetzte Tool BVU-WiZug (Wirtschaftliche Zugführung), NEMO (Netz Evaluations Modell) sowie die vom *Verkehrswissenschaftlichen Institut* der *RWTH Aachen* entwickelte Programmfamilie FAKTUS/RUT und SLS.

Je nach Zielsetzung kommen mikroskopische oder makroskopische Umlegungsverfahren zur Anwendung, ggf. ergänzen sich auch beide Verfahren. So kann beispielsweise über ein makroskopisches Verfahren eine Vorauswahl und -bewertung einzelner Maßnahmen erfolgen, für den konkreten Infrastrukturausbau ist dann eine Detailanalyse mittels eines mikroskopischen Verfahrens möglich.

Ein weiteres Unterscheidungsmerkmal besteht zwischen kapazitätsfreien und kapazitätssensitiven Umlegungsverfahren. Im ersteren Falle spielen Engpässe der Verkehrsinfrastruktur keine oder eine nur untergeordnete Rolle, Züge werden deshalb auf belastungsunabhängigen Bestwegen abgefahren. Für die Ermittlung der Bestwege können wahlweise Entfernungen, Fahrzeiten, Kosten (z. B. Trassenpreise) oder aber Kombinationen aus den genannten Kriterien (generalisierte Kosten) zugrunde gelegt werden. Kapazitätssensitive Verfahren demgegenüber berücksichtigen, dass insbesondere im Schienenverkehr erhebliche Verzögerungen eintreten, wenn der Auslastungsgrad der Strecken oder Knoten über eine bestimmte kritische Grenze hinaus ansteigt. Insbesondere für die Bewertung und Dimensionierung von Infrastrukturmaßnahmen, etwa im Rahmen der Bundesverkehrswegeplanung, sind kapazitätssensitive Umlegungsverfahren zwingend notwendig.

Nachfolgende Abb. 4.2.5 verdeutlicht, wie mit zunehmender Auslastung der Strecken die Transportzeit der Güterzüge ansteigt und insbesondere bei Annäherung an die technische Kapazitätsgrenze erhebliche Verzögerungen und damit Verschlechterungen des Angebotsbildes des Schienengüterverkehrs resultieren, was wiederum zu Nachfragereaktionen und damit Einnahmenverlusten führt. Im Grunde läuft dieser Prozess kontinuierlich ab, zeigt jedoch dramatische Wirkungen erst im Grenzbereich der Leistungsfähigkeit.

Bei knapper Infrastruktur bedeutet dies für die Bahnen, den Betrieb nach ihren Möglichkeiten zu optimieren, d. h. Züge notfalls umzuleiten, um so Einnahmeausfälle aus Marktreaktionen zu mindern. Sollen die knappen Ressourcen der Netzinfrastruktur der Bahnen optimal genutzt werden, so stellt sich grundsätzlich die Frage, welche Züge weitgehend auf ihrem optimalen Weg ihr Ziel erreichen, welche umgeleitet und wie Güterzüge insgesamt in ihrer Fahrgeschwindigkeit (durch Überholvorgänge) verzögert werden. Hierbei sind verschiedene Entwicklungstendenzen entsprechend zu berücksichtigen. So führen Überholvorgänge zu Zeitverzögerungen und damit zu einer Verschlechterung des Leistungsangebots und somit zur Reduktion von Nachfrage und Einnahmen und Steigerung der

WIEBE

Bauen in Bewegung

H.F. WIEBE RMW 1500

**Gleisbau • Ingenieurbau • Hochbau • Tunnelbau
Logistik • Schlüsselfertige Bauten**

UNTERNEHMENSGRUPPE WIEBE
www.wiebe.de

construktiv, Bremen

| WIEBE | gbm wiebe gleisbaumaschinen | blp wiebe logistik | itg Ingenieurbau + tiefbau + gleisbau | w i wiebe international | w ro wiebe românia | w bg wiebe bulgaria | sächsische bau gmbh | VASÚTÉPÍTŐK wiebe hungária |

4 Verkehrsmärkte

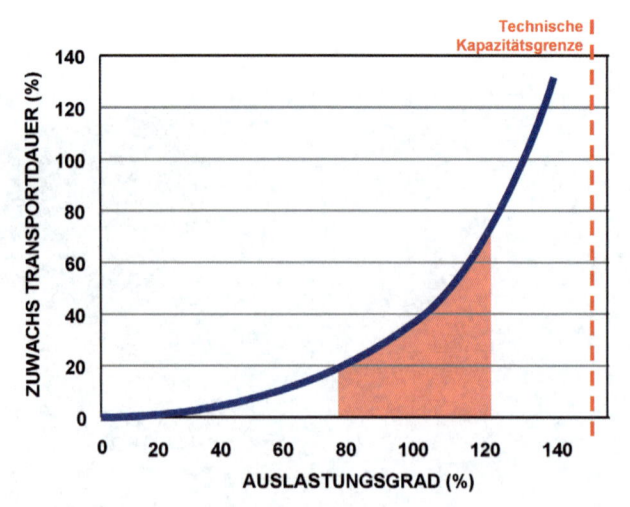

Abb. 4.2.5: Durchschnittliche Verzögerung aller Güterzüge in Abhängigkeit zur Streckenbelastung

zeitabhängigen Betriebskosten. Durch Umleitung können zwar Überholvorgänge reduziert werden, längere Fahrtstrecken führen jedoch zur Erhöhung der laufabhängigen Zugförderungskosten.

Ein optimales Betriebsführungskonzept muss also sowohl die möglichen Einnahmenverluste als auch die entstehenden Kostensteigerungen berücksichtigen. Die Abschätzung der Marktreaktionen der Verlader und Spediteure bei sich verschlechternder Angebotsqualität des Schienenverkehrs kann über ein Verkehrsmittelwahlmodell bzw. hieraus abgeleitete Elastizitäten abgeschätzt werden (vgl. Kapitel 4.2.4). Der aus jedem einzelnen Zug resultierende wirtschaftliche Erfolg ist durch die Einnahmen abzüglich der lauf- und zeitabhängigen Kosten sowie abzüglich der Kosten der Wagen in anderen Zügen gegeben. Dieser Zugindikator[3] ist ein umfassendes wirtschaftliches Kriterium zur Beurteilung jedes einzelnen Zuges.

4.2.5 Datenquellen

4.2.5.1 Datenquellen zur Verkehrsnachfrage

Verkehrsnachfragedaten für den Schienengüterverkehr (vor allem Tonnen und Tonnenkilometer) sind beim *Statistischen Bundesamt* auf der räumlichen Ebene der Verkehrsbezirke verfügbar, ab dem Berichtsjahr 2005 wird auch der Kombinierte Verkehr (KV) auf der Schiene erfasst und ausgewiesen. Darüber hinaus gibt es keine Differenzierung nach den Produktionssystemen Einzelwagenverkehr und Ganzzugverkehr, des Weiteren wird nur der Schienengüterverkehr in der Summe aller Eisenbahnverkehrsunternehmen publiziert.

Für den Straßengüterverkehr ist für deutsche Fahrzeuge die Erhebung des *Kraftfahrtbundesamtes (KBA)* eine gute Datenquelle. Regionale Strukturen oder Verflechtungen können allerdings nur über Schätzungen ermittelt werden, da es sich bei der *KBA*-Erhebung um eine Fünf-Promille-Stichprobe handelt, die auf alle Fahrzeuge hochgerechnet wird.

---

3 In der betriebswirtschaftlichen Literatur wird die Differenz aus Erlös und variablen Kosten üblicherweise als Deckungsbeitrag bezeichnet. In diesem Sinne ist der Zugindikator der Deckungsbeitrag, der durch die Zugführung anfällt. Um Verwechslungen mit bei der *Deutschen Bahn AG* eingeführten Begriffen zu vermeiden, wurde der Begriff „Zugindikator" geprägt.

4.2 Güterverkehrsmärkte

Ausländische Fahrzeuge werden vom KBA erst seit dem Berichtsjahr 2004 in einer eigenen Statistik ausgewiesen. Grundlage dieser Auswertung sind die mit der deutschen KBA-Erhebung vergleichbaren Erhebungen verschiedener Länder über ihre jeweiligen nationalen Fahrzeuge. Diese werden von Eurostat zusammengeführt und gepflegt. Die in Nicht-EU-Ländern zugelassenen Fahrzeuge (für Deutschland relevant Schweiz, Russland, Ukraine, Weißrussland, bis 2007 Rumänien und Bulgarien) müssen zusätzlich abgeschätzt werden, etwa mit Außenhandelsdaten.

Verkehrsnachfragedaten für die Binnenschifffahrt werden beim *Statistischen Bundesamt* detailliert erhoben, ausgewertet und verwaltet. Hier werden auch alle ausländischen Schiffe erfasst und ausgewiesen.

4.2.5.2 Datenquellen zum Verkehrsangebot

Datenquellen zum Verkehrsangebot bekommt man von verschiedenen Institutionen und Ämtern und Verbänden in Deutschland oder – je nach Bedarf – auch im Ausland. Eine wichtige Quelle ist das *Geoinformationssystem der Kommission (GISCO)* von *EUROSTAT*. Die Datenbank *GISCO* enthält geographische Informationen über eine Vielzahl von Themenbereichen. Diese reichen von topographischen Daten über Verwaltungsbezirke bis hin zu Attributdaten über die Umwelt und die natürlichen Ressourcen.

GISCO-Datensätze:
- Verwaltungsgrenzen: NUTS -Regionen der EU mit räumlichen Auflösungen von bis zu 1/1'000'000. Administrative Regionen von Ländern außerhalb der EU
- Infrastruktur: Flughäfen, Häfen, Straßen, Eisenbahnen, Siedlungen, Hauptorte
- Hydrographie: Binnengewässer, Wasserscheiden
- Höhenmodell (1:20 Mio.)
- Land Ressourcen: Fischfanggebiete Europa, Landschaften, natürliche potenzielle Vegetation

Innerhalb des Datensatzes Infrastruktur sind die jeweiligen Verkehrsnetze mit Eigenschaften hinterlegt. Am Beispiel vom Schienennetz soll das verdeutlicht werden. Hierbei handelt es sich um ein Transeuropäisches Netz mit ca. 35 Tsd. Knoten und 40 Tsd. Streckenabschnitten. Wichtige Streckenattribute sind:
- Streckentyp (Haupt- und Nebenstrecke)
- Länge des Streckenabschnitts
- ein- oder mehrgleisige Strecke
- Streckennutzung (Sperrung für Personenfern- oder -nahverkehr bzw. für den Güterverkehr)
- Traktion (Diesel/Elektro)
- Fahrzeiten im Schienenpersonenverkehr differenziert nach Zuggattungen

Ähnlich detailliert sind auch die Netze für die Straße. Für das Straßennetz eignet sich aber auch das Netzmodell für die Bundesfernstraßenplanung des *BMVBS (NEMOBFStr)* sehr gut. Wichtige Streckenattribute des Netzmodells *NEMOBFStr* sind:
- Streckentyp (Autobahn, Bundesstraße, Landesstraße, sonstige Straße)
- Länge des Streckenabschnitts
- Ausbauform und Richtungstrennung sowie Streifigkeit
- Tempo-Limit

Zu erwähnen ist schließlich das von der Arbeitsgemeinschaft *BVU Beratergruppe Verkehr + Umwelt GmbH* und *Intraplan Consult GmbH* im Auftrag des *BMVBS* erstellte integrierte Verkehrsnetz, welches Verkehrsnetze der Straße, der Schiene und der Wasserstraße sowie intermodale Verknüpfungen zwischen den einzelnen Netzen beinhaltet.

Literaturverzeichnis

[1] Ackermann, Till: Die Bewertung der Pünktlichkeit als Qualitätsparameter im Schienenpersonenverkehr auf Basis der direkten Nutzenmessung, Forschungsarbeiten des Verkehrswissenschaftlichen Instituts an der Universität Stuttgart, Bericht 21, Stuttgart (1998)

[2] Bundesministerium für Verkehr, Bau- und Stadtentwicklung (Hrsg.): Verkehr in Zahlen 2006/07, Hamburg (2006)

[3] Ellwanger, Gunther: Personenverkehrsprognosen 2020 – HGV weiter erfolgreich, in: Internationales Verkehrswesen, Heft 9 (2004)

[4] Fremdling, R.; Federspiel, R.; Kunz, A. (Hrsg.): Statistik der Eisenbahnen in Deutschland 1835–1989, St. Katharinen (1995)

[5] Glück, D.; Heimerl, G.; Mann, H.-U.: Version 2000 der Standardisierten Bewertung – Überblick und wichtigste Neuerungen –, in: DER NAHVERKEHR, Heft 5 (2001)

[6] Infratest Sozialforschung: Umsteigewiderstände als Bestimmungsfaktor der Nachfrage im Schienenpersonenverkehr, München (1992)

[7] Intraplan Consult GmbH, Beratergruppe Verkehr+Umwelt, ifo Institut für Wirtschaftsforschung, PLANCO: Verkehrsprognose 2015 für die Bundesverkehrswegeplanung, erstellt im Auftrag des Bundesminister für Verkehr, Bau und Wohnungswesen, München/Freiburg/Essen (2001)

[8] Intraplan Consult GmbH; Verkehrswissenschaftliches Institut an der Universität Stuttgart: Standardisierte Bewertung von Verkehrswegeinvestitionen des öffentlichen Personennahverkehrs, Version 2006, erstellt im Auftrag des Bundesministers für Verkehr, Bau und Stadtentwicklung, München/Stuttgart (2006)

[9] Intraplan, IMTrans, Inrets: Passenger Traffic Study 2010/2020, erstellt im Auftrag des Internationalen Eisenbahnverbandes (UIC), München/Suresnes/Arcueil (2003)

[10] Ratzenberger, Ralf: Überprüfung ausgewählter langfristiger Verkehrsprognosen, Studie im Auftrag des Allgemeinen Deutschen Automobil-Clubs e.V., München (2005.)

[11] Schäfer, Frank: Nachfrage effizient ermitteln – Anwendungsspektrum der Standardisierte Bewertung von Verkehrswegeinvestitionen in den öffentlichen Personennahverkehr erweitert, in: DER NAHVERKEHR, Heft 6 (2001)

[12] Schmidt, R; Schäfer, F.; Seyb, W.: Jeder Fahrschein zählt: Einnahmenaufteilung im SH-Tarif, in: DER NAHVERKEHR, Heft 12 (2004)

[13] Verkehrs- und Tarifverbund Stuttgart (Hrsg.): Änderung des Verkehrsverhaltens und der Einstellung zu den öffentlichen Verkehrsmitteln im Zusammenhang mit Angebotsverbesserungen im öffentlichen Personennahverkehr, Stuttgart (1991)

[14] Walther, Klaus: Maßnahmenreagibler Modal-Split für den städtischen Personenverkehr, Veröffentlichungen des Verkehrswissenschaftlichen Institutes der RWTH Aachen, Heft 45, Aachen (1991)

[15] Walther, K.; Oetting, A.: Simultane Modellstruktur für die Personenverkehrsplanung, Veröffentlichungen des Verkehrswissenschaftlichen Institutes der RWTH Aachen, Heft 52, Aachen (1997)

[16] Weigand, W., Lichtl, H.; Schäfer, F.: Angebotsplanung im Eisenbahnhochgeschwindigkeitsverkehr, in: Internationales Verkehrswesen, Heft 12 (1998)

5 Anforderungen an das System Bahn und Konsequenzen für die Strategie
Joachim Mayer

5.1 Anforderungen an das System Bahn

Die Eisenbahn als Ganzes – also das System Bahn – ist Teil des Gesamtverkehrssystems einer modernen Gesellschaft und Wirtschaft, das dem menschlichen Grundbedürfnis nach Mobilität dient sowie Grundvoraussetzung für eine effiziente Arbeitsteilung ist. Damit ist die Eisenbahn Bestandteil von Mobilitäts- und Logistikketten, die zunehmend grenzübergreifend, ja sogar global geknüpft sind und werden. Gemeint ist dementsprechend im Folgenden die Eisenbahn als technisches System.

Historisch gesehen waren oder sind Eisenbahnen oft Staatsunternehmen oder im Schutz von Staaten agierende Firmen. Erst in den letzten Jahrzehnten erfolgte eine Veränderung hin zu eigenwirtschaftlich und unternehmerisch agierenden Unternehmen in recht unterschiedlichen, durchaus auch von politischen und geographischen Verhältnissen geprägten Strukturen. Diese reichen von vertikal integrierten Eisenbahnunternehmen, die alle wesentlichen Wertschöpfungsbestandteile vom Marketing über den Betrieb bis zur Vorhaltung und Instandhaltung von technischen Anlagen umfassen (hierzu gehören neben den erfolgreichen Bahnen der USA und in Japan auch einige europäische Eisenbahnunternehmen), bis hin zu vertikal und horizontal unterschiedlich stark aufgeteilten Unternehmen wie in Großbritannien und Skandinavien. Manche Bahnen, z. B. die *Deutsche Bahn (DB)*, erweiterten ihr Leistungsportfolio um Servicedienstleistungen rund um das eigentliche Bahngeschäft und schafften sich so einen direkteren Zugang zum Markt.

Beweggrund für diesen weltweit zu beobachtenden Strukturwandel war und ist, dass die Staatsbahnen in einer ansonsten liberalen Wirtschaft zum finanziellen und unternehmerischen Risiko für ihre Eigentümer geworden wären und letztlich keine Überlebenschancen hätten. Insofern muss man heute mehr denn je zwischen der Eisenbahn als System und den eisenbahnspezifischen Unternehmen und Institutionen unterscheiden. Das denkbare Rollenspiel der beteiligten Unternehmen und Institutionen ist sehr vielfältig geworden. Eine diesbezüglich optimale Standardstruktur zeichnet sich bisher noch nicht ab, ist aber – wie z. B. in der Luftfahrt – zu erwarten.

Unabhängig davon, welche Strukturen sich als Standard herauskristallisieren werden: das System Bahn als Ganzes mit seinen vielfältigen Schnittstellen, Abhängigkeiten und Wechselwirkungen muss entwicklungsfähig bleiben, um mit den anderen Verkehrsträgern mithalten zu können, mehr noch, wenn es dem Anspruch als nachhaltig umweltverträgliches Verkehrssystem der Zukunft Marktanteile zurückgewinnen soll.

Wie lässt sich diese Entwicklungsfähigkeit sicherstellen? Heute stehen nach wie vor einige wenige große Bahnunternehmen mit hochgradiger vertikaler Integration für diese Systementwicklung. Andere Bahnen, insbesondere diejenigen, die nur für einen Baustein des Systems stehen, profitieren von diesen Anstrengungen in Form von Regeln, Normen und Spezifikationen. In Nordamerika und Europa existieren bzw. entwickeln sich gerade institutionelle Formen der vorwettbewerblichen Zusammenarbeit der privatwirtschaftlich operierenden Bahnunternehmen im Interesse des Ganzen. Da aber die sich heute engagierenden Bahnunternehmen immer weniger bereit sein können für die anderen Konkurrenten mitzusorgen, bleibt die Frage offen, wie die langfristig geeigneten und gerechten Formen der institutionellen Entwicklung des Systems Bahn aussehen werden.

Unabhängig von diesen noch nicht vollends geklärten Strukturfragen ist es notwendig und auch selbstverständlich, dass das System Bahn folgende sehr grundsätzlichen Anforderungen erfüllen muss:

5 Anforderungen an das System Bahn und Konsequenzen für die Strategie

- **Zu anderen Verkehrssystemen wettbewerbfähig sein bzgl. Kosten, Qualität und Leistung:** Nur wenn die Eisenbahn in allen diesen Punkten wettbewerbsfähig ist, wird sie als Verkehrssystem bestehen. Der Bezug zu den bestehenden – und keineswegs selbstverständlich gesicherten – Systemvorteilen in der Umweltverträglichkeit oder Leistungsfähigkeit kann und muss zwar im Marketing genutzt werden, wird aber für sich keinem Bahnunternehmen die Zukunft sichern.
- **Langfristig wirtschaftlich und rentabel sein:** Um den laufenden Aufwand für den Betrieb und die oft erheblichen Investitionen in die meist sehr langlebigen Produktionsmittel selbst zu verdienen bzw. in dem Maße selbst zu erwirtschaften, wie die ordnungspolitischen Randbedingungen es erfordern/ermöglichen, muss das Geschäft der Bahnen nachhaltig und mit hinreichender Marge wirtschaftlich sein. Auch und gerade für die kapitalintensiven Bahnunternehmen gelten die Regeln des Kapitalmarktes. Hierbei ist von besonderer Bedeutung, dass diese Kapitalintensität jeder Unternehmensleitung eines Eisenbahnbetriebs wenig Spielraum für kurzfristige Wendemanöver lässt. Vielmehr besteht die Verantwortung, sehr langfristig, behutsam und dennoch mutig und zuversichtlich in die Entwicklung eines jeden Bahnunternehmens zu investieren.
- **Jederzeit offen sein für Innovationen in allen Subsystemen und Einzelthemen:** Gerade weil das System Bahn ein kapitalintensives und von langlebigen Anlagen geprägtes Geschäft ist, müssen alle Wege zur kontinuierlichen Verbesserung von Marktattraktivität, Produktivität und Qualität über die Ersatzteilversorgung und gezielte Optimierungsmaßnahmen genutzt werden, um den allgemeinen technischen Fortschritt in das bestehende System hereinzuholen.
- **Insgesamt und jederzeit sicher sein bezüglich**
  - **der Reisenden und des Transportguts:** Reisende und Transportgut müssen während der gesamten Verweildauer im System Bahn, also von der ersten Kontaktaufnahme bis zum Abschluss der Dienstleistung sicher und in besten Händen sein. Das reicht vom Datenschutz bei Beratung, Planung und Bestellung der Reise oder des Transports bis zum Schutz von Leib und Leben oder des zu transportierenden Gutes während der Fahrt und dem Aufenthalt auf Bahnanlagen;
  - **des Betriebs:** Insbesondere die Zugfahrt selbst, aber auch alle dazu gehörigen und ergänzenden Abläufe sind unter Nutzung der Technik grundsätzlich sicher zu gestalten und zu beherrschen;
  - **der Technik:** Die Verantwortung für sicher funktionierende Technik liegt bei den Herstellern und Lieferanten, deren Auswahl seitens der Bahnunternehmen gewissenhaft erfolgen muss und deren Produkte und Prozesse einer regelmäßigen Qualitätssicherung zu unterziehen sind. Die Instandhaltung der Technik erfolgt gemäß den von der Industrie und den Lieferanten definierten Regeln, die ggf. entsprechend der wachsenden Erfahrung ordnungsgemäß optimiert werden können;
  - **nachhaltiger Umweltfreundlichkeit:** Vor dem Hintergrund der rasch an Bedeutung gewinnenden Diskussion um die Maßnahmen zum Umwelt- und Klimaschutz sind gerade die Unternehmen der Bahnbranche gefordert, ihre Spitzenposition im Vergleich zum Straßen- und Luftverkehr absolut und relativ zu behaupten, d. h. die Emission von Abgasen, Lärm und Erschütterungen laufend zu vermindern und den Verbrauch von Ressourcen, insbesondere von Energie, zu senken.

Keine dieser Anforderungen kann in einem Teilsystem alleine gelöst werden. Bestenfalls entstünden Suboptima, die die Gesamtwirtschaftlichkeit beeinträchtigen können.

Diese notwendige Gesamtoptimierung des Systems Bahn über die Teilsysteme beschreibt am besten, was das System Bahn ausmacht.

5.2 Anforderungen an die Sub- und Teilsysteme

Die wesentlichen **technischen** Teilsysteme der Eisenbahn sind:
- der Fahrweg
- das Fahrzeug
- die Betriebssteuerung und -sicherung

Die wesentlichen **funktionalen** Teilsysteme der Eisenbahn sind:
- der Betrieb mit Zugbildung sowie Bereitstellung und Zugfahrt
- die Wartung, Instandhaltung und Instandsetzung

Die Anforderungen an diese Teilsysteme umschreiben letztlich den Sollzustand, der Grundlage sowohl der sicherheitstechnischen Zulassung und des sicheren Betriebs der Eisenbahnen als auch der kommerziellen Geschäftsmodelle der Unternehmen sowie des Systems als Ganzes ist. Sie sind im Folgenden aufgezählt:

Fahrweg

Bereitstellung von sicheren, kostengünstigen, hoch verfügbaren und zuverlässigen Fahrplantrassen, Bahnhofs-/Haltepunktbelegungen sowie Abstell- und Zugbildungsanlagen mit garantierten Eigenschaften zu
- der Geschwindigkeit in Form eines garantierten Geschwindigkeitsbandes mit Minimal- und Maximalwerten über den Streckenverlauf;
- dem Betriebsfluss derart, dass die unterschiedlichen Zugfahrten möglichst ohne Unterbrechung und gemäß der Streckengeometrie schnellstmöglich stattfinden können;
- der Kapazität und Leistungsfähigkeit für eine höchstmögliche Auslastung der Strecke bzw. einen höchstmöglichen Durchsatz mit genügend Puffer zum betrieblichen Atmen, so dass Änderungen des Betriebsablaufs noch kurzfristig möglich sind und eventuelle Störungen aufgefangen werden können, ohne dass sie sofort zu Folgestörungen führen;
- der maximalen Zuglänge als einer wesentlichen Kenngröße für Produktivität sowohl der Strecke als auch der Züge;
- dem Bereich der dynamischen und statischen Achslasten als Grundparameter für die technische Dimensionierung der Strecke und der Fahrzeuge;
- der Spurweite als garantiertem Minimal- und Maximalabstand der Schienen im Wechselspiel zum Fahrzeug;
- dem Schienenprofil als wesentlichem fahrwegseitigem Input für den Verschleiß an Fahrweg und Fahrzeug sowie für den Fahrkomfort während der Zugfahrt;
- dem Schienenmaterial in Paarung mit dem Radsatzmaterial für geringst möglichen Verschleiß und hohe Sicherheit;
- der Gleislage als weiterer geschwindigkeitsabhängigen Einflussgröße für den Fahrkomfort;
- den Emissionen von Schall und Erschütterungen durch den Fahrweg – dies in Wechselwirkung zum Fahrzeug –, die neben den Reisenden und Mitarbeitern vor allem die Umwelt betreffen und wesentlichen Einfluss auf die Akzeptanz des Systems Bahn in Politik und Gesellschaft haben;
- den Energieverlusten in der Versorgung als weitere umweltrelevante Größe, heute mehr denn je vor dem Hintergrund der Endlichkeit der Energieressourcen und den mit den heutigen Energierohstoffen verbundenen Emissionen;
- der Beschaffenheit der Bahnsteige (Länge, Breite, Höhe, Belag, Ausstattung und Ausrüstung) für einen optimalen Fahrgastwechsel in den Bahnhöfen und Stationen und hinreichende Information der Reisenden;
- den Umschlagsanlagen für leistungsstarken, schnellen und kostengünstigen Durchsatz;

5 Anforderungen an das System Bahn und Konsequenzen für die Strategie

– den Zugbildungsanlagen für das schnelle und zuverlässige Zusammen- oder Umstellen der Züge;
– der betrieblichen Kommunikation zwischen Fahrweganlagen und Fahrzeug (siehe Kap. 6.7 und 10);
– der Redundanz und Fehlertoleranz der Fahrweganlagen, um kleine Unregelmäßigkeiten und Störungen abpuffern zu können, ohne dass sie gleich auf die anderen Systeme oder den Betrieb Auswirkungen haben.

Die zugehörigen Festlegungen sind ggf. für die unterschiedlichen Zuggattungen zu differenzieren.

Fahrzeuge

Die Bereitstellung von sicheren, kostengünstigen, hoch verfügbaren und zuverlässigen Fahrzeugen mit garantierten Eigenschaften zu
– der Geschwindigkeit als wirtschaftlich fahrbare Maximalgeschwindigkeit, die das Einsatzfeld der Fahrzeuge charakterisiert;
– den Fahrzeiten zwischen Start- und Zielpunkt als wesentliche Kenngröße der Wettbewerbsfähigkeit der Bahn zu anderen Verkehrssystemen;
– den Beschleunigungs- und Bremseigenschaften als ergänzende Kenngrößen, die erheblichen Einfluss auf die Reisezeit einerseits und – in Wechselwirkung zur zugelassenen Varianz – den Streckendurchsatz andererseits haben;
– der Spurweite als garantiertem Minimal- und Maximalabstand der Radsätze im Wechselspiel zum Fahrweg;
– dem Radprofil als wesentlichem fahrzeugseitigem Input für den Verschleiß an Fahrzeug und Fahrweg sowie für den Fahrkomfort während der Zugfahrt;
– dem Radsatzmaterial in Paarung mit dem Schienenmaterial für geringst möglichen Verschleiß und hohe Sicherheit;
– den statischen und dynamischen Längs-/Querkräften, die das Fahrzeug im Wechselspiel mit dem Fahrweg erzeugt und die wesentlich für beider Dimensionierung sind;
– den Emissionen von Abgasen, CO_2, Schall und Erschütterungen durch die Fahrzeuge, die neben den Reisenden und Mitarbeitern vor allem die Umwelt betreffen und wesentlichen Einfluss auf die Akzeptanz des Systems Bahn in Politik und Gesellschaft haben;
– dem Energieverbrauch für Fahrt, Borddienste und Abstellung der Fahrzeuge als weitere umweltrelevante Größe (s. o.);
– der Bedienbarkeit durch Bahnpersonal im Führerraum, im Zuginnern, am Zug und nicht zuletzt in der Wartung und Instandhaltung;
– der Nutzbarkeit durch Reisende/Versender/Empfänger beim Zugang sowie während der Fahrt;
– der Instandhaltbarkeit in Form von Stand- und Fertigungszeiten sowie des Materialverbrauchs;
– der Redundanz und Fehlertoleranz der Fahrzeuge, um kleine Unregelmäßigkeiten und Störungen abpuffern zu können, ohne dass sie gleich auf die anderen Systeme oder den Betrieb Auswirkungen haben.

Betriebssteuerung und -sicherung

Planung des Betriebsablaufs insgesamt und jeder einzelnen Zugfahrt mit garantierten Eigenschaften zu
– der Sicherheit, so dass jederzeit ein sicherer Betrieb gewährleistet werden kann;
– der Pünktlichkeit als die wesentliche Grundvoraussetzung für ein komplexes, vielfach vernetztes und damit auch mathematisch unbestimmtes Produktionssystem, das die Bahnen meist betreiben;

www.eurailpress.de

Weitere Eurailpress – Handbücher Bahnwissen

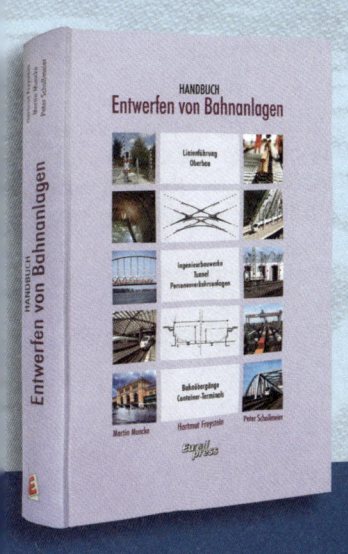

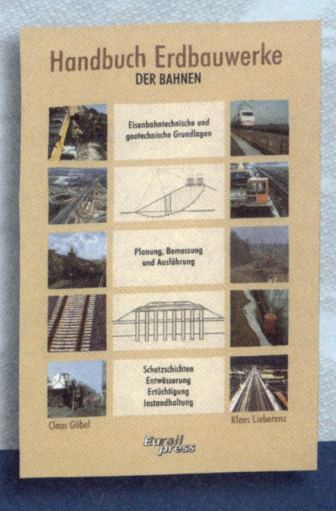

Handbuch Entwerfen von Bahnanlagen

Das Handbuch gliedert sich in folgende Themensektionen: Gesetzliche Grundlagen, Verfahrensfragen und Organisation, Trassierung, Lichtraumprofil und Gleisabstand, Grund- und Erdbau, Bahnübergänge, Personenverkehrsanlagen, Ingenieurbauwerke, Tunnelbau, Oberbau, Signalanlagen, elektrotechnische Anlagen, moderne Umbauverfahren.

ISBN 978-3-7771-0333-4
600 Seiten mit CD-Rom
170 x 240 mm, Hardcover
Preis: € 64,–*

Handbuch Erdbauwerke der Bahnen

Das Handbuch Erdbauwerke der Bahnen stellt den derzeitigen Wissensstand auf Grund des gültigen Regelwerks dar. Dieses Handbuch mit seinen vielen Berechnungs- und Anwendungsbeispielen ist ein unverzichtbarer Ratgeber und das Nachschlagewerk für die gesamte Bahnwegebranche.

ISBN 978-3-7771-0317-4
392 Seiten
170 x 240 mm, Hardcover
Preis: € 54,–*

Handbuch Gleis

Das Handbuch, das bereits nach kurzer Zeit in zweiter Auflage erschienen ist, ist das aktuelle Arbeits- und Nachschlagewerk zum „Gleis als komplexes Gesamtsystem". Das in der Fachwelt bereits als 'Standardwerk für modernes Schienenfahrweg-Wissen' bezeichnete Buch vermittelt Grundlagenwissen, unterstützt von zahlreichen farbigen Abbildungen, Tabellen und Grafiken.

ISBN 978-3-87814-804-3
565 Seiten
170 x 240 mm, Hardcover
Preis: € 54,–*

Bestellen Sie unter www.eurailpress.de

Adresse: DVV Media Group GmbH | Eurailpress · Nordkanalstraße 36 · 20097 Hamburg
Telefon: +49 40/2 37 14-292 · **E-Mail:** service@eurailpress.de
*)Je Preise sind inkl. MwSt. zzgl. Versandkosten

Eurailpress

5 Anforderungen an das System Bahn und Konsequenzen für die Strategie

- dem betrieblichen Störfallmanagement (durchgeplante Rückfallebenen), um unvermeidliche Störungen im Betriebsablauf abzupuffern, deren Ursache vielfältiger Natur sein können;
- der Flexibilität für kurzfristige Änderungen, die durch Marktanforderungen (Bedarfsfahrten), planbare Baumaßnahmen oder im Störungsfall (s. o.) erforderlich werden können, und für offene Optionen mittel- und langfristiger Veränderungen;
- der Redundanz und Fehlertoleranz, um kleine Unregelmäßigkeiten und Störungen abpuffern zu können, ohne dass sie gleich auf die anderen Systeme oder den Betrieb Auswirkungen haben bzw. um ausgleichend auf Folgen externer Einflüsse, wie Unwetter, zu wirken;
- der zeitnahen Informationsbereitstellung über die Fahrpläne für Bahnpersonale und Reisende bzw. Versender/Empfänger oder Dienstleistungspartner, damit jegliches Handeln planbar und damit beherrschbar bleibt bzw. die Kunden auch im an sich zu vermeidenden Störungsfall weiter planen und reagieren können.

Steuerung und Sicherung des aktuellen Betriebsablaufs entsprechend der Planung einschließlich der zugehörigen Rückfallebenen, so dass die maximale Pünktlichkeit gewährleistet ist:
- Betriebsmanagement und Störungsmanagement mit örtlichen Konfliktlösungen für möglichst viele der denkbaren Abweichungen vom Plan unter Berücksichtigung der Parameter der anderen Teilsysteme
- Überblick der Folgewirkungen von örtlichen Änderungen oder Störungen des Betriebsablaufes, so dass ihr schnelles Abebben im betrieblichen Netzwerk sichergestellt ist
- Informationsbereitstellung für Kunden und Mitarbeiter entsprechend dem aktuellen Betriebsgeschehen, insbesondere bei Unregelmäßigkeiten und Störungen

Betrieb mit Zugbildung, Bereitstellung und Zugfahrt

Die zugehörigen Themen sind unter den vorgenannten Punkten abgehandelt.

Wartung, Instandhaltung und Instandsetzung

Fahrzeuge und Fahrweganlagen müssen, wie zuvor dargelegt, garantierte Eigenschaften aufweisen, also den Sollzustand sicherstellen. Die Aufgabe der Wartung, Instandhaltung und Instandsetzung ist es, den Istzustand der Fahrzeuge und der Fahrweganlagen gemäß dem Sollzustand aufrecht zu erhalten bzw. im Rahmen zulässiger Abweichungen diesen wieder herzustellen. Das kann nur funktionieren, wenn dabei ein hohes Qualitätsniveau der Arbeitsabläufe und -ergebnisse sichergestellt wird. Zusätzlich müssen die Wartung, Instandhaltung und Instandsetzung so effizient wie möglich erfolgen, bestimmen sie doch einen wesentlichen Teil der Kosten der Nutzungsphase dieser Produktionsmittel.

Die garantierten Eigenschaften der Wartung, Instandhaltung und Instandsetzung betreffen
- die Werksaufenthaltszeiten bzw. die Sperrpausen auf Anlagen, während der die Arbeiten durchgeführt werden. Das sind also die Zeiten, in denen die Produktionsmittel nicht kommerziell genutzt werden können. Idealerweise erfolgen Wartung, Instandhaltung und Instandsetzung ausschließlich während ohnehin vom Markt gegebener Pausen, was sich aber bei Fahrzeugen und Infrastruktur nur begrenzt ermöglichen lässt;
- den Aufwand und damit die Kosten für die durchzuführenden Arbeiten;
- die Qualität in Form der Fehlerfreiheit der Arbeiten, was sowohl die Zuverlässigkeit der Fahrzeuge als auch ihren sicheren Betrieb betrifft;
- die Einhaltung des zugehörigen Regelwerks, das der Eigentümer und Betreiber der Fahrzeuge und Fahrweganlagen zu beachten hat. Hier wächst mit zunehmender Internationalisierung und Liberalisierung des Bahnmarktes die Forderung, Halter, Betreiber- und Instandhaltungsfunktionen zunehmend zu entkoppeln.

5.3 Anforderungen an die Schnittstellen des Systems Bahn

Aus der Auflistung der Anforderungen wird sehr schnell deutlich, dass viele Wechselwirkungen zwischen den Teilsystemen bestehen, die erheblichen Einfluss auf die in Kapitel 5.1 beschriebenen Anforderungen zur Wettbewerbsfähigkeit und Wirtschaftlichkeit des Systems Bahn haben können.

Die Wechselwirkungen lassen sich am besten über eindeutige Schnittstellendefinitionen und zugehörige Spielregeln beschreiben. Hier besteht teilweise noch erheblicher Handlungsbedarf, ehe die Eisenbahn den schnell wachsenden Anforderungen aus der Interoperabilität und der Wettbewerbsfähigkeit zu anderen Verkehrssystemen hinreichend gerecht wird.

Handlungsbedarf

Das System Bahn ist insbesondere auf internationaler Ebene sowohl in der Technik als auch im Betrieb nach wie vor von nicht konsequent standardisierten und vereinheitlichten Schnittstellen geprägt, so dass Interpretations- und Überzeugungskonflikte den grenzüberschreitenden, interoperablen Verkehr erschweren: Die gegenseitige Zulassung der Fahrzeuge und damit der offene und internationale Bahnbetrieb, wie man ihn vom Straßen- oder Luftverkehr her kennt, ist von vielen eher verwaltungstechnischen und Kosten treibenden Problemen gepflastert. Der Hintergrund dazu sind gewachsene Unterschiede in den Infrastrukturen und langjährig gesammelte Erfahrungen und ins Regelwerk übernommene Interpretationen insbesondere zur Vermeidung gefährlicher Ereignisse. Die Regelwerke beinhalten heute Festlegungen, die über die grundlegenden und rein physikalisch notwendigen Definitionen hinausgehen. Erschwerend kommt hinzu, dass die Staaten als Eigentümer der Bahnen in der Vergangenheit eine bisweilen bewusst auf Abgrenzung bedachte Politik betrieben hatten.

Dabei kann die Eisenbahn auf eine lange Geschichte der Standardisierung zurückblicken, ja sie war über viele Jahre hinweg das Maßstäbe setzende technische und betriebliche System. In Westeuropa und Nordamerika hat man sich für die Güterwagen schon früh auf je einen gemeinsamen Standard geeinigt. Allerdings geht diese Einigung einher mit einem mittlerweile gravierenden Beharrungsverhalten und äußerst schwerfälligen Innovationsprozessen. Güterwagen sind daher heute im Vergleich zu Lastkraftwagen weitgehend von veralteter Technik geprägt.

Bei Reisezugwagen gibt es in Europa ebenfalls einen Standard, der allerdings im Zuge des in den 1970er Jahren aufkommenden Hochgeschwindigkeitsverkehrs von den handelnden Bahnen in Teilen bewusst verlassen wurde, um den nötigen Innovationsschritt überhaupt vollziehen zu können. Heute, wo auch der Hochgeschwindigkeitsverkehr zunehmend grenzüberschreitend wird, holen diese frühen Partikularinteressen die Bahnunternehmen wieder ein. Viel Geld fließt in die gegenseitige Zulassung der Züge.

Schnittstellen im System Bahn

Welche zu standardisierenden Systemschnittstellen sind bei der Bahn relevant?

Fahrzeug ⇔ Fahrweg: Dieses offensichtlichste Zusammenwirken zweier Teilsysteme der Bahn bedarf der intensiven Betrachtung der verschiedenen Schnittstellen, da es höchste Bedeutung für den sicheren und wirtschaftlichen Eisenbahnbetrieb besitzt. Heute beherrschen trotz der physikalisch weitestgehend beschriebenen Verhältnisse noch immer unterschiedlich definierte Paarungen und Zulassungsregeln das Eisenbahnwesen der Welt. Die Folge ist, dass Fahrzeuge derselben Bauart mit auf die Infrastrukturen abgestimmten, unterschiedlichen Fahrwerken samt Radsätzen und Stromabnehmern etc. ausgerüstet werden müssen. Die dafür erforderlichen Einmalentwicklungen trägt das System Bahn, ohne einen einzigen Vorteil aus der individuellen Vielfalt zu ziehen! Zwar sind

5 Anforderungen an das System Bahn und Konsequenzen für die Strategie

die Spurweiten und Stromsysteme in weiten, zusammenhängenden Teilen der Welt gleich, doch die von Netz zu Netz unterschiedliche konkrete Schnittstelle zwischen Fahrzeug und Fahrweganlagen erzwingt bei jedem neuen Fahrzeug erheblichen Erprobungs- und Zulassungsaufwand und kann selbst bei uneingeschränkter Zulassung im Verkehr außerhalb des Heimatnetzes höheren Verschleiß und damit höhere Kosten verursachen.

Rad ⇔ Schiene: Hierbei geht es um die Laufstabilität, die Entgleisungssicherheit, den Fahrkomfort und das Verschleißverhalten. Entscheidend ist, die wirklich relevanten physikalischen Grenzwerte für den sicheren Betrieb festzulegen und alle weiteren Parameter so zu definieren, dass über ein Preismodell die wirtschaftlichen Folgewirkungen gerecht abgebildet und verteilt werden.

Stromabnehmer ⇔ Oberleitung: Kontaktqualität, Energieübertragungsrate und Verschleißverhalten bestimmen diese störungsempfindliche Schnittstelle. Zudem ist sie durch ein sehr kleines Marktvolumen bei den Stromabnehmern geprägt, so dass der notwendige Entwicklungsaufwand nur mit Unterstützung der Bahnunternehmen selbst getragen werden kann. Auch hier bestehen nach wie vor die unterschiedlichsten Bauformen mit Rückwirkung auf die Zulassung und den Betrieb, so dass heute unnötige Einmalkosten, z. B. durch das Mitführen mehrerer Stromabnehmer auf einem Fahrzeug oder Doppelausrüstungen auf der Infrastrukturseite entstehen, um diese Hindernisse zu überwinden. Eine Standardisierung und Vereinheitlichung kann hier erheblich Kosten senken.

Fahrzeug ⇔ infrastrukturseitige Leit- und Sicherungstechnik: Die Leit- und Sicherungstechnik erfährt derzeit die stärksten und schnellsten Innovationszyklen, baut dabei aber auf den historisch sehr unterschiedlich gewachsenen Technologien der Infrastrukturen auf, so dass die Bahnsysteme weit weg von einer Standardisierung oder gar Vereinheitlichung sind. Zudem ist sie im außengesteuerten System Bahn die sicherheitsrelevante Technologie schlechthin. Auch hier hat das System Bahn gegenüber den anderen Verkehrssystemen erheblichen Nachholbedarf und trägt heute die auf Dauer nicht akzeptablen Folgekosten. Europa verfolgt dazu die Vorwärtsstrategie und führt das auf Funkübertragung basierende, einheitliche und interoperable *European-Train-Control-System (ETCS)* ein.

Fahrzeug ⇔ Bahnhofsanlagen im Personenverkehr: Bahnsteige samt Ausrüstung, Abstellanlagen und vieles mehr gehören dazu und bestimmen insbesondere die Akzeptanz der Bahnangebote und die Effizienz der Verkehrsströme und Arbeitsabläufe und damit die Kosten. Je offener und internationaler der Bahnverkehr wird, umso mehr ist auch hierbei eine klare Regelung und Definition erforderlich, um Parallelinvestitionen zu vermeiden. Das offensichtlichste Beispiel für Handlungsbedarf sind die Bahnsteighöhen und Bahnsteiglängen im Personenverkehr, wo es selbst innerhalb eines Infrastrukturbereiches unterschiedliche Standards geben kann, was teure Folgeinvestitionen für Vielfachfunktionen bei den Fahrzeugen auslöst und zudem die Intraoperabilität – ganz zu schweigen von der Interoperabilität – behindert.

Fahrzeug ⇔ Be-/Entladestellen: Analog bringt im Güterverkehr die klare Definition der Be- und Entladevorgänge samt ihrer Schnittstellen zwischen Güterwagen, Ladungsbehälter und Be-/Entladewerkzeug mehr Flexibilität, Qualität und wirtschaftliche Vorteile. Nur bei langfristigem und stabilem Verkehrsbedarf und Partnerschaft zwischen Versender und Empfänger einerseits sowie Transporteur andererseits kann es wirtschaftlich sinnvoll darstellbar sein, dafür eine spezifische Lösung zu realisieren. Bei kurzfristigen oder Bedarfsverkehren schaden Speziallösungen an dieser Schnittstelle dem System Bahn aufgrund kurzer Abschreibungszeiten und erhöhtem Reinvestitionsbedarf oder mangelnder Flexibilität und Produktivität im Einsatz der Güterwagen.

Fahrzeug ⇔ Fahrgast: Gemeint sind Bedienfunktionen wie Türtaster, Lichtschalter, Toilettenschalter im Personenverkehr oder Be- und Entladungshebel sowie Ladungssicherungseinrichtungen bei Güterwagen. Diese Schnittstelle wird oftmals unterschätzt. Die einzelnen Bahnunternehmen bemühen sich zwar zunehmend, ihre eigene, ihr Dienstleistungsprodukt prägende Schnittstelle zum Kunden zu standardisieren, so dass die Selbstbedienung, die heute auch im Verkehr Selbstverständlichkeit

5.3 Anforderungen an die Schnittstellen des Systems Bahn

ist, nicht von Fahrzeug zu Fahrzeug einen Lernprozess und damit Unsicherheit auslöst. Hier müssen die Bahnen aber auch lernen, dass die Selbstbedienung der Grundfunktionen an einem Eisenbahnfahrzeug nicht relevant für den Wettbewerb zwischen den Bahnen ist, sondern wenn, dann im Wettbewerb zu anderen Verkehrsträgern und daher übergreifend vereinheitlicht werden kann.

Fahrzeug ⇔ Instandhaltung: Die Instandhaltung besitzt nicht nur im funktions- und sicherheitstechnischen Sinn Bedeutung für die Bahn, sondern ist allem voran wichtig für die Zuverlässigkeit und Verfügbarkeit und damit für die Produktivität des Fahrzeugeinsatzes. Der zuverlässige Betrieb der Fahrzeuge wiederum ist ein Kernfaktor für den pünktlichen und damit auch hoch leistungsfähigen Eisenbahnbetrieb im Netz. Da nun einerseits Fahrzeuge zunehmend grenzüberschreitend oder bzgl. der Eigentumsverhältnisse gemischt eingesetzt werden und Zuführungsfahrten zur Instandhaltung im Interesse der Produktivität so kurz wie möglich sein sollen, andererseits die Vielfalt der Fahrzeuge immer beachtlich bleiben wird, muss ihre Instandhaltbarkeit universeller werden, d. h. möglichst unabhängig vom Werk, von speziellen Infrastrukturen, Werkzeugen und Fähigkeiten des Personals. Im Güterwagenbereich ist man auch hier vielerorts schon sehr weit, bei anderen Fahrzeugtypen besteht über die vielfältigen, bilateralen Vereinbarungen hinaus aber noch erheblicher Nachholbedarf. Der ist nur darstellbar, wenn eine Standardisierung der Fahrzeugdokumentation einschließlich der Sprache erfolgt, und zwar bezüglich der Zustandsanalyse, der Infrastruktur, der Werkzeuge bis hin zur Qualitätssicherung während und am Ende der Arbeiten. Gemeint ist hier nicht die buchstabengetreu identische Art und Weise der Instandhaltung, sondern die sachgerechte Vorgehensweise mit garantiertem Ergebnis.

Fahrzeug ⇔ Betrieb: Hardware spielt hier nur eine nachgeordnete Rolle. Vielmehr geht es um die Bedeutung des Fahrzeugs für den Betrieb und umgekehrt. Zum einen bestimmen viele Fahrzeugmerkmale von der Antriebs- über die Bremsleistung, die Energiebereitstellung und den Energieverbrauch bis zur Masse und dem Fahrwiderstand ursächlich die Fahrzeiten und damit die Merkmale der belegten Fahrplantrasse in einem Fahrplan. Verkehren nur Fahrzeuge derselben Bauart in einem einheitlichen Verkehrsangebot wie z. B. bei U- und S-Bahnen oder auf den Shinkansenstrecken in Japan, so kann auch bei nicht optimaler Abstimmung der genannten Merkmale ein optimal dichter Fahrplan konstruiert werden. Sind aber viele unterschiedliche Fahrzeuge im Mischverkehr auf derselben Strecke unterwegs, gewinnt die feine Abstimmung dieser Merkmale an Bedeutung, soll nicht das schwächste Glied der Kette das Gesamtgeschehen auf einer Strecke übermäßig bestimmen.

Diese Abhängigkeit ist wesentlich dadurch bestimmt, dass im Schienenverkehr im Grundsatz nur ein Freiheitsgrad der Bewegung besteht: vorwärts oder rückwärts. Ausweichen oder Überholen sind nur an vorher infrastrukturell definierten Stellen möglich. Dazwischen fährt ein Zug hinter dem anderen her. Hat nun ein Zug zwar eine hohe Höchstgeschwindigkeit, aber nur ein geringes Beschleunigungsvermögen, bremst er einerseits spurtfreudige Züge aus, andererseits kann er bei dichter Streckenbelegung mit unterschiedlichen Zügen seinen Geschwindigkeitsvorteil nur zulasten der Streckenkapazität ausspielen. Beispielsweise ist der europäische Schienengüterverkehr heute vor allem deshalb im Schnitt so langsam, weil er mit der geringsten Höchstgeschwindigkeit fährt und damit auf Mischverkehrsstrecken oft in die Überholung gedrängt wird. In der Folge kommt er aber nur nach einer Mindesthaltezeit wieder in Fahrt, da die technologisch zwar standardisierte, aber alte und sehr träge, luftgestützte Bremsanlage zeitaufwändig gefüllt werden muss. Wenn dann noch nicht genug Anfahrzugkraft vorhanden ist oder die Infrastruktur nur eine geringe Weichengeschwindigkeit zulässt, sperrt der Güterzug beim Anfahren die Strecke für lange Zeit. In der Zwischenzeit nähert sich unter Umständen bereits der nächste schnellere Zug, und das Spiel beginnt von vorn.

Nimmt umgekehrt ein Fahrplan nicht genug Rücksicht auf die Leistungsmerkmale der Fahrzeuge, sondern geht von den Maximalwerten aus, die nicht dauerhaft und nicht immer erreicht werden können, sind betriebliche Störungen und damit Verspätungen vorprogrammiert.

5 Anforderungen an das System Bahn und Konsequenzen für die Strategie

5.4 Konsequenzen für die Strategien der Bahnen

Ist das System Bahn zu komplex? Die vorgenannten Aspekte könnten den Eindruck erwecken. Bei genauer Betrachtung sind es aber lediglich Zusammenhänge und Wechselwirkungen, die auch viele andere Wirtschaftszweige und Produktionssysteme bestimmen. Werden eindeutige Verantwortlichkeiten geschaffen sowohl für das Gesamtsystem Bahn als auch für die Teilsysteme Netz, Fahrzeuge, Leit- und Sicherungstechnik, Energieversorgung etc. , werden klare Spielregeln für das Zusammenspiel der unterschiedlichen Verantwortlichkeiten definiert und obendrein die grundlegenden Abläufe und technischen Schnittstellen standardisiert, ist ein so vielfältiges System wie die Eisenbahn gut gestaltbar und zukunftsfähig.

Die Gestaltung und Entwicklung muss im Hinblick auf Marktnähe und Wettbewerbsfähigkeit zu anderen Verkehrssystemen und damit auf das wirtschaftliche Optimum kontinuierlich erfolgen. Indem jeder die Verantwortung für seine Teilaufgabe konsequent und – wo immer die Wechselwirkung zu anderen Teilsystemen dies erfordert – in Absprache mit den anderen Teilsystemen wahrnimmt, entsteht so auch in einem sich öffnenden, liberalisierenden Umfeld ein sich selbstzentrierendes System Bahn.

In einem Verkehrssystem mit mehreren konkurrierenden und sich ergänzenden Unternehmen wie es in Europa entsteht, ist es im Interesse der eindeutigen Verantwortlichkeiten und der langfristig stabilen Geschäftsentwicklung der einzelnen Unternehmen unabdingbar, die standardisierten Schnittstellen und Schnittstellenprozesse sowohl zwischen den Subsystemen als auch zwischen den technisch-funktionalen Teilsystemen über ein kontrolliertes Change-Request-Management regelmäßig und im Interesse des wirtschaftlichen Optimums weiterzuentwickeln.

Ein solches Change-Request-Management aber muss zentral und objektiv gesteuert werden, wobei die inhaltliche Arbeit durch interdisziplinäre Teams der unterschiedlichen Stakeholder im System Bahn geleistet wird. Die *UIC* nimmt diese Aufgabe traditionell wahr. Durch die von der EU getriebene Liberalisierung des Bahnsystems in Europa bedarf das Zusammenspiel der *UIC* mit den Bahnbetreibern, den Eisenbahninfrastrukturunternehmen, der Industrie und den anderen Verbänden und Institutionen der Neudefinition. Sie erfolgt derzeit dahingehend, dass die *UIC* die übergreifende technische Kompetenz organisiert und bereitstellt, die gerade alle die übergeordneten Standardisierungs- und Entwicklungsfragen bearbeitet. Die *UIC* nimmt diese Rolle ergänzend auch weltumspannend wahr und sorgt somit für den weltweiten Austausch der Erfahrungen und Entwicklungen, die für den Wettbewerb des Systems Bahn zu den anderen Verkehrssystemen relevant sind.

Nun ist klar, dass ein so viele Beteiligte umfassendes Optimierungsmanagement langsam und arbeitsintensiv ist. Zu langsam, um alleine den sich schnell verändernden Anforderungen an ein System Bahn gerecht zu werden.

Einer schnellen Marktadaption und Optimierung ist dienlich, die bzgl. Komplexität und Verantwortung vergleichsweise überschaubaren Teilsysteme und Subsysteme in ihren standardisierten Schnittstellen schneller zu optimieren als die Schnittstellen selbst. Das gelingt am besten über wo immer möglich dezentrale Verantwortlichkeiten für Teilsysteme und Subsysteme. Diese sind allerdings in einer klaren, hierarchischen oder vertraglich-kommerziellen Struktur miteinander zu vernetzen.

Regelkreise

Das System Bahn kann prinzipiell mit drei ineinandergreifenden Regelkreisen abgebildet werden.

Der erste und äußere Regelkreis dient der kontinuierlichen Optimierung der Standards und Normen über das gesamte System Bahn. Er dreht am langsamsten, da hier alle Beteiligten als Partner mit-

5.4 Konsequenzen für die Strategien der Bahnen

einander um die kontrollierte Weiterentwicklung ringen, also viel Zeit für Analyse, Lösungsdefinition, Bewertung und Abstimmung benötigt wird.

Der zweite Regelkreis sorgt für den Rückfluss aller Erfahrungen aus dem täglichen Betrieb der Teilsysteme und Subsysteme in das Design und die Entwicklung neuer Fahrzeuge, Fahrwegkonstruktionen, Leit- und Sicherungstechniken, etc. Seine Geschwindigkeit hängt vom Grad der Reinvestionstätigkeit der Bahnunternehmen ab, ist eindeutig schneller als die Fortschreibung der Standards und Normen, meist aber auch deutlich langsamer als der nachfolgend beschriebene dritte Regelkreis der laufenden Optimierung am Bestand.

Der dritte Regelkreis dient der schnellen Optimierung der Teil- und Subsysteme im täglichen Betrieb. Das Wissen aus der Bewährung der Technik, Funktionen und des Betriebs beim Kunden, im Betrieb und in der Instandhaltung wird ausgewertet und über gezielte, punktuelle Optimierungsmaßnahmen – meist im Rahmen der regelmäßigen Instandhaltung – unmittelbar umgesetzt.

Anhand der drei Regelkreise ist nun einfach ableitbar, was an Entwicklungen und Pflege im Interesse des Gesamtsystems Bahn zentral und was im Interesse der Unternehmen und der Marktattraktivität ihrer Produkte dezentral und durchaus im Wettbewerb zu leisten ist.

Zentrales Management des ersten Regelkreises:
- Die (Weiter-)Entwicklung der Schnittstellenstandards und Schnittstellenprozesse des Systems Bahn in Form einer neutralen, dem Gesamtsystem verpflichteten Stelle (z. B. nur einmal in Europa), die sich verschiedener Institute und Firmen bedient, um diese Definitionen zu entwickeln, abzustimmen und wo sinnvoll in Normen zu überführen. Beispiele dazu sind allgemein gültige Netzzugangskriterien wie Achslasten, dynamische Lasten, Rundlauf der Radsätze, Zustand der Schleifleisten sowie dynamische Wechselwirkungen zwischen Stromabnehmern und Oberleitungen oder Netzzustandskriterien wie Gleislagequalität, Schienenqualität, Streckengeschwindigkeit.
- Die Innovation des Gesamtsystems Bahn durch vorlaufende Forschung und Entwicklung sowie Technologietransfer aus anderen Branchen, die letztlich in allgemein gültigen Standards für die Bahn münden. Beispiele dafür sind die Erhöhung der Achslasten auf ausgewählten Korridoren des Güterverkehrs, neue Leit- und Sicherungssysteme wie *ETCS*, moderne Zugbussysteme mit Standardschnittstelle zwischen den Fahrzeugen samt Kupplung oder die Implementierung von Energiespeichersystemen bei Dieseltriebfahrzeugen.
- Das Monitoring der zugehörigen Schnittstellenthemen aus dem Tagesgeschäft, so dass allfällige Rückwirkungen von einem Subsystem auf andere schnell, sicher und wirtschaftlich beherrscht werden. Die so nach und nach gesammelte Erfahrung muss in das o. g. Change Management der Schnittstellenstandards einfließen.

Für die Optimierung des Gesamtsystems Bahn und seiner Sub- und Teilsysteme braucht es entsprechende einheitliche Regeln, Methoden und Werkzeuge für Zulassungen, Safety-Case-Bewertungen und Qualitätsbewertungen, z. B. in Form eines Qualitätsbaums für Pünktlichkeit und Präzision im Bahnbetrieb mit Abbildung der damit verbundenen Kenngrößen für Verfügbarkeit und Zuverlässigkeit der Sub- und Teilsysteme, Wirtschaftlichkeits- und Rentabilitätsuntersuchungen zu den Schnittstellenthemen, und die Clearingstelle, die in Konfliktfällen zwischen den Teilsystemen moderierend und klärend angerufen werden kann und eingreift. In Europa fehlt heute diese neutrale Stelle, wo man z. B. in Streitfällen während eines Zulassungsverfahrens zwecks Schlichtung vorstellig werden kann. Um die politisch gewollte Cross-Acceptance tatsächlich durchsetzen zu können, ist eine zentrale europäische Clearingstelle unabdingbar.

Dezentrales Management des zweiten und des dritten Regelkreises:

Dieses Management muss die (Weiter-)Entwicklung der Teil- und Subsysteme im Wettbewerb innerhalb des Rahmens der gemeinsam und zentral definierten Systemschnittstellen durch ihre Herstel-

5 Anforderungen an das System Bahn und Konsequenzen für die Strategie

ler/Lieferanten bezüglich des Designs, der Konstruktion und der Fertigung bzw. durch ihre Halter und Betreiber bezüglich der Wartung, Instandhaltung, Arbeitsabläufe und Bedienung betreiben. Das betrifft die technischen Teilsysteme wie die Fahrzeuge, ihre Baugruppen und Komponenten oder den Fahrweg und seine Bestandteile, aber auch Abläufe des Betriebs.

Das Management der im Tagesgeschäft auftretenden Störungen und Mängel sollte das Ziel haben, nicht nur diese per Instandhaltung zu beseitigen, sondern die Teilsysteme entsprechend den an sie gestellten Anforderungen laufend zu optimieren.

Treten dabei Fragen auf, die ohne Mitwirkung eines anderen, dezentral verantworteten Teilsystems nicht beantwortet werden können, sind bilaterale Abstimmungen erforderlich, oder die Aufgabe ist in das zentrale Management des ersten Regelkreises zu geben. Kommt es im Zuge des dezentralen Optimierungsprozesses zu Konflikten mit anderen Verantwortlichen für Teilsysteme, muss zukünftig die Clearingstelle angerufen werden können, die anhand der gesetzten Standards und Normen für die Technik wie für Abläufe entscheidet.

Die Dynamik zur marktgerechten Entwicklung des Systems Bahn kommt auf diese Weise aus dem Wettbewerb der Eisenbahn mit anderen Verkehrssystemen und aus dem Wettbewerb oder auch der Partnerschaft der einzelnen verantwortlichen Unternehmen in diesem Gesamtsystem.

In der Regel nimmt ein Unternehmen im System Bahn die Verantwortung für mehrere Subsysteme wahr. In den Zeiten sich liberalisierender Märkte kommt es jedoch immer seltener vor, dass ein Bahnunternehmen das in sich geschlossene Gesamtsystem verantwortet und alleine steuert. Allein der zunehmend grenzüberschreitende Verkehr bedarf der Nutzung der Netze unterschiedlicher Infrastrukturunternehmen.

Insofern muss jedes Unternehmen für sich entscheiden, wie es das Management der zu verantwortenden Teilsysteme aufstellt und wie es sich in das Management und die Weiterentwicklung des Gesamtsystems einbringt und einbindet. Das oben skizzierte Modell lässt es aber zu, dass verschieden aufgestellte Unternehmen und Institutionen ihren Platz finden, ohne das Zusammenspiel insgesamt zu stören oder gar in Frage zu stellen.

Nicht jedes Unternehmen ist gleichermaßen stark in der Entwicklung des Gesamtsystems Bahn engagiert. Integrierte Konzerne wie die *Deutsche Bahn AG* oder die großen amerikanischen und japanischen Bahnen nehmen traditionell eine führende und treibende Rolle in der Entwicklung des Gesamtsystems Bahn ein, da sie aufgrund des Wissens aus allen wesentlichen Bereichen des Bahngeschäfts über wertvolle Erfahrungen gerade zu den Systemschnittstellen verfügen und diese nach unternehmerischen Kriterien entwickeln können. Im Verhältnis zu den wenigen integrierten Bahnkonzernen gibt es aber ein Vielfaches vor allem an Verkehrsunternehmen, die mitunter nicht einmal ihre Produktionsmittel besitzen, sondern sich rein auf das Marketing und Management konzentrieren. Unterm Strich birgt diese Vielfalt der Strukturen und Wertschöpfungstiefen aufgrund der unterschiedlichen Blickwinkel und Kernkompetenzen ein großes Potenzial für die schnelle und gesunde Entwicklung des Bahnsystems als Ganzes.

Daher sind dazu wirtschaftliche Mechanismen für die Finanzierung der dem System Bahn dienenden Arbeiten zu definieren, so dass alle ihren gerechten Anteil an der Kostenlast tragen. Dabei ist es selbstverständlich, dass z. B. Systemdaten gerade zu den Schnittstellen und Lösungen für deren Optimierungen, die von einzelnen Unternehmen oder Institutionen erarbeitet werden, nur gegen Entgelt anderen zur Verfügung gestellt werden.

5.5 Entwicklung des Systems Bahn: Themen der Zukunft

Die inhaltlichen Aufgabenstellungen der nächsten Jahre, die im System Bahn, also für die Eisenbahn insgesamt zu lösen sind, ähneln sich weltweit sehr. Neben den in den vorhergehenden Kapiteln umfassend dargelegten bahn- und herstellerübergreifend zu lösenden Standardisierungs- und Normungsaufgaben sind das die Kapazitäts- und Leistungssteigerung sowie die Umweltschutzthemen.

Kapazitäts- und Leistungssteigerung in den bestehenden Systemen

Mobilität und Arbeitsteilung nehmen weltweit zu. Zurzeit erlebt die menschliche Gesellschaft aufgrund der Globalisierung diesbezüglich einen starken Schub. Selbst wenn es finanzierbar wäre: durch einen Ausbau der Infrastrukturen wäre diese Zunahme des Verkehrs nicht zu bewältigen und auch umweltpolitisch nicht zu vertreten. Daher hilft hier nur, aus und auf den vorhandenen Infrastrukturen soviel wie möglich herauszuholen durch
– dichtere technisch bedingte Zugfolgen,
– flüssigeren Betrieb infolge schnellen und flexiblen Trassenmanagements,
– höhere Ausnutzung der Fahrzeuge durch flexibles Management,
– höhere Zuverlässigkeit von Anlagen und Fahrzeugen, um mit geringst möglichen Kapazitätspuffern auszukommen,
– höhere Achslasten auf bestehenden Strecken für noch mehr Zuladung im Güterverkehr und
– längere Züge im Güterverkehr auf ausgewählten Relationen, um mehr Güter transportieren zu können.

Verminderung der Umweltbeeinflussung

CO_2-Ausstoß, Energieverbrauch und Schallemission sind hierbei die drei großen Themen.

Die Energieeffizienz und damit der Ausstoß von klimaschädlichen Abgasen des Bahnverkehrs können durch
– ein deutlich verbessertes Auslastungsmanagement der Züge,
– ein gutes Energiemanagement auf den Fahrzeugen und in der Energieversorgung und durch
– den Einsatz energiesparender Technologien in allen Funktionen

wesentlich verbessert werden.

Da der weitaus größte Teil der Eisenbahninfrastruktur aus dem 19. Jahrhundert stammt und seither bei stark wachsendem Verkehrsaufkommen zunehmend von Siedlungsgebieten umschlossen ist, da in vielen anderen Lebensbereichen zusätzliche Schallemissionen entstanden – man denke nur an den seither hinzugekommenen Straßen- und Luftverkehr –, ist die Lärmbelastung der Bevölkerung in allen dicht besiedelten Gebieten zu einem dringend zu lösenden Problem geworden. Zur Lösung müssen alle beitragen. In den letzten Jahrzehnten ist es gelungen, die Lärmbelastung trotz wachsendem Verkehrsaufkommen nicht weiter ansteigen zu lassen. Nun ist aber bei weiter wachsendem Verkehr eine Reduktion gefordert.

Dies ist erreichbar durch
– verbesserte Technologien in Fahr-, Brems-, Antriebs- und Lüftertechnik,
– verbesserte Technologien für den Oberbau mit schallverminderndem und -schluckendem Aufbau,
– auf hohem Qualitätsniveau instand gehaltene Fahrzeuge und Fahrwege und durch
– passiven Schallschutz mit guter Integration in die Umgebung.

Systeme für Schienenfahrzeuge

ORIGINALTEILE
HABEN EIN GEWISSEN.

Es gibt kein kostengünstigeres Ersatzteil als das Original. Gerade in Bremssystemen für Schienenfahrzeuge zahlt sich Qualität am Ende immer aus. Minderwertige Komponenten mit versteckten Mängeln stellen die Sicherheit des gesamten Zuges in Frage! Das käme Sie im Ernstfall teuer zu stehen. Sparen Sie sich das – mit Ersatzteilen, die ihren Preis wert sind. Original nur von Knorr-Bremse.

KNORR-BREMSE
www.knorr-bremse.com

WESTINGHOU
platform screen do

iFE
Innovations
For
Entrance Systems

merak

Microelettrica Sci

ZELISKO

railservices

6 Gesamtsystemzusammenhang und Wirkungsmechanismen des Systems Bahn

Hans-Peter Lang

6.1 Spurführungstechnik

Die Spurführungstechnik behandelt das Bewegungsverhalten des Fahrzeuges im Gleis. Die auftretenden dynamischen Effekte wie Kräfte, Beschleunigungen aber auch Entgleisungsvorgänge, Verschleiß oder Ermüdung von Rad und Schiene hängen vom Zusammenwirken der beiden Teilsysteme Fahrzeug und Gleis ab.

6.1.1 Kräfte zwischen Rad und Schiene

Das Verhalten des Schienenfahrzeugs ist von den Kräften zwischen Rad und Schiene dominiert. Die Physik dieser Kräfte beeinflusst die dynamischen Eigenschaften der Schienenfahrzeuge auf eine entscheidende Art und Weise. Abb. 6.1.1 zeigt die Kräfte im Kontaktbereich zwischen Rad und Schiene. Dabei müssen zwei grundlegend unterschiedliche Arten von Kräften unterschieden werden:
- Zwangskräfte in der Normalebene (auch als Normalkräfte, Geometriekräfte bezeichnet): Radkraft Q, Normalkraft N, Profilseitenkraft F_y
- Reibkräfte in der Tangentialebene (auch als Tangentialkräfte, Schlupfkräfte bezeichnet) mit Längsreibkräften T_x und Querreibkräften T_y

6.1.1.1 Zwangskräfte

Die in der Normalebene von Abb. 6.1.1 liegenden Zwangskräfte hängen von Berührgeometrie und Radkraft ab. In Abb. 6.1.2 ist dargestellt, wie am Rad die Radkraft Q wirkt. Die Reaktionskraft im Kontaktpunkt N steht dann senkrecht zur Berührebene. Wenn im Berührpunkt das Radprofil geneigt ist, entsteht in der Reaktionskraft eine Querkomponente, die im Allgemeinen das Rad in Richtung Gleismitte drückt.

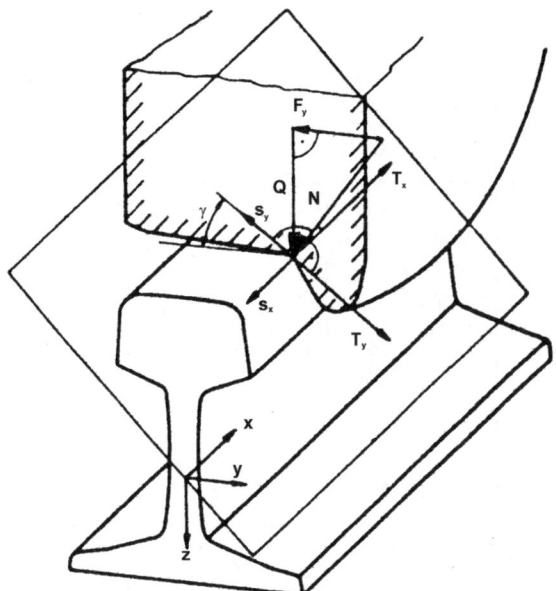

Abb. 6.1.1: Kräfte im Kontaktbereich von Rad und Schiene

6 Gesamtsystemzusammenhang und Wirkungsmechanismen des Systems Bahn

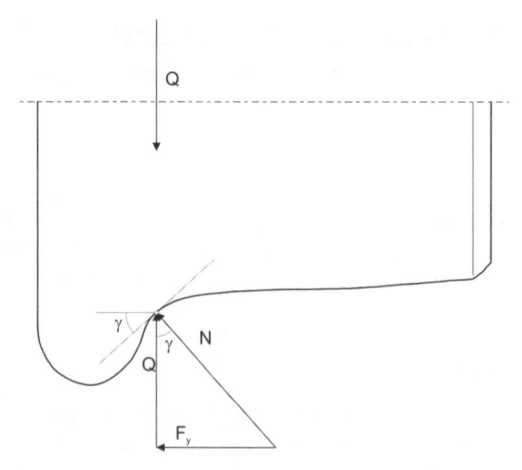

Abb. 6.1.2: Zwangskräfte zwischen Rad und Schiene

– Normalkraft:
$$N = \frac{Q}{\cos\gamma} \qquad (6.1.1)$$

– Profilseitenkraft:
$$F_y = Q \cdot \tan\gamma \qquad (6.1.2)$$

Normalkraft und Profilseitenkraft hängen also von der Profilneigung im Berührpunkt ab, dessen Lage sich mit der Relativposition von Rad und Schiene ändert. Abb. 6.1.3 zeigt Ergebnisse der Abhängigkeit des Berührwinkels $\tan\gamma$ von der Querverschiebung des Radsatzes im Gleis. Dieser Zusammenhang ist stark nichtlinear und zeigt im Bereich des Spurkranzanlaufs einen starken Anstieg. Diese Charakteristik ist mitverantwortlich für das stark nichtlineare dynamische Verhalten von Schienenfahrzeugen.

Charakterisiert sind die Zwangskräfte auch dadurch, dass keine Relativbewegung in Richtung der Kraft auftritt. Deshalb kommt es zu keiner Reibleistung und (näherungsweise) zu keinem Verschleiß. Das unterscheidet die Zwangskräfte grundlegend von den Reibkräften.

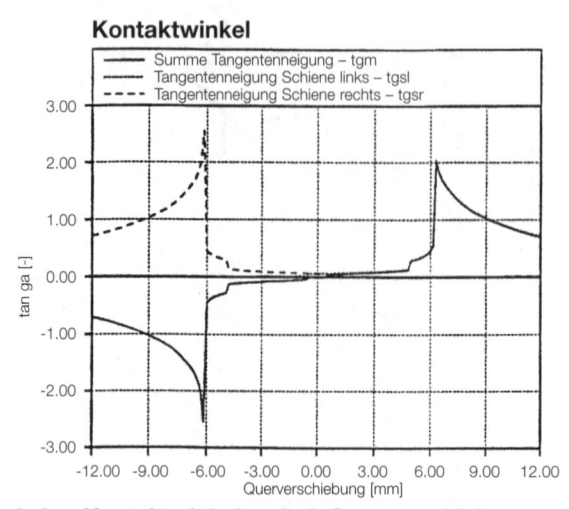

Abb. 6.1.3: Verlauf der Kontaktwinkel γ bei Querverschiebung des Radsatzes (S1002, UIC60, 1:4)

6.1 Spurführungstechnik

Rad und Schiene bestehen aus elastischen Materialien. Abhängig von der Größe der Normalkraft N verformen sich die beteiligten Materialien. Statt eines Berührpunktes ergibt sich eine mehr oder weniger große Berührfläche mit Kontaktspannungen. Zur Berechnung von Berührfläche und Normalspannungen gilt vereinfacht die Theorie von *Hertz*.

Nach der *Hertz'schen Theorie* ist die Berührfläche eine Ellipse. Die Normalspannungen in der Berührfläche haben die Form eines Ellipsoids. Die Form (Halbachsenverhältnis) der Berührellipse wird von den Krümmungsradien im Berührpunkt bestimmt. Die Größe der Berührellipse hängt unter anderem von der Normalkraft $\sqrt[3]{N}$ und den Werkstoffeigenschaften G (Schubmodul) und ν (Poissonzahl) ab.

Abb. 6.1.4 zeigt für unterschiedliche Querverschiebungen des Rades gegenüber der Schiene die Berührpunktslagen und die zugehörigen Berührellipsen. Man erkennt, wie sich, abhängig von den Krümmungen im Berührpunkt, die Berührfläche von einer quer liegenden zu einer annähernd kreisförmigen bis zu einer immer spitzer werdenden längs liegenden Berührfläche verändert.

Zu beachten ist, dass sich die minimalen Kontaktspannungen bei kreisförmigen Berührflächen ergeben. Bei Kontakt am Spurkranz sind die Spannungen sehr viel höher als bei Kontakt auf der Lauffläche.

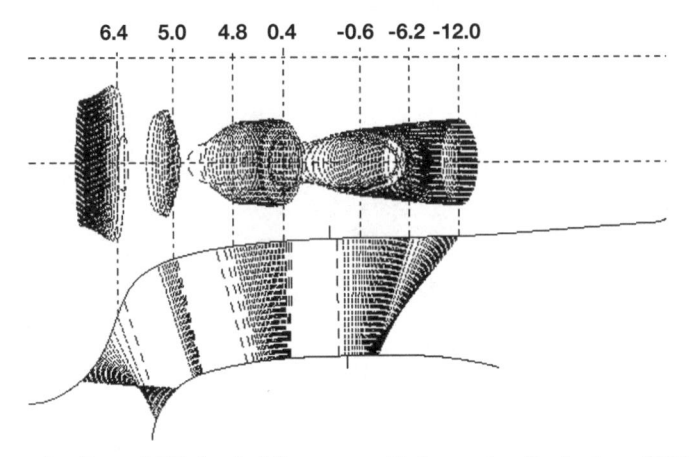

Abb. 6.1.4: Form der Kontaktfläche bei Querverschiebung des Radsatzes (S1002, UIC60, 1:4)

6.1.1.2 Reibkräfte

Das Auftreten von Reibkräften im Rad/Schiene-Kontakt ist immer mit Relativgeschwindigkeiten im Berührpunkt verbunden. An einem Rad, das schlupffrei rollt, können keine Längsreibkräfte auftreten.

6.1.1.3 Kraftschluss bei reinem Längsschlupf

Zunächst betrachten wir reinen Längsschlupf und Längsreibkräfte. Dann beträgt für ein rollendes Rad mit dem Radius R, der Längsgeschwindigkeit V und der Umfangsgeschwindigkeit ω der Schlupf

$$s_x = \frac{V - R \cdot \omega}{V_m} \qquad (6.1.3)$$

mit
$$V_m = \frac{|V| + |R \cdot \omega|}{2} \qquad (6.1.4)$$

6 Gesamtsystemzusammenhang und Wirkungsmechanismen des Systems Bahn

Abhängig von der Größe des Längsschlupfes können folgende Bewegungsarten unterschieden werden:

Rollen: $\quad v = R \cdot \omega \quad s_x = 0$

Antreiben: $\quad v < R \cdot \omega \quad s_x < 0$

Bremsen: $\quad v > R \cdot \omega \quad s_x > 0$

Gleiten: $\quad R \cdot \omega = 0 \quad s_x = 2$

Schleudern: $\quad v = 0 \quad s_x = -2$

Die beiden Extremzustände können beim Bremsen (Gleiten bei blockierten Rädern) und Antreiben (Schleudern) auftreten. Längsschlupf tritt auch ohne Antreiben und Bremsen bei Bewegungen im Gleis auf.

Die Abhängigkeit der Längsreibkraft vom Längsschlupf kann anhand folgender Modellvorstellung in Abb. 6.1.5 erläutert werden. Wegen der elastischen Verformung wird die Kontaktstelle zu einer Fläche. Bei längsschlupffreiem Rollen haften alle Teilchen in der Berührfläche aneinander, die gesamte Fläche ist Haftgebiet. Es gibt keine Relativbewegung der gegenüberliegenden Teilchen von Rad und Schiene. Die Tangentialkräfte (Reibkräfte) sind Null.

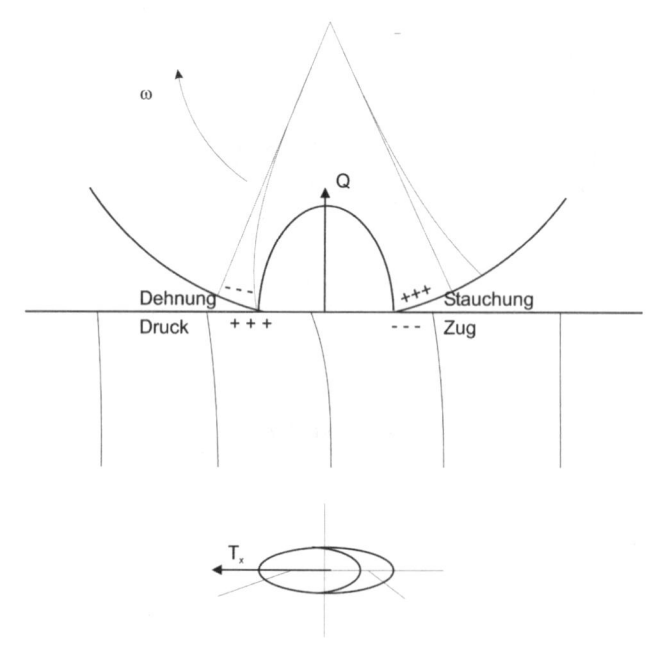

Abb. 6.1.5: Modellvorstellung zur Erläuterung der Abhängigkeit der Längsreibkraft vom Längsschlupf

Treten am Rad Längsreibkräfte z.B. wegen Antriebs auf, so werden durch die Kraftwirkung Teilchen in der Berührfläche und in ihrer Nähe elastisch verformt. Dieser Verformung entsprechen Verformungsgeschwindigkeiten, die sich der Gleitgeschwindigkeit des Längsschlupfes überlagern. Wird das Rad angetrieben, so erhöht sich im hinteren Bereich der Berührfläche der Schlupf, im vorderen Bereich wird er kleiner. Es entstehen ein Gleitgebiet, in dem die Tangentialspannungen $\tau = \mu \cdot \sigma$ sind und ein Haftgebiet mit $\tau < \mu \cdot \sigma$.

6.1 Spurführungstechnik

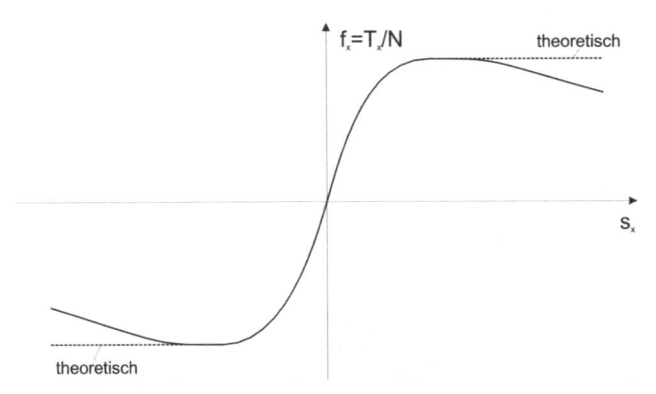

Abb. 6.1.6: Prinzipieller Verlauf der Abhängigkeit der Längsreibkraft vom Längsschlupf

Mit steigendem Schlupf wird das Gleitgebiet immer größer, bis schließlich in der gesamten Berührfläche Gleiten vorliegt und die Reibkraft nicht weiter ansteigt. Damit entsteht die in Abb. 6.1.6 gezeigte Kraftschluss-Schlupf-Kurve.

Mit dieser Modellvorstellung kann sehr gut der aus Messungen bekannte grundsätzliche Verlauf wiedergegeben werden. Dem Maximum der Kurve entspricht der Gleitreibungsbeiwert, da hier in der gesamten Berührfläche Gleiten vorliegt. Bei höheren Schlüpfen kommt es in der Realität allerdings zu einer Abnahme der Längsreibkraft. Dies hängt möglicherweise mit einer Abhängigkeit des Gleitreibungsbeiwertes vom Schlupf zusammen.

Dieser Effekt hat große Bedeutung bei der Antriebsregelung, da ein Arbeitspunkt im ansteigenden Teil der Kennlinie zu kleinerem Verschleiß führt als der Punkt mit gleicher Längskraft im abfallenden Teil der Kennlinie. Weiter kann ein Betrieb in diesem Bereich zu selbsterregten Schwingungen im Antriebsstrang, speziell zu Torsionsschwingungen der Radsatzwelle, führen.

Der Verlauf der Kraftschluss-Schlupfkurve hängt auch stark von Zwischenschichten im Kontaktbereich ab. So treten ja immer Verschmutzungen oder Feuchtigkeit auf, teilweise wird auch gewollt die Kraftschluss-Schlupfkurve durch Sanden beeinflusst.

In Abb. 6.1.7 ist dies exemplarisch dargestellt. Es zeigt sich teilweise ein stark ausgeprägtes Maximum mit starker Abnahme der Reibkraft bei großen Schlüpfen. Auch der Schlupf, bei dem das Maximum auftritt, verändert sich. Bei nassen Schienen ist im betrachteten Schlupfbereich kein Maximum erkennbar, zusätzlich sind hier die Kraftschlussbeiwerte deutlich niedriger.

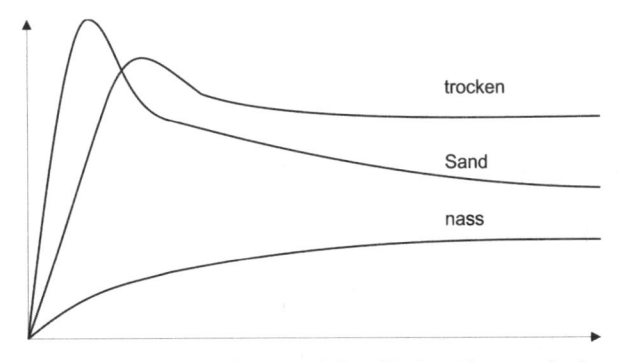

Abb. 6.1.7: Einfluss von Zwischenschichten auf den Kraftschluss zwischen Rad und Schiene

6 Gesamtsystemzusammenhang und Wirkungsmechanismen des Systems Bahn

Neben den Zwischenschichten beeinflusst eine Vielzahl von anderen Parametern den Verlauf dieser Kurve und die Höhe des Kraftschlussmaximums. Zu nennen sind z. B. Material von Rad und Schiene, die Beschaffenheit der Oberflächen (Rauheit), Fahrgeschwindigkeit, Dynamik von Radkraft und Schlüpfen, Temperatur, Feuchtigkeit, etc.

6.1.1.4 Querschlupf

Bisher war nur vom Längsschlupf die Rede. Beim Fahren treten natürlich auch Gleitgeschwindigkeiten in anderen Richtungen auf. Zunächst zum Querschlupf:

In Abb. 6.1.8 bewegt sich der Radsatz nach oben. Betrachtet man den Kontaktpunkt, so bewegen sich die Schienenteilchen relativ zu ihm in Längsrichtung mit v nach unten. Radteilchen dagegen bewegen sich mit $R \cdot \omega$ entgegen der Rollrichtung. Rollt der Radsatz nicht genau in Richtung der Fahrgeschwindigkeit, tritt also ein so genannter Anlaufwinkel auf, so entsteht eine Querkomponente der Relativgeschwindigkeit.

Quergleitgeschwindigkeit: $\quad v_y = R \cdot \omega \cdot \sin\alpha \quad$ (6.1.5)

Querschlupf: $\quad s_y = \dfrac{v_y}{v} = \dfrac{R \cdot \omega \cdot \sin\alpha}{v} \approx \alpha \quad$ (6.1.6)

mit α als Anlaufwinkel.

Querschlupf kann auch durch eine Relativgeschwindigkeit in Querrichtung hervorgerufen werden.

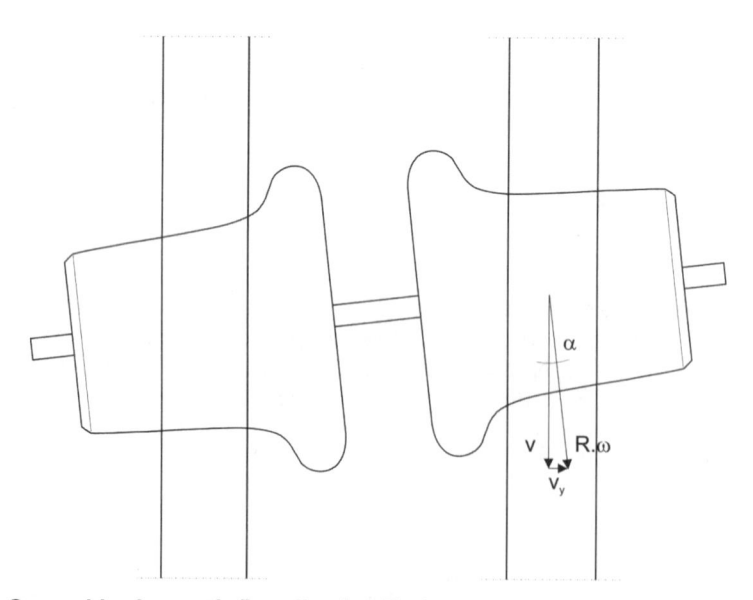

Abb. 6.1.8: Querschlupf am schräg rollenden Rad

6.1.1.5 Bohrschlupf

Neben den beiden translatorischen Gleitbewegungen (Längsschlupf und Querschlupf), kann auch rotatorisches Gleiten auftreten. Wie Abb. 6.1.9 zeigt, wirkt im Kontaktpunkt die Rotationsgeschwindigkeit des Rades als Vektor parallel zur Radwelle. Die Berührebene ist, speziell bei Spurkranzanlauf, geneigt.

6.1 Spurführungstechnik

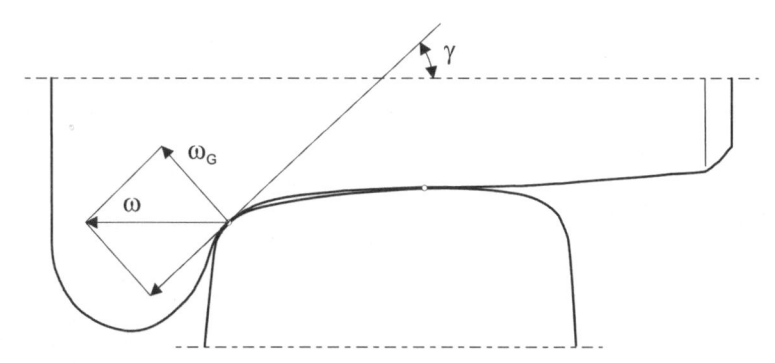

Abb. 6.1.9: Bohrschlupf bei geneigt liegender Berührfläche

Die Rotationsgeschwindigkeit kann in eine Komponente parallel zur Berührfläche (Rollbewegung) und einen Teil senkrecht zur Berührfläche aufgeteilt werden. Letztere ergibt eine bohrende Bewegung in der Berührfläche.

Man kann sich den Bohrschlupf auch anhand eines Doppelkegels von Abb. 6.1.10 vorstellen: Ein einzelner Kegel würde auf einer Ebene liegend eine Kreisbewegung um die Kegelspitze durchführen.

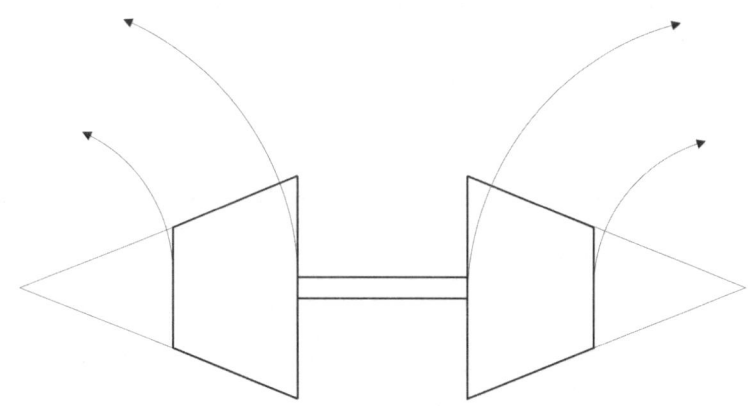

Abb. 6.1.10: Doppelkegel zur Erläuterung des Bohrschlupfes

Beim Radsatz sind die beiden Kegel über die Radsatzwelle verbunden und in eine gerade Bahn gezwungen. Die beiden Kegel müssen also laufend „zurückgedreht" werden.

6.1.1.6 Wechselseitige Beeinflussung des Kraftschlusses (längs, quer)

Längs- und Querschlupf beeinflussen die jeweilige Kraftschlussfunktion $T_x(s_x)$ und $T_y(s_y)$. Allerdings gibt es auch eine wechselseitige Beeinflussung der Längsreibkraft durch den Querschlupf und der Querreibkraft durch den Längsschlupf.

Ein anschauliches Beispiel ist die Bogenfahrt mit hohen Zugkräften. Hier treten bei konventionellen Fahrzeugen Anlaufwinkel und Querschlüpfe auf, die ganz wesentlich die übertragbaren Zugkräfte (Längsreibkräfte) vermindern können.

Dieses Verhalten kann man sich vereinfacht anhand der Modellvorstellung in Abb. 6.1.11 vorstellen. In erster Näherung steht die Kraftschlussfunktion nur einmal zur Verfügung. Die Aufteilung in Längs-

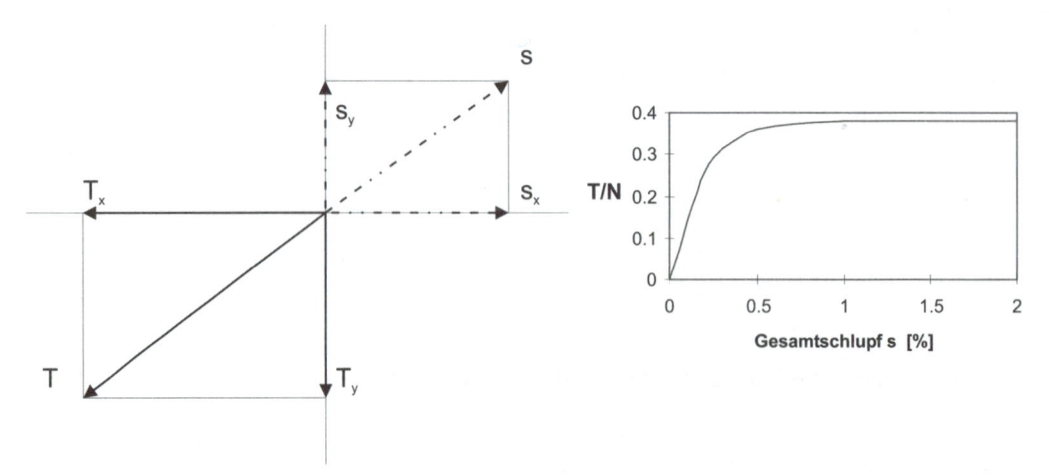

6 Gesamtsystemzusammenhang und Wirkungsmechanismen des Systems Bahn

Abb. 6.1.11: Modellvorstellung zur wechselseitigen Beeinflussung des Kraftschlusses in Längs- und Querrichtung

und Querrichtung ist nur eine Konsequenz des gewählten Koordinatensystems. Statt Quer- und Längsschlupf soll der Gesamtschlupf s betrachtet werden. Die Reibkraft T sei dann dem Gesamtschlupf s entgegengerichtet und kann dann in seine Komponenten T_x und T_y zerlegt werden.

$$s = \sqrt{s_x^2 + s_y^2} \text{ und } T = f(s)$$

$$T_x = T \cdot \frac{s_x}{s} \text{ und } T_y = T \cdot \frac{s_y}{s}$$

(6.1.7)

Dies ist in Abb. 6.1.12 dargestellt: Betrachtet man z. B. die Längsreibkraft bei $s_x = 1\,\%$ mit $f_x = 0.38$. Wenn ein zusätzlicher Querschlupf aus einem Anlaufwinkel von 1 Grad (17.5 mrad $\Rightarrow$ 1,8 % Querschlupf) überlagert wird, so sinkt die Längsreibkraft auf $f_x = 0{,}2$.

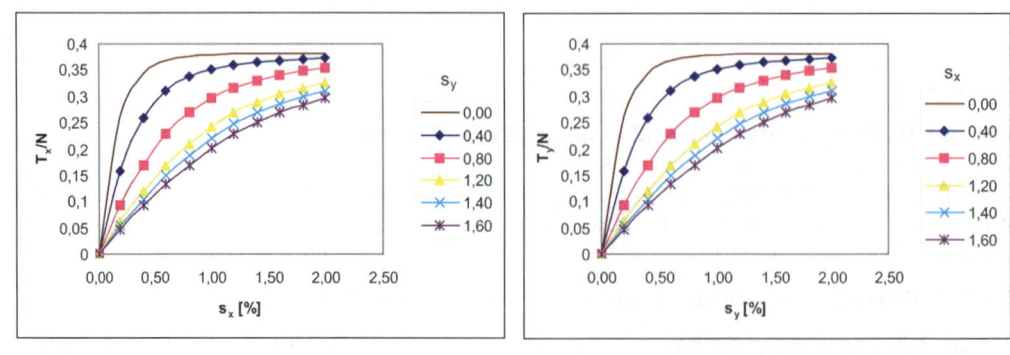

Abb. 6.1.12: Kraftschluss in Längs- und Querrichtung abhängig von Längsschlupf und Querschlupf

Kraftschlussgesetze, bei denen die resultierende Reibkraft genau dem resultierenden Schlupf entgegengerichtet ist, werden auch als polare Kraftschlussgesetze bezeichnet.

6.1 Spurführungstechnik

6.1.1.7 Kraftschlussmodelle

Die Entwicklung von mathematischen Modellen zur Beschreibung der Abhängigkeit der Reibkräfte von verschiedenen Einflussgrößen ist seit vielen Jahrzehnten Inhalt der Forschung. Einige Forscher, die sich mit dieser Thematik, speziell mit analytischen Ansätzen beschäftigten, waren *Reynolds* (1872), *Carter* (1926), *Fromm* (1927) und *Kalker* (1964).

Dabei können so genannte heuristische (auf Experimente basierende) und analytische Ansätze unterschieden werden.

Analytische Kraftschlussmodelle

Ein erster rechnerischer Ansatz zur Bestimmung der Reibkräfte bei rollendem Kontakt stammt von *Carter* (1926). Er fand erstmals eine analytische Lösung der Spannungsverteilung in der Kontaktfläche und damit der Reibkraft-Schlupfbeziehung. Er löste dies für einen Zylinder, der auf einer Platte abrollt.

Ein Großteil der analytischen Kraftschlussmodelle geht auf *Kalker* zurück. *Kalker* hat zuerst 1967 den rollenden Kontakt für elliptische Kontaktflächen bei Längs-, Quer- und Bohrschlupf untersucht. Zunächst verwendete *Kalker* verschiedene Voraussetzungen, die im Rahmen der von ihm weiterentwickelten Theorie teilweise aufgegeben werden konnten (auf Kosten des Rechenaufwandes).

Kalkers Theorie beinhaltet folgende Kernpunkte:

1. Erweiterung des Schlupfes um Geschwindigkeitsanteile aus der elastischen Verformung in der Kontaktzone ‚Starrer Schlupf': Äußerer Schlupf aus der Bewegung von Rad und Schiene

$$s = \begin{pmatrix} s_x - s_\Phi x \\ s_y - s_\Phi y \end{pmatrix} \qquad (6.1.8)$$

Verschiebungen (zwischen Rad und Schiene) in der Kontaktfläche durch die Elastizität der beiden Körper:

$$u = u_R - u_S = \begin{pmatrix} u_x \\ u_y \end{pmatrix} = f(x,y,t) \qquad (6.1.9)$$

„Elastischer Schlupf" aus den elastischen Verschiebungen:

$$\dot{u}(x,y,t) = \frac{du}{dt} \qquad (6.1.10)$$

„Wahrer Schlupf" – Summe aus starrem und elastischem Schlupf:

$$w = s + \dot{u}(x,y,t) \qquad (6.1.11)$$

2. Normalspannungsverteilung $Z(x,y)$ nach *Hertz* $\Rightarrow$ Ellipsoid

3. Zusammenhang $u(x,y) \Leftrightarrow \tau(x,y)$ aus elastizitätstheoretischen Ansätzen

4. Zusammenhang zwischen wahrem Schlupf $w(x,y)$ und den Tangentialspannungen $\tau(x,y)$ aus dem *Coulomb'schem Gesetz*:

Haftzone: keine Verschiebung, Reibkraft $< \mu \cdot$ Normalkraft

$$w(x,y) = 0 : |\tau(x,y)| \leq \mu \cdot Z(x,y) \qquad (6.1.12)$$

Gleitzone: Verschiebungen, Reibkraft $= \mu \cdot$ Normalkraft

$$w(x,y) \neq 0 : |\tau(x,y)| = \mu \cdot Z(x,y) \qquad (6.1.13)$$

6 Gesamtsystemzusammenhang und Wirkungsmechanismen des Systems Bahn

Das Ergebnis ist dann:
- Aufteilung der Berührfläche in Gleit- und Haftzone
- Tangentialspannungsverteilung
- Reibkräfte: Summe der Tangentialspannungen

$$T = \begin{pmatrix} T_x \\ T_y \end{pmatrix} = \iint \tau(x,y) \cdot dxdy \qquad (6.1.14)$$

Das Diagramm in Abb. 6.1.13 zeigt die mit *Kalkers* FASTSIM berechneten normierten Längsreibkräfte in Abhängigkeit von Längs- und Querschlupf. Die Aufteilung der Kontaktfläche hängt von der Kombination der aufgebrachten Schlüpfe ab. Abb. 6.1.14 zeigt einige Beispiele der Aufteilung der Kontaktfläche bei unterschiedlichen Schlupfverteilungen.

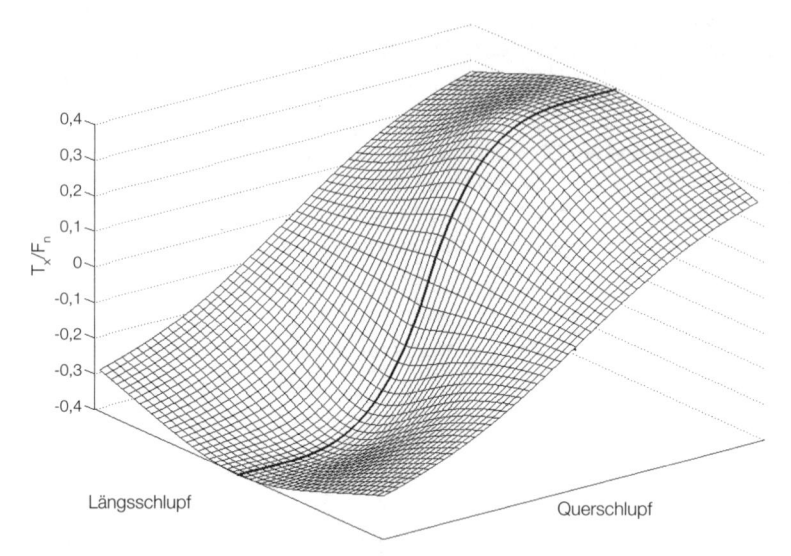

Abb. 6.1.13: Längsreibkraft in Abhängigkeit von Längs- und Querschlupf (FASTSIM von *Kalker*)

kein Bohrschlupf   reiner Bohrschlupf

Quer- und Bohrschlupf   Längs - und Bohrschlupf

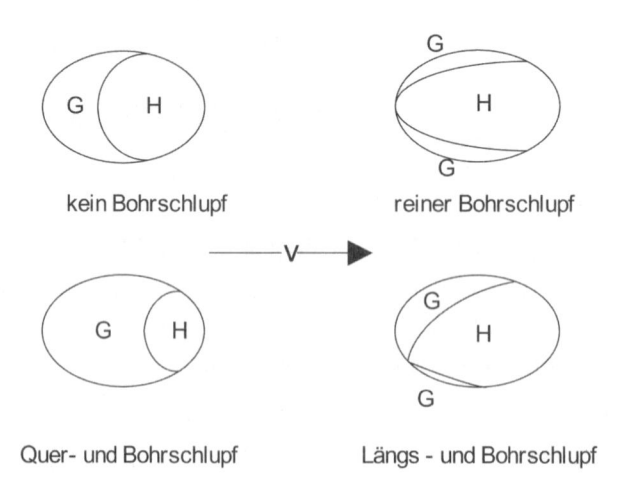

Abb. 6.1.14: Aufteilung der Kontaktfläche in Gleitzone (G) und Haftzone (H)

6.1 Spurführungstechnik

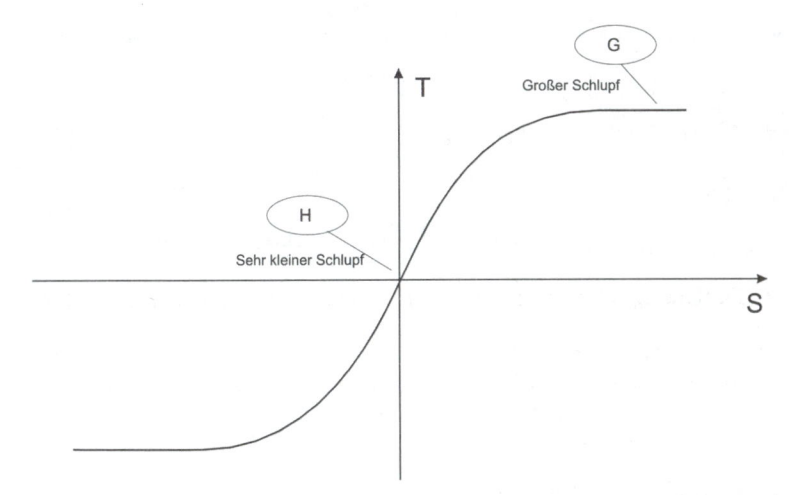

Abb. 6.1.15: Kraftschluss bei reinem Haften und reinem Gleiten

Die beiden Extremsituationen – reine Haft- und reine Gleitzone – entsprechen in der Kraftschlusskurve den Bereichen um Schlupf Null bzw. dem waagrechten Teil der Kennlinie bei großen Schlüpfen (siehe Abb. 6.1.15).

Ein Vorteil der analytischen Kraftschlussmodelle ist, dass der Einfluss von Parametern sehr klar dargestellt werden kann. Als Beispiel zeigt Abb. 6.1.16 zunächst den Einfluss der Berührgeometrie, nämlich des Halbachsenverhältnisses a/b der Berührellipse. Dieses hängt bei gegebenen Werkstoffen nur von den Krümmungen im Berührpunkt ab.

Dargestellt ist hier der Kraftschluss in Längsrichtung, der Querschlupf ist bei diesen Untersuchungen Null. Man erkennt, dass längs liegende und spitze Berührflächen (großes a/b) zu einem sehr steilen Anstieg bei niedrigen Schlüpfen führen. Quer liegende Berührflächen führen zu einer flacheren Kraftschlussfunktion.

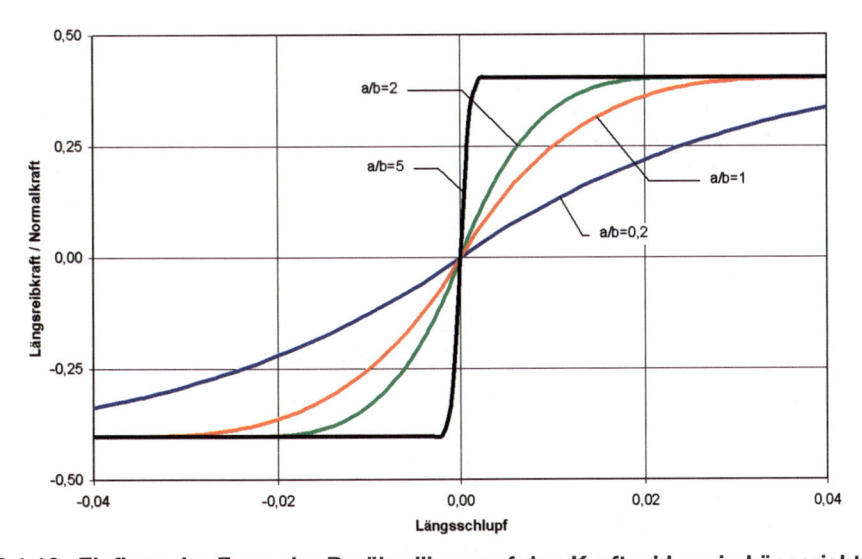

Abb. 6.1.16: Einfluss der Form der Berührellipse auf den Kraftschluss in Längsrichtung

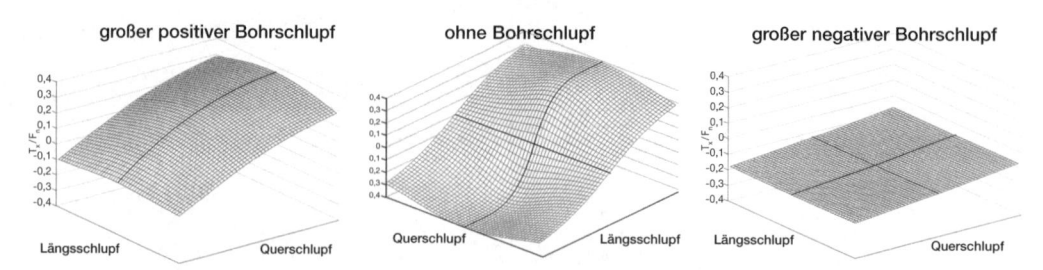

6 Gesamtsystemzusammenhang und Wirkungsmechanismen des Systems Bahn

Abb. 6.1.17: Einfluss des Bohrschlupfes auf den Kraftschluss in Querrichtung

Im Unterschied zu vielen heuristischen Kraftschlussfunktionen berücksichtigt *Kalkers* Theorie auch den Einfluss des Bohrschlupfes auf den Kraftschluss in Längs- und Querrichtung. Dieser ist in Abb. 6.1.17 dargestellt. Der „normierte Spin" χ ist eine spezielle Normierung nach *Kalker*, auf die hier nicht eingegangen werden soll.

Zwei wesentliche Effekte sind erkennbar:
- Bei großen Bohrschlüpfen kommt es zu einer deutlichen Sättigung des Kraftschlusses und einer starken Abflachung und Verschiebung des Kraftschlussmaximums, also zu sehr großen Schlüpfen.
- Bei großen Bohrschlüpfen tritt auch ohne Querschlupf eine Querreibkraft auf. Dies ist eine Folge der spezifischen Geschwindigkeitsverteilung in der Berührfläche durch den Bohrschlupf.

Von *Kalker* wurde auch eine lineare Theorie entwickelt. Dazu wird der Bereich mit sehr kleinem Schlupf betrachtet und die Kraftschlusskurve um Null linearisiert. Diese Theorie hat für lineare Systembetrachtungen hohe Bedeutung.

Die Anfangsneigung der Kraftschlusskennlinie wird mittels Grenzwertberechnung für den Übergang zum reinen Haften (siehe Abb. 6.1.15) berechnet. Kalker kommt zu folgendem Ergebnis:

Längsreibkraft: $\quad T_x = -f_{11} s_x \quad$ (6.1.15)

Querreibkraft: $\quad T_y = -f_{22} s_y - f_{23} s_\Phi \quad$ (6.1.16)

Bohrmoment: $\quad M_z = -f_{23} s_y - f_{33} s_\Phi \quad$ (6.1.17)

f_{ij} ist abhängig von Form und Größe der Berührfläche sowie vom Schubmodul des Rad- und Schienematerials und der Poissonzahl. Diese Beziehungen zeigen wieder den Einfluss des Bohrschlupfes (und der Kontaktflächenform) auf die Kraftschlussverhältnisse.

6.1.2 Rad/Schiene-Effekte

Durch die oben beschriebenen Kräfte, im besonderen der horizontalen Komponenten der Rad/Schiene-Kräfte, wird die Spurführung des Schienenfahrzeugs realisiert.

Diese so genannten Rad/Schiene-Effekte können in Abb. 6.1.18 wie folgt zusammengefasst werden:
- Formschluss
- Kraftschluss quer: Querreibkraft
- Kraftschluss längs: Längsreibkraft

Daneben ergeben sich noch (kleinere) Effekte aus Bohrschlupf und Bohrmomenten.

6.1 Spurführungstechnik

Formschluss
$$F_y = Q \cdot \tan\gamma$$
$$P_{Reib} = 0$$

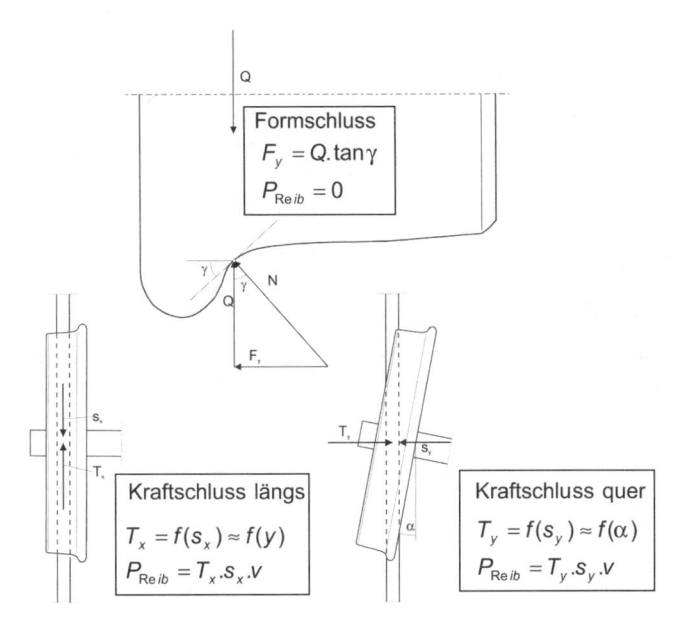

Kraftschluss längs
$$T_x = f(s_x) \approx f(y)$$
$$P_{Reib} = T_x \cdot s_x \cdot v$$

Kraftschluss quer
$$T_y = f(s_y) \approx f(\alpha)$$
$$P_{Reib} = T_y \cdot s_y \cdot v$$

Abb. 6.1.18: Spurführungseffekte

Entscheidend an dieser Gegenüberstellung ist, dass bei Formschluss keine Reibleistung auftritt, bei den Reibkräften aber sehr wohl Energie in Form von Wärme und Verschleiß abgeführt wird.

6.1.3 Spurführungsprinzip Radsatz

Bis auf wenige Ausnahmen sind Schienenfahrzeuge mit Radsätzen ausgestattet. Beim Radsatz sind die beiden Räder über eine dreh- und biegesteife Radsatzwelle verbunden. Dadurch sind die Bewegungen der beiden Räder miteinander verkoppelt.

6.1.3.1 Prinzipielles Bewegungsverhalten – Sinuslauf

Das prinzipielle Bewegungsverhalten kann anhand der Kräfte abgeschätzt werden, die am Radsatz bei verschiedenen Relativpositionen gegenüber dem Gleis wirken.

In der Abb. 6.1.19 (links) ist der Radsatz zunächst in Querrichtung verschoben, da am linken Rad wegen der Querverschiebung der Berührpunkt in Richtung des Spurkranzes wandert (am rechten

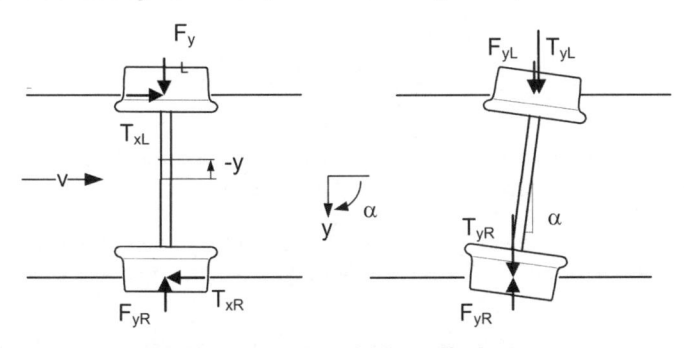

Abb. 6.1.19: Kräfte am verschobenen und gedrehten Radsatz

6 Gesamtsystemzusammenhang und Wirkungsmechanismen des Systems Bahn

Rad in die entgegengesetzte Richtung). Ist $F_{yL} > F_{yR}$, entsteht eine resultierende Querkraft, die den Radsatz in Richtung Gleismitte schiebt.

Am linken Rad ist der Laufkreisradius im Berührpunkt größer als am rechten Rad. Es entsteht Längsschlupf. Die Längsreibkraft T_{xL} ist so gerichtet, dass sie die Rotation des Rades bremst. Am rechten Rad ist die Reibkraft entgegengesetzt gerichtet. Das resultierende Moment dreht den Radsatz so, dass er in Richtung Gleismitte rollt.

Nach einiger Zeit wird die rechts gezeichnete Position in Gleismitte erreicht. Die Profilseitenkräfte sind hier gleich groß $F_{yR} = F_{yL}$. Die Längsreibkräfte sind Null. Wegen des Anlaufwinkels ergeben sich Querreibkräfte, die resultierende Kraft verschiebt den Radsatz nach rechts außen.

Dieser Ablauf wiederholt sich auf der rechten Seite, in Summe entsteht sowohl bei einer anfänglichen Querverschiebung als auch einem anfänglichen Anlaufwinkel eine sinusförmige Bewegung wie in Abb. 6.1.20 dargestellt.

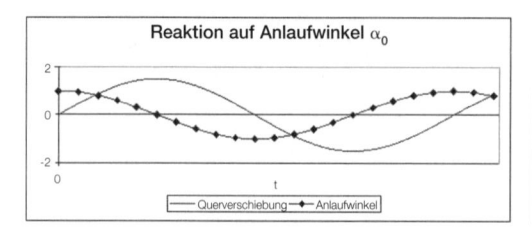

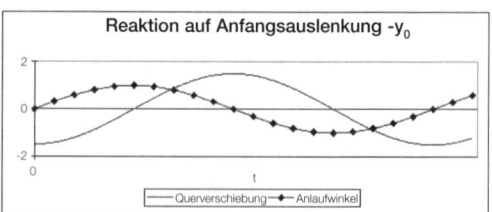

Abb. 6.1.20: Bewegung des Radsatzes bei einer anfänglichen Störung

Dass ein Radsatz auf eine Anfangsstörung mit einer sinusförmigen Bewegung reagiert, wurde schon von *Stephenson* beschrieben.

1883 wurde von *Klingel* erstmals die Wellenlänge des so genannten Sinuslaufs abgeleitet. Für kegelförmige Radprofile kann bei Vernachlässigung der Massenkräfte und unter Annahme reinen Rollens folgende Bewegungsgleichung abgeleitet werden:

$$\ddot{y} + \frac{v^2 \tan \gamma}{br} y = 0 \qquad (6.1.18)$$

mit der Querverschiebung y, Fahrgeschwindigkeit v, halber Abstand der Radaufstandpunkte b, Laufkreisradius r und Kegelneigung des Radprofils $\tan \gamma$.

Bei einem anfänglichen Anlaufwinkel α_0 hat diese Gleichung die Lösung

$$y = \alpha_0 v \sin \frac{2\pi}{L} vt \qquad (6.1.19)$$

mit
$$L = 2\pi \sqrt{\frac{b \cdot r}{\tan \gamma}} \qquad (6.1.20)$$

Der Radsatz führt also bei einer anfänglichen Störung eine sinusförmige Bewegung mit einer von der Fahrgeschwindigkeit unabhängigen Wellenlänge $L = 2\pi \sqrt{\frac{b \cdot r}{\tan \gamma}}$ aus.

Diese Lösung gilt nur bei reinen Kegelprofilen und ohne Berücksichtigung von Massenkräften. Durch diese Effekte ist im Allgemeinen die Sinuslaufbewegung gedämpft und die Schwingung klingt ab.

6.1 Spurführungstechnik

6.1.3.2 Lineare Bewegungsgleichung des ungefesselten Radsatzes

Die Ableitung von stark vereinfachten und linearisierten Bewegungsgleichungen eines ungefesselten Radsatzes ergibt folgendes System von Differentialgleichungen:

$$m \cdot \ddot{y} + 2 \frac{f_{22}}{v} \dot{y} + 2 \cdot c_{RSy} \cdot y - 2 \cdot f_{22} \cdot \alpha = F_{Ay} \qquad (6.1.21)$$

$$\Theta \cdot \ddot{\alpha} + \frac{2 \cdot b^2 \cdot f_{11}}{v} \dot{\alpha} + \frac{2 \cdot b^2 \cdot f_{11} \cdot \tan\gamma_e}{r_0} y = M_{Az} \qquad (6.1.22)$$

In Matrixschreibweise:

$$\begin{bmatrix} m & 0 \\ 0 & \Theta \end{bmatrix} \cdot \begin{bmatrix} \ddot{y} \\ \ddot{\alpha} \end{bmatrix} + \frac{1}{v} \begin{bmatrix} 2 \cdot f_{22} & 0 \\ 0 & 2 \cdot b^2 \cdot f_{11} \end{bmatrix} \cdot \begin{bmatrix} \dot{y} \\ \dot{\alpha} \end{bmatrix} + \begin{bmatrix} 2 \cdot c_{RSy} & -2 \cdot f_{22} \\ \frac{2 \cdot b \cdot f_{11} \cdot \tan\gamma_e}{r_0} & 0 \end{bmatrix} \cdot \begin{bmatrix} y \\ \alpha \end{bmatrix} = \begin{bmatrix} F_{Ay} \\ M_{Az} \end{bmatrix} \qquad (6.1.23)$$

Anhand der Systemmatrizen lassen sich schon einige Eigenschaften des Schwingungssystems Radsatz erkennen. Die Massenmatrix ist diagonal und damit nicht ungewöhnlich. Die Dämpfungsmatrix wird mit 1/v multipliziert. Das bedeutet, dass mit steigender Fahrgeschwindigkeit die Dämpfung des Systems abnimmt.

Die Steifigkeitsmatrix ist unsymmetrisch, was auf ein nichtkonservatives System hindeutet, das in der Lage ist, den Schwingungen Energie zuzuführen. Die Konsequenzen dieser Eigenschaften werden in der Folge behandelt.

6.1.3.3 Reaktion auf äußere Kräfte und Momente

Anhand der Bewegungsgleichungen kann leicht untersucht werden wie der freie Radsatz auf äußere Kräfte reagiert und wie sie vom Fahrzeugaufbau her wirken können.

Reaktion auf eine Querkraft F_{Ay}

Es wird folgende Situation betrachtet:

Stationäre Gleichgewichtslage $\qquad \dot{y} = \dot{\alpha} = \ddot{y} = \ddot{\alpha} = 0 \qquad (6.1.24)$

Kegelförmiges Radprofil: $\qquad c_{RSy} = 0 \qquad (6.1.25)$

Damit folgt aus den Bewegungsgleichungen:

$$\begin{bmatrix} 0 & -2 \cdot f_{22} \\ \frac{2 \cdot b \cdot f_{11} \cdot \tan\gamma_e}{r_0} & 0 \end{bmatrix} \cdot \begin{bmatrix} y \\ \alpha \end{bmatrix} = \begin{bmatrix} F_{Ay} \\ M_{Az} \end{bmatrix} \qquad (6.1.26)$$

mit der Lösung:

$$\alpha = -\frac{F_{Ay}}{2 \cdot f_{22}} \qquad (6.1.27)$$
$$y = 0$$

Der Radsatz reagiert, wie in Abb. 6.1.21 gezeigt, auf eine Querkraft mit einer Drehung um die Hochachse. So ist er über Querreibkräfte in der Lage, die äußere Kraft auszugleichen.

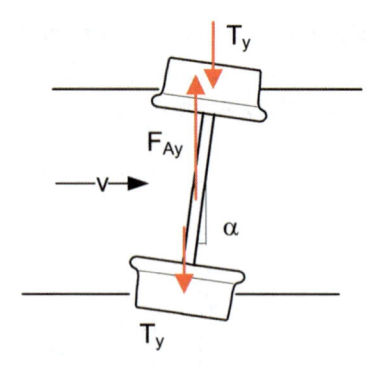

6 Gesamtsystemzusammenhang und Wirkungsmechanismen des Systems Bahn

Abb. 6.1.21: Reaktion des Radsatzes auf eine Querkraft

6.1.3.4 Reaktion auf ein Moment M_{Az}

Mit den gleichen Voraussetzungen wie oben folgt aus den Bewegungsgleichungen:

$$\begin{bmatrix} 0 & -2 \cdot f_{22} \\ \dfrac{2 \cdot b \cdot f_{11} \cdot \tan\gamma_e}{r_0} & 0 \end{bmatrix} \cdot \begin{bmatrix} y \\ \alpha \end{bmatrix} = \begin{bmatrix} 0 \\ M_{Az} \end{bmatrix} \qquad (6.1.28)$$

mit der Lösung:

$$\alpha = 0$$
$$y = \frac{r_0}{2 \cdot b \cdot f_{11} \cdot \tan\gamma_e} M_{AZ} \qquad (6.1.29)$$

Der Radsatz reagiert, wie in Abb. 6.1.22 gezeigt, auf ein Moment um die Hochachse mit einer Querverschiebung. Dadurch kann er ein Kräftepaar aus den Längsreibkräften aufbauen, das das äußere Moment ausgleicht.

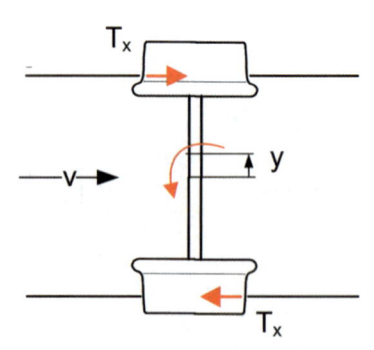

Abb. 6.1.22: Reaktion des Radsatzes auf ein Moment um die Hochachse

6.1.3.5 Linearisierung der Berührgeometrie – äquivalente Konizität

In den Bewegungsgleichungen des Radsatzes wurde die Abhängigkeit der Laufradien und Profilneigungen von der Radsatzquerverschiebung durch einen linearen Zusammenhang ersetzt. Dieses Vorgehen kann auch so interpretiert werden, dass das Radprofil mit veränderlicher Profilneigung, wie in Abb. 6.1.23 angedeutet, durch eines mit kegeliger Neigung ersetzt wird. Bedingung für die Wahl der kegeligen Profilneigung ist, dass die Wellenlänge des Sinuslaufes erhalten bleibt.

6.1 Spurführungstechnik

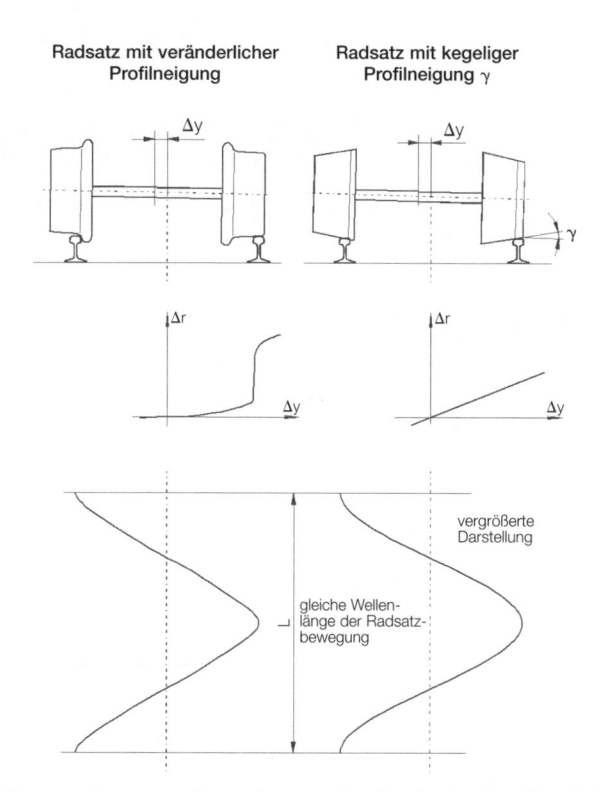

Abb. 6.1.23: Modellvorstellung zur Berechnung der äquivalenten Konizität

Mathematisch ist die Vorgangsweise wie folgt:

$$\Delta r = r_R - r_L = f(y) \xrightarrow{\text{ersetzt durch}} 2 \cdot \tan \gamma_e \cdot y$$

$$\Sigma \gamma = \gamma_R + \gamma_L = g(y) \xrightarrow{\text{ersetzt durch}} \frac{2 \cdot \varepsilon}{b} \cdot y$$

(6.1.30)

Im Allgemeinen sind die Berührfunktionen nichtlinear, wie es in Abb. 6.1.24 für die Rollradiendifferenz zu sehen ist. Ziel der Linearisierung ist es, den nichtlinearen Verlauf so durch einen linearen

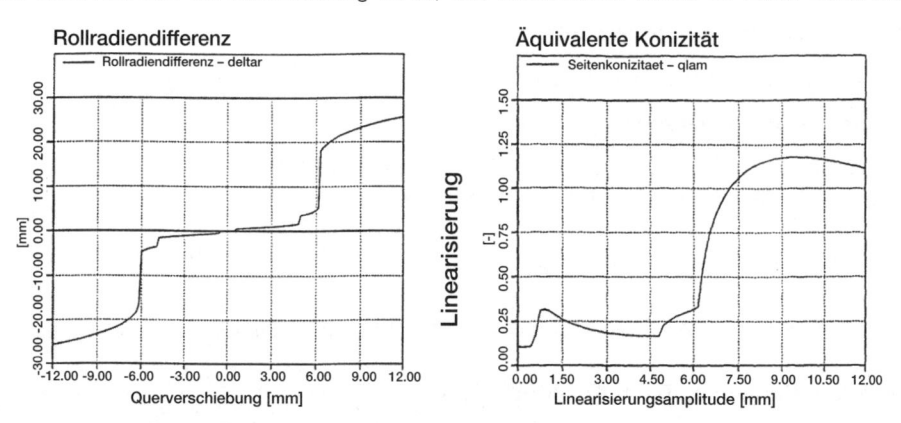

Abb. 6.1.24: Nichtlineare Funktion der Rollradiendifferenz und Verlauf der äquivalenten Konizität über die Linearisierungsamplitude

6 Gesamtsystemzusammenhang und Wirkungsmechanismen des Systems Bahn

zu ersetzen, dass das dynamische Verhalten des linearisierten Systems möglichst genau dem des nichtlinearen Systems entspricht.

Die bei anderen Anwendungen häufig verwendete Linearisierung um den Nullpunkt ist hier wenig brauchbar, da in den kritischen Situationen Bewegungen mit größeren Amplituden auftreten.

Wegen des nichtlinearen Verlaufes der Rollradiendifferenz ergibt die Linearisierung, abhängig von den gewählten Schwingungsamplituden, unterschiedliche äquivalente Konizitäten. In Abb. 6.1.25 ist dies verdeutlicht.

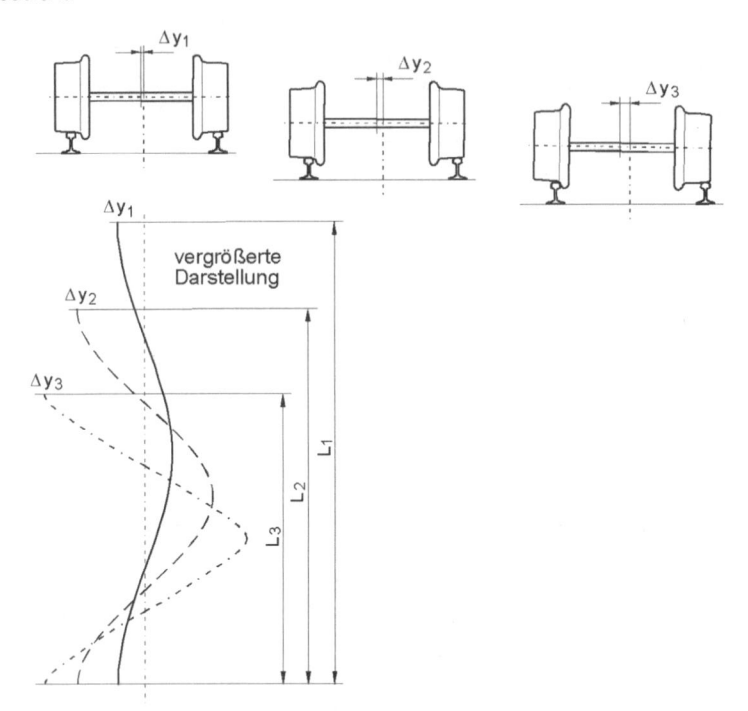

Abb. 6.1.25: Zur Abhängigkeit der äquivalenten Konizität von der Linearisierungsamplitude

6.1.3.6 Berechnung der äquivalenten Konizität

Es gibt verschiedene Ansätze, um diese dynamisch äquivalente Linearisierung durchzuführen.

Harmonische Linearisierung:

Für $y = Y \cdot \sin\Phi$ wird eine äquivalente Kegelneigung gesucht, die für diesen harmonischen Ansatz dynamisch äquivalente Ergebnisse liefert. Dies führt zu:

$$\tan\gamma_e(Y) = \frac{1}{\pi \cdot Y} \int_0^{2\pi} \frac{1}{2} \cdot \Delta r(Y \cdot \sin\Phi) \cdot \sin\Phi \cdot d\Phi \qquad (6.1.31)$$

und

$$\varepsilon(Y) = \frac{1}{\pi \cdot b \cdot Y} \int_0^{2\pi} \frac{1}{2} \cdot \Sigma\gamma(Y \cdot \sin\Phi) \cdot \sin\Phi \cdot d\Phi \qquad (6.1.32)$$

Methode der Deutschen Bahn (DB-Methode):

Diese Methode geht von den Gleichungen der kinematischen Bewegungen (Sinuslauf) aus und verwendet dort die nichtlineare Δr-Funktion. Diese Gleichung wird numerisch gelöst und die Wellenlänge

6.1 Spurführungstechnik

berechnet. Aus der Gleichsetzung mit der linear berechneten Wellenlänge des Sinuslaufs kann eine äquivalente Konizität bestimmt werden.

Statistische Linearisierung:

Anstelle des harmonischen Ansatzes $y = Y \cdot \sin\Phi$ wird angenommen, dass y normal verteilt mit einer Standardabweichung σ ist.

6.1.3.7 Abhängigkeiten der äquivalenten Konizität

Die Berührgeometrie, also auch die äquivalente Konizität, hängt ab von
- Profilform von Rad und Schiene,
- Relativpostion von Rad und Schiene (Spurweite, Spurmaß)
- Einbauneigung der Schiene.

Bei neuen Profilen ergibt sich schon ein großer Einfluss von der Spurweite (bei festem Spurmaß) und der Schieneneinbauneigung, wie in Abb. 6.1.26 zu erkennen ist. Hier ist für drei Spurweiten und für drei Einbauneigungen der Schienen jeweils der Verlauf der äquivalenten Konizität dargestellt.

Niedrige äquivalente Konizitäten ergeben sich bei großen Spurweiten und stark geneigt eingebauter Schiene (1:20), hohe Konizitäten bei engen Spurweiten und senkrecht stehenden Schienen.

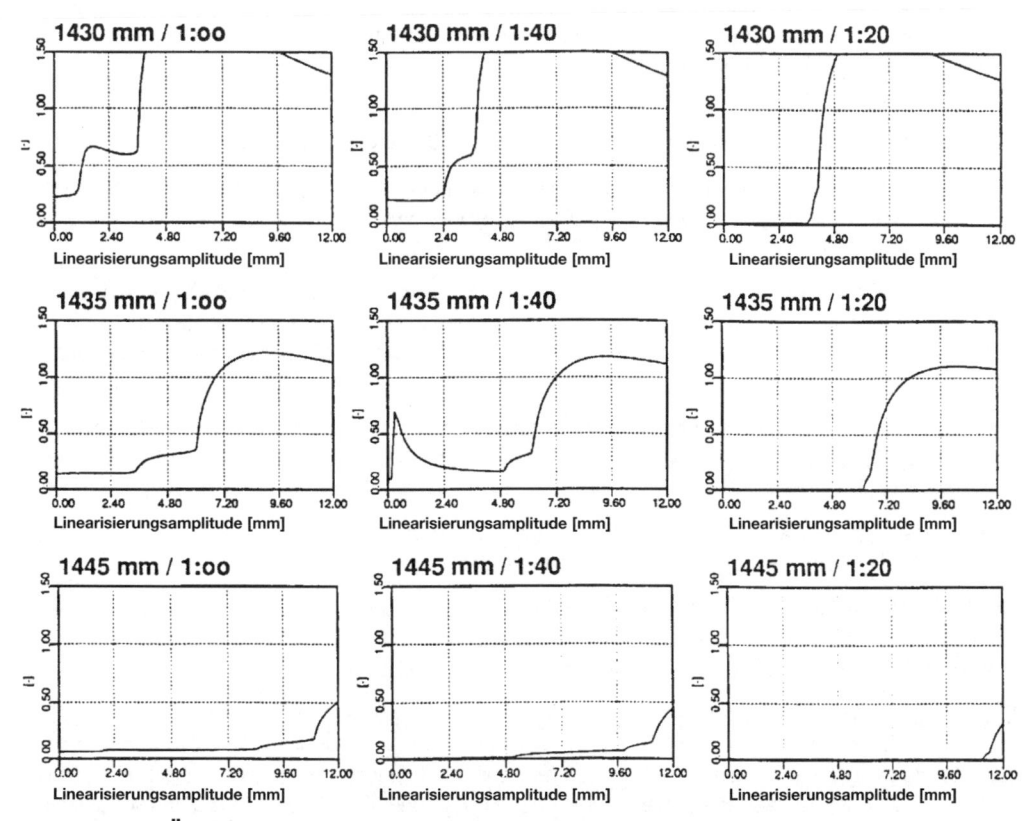

Abb. 6.1.26: Äquivalente Konizität bei unterschiedlichen Spurweiten und Schieneneinbauneigungen (Radprofil DIN 5573, Schienenprofil UIC 60)

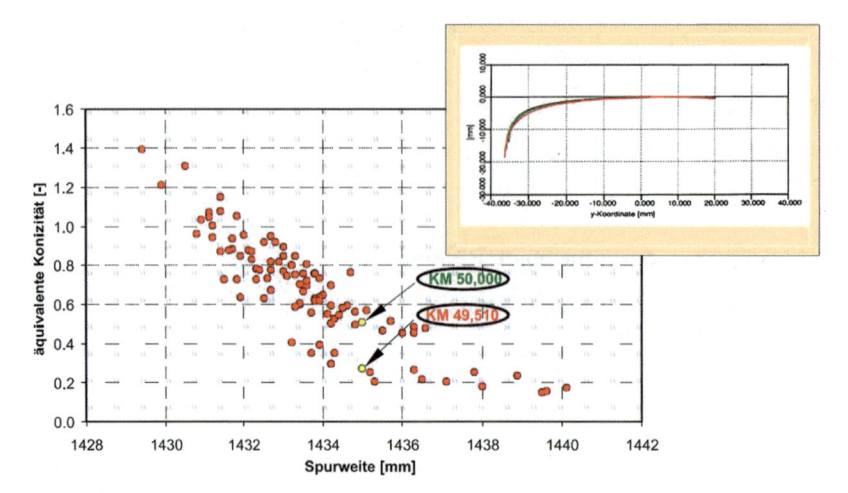

6 Gesamtsystemzusammenhang und Wirkungsmechanismen des Systems Bahn

Abb. 6.1.27: Äquivalente Konizität, berechnet für verschlissene Schienen und neue Radprofile

Bei verschlissenen Profilen ist die Streuung der äquivalenten Konizität noch größer. Der Abb. 6.1.27 liegt eine Vielzahl von Schienenprofilmessungen zugrunde. Hier zeigt sich einmal ein starker Einfluss der Spurweite. Trotzdem ergeben sich bei gleicher Spurweite und sehr kleinen Unterschieden in der Profilform schon große Unterschiede in der äquivalenten Konizität.

6.1.3.8 Stabilitätsverhalten des Radsatzes (lineare Grenzgeschwindigkeit)

Wichtige Erkenntnisse über das Bewegungsverhalten können aus der Analyse der homogenen Bewegungsgleichungen gewonnen werden. Diese sind ein System gewöhnlicher linearer Differentialgleichungen 2. Ordnung.

Wesentliche Eigenschaften der Lösungen dieses Systems können durch seine Eigenwerte λ beschrieben werden. Diese sind im Allgemeinen konjugiert komplex in der Form $\lambda = \delta \pm i\omega$. Sie entsprechen in der Regel einer Lösung $y = Y \cdot e^{\delta t} \cdot sin\omega t$, d.h. ω entspricht der Eigen(kreis)frequenz, $-\delta$ entspricht der Dämpfung der Eigenform.

Eine wesentliche Besonderheit der Bewegungsgleichungen des Radsatzes (und damit von Schienenfahrzeugen, die Radsätze verwenden) ist, dass die Größen der Eigenwerte von der Fahrgeschwindigkeit abhängen.

Werden die Eigenwerte in einer komplexen Zahlenebene aufgetragen (in Abb. 6.1.28 ist nur der obere Teil dargestellt), so ergibt sich qualitativ folgender Verlauf:

Da der Realteil δ der negativen Dämpfung der Eigenform entspricht, beschreiben Eigenwerte links der ω-Achse abklingende Schwingungen. Eigenwerte, die rechts von der ω-Achse liegen, ergeben aufklingende Schwingungen, wie dies auch in Abb. 6.1.28 skizziert ist.

Die 2. Eigenform ist sehr stark gedämpft und daher nicht von Belang. Wichtig ist die hier als 1. bezeichnete Eigenform. Bei Geschwindigkeit Null verschwinden sowohl Realteil als auch Imaginärteil. Mit steigender Fahrgeschwindigkeit nehmen zunächst Eigenfrequenz und Dämpfung zu, der betreffende Ast der **Wurzelortskurve** wandert nach links oben. Bei höheren Fahrgeschwindigkeiten nimmt zwar die Frequenz weiter zu (wie es auch der oben abgeleiteten kinematischen Bewegung entspricht), die Dämpfung wird aber kleiner und bei der so genannten Grenzgeschwindigkeit zu Null.

6.1 Spurführungstechnik

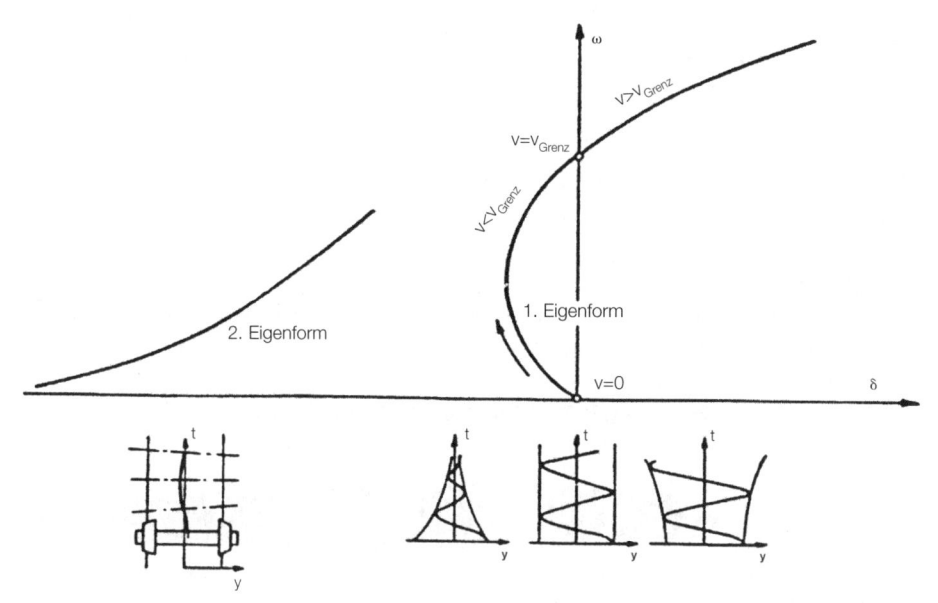

Abb. 6.1.28: Eigenwerte als Wurzelortskurve dargestellt am Beispiel eines freien Radsatzes

Bei höheren Geschwindigkeiten wird das System instabil, Schwingungen, die durch Störungen angeregt werden, klingen nicht mehr ab und wachsen bis ins Unendliche. In Wirklichkeit werden sie durch verschiedene Einflüsse auf einen so genannten **Grenzzykel** beschränkt, die hier, wegen der Linearisierung und der anderen Vereinfachungen, nicht wiedergegeben werden.

Es gelingt zwar nicht die Eigenwerte selbst analytisch zu bestimmen, allerdings kann die Geschwindigkeit berechnet werden, bei der der Realteil des Eigenwerts genau Null ist (Grenzgeschwindigkeit).

Näherungsweise ergibt sich folgende, sehr anschauliche Beziehung für die Grenzgeschwindigkeit:

$$v_{Grenz} \approx \sqrt{\frac{c_{RSy} \cdot b \cdot r_0}{m \cdot \tan \gamma_e}} \qquad (6.1.33)$$

Stabilisierend, also die Grenzgeschwindigkeit erhöhend, wirken
– Abstand der Radaufstandspunkte – Spurweite,
– Laufkreisradius,
– Profilsteifigkeit (beinhaltet auch die Achslast).

Destabilisierend, also die Grenzgeschwindigkeit absenkend, wirken dagegen
– Äquivalente Konizität und
– Radsatzmasse.

Es ist noch zu beachten, dass sich die Einflüsse teilweise aufheben. So bewirkt ein größerer Raddurchmesser (stabilisierend) auch eine größere Radsatzmasse (destabilisierend).

Instabilität ist auch sehr gut aus Messungen bzw. aus dem täglichen Eisenbahnbetrieb bekannt. Hier steigt natürlich nicht die Schwingung bis ins Unendliche an, wie es nach der linearen Theorie der Fall wäre. Bei größeren Amplituden ändern sich äquivalente Konizität, Profilsteifigkeit und andere Parameter, so dass sich auch eine andere Grenzgeschwindigkeit ergibt. Es stellt sich eine

6 Gesamtsystemzusammenhang und Wirkungsmechanismen des Systems Bahn

Schwingungsamplitude ein, bei der die Dämpfung genau Null ist. Die Schwingung ist zwar begrenzt, klingt allerdings erst dann ab, wenn sich Berührfunktionen, Kraftschlussverhältnisse oder die Fahrgeschwindigkeit ändern.

6.1.3.9 Nichtlineares Stabilitätsverhalten des Radsatzes

Das wirkliche, nichtlineare Verhalten des Radsatzes ist wesentlich komplexer als bisher beschrieben. Abb. 6.1.29 zeigt einen Messschrieb von Messungen am heute nicht mehr bestehenden Rollprüfstand der *DB AG* in München. Dort wurden die Schienen durch Rollen mit gleicher Profilform simuliert. Diese Rollen wurden entsprechend gemessener Gleislageabweichungen bewegt. Damit war es möglich, unter gleichbleibenden Laborbedingungen auch Grenzzustände gefahrlos zu untersuchen.

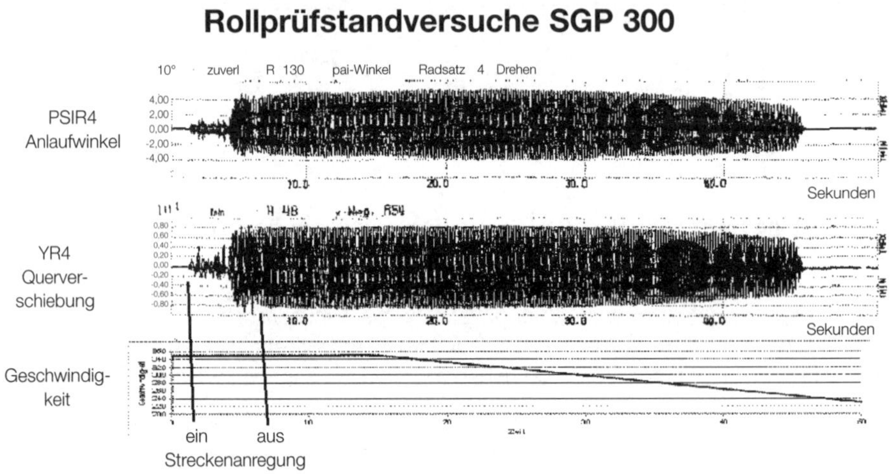

Abb. 6.1.29: Gemessene Grenzzykelbewegungen am Rollprüfstand

Die Fahrt beginnt mit 350 km/h, nach ca. zwei Sekunden wird die Streckenanregung aufgebracht. Das Fahrzeug bleibt zunächst stabil, hier sind die Schwingungen weitgehend stochastisch und von den Gleislageanregungen geprägt. Nach weiteren drei Sekunden klingen die Schwingungen plötzlich auf, es stellt sich ein Grenzzykel an, der etwas durch stochastische Schwingungen infolge der Gleislageanregungen gestört ist. Nach Abschaltung der Gleislageabweichungen bleibt der Grenzzykel bestehen und die Schwingung ist weitgehend harmonisch. Später wird die Fahrgeschwindigkeit abgesenkt, der Grenzzykel wird dadurch zunächst kaum beeinflusst. Der Grenzzykel klingt erst bei ca. 240 km/h ab, obwohl das Fahrzeug zu Beginn des Versuchs bei 350 km/h und vorher bei vielen Versuchen mit Geschwindigkeiten zwischen 250 und 330 km/h stabil war.

Die Effekte aus der Nichtlinearität des Systems sind also:
– Die Schwingungen werden auf einen Grenzzykel begrenzt.
– Ob das System einen Grenzzykel erreicht, hängt von dem vorherigen Schwingungszustand (Anregungen, Anfangsbedingungen) ab.
– Der Grenzzykel klingt im Allgemeinen bei niedrigeren Geschwindigkeiten ab als die, bei denen er aufgeklungen ist.

Dieses Verhalten entspricht der Theorie von nichtlinearen Schwingungen und lässt sich auch rechnerisch nachweisen. Das grundsätzliche Verhalten kann im Stabilitätsdiagramm (Abb. 6.1.30) gezeigt werden. Im Bereich A klingen Schwingungen immer ab. Hier liegt ein stabiler Grenzzykel mit

6.1 Spurführungstechnik

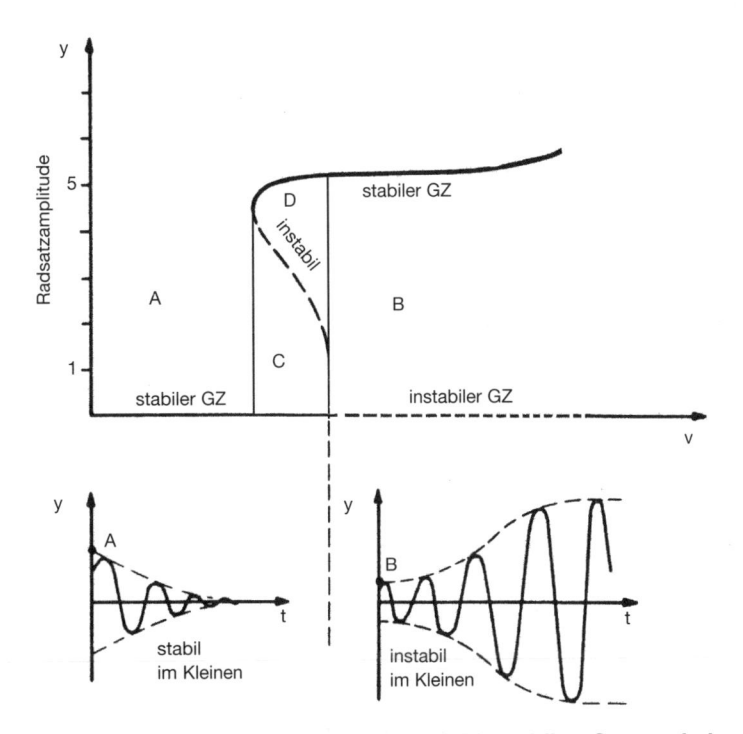

Abb. 6.1.30: Verzweigungsdiagramm mit stabilen und instabilen Grenzzykeln

Amplitude Null vor. Stabil bezieht sich hier auf den Grenzzykel und bedeutet, dass bei Störungen das System wieder in diesen Grenzzykelzustand zurückkehrt.

Im Bereich C/D gibt es einen stabilen Grenzzykel mit Amplitude Null, einen instabilen Grenzzykel und einen weiteren stabilen Grenzzykel mit Amplituden um 5 mm. Welcher Zustand eingenommen wird, hängt von den Anregungen ab. Bei kleinen Anregungen wird das System abklingen (Grenzzykel mit Amplitude Null). Bei sehr großen Anregungen kann das System den Grenzzykel mit großen Amplituden erreichen. Der instabile Grenzzykel ist nur von theoretischer Bedeutung, da eine kleinste Störung ausreichen würde, dass der Grenzzykel verlassen wird und das System in einem der beiden stabilen Grenzzykel einläuft.

Im Bereich B schließlich ist der Grenzzykel mit Amplitude Null instabil, Schwingungen klingen immer in den stabilen Grenzzykel auf.

Wird im Bereich B der stabile Grenzzykel erreicht, muss die Fahrgeschwindigkeit so lange reduziert werden, bis der Grenzzykel am unteren Ende von D instabil wird bzw. verschwindet.

6.1.4 Bogenlaufverhalten des Radsatzes

6.1.4.1 Kinematische Rolllinie

Wegen der kegeligen Profilform kann der Radsatz bei Bogenfahrt die unterschiedlichen Laufwege an innerer und äußerer Schiene mittels einer Querverschiebung ausgleichen. Bedingung für längsschlupffreies Rollen ist, wie in Abb. 6.1.31 dargestellt, dass die Rotationsachse des Radsatzes die Verbindungslinie der beiden Berührpunkte in Bogenmitte schneidet. Die Bedingung dafür lautet:

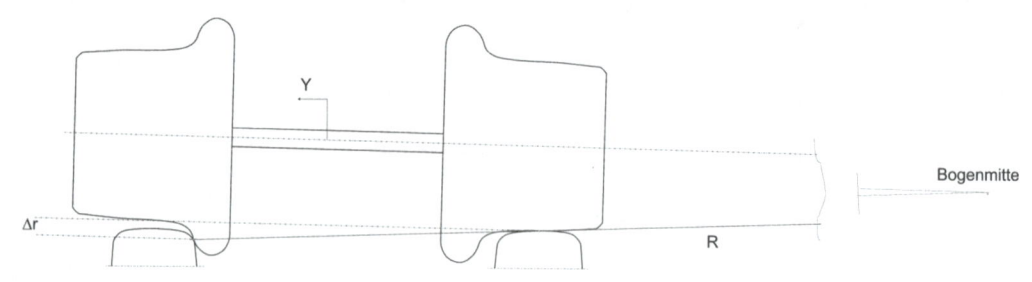

6 Gesamtsystemzusammenhang und Wirkungsmechanismen des Systems Bahn

Abb. 6.1.31: Kinematische Rolllinie

$$\Delta r = 2b \cdot \frac{r_0}{R} \qquad (6.1.34)$$

Der Querversatz, den der Radsatz zum längsschlupffreien Rollen einnimmt, wird kinematische Rolllinie genannt. Bei einem rein kegeligen Profil kann der notwendige Querversatz leicht berechnet werden:

Beim Kegel gilt

$$\Delta r = 2 \cdot \tan \gamma \cdot y \qquad (6.1.35)$$

mit

$$y = \frac{b \cdot r_0}{R \cdot \tan \gamma} \qquad (6.1.36)$$

Beispiel: Bei einer Konizität von $\tan \gamma = 0.05$ (Kegelneigung 1:20) sind, abhängig vom Bogenradius, folgende Querverschiebungen notwendig:

R [m]	1000	500	200	170	20
y [mm]	7.5	15	37.5	44.1	375

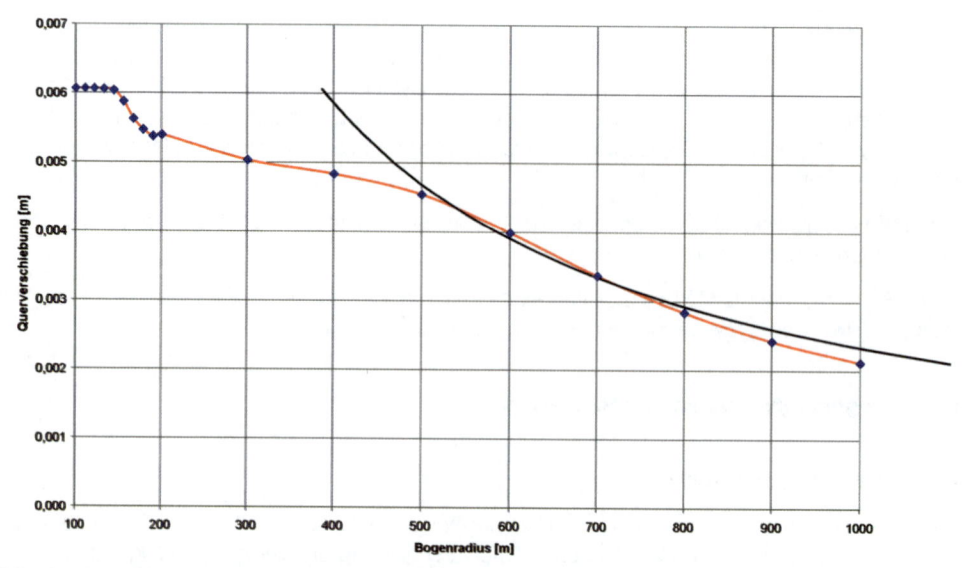

Abb. 6.1.31: Querverschiebung der kinematischen Rolllinie in Abhängigkeit vom Bogenradius

6.1 Spurführungstechnik

Das bedeutet, dass in Bögen mit kleinen Radien auch mit sehr steilen Radprofilen der Laufwegunterschied nicht mehr ausgeglichen werden kann.

In Wirklichkeit sind die Radprofile keine reinen Kegel, in jedem Fall gibt es Hohlkehle und Spurkranz. Dadurch entsteht eine nichtlineare Abhängigkeit zwischen Krümmung und Radsatzquerverschiebung. In Abb. 6.1.32 ist die kinematische Rolllinie für das Radprofil DIN 5573 auf Schiene UIC 60 mit Einbauneigung 1:40 dargestellt. Das Bild enthält zusätzlich die kinematische Rolllinie für einen reinen Kegel mit $\tan\gamma_e = 0.17$. Ab etwa R = 500 m muss sich der Radsatz soweit verschieben, dass der Berührpunkt in der Hohlkehle liegt, ab R = 150 m liegt der Berührpunkt schon am Spurkranz.

6.1.4.2 Radsatz in Gleisüberhöhung

Um die auf den Fahrgast wirkende Querbeschleunigung zu reduzieren, ist im Gleisbogen das Gleis meist überhöht. Überhöhung bedeutet, dass die äußere Schiene gegenüber der inneren um ein Maß ü höher liegt (siehe Abb. 6.1.33). Das Gleis ist also um den Winkel δ geneigt.

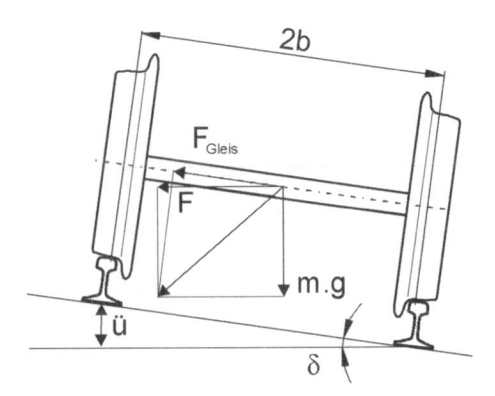

Abb. 6.1.33: Kräfte am Radsatz im überhöhten Gleisbogen

Im Schwerpunkt des Radsatzes wirken die Fliehkraft F und die Gewichtskraft m · g.

Die Fliehkraft errechnet sich aus
$$F = \frac{m \cdot v^2}{R} \quad (6.1.37)$$

Bezüglich der Gleisebene reduziert die Gewichtskraft die Fliehkraft
$$F_{Gleis} = F \cdot \cos\delta - m \cdot g \cdot \sin\delta \quad (6.1.38)$$

mit dem Überhöhungswinkel
$$\sin\delta = \frac{ü}{2 \cdot b} \quad (6.1.39)$$

Eingesetzt und linearisiert ergibt sich:
$$F_{Gleis} = \frac{m \cdot v^2}{R} - m \cdot g \cdot \frac{ü}{2 \cdot b} \quad (6.1.40)$$

Die freie oder unausgeglichene Seitenbeschleunigung errechnet sich zu
$$a_q = \frac{v^2}{R} - g \cdot \frac{ü}{2 \cdot b} \quad (6.1.41)$$

Die freie Seitenbeschleunigung wird auch als Überhöhungsfehlbetrag oder Überhöhungsüberschuss bezeichnet:

6 Gesamtsystemzusammenhang und Wirkungsmechanismen des Systems Bahn

$$\ddot{u}_f = a_q \cdot \frac{2 \cdot b}{g} = \frac{v^2}{R} \cdot \frac{2 \cdot b}{g} - \ddot{u} \qquad (6.1.42)$$

Die freie Seitenbeschleunigung besteht also aus zwei Komponenten: Der Fliehbeschleunigung, die von Krümmung und Fahrgeschwindigkeit abhängt, und einer Gewichtskomponente, die vom Überhöhungswinkel abhängt.

Es können drei Fälle unterschieden werden:

$a_q > 0$: Die freie Seitenbeschleunigung ist nach bogenaußen gerichtet, man spricht von Fliehkraftüberschuss. Er tritt bei nicht überhöhten Bögen und bei hohen Bogengeschwindigkeiten auf.

$a_q < 0$: Die freie Seitenbeschleunigung ist nach bogeninnen gerichtet, man spricht von Überhöhungsüberschuss. Er tritt bei langsamer Fahrt oder Stillstand in überhöhten Bögen auf.

$a_q = 0$: Dieser Fall ist der für den Reisenden komfortabelste. Man spricht von ausgeglichener Bogenfahrt. Problematisch ist, dass die Überhöhung für alle Züge, bzw. deren Geschwindigkeit, abgestimmt werden muss, was bei gemischtem Betrieb und höheren Geschwindigkeiten schwierig ist.

Die zulässige freie Seitenbeschleunigung ist durch folgende Aspekte begrenzt:
– Fahrsicherheit (namentlich Entgleisungssicherheit, Kippsicherheit, Gleisverschiebewiderstand).
– Fahrkomfort. Zu beachten ist, dass der Wagenkasten sich in der Federung noch weiter nach außen dreht, die am Fahrgast wirkende Querbeschleunigung also gegenüber der freien Seitenbeschleunigung erhöht ist.

Die heute üblichen freien Seitenbeschleunigungen liegen bei 0,85 und 1,05 m/s² (Zulassungswert für international betriebene Fahrzeuge).

Bei Fahrzeugen mit gleisbogenabhängiger Wagenkastenneigung wird durch ein Neigen des Wagenkastens nach bogeninnen der Fahrkomfort wesentlich verbessert. Damit können freie Seitenbeschleunigungen (auf Gleisebene) bis zu 2,0 m/s² realisiert werden. Hier wird dann die Fahrsicherheit die definitiv begrenzende Größe.

6.1.4.3 Radsatzstellung und Kräfte im Gleisbogen

Die Gleichgewichtslage eines Radsatzes bei Bogenfahrt kann nur numerisch berechnet werden. Dies wurde im folgenden Beispiel für einen ungefesselten Radsatz mit der Profilpaarung DIN 5573/UIC60/1:40 und niedriger Fahrgeschwindigkeit durchgeführt.

Für die einzelnen simulierten Bogenradien wird dazu die Gleichgewichtslage berechnet. Dabei kann es vorkommen, dass mehrere oder gar keine Gleichgewichtspositionen existieren. Im dargestellten Radienbereich ist dies nicht der Fall.

Da der Radsatz nicht durch eine Führung gehalten wird, rollt er (abgesehen von kleinen Abweichungen bei Zweipunktberührung) auf der kinematischen Rolllinie entsprechend Abb. 6.1.31. Den simulierten Anlaufwinkel zeigt Abb. 6.1.34.

Bei großen Radien stellt sich der Radsatz weitestgehend radial ein. Ab R = 180 m wächst der Anlaufwinkel sehr stark an. Dieser Effekt wird erklärbar, wenn man die Kräfte zwischen Rad und Schiene betrachtet.

In Abb. 6.1.35 sind zunächst die Kräfte dargestellt, die im Bogen mit einem Radius von 650 m auftreten. Die notwendige Rollradiendifferenz für diesen Bogenradius ist relativ gering, so dass der Berührpunkt des anlaufenden Rades noch in einem relativ flachen Bereich des Profils liegt. Wegen des relativ kleinen Profilwinkels entsteht nur eine kleine Profilseitenkraft, die einerseits durch die

6.1 Spurführungstechnik

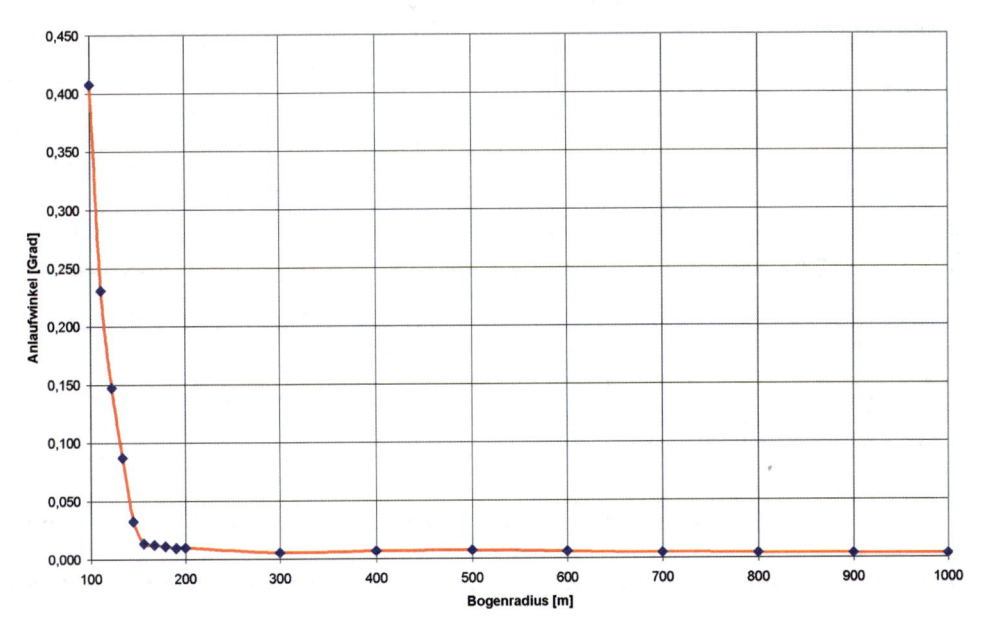

Abb. 6.1.34: Anlaufwinkel eines freien Radsatzes im Gleisbogen, abhängig vom Bogenradius

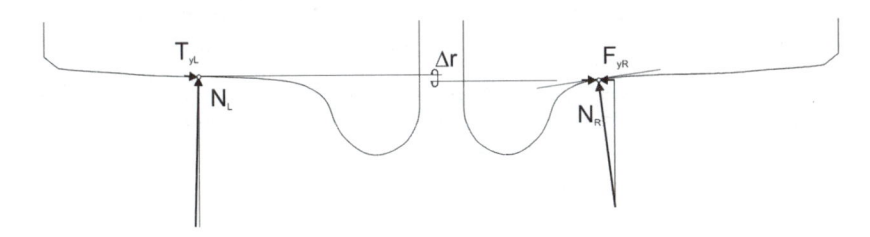

Abb. 6.1.35: Kräfte am Radsatz bei Fahrt durch einen Gleisbogen mit R = 650 m

entsprechende Kraft am anderen Rad, andrerseits durch eine kleine Querreibkraft kompensiert wird. Dafür reicht schon ein sehr kleiner Anlaufwinkel aus. Die resultierenden Querkräfte an beiden Rädern bleiben klein.

Anders ist die Situation in einem Bogen mit R = 150 m, die simulierten Kräfte zeigt Abb. 6.1.36. Die notwendige Rollradiendifferenz bedingt schon einen Berührpunkt am Spurkranz. Durch die stark geneigte Normalkraft entsteht eine große Profilseitenkraft, die den Radsatz nach bogeninnen drückt. Da wegen der ausgeglichenen Bogenfahrt die resultierende Querkraft am Radsatz Null ist, muss die

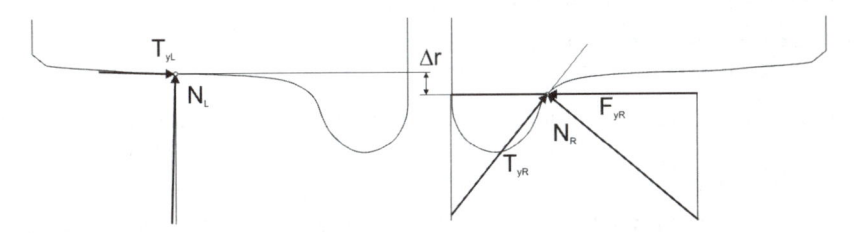

Abb. 6.1.36: Kräfte am Radsatz bei Fahrt durch einen Gleisbogen mit R = 150 m

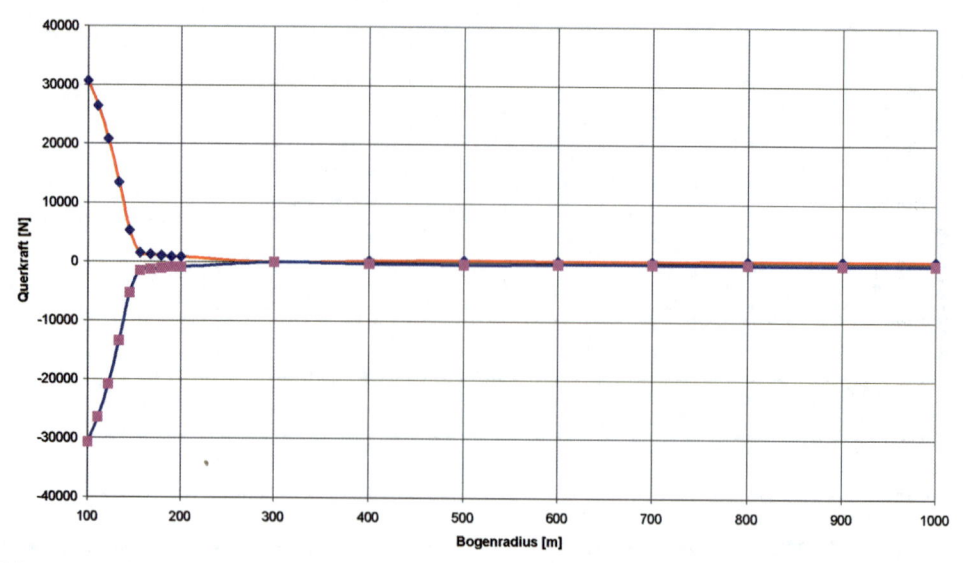

6 Gesamtsystemzusammenhang und Wirkungsmechanismen des Systems Bahn

Abb. 6.1.37: Querkräfte am Radsatz bei Fahrt durch Gleisbögen unterschiedlicher Radien

Profilseitenkraft durch andere Querkräfte kompensiert werden. Dafür kommen nur Querreibkräfte in Frage, die über einen großen Anlaufwinkel erzeugt werden.

Folge sind neben dem Anlaufwinkel und dem damit verbundenen Verschleiß hohe Kräfte an den Rädern, die gegeneinander wirken und sich für den Radsatz betrachtet, aufheben.

In Abb. 6.1.37 sind die berechneten Querkräfte an linker und rechter Schiene über dem Bogenradius aufgetragen. Man erkennt hier deutlich die Problematik der engen Gleisbögen: Es stellen sich sehr hohe, entgegengesetzt gerichtete Querkräfte ein.

6.1.4.4 Entgleisung

Entgleisungen können verschiedene Ursachen haben. So sind häufig vorhergegangene Zerstörungen an Fahrzeug oder Fahrweg Gründe für Entgleisungen.

Hier sei Entgleisen durch Aufklettern des Spurkranzes betrachtet. Da dieser Vorgang nicht allzu schnell erfolgt, werden vereinfacht die quasistatischen Kräfte in den Kontaktpunkten betrachtet.

Zunächst wird, wie in Abb. 6.1.38 gezeigt, von Zweipunktberührung ausgegangen. Am Rad wirken die Radkraft Q und die Querkraft Y. Bei Zweipunktberührung teilt sich die Radkraft Q in zwei Anteile Q_A und Q_B auf. Näherungsweise kann angenommen werden, dass Q_A senkrecht steht. Weiterhin wirken die Reibkräfte $\mu \cdot Q_A$ (waagrecht) und $\mu \cdot N$.

Die Verteilung der Kräfte auf die beiden Berührpunkte kann nach einer Darstellung in Abb. 6.1.39 von *Heumann* wie folgt bestimmt werden:

Die Radkraft Q wird als senkrechter Vektor aufgetragen. Am oberen Ende von Q werden der Neigungswinkel γ am Spurkranz B und der Reibungswinkel ρ eingetragen. Am unteren Ende von Q wird ebenfalls ρ eingetragen.

Die Querkraft Y wird waagrecht zwischen den beiden um den Reibungswinkel ρ geneigten Linien eingetragen (Punkte 1' und 2'). Damit folgt sofort die Aufteilung der Radkraft in Q_A und Q_B. Die Reib-

6.1 Spurführungstechnik

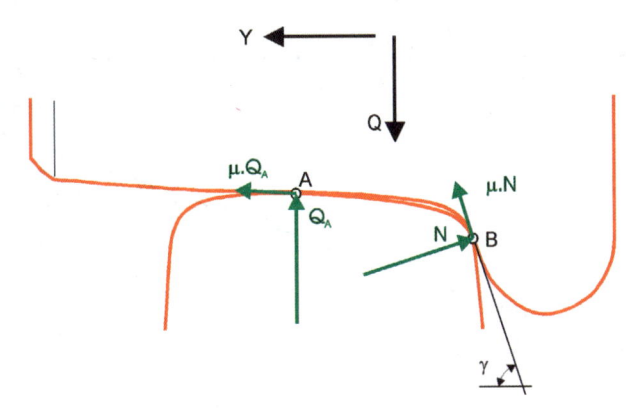

Abb. 6.1.38: Kräfte am Rad bei Zweipunktberührung

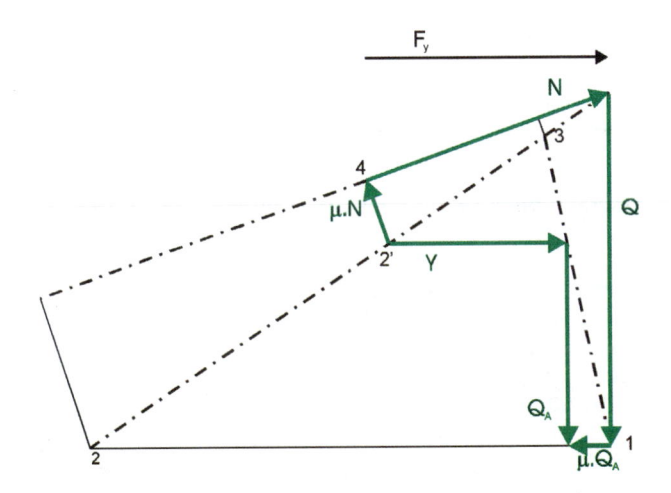

Abb. 6.1.39: Kräftepolygon nach *Heumann* (*Heumannscher Einser*)

kraft $\mu \cdot N$ steht senkrecht auf der um γ geneigten Linie (Punkt 4). Damit ergibt sich schließlich die Normalkraft N im Berührpunkt B.

Mit zunehmendem Y wird das Rad immer stärker an die Schiene gedrückt, Y bzw. 1' und 2' rücken immer mehr nach unten, schließlich wird der Grenzzustand erreicht, bei dem die Radaufstandskraft Q_A im Laufflächenberührpunkt zu Null wird. Damit geht die Zweipunktberührung in Einpunktberührung am Spurkranzberührpunkt über.

Abb. 6.1.40 zeigt die Kräfte bei Einpunktberührung beim Beginn des Aufkletterns des Spurkranzes. Mit zunehmenden Y und Q wird das Rad an der Schiene hochgedrückt, womit der Berührpunkt B nach unten wandert und der Winkel γ zunächst größer wird. Dadurch kann zunächst noch ein Gleichgewicht gefunden werden. Wird allerdings der maximale Spurkranzwinkel überschritten, kommt es zur Entgleisung.

Im Gleichgewichtszustand ergibt sich die Grenzbedingung aus dem Kräftegleichgewicht. Kräfte in Quer- und Vertikalrichtung:

$$Y = N \cdot \sin\gamma - \mu \cdot N \cdot \cos\gamma$$
$$Q = N \cdot \cos\gamma + \mu \cdot N \cdot \sin\gamma$$

(6.1.43)

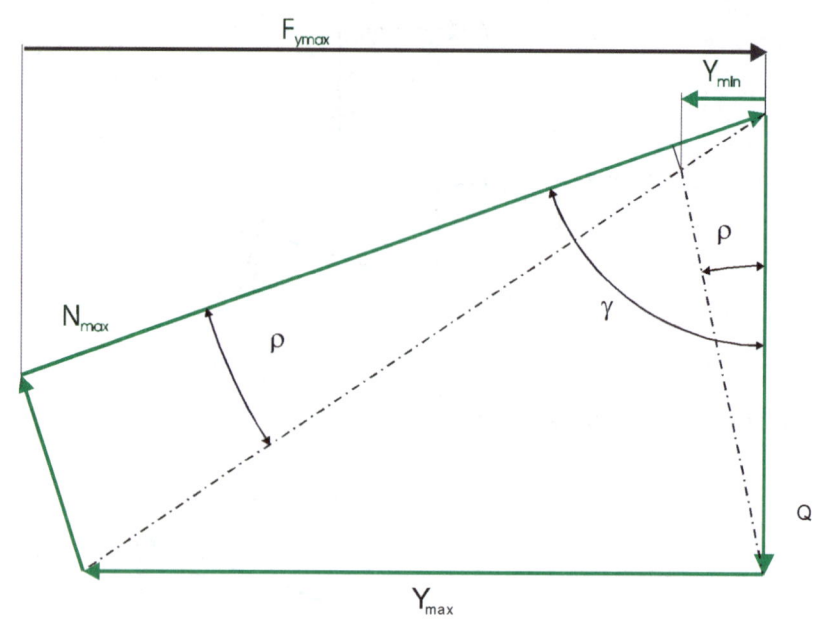

6 Gesamtsystemzusammenhang und Wirkungsmechanismen des Systems Bahn

Abb. 6.1.40 Kräftepolygon beim Beginn des Spurkranz-Aufkletterns

und daraus folgt

$$N = \frac{Q}{\cos\gamma + \mu \cdot \sin\gamma} \tag{6.1.44}$$

mit

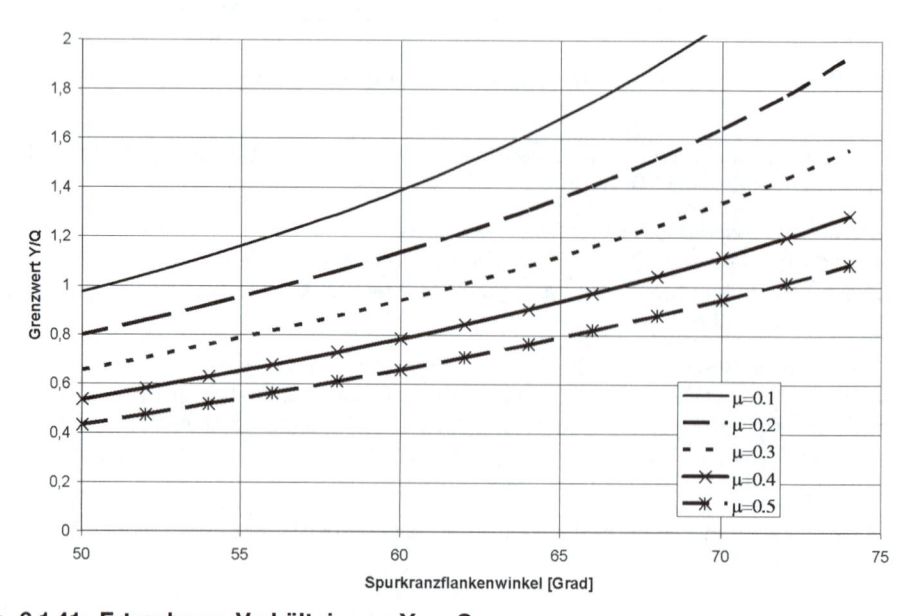

$$\frac{Y}{Q} = \frac{\sin\gamma - \mu \cdot \cos\gamma}{\cos\gamma + \mu \cdot \sin\gamma} = \frac{\tan\gamma - \mu}{1 + \mu \cdot \tan\gamma} \tag{6.1.45}$$

Abb. 6.1.41: Ertragbares Verhältnis von Y zu Q

6.1 Spurführungstechnik

Das ertragbare Y/Q hängt also vom Spurkranzwinkel und vom Reibwert am Spurkranzberührpunkt ab. Abb. 6.1.41 zeigt das ertragbare Y/Q in Abhängigkeit von Spurkranzflankenwinkel und Reibwert am Spurkranz.

Beim üblichen Spurkranzwinkel von 70° und einem Reibwert von 0,35 ergibt sich Y/Q = 1,22. Meist wird ein Grenzwert von 1,2 verwendet.

6.1.5 Spurführungsprinzip Losrad

Bei Losrädern sind die beiden gegenüberliegenden Räder relativ zueinander bewegbar. Von einem Losradsatz spricht man, wenn die Räder sich zwar unabhängig voneinander um die Querachse drehen können, die anderen Relativbewegungen aber wie beim Radsatz blockiert sind.

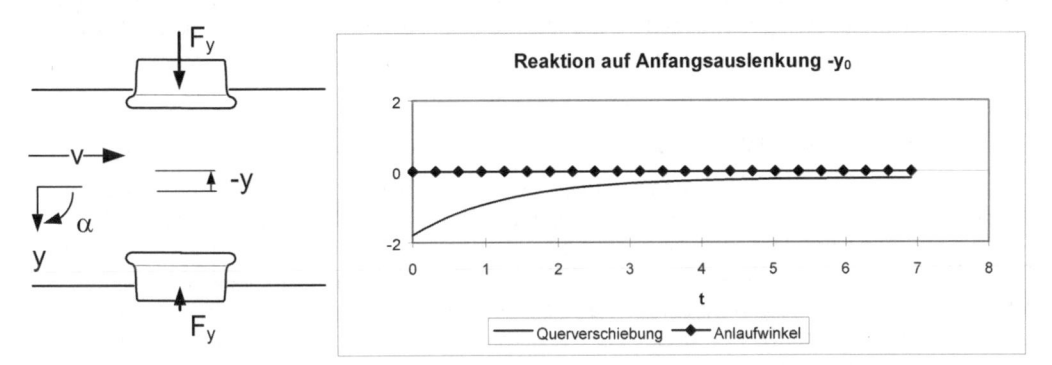

Abb. 6.1.42: Bewegung eines Losradsatzes als Reaktion auf eine anfängliche Querauslenkung

Das prinzipielle Verhalten eines Losradsatzes ist in Abb. 6.1.42 dargestellt. Wird der Losradsatz in Querrichtung ausgelenkt, ergibt sich am linken Rad eine größere Profilseitenkraft als am rechten Rad. Die resultierende Querkraft verschiebt den Losradsatz in Richtung der Gleismitte. Die Anfangsauslenkung wird langsam abgebaut. Da die resultierende Querkraft immer kleiner wird, erfolgt die Verschiebung asymptotisch.

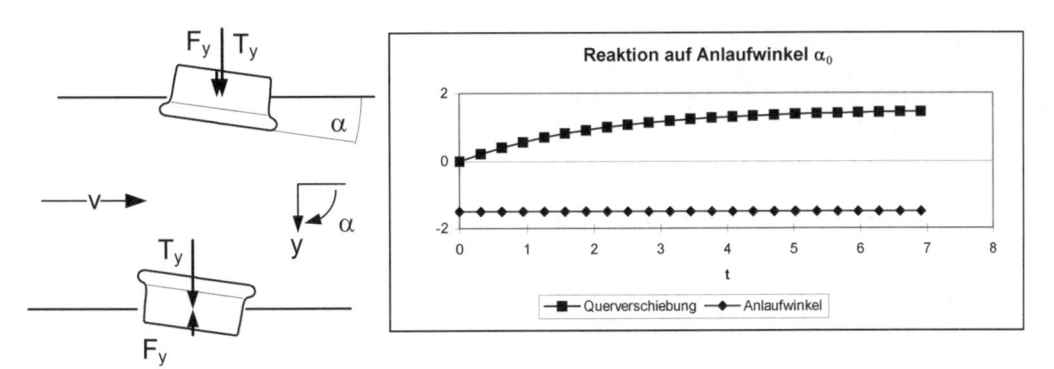

Abb. 6.1.43: Bewegung eines Losradsatzes als Reaktion auf eine anfängliche Ausdrehung

6 Gesamtsystemzusammenhang und Wirkungsmechanismen des Systems Bahn

Wird der Losradsatz durch eine Gleislagestörung oder durch Kräfte aus der Führung des Fahrwerks um die Hochachse gedreht, stellen sich, wie in Abb. 6.1.43 gezeigt, folgende Kräfte ein:

Da das Radpaar nicht querverschoben ist, sind die beiden Profilseitenkräfte gleich groß und heben sich auf. Wegen des Anlaufwinkels ergeben sich Querreibkräfte, die den Losradsatz nach rechts verschieben. Der Losradsatz wandert daher so lange nach rechts, bis die Querkräfte durch die Profilseitenkräfte ausgeglichen werden. Der Losradsatz fährt also querverschoben („läuft einseitig an") und mit Anlaufwinkel, es gibt keinen Mechanismus, der den Anlaufwinkel abbauen würde.

Dieses Verhalten ist natürlich nachteilig, da an den Rädern hohe Kräfte verbunden mit starkem Verschleiß auftreten. Zu beachten ist, dass schon kleine Anlaufwinkel, wie sie aus Einstell- und Bautoleranzen resultieren können, ausreichen, um den Losradsatz einseitig anlaufen zu lassen.

Diese Eigenschaft ist der Grund dafür, dass Losräder sich bisher nicht durchsetzen konnten. Nur bei einzelnen Anwendungen, wie Niederflurstraßenbahnen, werden Losräder verwendet, oft mit dem Nachteil hoher Instandhaltungskosten.

6.1.6 Verhalten von Fahrzeugen

Das Verhalten von ganzen Schienenfahrzeugen oder Systemen aus mehreren Fahrzeugen kann nicht mehr analytisch untersucht werden. Dazu verwendet man numerische Methoden. Da die einzelnen Fahrzeugtypen sich oft sehr stark im Aufbau unterscheiden, ist es nicht sinnvoll die Bewegungsgleichungen per Hand aufzustellen und zu programmieren. Stattdessen verwendet man so genannte **M**ehr**k**örper**s**ystem (MKS)-Programme, die mit Hilfe eines MKS-Algorithmus die Bewegungsgleichungen auf Basis einer Modellbeschreibung in numerischer oder symbolischer Form erstellen.

Zur Modellbeschreibung wird das Fahrzeug in Einzelkörper zerlegt, die im Allgemeinen starr sind, aber auch elastisch sein können. Lage und Masseneigenschaften der Körper müssen angegeben werden. Die Körper werden über Verbindungselemente und Gelenke miteinander verkoppelt.

Im jeweiligen MKS-Programm steht ein Katalog von Verbindungselementen zur Verfügung, die einfachsten sind lineare Federn oder lineare Dämpfer.

Bei Schienenfahrzeugen kommt als Besonderheit die Nachbildung des Rad/Schiene-Kontakts dazu. Diese ist sehr komplex (Berührgeometrie, Berechnung der Reibkräfte, etc.), so dass nur wenige spezialisierte MKS-Programme entsprechende Module anbieten.

Typische Modelle von Schienenfahrzeugen bestehen aus 10–50 Körpern, die mit 100–300 Koppelelementen verbunden sind und 40–150 Freiheitsgrade ergeben.

Wie schon beim Radsatz, werden in der Folge Stabilität, Bogenlauf und Entgleisungssicherheit als maßgebliche Bereiche der Lauftechnik behandelt. Neu ist hier die Behandlung der von Gleislageabweichungen (oder anderen Störungen) angeregten Schwingungen des Fahrzeugs, die den Fahrkomfort bestimmen.

6.1.6.1 Stabilität und Eigenschwingungen

Die Stabilität des Schienenfahrzeugs kann durch eine geeignete Fesselung der Radsätze erhöht werden. Bei Fahrzeugen mit einzeln am Wagenkasten angebundenen Radsätzen sind dem allerdings enge Grenzen gesetzt, da durch eine Drehbehinderung (um die Hochachse) die Bogengängigkeit sehr stark leidet.

Das wird umgangen, indem Radsätze in Drehgestellen mehr oder weniger stark eingespannt werden, die Drehgestelle sich aber unter dem Wagenkasten verdrehen können.

6.1 Spurführungstechnik

Reicht bei höheren Fahrgeschwindigkeiten dies nicht mehr aus, kann die Ausdrehung der Drehgestelle unter dem Wagenkasten durch entsprechende Einrichtungen gedämpft oder gehemmt werden.

Bei den folgenden Angaben ist zu beachten, dass sie nur sehr allgemein gelten und bei einzelnen Fahrzeugen durchaus andere Effekte zum Tragen kommen können. Weiterhin beeinflussen sich einzelne Parameteränderungen unter Umständen in unerwarteter Weise.

Die Erhöhung folgender Parameter setzt im Allgemeinen die Grenzgeschwindigkeit herauf:
- Spurweite
- Laufkreisradius
- Profilsteifigkeit
- Steifigkeit und Dämpfung der Radsatzführung (innerhalb bestimmter Grenzen, Beeinflussung längs-quer)
- Radsatzabstand
- Drehdämpfung des Drehgestells
- Radsatzkoppelung
- Wagenkastenmasse /Trägheitsmoment

Destabilisierend wirkt die Erhöhung folgender Parameter:
- Äquivalente Konizität
- Ungefederte Masse / Trägheitsmoment
- Primär gefederte Masse / Trägheitsmoment

Zur Berechnung der Stabilität werden folgende Methoden verwendet:
- **Linear**: Berechnung der Eigenwerte eines linearisierten Modells bei Variation der Fahrgeschwindigkeit
- **Nichtlinear**: Simulation der Reaktion auf Anfangsstörungen mittels numerischer Integration der nichtlinearen Bewegungsgleichungen

Die Wurzelortskurven sind hier wegen der Vielzahl der Eigenformen wesentlich komplizierter. Abb. 6.1.44 zeigt ein Beispiel eines vierachsigen Fahrzeugs. Man erkennt, dass hier vier verschie-

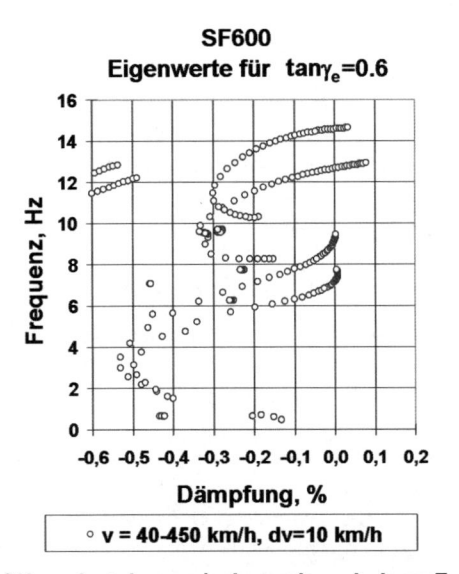

Abb. 6.1.44: Eigenwerte (Wurzelortskurven) eines vierachsigen Fahrzeugs

6 Gesamtsystemzusammenhang und Wirkungsmechanismen des Systems Bahn

dene Eigenformen, jeweils bei unterschiedlichen Geschwindigkeiten und Frequenzen, instabil werden können.

Neben den geschwindigkeitsabhängigen Eigenwerten, die alle mit Radsatzbewegungen zusammenhängen, treten auch Eigenfrequenzen auf, die sich nicht verändern. Diese hängen meist mit Starrkörperbewegungen zusammen. Die wichtigsten Starrkörpereigenformen sind:
– Wanken (Pendeln, Rollen): Gekoppelte Schwingung aus Querbewegung und Rollbewegung, tritt in zwei Formen auf, die sich durch die Phasenlage unterscheiden: Hochpolwanken und Tiefpolwanken
– Gieren oder Schlingern: Gekoppelte Schwingung aus Querbewegung und Drehung um die Hochachse
– Tauchen: Vertikalbewegung
– Nicken: Drehung um die Querachse, oft gekoppelt mit Vertikalbewegung

Daneben existieren höherfrequente Eigenformen, die von Drehgestell- und Radsatzbewegungen dominiert sind.

6.1.6.2 Reaktion auf Gleislageabweichungen und andere Anregungen

Aufgrund von Verschleiß, Veränderungen am Oberbau, Schienenstößen und Herstellgenauigkeiten, weicht die Lage der Schienen immer mehr oder weniger stark von der Nennlage ab. Diese Lageabweichungen führen zu Fahrzeugschwingungen, die wiederum hohe Kräfte, Verschleiß und hohe Beschleunigungen im Fahrzeugkasten hervorrufen.

Wir haben es hier mit wegerregten erzwungenen Schwingungen zu tun, die teilweise durch Formschluss (vertikal), teilweise durch Reibkräfte angeregt werden.

6.1.6.3 Beschreibung und Messung der Gleislageabweichungen

Im einfachsten Fall kann die Lage durch die beiden Koordinaten der beiden Schienen beschrieben werden (Schienenlagekoordinaten z_L, y_L, z_R, y_R).

Im Gleisbau und der Gleiserhaltung ist es üblich, statt dessen die so genannten Gleislagekoordinaten zu verwenden. Diese sind

– Höhenlage h(x): vertikale Verschiebung der Gleismitte

$$h(x) = \frac{z_L(x) + z_R(x)}{2} \quad (6.1.46)$$

– Richtungslage u(x): horizontale Verschiebung der Gleismitte

$$u(x) = \frac{y_L(x) + y_R(x)}{2} \quad (6.1.47)$$

– Spurweite s(x): $\quad s(x) = s_0 + y_L(x) - y_R(x) \quad (6.1.48)$

– Querhöhe δ(x): gegenseitige Höhenlage, Überhöhungswinkel

$$\delta(x) = \delta_0 + arctg\left(\frac{z_L(x) - z_R(x)}{2}\right) \quad (6.1.49)$$

Die Gleislage wird neben geodätischen Messungen durch spezielle Messfahrzeuge kontinuierlich erfasst. Diese Fahrzeuge sind allerdings nur in der Lage, einen bestimmten begrenzten Wellenlängenbereich der Fehler zu messen. Es ist zwar möglich, bei der Verarbeitung der Messdaten diese mit Hilfe der Übertragungsfunktion zu korrigieren. Problematisch bleiben Bereiche mit kleinen Werten der Übertragungsfunktion, da hier durch die Korrektur nur Fehler verstärkt werden.

6.1 Spurführungstechnik

So gewonnene Gleislagedaten können direkt als Funktion des Fahrwegs verwendet werden. Die Bewegungsgleichungen mit den Gleislageabweichungen als Anregung werden dann numerisch integriert.

Nachteil ist, dass man nur ein ganz spezielles Ergebnis für diese spezielle Gleislage erhält.

Allgemeiner bewertbar werden Gleislageabweichungen wenn sie in einer spektralen Beschreibung dargestellt werden.

Die Gleislageabweichung h(x) (als Beispiel) wird mittels einer Fouriertransformation in einzelne harmonische Anteile zerlegt

$$h(x) = b_1 \cdot \sin(\frac{2\pi}{L_1} x + \varepsilon_1) + \cdots + b_j \cdot \sin(\frac{2\pi}{L_j} x + \varepsilon_j) + \cdots + b_k \cdot \sin(\frac{2\pi}{L_k} x + \varepsilon_k)$$

$$= \sum_{i=1}^{k} b_j \cdot \sin(\frac{2\pi}{L_j} x + \varepsilon_j) \qquad (6.1.50)$$

mit den Amplituden b_j, Wellenlängen der einzelnen Harmonischen L_j und den Wegkreisfrequenzen $\Omega_j = \frac{2\pi}{L_j}$.

Da die Größe der Amplituden von der Anzahl der Messpunkte bzw. der Harmonischen abhängt, ist es sinnvoll, die Amplituden in so genannte Unebenheitsleistungsdichten

$$\Phi_{hi} = \frac{b_j^2}{2 \cdot \Delta\Omega} \qquad (6.1.51)$$

mit

$$\Delta\Omega = \Omega_1 = \frac{2\pi}{L_1} \qquad (6.1.52)$$

umzuwandeln.

Leistungsdichtespektren der DB AG für Fahrzeugauslegung

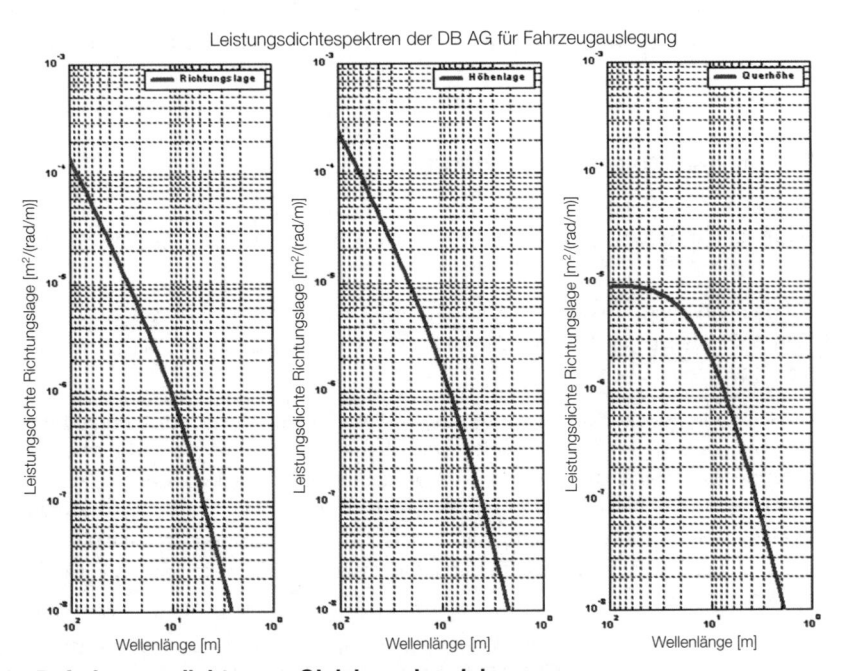

Abb. 6.1.45: Leistungsdichte von Gleislageabweichungen

6 Gesamtsystemzusammenhang und Wirkungsmechanismen des Systems Bahn

In der Literatur findet man eine Vielzahl von aus Messungen abgeleiteten Leistungsdichtespektren. Die Ergebnisse unterscheiden sich teilweise sehr stark (mehrere Zehnerpotenzen in der Leistungsdichte).

In Abb. 6.1.45 sind analytisch definierte Leistungsdichtespektren dargestellt, wie sie von *DB AG* als Grundlage für die Fahrzeugauslegung angegeben werden. Die Leistungsdichte nimmt mit sinkender Wellenlänge sehr stark ab (man beachte die logarithmischen Achsen). Der obere Wellenlängenbereich ist wegen der Messproblematik schlecht abgesichert. In diesem Bereich gehen auch die Gleislageabweichungen dann in die Trassierung über. Die Querhöhe ist in jedem Fall auf die Werte, die sich aus der maximalen Überhöhung ergeben, beschränkt.

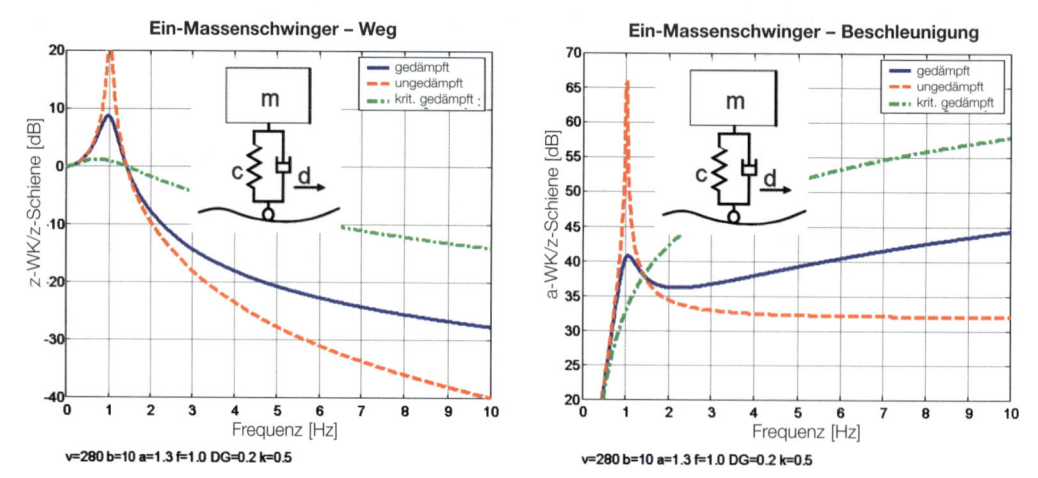

Abb. 6.1.46: Übertragungsfunktionen des Ein-Massen-Modells eines Fahrzeuges (links: Wagenkastenauslenkung zu Höhenlage, rechts: Wagenkastenbeschleunigung zu Höhenlage)

6.1.6.4 Übertragungsverhalten des Fahrzeugs

Das Fahrzeug ist ein Schwingungssystem, das durch Gleislageabweichungen am Rad angeregt wird. Das Übertragungsverhalten kann sehr einleuchtend anhand von einfachen Modellen untersucht werden.

Als erstes sei das Fahrzeug, wie in Abb. 6.1.46 gezeigt, als Einmassenschwinger modelliert. Federung und Dämpfung ist in jeweils ein Element zusammengezogen, der Wagenkasten kann nur Tauchschwingungen durchführen.

Der Einmassenschwinger mit Fußpunkterregung hat die bekannte Übertragungsfunktion für die Schwingbewegung, wie sie im linken Teil der Abb. 6.1.46 für den Weg der Masse gezeigt ist. Bei sehr kleinen Frequenzen fährt die Masse im Wesentlichen der Anregung nach. Bei der Resonanz (hier $f_R = 1$ Hz) sind die Auslenkungen überhöht. Oberhalb von $1{,}41 \cdot f_R$ wird die Auslenkung kleiner als die Anregung. Durch eine Dämpfung wird einerseits die Amplitude im Bereich der Resonanz gesenkt, andererseits wird die Amplitude bei höheren Frequenzen höher. Hier muss ein Kompromiss gefunden werden.

Die Übertragungsfunktion für die Beschleunigung (bezogen auf die Auslenkungsamplitude der Schiene) unterscheidet sich von der Weg-Übertragungsfunktion um den Faktor $(2 \cdot \pi \cdot f)^2$. Hier tritt der

6.1 Spurführungstechnik

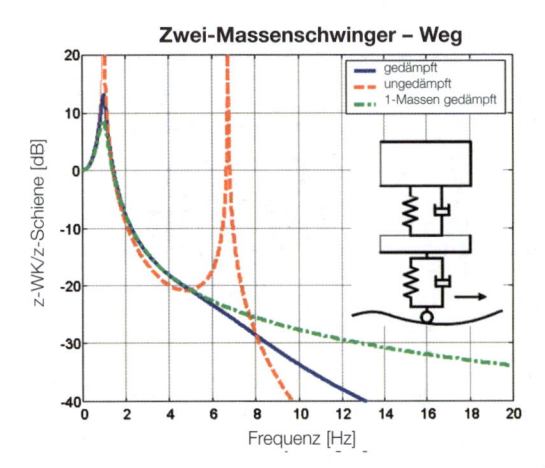

Abb. 6.1.47: Übertragungsfunktion des Zwei-Massen-Modells eines Fahrzeuges (Wagenkastenauslenkung zu Höhenlage)

Effekt der Dämpfung noch stärker hervor. Durch eine hohe Dämpfung wird zwar die Resonanzspitze reduziert, die Beschleunigungen im höheren Frequenzbereich wachsen aber an.

Die meisten Schienenfahrzeuge haben eine zweistufige Federung. Dazu muss das Modell auf einen Zweimassenschwinger erweitert werden. In Abb. 6.1.47 wurden die Parameter so ausgelegt, dass die erste Eigenfrequenz und die Gesamtmasse gleich bleiben.

Wegen der zweiten Masse tritt eine weitere Resonanzstelle auf. Im ungedämpften System erkennt man deutlich diese Überhöhung bei ca. 7 Hz. Im Vergleich zum Einmassenschwinger sinken die Amplituden oberhalb der zweiten Resonanzstelle. Bei kleinen Dämpfungen ist die Absenkung größer als bei großen. Die Zwischenmasse wirkt hier wie ein zusätzliches Tiefpassglied, das die höhere Frequenz abmindert.

In Wirklichkeit sind Schienenfahrzeuge in Längsrichtung ausgedehnt und haben mehrere Fahrwerke. Das einfachere Fahrzeug ist der so genannte Zweiachser, wie er in Abb. 6.1.48 dargestellt ist. Hier

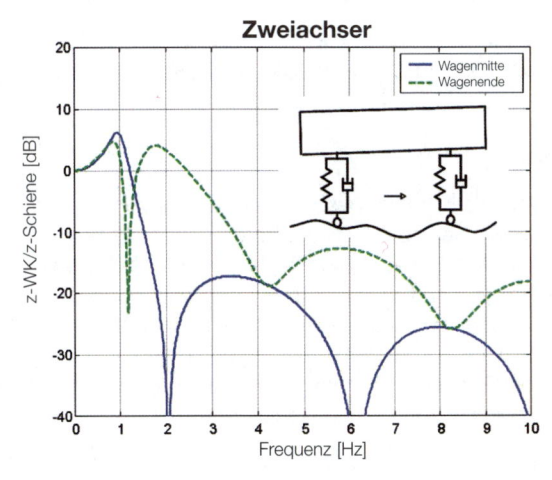

Abb. 6.1.48: Übertragungsfunktion eines Modells des zweiachsigen Fahrzeugs (Wagenkastenauslenkung zu Höhenlage)

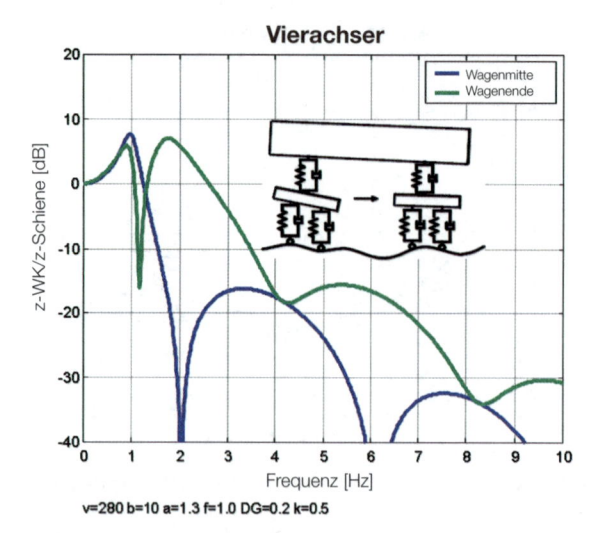

6 Gesamtsystemzusammenhang und Wirkungsmechanismen des Systems Bahn

Abb. 6.1.49: Übertragungsfunktion eines Modells des vierachsigen Drehgestell-Fahrzeugs (Wagenkastenauslenkung zu Höhenlage)

zeigt sich schon aus der Kinematik, das heißt bei starren Federn, ein wichtiger Effekt. Infolge der geometrischen Anordnung der beiden Fahrwerke werden Tauchen und Nicken bei unterschiedlichen Wellenlängen verschieden stark übertragen. So wird z. B. bei einer Wellenlänge gleich dem doppelten Abstand der Achsen (L = 4b) das Tauchen nicht übertragen, das Nicken wird voll übertragen. Diese Nullstellen in der Übertragungsfunktion wiederholen sich abwechselnd.

Beim elastischen System überlagert sich dieser Effekt mit den oben beschriebenen Resonanzeffekten. Abb. 6.1.48 zeigt die aus beiden Effekten resultierende Übertragungsfunktion.

Abb. 6.1.49 zeigt die Übertragungsfunktion eines Drehgestellfahrzeugs. Hier überlagern sich die einzelnen Effekte aus zweistufiger Federung und Zweiachser. Zusätzlich wirkt auch der Drehgestellrahmen als Zweiachser, ein weiterer Effekt ist, dass durch die mittige Anordnung der Sekundärfedern Nickbewegungen des Drehgestells überhaupt nicht in den Wagenkasten übertragen werden.

Durch die Summe dieser Effekte kann, speziell bei höheren Anregungsfrequenzen mit dem vierachsigen Drehgestellfahrzeug, das beste Übertragungsverhalten der diskutierten Modelle erreicht werden.

6.1.6.5 Komfortbewertung

Bei der Beanspruchung von Werkstoffen, besonders Metallen, kommt es im hier betrachteten Frequenzbereich nur auf die Höhe der Belastung an. Es braucht nicht betrachtet werden, mit welcher Frequenz die Belastung auf das Bauteil wirkt. Anders ist das beim Menschen. Da er selbst ein schwingungsfähiges Gebilde ist, beurteilt er die Einwirkung einer gegebenen Schwingung nicht allein nach deren Stärke, sondern er nimmt Beschleunigungen gleicher Amplitude aber verschiedener Frequenz unterschiedlich stark wahr. Es besteht also zwischen den physikalischen Messgrößen und der subjektiven Bewertung eine Frequenzabhängigkeit. Diese ist für die verschiedenen Wirkrichtungen und eigentlich auch für einzelne Körperteile unterschiedlich.

Um diese Bewertung festzustellen, wurden Versuchspersonen auf einem Schwingtisch positioniert, der mit verschiedenen Frequenzen und Amplituden sinusförmig erregt wurde. Die Versuchspersonen mussten nun die Schwingungen bewerten.

6.1 Spurführungstechnik

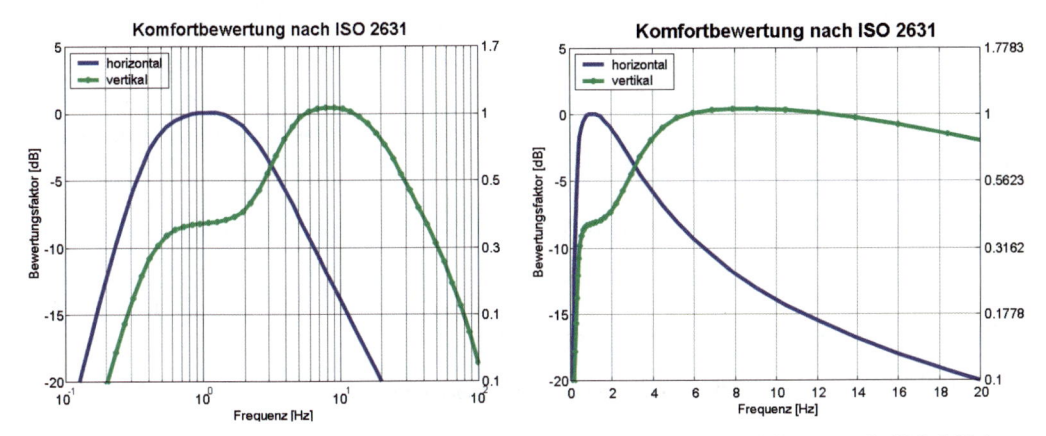

Abb. 6.1.50: Frequenzabhängige Bewertung des Schwingungskomforts nach *ISO 2631*

Derartige Untersuchungen wurden von verschiedenen Stellen durchgeführt, so dass eine ganze Reihe von Komfortbewertungen existiert. Diese unterscheiden sich teilweise erheblich.

Am gebräuchlichsten ist inzwischen die Bewertung nach *ISO 2631*, deren Bewertungskurven in Abb. 6.1.50 gezeigt werden.

Horizontal wird der Frequenzbereich zwischen 0,5 und 2 Hz am höchsten bewertet. Danach nimmt die Bewertungskurve mit 20 dB/Dekade ab und liegt bei 20 Hz nur mehr bei 0,1. Damit werden die ersten Eigenfrequenzen sehr stark bewertet, Instabilitätsfrequenzen (ca. 3–6 Hz) und Strukturschwingungen des Wagenkastens (>6 Hz) werden schwächer bewertet.

Vertikal wird am höchsten der Bereich zwischen 4 und 16 Hz bewertet. Der Bereich, in dem üblicherweise die ersten Eigenfrequenzen des Fahrzeugs liegen (0,5–3 Hz), wird relativ niedrig bewertet. Durch diese Art der Filterkurve bestimmen vor allem Strukturschwingungen des Wagenkastens das Komfortergebnis. Ob dies das wirkliche Komfortempfinden wiedergibt, erscheint fraglich.

Speziell für den Bereich der Schienenfahrzeuge existieren eine Reihe von weiteren Normen zur Komfortbewertung, die zum Großteil auf *ISO 2631* basieren:
- *UIC Merkblattes 513: Richtlinien zur Bewertung des Schwingungskomforts des Reisenden in den Eisenbahnfahrzeugen* von 1994
- *Arbeiten des Sachverständigenausschusses B 153 des ERRI* zur Anwendung der *ISO 2631* im Bahnbereich
- *Euronorm DIN EN 12299 Bahnanwendungen – Fahrkomfort für Fahrgäste – Messung und Auswertung*
- Wz-Verfahren, Laufgüte Wertziffer nach *Sperling* der *Deutschen Bahn*.

In diesen Normen ist definiert, wie aus den gefilterten Beschleunigungen Maßzahlen für definierte Strecken- oder Zeitabschnitte gebildet werden (z. B. Effektiv- oder rms-Wert – **r**oot-**m**ean-**s**quare). Das ältere Verfahren der Wertziffer wird inzwischen immer weniger angewandt.

6.1.7 Bogenlaufverhalten

Unter Bogenlaufverhalten versteht man
- die Position des Fahrzeugs im Bogen,
- die zwischen Rad und Schiene und im Fahrzeug wirkenden Kräfte und
- die an Rad und Schiene auftretende Reibleistung (Verschleißkenngröße).

6 Gesamtsystemzusammenhang und Wirkungsmechanismen des Systems Bahn

Es ist üblich, diese Untersuchungen in den quasistatischen Zustand (Gleichgewichtslage im Bogen) und die überlagerte Dynamik infolge von Trassenänderungen (Bogeneinfahrt, Bogenausfahrt) und Gleislageabweichungen, zu trennen.

Die quasistatische Gleichgewichtslage kann durch Lösen eines nichtlinearen Gleichungssystems bestimmt werden. Dieses leitet sich aus dem stationären Zustand der Bewegungsgleichungen ab. Auch mittels numerischer Integration der Bewegungsgleichungen unter speziellen Randbedingungen kann die Gleichgewichtslage berechnet werden. Dieses Verfahren ist in jedem Fall für die Berechnung der überlagerten Dynamik notwendig.

Die älteren grafischen Näherungsverfahren nach *Übelacker* und *Heumann* werden heute angesichts der Simulationsmöglichkeiten kaum mehr verwendet.

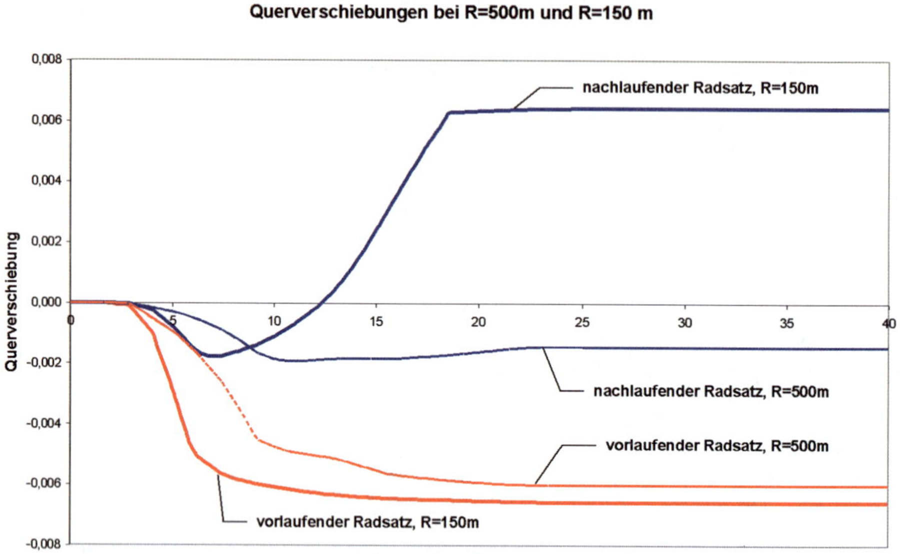

Abb. 6.1.51: Querverschiebungen der Radsätze eines starrachsigen Drehgestells bei Fahrt durch Gleisbögen

6.1.7.1 Grundsätzliches Verhalten eines starrachsigen Drehgestells

Im Folgenden wird das Verhalten eines Drehgestells mit in den Drehgestellrahmen fest eingebundenen Radsätzen betrachtet.

Zunächst wird das Verhalten in Gleisbögen mit zwei verschiedenen Radien betrachtet – R = 500 m und R = 150 m. Abb. 6.1.51 zeigt die Querverschiebungen der Radsätze in diesen beiden Bögen. In dieser Simulation ist die Einfahrt in den Bogen simuliert; betrachtet werden soll der Gleichgewichtszustand am Ende der Simulation (Quasistatik). In beiden Gleisbögen wandert der vorlaufende Radsatz nach bogenaußen und läuft außerhalb der kinematischen Rolllinie. Der nachlaufende Radsatz bleibt innerhalb der kinematischen Rolllinie, im engen Gleisbogen läuft er sogar an der bogeninneren Schiene an („Spießgangstellung").

Durch den Radsatzabstand 2a ergibt sich, abhängig vom Bogenradius R, an den beiden Radsätzen ein „kinematischer" Anlaufwinkel $\alpha = \dfrac{a}{R}$. Dieser ist in Abb. 6.1.52 eingezeichnet.

6.1 Spurführungstechnik

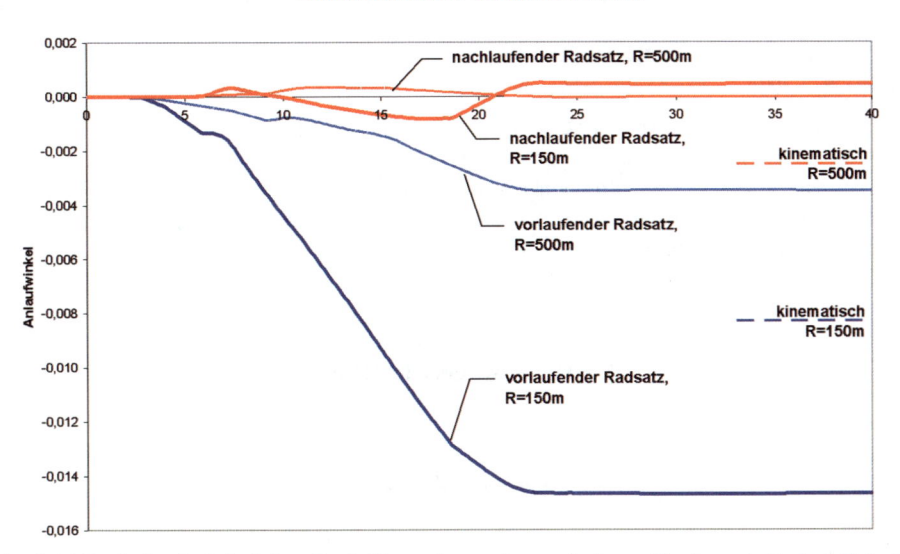

Abb. 6.1.52: Anlaufwinkel der Radsätze eines starrachsigen Drehgestells bei Fahrt durch Gleisbögen

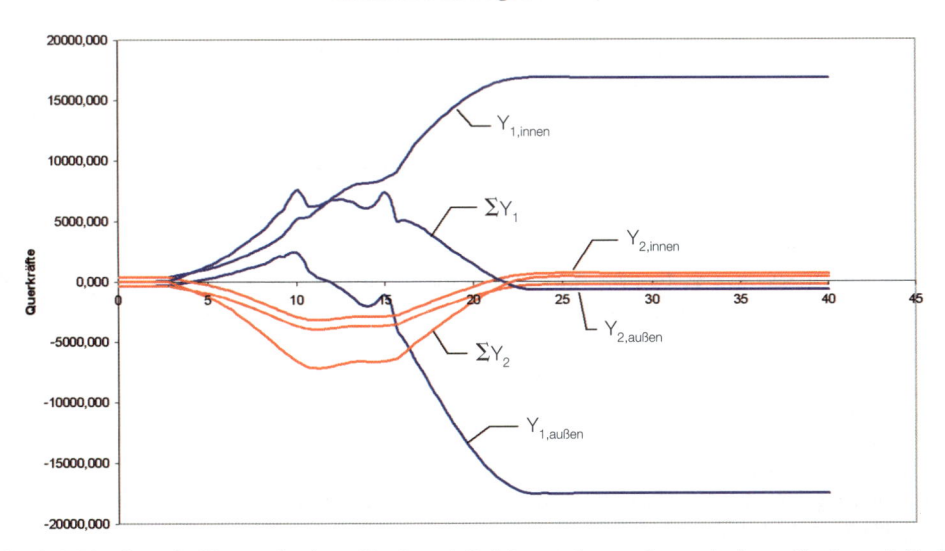

Abb. 6.1.53: Querkräfte zwischen Rad und Schiene eines starrachsigen Drehgestells bei Fahrt durch einen Gleisbogen mit R = 500 m

Die wirklich auftretenden Anlaufwinkel sind am vorlaufenden Radsatz deutlich größer; am nachlaufenden Radsatz sind sie sehr klein. Das Drehgestell dreht sich also nicht vollständig aus, seine Längsachse bleibt gegenüber der Tangente an das Gleis verdreht.

Der Anlaufwinkel am vorlaufenden Radsatz führt zu Querreibkräften, die mit den Profilseitenkräften und den Längsreibkräften im Gleichgewicht stehen.

6 Gesamtsystemzusammenhang und Wirkungsmechanismen des Systems Bahn

Bei R = 500 m bleiben die Querkräfte am nachlaufenden Radsatz klein, wie in Abb. 6.1.53 zu erkennen ist. Am vorlaufenden Radsatz entsteht aber am bogenäußeren Rad eine große Profilseitenkraft, die durch Querreibkräfte an beiden Rädern kompensiert wird, so dass die Summe der beiden Führungskräfte klein bleibt.

Anders ist dies bei R = 150 m, die Ergebnisse sind in Abb. 6.1.54 dargestellt. Hier kann die nun noch größere Profilseitenkraft durch Querreibkräfte allein nicht mehr kompensiert werden, dazu ist eine entgegengesetzte Profilseitenkraft am nachlaufenden Radsatz erforderlich. Dies erreicht der Radsatz durch Anlaufen an der bogeninneren Schiene. Wegen des kleinen Anlaufwinkels an diesem Radsatz ist die Querreibkraft hier klein. Es entstehen an den beiden Radsätzen entgegengesetzt wirkende resultierende Querkräfte, deren Moment durch Längsreibkräfte ausgeglichen wird.

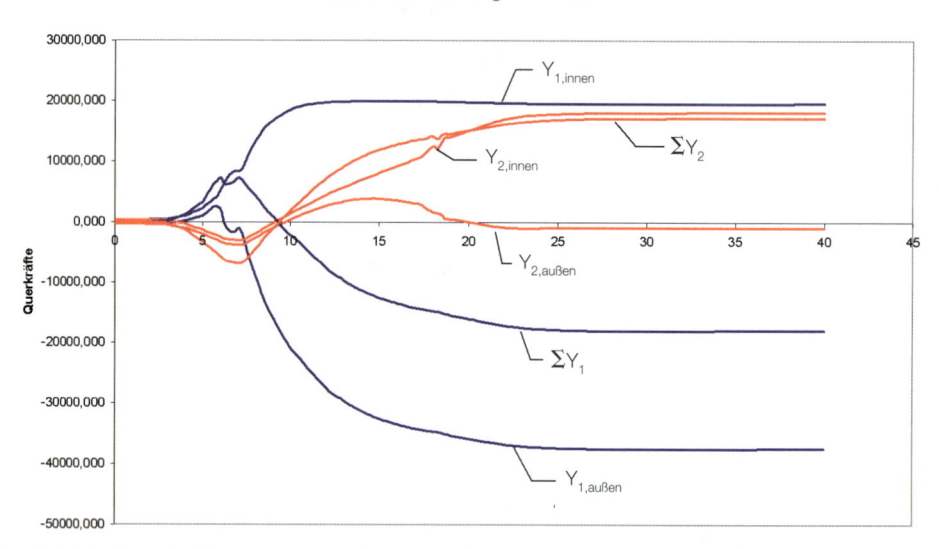

Abb. 6.1.54: Querkräfte zwischen Rad und Schiene eines starrachsigen Drehgestells bei Fahrt durch einen Gleisbogen mit R = 150 m

Die quasistatischen Kräfte und Verschleißkenngrößen im Gleisbogen können durch folgenden Parameter reduziert werden:
- Günstige Rad/Schiene-Berührgeometrie
- Niedrige Längssteifigkeit der Radsatzführung, ermöglicht eine Radialstellung der Radsätze
- Längskoppelung und Querkoppelung der Radsätze
- Kleiner Radsatzabstand
- Niedriger Ausdrehwiderstand des Drehgestells
- Drehkoppelung der Drehgestelle

Die dynamischen Kräfte bei Bogenfahrt können zusätzlich durch folgende Parameter reduziert werden:
- Niedrige Quersteifigkeit der Radsatzführung
- Niedrige Federsteifigkeit der Primärfederung
- Niedrige ungefederte und primär gefederte Masse
- Niedrige Quersteifigkeit der Sekundärfederung

6.1 Spurführungstechnik

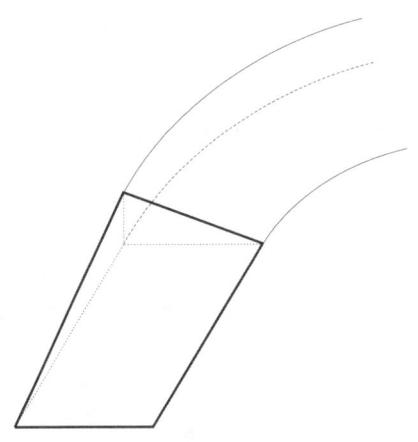

Abb. 6.1.55: Verwindung des Gleises beim Übergang von Gerade zu Gleisbogen

6.1.7.2 Entgleisungssicherheit in Gleisverwindungen

Gleisverwindungen sind bei Eisenbahnen unvermeidlich. Einerseits sind Verwindungen im Rahmen der Trassierung für den Übergang vom nicht überhöhten zum überhöhten Gleis, wie in Abb. 6.1.55, erforderlich, andererseits können Gleislagefehler, die zu Verwindungen führen, nicht vermieden werden.

Bei einem Fahrzeug ohne vertikale Federung würde beim Durchfahren der Verwindung mindestens ein Rad abheben. Da Verwindungen in Übergangsbögen meist mit Krümmungen gekoppelt sind, würde dieses Fahrzeug entgleisen.

Bei den europäischen Eisenbahnen ist die Entgleisungssicherheit in Verwindungen durch die Forderung sichergestellt, dass das Fahrzeug bei Durchfahren
– eines Gleisbogens mit R = 150 und
– mit Fahrzeugprüfverwindung
– den Grenzwert Y/Q = 1.2 nicht überschreitet.

Im *ERRI-Bericht B55 Rp. 8* und der *EN 14363* sind Verfahren zur Prüfung der Sicherheit gegen Entgleisen beschrieben.

Die Fahrzeugprüfverwindung wurde aus Vorschriften und Messungen bei verschiedenen europäischen Bahnen abgeleitet und beträgt in ‰

$$g_{lim} = 7 \quad \text{für } 2a < 4 \text{ m und}$$
$$g_{lim} = \frac{20}{2a} + 2 \cdot 0 \quad \text{für } 2a \geq 4 \text{ m}$$

Bei Drehgestellfahrzeugen muss diese Prüfverwindung sowohl für das gesamte Fahrzeug (mit Drehgestellmittenabstand als Bezugslänge) als auch überlagert für das Drehgestell (mit dem Radsatzabstand als Längenbasis) aufgebracht werden.

Der experimentelle Nachweis der Entgleisungssicherheit kann durch
– Messung der Rad-Schiene-Kräfte in einem verwundenen Gleisbogen oder durch
– Messung der Verwindesteifigkeit des Fahrzeugs auf einem Verwindeprüfstand, Messung der Querkraft Y in einem ebenen Gleis und Berechnung des Wertes Y/Q erbracht werden.

Daneben kann unter bestimmten Umständen eine vereinfachte Prüfung angewendet werden. Dabei sind die Radentlastung und der Ausdrehwiderstand durch Grenzwerte beschränkt.

6 Gesamtsystemzusammenhang und Wirkungsmechanismen des Systems Bahn

6.1.8 Fahrtechnische Prüfung zur Zulassung von Schienenfahrzeugen

Teil der Zulassung von neuen Fahrzeugserien ist die Überprüfung der fahrtechnischen Eigenschaften. Ziel dieser Prüfung ist es sicherzustellen, dass das Fahrzeug in der Lage ist sicher zu verkehren und es zu keiner unzulässigen Belastung des Fahrwegs oder zur Gefährdung von Fahrgästen und Personal kommt.

Für den europäischen Eisenbahnbereich wird diese Prüfung in einem *UIC-Merkblatt* und in einem Entwurf einer Euro-Norm *prEN 14363* geregelt, deren Inhalt im Folgenden zusammengefasst wird.

Neben der Grobbeurteilung auf Basis von konstruktiven Merkmalen werden stationäre Versuche und Streckenversuche durchgeführt. Die stationären Versuche sollten vor den Streckenversuchen stattfinden, um eine sichere Durchführung der Streckenversuche zu gewährleisten.

6.1.8.1 Stationäre Versuche

– **Messung der statischen Radlasten:** Am stehenden Fahrzeug werden die Radaufstandskräfte gemessen und hinsichtlich der Radlastunterschiede an den einzelnen Rädern des Fahrzeugs bewertet.
– **Messung des Wankverhaltens:** Um die Eingangsgrößen der Einschränkungsrechnung zu überprüfen, müssen Wankwinkel und Querverschiebungen bzw. Wankpolhöhe und Neigungskoeffizient unter Einwirkung einer Überhöhung gemessen werden.
– **Sicherheit gegen Entgleisen in Gleisverwindungen:** Dieser Versuch wurde in Kapitel 6.1.7.2 beschrieben.
– **Messung der Ausdrehsteifigkeit:** Messung des zum Ausdrehen des Drehgestells erforderlichen Momentes.

Streckenversuch

Das fahrtechnische Verhalten des Fahrzeugs wird bei Streckenversuchen geprüft. Dabei werden Versuchsstrecken befahren, die bestimmte, genau definierte Bedingungen erfüllen müssen.

Bei der erweiterten Zulassung, die erforderlich ist, wenn das Fahrzeug geändert wird oder ein zugelassenes Fahrwerk in ein neues Fahrzeug eingesetzt wird, kann unter bestimmten Bedingungen ganz oder teilweise auf Versuche verzichtet werden.

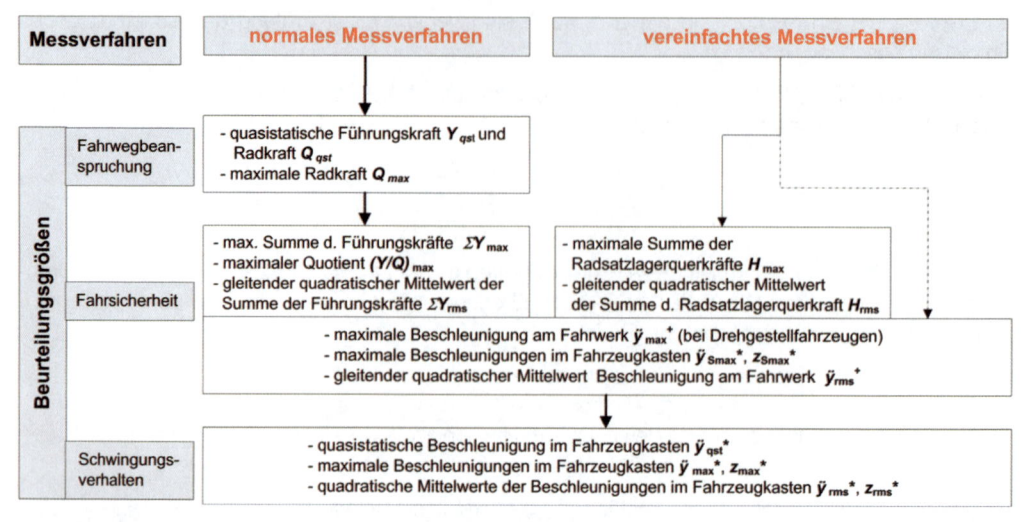

Messverfahren		normales Messverfahren	vereinfachtes Messverfahren
Beurteilungsgrößen	Fahrwegbeanspruchung	- quasistatische Führungskraft Y_{qst} und Radkraft Q_{qst} - maximale Radkraft Q_{max}	
	Fahrsicherheit	- max. Summe d. Führungskräfte ΣY_{max} - maximaler Quotient $(Y/Q)_{max}$ - gleitender quadratischer Mittelwert der Summe der Führungskräfte ΣY_{rms}	- maximale Summe der Radsatzlagerquerkräfte H_{max} - gleitender quadratischer Mittelwert der Summe d. Radsatzlagerquerkraft H_{rms}
		- maximale Beschleunigung am Fahrwerk $\ddot{y}_{max}^+$ (bei Drehgestellfahrzeugen) - maximale Beschleunigungen im Fahrzeugkasten $\ddot{y}_{Smax}^*$, z_{Smax}^* - gleitender quadratischer Mittelwert Beschleunigung am Fahrwerk $\ddot{y}_{rms}^+$	
	Schwingungsverhalten	- quasistatische Beschleunigung im Fahrzeugkasten $\ddot{y}_{qst}^*$ - maximale Beschleunigungen im Fahrzeugkasten $\ddot{y}_{max}^*$, z_{max}^* - quadratische Mittelwerte der Beschleunigungen im Fahrzeugkasten $\ddot{y}_{rms}^*$, z_{rms}^*	

Abb. 6.1.56: Messgrößen bei den Prüfungen zur fahrtechnischen Zulassung nach *EN 14363*

6.2 Fahrdynamik

Im Normalfall müssen beim Streckenversuch die Kräfte zwischen Rad und Schiene mit Messradsätzen gemessen werden. Beim vereinfachten Verfahren, das bei bestimmten Fahrzeugarten angewendet werden kann, werden teilweise die Radsatzlagerquerkräfte gemessen, in jedem Fall aber Beschleunigungen am Fahrwerk und im Wagenkasten.

Je nach Messverfahren ergeben sich unterschiedliche Beurteilungsgrößen, die in die drei Gruppen „Fahrsicherheit", „Fahrwegbeanspruchung" und „Schwingungsverhalten" gegliedert werden. Abb. 6.1.56 fasst die notwendigen Messgrößen zusammen.

Für alle Beurteilungsgrößen sind Grenzwerte definiert. Durch eine Vielzahl von Prüfbedingungen wird die Durchführung der Versuche definiert. Wichtige Punkte dabei sind:
- Versuche mit leerem und beladenem Fahrzeug
- Durchführung der Versuche mit Geschwindigkeiten bis 1,1 x v_{max} und um 10 % erhöhtem zulässigen Überhöhungsfehlbetrag (uf_{max})
- Prüfung in vier Prüfbereichen: Gerade mit v_{max} – Gleisbögen mit v_{max} und uf_{max} – Gleisbögen mit Radien zwischen 400 und 600 m – Gleisbögen mit Radien zwischen 250 und 400 m
- Die gemessenen Größen werden in Auswerteabschnitten definierter Länge (70 bis 500 m) ausgewertet

Die Messgrößen werden nach unterschiedlichen Verfahren gefiltert und ausgewertet. So werden pro Auswerteabschnitt Häufigkeitswerte (50 % oder 99,85 %) berechnet oder rms-Werte gebildet.

Mit dieser Klassierung wird pro Beurteilungsgröße und Auswerteabschnitt ein Wert gewonnen. Aus diesen Werten wird pro Beurteilungsgröße mittels statistischer Verfahren ein „maximaler Erwartungswert" bestimmt.

Zulassungskriterium ist dann der Vergleich von „maximalem Erwartungswert" und Grenzwert.

6.2 Fahrdynamik

6.2.1 Einleitung

Das Thema **Fahrdynamik** umfasst alle Abläufe, die mit zeitlichen Abläufen bei der Durchführung von Zugfahrten in Zusammenhang stehen. Zu nennen sind vor allem:
- Fahrzeitenrechnung (Erstellung von Fahrplänen, Untersuchung, ob ein bestimmtes Fahrzeug einen gegebenen Fahrplan einhalten kann)
- die Ermittlung bezogener Energiemengen – zum Vergleich von Fahrzeugkonzepten oder zum Aufstellen einer Wirtschaftlichkeitsbetrachtung
- Bremswegberechnungen, z. B. in Zusammenhang mit der Planung von Signalanlagen
- Grenzlastberechnung (Bestimmung der von einem Fahrzeug maximal fahrbaren Anhängelasten)

Hinzu kommen weitere Aufgabenstellungen, wie beispielsweise Kapazitätsanalysen für Betriebskonzepte, die Bestimmung von Zusatzkosten bei gestörtem Betrieb (so genannte Betriebserschwerniskosten) oder spezielle Untersuchungen zur Optimierung von Fahrzeugkomponenten.

Die genannten Aufgabenstellungen zeigen, dass die Fahrdynamik für den Bahnbetrieb von grundlegender Bedeutung ist, ermöglicht sie doch diesbezügliche Bewertungen der Sicherheit, der Qualität und der Wirtschaftlichkeit. Aus diesem Grund ist die Fahrdynamik schon seit Beginn des Eisenbahnbetriebes Gegenstand zahlreicher Untersuchungen. In ihren Anfängen wurden anhand einfacher mechanischer Ersatzmodelle Verfahren entwickelt, die grafische oder „mit Papier und

6 Gesamtsystemzusammenhang und Wirkungsmechanismen des Systems Bahn

Bleistift" durchführbare Auswertungen ermöglichten. Diese Verfahren wurden weiter verfeinert und sind heute Bestandteil umfangreicher Programmsysteme, welche die Untersuchung nahezu aller fahrdynamischen Aufgabenstellungen ermöglichen. Zur Fahrdynamik existiert umfangreiche Literatur. Im Rahmen der vorliegenden Übersicht kann auf Einzelaspekte nicht ausführlich eingegangen werden. Nach einem kurzen Überblick über die wesentlichen Voraussetzungen, die für fahrdynamische Analysen erforderlich sind, werden daher einige aktuelle Anwendungen erörtert.

6.2.2 Mechanische Modellbildung und Einflussgrößen

Für jede der oben aufgeführten fahrdynamischen Aufgabenstellungen wurden Modelle entwickelt, durch deren Untersuchung Erkenntnisse für den praktischen Betrieb gewonnen werden können; die Modellbildung basiert jeweils auf den Grundgesetzen der Mechanik. Je nach Anwendungsfall kommt unterschiedlichen Einflussgrößen Bedeutung zu. Die wesentlichen Parameter in der fahrdynamischen Simulation haben sich auch in der Praxis als wichtige Faktoren erwiesen. Wesentliche Parameter sind:

– Fahrzeugseitig: Masse (Leergewicht, Besetztgewicht, zu beschleunigende rotierende Massen), Zugkraft-Geschwindigkeits-Diagramm (Z-v-Diagramm), im Grundsatz bestimmt durch die Kraftübertragung Rad/Schiene und die installierte Leistung, Fahrzeugwiderstand (Rollwiderstand, Impulswiderstand, aerodynamischer Widerstand), zulässige Geschwindigkeit, Wirkungsgrad des Antriebsstranges
– Streckenseitig: Steigungen, Krümmungen, zulässige Geschwindigkeit, Signalstandorte, Lage der Betriebsstellen sowie von Bahnübergängen und Tunnels
– Betrieblich: Fahrplan, einzuhaltende Durchfahrzeiten, Langsamfahrstellen

Diese Parameter sind deterministischer Natur und lassen vermuten, dass es sich bei der Fahrdynamik um eine klassische Ingenieursaufgabe mit klar definierter Aufgabenstellung und einfachen, durch Gleichungen beschreibbaren Zusammenhängen handelt. Die Praxis zeigt aber, dass Zugfahrten trotz scheinbar identischer Voraussetzungen sehr unterschiedlich verlaufen können. Zu den genannten Parametern kommen weitere Einflüsse hinzu, die dies bewirken und deterministisch nur schwer erfassbar sind:
– Unterschiedlicher Besetzungsgrad bei Personenverkehrszügen
– Meteorologische Einflüsse (nasse Schiene, Wind)
– Einfluss der Betriebslage
– Verhalten des Triebfahrzeugführers

Um auch diese Einflüsse zu erfassen und für die Praxis brauchbare Ergebnisse zu liefern, muss der rechnerische Ansatz jeweils der Aufgabenstellung angepasst werden.

6.2.3 Methodische Ansätze

Anhand der „klassischen" Aufgabe der Fahrdynamik, der Fahrzeitenrechnung, kann das Vorgehen am einfachsten beschrieben werden. Analytisch geschlossene Lösungen für den Verlauf der Zugfahrt lassen sich nur unter starken, für die meisten Anwendungsfälle unzureichenden Vereinfachungen angeben. Daher erfolgt die Berechnung heute mit EDV-Programmen, die den Fahrtverlauf mit Hilfe numerischer Näherungsverfahren berechnen und damit zumindest den Einfluss aller deterministischen Eingangsdaten abbilden können.

Anhand des Z-v-Diagramms des Triebfahrzeugs sowie der auf den Zug wirkenden Fahrzeug- und Streckenwiderstandskräfte kann zu jedem Zeitpunkt der Zugfahrt der so genannte Zugkraftüberschuss (bzw. -mangel) bestimmt werden, der als Beschleunigungskraft auf den Zug wirkt. Unter

6.2 Fahrdynamik

Beachtung einiger Randbedingungen, wie z. B. der zulässigen Geschwindigkeit, kann die Bewegungsgleichung schrittweise gelöst werden.

Als Näherungsverfahren kommen Zeitschritt-, Wegschritt- und Geschwindigkeitsschrittverfahren in Frage, jeweils mit spezifischen Vor- und Nachteilen. Da sich mit allen diesen Verfahren konvergente Ergebnisse berechnen lassen und die Berechnungen mit gängigen PCs in kürzester Zeit durchgeführt werden können, ist die Verfahrenswahl für die Ergebnisgenauigkeit eher von untergeordneter Bedeutung. Wichtig ist die Wahl eines flexiblen Verfahrens, das programmtechnisch leicht erweiterbar ist und mit möglichst wenig Fallunterscheidungen und Sonderlösungen arbeitet. Ein solches Verfahren ist beispielsweise das bei der *DB Systemtechnik* verwendete Geschwindigkeitsschrittverfahren; es kommt ohne spezielle Anlaufrechnung aus, Auslauf- und Bremsvorgänge werden auf einfache Weise über eine Rückwärtsterminierung abgebildet.

Unwägbarkeiten bei der Fahrzeitenrechnung resultieren vor allem aus den oben erwähnten nichtdeterministischen Einflüssen und der Schwierigkeit, diese abzubilden. Die Modellierung der hierdurch unterschiedlich verlaufenden Zugfahrten durch ein Modell mit klar definierten Randbedingungen erweist sich nämlich als äußerst schwierig!

Für lange Zeit stand in den Simulationsverfahren nur ein einfaches Modell für die Zugfahrt selbst zur Verfügung, die so genannte „straffe Fahrweise". Dabei wird die Zugfahrt modelliert, indem die volle Antriebsleistung genutzt wird, die Streckengeschwindigkeit ausgefahren wird und eine punktgenaue Bremsung bei fahrplanmäßigen Halten erfolgt. Auch heute noch ist dies das Standard-Modell für die Zugfahrtsimulation.

Um einen stabilen Fahrplan zu erhalten, werden daher einerseits ungünstige Annahmen getroffen (100 % der Sitzplätze besetzt, Gegenwind 15 km/h, nasse, aber gesandete Schiene). Andererseits wird die resultierende „reine Fahrzeit" mit Zuschlägen beaufschlagt, die in Abhängigkeit von der Zuggattung und der Zuggeschwindigkeit unterschiedlich hoch bemessen sind. Mit diesen Zuschlägen ergibt sich die so genannte „planmäßige Fahrzeit", mit der alle statistisch relevanten, erschwerenden Einflüsse abgedeckt werden.

Das einfache Beispiel der Fahrzeitenrechnung zeigt bereits, dass es erforderlich ist, betriebliche Zusammenhänge zu verstehen, um die Ergebnisse der Fahrdynamik nutzbar zu machen. Neben einer geeigneten Parameterwahl (im Beispiel: Parameterwahl derart, dass sich ein ungünstiger Einfluss auf das Resultat ergibt) werden häufig einfache praktische Maßnahmen ergriffen, um Ergebnisse in eine praxistaugliche Form zu überführen. Wie in der Folge gezeigt wird, erfordern andere Untersuchungen eine völlig andere Parameterwahl; wesentlich ist stets die Praxisrelevanz.

6.2.4 Anwendungsbeispiel: Energiesparende Fahrweise (ESF)

Neben der Forderung nach einem sicheren und pünktlichen Betrieb treten wirtschaftliche Gesichtspunkte mehr und mehr in den Vordergrund. Die hier vorgestellten Anwendungsbeispiele zeigen, dass diese Forderungen in unterschiedlichsten Zusammenhängen auftreten. Wirtschaftliches Handeln erfordert die Ausnutzung **aller** Ressourcen, beispielsweise durch Optimierung des Energieverbrauchs oder (wie später beschrieben wird) durch Ausnutzung der vollen verfügbaren Transportkapazität im Güterverkehr.

Die Grundlage für eine Energieeinsparung, das Fahren ohne Antrieb während einer Auslaufphase, kann anhand eines einfachen Standard-Fahrzyklus (Beschleunigung, Beharrungsfahrt, Auslauf und Bremsung) erklärt werden, siehe Abb. 6.2.1.

Bei der in Rot dargestellten „straffen Fahrweise" erreicht der Zug die kürzestmögliche Fahrzeit, zu der wie oben beschrieben eine Fahrzeitreserve addiert wird, um auch unter ungünstigen Bedingungen

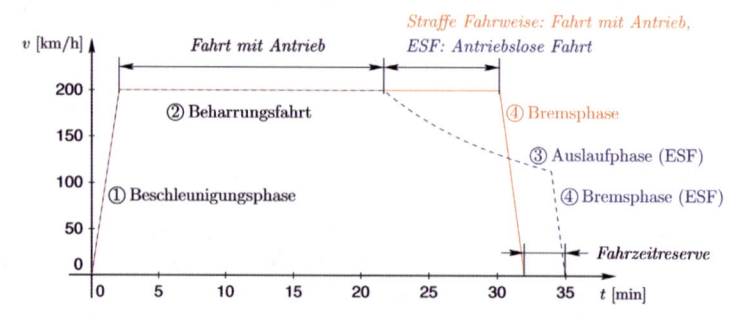

6 Gesamtsystemzusammenhang und Wirkungsmechanismen des Systems Bahn

Abb. 6.2.1: Grundprinzip der „energiesparenden Fahrweise" (ESF)

einen pünktlichen Betrieb zu gewährleisten. Liegen günstige Bedingungen vor, würde der Zug den fahrplanmäßigen Halt sehr früh erreichen, woraus sich jedoch kein Vorteil ergibt, da nicht vor der fahrplanmäßigen Abfahrzeit weitergefahren werden kann. Dieser Umstand wird bei der in Blau dargestellten energiesparenden Fahrweise genutzt, indem der Antrieb abgeschaltet wird. Der Zug rollt ohne Energieverbrauch aus und erreicht den Halt immer noch pünktlich.

Dieses hier vereinfacht dargestellte Prinzip der ESF wurde in Form eines Assistenzsystems mittlerweile in einigen Zügen installiert. Dort werden selbstverständlich die Eigenschaften des Triebfahrzeugs und der Strecke (z. B. Steigungen und Bogenradien) berücksichtigt, außerdem weitere Randbedingungen wie Durchfahrzeiten und Geschwindigkeitswechsel. Voraussetzung ist das Vorliegen des Fahrplans, der Fahrzeug- und der Streckendaten in elektronischer Form sowie Informationen über Uhrzeit, Ort und Geschwindigkeit des Zuges. Durch Simulationsrechnung wird anhand dieser Daten die optimale Fahrweise bestimmt und dem Triebfahrzeugführer eine entsprechende Handlungsempfehlung gegeben.

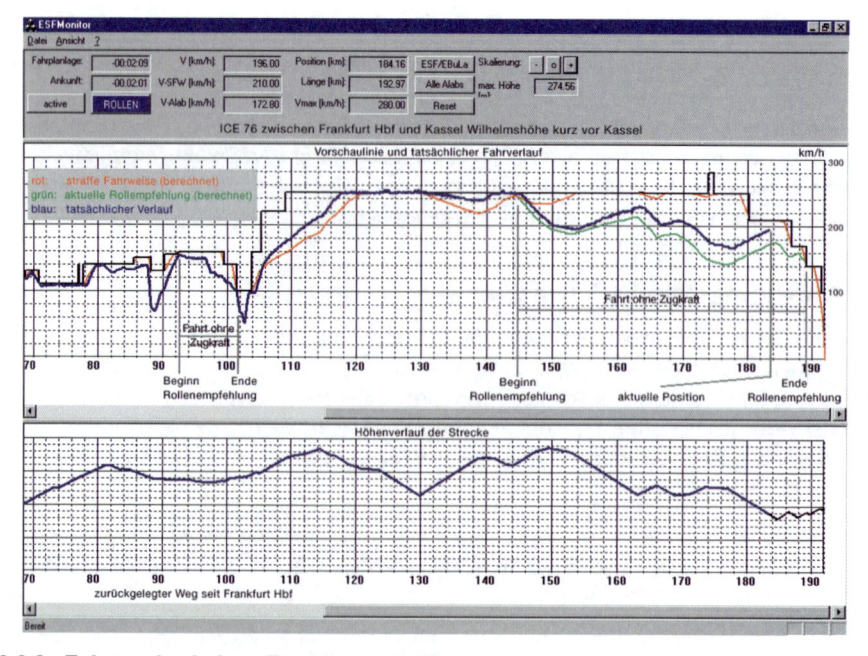

Abb. 6.2.2: Fahrtverlauf einer Zugfahrt mit ESF

6.2 Fahrdynamik

Die Praxistauglichkeit des Systems wurde durch Messungen belegt, die im HGV durchgeführt wurden, siehe Abb. 6.2.2. Mit der Einführung des Systems in ICE-Zügen werden Einsparungen nun fortlaufend im Betrieb erzielt. Für den Einsatz in lokbespannten Zügen musste das System modifiziert werden, da bei jeder Zugbildung andere fahrdynamische Eigenschaften vorliegen; außerdem wurden Verbesserungen am Ortungsverfahren vorgenommen, ohne die der wirkungsvolle Einsatz hier nicht möglich wäre. Entsprechende Umrüstungen werden zurzeit bei einigen Lokbaureihen vorgenommen.

Da bei der im Bordsystem ablaufenden Zugfahrtsimulation die **gesamte** Zugfahrt betrachtet wird, werden auch Auslaufabschnitte im Bereich von Geschwindigkeitswechseln eingelegt. Durch die permanente Überwachung von Uhrzeit sowie Ort und Geschwindigkeit des Zuges werden Durchfahrt- und Ankunftszeiten eingehalten und eine pünktliche Zugfahrt gewährleistet. Dank des Assistenzsystems werden Einspareffekte erzielt, die deutlich höher sind als durch eine Schulung der Triebfahrzeugführer.

Außer im praktischen Betrieb erweist sich das Prinzip der ESF aber auch bei der fahrdynamischen Berechnung des Energieverbrauchs als hilfreich. Im Gegensatz zur Fahrzeitenrechnung ist hier nämlich nicht ein unter ungünstigen Umständen erreichbarer Wert gefragt, sondern ein repräsentativer Ergebniswert, der beispielsweise die Kalkulation der Energiekosten für die Zugfahrt ermöglicht.

Hier tritt das eingangs erwähnte Dilemma auf, dass Zugfahrten trotz scheinbar identischer Voraussetzungen sehr unterschiedlich verlaufen können. Messungen des Energieverbrauchs für verschiedene Zugfahrten einer Linie zeigen, dass die Verbrauchswerte einzelner Fahrten um bis zu ± 50 % vom Verbrauchsmittelwert abweichen können, siehe Abb. 6.2.3.

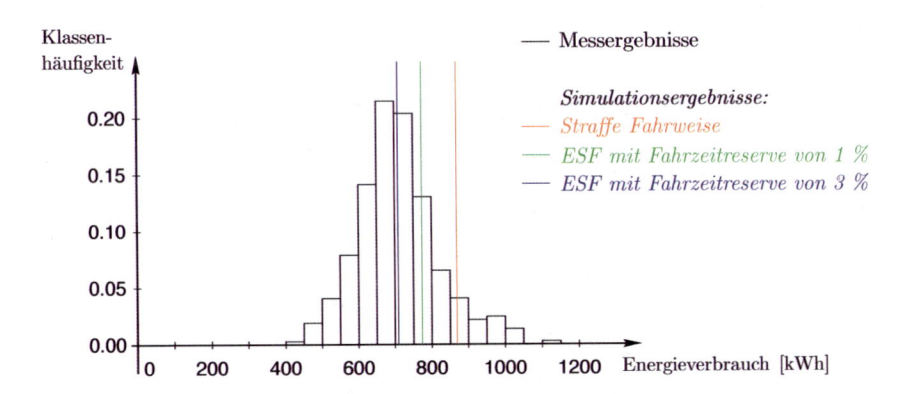

Abb. 6.2.3: Energieverbrauch, Messergebnisse und Simulation mit ESF-Ansatz

Der mit dem einfachen Simulationsmodell „straffe Fahrweise" ermittelte Verbrauch ist unrealistisch hoch, obwohl Eingangsparameter wie Besetzungsgrad des Zuges (50 %) und Windgeschwindigkeit (8 km/h) hier auf realistischere Werte gesetzt wurden.

Die Berechnung mit dem ESF-Modell ermöglicht eine deutlich verbesserte Aussage, insbesondere dann, wenn zusätzlich für vergleichbare Betriebsbedingungen (mit anderen Fahrzeugen auf derselben Strecke) ein Vergleich mit Messwerten durchgeführt wird.

Das Beispiel der energiesparenden Fahrweise zeigt, wie in der Fahrdynamik theoretische Erkenntnisse einen Nutzen in der Praxis stiften und wie praktische Gegebenheiten in der rechnerischen Umsetzung sinnvoll einfließen können.

6 Gesamtsystemzusammenhang und Wirkungsmechanismen des Systems Bahn

6.2.5 Anwendungsbeispiel: Grenzlasten

Im Güterverkehr kann eine gute Ressourcenausnutzung durch den Einsatz des „richtigen" Triebfahrzeuges oder durch einen geeignet gewählten Laufweg erreicht werden, auch hier ist die Fahrdynamik ein wichtiges Hilfsmittel.

Da die Leistungsfähigkeit der Triebfahrzeuge begrenzt ist, können nicht beliebige Lasten transportiert werden. Eine Fahrt mit zu hohen Anhängelasten birgt das Risiko, dass Fahrzeiten nicht eingehalten werden, dass das Fahrzeug nach signalmäßigem Halt in einer Steigung nicht wieder anfährt, Fahrmotorenschäden z. B. durch Überhitzung erleidet oder dass eine Zugtrennung auftritt, wenn die mechanischen Beanspruchungsgrenzen der Zughaken nicht eingehalten werden. Andererseits ist der Betreiber im Allgemeinen daran interessiert, seine Transportkapazität voll auszunutzen und möglichst hohe Lasten zu transportieren.

Um die auch unter ungünstigen Bedingungen fahrbaren Lasten zu ermitteln, ist das Verfahren der automatisierten Grenzlastberechnung entwickelt worden.

Für die Zuggattung der „gemischten Güterzüge" liegen damit für das Netz der *DB AG* errechnete Werte in Tabellenform vor und werden ständig aktualisiert, so dass auf diese Tabellen ohne Veranlassung einer Neuberechnung zugegriffen werden kann. Dies ist zum einen aufgrund der großen Zahl verkehrender Güterzüge erforderlich, zum anderen aufgrund betrieblich notwendiger Sofortmaßnahmen wie Umleitungen im Störungsfall – hier kann nicht erst eine Simulationsrechnung durchgeführt werden.

Durch die Aufnahme zahlreicher neuer Triebfahrzeugbaureihen ist das in Papierform vorliegende Tabellenwerk (ca. 8000 Seiten Umfang) mittlerweile umständlich zu handhaben. Die Ergebnisse der fahrdynamischen Berechnungen sind aber wertlos, wenn die Handhabbarkeit in der Praxis nicht gegeben ist.

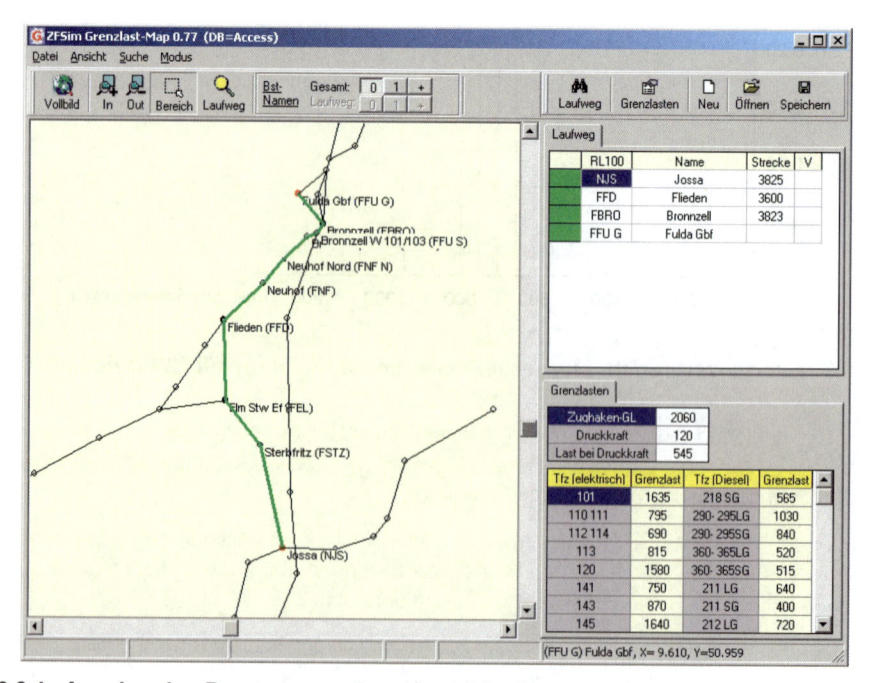

Abb. 6.2.4: Anzeige des Programms „Grenzlast-Map"

6.3 Bremsen

Hier ist nicht mehr die technische Machbarkeit bei der Berechnung gefragt, sondern eine Ausweitung der Hilfsmittel an der Schnittstelle zum Anwender. Abb. 6.2.4 zeigt, wie mittlerweile durch eine grafische Oberfläche auf die Daten zugegriffen werden kann.

Das bei *DB Systemtechnik* entwickelte Programm „Grenzlast-Map" ermöglicht, den Laufweg des Zuges auf einer Übersichtskarte anzuklicken und die hinterlegten Daten abzufragen. Damit ist sofort ein Überblick über die Leistungsfähigkeit der verschiedenen Triebfahrzeuge möglich, und es kann gegebenenfalls für die geplante Fahrt das geeignete Fahrzeug gewählt werden. Eine andere Möglichkeit zur Optimierung ist die Wahl eines Alternativlaufweges, auf dem (eventuell unter Inkaufnahme eines Umweges) eine höhere Anhängelast mit demselben Fahrzeug transportiert werden kann.

6.2.6 Zusammenfassung

Die Vielfalt der Themen innerhalb des Gebietes der Fahrdynamik zeigt, dass in diesem Aufgabengebiet auch in vieler Hinsicht ein Beitrag zur weiteren Verbesserung des Gesamtsystems „Bahn" geleistet werden kann (und geleistet wird).

Die Grundaufgabe der Fahrdynamik, also die Beschreibung der Abläufe einer Zugfahrt unter den Gesichtspunkten Sicherheit, Qualität und Wirtschaftlichkeit, wird rechentechnisch seit Jahren gut beherrscht. Für die Nutzbarmachung der Ergebnisse ist entscheidend, dass praktische Gesichtspunkte stets beachtet werden. Hierunter fällt die Wahl geeigneter Parameter bei der Zugfahrtmodellierung ebenso wie die Bereitstellung von Werkzeugen für den Anwender. In diesen Bereichen können zukünftige Entwicklungen noch beträchtlichen Nutzen erschließen.

6.3 Bremsen

In diesem Kapitel wird die Einbindung der Fahrzeugkomponente Bremse in den Gesamtzusammenhang des Systems Bahn dargestellt. Die Anforderungen an Schienenfahrzeugbremsen sowie der aktuelle Entwicklungsstand werden in Kapitel 9.3.3 ausführlich behandelt.

6.3.1 Aufgaben und Randbedingungen

Beim Bremsen ist eine Umwandlung der Bewegungsenergie in andere Energieformen (meist in Wärme) erforderlich. Neben den immer vorhandenen Fahrzeugwiderstandskräften (Lager-, Lauf- und Luftwiderstand) sind dazu im Fahrzeug regulierbare Einrichtungen vorzusehen.

Bremsen am Fahrzeug haben folgende Aufgaben:
– die Fahrgeschwindigkeit aus betrieblichen Gründen in gewollten Grenzen zu verringern bzw. bei Gefällefahrten konstant halten
– drohende Gefahren abzuwenden
– stehende Fahrzeuge gegen Abrollen zu sichern

Bis auf die Schienenbremsen (Magnet- und Wirbelstrombremsen, siehe Kap. 9.3.3.6) wirken die Bremsen von Schienenfahrzeugen (wie bei den Kraftfahrzeugen) immer über die Räder. Die Bremskraft wird über den Rad/Schiene-Kontakt übertragen. Sie dürfen dabei nicht so stark bremsen, dass der Radsatz blockiert. Daher begrenzt der Kraftschluss zwischen Rad und Schiene die Bremskraft (Haftwertabhängigkeit) (siehe auch Kap. 9.3.3.5).

Wesentliche Unterschiede beim Bremsen von Schienenfahrzeugen gegenüber denen von Kraftfahrzeugen sind (vgl. Abb. 6.3.1):

6 Gesamtsystemzusammenhang und Wirkungsmechanismen des Systems Bahn

Straße	Eisenbahn
• großer Haftwert Gummirad/Fahrbahn ($\mu_H \approx 0{,}9$), kleine abzubremsende Massen (Pkw: 0,8 t/Radsatz) dadurch kurze Bremswege	• kleiner Haftwert Stahlrad/Schiene ($\mu_H \approx 0{,}15$), große abzubremsende Massen (5-25 t/Radsatz) dadurch lange Bremswege
• max. zwei gekuppelte Fahrzeuge	• Zugbildung (größere Anzahl von Fahrzeugen)
• Ausweichen möglich	• Spurführung (kein Ausweichen, aber Entgleisen möglich)
• Fahren auf Sicht im relativen Bremswegabstand	• Fahren auf Sicht nicht möglich, daher nach Signalisierung mit festgelegtem Bremsweg (400 m, 700 m- und 1.000 m- Vorsignalabstände und LZB-Betrieb bei der DB) im absoluten Bremswegabstand
• Kraft-Weg Rückkopplung Bremspedal, unmerklich kurze Reaktionszeit auf Bremskraftanforderung	• lange Reaktionszeiten auf Bremsanforderung handbedienter, winkelabh. Bremssteller

Abb. 6.3.1: Unterschiede Schiene/Straße in Bezug auf das Bremsen

Bei Schienenfahrzeugen führen die größeren abzubremsenden Massen in Verbindung mit dem kleineren Haftwert zwischen Stahlrad und Schiene ($\mu_H \approx 0{,}15$) zu deutlich längeren Bremswegen als bei Straßenfahrzeugen. Dadurch ist ein Fahren auf Sicht praktisch nicht möglich, weswegen im Eisenbahnwesen in der Regel nach einer Signalisierung mit festgelegtem Bremsweg im absoluten Bremswegabstand gefahren wird.

Aufgrund der Bildung von Zügen wird eine wesentlich größere Anzahl von Fahrzeugen transportiert (Länge und Tonnage), was insbesondere zu langen Reaktionszeiten auf eine Bremsanforderung führen kann.

Wegen der Spurführung ist ein Ausweichen nicht möglich. In Verbindung mit dem Fahren im absoluten Bremswegabstand ergibt sich daraus für die Bremse eines Schienenfahrzeugs bzw. eines Zuges, dass der sicheren Verfügbarkeit einer **definierten** Bremswirkung eine besondere Bedeutung zukommt.

Die Spurführung bedingt ebenfalls, dass ein Entgleisen möglich ist, worauf insbesondere beim Bremsen langer und schwerer Güterzüge auf Grund zugdynamischer Effekte geachtet werden muss (s. u.).

6.3.2 UIC-Druckluftbremse – Wirkprinzip

Druckluftbremsen (siehe auch Kap. 9.3.3.6) sind dadurch gekennzeichnet, dass das Medium Druckluft sowohl die Bremsen innerhalb des Zuges steuert (Signalübertragung), als auch die Bremskraft erzeugt (Energieübertragung). Sie bestehen aus der Drucklufterzeugung, dem Hauptluftbehälter zum Speichern der Druckluft, dem Führerbremsventil zum Regulieren der Bremskraft, der Hauptluftleitung HL zum Transport der Druckluft (Energieübertragung) und zur Übertragung von Steuersignalen an die angeschlossenen Bremsen des Zuges, den Steuerventilen (Signalempfänger), Vorratsluftbehältern (R-Behälter) und Bremszylindern (Abb. 6.3.2). Druckluftbremsen gehören zu den **durchgehenden** Bremsen, bei denen die Bremsen aller angeschlossenen Wagen von einer Stelle aus bedient werden können. Mit der **indirekt wirkenden Druckluftbremse** wird das Prinzip der **Selbsttätigkeit** realisiert, so dass bei Zugtrennungen beide Zugteile automatisch gebremst werden.

6.3 Bremsen

ab 1868

Lösestellung

ins Freie

Bremsstellung

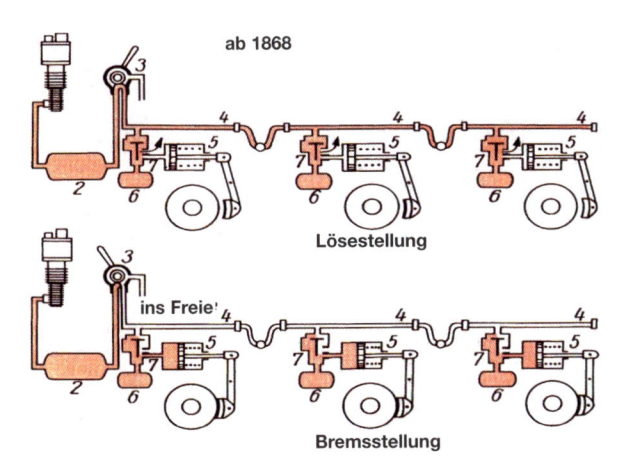

1- Drucklufterzeugungsanlage,
2- Hauptluftbehälter,
3- Führerbremsventil,
4- Hauptluftleitung,
5- Bremszylinder,
6- Vorratsluftbehälter,
7- Steuerventil

Abb. 6.3.2: Grundelemente der UIC-Druckluftbremse in Brems- und Lösestellung

Bei der UIC-Druckluftbremse werden die Bremszylinder mit Druckluft aus den R-Behältern gefüllt. Steuerventile reagieren dazu auf eine Absenkung des HL-Regeldruckes (5 bar) durch das Führerbremsventil, welches Druckluft ins Freie leitet.

Zum Lösen wird der Hauptluftleitungsdruck wieder angehoben, die Steuerventile entlüften die Bremszylinder und füllen die R-Behälter wieder auf.

1926 erhielten *Westinghouse* und *Knorr* (mit der Kunze-Knorr-Bremse, KK-Bremse) die Zulassung für Güterzüge vom *Internationalen Eisenbahn Verband IEV*. Mit der KK-Bremse wurde erstmals ein Konzept für **Mehrlösigkeit** realisiert und gleichzeitig die **Unerschöpfbarkeit** verwirklicht. Auf dieser Funktionsbasis entwickelte *Knorr* durch seinen Chefkonstrukteur *Hildebrand* das Steuerventil weiter zur Bauart HiK, das 1932 die internationale Zulassung erhielt und bis Mitte der 1950er Jahre Standard bei den deutschen Bahnen war.

In den 1950er Jahren setzte sich bei den Steuerventilen die Membransteuerung gegen die Schiebersteuerung durch, und es kam zu einer Reihe von Neuzulassungen, darunter auch Steuerventile mit Einheitswirkung. Sie zeichnen sich durch einen modularen Aufbau aus und erfordern keine Anpassungsmaßnahmen an die Bremsanlagen der Fahrzeuge zur Einhaltung der *UIC*-Bestimmungen.

6.3.2.1 Das Führerbremsventil (Fbv)

Das Fbv ist das Betätigungsorgan zur Steuerung der Druckluftbremse. Grundsätzlich ist zu unterscheiden nach der Art der damit zu steuernden Bremse (indirekt oder direkt). Weiterhin gibt es Unterschiede in der Art der Bedienung:
– Bei der Zeitimpulssteuerung wird der Bremshebel in die gewünschte Brems- oder Lösestufe gebracht bis sich die gewünschte Wirkung einstellt. Danach ist die Abschlussstellung einzunehmen (bei der *DB* in Triebwagen, Regelausführung bei der *SNCF*).
– Bei der stellungsabhängigen und selbstabschließenden Steuerung ist jeder Hebelstellung eine definierte Wirkung zugeordnet (bei der *DB* vorwiegend).

Mit dem Führerbremsventil müssen folgende Handlungen möglich sein:
– Schnelles Auffüllen der HL (Füllstoßstellung) direkt aus dem Hauptluftbehälter (8–10 bar) des Triebfahrzeuges
– Füllen der HL und Aufrechterhalten des Regelbetriebsdruckes von 5 bar auch bei geringen Undichtigkeiten (Fahrtstellung des Fbv)

6 Gesamtsystemzusammenhang und Wirkungsmechanismen des Systems Bahn

– Absenken bzw. Erhöhen des HL-Druckes in feinen Stufen für Betriebsbremsungen (Brems- u. Lösestufen) bis zur Vollbremsstellung (3,5 bar) und Halten dieser Bremsanforderungen auch bei Undichtigkeiten
– Absenken des HL-Druckes über einen großen Querschnitt in kurzer Zeit bis auf 0 bar (Schnellbremsstellung)

In einer weiteren Stellung (Mittelstellung) ist die Nachspeisung vom Hauptluftbehälter in die HL abgesperrt, so dass das Fbv deaktiviert ist und unter anderem auch eine Dichtheitsprobe durchgeführt werden kann.

6.3.2.2 Das Steuerventil

Die Steuerventile der einzelnen Fahrzeuge steuern die Füllung der Hilfs-, bzw. Vorratsluftbehälter und bilden nach Maßgabe des Druckes in der Hauptluftleitung einen Vorsteuer- bzw. Bremszylinderdruck.

Dabei reagieren UIC-Steuerventile auf den Gradienten der HL-Druckabsenkung, der über der Unempfindlichkeitsgrenze liegen muss, so dass kleine Undichtigkeiten in der HL nicht zu einer Bremsung führen. Nach der Anforderung einer Bremsstufe wird die Absenkung des HL-Druckes unterstützt und in kürzestmöglicher Zeit ein Mindestdruck aufgebaut, der Hysteresen, Spiele und Dehnungen überwindet und die Bremse zum Anlegen bringt.

Der weitere Druckanstieg im Bremszylinder korrespondiert mit dem am Steuerventil anliegenden HL-Druck bis zum Erreichen des Vorsteuer- bzw. Bremszylinderhöchstdruckes (max. 3,8 bar).

6.3.3 Bremsbetrieb

Der Bremsbetrieb verbindet alle Elemente des Systems Bahn (vgl. Abb. 6.3.3):
– Betrieb
– Fahrzeug und dessen Instandhaltung sowie die
– Infrastruktur (Strecke)

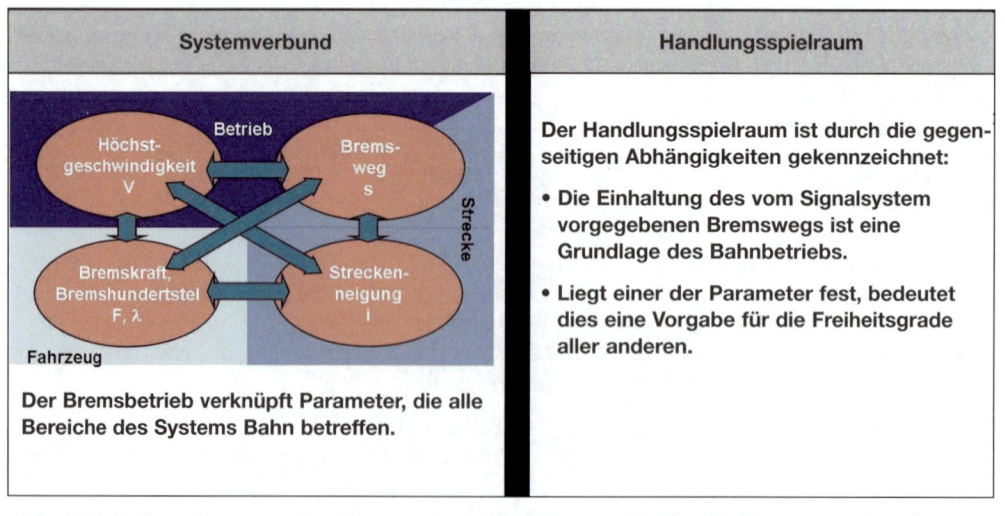

Abb. 6.3.3: Das Bremsen im Spannungsfeld der verschiedenen Elemente des Systems Bahn

6.3 Bremsen

Durch die jeweiligen Abhängigkeiten sind die Handlungsspielräume stark eingeschränkt. So ist bei einem vom Signalsystem vorgegebenen Bremsweg (z. B. im Haupt-/Vorsignalsystem) die maximal fahrbare Geschwindigkeit direkt proportional zu Streckenneigung und Bremsvermögen des Zuges. Bei einer Führerraumsignalisierung mit variablen Signalbremswegen (wie z. B. bei einer Linienzugbeeinflussung LZB) kann dagegen in Abhängigkeit von Streckenneigung und Bremsvermögen der Bremsweg der gewünschten Geschwindigkeit angepasst werden. Grundlage all dieser Überlegungen ist aber, dass ein definiertes Bremsvermögen des Zuges sicher zur Verfügung steht. Dies stellt zum einen besondere Anforderungen an die Wartung und Instandhaltung der Bremse und zum anderen führt es zur Notwendigkeit geeigneter Diagnosesysteme und zu einer regelmäßigen Überprüfung der Bremse im Betrieb (siehe Kap. 6.3.5).

6.3.3.1 Bremshundertstel und Bremsgewicht

Für die Praxis ist es daher nötig, das Bremsvermögen eines Zuges, gebildet aus verschiedenen Einzelwagen, zu kennen, um zu entscheiden, bis zu welcher Höchstgeschwindigkeit der Zug sicher seinen vorgegebenen Bremsweg (Vorsignalabstand -10 % Bremswegsicherheit, bzw. variabel bei LZB/ETCS) in Abhängigkeit der jeweiligen Streckencharakteristik (Neigungen, Gefälle) einhalten kann.

Um die Jahrhundertwende begnügte man sich damit, die Zahl der gebremsten Achsen ins Verhältnis zur Gesamtachsenzahl zu setzen. Es entstanden die Begriffe Bremsprozente bzw. Bremshundertstel Brh (λ) (siehe auch Kap. 9.3.3.5).

1936 ermittelte man anhand des damals längsten und schwersten im Betrieb vorkommenden Zuges (15 Reisezugwagen) den charakteristischen Verlauf der mittleren Verzögerung über der Bremsausgangsgeschwindigkeit. Das Bremsverhalten dieses Zuges entsprach fortan der Kennzahl „λ = 100 Brh" und stellt eine „Musterverzögerung" dar, die der Normierung dient. Darauf aufbauend entstand das UIC-Merkblatt 544-1, welches maßgeblich ist für die Bestimmung der Bremsleistung. In Anlehnung an das physikalische Gesetz

$$\text{Kraft} = \text{Masse} \cdot \text{Beschleunigung} \quad \text{bzw.:} \quad \text{Verzögerung} = \frac{\text{Bremskraft}}{\text{Masse}} \qquad (6.3.1)$$

und der Normierung

$$\text{Bremshundertstel} = \frac{\text{Verzögerung}}{\text{Musterverzögerung}} = \frac{\text{Bremskraft/Musterverzögerung}}{\text{Masse}} \qquad (6.3.2)$$

definieren sich die Bremshundertstel λ und das Bremsgewicht B:

Bremshundertstel eines Fahrzeuges: $\quad \lambda_{Fahrzeug} = \dfrac{B_{Fahrzeug}}{m_{Fahrzeug}} \cdot 100 \ (\%) \qquad (6.3.3)$

Bremshundertstel eines Zuges: $\quad \lambda_{Zug} = \dfrac{\sum B_{Fahrzeuge}}{\sum m_{Fahrzeuge}} \cdot 100 \ (\%) \qquad (6.3.4)$

Bremsgewicht: $\quad B = m \cdot \lambda \ (t) \qquad (6.3.5)$

Durch die Normierung wird die Dimensionslosigkeit der Größe Bremshundertstel und auch die Einheit „Tonnen" für das Brems**gewicht** bestimmt.

Das Bremsgewicht wird im Versuch ermittelt. Für Wagen, die mit Grauguss-Bremsklotzsohlen ausgerüstet sind, ist eine auf empirisch ermittelten Faktoren beruhende Berechnung des Bremsgewichtes möglich, gemäß *UIC* Merkblatt 544-1.

Das ermittelte Bremsgewicht der einzelnen Bremsstellungen wird dann am Wagen angeschrieben.

6 Gesamtsystemzusammenhang und Wirkungsmechanismen des Systems Bahn

6.3.3.2 Bremstafel und Mindestbremshundertstel

Mindestbremshundertstel schreiben das für einen bestimmten Streckenabschnitt erforderliche „Mindestbremsvermögen" eines Zuges verbindlich vor. Zusammen mit den vorhandenen Bremshundertsteln ist die Bestimmung der Höchstgeschwindigkeit möglich, bei der der Zug innerhalb des Vorsignalabstandes noch sicher zum Halten kommt. Welche Bremshundertstel bei welchem Vorsignalabstand, bei welchem Gefälle und bei welcher Geschwindigkeit nötig sind, ist der jeweiligen vom Bundesminister für Verkehr genehmigten Bremstafel zu entnehmen.

6.3.3.3 Zuglängenrestriktion

Die äquivalente Bremsentwicklungszeit und damit die sich einstellende mittlere Verzögerung des Zuges bei gegebener Bremsausrüstung sind abhängig von der Durchschlagzeit und der HL-Länge. Somit ist das Bremsgewicht abhängig von der Zuglänge.

Da es im Betrieb bei der Zugbildung nicht praktikabel ist, für jeden Wagen in Abhängigkeit von der Länge des Zuges, in den er eingestellt wird, ein unterschiedliches Bremsgewicht zu bestimmen, bezieht sich der angeschriebene Wert auf eine Wagenzuglänge von 500 m. Ist ein Wagenzug kürzer, entsteht eine Sicherheitsmarge; ist er länger, muss das Bremsgewicht des Zuges mit Abschlägen versehen werden. Nach den DB-Vorschriften kann dieser Abschlag bei einer Gesamtlänge von 700 m 10 % betragen.

6.3.4 Zugdynamik

Da sich die Druckwelle in der Hauptluftleitung mit nur 250–280 m/s fortpflanzen kann (das theoretische Maximum stellt die Schallgeschwindigkeit in Luft dar), ergibt sich für das Ansprechen des letzten Steuerventils im Zugverband eine Zeitverzögerung, die so genannte Durchschlagzeit (Abb. 6.3.4). Durch den nur am Fbv vorhandenen Luftauslass verflacht sich zudem der Gradient der Druckabsenkung zum Zugende hin.

Durch diese zeitversetzte Bremswirkung kommt es insbesondere in längeren Zugverbänden zu so genannten längsdynamischen Kräften, d. h. der hintere, später gebremste Zugteil fährt auf den vorderen Zugteil auf, was zunächst zu Druckkräften zwischen den Wageneinheiten führt. Beim Lösen

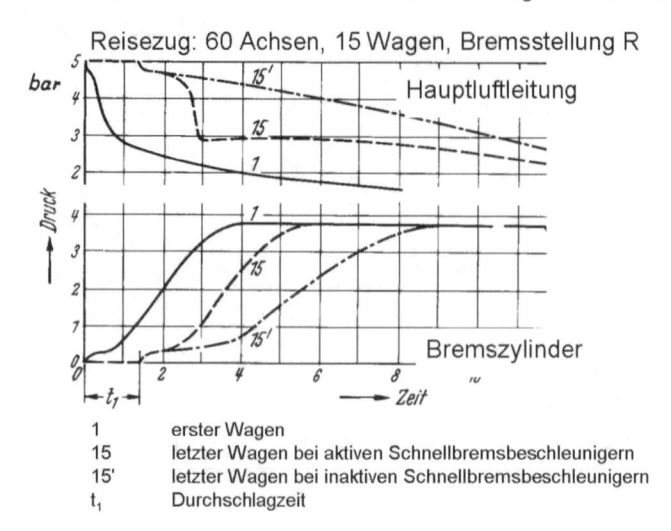

1	erster Wagen
15	letzter Wagen bei aktiven Schnellbremsbeschleunigern
15'	letzter Wagen bei inaktiven Schnellbremsbeschleunigern
t_1	Durchschlagzeit

Abb. 6.3.4: Verhalten einer klassischen UIC-Druckluftbremse im Zugverband

6.3 Bremsen

liegen analoge Verhältnisse in Zugrichtung vor, dadurch verschärft, dass die Luft zum Wiederauffüllen der R-Behälter **und** zur HL-Druckanhebung benötigt wird. Da es sich bei einem Zugverband im Prinzip um einen Mehrmassenschwinger mit Feder/Dämpfer-Elementen (Zugeinrichtungen und Puffer) handelt, kann es unter ungünstigen Bedingungen zum Überschwingen kommen, wodurch es zu höheren Zug- und Druckkräften als im quasistatischen Fall kommen kann. Hohe Zugkräfte führen in Extremfällen zu einer Zugtrennung, was zwar eine betriebliche Störung darstellt, aber wegen der Selbsttätigkeit der Bremse keine unmittelbare Betriebsgefahr birgt. Hohe Druckkräfte hingegen können in ungünstigen Gleisgeometrien, insbesondere bei kleineren Radien und s-förmigen Schienenverläufen, zu einer Entgleisung führen. Daher dürfen die zugdynamischen Kräfte im Zugverband gewisse Grenzwerte nicht übersteigen.

Um diesen Erscheinungen zu begegnen bzw. die zugdynamischen Kräfte in Grenzen zu halten, bieten sich verschiedene Lösungen an:

6.3.4.1 Verlängerung der Füll- und Lösezeiten der Bremszylinder

Die Füll- und Lösezeiten sind für lange Güterzüge (Bremsstellung G) länger als für kürzere Reisezüge (Bremsstellungen R u. P). Dadurch wird der Bremskraftunterschied zwischen der Zugspitze, wo der Bremskraftaufbau früher beginnt und durch die schnellere HL-Absenkung auch zügiger erfolgt und dem Zugende kleiner und damit auch die Reaktion in der Längsdruckkraft (Abb. 6.3.5).

Bremsstellung	Bremszylinder-Füllzeit	Bremszylinder-Lösezeit
G	18-30 s	45-60s
R, P	3-5 s	15-20s

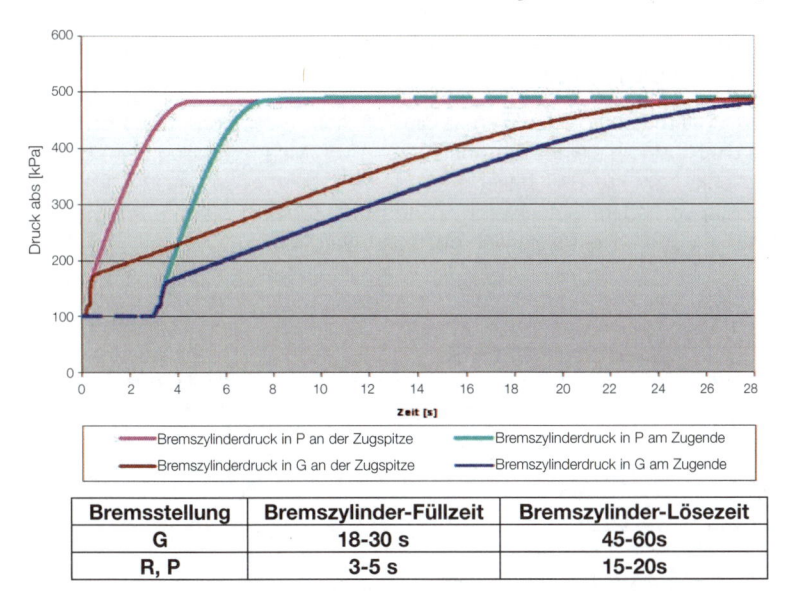

Abb. 6.3.5: Verhalten einer klassischen UIC-Bremse in Bremsstellung G und P

Die an jedem Wagen vorhandenen Bremsstellungen sind mit einer Umstelleinrichtung wählbar.

6.3.4.2 Begrenzung des Bremskraftniveaus

Bei Reisezügen ist keine Begrenzung nötig, wohl aber zur Erzielung einer möglichst hohen Geschwindigkeit eine kurze Bremskraftentwicklungszeit und hohe Bremskräfte. Dies erfüllt die Bremsstellung R, die im Unterschied zur Bremsstellung P bei gleichen Bremskraftentwicklungszeiten höhere Bremskräfte ermöglicht.

6 Gesamtsystemzusammenhang und Wirkungsmechanismen des Systems Bahn

Bei Güterzügen ist das Bremskraftniveau der Bremsstellung P ausreichend, aber ab einer bestimmten Massegrenze hinsichtlich der Längsdruckkräfte kritisch. Hier werden je nach Masse das oder die an der Spitze laufenden Triebfahrzeuge bzw. zusätzlich die ersten fünf Wagen in Bremsstellung G gefahren, wodurch sich deren volle Bremswirkung später einstellt. Dadurch kann der Zug zu Beginn einer Bremsung gestreckt gehalten werden. Dabei müssen dann an diesen Fahrzeugen vom Bremsgewicht 20 % für die Bremsart G abgezogen werden. Diese Minderung der Bremsleistung aus längsdynamischen Gründen bezeichnet man als Zugmassenrestriktion. Steigt die Zugmasse weiter, ist der gesamte Zug in Bremsstellung G zu fahren.

In Amerika, im Bereich der AAR, sind die Zuglänge und damit auch die Zugmasse noch größer bei gleichzeitig geringeren Anforderungen an die Bremsleistung.

6.3.4.3 Elektro-pneumatische Unterstützung der HL-Steuerung

Elektro-pneumatische (ep-) Bremsen (siehe auch Kap. 9.3.3.6) bieten die Möglichkeit, die nachteiligen Eigenschaften der reinen Druckluftbremsen, die als Signal- und Arbeitsmedium die Druckluft nutzen, zu minimieren. Sie reduzieren den Einfluss der langen Signallaufzeit (Durchschlagzeit) mit Auswirkungen auf die äquivalente Bremsentwicklungszeit und damit den Bremsweg und die Zugdynamik und verbessern die mäßige Regulierbarkeit, hervorgerufen durch den Lufttransport in der mit Strömungswiderständen behafteten HL. Ihre Nutzung bietet sich insbesondere bei Personenfahrzeugen an, die ohnehin elektrische Energie nutzen und zur Versorgung bremsfremder Verbraucher wie Tür- und WC-Steuerungen, Luftfederungen usw. mit einer unter 8–10 bar stehenden Hauptluftbehälterleitung HBL ausgestattet sind.

Als zusätzliches System kann die ep-Bremse die Funktionen der pneumatischen Bremse unterstützen, indem sie die HL durch elektrische Ansteuerung von Magnetventilen beim Bremsen vor jedem Steuerventil absenkt bzw. die R-Behälter über die HBL beim Lösen auffüllt. Dadurch wird die HL nahezu gleichzeitig vor jedem Steuerventil entlang des Zuges gesteuert. Alternativ dazu kann die Bremszylinderfüllung auch direkt elektrisch gesteuert werden.

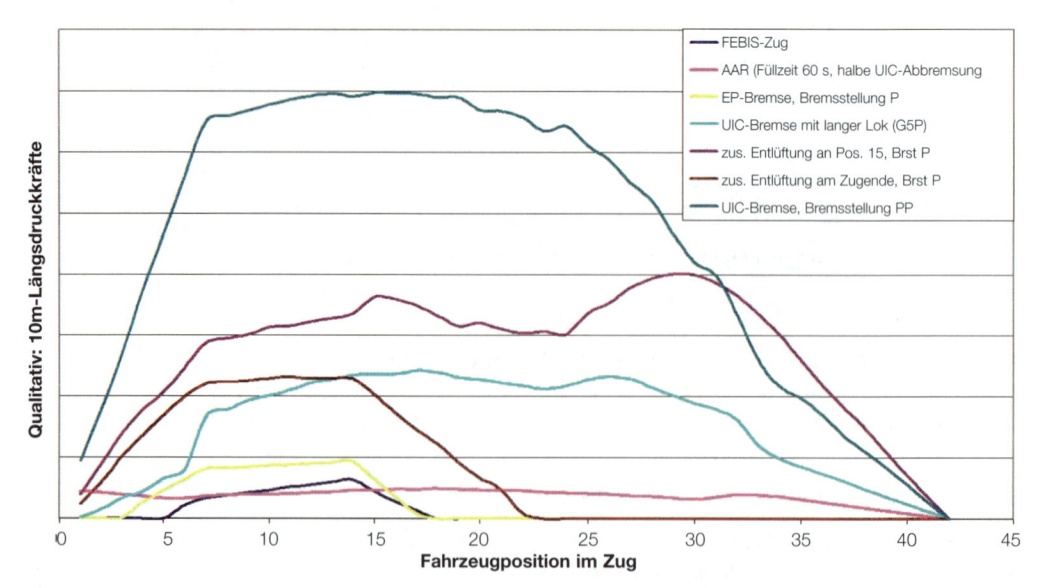

Abb. 6.3.6: Längsdruckkraft-Verlauf entlang des Zugverbandes bei verschiedenen Systemlösungen

6.3 Bremsen

Sowohl Zuglängen- als auch Zugmassenrestriktionen könnten mit anrechenbarer ep- oder Datenbus-Bremse entfallen. Da sich der Zug dann ungefähr wie ein Einzelwagen verhält, kann sogar ein Zuschlag zum angeschriebenen 500 m-Bremsgewicht von ca. 12 % gewährt werden.

Eine weitere Möglichkeit der Unterstützung der HL-Entlüftung im Schnellbremsfall stellt die Verwendung einzelner, insbesondere am Zugende angebrachter End of Train (EOT)-Gräte dar, die entweder rein pneumatisch oder elektrisch angesteuert die HL-Entlüftung unterstützen.

Die Abb. 6.3.6 zeigt den Längsdruckkraftverlauf entlang des Zugverbandes für verschiedene oben näher beschriebene Systemlösungen. Dabei wird qualitativ der so genannte 10 m-Wert dargestellt, der als entgleisungsrelevante Größe die Längsdruckkraft beschreibt, die über einen Laufweg von 10 m ansteht (dieser Weg wird in der Regel benötigt, um durch Radanhebung eine Entgleisung zu verursachen).

6.3.5 Bremsprobe

Die *EBO* schreibt vor, dass eine Bremsprobe vorzunehmen ist, bevor ein Zug den Anfangsbahnhof verlässt. Ziel der Bremsprobe ist die Identifizierung der funktionstüchtigen Bremsen im gesamten Zug sowie der Nachweis der Funktionstüchtigkeit der kompletten Befehls- und Ausführungskette für das Bremsen und Lösen im gesamten Zug für alle funktionstüchtigen Bremsen, die im Stillstand getestet werden können. Auch nicht auf das Bremsgewicht angerechnete bzw. anrechenbare Bremsen müssen zur Vermeidung von Störungen im Betrieb in die Bremsproben mit einbezogen werden.

Grundsätzlich wird zwischen voller und vereinfachter Bremsprobe unterschieden.

Die volle Bremsprobe hat eine Gültigkeitsdauer von 24 Stunden und wird im Allgemeinen beim Aufrüsten bzw. nach der Zugzusammenstellung durchgeführt. Sie umfasst alle bei der Zugfahrt eingesetzten Bremsen und besteht aus folgenden Hauptarbeitsgängen:
– Prüfen des Zustandes der Bremsen
– Bremse füllen - Lösezustand feststellen
– Dichtheit prüfen
– Bremsen anlegen – Bremszustand feststellen
– Bremse lösen – Lösezustand feststellen

Die vereinfachte Bremsprobe umfasst alle im täglichen Betrieb vorkommenden Veränderungen in der Befehlskette der Bremsen (Übernahme nach Abstellung oder Entkuppeln, Kontrolle hinterer Zugteil nach Kuppeln, Kontrolle neuer Führerstand nach Wenden). Sie umfasst mindestens die Überprüfung
– der neuen Mensch-Maschine-Schnittstelle des Triebfahrzeugführers (Tf),
– der Integrität der veränderten technischen Schnittstellen,
– der Durchgängigkeit der Steuerleitungen bis zum Zugende und
– im Fall der veränderten Zugbildung die Aktualisierung der Bremsberechnung.

Im Normalfall ist die Bremsprobe manuell durchzuführen, wobei die entsprechenden Bremszustände nacheinander einzunehmen sind und die jeweilige Reaktion der einzelnen Bremsen darauf durch Kontrollieren der entsprechenden Anzeigeeinrichtungen bzw. des Bremszustandes festzustellen ist. Eine manuelle Bremsprobe bedarf deshalb eines beträchtlichen Zeit- und Personalaufwandes.

Sind an den Fahrzeugen eines Zuges die entsprechenden technischen Voraussetzungen vorhanden, können sowohl die vereinfachte als auch die volle Bremsprobe automatisiert ausgeführt werden.

Als automatische Bremsprobe gilt dabei ein vom System selbsttätig durchgeführter Prüflauf, dessen Ablauf und Ergebnis sich auf entsprechenden Anzeigeeinrichtungen offenbart. Die automatische

6 Gesamtsystemzusammenhang und Wirkungsmechanismen des Systems Bahn

Bremsprobe ist durch eine zusätzliche Funktionsprüfung zu ergänzen, bei welcher die Betätigung der Bremsbedienelemente für die anschließende Zugfahrt und die Überprüfung deren Wirkung anhand der bremsbetrieblichen Melde- und Anzeigeeinrichtungen für den Regelbetrieb unter Anwesenheit eines Tf geprüft wird.

Darüber hinaus gibt es noch die benutzergeführte Bremsprobe, bei welcher dem Tf auf einem Display schrittweise die durchzuführenden Handlungen dargestellt werden, die er selbst auszuführen hat. Die benutzergeführte Bremsprobe schließt durch die erforderliche Betätigung der Bedienelemente die Funktionsprüfung mit ein.

Werden während des Betriebes einzelne Bremsen als gestört registriert, so sind sie ggf. auszuschalten. Die Bremsberechnung ist dann entsprechend zu korrigieren. Werden Bremsen wieder eingeschaltet, dürfen sie erst nach erfolgter voller Bremsprobe, die ihre Funktion nachweist, in Betrieb genommen und auf ihr Bremsgewicht angerechnet werden.

6.3.6 Regelwerke und Normen

Die wichtigsten für die Komponente Bremse maßgebenden Regelwerke sind nachstehend zusammengestellt (vgl. auch Kap. 9.3.3.4):

UIC-Merkblätter

540	Druckluftbremsen für Güter- und Personenzüge
541	Bauteile
541-03	Führerbremsventilanlage
541-04	Bremse-Vorschriften für den Bau der verschiedenen Bremsteile
541-05	Bremsteile: Gleitschutzanlage
541-06	Bremsteile: Magnetschienenbremse
541-07	Bremsteile: Druckbehälter
541-1	Vorschriften für den Bau der verschiedenen Bremsteile
541-2	Abmessungen der Schlauchverbindungen und elektrischen Leitungen
541-3	Bremsbeläge für Fahrzeuge mit Scheibenbremse
541-4	Bremsklotzsohlen aus Verbundstoff mit hohem Reibwert (K-Sohlen)
541-5	Elektropneumatische Bremsen für Güter- und Reisezüge
542	Austauschbarkeit der Bremsteile
543	Vorschriften über die Ausrüstung und Verwendung der Fahrzeuge
544-1	Bremsleistung
544-2	Bedingungen für Dynamische Bremsen
545	Anschriften, Merk- und Kennzeichen
546	Hochleistungsbremsen für Personenzüge
547	Druckluftbremsen - Normalprogramm für Versuche
549	Handbremsausrüstung an Gwg, die in UK laufen dürfen
580	Anschriften und Kennzeichen
830	Bremskupplungsköpfe
832	Bremssohlen
833	Bremshebel und Bremsdreiecke

KoRil/Ril der DB AG

300	EBO
408	Fahrdienstvorschrift
915 01	Bremsvorschrift-Bedienen, Prüfen, Warten
915 02	Bremsen instandhalten

6.4 Fahrbahntechnik

6.4.1 Systemintegrator Fahrbahntechnik

Im Gegensatz zur Leit- und Sicherungstechnik sowie zur Bahnstromversorgung, die Fahrzeug und Fahrweg auf elektronischem Weg integriert, ist die Fahrbahntechnik der mechanische Integrator des

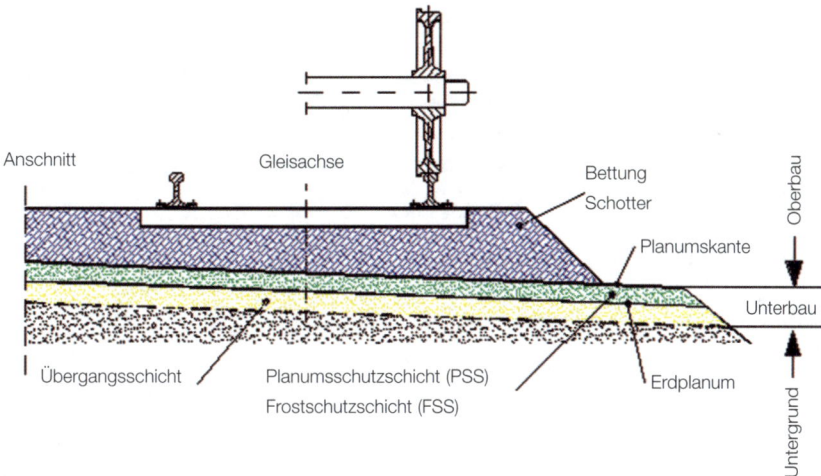

Abb. 6.4.1: Prinzipieller Aufbau der Fahrbahn inklusive des Fahrzeugeinflusses

GenerationenWechsel*

* Neue Wege bestimmen die Zukunft

MAX BÖGL
Fortschritt baut man aus Ideen.

Postfach 11 20
92301 Neumarkt
Telefon 09181 909-0
Telefax 09181 905061
info@max-boegl.de
www.max-boegl.de

Fahrwegträger Transrapid

- Neueste Generation an Fahrwegträgern für die Magnetschwebebahn Transrapid
- Weltweit erste Inbetriebnahme des hybriden Fahrwegträgers auf der Transrapidstrecke Shanghai–Pudong (VR China)
- Weiterentwicklung eines technisch und wirtschaftlich optimierten Fahrwegträgers für das geplante deutsche Transrapidprojekt in München

Feste Fahrbahn System Bögl

- Innovatives Gleistragplattensystem mit höchster Fertigungsqualität und ausgezeichnetem Fahrkomfort
- Zugelassen für den Hochgeschwindigkeitsbereich bis 300 km/h
- Erster kommerzieller Einsatz auf der Neubaustrecke Nürnberg–Ingolstadt
- Aktuelles Projekt: Hochgeschwindigkeitsstrecke Beijing–Tianjin (VR China)

Light-Rail-System Bögl

- Weiterentwickeltes Fahrbahnsystem auf Basis der Festen Fahrbahn Bögl mit deutlicher Reduzierung von Körper- und Luftschall
- Verbesserter Fahrkomfort aufgrund der engen Toleranzen bei der Fertigteilproduktion
- Ausführung auch als direkt befahrbare Fertigteilplatte mit verschleißfreier Oberfläche

6 Gesamtsystemzusammenhang und Wirkungsmechanismen des Systems Bahn

Systems Bahn. Zu beachten sind daher umfangreiche Abhängigkeiten von Fahrzeugen und dem Fahrweg, die bei einseitiger Änderung den Systempartner stets positiv oder negativ beeinflussen.

Die Fahrbahntechnik ist nicht nur auf die bautechnischen Komponenten von der Schienenoberkante bis in den Untergrund zu begrenzen. Das je nach Aufgabenstellung zumindest vereinfachte Fahrzeugverhalten ist elementarer Bestandteil (Abb. 6.4.1).

Insbesondere beim Hochgeschwindigkeitsverkehr und beim Schwerlastverkehr (Radsatzlast > 25 t) ist der Untergrund mit zu betrachten. Die Elastizität der gesamten Fahrbahn, also auch des Erdbaus oder der Brücke, hat direkten Einfluss auf den Rad/Schiene-Kontakt, z. B. auf die Beanspruchung der Fahrzeuge. Umgekehrt führen auch Achslasten oder im Besonderen die Kombination mit unrunden Rädern oder Flachstellen zu einer erhöhten Fahrbahnbeanspruchung. Die Folgen sind stärkere Schädigungen von Schiene, Schwelle und Schotter sowie des Untergrunds durch ungleichmäßige Setzungen. Das Gleiche gilt für Erschütterungen und Sekundärluftschall (siehe Kap. 6.9).

6.4.2 Anforderungen an den Untergrund

6.4.2.1 Erdbauwerke

Die detaillierten Anforderungen an den Untergrund der Fahrbahn sind in der Richtlinienfamilie 836 der *DB AG* zusammengefasst. Aus systemtechnischen Gründen spielt insbesondere die Elastizität des Untergrundes eine entscheidende Rolle. Eine hohe Elastizität führt zu geringeren Kräften im Rad-Schiene-Kontakt und macht sich primär in der geringeren Schienenschädigun g und einer geringeren Fahrzeugbeanspruchung (Räder und Radsatzlager) bemerkbar. Auch der Fahrkomfort für den Fahrgast wird durch einen elastischen Untergrund verbessert. Eine hohe Elastizität im Untergrund führt

---

ATLAS HANNOVER

Zweiwegebagger Atlas AB 1604 ZW 
- junge Maschinen
- viele Anbaugeräte z.B. Hammer, Schwellenfach-, Sortiergreifer, ...
- regelmäßig gewartet
- Bahnabnahme
- Rückfahrkamera
- Zusatzkreislauf Stopfgerät

Schienenscheren

MFSRC-240
bis 52 kg/mtr. Schiene
Gewicht: 2.000 kg
Trägergerät ab 13 to.

HDRC-450
bis 72 kg/mtr. Schiene
Gewicht: 3.700 kg
Trägergerät ab 22 to.

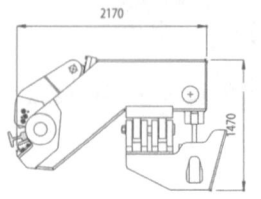

ATLAS HANNOVER Baumaschinen GmbH & Co.
Bremer Straße 4 - 6
30880 Laatzen
Tel.: 05102 / 7004 - 32
Fax: 05102 / 7004 - 44
Ansprechpartner: Oliver Kiekbusch
E-Mail: kiekbusch@atlas-hannover.de

Vermietung, Verkauf und Service

6.4 Fahrbahntechnik

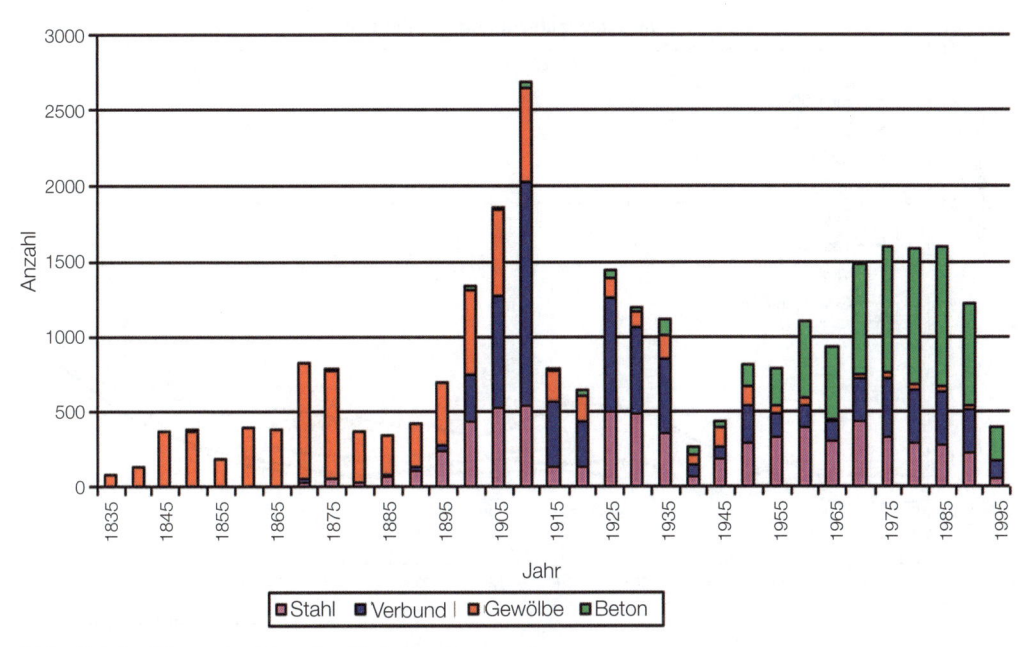

Abb. 6.4.2: Altersstruktur der Brückenbauwerke

fahrbahnseitig jedoch zu einem ungünstigeren Setzungsverhalten, zumindest sollten die Setzungen gleichmäßig erfolgen damit die Gleislage stabil bleibt und der Instandhaltungsaufwand gering ist. Ziel ist es daher, bei Umbau- oder Neubaumaßnahmen den Untergrund soweit zu ertüchtigen, dass er den Anforderungen an Formbeständigkeit und Elastizität ausgewogen entspricht. Neben der meist äußerst teuren Untergrundsanierung durch Erdaustausch werden zunehmend auch Ertüchtigungen mit Geo-Gittern und Geo-Fließen erfolgreich durchgeführt.

6.4.2.2 Brücken

Die im Netz der *Deutschen Bahn AG* vorhandenen Brückenbauwerke bestehen im Wesentlichen aus vier Grundbauarten: Gewölbebrücken, Stahlbrücken, Verbund- und Betonbrücken. Aufgrund der zum Teil sehr alten Bauwerke sind bei Änderungen der Belastungen durch den Zugverkehr oder bei altersbedingten Sanierungen Anpassungen am Bauwerk vorzunehmen. Ein Überblick über die Alterstruktur wird in Abb. 6.4.2 gegeben. Da an Brücken hinsichtlich der Fahrbahnsteifigkeit im Übergangsbereich immer Steifigkeitssprünge auftreten, unterliegt der überwiegend verbaute Schotteroberbau einer stärkeren Belastung und zeigt damit stärkere Setzungen. Diese sind als Gleislagefehler zu spüren. Standardmäßig werden bei Neubauten seit Kurzem Unterschottermatten zum Anpassen der Elastizität auf der Brücke eingesetzt. Eine weitere Optimierung erlauben Schwellenbesohlungen im Dammbereich vor der Brücke (siehe Kap. 6.4.5). Das dynamische Verhalten der Brücken ist stark vom Baujahr und natürlich von der Bauweise abhängig. Während bei Geschwindigkeiten von bis zu 200 km/h vor allem die Dynamik der Brücke sich durch Schallabstrahlung bei älteren Stahlbrücken zeigt, sind oberhalb dieser Geschwindigkeit die Überbauten bzgl. ihrer Resonanzgefahr in der Konstruktion selbst zu überprüfen.

Eine übliche Auslegung der Brücke nach dem Lastbild UIC 71 ist nicht mehr ausreichend. Die unterschiedlichen Fahrzeugkonzepte, die in Europa betrieben werden, können die Brücken bei ungünstigem Zusammentreffen von Achs-/Drehgestellabstand und Fahrgeschwindigkeit zu über-

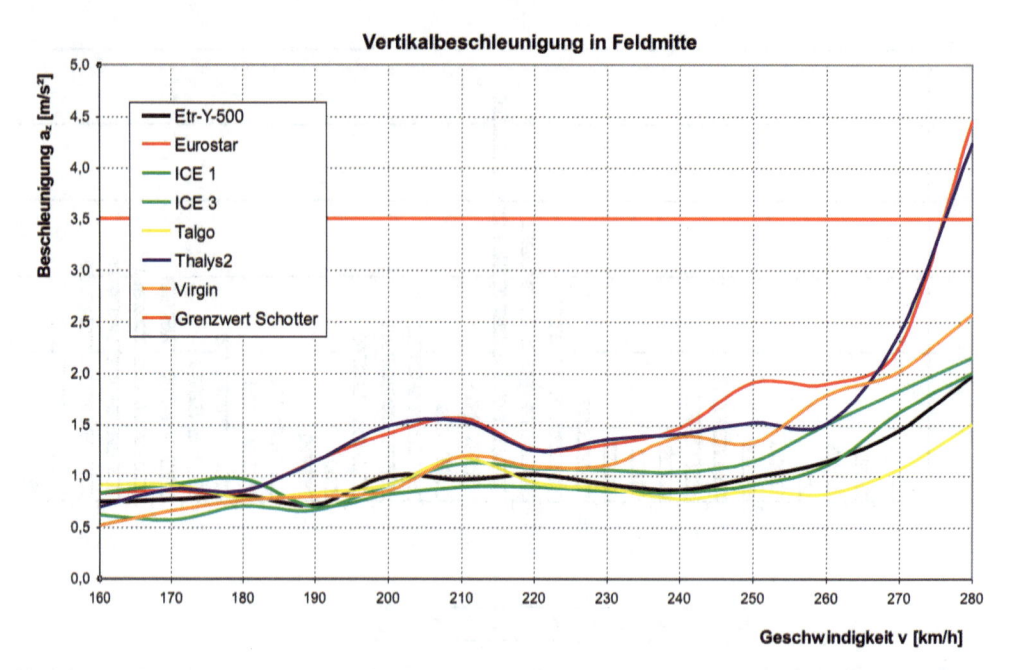

6 Gesamtsystemzusammenhang und Wirkungsmechanismen des Systems Bahn

Abb. 6.4.3: Beschleunigung des Brückendecks in Abhängigkeit von der Zuggeschwindigkeit; Überschreitung der zul. Beschleunigung bei 275 km/h für den Eurostar und Thalys

mäßigen Schwingungen anregen. Dabei können ggf. im Resonanzfall die zulässigen Grenzwerte der Gebrauchstauglichkeit überschritten werden. Abb. 6.4.3 zeigt beispielhaft den Verlauf der maximalen Beschleunigung des Brückendecks in Feldmitte in Abhängigkeit von der Zuggeschwindigkeit. In Konsequenz sind derartige Brücken dann in der Ausführungsplanung stärker auszuführen. Gemäß *TSI HGV (Technische Spezifikationen für die Interoperabilität – Hochgeschwindigkeit)* sind sämtliche Brücken der TEN-Netze nach *Eurocode EN 1991-2* zu überprüfen.

6.4.3 Oberbauarten

6.4.3.1 Schotteroberbau

Der Standardoberbau moderner Eisenbahnen ist der Schotteroberbau (SchO). Seit den Anfängen der Eisenbahn wurde der Schotterbau kontinuierlich weiterentwickelt. Auch die Instandhaltungstechnik wurde kontinuierlich auf ein immer höheres Niveau gebracht. Die unterschiedlichen Bauarten sind in ihren typischen Anwendungsbereichen nach technisch/wirtschaftlichen Gesichtspunkten in den Ausrüstungsstandards der *DB AG* (Abb. 6.4.4) auszugsweise zusammengefasst. Der Standard für alle höher beanspruchten Gleise ist die Betonschwelle B70 mit W-Befestigung und UIC60 Schiene auf 30cm Schotter.

Unschlagbarer Vorteil des Schotteroberbaus ist seine Instandhaltungsfreundlichkeit. Die bei richtiger Planung und Ausführung sowie Pflege sehr langlebige Bauart (ca. 25 Jahre bis zur Bettungsreinigung) lässt einen leichten Austausch jeder Komponente bei hoher Automatisierung, niedrigen Kosten und hoher Wiederverwertbarkeit zu. Zwingende Randbedingung sind jedoch der regelgerechte Untergrund sowie eine funktionsfähige Entwässerung. Der klassische Bettungsquerschnitt ist in Abb. 6.4.5 dargestellt. Durch Auskehren der Schwellenfächer um 4 cm ab 140 km/h Streckengeschwin-

Was wäre eine wirtschaftliche Schienenlogistik ohne einen kompetenten Just-in-time-Partner?

JUST IN TIME.
Zur richtigen Zeit an der richtigen Stelle sein. Eine effiziente Schienenlogistik bringt heute nicht nur wirtschaftlich eindeutige Vorteile, sie hilft auch die Vorteile ultralanger Schienen optimal zu nützen. Darum können Sie als TSTG-Kunde zu den Vorzügen unserer hochqualitativen Produkte auch ein klares Serviceplus hinzurechnen. Wir liefern ungeschweißte Schienen bis zu 120 m Länge just in time auf jede Bahnbaustelle in Europa. Wir geben dem Fortschritt Profil. www.tstg.de

TSTG SCHIENEN TECHNIK

6 Gesamtsystemzusammenhang und Wirkungsmechanismen des Systems Bahn

Nr.	Bauteil	Index	Bauart	Material-zustand	≤ 10 T Lt/d	< 30 T Lt/d	≥ 30 T Lt/d	> 60 T Lt/d	Index	Bemerkungen/Einsatzbeschränkungen
4	Schwellen-abstand	21			-	-	60 cm	60cm	31	
					63 cm	63 cm	-	-	32	
					67 cm	-	-	-	33	nur in Gleisen und Betonschwellen nicht bei ungleichmäßig nachgiebigem Untergrund
					70 cm	70 cm	-	-	34	nur für v ≤ 80 km/h und nur in Nebengleisen (Auswirkungen auf Stopfverfahren beachten)
5	Schotter	22		neu	A	A	A	A	35	in Tunneln ist gewaschener Neuschotter zu verwenden, siehe Abschnitt 7, Abs. (1)
				alt					36	siehe Abschnitt 7, Abs. (2)
6	Schotter vor Kopf	23			0,40 m	0,40 m	0,40 m	0,40 m	37	
					0,30 m	0,30 m	-	-	38	nur in Gleisen mit Y-Stahlschwellen
					0,20 m	0,20 m	0,20 m	0,20 m	39	nur bei v ≤ 80 km/h und nur in sonstigen Hauptgleisen und Nebengleisen bei Verfüllung der Randwege bis zur Schwellenoberkante
7	Bettungsdicke unter Schienen-auflager	24			0,30 m	0,30 m	0,30 m	0,30 m	40	
					0,25 m	0,25 m	0,25 m	0,25 m	41	nur bei Änderung der Konstruktionshöhe durch Schienenformwechsel und/oder Schwellentypwechsel, wenn die Anpassung der Gradiente zu Sprungkosten führen würde
					0,20 m	-	-	-	42	nicht bei Stahltrogschwellen
8	Unterschotter-matten oder Schwellen mit elastischer Sohle	25	Schwellen mit elastischer Sohle		-				43	zur Minderung der Schlupfwellenbildung in Radien ≤ 500 m und einer Belastung > 10 000 Lt/d. Unterschottermatten nach Abschnitt 8, Abs. (2)
			Schienen-form 60 E2		-	-	-	-	44	bei Belastungen > 60 000 Lt/d

Abb. 6.4.4: Ausrüstungsstandard Gleise

digkeit ist die Eignung des SchO bis zu Geschwindigkeiten von 280 km/h nachgewiesen. Insbesondere im Winter ist die Systemkonformität bei Eisabwurf von Fahrzeugen nur bei ordnungsgemäßem Regelquerschnitt gegeben.

Im Bereich der geringer belasteten Strecken (Regionalverkehre) kommt häufig die Kombination einer B58 Schwelle (neuerdings die Bauart B70-2.4) mit der Schiene S54 vor. Sonderbauarten wie diverse Stahlschwellen oder Holzschwellen können als Sonderlösungen bei entsprechenden Randbedingungen ebenfalls verbaut werden.

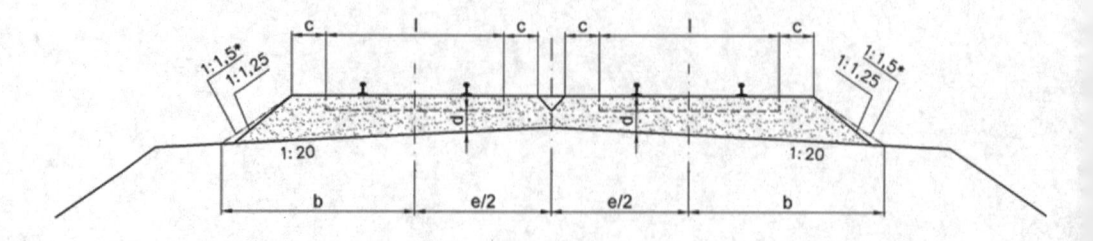

d = Dicke der Bettung unter Schienenauflager
l = Schwellenlänge
c = Einschotterung der Schwelle vor Kopf
e = Gleisachsabstand
b = Abstand Gleisachse – Bettungsfußpunkt für die Planung
* = gilt für den Abwurf

Abb. 6.4.5: Bettungsquerschnitt für zweigleisige Strecken

RAIL.ONE
Pfleiderer track systems

The way to go.

Qualität und Innovation für den Weg in eine erfolgreiche Zukunft. Als Systemanbieter für den schienengebundenen Fern- und Nahverkehr liefern wir Ihnen individuelle Lösungen – auf Schotter, Asphalt oder Beton. Ganzheitlicher Service, umfassendes Know-how und jahrzehntelange Erfahrung in der nationalen und internationalen Zusammenarbeit machen uns zum starken Partner für Ihre Planungen und Projekte. RAIL.ONE steht für Spitzenleistung. Wir wollen Ihr erster Ansprechpartner sein – kompetent, leistungsstark und serviceorientiert. In Deutschland, Europa und weltweit.

www.railone.com

6.4.3.2 Feste Fahrbahn

Die Idee, den Instandhaltungsaufwand beim Schotteroberbau zu minimieren, war die Geburtsstunde der Festen Fahrbahn (FF). Schotterbett und Schwelle werden dort in verschiedenen Bauarten quasi als ein Verbundsystem zusammengefasst, das künftig setzungsfrei ist. Die *Deutsche Bahn* hat 1972 mit den ersten längeren Versuchsstrecken zur FF begonnen, mit dem so genannten Ur-Rheda-Typ. Bis 2002 gab es 72 verschiedene Bauarten.

Vier Bauarten werden unterschieden:
1. Kompakte Bauarten
2. Aufgelagerte Bauarten
3. Fertigteilsysteme
4. Sonstige (Masse-Feder-Systeme, kontinuierlich gelagerte Systeme)

Nach den heutigen Erfahrungen stehen rund acht Bauarten zur Wahl, die den Stand der Technik widerspiegeln. So wurden unter technisch/wirtschaftlichen Gesichtspunkten für die Strecke Nürnberg-Ingolstadt das System Rheda2000® (Kompakte Bauart) (Abb. 6.4.6) und das System Bögl® (Fertigteilplatte) nach Ausschreibung gewählt.

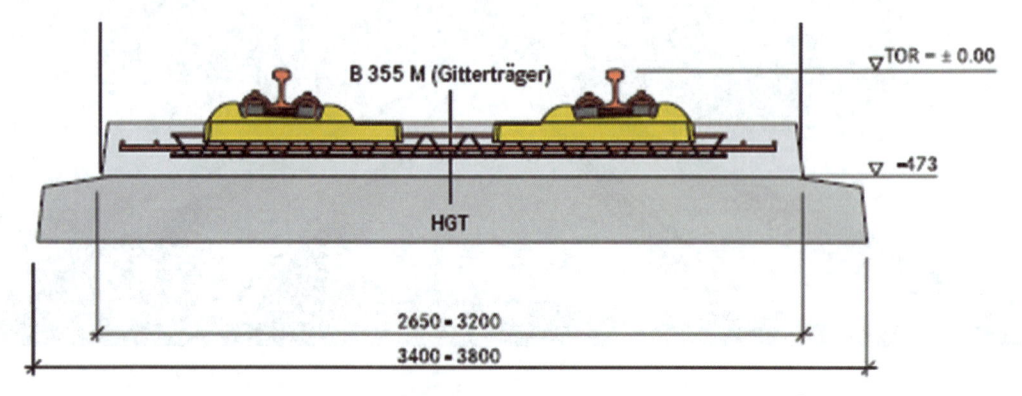

Abb. 6.4.6: Querschnitt einer Festen Fahrbahn am Beispiel *Rheda2000*®

Feste Fahrbahnen überzeugen im Wesentlichen durch eine hochwertige und beständige Gleislagequalität und garantieren somit einen sehr hohen Fahrkomfort. Die klassische Instandhaltung des SchO durch Stopfen entfällt. Weil die Anforderungen an den Untergrund, da dieser sich nicht mehr setzen darf, entsprechend hoch sind, müssen beim Bau immer entsprechende Arbeiten berücksichtigt werden. Ein weiterer Vorteil ist die restriktionsfreie Nutzung der Wirbelstrombremse, weil die zusätzliche Temperaturerhöhung der Schiene problemlos ertragen werden kann. Da die Reflektionsfläche der Betonoberfläche zu einer leicht erhöhten Schallabstrahlung führt (~ 3 dB(A)), sind die Oberflächen häufig mit Schallabsorbern bedeckt. Weiterhin sind oftmals, in Abhängigkeit von den Schallschutzforderungen, Lärmschutzwände am Gleis erforderlich.

Aufgrund der höheren Erstellungskosten im Vergleich zum SchO werden FF nach LCC-Gesichtspunkten überwiegend auf Hochgeschwindigkeitsstrecken oder in Tunneln eingesetzt. Die Feste Fahrbahn spielt jedoch dort ihre Potenziale aus, wo eine hohe Verfügbarkeit der Trassen gewährleistet sein muss, hohe Geschwindigkeiten und sehr guter Fahrkomfort erforderlich sind.

6.4 Fahrbahntechnik

6.4.4 Weichen

6.4.4.1 Stellsystem

Abb. 6.4.7 zeigt die Prinzipskizze einer Weiche. Das Stellsystem der Weichen gehört zur so genannten Außenanlage des Stellwerks. Über eine in Deutschland eingeführte Vier-Draht-Schnittstelle erfolgt sowohl der Antrieb der Weichenmotore, die Überwachung der Endlage als auch in einigen Fällen das Monitoring des Weichenzustandes im Sinne der Instandhaltung. Aufgrund der nicht offenen Spezifikation der Vier-Draht-Schnittstelle sind die Außenanlagen vom Lieferanten des Stellwerks abhängig.

Gemäß des Ausrüstungsstandards sind Weichenantriebe mit $v \leq 160$ km/h (Erweiterung auf $v \leq 230$ km/h steht bevor) auffahrbar gestaltet, d.h. bei anliegender Zunge kann ein Baufahrzeug in Gegenrichtung die Weiche passieren, ohne dass ein Stellvorgang der Zunge initiiert werden muss. Die Festhaltung der Zungenvorrichtung wird durch die Festhaltekraft des Weichenantriebs realisiert. Bei Zugüberfahrt werden die auf die Zungen einwirkenden Querkräfte über die Stellstange auf den Antrieb übertragen. Die dort vorhandene Rutschkupplung erlaubt die Lageveränderung der Zunge.

Ein Auffahren der Weiche offenbart sich durch Meldung im STW: der Antrieb verliert die Endlage. Im Anschluss leitet der Fahrdienstleiter Maßnahmen zur Überprüfung möglicher Schäden an der Weiche ein.

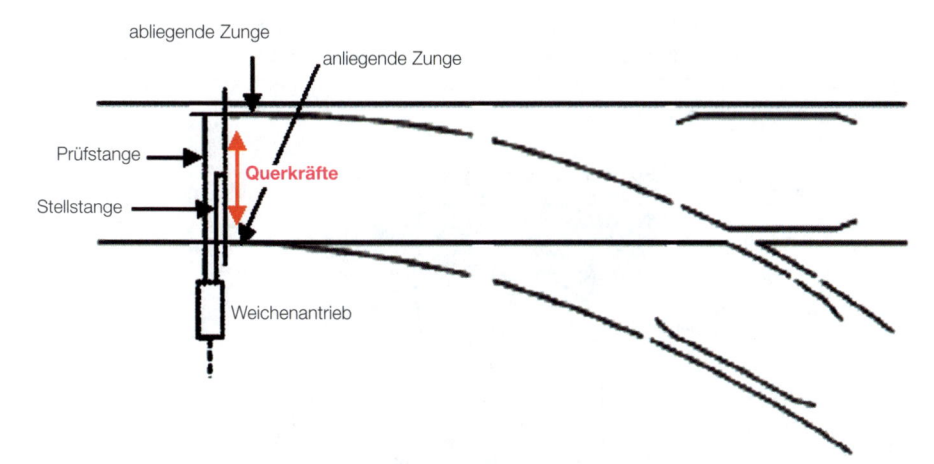

Abb. 6.4.7: Weichenskizze. Die Festhaltekräfte der Zunge müssen höher als die im Betrieb maximal wirkenden Querkräfte sein.

Bislang im HGV eingesetzte nicht auffahrbare Weichenantriebe müssten mit einer zusätzlichen Sensorik ausgerüstet werden, um die Auffahrbarkeit zu ermöglichen.

6.4.4.2 Fahrbahn

Die Weiche als Fahrbahnbestandteil des Gleises weist unter Systemgesichtspunkten im Wesentlichen folgende Besonderheiten auf:
– Die Herzstücklücke mit dem Herzstück. Hier kommt es zur kurzen Unterbrechung des Rad-Schiene-Kontaktes mit anschließendem „Auftreffens" des Rades auf das Herzstück.
– Die Zunge mit der sich stark verjüngenden Zungenspitze, welche beim Anliegen an der Schiene das Rad am Radkranz in den Bogen ableitet.

6 Gesamtsystemzusammenhang und Wirkungsmechanismen des Systems Bahn

– Der Radlenker, welcher beim Durchfahren der Herzstücklücke die Spurhaltung des Radsatzes am anderen Rad gewährleistet.

Damit ist die Weiche immer als Unstetigkeitsstelle bei der Fahrzeugdynamik zu betrachten. Insbesondere bei Hochgeschwindigkeitsweichen unterscheiden sich die Spurweiten vom realen Gleis (1435 mm), um ein besseres kinematisches Fahrverhalten in der Weiche zu erlauben.

Sowohl das Herzstück als auch die Zunge sind hinsichtlich der Kontaktmechanik sehr hoch beansprucht, was sich in erhöhtem Verschleiß und auch in Rollkontaktermüdung äußert. Insbesondere in kleinen Bögen werden durch drehsteife Drehgestelle der Fahrzeuge (insbesondere HGV) sehr hohe Querkräfte auf die Weiche übertragen. In den vor Bahnhöfen oftmals liegenden 190 m-Bogenweichen wurden in Versuchen knapp über 100 kN am bogeninnen führenden Rad gemessen.

Der Instandhaltung der Weiche ist daher besondere Aufmerksamkeit zu widmen.

6.4.5 Schienentechnik

Die Schiene ist einer der am höchsten belasteten Komponenten im Rad-Schiene-System. Sämtliche Kräfte, ob nun Vertikal-, Lateral- oder Schlupfkräfte, werden über eine Kontaktfläche der Größe eines Daumennagels übertragen. Abb. 6.4.8 gibt einen Eindruck der Spannungsverteilung. Rad- und Schienenwerkstoff ertragen diese Belastungen nur durch Konditionierung durch Kaltverformung in der Oberfläche. Die Kaltverformung und der Verschleiß halten sich im Idealfall die Balance, was bei den heutigen Verkehren jedoch nicht mehr gegeben ist. Während der klassische Verschleiß durch den Einsatz höherfester Werkstoffe auf Schienen- und Radseite und die Einrichtung von stationären Schienenschmieranlagen und Spurkranzschmierungen auf Fahrzeugen beherrscht wird, stellt die Kaltverformung ein Problem dar.

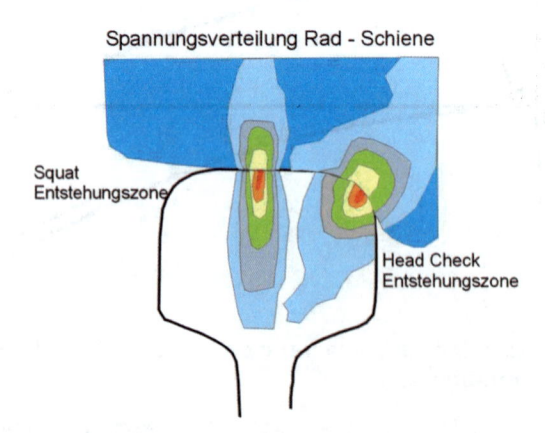

Abb. 6.4.8: Spannungsverteilung im Rad-Schiene-Kontakt

Ist der maximale Verformungsgrad des Werkstoffs erreicht, bilden sich in der Mikrostruktur derart hohe Spannungen, dass es zu Rissbildung und in der Folge zum Risswachstum kommt. Mittels rechtzeitigem Schienenschleifen oder -fräsen kann der Ursprungszustand des Werkstoffs wiederhergestellt werden und der Prozess der so genannten Rollkontaktermüdung beginnt von vorne.

Die Erfahrungen der Vergangenheit haben aber auch gezeigt, dass eine vom anderen Reibpartner (Rad oder Schiene) losgelöste Werkstoffentwicklung – meist zu höheren Härten – lediglich das Problem der Instandhaltung zum Partner verschiebt. Unter Systemgesichtspunkten ist daher immer eine aufeinander abgestimmte Entwicklung notwendig!

6.4 Fahrbahntechnik

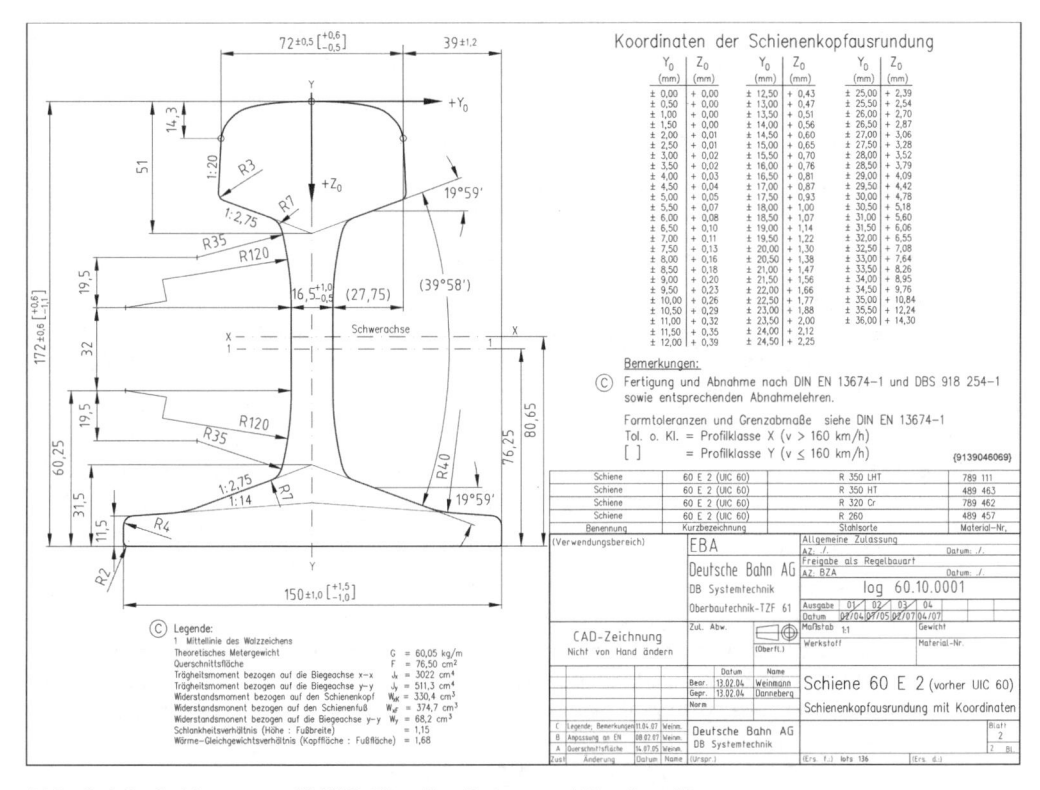

Abb. 6.4.9: Schienenprofil UIC 60, allg. Daten und Kopfprofil

Neben der Instandsetzung hinsichtlich der Rollkontaktermüdung ist die Schienenbearbeitung ebenfalls gegen Fahrflächenfehler und ungünstige Schienenkopfprofile (siehe Kap. 6.4.6) notwendig. Spezielle Schleifverfahren werden ebenfalls zur Rollgeräuschminimierung genutzt, da die Rauheit und Verriffelung der Schiene reduziert werden. Dieses Verfahren wird im Rahmen des „Besonders überwachten Gleises" angewandt, um z. B. bei Festen Fahrbahnen auf Schallschutzwände verzichten zu können. Der Erfolg des Schleifprozesses wird durch Schallmessungen überwacht und der erneute Einsatz ebenso eingeplant.

Die im Gleis der *DB* überwiegend genutzten Schienenprofile sind UIC 60, S54 und S49. Die Zahlen spiegeln die Metergewichte der Profile wider. Auf Hochgeschwindigkeitsstrecken werden gemäß Ausrüstungsstandard immer 60 E2 Schienen eingesetzt (Abb. 6.4.9).

6.4.6 Fahrzeug-Fahrweg-Wechselwirkung

In der Wechselwirkung Fahrzeug-Fahrweg wird in zwei Bereiche unterschieden, die
– Vertikaldynamik und
– Lateraldynamik.

Die **Vertikaldynamik** ist stark durch die Elastizitäten des Oberbaus und des Untergrundes einerseits, und der unabgefederten Massen des Drehgestells und des Radflächenzustandes andererseits geprägt. Schlechte Räder, d. h. das Vorliegen von Unrundheiten oder auch singulären Abplattungen wie Flachstellen führen zu einer hohen Vertikalbeanspruchung der Fahrbahn. Durch entsprechend

6 Gesamtsystemzusammenhang und Wirkungsmechanismen des Systems Bahn

hohe Elastizitäten z.B. in der Schienenbefestigung oder einer Schwellensohle lassen sich die Auswirkungen auf dem weiteren Wirkweg reduzieren. Die Elastizitäten der Fahrbahn sind festgelegt. Der Richtwert für die vertikale, dynamische Gleissteifigkeit beträgt

$$c_{G,dyn} = 100 \text{ kN/mm } (\pm 20\%)$$

als Kompromiss zwischen niedrigen Beanspruchungen der Fahrbahn einerseits und der Forderung nach einer hohen Eigenfrequenz des Systems andererseits.

Die vertikalen Gleislageabweichungen beeinflussen den Fahrkomfort für den Fahrgast.

Die **Lateraldynamik** hat insbesondere bei höheren Geschwindigkeiten einen hohen dynamischen Einfluss auf das System. Die Lateralkomponente der Gleislage wird in der Regel durch die Federung der Wagenkästen ausgeglichen, so dass diese im Mittel vom Fahrgast nicht zu spüren sind. Hier sind große Unterschiede bei den Fahrzeuggenerationen bemerkbar.

Die Berührgeometrie zwischen Rad und Schiene bestimmt maßgeblich das laterale Fahrverhalten eines Fahrzeuges im geraden Gleis und im Bogen. Die grundlegenden Eigenschaften können bereits aus der Bewegung eines einzelnen Radsatzes veranschaulicht werden. Die Bewegungen eines freien Radsatzes, der nicht mit Federn und Dämpfern mit einem Drehgestell oder Wagenkasten verbunden ist, ist in Abb. 6.4.10 dargestellt. Setzt man einen bewegten Radsatz mit konischem Profil (Doppelkonus) etwas um die Hochachse verdreht auf die Schiene, so beginnt eine sinusförmige Abrollbewegung. In der Ausgangslage sind beide Rollradien gleich groß. Bei Beginn der Abrollbewegung bewegt sich der Radsatz etwas in die positive x-Richtung, wobei der linke Rollradius größer, der rechte Rollradius kleiner wird. Dadurch bewegt sich das linke Rad schneller als das rechte und „holt auf". Das setzt sich jetzt solange fort, bis eine Lage erreicht ist, bei der der linke Rollkreisradius

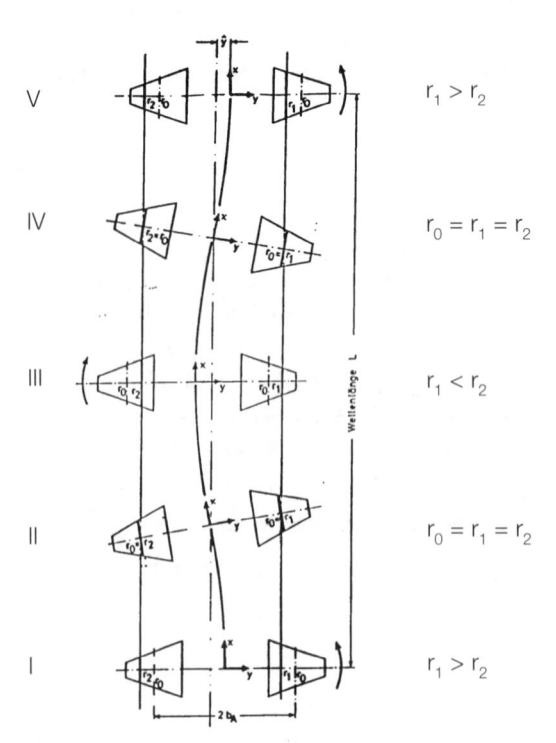

Abb. 6.4.10: Sinuslauf des Einzelradsatzes

6.4 Fahrbahntechnik

einen maximalen und der rechte Rollkreisradius einen minimalen Wert einnimmt. Die Radachse steht jetzt senkrecht zur Gleisachse (Y = 0), der Radsatzschwerpunkt ist um den Maximalwert s nach links verschoben. Bei der Fortsetzung der Rollbewegung überholt nun das linke das rechte Rad usw. .

Beschränkt man sich auf kleine Querbewegungen, lässt sich die Bewegung des Schwerpunktes durch eine Sinusfunktion beschreiben.

In der Realität ist die Querbewegung des Radsatzes auf geradem Gleis zu beschreiben als
a) gedämpfte Schwingung bei niedriger Geschwindigkeit (abklingend),
b) periodische, ungedämpfte Schwingung bei der Grenzgeschwindigkeit, und
c) angefachte Schwingung bei hoher Geschwindigkeit, deren Amplitude durch

Spurkranzanlauf begrenzt wird.

Die Ursachen für dieses Verhalten liegen in kleinen Gleislagestörungen sowie den Feder- und Dämpfungscharakteristiken der Radsätze.

Die Problematik der Grenzgeschwindigkeit ist erst mit der Aufnahme des HGV seit 1954 (*SNCF*) behandelt worden.

Der Bewegungsvorgang des Sinuslaufes beim Radsatz ist hingegen bereits 1883 von *Klingel* erörtert worden (vgl. Kap. 6.1.5).

Zur Beurteilung der Berührpartner wird die so genannte äquivalente Konizität verwendet. Bei. der äquivalenten Konizität liegt quasi ein Zielkonflikt bzgl. des Hochgeschwindigkeitsverkehrs und des bogenfreundlichen Fahrens vor. Niedrige Konizitäten erlauben eine hohe Eigenstabilität der Drehgestelle bei hohen Geschwindigkeiten, führen jedoch bei bogenreichen Abschnitten im normalen Geschwindigkeitsbereich zum Anlaufen der Spurkränze und damit zu erhöhtem Verschleiß. Für das Netz der *DB* wurde ein Optimum für das Rad-Verschleißprofil S1002 mit der Einführung des Schienenprofils UIC 60 E2 gefunden. Dieser engen Systemverknüpfung ist mit einer geeigneten Schienenpflege (Profil) und Radprofilierung Rechnung zu tragen. Das Vernachlässigen eines Systempartners führt innerhalb kurzer Zeit zu verstärkten Lateralbewegungen des Fahrzeugs.

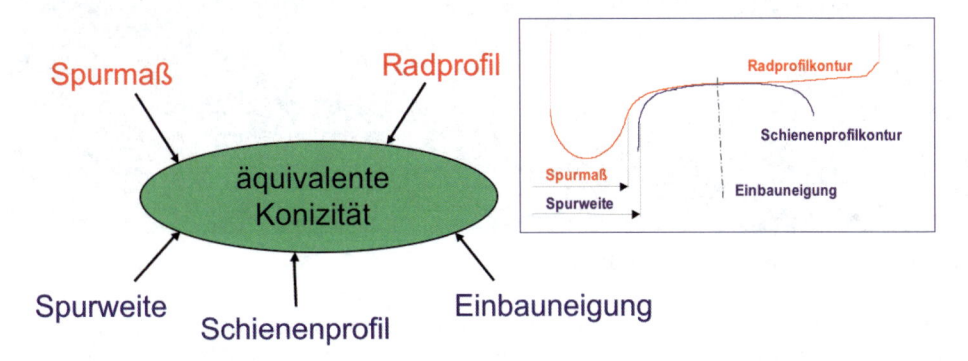

Abb. 6.4.11: **Einflussgrößen der Rad/Schiene-Berührgeometrie. Äquivalente Konizität ist die Beurteilungsgröße für alle Einflussparameter.**

6.4.7 Fahrbahn-LST-Wechselwirkung

Die wesentlichste Wechselwirkung zwischen der Fahrbahn und der Leit- und Sicherungstechnik erfolgt bei den Bauarten der Festen Fahrbahn. Durch die direkte Montage von LZB-Kabel oder

6 Gesamtsystemzusammenhang und Wirkungsmechanismen des Systems Bahn

Eurobalise auf der Fahrbahnoberfläche kann es mitunter zu einer Wechselwirkung mit der Eisenbewehrung im Beton kommen. Durch die Erdung der Bewehrung werden die Sendeleistungen der LST stark absorbiert, so dass sie mitunter für die Datenübertragung nur noch unzureichend sind. Auf älteren Bauarten der FF ist das LZB-Kabel daher z. T. aufgeständert. Neue Bauarten müssen vor Einsatz durch Pegelmessungen die Wechselwirkungsfreiheit nachweisen.

6.5 Bahnenergieversorgung

In den Jahren 1997 bis 2001 erfolgte die schrittweise Übergabe des Energiemanagements der *DB AG* an die *DB Energie GmbH*. War die DB Energie mit ihrer Gründung 1997 ausschließlich für die Bereitstellung der 16,7 Hz Bahnenergie verantwortlich, so betreut sie heute eines der größten energieartenübergreifenden Portfolios in Deutschland. Sie versorgt die *DB AG*, andere Eisenbahnverkehrsunternehmen und weitere Kunden nicht nur mit den Traktionsenergien 16,7 Hz, Gleichstrom und Dieselkraftstoff (siehe Abb. 6.5.1), sondern auch mit stationärer Elektroenergie 50 Hz. Dieser „normale" Netzstrom ist für einen sicheren Betrieb des Systems Bahn mit Signaleinrichtungen, Weichen, Reparaturwerkstätten, Eisenbahnbetriebsanlagen, Bahnhöfen und insbesondere auch für die in den Bahnhöfen angesiedelten Gewerbekunden unabdinglich.

Abb. 6.5.1: Moderne Tankstelle der *DB Energie*

Die zuverlässige und engpasslose Bereitstellung aller dieser Energien ist grundlegend für Verfügbarkeit und Pünktlichkeit des Systems Bahn. Bereits eine kurzzeitige Unterbrechung der Energieversorgung kann zu einer erheblichen Beeinflussung des Bahnbetriebes führen. Das gilt sowohl für die Traktions- als auch für die stationären Energien. Deshalb wird auf den Erhalt und die technische Weiterentwicklung der für die Energiebereitstellung notwendigen Infrastruktur bei der *DB Energie* besonderes Augenmerk gelegt. Eine Auswahl der Energieversorgungsinfrastruktur ist der Tabelle 6.5.1 zu entnehmen.

Die nachfolgenden Ausführungen konzentrieren sich im Wesentlichen auf die Traktionsenergie 16,7 Hz und deren Bereitstellung.

6.5 Bahnenergieversorgung

Daten zur Infrastruktur 2006	
16,7 Hz-Bahnstrom/Gleichstrom	
– Länge Bahnstromnetz	7731 km
– Installierte Leistung	3044 MW
– Anzahl Kraft-, Umformer- und Umrichterwerke	51
– Anzahl Unterwerke	180
– Anzahl Gleichrichterwerke	24
– Energieabgabe/Jahr	11 TWh
Tankdienste	
– Anzahl Tankstellen	190
– Absatz Diesel	450 Mio. Liter
50-Hz-Licht-/Kraftstrom	
– Mittelspannungsnetze	95
– mit Trafostationen	1941
– Mittelspannungskabel	über 12 660 km
– Niederspannungskabel	über 12 500 km
– Zugvorheizanlagen	rund 410
– Energieabgabe/Jahr	2 TWh

Tab. 6.5.1: Die *DB AG* ist der größte Energieverbraucher in Deutschland. *DB Energie* ist eines der größten Energieversorgungsunternehmen in Deutschland.

6.5.1 Nutzung der elektrischen Energie zur Fortbewegung

Bereits sehr frühzeitig gab es Versuche, die elektrische Energie für die Fortbewegung zu nutzen. So baute der deutsche Ingenieur *Jacobi* 1834 in St. Petersburg ein Boot mit Batterie und Elektromotor, mit dem er bis zu 14 Personen über die Newa befördern konnte. 1842 versuchte man die Bahnstrecke Edinburgh–Glasgow mit einem Wagen mit elektromechanischem Antrieb zu befahren. Alle diese Versuche scheiterten jedoch zum einen an den hohen Kosten für die Herstellung der Elektroenergie und zum anderen an der geringen Speicherkapazität der mitgeführten Batterien.

Erst durch die Entwicklung der elektrodynamischen Maschine durch *Werner von Siemens* 1866 konnte Elektroenergie in großer Menge und preiswert produziert werden. Seine revolutionäre Idee, die für die Fortbewegung notwendige Elektroenergie ortsfest zu erzeugen und sie dann dem Fahrzeug zuzuführen, setzte er erstmals 1879 auf der Gewerbeausstellung in Berlin mit einer kleinen elektrischen Lokomotive, die drei Wagen auf einer 300 m langen Kreisbahn zog, in die Praxis um (siehe auch Kap. 2). Somit charakterisiert sich die elektrische Traktion durch zwei Besonderheiten:
1. Die zur Fortbewegung notwendige Energie wird nicht auf dem Fahrzeug mitgeführt.
2. Die elektrische Traktion ist die einzige elektrische Energieversorgung, bei der sich der Verbraucher, d. h. hier das Triebfahrzeug, im Versorgungsnetz bewegt.

Vor allem der zweite Punkt stellt bis heute außerordentlich hohe Ansprüche an die Netzsteuerung.

6.5.2 Warum 16,7 Hz?

Zu Beginn der Entwicklung der elektrischen Traktion standen die Ingenieure vor drei grundlegenden Fragen:
– Wie kann die Energieübertragung von der Erzeugung zum Fahrzeug gelöst werden?
– Welches ist das am besten geeignete Energieversorgungssystem?
– Wie muss ein für den Bahnbetrieb geeigneter (bahnfester) Motor konstruiert sein?

6 Gesamtsystemzusammenhang und Wirkungsmechanismen des Systems Bahn

Die Energiezufuhr wurde ursprünglich als die komplizierteste Frage angesehen. Die Stromzuführung der Lokomotive von 1879 und der ersten elektrischen Straßenbahn der Welt 1881 in Groß-Lichterfelde erfolgte zuerst über die Schienen. Die offensichtlichen Nachteile (Berührungsschutz, ungewollte Überbrückung etc.) führten schnell zu der Erkenntnis, den spannungsführenden Leiter hoch aufzuhängen und damit zur Entwicklung des Systems Oberleitung/Stromabnehmer. Damit war die Energieübertragungsfrage prinzipiell gelöst und hat sich seit damals bestens bewährt.

Bei der Suche nach dem besten Energieversorgungssystem kristallisierte sich als eigentliches Problem immer mehr der bahnfeste Motor heraus. Zum damaligen Zeitpunkt gab es zwei geeignete Motoren, den Gleichstrom-Reihenschlussmotor und den Drehstrommotor (vgl. Kap. 9.2).

Der Gleichstrommotor hatte für die Traktion ausgezeichnet geeignete Kennlinien, jedoch war er damals nur für geringe Spannungen verfügbar. Mit dem Erfordernis, höhere Leistungen als z.B. im Straßenbahnbetrieb zu übertragen, stieß man sehr schnell an die Grenzen, die vor allem durch die Nichttransformierbarkeit des Gleichstromes gegeben waren. Dennoch wurde das System erfolgreich weiterentwickelt und so werden heute im Weltmaßstab noch knapp die Hälfte der elektrifi-

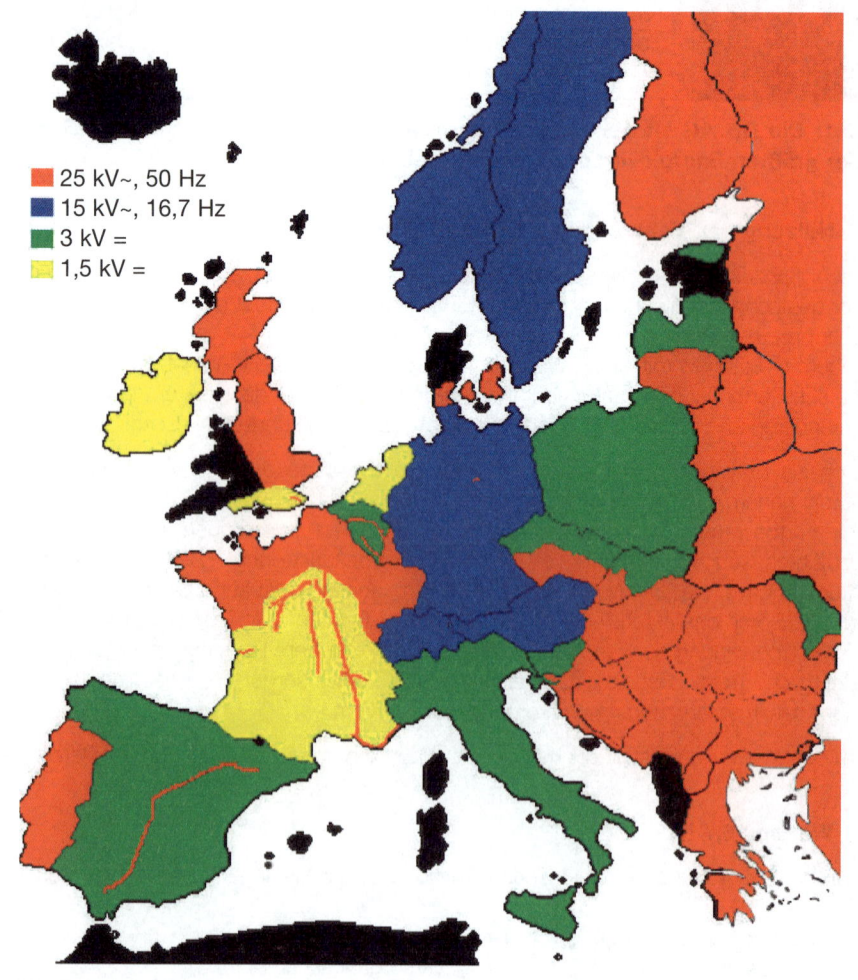

Abb. 6.5.2: Bahnstromversorgungssysteme in Europa

zierten Eisenbahnstrecken mit Gleichstrom vorrangig mit Spannungen zwischen 1,5 und 3 kV betrieben.

Hochgeschwindigkeitsversuche mit Drehstromantrieb wurden zwischen 1901 und 1904 auf der dazu eigens hergerichteten 23 km langen Militärbahnstrecke Marienfelde–Zossen durchgeführt (siehe auch Kap. 2). Dort wurde am 27. Oktober 1903 der für damalige Zeiten unvorstellbare Geschwindigkeitsrekord von 210,2 km/h aufgestellt. Die geringe Regelbarkeit der Motoren und vor allem der äußerst komplizierte Aufbau der Oberleitung – hier waren drei Fahrdrähte übereinander angeordnet – führten zur Beendigung der Drehstromversuche.

Versuche, die Vorteile die der Gleichstrom-Reihenschlussmotor als Antrieb hatte, mit den großen Vorteilen der Transformierbarkeit des Wechselstroms zu verbinden, schlugen anfangs fehl. Die durch den Wechselstrom hervorgerufene transformatorische Spannung U_t führte am Kommutator zum so genannten Bürsten- oder Kreisfeuer und damit zur Zerstörung des Motors. Die transformatorische Spannung berechnet sich nach der Formel

$$U_t = 4{,}44 \cdot \Phi \cdot f \cdot n \qquad (6.5.1)$$

wobei

Φ der magnetische Fluss,
n die Windungszahl und
f die Frequenz

sind.

6 Gesamtsystemzusammenhang und Wirkungsmechanismen des Systems Bahn

Durch Verringerung der Frequenz verringert sich proportional die transformatorische Spannung und somit auch die Neigung der Motoren zum Kreisfeuer. Bei den damaligen Versuchen erreichte man bei Frequenzen um 15 Hz durchaus zufrieden stellende Ergebnisse.

Deshalb wurde im Jahr 1912 zwischen den preußisch-hessischen, den bayrischen und den badischen Staatseisenbahnen ein *Übereinkommen über „Die Ausführung elektrischer Zugförderung"* getroffen. In diesem Übereinkommen wurden eine Nennfrequenz von 16,7 Hz und eine Nennspannung von 15 kV festgelegt. Diesem Übereinkommen schlossen sich später die Bahnverwaltungen von Österreich, der Schweiz, von Norwegen und Schweden an. Aus der Abbildung 6.5.2 sind die heute in Europa vorhandenen Bahnenergieversorgungssysteme ersichtlich.

Ein auch in der Öffentlichkeit immer wiederkehrendes Thema ist die Frage nach einer möglichen Frequenzumstellung der Bahnstromversorgung in Deutschland. Technisch gesehen ist ein modernes Triebfahrzeug dank hochentwickelter Elektronik in der Lage, jede mögliche elektrische Energie in die für den Antrieb notwendige Energie umzuwandeln, zumal als Motoren heute fast ausschließlich Drehstrom-Asynchronmotoren eingesetzt werden (vgl. Kap. 9). Eine Umstellung auf 50 Hz würde jedoch ungeheure wirtschaftliche Belastungen der Bahnen nach sich ziehen. So müssten nicht nur Bahnenergieversorgungsanlagen zurückgebaut und durch neue ersetzt werden. Auch alle Signalanlagen, heute abgestimmt auf die Beeinflussung durch Oberschwingungen aus der 16,7 Hz Versorgung, müssten für eine neue Frequenz und somit für eine größere Beeinflussung umgebaut werden. Da der elektrische Widerstand bei 50 Hz größer als bei 16,7 Hz ist, wird zur Vermeidung von Verlusten eine höhere Spannung von 25 kV benötigt. Damit vergrößern sich die notwendigen Mindestabstände zu unter Spannung stehenden Teilen. Das würde in großen Teilen Deutschlands zu Umbauten in der Oberleitung, an Brücken, Tunnels etc. führen. Alle diese Umbauten würden sich über einen Zeitraum von vielen Jahren hinziehen, in denen die vielfältigsten Zwischenzustände vorherrschen, die zusätzlich riesige logistische Probleme beim Einsatz von Alt- und Neubaufahrzeugen nach sich ziehen. Somit ist in absehbarer Zeit nicht mit einer Frequenzumstellung bei der Bahnenergieversorgung in Deutschland zu rechnen.

6.5.3 Zentrale und dezentrale Energieversorgung

Der hohe Energiebedarf für eine elektrisch betriebene Eisenbahnstrecke und die zu Beginn des 20. Jahrhunderts in Deutschland noch nicht flächendeckend vorhandene elektrische Energieversorgung führten schon frühzeitig zum Bau von Bahnkraftwerken. So wurde z. B. 1904 das erste Bahnkraftwerk in Deutschland, das Wasserkraftwerk in Kammerl bei Oberammergau, in Betrieb genommen. 1912 wurde im bahneigenen Umformerwerk Basel mittels rotierender Umformer aus 6,8 kV-50 Hz-Drehstrom 15 kV-16,7-Bahnstrom erzeugt. Der Bau von immer größeren Kraftwerken, wie z. B. 1911 des Braunkohlenkraftwerks in Muldenstein, ermöglichte die Versorgung nicht nur einer, sondern mehrerer Eisenbahnstrecken. Außerdem konnte Bahnenergie da erzeugt werden, wo es am wirtschaftlichsten möglich war.

Die Oberleitung als alleiniges Medium für die Energieübertragung und -verteilung gelangte dadurch schnell an ihre physikalischen Grenzen. Deshalb wurden die entstehenden Bahnenergieerzeuger zur Verbesserung der Wirtschaftlichkeit und Erhöhung der Versorgungszuverlässigkeit ab 1914 durch bahneigene 110 kV-16,7 Hz-Bahnstromleitungen miteinander verbunden. Aus diesen Anfängen hat sich ein zusammenhängendes Bahnstromleitungsnetz entwickelt. Man spricht hier von der so genannten zentralen Energieversorgung. In dieses Bahnstromleitungsnetz speisen Wärmekraftwerke, Wasserkraftwerke, Umformerwerke und Umrichterwerke 16,7 Hz Energie ein. Die Einspeisung der Bahnenergie in die Oberleitung erfolgt über Unterwerke, die die 110 kV Spannung auf die Oberleitungsspannung von 15 kV herunter transformieren (Abb. 6.5.3). Diese Unterwerke speisen

6.5 Bahnenergieversorgung

Abb. 6.5.3: Modernes Unterwerk der *DB AG*

in regelmäßigen Abständen von ca. 60 km in die Oberleitung ein. Da die Frequenz für das gesamte Netz eines der Regelungskriterien ist, spricht man von einem **frequenzelastischen** Netz.

1945 waren bei der damaligen *Deutschen Reichsbahn* 2660 km elektrifiziert.

Die *Deutsche Bundesbahn* hat nach dem Krieg das zentrale Netz weiter ausgebaut und so waren zur Gründung der *DB AG* 1994 11 810 km Eisenbahnstrecke mit ausschließlich zentraler, d. h. frequenzelastischer Energieversorgung elektrifiziert.

Bei der *Deutschen Reichsbahn* wurde nach Rückgabe der ursprünglich als Reparationsleistungen für die Sowjetunion abgebauten Energieerzeugungsanlagen im Jahr 1955 im mitteldeutschen Raum der elektrische Zugbetrieb wieder aufgenommen. Für einen großflächigen Aufbau einer **zentralen** Bahnenergieversorgung standen jedoch in der ehemaligen DDR keine geeigneten Großmaschinen zur Verfügung. Die zentralen Umformerwerke Dresden und Karl-Marx-Stadt (heute Chemnitz) wurden mit Umformern der Firmen *ELIN* bzw. *BBC* (heute *ABB*) ausgerüstet, was bei der damaligen politischen Lage vor allem bei der Ersatzteilbeschaffung erhebliche Probleme mit sich brachte. Außerdem hatte die Elektroenergie in der ehemaligen DDR einen „Einheitspreis". Deshalb erhielt das ehemalige Sachsenwerk in Dresden bereits Mitte der 1960er Jahre, basierend auf den Erfahrungen der schwedischen Staatsbahnen, die ihr elektrifiziertes Netz bereits 1926 mit fahrbaren Umformern betrieben, den Auftrag einen fahrbaren Synchron (Sy)-Synchron (Sy)-Umformer (Abb. 6.5.4) zu entwickeln. Bereits 1967 standen die ersten beiden Umformer für die Erprobung zur Verfügung. Insgesamt wurden 112 dieser Maschinen gebaut. Für diese Umformer wurde ein so genanntes Einheitsumformerwerk entwickelt, in dem bis zu vier Maschinen betrieben werden können.

Die Umformerwerke besitzen einen 50 Hz-Drehstromanschluss aus dem Landesnetz und sie vereinen die Bahnenergieerzeugungsanlage und das Unterwerk für die Einspeisung in die Oberleitung

6 Gesamtsystemzusammenhang und Wirkungsmechanismen des Systems Bahn

Abb. 6.5.4: Sy-Sy-Umformer der ehemaligen *DR* in fahrbereitem Zustand

in einem Baukörper. Da die Umformerwerke sehr einfach aufgebaut sind, wurden sie mit fortschreitender Elektrifizierung etwa im selben Abstand wie die Unterwerke im zentralen Netz direkt an den Eisenbahnstrecken errichtet. Bis 1992 wurden 29 solcher Einheitsumformerwerke in verschiedenen Modernisierungsstufen errichtet.

Da die Umformerwerke nicht durch ein 110 kV-Netz miteinander verbunden sind, werden sie gemeinhin als dezentrale Umformerwerke bezeichnet, man spricht von der *dezentralen* Bahnenergieversorgung. Ursprünglich für einen „Inselbetrieb" konzipiert, werden sie jedoch über die Oberleitungsanlagen im Verbund betrieben (das erhöht die Versorgungssicherheit und dient dem Ausgleich von Lastspitzen).

Die Umformung der Frequenz erfolgt beim dezentralen Umformer getriebelos mittels unterschiedlicher Polpaare (Synchronmotor 6 Polpaare; Synchrongenerator 2 Polpaare). Auf Grund der Eigenart der Synchronmaschinen ist der Umformer direkt an die Landesnetzfrequenz gekoppelt. Im Gegensatz zum zentralen Bahnstromnetz ist das dezentrale „Netz" deshalb **frequenzstarr**. Abb. 6.5.5 zeigt die Prinzipdarstellung von dezentraler und zentraler Bahnenergieversorgung bei der *DB AG*.

Zum Zeitpunkt der Gründung der *DB AG* waren bei der *Deutschen Reichsbahn* 4736 km Eisenbahnstrecke überwiegend mit dezentraler, d.h. frequenzstarrer Energieversorgung, elektrifiziert.

Sofort nach Gründung der *DB AG* begann man auch mit den Lückenschlüssen in der Bahnenergieversorgung und das Bahnstromleitungsnetz wurde vor allem in die neuen Bundesländer ausgeweitet. Energetische und wirtschaftliche Erwägungen zogen für viele Magistralen eine Umstellung von dezentraler auf zentrale Energieversorgung nach sich. Heute betreibt die *DB Energie* noch 14 dezentrale Umformerwerke und die Zahl wird weiter sinken, da sie nach und nach auch durch Umrichterwerke ersetzt werden.

6.5 Bahnenergieversorgung

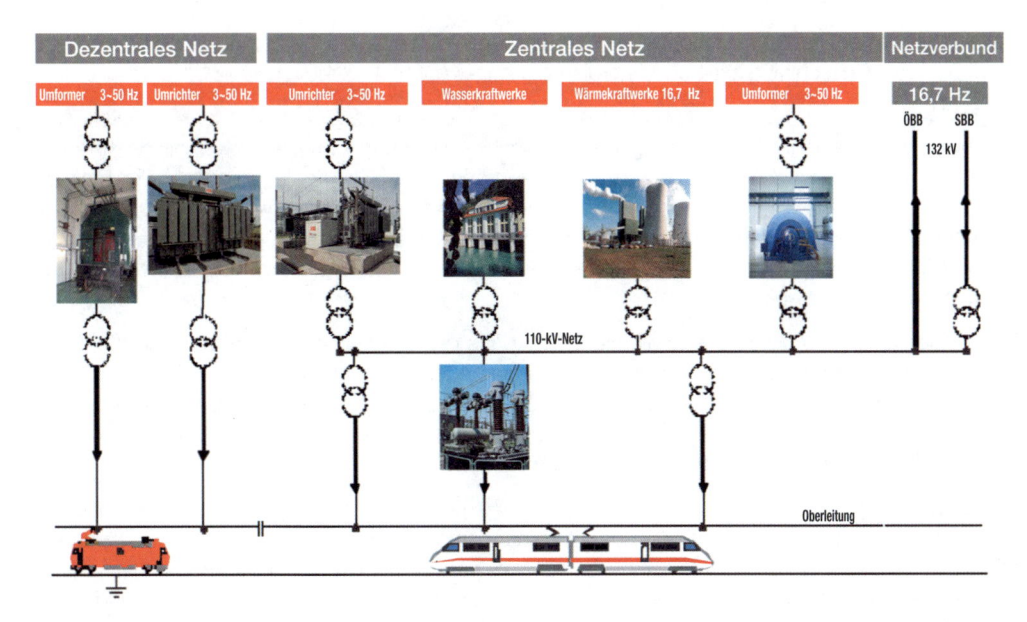

Abb. 6.5.5: Prinzipdarstellung von dezentraler und zentraler Bahnenergieversorgung bei der *DB AG*

6.5.4 Genormte Spannungen für Bahnanwendungen

Mit der Entwicklung von elektrischen Triebfahrzeugen mit Drehstromantriebstechnik können diese Fahrzeuge für verschiedene Bahnstromsysteme ausgelegt werden. Ein grenzüberschreitender Einsatz von modernen elektrischen Triebfahrzeugen wird heute nicht mehr durch das Bahnstromsystem (vgl. auch Kap. 9.2), sondern durch unterschiedliche Zugsicherungssysteme, Zulassungsprozesse und/oder Geometrien der Stromabnehmer bestimmt. Abb. 6.5.6 gibt einen Überblick über die in Europa genormten Spannungen für Bahnanwendungen einschließlich der zugelassenen Toleranzen.

6.5.5 Bahnstromleitungen 110 kV/16,7 Hz

Elektrische Bahnen benötigen so hohe Leistungen und Energiemengen, dass sie aus Hochspannungsnetzen über Unterwerke (Abb. 6.5.3) versorgt werden müssen. Deren Abstände, und damit die

Stromversorgungssystem	Niedrigste nicht-permanente Spannung U_{min2} [V]	Niedrigste Dauerspannung U_{min1} [V]	Nennspannung U_n [V]	Höchste Dauerspannung U_{max1} [V]	Höchste nicht-permanente Spannung U_{max2} [V]
Gleichstrom (Mittelwerte)	400	400	(600)	720	770
	500	500	**750**	900	950
	1000	1000	**1500**	1800	1950
	2000	2000	**3000**	3600	3900
Wechselstrom (Effektivwerte)	11 000	12 000	**15 000**	17 250	18 000
	17 500	19 000	**25 000**	27 500	29 000

Abb. 6.5.6: Spannungen in europäischen Bahnnetzen nach *EN 50163*

6 Gesamtsystemzusammenhang und Wirkungsmechanismen des Systems Bahn

Längen der sie verbindenden Bahnstromleitungen, richten sich nach der Belastung, also nach Zahl, Art, Gewicht, Höchstgeschwindigkeit und Fahrplan der Züge. Auch die Streckenneigung spielt eine Rolle.

Ferner hängen die Abstände davon ab, mit welcher Stromart und Spannung das Fahrleitungsnetz betrieben wird. Bei der *DB* ist das die Einphasenwechselspannung 15 kV, und zwar mit der historisch bedingten Sonderfrequenz von 16,7 Hz, genauer eigentlich 16 $^2/_3$ Hz als Bruchzahl der Frequenz 50 Hz, mit der das Landes- und das europäische Verbundnetz betrieben werden. Mit der gleichen Spannung und Frequenz fahren die *Österreichischen* und die *Schweizerischen Bundesbahnen* (*ÖBB* und *SBB*) sowie einige größere Privatbahnen in der Schweiz, ferner die Eisenbahnen in Schweden und Norwegen.

Überall hier kann also die Bahnenergie nicht direkt aus den Hochspannungsnetzen der öffentlichen Versorgung bezogen werden, sondern sie muss besonders erzeugt werden. Dies kann zum einen dadurch geschehen, dass entlang der Bahnstrecken, also dezentral, viele rotierende Umformermaschinen oder statische Umrichterblöcke mittlerer Leistung aufgestellt werden, welche die Frequenz 50 Hz in die Bahnfrequenz umwandeln (vgl. Abb. 6.5.5).

Die andere Möglichkeit ist, dass solche Bahnen eigene Hochspannungsnetze mit der Sonderfrequenz betreiben. Die Unterwerke sind dann einfach Umspannwerke, in denen die Hochspannung auf 15 kV herabtransformiert wird. Die Bahnenergie wird dabei, wie bei der Landesversorgung, in wenigen großen Wärme- oder Wasserkraftwerken direkt mit der Bahnfrequenz erzeugt und zentral in das bahneigene Hochspannungsnetz eingespeist. Parallel dazu können Landesnetz und Bahnnetz hochspannungsseitig über große Umformer- oder Umrichterwerke gekuppelt werden. Für den Transport der Bahnenergie zu den Unterwerken dienen dann Bahnstromleitungen (Abb. 6.5.7).

Als Anfang des 20. Jahrhunderts die ersten Fernbahnelektrifizierungen geplant wurden, gab es bei weitem noch keine flächendeckende elektrische Energieversorgung, die Leistung und Energie dafür

Abb. 6.5.7: 110-kV-Bahnstromleitungsendmast vor einem Unterwerk

6.5 Bahnenergieversorgung

bereitstellen konnte. Vielfach waren sogar die Bahnen Vorreiter beim Anwenden der elektrischen Energie in großem Maßstab, sicherten sich frühzeitig Konzessionen zum Nutzen großer Wasserkräfte in den Bergen und bauten Kohlekraftwerke. Weil zudem nach damaligem Stand der Technik eine niedrige Sonderfrequenz unabdingbar für die Konstruktion leistungsfähiger, wirtschaftlicher und robuster Fahrmotoren in elektrischen Triebfahrzeugen war, kam es in Deutschland, Österreich und der Schweiz zum Aufbau vollkommen autarker Versorgungssysteme mit Erzeugung, Übertragung, Verteilung und Umspannung der 16,7-Hz-Bahnenergie. Die Nennspannungen der Hochspannungsnetze wurden von 50 kV bis 100 kV gewählt, später in Deutschland und Österreich mit 110 kV und in der Schweiz mit 132 kV.

Diese Netze entwickelten und vergrößerten sich mit dem Fortschreiten der Streckenelektrifizierungen teils schon vor dem 1. Weltkrieg, durch diesen naturgemäß verzögert, und danach dann in großem Stil, und zwar überall parallel zum Aufbau einer großräumigen 50-Hz-Landesversorgung. Bis 1945 hatte sich das Netz der damaligen *Deutschen Reichsbahn* von Oberbayern aus nach Westen bis Stuttgart ausgedehnt und war bei Innsbruck (Zirl) und Salzburg (Steindorf) mit dem österreichischen Netz zusammengeschlossen worden. Nach Norden war es bis Sachsen gewachsen und bei Leipzig (Muldenstein) mit dem mitteldeutschen gekuppelt worden, allerdings wurde diese Verbindung 1945 an der ehemaligen Zonengrenze unterbrochen.

Neben den rein technischen Gründen während der Anfangszeit bedeuteten und bedeuten diese zentral versorgten Hochspannungsnetze auch betriebliche und handfeste wirtschaftliche Vorteile für die Bahnen. Bis zur Deregulierung und Liberalisierung der europäischen Energiemärkte genossen nämlich die Elektrizitätsversorgungsunternehmen Monopolstatus, d. h., sie allein waren in ihrem Konzessionsgebiet versorgungsberechtigt. Die elektrischen Bahnen mit ihrem hohen punktuellen Bedarf in zwangsläufig bestimmten Abständen entlang der Strecken wären also höchst willkommene und bequeme Pfründe gewesen. Das galt und gilt umso mehr, als besonders Fernbahnen nicht vor unvorhergesehenen Lastspitzen gefeit sind, beispielsweise durch Festtagsverkehr bei extremem Kälteeinbruch. Sie müssten also entweder bei jedem der vielen Unterwerke vorsorglich eine reichliche Spitzenleistung bestellen und bezahlen, die vielleicht im ganzen Jahr gar nicht benötigt wird, oder das Überschreiten einer niedrigeren vertraglichen Höchstleistung mit entsprechenden finanziellen Folgen riskieren. Mit eigenem Hochspannungsnetz ist die Bahn dagegen bei den Standorten einspeisender Kraft-, Umformer- und Umrichterwerke geografisch erheblich flexibler und kann aus dieser genau umgekehrten Marktposition heraus die beliefernden Partner frei wählen und so ihren Bahnenergiebezug viel wirtschaftlicher gestalten. Auch überlagern sich bei diesem Versorgungssystem die zeitlich unterschiedlichen Spitzen der einzelnen Unterwerke, wodurch die Gesamtbelastung des Netzes viel gleichmäßiger wird. Schließlich können die Bahnen Leitungsabschaltungen vollkommen selbständig disponieren, zum Beispiel für Instandhaltungsarbeiten oder Umbaumaßnahmen.

Die energiewirtschaftliche Konstellation war der Grund, warum nach dem 2. Weltkrieg bestimmte Wirtschaftskreise die weitere Elektrifizierung der *Deutschen Bundesbahn* mit diesem System erbittert bekämpften, vordergründig gegen die Sonderfrequenz gerichtet, in Wirklichkeit aber gegen das autarke Bahnstromleitungsnetz. Die Bahn konnte sich jedoch behaupten und baute ab 1957 in einem beispiellosen Investitionsprogramm ihren elektrischen Betrieb und das zugehörige Hochspannungsnetz bis an die Nordseeküste aus. Es wurde 1957 bei Basel (Haltingen) und 1998 bei Schaffhausen (Singen) mit dem schweizerischen Bahnstromnetz gekuppelt. Die *SBB* hatten bis dahin ihr Streckennetz fast vollständig elektrifiziert und dafür entsprechende Bahnstromleistung installiert, und auch die *ÖBB* setzten dies fort. Dieser Verbund der drei Netze stabilisiert deren Betrieb ungemein und spart bei jedem Partner vorzuhaltende Reserveleistung. Ab 1990 wurde das deutsche Netz im Rahmen der *Verkehrsprojekte Deutsche Einheit* zielstrebig nach Osten vorgebaut und 1995/96 sowie 2001 wieder mit dem mitteldeutschen Netz verbunden.

6 Gesamtsystemzusammenhang und Wirkungsmechanismen des Systems Bahn

Abb. 6.5.8: 16,7-Hz-Energieerzeugungs-, -übertragungs- und -verteilungsanlagen in Deutschland

6.5 Bahnenergieversorgung

Die fortschreitende Aufgabe der dezentralen Energieversorgung in den neuen Bundesländern und damit der Anschluss an das zentrale Hochspannungsnetz erforderte den Neubau einiger weiterer Bahnstromleitungen. Damit ist dann wohl die Endkonzeption des Bahn-Hochspannungsnetzes mit heute 7731 Trassenkilometern (Stand Ende 2006) erreicht, denn der Ausbau des elektrifizierten Streckennetzes ist heute, insbesondere unter wirtschaftlichen Gesichtspunkten, im Wesentlichen vollzogen.

Unter der Prämisse, dass Elektrifizierungsvorhaben nur realisiert werden können, wenn sie das Wirtschaftergebnis der *DB* langfristig hinreichend verbessern, sind auch mittelfristig nur unwesentliche weitere Streckenelektrifizierungen geplant. Ausnahmen bilden hier zukünftige Neu- und Ausbaustrecken oder der weitere Ausbau von S-Bahn-Systemen.

Hinzu kommt, dass die Trassenfindung für neue Bahnstromleitungen zunehmend schwieriger wird. Die öffentlich-rechtlichen Verfahren dauern inzwischen viele Jahre. In der Regel muss auf eine vorhandene Freileitungstrasse eines Netzbetreibers ausgewichen werden. Entweder, falls statisch machbar, muss dann dessen Gestänge zur Aufnahme einer weiteren Traverse verstärkt werden, oder die Leitung muss als Gemeinschaftsleitung neu, wenn machbar in alter Trasse, gebaut werden. Problematisch beim Betrieb einer Gemeinschaftsleitung ist dann die gegenseitige Behinderung beim Ausschalten, z. B. für Instandhaltungsarbeiten oder zukünftige Umbaumaßnahmen, aber auch die kapazitive Einkopplung von Stromanteilen einer parallel geführten 220- oder gar 380-kV-Freileitung mit Netzfrequenz 50 Hz; denn das Bahnstromnetz wird im Gegensatz zu den Hochspannungsnetzen der Energieversorgungsunternehmen „gelöscht" betrieben. Dies hat den Vorteil, dass Erdschlusswischer nicht zum Ausschalten der Leitung führen, sondern der Erdschlusslichtbogen von selbst erlischt und die Leitung weiterbetrieben werden kann. Der Erdschlussreststrom darf jedoch eine physikalisch vorgegebene Konstante von 132 A nicht überschreiten. Im Bahnstromleitungsnetz liegt der gemessene Erdschlussreststrom durch die immer weitere Ausdehnung aber schon ziemlich nahe an dieser Konstante. Deshalb ist jede Einkopplung, insbesondere von Anteilen mit der Frequenz 50 Hz, zu vermeiden.

Dies ist auch der Grund dafür, dass sich die immer wieder geforderte Verkabelung von Bahnstromleitungen von selbst verbietet. Die Kapazitäten eines Kabels erhöhen ebenso den Erdschlussreststrom, und die Selbstlöschfähigkeit des Netzes wäre durch den Zubau von längeren Kabelstrecken gefährdet.

Eine gewisse Abhilfe kann hier durch den punktuellen Einsatz von Erdschlusslöschspulen geschaffen werden, aber die Gesamtproblematik besteht weiter. Abb. 6.5.8 gibt einen Überblick über die 16,7 Hz-Energieerzeugungs-, -übertragungs- und -verteilungsanlagen in Deutschland.

6.5.6 Automatisierung der Betriebsführung

Die Kraft-, Umformer- und Unterwerke sowie die Schaltposten der Bahnstromversorgung waren bis Anfang der 1970er Jahre komplett mit Bedien- bzw. Wartungspersonal besetzt. Die Steuerung und Überwachung der Schaltelemente in den Oberleitungsanlagen außerhalb der Schaltposten und Unterwerke erfolgte von den Leitwarten aus mit „klassischer Wählertechnik" ähnlich wie seinerzeit bei der elektromechanischen Telefonvermittlung. Die Fahrdienstleiter in den Stellwerken hatten unter Umgehung der Fernsteuerung direkten Zugriff auf die Schaltersteuerung, um im Falle eines Ausfalls der Wählverbindungen die Betriebsführung zu übernehmen.

Die Streckenprüfung bei Schutzauslösungen wurden bis Anfang der 1970er Jahre von den Schaltdienstleitern durch manuelle Schalthandlungen durchgeführt. Der Zeitaufwand hierfür betrug nicht selten zwischen 50 und 100 Sekunden. Während dieser Zeit waren die Oberleitungstrennstellen (Streckentrennungen) durch Potenzialunterschiede von bis zu 15 kV bei Triebfahrzeugüberfahrten

6 Gesamtsystemzusammenhang und Wirkungsmechanismen des Systems Bahn

extrem gefährdet, weil in diesen Fällen der Stromabnehmer des Triebfahrzeugs diesen Potenzialunterschied temporär überbrückt. Oberleitungsabbrände an Streckentrennungen waren keine Seltenheit.

Im Zuge der Erhöhung der Zuverlässigkeit des Bahnbetriebes sind mit Einführung von digitalen Feldrecheneinheiten die Kurzschlussprüfungen in den Schaltanlagen „Streckenprüfeinrichtungen" automatisiert worden. Die kritische Gefährdungszeit für Streckentrennungen konnte auf acht bis zwölf Sekunden reduziert werden. Entsprechend hoch war der Gewinn an Verfügbarkeit von Zuverlässigkeit für die Oberleitung. Verstärkt wurde dieser Gewinn durch Netzschutzgeräte mit wesentlich kürzeren Reaktionszeiten und Leistungsschaltern mit deutlich kürzeren Schaltzeiten.

Datenfernübertragung (DFÜ) führte dann schließlich dazu, dass eine effiziente Neugestaltung der elektrischen Netzbetriebsführung möglich wurde.

Zuerst konnte die Bedienung der Oberleitungsschalter und der Schaltposten von den Unterwerken, anfangs auch „Mutterunterwerke (MUw)" genannt, aus erfolgen. Mit der Mehrfachnutzung von Kupferdrahtverbindungen durch Wechselstromtelegraphie (WT) wurde die Tür zu einem wesentlich größeren Zuschnitt der Schaltwarten geöffnet. Die Übertragung der Schaltbefehle und das sichere Melden des Schaltzustandes über WT-Übertragungskanäle ermöglichte eine weiträumige Steuerung und Überwachung der Energieversorgungsanlagen. Dabei konnte der Grundsatz, dass der Ausfall eines Betriebsmittels nicht zu einer Störung des Eisenbahnbetriebes führen darf, beibehalten und zum Teil verbessert werden (n − 1 Grundsatz). Die „Visualisierung" wurde mit zum Teil großflächigen Mosaiktafeln und sehr aufwändiger Verkabelungstechnik „erkauft". Nicht selten wurden in einer Warte mehrere km Verkabelung installiert.

Abb. 6.5.9: Leitplatz der Zentralschaltstelle (Zes) München der *DB Energie*, 1992

6.5 Bahnenergieversorgung

Abb. 6.5.10: Zentralschaltstelle (Zes) Köln der *DB Energie* (2006)

1984 ging die *DB* den nächsten Schritt mit dem Bau der ersten rechnergestützten Zentralschaltstelle (Zes) in Karlsruhe. Erstmals war Prozessrechentechnik verfügbar, die das Datenvolumen eines größeren Netzabschnittes in akzeptabler Geschwindigkeit zuverlässig verarbeiten konnte, um die Steuerungs- und Überwachungsaufgaben mehrerer Schaltanlagen mit den zugehörigen Oberleitungsanlagen und damit die elektrische Netzbetriebsführung großflächig zusammenzufassen.

Nach der Freigabe der Pilotanlage „rechnergestützte Zentralschaltstelle Karlsruhe" wurden ab 1987 fünf weitere Zentralschaltstellen auf der gleichen technischen Grundlage gebaut und in Betrieb genommen (Abb. 6.5.9 und 6.5.10).

Die rasante Entwicklung auf dem Gebiet der Prozessrechentechnik und der Übertragungstechnik erlaubte bald einen noch großflächigeren Zuschnitt der Verantwortlichkeitsbereiche für eine Leitwarte. Eine weitere Innovation für eine sichere Netzbetriebsführung wurde möglich. Insbesondere die Nutzung der „Virtuell Private Networks" (VPN) auf der Basis der Internettechnologie TCP/IP verbessert die Verfügbarkeit der relativ unzuverlässigen Datenübertragungswege.

2008 erfolgt die Steuerung und Überwachung der ca. 220 Schaltposten und Kuppelstellen sowie 180 Unterwerke und Schaltwerke ebenso wie aller fernsteuerbaren Oberleitungsschaltelemente von zehn Zentralschaltstellen; geplant sind bis Ende 2009 nur noch sieben Zentralschaltstellen für diese Aufgaben.

Die Nutzung moderner Datenübertragungstechnik (VPN, GPRS für Ersatzwege) und die komfortable Verarbeitung der Prozessdaten durch das Leitsystem führten zu einem enormen Anstieg der Verfügbarkeit automatisierter Netzbetriebsführung. Ausfallraten der Leitsysteme und Fernwirktechniken von weniger als ein Promille der Benutzungszeit sind nun erreichbar.

Die Betriebsführung des 110 kV- Bahnstromnetzes umfasst die 110 kV-Schaltelemente in den Unterwerken, 110 kV-Bahnstromschaltwerken sowie Kraft-, Umformer- und Umrichterwerken, sie wird derzeit zentral von zwei Schaltbefehlsstellen wahrgenommen.

Die höhere Zuverlässigkeit der Übertragungswege und die höhere Leistungsfähigkeit der Prozessrechentechnik führten auch dazu, dass der Einsatz der Bahnstromerzeuger zentral aus einem Leitsystem in der Hauptschaltleitung der *DB Energie* in Frankfurt/Main geführt wird (Abb. 6.5.11).

6 Gesamtsystemzusammenhang und Wirkungsmechanismen des Systems Bahn

Abb. 6.5.11: Hauptschaltleitung der *DB Energie* in Frankfurt/Main

6.6 Wechselwirkung Fahrleitung-Stromabnehmer

Die Höchstgeschwindigkeiten elektrisch angetriebener Züge liegen heute in Europa im regulären Betrieb bei 300 bis 350 km/h. Auf einer angepassten Infrastruktur wurde mit einem speziell für diese Fahrt ausgelegten Fahrzeug und einem aerodynamisch optimierten Stromabnehmer 2007 mit einem TGV-Duplex eine Spitzengeschwindigkeit von 574,8 km/h erreicht – und lag damit nur knapp unter der in Simulationen bestimmten maximal zulässigen Geschwindigkeit von 580 km/h für den Stromabnehmer. Dabei wurden bis zu 1000 A über ein Schleifstück übertragen, um das Fahrzeug mit einer Antriebsleistung von 20 MW mit Energie zu versorgen.

6.6.1 Anforderungen an das System Stromabnehmer-Oberleitung

Die Anforderungen an das Zusammenwirken von Stromabnehmer und Oberleitung sowie an die Komponenten Fahrleitung bzw. Stromabnehmer sind in mehreren Europäischen Normen (*EN*) und *UIC*-Merkblättern festgeschriebenen. Im Einzelnen sind diese in Abb. 6.6.1 zusammengefasst.

Ziel dieser Normung ist unter anderem die Vereinheitlichung der Anforderungen an Stromabnehmer, Fahrleitungen und die zum Nachweis eingesetzten Mess- und Simulationsverfahren.

Mit dem Ziel einer Vereinheitlichung der europäischen Eisenbahnsysteme wurde dieser Prozess im Rahmen der europäischen Gesetzgebung durch die Einführung der *TSI (Technische Spezifikationen Interoperabilität)* vorangetrieben. Diese haben Gesetzescharakter und sind daher vor Normen und

6.6 Wechselwirkung Fahrleitung-Stromabnehmer

anderen nationalen Regelungen gültig. Zurzeit gelten die *TSI Energie* und die *TSI Fahrzeuge* mit Stand vom 30. Mai 2002 im Bereich Hochgeschwindigkeitsverkehr. Diese befinden sich in Überarbeitung und sollen 2007 in neuer Fassung in Kraft treten. Die *TSI* für den konventionellen Verkehr für Fahrzeuge und Energie werden allerdings nicht vor 2009 in Kraft treten. Die Vereinheitlichung des konventionellen europäischen Bahnverkehrs ist wegen der Vielzahl der existierenden Systeme, die sich z. B. hinsichtlich Spannung, Frequenz, Lichtraumprofil, Wippengeometrie, zulässiger Fahrdrahthöhen und Stromabnehmerabstände etc. unterscheiden, dabei schwieriger und langwieriger als im Hochgeschwindigkeitsverkehr.

Da in verschiedenen Geschwindigkeitsbereichen unterschiedliche Randbedingungen für das Gesamtsystem aus Fahrzeugen und Infrastruktur existieren, werden in der TSI und in den Normen die Strecken in verschiedene, geschwindigkeitsabhängige Kategorien unterteilt:

1.	EN 50367	Bahnanwendungen – Speisespannungen von Bahnnetzen: • 600 V, 750 V, 1500 V und 3000 V DC • 15 000 V und 25 000 V AC
2.	EN 50317	Bahnanwendungen – Stromabnahmesysteme – Anforderungen und Validierungen von Messungen des dynamischen Zusammenwirkens zwischen Stromabnehmer und Oberleitung

Abb. 6.6.1: Europäische Normen (*EN*) und *UIC*-Merkblätter zum Zusammenwirken Stromabnehmer-Oberleitung

Hochspannend – Tyco Electronics High Voltage Systeme

Tyco Electronics bietet komplette Hochspannungssysteme vom Dachstromabnehmer bis hin zum Haupttransformator für 50/25/15 kV AC Anwendungen auf Lokomotiven, HGV und Triebzügen. Unser umfangreiches Angebot für das Verbinden, Isolieren, Schützen und Schalten – inklusive unserer Produkte für 3.000, 1.500 und 750 V DC – sind getestet und fertig installierbar erhältlich.

Aus unserer umfangreichen Produktpalette liefern wir weltweit Isolatoren, Wagenübergänge, Kabelendverschlüsse, Dachdurchgänge und Überstromschutzsysteme. Als Kompetenzführer und Trendsetter für elektro-mechanische Leitungs- und Systemwahlschalter bieten wir unseren Kunden technisch überlegene und innovative Lösungen für das sichere Schalten in Hochspannungssystemen.

Tyco Electronics AMP GmbH
Siemensstr. 13 • 67346 Speyer
Tel. (06232) 30-2385 • Fax (06232) 30-2142
www.tycoelectronics.com

Tyco Electronics
Our commitment. Your advantage.

3.	EN 50318	Bahnanwendungen – Stromabnahmesysteme – Validierung von Simulationsverfahren für das dynamische Zusammenwirken zwischen Stromabnehmer und Oberleitung
4.	EN 50367	Bahnanwendungen – Stromabnahmesysteme – Technische Kriterien für das Zusammenwirken zwischen Stromabnehmer und Oberleitung (für einen freien Zugang)
5.	EN 50388	Bahnanwendungen – Bahnenergieversorgung und Fahrzeuge – Technische Kriterien für die Koordination zwischen Anlagen der Bahnenergieversorgung und Fahrzeugen zum Erreichen der Interoperabilität
6.	UIC 505VE	Eisenbahnfahrzeuge – Fahrzeugbegrenzungslinien
7.	UIC 600 VE	Elektrischer Zugbetrieb mit Fahrleitung
8.	UIC 606-1 VE	Gestaltung des Oberleitungssystems unter Berücksichtigung der Kinematik der Fahrzeuge nach den UIC-Merkblättern der Reihe 505
9.	UIC 606-2 VE	Errichtung von Oberleitungen 25kV – 50 oder 60 Hz und Anforderungen an die Stromabnehmer
10.	UIC 608 VE	Bedingungen für die Stromabnehmer der Triebfahrzeuge im internationalen Verkehr
11.	UIC 611 VE	Vorschriften für die Zulassung elektrischer Lokomotiven, Triebwagen und Triebwagenzüge zum Einsatz im internationalen Verkehr
12.	UIC 660 VE	Bestimmung zur Sicherung der technischen Verträglichkeit der Hochgeschwindigkeitszüge

Abb. 6.6.1: Europäische Normen (*EN*) und *UIC*-Merkblätter zum Zusammenwirken Stromabnehmer-Oberleitung (Fortsetzung)

Nach *EN 50367* sind dies:

Wechselstrom
AC1 konventionelle und Verbindungsstrecken mit $v \leq 160$ km/h.
AC2/AC3 Ausbaustrecken um 200 km/h mit $160 < v \leq 220$ bzw. $220 < v < 250$
AC4 Hochgeschwindigkeitsstrecken $V \geq 250$ km/h

Gleichstrom
DC1 konventionelle und Verbindungsstrecken mit $v \leq 160$ km/h.
DC2 Ausbaustrecken um 200 km/h mit $160 < v \leq 220$
DC3 Hochgeschwindigkeitsstrecken mit $220 < v < 250$

Das Zusammenwirken von Oberleitung und Stromabnehmer erfordert die Beachtung einer ganzen Reihe von Parametern. Im Einzelnen sind dies nach *EN 50367*:

Oberleitungseigenschaften:
– Fahrdrahthöhe
– Begrenzungslinie
– Zulässige Fahrdrahtneigung
– Zulässige seitliche Fahrdrahtauslenkung bei Seitenwind
– Fahrdrahtanhub am Stützpunkt
– Schutzstrecke

6.6 Wechselwirkung Fahrleitung-Stromabnehmer

Auf den europäischen Hochgeschwindigkeitsstrecken ist der Betrieb von Fahrzeugen gestattet, die die Umgrenzungslinie „GC" gemäß *UIC*-Merkblatt 506 einhalten. Der Grenzwert des Anhubs und die zulässige Fahrdrahtneigung sind in *EN 50119* definiert.

Die allgemeinen geometrischen Oberleitungseigenschaften wie Nennfahrdrahthöhe, minimale und maximale Fahrdrahthöhe sowie maximale seitliche Auslenkung bei Seitenwind sind für AC- und DC-Netze in den Tabellen 2 und 3 der *EN 50367* niedergelegt. Die Oberleitung muss *EN 50119* entsprechen.

Stromabnehmereigenschaften

Moderne Stromabnehmer mit einzeln gefederten Schleifleisten ermöglichen heutzutage einen weitgehend störungsfreien Betrieb auf den unterschiedlichsten Fahrleitungen. Je nach Auslegung sind damit Geschwindigkeiten bis etwa 350 km/h unabhängig von der Fahrtrichtung unter Einhaltung der in den Regelwerken vorgeschriebenen Grenzwerte auf dafür ausgelegten Fahrleitungen möglich.

Damit die unterschiedlichen Stromabnehmertypen mit der Vielzahl an unterschiedlichen Fahrleitungen störungsfrei zusammenarbeiten, sind im Wesentlichen die folgenden Parameter für den Stromabnehmer zu beachten (nach *EN 50367*):
– Geometrisches Profil der Stromabnehmerwippe
– Bereich der Arbeitshöhe
– Länge der Schleifstücke
– Maximale Breite
– Schrägstellung der Stromabnehmerwippe

Für die Fahrzeuge bzw. Züge gibt es nach *EN 50367* weitere Vorgaben, die zu berücksichtigen sind:

Automatische Senkeinrichtung
– Minimaler und maximaler Abstand zwischen zwei gehobenen Stromabnehmern
– In Wechselstromsystemen darf zwischen gehobenen Stromabnehmern keine elektrische Verbindung bestehen
– Absenkzeiten

Stromabnehmer- und Oberleitungseigenschaften sowie die Betriebsbedingungen, z. B. Zuggeschwindigkeit oder Anzahl und Position der Stromabnehmer, bestimmen das dynamische Zusammenwirken. Umgekehrt ergeben sich daraus betriebliche Beschränkungen hinsichtlich der erlaubten Stromabnehmeranzahl (und damit z. B. der erlaubten Anzahl gekoppelter Triebzüge) und dem minimalen Abstand der Stromabnehmer bei definierten Geschwindigkeiten. Andere Vorgaben, wie die Forderung einer automatischen Senkeinrichtung, dienen der Schadensbegrenzung bei Störfällen.

6.6.2 Kontaktkraft

Einer der zentralen Parameter für ein reibungsloses Zusammenwirken der Komponenten Fahrleitung und Stromabnehmer ist die Kontaktkraft. Diese ist gemäß *EN 50367* definiert als:

„*die vertikale Kraft, die der Stromabnehmer auf die Oberleitung ausübt. Die Anpresskraft ist die Summe der Kräfte an allen Kontaktpunkten eines Stromabnehmers.*"

Für die geschwindigkeitsabhängige mittlere Kontaktkraft wurde eine Zielkurve definiert. Diese Kurve definiert den Mittelwert der Kräfte in Abhängigkeit von der Geschwindigkeit, die auf die Fahrleitung einwirken dürfen. Gleichzeitig stellt diese Kurve für die Stromabnehmer eine Grenze für die Kontaktkraft dar, die im Mittel nicht überschritten werden darf. Für die Momentanwerte der Kontaktkräfte sind aber Abweichungen bis zur dreifachen Standardabweichung 3σ zulässig.

6 Gesamtsystemzusammenhang und Wirkungsmechanismen des Systems Bahn

Gleichzeitig darf dabei der zulässige Anhub der Fahrleitung am Stützpunkt nicht überschritten werden. Der maximale Grenzwert des für den sicheren Betrieb des Systems zulässigen Anhubs ist in *EN 50119* festgelegt.

Für die C-Kurve gemäß *TSI* und *EN 50367* gilt für AC-Stromsysteme:

$$F_m = 970 \cdot 10^{-6} v^2 + 70 \text{ N} \qquad (6.6.1)$$

Das obere Toleranzband beginnt mit einer statischen Anpresskraft von 90 N, das untere mit 60 N. Der Kurvenverlauf ist in Abb. 6.6.2 dargestellt.

Für die zulässige Standardabweichung bei maximaler Geschwindigkeit gilt:

$$\sigma_{max} = 0{,}3\, F_m \qquad (6.6.2)$$

Ziel dieser Definitionen ist die Verschleißminimierung von Fahrleitung und Schleifstücken. Einerseits muss dazu die Kontaktkraft so hoch sein, dass die Stromaufnahme ohne übermäßige Lichtbögen erfolgt, andererseits soll sie aus Verschleißgründen möglichst niedrig sein. Generell ist das Ziel ein möglichst homogener Kontaktkraftverlauf mit kleiner Streuung der Kontaktkraftmesswerte.

Die Definitionen der *EN 50367* basieren auf vielfältigen Erfahrungen der europäischen Bahnen und stellen einen Kompromiss bezüglich der divergierenden Forderungen nach einem minimalen Verschleiß an Fahrdraht und Schleifleisten bei gleichzeitig hinreichender Kontaktgüte und damit sicherer Stromübertragung ohne Lichtbögen dar. Ein Kriterium ist der zulässige Anhub der Fahrleitung am Stützpunkt, der sich aus den konstruktiven Randbedingungen der Oberleitung ergibt. Dieser soll im normalen Betrieb nur zu 50 % ausgenutzt werden. Ferner müssen bei der Abnahme von Fahrleitungen bzw. Zulassung von Stromabnehmern entweder Kontaktkraft und Standardabweichung oder der Prozentsatz der Lichtbögen (NQ) herangezogen werden. Die Entscheidung über das Messverfahren liegt dabei beim Infrastrukturbetreiber.

Die Messverfahren sind in der Norm *EN 50317* beschrieben. Diese stellt die funktionalen Anforderungen für Ausgabe und Genauigkeit von Messungen des dynamischen Zusammenwirkens zwischen Stromabnehmer und Oberleitung auf. In Tabelle 6 der *EN 50367* sind die zulässigen Werte für F_m, σ_{max}, NQ und Lichtbogendauer für die verschiedenen Geschwindigkeitsklassen dargestellt. Der notwendige Raum für den freien und ungehinderten Anhub des Fahrdrahtes wird in *EN 50119* definiert.

Der Anstieg der Kontaktkraft bei höheren Geschwindigkeiten ist dominiert durch die Aerodynamik des Systems aus Stromabnehmer und Fahrzeug. Durch Windleitbleche wird bei passiv abgestimmten Stromabnehmern der Kontaktkraftverlauf so an die Aerodynamik des Fahrzeugs angepasst, dass die C-Kurve nicht überschritten wird. Zusätzlich erlaubt das in Abb. 6.6.2 im unteren Geschwindigkeitsbereich bis 160 km/h eingetragene Toleranzband die aerodynamische Abstimmung des Stromabnehmers so zu optimieren, dass der Verlauf der Kontaktkraftkurve für Hochgeschwindigkeitsfahrzeuge flacher ausgelegt werden kann. Dadurch wird bei hohen Geschwindigkeiten ein starker Anstieg der aerodynamischen Kraftanteile kompensiert.

Neben der Optimierung der Stromabnehmer durch passiv wirkende Windleitbleche gibt es auch Systeme, die die Kontaktkraft entweder auf der Basis von geschwindigkeitsabhängigen Kennfeldern durch Anpassung des Luftdrucks im Ansteuerbalg nachführen oder die über Sensoren zwischen Schleifstück und Wippenrahmen eine direkte, aktive Steuerung der Kontaktkraft ermöglichen. Während mit passiven Systemen bei modernen Stromabnehmern Geschwindigkeiten von 300 bis 350 km/h erreichbar sind, zeigen sich die Vorteile aktiv gesteuerter bzw. geregelter Stromabnehmer bei höheren Geschwindigkeiten bzw. im Betrieb mit mehreren Stromabnehmern. Die Schwingungen der Fahrleitung führen insbesondere in diesen Fällen auch zu einer erhöhten Dynamik der Kontaktkräfte, die nur mit aktiven Systemen dann noch kompensiert werden können.

6.6 Wechselwirkung Fahrleitung-Stromabnehmer

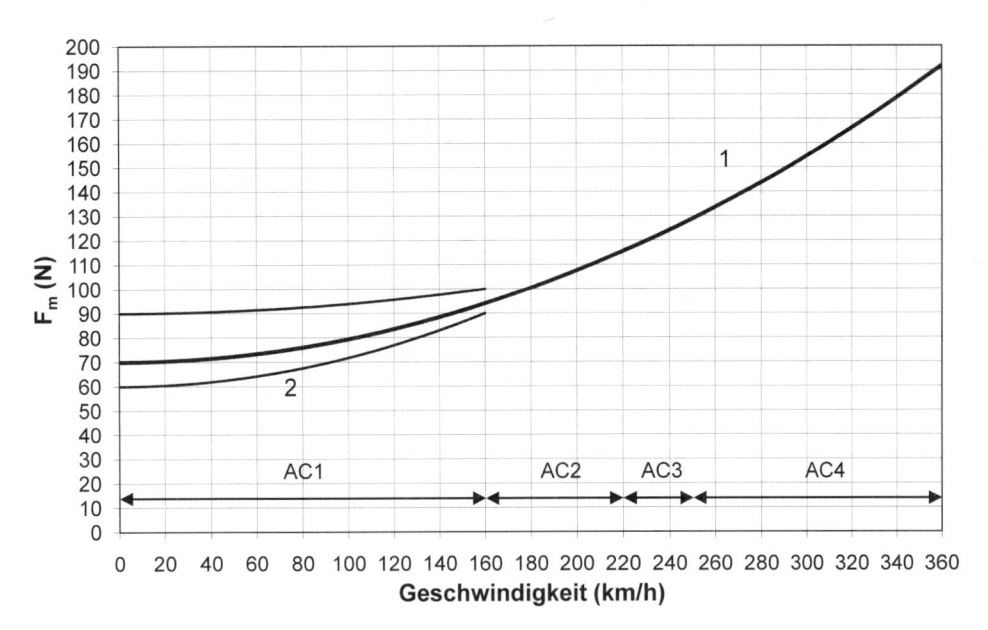

Abb. 6.6.2: C-Kurve Kontaktkraft für AC-Systeme

Für die Strecken des Transeuropäischen Eisenbahnnetzes wird der Netzzugang im Rahmen der *TSI* geregelt. Für die übrigen Strecken der nationalen Netze gibt es ferner nationale Richtlinien der europäischen Eisenbahninfrastrukturunternehmen. Bei der *DB AG* ist dies insbesondere die Richtlinienfamilie 810 für das Zusammenwirken von Stromabnehmer und Oberleitungen.

6.6.3 Fahrleitungs- und Stromabnehmermaterial

Ein weiterer wesentlicher Parameter hinsichtlich des Verschleißverhaltens ist die Kombination der Materialien für den Fahrdraht und die Schleifleisten. Dazu gibt es seit vielen Jahren immer wieder Untersuchungen darüber, wie verschiedene Werkstoffkombinationen miteinander harmonieren.

Übliche Materialien bei den Fahrleitungen in Europa sind reines Kupfer und Kupferlegierungen mit Silber, Zinn oder Magnesium. Die höchste Festigkeit weist dabei die CuMg-Legierung auf, die in Hochgeschwindigkeitsfahrleitungen, wie z. B. der Re330 der *DB*, eingesetzt wird.

Bei den Schleifleisten sind neben den in Deutschland üblichen Hartkohleschleifleisten in Europa auch Schleifleisten aus metallisierter Kohle, Kupfer-Stahl-Schleifleisten oder Mehrstoffschleifleisten im Einsatz. Kommt an einer Fahrleitung ein Schleifleistenwerkstoff zum Einsatz, dessen mechanische (insbesondere Reibung) und elektrische Eigenschaften von dem üblicherweise eingesetzten Schleifleistentyp stärker abweichen, so kann dies zu sehr unterschiedlichen Rauigkeiten auf dem Fahrdraht führen und den Verschleiß negativ beeinflussen. Als Ergebnis des *ERRI*-Berichts A186/RP10 von 1999 wurde festgestellt: *„Allgemein kann man sagen, dass die Fahrt mit netzfremden Schleifleisten auf einem beliebigen Streckennetz – außer in Ausnahmefällen (Hartkohleschleifleisten auf einem normalerweise mit Kupfer-Stahl befahrenen Netz) für Oberleitung und Schleifleisten keinerlei Nachteile mit sich bringt, vorausgesetzt, der Anteil der netzfremden Schleifleisten bewegt sich innerhalb vernünftiger Grenzen (ca. 10 %)."*

Im Rahmen der Harmonisierung des europäischen Eisenbahnverkehrs sind nach *TSI* und *EN 50367* Schleifleisten aus Hartkohle (Graphit-Kohlenstoff) und aus metallisierter Kohle erlaubt. Bei Verwendung anderer Werkstoffe muss nachgewiesen werden, dass deren Eigenschaften denen des empfohlenen Werkstoffes gleichen oder besser sind.

Die CuMg-Fahrleitungen stellen ferner hohe Ansprüche an die Qualität der Montage, da sie wegen ihrer hohen Festigkeit nur mit einer geeigneten Montagetechnologie „wellenfrei" verlegt werden können. Im Gegensatz zu anderen Fahrleitungen, bei denen eventuelle, montagebedingte Welligkeiten durch Reckung des Fahrdrahtes nach Einhängen der Abspanngewichte beseitigt werden, tritt dieser Effekt bei CuMg-Fahrdrähten praktisch nicht auf. Diese „Feinwelligkeit" mit Amplituden von bis zu 0,45 mm führt dann im Betrieb zu einer erheblichen Lichtbogenbildung.

6.6.4 Geometrische Anforderungen

Ein weiteres Hindernis für die Interoperabilität der Eisenbahnen in Europa ist die Zahl unterschiedliche Lichtraumprofile (GA, GB, GC) und die damit verbundene Vielzahl unterschiedlicher Wippenbreiten und Wippenprofile. Neben dem Standardprofil der europäischen Stromabnehmerwippe mit einer Breite von 1600 mm sind im Anhang B der *EN 50367* noch folgende Breiten zu finden:
– 1450 mm
– 1950 mm – Typ 1 (Standard in Deutschland)
– 1600 mm – Typ GB, CTRL
– 1950 mm – Typ 2
– 1800 mm – Typ NO, SE
– 1600 mm – Typ GB
– 1950 mm – Typ PL

Die Umstellung der Infrastruktur auf die Euro-Wippe hat im Hochgeschwindigkeitsnetz, in das in den vergangenen Jahren erhebliche Investitionen für Neu- und Ausbau erfolgten, begonnen. Im Bereich der konventionellen Strecken wird – auch im Zusammenhang mit der Erarbeitung der *TSI* für den konventionellen Verkehr – die Einführung der Eurowippe noch diskutiert.

6.6.5 Fazit

Die Langlebigkeit der Infrastruktur einerseits und der Wunsch nach einer schnellen Harmonisierung der technischen Zugangsbedingungen andererseits stehen im Widerstreit. Auf Basis der wirtschaftlichen Randbedingungen müssen Lösungen und Kompromisse gefunden werden. Beim Thema Wechselwirkung zwischen Stromabnehmer und Oberleitung ist ein wesentlicher Schritt zur Anpassung gemacht worden: Für die zentrale Kenngröße der Kontaktkraft wurden einheitliche Anforderungen definiert.

Das mögliche Problem inkompatibler Materialien von Fahrdraht und Schleifleiste stellt sich nach bisher vorliegenden Untersuchungen zumindest bei einem Betrieb mit einem begrenzten Anteil netzfremder Schleifleisten nicht. Die geometrische Inkompatibilität der Wippen- und Lichtraumprofile wird dadurch umgangen, dass Fahrzeuge mit mehreren verschiedenen Stromabnehmern im internationalen Verkehr eingesetzt werden.

Das Zusammenwirken von Stromabnehmer und Fahrleitung bestimmt ganz wesentlich die Zuverlässigkeit und Qualität der Energieversorgung der Fahrzeuge. Dabei hat dieses System insbesondere durch die Vielzahl und die wechselseitige Abhängigkeit der Parameter eine hohe Komplexität. Häufig stark unterschätzt wird der Einfluss der Aerodynamik, durch die schon geringfügige Änderungen der Geometrie des Wagenkastens oder der Dachaufbauten erheblichen Einfluss auf die Luftströmung an den Stromabnehmer haben und damit die Kontaktkräfte stark verändern.

Ziel der Verbesserung des Zusammenwirkens bleibt immer eine ausgewogene Minimierung des

Verschleißes an Fahrdraht und Schleifleisten unter dem Aspekt der wirtschaftlichen Optimierung des Gesamtsystems.

6.7 Leit- und Sicherungstechnik für den Eisenbahnbetrieb

Der Eisenbahnbetrieb ist eine Abfolge von Einzelprozessen, die aufeinander abgestimmt, bestmöglich gesteuert und überwacht werden müssen, um den Transport von Personen und Gütern möglichst optimal erfüllen zu können. Es handelt sich also um ein Regelungssystem, das in der Vergangenheit im Bereich der Leit- und Sicherungstechnik mit wenigen signal- und fernmeldetechnischen Hilfsmitteln auskommen musste. Daher sprach man auch lange Zeit von der Signal- und Fernmeldetechnik. Mit Fortschreiten der Automatisierungstechnik ermöglicht dieses System immer höhere Leistungen im Bahnbetrieb, so zum Beispiel
- einen Hochgeschwindigkeitsverkehr mit 300 km/h mit den ICE3-Zügen auf den Schnellfahrstrecken Köln–Rhein/Main und Nürnberg–Ingolstadt oder
- den Hochleistungsbetrieb auf der S-Bahn-Stammstrecke München-Ostbf–München-Pasing mit extrem kurzen Bahnsteigwechselzeiten und einem dichtem Fahrplan-Zugfolgeabstand von unter zwei Minuten.

Zudem sind immer wirtschaftlichere und zuverlässigere sowie sicherere Lösungen entwickelt worden, wie zum Beispiel das elektronische Stellwerk (EStw; siehe Kap 10.2.6) für den Zugleitbetrieb (siehe Kap. 10.4.2) auf der Kurhessenbahn.

Heute nennen wir dieses regelungstechnische Automatisierungssystem Leit- und Sicherungstechnik, kurz: LST. Die LST reicht von der dispositiven Ebene, die von Fahrplandaten gespeist wird, bis zur operativen Ebene der Feldelemente des Prozesses.

Die LST umfasst insbesondere
- auf der **Infrastrukturseite** die Gleisfreimeldung, Weichensteuerung- und -überwachung, Signalisierung sowie die Bahnübergangssicherung und
- auf der **Fahrzeugseite** die Anzeigedisplays zur Führerraumsignalisierung (siehe Kap. 10.1.1, 10.3.2 und 10.4.3), die Schnittstelle zur Automatischen Fahr- und Bremssteuerung (AFB) sowie den sicherungstechnischen Zwangsbremseingriff.

Wie der Prozess selbst, so umfasst auch die Prozesssteuerung und -überwachung beide Seiten des so genannten **Luftspalts**, der Schnittstelle zwischen fahrwegseitiger und fahrzeugseitiger LST. In den Direktiven der Europäischen Union für das Bahnsystem spricht man deshalb von **einem** strukturellen Teilsystem „Control-Command", das die so genannten „Assemblies" auf der mobilen und auf der stationären Seite funktional eng verknüpft. Es ist wichtig, die Charakteristika dieser Luftspaltschnittstelle genau zu spezifizieren, denn nur dann erreicht man Interoperabilität und einen diskriminierungsfreien Zugang von Zugbetreibern zur Infrastruktur.

Es ist aber falsch, zu glauben, diese Charakteristika wären nur an der Luftspaltschnittstelle lokalisiert. Die LST als Prozessregelungstechnik bedient sich der Kommunikationstechnik und der Informationstechnik und damit auch deren Strukturen. Eine Schnittstelle in diesem Bereich weist viele strukturelle Ebenen auf, deren Eigenschaften mehr oder weniger tief in die beteiligten Systeme und Applikationen greifen. Wichtige strukturelle Ebenen sind:
- Funktionen der Anwendung (Applikation)
- Datenfluss und Datenhaltung
- Zuverlässigkeits- und Verfügbarkeitsmerkmale (Reliability, Availability)
- Instandhaltbarkeit, insbesondere Diagnosefunktionen (Maintainability)
- Sicherheit (Safety), optimale Zuordnung unterschiedlich sicherheitsrelevanter Funktionen zum Schutz gegen Versagen der Technik und bei menschlichen Fehlern

6 Gesamtsystemzusammenhang und Wirkungsmechanismen des Systems Bahn

- Sicherheit (Security) zum Schutz gegen vorsätzliche Eingriffe in den Eisenbahnbetrieb
- Übertragungstechnik- und verfahren
- Hardware und
- Softwaresystem

Zur Vertiefung der in diesem Kapitel umrissenen Themen der Leit- und Sicherungstechnik wird auf das Kap. 10 „Betriebsführung" verwiesen. Als zwei Beispiele für die Wirkungsmechanismen des Systems Bahn im Bereich der Leit- und Sicherungstechnik werden daher nachfolgend nur die funktionale Verknüpfung von Fahrweg und Fahrzeug am Beispiel der Bremskurven und die Zugortung gebracht.

6.7.1 Funktionale Verknüpfung von Fahrweg und Fahrzeugen: Beispiel Bremskurven

Die **Signalisierung** am **Fahrweg** stellt sich nicht auf die Bremseigenschaften des gerade fahrenden Zuges ein. Es ist umgekehrt: Die für eine Strecke insgesamt vorgegebenen konstanten Regelbremswege geben vor, welches Mindestbremsvermögen ein Zug haben muss, damit er die per Buchfahrplan (oder elektronischem Buchfahrplan „EBuLa" (siehe Kap. 7.6) vorgegebene bzw. am Fahrweg signalisierte Geschwindigkeit fahren darf. Das ist nicht optimal, denn
- bei der *DB* wird der Regelbremsweg üblicherweise nicht verlängert, um höhere Geschwindigkeiten zu ermöglichen, sondern er wird konstant gehalten. Eine Ausnahme bildet lediglich das Fahren in der Rückfallebene (siehe Kap. 10.4.3) auf Strecken mit sehr großen Längsgradienten; so beträgt der Regelbremsweg auf der Strecke Köln-Rhein/Main mit 40‰ Neigung für die Rückfallebene PZB-Betrieb (Punkt-Zugbeeinflussung, „Indusi", siehe Kap. 10.3.1) 1300 m; dies gilt auch für die Strecke Nürnberg–Ingolstadt mit 20‰ Neigung;
- für Züge, die de facto ein besseres Bremsvermögen aufweisen, wären örtlich höhere Geschwindigkeiten möglich;
- der erforderliche Geschwindigkeitswechsel liegt nicht bereits an der signalisierten Stelle, sondern später, bei der Einfahrt in Bahnhöfe zum Beispiel erst an der Einfahrweiche;
- das fest in den GNT-Balisen (GNT = Geschwindigkeitsüberwachung für Neigetechnikzüge) programmierte Geschwindigkeitsprofil liegt für das bogenschnelle Fahren jeweils nach dem auf der Strecke fahrenden Zug mit den ungünstigsten Bremseigenschaften;
- die Überwachungsfunktionen der PZB 90 berücksichtigen jeweils die drei Grundbremsarten R, P und G und die üblichen Bremshundertstelbereiche unter Worst-Case-Bedingungen.

Die Führerraumsignalisierung mit LZB (Linienzugbeeinflussung, Kap. 10.3.2) oder ETCS (European Train Control System, Kap. 10.3.3) überwindet diese Einschränkungen. Sie verarbeitet auch die Anpassung der Bremskurvenform an das geschwindigkeitsabhängige Bremsvermögen, je nachdem, welche Bremsarten in den verschiedenen Geschwindigkeitsbereichen z. B. zur Verschleißminderung eingesetzt werden. Ein derartiges Verfahren wird bei der LZB des ICE 3 und der Triebwagen der Baureihe 423 für die S-Bahn München eingesetzt. Bei Anwendung der CIR-ELKE-Version der LZB wird der Zug durch die LZB so geführt, dass er die erforderliche Geschwindigkeit erst an der maßgebenden Weiche erreicht. Zur Vermeidung von Signalisierungswidersprüchen für den Triebfahrzeugführer werden die betreffenden Einfahrsignale dann dunkel geschaltet.

In Konsequenz bedeutet das, dass man der LZB und dem ETCS Bremskurven vorgeben muss. Die konkret für eine Zugfahrt wirksame Bremskurve hängt dann sowohl vom Bremsvermögen des Zuges als auch von den Streckeneigenschaften, insbesondere dem Längsgradienten (Steigung oder Gefälle) ab.

Dabei ist zu berücksichtigen, dass die Signalisierung am Fahrweg
- die Gefahrpunktabstände zwischen Signal und maßgebendem Gefahrpunkt,

6.7 Leit- und Sicherungstechnik für den Eisenbahnbetrieb

- die Sicherheitsabstände zwischen Signal und Bahnübergang und
- die Durchrutschwege (siehe Kap. 10.2.5) nach dem Zielsignal, deren Länge im Bahnhof mit der vorgegebenen Einfahrgeschwindigkeit in den Zielabschnitt korrespondiert,

kennt.

Diese Unterschiede sind begründet in unterschiedlichen Sicherheitsanforderungen und betrieblichen Bedeutungen. Für die LZB wurden diese Unterschiede teils in vereinfachter Form realisiert. ETCS muss europaweit derartige Anforderungen an die existierende Infrastruktur beherrschen und unterscheidet deshalb zwischen zwei verschiedenen und projektierbaren Zielpunkten der Bremskurven,
- dem ETCS-Halt und
- dem Gefahrpunkt, siehe Abb. 6.7.1.

Auch auf der **Fahrzeugseite** gibt es Besonderheiten: die automatische Fahr- und Bremssteuerung AFB , die mit der LZB auf Anforderung des Triebfahrzeugführers gekoppelt werden kann. Künftig soll sie auch bei ETCS vorgesehen werden. So wie sich der Triebfahrzeugführer nach der Ankündigung der Zielgeschwindigkeit und Zielentfernung und dem Ablauf der Sollgeschwindigkeit richtet, muss dies auch die AFB-Regelung beherrschen. Die Regelabweichungen dürfen z. B. nicht dazu führen, dass die Geschwindigkeitsüberwachung Zwangsbremsungen auslöst oder dass ein Zug zu früh vor dem Haltpunkt zum Anhalten kommt und damit die vorhandene Bahnsteiglänge nicht nutzen kann.

Die Festlegung von Bremskurven zwischen Fahrzeug und Strecke aber auch zwischen den unterschiedlichen Infrastrukturen und Fahrzeugparks in Europa ist eine anspruchsvolle Aufgabe, deren Lösung derzeit greifbar ist.

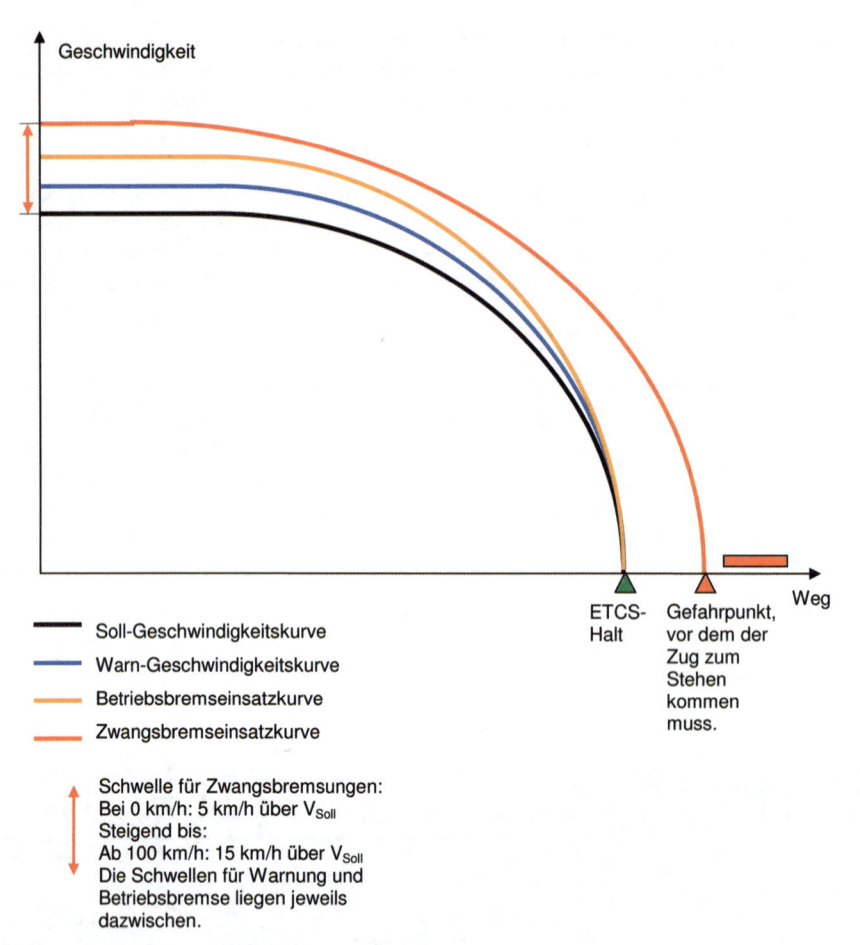

6 Gesamtsystemzusammenhang und Wirkungsmechanismen des Systems Bahn

Abb. 6.7.1: Zielpunkte von Bremskurven für den ETCS-Halt und einen Gefahrpunkt

6.7.2 Zugortung

Zugortung kann man von der mobilen und von der stationären Seite her betrachten. Bei ETCS wird das besonders klar durch

- die triebfahrzeugseitige Ortung und damit die Referenz zu Haltepunkten und Geschwindigkeitswechseln durch Detektieren der im Gleis verlegten so genannten Eurobalisen (siehe Kap. 10.3.3) und
- die streckenseitige Fahrzeugortung im Bereich von Gleisabschnitten zum Zweck der Gleisfreimeldung durch Gleisstromkreise und Achszähleinrichtungen, (siehe Kap. 10.1).

Diese beiden Funktionen können beim ETCS Level 3 (siehe Kap. 10.3.3) miteinander verschmelzen: Die zweite Funktion kann durch die fahrzeugseitige Funktion der Feststellung der Zugintegrität ersetzt werden (dort wo nicht rangiert wird und nicht einzelne Wagen außerhalb eines Zugverbands detektiert werden müssen).

Auch die streckenseitige Fahrzeugortung muss in der *Technischen Spezifikation Interoperabilität (TSI)* (siehe Kap. 12) spezifiziert werden. Grundlagen sind hier schon geschaffen worden, aber es gibt noch europäischen Harmonisierungsbedarf. Beispielsweise wird die Schnittstelle zwischen Gleisstromkreis und Fahrzeug nicht nur durch Grenzwerte des maximalen Achsnebenschlusswiderstands des Fahrzeugs und der Mindestempfindlichkeit der streckenseitigen Anlagen bestimmt. Die damit eingegrenzten Anforderungen an die Kontakteigenschaften zwischen Rad und Schiene bei allen relevanten Betriebsverhältnissen müssen für bestimmte Fälle explizit ausgedrückt werden, zum Beispiel für das Sanden. Die *TSI* hat hierfür einen Weg gefunden, indem sie die primären Anforderungen der Streckenseite (Grenzwert für den maximalen längenbezogenen Sandbelag) in die für Züge mit verschiedenen Anordnungen der Sandstreueinrichtungen wichtigen zeit- und geschwindigkeitsbezogenen Werte übersetzt hat.

Da – anders als bei vielen ausländischen Bahnen – die *DB* die Informationsübertragung der Zugbeeinflussung nie mit der Gleisfreimeldung gekoppelt hat, konnte die *DB* als Alternative zum Gleisstromkreis Achszähleinrichtungen einsetzen und wird in Zukunft aus Kostengründen bei Neuanlagen voll auf diese Technik setzen.

6.8 Aerodynamik

6.8.1 Systemverbundthema Aerodynamik

Innerhalb des Systems Bahn ist die Aerodynamik ein klassisches Verbundthema, das sowohl Fahrzeug und Infrastruktur als auch den Betrieb mit einbezieht. Die aus dem Gesamtsystem resultierenden aerodynamischen Themenstellungen und Anforderungen sind bei der Definition der Anforderungen an die Teilsysteme zu beachten. Ziel ist es, die Schnittstellen zwischen den Teilsystemen und die Anforderungen an die Teilsysteme derart zu definieren, dass die geforderte Sicherheit und Qualität des Gesamtsystems möglichst wirtschaftlich erreicht wird.

Die Eisenbahnaerodynamik enthält neben dem Verbundthema Aerodynamik auch rein fahrzeugbezogene oder infrastrukturbezogene Aerodynamikaspekte. Diese Themen der Fahrzeug- oder Bauwerksaerodynamik, z. B. Kühlluftströme an Fahrmotoren oder Windlasten auf Brücken, besitzen sehr geringe Wechselwirkungen zu anderen Teilsystemen des Systems Bahn und werden daher maßgeblich von der Herstellerindustrie behandelt.

Für das System Bahn bzw. dessen Betreiber stehen hingegen die Verbundthemen im Vordergrund. Vor diesem Hintergrund beschränkt sich dieses Kapitel auf die Behandlung der wichtigsten aerodynamischen Aspekte.

Das Verbundthema Aerodynamik kann in zwei, sich zum Teil maßgeblich unterscheidende Themenbereiche gegliedert werden: die Aerodynamik der Freien Strecke und die Tunnelaerodynamik.

6.8.2 Aerodynamik der Freien Strecke

6.8.2.1 Grundsätzliches

Unter der Aerodynamik der Freien Strecke werden alle Themen zusammengefasst, die sich auf die freie Umgebung beziehen und somit frei von tunnelaerodynamischen Besonderheiten sind. „Freie Umgebung" meint damit nicht, dass das den Zug umgebende Druck- und Strömungsfeld frei von Störungen ist. Das Gegenteil ist der Fall: Zentraler Aspekt des Verbundthemas Aerodynamik ist die Wechselwirkung zwischen dem fahrenden Zug und anderen Objekten wie den Infrastrukturkomponenten oder begegnenden Zügen.

Die Grundgrößen der Aerodynamik sind Druck, Strömungsgeschwindigkeit, Temperatur und die Stoffeigenschaften der Luft. Vielfach können die beiden letztgenannten Größen als hinreichend

6 Gesamtsystemzusammenhang und Wirkungsmechanismen des Systems Bahn

konstant angesehen werden, so dass die Beschreibung aerodynamischer Effekte rund um einen fahrenden Zug daher im Wesentlichen auf Druck- und Strömungsgrößen basiert. Das Druck- und Strömungsfeld eines Zuges wird dabei nicht nur durch im Einflussbereich vorhandene Objekte, sondern auch maßgeblich durch die Windströmung beeinflusst.

Die nachfolgende Abb. 6.8.1 illustriert für einen ICE 3-Zugkopf das (gemittelte) Strömungsfeld sowie die (mittlere) Druckverteilung auf der Außenkontur unter Einfluss von Seitenwind.

Die in der Abb. 6.8.1 dargestellten Drücke und Strömungen wirken zunächst auf das Schienenfahrzeug selbst und sind beispielsweise bei der Anordnung und Dimensionierung von Lufteinund -auslässen zu beachten.

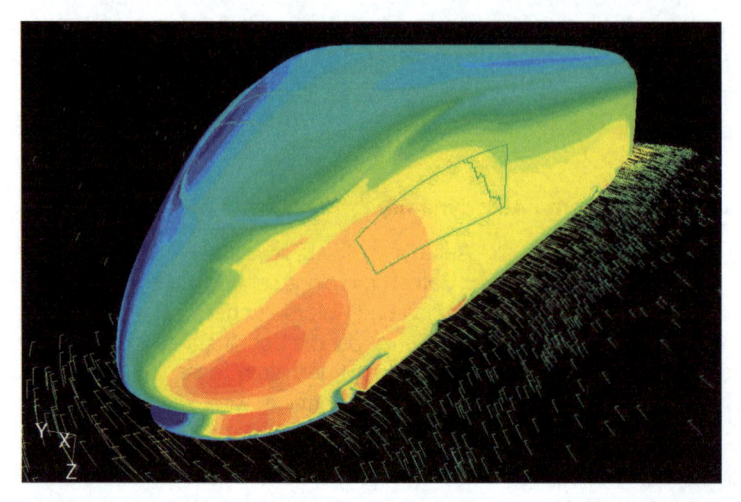

Abb. 6.8.1: Illustration von (mittlerem) Strömungsfeld um einen ICE 3-Zugkopf sowie (mittlere) Druckverteilung auf der Außenkontur des Zugkopfes unter Einfluss von Seitenwind

Das Druck- und Strömungsfeld um den gesamten Zug wird selbstverständlich nicht nur durch die Gestaltung des Zugkopfes, sondern durch die gesamte Zugkomposition beeinflusst. So hat beispielsweise die Rauigkeit entlang des Zuges maßgeblichen Einfluss auf das Wachstum der Strömungsgrenzschicht entlang des Zuges. Das am Schluss laufende Fahrzeug hat großen Einfluss auf die Nachlaufströmung hinter dem Zug. Die auf ein ruhendes Objekt (z. B. auf eine Schallschutzwand) wirkenden zuginduzierten Drucklasten sind hingegen maßgeblich von den mit der Kopfvorbeifahrt einhergehenden Druckänderungen bestimmt. Die Passagen von Zughecks sowie – bei mehrteiligen Zügen – von Kuppelstelle(n) verursachen im Allgemeinen deutlich geringere Druckänderungen.

Das gesamte Druck- und Strömungsfeld hängt damit sehr stark vom Zugtyp bzw. dessen Zusammensetzung ab. Während die aerodynamischen Eigenschaften eines festen Zugverbands (wie den ICE-Zügen) anhand von Messungen oder Simulationen verhältnismäßig klar definiert werden können, sind diese Eigenschaften bei wechselnden Zugkompositionen (zum Beispiel bei Güterzügen) vielfach nur empirisch charakterisierbar.

Das bisher diskutierte Druck- und Strömungsfeld eines Zuges auf freier Strecke resultiert nicht nur in einem aerodynamischen Fahrwiderstandsanteil, sondern stellt auch eine Charakterisierung der vom Zug auf andere Objekte induzierten Druck- und Strömungslasten dar.

6.8 Aerodynamik

6.8.2.2 Aerodynamischer Widerstand

Für die Bahnen spielt der aerodynamische Widerstand in Bezug auf Energieverbrauch sowie Fahrdynamik eine maßgebliche Rolle. Der vom Fahrzeug bei Beharrungsfahrt in Windstille auf ungeneigtem, geraden Gleis zu überwindende Laufwiderstand setzt sich aus dem (nahezu) geschwindigkeitsunabhängigen Rollwiderstand, dem quadratisch mit der Geschwindigkeit anwachsenden aerodynamischen Widerstand sowie weiteren, nahezu linear von der Geschwindigkeit abhängigen Widerstandsanteilen zusammen, die häufig als Impulswiderstand der Kühlluftströme interpretiert werden. Für Energieverbrauchsrechnungen und fahrdynamische Rechnungen sind zudem auch Streckenwiderstände aufgrund von Neigung und Gleisbögen, der Beschleunigungswiderstand wie auch der Einfluss des Windes zu beachten (vgl. auch Kapitel 6.2 Fahrdynamik).

Bei schnell verkehrenden Zügen (Hochgeschwindigkeitszüge) dominiert der aerodynamische Widerstand bei weitem den fahrzeugseitigen Fahrwiderstand. Der aerodynamische Widerstand ist aber auch im unteren Geschwindigkeitsbereich von großer Bedeutung. So nimmt beispielsweise bereits bei leichtem Seitenwind der aerodynamische Widerstand langer, zerklüfteter Züge (Güterzüge) signifikant zu, da die nachlaufenden Fahrzeuge nun nicht im „Windschatten" des Vorläufers fahren, sondern stattdessen seitlich angeströmt werden.

6.8.2.3 Sicherheit bei Seitenwind

Die Sicherheit bei Seitenwind umfasst Aspekte der Fahrzeuge, der Strecken und des Betriebs. Das Gesamtsystem ist so auszulegen, dass auch bei starkem Wind die Sicherheit des Eisenbahnverkehrs gewahrt bleibt. Das entsprechende Regelwerk der *Deutschen Bahn AG* modelliert die Sicherheit bei Seitenwind im Gesamtsystem mittels eines probabilistischen Ansatzes und erhebt auf dieser Basis Anforderungen an die verschiedenen Teilsysteme.

Alle Schienenfahrzeuge müssen ein bestimmtes Maß an Seitenwindstabilität aufweisen. In so genannten Windkennkurven wird der Zusammenhang zwischen Windgeschwindigkeit und einem fahrzeugdynamischen Kennzustand (10 % Restaufstandskraft) hergestellt. Die Windkennkurven sind abhängig von der Fahrgeschwindigkeit, der unausgeglichenen Querbeschleunigung und der Windrichtung. Werden die Anforderungen eingehalten, so kann das Fahrzeug restriktionsfrei verkehren, sofern auch die Strecke ihrerseits die Seitenwindanforderungen erfüllt und einen hinreichenden Schutz vor starken Seitenwinden bietet. Das Seitenwindaufkommen an einer Strecke hängt dabei maßgeblich von deren Lage und Orientierung sowie von der Anwesenheit hoher Brücken und Dämme bzw. von den umgesetzten Seitenwindschutzmaßnahmen (z. B. Windschutzwänden) ab. Zudem wirken Bögen, die mit hoher unausgeglichener Querbeschleunigung befahren werden, maßgeblich in die infrastrukturseitige Seitenwindbewertung hinein.

6.8.2.4 Zuginduzierte aerodynamische Lasten auf Objekte in Gleisnähe

Wie bereits erläutert, ruft ein fahrender Zug in seinem näheren Umfeld Druckänderungen hervor. Diese wirken auf kleine, filigrane Bauteile allseitig ein und heben sich somit weitestgehend auf. Bei großflächigen Objekten und Hohlkörpern findet kein Druckausgleich statt; die Druckänderungen wirken als Druckbelastung auf das Bauteil ein. Mit zunehmendem Abstand zum Gleis nehmen die Drucklasten dabei stark ab.

Die größte Druckänderung geht im Allgemeinen mit der Kopfvorbeifahrt des Zuges einher. Eine stationäre Messstelle am Gleis verzeichnet einen zunehmenden Druck der Luft unmittelbar vor dem Zugkopf mit einem abrupten Wechsel auf einen Unterdruck im Moment der Vorbeifahrt. Ähnlich schnelle, aber im Allgemeinen geringere Druckwechsel sind bei Vorbeifahrt des Hecks oder der Kuppelstelle eines zweiteiligen ICE messbar. Die durch den Zug induzierten Druckwechsel sind als

6 Gesamtsystemzusammenhang und Wirkungsmechanismen des Systems Bahn

dynamische Wechsellasten auf gleisnahe Bauteile wie Schallschutzwände, Bahnsteigdächer oder aber begegnende Züge zu berücksichtigen.

Für Züge auf freier Strecke ist daher bei der strukturmechanischen Auslegung von Wagenkästen, Türen, Fenstern und Aufbauten nicht allein deren eigene Maximalgeschwindigkeit maßgebend, sondern die Lasten aufgrund einer ungünstigen Zugbegegnung. Diese Lasten sind abhängig von der Geschwindigkeit des entgegenkommenden Zuges, dessen Kopfform und dem Gleismittenabstand der Strecke. Der Stellenwert dieses Verbundthemas wird insbesondere auf Strecken mit Mischbetrieb, d. h. der möglichen Begegnung von Güterzügen oder Regionalzügen mit Hochgeschwindigkeitszügen, deutlich. Entsprechend dem Einsatzzweck von Fahrzeugen sind daher ihre mindestens ertragbaren Lasten wie auch ihre im Betrieb maximal erzeugbaren Drucklasten zu definieren und bei der Auslegung zu berücksichtigen.

Auch zuginduzierte Luftströmungen rufen Lasten an gleisnahen Objekten, wie z. B. Hinweistafeln, Signalen oder Bahnsteiguhren hervor. Diese Strömungslasten sind insbesondere für normal zur Zugrichtung orientierte Flächen von Bedeutung.

6.8.2.5 Zuginduzierte aerodynamische Lasten auf Personen in Gleisnähe

Arbeiter in Gleisnähe und Reisende auf dem Bahnsteig befinden sich im aerodynamischen Wirkungsbereich vorbeifahrender Züge. Die schnellen zuginduzierten Druckwechsel bei Kopfvorbeifahrt sind für Personen von untergeordneter Bedeutung. Maßgeblich für die Standsicherheit von Personen ist die Limitierung der auf sie wirkenden zuginduzierten Luftströmungen. Der Einflussbereich dieser zuginduzierten Strömungen, die so genannte Grenzschicht, wächst mit der Zuglänge und umfasst gleisnahe Orte. Auf dem Bahnsteig nehmen wartende Reisende die mit durchfahrenden Güter- oder Personenzügen einhergehenden Luftströmungen deutlich war. Dabei treten bei manchen Zügen die höchsten Luftgeschwindigkeiten erst nach der Zugvorbeifahrt auf, denn hinter dem Zugheck werden weitere Luftmassen bewegt (Nachlaufströmung). Es ist anzumerken, dass die aerodynamischen Lasten nur einen Aspekt der Personensicherheit ausmachen. Bei der Festlegung einzuhaltender Sicherheitsabstände spielen weitere Aspekte eine bedeutende Rolle.

Die aerodynamische Rauigkeit und die Zuggeschwindigkeit haben maßgeblichen Einfluss auf den Betrag der zuginduzierten Strömungen. Im Vergleich zu schnellen Reisezügen sind Güterzüge aerodynamisch rau, insbesondere wenn der Zugverband aus unterschiedlichen Wagen besteht oder die Wagen eine zerklüftete Geometrie aufweisen. Für die Sicherheit im Bahnsystem sind hier Anforderungen an Fahrzeuge zu stellen und mit den spezifizierten Sicherheitsräumen neben dem Gleis abzustimmen.

6.8.2.6 Zuginduzierte aerodynamische Lasten im Gleisbett

Auch im Gleisbett verursacht die Überfahrt eines Zuges Druckwechsel und Luftströmungen, die dort als Lasten wirken und ertragen werden müssen. Von Bedeutung sind insbesondere das geschotterte Gleisbett selbst sowie die im Gleisbett montierten Komponenten. Im Spalt zwischen Fahrzeug und Fahrweg werden bei Zugüberfahrt über die gesamte Zuglänge hochturbulente Luftströmungen erzeugt. Bei gleichartigen Fahrzeugen stellt sich nach Überfahrt der ersten Wagen ein wiederkehrendes mittleres Strömungsprofil ein, dessen Maximalwerte im Bereich der Drehgestelle auftreten. Die mittleren Strömungslasten halten daher über eine Dauer von mehreren Sekunden an und sind von den Eigenschaften des gesamten Unterflurbereiches abhängig. Im Gegensatz dazu treten die maximalen Drucklasten kurzzeitig auf und gehen lokal mit der Überfahrt des Zugkopfes einher. Die Drucklasten können dabei durch Anbauteile am Zugkopf (Schneeräumer, Antennenträger) maßgeblich beeinflusst werden.

SIE FINDEN UNS DORT, WO DAS TRANSPORTWESEN SICHER IST

Führend auf dem Gebiet funktionskritischer Systemlösungen bietet Thales für das Transportwesen mehr Sicherheit und Effizienz denn je.

Überall dort, wo es im Transportwesen auf Personen und Betriebssicherheit ankommt, finden Sie Thales. Wir sind ein führender Anbieter von integrierten Systemen für das Transportwesen und seit Jahren erfolgreicher Partner für Leit und Sicherungstechnik, integrierte Echtzeit-Videoüberwachung, für Betriebszentralen, beim Fahrgeldeinzug, in der Verkehrsfluss-überwachung sowie bei Abrechnungssystemen für Straßenbenutzungsgebühren. Wir haben eine anerkannte Kompetenz in der Durchführung großer, komplexer Projekte. Wir verstehen uns als Ihr langfristiger Partner, arbeiten kundenorientiert und verstehen Ihre Bedürfnisse. Ausgehend von unseren hochmodernen Basistechnologien schaffen wir für Sie maßgeschneiderte, voll integrierte und benutzerfreundliche Komplettlösungen. Das Transportwesen hat eine glänzende Zukunft vor sich. Wir weisen ihm den Weg.

THALES

The world is safer with Thales

www.thalesgroup.com/security-services

6 Gesamtsystemzusammenhang und Wirkungsmechanismen des Systems Bahn

Die Geschwindigkeit der induzierten Luftströmung im Gleis ist verantwortlich für die Aufwirbelung von Sand- und Schmutzpartikeln und – im Extremfall – des Schotters selbst. Auf die Vermeidung von Schotterflugphänomenen haben die Eigenschaften des Oberbaus einen signifikanten Einfluss. Insbesondere Schwellentyp und Auskehrtiefe, aber auch die Dichte und Größe der Schottersteine sind hier zu nennen.

An flächigen Bauteilen wie Abdeckplatten oder Signalschaltmitteln kann wie zuvor beschrieben kein vollständiger Druckausgleich stattfinden. Die resultierenden Drucklasten sind daher auch zu beachten.

6.8.3 Tunnelaerodynamik

6.8.3.1 Grundsätzliches

Der in den Tunnel einfahrende Zugkopf muss ein bestimmtes Luftvolumen verdrängen und erzeugt dabei eine Druckstörung, die sich mit Schallgeschwindigkeit innerhalb des Tunnels ausbreitet (Abb. 6.8.2). Nach der Einfahrt des Zughecks in den Tunnel strömt die Luft in den nun wieder freien Querschnitt ein. Die damit einhergehende Druckabsenkung läuft ebenfalls mit Schallgeschwindigkeit zum anderen Tunnelportal. Bei der Ausfahrt aus dem Tunnel erzeugen Zugkopf und -heck wiederum Druckstörungen, welche nun den Tunnel mit Schallgeschwindigkeit in Richtung des Einfahrportals durchlaufen. Die beschriebenen, so genannten sonischen Druckwellen werden an den Tunnelportalen reflektiert und laufen mit jeweils umgekehrten Vorzeichen mehrfach durch den Tunnel. Die zeitlichen Gradienten dieser Druckwellen sind relativ gering. Die Amplitude der Druckwellen wird im Wesentlichen durch die Zuggeschwindigkeit und das Querschnittsverhältnis zwischen Zug und Tunnel bestimmt.

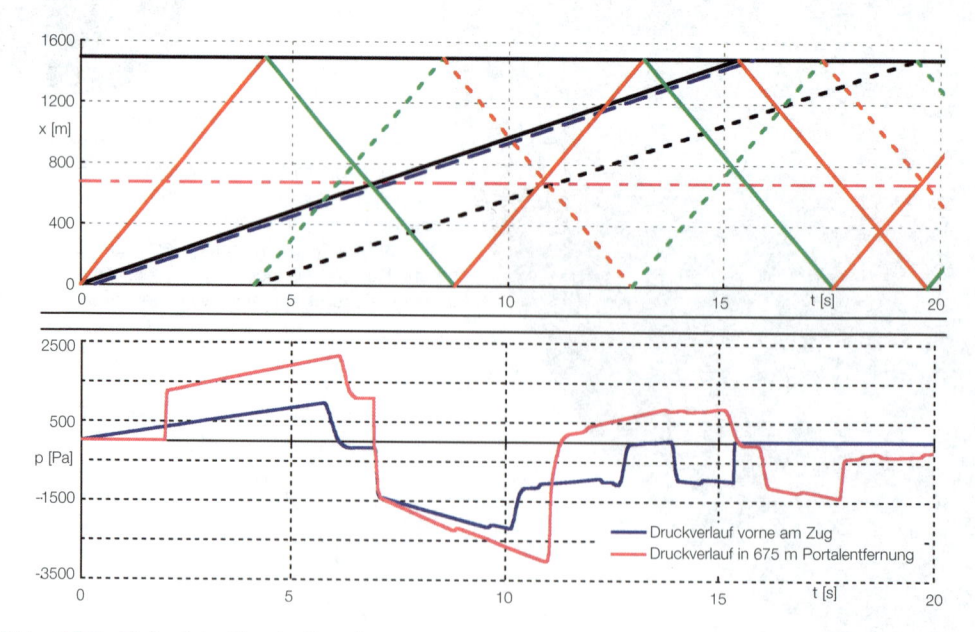

Abb. 6.8.2: Beispiele für ein Druckwellendiagramm und für Druckverläufe an mitbewegten (blau) und ortsfesten (magenta) Positionen bei Fahrt eines einzelnen Zuges durch einen Tunnel ohne Längsneigung

6.8 Aerodynamik

Fahren zwei Züge gleichzeitig oder zeitlich versetzt durch einen Tunnel, so überlagern sich die von beiden Zügen verursachten Druckwellen. Dies kann zu deutlich größeren Belastungen an Fahrzeugen und Tunneleinbauten führen als bei der Durchfahrt eines einzelnen Zuges.

Neben den sonischen Druckwellen entstehen durch die eigentliche Zugvorbeifahrt (vgl. Kap. 6.8.2.4) auch noch aerodynamische Einwirkungen, die sich mit den zuvor beschriebenen Lasten überlagern.

Die Summe der beschriebenen Druckwellen und Luftströmungen kann Fahrzeuge und Tunneleinbauten durch Krafteinwirkungen, Druckänderungen und Druckdifferenzen stark beanspruchen. Zudem entstehen – je nach Druckdichtigkeit des Zuges – auch Druckänderungen im Fahrzeuginneren, die das Komfortempfinden der Reisenden beeinträchtigen können.

6.8.3.2 Aerodynamischer Widerstand

Fährt ein Zug durch einen Tunnel, verändern sich das Druck- und Strömungsfeld in Abhängigkeit vom lichten Tunnelquerschnitt maßgeblich. Beide Veränderungen bewirken eine Erhöhung des aerodynamischen Widerstands und in Folge einen höheren Energieverbrauch und Leistungsbedarf. Beispielsweise hat ein ICE 3 in einem zweigleisigen Tunnel mit 92 m^2-Regelquerschnitt einen ca. 40 % höheren aerodynamischen Widerstand als auf der freien Strecke zu überwinden.

6.8.3.3 Zuginduzierte aerodynamische Lasten auf Tunneleinbauten

An einer ortsfesten Messstelle im Tunnel treten neben den sonischen Druckwellen in Verbindung mit der Kopf- und Heckvorbeifahrt eines Zuges zwei weitere, sehr rasch verlaufende Druckänderungen auf, die sich mit den sonischen Druckwellen überlagern.

Im sehr seltenen Fall der so genannten „kritischen Begegnung" zweier (gleicher) Züge – d. h. der denkbar ungünstigsten Überlagerung aller Teildruckänderungen – können an Tunneleinbauten Spitzenlasten auftreten, die mehr als doppelt so hoch sind, wie bei der Fahrt eines einzelnen Zuges. Die immer wiederkehrend auftretenden Lasten sind im Allgemeinen jedoch durch die Solofahrt eines Zuges gegeben. In eingleisigen Tunneln, die einen signifikant geringeren Querschnitt als zweigleisige Tunnel aufweisen, entfällt der kritische Begegnungsfall, während die bei jeder Zugdurchfahrt auftretenden Lasten zunehmen.

6.8.3.4 Zuginduzierte aerodynamische Lasten auf Züge

Die zuvor geschilderten Druckänderungen wirken auch auf das Äußere des Zuges und pflanzen sich in Abhängigkeit von dessen Dichtigkeit unterschiedlich stark in das Fahrzeuginnere fort. Für undichte Fahrzeuge und dichte Fahrzeuge ohne aktive Innendruckregelung kann der Zeitverlauf der Differenz zwischen Außen- und Innendruck nach einem Außendrucksprung mit zufriedenstellender Genauigkeit durch eine Exponentialfunktion beschrieben werden. Die Zeitkonstante dieser Exponentialfunktion ist eine fahrzeugspezifische Größe und wird als Maß für die Dichtigkeit des Zuges aufgefasst.

Bedingt durch die unterschiedlichen Zeitverläufe von Außen- und Innendruck bilden sich zwischen dem Fahrzeugäußeren und -inneren Druckdifferenzen aus, die bei der Festigkeitsbemessung z. B. von Wagenkästen, Türen, Fenstern gegenüber Wechsellasten berücksichtigt werden müssen. In der Regel gehen die bei der begegnungsfreien Tunnelfahrt auftretenden Druckdifferenzen in die Dauerfestigkeitsauslegung ein, während die bei Zugbegegnungen, insbesondere die bei der „kritischen" Begegnung auftretenden Lasten in der Zeitfestigkeitsauslegung der Fahrzeuge und deren Komponenten berücksichtigt werden. Im Falle der so genannten „kritischen" Begegnung zweier (gleicher) Züge können an Reisezugwagen Spitzenlasten auftreten, die 2,5- bis 2,7-fach so hoch sind wie die Belastungen bei der begegnungsfreien Fahrt.

6 Gesamtsystemzusammenhang und Wirkungsmechanismen des Systems Bahn

Eine Besonderheit stellen in diesem Zusammenhang die Güterwagen dar, die nur eine geringe Druckdichtigkeit besitzen. Bei solchen Fahrzeugen führen nur die sehr rasche Druckabsenkung aufgrund der Kopfvorbeifahrt und der rasche Druckanstieg aufgrund der Heckvorbeifahrt eines entgegenkommenden Zuges zu nennenswerten Druckdifferenzen, welche bei der konstruktiven Auslegung der Fahrzeuge aber ggf. auch bei der Querschnittsdimensionierung von Eisenbahntunneln zu berücksichtigen sind.

In eingleisigen Tunneln sind die bei jeder Zugdurchfahrt, d. h. immer wiederkehrend auftretenden und damit dauerhaft zu ertragenden Lasten größer als bei der begegnungsfreien Fahrt durch zweigleisige Tunnel. Die in Einzelfällen auftretenden Maximallasten sind hingegen in zweigleisigen Tunneln höher (Begegnungssituationen).

6.8.3.5 Druckänderungen im Fahrzeuginneren

Die im Fahrzeuginneren auftretenden Druckänderungen können das Reisendenkomfortempfinden beeinträchtigen, wenn sich zwischen Mittelohr und Gehörgang eine Druckdifferenz aufbaut. Die Fähigkeit der Reisenden zum Abbau dieser Druckdifferenz (durch Schlucken) wie auch das subjektive Druckkomfortempfinden der Reisenden variieren stark.

Zur Sicherstellung eines bestimmten Druckkomforts der Reisenden weisen insbesondere hochwertige Fernreisezüge eine bestimmte Druckdichtigkeit auf. Die Realisierung einer bestimmten Druckdichtigkeit geht einher mit einem Druckschutzsystem für die Klimaanlage. Hier werden die Außenluftöffnungen der Klimaanlage entweder durch schnell schließende Druckschutzventile oder aber über so genannte Druckschutzlüfter mit steiler Kennlinie von der Außenluft getrennt.

Mit dem künftigen Bau eingleisiger Tunnel gewinnt die Druckkomfortthematik für den hochwertigen Fernverkehr an Bedeutung. Aufgrund des geringeren Querschnitts der Tunnelröhre können hier weitergehende fahrzeugseitige (Abdichtung) und infrastrukturseitige (Tunnelquerschnitt, Druckentlastungsschächte) Maßnahmen erforderlich werden, die abschließend nur im Systemverbund abgeleitet werden können.

Druckänderungen im Fahrzeuginneren beinhalten neben der Druckkomfortthematik auch einen Gesundheitsaspekt. In Europa ist es Vorgabe, dass selbst im Fall einer kritischen Begegnung und bei der theoretischen Annahme eines Totalausfalls der gesamten Druckdichtigkeit/des gesamten Druckschutzes (d. h. vollständig undicht) die Innendruckänderungen während der Tunnelfahrt 10 kPa nicht überschreiten dürfen. Dieses so genannte Gesundheitskriterium war bisher maßgeblich für die Querschnittsdimensionierung zweigleisiger Tunnel. Bei eingleisigen Tunneln hat dieses Kriterium aufgrund des entfallenden Begegnungsszenarios keine praktische Relevanz mehr. Die Dimensionierung eingleisiger Tunnelquerschnitte wird damit von anderen, „weicheren" aerodynamischen Aspekten geleitet und ist damit nur im Systemverbund zu lösen.

6.8.3.6 Mikrodruckwellen-Erscheinungen

Bei der Zugeinfahrt in einen Tunnel entsteht, wie in Kap. 6.8.3.1 beschrieben, eine Druckwelle. Der Einfahrdruckgradient wird dabei maßgeblich durch die Zuggeschwindigkeit, das Querschnittsverhältnis von Zugkopf zu Tunnel, der Formgebung des Zugkopfes sowie der Formgebung des Tunnelportals beeinflusst. Wenn der Einfahrdruckgradient hinreichend groß ist, führen die minimalen Temperaturunterschiede innerhalb der Druckwellenfront zu unterschiedlichen Schallgeschwindigkeiten (Ausbreitungsgeschwindigkeiten). Der „hintere" Teil der Druckwelle läuft schneller als der „vordere" Teil. Bei nicht hinreichender Dämpfung/Dispersion kommt es daher mit zunehmender Lauflänge zu einer Aufsteilung der Druckwelle. Sofern die Druckwellenfront am Ausfahrportal hinreichend steil (pulsförmig)

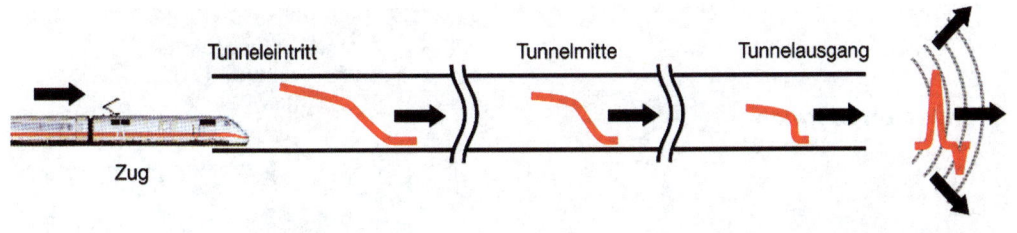

6.9 Akustik – Luftschall und Erschütterungen aus dem Schienenverkehr

Abb. 6.8.3: Prinzipdarstellung für die Entstehung von Mikrodruckwellen-Erscheinungen

ist, wird ein Teil der Druckwelle am Ausfahrportal als hörbare, knallartige Mikrodruckwelle emittiert. Die Teilmechanismen dieses so genannten Mikrodruckwellenphänomens sind in Abb. 6.8.3 illustriert.

Das aus Japan seit langem bekannte Mikrodruckwellenphänomen war für europäische Bahnen lange Zeit von keiner praktischen Relevanz. Aufgrund der verhältnismäßig geringen Querschnittsverhältnisse von Zug zu Tunnel sowie der Verwendung von Schotteroberbau, welcher den Aufsteilungsprozess massiv hemmt, konnten keine hörbaren Mikrodruckwellen entstehen. Das Mikrodruckwellenphänomen gewann bei der *DB AG* mit der 2006 in Betrieb genommenen und mit bis zu 300 km/h befahrenen Neubaustrecke Nürnberg-Ingolstadt praktische Bedeutung. Aufgrund fester Fahrbahn und großer Tunnellängen (Euerwang-Tunnel 7,7 km; Irlahüll-Tunnel 7,3 km) waren hier erstmals Maßnahmen erforderlich, um der Mikrodruckwellenthematik entgegenzuwirken. In beiden Tunneln wurden dazu Gleisabsorber eingebracht, die – ähnlich wie Schotteroberbau – den Aufsteilungsmechanismus hemmen.

Künftige Schnellfahrstreckentunnel der *DB Netz AG* werden vornehmlich in eingleisiger Bauweise, d.h. mit geringerem Querschnitt, ausgeführt, was die Mikrodruckwellenthematik verschärft. Eine weitere Verschärfung wird sich ergeben, falls künftig Hochgeschwindigkeitsverkehre mit Doppelstockzügen angestrebt werden sollten.

Innerhalb des Systemverbunds ist es Aufgabe der Aerodynamik, ein bzgl. Wirtschaftlichkeit und Wirksamkeit optimales Maßnahmenkonzept zu erarbeiten, das auch unter künftigen Betriebsbedingungen akustischen Beeinträchtigungen aufgrund von Mikrodruckwellenemissionen vorbeugt. Neben verschiedenen infrastrukturseitigen Maßnahmenoptionen (Portalgestaltung, Entlastungsschächte, Reflektoren, Absorber) bestehen hier in Bezug auf künftige Fahrzeuggenerationen auch Gestaltungsmöglichkeiten bei der Form der Zugköpfe.

Die Behandlung der Mikrodruckwellenthematik schließt neben der Aerodynamik jedoch auch die Akustik ein: Die Bewertung etwaiger Mikrodruckwellen-Restemissionen und -immissionen sowie die Ableitung entsprechender Richtwerte, die eine wesentliche Basis für die Dimensionierung der Maßnahmen darstellen, wird durch die Akustik verantwortet.

6.9 Akustik – Luftschall und Erschütterungen aus dem Schienenverkehr

6.9.1 Grundsätzliches

Im Zuge des in den vergangenen Jahrzehnten gestiegenen Umweltbewusstseins wird Verkehrslärm zunehmend als eine der stärksten Umweltbelastungen wahrgenommen. Dies gilt in besonderem Maß für den Straßenverkehr. Repräsentative Studien haben jedoch gezeigt, dass sich auch ca. 15 % der Bevölkerung vom Schienenverkehrslärm beeinträchtigt fühlen.

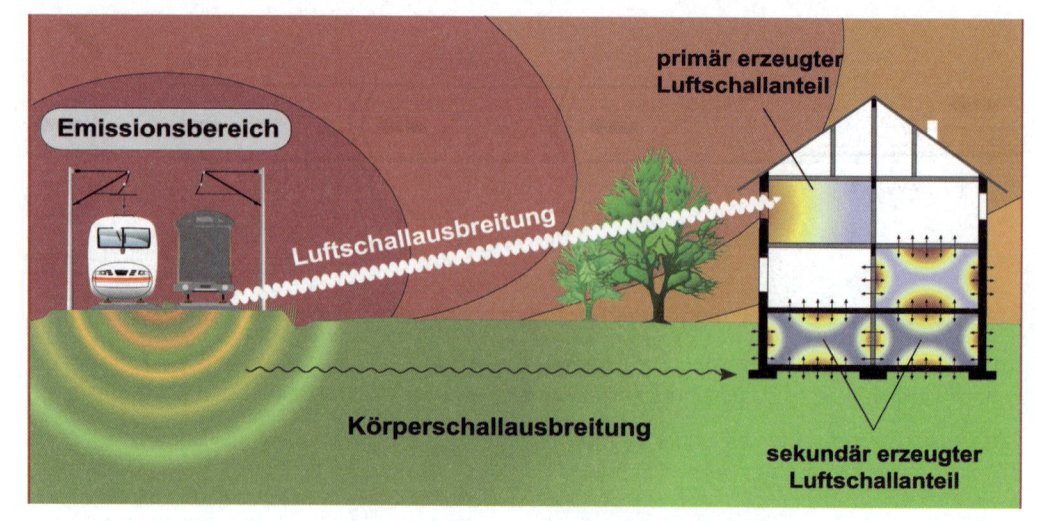

6 Gesamtsystemzusammenhang und Wirkungsmechanismen des Systems Bahn

Abb. 6.9.1: Entstehung und Ausbreitung von Schall und Erschütterungen aus dem Schienenverkehr

Bei Neu- und Ausbauvorhaben werden die zulässigen Emissionen durch das *Bundes-Immissionsschutzgesetz (BImSchG)* in Verbindung mit der *16. Verordnung zur Durchführung des Bundes-Immissionsschutzgesetzes (Verkehrslärmschutzverordnung – 16. BImSchV)* geregelt. An Bestandsstrecken, deren Anwohner nicht unter die gesetzlichen Regelungen der Lärmvorsorge im Rahmen der *16. BImSchV* fallen, werden als freiwillige Leistungen des Bundes seit 1999 Schallschutzmaßnahmen im Rahmen des Lärmsanierungsprogramms finanziert.

Auf europäischer Ebene wurden erstmals Regelungen zur Lärmminderung des Schienenverkehrs mit den *Technischen Spezifikationen Interoperabilität (TSI)* und der *EU-Umgebungslärmrichtlinie* geschaffen (siehe auch Kap. 11.2). Die *TSI* setzen für neu zugelassene oder umgebaute Schienenfahrzeuge europaweit Obergrenzen für die Emissionspegel von Fahrzeugen des Hochgeschwindigkeitsverkehrs (*TSI-HS*) und Fahrzeugen des konventionellen Verkehrs (*TSI-Lärm*). Die *EU-Umgebungslärmrichtlinie* verpflichtet die Mitgliedsstaaten zur Erstellung strategischer Lärmkarten und zur Aufstellung von Aktionsplänen zur Vermeidung schädlicher Umwelteinwirkungen.

Abb. 6.9.1 zeigt schematisch die Entstehung und Ausbreitung der Schallemissionen aus dem Schienenverkehr. Neben dem direkten Luftschall entstehen auch Anregungen, die in den Boden eingeleitet und von Anwohnern als Erschütterungen wahrgenommen werden. Zusätzlich können Wände und Geschossdecken in Gebäuden zu Eigenschwingungen angeregt werden, was dann zur Abstrahlung von „sekundärem Luftschall" führt.

Reduzierung von Schall- und Erschütterungsemissionen

Zur Minderung der Lärmbelastung aus dem Schienenverkehr werden traditionell überwiegend Maßnahmen auf dem Ausbreitungsweg wie z. B. Schallschutzwände und Schallschutzfenster eingesetzt. Allerdings erlauben neuere Entwicklungen auch wirksame Minderungsmaßnahmen, die bereits an der Quelle ansetzen. Eine optimierte und nachhaltige Minderung der Schall- und Erschütterungsemissionen aus dem Schienenverkehr erfordert stets die Betrachtung des Gesamtsystems Fahrzeug/Fahrweg. Abhängig von der Geschwindigkeit sind unterschiedliche Schallquellen von Bedeutung (siehe Abb. 6.9.2). Im Stand und bei niedrigen Fahrgeschwindigkeiten dominieren Aggregatgeräusche z. B.

6.9 Akustik – Luftschall und Erschütterungen aus dem Schienenverkehr

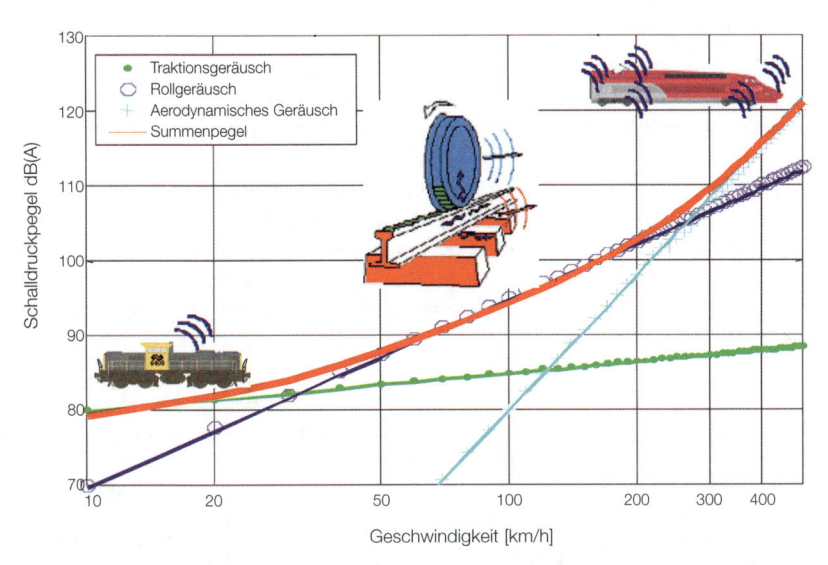

Abb. 6.9.2: Geschwindigkeitsabhängigkeit der Schallemission. Bei niedrigen Geschwindigkeiten dominieren Aggregatgeräusche, bei mittleren Geschwindigkeiten überwiegt das Rollgeräusch. Oberhalb von v = 250 km/h gewinnen aerodynamische Schallquellen zunehmend an Bedeutung.

der Fahrmotoren, Lüfter, Kompressoren etc. Über einen weiten Geschwindigkeitsbereich (50 km/h bis 250 km/h) bestimmt das Rollgeräusch die Schallemission. Oberhalb von 250 km/h gewinnen zunehmend aerodynamische Schallquellen an Bedeutung.

Im Hinblick auf seine Bedeutung und die zur Minderung erforderlichen Folgekosten für Schutzmaßnahmen steht das Rollgeräusch an erster Stelle aller Schallquellen des Schienenverkehrs. Die Ursachen und Möglichkeiten der Minderung werden daher nachfolgend im Mittelpunkt der Ausführungen stehen. Zudem werden wir auf die akustischen Besonderheiten des Hochgeschwindigkeitsverkehrs eingehen, die mit zunehmendem Ausbau oder Neubau der Schienenwege für hohe Geschwindigkeiten an Bedeutung gewinnen. Dann folgt ein kurzer Überblick über weitere spezielle Geräuschquellen des Bahnbetriebs wie Schallemission von Rangier-, Güterumschlag- und Fahrzeugabstellanlagen an. Der Beitrag schließt mit einem Ausblick auf zukünftige Entwicklungen.

Selbstverständlich existiert eine Vielzahl weiterer akustischer Themen des Bahnsystems. Beispiele sind etwa die Aggregatsgeräusche von Fahrzeugen oder Infrastruktur, akustische Warneinrichtungen (Fahrzeuge, Bahnübergänge oder Baustellen), der akustische Komfort einschließlich der Sprachverständlichkeit in Fahrzeugen oder Bahnhöfen (Fahrzeug- und Raumakustik) oder der Schutz der Mitarbeiter im Bahnbetrieb vor unzulässigen und gesundheitsschädlichen Lärmexpositionen. Da diese Themen jedoch auch bei anderen Verkehrsträgern und Einrichtungen von Bedeutung sind und somit nicht speziell im System Bahn auftreten, soll hier auf diese Aspekte nicht weiter eingegangen werden.

6.9.2 Rad/Schiene-Dynamik als Quelle für Schall und Erschütterungen

Die zielgerichtete Minderung der Schall- und Erschütterungsemissionen setzt eine genaue Kenntnis von Entstehungs- und Ausbreitungsmechanismus voraus. Wegen seiner herausragenden Bedeutung gilt dies in besonderem Maß für das Rollgeräusch.

6 Gesamtsystemzusammenhang und Wirkungsmechanismen des Systems Bahn

6.9.2.1 Anregung und Abstrahlung

Der Ursprung der Rollgeräuschemission liegt im Rollvorgang des Rades auf der Schiene. Unebenheiten auf den Laufflächen von Rad und Schiene („Rad- und Schienenriffel") im Wellenlängenbereich von 1 cm bis 10 cm bilden während des Überrollens eine „kombinierte Rauheit" mit Amplituden, die typischerweise im Bereich von 1 μm bis 20 μm liegen. Aufgrund dieser kombinierten Rauheit entsteht beim Rollvorgang eine zeitabhängige Kraft im Rad/Schiene-Kontakt, die Rad und Schiene zu Schwingungen anregt. Über das Schienenbefestigungssystem wird auch die Schwelle angekoppelt. Entsprechend ihren jeweiligen dynamischen Eigenschaften strahlen Rad, Schiene und Schwelle Luftschall ab. Dies ist in Abb. 6.9.3 dargestellt. Der Frequenzbereich des Rollgeräuschs erstreckt sich etwa von 500 Hz bis 3000 Hz. Ebenso werden auch die Fahrzeugkomponenten Drehgestell und

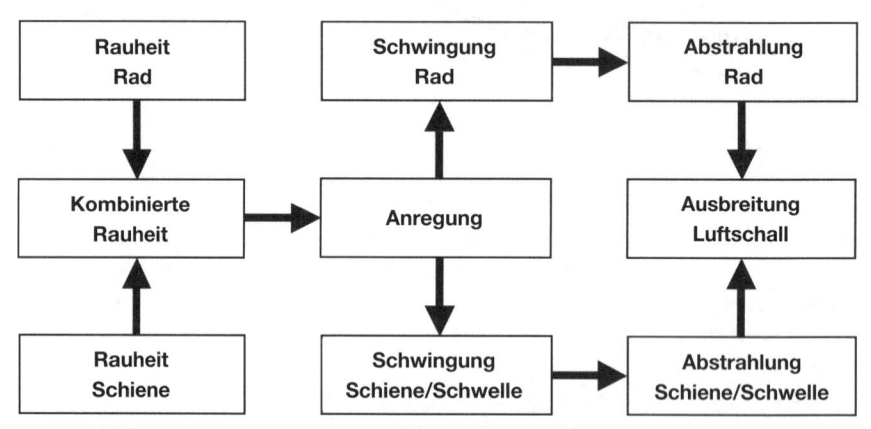

Abb. 6.9.3: Mechanismus der Entstehung des Rollgeräuschs

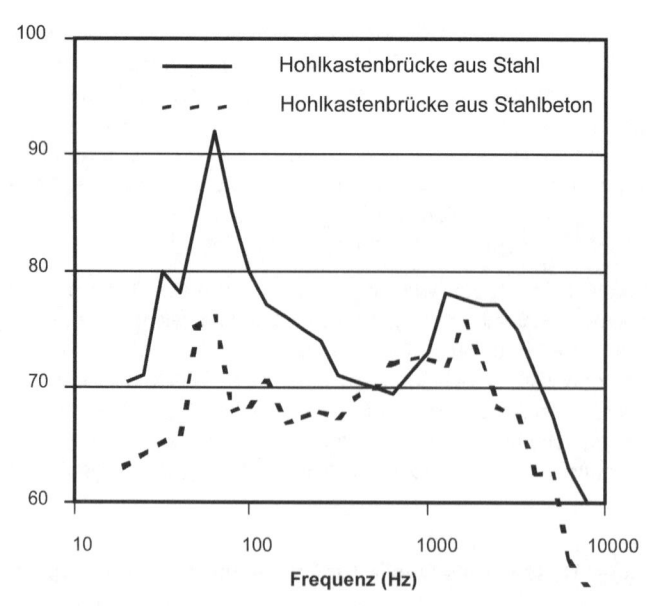

Abb. 6.9.4: Typische Spektren der Schallabstrahlung von Hohlkastenbrücken aus Stahl (oben) und Stahlbeton (unten). Im Bereich von 50 Hz–100 Hz tritt das charakteristische „Brückendröhnen" auf.

6.9 Akustik – Luftschall und Erschütterungen aus dem Schienenverkehr

Aufbauten zu Schwingungen angeregt, diese haben jedoch in der Regel für die Schallabstrahlung außerhalb des Fahrzeuges keine so große Bedeutung.

Seit Beginn der 1990er Jahre wurden leistungsfähige Simulationstools entwickelt, die das allgemeine Ablaufschema in Abb. 6.9.3 nachbilden. Mit deren Hilfe kann auf Basis von Rad- und Schienenrauheiten für unterschiedliche Kombinationen von Fahrzeug und Oberbau die Schallemission prognostiziert werden. Die im Auftrag der *UIC* entwickelte „Track-Wheel Interaction Noise Software" (TWINS) bietet insbesondere die Möglichkeit, den Einfluss einzelner Fahrzeug- oder Fahrwegkomponenten auf die Schallemission zu simulieren und diese Komponenten aus akustischer Sicht zu optimieren. Einen vergleichbaren Ansatz verfolgt das Rad-Schiene Impedanz Modell (RIM) der *DB AG*, das zusätzlich auch die Erschütterungsemission prognostiziert.

Beim Durchfahren enger Kurven können zusätzlich sehr intensive tonale Geräusche im Bereich hoher Frequenzen (typischerweise oberhalb von 2000 Hz) als „Kurvenquietschen" auftreten. Ursache hierfür ist, dass aufgrund der nicht exakt in Richtung des Kurvenradius ausgerichteten Radachsen (auch Drehgestelle sind bei den meisten Schienenfahrzeugen nicht mit einer Achslenkeinrichtung ausgestattet) sowie der unterschiedlichen Kurvenradien von bogeninnerer und bogenäußerer Schiene bei starrer Kopplung der beiden Räder auf einer Achse ein ideales Abrollen nicht mehr möglich ist. Dies bewirkt Schlupf im Rad-Schiene Kontakt in lateraler Richtung, was zu einer intensiven Anregung hochfrequenter Eigenschwingungen der Radscheibe führt.

Beim Überfahren von Brücken tritt zusätzlich zum normalen Rollgeräusch eine weitere Komponente im Frequenzbereich zwischen 50 Hz und 150 Hz hinzu, die als niederfrequentes „Brückendröhnen" wahrgenommen wird (Abb. 6.9.4). Ursache der Anregung sind neben der Rauigkeit der Fahrflächen

Entwicklung der ARGE LNT, die nach ISO 3095 und TSI ca. 78 dB(A) gemessene Lärmpegelwerte ausweist. Für Neukonstruktionen und Umrüstung geeignet.
Anfragen an:
ARGE LNT
Dr. Maria Eugenia Gonzalez
1010 Wien, Riemergasse 14/32
Tel: + 431 513 73 36 32
email: m.gonzalez@amc-consulting.at

6 Gesamtsystemzusammenhang und Wirkungsmechanismen des Systems Bahn

auch Steifigkeitswechsel des Fahrwegs am Übergang von freier Strecke zur Brücke und periodische Steifigkeitswechsel durch die diskrete Lagerung des Gleises. Besonders ausgeprägt ist das Brückendröhnen bei Stahl-Hohlkastenbrücken ohne Schotterbett (Abb. 6.9.4, obere Kurve), die jedoch bereits seit längerer Zeit nicht mehr gebaut werden. Das Abstrahlverhalten von Stahlbetonbrücken ist demgegenüber sehr viel günstiger (siehe Abb. 6.9.4, untere Kurve). Durch geeignete Maßnahmen an Brücke und Oberbau kann hier das Brückendröhnen nahezu vollständig eliminiert werden.

Die vom fahrenden Zug erzeugten Schwingungen führen nicht nur zur direkten Abstrahlung von Luftschall, sondern werden über das Oberbausystem auch in den Boden eingeleitet. Sie können als Erschütterungen in der Nachbarschaft der Bahnstrecke wahrgenommen werden (siehe Abb. 6.9.1). Als Erschütterungen werden mechanische Schwingungen bezeichnet, deren Frequenzbereich typischerweise unterhalb von 80 Hz liegt. Ursachen sind geometrische Formabweichungen von Rad und Schiene, periodische Steifigkeitswechsel des Gleis/Oberbausystems, der Sinuslauf der Fahrzeuge und Unwuchten der Räder.

6.9.2.2 Maßnahmen an der Quelle

Abb. 6.9.3 verdeutlicht, dass Maßnahmen zur Minderung des Rollgeräuschs ansetzen können (1) bei der anregenden Kraft, (2) beim Schwingungs- und Abstrahlverhalten von Fahrzeug und Fahrweg oder (3) auf dem Ausbreitungsweg.

Die anregende Kraft ist direkt verknüpft mit den Rauheiten von Schiene und Rad. Durch Glätten der Schienenoberfläche mit geeigneten Schleifmaschinen kann eine signifikante Minderung der Schallemission erreicht werden. Das „Besonders überwachte Gleis" (BüG) ist eine vom *Eisenbahnbundesamt* anerkannte Maßnahme des aktiven Schallschutzes, die zu einer mittleren Reduktion der Schallemission von 3 dB führt. Streckenabschnitte mit BüG werden in halbjährlichen Intervallen mit einem besonderen Messfahrzeug überwacht. Dieser „Schallmesswagen" ist ein speziell entwickeltes Fahrzeug der *DB AG*. In einem umgebauten Reisezugwagen wurde eine reflexionsarme Kabine eingerichtet, in der das Rollgeräusch mit einem Mikrofon direkt über einer Öffnung im Wagenboden und unmittelbar über einem Drehgestell gemessen wird. Sobald das Messsignal eine festgelegte „Eingriffsschwelle" überschreitet, ist der betroffene Gleisabschnitt mit einem für „akustisches" Schienenschleifen zugelassenen Verfahren zu bearbeiten.

Glatte Fahrflächen der Schienen führen immer dann zu einer niedrigen Schallemission, wenn auch die Fahrflächen der Räder entsprechend glatt sind. Dies ist üblicherweise bei Fahrzeugen mit Scheibenbremsen der Fall. Hingegen werden bei Fahrzeugen mit Klotzbremsen aus Grauguss während des Bremsvorgangs die Radfahrflächen aufgeraut, so dass insbesondere Güterwagen stärkere Unebenheiten der Radfahrfläche aufweisen als Fahrzeuge mit Scheibenbremse. Dies ist die wesentliche Ursache für die erhöhte Schallemission des Güterverkehrs. Leicht erhöhte Schallabstrahlungen z.B. der Aufbauten von Kesselwagen, sind demgegenüber vernachlässigbar. Bremsklötze aus Kunststoff-Verbundwerkstoffen („K-Sohle") vermindern die Ausbildung von Radriffeln drastisch, so dass ein Fahrzeug mit Klotzbremse, die mit einer K-Sohle ausgestattet ist, eine Schallemission aufweist, die vergleichbar mit derjenigen von scheibengebremsten Fahrzeugen ist. Abb. 6.9.5 zeigt den zeitlichen Verlauf des Schalldruckpegels bei der Vorbeifahrt eines Güterzugs, der zur Hälfte aus Wagen mit K-Sohle bestand. Abhängig vom Zustand der Fahrfläche der Schiene sind Pegelreduktionen bis zu 10 dB möglich. Zusätzlich bieten K-Sohle gebremste Güterwagen den Vorteil, dass das bei Klotzbremsen typische Bremsquietschen spürbar reduziert ist (siehe hierzu auch Kap. 11.2).

Auch durch Veränderungen des Schwingungs- und Abstrahlverhaltens von Rad und Schiene können signifikante Pegelminderungen erzielt werden. Optimierte Radbauformen verschieben die Frequenzen der dominierenden Eigenschwingungen des Rades in Bereiche, die als weniger lästig wahrgenom-

6.9 Akustik – Luftschall und Erschütterungen aus dem Schienenverkehr

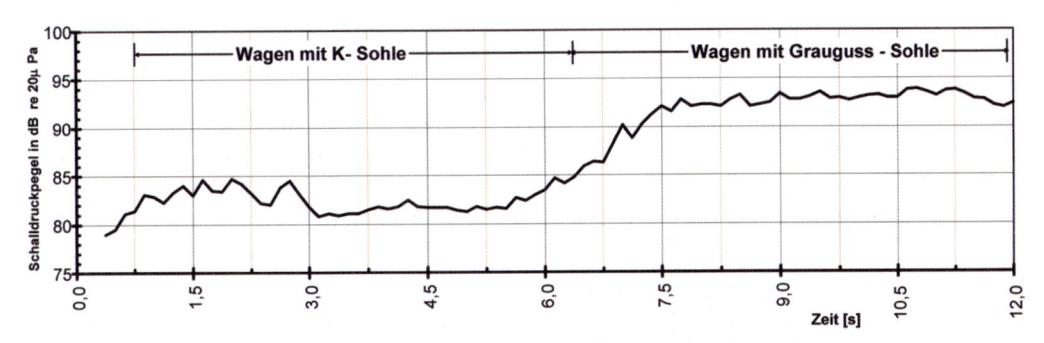

Abb. 6.9.5: In 25 m Abstand vom Gleis gemessener Schalldruckpegel während der Vorbeifahrt eines Güterzugs, der zur Hälfte aus Wagen mit K-Sohle (links) und zur anderen Hälfte aus Wagen mit Grauguss-Bremssohlen (rechts) bestand

men werden und vermindern ihre Intensität durch stärkere Dämpfung. Moderne Rechenverfahren auf Basis der Finite-Elemente-Methode (FEM) erlauben kostengünstige Designstudien unterschiedlichster Bauformen bereits im Vorfeld von Messungen und Feldversuchen (siehe Abb. 6.9.6).

Eine etablierte Maßnahme sind Schallabsorber (Schwingungsdämpfer) an Rädern von ICE-Zügen, mit denen die Schallemission um ca. 4 dB reduziert werden kann. Auf Grund der verwendeten Kunststoffmaterialien sind solche Schallabsorber für klotzgebremste Fahrzeuge wegen der beim Bremsen auftretenden hohen Temperaturen nicht geeignet. Neue Konzepte für Güterwagen basieren auf dem Anbringen mehrerer konzentrischer Scheiben an der Innenseite der Räder, die in Reibungskontakt zueinander stehen und so die Energie der Körperschallschwingungen in Reibungswärme umwandeln. Solche Konzepte kommen ohne Kunststoffbauteile aus und sind daher hinreichend temperaturbeständig um auch längere Bremsungen unbeschadet zu überstehen.

Auch für den Einsatz von Dämpfern gilt, dass eine optimierte Wirkung erst dann erzielt wird, wenn das Gesamtsystem Rad/Schiene in seinen Schwingungseigenschaften beeinflusst wird. Durch

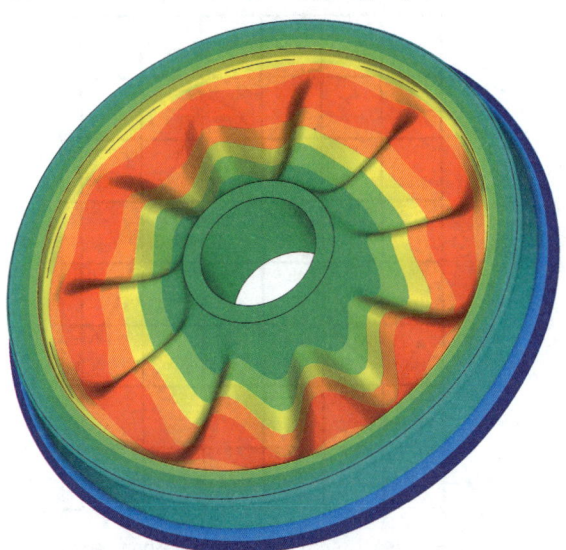

Abb. 6.9.6: Beispiel für die Simulation der Schwingungseigenschaften eines Rades mit Finite-Element-Methoden

6 Gesamtsystemzusammenhang und Wirkungsmechanismen des Systems Bahn

Einbau spezieller Dämpfungselemente am Schienensteg kann die Abklingrate des Wellenfeldes in der Schiene stark erhöht werden. In Abb. 6.9.7 ist die Wirkung einer Schienenstegbedämpfung am Beispiel der Vorbeifahrt einer Regionalbahn mit v = 140 km/h gezeigt. Bei Frequenzen oberhalb von 500 Hz liegen die auf einem Abschnitt mit Dämpfungselementen gemessenen Schalldruckpegel (untere Kurve in Abb. 6.9.7) um bis zu 4 dB niedriger als im Referenzabschnitt ohne Dämpfer (Abb. 6.9.7, obere Kurve). Bei der *DB AG* und der *SNCF* sind derzeit Versuchsabschnitte zum Testen und Optimieren von Schienenstegbedämpfungen eingerichtet. Ein längerer Streckenabschnitt mit regulärem Einsatz ist bei den *Niederländischen Eisenbahnen* in Betrieb.

Maßnahmen zur Minderung von Erschütterungen und sekundärem Luftschall basieren grundsätzlich auf dem Einfügen zusätzlicher Elastizitäten in das Gleis/Oberbausystem. Diese entkoppeln oberhalb einer bestimmten Resonanzfrequenz die Schwingungen der Schiene bzw. des Oberbaus von der Umgebung. Die Resonanzfrequenz hängt wesentlich von der Steifigkeit der erschütterungsmindernden Komponente und der abgefederten Masse ab. Zu beachten ist, dass es im Bereich der Resonanzfrequenz durchaus auch zu einer Erhöhung der Erschütterungsemission kommen kann, so dass der Resonanzfrequenz bei der Auswahl einer geeigneten Maßnahme besondere Bedeutung zukommt.

Bei unterirdischen Verkehrsanlagen haben sich Unterschottermatten (elastische Matten auf Polyurethan- oder Kautschukbasis) und so genannte „Masse-Feder-Systeme" als bewährte Schutzmaßnahmen etabliert. Bei Letzteren ist ein Betontrog, der den Gleisrost und ggf. auch das Schotterbett trägt, über Stahlfeder- oder Elastomer-Lager auf der Tunnelsohle aufgelagert. Speziell für den oberirdischen Einbau wurde ein System entwickelt, bei dem Gleisrost und Schotterbett in einem Trog mit integrierter Unterschottermatte gelagert sind. Weitere Maßnahmen zur Minderung der Schwingungseinleitung in den Untergrund sind hochelastische Schienenlager und Schwellen mit elastischer Besohlung. Da hier jedoch im Vergleich zu Masse-Feder-Systemen und Unterschottermatten die abgefederten Massen deutlich kleiner sind, liegt auch die Resonanzfrequenz entsprechend höher. Daher sind diese Maßnahmen in erster Linie für die Minderung des Brückendröhnens und des sekundären Luftschalls einsetzbar.

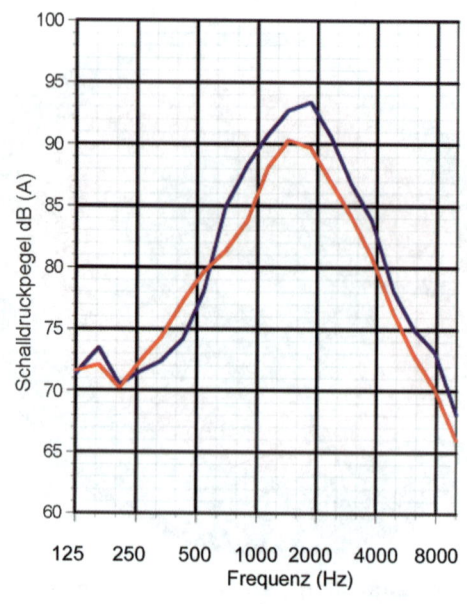

Abb. 6.9.7: Reduzierung des Luftschallpegels durch Bedämpfung des Schienenstegs

6.9 Akustik – Luftschall und Erschütterungen aus dem Schienenverkehr

6.9.2.3 Maßnahmen am Ausbreitungsweg

Die Ausbreitung des Luftschalls aus dem Quellbereich von Rad und Schiene lässt sich bereits in unmittelbarer Umgebung dieser Komponenten beeinflussen. Wirksamste Maßnahme wäre eine möglichst umfassende Kapselung der schwingenden und damit schallemittierenden Komponenten. Noch aus Zeiten der *Deutschen Bundesbahn* stammt der Ansatz, mit wagenseitigen Schallschürzen seitlich der Radsätze und in Kombination mit ca. 30 cm hohen Schallschirmen im Gleisbereich, die den Schallaustritt auf einen verbleibenden kleinen Spalt zwischen Fahrzeug und Fahrweg reduzierten, den Pegel um ca. 10 dB wirksam zu mindern. Allerdings lassen sich diese Maßnahmen im Bahnsystem mit seinen betrieblichen und unterhaltstechnischen Anforderungen nicht wirtschaftlich realisieren. Schallschürzen am Fahrzeug alleine sind für bestimmte Fahrzeuge, die im Betriebsablauf nicht auf eine seitliche Einsehbarkeit der Radsätze und Bremsen angewiesen sind (z. B. Sichtkontrolle der Bremsen, Heißläuferortungsanlagen), zwar möglich, weisen jedoch nur einen wesentlich reduzierten Abschirmeffekt auf.

Besteht der Fahrweg im Wesentlichen aus schallreflektierenden Oberflächen, wie dies bei der so genannten „Festen Fahrbahn" der Fall ist, so lässt sich das abgestrahlte Rollgeräusch durch schallabsorbierende Beläge im Bereich der Fahrbahnplatte (Abb. 6.9.8) um ca. 2,5 dB vermindern. Diese Maßnahme ist als „schallabsorbierende Feste Fahrbahn" bekannt. Bei einem Schottergleis weist bereits das normale Schotterbett eine Absorption auf, ein zusätzlicher Schallabsorber kann daher hier zu keinem wesentlichen Minderungseffekt mehr führen.

Abb. 6.9.8: Schallabsorbierende Beläge auf Fester Fahrbahn

Schallschutzwände

Die am häufigsten eingesetzte Maßnahme am Ausbreitungsweg ist die Schallschutzwand neben der Gleisanlage. Sie befindet sich in einem Regelabstand von – je nach Streckengeschwindigkeit – 3,1 m bis 3,8 m zur Gleismitte des nächsten Gleises und weist typische Höhen von 2 m bis 4 m auf. Damit wirkt sie als Hindernis für die freie seitliche Schallausbreitung. Die mit einer Schallschutzwand an einer 2-gleisigen Bahnstrecke erzielbare Pegelreduktion liegt je nach Wandhöhe und Geometrie der betrachteten Immissionsorte bei bis zu ca. 15 dB. Die technischen Anforderungen an Schall-

6 Gesamtsystemzusammenhang und Wirkungsmechanismen des Systems Bahn

schutzwände sind in der *Bahn-Richtlinie 800.2001* vorgegeben. Wesentliche Anforderungen betreffen die Standfestigkeit (insbesondere unter Berücksichtigung der bei hohen Zuggeschwindigkeiten auftretenden hohen aerodynamischen Lasten), die Schalltransmission und das Schallabsorptionsvermögen der gleiszugewandten Seite. Die Ausführung aktueller Schallschutzwände besteht meist aus Fertigelementen in Beton- oder Aluminiumbauweise, die zwischen Stahlstützen eingeschoben werden. Teilweise werden auch Elemente in Holzbauweise oder mit Steinen gefüllte Drahtkörbe („Gabionenwände") eingesetzt. Aus städtebaulichen Gründen werden gelegentlich transparente Wandelemente aus Glas oder Plexiglas verwendet. Bei diesen Wänden ist jedoch zu beachten, dass sie aufgrund der nicht vorhandenen Schallabsorption an der bahnzugewandten Wandseite eine etwas verminderte Schirmwirkung aufweisen.

Kann der erforderliche Schallschutz durch „aktive" Maßnahmen an der Quelle oder am quellennahen Ausbreitungsweg nicht erreicht werden, so bleibt als „passive Maßnahme" die Verbesserung des Schalldämmmaßes von Gebäuden in der Nachbarschaft des Verkehrsweges. Dies geschieht insbesondere durch den Einbau von Schallschutzfenstern und schallgedämmten Lüftern für Schlafzimmer, um Fenster nicht öffnen zu müssen.

Maßnahmen zur Minderung der Körperschalleinwirkung auf Gebäude in der Nachbarschaft von Schienenwegen stehen für den Ausbreitungsweg (Boden) nur sehr eingeschränkt zur Verfügung. Damit Hindernisse als Körperschallschirme wirksam werden, benötigen sie eine sehr große räumliche Ausdehnung. Physikalisch liegt dies insbesondere an der im Vergleich zum Luftschall (Wellenlängen 1 m bis 0.03 m im zentralen Hörbereich 300 Hz bis 10 kHz) wesentlich größeren Wellenlänge im Bereich von etwa 100 m bis 10 m in dem für Erschütterungen relevanten Frequenzbereich von 10 Hz bis 80 Hz begründet. Nur Strukturen, die in ihrer Ausdehnung die Größenordnung der Wellenlänge erreichen oder übertreffen, können sich für die Ausbreitung der Welle als Abschirmung auswirken.

Elastische Entkopplung

Eine sehr wirksame Minderung der Erschütterungseinträge auf ein Gebäude lässt sich dagegen durch eine elastische Entkopplung des Gebäudes vom Baugrund erreichen. Zur Gebäudelagerung mit Elastomer- oder Stahlfederlagern im Fundamentbereich existieren langjährige Erfahrungen und bewährte Bauausführungen. Eine solche Maßnahme ist jedoch in der Regel nur bei Gebäudeneubauten mit entsprechender konstruktiver Auslegung der Tragwerksstruktur möglich. Als Maßnahme an vorhandenen Gebäuden ist grundsätzlich denkbar, die Geschossdecken zu versteifen und damit die Eigenresonanzen der Decke so zu verändern, dass sie nicht mit den Frequenzschwerpunkten der Erschütterungsanregung zusammenfallen. Dies ist jedoch nur im Einzelfall und in der Regel nur mit erheblichen Eingriffen in die Gebäudestruktur möglich.

6.9.3   Akustische Effekte beim Hochgeschwindigkeitsverkehr

6.9.3.1   Aerodynamische Geräuschquellen

Im Geschwindigkeitsbereich über 250 km/h wird das Gesamtgeräusch einer Zugvorbeifahrt zunehmend durch aerodynamische Geräuschquellen bestimmt (vgl. auch Abb. 6.9.2). Im Gegensatz zum Rollgeräusch sind diese Quellen auch in Fahrzeugbereichen lokalisiert, die aufgrund ihrer Höhe (z. B. Stromabnehmer) durch übliche Schallschutzwände nicht mehr abgeschirmt werden können. Um diese Effekte zu berücksichtigen, wurde in der überarbeiteten Berechnungsvorschrift *Schall 03*, die zur rechnerischen Bestimmung der Luftschallimmissionen im Umfeld von Schienenwegen im Rahmen der *16. BImSchV* vorgesehen ist, u.a. die Quellenhöhe als neuer, wesentlicher Parameter eingeführt.

6.9 Akustik – Luftschall und Erschütterungen aus dem Schienenverkehr

Abb. 6.9.9: Lokalisierung von Schallquellen mit dem Mikrophonarray der *Deutschen Bahn* mit 90 Mikrophonen in spiralförmiger Anordnung

Zur Lokalisierung aerodynamischer Schallquellen und ihrer Beiträge zum Gesamtgeräusch eines Zuges kommt der Mikrophonarray-Messtechnik (vgl. Abb. 6.9.9) eine entscheidende Bedeutung zu. Durch die phasenkorrelierte Auswertung der Mikrophonsignale ist es möglich, ein flächengetreues Abbild der beteiligten Schallquellen und ihrer Schallintensitäten zu erhalten. Abb. 6.9.10 zeigt eine solche Analyse für einen ICE 3-Zug. Man erkennt deutlich die vorhandenen aerodynamischen Geräuschquellen von Stromabnehmern, Dachaufbauten oder Wagenübergängen.

Maßnahmen zur Minderung der aerodynamischen Geräusche beinhalten an erster Stelle die Vermeidung kleiner Strukturen in Bereichen, die besonders der Luftströmung ausgesetzt sind. Dies betrifft insbesondere den Stromabnehmer, aber auch weitere Baugruppen im Dach- oder Drehgestellbereich eines Fahrzeuges. Weitere Maßnahmen können Windschürzen sein, die die Luftanströmung beeinflussen oder Bauteile teilweise abschirmen.

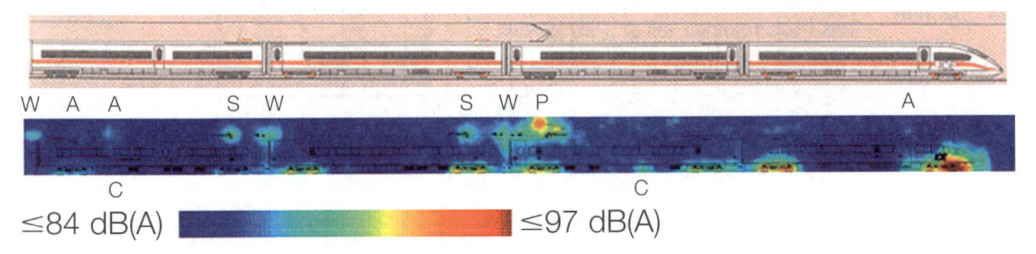

≤84 dB(A) ≤97 dB(A)

Abb. 6.9.10: Lokalisierung der Schallquellen für einen ICE 3-Zug mit einer Zuggeschwindigkeit von 350 km/h. Das Farbspektrum gibt die Intensität der beteiligten Schallquellen wider (blau: geringe Intensität; rot: hohe Intensität).

6 Gesamtsystemzusammenhang und Wirkungsmechanismen des Systems Bahn

6.9.3.2 Akustische Auswirkung von Mikrodruckwellenerscheinungen im Tunnel

Im Kap. 6.8.3 Tunnelaerodynamik wurden bereits der Entstehungsmechanismus, wichtige Einflussparameter und mögliche Gegenmaßnahmen zur Mikrodruckwelle, die bei einer Zugeinfahrt in den Tunnel entsteht und die am anderen Tunnelende zu einer akustisch auffälligen, knallartigen Schallemission führen kann, vorgestellt. Ihre Ausprägung ist auch bei Tunneln, die mit hoher Geschwindigkeit (> 250 km/h) befahren werden, sehr unterschiedlich und reicht von nicht hör- bzw. wahrnehmbar (wie an den meisten Tunneln im Netz der *Deutschen Bahn* der Fall) bis zu einem massiven Knall, wenn keine Gegenmaßnahmen ergriffen werden.

Charakteristisch für die Schallemission der Mikrodruckwelle ist der Schwerpunkt bei tiefen Frequenzanteilen (Abb. 6.9.11). Die in Europa derzeit vorhandenen Richtlinien und Regelwerke berücksichtigen solche Schallereignisse nicht. In ihrer ausgeprägten Form lassen sie sich mit dem im Bereich des Verkehrslärms üblichen, A-frequenzbewerteten Mittelungspegel als Bewertungsgröße auch nicht mehr adäquat beschreiben.

Die im Rahmen der Inbetriebnahme der Neubaustrecke Nürnberg-Ingolstadt im Jahre 2006 aufgetretenen Mikrodruckwellen-Ereignisse zeigten insbesondere, dass sich mögliche Konflikte auf das unmittelbare Portalumfeld des Tunnels konzentrieren und sich die Schallereignisse an Immissionsorten in Abständen von > 500 m praktisch nicht mehr auswirken. Ihre Bewertung konzentrierte sich daher auf die öffentlich zugänglichen Bereiche in Portalnähe und potenzielle Aufenthaltsorte

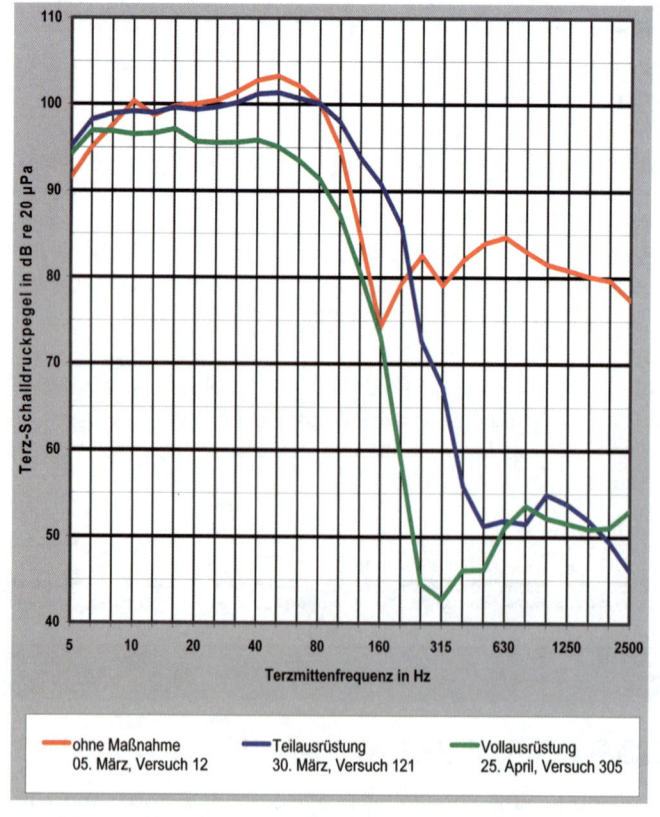

Abb. 6.9.11: Terzspektrum einer stark ausgeprägten Mikrodruckwelle vor dem Südportal am Tunnel Euerwang an der NBS Nürnberg–Ingolstadt

6.9 Akustik – Luftschall und Erschütterungen aus dem Schienenverkehr

für Personal auf dem Bahngelände. Ein wichtiges Kriterium war die Einhaltung der Auslöse- und Expositionsgrenzwerte der *Richtlinie 2003/10/EG* aus dem Bereich des Arbeitsschutzes auf Basis des C-frequenzbewerteten Spitzenschalldruckpegels als Bewertungsgröße. Als weiteres Kriterium wurden Vergleiche der Schallereignisse Mikrodruckwelle und Zugvorbeifahrt auf Basis verschiedener Bewertungsmethoden durchgeführt. Hier konnte gezeigt werden, dass die Mikrodruckwelle nach Ausstattung der betroffenen Tunnel mit Gleisabsorbern auch an ungünstigen Standorten nicht mehr als dominantes Schallereignis in Erscheinung tritt.

Für künftige Bauvorhaben verfolgt die *Deutsche Bahn* das Ziel, durch konstruktive Maßnahmen am Tunnel die Entstehung der Mikrodruckwelle so weit zu reduzieren, dass ihre akustische Auswirkung im Umfeld der Tunnelportale auf ein unerhebliches Maß reduziert wird und die durch sie hervorgerufenen Schallimmissionen nicht mehr im Einzelfall bewertet werden müssen.

6.9.4 Sonstige Quellen

Weitere typische Geräuschemissionen des Bahnbetriebs sind auf den Arealen von Rangierbahnhöfen anzutreffen. Hier werden einzelne Güterwagen oder Wagengruppen zu neuen Zugeinheiten zusammengestellt, indem die Wagen (ohne Antrieb oder Bremsung durch eine angekuppelte Rangierlok) von einem „Ablaufberg" abrollen und über Weichen auf verschiedene Zugbildungsgleise verteilt werden. Eine der Hauptlärmquellen stellten die im Ablaufgleis und in den einzelnen Zugbildungsgleisen vorhandenen Gleisbremsen dar, welche die Radkränze der Wagen durch gleisfeste Bremsbalken einspannen und so die Wagen individuell abbremsen. Weitere typische Lärmquellen sind das Kurvenquietschen in den meist engen Kurvenradien der Weichenzone, das Nachbremsen der Wagen unter Einsatz von Hemmschuhen sowie die Pufferstöße beim Auflaufen der Wagen auf den neu zu bildenden Wagenzug. Maßnahmen zur Lärmminderung sind möglich durch den Einsatz lärmarmer Gleisbremsen mit segmentiertem Bremsbalken. Durch die in modernen Anlagen vorhandene automatisierte und optimierte Steuerung der Gleisbremsen kann das Nachbremsen mit Hemmschuhen entfallen und die Auflaufgeschwindigkeit der Wagen auf den Wagenzug sehr genau kontrolliert werden.

Abstellanlagen von Reisezügen im Umfeld von Betriebswerken oder zur Bereitstellung der Züge vor dem Betriebseinsatz führen ebenfalls zu Geräuschemissionen, die in der Nachbarschaft besonders nachts störend wahrgenommen werden. Die Geräuschquellen sind hierbei vor allem Lüftergeräusche, Klimaanlagen, Kompressoren oder weitere Aggregate an den „aufgerüstet" abgestellten Fahrzeugen. Mögliche Maßnahmen konzentrieren sich vorwiegend auf die Betriebsabläufe und die Optimierung der Steuerung von fahrzeugeigenen Aggregaten.

6.9.5 Ausblick auf künftige Entwicklungen

Zukünftige Entwicklungen zur Minderung der Schallemissionen aus dem Schienenverkehr werden sich verstärkt auf solche Maßnahmen konzentrieren, die direkt an der Quelle wirken. Diese dürfen jedoch nicht isoliert betrachtet werden, sondern müssen sich stets in den Kontext eines sicheren und wirtschaftlichen Eisenbahnbetriebs einordnen. Daher wird die Begleitung der technischen Entwicklung durch Betrachtung der Lebenszykluskosten (LCC-Analyse) weiter an Bedeutung zunehmen. Die Anwendung von LCC-Methoden stellt sicher, dass für Schall- und Erschütterungsschutzmaßnahmen stets das optimale Kosten/Nutzen-Verhältnis realisiert werden kann.

Die Verbindung von akustischem Schienenschleifen mit der allgemeinen Oberbauinstandhaltung kann die Kosten für den Unterhalt von BüG-Strecken senken und gleichzeitig zu einer Pegelreduktion auf dem Gesamtnetz auch außerhalb der BüG-Abschnitte führen. Dies wird insbesondere dann zu einem deutlichen Effekt führen, wenn der überwiegende Teil des Güterwagenparks auf Bremsen mit K-Sohle umgestellt ist.

Weitere Formoptimierungen an Schiene und Rad können in Verbindung mit der Optimierung von Dämpfungselementen an Rad und Schiene die Luftschallemission wesentlich mindern. Erhebliches Optimierungspotenzial gibt es hier z. B. bei der Frequenzabstimmung, wo eine möglichst breitbandige Wirkung erwartet wird. Auch bei Brücken können Formoptimierungen der Konstruktion, die bereits in der Planungsphase erfolgen, die Schallemission kostenneutral vermindern. In Bezug auf die Körperschalleinleitung und -ausbreitung im Boden eröffnen Schwellen mit elastischen Matten, die an der Schwellensohle angebracht sind, weitere Möglichkeiten einer Reduktion der Schwingungseinleitung im Frequenzbereich > ca. 50 Hz.

Für die Optimierung von Komponenten mit dem Ziel einer weitergehenden Schallreduktion an der Quelle kommt der Weiterentwicklung der Computer-Simulation eine besondere Bedeutung zu. Leistungsfähige Rechenmodelle erlauben die Prognose der Auswirkungen von Modifikationen am Gesamtsystem Oberbau/Fahrzeug auf die Schallemission unter weitgehendem Verzicht auf aufwändige Feldversuche.

Weitere aktuelle Minderungsmaßnahmen auf dem Ausbreitungsweg betreffen die Oberkante von Schallschutzwänden. Durch einen Wandaufsatz mit röhrenartigen Resonatoren kann das Abschirmmaß im Schallschatten der Wand bei unveränderter Bauhöhe vergrößert werden. Die Körperschallausbreitung im oberflächennahen Boden kann durch Bodenschlitze, die mit weichem Füllmaterial verfüllt sind, beeinflusst werden. Eine „Schirmwirkung" mit spürbarer Reduktion der Erschütterungseinwirkung in einem Gebäude wirkt sich jedoch nach ersten Erfahrungen nur aus, wenn der Bodenschlitz in nächster Nähe zu den Gleisen oder zu dem zu schützenden Gebäude angeordnet ist und über eine ausreichende Tiefe (Größenordnung 5 m bis 10 m) verfügt.

Vertiefende Literatur

Kapitel 6.3 Bremsen
Janicki, Fahrzeugtechnik Teil 1: Bremseinrichtungen, Güter- und Reisezugwagen, Eisenbahn-Fachverlag Heidelberg, Mainz, 2000
Janicki, Fahrzeugtechnik Teil 2: Triebfahrzeuge und Triebwagen, Eisenbahn-Fachverlag, Heidelberg, Mainz, 2001
Kuper, Janicki, Meffert: Bremstechnik und Bremsproben, Eisenbahn-Fachverlag Heidelberg, Mainz, 2. Auflage, 1992
Sauthoff, F.: Bremskunde für den technischen Wagendienst, Eisenbahn-Fachverlag Heidelberg, Mainz, 1978
Sauthoff, F.: Bremskunde für Triebfahrzeugführer, Josef Keller Verlag Starnberg, 5. Auflage, 1973
Autorenkollektiv: Grundausrüstungen, Reihe Schienenfahrzeugtechnik, Transpress-Verlag Berlin, 1983, S. 113–215
Knorr-Bremse AG: Handbuch Bremstechnische Begriffe und Werte, 1990
Gralla, Dietmar: „Eisenbahnbremstechnik", Werner-Verlag Düsseldorf, 1999
Jaxtheimer: Die Bremsen und Luftanlagen, R. Pflaum-Verlag, 1952
Sachs, K.: Elektrische Triebfahrzeuge, Band I, 2. Auflage, Springerverlag Wien, New York 1973
Braun, Ottersbach: Neue Führerbremsventilanlagen der DB für Streckenlokomotiven, Sonderdruck Elsners Taschenbuch der Eisenbahntechnik 1984, Tetzlaff-Verlag Darmstadt, 1984

6.9 Vertiefende Literatur

Sonder: Elektronische Bremsabfrage und -Steuerung <EBAS>, ZEV+DET Glas. Ann. 122 (1998) Heft 9, S. 481 ff

Witte, Minde, Engelmann: Zentrale Komponenten eines Intelligenten Güterzuges, ETR 11/2000

Minde, Witte: FEBIS: Kommunikationsbasierte elektronisch gesteuerte Bremse, ETR 05/2001

Meier-Credner, W.-D.: Die lineare Wirbelstrombremse-Entwicklung und Einsatz im ICE 3, ETR-Eisenbahntechnische Rundschau 49 (2000) Heft 6

Gräber, J., Meier-Credner, W.-D.: Die lineare Wirbelstrombremse im ICE 3 – Betriebskonzept und erste Erfahrungen, ETR-BahnReport 2002

Kapitel 6.4 Fahrbahntechnik

Richlinie 820: Grundlagen des Oberbaus, DB Netz AG

Richtlinie 836: Erdbauwerke planen, bauen und instand halten, DB Netz AG

EN 1991-2: Eurocode 1 – Einwirkungen auf Brücken, Teil 2: Verkehrslasten auf Brücken

UIC 519: Methode zur Ermittlung der äquivalenten Konizität

Knothe, K.:Gleisdynamik, Ernst & Sohn, 2001

Knothe, K.; Stichel, S.: Schienenenfahrzeugdynamik, Springerverlag Wien, New York, 2003

Kortüm, W.; Lugner, P.: Systemdynamik und Regelung von Fahrzeugen, Springerverlag Wien, New York, 1994

Esveld, C.: Modern Railway Track, MRT Productions, 1989

Kapitel 6.5 Bahnenergieversorgung

Weiland, K., Falkenhagen, Th.: Die Bahnstromversorgung der Deutschen Bahn – aktuelle Entwicklungen, ETR – Eisenbahntechnische Rundschau 56 (2007), H. 10, S. 590–595

Fendrich, L.: Handbuch Eisenbahninfrastruktur, Springerverlag Berlin, Heidelberg, 2007

Preuß, Erich: Züge unter Strom: Die Geschichte des elektrischen Zugbetriebs in Deutschland; E. Preuß (Hrsg), 1. Aufl. – München, GeraMond, 1988

Steimel, A.: Elektrische Triebfahrzeuge und ihre Energieversorgung, Oldenbourg Industrieverlag, 2006

Weiland, K.; Ebhart, S.; Walter, S.: Neue technische Entwicklungen für Bahnstromanlagen; Elektrische Bahnen 105 (2007), H. 4/5

Biesenack, G., Hofmann, Schmieder u.a.: Energieversorgung elektrischer Bahnen, B. G. Teubner Verlag, Wiesbaden, 2006

Kapitel 6.9 Akustik – Luftschall und Erschütterungen aus dem Schienenverkehr

Müller, G., Möser, M.: Taschenbuch der Technischen Akustik; Springerverlag Berlin, Heidelberg, 2004

Cremer, L., Heckl, M.: Körperschall; Springerverlag Wien, New York, 1996

Krüger, F.: Schall- und Erschütterungsschutz im Schienenverkehr; expert-Verlag, 2006

Schmidt, H.: Schalltechnisches Taschenbuch; VDI-Verlag Düsseldorf, 1996

Handbuchwissen zu Technik und Management moderner Bahnen

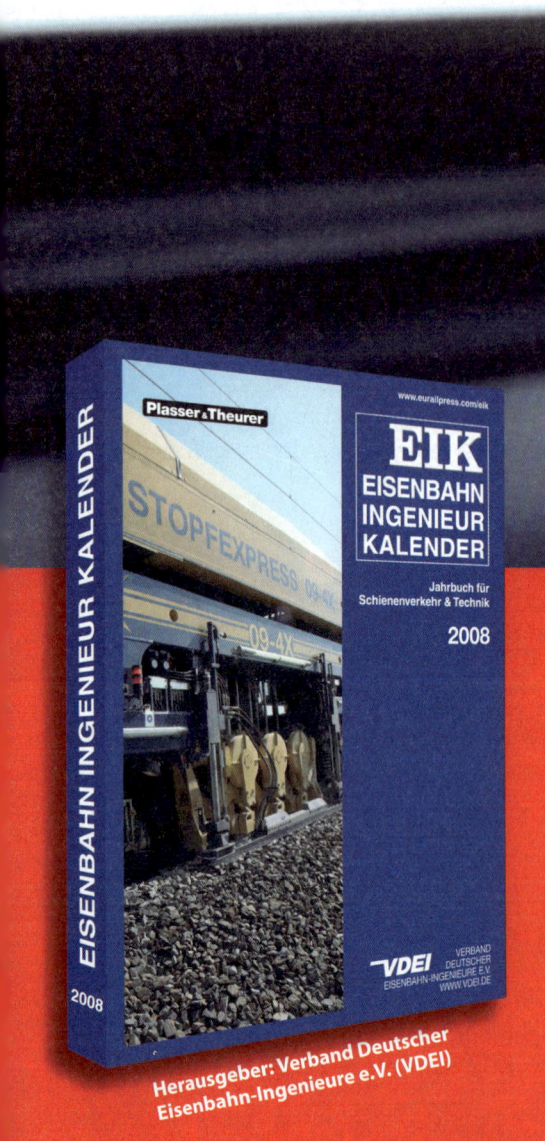

Jahrbuch für Schienenverkehr

Der EISENBAHNINGENIEURKALENDER (EIK) vermittelt auch in der neuesten Auflage wieder Handbuchwissen zu Technik und Management moderner Bahnen.

Aktuelle Themen aus wichtigen Bereichen, wie z.B. Bahnanlagen + Instandhaltung, Fahrzeuge + Instandhaltung, IT-Technologie + Systeme, Projekt- + Baumanagement, Arbeitsschutz + Umwelt oder Forschung + Entwicklung werden in ausführlichen Darstellungen und Fachbeiträgen behandelt.

Zusätzlich erhalten Sie eine Übersicht über die aktuellen Studien- und Ausbildungsmöglichkeiten im Bereich Schienen- und Bahnverkehr an deutschsprachigen Hochschulen, wichtige Informationen für den Eisenbahningenieur sowie ein Bezugsquellen-Verzeichnis zu Produkten und Dienstleistungen für Bahnen.

Weitere Informationen, das komplette Inhaltsverzeichnis, das Vorwort sowie einen direkten Link zur Buchbestellung finden Sie unter www.eurailpress.de/eik

Technische Daten: Titel: EIK – EISENBAHNINGENIEURKALENDER, ISBN 978-3-7771-0359-4, 412 Seiten, Format 148 x 215 mm, Broschur
Preis: € 36,– inkl. MwSt. zzgl. Versandkosten. **Adresse**: DVV Media Group GmbH l Eurailpress · Nordkanalstraße 36 · 20097 Hamburg · Germany · Telefon: +49 40/2 37 14-292 · E-Mail: service@eurailpress.de

Eurailpress

7 Produktionsplanung
Werner Weigand

7.1 Begriffe, Ziele

7.1.1 Produktionsplanung

Der Begriff „Produktionsplanung" bezieht sich ursprünglich auf Industrieunternehmen. Im Vordergrund steht die Optimierung des gesamten Produktionssystems. Die Produktionsplanung plant das Produktionsprogramm, den Materialbedarf und den Produktionsprozess mittel- bis kurzfristig vor.

Da im Verkehrswesen ein „nicht lagerfähiges" Produkt produziert wird, nämlich bei der Eisenbahn Zugkilometer mit Platzkilometern oder Wagenkilometern, ist die Übernahme des Begriffs Produktionsplanung auf die Eisenbahn durchaus problematisch. Im Folgenden wird dann auch vorrangig der Prozess beschrieben, der mit dem Begriff „Betriebsplanung" erfasst wird, aber auch auf die der Betriebsplanung vorausgehende „Angebotsplanung" eingegangen.

Die sorgfältige Planung des Betriebes einer Eisenbahn bildet die Grundlage dafür, dass die Produktionsfaktoren

bei den Infrastrukturunternehmen (EIU)
– Grund und Boden, Bahnkörper, Brücken, Tunnel und ortsfeste Anlagen (Gleise, Weichen, Bahnhofsanlagen, Signalanlagen usw.) und
– Personal zur Bedienung der ortsfesten Anlagen,

bei den Eisenbahnverkehrsunternehmen (EVU)
– personeller Aufwand und
– rollendes Material (Triebfahrzeuge und Wagen)

möglichst wirtschaftlich eingesetzt werden können, das heißt, dass mit gegebenen Mitteln ein größtmöglicher Erfolg bzw. der angestrebte Erfolg mit geringst möglichem Einsatz erreicht wird.

7.1.2 Betriebsplanung

Bei keinem anderen Verkehrsmittel ist die Abhängigkeit zwischen Infrastruktur und Betriebsplanung so eng wie bei der Eisenbahn.

Leistungsfähigkeit, Pünktlichkeit und Flüssigkeit der Betriebsabwicklung stehen in enger Wechselwirkung. Die Fahrplangestaltung dient der Leistungsfähigkeit, indem sie die Transportbewegungen so ordnet, dass sie bei planmäßigem Ablauf pünktlich durchgeführt werden können bzw. bei Abweichen vom Plan nach einer angemessenen Zeit in diesen wieder zurückkehren. Die einzelnen Transportbewegungen müssen so aufeinander abgestimmt werden, dass die Flüssigkeit des Betriebes gewährleistet wird, d.h. dass kein Stau von Zügen entsteht. Dabei kann die Betriebsplanung lange im Voraus erfolgen, aber es können auch Zugfahrten kurzfristig geplant werden.

Grundlage jeder Betriebsplanung ist die Angebotsplanung auf Basis der Marktanforderungen, auf der das Betriebsprogramm aufbaut. Wesentliche Teile des Betriebsprogramms sind der Fahrplan und die Fahrzeugeinsatzplanung.

Den Anfang der Betriebsplanung bildet die Erstellung eines Betriebsprogramms, in dem die Anzahlen der zu fahrenden Züge der verschiedenen Zuggattungen – eventuell schon aufgegliedert nach Tagesstunden – festgelegt sind. Die entscheidende Stufe der Betriebsplanung bildet die Fahrplan-

7 Produktionsplanung

bearbeitung mit der daran anschließenden Erstellung der vom Fahrplan abgeleiteten Pläne wie z. B. Bahnhofsfahrordnungen („Fahrpläne für Betriebsstellen"), Rangierpläne, Umlaufpläne für Fahrzeuge und Dienstpläne für Personale. Während einer laufenden Fahrplanperiode ergeben sich weitere betriebplanerische Aufgaben im Zusammenhang mit Sonderzügen oder mit vorübergehenden Fahrplananpassungen im Zusammenhang mit Baubetriebszuständen.

Bei der Fahrplanbearbeitung sind betriebstechnische, verkehrliche und wirtschaftliche Gesichtspunkte zu berücksichtigen. Mit dem Betriebprogramm wird bereits festgelegt, ob auf einer Strecke ein homogener, artreiner Betrieb oder ein Mischbetrieb zwischen schnellen und langsamen Zügen durchzuführen ist. Gegebenenfalls ist eine Entmischung dergestalt möglich, dass tagsüber vorwiegend Züge des Personenverkehrs und nachts Güterzüge verkehren.

7.1.3 Fahrplan

Unter dem Fahrplan wird allgemein die vorausschauende Festlegung des Fahrtverlaufs der Züge verstanden.

Der Begriff „Fahrplan" ist bei der Eisenbahn mehrschichtig:
- Der **Fahrplan eines Zuges** enthält die für die sichere und zweckmäßige Zugförderung erforderlichen Angaben wie Bezeichnung des Zuges, Wegeangaben, zulässige Geschwindigkeit, erforderliches Bremsvermögen („Bremshundertstel"), Zahl und Art der Triebfahrzeuge, Last und Uhrzeiten (in der Fahrdienstvorschrift festgelegt).
- Der **Fahrplan einer Strecke** ist das Bedienungskonzept und stellt die betriebliche Belastung der gesamten Strecke oder eines Streckenabschnittes dar. Man kann aus den Fahrplänen aller Züge die Richtung und Gegenrichtung, Überholungen, Begegnungen, Kreuzungen und Anschlussbindungen erkennen.
- Der **Fahrplan eines Netzes** ist die Integration und das Ineinandergreifen der Fahrpläne verschiedener Strecken unter Berücksichtigung von Anschlussbindungen und Wagenübergängen. Aus ihm ist das Bedienungssystem eines ganzen Bezirkes ersichtlich.
- Der **Fahrplan einer Zeitperiode** ist das Betriebsprogramm für alle Tage dieses Zeitabschnittes. Er legt die Zugfahrten in allen Einzelheiten fest und stellt somit das Dienstleistungsangebot des Unternehmens dar.

Grundsätzliche Anforderungen an den Fahrplan ergeben sich aus den Forderungen nach
- Sicherheit,
- Pünktlichkeit,
- Leistungsfähigkeit und
- Wirtschaftlichkeit.

Die Sicherheit bestimmen betriebliche, bauliche und fahrzeugtechnische Aspekte; außerdem sind Grundsätze der Sicherheitsfürsorge für das Personal, für die Reisenden und für das anvertraute Gut zu beachten.

Die Sicherheit bei Zugfahrten beruht auf dem Fahren im Raumabstand. Im Regelbetrieb wird dies durch die Signaltechnik und durch das Einhalten der Vorschriften, im Störungsfall meist nur durch die strikte Beachtung der Vorschriften gewährleistet.

Der Fahrplan hat das Fahren im Raumabstand, d. h. die Belegung der Streckenabschnitte und Fahrstraßenknoten durch Berücksichtigung von Sperrzeiten, Bedienungszeiten für die Signalanlagen und ausreichenden Pufferzeiten zu wahren.

Gleis- und Weichenbögen, Vorsignalabstände, Neigungen, u. U. auch ständige Langsamfahrstellen schränken die zulässige Geschwindigkeit der Züge ein. Es ist Aufgabe des Fahrplans, diese streckenspezifischen Voraussetzungen in den Fahrplan einzuarbeiten. Hinzu kommen maschinen- und wagentechnische Aspekte für die Sicherheit.

Leistungsfähigkeit und Bauart von Triebfahrzeugen und Wagen begrenzen die Höchstgeschwindigkeit der Züge. Die Geschwindigkeiten werden auch durch die Bremsverhältnisse beeinflusst. Während des Zuglaufes sind ggf. auch Aufenthalte für wagentechnische Untersuchungen und Bremsprüfungen zu berücksichtigen.

Wenn Reisezüge auf Bahnhöfen halten, die für die Zu- und Abgänge der Reisenden keine schienenfreie Bahnsteigzugänge haben, werden andere Züge fahrplantechnisch so geplant, dass Reisende beim Überschreiten der Gleise nicht gefährdet werden können.

Weiterhin sind ggf. Aspekte für den sicheren Transport des anvertrauten Gutes zu beachten. Bei außergewöhnlichen Transporten, z. B. Sendungen mit Lademaßüberschreitungen, sind im Fahrplan besondere Maßnahmen für das Befahren des Gegengleises oder für das Vorbeileiten an festen Gegenständen am oder über dem Gleis anzuordnen. Für Gefahrgüter gibt es ggf. Einschränkungen bezüglich der dafür zugelassenen Gleise.

7.1.4 Ziele der Angebotsplanung

Das Angebot im Schienenverkehr ist marktgerecht und wirtschaftlich zu gestalten, um die Nachfrage optimal zu bedienen, den Modal Split zugunsten der Bahn zu beeinflussen und um einen hohen Deckungsbeitrag für die Betreiber zu erzielen.

Bei der Gestaltung des Angebotes sind zu unterscheiden
– benutzerorientierte Zielsetzungen, die von den Marktanforderungen und der Wettbewerbssituation bestimmt werden,
– betriebsorientierte Zielsetzungen, die aus dem Ziel kostengünstiger Produktion abgeleitet sind.

Hinzu kommen ggf. volkswirtschaftliche und ökologische Zielsetzungen, wie Entlastung der Straßen in Ballungszentren.

Vier wesentliche Merkmale unterscheiden öffentliche Verkehrsmittel von Individualverkehrsmitteln und prägen die Aufgabenstellung der Angebotsplanung:
– Zeitabhängigkeit
– Trennung von Verkehrs- und Angebotsnetz
– nicht lagerfähiges Produkt
– Notwendigkeit zur Bündelung von Verkehrsströmen

Während Nutzer von Individualverkehrsmitteln zeitlich ungebunden sind und für ihre Planungen das Straßennetz maßgebend ist, sind öffentliche Verkehrsmittel im Personenverkehr und eingeschränkt auch im Güterverkehr zeitabhängig, d. h. der Nutzer muß sich an den Fahrplan anpassen. Laufwege von Zügen, das Produktionssystem im Güterverkehr, Linien im Personenverkehr und Fahrpläne prägen das Angebot.

Die Aufgabe der Angebotsplanung im öffentlichen Verkehr besteht darin, ein Verkehrsangebot auf einem Verkehrsnetz zu entwickeln. Es hat eine fiktive Trennung im Verkehrsnetz und Angebotsnetz stattgefunden. Dabei nutzen die verschiedenen Verkehrsarten ggf. nur einen Teil des Schienennetzes. Es können nur solche Märkte bedient werden, die die Bündelung von Verkehrsströmen so ermöglichen, dass sich wirtschaftliche Zugangebote gestalten lassen.

Öffentliche Verkehrsmittel fahren nach einem Fahrplan, zunächst unabhängig von der Nutzung. Wenn es nicht gelingt, das nicht lagerfähige „Produkt" Sitzplatzkilometer oder Tonnenkilometer marktgerecht zum richtigen Zeitpunkt zu produzieren und zu verkaufen, wird umsonst produziert.

7 Produktionsplanung

Im Schienenpersonenverkehr orientieren sich die Kunden am „Fahrplan". Allenfalls bei dichten Zugfolgen im öffentlichen Personennahverkehr – z. B. auf S-Bahn-Stamm-Strecken – wird sich der Fahrgast im Vertrauen auf ein künftiges Angebot zur Haltestelle begeben, ohne sich vorher über die genauen Fahrplanzeiten der Züge informiert zu haben. Aber auch gerade ein solches dichtes Fahrplanangebot erfordert eine sorgfältige Vorausplanung.

Im Güterverkehr dagegen kann sowohl ein lange im Voraus geplanter Fahrplan Grundlage der Betriebsabwicklung sein, ebenso wie eine rein bedarfsorientierte Betriebsdurchführung, wo nur dann Züge im „Dispatcher System" verkehren. Züge fahren, wenn ein entsprechendes Transportaufkommen vorliegt oder entsprechend viele Wagen mit gleichem Ziel gesammelt sind. Aber auch dann ist aus verschiedenen betrieblichen Gründen kurzfristig ein Fahrplan für die entsprechende Zugfahrt zu erstellen.

Die Abgrenzung des Fernverkehrs vom Nahverkehr im Personenverkehr erfolgt durch unterschiedliche und nicht immer widerspruchsfreie Erklärungen. Der Begriff Fernverkehr kann sich auf die Entfernung, die die Reisenden zurücklegen, aber auch auf die Art des Angebotes, mit dem diese befördert werden, beziehen. Nach der deutschen Gesetzgebung ist **öffentlicher Personennahverkehr** die allgemein zugängliche Beförderung von Personen mit Verkehrsmitteln im Linienverkehr, die überwiegend dazu bestimmt sind, die Verkehrsnachfrage im Stadt-, Vorort- oder Regionalverkehr zu befriedigen. Das ist im Zweifel der Fall, wenn in der Mehrzahl der Beförderungsfälle eines Verkehrsmittels die gesamte Reiseweite 50 km oder die gesamte Reisezeit eine Stunde nicht übersteigt (Artikel 4 *Eisenbahnneuordnungsgesetz: Gesetz zur Regionalisierung des öffentlichen Personennahverkehrs*). Im EU-Recht ist darüber hinaus eine Abgrenzung des **Regionalverkehrs** genannt. Angesprochen ist hier der Betrieb von Verkehrsdiensten, um die Verkehrsbedürfnisse in einer Region zu befriedigen (*EWG-VO* Nr. 1191/69 Abschn. I, Artikel 1).

Daraus kann man ableiten, dass Fernverkehr über eine Region hinaus geht und mit Transportmitteln, die über größere Entfernungen fahren, abgewickelt wird. Man kann davon ausgehen, dass das Fernverkehrsangebot vor allem auf Reisen über mehr als ca. 100 km ausgerichtet wird. Für die Kunden hat diese Unterscheidung keine Bedeutung. Für sie ist entscheidend, dass sie zur richtigen Zeit eine Transportkette vorfinden, bei der sie möglichst kurze Reisezeiten haben und das Transportgefäß möglichst selten wechseln müssen.

7.2 Angebotsplanung im Schienenpersonenverkehr

7.2.1 Die Anforderungen des Marktes an die Angebotserstellung

Die Nachfrage wird nach den Reiseanlässen und daraus abgeleiteten Bedürfnissen der verschiedenen Zielgruppen segmentiert (siehe Kap. 4.1).

Die Planungen des Zugangebotes beeinflussen neben Komfort und Service die Kundenwünsche nach
– kurzen Reisezeiten,
– Preiswürdigkeit,
– nachfragegerechten Ankunfts- und Abfahrtszeiten,
– Direktverbindungen und
– hohem Pünktlichkeitsniveau.

Die Reisezeit beschränkt sich nicht auf die Fahrzeit zwischen den Knoten, sondern beinhaltet die Anbindungszeit, d. h. den Weg bis zum Bahnhof, eventuelle Wartezeiten beim Umsteigen und die Anpassungszeit an den Fahrplan (z. B. Wartezeit bis zu nächsten Fahrgelegenheiten).

Reisezeiten im Fernverkehr bis zu vier Stunden sind besonders bahnaffin. Fahrzeiten von drei bis

7.2 Angebotsplanung im Schienenpersonenverkehr

dreieinhalb Stunden ermöglichen noch die Hin- und Rückreise am gleichen Tag. Zwar hat das Flugzeug bereits bei Fahrzeiten der Bahn von zwei Stunden einen gewissen Zeitvorteil; dem steht der Komfortvorteil der Bahn und die besseren Möglichkeiten, die Fahrzeit zum Arbeiten, Ruhen, Essen etc. zu nutzen, entgegen. Es muss daher angestrebt werden, die nachfragestarken Zentren in weniger als vier, möglichst in zwei bis drei Stunden zu verbinden. Bei entsprechend hoher Geschwindigkeit kann die Bahn im mittleren Entfernungsbereich Marktführer werden.

Die Marktwirksamkeit von Reisezeitverkürzungen ist je nach Entfernungsbereich unterschiedlich. Bei sehr kurzen Entfernungen hat der Pkw gegenüber der Bahn den Vorteil, dass die Zugangs- und Abgangszeit zum und vom Bahnhof entfällt. Der Anteil der Fahrzeit an der Bahnreisezeit von Haus zu Haus ist relativ klein. Entsprechend gering ist der Effekt einer Fahrzeitverkürzung bei der Bahn. Sehr große Reisezeiten dominieren Urlaubsreisen, bei denen die Reiseentscheidung weniger von der Fahrzeit, als von anderen Vorteilen der Verkehrsmittel beeinflusst wird (Gepäcktransport, Beweglichkeit am Urlaubsort, Preis). Für Geschäftsreisende ist der Vorteil der Flugreise über weite Strecken stets gegeben.

Nachfragegerechte Ankunfts- und Abfahrzeiten werden erreicht, indem das Angebot an der Wunschganglinie der Nachfrage orientiert wird. Bei Taktfahrplänen mit einer großen Bedienungshäufigkeit ergeben sich „automatisch" ideale Fahrplanzeiten für alle Kundenwünsche. Auf die Eigenschaften von Taktfahrplänen wird ab Kapitel 7.2.8 näher eingegangen.

Die Bedeutung der Bedienungshäufigkeit ist vom Reisezweck und der Entfernung abhängig:
– Für Geschäftsreisende sind kurze Wartezeiten wichtiger als für Privatreisende, für Urlauber genügt eine tägliche Fahrmöglichkeit in günstiger Zeitlage.
– Bei großen Entfernungen wirkt sich die Wartezeit nur noch als relativ geringer Teil der Gesamtreisezeit aus, während sie bei kurzen Entfernungen zum überwiegenden Anteil werden kann.
– Im Nahverkehr ist für den Berufsreisenden mit festen Arbeitszeiten entscheidend, dass er für seine Zeiten die optimale Verbindung findet. In Zeiten flexibler Arbeitszeiten sind häufige Abfahrten in den Zeiten des Berufsverkehrs entscheidend, ein fester Takt ist weniger wichtig, denn der Berufsreisende kennt „seine" Züge. Für den Gelegenheitsreisenden, beim Reiseanlass „Einkaufen" etc. ist dagegen eine häufige Abfahrt mit leicht merkbarem Takt wichtig.

Geht man von einer zufälligen „Wunschabfahrts-" bzw. „Wunschankunftszeit" aus, muss der Reisende sich um durchschnittlich ein Viertel des mittleren Zugfolgeabstandes an die Fahrplanzeit anpassen (Abb. 7.2.1). Die Verlängerung der Reisezeit durch die Anpassungszeit im Verhältnis zur Fahrzeit hat folgende Konsequenzen (Abb. 7.2.2):

Die Änderung der Bedienungshäufigkeit von 2 auf 1-stündliche Bedienung bringt im Entfernungsbereich 100 km noch ca. 14 % Zeitgewinn, im Entfernungsbereich über 200 km noch 9 % und über 400 km ca. 5 %.

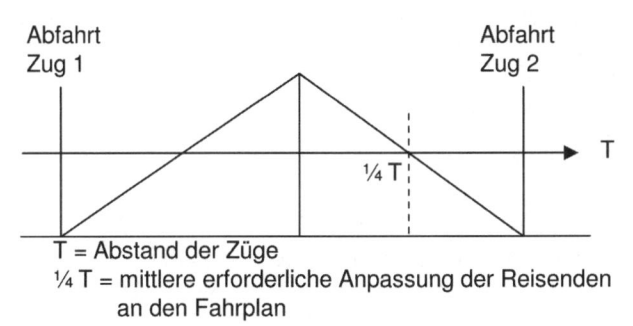

T = Abstand der Züge
¼ T = mittlere erforderliche Anpassung der Reisenden an den Fahrplan

Abb. 7.2.1: Wartezeiten

7 Produktionsplanung

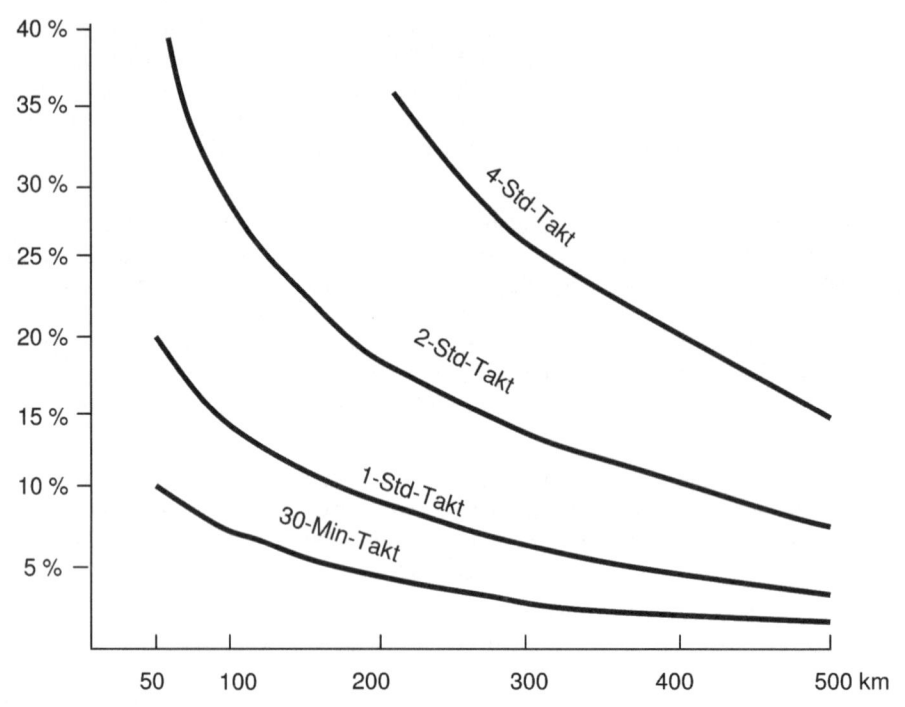

Abb. 7.2.2: Einfluss Bedienungshäufigkeit

Der Übergang von stündlicher zu 30-minütiger Bedienung bringt im Entfernungsbereich 100 km noch 7 % Zeitvorteil. Bereits bei 200 km liegt er unter der Akzeptanzschwelle von 5 % und ist daher kaum marktrelevant.

Im Fernverkehr sollte daher mindestens eine stündliche Bedienung angestrebt werden.

Im Nahverkehr kann dagegen die Wartezeit bis zur nächsten Fahrgelegenheit den größten Teil der „Reisezeit" einnehmen, dichte Takte sind daher nachfragerelevant. Auch ist hier die Verknüpfung der verschiedenen Nahverkehrsmittel – Bus – Straßenbahn – Nahverkehrszüge und – S-Bahnen von größter Bedeutung.

Die Bequemlichkeit beinhaltet neben dem Sitzplatzangebot, dem Sitzkomfort und dem Service auch die Direktheit (Umsteigefreiheit) einer Verkehrsverbindung. Das Umsteigen stellt einen weiteren wichtigen Widerstand bei der Reise mit öffentlichen Verkehrsmitteln dar. Die Größe dieses Widerstandes ist vom Reiseanlass und auch vom mitgeführten Gepäck abhängig. Umsteigen bei Systemanschlüssen am gleichen Bahnsteig wird relativ gut akzeptiert. Mehrfaches Umsteigen wird als besonders nachteilig angesehen.

7.2.2 Die Planungsschritte

Die Angebotsplanung umfasst die Netzplanung, die Linienplanung, die Fahrplanung und die Kapazitätsplanung. Folgende Schritte müssen beachtet werden:
– Zunächst muss die Verkehrsnachfrage berechnet und eine Prognose erstellt werden.
– Dann wird die Netzstruktur untersucht und das relevante Netz herausgefiltert. Man spricht von der Phase der Netzreduktion und Bildung von Angebotsnetzen.
– Dann wird die Verkehrsnachfrage auf die Angebotsnetze gesplittet.

7.2 Angebotsplanung im Schienenpersonenverkehr

- Es folgt die Linienplanung.
- Nun wird der Fahrplan erstellt.
- In der Belastungssimulation werden das Liniennetz und der Fahrplan überprüft. Ggf. werden Liniennetz und Fahrplan iterativ verbessert.
- Ergänzend sind Pünktlichkeit und Kapazitäten zu planen.

7.2.3 Prognosen als Datenbasis

Grundlage der Planungen sind Prognosen für das erwartete Verkehrsaufkommen. Die Qualität der Prognosen ist ganz wesentlich von der Qualität der statistischen Basis abhängig. Für Vergleichszwecke, für die Justierung und Verfeinerung von Verkehrsmodellen und um Veränderungsraten prognostizieren zu können, ist eine differenzierte Analysematrix des Verkehrs notwendig (Einzelheiten zu Prognosen sind in Kapitel 4 beschrieben).

7.2.4 Planung von Netzen für den Schienenpersonenverkehr

Die Anforderungen der Nutzer an öffentliche Personenverkehrssysteme betreffen insbesondere die räumliche und zeitliche Verfügbarkeit, die durch eine hohe Erschließungsqualität des Raumes und ein dichtes Angebot gewährleistet werden können.

Die Struktur von Netzen des öffentlichen Verkehrs ist von der Raumstruktur abhängig. Gibt es ein starkes Zentrum, in dem wesentliche Funktionen konzentriert sind, findet man monozentrische Netze in Radialform (Abb. 7.2.3).

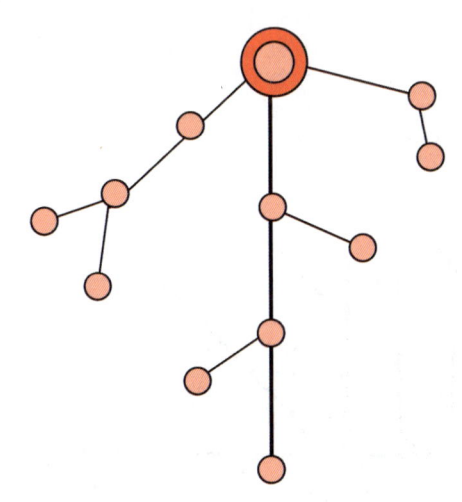

Abb. 7.2.3: Monozentrisches Netz

Ein Beispiel für eine solche Struktur stellt das Fernverkehrsnetz in Frankreich mit den sehr stark auf Paris ausgerichteten Verkehrsströmen dar.

Radialnetze bestehen aus Radial- oder Durchmesserstrecken, die sich (im Idealfall) alle an einem Punkt im zentralen Bereich treffen. Aus geometrischen Gründen wird die Flächenerschließung nach außen schlechter (sofern keine Auffächerung von Strecken bzw. Linien erfolgt), alle Strecken (und damit auch alle Linien) treffen sich aber im Zentrum, so dass dort ein zentrale Umsteigebereich zwischen allen Linien gestaltet werden kann.

Eine Unterform des Radialnetzes im Nahverkehr ist eine so genannte Stammstrecke im Stadtzentrum,

7 Produktionsplanung

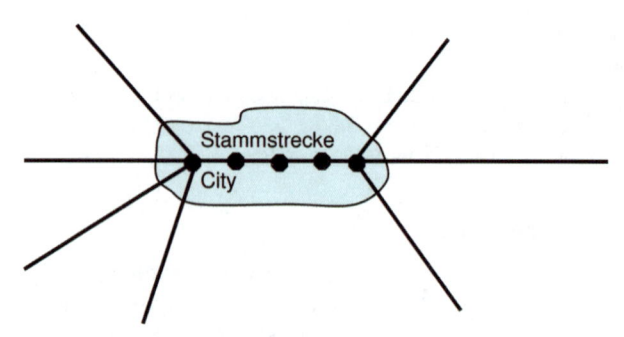

Abb. 7.2.4: Radialnetz mit Stammstrecken

über die alle Linien verlaufen. Beispiele hierfür finden sich u. a. in den S-Bahnsystemen von Frankfurt/M, Stuttgart und München. Neben dem Vorteil einer guten Erschließung des City-Bereiches steht dieser Netzform der Nachteil der begrenzten Leistungsfähigkeit der Stammstrecke gegenüber (Abb. 7.2.4).

Ringstrecken bzw. Ringlinien oder Ringnetze ergänzen vorhandene Netze und können insbesondere bei stärker ausgeprägten Tangentialverkehren sinnvolle Ergänzungen vorhandener Netze (z. B. Radialnetze) sein, die zu einer Verkürzung von Reiseweiten beitragen.

Außenringe dienen insbesondere der direkten Führung von Übereck- und Tangentialverkehren. Das Bild von Frankfurt/M soll beispielhaft verdeutlichen, dass hiermit Umsteigevorgänge vermieden werden können. So müssen Verkehrsteilnehmer z. B. aus dem Kreis Offenbach mit Ziel Flughafen Frankfurt/M bei dem bisher radial ausgerichteten S- und Regionalbahnnetz über den Hauptbahnhof Frankfurt/M fahren und dort umsteigen, um zum Flughafen zu gelangen. Durch das geplante Tangentialverkehrssystem, das um Frankfurt/M herum geführt werden soll, wird eine direkte Verbindung zu diesem wichtigen Ziel, aber auch zu anderen bedeutsamen Zielgebieten (z. B. Frankfurt Hoechst) hergestellt, die zeitschneller ist und bei der einmal weniger umgestiegen werden muss (Abb. 7.2.5).

—— Vorhandene bzw. im Bau befindliche S- und Regionalbahnstrecken
- - - - - 1. Stufe ⎤ eines geplanten Tangentialverkehrssystems
·········· 2. Stufe ⎦ in Frankfurt

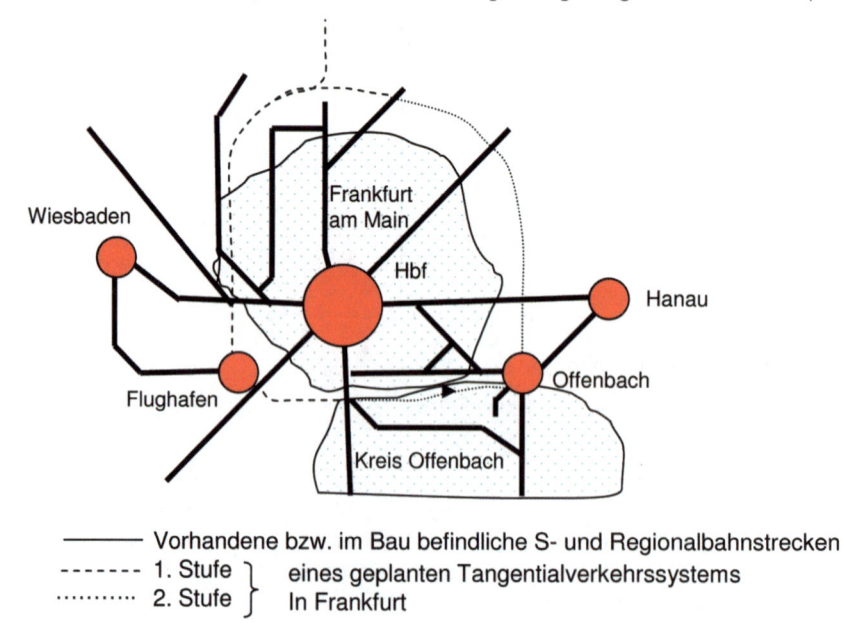

Abb. 7.2.5: Nahverkehrsnetz mit Außenring

7.2 Angebotsplanung im Schienenpersonenverkehr

Wird die Raumstruktur durch mehrere Zentren geprägt, muss das Verkehrsnetz dem Rechnung tragen. Im Fernverkehr spricht man dann vom polyzentrischen Netz, wie man es in Deutschland vorfindet (Abb. 7.2.6). Im Nahverkehr ermöglichen Rasternetze eine sehr gute und gleichmäßige Flächenerschließung, sind gut erweiterungsfähig, aber betrieblich aufwändiger als andere Formen. Für den Nutzer stellt sich diese Netzform als leicht verständlich dar.

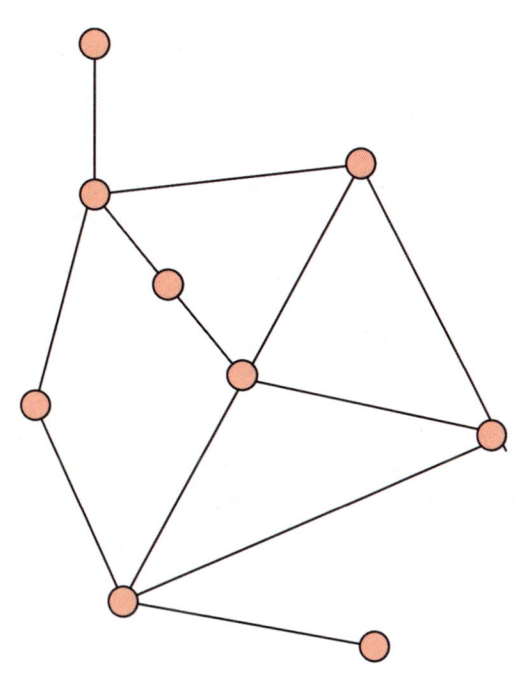

Abb. 7.2.6: Polyzentrisches Netz

Die Einzugsbereiche von Haltestellen des öffentlichen Verkehrs sind je nach Verkehrsart sehr unterschiedlich und werden von der Siedlungsstruktur und der Struktur des Verkehrsnetzes geprägt. Haltestellen von Zügen des Fernverkehrs decken Einzugsbereiche von bis zu einer Entfernung von 20 bis 50 km ab.

Die Einzugsbereiche von Haltestellen von S-Bahnen liegen in der Kernzone großer Städte bzw. im zentralen Bereich von Mittelzentren in Gebieten mit hoher Nutzungsdichte bei ca. 400 m bis 600 m und in Gebieten mit geringer Nutzungsdichte bei bis zu 1000 m.

Im peripheren Bereich kommt der Verknüpfung des Schienenpersonennahverkehrs mit Buslinien und auch dem Park&Ride-Verkehr besondere Bedeutung zu.

Eine gute Anbindung auch der Region wird erreicht, wenn in Mittelstädten Stadtbusverkehre und Busverkehre in die Region an einer zentralen Haltestelle, an der zwischen allen Linien umgestiegen werden kann, mit dem Schienenpersonenverkehr verknüpft sind.

7.2.5 Die Planung des Angebotsnetzes im Fernverkehr

In der Verflechtungsmatrix aus der Prognose werden alle Reiseanlässe zusammengefasst. Die Quelle-Ziel-Verkehrsströme werden auf die reisezeitminimalen Wege umgelegt. D. h. für jede Quelle-Ziel-Beziehung wird der kürzeste Weg im Netz gesucht und dann werden die gefundenen Kanten dieses

7 Produktionsplanung

Weges mit entsprechendem Verkehrsaufkommen belastet. Aus den sich ergebenden Kantenbelastungen wird deutlich, wo die Hauptverkehrsströme ein dichtes Angebot für sinnvoll und notwendig erscheinen lassen und wo Ströme so schwach ausgelegt sind, dass ein wirtschaftliches Angebot nicht möglich ist. In dieser Phase erfolgt die Netzreduktion, d.h. Kanten, die für Linien zu schwach sind, werden aus dem Netz herausgenommen.

Vor der Linienplanung für den Tagesfernverkehr werden Verkehrsströme über weite Entfernungen in Abhängigkeit von der Reisezeit der Tageszüge als potentieller Nachtverkehr herausgefiltert. Je länger die Reisezeit, desto größer ist die Wahrscheinlichkeit, dass Reisende über Nacht fahren und daher die Tageszüge nicht oder nur auf Teilabschnitten nutzen.

Das Gesamtangebot an Reisezügen auf einer Strecke orientiert sich an der Gesamtnachfrage. Es kann ggf. nur ein Zugsystem eingerichtet werden, das alle verkehrlich relevanten Aufkommenspunkte verbindet, es kann aber auch mehrere überlagerte Systeme geben. Die Nachfrage wird auf die gewünschte Anzahl von Hierarchiestufen aufgeteilt, um den stärksten Strömen zwischen den aufkommenden Schwerpunkten ein möglichst schnelles und häufiges Angebot machen zu können. Es entstehen Liniensysteme, die aus mehreren überlagerten Systemen mit unterschiedlichen Haltestellenabständen bestehen. Bei festgelegter Gesamtzugzahl sind unterschiedliche Angebotsvarianten denkbar.

Auf Strecken mit starker Nachfrage (Primärnetz) wird ein dichtes Angebot in dichtem Takt angestrebt. Danach werden die Strecken und Knoten herausgefiltert, auf denen ein weiteres, unterlagertes Angebot mit geringerer Bedienungshäufigkeit gerechtfertigt erscheint (Sekundärnetz). Auf Strecken mit weniger starker Nachfrage wird nur ein Zugsystem geplant.

Die Abb. 7.2.7 zeigt als Beispiel für ein Primärnetz das ICE-Netz im Sommer 2007.

7.2.6 Die Linienplanung

Liniengebundene Angebote sind durch planmäßig bestehende Verkehrsverbindungen gekennzeichnet. Eine Linie ist dabei definiert als eine planmäßig betriebene Transportverbindung zwischen einer festgelegten Anzahl von Haltestellen, die in einer bestimmten Reihenfolge bedient werden.

Unter Linienplanung wird das Entwickeln eines öffentlichen, vertakteten, im Linienverkehr betriebenen nachfrageorientierten Verkehrsangebots für eine abzugrenzende Region verstanden. Ziel dieser Planung ist es, ein entsprechend den definierten Zielvorstellungen optimales Verkehrsangebot zu entwerfen.

Unter einem Liniennetz versteht man den Verlauf der einzelnen Linien im Streckennetz und deren Zuordnung zueinander. Ein Liniennetz lässt sich infolge dessen z.B. als Graph darstellen, bestehend aus Knoten und Kanten. Der Begriff „Liniensystem" ist gekennzeichnet durch die Struktur des Netzes, die Art des Fahrplansystems und die Beschaffenheit der eingesetzten Transportmittel.

Dabei ist das Ziel, ein sparsames Netz zu entwickeln und für die Nutzer den Umsteigeaufwand zu minimieren. Die Linienführung orientiert sich an den Verkehrsströmen und betrieblichen Bedingungen. In den Verzweigungsknoten werden die Linien so geknüpft, dass die stärksten Ströme direkt fahren können. Während im Nahverkehr meist reiner Linienbetrieb angewendet wird, werden im Fernverkehr oft flexible Liniensysteme eingeführt. Um möglichst zusätzlich zu den Grundlinien umsteigefreie Verbindungen zu erreichen, findet in den Verknüpfungsknoten, den Systemknoten, Trassentausch statt. D.h. es werden abwechselnd Züge mit verschiedenen Laufwegen eingesetzt, die sich ergänzen, so dass im Abstand der mit Taktzeit fahrenden Transportketten in allen Relationen und im Verlauf des

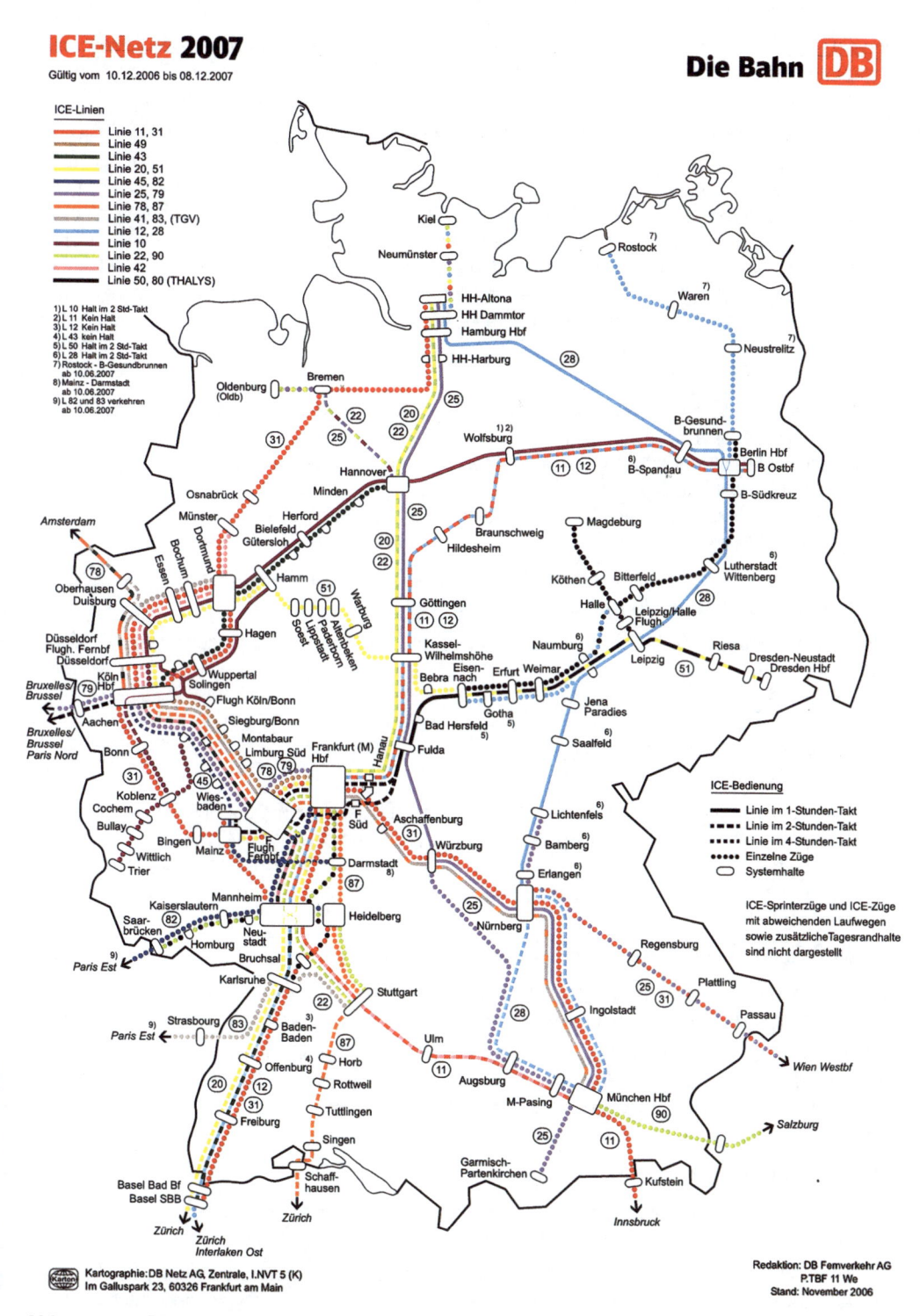

7.2 Angebotsplanung im Schienenpersonenverkehr

Abb. 7.2.7: ICE-Liniennetz Sommer 2007

7 Produktionsplanung

Tages in verschiedenen Verbindungen umsteigefreie Verbindungen angeboten werden. Linien sollten so gebildet werden, dass sich gleichmäßige Auslastungen ergeben und günstige Fahrzeugumläufe planen lassen.

Um die Wirkung unterschiedlicher Linienstrukturen zu erfassen, werden unterschiedliche Basisvarianten untersucht. In einer Variante des Primärnetzes werden beispielsweise nur wenige Linien betrachtet, die im Wesentlichen starr sind; vom Liniennetzverlauf der Stammlinie abweichende Fahrten oder zu Zielen außerhalb des Linienverlaufs gibt es nicht. Alternativ sind Varianten mit einem stark verästelten Liniensystem denkbar. Dieses Liniensystem führt durch das Überlagern von Linien, die über weite Linienabschnitte (Stammlinie) den gleichen Verlauf aufweisen, zu einer Taktverdichtung im Stammabschnitt (Stundentakt oder dichter). Um die wechselseitigen Abhängigkeiten der Einflussfaktoren und die sich überlagernden Verkehrsströme im polyzentrischen Netz erfassen und das Angebot optimieren zu können, werden Netzmodelle zur Linienplanung und Fahrplanoptimierung eingesetzt.

Die Belastungssimulation stellt Möglichkeiten zur Untersuchung des Reisendenverhaltens im Netz zur Verfügung. Bei dieser Simulation wird davon ausgegangen, dass in einem engmaschigen Liniennetz nun nicht mehr nur kürzeste Wege, sondern charakteristische Alternativen im Reiseverhalten berücksichtigt werden müssen:
– eine kürzeste Reisezeit bei häufigerem Umsteigen (**reisezeitminimale** Route) oder
– eine längere Reisezeit mit seltenem oder ohne Umsteigen (**umsteigeminimale** Route)

Hinzu kommt dort, wo Zugsysteme oder Züge mit unterschiedlicher Tarifierung verkehren oder wo Umwege zu beachten sind, die **kostengünstigste** Route.

Liniensysteme werden nach dem Aufwand und unter Berücksichtigung verschiedener Qualitätskriterien bewertet:
– Umsteigeströme
– Direktfahreranteil
– Gleichmäßigkeit der Linienbelastung und
– Reisezeitaufwand

Nach der Belastungssimulation wird das Liniennetz nach Auswertung der Erfüllung der Qualitätskriterien ggf. modifiziert. Ein interaktiver Bearbeitungszyklus aus Linienmodifikation und Belastungssimulation wird solange durchlaufen, bis eine gute Qualität erreicht ist. In diesem Stadium der Untersuchung der Linienführung liegt der Linienplanung nicht unbedingt ein konkreter Fahrplan zugrunde oder aber der Fahrplan wird parallel entwickelt.

Ein Beispiel für die Kantenbelastung eines Netzes zeigt Abb. 7.2.8.

Ggf. werden in den Knoten Standardumsteigezeiten angenommen. In einem weiteren Schritt nach der Fahrplangestaltung werden dann realistische Knotenzeiten und Umsteigezeiten eingegeben.

Im Fernverkehrsnetz der *Deutschen Bahn* führt die optimierte Linienplanung dazu, dass nur 18 % der Reisenden innerhalb des Fernverkehrs umsteigen müssen. Aber immerhin über ein Drittel der Fernverkehrsreisenden steigt zwischen Fern- und Nahverkehr um.

7.2.7 Fahrpläne für Nahverkehrslinien

Grundlage für die Fahrplanbildung im öffentlichen Personennahverkehr einer Linie sind die ungefähre Kenntnis der zu erwartenden Nachfrage und deren tageszeitliche Verteilung.

Das Tagesverkehrsaufkommen kann mit Hilfe von Prognosemodellen ermittelt werden. Die Verteilung des Verkehrs im Tagesverlauf lässt sich damit aber nicht abbilden. Zur nachfragegerechten Feststellung des Bedienungsangebotes während der einzelnen Betriebszeiträume (Hauptverkehrszeit HVZ,

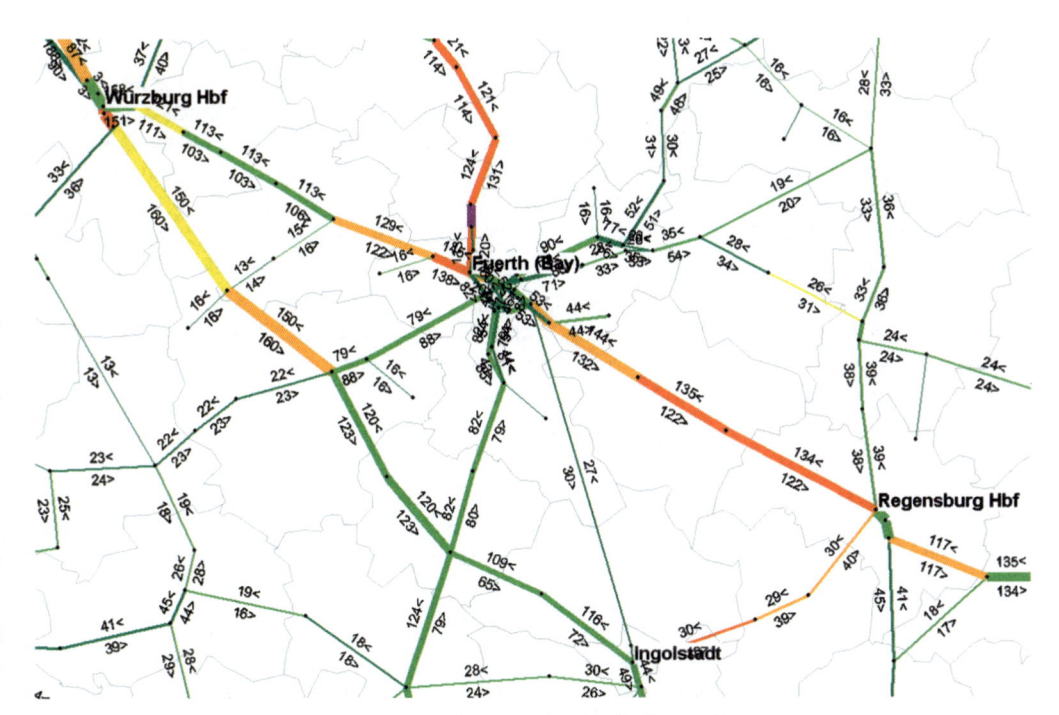

7.2 Angebotsplanung im Schienenpersonenverkehr

Abb. 7.2.8: Kantenbelastung nach Umlegung der Verkehrsströme

Normalverkehrszeit NVZ, Schwachverkehrszeit SVZ) sind Kenntnisse des Verkehrsaufkommens während der maßgeblichen Stunde des jeweiligen Betriebszeitraumes erforderlich. Im Hinblick auf den maximalen Fahrzeugeinsatz ist der so genannte Spitzenstundenanteil, also der Anteil des Verkehrsaufkommens in der am stärksten belasteten Stunde am gesamten (prognostizierten) Tageswert von besonderem Interesse. Der Spitzenstundenanteil (in Lastrichtung) liegt dabei bei ganztägig bedienten Linien in aller Regel zwischen 10 % in Stadtzentren mit dichtem ÖPNV-Angebot und 25 % im Außenraum, wo hauptsächlich Schüler und Pendler öffentliche Verkehrsmittel nutzen. Neben den Nachfragedaten haben noch der Linienverlauf einschließlich Lage der Haltestellen, die Art und Platzkapazität der einzusetzenden Fahrzeuge und die davon abhängige Fahrzeit über den Linienverlauf sowie möglicherweise zu berücksichtigende zeitliche Bindungen (z. B. Schulbeginn- und -endzeiten, Anschlusszeiten an Umsteigeverkehrsmittel) bedeutenden Einfluss auf die Fahrplangestaltung. Weitere zu berücksichtigende Belange sind die nötigen Haltestellenaufenthaltszeiten.

7.2.8 Systematische und nicht systematische Bedienungssysteme

Trotz der Ausrichtung der Linienplanung nach dem Kriterium, möglichst wenige Umsteigevorgänge zu erzeugen, ist ein erheblicher Teil der Reisenden auf Umsteigeverbindungen angewiesen. Daher ist es notwendig, den Fahrplan so zu gestalten, dass möglichst kurze Umsteigezeiten im Netz entstehen.

Zielsetzung ist, auch die Märkte der Region für den Schnellverkehr zu erschließen. Daher ist das Primärnetz so auszugestalten, dass darunter liegende Netze gut an Knoten angebunden werden können.

„Nicht systematische" oder auch „nachfrageorientierte" Personenverkehrsangebote stellen die traditionellen Bedingungsformen dar:
– Die Abfahrtszeiten finden in unregelmäßigen Abständen statt und richten sich nach der Ganglinie der Nachfrage, die einzelnen Zügen haben individuelle Fahrpläne.
– Für die einzelnen Züge gibt es individuelle Laufwege mit unterschiedlichen Halten.

7 Produktionsplanung

Beim individuellen Fahrplan, auch als gewachsener oder unsystematischer Fahrplan bezeichnet, orientiert sich das Angebot an den stärksten Verkehrsströmen. Bestimmte Züge sind entsprechend der Ganglinie der Nachfrage vorrangig auf die Geschäftsreisen, bestimmte auf Privatreisende und Pendler ausgerichtet. Diese Angebotsform bewährt sich insbesondere in monozentrischen Netzen. Vom Zentrum aus können die Regionen mit kürzesten Reisezeiten erreicht werden. Besonders intensiv praktizieren die Französischen Bahnen bis heute dieses System. Auffallend ist, dass viele Züge nur eingeschränkte Verkehrstage orientiert an speziellen Verkehrsbedürfnissen haben. In peripheren Relationen gibt es oft große Angebotslücken, Anschlüsse für „Eckverbindungen" fehlen häufig.

Um die Wettbewerbssituation gegenüber dem Pkw zu verbessern, sind mehr und mehr Bahnen zu systematischen, vertakteten, liniengebundenen Bedienungsformen übergegangen, sie sprechen auch von Zugsystemen als Produkten mit Markenartikeleigenschaften. Diese Entwicklung hat dazu geführt, dass man in sich geschlossene Netze bildet, die sich in ihrer Aufgabe – der Deckung des Verkehrsbedarfs – ergänzen.

Systematische Liniennetze, die im Takt betrieben werden, vereinigen die Vorteile für den Kunden (leichte Merkbarkeit, hohe Verfügbarkeit) mit Vorteilen im Produktionsapparat (regelmäßige Abläufe, auf den Fahrplan abgestimmte, gezielte Infrastrukturausbauten, gute Nutzung des Fahrzeugparks usw.) und tragen damit zur Verbesserung des wirtschaftlichen Erfolges der Bahn bei.

Haben Taktfahrpläne vor allem für Reisende über kurze und mittlere Entfernungen und Gelegenheitsfahrer nachfragerelevante Vorteile, so sind sie für Reisende über längere Entfernungen und für Pendler nur von geringer Bedeutung. Wichtig ist jedoch die gute Abstimmung zwischen Fern- und Nahverkehr, um eine nicht unterbrochene Transportkette auch im Zugang zu den Fernverkehrsknoten zu erreichen. Aus der Vertaktung des Nahverkehrs ergibt sich die Forderung, auch das Grundangebot im Fernverkehr im Takt zu realisieren. Auf den perfekt verknüpften Taktfahrplan, den „integralen Taktfahrplan", wird im nächsten Kapitel genauer eingegangen.

Auf einen weiteren Vorteil des Taktfahrplans im Fernverkehr vor allem in polyzentrischen Netzen im Fernverkehr muss noch hingewiesen werden: von allen Bahnhöfen des Netzes bestehen zu jeder Tageszeit die gleichen guten Verbindungen. Zum Beispiel haben Reisende im Fernverkehr Hamburg – Köln nicht nur um 7 Uhr ab Hamburg eine Verbindung ins Ruhrgebiet, sondern zur gleichen Stunde auch ab Bremen, Osnabrück, Münster usw.. Und auch zu Zielen, die nur über Umsteigeverbindungen erreichbar sind, bestehen immer gleich gute Verbindungen, wenn auch – wegen der Zwänge im Netz – nicht in jeder Relation die schnellste.

Beim Taktfahrplan folgen sich die Züge einer bestimmten Zuggattung auf einer Strecke mit konstantem oder nahezu konstantem Zeitabstand, der Taktzeit, gelegentlich auch Taktintervall genannt oder – in verkehrsschwachen Stunden – einem ganzzahligen Vielfachen dieses Zeitabstandes.

Beim „rhythmischen Fahrplan" erfolgen die Abfahrten ungefähr im Abstand der Taktzeit, gewisse Abweichungen z. B. durch unterschiedliche Verkehrshalte oder Überholungshalte auf Mischbetriebsstrecken sind möglich.

Grenzfall des Taktfahrplans ist der so genannte starre Fahrplan, bei dem alle Züge einer Zuggattung mit gleicher Geschwindigkeit und gleicher Zugfolgezeit verkehren. Sind Taktzeiten je nach Verkehrsaufkommen zu verschiedenen Tageszeiten unterschiedlich, spricht man vom Wechsel- oder flexiblen Fahrplan.

Verkehren mehrere Zuggattungen mit unterschiedlichen Geschwindigkeiten und Halten auf einer Strecke, ergibt sich ein Fahrplanbild mit nicht parallelen Trassen. Der Zeitraum, in dem sich der gesamte Taktfahrplan wiederholt, heißt „Taktperiode" oder „Taktverträglichkeitszeitraum". Er ist das kleinste gemeinsame Vielfache aller Taktzeiten. Die „Grundtaktzeit" ist der größte gemeinsame Teiler der einzelnen Taktzeiten (Abb. 7.2.9).

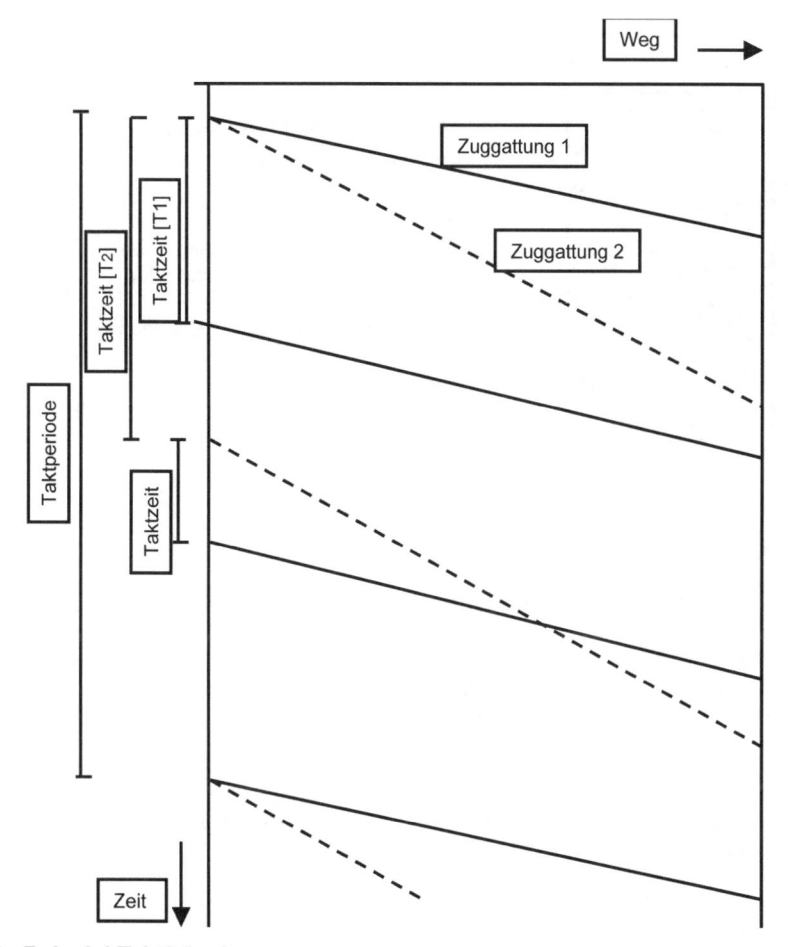

7.2 Angebotsplanung im Schienenpersonenverkehr

Abb. 7.2.9: Beispiel Taktfahrplan

Wegen der Wiederholung der Betriebsvorgänge nach der Taktperiode erfordert die Taktfahrplangestaltung die genaue Analyse der Vorgänge auf der Strecke und in den Knoten. Auf die Bedienungsqualität einerseits und die Streckenleistungsfähigkeit andererseits wirken sich wie folgt aus:
- Die Anzahl unterschiedlicher Zugsysteme (Zuggattungen), die auf einer Strecke im Takt verkehren,
- die Anzahl der Systemhaltebahnhöfe und die Geschwindigkeit und damit die Trassenneigung der einzelnen Zugsysteme,
- die Taktzeit und damit die Bedienungshäufigkeit und
- die relative zeitliche Zuordnung (Überholungen, Kreuzungen) der Züge.

Unterschiedlich schnelle Züge überholen sich in Abständen, die von der Reisegeschwindigkeit und der Taktzeit abhängen. Sind die Überholungsbahnhöfe Systemhaltebahnhöfe für beide Zugsysteme, können die langsameren Züge Zu- und Abbringerfunktionen übernehmen. Die Abhängigkeit der Abstände zwischen den Überholungsbahnhöfen und den Geschwindigkeiten ergeben sich aus dem Unterschied der Geschwindigkeiten.

Fernfahrpläne weisen in der Regel eine Symmetrie zwischen Richtung und Gegenrichtung bei den Laufwegen und Fahrzeugumläufen auf. So gibt es bei Zügen, die früh ihren Ausgangsbahnhof verlassen und abends zurückkehren, eine Symmetrieachse am frühen Nachmittag.

7 Produktionsplanung

Abb. 7.2.10: Taktfahrplan mit Symmetrieachse

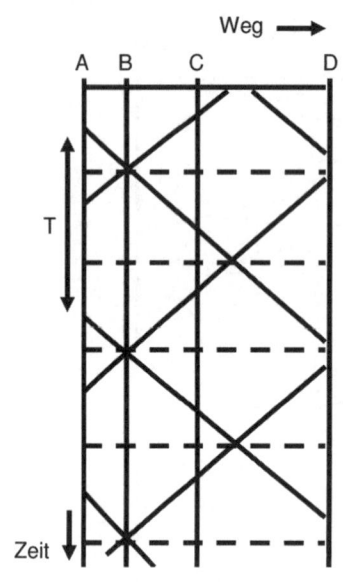

- - - - - Symmetrieachse

T = Taktzeit (Taktintervall)

B = Kreuzung von Zügen; geeignet für seitliche Anschlüsse in beiden Richtungen ohne Wartezeit (Fahrplanspinne)

C = ungünstig für seitliche Anschlüsse

Ein Taktfahrplan enthält weitere Symmetrieeigenschaften (Abb. 7.2.10): er hat zwei „zeitliche Symmetrieachsen" im Abstand der halben Taktperiode; sämtliche Begegnungen zwischen Richtung und Regenrichtung finden ausschließlich zu den Symmetriezeiten statt.

Diese Symmetrieeigenschaften lassen sich für die kundengerechte Planung in den Knoten nutzen. Die Taktfahrplangestaltung in den Knoten muß die Wünsche nach möglichst günstigen Anschlussbindungen mit der Leistungsfähigkeit der Bahnsteiganlagen, der Fahrstraßenknoten und der Zulaufstrecken abstimmen.

Aus der Sicht des Kunden, der gute Anschlüsse erwartet, ist es günstig, wenn alle Züge möglichst gleichzeitig ankommen und einige Minuten später gleichzeitig abfahren. Aus betrieblichen Gründen ist eine gleichmäßige zeitliche Belastung der Knoten wünschenswert.

Je nach der Struktur der Verkehrsströme werden erforderlich:
- Knoten, bei denen die zeitliche Lage der Züge von Richtung und Gegenrichtung unabhängig voneinander festgelegt werden kann
- Knoten, bei denen die Ankunfts- und Abfahrtszeiten aller Züge wegen der Umsteiger voneinander abhängig sind

Letztere stellen die Basisknoten des integralen Taktfahrplans dar.

Es entstehen im Abstand der Taktzeit Belastungsspitzen; alle betrieblichen Möglichkeiten zur Leistungssteigerung müssen ausgenutzt werden, wie
- Verminderung der Rangierbewegungen durch Verlagerung von Rangieraufgaben, Einsatz von Wendezügen etc.,
- Durchbindung von Linien aus rein betrieblichen Gründen,
- Doppelbelegung von Bahnsteiggleisen mit kurzen Zügen,
- Verlagerung von Zügen, die nicht in den Taktfahrplan eingebunden sind, in verkehrsschwache Zeiten.

Im Zulauf auf derartige Knoten sind durch entsprechende Blockteilung möglichst kurze Mindestzugfolgezeiten anzustreben, auch wenn dies aus der Sicht der rechnerischen Streckenleistungsfähigkeit

7.2 Angebotsplanung im Schienenpersonenverkehr

nicht erforderlich wäre, damit die Züge den Knoten in möglichst kurzem zeitlichen Abstand erreichen bzw. verlassen können.

7.2.9 Der integrale Taktfahrplan

Die verstärkte Ausrichtung der Nahverkehrsbedienung in den letzten Jahren auf Taktverkehre auch in eher ländlich strukturierten Räumen hat den Gedanken einer konsequenten Vertaktung aller öffentlichen Verkehre untereinander gefördert und zum Konzept des Integralen Taktfahrplans (ITF) geführt. Ziel der Einrichtung eines Integralen Taktfahrplans ist die Schaffung von durchgehenden, lückenlosen Beförderungsketten auf allen Fahrtbeziehungen, so dass auch auf Fahrtbeziehungen mit Umsteigezwang ein optimaler Anschluss gewährleistet ist und für den Hin- und Rückweg einer Reise möglichst gleiche Bedingungen hinsichtlich Reiseroute, Produktwahl und Gesamtreisezeit gegeben sind.

Die Grundidee des Integralen Taktfahrplans bedeutet, dass sich zu festgelegten Zeitpunkten mit konstanten Zeitabständen alle Züge und Busse aus den verschiedenen Richtungen am Verknüpfungspunkt befinden. Durch die Rendezvous-Technik bestehen optimale Anschlussbedingungen, da aus allen Richtungen in jede Richtung umgestiegen werden kann. Unter Berücksichtigung der Dauer eines Umsteigevorgangs können alle Züge sowie ggf. Straßenbahnen und Busse kurz nach dem festgelegten Zeitpunkt den Knoten verlassen. Im gesamten Netz wiederholt sich dieser Vorgang in jedem Takt und in jedem ITF-Knoten.

Auf diese Weise entsteht für den örtlichen begrenzten Bereich rund um den betrachteten Bahnhof ein Fahrplan, der die Form einer „Fahrplanspinne" aufweist (Abb. 7.2.11). Aus den Symmetrieeigenschaften des Taktfahrplanes folgt, dass eine solche Fahrplanspinne ebenfalls eine „zeitliche Symmetrieachse" besitzt.

Liegen nun in einem idealen Netz die wichtigen Umsteigebahnhöfe in einer zeitlichen Entfernung von einem ganzzahligen Vielfachen der halben Taktzeit, kann ein Netz von Fahrplanspinnen aufgebaut werden. In einem derart systematisierten Netz muss man ohne nennenswerte Wartezeiten von jedem

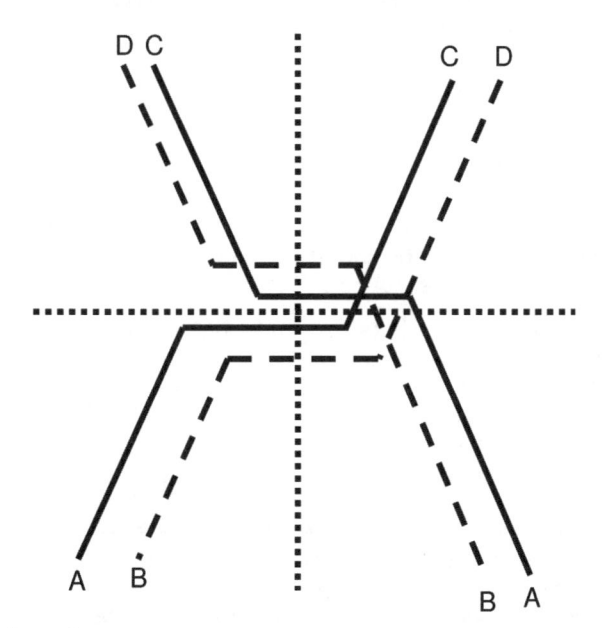

Abb. 7.2.11: Fahrplanspinne

7 Produktionsplanung

Punkt zu jedem x-beliebigen Punkt gelangen können. Diese Möglichkeit muss auch für eine „Fahrt im Kreis" wieder zum Ausgangspunkt zurück gegeben sein und wieder in der zeitlichen Lage der Symmetrieachse einer Fahrplanspinne, der „Symmetriezeit", enden. Daraus folgt, dass die Fahrt entlang eines Kreises ein ganzzahliges Vielfaches der Taktzeit dauert.

Somit bestimmen zwei charakteristische Gesetzmäßigkeiten den integralen Taktfahrplan:
- Die Fahrzeit zwischen Knoten mit Fahrplanspinnen ist gleich einem ganzzahligen Vielfachen der halben Taktzeit.
- Die Fahrt im Kreis dauert immer ein ganzzahliges Vielfaches der Taktzeit.

Anwendungsgebiet des Integralen Taktfahrplans ist primär der schienengebundene Regional- und Fernverkehr mit einer Taktzeit von 60 bzw. 120 Minuten. Gerade bei diesen großen Taktzeiten ist eine Anschlusssicherung in Verknüpfungsbahnhöfen zu weiterführenden Zügen wichtig. Problematisch ist allerdings, wenn weit laufende Fernzüge wegen der Anschlussaufnahme lange Aufenthalte auf Zwischenbahnhöfen erhalten und dafür die weiteren Verbindungen zwischen Ballungsgebieten nur eine niedrige Reisegeschwindigkeit erreichen. Es ist auch möglich, für kleinere Taktzeiten einen Integralen Taktfahrplan zu erstellen. Nicht sinnvoll ist dies allerdings für Taktzeiten von weniger als 30 min.

Mit der Überlagerung des Integralen Taktfahrplans im Schienenverkehr durch einen koordinierten Taktverkehr im Busbereich können die Vorteile des integrierten Taktverkehrs auch auf Räume ausgedehnt werden, die vom Schienenverkehr nicht erschlossen werden. Der Koordinationsaufwand steigt jedoch mit zunehmender Anzahl der Linien und der Netzdichte erheblich an.

Durch die Koordination der einzelnen Taktverkehre in Form eines idealen Integralen Taktfahrplans entstehen für den Fahrgast Vorteile:
- Reduktion der Wartezeiten beim Umsteigen und somit verkürzte Beförderungszeiten auf Relationen mit Umsteigezwang.
- Die Abfahrtszeiten sind einfach einzuprägen. Ferner braucht der Fahrgast – auch wenn er mehrmals umsteigen muss – nur die Abfahrtszeit an seiner Einstiegshaltestelle zu kennen.
- Die räumliche und zeitliche Verfügbarkeit des ÖPNV werden erhöht.
- Der Fahrzeug- und Personaleinsatz wird verbessert, da betriebsbedingte Stillstandzeiten reduziert werden.
- Abnehmende Anzahl der Trassenkonflikte der integrierten Züge untereinander. Ein Konflikt der Taktzüge wird einmal für alle Strecken gelöst.

Diesen Vorteilen können jedoch insbesondere folgende Nachteile entgegenstehen:
- ein hoher finanzieller Aufwand für die Anschaffung schnellerer Züge und/oder den Ausbau der Infrastruktur (u. U. Ausbau der Schieneninfrastruktur und der Bahnhofsanlagen)
- höhere Betriebskosten durch räumliche und zeitliche Ausweitung der Verkehrsleistungen und
- die Erhöhung der Beförderungszeiten für Fahrgäste, die nicht umsteigen müssen

Verursacht werden diese Nachteile durch die Randbedingung, die bei der Konzeption des Integralen Taktfahrplans von den Fahrzeiten zwischen den ITF-Knoten eingehalten werden müssen: Die Soll-Fahrzeit (inklusive Haltezeiten) zwischen den einzelnen ITF-Knotenbahnhöfen muss die halbe Taktzeit oder ein Vielfaches der halben Taktzeit betragen. Daraus resultiert, dass die vorhandenen realen Fahrzeiten ohne Integralen Taktfahrplan, die von vornherein nicht mit den Soll-Fahrzeiten übereinstimmen, an die Fahrzeiten des Integralen Fahrplans anzupassen sind.

Dies kann dazu führen, dass die bisherigen Fahrzeiten gekürzt werden müssen. Hierfür stehen verschiedene Möglichkeiten zur Verfügung, die zum Teil hohe Investitionen erfordern:
- Ausbau der Strecken für höhere Geschwindigkeiten
- Ausbau der Bahnhöfe für höhere Ein- bzw. Ausfahrgeschwindigkeiten
- Einsatz von schnelleren Zügen

7.2 Angebotsplanung im Schienenpersonenverkehr

- Einsatz von Neigezügen (Anpassung der Streckeninfrastruktur erforderlich), oder
- Streichung von Verkehrshalten

Andererseits kann es auch vorkommen, dass die bisherigen Fahrzeiten zu kurz sind. Hier kann eine Lösung darin bestehen, dass die Haltezeiten in den Knotenbahnhöfen verlängert werden oder dass entlang der Strecke mehr Zwischenhalte bedient werden oder der Zug mit niedrigerer Geschwindigkeit verkehrt. Um die günstigste Lösung zu erkennen, ist eine genaue Analyse der Verkehrsströme erforderlich.

Basis für die Beurteilung der Qualität des integralen Taktfahrplans sind die Verkehrsströme aus den Prognosen und den Varianten der Linienplanung. Nach Erstellung von Fahrplanvarianten sollten weitere Belastungssimulationen durchgeführt werden, um Schwachstellen aufzudecken und durch ggf.

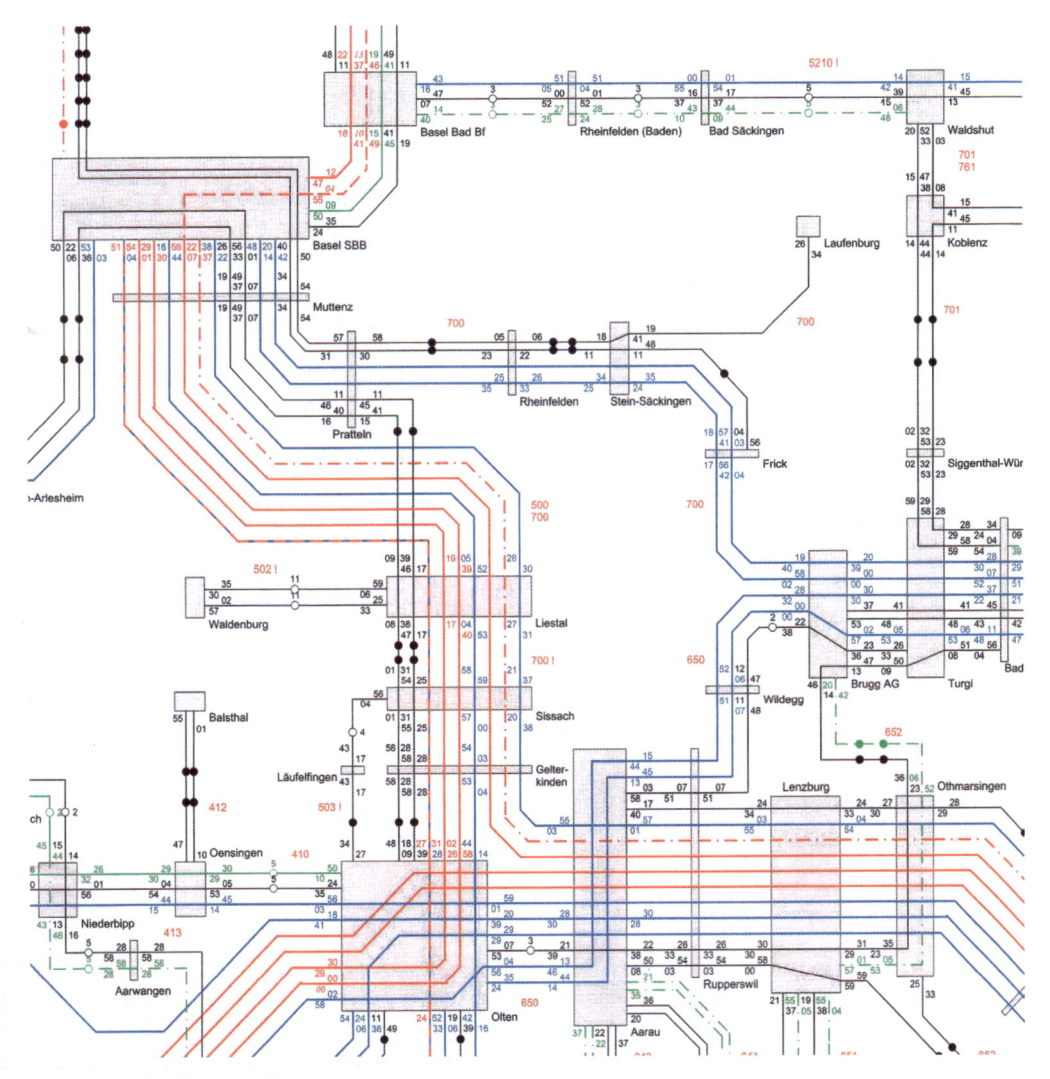

Abb. 7.2.12: Netzgrafik

7 Produktionsplanung

weitere Verbesserungen am Liniennetz und Fahrplan ein optimales Gesamtangebot zu erreichen. Weiterhin sind Fahrzeugumläufe zu erstellen und der Aufwand und die Kosten zu ermitteln.

Das Ergebnis der Planung wird zweckmäßig in einer Netzgrafik, in der das Gesamtangebot aller Linien mit den Linienführungen und minutengenauen Ankunfts- und Abfahrtszeiten in den Knoten enthalten sind, grafisch dargestellt (Abb. 7.2.12).

Langfristig sollten die Fahrzeiten im Netz durch geeignete Infrastrukturmaßnahmen und Fahrzeugbeschaffungen so beeinflusst werden, dass günstige Systemzeiten in möglichst vielen Knoten erreicht werden. Die Anforderungen aus der Angebotsplanung an die Infrastruktur sind daher nicht immer „so schnell wie möglich", sondern „so schnell, dass eine optimale Netzwirkung erzielt wird".

7.2.10 Fahrplanoptimierung

Das Konstruieren eines Taktfahrplans ist bis heute ein langwieriger und schwieriger Prozess. Bei manueller Fahrplankonstruktion ist die Vorgehensweise verbreitet, dass bereits bestehende Fahrpläne fortgeschrieben werden und damit nur kleinere Modifikationen erzielt werden können. Dem Abschätzen der Freiheitsgrade bei der Fahrplankonstruktion gilt daher besonderes Interesse. Es ist daher ein Ziel, ein praktikables Verfahren zur Optimierung von Taktfahrplänen zu entwickeln.

Zum Zweck der praxisgerechten Abbildung der Eigenschaften eines vertakteten Verkehrssystems lässt sich aus der Netzstruktur (dargestellt als „Netzstrukturgraph") ein „Transportkettengraph" entwickeln (Abb. 7.2.13). Die Knoten des Graphen repräsentieren die Strecken von Taktknoten zu Taktknoten, die Kanten wiederum bilden alle Verkehrsbeziehungen in den Taktknoten ab, unabhängig davon, ob es sich um einen durchgehenden Zug oder um Umsteigeverbindungen handelt. Dadurch lassen sich die Verhaltensweisen der Benutzer im systematisierten Verkehrsnetz eindeutig festlegen.

Kreise spielen eine ganz besondere Rolle. Alle Kreise eines Graphen können durch allgemeine in der Graphentheorie angewandte Algorithmen über die Adjazenz- und Wegmatrix bestimmt werden. Man erhält die „Kreismatrix" des Graphen. Die zeitlichen Abhängigkeiten in einem Kreis sind mathematisch eindeutig beschreibbar. Die zweite charakteristische Eigenheit bildet die Systematik der Kantenzeiten. Zumindest in allen Umsteigebahnhöfen mit den Eigenschaften der Fahrplanspinne,

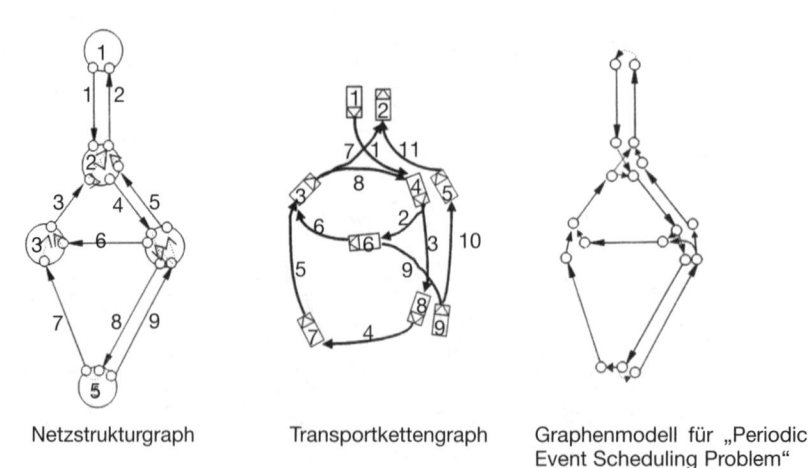

Abb. 7.2.13: Abhängigkeiten im Taktfahrplan als Graph dargestellt (Rechnen jeweils modulo der Taktzeit)

Netzstrukturgraph   Transportkettengraph   Graphenmodell für „Periodic Event Scheduling Problem"

7.2 Angebotsplanung im Schienenpersonenverkehr

welche ja das integrierende Bindeglied zu selbständigen, untergeordneten Taktsystemen darstellen, muss eine Kreuzung der Züge derselben Linie stattfinden. Damit ergeben sich die beiden Gleichungssysteme „Kreuzungsgleichungen" und „Kreisgleichungen", die gemeinsam mit Festlegung für Ober- und Untergrenzen die Zwänge innerhalb eines integralen Taktfahrplans mathematisch abbilden und Grundlage von Optimierungsverfahren sind.

Aus diesen Gesetzen geht hervor, dass das Fahrplangefüge die genannten bestimmten Fahrzeiten von Bahnhof zu Bahnhof fordert. Da sich diese im polyzentrischen Netz, das vielfach überbestimmt ist, nicht zwischen allen wichtigen Umsteigeknoten herstellen lassen, muss ein Optimierungsprozess einsetzen. Ansätze dazu sind in den letzten Jahren entwickelt worden.

An der *TU Clausthal* entstand ein Programmpaket, das Kosten-Nutzen Analysen für die Infrastruktur bietet, z. B.: Wie gut können Fahrpläne im Hinblick auf Umsteigewartezeiten gestaltet werden, wenn man die Infrastruktur in einem bestimmten Umfang (Fahrzeitverkürzungen) ausbauen kann? Das Modell arbeitet auf einem sehr groben Abstraktionsniveau der Infrastruktur und basiert auf genetischen Algorithmen. Harte Restriktionen sind z. B. Zugfolgezeiten.

An der *TU Berlin* wird seit Jahren an Taktfahrplanoptimierung im Personenverkehr (speziell Nahverkehr: U-Bahn Berlin) geforscht.

Das vermutlich am weitesten entwickelte und für größere Netze im realen Einsatz befindliche Programmsystem zur automatischen Erzeugung von Taktfahrplänen ist ein in den Niederlanden entwickeltes System. Es besteht aus einem Taktfahrlagenplaner und einem Bahnhofsrouter. Es erzeugt Taktfahrlagen bzw. konstatiert Unlösbarkeit mit einer Engpassanalyse. Das Ergebnis ist im Erfolgsfall ein Fahrlagenplan, der für jede Linie Einbruchs- bzw. Ausbruchszeiten in allen angefahrenen Knoten (= Bahnhöfe und Haltepunkte, die angefahren werden oder durch die eine Durchfahrt erfolgt), Einbruchs- bzw. Ausbruchsgeschwindigkeiten in den Knoten und Aufenthaltszeiten an den Bahnsteigen enthält.

Es versucht anschließend für diesen Fahrlagenplan die Züge konfliktfrei durch die Bahnhöfe zu führen. Das Programmsystem ermittelt zunächst für jede Linie alle möglichen Fahrwege innerhalb des Knotens. Hierbei kann der Anwender auf Wunsch ein bestimmtes Gleis für den Haltevorgang einer Linie vorgeben. Es ermittelt des Weiteren eine Fahrwegausschlusstafel zwischen allen paarweisen Fahrwegkombinationen. Durch Lösen eines ganzzahligen linearen Programms wird dann versucht, eine (konfliktfreie) Lösung zu finden. Lässt sich keine Lösung finden, so müssen bestimmte Fahrlagen verschoben werden. Dieses liefert dann neue zeitliche Restriktionen für die Fahrlagenplanung.

An der *TU Dresden* existiert ein Entscheidungsbaumverfahren in Kombination mit verschiedenen Heuristiken. Erste Versuche mit dem ITF Nordrheinwestfalen zeigten ein gutes Rechenzeitverhalten. Dieses Verfahren wurde im Auftrag der *Deutschen Bahn* weiterentwickelt.

In einer Vorstufe erzeugt das Programmsystem aus importierten Infrastrukturdaten einen Netz-Graph. Dieser Netz-Graph dient dazu, im nächsten Schritt eine Ausschlusstafel der Blöcke und Fahrstraßen zu erstellen.

Über einen Netzeditor werden Daten von Musterzügen importiert. Die Daten enthalten neben der Betriebsstellenreihung des Zuglaufs auch alle notwendigen, spurplangenauen Informationen zu Fahrstraßen- bzw. Blockbelegungszeiten. Aus den Daten aller Musterzüge werden durch den Netzeditor die Netzstrukturen generiert.

Musterzüge stehen nach dem Import in einer Datenbank zur Verfügung, aus der ein gewünschtes Betriebsprogramm erstellt werden kann. Bestimmte Verknüpfungen zwischen den Linien (z. B. Flügelungen, Taktverdichtungen oder besonders wichtige Anschlussbeziehungen) kann der Programm-Anwender dann manuell dem Betriebsprogramm hinzufügen.

7 Produktionsplanung

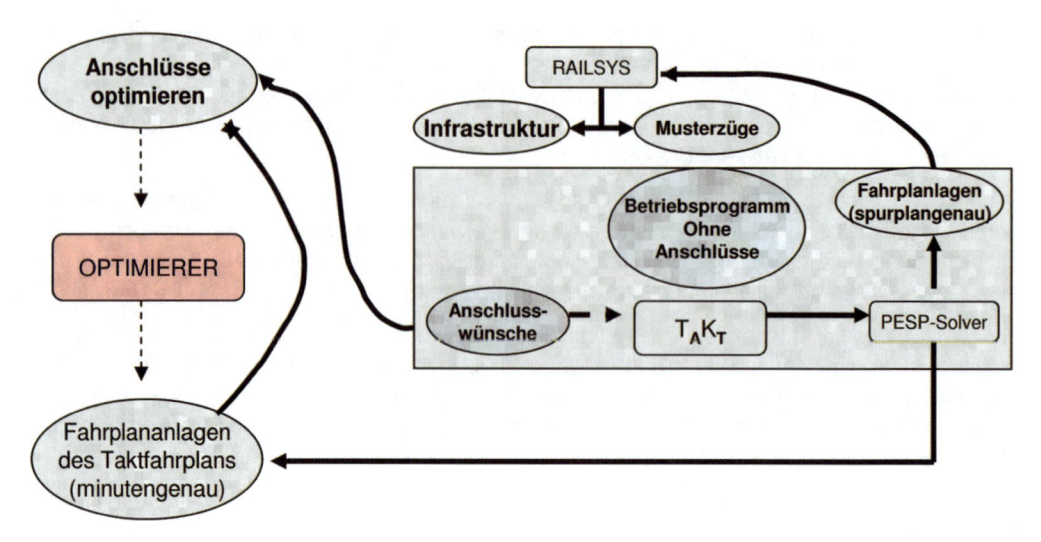

Abb. 7.2.14: Programmsystem mit Optimierung

Aus einem Betriebsprogramm wird nun ein periodisches Ereignisnetzwerk konstruiert, welches betrieblich notwendige Restriktionen (z. B. Fahr-/Haltezeiten, Mindestzugfolgezeiten), sowie die vom Anwender gewünschten Fahrplanrestriktionen abbildet. Das resultierende Entscheidungsproblem ist ein so genanntes P(eriodic) E(vent) S(scheduling) P(roblem), bei dem über die Lösbarkeit oder Unzulässigkeit des Restriktionssystems entschieden werden soll. Durch einen geeigneten Solver wird nun entweder eine zulässige Lösung erzeugt oder die Unzulässigkeit des Problems festgestellt.

Im Fall der Unlösbarkeit versucht das Programmsystem, eine möglichst kleine nicht lösbare Untermenge an Restriktionen zu identifizieren. Für dieses unzulässige Teilproblem kann durch Relaxation der Zeitspannen (z. B. Verlängerung eines Haltevorgangs) eine Lösung gefunden werden.

Ist eine Lösung gefunden, so kann die Optimierung dieses Fahrplans im Hinblick auf Verkehrsströme erfolgen (Abb. 7.2.14). Ziel der Optimierung ist eine minimale Anzahl Personenwarteminuten. Deshalb dienen die aus einer Verkehrsumlegung ermittelte Anzahl Umsteiger für jeden möglichen Anschluss und die zusätzlichen Warteminuten als Gewichte. Tendenziell wird ein derart optimierter Fahrplan auch eine möglichst minimale Gesamtreisezeit aller im Netz beförderten Personen aufweisen.

7.2.11 Die Kapazitätsplanung

Wegen der hohen Kosten für Fahrzeuge und der Trassenpreise für die Nutzung der Infrastruktur und auch aus Gründen des effektiven Einsatzes der Energie ist es erforderlich, hohe Auslastungen zu erreichen. Die Möglichkeiten zur Anpassung an die Ganglinie der schwankenden Nachfrage und damit an die Kundenwünsche sind zu nutzen (Abb. 7.2.15):
– Orientierung des Angebotes an der Grundlast, nicht an der Spitzenlast
– Änderung der Zuglänge
– Bei Taktfahrplänen Verdichtung des Taktes in Spitzenzeiten
– Zusätzliche zielgruppenorientierte Züge in Spitzenzeiten (z. B. Sprinterzüge oder touristische Züge mit Halten nur im Quell- und Zielgebiet, oder
– Ausdünnen der Linien in Tagesrandlagen und am Wochenende

Durch diese stufenweise Erhöhung des Zugangebotes und Anpassung an die Nachfrage wird auf Strecken mit sehr hoher Nachfrage eine bessere Auslastung als bei Strecken mit nur einer Linie

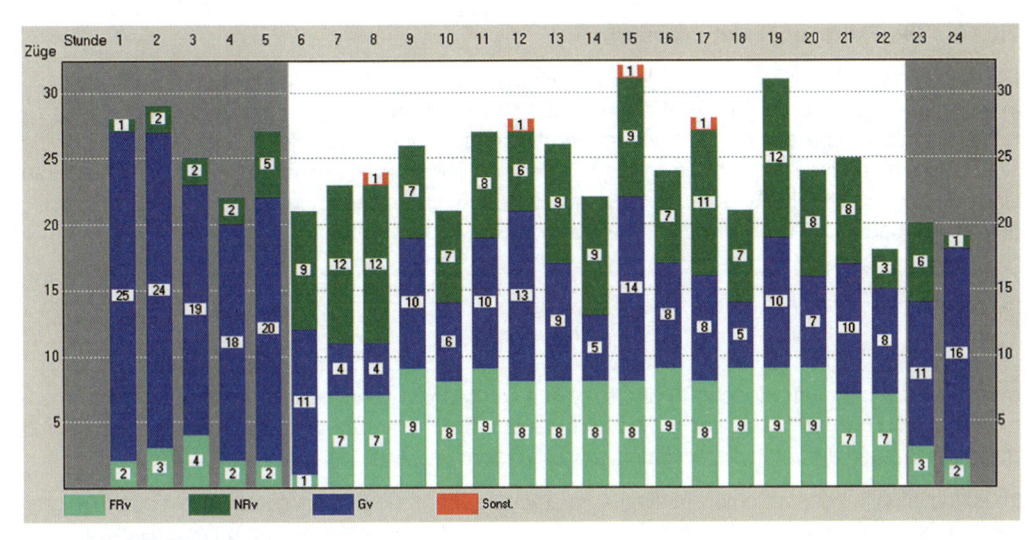

7.2 Angebotsplanung im Schienenpersonenverkehr

Abb. 7.2.15: Ganglinie

erreicht. Ein Zuwachs des Reisendenaufkommens führt zu einem unterproportionalen Zuwachs der Zugleistung.

Von großer wirtschaftlicher Bedeutung ist auch die Forderung nach Absenkung der Fahrzeugreserve an Wochenenden und an absoluten Spitzentagen.

Um die Zuglänge von Triebwagen an die Nachfrage anpassen zu können, müssen kurze Einheiten eingesetzt werden, die zu längeren Zügen gekoppelt werden können. Damit verbunden ist jedoch eine größere Anzahl an benötigten Zugeinheiten und ein entsprechendes Dispositionssystem. Die Grundlage bilden Liniendaten, Fahrpläne, Querschnittsaufkommen und Basiskennlinien des Aufkommens. Aus den Tagesganglinien, den Wochenganglinien und den auf die Spitzen hochgerechneten Prognosen müssen die Fahrplandaten für jeden Tag aufgearbeitet und entsprechende Umlaufplanungen durchgeführt werden.

Die geschilderten Maßnahmen zur Anpassung des Angebotes an die Nachfrage reichen nicht aus, um zufriedene Kunden und eine möglichst hohe Wirtschaftlichkeit zu erzielen. Es werden aufgrund der Nachfrageschwankungen erhebliche Spitzenbelastungen auftreten. Das Angebot kann jedoch wegen hoher Sprungkosten nicht allen Nachfragespitzen gerecht werden. Um Überbesetzungen bei hoher Auslastung zu vermeiden, sind besonders günstige Fahrpreise in Schwachlastzeiten und im Fernverkehr die Kontingentierung möglich.

Außerhalb der Spitzenzeiten können zusätzliche Leistungen unter Nutzung der vorhandenen Kapazitäten relativ kostengünstig produziert werden. Marktuntersuchungen haben gezeigt, dass 10 bis 20 Prozent der Bahnreisenden in der Wahl ihres Reisetages und bis zu 50 Prozent in der Wahl ihrer Reisestunde flexibel sind. Das Preissystem sollte daher zusammen mit dem Reservierungssystem des Fernverkehrs Steuerungselemente mit Anreizen für Fahrten außerhalb der Verkehrsspitzen enthalten.

Auch im Nahverkehr werden differenzierte Fahrpreise angeboten, durch die Fahrgäste, die zeitlich ungebunden sind, auf Schwachlastzeiten gelenkt werden oder Reisende mit Zeitkarten motiviert werden, z. B. am Wochenende Mitfahrer mitzunehmen.

Der *Verband Deutscher Verkehrsunternehmen (VDV)* empfiehlt, die Bedienungshäufigkeit am maßgebenden Querschnitt so festzulegen, dass die Platzausnutzung in der Spitzenstunde 65 % nicht überschreitet.

7 Produktionsplanung

7.2.12 Die Fahrzeugeinsatzplanung

Die Anzahl der Fahrten pro Tag richtet sich nicht nur nach der Nachfrage, sondern auch danach, in welchem Takt die Linien betrieben werden. Es ist nicht sinnvoll, die Fahrtenzahl einer neu einzurichtenden Linie nur nach der zu erwartenden Nachfrage zu dimensionieren, weil dann u. U. keine Anschlüsse an andere, im Takt betriebene Linien hergestellt werden können. In städtischen Gebieten sind 5-, 7,5-, 10-, 15-, 20-, 30- und 60-Minuten-Takte vorherrschend, in den eher ländlich strukturierten Räumen und im Fernverkehr 30-, 60- und 120-Minuten-Takte.

Zwischen der Taktzeit, der Umlaufzeit und der Anzahl der auf einer Linie einzusetzenden Zahl von Fahrzeugen besteht ein Zusammenhang wie folgt:

$$n = \frac{U}{t_t} \qquad (7.2.1)$$

mit n = Anzahl der erforderlichen Fahrzeuge auf einer Linie, wenn diese Linie im Takt t_t (Minuten) betrieben wird und die Umlaufzeit U (Minuten) beträgt. Die Umlaufzeit setzt sich aus der Fahrzeit und den Wendezeiten an den Linienendpunkten zusammen (Abb. 7.2.16).

Im einfachsten Fall eines dichten Taktverkehrs ergeben sich die Fahrzeugumläufe direkt aus dem grafischen Fahrplan, indem an den Anfangs- und Endhaltestellen einer Linie die aufeinanderfolgenden Hin- und Rückfahrten direkt miteinander verbunden werden.

Unter Berücksichtigung gesetzlicher und betrieblicher Regelungen zu Arbeitszeiten einschließlich Pausenregelungen des Fahrpersonals können aus der Fahrzeugumlaufplanung die Dienstpläne, das sind die Einsatzpläne für die Triebfahrzeugführer bzw. Fahrer, entwickelt werden.

Zur Beurteilung der Wirtschaftlichkeit eines Fahrplans wird oft dessen Wirkungsgrad ermittelt (Fahrplanwirkungsgrad = (Umlaufzeit − Wendezeit)/Umlaufzeit).

Für die Unternehmen von besonderem Interesse ist naturgemäß der notwendige Fahrzeugbedarf für den Betrieb einer Linie oder des Netzes. Zuzüglich zu den Fahrzeugen, die sich während der Verkehrsspitzen im Linieneinsatz befinden, muss das Verkehrsunternehmen noch eine bestimmte Anzahl Reservefahrzeuge vorhalten, um die Durchführung des fahrplanmäßigen Betriebs jederzeit sicherstellen zu können.

Hierzu zählen zum einen die Fahrzeuge der Betriebsreserve, die entweder in den Betriebswerken bzw. Betriebshöfen oder an zentralen Stellen im Netz bereitstehen und bei Betriebsstörungen oder Fahrzeugausfällen kurzfristig zum Einsatz gelangen. Zum anderen zählen dazu die Fahrzeuge der Werkstattreserve, also Fahrzeuge, die momentan von der Werkstatt behandelt werden und somit für einen Einsatz nicht zur Verführung stehen.

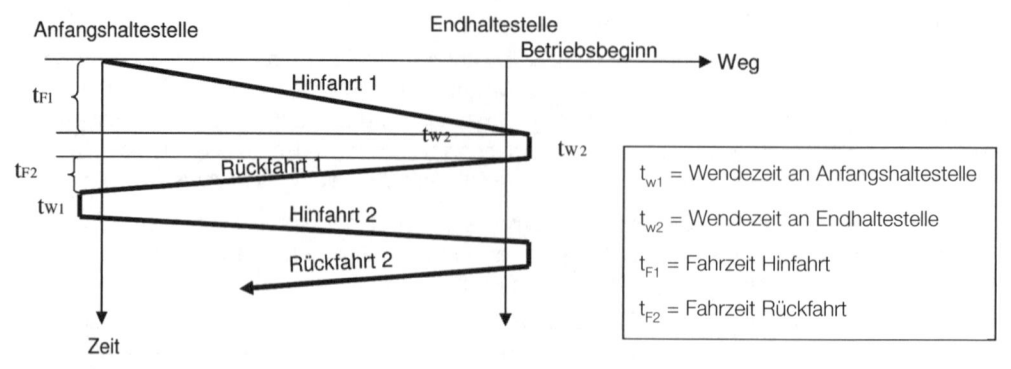

Abb. 7.2.16: Umlaufplan

Wichtige Kriterien für die Größe der notwendigen Fahrzeugreserve sind:
- Fahrzeugtyp, Fahrzeugalter, Schadanfälligkeit
- Verspätungsniveau im Netz
- Anteil an Strecken mit Mischbetrieb und hoher Belastung
- Anzahl und Lage der Werkstätten im Streckennetz
- Tagesganglinie des Fahrzeugeinsatzes
- Instandhaltungsbedingungen
- Unternehmerische Vorgabe und
- Personalmanagement

7.3 Angebotssysteme im Eisenbahngüterverkehr

7.3.1 Formen des Eisenbahngüterverkehrs

Die Produktionseinheit des Schienengüterverkehrs ist der Zug. Die geringe Rollreibung zwischen Rad und Schiene ermöglicht den energiegünstigen Transport von großen Massen je Transporteinheit. Das günstige Lasten-Verhältnis leer/beladen von etwa ¼ ist ein besonderes Kriterium der Güterbahn mit entsprechend hohen Anforderungen an die Konstruktion der Wagen und an die Fahrdynamik der Züge. Die Güterzüge in Deutschland können einschließlich zweier Lokomotiven bis 750 m lang und 2500 Tonnen brutto schwer sein, wobei die Achslasten bis zu 22,5 t betragen dürfen. Für die zulässige Länge ist die Länge der Gleise in den Zugbildungs- und Überholungsbahnhöfen maßgebend.

Diese Restriktionen aus der Gestaltung der Infrastruktur stellen keineswegs die technische Grenze des Systems Bahn dar. Massengüterzüge mit besonderer betrieblicher Behandlung sind in Deutschland bis zu 5000 Tonnen schwer. Die Eisenbahnen der USA haben auf den „Class I Railroads" 35 Tonnen Achslast und Züge von über 2 km Länge. Im Juni 2001 fuhr der seinerzeit längste Zug der Welt in Australien, ein Erzzug der *Minengesellschaft BHP*, mit 7,2 km Länge, 8 Diesellokomotiven und einem Gesamtgewicht von 93795 Tonnen.

Im Schienengüterverkehr kann prinzipiell zwischen den Bereichen gebrochener und ungebrochener Verkehr unterschieden werden. Beim ungebrochenen Verkehr wechselt das Transportgut auf seinem Weg vom Versender zum Empfänger das Verkehrsmittel nicht. Sowohl Be- als auch Entladung finden also mit Güterwagen auf Gleisanschlüssen statt.

Beim gebrochenen Verkehr wird unterwegs das Verkehrsmittel gewechselt. Straße, Schiene, See- und Binnenwasserstraße kooperieren. Zumeist wird die Bedienung des Nahbereiches, z.B. als Zubringerverkehr zu einem Güterbahnhof durch Straßengüterverkehr durchgeführt. Dort erfolgt die Umladung des Gutes vom Straßen- auf das Schienenfahrzeug und umgekehrt. Im Hauptlauf über große Entfernungen wird die Schiene oder die Wasserstraße benutzt. Da das Umladen von der Straße auf die Schiene in Güterbahnhöfen sehr aufwändig ist, kommt dieser Art des Verkehrs heute nur noch geringe Bedeutung zu, z.B. bei der Holzverladung. „Klassische" Güterbahnhöfe mit Ladestraße und Kopf- und Seitenrampe gibt es daher kaum noch.

In Abhängigkeit von der Größe der Ladeeinheiten wird eine Aufteilung vorgenommen in
- Wagenladungsverkehr:
    - Ganzzugverkehr und
    - Einzelwagenverkehr
- Kombinierten Verkehr (begleitet und unbegleitet)

Fast völlig auf den Lastkraftwagen (LKW) abgewandert ist der Kleingut- und Teilladungsverkehr.

7 Produktionsplanung

Beim Wagenladungsverkehr werden Frachten transportiert, die einen oder mehrere Güterwagen vollständig in Anspruch nehmen. Hinsichtlich der Beförderungszeit wurde in der Vergangenheit unterschieden in Fracht- und Eilgüterverkehr mit verschiedenen betrieblichen und verkehrlichen Behandlungen.

Bei der Angebots- und Produktionsform Ganzzug erfolgt der Transport großer Gütermengen in kompletten Zügen ohne Unterwegsbehandlung vom Versender zum Empfänger. Es handelt sich im Allgemeinen um preisempfindliche Massen- und Massenstückgüter, an deren Transport keine besonderen zeitlichen und wagentechnischen Anforderungen gestellt werden. Hierzu zählen Rohstoffe und Produkte der Montanindustrie, der Kraftwerkswirtschaft, der Mineralölgesellschaften sowie Baustoffe. Die Bahnen können ihre Systemvorteile – Bildung langer Züge und deren Transport über große Entfernungen mit geringem spezifischen Energieverbrauch – ausnutzen und an die Kunden in Form günstiger Preise weitergeben. In dieser Produktionsform werden in Deutschland seit Jahren etwas mehr als die Hälfte des Transportvolumens befördert mit allerdings relativ geringen Transportweiten und niedrigen spezifischen Erlösen. Die Ganzzüge werden in Absprache mit den Kunden zumeist zur Versorgung der Lager so eingeplant, dass geschlossene Umläufe mit möglichst geringen Kosten entstehen.

So genannte Logistikzüge sind im Zwischenwerksverkehr und im Zulieferverkehr, z. B. für die Automobilindustrie, als Bestandteil des Produktionsprozesses in die logistischen Abläufe der Unternehmen integriert. Durch termingenaue Transporte von Halbfertigerzeugnissen kann der Kunde seine Lagerhaltung reduzieren; das spart Kapitalbindung. Die exakte Einhaltung der Fahrpläne und der kurzen Transportzeiten (Just in time) verursacht allerdings bei den Bahnen einen hohen Aufwand.

7.3.2 Der Einzelwagenverkehr

Beim Einzelwagenladungsverkehr (EWV) werden vom Kunden zumeist in Gleisanschlüssen beladene einzelne Wagen oder Wagengruppen von der Bahn zu deren Zielbahnhof befördert. Für eine effektive Zugbildung ist es erforderlich, Wagen mehrerer Kunden zu sammeln und aus den für die gleiche Richtung bestimmten Wagen größere Leistungseinheiten (Züge) zu bilden, um über große Entfernungen diese gemeinsam zu befördern. Die Bahnen haben dazu Bahnhofs- und Zughierarchien eingeführt. Der hohe infrastrukturelle Aufwand in diesen Zugbildungsbahnhöfen (Rangierbahnhöfen) gepaart mit dem hohen Spitzenaufkommen in wenigen Tagesstunden (Sammeln und Fernzugbildung am Abend, Verteilen in den frühen Morgenstunden) hat hohe Stückkosten im Einzelwagenverkehr zur Folge. Die Zugbildung erfordert Zeit, Zuverlässigkeit und Pünktlichkeit.

Als Produktionssystem der *DB AG* zur Beförderung der Einzelwagen und Wagengruppen wurde das 1975 eingeführte Knotenpunktsystem (Abb. 7.3.1) inzwischen in mehreren Konzentrationsschritten modifiziert.

Hierbei werden die Bahnhöfe drei verschiedenen Kategorien zugeordnet.

Satellitenbahnhöfe (Sat) umfassen als kleinste Einheit im Allgemeinen Gleisanschlüsse der Kunden und – heute in geringem Umfang – öffentliche Ladestraßen. Außerdem schließen hier die regionalen Eisenbahnen und Hafenbahnen an. Diese öffentlichen und nicht-öffentlichen Nichtbundeseigenen Eisenbahnen (NE) übernehmen in Kooperation und/oder Wettbewerb auch die Bedienung von Gleisanschlusskunden in der Region. Die Satelliten sollen gemäß der Theorie kein eigenes Rangierpersonal und keine eigenen Rangierloks besitzen und einseitig an einen Knotenpunktbahnhof angeschlossen sein. Im Zuge der Flexibilisierung und Konzentration des Systems sind aber viele Satelliten mit Rangiermitteln zu finden.

Knotenpunktbahnhöfe (Kbf) sind Leitstelle für die Steuerung und Kontrolle der Transportabläufe im Wagenladungsverkehr. Sie sind Einsatzzentrale für die Rangierlokomotiven und -personale und

7.3 Angebotssysteme im Eisenbahngüterverkehr

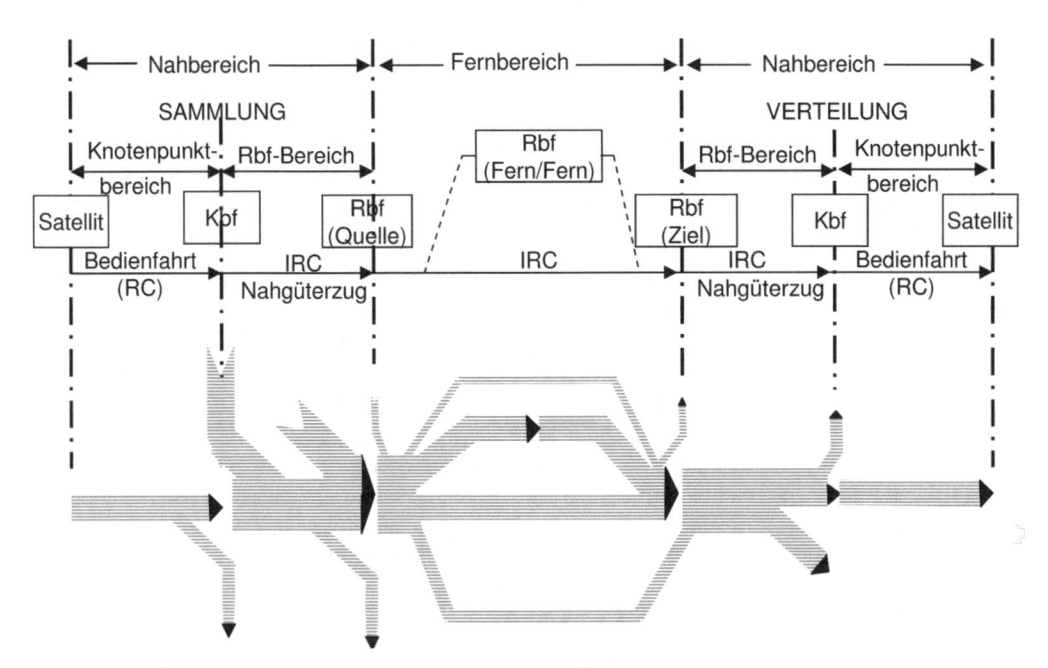

Abb. 7.3.1: Knotenpunktsystem

Konzentrationspunkt für die Erledigung sonstiger betrieblicher, verkehrlicher und verwaltungstechnischer Funktionen. Zwischen Satelliten und Knotenpunktbahnhöfen verkehren Übergabezüge bzw. RegionalCargo-Züge. Einfache Kbf bilden lediglich einen Abgangszug für den übergeordneten Rangierbahnhof, mehrfach angebundene Kbf sortieren die Abgangswagen vor und benötigen daher eine größere Infrastruktur.

Rangierbahnhöfe (Rbf) oder Zugbildungsanlagen (ZBA) dienen der Bildung und Auflösung von Güterzügen und dem Wagenaustausch (Wagenumstellung). Sie bilden die Schnittstelle zwischen dem Nahbereich, der sich aus Sat, Kbf und Rbf zusammensetzt und dem Fernbereich. Die Verbindung zwischen den Kbf und den Rangierbahnhöfen übernehmen Nahgüterzüge bzw. InterRegio-Cargo-Züge.

Die Anlagen des Schienengüterverkehrs gehören dem Eisenbahninfrastrukturunternehmen und werden von Transporteuren (Eisenbahnverkehrsunternehmen) gegen Entgelt (Anlagenpreissystem) genutzt. Im Zuge der laufenden Anpassungen des Transportsystems mit einer starken Konzentration sind die Bedienungsräume immer größer geworden. Die Umstrukturierungen in der Wirtschaft haben zu einem starken Rückgang der sporadischen Gleisanschlussverkehre in der Fläche und zu einer bevorzugten Bedienung der Kunden mit starkem und regelmäßigem Verkehr geführt.

Mit dem Knotenpunktsystem wurden Produktivitätssteigerungen durch gleichmäßige Auslastung der Triebfahrzeuge sowie eine gleichmäßige Dienstplangestaltung und eine Entlastung der Rangierbahnhöfe durch Verlagerung von Zugbildungsarbeiten in die Knotenpunktbahnhöfe erreicht. Die großen Knotenpunktbereiche verlängern die Übergabefahrten. Die teilweise Beförderung entgegen der Zielrichtung und die großen Umwege gegenüber der Direktverbindung führen ggf. zu einem ungünstigen Verhältnis Betriebs-/Tarifkilometer.

In einer Weiterentwicklung des Systems zu einem flexiblen Knotenpunktsystem werden mehrere Knoten zu Großknoten zusammengelegt um die Zugbildungskraft zu erhöhen. Besser ausgelastete

7 Produktionsplanung

Züge werden u. U. an Rbf vorbeigeführt, was zu einem geringen Aufwand und kürzeren Transportzeiten führt. Ein Hauptproblem des EWV bleiben jedoch die starken Schwankungen des Wagenaufkommens.

Der Einzelwagenverkehr ist das klassische Rückgrat des Schienengüterverkehrs. Im Einzelwagenverkehr kommt es durch den direkten Wettbewerb mit dem Lkw zu einem enormen Preisdruck. Aber der EWV hat große Bedeutung für das Gesamtsystem des Güterverkehrs großer Eisenbahnverkehrsunternehmen.

Es werden alle Rangier- und Bedienfahrten vom EWV durchgeführt, so dass ohne ihn eine umfassende Kundenbedienung auch im Ganzzugverkehr (GV) und Kombinierten Verkehr (KV) nicht möglich wäre. Leerwagen und Schadwagen werden aus dem GV und KV in den Einzelwagenverkehr übergeben, um so an Ihr Ziel für die Beladung bzw. Reparatur zu gelangen.

Ziel der Weiterentwicklung des Einzelwagenverkehrs ist es, die Kapazitäten gleichmäßiger auszunutzen, um die Produktivität des EWV zu steigern. Statt vieler Direktverbindungen mit geringer Frequenz werden die Einzelwagenverkehre dort, wo es sinnvoll ist, gebündelt und über zentrale Zugbildungsanlagen in die Ballungsräume geführt. Das *DB*-Unternehmen *Railion* hat daher ein „Produktionssystem 200X" entwickelt. Wie beim InterCity-System im Personenverkehr verbindet ein Kernnetz dann sämtliche Ballungsräume direkt und bietet regelmäßige Fahrten mit einer engen verstetigten Zugfolge. Die Ressourcen wie Trassen und Anlagen können dadurch – ähnlich wie ein Fließband – gut für den Gütertransport genutzt und ausgelastet werden.

Das Fundament des weiterentwickelten Produktionssystems des Einzelwagenverkehrs basiert auf relativ wenigen, aber leistungsstarken, Zugbildungsanlagen (ZBA).

Die Belastung der Anlagen soll möglichst gleichmäßig über 24 Stunden erfolgen, um die vorhandenen Ressourcen gut auszulasten und um Spitzen zu glätten. Hierzu fahren die Züge zwischen den großen ZBA verstetigt (Abb. 7.3.2). Allerdings ist mit der angestrebten Verstetigung keine starre, minutengenaue Zugfolge – wie im Personenverkehr – gemeint, sondern eine Verteilung von Zugfahrten über 24 Stunden in möglichst gleichmäßigen Abständen.

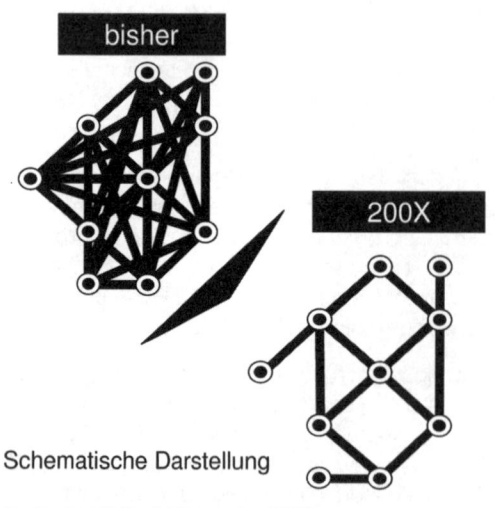

bisher

200X

Schematische Darstellung

Quelle: Projekt Produktionssystem 200X

Produktionssystem 200X

- Konzentration auf **leistungsstarke, modernisierte ZBA** mit hoher Verfügbarkeit und guter Lage im Netz – Anzahl der ZBA im EV-Netz wird sich nur unwesentlich verändern
- **Reduktion der Güterzugverbindungen** im Netz und **Bündelung des Wagenaufkommens** auf die zentralen Korridore und ZBA
- **Verstetigung der Transporte** im Zu- und Ablauf und zwischen den leistungsstarken ZBA
- Auslastung der ZBA über 24h
- **Leistungsfähige Verknüpfung mit dem europäischen Ausland**
- Gute Anbindung der nationalen- / internationalen **Railportverkehre**

Abb. 7.3.2: Weiterentwicklung Produktionssystem Güterverkehr

7.3 Angebotssysteme im Eisenbahngüterverkehr

Gleichwohl wird ein großer Teil des Aufkommens in der Nacht abgewickelt. Dies ergibt sich allein schon aus der Anforderung vieler Kunden, Güter vorwiegend nachmittags zu versenden und morgens zu empfangen.

Kundenanforderungen an die erreichbaren Beförderungs- und Bedienzeiten insbesondere zeitsensibler Güter sind soweit wie möglich zu berücksichtigen. Um eine günstige Struktur zu entwickeln, werden mit Planungssoftware Simulationsläufe durchgeführt, in denen Mengenströme auf jeweils veränderte Produktionsbilder gelegt werden. Nach Optimierungskriterien wie die Anzahl der gefahrenen Zugkilometer im Netz, die Zugauslastung und die Produktionskosten, wird das Optimum bestimmt. Die begrenzt verfügbaren Investitionsmittel werden dort eingesetzt, wo es die Struktur der Verkehre erfordert, beispielsweise in Zugbildungsanlagen mit langfristiger Bedeutung.

Gute Werte für Zuverlässigkeit und Pünktlichkeit werden dadurch erreicht, dass sich durch eine hohe Abfuhrfrequenz der Züge zwischen den großen Zugbildungsanlagen im Fernbereich die Umsteigemöglichkeit eines zu transportierenden Wagens analog zum Fahrgast im ICE-Verkehr erhöht. Trotz der Standardisierung der Produktionsprozesse innerhalb des Systems ist es das Ziel, flexibel auf die Wünsche der Kunden im Sinne von Logistik-/Direktzuglösungen zu reagieren.

Leistungsstarke nationale Zugbildungsanlagen fördern durch ihre optimierte Verknüpfung mit dem Ausland die fortschreitende Europäisierung. Dies ist umso bedeutender, da schon heute ca. 50 % der Umsätze deutscher im Güterverkehr tätiger Eisenbahnverkehrsunternehmen mit Transitverkehren erwirtschaftet werden.

Auch im internationalen Verkehr (bei *Railion* der *DB AG* das „Railport-Konzept") werden die Verkehre zu den Railports im Ausland an verkehrlich günstigen Punkten des Einzelwagenverkehrs gebündelt und in die Empfangspunkte im Ausland gefahren.

Ausgehende internationale Verkehre werden gebündelt und über Gateways wie Mannheim, Gremberg oder München abgewickelt (Abb. 7.3.3). Die Verkehre nach Südosteuropa werden beispielsweise in Nürnberg zusammengeführt und von dort gebündelt ins Ausland gefahren. Durch die gezielte Nutzung einiger der zentralen Zugbildungsanlagen als Gateways ist die leistungsfähige Verknüpfung des internationalen und nationalen EWV-Systems gegeben. Dadurch kann auch auf zukünftige Anforderungen aus der Entwicklung der internationalen Verkehre flexibler reagiert werden.

Produktionssystem *2ooX*

- **Standards unserer Kunden** müssen in Europa durchgesetzt werden
- Entwicklung **länderbezogener Strategien** zur weiteren europäischen Netzwerkentwicklung sind angestoßen, u.a. mit TrenItalia und RailCargoAustria
- **Integration unserer Partnerbahnen** aus Dänemark, Niederlande und Italien weit fortgeschritten
- **Leistungsstarke ZBA des EV-Kernnetzes** fördern Europäisierung durch gute Verknüpfung mit dem Ausland - Reinvestitionen in ZBA auch auf Basis europäischer Strategie
- **Verstärkte Bündelung der internationalen Verkehre** über Gateways in Deutschland nach *2ooX*-Produktionslogik

Quelle: Projekt Produktionssystem *2ooX*

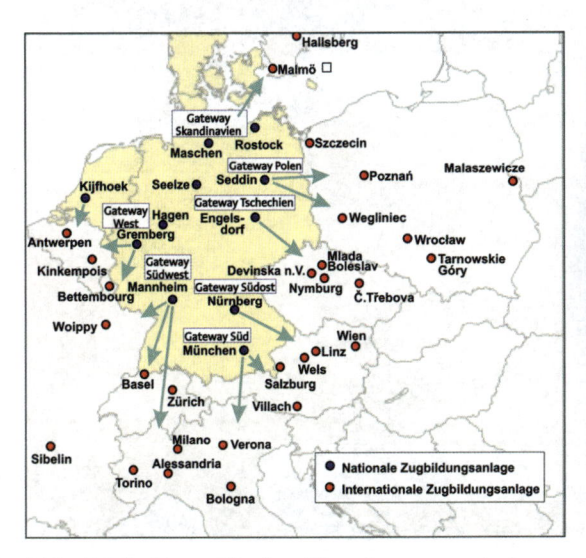

Abb. 7.3.3: Europäischer Einzelwagenverkehr

7 Produktionsplanung

7.3.3 Der Kombinierte Verkehr

Der Kombinierte Verkehr (KV) ermöglicht Hans-Haus-Transporte, ohne dass das Transportgut selbst angefasst werden muss. Es wird zusammen mit dem standardisierten Transportgefäß (Großcontainer, Wechselbehälter und Sattelanhänger) beim Wechsel der Transportmittel umgeschlagen. Lastkraftwagen (LKW) sammeln und verteilen die Transportgefäße – Ladeeinheiten (LE) – in der Fläche; zwischen den KV-Umschlagbahnhöfen (Ubf, Abb. 07.3.4) werden diese über weite Entfernungen auf der Schiene transportiert.

Schnelle KV-Züge verbinden die wichtigsten Ubf in Europa bis zu einer Entfernung von etwa 700 km über Nacht.

Großcontainer (ISO- und Binnencontainer) sind mehrfach stapelbar und verfügen über einheitliche Eckbeschläge, die zum Umschlag und zur einfachen Befestigung auf den Schienentragwagen erforderlich sind. ISO-genormt sind zum Beispiel
– 20 Fuß-Container – „Twenty-foot-Equivalent" (TEU), Länge 6,055 m und
– 40 Fuß Container, Länge 12,19 m.

Die Breite beträgt einheitlich 8 Fuß = 2,435 m. Die Höhe liegt zwischen 8' (Normal) und 9'6"=2,90 m (High Cube).

Sonderbauarten sind z. B. Kühlcontainer, Tankcontainer und offene Versionen (Open Top). Alle verfügen über genormte Eckbeschläge – „Corner-Castings" – in die beim Stapelvorgang auf dem Schiff und beim Landtransport eine Verriegelung eingreift (Twist lock), die die Container schnell und zuverlässig untereinander bzw. mit dem Transportuntersatz verbindet. Beim Umschlag greifen die hydraulischen Spreader an diesen Eckpunkten an und ermöglichen ein schnelles und sicheres Handling.

Wechselbehälter sind abnehmbare Lastwagenaufbauten, die mit einem universalen Ladegeschirr zwischen Schiene und Straße umgeschlagen werden. Sattelanhänger werden vertikal umgeschla-

Abb. 7.3.4: Containerumschlag in Hamburg

7.3 Angebotssysteme im Eisenbahngüterverkehr

gen (*DB*-Methode, auf Taschenwagen); auch Horizontal-Umschlag ist üblich (*SNCF*-Methode, Typ „Modalor"). Die Vor- und Nachlaufkosten und die Umschlagkosten sind unabhängig von denen des Bahntransports, sie schlagen quasi als Fixkosten im KV zu Buche. Unter heutigen Randbedingungen ist eine Mindesttransportweite von 300–500 km auf der Eisenbahn erforderlich, wenn der KV mit den Kosten eines reinen Straßentransports mithalten soll.

Beim begleiteten Kombinierten Verkehr („Rollende Landstraße" RoLa) werden komplette Lastzüge einschließlich ihrer Fahrer transportiert, die im Liegewagen mitfahren. Die RoLa dient zur Reduzierung des Lastwagenverkehrs auf bestimmten Straßen europäischer Bedeutung, vornehmlich im alpenüberquerenden Verkehr, und trägt insofern zur Verringerung der Umweltbelastung bei. Das Nutzlast/Totlast-Verhältnis ist relativ klein, der konstruktive Aufwand für die flachen RoLa-Tragwagen mit ihren kleinen Rädern relativ hoch.

Produktionsformen im Kombinierten Verkehr sind auf Relationen mit großem Transportaufkommen:
– Shuttlezüge, die zielreine Fahrten zwischen zwei Umschlagbahnhöfen (Ubfen) ohne An- und Abkuppeln von Wagen im Pendelverkehr durchführen (wenn regelmäßig mehr als etwa 15 Sendungen je Tag und Richtung aufkommen)
– Direktzüge, die zielreine Fahrten zwischen zwei Umschlagbahnhöfen mit Anpassung der Zuglänge und der Zugzusammensetzung an das Aufkommen durchführen

Auf Relationen mit geringerem Transportaufkommen werden Mehrgruppenzüge eingesetzt. Bei ihnen werden in geeigneten Umschlagbahnhöfen (Ubf) Wagengruppen getauscht oder Wagengruppen im Versand- oder Empfangsgebiet abgegeben.

Der wirtschaftlich vorteilhafte Direktzugverkehr führt zur Konzentration auf wenige große Umschlagbahnhöfe, die allerdings selten einen Ballungsraum komplett abdecken können. Zum Anschluss von Neben-Ubf an die hochwertigen Zugverbindungen werden „Antennenzüge" oder regionale Linienzüge eingesetzt.

In MegaHubs soll das derzeitige Drehscheibensystem perfektioniert werden. Durch Abstimmung der Zugankünfte und Automatisierung des Umschlages der LE von einem Zug zum anderen werden die Aufenthaltszeiten gegenüber dem Gruppenaustauschverfahren drastisch verkürzt. Ein erstes Mega-Hub ist im Raum Lehrte bei Hannover in Planung.

7.4 Netzfahrplan

7.4.1 Rechtliche Rahmenbedingungen

Im Netzfahrplan hat der Eisenbahninfrastrukturunternehmer (EIU) die unterschiedlichen Interessen der einzelnen Verkehrsarten – Schienenpersonenfernverkehr, Schienenpersonennahverkehr und Güterverkehr – untereinander zu koordinieren und zu einem Gesamtwerk zusammenzuführen.

Im Rahmen der Novellierung des Eisenbahnrechts in Deutschland wurden u. a. das *Allgemeines Eisenbahngesetz (AEG)* und die darauf basierende *Eisenbahninfrastruktur-Benutzungsverordnung (EIBV)* im Jahr 2005 neu herausgegeben. Der daraus resultierende Prozess der Netzfahrplanerstellung ist in den *Schienenbenutzungsbedingungen (SNB)* dargestellt und festgeschrieben.

Der Wettbewerb nimmt im deutschen Eisenbahnverkehr einen sehr hohen Stellenwert ein. Weit über 300 Eisenbahnverkehrsunternehmen (EVU) nutzen das Schienennetz der *DB Netz AG*. Über die diskriminierungsfreie Vergabe der Trassen – juristisch wird dies auch als Zuweisung von Trassen bezeichnet – wacht die *Bundesnetzagentur (BNetzA)* als Regulierungsbehörde.

7 Produktionsplanung

7.4.2 Der Prozess der Netzfahrplanerstellung

Für Zugangsberechtigte (ZB) und EVU besteht die Möglichkeit, mit der *DB Netz AG* durch Rahmenverträge über einen längeren Zeitraum bis maximal fünf Jahre Infrastrukturkapazitäten zu binden. Für beide Seiten erhöht dies die Planungssicherheit für die kommenden Jahre und ermöglicht somit belastbare Entscheidungen zu Investitionen. Mit Rahmenverträgen können keine konkreten Trassen gesichert werden. Die Zugangsberechtigten sichern sich vielmehr Kapazitäten ab. Dies wird durch speziell vereinbarte Bandbreiten in den Rahmenverträgen erreicht.

Der internationale Verkehr nimmt im Eisenbahnrecht einen großen und bedeutenden Stellenwert ein. So sind gemäß der *EIBV* bis 11 Monate vor Fahrplanwechsel vorläufige grenzüberschreitende Trassen mit den europäischen Nachbarbahnen festzulegen und den ZB/EVU für deren Planungen zur Verfügung zu stellen.

Die größten Infrastrukturbetreiber im Kernbereich von Europa haben sich im *Rail-Net-Europe (RNE)* zusammengeschlossen. In diesem Zusammenschluss wurden einheitliche Bearbeitungsregeln und -fristen entwickelt. Die vorläufigen grenzüberschreitenden Trassen z. B. werden in so genannten Trassenkatalogen auf der Internetseite von *RNE* dargestellt.

Bis neun Monate vor dem Fahrplanwechsel („X-9") können Dritte, die Eisenbahnverkehrsleistungen in Anspruch nehmen, aber selbst keine Trassenanträge stellen, ihre Wünsche für einen zukünftigen Netzfahrplan im Internetportal äußern. Diese Wünsche werden von der *DB Netz AG* an die ZB/EVU für deren weitere Planungen und zur Umsetzung in den Trassenanmeldungen übergeben.

Im Zeitraum zwischen neun und acht Monaten vor dem Fahrplanwechsel („X-9 bis X-8") können die ZB/EVU Anträge auf Zuweisung von Zugtrassen – Trassenanmeldungen – bei der *DB Netz AG* abgeben. Daran anschließend beginnt die eigentliche Bearbeitung des Fahrplans. Der *DB Netz AG* stehen hier ca. 50 Arbeitstage zur Verfügung um den „Vorläufigen Netzfahrplanentwurf" zu erstellen (Abb. 7.4.1).

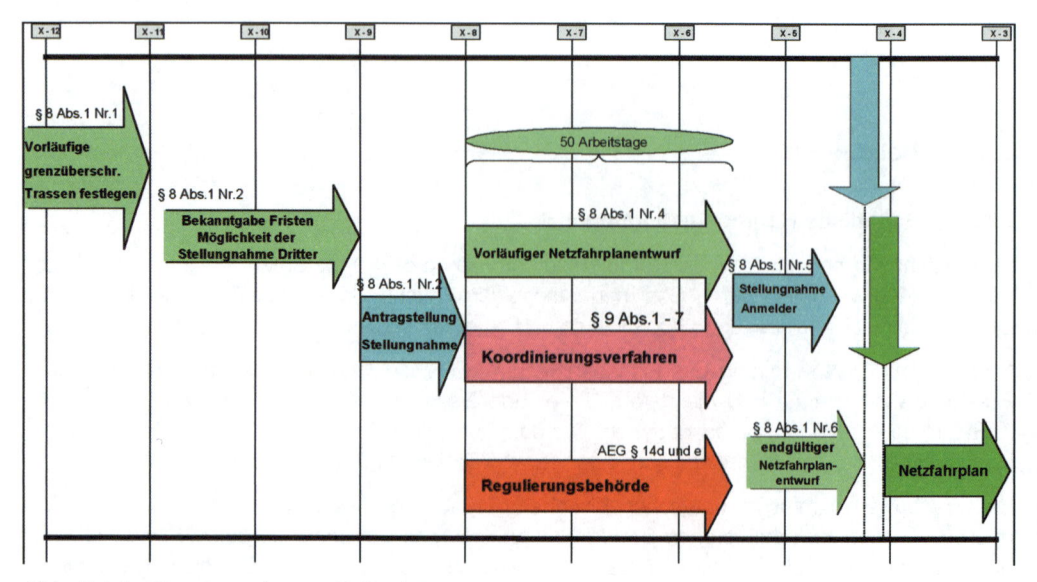

Abb. 7.4.1: Planungsphasen Fahrplan

7.4 Netzfahrplan

7.4.3 Fahrplanbearbeitung, Koordinierungs- und Entscheidungsverfahren

Die Bearbeitung des Fahrplans wird elektronisch mit Hilfe des DV-Verfahrens „Rechnerunterstützte Trassenkonstruktion RUT-K" durchgeführt. Kommt es bei der Trassenkonstruktion zu Trassenkonflikten (Unvereinbarkeiten zwischen unterschiedlichen Trassenanmeldungen), wird ein Koordinierungsverfahren eingeleitet, um gemeinsam mit den beteiligten ZB/EVU eine einvernehmliche Lösung zu erarbeiten (Abb. 7.4.2). Für die wenigen Fälle, bei denen das nicht gelingt, wird die Zugtrasse letztendlich vom EIU zugeschieden.

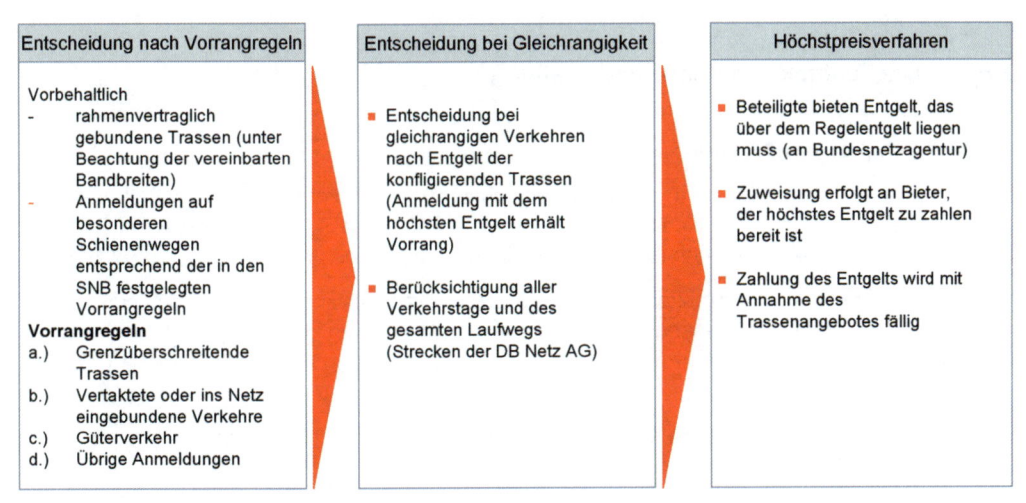

Entscheidung nach Vorrangregeln	Entscheidung bei Gleichrangigkeit	Höchstpreisverfahren
Vorbehaltlich - rahmenvertraglich gebundene Trassen (unter Beachtung der vereinbarten Bandbreiten) - Anmeldungen auf besonderen Schienenwegen entsprechend der in den SNB festgelegten Vorrangregeln **Vorrangregeln** a.) Grenzüberschreitende Trassen b.) Vertaktete oder ins Netz eingebundene Verkehre c.) Güterverkehr d.) Übrige Anmeldungen	▪ Entscheidung bei gleichrangigen Verkehren nach Entgelt der konfligierenden Trassen (Anmeldung mit dem höchsten Entgelt erhält Vorrang) ▪ Berücksichtigung aller Verkehrstage und des gesamten Laufwegs (Strecken der DB Netz AG)	▪ Beteiligte bieten Entgelt, das über dem Regelentgelt liegen muss (an Bundesnetzagentur) ▪ Zuweisung erfolgt an Bieter, der höchstes Entgelt zu zahlen bereit ist ▪ Zahlung des Entgelts wird mit Annahme des Trassenangebotes fällig

Abb. 7.4.2: Prozess der Koordinierung

Gemäß § 14 *AEG* ist die *DB Netz AG* im Falle einer beabsichtigten Trassenablehnung verpflichtet, die *BNetzA* über diesen Sachverhalt zu informieren. Die *BNetzA* hat dann die Möglichkeit, in einer Frist von zehn Arbeitstagen die beabsichtigte Ablehnung zu prüfen. Nach Fertigstellung des „Vorläufigen Netzfahrplanentwurfs" haben die Trassenanmelder innerhalb eines Monats die Möglichkeit, Stellung zu den vorläufigen Trassenangeboten zu nehmen. Sind dies so genannte „Berechtigte Beanstandungen", muss die *DB Netz AG* innerhalb von fünf Arbeitstagen diesen Beanstandungen Rechnung tragen und die Trassenangebote entsprechend anpassen bzw. verändern. „Berechtigte Beanstandungen" liegen immer dann vor, wenn im Rahmen der Erstellung des „Vorläufigen Netzfahrplanentwurfs" Verfahrensfehler bzw. Ermessensfehler seitens der Mitarbeiter der *DB Netz AG* entstanden sind.

Die Phase endet mit der Übergabe der Trassenangebote an die ZB/EVU, dem „Endgültigen Netzfahrplanentwurf". Die ZB/EVU haben nun fünf Werktage Zeit, diese Trassenangebote anzunehmen. Die Bearbeitung von Änderungsbestellungen erfolgt im Rahmen der vorhandenen Restkapazitäten und wird als „Gelegenheitsverkehr" bezeichnet.

7.4.4 Trassenbestellung

Für die Netzfahrplanerstellung wurde das Trassenbestell- und Angebotsmedium „Trassenportal" (TPN) eingeführt. Hierüber können die EVU ihre Trassen für den Netzfahrplan online anmelden, ändern, abmelden und verwalten. Die *DB Netz AG* übergibt im Gegenzug die Trassenangebote ebenfalls über TPN. TPN beschleunigt den Informationsaustausch zwischen den Zugangsberechtigten bzw. den EVU und der *DB Netz AG* und erhöht die Datenqualität.

7 Produktionsplanung

Die ZB/EVU können das Trassenportal über einen Internetclient ansteuern, den die *DB Netz AG* zur Verfügung stellt. Für Kunden mit einem hohen Trassenbestellvolumen und einem eigenen EDV-Verfahren bietet sich zur Erzeugung von Trassenanmeldungen an, die Bestelldaten online über eine definierte Schnittstelle an TPN zu übertragen und im Gegenzug die Trassenangebote zu empfangen.

Mit TPN wurden verschiedene Bestellverfahren, die bisher in Form von Datenverarbeitung, Telefax und E-Mail bestanden, abgelöst und vereinheitlicht. Es wird eine Verbesserung der Datenqualität sowie eine Erhöhung der Datenkonsistenz erwartet.

7.5 Die Technik der Fahrplanerstellung

7.5.1 Fahrplankonstruktion

Die Fahrplankonstruktion wird seit vielen Jahren rechnergestützt durchgeführt. Kernstück der rechnergestützten Fahrplankonstruktion ist die Berechnung einer neuen Sperrzeitentreppe auf Basis der im nächsten Punkt beschriebenen exakten Fahrzeitermittlung für jede einzulegende Fahrplantrasse.

Während bei manueller Fahrplankonstruktion die Zulässigkeit bestimmter Zugfahrten nur aus der betrieblichen Erfahrung heraus beurteilt werden kann, ermöglichen die EDV-gestützten Verfahren eine eindeutige Entscheidung auf Basis einer vollständigen internen Prüfung der Sperr- und Ausschlusszeiten der Fahrstraßen.

Für jeden Zug sind mindestens die folgenden wesentlichen Angaben erforderlich:
– Verkehrstage
– Laufweg
– Ankunfts-, Abfahr- und Durchfahrzeiten auf den Betriebsstellen, und
– zulässige Geschwindigkeit in den einzelnen Abschnitten des Laufwegs

Durch die Fahrplankonstruktion wird eine Koordination der Trassenwünsche, d. h. der gewünschten Zeitlagen der Zugangebote der einzelnen Schienenverkehrsbetreiber bzw. der einzelnen Produkte eines Betreibers auf einer gegebenen Infrastruktur möglich. Diese Funktion der Aufstellung eines Fahrplans wird auch als Trassenmanagement bezeichnet und steht in enger Wechselwirkung mit den Verkehrsinstrumenten zur Vermarktung der Infrastrukturnutzung.

Weiterhin liefert die Fahrplankonstruktion die maßgebenden Informationen zur Beschreibung des Soll-Betriebsablaufs für die Betriebsführung. Zu diesem Zweck wurde eine Vielzahl unterschiedlicher Fahrplanunterlagen entwickelt. Die örtliche Betriebsführung nutzt dabei Darstellungsformen, die alle Zugfahrten auf einem bestimmten Teil der Infrastruktur (Teilstrecke, Knoten) abbilden. Für die Führung eines Zuges werden demgegenüber Fahrplanunterlagen aufgestellt, die alle Fahrplandaten eines Zuges über seinen gesamten Laufweg darstellen. Neben der unmittelbaren Betriebsdurchführung werden die im Fahrplan enthaltenen Informationen auch als Datenquelle für weitere Systeme der Betriebsplanung benötigt, insbesondere zur Planung der Fahrzeugumläufe und des Personaleinsatzes.

Beim Einlegen einer neuen Fahrplantrasse wird zunächst für die gewünschte Trassenlage die Zeit-Weg-Linie und die zugehörige Sperrzeitentreppe berechnet und auf dem Bildschirm des Fahrplanbearbeiters visualisiert. Trassenkonflikte mit bereits geplanten Zügen offenbaren sich dabei unmittelbar durch Sperrzeitüberschneidungen. Der Fahrplanbearbeiter hat nun die Möglichkeit, durch Verschieben der Trasse oder Verändern der Trassenneigung („Verbiegen" der Trasse) oder auch verlängerte Haltezeiten auf Unterwegsbahnhöfen eine konfliktfreie Lage der einzulegenden Trasse zu finden. Moderne Planungstools werden den Bearbeiter durch Vorgabe von Lösungsmöglichkeiten für einen Trassenkonflikt unterstützen.

7.5 Die Technik der Fahrplanerstellung

Es ist das Ziel, einen möglichst stabilen, d. h. gegen Verspätungsübertragungen relativ unempfindlichen Fahrplan zu erzeugen. Hilfsmittel dazu können Simulationen sein, d. h. der Betriebsablauf des konstruierten Fahrplans wird über einen längeren Zeitraum durch Einspielen von zufällig gezogenen Verspätungen im Rechner nachgebildet. Der Bearbeiter erkennt dann, wo sich Verspätungen „hochschaukeln" und daher offensichtlich zu geringe Pufferzeiten eingeplant sind.

Die Implementierung bedienungstheoretischer Verfahren zur Ermittlung des Erwartungswertes der Folgeverspätungen erlaubt darüber hinaus die Optimierung der Verteilung der Pufferzeiten. Bei der manuellen Fahrplankonstruktion werden Pufferzeiten bestimmten Zugfolgefällen zugeordnet. Die Verteilung der Pufferzeiten kann bei der rechnergestützten Fahrplankonstruktion variiert werden, bis sich ein Minimum des Erwartungswertes der Folgeverspätungen ergibt.

7.5.2 Fahrzeitermittlung

Technische Grundlage des Fahrplans ist die Fahrzeitermittlung. Während im Flug- und Straßenverkehr Flug- bzw. Fahrzeiten aus Versuchsfahrten abgeschätzt werden, können die Fahrpläne der Eisenbahn sehr genau berechnet werden.

Ziel der Fahrzeitermittlung ist es, die Fahrzeit und Geschwindigkeit einer Zugfahrt in Abhängigkeit von der Art und Leistung des Triebfahrzeuges, der Zuggattung, der Anhängelast des Bremsvermögens und der Streckenverhältnisse zu bestimmen.

Bei der Zugfahrtrechnung gilt es, neben der Fahrzeit noch andere Verbrauchswerte, z. B. Energieverbrauch, Triebfahrzeugarbeit, Bremsarbeit des Zuges zu bestimmen, die u. a. für die Beurteilung der Konstruktion und Auslastung von Triebfahrzeugen sowie die Ermittlung der Kosten einer Zugfahrt benötigt werden.

Grundlagen sind das Zugkraft-Geschwindigkeits-Diagramm (Z_i/V-Diagramm) (vgl. Abb. 9.4.11 in Kap. 9.4.1), das Oberstrom-Geschwindigkeits-Diagramm (I∘/V-Diagramm), die Triebfahrzeug-Leistungs- und Verkehrstafel (TLV-Tafel) bzw. das daraus abgeleitete Leistungs-Geschwindigkeits-Diagramm (ß/V-Diagramm) sowie die notwendigen Angaben über die Strecke (Streckenlänge, Streckenwiderstand, zulässige Geschwindigkeit) und über den Zug (Fahrwiderstand, zulässige Höchstgeschwindigkeit, Bremsvermögen sowie Unterwegshalte etc.).

Am Anfang jeder fahrdynamischen Berechnung steht die Ermittlung des Fahrschaubildes, also des Geschwindigkeitsverlaufes eines Zuges über dem Fahrweg. Dieses Fahrschaubild besteht in der Regel aus den vier Phasen (Abb. 7.5.1)
– Anfahrt,
– Fahrt mit konstanter Geschwindigkeit – Beharrung –,
– Auslauf und
– Bremsung.

Voraussetzung für eine Zugfahrt und damit die Berechnung des Fahrschaubildes eines Zuges ist eine Zugkraft Z_u am Radumfang bzw. eine Bremskraft F_b, mit der entgegengesetzt gerichtete Widerstandskräfte überwunden werden müssen.

Die Zugkraft nimmt bei konstanter Leistungsabgabe des Triebfahrzeugs wegen $Z=N/V$ mit wachsender Geschwindigkeit hyperbolisch ab. Die im Kraftschluss Rad/Schiene übertragbaren Zug- und Bremskräfte nehmen wegen der Dynamik im Rad/Schiene-Kontakt ebenfalls mit steigender Geschwindigkeit der Fahrzeuge ab (vgl. Kap. 6.1).

Die **Wagenzug-Widerstandskräfte** werden entsprechend
– der Bauart der Laufwerke und Achslager,
– der Gleichförmigkeit der Zugbildung,

7 Produktionsplanung

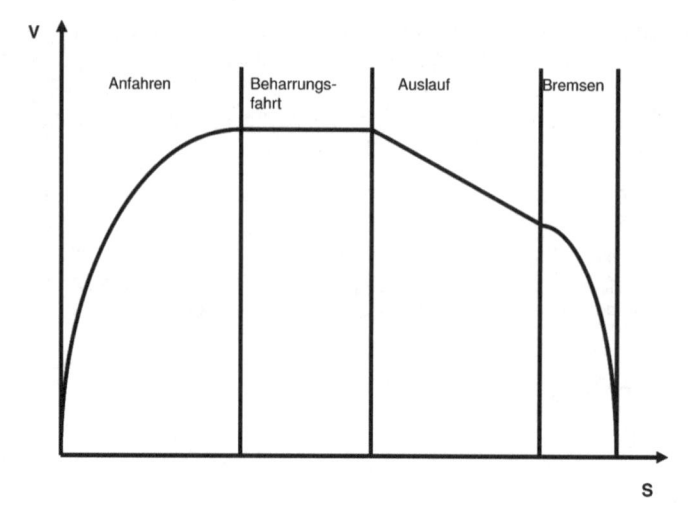

Abb. 7.5.1: Phasen einer Zugfahrt

(Phasen: Anfahren, Beharrungsfahrt, Auslauf, Bremsen)

- der vorhandenen Zuglänge und
- der eingesetzten Wagenbauformen und -arten

berechnet.

Die Laufwiderstandsgleichungen für Eisenbahnfahrzeuge besitzen die allgemeine Form

$$W = A + B \cdot V + C \cdot V_r^2 \text{ in N.} \tag{7.5.1}$$

Darin stehen die Summanden

A für den Rollwiderstand;

$B \cdot V$ für Impulswiderstände bewegter Luftmassen (Kühlluft, Klimatisierung) sowie weitere, mit der Fahrzeuggeschwindigkeit zusammenhängende Widerstandsanteile; wird in einigen Formeln auch zu Null gesetzt;

$C \cdot V_r^2$ für den Luftwiderstand, resultierend aus einer zur Fahrzeugbewegung relativen Windgeschwindigkeit, als Kombination von Druck- und Reibungswiderstand, der sich aus Staudruck, Oberflächenreibung und Sog zusammensetzt. Bei Seitenwind erhöht sich dieser Widerstandsanteil, ebenso in Tunneln.

Diese allgemeine Beschreibung ist nur verwendbar, wenn auch die Variablen A, B und C näher benannt werden können. Über Messungen, Laborversuche bzw. Mess- und Versuchsfahrten können für jede Zuggattung entsprechende Werte gewonnen werden. Für näherungsweise Nachrechnungen bzw. für Entwurfsrechnungen sind mit den empirischen Gleichungen von *Strahl* und *Sauthoff* brauchbare Ergebnisse erzielbar.

Nach *Strahl* ermittelt man die Widerstandskräfte für Güterzüge mit Wälz- bzw. Rollenachslagern mit

$$f_{wg} = 2{,}2 - \left(\frac{80}{V + 38}\right) + (0{,}007 + m) \cdot \left(\frac{V}{10}\right)^2 \tag{7.5.2}$$

Es bedeuten: f_{wg} = Wagenzugwiderstand in N/kN
   V = Geschwindigkeit in km/h (einschließlich 15 km/h für Gegenwind)
   m = Beiwert für die Bauart der Güterwagen (m = 0,04 bis 0,1; kleinerer Wert für geschlossene Güterwagen, größerer Wert für offene)

7.5 Die Technik der Fahrplanerstellung

Streckenwiderstände: In Steigungen und Gefällen entstehen aus dem Hangabtrieb die Streckenneigungskräfte F_{wi} [kN]:

$$F_{wi} = m_z \cdot g \cdot \frac{\Delta h}{\Delta l} \qquad (7.5.3)$$

mit:

m_z = Fahrzeug-(Zug-)masse in t

g = Erdbeschleunigung = 9,81 ms^{-2}

Δh = Höhenunterschied

Δl = Länge des betrachteten Streckenteils

Für die Zugfahrtrechnung wird der Zug vereinfachend als Massepunkt angesehen.

Bei Fahrt durch Gleisbögen kommt der Bogenwiderstand hinzu; er beträgt nach *von Röckl*:

$$F_{wb} = \frac{m \cdot g \cdot 650}{(R - 55) \cdot 1000} \text{ für } R \geq 300 \text{ m} \qquad (7.5.4)$$

Es bedeuten: F_{wb} = Bogenwiderstandskraft in kN
$\qquad\qquad\quad$ m = Fahrzeug-(Zug-)masse in t
$\qquad\qquad\quad$ g = Erdbeschleunigung (9,81 ms^{-1})
$\qquad\qquad\quad$ R = Radius des Gleisbogens in m

Der Gesamtwiderstand bei Zugfahrt setzt sich aus der Summe ΣW der Lauf- und Streckenwiderstände zusammen.

Die Beschleunigung a eines Zuges mit der Masse m_z ergibt sich aus dem Zugkraftüberschuss $(Z-\Sigma W)$ unter Berücksichtigung eines Zuschlagfaktors ρ, zur Berücksichtigung der Trägheit der rotatorischen Massen zu

$$a = \frac{Z - \Sigma W}{m_z \cdot \rho} \text{ (m/s}^2\text{)} \qquad (7.5.5)$$

ρ liegt im Regelfall bei 1,06 bis 1,08.

Für Zugfahrtrechnungen kann man vereinfachend mit konstanten Betriebsbremsverzögerungen rechnen, die im Regelfall zwischen b= 0,5 m/s² (LZB-Bremsung in der Ebene und bis 12,5 ‰ Gefälle) und b=1,0 m/s² (Bereich 0 bis 160 km/h) liegen. Für genauere Berechnungen gibt es die weiterentwickelte Mindener Bremsweggleichung, beispielsweise für die Bremsart R/P:

$$S = \frac{3{,}858 \cdot V_A^2}{\psi \cdot (0{,}61 \cdot c_l \cdot \lambda + 7{,}03) \pm c_i \cdot i} \qquad (7.5.6)$$

Es bedeuten: V_A = Ausgangsgeschwindigkeit in km/h
$\qquad\qquad\quad \psi$ = Verzögerungs-Korrekturfaktor
$\qquad\qquad\quad c_l$ = Zuglängen-Korrekturfaktor
$\qquad\qquad\quad c_i$ = Neigungs-Korrekturfaktor
$\qquad\qquad\quad$ i = Streckenneigung in ‰
$\qquad\qquad\quad \lambda$ = Bremshundertstel in %
$\qquad\qquad\quad$ S = Bremsweg in m

Eine durchgehende analytische Berechnung der Bewegungsphasen Anfahren, Beharrungsfahrt, Auslauf und Bremsen ist nicht möglich, da
- die Parameter der Strecke (Streckenwiderstand, örtlich zulässige Geschwindigkeit) sich in relativ kurzen Abständen ändern können und
- die Zugkraft keine Konstante ist, sondern von der momentanen Geschwindigkeit abhängt.

7 Produktionsplanung

Der Verlauf der Fahrschaulinie wird in Geschwindigkeits- oder Zeitschritten schrittweise ermittelt, woraus sich die Fahrzeit durch numerische Integration ermitteln lässt. Die Fahrzeit (Δt), die im Intervall einer Geschwindigkeitsdifferenz Δv liegt, ergibt sich dann nach folgender Beziehung

$$\Delta t = \frac{v_2 - v_2}{a_m} \qquad (7.5.7)$$

mit a_m = mittlerer Beschleunigung im Intervall $\Delta v = v_2 - v_1$.

Die Ergebnisse der Fahrzeitenrechnungen werden in Fahrzeitentafeln zusammengestellt. Dabei werden für jeden möglichen Verkehrshalt die Anfahr- und Bremszuschlagzeiten extra ausgewiesen. Diese Zuschlagzeiten sind die Differenzen aus der Fahrzeit eines durchfahrenden Zuges und der Fahrzeit eines haltenden Zuges, hinzu kommt jeweils die Haltezeit. Der Fahrplanbearbeiter kann sich aus diesen Angaben einen Fahrtverlauf mit einer beliebigen Haltfolge zusammenstellen.

7.5.3 Zeitanteile im Fahrplan

Die Zeitanteile des Fahrplans erfassen die Beförderungszeit, während der sich die Fahrgäste bzw. die Güter im System Bahn bewegen. Zu dieser Beförderungszeit gehören die Beförderungszeiten der benutzten Züge und die Zeiten für das Umsteigen bzw. den Wagenübergang.

Die Beförderungszeit eines Zuges setzt sich aus Fahrzeiten und Haltezeiten zusammen. Aus der fahrdynamischen Rechnung ergibt sich die reine Fahrzeit eines Zuges. Dabei handelt es sich um den Erwartungswert einer Zufallsgröße, die einer gewissen Streuung unterliegt. Allein der die Anfahrzeit eines Zuges maßgebend mitbestimmende Haftreibungsbeiwert zwischen Rad und Schiene unterliegt in Abhängigkeit von den Witterungsverhältnissen einer erheblichen Schwankungsbreite. Zum Ausgleich dieser Schwankungen der Fahrzeit sowie sonstiger geringfügiger Unregelmäßigkeiten (z. B. einzelne Behinderungen in einem Fahrstraßenknoten oder Haltezeitverlängerung bei starkem Andrang von Reisenden) dient der Regelzuschlag. Er wird der reinen Fahrzeit als prozentualer Zuschlag (in Abhängigkeit von der Zuggattung nach Höchstgeschwindigkeit 3–7 %) gleichverteilt zugeschlagen.

Zusätzlich zum Regelzuschlag wird ein Bauzuschlag berücksichtigt. Der Bauzuschlag wird als absoluter Minutenwert der Fahrzeit zugeschlagen. Der Bauzuschlag wird zwischen jeweils zwei Knoten so berechnet, dass der Fahrzeitverlust, der entsteht, wenn ein vorübergehend eingleisiger Abschnitt durchfahren werden muss, ausgeglichen werden kann. Stehen konkrete Bauarbeiten mit Langsamfahrstellen über einen längeren Zeitraum an, werden ggf. weitere Zuschläge eingeplant.

Zu der Regelfahrzeit können im Prozess der Fahrplankonstruktion zusätzliche Verlängerungen kommen. Dies sind aus verkehrlichen Gründen die planmäßigen Synchronisationszeiten zum Herstellen von Anschlüssen und zur Anpassung der Trassenlage an einen gewünschten Takt. Aus betrieblichen Gründen kann sich auch die Notwendigkeit der Einrechnung planmäßiger Wartezeiten beim planmäßigen Kreuzen und Überholen in die Fahrzeit ergeben.

Man unterscheidet Verkehrshalte, die unmittelbar den Nutzern der Bahn, also im Personenverkehr dem Fahrgastwechsel und im Güterverkehr dem Absetzen und Zusetzen von Wagengruppen oder der Durchführung von Ladetätigkeiten am Zuge dienen und Betriebshalte aus innerbetrieblichen Gründen, beispielsweise Halte für Personal- und Lokwechsel sowie Halte zur Abwicklung betrieblich notwendiger Kreuzungen und Überholungen.

Die Abfertigungszeit ist dabei die Zeitspanne von der Freigabe der Ausfahrt bis zum Anfahren des Zuges.

In Analogie zu den Fahrzeiten kann sich auch bei der Festlegung der Haltezeiten die Notwendigkeit einer Verlängerung durch planmäßige Synchronisations- und Wartezeiten ergeben (Abb. 7.5.2).

7.5 Die Technik der Fahrplanerstellung

Betriebliche und verkehrliche Zeiten am Zuge

Sperrzeiten

- Stillstand des Zuges
- Türöffnungszeit
- Einfahrsperrzeit
- Verkehrshaltezeit
- Fahrgastwechselzeit
- Bahnhofsgleissperrzeit
- veröffentlichte Verkehrsabfahrzeit
- Synchronisationszeit zur Herstellung eines Anschlusses
- spätestens Signal auf Fahrt
- Einsteigeschluss
- Türschließzeit
- Ausfahrsperrzeit
- Prüf- und Fertigmeldezeit
- Abfertigungszeit
- Abfahrauftrag
- Reaktionszeit
- Ingangsetzen Betriebsabfahrzeit

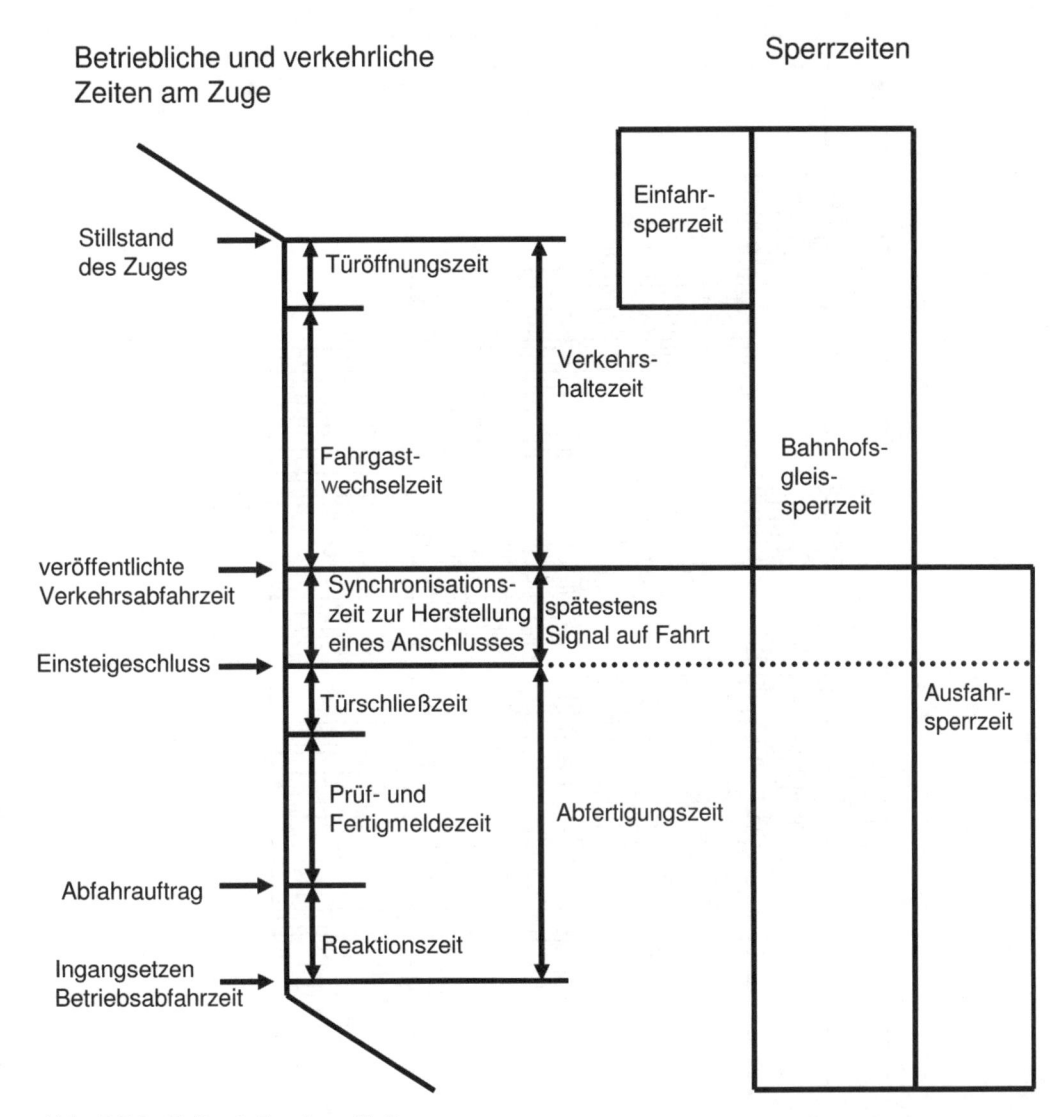

Abb. 7.5.2: Zeitanteile eines Haltes

Die Zugfolgezeit ist der an einem Ort gemessene zeitliche Abstand zwischen zwei unmittelbar aufeinander folgenden Zugfahrten. In Abhängigkeit vom vorliegenden Zugfolgefall unterscheidet man die Vorsprungzeit, die Nachfolgezeit, die Kreuzungszeit und die Abstandszeit.

Die Mindestzugfolgezeit ist die sich aus der Sperrzeitenrechnung ergebende kleinstmögliche Zugfolgezeit. Sie liegt vor, wenn sich die Sperrzeitentreppen zweier Züge gerade in einem Fahrwegabschnitt berühren. Um zu vermeiden, dass sich die Verspätung eines Zuges stets vollständig auf den folgenden Zug überträgt, müssen neben der Mindestzugfolgezeit noch – wie in Kap. 7.5.1 dargestellt – Pufferzeiten eingeplant werden.

Pufferzeiten wirken sich durch die Reduzierung der Übertragung von Folgeverspätungen positiv auf die Betriebsqualität aus, schränken aber die Betriebsleistung durch Verringerung der Anzahl konstruierbarer Fahrplantrassen ein (Abb. 7.5.3).

7 Produktionsplanung

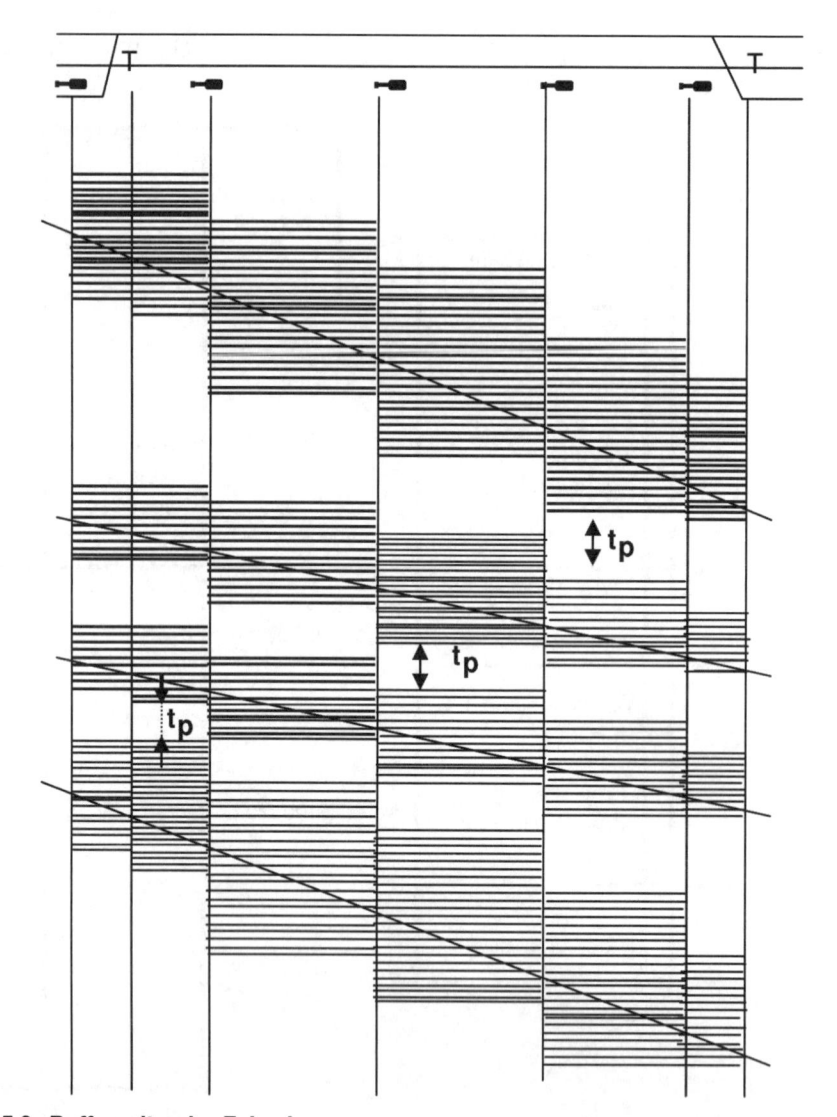

Abb. 7.5.3: Pufferzeiten im Fahrplan

Die Übergangspufferzeit bei Anschlüssen oder Wagenübergängen soll ähnlich wie bei der Zugfolge eine Übertragung von Folgeverspätungen zumindest begrenzen.

7.5.4 Planmäßige Wartezeiten und Synchronisationszeiten

Planmäßige Wartezeiten sind durch die Zugfolge bedingte und in den Fahrplan eingearbeitete Verlängerungen der Beförderungszeit. Sie treten auf
– vor Behinderungspunkten,
– zum Kreuzen von Zügen und
– zum Überholen von Zügen.

7.5 Die Technik der Fahrplanerstellung

Planmäßige Wartezeiten werden auf folgende Weise im Fahrplan berücksichtigt:
– Verlängerung von Haltezeiten
– Einplanung zusätzlicher Betriebshalte
– Verlängerung der Fahrzeit (Angleichen der Neigung der Zeit-Weg-Linien)

Synchronisationszeiten dienen zur verkehrlichen Abstimmung mehrerer Zugfahrten untereinander. Sie ergeben sich in der Planung zur
– Herstellung von Anschlüssen und
– Anpassung einer Abfahrzeit an eine gewünschte Taktlage.

7.5.5 Fahrplan und Leistungsfähigkeit von Strecken und Knoten

Die Fahrplangestaltung beeinflusst maßgeblich die Wirtschaftlichkeit und Qualität des Verkehrsangebotes. Der Fahrplan bestimmt darüber, wie effektiv die Produktionsfaktoren, die Infrastruktur des EIU, die Fahrzeuge und das Personal der EVU eingesetzt werden.

Messwerte für den Erfolg der Eisenbahnunternehmen sind z. B.
– aus verkehrlicher Sicht beförderte Personen (P) oder Tonnen (t),
– aus tariflicher Sicht Personenkilometer (Pkm) und Tonnenkilometer (tkm),
– aus betrieblicher Sicht Zugkilometer (Zugkm), Wagenachs-, Bruttotonnen- und Nettotonnenkilometer,
– Platzausnutzung, Zugauslastung und Reisegeschwindigkeit.

Letztendlich wird auch der verkehrliche Erfolg maßgebend von Fahrplanleistung und Fahrplanqualität bestimmt. Diese hängen eng zusammen. Die wichtigste Kenngröße ist die Fahrplanleistungsfähigkeit.

7 Produktionsplanung

Der Auslastungsgrad der Fahrplanleistungsfähigkeit gibt das Verhältnis der im Fahrplan umgesetzten Leistungsanforderung (= Fahrplanleistung) zur Fahrplanleistungsfähigkeit an.

Die Fahrplanleistungsfähigkeit hängt neben den Parametern der Infrastruktur von der Fahrplanstruktur ab. Je stärker die Zugfolge harmonisiert ist, desto geringer sind die durch die Geschwindigkeitsschere bedingten nicht nutzbaren Zeitlücken. Ein Maß für die Fahrplanstruktur ist das Verhältnis des verketteten Belegungsgrades zum Mittelwert der Einzelbelegungsgrade der Blockabschnitte.

Die Anzahl der Züge, die sich gleichzeitig auf der Teilstrecke befinden, wird auch als Zugdichte bezeichnet. Die Zugdichte kann aus einem gegebenen Fahrplan einfach bestimmt und in Form einer Tagesganglinie dem verketteten Belegungsgrad gegenübergestellt werden.

Die Fahrplanqualitäl wird durch die Kenngrößen
– Planungsqualität,
– Stabilität des Fahrplans und
– Betriebsqualität

ausgedrückt.

Die Planungsqualität ist der Grad der Übereinstimmung des konstruierten Fahrplans mit den Trassenwünschen der Eisenbahnverkehrsunternehmen hinsichtlich Zugzahl, zeitlicher Lage der Trassen und der im Fahrplan realisierten Beförderungszeit. Kenngröße zur Bewertung der Planungsqualität ist die in der Beförderungszeit enthaltene planmäßige Wartezeit. Die Planungsqualität bietet sich auch als Mittel zur Differenzierung der für die Nutzung der Infrastruktur erhobenen Trassenpreise an, indem in Abhängigkeit von der Höhe des Anteils der planmäßigen Wartezeiten an der Beförderungszeit Zuschläge oder Nachlässe auf den Preis einer Fahrplantrasse berechnet werden.

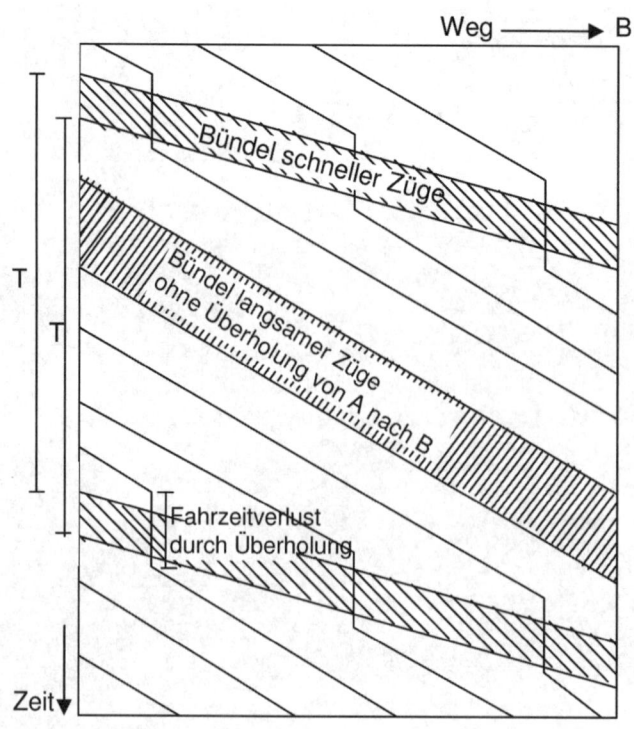

Abb. 7.5.4: Fahrplanbeispiel, Überlagerung schneller Züge im Takt mit langsamen Zügen

7.5 Die Technik der Fahrplanerstellung

Die Leistungsfähigkeit einer Eisenbahnstrecke ist wegen der unterschiedlichen Mindestzugfolgezeiten wesentlich von der Bündelung der Züge abhängig. Zu unterscheiden ist die großräumige Bündelung – etwa vorrangige Abwicklung des Reisezugverkehrs am Tage und des Güterzugverkehrs in der Nacht – und die Bündelung während einiger Tagesstunden. Maßzahl für die Bündelung auf einer Strecke ist der Bündelungskoeffizient, der zwischen +1 für die stärkste Bündelung – alle Züge gleicher Geschwindigkeitsklassen verkehren in Bündeln – und -1, der ungünstigsten Zugfolge liegt. Dazwischen liegt die zufällige Zugfolge mit einem Bündelungskoeffizienten mit dem Wert 0.

Verkehren auf einer Strecke schnelle Züge im Taktfahrplan, so hängt die Anzahl verbleibender Trassen für langsamere Züge von der Anzahl, Taktzeit und Bündelung der schnellen Züge ab (Abb. 7.5.4). Mit kleiner werdender Taktzeit und damit einer größeren Zahl schneller Züge nimmt der Fahrzeitverlust der langsameren Züge durch Überholungen zu, bei Taktzeiten unter einer Stunde steigt er steil an. Bleibt die Anzahl schneller Züge konstant, fahren diese Züge jedoch je nach Größe der Taktzeit einzeln oder gebündelt, zeigt sich ebenfalls die Tendenz der Vergrößerung der Fahrzeitverluste bei kleiner Taktzeit und damit geringerer Bündelung. Die Länge der Strecke, die durch Bündelung von fünf langsamen Zügen ohne Überholung schnelle Züge zurücklegen können, wächst rasch mit größerer Taktzeit der schnellen Züge (Abb. 7.5.5).

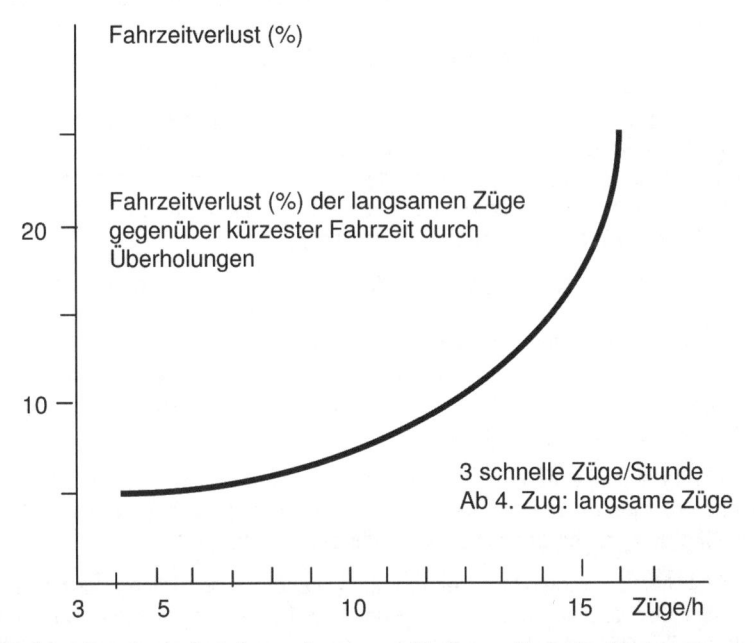

Abb. 7.5.5: Fahrzeitverluste bei Ausnutzung zusätzlicher Trassen für langsamere Züge

Verkehren mehrere Zuggattungen auf einer Strecke im Taktfahrplan, ändert sich die Bündelung über die Streckenlänge. Im Bereich der Überholungsbahnhöfe dieser Zugsysteme liegt starke Bündelung vor, in großem Abstand dazu wird die Bündelung ungünstiger.

Taktfahrpläne sollten so gestaltet werden, dass Engpassabschnitte mit großen Zugzahlen in die Bereiche starker Bündelung fallen. Die Fahrzeitverluste durch Überholungen zusätzlicher langsamerer Züge sind dann relativ gering, wenn diese in den Bereichen mit starker Bündelung große Strecken ohne Überholung zurücklegen können. Steigt die Streckenbelegung an, müssen mehr und mehr ungünstige Trassen mit zunehmenden Fahrzeitverlusten ausgenutzt werden.

7 Produktionsplanung

7.5.6 Fahrplanleistung und Fahrplanqualität

Bei der Planungsqualität handelt es sich um eine Bewertung der „reinen Konstruktion" des Fahrplans. Sie ermöglicht keine Aussage darüber, inwieweit das dem Kunden in Form des konstruierten Fahrplans zugesagte Angebot in der Praxis tatsächlich realisiert werden kann. Diese Aussage liefert eine Untersuchung der Stabilität des Fahrplans.

Die Stabilität ist die „Störfestigkeit" eines Fahrplans, d. h. seine Fähigkeit, die aus Einbruchs- und Urverspätungen resultierenden Folgeverspätungen zeitlich und räumlich zu begrenzen oder abzubauen. Ein Fahrplan gilt als stabil, wenn unter stationären Bedingungen (längere Zeitdauer mit annähernd gleichem Betriebsprogramm) die Bedingung eingehalten ist, dass die Ausbruchsverspätungen eines Streckenabschnitts nicht höher als die Einbruchsverspätungen sind, unter Berücksichtigung der Urverspätungen.

Die Betriebsqualität ist die im laufenden Betrieb festgestellte Qualität des Betriebsablaufs. Fahrplanstabilität ist eine wesentliche Voraussetzung für eine gute Betriebsqualität.

Die erreichbare Fahrplanstabilität hängt von der Größe der Pufferzeiten und Fahrzeitzuschläge ab. Die Erhöhung dieser Zeitanteile wirkt der Anzahl konstruierbarer Fahrplantrassen und der aus Kundensicht gewünschten Verkürzung der Beförderungszeit entgegen. Ein sehr stabiler Fahrplan ist nicht automatisch ein kundengerechter Fahrplan. Andererseits schränkt eine geringe Stabilität des Fahrplans die Zahl verkaufbarer Fahrplantrassen durch Abwanderung von mit der Betriebsqualität unzufriedenen Kunden ein. Das Trassenmanagement muss hier stets einen kommerziell tragfähigen Kompromiss zwischen dem Wunsch nach hoher Fahrplanstabilität und dem Wunsch nach hoher Planungsqualität hinsichtlich der Trassenwünsche der Kunden suchen. Die Größe der Pufferzeiten hängt maßgeblich von der Größenordnung der erwarteten Verspätungen ab. Je genauer die geplanten Trassen eingehalten werden, desto geringere Pufferzeiten sind erforderlich und desto größer ist die im System zu realisierende Betriebsleistung.

Eine Möglichkeit der Prüfung der Fahrplanstabilität bei übersichtlichen Verhältnissen besteht darin, die aus einer angenommenen Einbruchsverspätung resultierenden Folgeverspätungen durch Konstruktion eines entsprechenden Betriebsbeispiels zu ermitteln. Dazu ist es ausreichend, die Fahrplantrassen manuell zu verschieben. Im Ergebnis erhält man den Verlauf der Verspätungsfortpflanzung auf der untersuchten Teilstrecke. Daran lässt sich beurteilen, ob der erreichte Verspätungsabbau den geforderten Stabilitätsrichtlinien gerecht wird.

Zur Stabilitätsprüfung eines Taktfahrplans wird eine bestimmte Einbruchsverspätung angenommen und anschließend untersucht, nach wie vielen Takten sich diese Verspätung wieder vollständig abgebaut hat. Dazu wird dann ein so genannter Stabilitätsquotient abgeleitet.

Der Zähler des Stabilitätsquotienten gibt die Einbruchsverspätung am Anfang des betrachteten Kreuzungsabschnitts an. Der Nenner enthält die Summe der Zeiten, um die sich die Verspätung innerhalb eines Taktes (je ein Zug in beiden Richtungen) reduziert. Dazu gehören sowohl die Pufferzeiten zur Reduktion der Übertragung von Folgeverspätungen als auch sonstige Reserven in den Fahr- und Haltezeiten, die innerhalb des Kreuzungsabschnitts zum Abbau erlittener Verspätungen genutzt werden können.

Detaillierte Aussagen zur Verspätungsfortpflanzung bei schwierigeren Verhältnissen müssen bei Bedarf durch ergänzende Simulationen gewonnen werden.

Wird keine hinreichende Fahrplanstabilität erreicht, können durch Variation der Synchronisationszeiten die Pufferzeiten an den für die Verspätungsübertragung maßgebenden Stellen erhöht werden. Sollte sich dies nicht als zielführend erweisen, sind Anpassungen an der Infrastruktur erforderlich.

7.6 Darstellungsformen des Fahrplans

Auf hoch belasteten Streckenabschnitten kann ggf. mit reduzierten Pufferzeiten („Engpasspufferzeiten") gerechnet werden, wenn an einen solchen Abschnitt Strecken mit deutlich reduzierter Belastung anschließen, auf denen sich der Betrieb wieder entspannt. Das ist z. B. vielfach im Zulaufbereich großer Knoten der Fall, wo durch die Zusammenführung mehrerer mäßig belasteter Strecken auf begrenzten Abschnitten sehr hohe Belastungen auftreten können.

Eine für einen bestimmten Zugfolgefall vorgesehene Pufferzeit verliert ihre Wirkung, wenn dieser Zugfolgefall wegen einer Abweichung von der geplanten Reihenfolge in der Betriebsabwicklung nicht auftritt. Das ist insbesondere im Güterverkehr der Fall, wo es zu starken Abweichungen von den geplanten Trassenlagen kommt. Daher ist es sinnvoll, in Güterzugbündeln auf einzeln zugeordnete Pufferzeiten zu verzichten und statt dessen die Trassen im Abstand der Mindestzugfolgezeiten zu

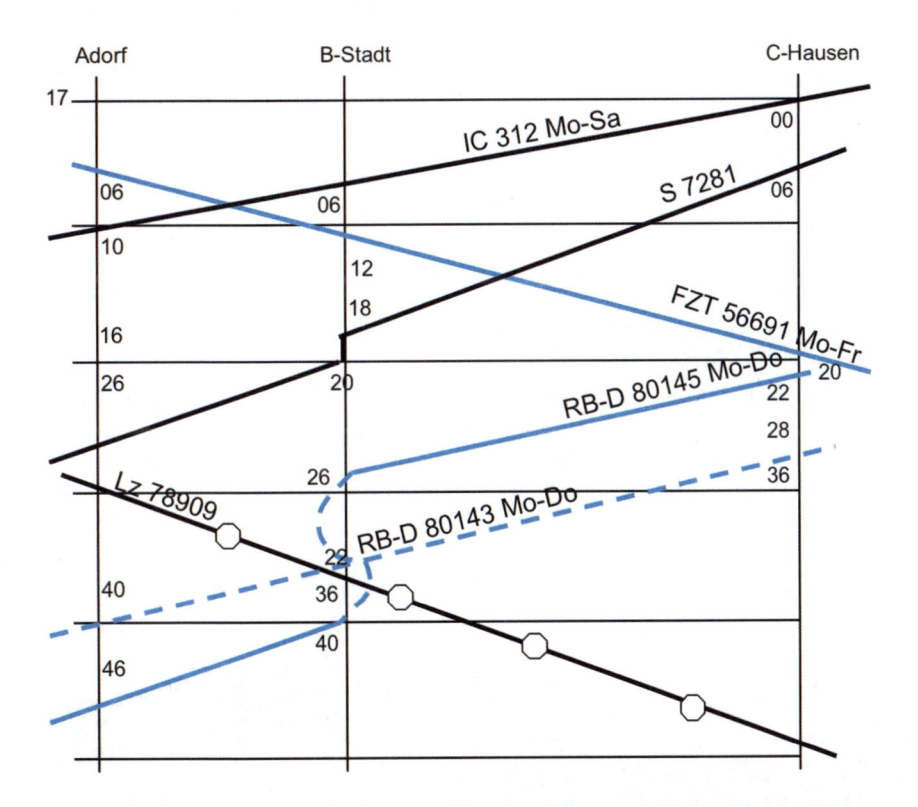

Art der Züge	Darstellung im Bildfahrplan
Reisezüge	Dicke schwarze Linie
Reisezüge :	Dünne schwarze Linie
Güterzüge	Dicke blaue Linie
Güterzüge	Dünne blaube Linie
Bedarfszüge	Schwarze oder blaue unterbrochene Linie
Triebfahrzeugleerfahrten (l	Dünne schwarze oder blaue Linie , von o unterbrochen

Abb. 7.6.1: Beispiel Bildfahrplan

7 Produktionsplanung

planen und anschließend eine oder mehrere Freitrassen (so genannte Puffertrassen) zum Ausgleich von Folgeverspätungen vorzusehen.

7.6 Darstellungsformen des Fahrplans

Für die Koordination der Trassenwünsche auf einer gegebenen Infrastruktur sind Darstellungsformen erforderlich, die sämtliche Zugfahrten auf einem bestimmten Teil der Infrastruktur abbilden. Wegen der hohen Komplexität dieser Aufgaben haben sich frühzeitig grafische Darstellungsformen durchgesetzt.

Der Bildfahrplan (Abb. 7.6.1) bildet mit seiner grafischen Darstellung einer Strecke die Grundlage für die Erstellung aller anderen Fahrplanunterlagen. Die einzelnen Betriebsstellen (Bahnhöfe, Haltepunkte etc.) werden durch Weglinien, die Uhrzeiten durch Zeitlinien dargestellt. Über jeder Zuglinie (Weg-Zeit-Linie) sind die Zuggattung, die Zugnummer und die Verkehrstage angegeben. Die Ankunftszeit eines Zuges wird durch Minutenangabe über der Zuglinie und vor der Weglinie eingetragen. Die Abfahrt- oder Durchfahrtzeit befindet sich unter der Zuglinie und hinter der Weglinie. Bei haltenden Zügen wird die Zuglinie gebrochen dargestellt.

Die Darstellungsform des Bildfahrplans ermöglicht eine sehr übersichtliche Abbildung des Betriebsablaufs einer Strecke, erlaubt jedoch keine hinreichenden Rückschlüsse auf die tatsächliche betriebliche Inanspruchnahme der Infrastruktur durch die einzelnen Zugfahrten. Das ist nur durch die Ergänzung der reinen Zeit-Weg-Linien um eine Darstellung der Sperrzeiten (Sperrzeitentreppen) möglich. Da Fahrpläne heute mittels EDV erstellt werden, besteht auch die Möglichkeit, die Sperrzeitentreppen automatisch mit abzubilden. Eine derartige Darstellung ist z. B. Grundlage der Fahrplanerstellung bei der *DB Netz AG* (Abb. 7.6.2).

Zur Darstellung des Betriebsablaufs innerhalb eines Knotens mit mehreren parallelen Bahnhofsgleisen wird die bildliche Bahnhofsordnung (als Fahrplan für Zugmeldestellen bezeichnet) genutzt. Die bildliche Bahnhofsfahrordnung enthält für jedes Bahnhofsgleis eine senkrechte Zeitachse, an der die Gleisbelegung in Form von Streifen abgebildet wird (Abb. 7.6.3).

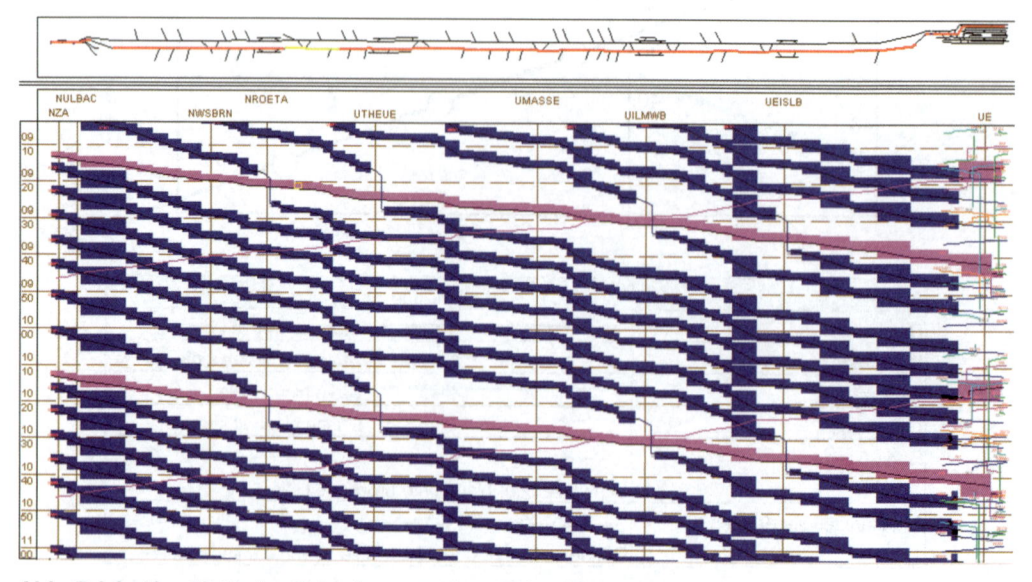

Abb. 7.6.2: Konfliktfreier Fahrplan aus dem Fahrplansystem RuT

7.6 Darstellungsformen des Fahrplans

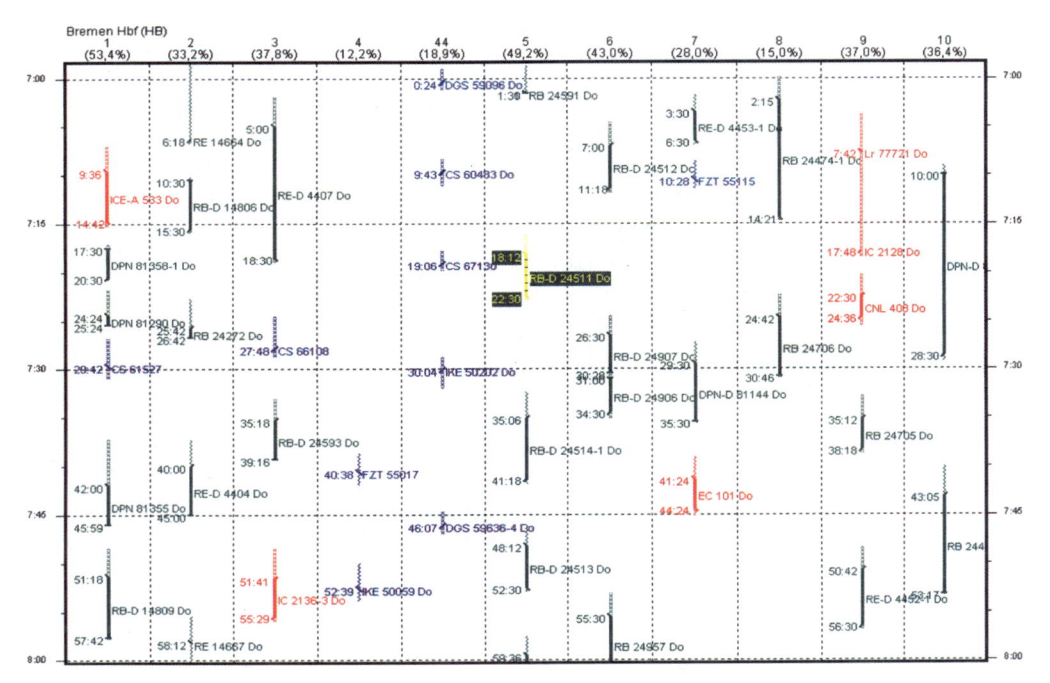

Abb. 7.6.3: Bahnhofsfahrordnung

Zur Unterscheidung mehrerer einmündender Strecken werden die Belegungsstreifen mitunter durch diverse Sonderzeichen ergänzt, die die Zuordnung der Gleisbelegungen zu Fahrtrichtungen und Strecken erleichtern sollen. Des Weiteren ermöglicht die bildliche Bahnhofsfahrordnung bei Bedarf auch die Darstellung wichtiger regelmäßig verkehrender Rangierfahrten, die bei der Planung des Zugbetriebes zu berücksichtigen sind. Wie der Bildfahrplan so ist auch die Darstellung der bildlichen Bahnhofsfahrordnung noch nicht ausreichend, um die Zulässigkeit einer bestimmten Zuglage eindeutig beurteilen zu können. Eine Ergänzung der Bahnhofsfahrordnung durch alle Fahrstraßenausschlüsse, wie es zu betriebswissenschaftlichen Untersuchungen in Form des Fahrtenabhängigkeitsplans üblich ist, hat sich wegen der äußerst komplexen und unübersichtlichen Darstellung als Fahrplanunterlage nicht durchsetzen können.

Aus dem Bildfahrplan wird u. a. der Buchfahrplan entwickelt. Er enthält die Fahrpläne eines oder mehrerer Züge. Steht dem Triebfahrzeugführer keine Führerraumanzeige zur Verfügung, müssen der Buchfahrplan des Zuges und das Verzeichnis der vorübergehenden Langsamfahrstellen („La") der zu befahrenden Strecke im Führerraum aufgeschlagen sein.

Folgende Angaben sind enthalten (Abb. 7.6.4):
– Bezeichnung des Streckenabschnittes, Baureihennummer der arbeitenden Tfz, zul. Gewicht des Wagenzuges Mindestbremshundertstel (Mbr), Bremsstellung, Stufenschaltung bei Brennkrafttriebfahrzeugen
– Stellen der Geschwindigkeitswechsel, Standorte der Signale
– zul. Geschwindigkeiten für die einzelnen Gleisabschnitte
– Betriebsstellen und bestimmte Hauptsignale, zul. Geschwindigkeit bei Fahrt auf „Langsamfahrt", Angaben zum Zugfunk
– Lage der Betriebsstellen, Standorte der Signale
– Ankunftszeiten, Ab- und Durchfahrzeiten

7 Produktionsplanung

Strecke Heidenau - Norburg
100 km/h   Mbr 72

1	2	3a		3b
	100	- ZF A 64 -		
		Heidenau		105,5
102,2		Sbk 4		102,2
	95			
		Edelsdorf Hp		99,9
		Sbk 6		99,2
95,7	– –	Arensberg	E 50	95,7
	100	Sbk 8		93,2
		Sbk 10		90,7
84,2		Esig		84,2
	80	Mittelstadt	A 60	83,2
				0,0
		Bk Angersb Hst		3,4
5,6		VE ▽ 75 km/h		
		Neuhof		6,8
		Wernick-T		7,8
				8,6
9,2				
	60			
9,3	– –	Üs ▽		
	70			
9,8		- ZF Ende -		
	80	Esig Bachstedt		12,8
		Bft Bachstedt		13,9
		Bft Meilingen		15,4
		Asig	A 60	17,5
25,3		Esig ⊢		25,3
	30	Norburg		25,8

Abb. 7.6.4: Buchfahrplan

Die Streckendaten und die Fahrplandaten des Buchfahrplanes werden in zwei verschiedenen Heften dargestellt:
– Geschwindigkeitsheft: es enthält die Streckenangaben.
– Fahrzeitenheft: es enthält den Laufweg des Zuges.

Der Buchfahrplan wird mit der Fahrplan-Mitteilung ergänzt, zum Beispiel mit dem Fahrplan eines Sonderzuges, für die Umleitung eines Zuges und bezüglich Abweichungen und Ergänzungen, zum Beispiel bei Langsam-Fahrstellen (La-Angaben).

Der „Elektronische Buchfahrplan und La" (EBula) sieht den vollständigen Ersatz der gedruckten Fahrplanunterlagen durch ein elektronisches Medium vor und ermöglicht eine zug- und tagesbezogene Bereitstellung der Daten für den Triebfahrzeugführer und berücksichtigt kurzfristig alle Veränderungen zum Regelzustand (z.B. Bauarbeiten, Fahrplanabweichungen). Die Wiedergabe der Informationen erfolgt über ein im Führerraum installiertes Bordgerät mit Farbdisplay unter Verwendung einer grafischen Bildschirmdarstellung (Abb. 7.6.5). Die Daten werden auf Datenträger täglich aktualisiert,

7.6 Darstellungsformen des Fahrplans

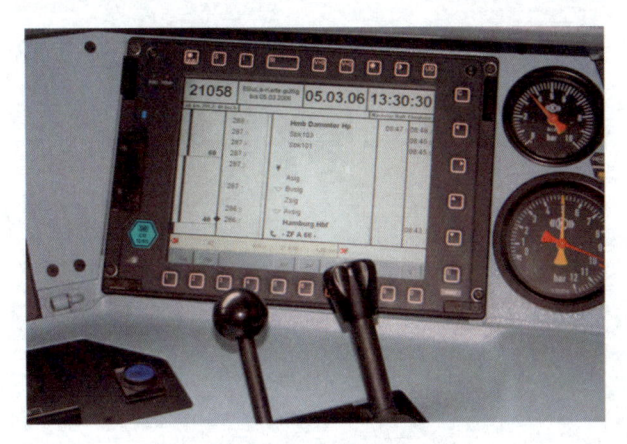

Abb. 7.6.5: Elektronischer Buchfahrplan (Quelle: Wikipedia)

abgespeichert und in das Bordgerät eingegeben. Durch Eingabe der Zugnummer erhält der Triebfahrzeugführer alle notwendigen Informationen.

Zuletzt soll der „Streckenfahrplan" erwähnt werden, er dient dazu, die auf der freien Strecke tätigen Mitarbeiter (Sicherheitsposten, Fahrdienstleiter einer Blockstelle, Schrankenposten) über den Fahrplan zu unterrichten.

Weiterführende Literatur

Pachl, Jörn: Systemtechnik des Schienenverkehrs, 2. Auflage, Teubner, Stuttgart 2000.

Rockenfeldt, Bernd: Fahrzeiten- und Zugfahrtrechnung bei der Deutschen Bundesbahn, Elsners Taschenbuch der Eisenbahntechnik 1983, S. 255 ff.

Fricke, Eckart; Penner, Hendrik: Der Takt der Zukunft. Das neue Produktionssystem 200X im Einzelwagenverkehr von Railion; ETR, Nr. 12, 2006, S. 844 ff.

Weiß, Rüdiger: Netzfahrplan 2007; neue rechtliche Rahmenbedingungen für die DB Netz AG; ETR, Nr. 12, 2006, S 847 ff.

Nachtigall, Karl: Fahrplanoptimierung mit „TAKT", unveröffentlichter Bericht für die Deutsche Bahn, Netz AG, 2007.

Jaenichen, Dieter: Die Auslegung der Bremse nach europäischen Regelwerken, ZEVrail Glasers Annalen, Nr. 3,2007 S. 91 ff

Stohler, Werner: Internationale Koordination von Integralen Taktfahrplänen; Zürich 1998

Weigand, Werner: Planungs- und Prognosemethoden für das Angebot im Hochgeschwindigkeitsverkehr der Zukunft, ETR 43 Heft 5, 1994, S. 279 ff

Lichtenegger, Michael: Der Integrierte Traktfahrplan; Abbildung und Konstruktion mit Hilfe der Graphentheorie, Minimierung der Realisierungskosten, ETR 40, Heft 3 1991, S 171 ff

Mehlhorn, Gerhard, Herausgeber; Köhler, Uwe, Bandherausgeber: Der Ingenieurbau, Band Verkehr; Straße, Schiene, Luft; Verlag Ernst und Sohn; Berlin 2001

KABELSCHUTZSYSTEME FÜR DIE BAHNTECHNIK

PMA
KABELSCHUTZTECHNIK

Die Nummer 1 bei der Bahn

Schienenfahrzeuge

Gleisnebenanwendungen

- ☐ 30 Jahre Erfahrung
- ☐ Globale Präsenz
- ☐ Weltweite Zulassungen
- ☐ Kundenspezifische Lösungen
- ☐ Bahnspezifische Produkte
- ☐ Planungsunterstützung
- ☐ Montageeinweisung vor Ort

PMA Deutschland GmbH · Hellinger Straße 1 · 97486 Königsberg/Bayern
Tel. 09525/88-120 · Fax 09525/88-130 · info@pma-de.com · www.pma-de.com

8 Die Infrastruktur
Werner Weigand, Walter Mittmann, Wolfgang Fengler

Die betriebliche Infrastruktur, d.h. die Gleise, Weichen usw. und mögliche Fahrstraßen, die von der Leit- und Sicherungstechnik abhängen, kann über die Leistungsfähigkeit, die erwartete oder geforderte Betriebsqualität und das gegebene oder erforderliche Fahrplanangebot bestimmt werden. Grundlage für diese Dimensionierungen sind Leistungsuntersuchungen und Simulationen, die in Kapitel 8.1 beschrieben sind. Die Gestaltung der Bahnanlagen, der Knoten und Strecken ist in Kapitel 8.2 erläutert. Darüber hinaus zeigt das Kapitel 8.2 den Zugang zum System Bahn mit der Gestaltung der Knoten des Personen- und des Güterverkehrs. In Kapitel 8.3 sind die gesetzlichen Vorgaben und Verfahrensschritte bis zur Inbetriebnahme von Eisenbahnbetriebsanlagen beschrieben. In Kapitel 8.4 wird die Instandhaltung der Bahnanlagen erläutert.

8.1 Leistungsfähigkeitsuntersuchungen und Simulationen

8.1.1 Ausgangslage für eisenbahnbetriebswissenschaftliche Untersuchungen

Für die Planung der Infrastruktur ist zunächst – aufgrund von betrieblichen und verkehrlichen Anforderungen – der erforderliche Infrastrukturumfang (z.B. Anzahl, Anbindung und Lage der Gleise, Signale, ...) zu ermitteln.

Dazu wird für verschiedene ingenieurmäßig entwickelte Infrastrukturvarianten die Leistungsfähigkeit bestimmt. Dies erfolgt anhand eisenbahnbetriebswissenschaftlicher Verfahren.

Sobald mehr als eine Zugfahrt auf einer Infrastruktur verkehrt, kann es zu gegenseitigen Behinderungen zwischen den Zügen kommen. Je mehr Zugfahrten auf einer Infrastruktur innerhalb eines Zeitraumes verkehren, umso größer sind die gegenseitigen Behinderungen. Diese Behinderungen führen zu Wartezeiten. Die Wartezeiten werden unendlich groß, wenn die physikalisch maximal mögliche Zuganzahl auf der Infrastruktur erreicht wird (Abb. 8.1.1).

Gegenseitige Behinderungen zwischen Zugfahrten und damit Wartezeiten treten sowohl bei der Fahrplankonstruktion als auch im Betriebsablauf auf. Bei der Fahrplankonstruktion gibt es z.B. Behinderungen, wenn für den gleichen Zeitpunkt für den gleichen Ort zwei Trassen bestellt werden. Im Betriebsablauf sorgen verspätete Züge für gegenseitige Behinderungen. Für die Berechnung der Wartezeiten bei der Fahrplankonstruktion und im Betriebsablauf stehen verschiedene eisenbahnbetriebswissenschaftliche Verfahren zur Verfügung, die im Unterkapitel 8.1.4 vorgestellt werden.

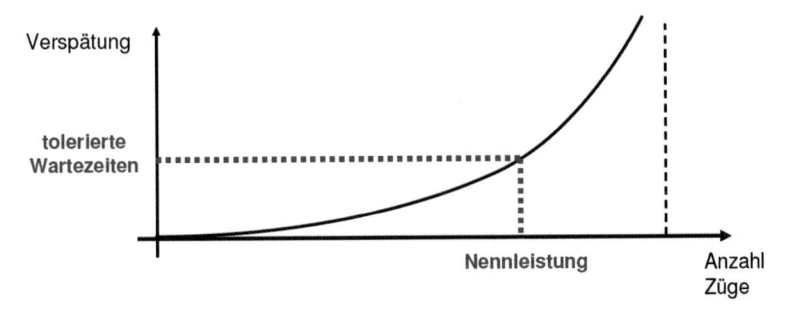

Abb. 8.1.1: Wartezeiten (z.B. Verspätungen) infolge gegenseitiger Behinderungen

8.1.2 Leistungsfähigkeit

Definition

Eine wesentliche Anforderung an das System Bahn ist, dass die Gestaltung der Eisenbahninfrastruktur und der Betrieb aufeinander abgestimmt sind.

Die Anzahl von Fahrten, die unter bestimmten Bedingungen wie
– Zugeigenschaften,
– ggf. unter Qualitätsaspekten,
– innerhalb eines Zeitraums,
– auf einem Infrastrukturteil wie Strecken, Knoten, Teilfahrstraßenknoten oder Gleisgruppe

durchführbar sind, entspricht dem **Leistungsverhalten**.

Von wesentlichem Einfluss ist die Fahrplanstruktur, dies ist entweder
– ein Taktfahrplan (linienbezogen),
– ein Integraler Taktfahrplan (mehrere Linien mit Umsteigeverknüpfung in Taktknoten),
– ein Fahrplan mit quasi-zufälliger Verteilung der Zeitlücken zwischen den Fahrten oder
– ein Fahrplan, der aus diesen Strukturen gemischt ist.

Leistungsverhalten ist ein Oberbegriff für verschiedene Kenngrößen:

Leistungsfähigkeit

Die Leistungsfähigkeit ist eine theoretische Kenngröße, die die Anzahl von Zügen angibt, die bei gegebener Fahrplanstruktur und bei voller Nutzung der technisch zugelassenen Fahrmöglichkeiten, allerdings ohne Qualitätsanforderungen, durchführbar wäre.

Es handelt sich um einen theoretischen Wert, der in der Praxis in der Regel nicht erreicht wird.

Betriebsleistung

Die Betriebsleistung gibt die Anzahl von Zügen an, die bei einer tatsächlichen Reihenfolge unter Nutzung von Reservezeitanteilen (wie Fahrzeitzuschlägen) auf der verfügbaren Infrastruktur gefahren wurden; sie entspricht der praktischen Leistung.

Nennleistung

Die Nennleistung bezeichnet die Anzahl von Zügen, die innerhalb eines Zeitraumes unter Berücksichtigung
– der verfügbaren Infrastruktur,
– einer Fahrplanstruktur (z. B. eines Integralen Taktfahrplans),
– von Reservezeiten (Regel- oder Bauzuschlägen, Pufferzeiten) sowie
– unter Einhaltung bestimmter Grenzen hinsichtlich der Fahrplan- oder Betriebsqualität (Pünktlichkeit und Schnelligkeit)

planmäßig einlegbar sind.

Im anerkannten Verfahren STRELE wird die Nennleistung durch Begrenzung der Wartezeiten bestimmt. Als Grenze dient die Summe der Wartezeiten im Betrieb, die auf Basis einer Bewertung von ausgewählten Strecken durch Betriebspersonal mit der Betriebsqualität „befriedigend" eingestuft wurde. Die Zuganzahl, bei der diese Grenze erreicht wird, ist die Nennleistung.

8.1 Leistungsfähigkeitsuntersuchungen und Simulationen

Mit neuen Verfahren lässt sich die Nennleistung anhand wirtschaftlicher Parameter für das Gesamtsystem Bahn berechnen. Grundlage hierfür ist die Berücksichtigung einer Gewinnlinse.

Gewinnlinse

Unter Wirtschaftlichkeitsgesichtspunkten betrachtet steigen die Erträge, die in einem Netzteil erzielt werden, mit der Anzahl der gefahrenen Züge
– aus Sicht der Eisenbahninfrastrukturunternehmen durch verkaufte Fahrplantrassen,
– aus Sicht der Eisenbahnverkehrsunternehmen durch Fahrgeld- und Frachteinnahmen

an.

Die durch die Nutzung des Fahrwegs und die Durchführung der Zugfahrten bedingten Kosten steigen ebenfalls – zunächst geringer als die Erträge – an.

Mit Annäherung an die theoretische Leistungsfähigkeit steigen die Wartezeiten und damit die Kosten überproportional an.

Die Erträge hingegen sinken unter Berücksichtigung bestimmter Qualitätsvorgaben wegen der mit zunehmender Belastung größer werdenden Wartezeiten. Beispielsweise müssen Trassen mit Rabatt verkauft oder Pönalen wegen verspäteter Betriebsdurchführung gezahlt werden.

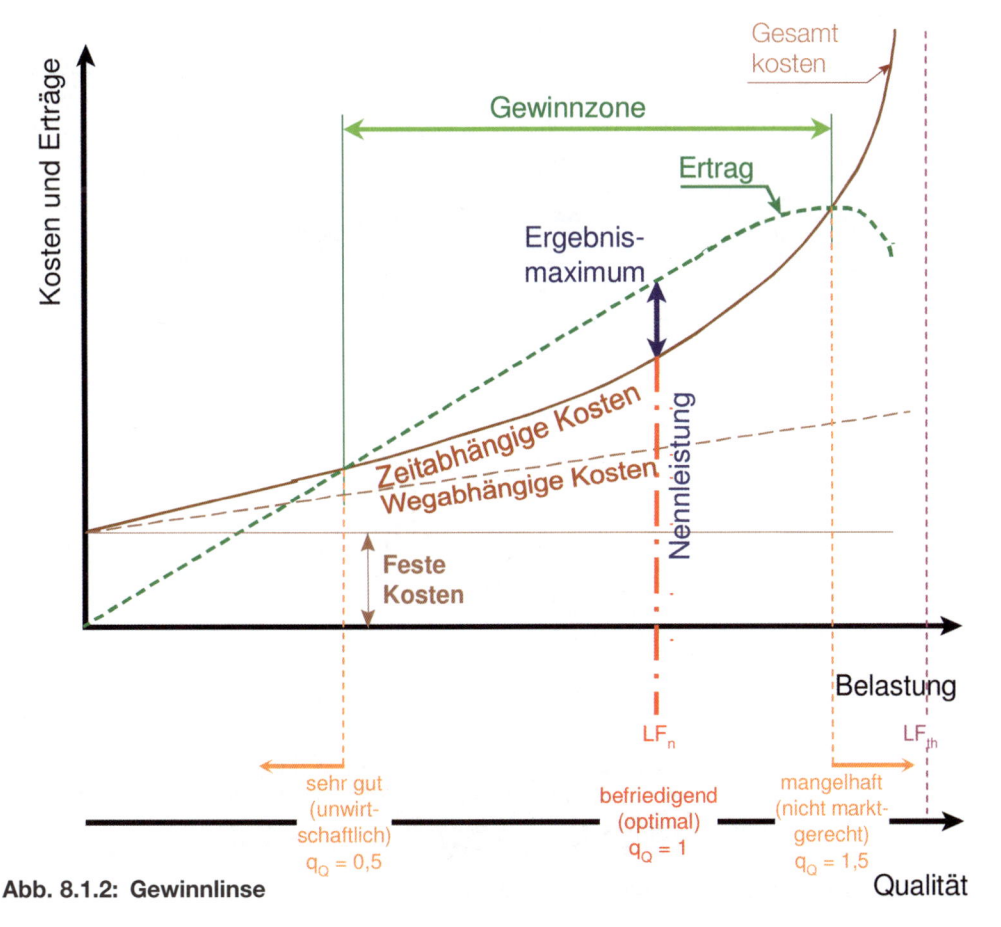

Abb. 8.1.2: Gewinnlinse

8 Die Infrastruktur

Die Ertrags- und die Kostenkurve bilden eine Gewinnlinse, d.h. einen wirtschaftlich optimalen Leistungsbereich, bei dem die Erträge die Kosten übersteigen. Die obere Grenze der Gewinnlinse für die Zugzahl ist erst gegeben, wenn das Verspätungsniveau im betrachteten Teilnetz stark ansteigt; die untere Grenze ist durch erhebliche freie Kapazitäten gekennzeichnet. Im Bereich der Gewinnlinse ändert sich das Ergebnis nicht besonders stark, so dass begrenzte Abweichungen vom Maximum wirtschaftlich verträglich sind (Abb. 8.1.2).

Die Nennleistung liegt innerhalb dieser Gewinnlinse. Sie kann an der Stelle des maximalen Gewinns liegen. Bei Engpassabschnitten liegt die Nennleistung zwischen dem Gewinnmaximum und dem oberen Ende der Gewinnlinse. Die Eisenbahninfrastruktur sollte stets im wirtschaftlich optimalen Leistungsbereich ausgelastet und betrieben werden.

8.1.3 Grundlagen der eisenbahnbetriebswissenschaftlichen Verfahren

Als Grundlage für die Berechnung der Wartezeiten ist die Infrastrukturnutzung zu modellieren.

Dazu ist unter anderem die Infrastruktur in einem Modell abzubilden. Dies erfolgt in der Regel mikroskopisch (Abb. 8.1.3) für einen Netzausschnitt oder makroskopisch für ganze Netze (Abb. 8.1.4).

Die mikroskopische Abbildung im Modell umfasst u. a. Spurplanknoten (wie Weichen, Signalstandorte, Zugschlussstellen, Halteplätze) und Kanteneigenschaften (wie Streckenlängsneigungen).

Im Gegensatz hierzu steht die makroskopische Betrachtung. Es werden bestimmte Infrastruktureigenschaften bewertet und zu Clustern zusammengefügt. Somit wird nicht jedes Detail abgebildet, sondern es werden die einflussreichsten Eigenschaften von Netzteilen abgebildet. Ziel ist es, die durch die Clusterung entstehenden Abbildungsungenauigkeiten möglichst gering zu halten. Vorteil

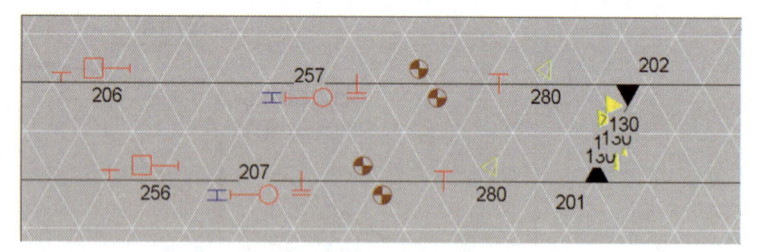

Abb. 8.1.3: Infrastrukturabbildung, mikroskopisch

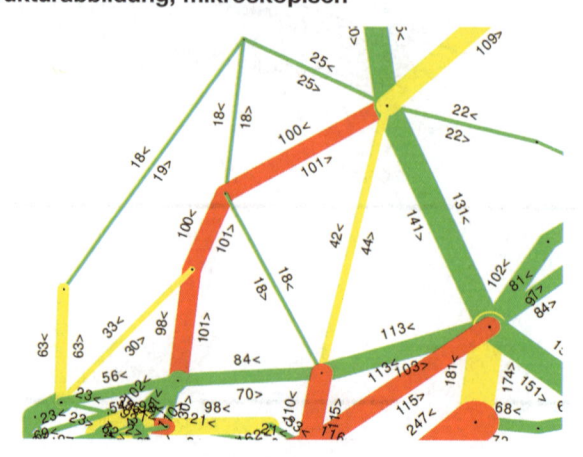

Abb. 8.1.4: Infrastrukturabbildung, makroskopisch

8.1 Leistungsfähigkeitsuntersuchungen und Simulationen

der Clusterung ist, dass auch bei größeren Netzen eine Übersichtlichkeit und Handhabbarkeit der Verfahren gewährleistet bleibt.

Die Zugfahrten werden unabhängig vom Abstraktionsniveau der Infrastruktur modelliert. Den einzelnen Zugfahrten werden dazu Eigenschaften (Triebfahrzeug, Zuglänge, Gewicht, …) zugewiesen. Es werden somit alle für die Fahrdynamik bzw. Sicherungstechnik wichtigen Details abgebildet. Es findet keine Abstraktion oder Clusterung statt.

Für prognostische Untersuchungen kann eine Zusammenfassung von Zugfahrten mit gleichen oder ähnlichen Eigenschaften zu Modellzügen sinnvoll sein.

Je nach Aufgabenstellung und angewendetem Verfahren erfolgt die Modellierung der zeitlichen Lage der Zugfahrten z. B.
- als Fahrplanlage für die Simulation eines Fahrplanes,
- als Wunschlage eines EVU für die Fahrplanstudie oder
- als Tagesganglinien je Modellzug (Abb. 8.1.5) bei längerfristigen Untersuchungen oder noch nicht bekanntem Fahrplan.

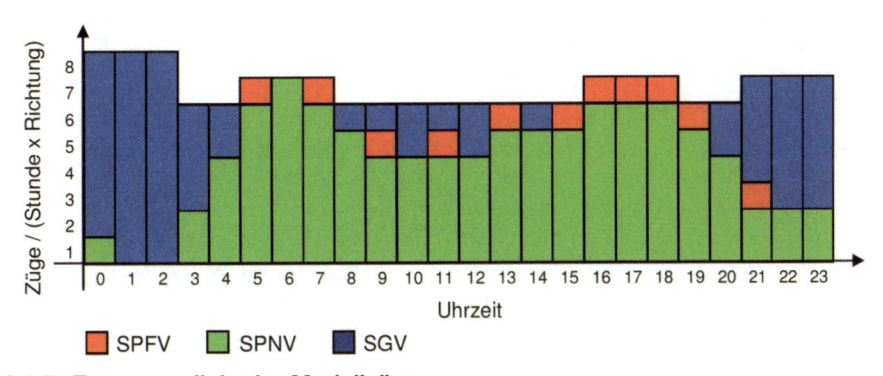

Abb. 8.1.5: Tagesganglinie der Modellzüge

Schließlich werden Parameter wie Fahrzeitzuschläge benötigt.

Auf dieser Grundlage lässt sich dann eine Fahrzeitenrechnung durchführen. Je Blockabschnitt wird ferner die Belegungszeit je Zugfahrt ermittelt.

Wenn zwei Zugfahrten einen Block gleichzeitig belegen wollen, entsteht ein Konflikt (rotes Rechteck in Abb. 8.1.6). Dieser Konflikt lässt sich z. B. durch zeitliches Verschieben mindestens einer Zugfahrt oder Zuweisung eines anderen Fahrwegs lösen. Die zeitliche Verschiebung verursacht Wartezeiten.

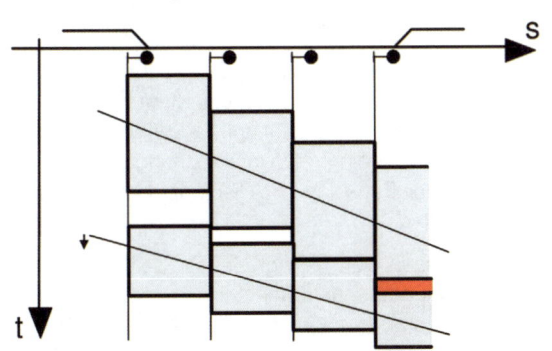

Abb. 8.1.6: Entstehung von Wartezeiten zwischen zwei Betriebsstellen

8.1.4 Verfahrensfamilien und Methoden

Für eisenbahnbetriebswissenschaftliche Untersuchungen können vier Methoden (ggf. auch kombiniert) angewandt werden:
- Statistisch/deterministische Methode
- Konstruktive Methode
- Analytische Methode
- Simulationsmethode

Statistisch/deterministische Methode

Gegenstand der statistisch/deterministischen Methode ist die nachträgliche Auswertung des Eisenbahnbetriebs. Die Methode dient in erster Linie für Analyseaufgaben und als Vorarbeit zur Anwendung der anderen Methoden durch Beschreibung des Ist-Zustands.

Wenn keine wesentlichen Veränderungen gegenüber dem Ist-Zustand zu erwarten sind, lassen sich ggf. Anforderungen an die Infrastruktur auf Basis der Analyse ableiten. Bei größeren Änderungen von Betrieb oder Infrastruktur sind aber andere Methoden anzuwenden. Die statistisch/deterministische Methode erlaubt jedoch überschlägige Aussagen und Betrachtungen zur Vorauswahl von Varianten. Qualitätsaussagen sind teilweise möglich (z. B. bei Verspätungsanalyse), Aussagen zur Leistungsfähigkeit oder zur Bemessung jedoch nicht.

Problematisch an dieser Methode ist, dass vor Beginn der Untersuchung alle zu untersuchenden Objekte und zu erfassenden Daten feststehen müssen. Es gibt hier im Allgemeinen keine Möglichkeit, für das zeitlich und räumlich festgelegte Untersuchungsobjekt in einem nachfolgenden Arbeitsgang zusätzliche Fragestellungen zu beantworten. (Beispiel: Die Ankunftszeitabstände von Zügen wurden erfasst; welche Länge die Züge jeweils haben, kann nur beantwortet werden, wenn dieser Parameter vorab als zu erfassen festgelegt wurde.)

Konstruktive Methode

Während die statistisch/deterministische Methode keine Aussagen für erheblich geänderte, zukünftige Zustände der Infrastruktur oder Fahrplangestaltung treffen kann, können bei Anwendung der konstruktiven Methode Auswirkungen von solchen Änderungen prognostiziert werden [1].

Grundlage der konstruktiven Methode ist neben der Analyse von Verkehrsströmen und Infrastrukturen die Ermittlung von Zeitverbräuchen bei Zug- und Rangierfahrten. Ausgehend von den Betriebsprogrammen werden Fahrplanstudien erstellt. Aus zugehörigen, grafisch dargestellten Sperrzeiten und Sperrzeittreppen können Konflikte dargestellt werden. Der Bearbeiter kann diese Konflikte lösen, indem er die zeitliche Lage der Züge verschiebt, Kreuzungs- und Überholungshalte einfügt oder die Fahrzeit einzelner Züge abschnittsweise verlängert (die Züge „biegt").

Mit der konstruktiven Methode wird in Fahrplanstudien untersucht, wie sich mögliche Änderungen der Infrastruktur (z. B. im Zusammenhang mit Ausbaumaßnahmen) bzw. des Betriebsprogramms (z. B. durch geänderte Betriebs- und Angebotskonzepte) auf zukünftige Fahrpläne auswirken können. Die konstruktive Methode eignet sich nur bedingt zur Untersuchung der in der Betriebsdurchführung zu erwartenden Verspätungen bzw. der Pünktlichkeit. Hierzu ist im Anschluss an diese Methode ggf. die Simulationsmethode anzuwenden.

Mit der konstruktiven Methode lassen sich Kenngrößen zu Zeitverbräuchen und Anzahl von Konflikten, Anschluss- und Umlaufbindungen aus Erkenntnissen, die bei der Fahrplanerstellung gewonnen werden, ermitteln. Es lassen sich u. a. folgende Aufgaben damit lösen:
- Optimierung von Fahrwegen in Fahrstraßenknoten (Minimierung der Konflikte)
- Optimierung der Belegung einer Gleisgruppe aus betrieblicher und verkehrlicher Sicht

8.1 Leistungsfähigkeitsuntersuchungen und Simulationen

- Konstruktion von konfliktfreien Fahrplanstudien unter Beachtung von Mindestpufferzeiten (Hauptaufgabe), auch als Vorgabe für die Simulation von Betriebszuständen oder als Ergänzung zu mit analytischer Methode berechneten Ergebnissen für Fahrplanstudien
- Ermitteln von Zeitfenstern auf Strecken, die an einen Taktknoten anschließen
- Bemessung von Infrastruktur für fest definierte verkehrliche Anforderungen
- Variantenvergleiche von Infrastrukturmaßnahmen
- Prüfung von Verkehrskonzepten
- Bewertung von Nahverkehrsnetzen
- Knotenbetrachtungen

Analytische Methode

Die analytische Methode kann auch den Einfluss von Verspätungen auf die Betriebsdurchführung in die Berechnungen mit einbeziehen [2].

Bei der analytischen Methode werden auf der Basis wahrscheinlichkeitstheoretischer Modelle eisenbahnbetriebswissenschaftliche Kenngrößen ermittelt. Man erhält Aussagen
- zur Fahrplan- und Betriebsqualität auf Netzelementen,
- zur optimalen Zuganzahl (Nennleistung),
- zur Auslastung der Infrastruktur,
- zu leistungsbestimmenden Infrastrukturelementen sowie
- zu möglichen Engpässen (Abb. 8.1.7).

Die analytischen Methoden eignen sich besonders zur Bemessung von Netzteilen und zum Variantenvergleich der Infrastrukturgestaltung.

8 Die Infrastruktur

Variante A

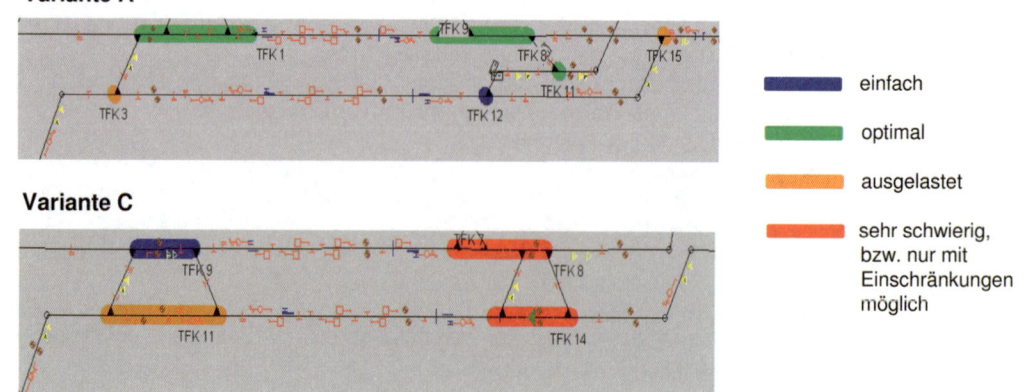

Variante C

einfach

optimal

ausgelastet

sehr schwierig, bzw. nur mit Einschränkungen möglich

Abb. 8.1.7: Analytisches Tool ANKE: Farbliche Darstellung der zu erwartenden Schwierigkeit der Fahrplankonstruktion in einem Bahnhof

Einzelne Zugfahrten werden nicht abgebildet, sondern bilden zusammengefasst zu Modellzügen (Zuggruppen) die Grundlage für die Berechnungen.

Da wahrscheinlichkeitstheoretische Modelle unterstellt werden, resultieren die Ergebnisse aus allen möglichen Zugreihenfolgen und zeitlichen Abständen, jeweils mit der Wahrscheinlichkeit ihres Vorkommens belegt.

Die derzeit entwickelten Modelle ermöglichen die Berechnung von Wartezeiten und damit optimale Leistungskennwerte für
– eingleisige Strecken,
– zweigleisige Strecken,
– Teilfahrstraßenknoten (zusammengefasste Weichenbereiche) sowie
– Gleisgruppen.

Die Untersuchungsergebnisse sind umso genauer, je besser die vorhandene Infrastruktur und die Struktur des Betriebsprogramms dem jeweiligen Modell für eine analytische Rechnung entsprechen. Nicht vertaktete Fahrpläne kommen den unterstellten Fahrplänen am nächsten, während reine Taktfahrpläne mit konstanten Taktzeiten für Untersuchungen mit der analytischen Methode ungeeignet sind. Hier bietet sich eine (ergänzende) Untersuchung mit der konstruktiven Methode und/oder eine Simulation an. Auch sind Aussagen zur Wirkung von Dispositionen der Fahrten über verschiedene Fahrwege zu unterschiedlichen Zielgleisen nicht möglich. Gute Näherungsergebnisse lassen sich jedoch erzielen, wenn Fahrten anteilmäßig auf verschiedene Fahrwege und Zielgleise aufgeteilt werden. Zu beachten ist, dass bei der analytischen Methode nur Aussagen zum Untersuchungsobjekt selbst getroffen werden; Einflüsse aus Wechselwirkungen zwischen verschiedenen Anlagenteilen (insbesondere Rückstaueffekte) werden nicht berücksichtigt.

Andererseits ist die analytische Methode prädestiniert für Untersuchungen mittel- und langfristiger Planungen, für die ein Betriebsprogramm noch wenig konkret ist. Auch braucht die Infrastruktur nicht detailliert beschrieben sein; so genügt z. B. für die Bemessung einer Gleisgruppe zunächst eine Annahme über deren Anzahl.

Simulationsmethode

Bei der Simulation wird der Eisenbahnbetrieb, d. h. das Fahren von Zügen über signaltechnisch gesicherte Gleisanlagen nachgebildet [3]. Neben einem konfliktfreien Fahrplan-Zustand – im Allgemeinen

8.1 Leistungsfähigkeitsuntersuchungen und Simulationen

erzeugt mittels der konstruktiven Methode – wird eine Vielzahl von Untersuchungsläufen mit zum Teil verspätet in den Untersuchungsraum einbrechenden Fahrten und dort auftretenden Verspätungen durchgeführt, um den realen, von Verspätungen beeinflussten Betriebsablauf, der vom geplanten Betrieb abweicht, abbilden zu können. Damit sind Prognosen für die zu erwartende Betriebsqualität von Fahrplänen möglich.

Es gibt grundsätzlich zwei Möglichkeiten der Durchführung von Simulationen:
- Bei der **synchronen** Simulation werden alle Fahrten gleichzeitig betrachtet. In Zeitschritten wird beobachtet, wie sich das Betriebsgeschehen verändert. Dieses Modell wird von häufigen ad-hoc-Dispositionen geprägt. Das Risiko liegt darin, dass „Dead Lock"-Situationen nicht immer erkannt werden und ggf. ein Teil der Simulationsläufe nicht verwertet werden kann.
- Bei der **asynchronen** Simulation werden die Fahrten entsprechend ihrer Rangfolge (und bei gleichrangigen dann entsprechend ihrer zeitlichen Reihenfolge) betrachtet. Dieses Modell bildet das Betriebsgeschehen abstrakter ab (vorausschauende, rangabhängige Disposition).

Die Simulationsmethode ermöglicht eine gesamtheitliche Betrachtung eines aus Strecken mit deren Zwischenbahnhöfen, Fahrstraßenknoten und Gleisgruppen bestehenden Teilnetzes und berücksichtigt dabei Wechselwirkungen auf den Betrieb zwischen diesen Teilen.

Mittels Simulationen können die
- Qualität, zugbezogen bzw. summarisch für alle Netzelemente zwischen zwei Vergleichsquerschnitten,
- Anzahl/Anteil gehaltener Anschlüsse, Anzahl/Anteil gehaltener Umläufe, Beförderungszeit, Beförderungszeitquotient sowie Beförderungsgeschwindigkeit und
- Engpässe

ermittelt sowie Vergleiche von Infrastrukturvarianten und Betriebsprogrammvarianten durchgeführt werden.

Weniger geeignet sind Simulationen für die Ermittlung von Leistungskenngrößen, da dieses nur iterativ möglich und damit aufwändig ist.

Die Simulationsmethode ist besonders geeignet für Untersuchungen,
- für die analytische Methoden nicht geeignet sind, weil wesentliche Voraussetzungen für die unterstellten Modelle nicht erfüllt sind,
- bei denen Ergebnisse erwartet werden, die sich analytisch nicht berechnen lassen,
- bei denen das Betriebsprogramm mit zahlreichen Randbedingungen bereits bekannt ist (Ist-Zustand oder konkret geplante zukünftige Fahrpläne).

Die Simulation ermöglicht die Untersuchung beliebiger Betriebsprogramme, auch – verfahrensabhängig – mit besonderen Randbedingungen wie Stärken, Schwächen, Flügeln und Kuppeln von Zügen.

Die Wirkung in den Untersuchungsbereich eingetragener Verspätungen sowie deren Abbau können untersucht werden. Ein besonderes Merkmal der Simulation ist, dass die Disposition von Fahrten vorgenommen werden kann und muss.

Eine Disposition wird erforderlich, wenn Infrastruktur-Belegungs-Elemente von mehr als einer Fahrt nachgefragt werden. Dadurch entstehen Konflikte, die zu lösen sind:
- Auf Strecken laufen verschieden schnelle Züge auf, so dass Überholungen erforderlich werden.
- Ist die Nutzung einer vorgesehenen Fahrstraße nicht möglich, sind Umfahrwege zu prüfen.
- Ist die Einfahrt in ein vorgesehenes Zielgleis einer Gleisgruppe nicht durchführbar, ist – wenn möglich – auf ein anderes Gleis auszuweichen.

Konflikte können vorausschauend oder ad hoc gelöst werden. Ad-hoc-Lösungen werden z. B. für eine Fahrstraßendisposition über Umfahrwege angewandt, indem geprüft wird, welche Fahrmöglichkeiten

8 Die Infrastruktur

Knoten Bremen
Istvariante
IR Odenburg - Wunstorf
Mittelwert der Verspätungen (Ankunft/Abfahrt)

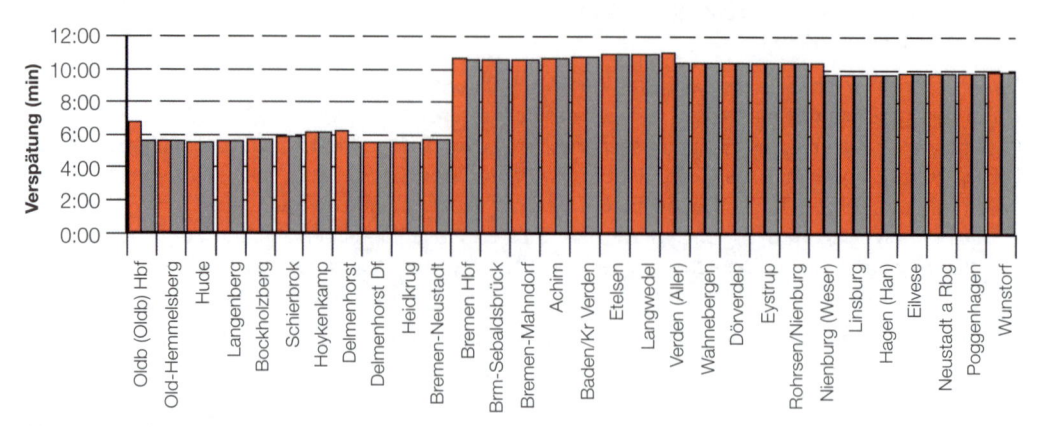

Abb. 8.1.8: Verspätungszuwachs zwischen Betriebsstellen

für einen zu disponierenden Zug noch vorhanden sind. Hingegen lassen sich z. B. Überholungskonflikte sinnvoll nur vorausschauend lösen. Eine zweckmäßige vorausschauende Konfliktlösung ist nur dann möglich, wenn die einzelnen Fahrten in der Betriebsdurchführung verschiedene Rangigkeiten aufweisen, ansonsten würden die Züge ohne besondere Maßnahme – behindert – weiterfahren.

Oftmals treten mehrere Konflikte abhängig voneinander auf, so dass diese möglichst gesamthaft zu lösen sind, z. B. bei der Einfahrt über einen Fahrstraßenknoten in ein Zielgleis.

Als Ergebnisse werden bei Simulationen insbesondere ausgewiesen:
– Der Verspätungszuwachs zwischen zwei definierten Querschnitten (Abb. 8.1.8) oder
– infrastrukturbezogene Behinderungen mit auf ein Belegungselement/eine Kante bezogenen Verspätungszuwächsen. Infrastrukturbezogene Behinderungen werden für die Lokalisierung von

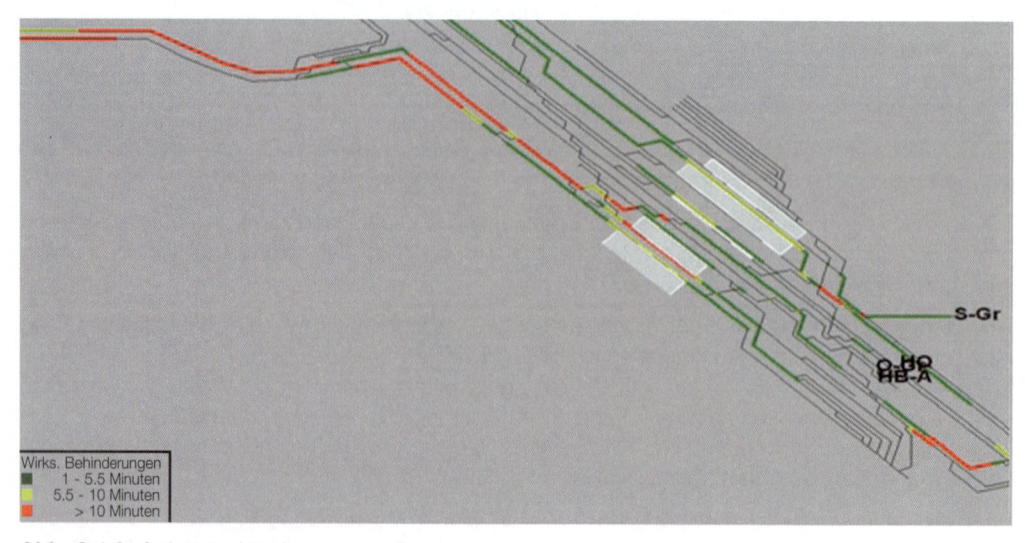

Abb. 8.1.9: Infrastrukturbezogene Behinderungen

8.1 Leistungsfähigkeitsuntersuchungen und Simulationen

unzureichend sowie angemessen genutzten Infrastrukturbereichen und möglichen Engpässen benötigt (Abb. 8.1.9).

Simulationsmethoden erfordern allerdings eine hohe Detaillierung in den Infrastruktur- und Betriebsprogrammen, so dass der Zeitaufwand für die Datenaufbereitung und die Auswertung der Ergebnisse sehr groß ist. Das Erstellen von konfliktfreien Fahrplanstudien muss bei den meisten Verfahren noch händisch durch den Bearbeiter erfolgen. Außerdem muss bei den meisten Verfahren noch durch spezielle Modellierungen die Anzahl der Deadlocks (die Fälle des gegenseitigen Blockierens von Zügen) gering gehalten werden.

Zu beachten ist auch, dass synchrone Simulationen den Betriebsablauf simulieren. Da der Betrieb aber einen größeren Leistungsbereich der Infrastruktur ausschöpfen kann als der Fahrplan, besteht die Gefahr, dass eine allein aus einer Simulation erfolgte Bemessung der Infrastruktur zu wenige Reserven für die tatsächliche Fahrplankonstruktion beinhaltet. Der Phase der Erstellung des Fahrplans vor der eigentlichen Simulation kommt daher besondere Bedeutung zu. Hier empfiehlt sich die Prüfung der Ergebnisse mittels der konstruktiven Methode.

8.1.5 Durchführung von Untersuchungen

Hauptsächlich werden eisenbahnbetriebswissenschaftliche Untersuchungen zur Unterstützung der Bewertung von Infrastrukturplanungen oder Verkehrskonzepten angewendet (Abb. 8.1.10).

Für die Untersuchungen müssen zumindest Konzepte für Infrastrukturgestaltung und betriebliche Anforderungen vorhanden sein. Die Aufgabenstellung sollte jedoch für das Untersuchungsziel genau genug formuliert vorliegen. Sofern dies durch den Auftraggeber nicht oder nicht ausreichend genug geschehen ist, erstellt der Bearbeiter der Untersuchung eine konkrete Aufgabenstellung, welche dieser mit dem Auftraggeber abstimmt. In dieser Aufgabenstellung können auch die für die Aufgabenstellung besonders relevanten Parameter (z. B. zur Disposition) gemeinsam festgelegt werden.

Bevor die eigentliche eisenbahnbetriebswissenschaftliche Untersuchung mit der Anwendung von Programmen begonnen wird, sind Grundüberlegungen zu deren Ziel und Vorgehen durchzuführen. Betrachtungen mit der statistisch/deterministischen Methode sowie Konstruktionen von Fahrlagen in erkannten Engstellen geben Hinweise zur weiteren Bearbeitung. Hier besteht für den Bearbeiter durchaus die Möglichkeit, selbst Vorschläge zur Änderung der Infrastruktur einzubringen.

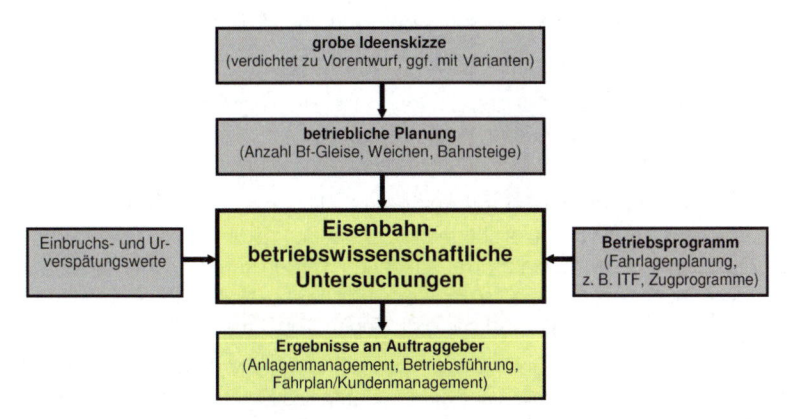

Abb. 8.1.10: Einbindung der eisenbahnbetriebswissenschaftlichen Untersuchungen in die betriebliche Infrastrukturplanung

8 Die Infrastruktur

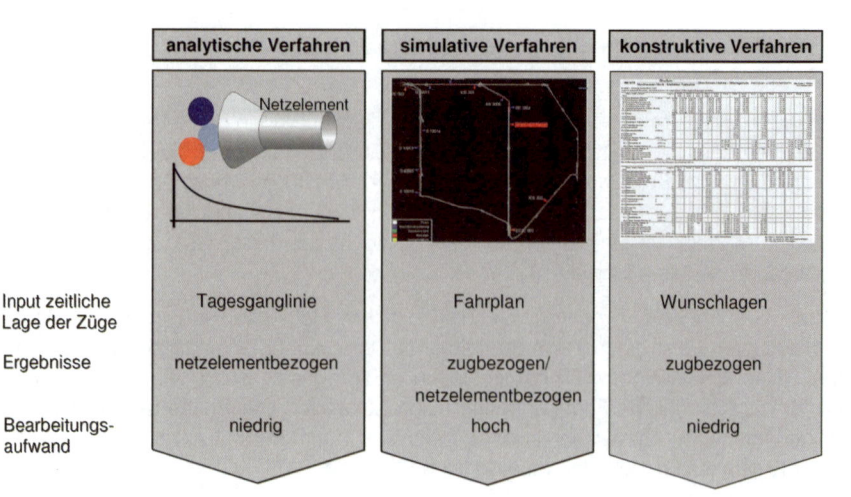

	analytische Verfahren	simulative Verfahren	konstruktive Verfahren
Input zeitliche Lage der Züge	Tagesganglinie	Fahrplan	Wunschlagen
Ergebnisse	netzelementbezogen	zugbezogen/ netzelementbezogen	zugbezogen
Bearbeitungsaufwand	niedrig	hoch	niedrig

Abb. 8.1.11: Wesentliche Merkmale der Verfahren

Die Genauigkeit der Daten zu Infrastruktur, Betriebsprogrammen und Verspätungswerten bestimmt wesentlich die Wahl der Verfahren, ebenso wie die Erwartungen an die Ergebnisart und Ergebnisgenauigkeit wie auch die zur Verfügung stehende Bearbeitungszeit (Abb. 8.1.11).

Eine wesentliche Grundlage für eisenbahnbetriebswissenschaftliche Untersuchungen stellen die Infrastrukturdaten des DaViT-Spurplans (Datenverarbeitung im Trassenmanagement) und Fahrplandaten des Fahrplankonstruktionsverfahrens RuT-K (Rechnerunterstütztes Trassenmanagement Konstruktion) der *DB Netz AG* dar. Die Daten können mit besonderen Auswerteprogrammen, z.B. PAULA-Z (Programm zur Auswertung von Leistungsanforderungen und Zugprogrammen) für die weitere Bearbeitung strukturiert werden. Untersuchungsspezifische Daten (z.B. Dispositionsparameter, Verspätungen) müssen ergänzt werden.

Bei der Untersuchung ist so vorzugehen, dass Effekte und Wirkungszusammenhänge von Infrastruktur, Betriebsprogramm und Verspätungen klar erkennbar werden. Das Betriebsgeschehen im zu untersuchenden Bereich wird durch wechselseitige Abhängigkeiten von Zugfahrten untereinander und der dabei zur Verfügung stehenden Infrastruktur in einem Bereich beeinflusst, der weit über den Auswerteraum hinausreicht. Der Untersuchungsraum ist daher räumlich und zeitlich so groß zu wählen, dass er alle für die Zugfolge relevanten Bereiche und Einflüsse enthält.

Die Durchführung der Untersuchungen soll Besonderheiten klar herausstellen.

Beispielsweise kann bei Simulationen die Dispositionseinstellung so vorgenommen werden, dass eine zusätzliche Weichenverbindung eben nur im „Dispositionsfall" befahren wird. Der Grad der Nutzung der zusätzlichen Infrastruktur gibt einen Hinweis auf deren Notwendigkeit.

Die von den EDV-Verfahren gelieferten Ergebnisse sind zu interpretieren und für den Aufgabensteller fachgerecht aufzubereiten. Zu berücksichtigen ist, dass die zukünftige Nutzung von Anlagen und zukünftige Betriebszustände nicht exakt vorausgesehen werden können. Untersuchungen möglicher Betriebszustände geben aber belastbare Hinweise auf Wechselwirkungen zwischen Infrastruktur, Betriebsprogramm und Qualität aufgrund der getroffenen Annahmen und Eingangswerte.

Daraus abgeleitet sind Empfehlungen zu formulieren, welche Maßnahmen in Infrastruktur oder Betriebsgestaltung durchgeführt werden sollten. Ein optimales Ergebnis ist zu erzielen, wenn betriebliche Infrastrukturplanung, Planung des Verkehrskonzeptes und eisenbahnbetriebswissenschaftliche Untersuchungen aufeinander abgestimmt als möglichst integraler Prozess ablaufen.

8.1 Leistungsfähigkeitsuntersuchungen und Simulationen

8.1.6 Strecke

Im mathematischen Sinne besteht ein Netz aus Kanten und Knoten [4]. Der Begriff Strecke kommt darin nicht vor. Bei der Eisenbahn ist der Begriff Strecke in mehrerer Hinsicht belegt. In der Eisenbahnbetriebswissenschaft ist die Strecke ein übergreifender Begriff, der mehrere Elemente eines Netzes beinhaltet. Eine Strecke besteht aus mehreren Kanten und den dazwischenliegenden Knoten. Sinnvollerweise werden die Endpunkte der Strecke so gewählt, dass dazwischen keine größeren Änderungen in der Nutzung der Strecke vorkommen.

Zur Charakterisierung einer Strecke kann die Nennleistung dienen. Diese Nennleistung stellt kein absolutes maximales Leistungsvermögen der Strecke dar, sondern sie bezeichnet einen Richtwert, mit dem auf der Strecke noch unter Einhaltung bestimmter Qualitätskriterien gefahren werden kann.

Die Nennleistung ist abhängig von (Abb. 8.1.12)
- Infrastruktur (Blockabständen/Signalteilung, Überholungsgleisabständen und -eigenschaften, zulässiger Streckenhöchstgeschwindigkeit),
- Fahrplanstrukturen (Mischung der unterschiedlichen Zugarten (Zugmix), Linien-/Taktsystematiken, Haltekonzeptionen, Haltezeiten),
- Disposition (Vorschaubereiche, Lokpersonalwechsel im Güterverkehr, Informationsfluss Eisenbahnverkehrsunternehmen ⇔ Eisenbahninfrastrukturunternehmen),
- Fahrdynamik der eingesetzten Züge (z. B. spurtstarke Nahverkehrsfahrzeuge zur Harmonisierung der Geschwindigkeiten) sowie
- Pünktlichkeit / Verspätungsniveau.

Eine weitere Möglichkeit, um Strecken zu charakterisieren, ist die Zuordnung der Strecke zu einem Streckenstandard (s. auch Richtlinie 413 der *Deutschen Bahn AG*). Diese Zuordnung richtet sich

8 Die Infrastruktur

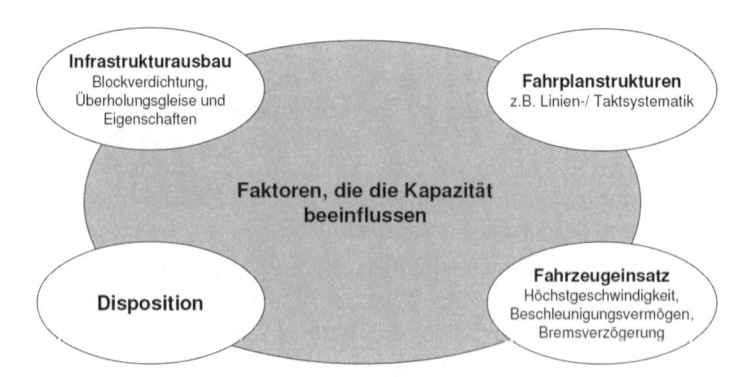

Abb 8.1.12: Einflüsse auf die Kapazität

nach den Eigenschaften der Infrastruktur und dem Betriebsprogramm, das auf diesen Strecken verkehrt. Hieraus abgeleitet ergeben sich dann bestimmte durchschnittliche Richtwerte für die Infrastrukturausstattung einer Strecke:
– Abstände der Signale
– Abstand der Überholungsbahnhöfe und deren Eigenschaften
– Abstand der Überleitverbindung
– Zugsicherungssysteme sowie
– zulässige Streckenhöchstgeschwindigkeit

Wesentliche Faktoren, welche die Zuordnung zu den einzelnen Streckenstandards beeinflussen, sind neben der so genannten Leitgeschwindigkeit (der angestrebten Streckenhöchstgeschwindigkeit) das auf der Strecke abzuwickelnde Betriebsprogramm. Je Streckenstandard sind gewisse Bandbreiten für die Zugzahlen je Verkehrsart (SPFV, SPNV und SGV) definiert. Das Betriebsprogramm der jeweiligen Strecke soll sich innerhalb dieser Bandbreiten des Streckenstandards bewegen. Jedoch kann in Abhängigkeit von den Anforderungen bzw. Rahmenbedingungen von den Vorgaben abgewichen werden. Berechnungen zur Streckenkapazität stellen darüber hinaus sicher, dass bei der konzeptionellen Entwicklung der Strecke die konkrete Bemessung ausschlaggebend für die infrastrukturelle Ausstattung der Strecke ist.

Nennleistung einer Strecke

Bei der *DB Netz AG* wird für zweigleisige Strecken die Nennleistung mit dem Programm STRELE ermittelt. Dem Programm liegt ein analytisches Modell zugrunde. Es wird mit Hilfe der Wahrscheinlichkeits-/Warteschlangentheorie die Nennleistung ermittelt.

Dieses analytische Modell beschreibt Vorgänge, wie man sie von einer Supermarktkasse kennt. Auf eine Supermarktkasse laufen verschieden volle Einkaufswagen zu, dementsprechend unterschiedlich lang sind die Bedienzeiten an der Kasse. Übertragen auf die Eisenbahn heißt das, dass verschieden schnelle Züge einen einzelnen Sicherungsabschnitt unterschiedlich lang belegen, d. h. sie werden unterschiedlich lange Bedienzeiten in der Infrastruktur hervorrufen. Im Supermarkt kommt auch nicht zu jedem Zeitpunkt ein Kunde an die Kasse, sondern der Kundenstrom ist ungleichmäßig verteilt. Bei der Eisenbahn ist das auch nicht anders, deshalb wird in beiden Fällen auch von den mittleren Ankunftsabständen der Kunden bzw. Züge geredet.

Legt man nun aufgrund des Betriebsprogramms und der Verspätungen diese mittleren Ankunftsabstände fest und rechnet diese dann hoch, ergibt sich mit einer gewissen Wahrscheinlichkeit eine Warteschlange vor der Kasse bzw. dem Infrastrukturelement. Um daraus eine zulässige Nennleistung zu ermitteln, muss definiert werden, wie lang diese Warteschlange bzw. die damit verbundene Wartezeit werden darf.

8.1 Leistungsfähigkeitsuntersuchungen und Simulationen

Aufgrund der Beobachtung und Einschätzung von Leitern und Mitarbeitern der Betriebsdurchführung wurde für STRELE eine maximal zulässige Wartezeit in Abhängigkeit vom Zugmix festgelegt, die mit der Nennleistung verknüpft ist. Der Begriff Nennleistung beinhaltet somit ein Qualitätsniveau, welches zurzeit die Bezeichnung zurfriedenstellende Qualität hat.

Wie oben bereits erwähnt bezieht sich die mit STRELE ermittelte Nennleistung in der Regel auf zweigleisige Strecken. Es gibt zwar auch die Möglichkeit im gleichen Programm für eingleisige Strecken Nennleistung zu ermitteln, jedoch weisen die Ergebnisse deutlich größere Schwächen auf als die von zweigleisigen Strecken. Bei eingleisigen Strecken ist das Betriebsprogramm von dominanter Bedeutung. Das Betriebsprogramm ist hierbei nicht nur als Menge von Zügen pro Zeitabschnitt zu verstehen, sondern es ist vielmehr in seiner exakten zeitlichen Lage zu betrachten. Die eingleisigen Strecken haben ihre größte Kapazitätseinschränkung durch die Lage der Kreuzungsbahnhöfe und der Anschlussbahnhöfe zueinander. Eine Nennleistung einer eingleisigen Strecke sollte somit immer auch durch Fahrplanbetrachtung untermauert werden. Hier ist es eher sinnvoll aufgrund von Fahrplankonstruktionen und der Berücksichtigung der Taktsymmetrien und Taktabhängigkeiten eine Nennleistung zu ermittelt.

Strecken-Untersuchungen

Bei eisenbahnbetriebswissenschaftlichen Untersuchungen werden verschiedene Varianten entweder des Betriebsprogramms oder der Infrastruktur oder Variationen von beiden Teilen betrachtet. Es werden zum einen die Nennleistung mit der Leistungsanforderung (Betriebsprogramm) verglichen, zum anderen mögliche Einspar- bzw. Verbesserungspotenziale aufgezeigt.

Als Eingangsgröße (Input) für eisenbahnbetriebswissenschaftliche Untersuchungen dienen (Abb. 8.1.13):
– verschiedene Infrastrukturvarianten
– Betriebsprogramme
– stochastische Verteilung von Verspätungen
– zufällige bzw. vorgegebene Zugfolgefälle
– Rangigkeit der Modellzüge untereinander
– Betrachtungszeitraum

Input:
- Infrastruktur(varianten)
- Betriebsprogramm (repräsentiert durch verschiedene Modellzüge)
- stochastische Verspätungsverteilung je Modellzug beim Einbruch
- zufällige bzw. vorgegebene Zugfolgefälle
- Rangigkeit (der Modellzüge untereinander)
- stochastische Verteilung der Haltezeitverlängerungen

Output:
- Leistungskennwerte
- erforderliche Zeitreserven (Zugfolgepufferzeiten)
- Mindestzugfolgezeiten
- maßgebender Blockabschnitt je Zugfolgefall
- Fahrzeiten
- planmäßige und außerplanmäßige Wartezeiten

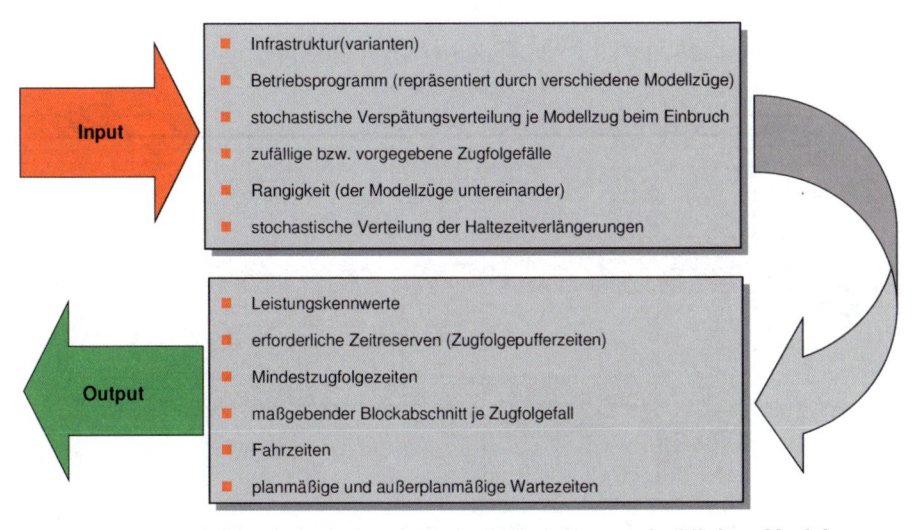

Abb. 8.1.13: Input und Output bei eisenbahnbetriebswissenschaftlichen Verfahren

8 Die Infrastruktur

Als Ergebnis einer eisenbahnbetriebswissenschaftlichen Untersuchung (Output) werden zur Verfügung gestellt:
- Leistungskennwerte
- erforderliche Zeitreserven (Zugfolgepufferzeiten)
- Mindestzugfolgezeiten
- der maßgebende Blockabschnitt je Zugfolgefall
- Fahrzeiten sowie die
- planmäßigen und außerplanmäßigen Wartezeiten

Mindestzugfolgezeit

Ein wesentliches Charakteristikum für die Streckenleistung sind die Mindestzugfolgezeiten. Die Mindestzugfolgezeiten werden am Beginn eines Überholungsabschnittes bzw. Kreuzungsabschnittes gemessen. Dabei wird die Zeitspanne vom Beginn der Sperrzeit des ersten Zuges bis zum Beginn der Sperrzeit des nachfolgenden Zuges als Mindestzugfolgezeit bezeichnet. Diese Mindestzugfolgezeit ist der minimale Zeitabstand, mit dem sich zwei Züge planmäßig folgen können, ohne dass der nachfolgende Zug auf den ersten Zug aufläuft bzw. durch diesen behindert wird (Abb. 8.1.14 und Abb. 8.1.15) Die einzelnen Mindestzugfolgezeiten aller Züge eines Streckenabschnitts werden in

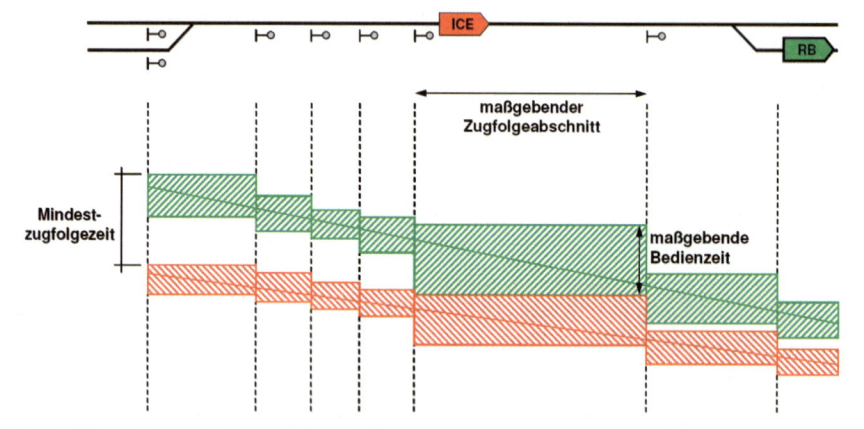

Abb. 8.1.14: Mindestzugfolgezeit (zwei Züge der gleichen Fahrtrichtung)

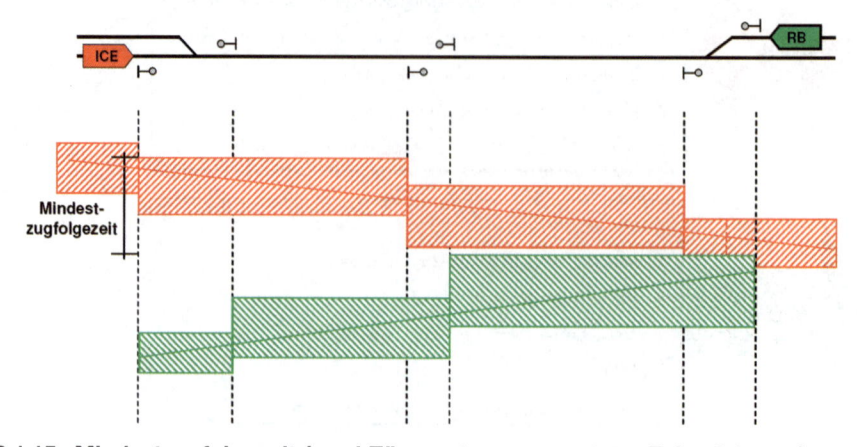

Abb. 8.1.15: Mindestzugfolgezeit (zwei Züge entgegengesetzter Fahrtrichtung)

8.1 Leistungsfähigkeitsuntersuchungen und Simulationen

der Matrix der Mindestzugfolgezeiten zusammengefasst. Des Weiteren lässt sich aus der Matrix der Mindestzugfolgezeiten die mittlere Mindestzugfolgezeit berechnen.

Matrix der Zugfolgefälle

Ein weiteres wichtiges Element der Streckenbetrachtung ist die Matrix der Zugfolgefälle. Sie charakterisiert, wie oft ein Modellzug einem anderen Modellzug folgt. Das Produkt aus der Matrix der Zugfolgefälle und der Matrix der Mindestzugfolgezeiten ergibt die Matrix der Bedienzeiten mit den jeweiligen zeitlichen Belegungen des Streckenabschnitts durch die einzelnen Zugfolgefälle. Aus der Matrix der Bedienzeiten kann die mittlere Mindestzugfolgezeit, die durchschnittliche Zeit für die Zugfolge zweier Züge, berechnet werden.

Aus diesem Zusammenhang erkennt man, dass die Reihenfolge der Trassen auf einer Strecke eine große Rolle spielt. Weist nämlich die Matrix der Mindestzugfolgezeiten einen hohen Wert auf und ist gleichzeitig auch der Wert bei der Matrix der Zugfolgefälle hoch, so ergeben sich lange Bedienzeiten und damit eine lange mittlere Mindestzugfolgezeit. Dies ist insbesondere dann der Fall, wenn eine starke Durchmischung verschieden schneller Modellzüge stattfindet. Fahren dagegen gleichartigen Modellzügen in Bündeln, d. h. fahren alle langsamen Züge in einem Bündel und alle schnellen Züge in einem Bündel, so ist die mittlere Mindestzugfolgezeit deutlich kürzer. In diesem Fall werden die niedrigen Mindestzugfolgezeiten mit einer hohen Anzahl von Zugfolgefällen multipliziert, so dass sich insgesamt ein geringer Wert für die mittlere Mindestzugfolgezeit ergibt (Abb. 8.1.16).

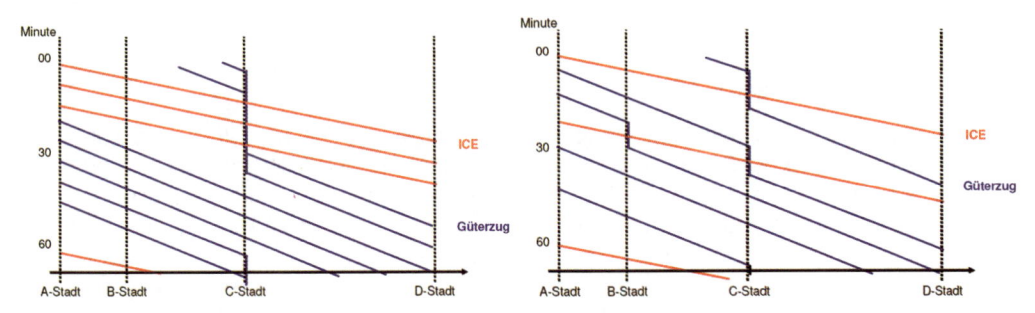

Abb. 8.1.16: Positive Effekte durch Bündelungstrassen

Entwickeln einer leistungsgerechten Blockteilung

Durch die exakte Betrachtung der Sperrzeiten und der Mindestzugfolgezeiten kann der maßgebende Zugfolgeabschnitt gefunden werden. Entwickelt man aus dieser Kenntnis heraus die signaltechnische Ausrüstung der Strecke, d. h. die Blockabschnittslängen einer Strecke im Zusammenwirken mit dem ausgewählten Signal- und Zugsicherungssystem, so erhält man einen in Bezug auf die erforderliche bzw. zu erzielende Streckenkapazität optimierte Blockteilung.

Als Beispiel kann hier eine Strecke dienen, für die im ersten Ansatz die Nennleistung mit konstanten Blocklängen von 1000 bzw. 1200 Metern berechnet wurde. Für diese konstanten Blockabschnittslängen wären 34 bzw. 30 Blocksignale erforderlich. Eine aufgrund der Kenntnis der Mindestzugfolgezeiten entwickelte optimierte Blockteilung mit unterschiedlichen Blockabschnittslängen ergab lediglich 18 erforderliche Selbstblocksignale (Sbk). Auch mit dieser fast um 50 % reduzierten Anzahl von Blocksignalen weist die Strecke noch immer eine Nennleistung auf, die deutlich über der Leistungsanforderung liegt (Abb. 8.1.17).

Die hierbei entwickelten Standorte der Selbstblocksignale führen zu nahezu gleichen Belegungszeiten für jeden Zugfolgeabschnitt. Um dies zu erreichen sind die Signale in den Anfahr- und Brems-

8 Die Infrastruktur

Entwickeln einer leistungsgerechten Blockteilung (Anzahl und Standorte der Signale)

Variante	Anzahl der Sbk	Leistungs-anforderung 6-22 Uhr / 22-6 Uhr	Nennleistung im Tagzeitfenster (06-22 Uhr)	Nennleistung im Nachtzeitfenster (22-06 Uhr)
Blocklänge 1000m (gemäß Vorgabe Infrastrukturplaner)	34 Sbk	92 / 68 Züge	117 Züge	77 Züge
Blocklänge 1200m (gemäß Vorgabe Infrastrukturplaner)	30 Sbk	92 / 68 Züge	117 Züge	77 Züge
mit STRELE optimierte Blockteilung	18 Sbk	92 / 68 Züge	108 Züge	75 Züge

auch bei nur 18 (statt 34) Sbk ist Nennleistung > Leistungsanforderung

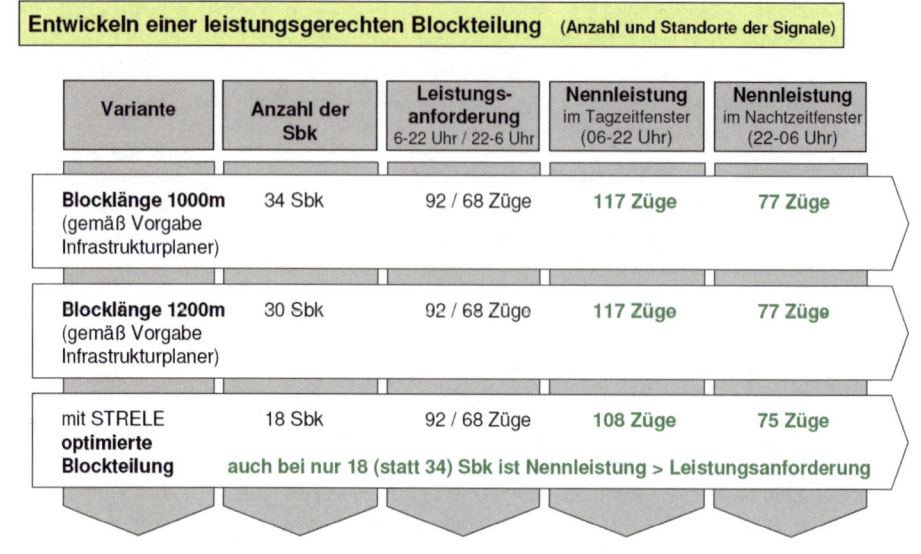

Abb 8.1.17: STRELE-Ergebnisse Fulda–Bebra

bereichen von Haltestationen in einem deutlich kürzeren Abstand angeordnet als auf Streckenabschnitten, auf denen alle Züge gleich schnell fahren.

Harmonisierung der Geschwindigkeiten

Eine weitere starke Einflussmöglichkeit ist die Modifikation der auf der Strecke verkehrenden Züge. Durch Änderung der Zugcharakteristik, z. B. durch den Einsatz leistungsfähigerer (und damit spurtstärkerer) Triebfahrzeuge, den Einsatz von Zügen mit einem höherem Bremsvermögen oder Anpassung der Haltekonzeption bzw. -zeiten, kann ebenfalls eine deutliche Leistungssteigerung erzielt werden, indem die Geschwindigkeiten der Züge auf der Strecke harmonisiert werden. Die erreichbaren Fahrzeitverkürzungen liegen in der Größenordnung von bis zu 8–15 %. Die erreichbaren Kapazitätsgewinne liegen bei bis zu 10–18 %.

Betriebsprogramm mit den Zugeigenschaften beeinflusst die Kapazität

Variante	Leistungs-anforderung 06-22 Uhr	Nennleistung im Tagzeitfenster (06-22 Uhr)
SPFV als IC ohne NeiTech	80 Züge	71 Züge Nennleistung < Leistungsanforderung
SPFV als ICE-T mit NeiTech	80 Züge	69 Züge Nennleistung < Leistungsanforderung
SPFV als ICE-T mit NeiTech und RB als ET 425 statt RegioTram (Straßenbahn)	80 Züge	80 Züge Nennleistung = Leistungsanforderung ET 425 steigert Nennleistung

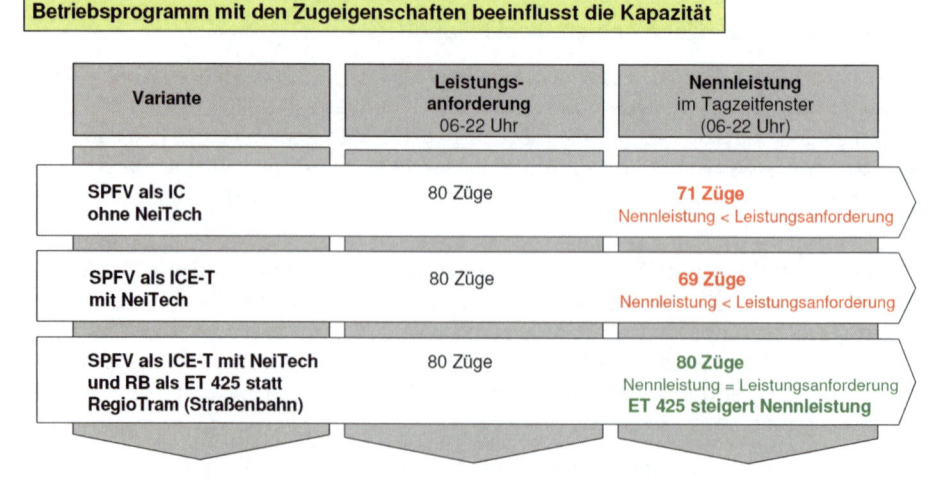

Abb. 8.1.18: STRELE-Ergebnisse Bebra–Guntershausen (–Kassel)

8.1 Leistungsfähigkeitsuntersuchungen und Simulationen

Als Beispiel kann hier eine Strecke mit SPFV und SPNV dienen. Der Einsatz des IC ohne NeiTech führt zu einer Nennleistung von 71 Zügen. Damit liegt die Leistungsanforderung um mehr als 12 % über der Nennleistung. Beim Einsatz von NeiTech-Fahrzeugen im SPFV sinkt die Nennleistung um weitere 2 %. Die notwendigen Leistungssteigerungen von 16 % können durch den Einsatz spurtstärkerer Triebwagen im SPNV (anstelle der RegioTram – Straßenbahn) erreicht werden (Abb. 8.1.18).

Dieses Beispiel zeigt, dass der Einsatz von spurtstärkeren Triebwagen mit einer größeren Höchstgeschwindigkeit zu einer deutlichen Harmonisierung der Geschwindigkeiten und damit zu deutlichen Leistungssteigerungen führt.

8.1.7 Knoten

Große Eisenbahnknoten teilen sich meist in Reise- und Güterverkehrsanlagen auf. Für den Reiseverkehr liegen in der Regel Konzepte der künftigen Nutzung vor, die von einer Vertaktung der Zuglinien ausgehen. Für den Güterverkehr ist von bedarfsorientierten Angeboten mit dementsprechenden Schwankungen im zeitlichen und mengenmäßigen Aufkommen auszugehen. Die Zusammenführung beider Hauptproduktarten auf Mischbetriebsstrecken stellt besondere Anforderungen an die Infrastrukturbemessung. Insbesondere im Bereich der großen Knoten, wo viele Zulaufstrecken aufeinandertreffen und eine Neusortierung der Verkehrsströme erfolgt, ist eine bedarfsgerechte Anpassung der vorzuhaltenden Anlagen von besonderer Bedeutung.

Knoten-Untersuchungen

Als Beispiel soll ein Knoten mit einem Personenverkehrs- und einem Güterverkehrsbereich dienen. Der Personenverkehr erfolgt überwiegend vertaktet (Abb. 8.1.19).

Auf allen sieben Zulaufstrecken besteht Mischbetrieb. Für den durchgehenden Güterverkehr ist die notwendige Anzahl von Warteplätzen im Knoten zu bestimmen.

In Eisenbahnknoten entstehen bei den Güterzügen Wartevorgänge, da in den Eisenbahnknoten die unterschiedlichen Trassenlagen der zubringenden und aufnehmenden Strecken synchronisiert

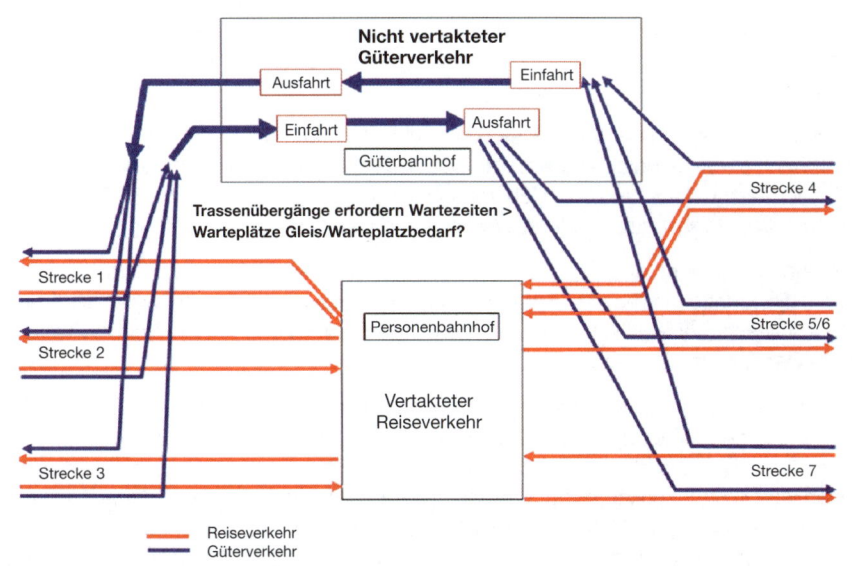

Abb. 8.1.19: Schematische Knotendarstellung

8 Die Infrastruktur

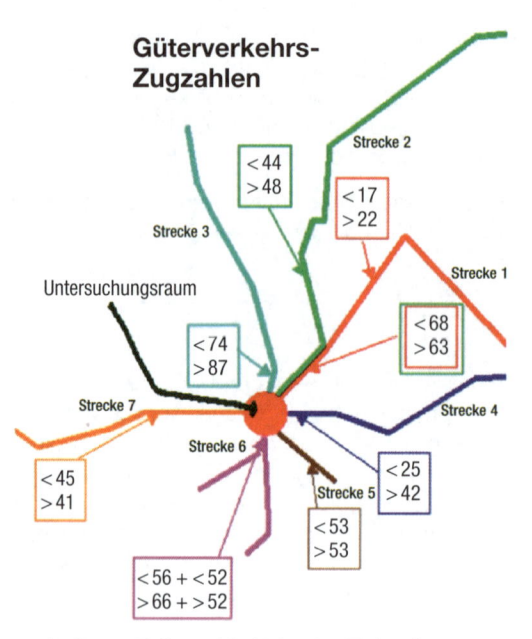

Abb. 8.1.20: Zugzahlenaufteilung Teilnetz (<Ablauf, >Zulauf)

werden. Da Güterzüge in der Regel in freien Lagen zwischen den Reisezügen verkehren, müssen die Güterzüge beim Wechsel der Strecke auch in die freien Lagen der anderen Strecke wechseln. Hierbei können mehr oder weniger lange Wartezeiten entstehen.

Die Verkehrsströme liegen in der Regel als Zugzahlen vor. Dabei ist es für die Methodik gleichgültig, ob es sich um Prognosezugzahlen, von den Kunden mitgeteilte Fahrlagen oder anderweitige Annahmen handelt. Aus der streckenbezogenen Umlegung der (Soll-) Zugzahlen (Abb. 8.1.20) sind die zu- und ablaufenden Güterverkehrsströme zu erkennen.

Der Untersuchungsraum ist der Kernbereich des Knotens, in dem die Warteplätze für den Güterverkehr liegen. Der Betrachtungsraum wird von den Einfahrsignalen der in den Knoten einmündenden Strecken begrenzt.

Mit Hilfe eines sperrzeitenbasierten Trassenkonstruktionsprogramms erfolgt nun eine Fahrplanprobekonstruktion (Fahrplanstudie) für alle Zulaufstrecken, nach Möglichkeit bis zum nächsten großen Knoten, jedoch mindestens bis zum nächsten Überholungsbahnhof, in dem die Zugreihenfolge der Güterzüge mit den Reisezügen geändert werden kann (Abb. 8.1.21).

Zunächst sind die gewünschten Trassenlagen der vertakteten Reiseverkehre und ggf. deren Verknüpfungen (Richtungsanschlüsse, Korrespondenzen) einzulegen. Dabei sollte mit Kundenwünschen kapazitätsschonend umgegangen werden, indem überwiegend sich nicht behindernde/ausschließende Fahrstraßen verwendet werden.

Anschließend werden die freien Trassenräume mit entsprechenden Modellzügen für Güterverkehr belegt. Dabei können Güterzugtrassen verschiedener Geschwindigkeits- oder Massestufen vorgesehen werden. Dabei sind die Konstruktionsregeln einzuhalten. Jeder Güterzug verbraucht einen spezifischen Anteil Streckenkapazität. Wie viel, hängt einerseits von den Zugparametern wie der Wagenzugmasse, den eingesetzten Traktionsmitteln und deren zulässigen Geschwindigkeiten und Grenzlasten, andererseits von den Infrastrukturparametern wie zulässige Geschwindigkeiten, Blockteilung, Streckenlänge oder Lage der Überholgleise ab.

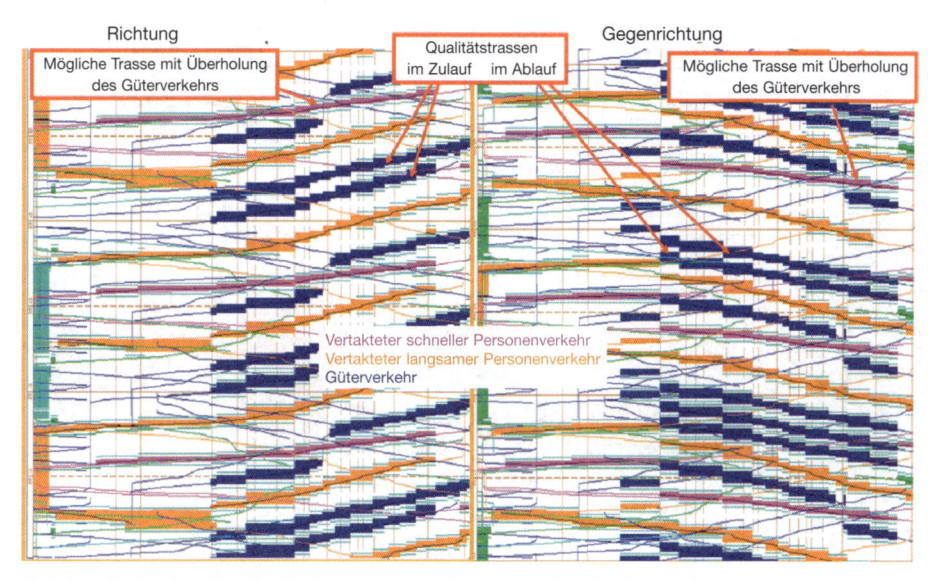

8.1 Leistungsfähigkeitsuntersuchungen und Simulationen

Abb. 8.1.21: Beispiel für die Fahrplanprobekonstruktion bei vertaktetem Personenverkehr einer Zulaufstrecke eines Knotens

Es sind Trassen wünschenswert, die mit möglichst wenigen Unterwegshalten zur Überholung auskommen. Diese Trassen lassen günstigste Transportkosten erwarten, da Personale, Traktionsmittel und Güterwagen nicht durch unproduktive Standzeiten belastet sind. Außerdem kann man auf kostenintensive Überholungsgleise verzichten. Bei entsprechend hoher Trassennachfrage auf Mischbetriebsstrecken kann jedoch auf Trassen mit Überholung nicht verzichtet werden.

Die einlegbare Trassenzahl sollte höher als die für die Abwicklung der Zugzahlen mindestens erforderliche Trassenzahl sein. Damit kann im Verspätungsfall und bei Abweichungen vom Regelbetrieb eine Ersatztrasse gefunden werden, ohne dass die übrigen Züge Verspätungen erfahren.

Entwickeln von Taktuhren

In Abb. 8.1.22 ist neben der bekannten Trassendarstellung mittels Sperrzeitentreppen eine örtliche Sichtweise hinzugefügt. Visualisiert in Uhrdarstellung können die Ankunfts- oder Abfahrtszeiten in die Uhr eingetragen werden. Zwecks Unterscheidung werden ankommende Züge mit Pfeil nach innen, abfahrende mit Pfeil nach außen dargestellt.

Gemäß diesem Schema werden nun auf allen Zulaufstrecken die möglichen Zeitfenster für das Einlegen von Güterverkehrsstrassen bestimmt.

Der örtliche Bezugspunkt kann frei gewählt werden, z.B. Ankunft in der Güterzuggleisgruppe.

Der orange Bereich in der Uhrdarstellung markiert die Zeit, die beim Verkehren der grün gezeichneten langsamen Nahverkehrsstrasse nicht für die Ankunft eines schnellen Zuges im Knoten A zur Verfügung steht. Bei einem Halbstundentakt der Nahverkehrszüge ergeben sich damit in den pink gefüllten Bereichen die Zeiten, zu der eine oder mehrere schnelle Trassen verkehren können. Wie viele schnelle Trassen verkehren können, hängt natürlich von deren Mindestzugfolgezeit untereinander ab.

Solche Zeitfenster lassen sich auch für Güterverkehrsstrassen erzeugen, womit z.B. durch Umsetzung der Trassenlagen aus Abb. 8.1.21 Zeitfenster für den Zulauf in den Knoten und für den Ablauf

8 Die Infrastruktur

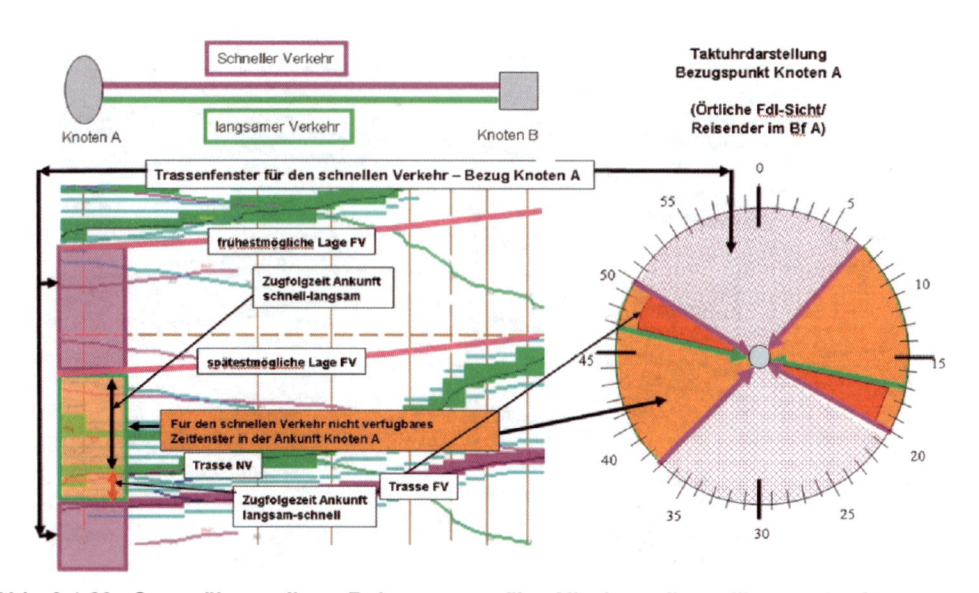

Abb. 8.1.22: Gegenüberstellung Belegungsgrafik – Uhrdarstellung für örtliche Sicht

entstehen. Aus der Zusammenführung aller für den jeweiligen Bahnhofskopf relevanten Zeitfenster ist nun u. a. ein Belastungsprofil für jeden Bahnhofskopf herstellbar (Abb. 8.1.23).

Dabei werden z. B. die Ankunftszeiten der Zulaufstrecken in einer Uhr der Ankünfte aller Zulaufstrecken zusammengefasst.

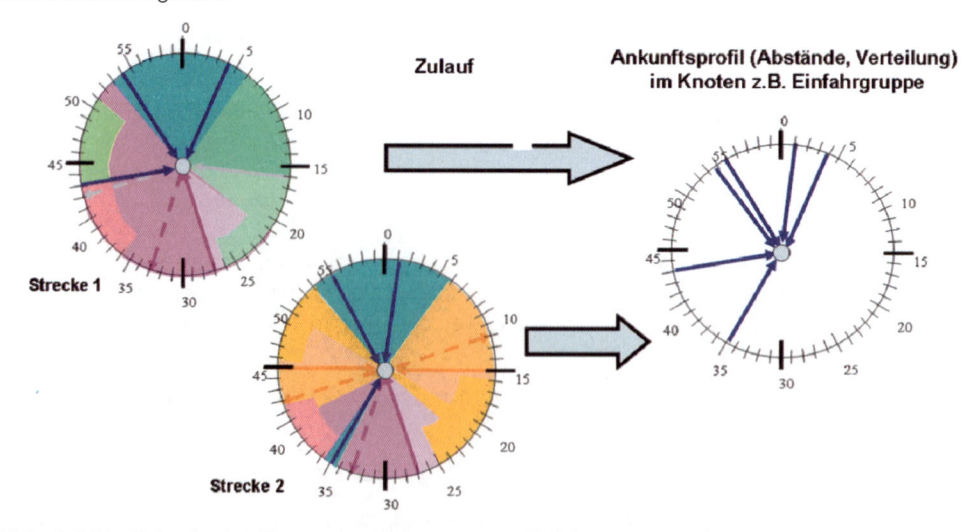

Abb. 8.1.23: Prinzip der Zusammenfassung von Zeitfenstern mehrerer Zulaufstrecken

Erfolgen Zu- und Ablauf niveaugleich über einen Bahnhofskopf sind aus der Lage mehrerer Trassen zeitlich übereinander bereits Schlüsse auf notwendige Parallelfahrten möglich (Abb. 8.1.24).

Ähnlich wie die Ermittlung der Belastungsprofile der Bahnhofsköpfe können nun durch Gegenüberstellung des Zeitfensters Zulauf einer beliebigen Zulaufstrecke zu den Zeitfenstern Ablauf der relevanten Ablaufstrecken nach dem im Abb. 8.1.25 dargestellten Prinzip die Trassenübergangszeiten für die durchgehenden Verkehre bestimmt werden.

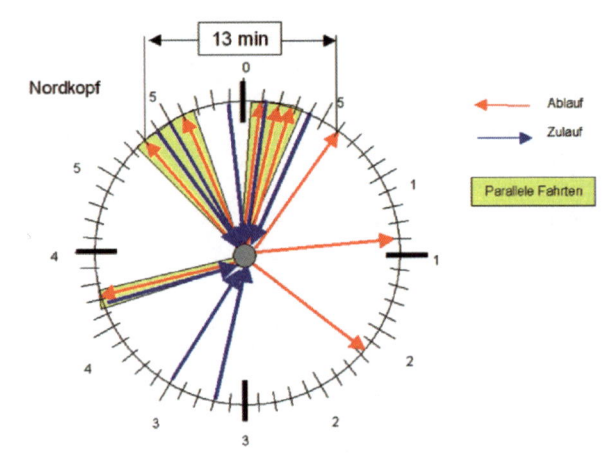

8.1 Leistungsfähigkeitsuntersuchungen und Simulationen

Abb. 8.1.24: Belastungsprofil eines Bahnhofskopfes am Beispiel Güterverkehr

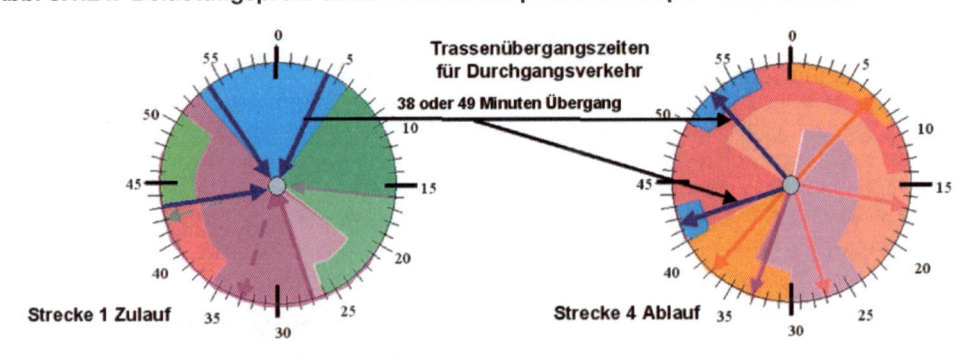

Abb. 8.1.25: Ermittlung der Trassenübergangszeiten

Diese Trassenübergangszeiten spiegeln den Wartezeitbedarf der durchgehenden Züge wider, welcher nun zur Bestimmung der notwendigen Anzahl der Warteplätze verwendet wird.

Die bis hierher für den ungestörten Betriebsablauf ermittelten Übergangszeiten sind nun mittels bedienungstheoretischer Methoden auf ihre Stabilität bei Abweichungen vom Betriebsablauf hin zu untersuchen.

Damit kann die Anzahl der notwendigen Warteplätze auch für den mit Verspätungen behafteten Betriebsablauf dimensioniert werden.

Dimensionierung von Gleisgruppen

Für den hier untersuchten Güterverkehr werden die notwendigen Warteplätze als eine Gleisgruppe interpretiert. Ziel ist es, diese Gleisgruppe so zu dimensionieren, dass es mit einer statistischen Sicherheit von 95 % keinen Rückstau auf die Zulaufstrecken gibt, der zu einer Beeinträchtigung des Reiseverkehrs und damit zu Verspätungen führen würde [5].

Die möglichen Ankunftszeiten der Zulaufstrecken stellen den Ankunftsstrom sowie die Trassenübergangszeiten den Bedienungsstrom dar. Über die Ermittlung von Durchschnitt und Variationskoeffizienten können die erforderlichen Parameter z. B. für das EDV-Verfahren GLEISE (Abb. 8.1.26) gewonnen und so die erforderliche Anzahl der Warteplätze (Bahnhofsgleise) berechnet werden.

Um das Ziel, keinen Rückstau auf die Zulaufstrecken zuzulassen, zu beschreiben, eignet sich vor allem der Kennwert „Wartewahrscheinlichkeit vor der Gleisgruppe". In einem iterativen Abstim-

8 Die Infrastruktur

Richtung	**Nord Süd**	xquer Ankunft: 7,5		xquer Belegung: 29		**Süd Nord**	xquer Ankunft: 5,45		xquer Belegung: 21	
		Vxan: 1,1904		Vxbel: 0,62988			Vxan: 0,7801		Vxbel: 0,77582	
Anzahl Warteplätze	4	5	6	7	8	4	5	6	7	8
Belegungsgrad der Gleise in %	96,6	77,3	64,4	55,2	48,3	96,3	77,06	64,22	55,1	48
Wartewahrscheinlichkeit vor der Gleisgruppe in %	92,7	49,9	24,8	11,3	4,78	91,85	46,5	20,7	8,4	3,1
mittlere Warteschlangenlänge in Zügen	24,42	1,565	0,416	0,131	0,042	14,603	0,9625	0,2348	0,066	0,019
mittlere Wartezeit aller Züge in min	183	11,74	3,12	0,979	0,314	79,587	5,246	1,279	0,363	0,105
mittlere Wartezeit der wartenden Züge in min	197,58	23,49	12,58	8,625	6,573	86,649	11,2626	6,166	4,32	3,37

Qualitätskennwerte Güterverkehr
Wartewahrscheinlichkeit vor der Gleisgruppe in %
Regelwert 5 %
Grenzwert für Überlastung 10 %

Abb. 8.1.26: Kennwerte aus dem EDV-Verfahren GLEISE

mungsprozess speziell für eisenbahnbetriebswissenschaftliche Untersuchungen wurden für diesen Kennwert Regel- und Grenzwerte bestimmt. So sollte die Wartewahrscheinlichkeit für Güterverkehr bei 5 % liegen und 10 % nicht überschreiten. Die optimale Anzahl Warteplätze liegt somit dort, wo dieser Kennwert die 5 %-Grenze unterschreitet. Je nach Aufgabenstellung kann auch ein Ergebnis noch gelten, welches einen Kennwert zwischen 5 % und 10 % liefert. Im gewählten Beispiel wären demzufolge acht Warteplätze Nord-Süd vorzuhalten (Abb. 8.1.26).

Durch eine Variation des Betriebsprogramms lassen sich Unsicherheiten in den prognostizierten Zugzahlen abbilden und es lässt sich eine für die Infrastrukturbemessung anzusetzende Gleisanzahl ableiten (Abb. 8.1.27).

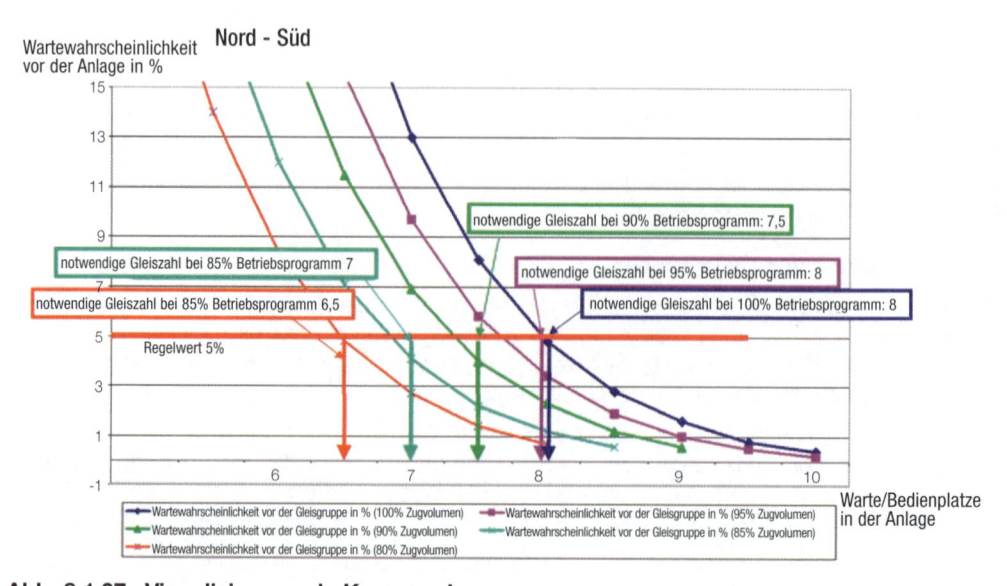

Abb. 8.1.27: Visualisierung als Kurvenschar

8.1 Leistungsfähigkeitsuntersuchungen und Simulationen

Das Beispiel zeigt, dass Knoten nur unter Betrachtung der Zulaufstrecken belastbar zu bemessen sind. Die für Kostenanlastungen wichtige Aufteilung von Kosten zu Strecke oder Knoten wird zwar mit Überlagerungseffekten des Infrastrukturbedarfs behaftet, für das Funktionieren als System sind die integrierten Untersuchungen von Knoten und Strecken aber unerlässlich.

Entwickeln von Beeinflussungskreisen

Die Bemessung von Warteplätzen für Güterzüge ist nur ein Aspekt der Dimensionierung von Knoten. Mit ähnlichem Vorgehen kann auch der Gleisbedarf aller anderen Verkehre ermittelt werden, wobei sich für vertaktete Reiseverkehre der Gleisbedarf eher aus der Gleichzeitigkeit bestimmter Ereignisse bestimmt (z. B. Bahnsteiganzahl für Taktsterne = teilnehmende Relationen). Wenn die erforderliche Gleisanzahl aller Funktionsgruppen eines Knotens bestimmt ist, sind die erforderlichen Verbindungen zwischen ihnen und zu den Zu- und Ablaufstrecken entsprechend zu optimieren.

Es empfiehlt sich, die Linienverläufe auf die Infrastruktur gleis- und weichengenau umzulegen. Durch Auszählen der Linien ist die Zugzahl pro Stunde ermittelbar. Meist stehen mehrere Netzelemente über Linienverknüpfungen im Zusammenhang und beeinflussen sich über mehrere Netzelemente gegenseitig. Aus der Umlegung der Linienverläufe auf den Spurplanentwurf sind stark belastete Netzelemente allein durch deren Anzahl erkennbar (Abb. 8.1.28).

Mitunter entstehen geschlossene Verkettungen, die auch vom Betrachtungsraum abhängig sind (Kreis der gegenseitigen Beeinflussung schließt sich).

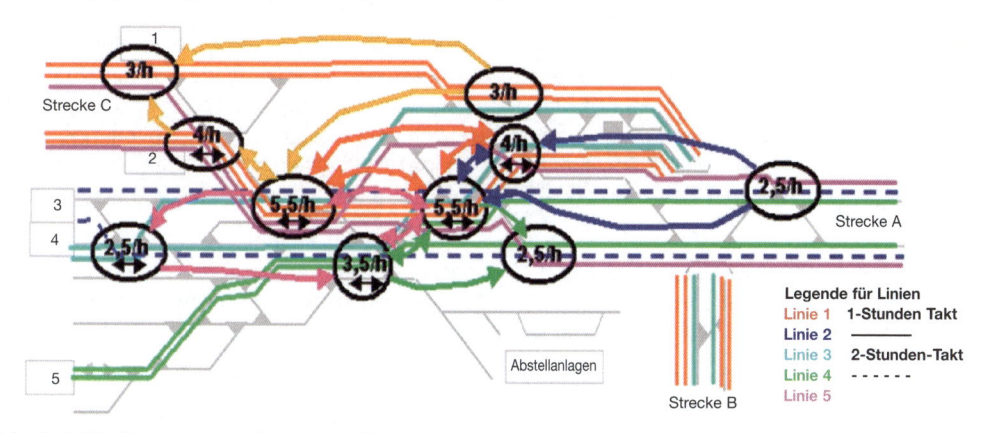

Abb. 8.1.28: Verkettung der Beeinflussung

Bei sich schließender Verkettung der Beeinflussung (Kreis) erhöht sich das Störpotenzial der Infrastruktur. Es kommt zu einer Kettenwirkung von Trassenverschiebungen (geplanten und operativen) und zu indirekten Verspätungsübertragungen im Störungsfall auch zwischen Linien mit ansonsten getrenntem Laufweg. Die Überlagerung verschiedener Verkettungen der Beeinflussung birgt eine Potenzierung des Störpotenzials der Infrastruktur in sich und liefert einen Hinweis auf die für eine Optimierung effektivsten Bereiche der Infrastruktur.

Die gleisgenaue Umlegung der Linen zeigt auch schon mögliche Rationalisierungspotenziale auf, denn alle nicht mit Linienverläufen belegten Infrastrukturelemente sind besonders zu prüfen. Die Untersuchungsschwerpunkte liegen somit einerseits auf einer möglichen Entmischung der Linien, um die Belastung einzelner Netzelemente zu senken (Senkung des Störpotenzials), andererseits auch in der Überprüfung der bisher vorgesehenen Infrastruktur hinsichtlich ihres künftigen Bedarfs für die Regeltechnologie.

8 Die Infrastruktur

Aus der Analyse des eigentlichen Untersuchungsbereiches können auch Forderungen und Empfehlungen zur Gestaltung der Zulaufstrecken außerhalb des Untersuchungsbereiches abgeleitet werden, insbesondere dann, wenn damit Restriktionen vermieden werden können, die eine wesentlich aufwändigere Lösung im Untersuchungsbereich selbst nach sich ziehen würden.

8.1.8 Netz

Ein Netz entsteht dadurch, dass einzelne Kanten (Strecken) mittels Knoten (Bahnhof) miteinander verknüpft werden, und somit den Übergang einer Zugfahrt von einer Strecke auf eine andere Strecke ermöglichen. Dabei ist aus Kundensicht (Reisender, Spediteur) der Übergang mit möglichst wenig Wartezeit zu vollziehen.

Um nun Züge von Strecke x nach Strecke y im Knoten A zu leiten, ist der Knoten A so zu bemessen, dass dies technisch möglich und ohne größere Wartezeiten geschieht. Im Ergebnis erhält man eine Aussage zum Leistungsverhalten eines Netzes.

Da das Leistungsverhalten den funktionalen Zusammenhang zwischen Belastung und Qualität in Abhängigkeit von der Leistungsfähigkeit, der Menge an Leistungsanforderungen und ihrer zeitlichen Verteilung angibt, kann nicht einfach eine Kenngröße Leistungsverhalten Netz als Summe des Leistungsverhaltens der einzelnen Strecken ermittelt werden. Im Regelfall ist das Leistungsverhalten im Netz niedriger als das Leistungsverhalten der Einzelstrecken erwarten lässt.

Erklären lässt sich diese Auffälligkeit durch die Synchronisationsprobleme im Knoten. Aus den umliegenden Strecken kommen zu Spitzenstunden Leistungsanforderungen auf den Knoten zu, die er in der Summe nicht zu einem bestimmten Zeitpunkt bewältigen kann. Über den gesamten Tageszeitraum betrachtet, hat der Knoten zwar ein ausreichendes Leistungsverhalten, aber in den Spitzenstunden ist er ein leistungsbestimmender Engpass. Umgekehrt kann ein ausreichend leistungsfähiger Knoten durch Rückstau von überlasteten Strecken in seiner Leistung eingeschränkt werden.

Will man das Leistungsverhalten eines Netzes bewerten, so muss man nicht nur seine Einzelkomponenten, bestehend aus Strecken und Knoten bewerten, sondern es muss vielmehr das Gesamtgefüge in seinem Zusammenwirken bewertet werden.

Die Netzwirkung innerhalb kleinerer Netze kann mit den oben beschriebenen Simulationsverfahren modelliert werden. Man bewegt sich dabei wie bei den übrigen erläuterten eisenbahnbetriebswissenschaftlichen Verfahren auf „miskroskopischer" Ebene. Die Infrastruktur ist mit allen Signalen und deren genauen Standorten, Signalzugschlussstellen, Weichen, Neigungen, örtlich zulässigen Geschwindigkeiten usw. modelliert.

Um die Netzwirkung auch großer Netze zu erfassen, wurden „Netzmodelle" entwickelt. Bei diesen wird „makroskopisch" gearbeitet, d. h. die Infrastruktur wird auf einer abstrakten Ebene abgebildet. Verzweigbahnhöfe, Abzweigstellen und Bahnhöfe mit wesentlichen Veränderungen des Betriebsprogramms werden als Knoten, die dazwischen liegenden Strecken bzw. Streckenabschnitte als Kanten abgebildet. Den Knoten können Kapazitäten z. B. in Form von Größen der Gleisgruppen oder der Fahrtenausschlussmatrix für Fahrstraßenknoten zugeordnet werden. Für Kanten werden, ähnlich wie beim oben beschriebenen Verfahren „Strele", Fahrzeiten und Mindestzugfolgezeiten typischer Zugfolgefälle ermittelt. Werden nun die Knoten und Kanten mit Zügen belastet, reagiert das Modell über Wartezeitfunktionen, die denen der beschriebenen analytischen Verfahren entsprechen. Bei hoher Auslastung entstehen große Wartezeiten, Züge suchen sich ggf. Wege mit niedrigen Widerständen (Fahrzeiten, Wartezeiten).

8.2 Betriebliche und verkehrliche Planung der Bahnanlagen

Basis von Netzmodellen sind die Matrizen der Verkehrsströme des Personen- und Güterverkehrs. Beim Personenverkehr werden die Liniennetze des Personenverkehrs (siehe auch Kap. 7) und die Bedienungshäufigkeiten vorgegeben. Für den Güterverkehr wird aus den Verkehrsströmen der verschiedenen Gütergruppen die Wagen- und dann die Zugbildung abgeleitet. Während die Laufwege der Reisezüge wegen der Zwischenhalte festgelegt sind, werden die Güterzüge unter Berücksichtigung der Streckenwiderstände zwischen Quelle und Ziel „geroutet" (siehe auch Kap. 4.2). Ist ein Netzelement überlastet, werden automatisch alternative Laufwege gesucht oder Nachfrage wird ganz abgewiesen. Die Belastung der Knoten und Kanten führt zu Wartezeiten, diese haben Auswirkungen auf die Nachfrage. Damit ist die Bewertung der Netzwirkung aus den Veränderungen der Nachfrage und den veränderten betrieblichen Aufwendungen möglich.

Makroskopische Netzmodelle werden sinnvoll in Kombination mit den mikroskopischen eisenbahnwissenschaftlichen Verfahren eingesetzt, um einerseits Netzeffekte rasch abschätzen zu können und andererseits die Infrastruktur im Detail bewerten zu können.

8.1.9 Die eisenbahnbetriebswissenschaftlichen Untersuchungen in den Planungsphasen

Eisenbahnbetriebswissenschaftliche Untersuchungen dienen hauptsächlich zur Abschätzung von Chancen und Risiken bei der Ideenfindung.

Sie sollten aber auch alle anderen Leistungsphasen der *HOAI* begleiten.

Die große Wertschöpfung der eisenbahnbetriebswissenschaftlichen Untersuchungen liegt in ihrer Aussagekraft bzgl. der betrieblichen Praxistauglichkeit von Eisenbahn-Infrastrukturanlagen.

Bis zur Leistungsphase 3 geht es um den optimalen Entwurf einer Eisenbahninfrastruktur.

Während der Genehmigungs- und Ausführungsplanung (Leistungsphasen 4 und 5) dienen die eisenbahnbetriebswissenschaftlichen Untersuchungen zur Optimierung und Anpassung an andere Notwendigkeiten von Infrastrukturanlagen (z. B. bautechnische Machbarkeit).

In Ausnahmefällen kommen eisenbahnbetriebswissenschaftliche Untersuchungen auch in der Leistungsphase 9 der *HOAI* zu Einsatz.

So wird in den Niederlanden für die Neubaustrecke Schiphol–Antwerpen (HSL-Zuid) vom Infrastrukturbetreiber ein Grad der betrieblichen Verfügbarkeit der Infrastruktur garantiert. Beim Nichterreichen der Qualitätsziele (z. B. Pünktlichkeit) wird mit einer eisenbahnbetriebswissenschaftlichen Untersuchung (Simulation) bewertet, ob eine unzureichende Verfügbarkeit der Infrastruktur mitverantwortlich für das Verfehlen der Qualitätsziele ist. Es ist eine Verrechnung von Pönalen vorgesehen.

Auch am Ende der Nutzungsdauer einer Eisenbahninfrastruktur kommen eisenbahnbetriebswissenschaftliche Untersuchungen zum Einsatz. So sind in Deutschland im Rahmen des Genehmigungsverfahrens zum Rück- oder Umbau von Infrastrukturanlagen Leistungsuntersuchungen durchzuführen (s. § 11 *AEG*).

Aus den Beispielen erkennt man, dass die eisenbahnbetriebswissenschaftlichen Untersuchungen den Lebenszyklus einer Infrastrukturanlage von der Idee bis zum Rückbau begleiten.

8.2 Betriebliche und verkehrliche Planung der Bahnanlagen

Bahnanlagen und Betriebsstellen

Die Betriebsanlagen von Eisenbahnen werden mit dem Begriff „Bahnanlagen" bezeichnet. Gemäß *Eisenbahn-Bau- und Betriebsordnung (EBO)* [6] sind Bahnanlagen *„alle Grundstücke, Bauwerke*

8 Die Infrastruktur

und sonstigen Einrichtungen einer Eisenbahn, die ... zur Abwicklung oder Sicherung des Reise- und Güterverkehrs auf der Schiene erforderlich sind ... Es gibt Bahnanlagen der Bahnhöfe, der freien Strecke und sonstige Bahnanlagen."

Bahnanlagen der Bahnhöfe sind z. B. Empfangsgebäude, Stellwerke, Bahnsteige, Ladestraßen, Rampen, Gleise, Weichen, Signale, Zugvorheizanlagen, sonstige Betriebsgebäude, Bahnkörper, Entwässerungsanlagen usw.. Bahnanlagen der freien Strecke sind z. B. Gleise, Bahnkörper, Entwässerungsanlagen, Brücken, Tunnel, Bahnübergänge, Blockstellen, Abzweigstellen, Überleitstellen, Deckungsstellen, Haltepunkte. Sonstige Bahnanlagen sind z. B. innerbetrieblich erforderliche Nebenanlagen wie Ausbesserungswerke, Depots, Stofflager, Kraftwerke, Bahnstromleitungen.

Die Bahnanlagen sind in § 4 EBO ausführlich definiert (Abb. 8.2.1).

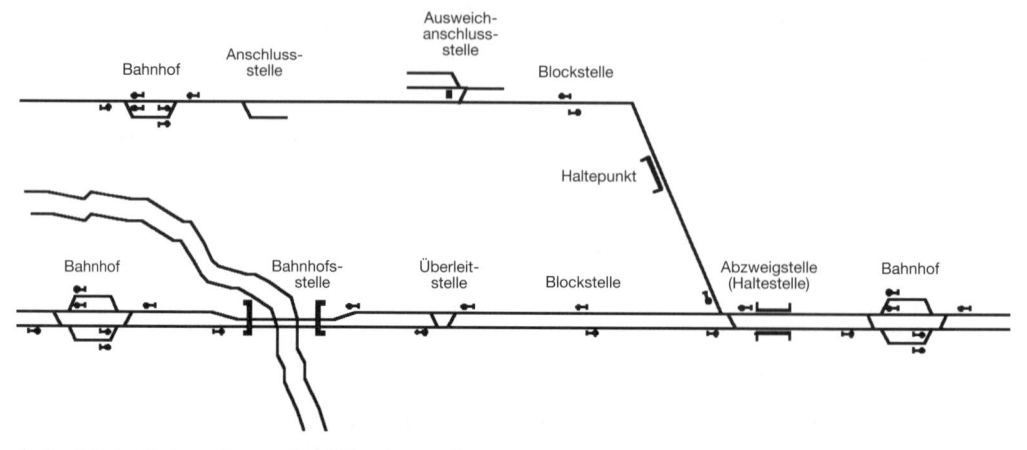

Abb. 8.2.1: Bahnanlagen im Streckennetz

Mit dem summarischen Begriff „Betriebsstelle" werden gemäß Fahrdienstvorschrift der DB AG [7] Bahnhöfe, Blockstellen, Abzweigstellen, Anschlussstellen, Haltepunkte, Haltestellen und Deckungsstellen bezeichnet sowie in einem erweiterten Sinn alle Stellen in den Bahnhöfen und auf der freien Strecke, die der unmittelbaren Regelung und Sicherung des Bahnbetriebs – Zugfahrten, Rangierfahrten, Sperrfahrten – dienen (z. B. Stellwerke).

8.2.1 Grundlegende Gestaltungselemente des Fahrwegs

8.2.1.1 Linienführung

Historische Entwicklung

Die Trassierung in Grund- und Aufriss bestimmt im Zusammenwirken mit den eingesetzten Fahrzeugen maßgeblich die Fahrzeit zwischen zwei Punkten einer Eisenbahnlinie. Hierbei tragen die geeignete Wahl und Größe der bautechnischen Entwurfsparameter für die Linienführung (Gleisbogenradius, Übergangsbogen, Überhöhung und Überhöhungsrampe, Längsneigung) wesentlich zu einem wirtschaftlichen Betrieb bei. Die Trassierungsparameter haben zudem einen erheblichen Einfluss auf das Verhalten der Fahrzeuge im Gleis sowie auf die Ladungssicherheit und damit unmittelbar auf die Sicherheit des Eisenbahnbetriebs.

Die Grundlagen für die Trassierung der Eisenbahnstrecken sind seit den Anfängen der Eisenbahn in Deutschland entsprechend den Erkenntnissen und technischen Möglichkeiten weiterentwickelt wor-

8.2 Betriebliche und verkehrliche Planung der Bahnanlagen

den [8–10]. Die Standards werden in Regelwerken, wie der *Eisenbahn-Bau- und Betriebsordnung* (bis 1967 *BO*, dann *EBO* [6]) und den *Richtlinien der Bahnen* [11], die den staatlich vorgegebenen Rahmen ausfüllen, festgeschrieben. Die *EBO* enthält einheitliche Vorschriften für regelspurige Bahnen; sie gilt nicht für den Bau, den Betrieb oder die Benutzung der Bahnanlagen eines nichtöffentlichen Eisenbahninfrastrukturunternehmens. Die unter Verzicht auf technische Detailregelungen in den §§ 6 (Gleisbogen), 7 (Gleisneigung) und 40 (Fahrgeschwindigkeit) enthaltenen Bestimmungen zur Linienführung beschränken sich auf verbindliche Mindestanforderungen sowie auf im Regelfall zu befolgende Vorschriften zur Trassierung von Strecken und Gleisen. Diese Vorschriften reichen jedoch aus, die Einheitlichkeit der Eisenbahnen zu wahren und unbilligen Forderungen Dritter entgegentreten zu können.

Allerdings streben die Eisenbahnen bei Neubauten und größeren Umbauten allein schon aus betrieblichen Gründen (Erreichung höherer Geschwindigkeiten), aus Gründen der Betriebssicherheit (Verringerung der Entgleisungsgefahr), des Fahrkomforts (Begrenzung der Beschleunigungen) sowie der Instandhaltung (Lagestabilität des Gleises, Schienenverschleiß) große Gleisbogenradien an. Dies ist zwar grundsätzlich wünschenswert, führt aber zu unnötigen Aufwendungen, wenn ein derartiger Standard nicht erforderlich ist. So wird im Hinblick auf unterschiedliche Geschwindigkeiten, Streckenbelegungen und Zuggewichte bereits seit der *BO* von 1904 nach Haupt- und Nebenbahnen unterschieden, für die bei den Trassierungsparametern stark abweichende Untergrenzen festgelegt wurden.

Hinzu kommt, dass die Trassierung noch bis nach dem Zweiten Weltkrieg von der Zugkraft der Dampflokomotiven, den Fahrwiderständen der Eisenbahnfahrzeuge sowie den Neigungs- und Krümmungsverhältnissen einer Strecke bestimmt wurde. Für den bautechnischen Entwurfsplaner

8 Die Infrastruktur

hieß dies, dass der Transport großer Gütermengen mit einem möglichst geringen Kräfteaufwand Vorrang vor hohen Geschwindigkeiten der Reisezüge hatte. Dies führte dazu, dass Strecken als Linien gleichbleibenden Widerstands und möglichst ohne verlorene Steigung, mit unschädlichen Neigungen sowie unter Aufsuchen der günstigsten Massenverteilungslinie trassiert wurden, was sich in den deutschen Mittelgebirgen oft nur mit relativ kleinen Bogenradien erreichen ließ (siehe auch Kap. 8.2.2.4).

Die Fortschritte bei der Steigerung der Höchstgeschwindigkeit in den ersten hundert Jahren der Eisenbahn waren daher eher bescheiden. Erst das wachsende Verkehrsbedürfnis mit dem Wunsch, größere Entfernungen mit attraktiven Reisezeiten zu überwinden, setzte sowohl hinsichtlich der Eisenbahnfahrzeuge als auch bei der Gestaltung des Schienenwegs eine Entwicklung in Gang, die sich anschaulich anhand der Steigerung der auf dem deutschen Streckennetz gefahrenen Höchstgeschwindigkeit nachvollziehen lässt. Mit der Inbetriebnahme der Hochgeschwindigkeitsstrecke Köln–Rhein/Main hat sich die von Reisezügen in Deutschland im Jahr 1900 gefahrene Höchstgeschwindigkeit von 100 km/h innerhalb eines Jahrhunderts auf 300 km/h verdreifacht (Abb. 8.2.2).

Wie sich aus der Zusammenstellung ablesen lässt, sind die jeweils neuen zulässigen Höchstgeschwindigkeiten in der Regel schon Jahre vor ihrer Aufnahme in die *BO* bzw. *EBO* durch den Verordnungsgeber genehmigt worden. Dies hat zwei Gründe: Zum einen lässt sich eine Rechtsverordnung nur in größeren Zeitabständen an neuere Erkenntnisse, aktuelle Entwicklungen, höhere Sicherheitsanforderungen sowie internationale Abmachungen anpassen und lassen sich nur dann nicht mehr zeitgemäße Bestimmungen herausnehmen, zum anderen sind die höheren Geschwindigkeiten durch langjährige Erfahrungen und Erkenntnisse im Regelbetrieb bereits abgesichert, so dass neue bzw.

Zulässige Geschwindigkeit von Reisezügen in Deutschland	
nach Eisenbahn-Bau- und Betriebsordnung	**mit Genehmigung des Verkehrsministers**
Jahr zul V	Jahr zul V
1904 – 100 km/h	1900 – 100 km/h
1928 – 120 km/h	1920 – 120 km/h
	1933 – 150 km/h (Schnelltriebwagen Berlin–Köln)
	1935 – 160 km/h
1943 – 135 km/h	1945 – 100 km/h
	1950 – 120 km/h
1957 – 140 km/h	1962 – 160 km/h
	1965 – 200 km/h (Demonstrationsfahrten auf der Strecke München–Augsburg)
1967 – 160 km/h	1968 – 200 km/h (nur Strecke München–Augsburg)
	1977 – 200 km/h
1991 – 250 km/h	1995 – 280 km/h (außerhalb von Tunneln)
	2002 – 300 km/h (Strecke Köln–Rhein/Main)

Abb. 8.2.2: Entwicklung der zulässigen Geschwindigkeit von Reisezügen in Deutschland

8.2 Betriebliche und verkehrliche Planung der Bahnanlagen

geänderte Entwurfsparameter und Standards vorab in das bahninterne Regelwerk übernommen werden können.

Mit der in den dreißiger Jahren des vorigen Jahrhunderts gefahrenen Höchstgeschwindigkeit von 160 km/h waren die Möglichkeiten des damaligen Streckennetzes ausgeschöpft. Zwar wäre es möglich gewesen, auch für den Regeleinsatz Fahrzeuge für höhere Geschwindigkeiten zu bauen – in Versuchsfahrten waren unter besonderen Bedingungen bereits Geschwindigkeiten von über 200 km/h erreicht worden –, aber hierfür hätte es neben Verbesserungen der Linienführung einer erheblichen zusätzlichen Ausrüstung auch der Infrastruktur des Fahrwegs mit dem entsprechenden Entwicklungs- und Erprobungsvorlauf bedurft, z. B. auf den Gebieten des Oberbaus, der Signaltechnik, Zugsteuerung, Zugsicherung und Oberleitung. In diesen Bereichen hat es für den Schienenverkehr erst nach dem Zweiten Weltkrieg die Fortschritte gegeben, die letztlich die heute gefahrenen hohen Geschwindigkeiten auf den Neu- und Ausbaustrecken möglich gemacht haben.

Systemtechnische Möglichkeiten

Ein wesentlicher Aspekt bei der Wahl der Linienführung für eine neue Strecke ist die Bündelung mit vorhandenen Verkehrswegen. Da eine solche Planung aus siedlungs- und umweltpolitischen Gründen die Durchsetzbarkeit erleichtert, werden neue Hochgeschwindigkeitsstrecken, wie Köln–Rhein/Main und Nürnberg–Ingolstadt, weitgehend autobahnnah geführt, mit der Folge, dass verhältnismäßig kleine Bogenradien und große Längsneigungen angewendet werden müssen. Dies kann zwar zu Beschränkungen auf reinen Personenverkehr (Köln–Rhein/Main) führen oder ein besonderes Betriebsprogramm erfordern (Nürnberg–Ingolstadt), bietet aber den Nutzern dieser Verkehre deutliche Reisezeitgewinne. Der Unterschied beim Trassierungsstandard im Vergleich zu den ersten Hochgeschwindigkeitsstrecken von 1991 ist beträchtlich (Abb. 8.2.3 [9]); die schärferen Trassierungselemente führen auch zu Einsparungen bei den Baukosten.

Verkehrsart	Schnellfahrstrecke	Bogenradius	Überhöhung	Üb.-Fehlbetrag	Gradiente
Gemischter Verkehr mit starker Güterzugbelastung	Hannover – Würzburg, Mannheim – Stuttgart v_{max} = 250/280 km/h	r_{min} = 5100 m (r_{reg} = 7000 m)	u_{reg} = 90 mm u_{reg} = 65 mm (Schotter)	$u_f \leq$ 85 mm	12,5 ‰
Gemischter Verkehr mit geringer Güterzugbelastung	Hannover – Berlin v_{max} = 250 km/h	r_{min} = 3352 m (r_{reg} = 4400 m) r_{min} = 2837 m	$u \leq$ 150 mm (Schotter) $u \leq$ 160 mm (Feste Fahrbahn)	$u_f \leq$ 70 mm $u_f \leq$ 100 mm	12,5 ‰
Reiner Personenverkehr mit Triebwagenzügen	Köln – Rhein/Main v_{max} = 300 km/h	r_{min} = 3348 m	$u \leq$ 170 mm (Feste Fahrbahn)	$u_f \leq$ 150 mm	40,0 ‰
Gemischter Verkehr mit leichten Güterzügen	Nürnberg – Ingolstadt v_{max} = 300 km/h	r_{min} = 3700 m	$u \leq$ 160 mm (Feste Fahrbahn)	$u_f \leq$ 130 mm ($u_ü \leq$ 115 mm für Züge mit v = 120 km/h)	20,0 ‰
$u_ü$ = Überhöhungsüberschuss, reg = Regelwert					

Abb. 8.2.3: Trassierungselemente auf Neubaustrecken für hohe Geschwindigkeiten

8 Die Infrastruktur

Wegen der nur begrenzt veränderbaren Linienführung können vorhandene, gut trassierte Strecken in der Regel nur für Geschwindigkeiten in der Größenordnung von 160 bis 200 km/h ausgebaut werden, bei günstigen Voraussetzungen bis 230 km/h (z. B. Hamburg–Berlin). Da der Trassenverlauf weitgehend durch die ursprünglich verwendeten Parameter und Standards sowie durch Kunstbauwerke und die an den Bahnkörper angrenzenden Bereiche geprägt ist, lassen sich Linienverbesserungen nur abschnittsweise realisieren, bei kleineren Verschiebungen auch auf dem vorhandenen Planum.

Auf bestehendem Bahnkörper ist deshalb die Anwendung größerer Werte für die Überhöhung und für den Überhöhungsfehlbetrag – einhergehend mit einer Erhöhung der freien Seitenbeschleunigung – ein probates Mittel, höhere Geschwindigkeiten zu erreichen. Eine solche Trassierung kann jedoch Auswirkungen auf die Einsatzmöglichkeit von Triebfahrzeugen, die für eine niedrigere Grenze des Überhöhungsfehlbetrags ausgelegt sind, sowie auf den (langsameren) Güterverkehr haben (Überhöhungsüberschuss bei zu großen Überhöhungswerten). Für die Neigung der Überhöhungsrampe sind daher mit Rücksicht auf die Verwindung der Fahrzeuge in der windschiefen Fläche der Rampe – und damit aus Gründen der Entgleisungssicherheit zweiachsiger Wagen – Höchstwerte vorgeschrieben; die Neigung der Überhöhungsrampe (in Längsrichtung entstehende Differenzneigung zwischen dem überhöhten und dem nicht überhöhten Schienenstrang) muss umso flacher und somit die Überhö-

	Regelgrenzwerte für u und u_f						
seit:	1928	1957	1967	1991	1991	1991
	Schotteroberbau	Schotteroberbau			Feste Fahrbahn	Neigetechnik
Überhöhung u =	120 mm	150 mm	150 mm	160 mm	170 mm	160 mm
Ü-fehlbetrag u_f =	~ 80 mm	100 mm	130 mm	130 mm	150 mm	300 mm
Formel	$v = 3{,}8\sqrt{r}$	$v = 4{,}6\sqrt{r}$	$v = 4{,}87\sqrt{r}$	$v = 4{,}96\sqrt{r}$	$v = 5{,}21\sqrt{r}$	$v = 6{,}24\sqrt{r}$
Radius [m]	Zulässige Höchstgeschwindigkeit [km/h]					
2000		200	200	220	230	
1800		190	190	210	220	
1500		170	170	190	200	
1200		160	160	170	180	**)
1000	120	140	150	150	160	
800	110	130	130	140	140	
700	100	120	120	130	130	160
600	95	110	110	120	120	150
500	85	100	100	110		130
400	75	90	95	100		120
300	65	80	80	85	*)	120
250	60	70	75	75		90

*) Bei Radien r ≤ 650 m ist der Überhöhungsfehlbetrag auf max. 130 mm begrenzt: $v = 5{,}04\sqrt{r}$
**) Bei Geschwindigkeiten über 160 km/h gelten die Werte für Fahrzeuge ohne Neigetechnik

Abb. 8.2.4: Entwicklung der zulässigen Geschwindigkeit in Gleisbogen

8.2 Betriebliche und verkehrliche Planung der Bahnanlagen

hungsrampe umso länger sein, je größer die Geschwindigkeit ist und je größer dadurch die Hubgeschwindigkeit bzw. deren Änderung werden kann.

Für ein Heraufsetzen der Geschwindigkeit unter Beibehaltung der Linienführung kommt auch der Einsatz von Fahrzeugen mit Neigetechnik (gleisbogenabhängige Wagenkastensteuerung) in Betracht, wobei sich die Anwendung der für diese Bauarten zugelassenen größeren Überhöhungsfehlbeträge vor allem in den mittelgroßen Gleisbogen so auswirkt, dass diese deutlich schneller durchfahren werden können (siehe auch Kap. 8.2.2.5). In Abb. 8.2.4 ist dargestellt, wie sich die in Deutschland zulässige Höchstgeschwindigkeit im Gleisbogen über Jahrzehnte hinweg entwickelt hat, indem nach dem jeweils gesicherten Stand der Technik neue Obergrenzen für die Trassierungsparameter festgelegt wurden [8, 9].

War z. B. im Gleisbogen mit 700 m Radius im Jahr 1928 eine Geschwindigkeit von lediglich 100 km/h zugelassen, so waren 1991 bereits 130 km/h erlaubt, mit Neigetechnik sogar 160 km/h. Die letzte Spalte macht aber auch deutlich, dass auf den vorhandenen Strecken im Hügelland und im Mittelgebirge mit der Neigetechnik – selbst bei Anhebung des Überhöhungsfehlbetrags auf bis zu 300 mm – in der Regel keine wettbewerbsfähigen Reisegeschwindigkeiten erreicht werden können. Dennoch sind insbesondere auf weniger gut trassierten Strecken deutliche Geschwindigkeitsanhebungen möglich, wofür aber u. a. die Übergangsbogenlängen und Überhöhungsrampen angepasst werden müssen. Eine Gegenüberstellung (Abb. 8.2.5) zeigt, dass mit Neigetechnik auch noch in einem um etwa 35 % kleineren Gleisbogenradius mit der gleichen Geschwindigkeit gefahren werden kann wie mit Fahrzeugen in herkömmlicher Technik. Die angestrebte Reisezeitverkürzung um etwa 25 bis 30 % ist allerdings nur dann erreichbar, wenn sich im Streckenverlauf entsprechend viele geeignete Gleisbogen befinden. Nur dann nämlich kommen die Vorteile der Neigetechnik zum Tragen und rechnen sich die aufgrund der Geschwindigkeitserhöhungen anfallenden Investitionen in die Infrastruktur und die Ausrüstung des Fahrwegs sowie die Mehrkosten bei den Fahrzeugen.

Dennoch ermöglicht erst der Sprung auf Gleisbogenradien von mehreren tausend Metern, also der Bau neuer Strecken, die systemeigenen hohen Geschwindigkeiten der Eisenbahn auszuschöpfen und im Verkehr über mittlere Entfernungen – bis zu etwa 600 km – im Wettbewerb mit Auto und Flugzeug zu bestehen.

Geschwindigkeit [km/h]	Fahrbahn-ausrüstung	Max. Überhöhung + Üb.-fehlbetrag *) [mm]	Kleinster zulässiger Gleisbogenradius [m]
120	Schotteroberbau Feste Fahrbahn Neigetechnik	290 320 460	585 530 370
160	**Schotteroberbau** **Feste Fahrbahn** **Neigetechnik**	**290** **320** **460**	**1040** **943** **657**
200	Schotteroberbau Feste Fahrbahn (Neigetechnik)	290 320	1626 1473 **)
230	Schotteroberbau Feste Fahrbahn (Neigetechnik)	290 320	2150 1948 **)

*) Regelgrenzwerte
**) Bei Geschwindigkeiten über 160 km/h gelten die Werte für Fahrzeuge ohne Neigetechnik

Abb. 8.2.5: Auswirkung der Neigetechnik auf die Größe von Gleisbogenradien

8.2.1.2 Querschnittsgestaltung

Lichter Raum und Fahrzeugbegrenzung

Mehr noch als die Linienführung bestimmt der zur Verfügung stehende lichte Raum die Möglichkeiten für den Fahrzeugeinsatz und stellt damit eine der grundlegenden Nahtstellen für das System Bahn dar. Der bis 1991 in der *EBO* vorgeschriebene Regellichtraum, der in seinen wesentlichen Konturen bereits in der Mitte des 19. Jahrhunderts seinen Ursprung hat, berücksichtigte den Raumbedarf eines Regelfahrzeugs im Stillstand bei Mittelstellung im geraden Gleis. Erst als um die Mitte des 20. Jahrhunderts im *Internationalen Eisenbahnverband (UIC)* der Gedanke aufkam, die sich aus den Konstruktionsparametern der Fahrzeuge ergebenden Ausschläge im Bewegungszustand einer kinematischen Fahrzeugbegrenzungslinie zugrunde zu legen, wurden Rechenregeln entwickelt, mit denen sich das Bewegungsverhalten eines Fahrzeugs im Gleis hinreichend genau beschreiben lässt [12–14].

Bei der kinematischen Betrachtungsweise werden die Verantwortungsbereiche für die Fahrzeugkonstruktion und den Eisenbahnbau gegeneinander abgegrenzt, indem – von definierten Bezugslinien ausgehend – der Fahrzeugkonstrukteur die zulässigen Abmessungen des Fahrzeugs und der bautechnische Planer den notwendigen Lichtraumbedarf ermitteln können. Während für die Berechnung der Fahrzeugabmessungen die Maße der Bezugslinien um fahrzeug- und gleisseitige Einflüsse verkleinert werden, ergibt sich der Mindestraumbedarf für den Durchgang der Fahrzeuge in Gestalt der Grenzlinie für feste Anlagen, indem die Verschiebungen aus den horizontal wirkenden Einflussgrößen

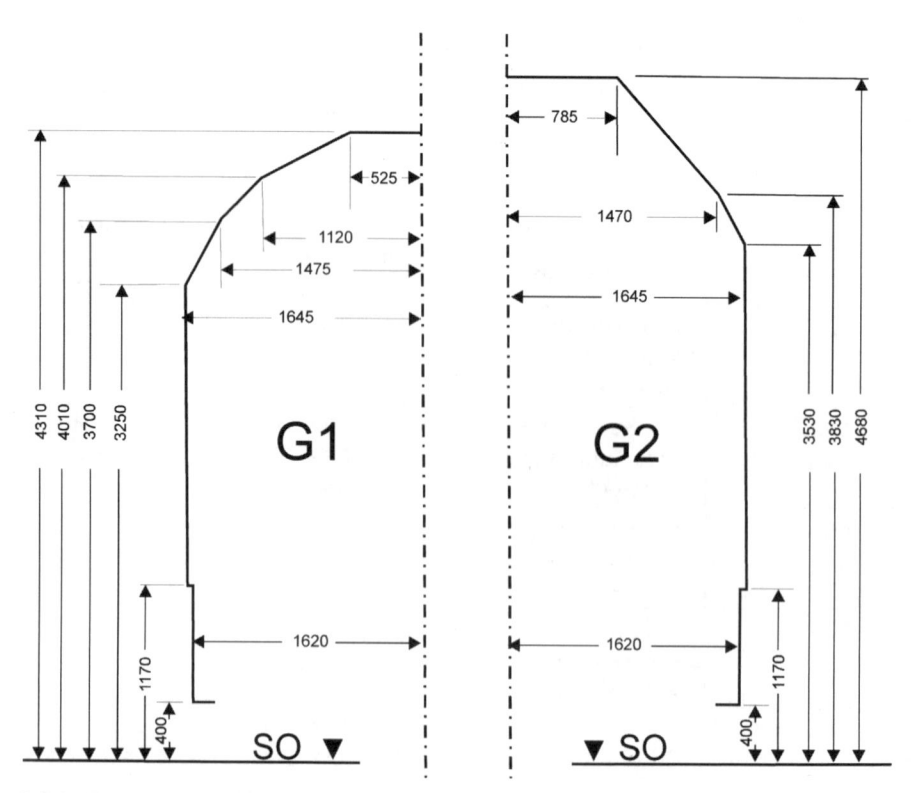

Abb. 8.2.6: Bezugslinien G1 und G2 (Maße in mm)

8.2 Betriebliche und verkehrliche Planung der Bahnanlagen

- Ausladungen (geometrische Anteile aus der Stellung eines Fahrzeugs im Gleisbogen und der ungünstigsten Stellung in einem Gleis mit einer größeren Spurweite als der Regelspurweite von 1435 mm),
- quasistatische Seitenneigung (Verschiebung infolge des Einflusses der Fliehkraft, soweit der Wert den bereits in der Bezugslinie enthaltenen Anteil von 50 mm übersteigt) und
- zufallsbedingte Verschiebungen (aus unregelmäßiger Gleislage zwischen den Durcharbeitungen, aus Schwingungen infolge der Wechselwirkung zwischen Rad und Schiene sowie aus einer Unsymmetrie des Fahrzeugs und ggf. dessen Beladung in einer Größe bis zu 1 Grad)

zu den Maßen der jeweiligen Bezugslinie addiert werden. Die Grenzlinie ist damit die wissenschaftliche Grundlage der Definition von Planungsregeln für den in einem Streckennetz vorzuhaltenden Raum. Darüber hinaus ist in der *EBO* eine Grenzlinie bei Oberleitung dargestellt, bei der zusätzlich die Verschiebungen des Stromabnehmers infolge des Schwingens sowie des Auslenkens im Gleisbogen angesetzt werden [6, 15].

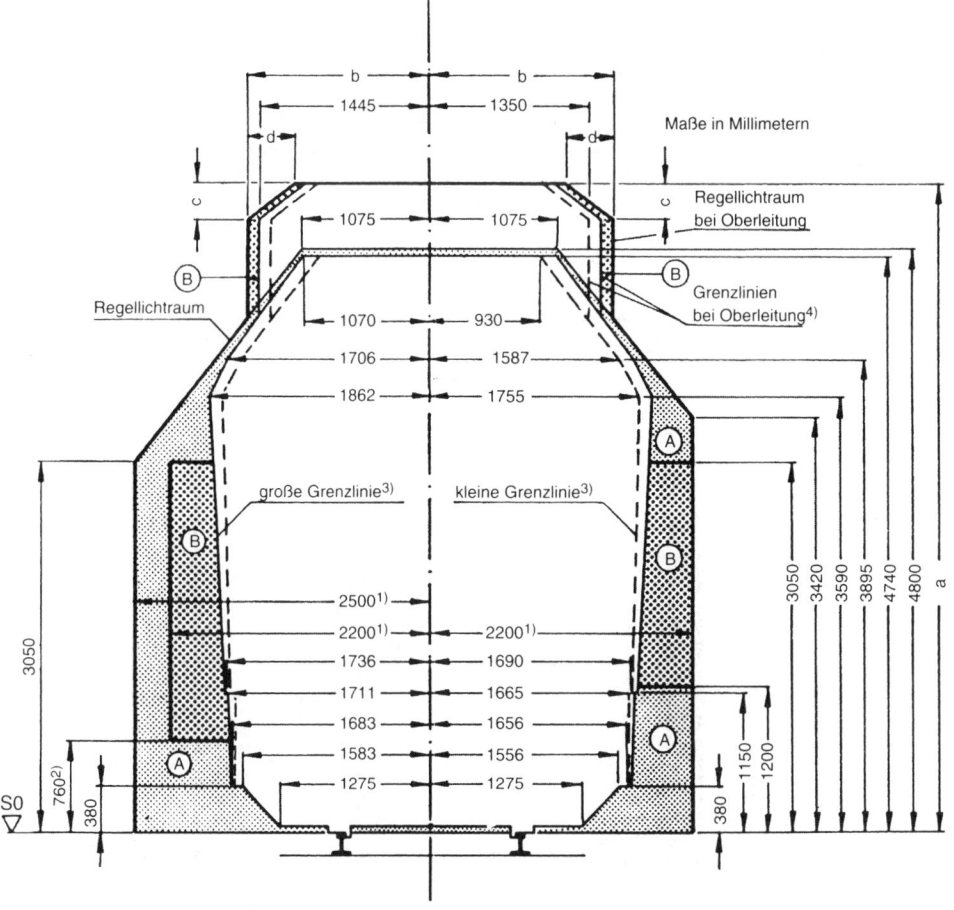

Abb. 8.2.7: Regellichtraum in der Geraden und in Bogen bei Radien von 250 m und mehr

Linke Hälfte: bei durchgehenden Hauptgleisen und bei anderen Hauptgleisen für Reisezüge, *rechte Hälfte:* bei den übrigen Gleisen. *Bereich A*: Zulässig sind Eintragungen von baulichen Anlagen, wenn es der Bahnbetrieb erfordert (z. B. Bahnsteige, Rampen, Rangiereinrichtungen, Signalanlagen). *Bereiche A und B*: Zulässig sind Eintragungen bei Bauarbeiten, wenn die erforderlichen Sicherheitsmaßnahmen getroffen sind.

8 Die Infrastruktur

Die *EBO* enthält zwei Bezugslinien, deren Konturen durch die *UIC* international festgelegt sind [14]. Während die kleinere Bezugslinie G1 für Fahrzeuge gilt, die ohne Restriktionen im grenzüberschreitenden Verkehr eingesetzt werden können (Abb. 8.2.6), liegt die im oberen Bereich deutlich größere Bezugslinie G2 dem nach der kinematischen Berechnungsmethodik entwickelten Regellichtraum der *EBO* zugrunde (Abb. 8.2.7). Sollen Fahrzeuge zum Einsatz kommen, die diese Bezugslinien überschreiten („übergroße" Fahrzeuge [16]), muss der Mindestlichtraumbedarf, also die maßgebende örtliche Grenzlinie, fahrzeugspezifisch ermittelt werden und können die Fahrzeuge erst nach erfolgreichen Befahrbarkeitsuntersuchungen zum Einsatz kommen.

Der Regellichtraum setzt sich aus dem von der jeweiligen Grenzlinie umschlossenen Raum und zusätzlichen Räumen für bauliche und betriebliche Zwecke zusammen. In diesen Räumen sind bestimmte Einragungen auf Dauer zulässig bzw. nur bei Bauarbeiten, wenn die erforderlichen Sicherheitsmaßnahmen getroffen sind. Außerdem dürfen, wenn andere Lösungen unverhältnismäßige Kosten verursachen, bis zur Höhe von 0,38 m über Schienenoberkante weitere bauliche Anlagen hineinragen [6], da dieser Raum entsprechend den internationalen Regelungen weder durch Fahrzeuge noch durch deren Ladung in Anspruch genommen werden darf. Bei Strecken, auf denen ausschließlich nach S-Bahnstandard gebaute Fahrzeuge verkehren sollen, dürfen die halben Breitenmaße des Regellichtraums um 100 mm verkleinert werden.

Den Eisenbahnen steht selbstverständlich die Möglichkeit offen, für bestimmte Einsatzbereiche von Fahrzeugen und Ladeeinheiten auch Lichträume mit größeren Abmessungen einzuführen. So schreibt die *DB* beim Neubau und umfassenden Umbau von Strecken ein gegenüber dem Regel-

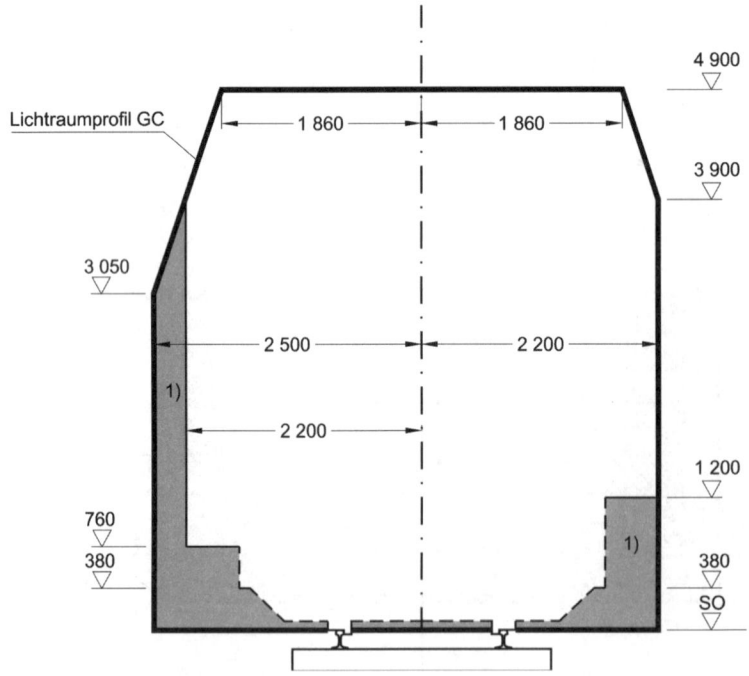

Linke Hälfte: bei durchgehenden Hauptgleisen und bei anderen Hauptgleisen für Reisezüge, *rechte Hälfte*: bei den übrigen Gleisen (Maße in mm). 1) Raum, in den bauliche Anlagen einragen dürfen, wenn es der Bahnbetrieb erfordert (vgl. Abb. 8.2.7); er reicht im Höhenbereich unter 760 mm bzw. unter 1200 mm bis an die Grenzlinie (gestrichelt) heran.

Abb. 8.2.8: Lichtraumprofil GC in der Geraden und in Bogen bei Radien von 250 m und mehr

8.2 Betriebliche und verkehrliche Planung der Bahnanlagen

lichtraum im Bereich der oberen Schrägen erweitertes Lichtraumprofil GC (Abb. 8.2.8 [17]) vor, das die uneingeschränkte Durchführung von definierten Sendungen des kombinierten Ladungsverkehrs auf Tragwagen sowie von Fahrzeugen erlaubt, die im oberen Bereich die Grenzlinie G2 innerhalb von GC überschreiten.

Gleisabstand

Die *DB Netz AG* als größter deutscher Eisenbahninfrastrukturbetreiber hat in ihrem Netz Regelgleisabstände vorgeschrieben, denen im Hinblick auf den erwünschten Netzstandard die in § 10 *EBO* für Neubauten und größere Umbauten vorgeschriebenen Mindestgleisabstände zugrunde liegen: 4,00 m auf der freien Strecke (mithin 0,50 m mehr als das bei Altanlagen noch anzutreffende ehemalige Mindestmaß von 3,50 m), 3,80 m bei artreinen S-Bahnstrecken und 4,50 m in Bahnhöfen [17]. Das Maß von 4,50 m lässt sich nicht aus dem Raumbedarf für den Durchgang der Fahrzeuge ableiten, sondern ist vielmehr durch den Sicherheitsbedarf von Personen, die sich in Ausübung ihres Dienstes zwischen Bahnhofsgleisen aufhalten müssen, begründet [19]. Beim Ausbau vorhandener Strecken für eine Geschwindigkeit von bis zu 230 km/h reicht der Gleisabstand von 4,00 m aus, wenn für die über 200 km/h erhöhte Geschwindigkeit nur Triebzüge (ICE 1, ICE 2) bzw. Triebwagenzüge (ICE 3, ICE-T) mit nachgewiesenen günstigen aerodynamischen Eigenschaften zum Einsatz kommen sollen. Für neue Hochgeschwindigkeitsstrecken (v > 200 km/h) ist aus aerodynamischen Gründen grundsätzlich ein Gleisabstand von 4,50 m vorgeschrieben.

Bei Gleisabständen von 4,40 m und weniger überschneiden sich die Lichtraumprofile benachbarter Gleise. Dies ist bis herab auf die in der *EBO* festgelegten Mindestgleisabstände unkritisch, solange sich keine festen Einbauten zwischen den Gleisen befinden und keine Fahrzeuge verkehren, die die

8 Die Infrastruktur

Fahrzeugbegrenzungen nach den Bezugslinien G1 und G2 überschreiten. Neigetechnikfahrzeuge halten in der Regel diese Fahrzeugbegrenzungen dank der konischen Außenwandkontur und des eingezogenen unteren Bereichs ein.

Je nach Anordnung und Nutzung der Gleise sowie in Abhängigkeit von der gefahrenen Geschwindigkeit kann es erforderlich sein, dass der Gleisabstand gegenüber den Regelwerten vergrößert werden muss [17, 19, 20]. So ist aus Gründen der Unfallverhütung mindestens neben jedem zweiten Gleis ein Sicherheitsraum von 0,80 m Breite außerhalb des geschwindigkeitsabhängigen Gefahrenbereichs bewegter Fahrzeuge vorgeschrieben, damit sich Beschäftigte vor herannahenden Schienenfahrzeugen in Sicherheit bringen können [18].

In Gleisanlagen mit Arbeitsstätten oder Verkehrswegen für Personen sind Mindestgleisabstände einzuhalten, die die besonderen Anforderungen des Arbeitsschutzes und der Unfallverhütung im Gleisbereich, z. B. beim Rangieren, Untersuchen oder Vor- und Nachbehandeln von Eisenbahnfahrzeugen, berücksichtigen [21]. Neben einer ausreichenden Breite für die Erfüllung dieser Aufgaben bedarf es zwischen den Fahrzeugen und Teilen der Umgebung zum Schutz vor Verletzungen durch Anstoßen oder Quetschen zudem eines seitlichen Sicherheitsabstands von mindestens 0,50 m. Das Gleiche gilt für feste Gegenstände und bauliche Anlagen neben Gleisen in Randlage. Zu berücksichtigen sind die Abmessungen des örtlich maßgebenden Regelfahrzeugs (Triebfahrzeug bzw. Wagen).

Für übergroße Fahrzeuge und Sendungen [16] gelten hinsichtlich Lichtraumprofil und Abstand zu festen Anlagen besondere Vorschriften, die die von den Regelmaßen des Systems Bahn abweichenden Maße berücksichtigen.

8.2.1.3 Systemschnittstelle Bahnsteigkante

Ausgangssituation

An den Bahnsteigkanten treffen die Teilsysteme Fahrzeug und Fahrweg am sichtbarsten aufeinander (siehe auch Kap. 8.2.5.2). Hier wird der Reisende mit den unterschiedlichsten Verhältnissen konfrontiert, die in den weitaus meisten Fällen nicht zufrieden stellen können, weil sie die Nutzbarkeit des Systems Bahn einschränken.

Die überwiegende Zahl der Bahnsteige hat auch heute noch die ursprüngliche niedrige Höhe. Dies ist historisch begründet mit der um 1865 erfolgten Festlegung der Höhenmaße auf 0,21 m (= 8¼ Zoll) und 0,38 m (= 1 Fuß 3 Zoll) über Schienenoberkante und war jahrzehntelang unumgänglich wegen
– der Anordnung von Karrenüberfahrten und schienengleichen Bahnsteigzugängen,
– des Vorhandenseins von Längstrittbrettern an den Wagen, auf denen das Zugbegleitpersonal während der Fahrt von Abteil zu Abteil gehen musste, und
– der Notwendigkeit, die Achslager vom Bahnsteig aus schmieren zu können.

Die *BO* von 1904 ließ zwar im Hinblick auf eine Erleichterung beim Einsteigen in die mit hohem Wagenboden und dementsprechend mit drei oder vier Stufen versehenen Wagen nun auch Bahnsteigkanten von 0,76 m (= 2 Fuß 6 Zoll) zu, aber erst mit der *BO*-Novellierung von 1928 wurde diese Höhe – neben 0,38 m – als Regelhöhe eingeführt; seit 1991 soll bei Neubauten und größeren Umbauten in der Regel das Maß von 0,76 m vorgesehen werden (§ 13 Abs. 1 *EBO* [6]).

Für definierte Anwendungsfälle werden bei Regionalverkehrsbahnhöfen aber auch Bahnsteige mit der international verbreiteten und in den Technischen Spezifikationen für die Interoperabilität (*TSI Infrastruktur*) neben der Höhe von 0,76 m ebenfalls zugelassenen Höhe von 0,55 m errichtet, die beim Einsatz von Fahrzeugen mit etwa 0,6 m Einstiegshöhe einen leichteren Einstieg von 0,21 m bis 0,38 m hohen Bahnsteigen ermöglicht. So kann bei Bahnhöfen oder Haltepunkten mit sehr gerin-

8.2 Betriebliche und verkehrliche Planung der Bahnanlagen

System-höhe über SO [m]	Zulässigkeit nach EBO (nur für Neu- und Umbau)	Barrierefreie optimierte Fahrzeuge (Wagenboden als Einstiegsebene, rollstuhlgerecht)	Bedingt barrierefreie Fahrzeuge (Trittstufe als Einstiegsebene)
0,96	größte zulässige Höhe (nur für Linien mit ausschließlich optimierten S-Bahnfahrzeugen)	S-Bahnfahrzeuge mit ~ 1 m Fahrzeugbodenhöhe im Einstiegsbereich	
0,76	Regelhöhe	Fahrzeuge des Fern- und Regionalverkehrs sowie S-Bahnfahrzeuge mit ~ 0,8 m Fahrzeugbodenhöhe im Einstiegsbereich	unterste Trittstufe auf ~ 0,8 m
0,55	Zwischenhöhe	Niederflurfahrzeuge des Regional- und Fernverkehrs mit ~ 0,6 m Fahrzeugbodenhöhe im Einstiegsbereich	unterste Trittstufe auf ~ 0,6 m
0,38	niedrigste zulässige Höhe	Niederflurfahrzeuge mit Eignung für innerstädtischen Verkehr mit ~ 0,35 m Fahrzeugbodenhöhe im Einstiegsbereich	unterste Trittstufe auf ~ 0,4 m

Abb. 8.2.9: Systemhöhen für den Bau von Personenbahnsteigen

gen Reisendenzahlen mittelfristig auf eine Aufhöhung verzichtet und dennoch eine befriedigende Einstiegssituation erzielt werden. Die Höhe von 0,55 m findet darüber hinaus in Sonderfällen Anwendung, um das Vorbeiführen von Sendungen mit Lademaßüberschreitung im unteren Bereich, wie Transformator-Transporten, mit Ladungsverschiebung zu ermöglichen, sowie an Linien, die bereits weitgehend auf diese Höhe ausgebaut sind (Abb. 8.2.9 [22]).

Das Vorhandensein der noch großen Anzahl niedriger Bahnsteige aus den Anfängen der Eisenbahn – mehr als die Hälfte der Bahnsteigkanten hat noch eine Höhe von 0,38 m und darunter – ist der Grund dafür, dass sich die Einstiegsverhältnisse von Neubaufahrzeugen auch weiterhin an den alten Vorgaben orientieren müssen, sofern die Fahrzeuge nicht in besonderen Einsatzbereichen verkehren, in denen sie auf einheitliche Bahnsteighöhen abgestimmt sind (z. B. S-Bahnen auf 0,96 m oder 0,76 m, ICE-Triebzüge auf 0,76 m, Niederflurfahrzeuge auf 0,55 m).

Ausgehend von der Tatsache, dass die Fußbodenhöhe der im Fernverkehr grenzüberschreitend eingesetzten Reisezugwagen und Triebwagen in der Regel bei ca. 1,25 m bis 1,30 m über Schienenoberkante (SO) liegt und die unterste Trittstufe aus Gründen der Fahrzeugbegrenzung nicht tiefer als 0,55 m über SO angebracht werden kann, ergibt sich, dass von Bahnsteigen mit einer Höhe von 0,38 m und darunter kein optimaler Einstieg mit einem flachen Neigungswinkel und einer niedrigen Stufenhöhe in Fahrzeuge mit einem hohen Wagenboden erreichbar ist. Auch eine Optimierung auf drei verschiedene Bahnsteighöhen (0,76 m, 0,55 m, 0,38 m) scheidet ohne aufwendige Einstiegshilfen aus, gleich ob diese fahrzeugseitig installiert oder auf dem Bahnsteig mobil verfügbar sind. Diese Hilfen (Rampen, Hublifte) stellen ebenfalls wieder eine Barriere dar und können daher nur eine Behelfslösung sein [24].

Fahrzeuge des Personenfernverkehrs mit einer zum 0,76 m hohen Bahnsteig passenden Fußbodenhöhe im Einstiegsbereich von etwa 0,80 m wurden in Deutschland bislang nicht realisiert. Selbst die Fahrzeuge der ICE-Familie erfüllen – trotz in Höhe der Klappstufen optimierter horizontaler Spaltbreite

8 Die Infrastruktur

infolge Verzichts auf eine tiefer liegende Trittstufe und einer verbesserten Einstiegsgeometrie – mit zu überwindenden zwei Stufen am 0,76 m hohen Bahnsteig und drei Stufen am Bahnsteig mit 0,55 m Höhe nicht die Anforderungen an die Barrierefreiheit und können Bahnsteighöhen von 0,38 m und darunter im Regeleinsatz nicht bedienen. Eine niedrigere Wagenbodenhöhe – und damit tiefer gelegene Einstiegsebene – lässt sich im Personenfernverkehr durch Gliederzüge (*Jakobs*-Drehgestelle im TGV bzw. Einzellaufwerke im Talgo) – unter Inkaufnahme von kürzeren Wagenkästen – oder durch Nutzung kleiner Raddurchmesser (ca. 880 mm) in der Kombination mit kleinen Übergangsrampen hin zum Fahrzeugeinstieg (Konzept für nichtangetriebene Einzelwagen) realisieren.

Lösungsansätze

Das Ein- und Aussteigen wird wesentlich erleichtert und beschleunigt, wenn Bahnsteig und Fahrzeugfußboden im Einstiegsbereich auf der gleichen oder fast der gleichen Höhe liegen, wie dies bei S-Bahnen mit eigenem Bahnkörper die Regel ist. Mit Rücksicht auf in ihrer Mobilität eingeschränkte Reisende sollte allerdings auch der Spalt zwischen Einstiegsebene und Bahnsteigkante – unter Berücksichtigung der zulässigen Maße für Fahrzeugbegrenzung und Lichtraumumgrenzung – möglichst gering sein, damit die in der *EBO* geforderte Barrierefreiheit an der Bahnsteigkante tatsächlich erfüllt ist [6], zumal der schnelle und sichere Fahrgastwechsel wesentlich zur Leistungsfähigkeit des Systems Bahn beiträgt.

Aus der Gleis- und Fahrzeuggeometrie ergibt sich, dass der Abstand der in Gleisbogen gelegenen Bahnsteigkanten zur Einstiegsebene umso geringer ist, je näher die Einstiegszonen im Bereich der

Raumbedarf

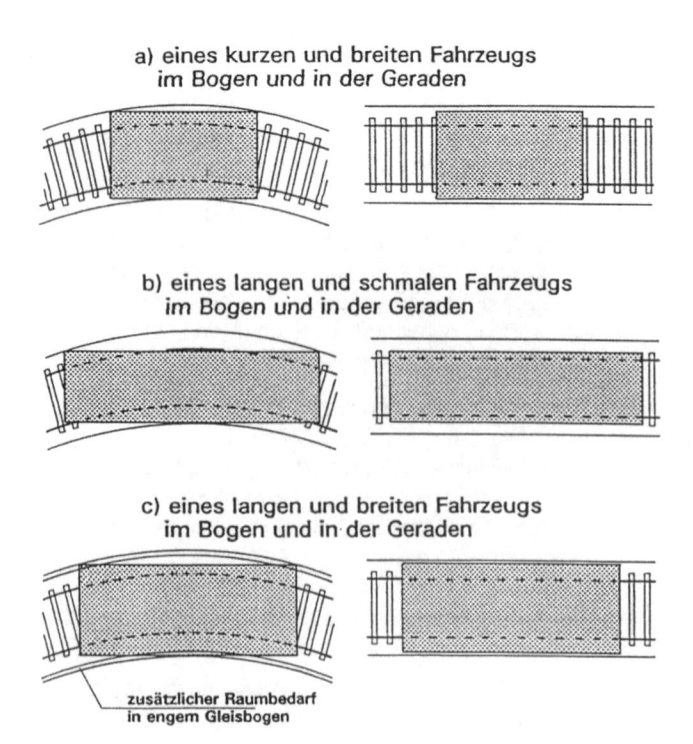

a) eines kurzen und breiten Fahrzeugs
im Bogen und in der Geraden

b) eines langen und schmalen Fahrzeugs
im Bogen und in der Geraden

c) eines langen und breiten Fahrzeugs
im Bogen und in der Geraden

zusätzlicher Raumbedarf
in engem Gleisbogen

Abb. 8.2.10: Raumbedarf von Fahrzeugen im Bogen und im geraden Gleis

8.2 Betriebliche und verkehrliche Planung der Bahnanlagen

Radsätze bzw. Drehzapfen von Drehgestellen liegen, und umgekehrt. Je nach Lage der Bahnsteige am Innen- oder Außenbogen entstehen die größten Spaltbreiten daher am Fahrzeugende bzw. in Fahrzeugmitte (Abb. 8.2.10 [12]). Mit der Anordnung der Einstiege in etwa dem Drittelspunkt der Fahrzeuge lässt sich dieses Problem lediglich mildern. Große Spaltbreiten können die Anwendung automatisierter Abfertigungsverfahren ausschließen.

Eine Lösung, im bestehenden Eisenbahnnetz die Situation zu verbessern, ist die Überbrückung des horizontalen Spalts zur Bahnsteigkante durch auf der Höhe der Einstiegsebene außen am Fahrzeug montierte feste Trittleisten oder – weil wirkungsvoller – bewegliche Schiebe- oder Klapptritte. Diese müssen während der Fahrt arretiert sein und dürfen lediglich beim Stillstand des Fahrzeugs an den für die Fahrzeugbauart freigegebenen Bahnsteigkanten die Fahrzeugbegrenzung überschreiten, die Bahnsteigkante jedoch nicht berühren. Dagegen dürfen fahrzeugseitige Ein- und Ausstiegshilfen auf dem Bahnsteig aufliegen, wenn und solange sichergestellt ist, dass das Fahrzeug nicht bewegt wird.

Wegen der Langlebigkeit der Bahnsteiganlagen und der hohen Kosten für Maßnahmen an der Infrastruktur führen Anpassungen der vorhandenen Bahnsteige an bestimmte Höhenmaße nur über einen sehr langen Zeitraum zu dem vom Verordnungsgeber in § 2 Abs. 3 *EBO* vorgegebenen Ziel der Barrierefreiheit. Bahnsteige mit unterschiedlich hohen, durch Rampen verbundenen Teilbereichen können zwar bei nicht zu langen Zugeinheiten und bei geeigneten Fahrzeugen hierzu beitragen, stellen aber auf Dauer betriebliche Zwangspunkte dar. Besser, aber dennoch nur bedingt barrierefrei, sind fahrzeugseitige Lösungen mit unterschiedlich hohen Einstiegsebenen, die mehrere Bahnsteighöhen barrierefrei bedienen können. Solche stufenfreien Einstiege sind dem stufenfreien Durchgang durch die Fahrzeuge vorzuziehen, da Stufen oder Rampen im Innenbereich der Fahrzeuge die Beweglichkeit der Mobilitätsbehinderten weit weniger einschränken als Stufen im Außenbereich.

Der Idealfall im Hinblick auf mobilitätsbehinderte Reisende ist jedoch ein stufenfreier Übergang zwischen Bahnsteig und Einstiegsbereich der Fahrzeuge mit einer für Rollstuhlfahrer geeigneten Höhendifferenz und einer Spaltbreite von etwa 5 cm; dieser Mindestabstand ist bei zulässigen

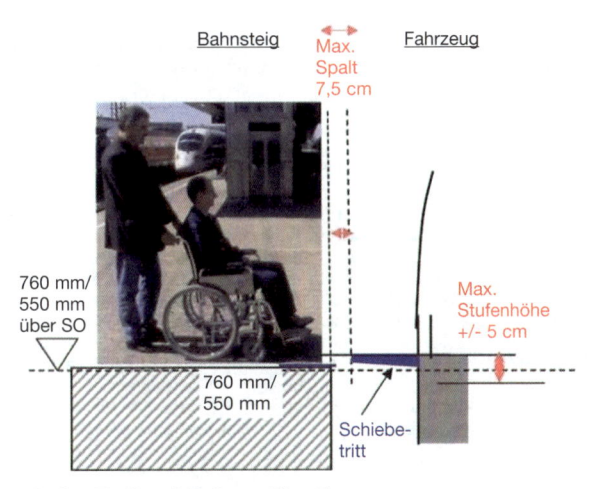

Abb. 8.2.11: Barrierefreier Rollstuhlfahrer-Einstieg

Fahrzeug- und Anlagentoleranzen für die sichere Vorbeifahrt an Bahnsteigen erforderlich [24]. Hinsichtlich neuer Fahrzeuge und Anlagen im Geltungsbereich des europäischen Eisenbahnsystems sind die Mindestanforderungen an die Kompatibilität in den *Technischen Spezifikationen für die*

8 Die Infrastruktur

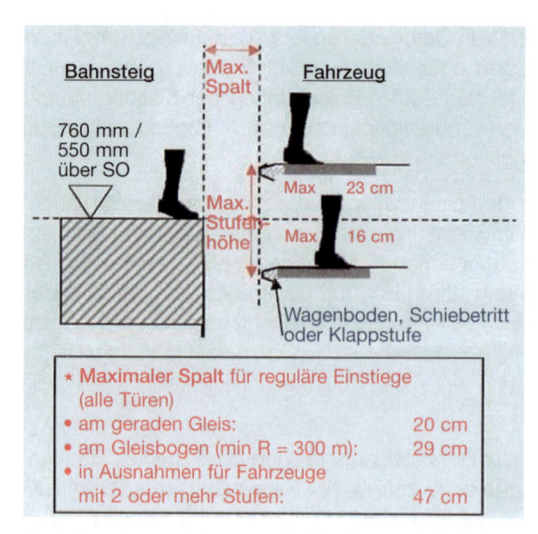

Abb. 8.2.12: Regulärer barrierefreier Einstieg für Bahnsteighöhen von 760 und 550 mm

Interoperabilität (*TSI*, siehe Kap. 12) unter dem Aspekt mobilitätseingeschränkter Personen (*TSI PRM*) festgeschrieben; sie sehen für Rollstuhlfahrer an 0,55 m und 0,76 m hohen Bahnsteigen einen Einstieg ohne Einstiegshilfe mit einem maximalen horizontalen Spalt von 7,5 cm und einem größten Höhenunterschied von 5 cm vor. Andernfalls muss für Rollstuhlfahrer eine Einstiegshilfe auf dem Bahnsteig oder im Zug vorhanden sein (Abb. 8.2.11 [25]), die die Zugangsmöglichkeit trotz verschiedener Bahnsteighöhen und unterschiedlicher Zugsysteme sicherstellt.

Für den regulären barrierefreien Einstieg an 0,55 m und 0,76 m hohen Bahnsteigkanten gibt die *TSI PRM* für die Stufenpositionierung der ersten zur Nutzung vorgesehenen Stufe (Einstiegsebene) aller Türen größere Obergrenzen für den Spalt und den Höhenunterschied vor (Abb. 8.2.12 [25]).

Eine barrierefreie Lösung, die die Bedürfnisse sämtlicher Reisender abdeckt, ist allerdings nur in Teilnetzen erreichbar, in denen alle Fahrzeuge auf eine einheitliche Bahnsteighöhe sowie auf den Verlauf der Bahnsteigkanten bzw. auf die Linienführung der Bahnsteiggleise optimiert sind, oder wenn die Fahrzeuge mit Sensoren derart selektiv ausgerüstet sind, dass an jedem Einstieg die hierfür vorgegebene Restspaltbreite in Höhe des Schiebe- oder Klapptritts nicht überschritten wird.

Die Höhe der Einstiegsebene der in der Regel eingesetzten Fahrzeuge sollte etwas oberhalb der Bahnsteigkante liegen, da im Fall einer negativen Einstiegshöhe
– die Durchgangshöhe im Eingangsbereich verringert wird (Verletzungsgefahr),
– das Hinabsteigen in das Fahrzeug bzw. das Hinaufsteigen aus dem Fahrzeug dazu führen kann, dass Personen verunsichert werden (Stolpergefahr), und
– sich dadurch die Fahrgastwechselzeit verlängert.

Dabei ist zu berücksichtigen, dass sich eine Höhendifferenz bis etwa 5 cm allein schon durch die Einfederung der Fahrzeuge, durch die Abnutzung der Räder und des Schienenkopfs, aus von den Einbaumaßen örtlich abweichenden Höhen der Bahnsteigkanten sowie infolge von Gleislageunregelmäßigkeiten einstellen kann.

Beim Verkehren von Fahrzeugen mit unterschiedlichen Einstiegsebenen und verschieden großen Abständen zu den Bahnsteigkanten sind hinsichtlich der Höhe der Bahnsteige und der horizontalen Spaltbreite nur Kompromisse möglich. So lassen sich mit Rücksicht auf Rollstuhlfahrer z. B. unterschiedlich hohe Einstiege im ersten Fahrzeug bzw. im Steuerwagen (Nähe des Triebfahrzeugführers,

8.2 Betriebliche und verkehrliche Planung der Bahnanlagen

bei Triebwagen an beiden Enden des Zuges) vorsehen, von denen mindestens einer jeweils zur Bahnsteighöhe von 0,76 m oder 0,55 m passt. Eine solche fahrzeugseitige Lösung würde einen flexibleren Einsatz ermöglichen, dürfte kostengünstiger sein als ein abschnittsweises Aufhöhen sämtlicher Bahnsteige einer Linie, und sie wäre auch nicht von der Wagenzuglänge abhängig.

Die Entwicklung in Deutschland lässt erwarten, dass die Barrierefreiheit am schnellsten zunimmt, wenn sowohl im Regional- als auch im Fernverkehr die bereits in den verkehrsstarken Knotenbahnhöfen dominierende Bahnsteighöhe von 0,76 m bei Neubaumaßnahmen konsequent weiter ausgeführt wird. Nur so kann mittelfristig eine einheitliche Bahnsteighöhe im Kernnetz realisiert werden [26]. Die Stufenfreiheit erfordert demnach auch eine auf 0,76 m hohe Bahnsteige optimierte Fahrzeugflotte.

In Regionen, in denen bereits 0,55 m hohe Bahnsteige – entsprechend dem Fahrgastaufkommen – vorherrschen, sollte die ebenfalls regelkonforme Bahnsteighöhe von 0,55 m weiterhin zum Einsatz kommen. Auf Linien, bei denen aus wirtschaftlicher Sicht noch auf lange Zeit niedrige Bahnsteige in Kauf genommen werden müssen, ist es vorteilhaft, die Barrierefreiheit durch niederflurige Fahrzeuge (mit einer auf 0,55 m optimierten Einstiegshöhe) zu verbessern. Hier müssen die Fahrgäste zu den niedrigen Bahnsteigen in der Regel eine Stufenhöhe überwinden, was für Stationen mit geringem Fahrgastaufkommen unter dem Aspekt der Barrierefreiheit akzeptabel ist. In den Anschlussbahnhöfen an das übrige Netz sollten diese Linien über eigene Bahnsteigkanten mit einer passenden Bahnsteighöhe von 0,55 m verfügen (Trennung vom Fernverkehr). Die meisten von der Industrie angebotenen Fahrzeug-Plattformen sind sowohl für Bahnsteighöhen von 0,55 m als auch 0,76 m erhältlich.

Die unterschiedliche Anordnung und Gestaltung der Einstiegsbereiche einer im Wettbewerb wachsenden Fahrzeugvielfalt von auf der gleichen Infrastruktur zugelassenen Eisenbahnverkehrsunternehmen wird das Systemproblem Bahnsteigkante dennoch so lange fortbestehen lassen, wie keine Einheitlichkeit in größeren zusammenhängenden Teilnetzen oder zumindest auf längeren Linien – entsprechend den europäischen Spezifikationen im grenzüberschreitenden Hochgeschwindigkeitsverkehr – erreicht ist.

8.2.2 Streckengestaltung nach Verkehrsaufkommen und Verkehrsarten

Die Eisenbahn kann ihre Systemvorteile nur dort ausspielen, wo das Transportaufkommen so groß ist, dass die „Zugbildung", das Kuppeln mehrerer bzw. vieler Wagen zu einer Produktionseinheit (den Zug), wirtschaftlich sinnvoll ist. Neben der Durchführung von starkströmigen direkten Quelle-Ziel-Verkehren ist daher das Sammeln und Verteilen von Reisenden und/oder Güterwagen und ihre Beförderung „im Hauptlauf" auf Hauptstrecken („Magistralen") in langen bzw. schnellen Zügen für die Eisenbahn systemspezifisch.

Auch wenn im Güterverkehr das Sammeln und Verteilen kleinerer Wagenzahlen zu wirtschaftlichen Zuggrößen heute in schwächeren Verkehrsrelationen häufig nicht mehr konkurrenzfähig ist und andere Logistiken erforderlich macht (z. B. den kombinierten Verkehr), so speist sich das Verkehrsaufkommen der Hauptstrecken dennoch aus einer hierarchischen Betriebs- und Netzstruktur, die ihre Entsprechung in Fernzugnetzen für Personen- und Güterverkehr, in verschiedenen Ballungsnetzen des Regional- und Nahverkehrs und in ländlichen Regionalnetzen findet.

Die verkehrlichen und betrieblichen Gestaltungsmerkmale der Eisenbahnstrecken folgen dieser hierarchischen Netzstruktur. Dabei lassen sich zwei Betrachtungsweisen unterscheiden:
– Welche verkehrlichen und betrieblichen Möglichkeiten bietet eine Strecke aufgrund ihrer Trassierung und ihrer Streckenausrüstung für die einzelne Zugfahrt? Das ist die Sicht des Eisenbahnverkehrsunternehmens (EVU).

8 Die Infrastruktur

– Welche Möglichkeiten bietet eine Strecke für die Durchführung eines bestimmten Betriebsprogramms? Das ist die Sicht des Eisenbahninfrastrukturunternehmens (EIU).

Für das EVU ist (neben verkehrlichen Gesichtspunkten, wie Haltstationen und ihre Ausstattung) in erster Linie wichtig, welche Höchstgeschwindigkeit, welche Achslast und welche Fahrzeugbegrenzung auf einer Strecke gefahren werden können, welche maximale Längsneigung die Strecke aufweist und wie die Strecke betrieblich und technisch ausgerüstet ist (Länge der Bahnsteige und Überholungsgleise, Elektrifizierung, Sicherungssystem usw.).

Aus der Sicht des EIU sind zusätzlich die Anzahl Streckengleise von Bedeutung und der Abstand der Bahnhöfe, in denen ein Wechsel der Zugreihenfolge möglich ist („Zugüberholung") und auf denen sich im Fall eingleisiger Strecken Züge begegnen können („Zugkreuzung"). Außerdem – insbesondere auf zweigleisigen Strecken – ist der Raumabstand, in dem sich Zugfahrten folgen können, d. h. die Blocklänge ein wichtiges Streckenmerkmal sowie das Vorhandensein von gewissen Reservekapazitäten für die temporäre Abstellung von Zügen, z. B. im Zulauf auf hochbelastete Knoten oder Grenzübergänge.

Aufgrund der Vielzahl von Parametern, nach denen Strecken charakterisierbar sind, ist es sinnvoll, sie nach verschiedenen Aspekten zu unterscheiden.

8.2.2.1 Unterscheidung nach der gesetzlichen Grundlage

Hauptbahnen – Nebenbahnen

Die wesentliche fachgesetzliche Grundlage des Eisenbahnwesens in Deutschland ist das *Allgemeine Eisenbahngesetz (AEG)* [27]. Die wichtigsten auf der Basis dieses Gesetzes erlassenen Rechtsverordnungen sind die *Eisenbahn-Bau- und Betriebsordnung (EBO)* [6] und die *Eisenbahn-Signalordnung (ESO)* [28]. Die *EBO* gilt für alle regelspurigen Eisenbahnen mit Ausnahme des Baus, des Betriebs oder der Benutzung der Bahnanlagen eines nichtöffentlichen Eisenbahninfrastrukturunternehmens. Sie unterscheidet in ihren Festlegungen zu Bahnanlagen, Fahrzeugen und Bahnbetrieb nach Hauptbahnen und Nebenbahnen.

Zweck dieser Unterteilung ist es, den Eisenbahninfrastrukturunternehmen die Möglichkeit zu geben, den technischen und den betrieblichen Standard von Eisenbahnanlagen ihrer verkehrlichen Bedeutung anzupassen und auf diese Weise wirtschaftlich agieren zu können, ohne dadurch die Sicherheit zu vernachlässigen. Eine Auswahl wesentlicher Unterschiede in den technischen Anforderungen der *EBO* an Haupt- und Nebenbahnen zeigt Tabelle 8.2.1.

	Hauptbahnen	Nebenbahnen
Fahrgeschwindigkeit (§ 40)	Reisezüge: 250 km/h mit Linienzugbeeinflussung 160 km/h mit Linienzugbeeinflussung 100 km/h sonst Güterzüge: 100 km/h mit durchgehender Bremse 120 km/h zusätzl. mit Zugbeeinflussung	80 km/h für Reise- und Güterzüge 100 km/h für Reisezüge, wenn bzgl. Spurweite, Gleisbogen, BÜ, Streckenblock, Fernmeldeanlagen und Bremsweg wesentl. Hauptbahnbedingungen eingehalten sind; wenn Zugleitbetrieb technisch gesichert wird
Spurweite (§ 5)	höchstens 1465 mm	höchstens 1470 mm
Gleisbogenradius (§ 6)	< 300 m	< 180 m

Tabelle 8.2.1: Unterschiedliche Anforderungen an Haupt- und Nebenbahnen gemäß *EBO*

8.2 Betriebliche und verkehrliche Planung der Bahnanlagen

	Hauptbahnen	Nebenbahnen
Gleisneigung (§ 7)	max. 12,5 ‰*)	max. 40 ‰*)
Belastbarkeit von Oberbau und Bauwerken (§ 8)	18 t Radlastsatz 5,6 t/m Streckenlast 20 t Radsatzlast, Neubau Oberbau 25 t Radsatzlast, Neubau Bauwerke 8 t/m Streckenlast, Neubau Bauwerke	16 t Radsatzlast 4,5 t/m Streckenlast 18 t*) Radsatzlast, Neubau Oberbau 25 t Radsatzlast, Neubau Bauwerke 8 t/m Streckenlast., Naubau Bauwerke
Bahnübergänge (§ 11)	unzulässig bei v über 160 km/h über Hauptgleise: technische Sicherung erforderlich, falls öffentlicher Kfz-Verkehr	Sicherung durch Übersicht und/oder ggf. durch Tonsignale in Abhängigkeit von Kfz-Stärke, Gleiszahl und Geschwindigkeit der Bahn
Bahnsteige (§ 13)	über 160 km/h keine höhengleichen Gleisübergänge über 200 km/h Vorkehrungen zur Freihaltung des Gefahrenbereichs	
Signale und Weichen (§ 14)	erforderlich: Einfahr- und Ausfahrsignale Hauptsignale an Block-, Abzwieg-, Deckungsstellen Vorsignale Signalabhängigkeit von Weichen Flankenschutz für Gleise v > 160	Erfordernis (s. Hauptbahnen) jeweils in Abhängigkeit von der Geschwindigkeit
Streckenblock, Zugbeeinflussung (§ 15)	Streckenblock auf Strecken mit besonders dichter Zugfolge Zugbeeinflussung bei Streckengeschwindigkeit über 100 km/h Linienbeeinfl. bei Streckengeschwindigkeit über 160 km/h	
Fernmeldeanlagen (§ 16)	Zugfunk bei Streckengeschwindigkeit über 160 km/h	
Radsatzlasten und Fahrzeuggewichte je Längeneinheit (§ 19)	18 t Radsatzlast zulässig 5,6 t/m längenbez. Gewicht zul. (streckenspezifisch auch höher)	16 t Radsatzlast zulässig 4,5 t/m längenbez. Gewicht zul. (streckenspezifisch auch höher)
Bremsen der Züge (§ 35)	1000 m größter zulässiger Bremsweg	700 m größter zulässiger Bremsweg
Zugfolge (§ 39)		Zugleitbetrieb zulässig
*) „soll"-Vorgabe		

Tabelle 8.2.1 (Fortsetzung): Unterschiedliche Anforderungen an Haupt- und Nebenbahnen gemäß *EBO*

8.2.2.2 Unterscheidung nach der Anzahl Streckengleise

Eingleisige Strecken

Historisch gesehen sind eingleisige Eisenbahnstrecken die ältesten. Eingleisige Strecken werden im Zweirichtungsbetrieb betrieben, so dass Bahnhöfe mit Kreuzungsgleisen notwendig sind, damit die Züge entgegengesetzter Fahrtrichtung einander passieren können. Da bei einer Kreuzung der Zug der Gegenrichtung abgewartet werden muss, sind die Fahrpläne von Richtung und Gegenrichtung voneinander und von der Lage der Kreuzungsbahnhöfe abhängig, außerdem findet u. U. eine Verspätungsübertragung auf die Gegenrichtung statt. Eine weitere Folge davon ist, dass die Pufferzeit, welche zur Reduktion von Folgeverspätungen zwischen den Fahrplantrassen angeordnet wird, auf einer eingleisigen Strecke (im Gegensatz zu einer zweigleisigen Strecke) beim Zugfolgefall „Gegenrichtung" Bestandteil der Fahrzeit ist, d. h. diese verlängert. Die Züge einer Richtung verkehren jedoch aus verkehrlichen Gründen eher selten gebündelt, so dass der Fall entgegengesetzter Zugfolge überwiegend auftritt und der minimale Raumabstand der Züge überwiegend dem Bahnhofsabstand entspricht. Die Einrichtung von Blocksignalen auf der freien Strecke trägt deshalb im Fall eingleisiger Strecken meist nur unerheblich zur Steigerung der Durchlassfähigkeit der Strecke bei. Aufgrund der geschilderten Zusammenhänge gilt als Faustformel, dass eingleisige Strecken zwar 2/3 der Baukosten einer zweigleisigen Strecke verursachen, aber etwa nur 1/3 der Leistungsfähigkeit besitzen (Faustwert: maximal 80 Züge pro Tag als Summe beider Richtungen). Bei Sperrung des Streckengleises müssen die Züge umgeleitet werden oder sie fallen aus (ggf. Schienenersatzverkehr).

Zweigleisige Strecken

Im Gegensatz zu eingleisigen Strecken entspricht der Einrichtungsbetrieb zweigleisiger Strecken eher dem Wesen der Eisenbahn, große Massen in schweren Zügen (insbesondere Güterzügen) „in gleichmäßigem Fluss" zu befördern, ohne dass aus Gründen der Zugfolge Brems-, Halt- und Beschleunigungsvorgänge notwendig werden.

Zweigleisige Strecken werden im Regelbetrieb richtungsrein befahren, in Deutschland im Rechtsverkehr (im Linksverkehr z. B. in Belgien, Frankreich, Schweiz). Bei der Modernisierung werden zweigleisige Strecken heute zwar sicherungstechnisch wie zwei eingleisige Strecken ausgerüstet (Gleiswechselbetrieb); fahrplanmäßig wird die Möglichkeit des Befahrens des linken Gleises aber eher selten genutzt, zumal auch die Blockteilung im linken Gleis (Gegengleis) meist erheblich weniger dicht ist als im rechten Gleis (Regelgleis). Hinzu kommt, dass die betriebliche Disposition von Zugfahrten auf einem Gleis mit entgegengesetzter Fahrtrichtung wegen ihrer großen Relativgeschwindigkeit erheblich schwieriger ist als von Zügen gleicher Fahrtrichtung.

In Abhängigkeit vom Geschwindigkeitsunterschied der auf ihr verkehrenden Zuggattungen werden im Verlauf einer zweigleisigen Strecke Überholungsbahnhöfe angeordnet, in denen durch Nutzung von Überholungsgleisen die Zugreihenfolge gewechselt werden kann und die meist auch als Verkehrsstationen dienen. In den Köpfen dieser Bahnhöfe liegen (meist einfache) Gleiswechselverbindungen, mit denen die Züge bei Störungen und Bauarbeiten und ggf. auch fahrplanmäßig zwischen Regelgleis und Gegengleis wechseln können, so dass z. B. bei Bauarbeiten zwar ein Gleis gesperrt werden muss, nicht jedoch (oder nur kurzfristig) die komplette Strecke. Bei Sperrung des Regelgleises sind die Häufigkeit und Lage der Überleitverbindungen und die Blockteilung des Gegengleises von großem Einfluss auf die verbleibende Restleistungsfähigkeit der (nun eingleisigen) Strecke.

Drei- und mehrgleisige Strecken

Mehr als zwei Gleise auf einem Bahnkörper außerhalb eines Bahnhofs (z. B. im Zulauf auf einen Bahnhof) sind fahrdienstlich mehrere Strecken mit eigener Streckennummer, Streckenbezeichnung und Streckenkilometrierung.

8.2 Betriebliche und verkehrliche Planung der Bahnanlagen

Dreigleisige Strecken sind fahrdienstlich meist eine zwei- und eine parallel geführte eingleisige Strecke, wobei die eingleisige Strecke in Seiten- oder in Mittellage liegt. Bei eingleisiger Strecke in Mittellage ist die Entflechtung der Strecken aufwändiger, weil ein Streckengleis der zweigleisigen Strecke gekreuzt werden muss, aber die Möglichkeit der betrieblichen Nutzung durch beide Fahrtrichtungen der zweigleisigen Strecke ohne Kreuzung der Gegenrichtung bietet mehr Flexibilität. Die Leistungserhöhung gegenüber einer zweigleisigen Strecke beträgt allerdings nicht mehr als ca. 25 %.

Die Seitenlage bietet sich an, wenn die Leistungsfähigkeit nur in einer Richtung verstärkt werden soll (z. B. im Zulauf auf einen Rangierbahnhof) oder wenn sich die Art der betrieblichen Nutzung der eingleisigen Strecke auf andere Weise (z. B. Güterzugstrecke, S-Bahn-Strecke, Nebenstrecke) deutlich von derjenigen der zweigleisigen Strecke unterscheidet. Es gelten dann die Überlegungen analog zum viergleisigen Linienbetrieb (s. unten).

Als „verschränkte Dreigleisigkeit" wird bezeichnet, wenn im Verlauf einer zweigleisigen Strecke für langsamere Züge jeweils vor größeren Bahnhöfen die Möglichkeit besteht, in ein zusätzliches (drittes) Streckengleis zu wechseln, so dass sie im Zulauf auf den Bahnhof fliegend überholt werden können, um so die Geschwindigkeitsschere zwischen langsamen und schnellen Zügen zu verringern. Das dritte Streckengleis wird im Gegensatz zur sonst üblichen Dreigleisigkeit im Einrichtungsbetrieb befahren, was den sicherungstechnischen Aufwand verringert und die Disposition erleichtert (siehe Abb. 8.2.13 [29]).

Konventionelle Formen des dreigleisigen Ausbaus — drittes Gleis in Mittellage; drittes Gleis in Seitenlage

Verschränkte Dreigleisigkeit — Außenlage; Innenlage

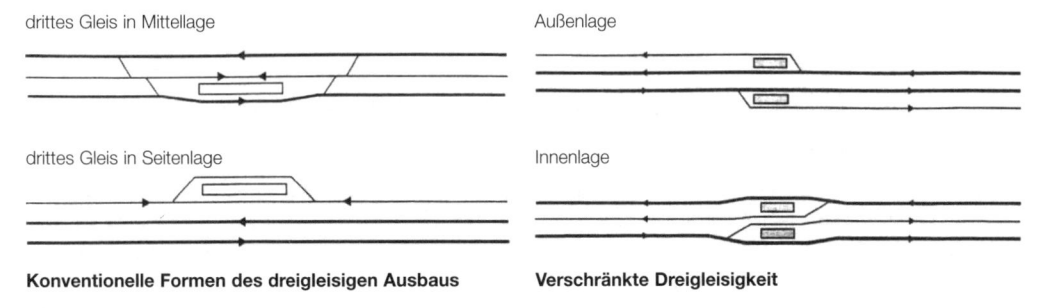

Abb. 8.2.13: Arten der Dreigleisigkeit von Strecken

Viergleisige Strecken werden meist im Linienbetrieb oder im Richtungsbetrieb befahren (Abb. 8.2.14). Beim Linienbetrieb liegen die beiden Streckengleise der zweigleisigen Strecken jeweils nebeneinander, beim Richtungsbetrieb die Streckengleise gleicher Fahrtrichtung.

Ähnlich wie bei einem dritten Streckengleis in Mittellage (s. o.) ist die Entflechtung der Strecken im Richtungsbetrieb aufwändiger, dies bietet aber die Möglichkeit der flexiblen Gleisnutzung in gleicher Fahrtrichtung sowie im Bahnhof die Möglichkeit des gleichgerichteten Umsteigens an jeweils einem Inselbahnsteig zwischen den durchgehenden Hauptgleisen gleicher Richtung. Deshalb kommt der Richtungsbetrieb z. B. zur Verknüpfung zweier zweigleisiger Strecken mit Zugübergang (z. B. Bestandsstrecke und Hochgeschwindigkeitsstrecke) sowie im Zulauf auf größere Personenbahnhöfe zur Anwendung.

Der Linienbetrieb hat Vorteile dadurch, dass linienbezogene Synergien nutzbar sind. So lassen sich Verkehrs- und Betriebsanlagen linienbezogen zuordnen, z. B. Wendegleise von S-Bahn- oder Vorortzügen kreuzungsfrei in Mittellage zwischen den Gleisen. Auch kann die Infrastruktur linienbezogen angepasst werden (z. B. Oberbauform, Oberleitung, Ausbaugeschwindigkeit, Gleisabstand, Lichtraumprofil, Bahnsteigausstattung), allerdings mit dem Nachteil, dass dann ggf. die gegenseitige

8 Die Infrastruktur

Linienbetrieb

Richtungsbetrieb, Nahverkehr innen

Richtungsbetrieb, Nahverkehr außen

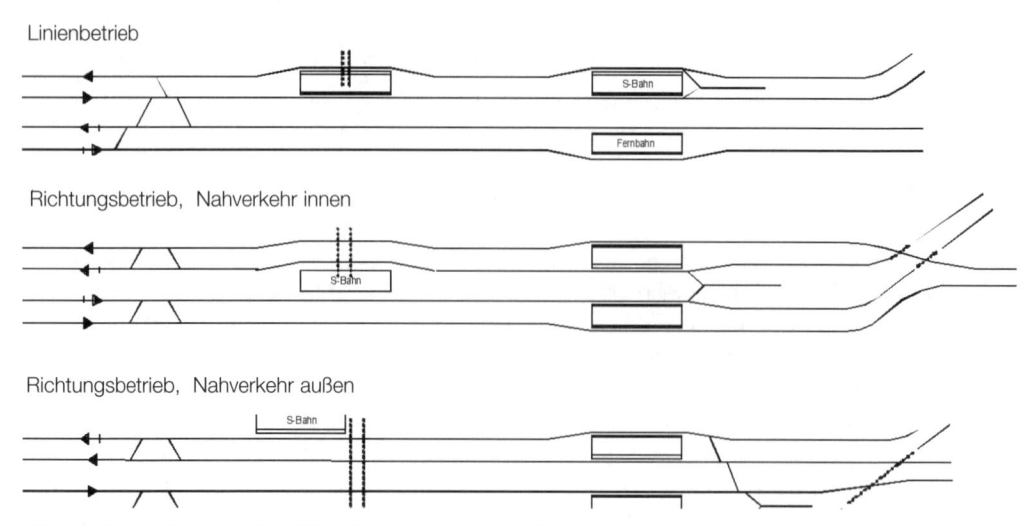

Abb. 8.2.14: Viergleisige Strecke (Linien- und Richtungsbetrieb)

Vertretbarkeit der Gleise eingeschränkt sein kann. Inselbahnsteige, an denen im Linienbetrieb Gleise entgegengesetzter Fahrtrichtung liegen, bieten bei Ballungsraumverkehren mit ausgeprägten Flutstunden Vorteile durch bessere Ausnutzung der Bahnsteigfläche.

8.2.2.3 Unterscheidung nach verkehrlicher und betrieblicher Bedeutung

Hauptstrecken – Nebenstrecken

Die Begriffe „Hauptstrecke" und „Nebenstrecke" sind nicht exakt definiert; sie zielen auf die verkehrliche und betriebliche Bedeutung der Strecken. Es gibt jedoch eine gewisse Nähe zu den in der *EBO* definierten Begriffen „Hauptbahn" und „Nebenbahn": Hauptstrecken sind häufig Hauptbahnen, Nebenstrecken sind Nebenbahnen.

Hauptstrecken werden gelegentlich unterschieden in „Magistralen" (stark belastete Hautpstrecken, die den Kern des Netzes bilden) und Nebenfernstrecken.

8.2.2.4 Unterscheidung nach topografischen Randbedingungen

Die überwiegende Mehrzahl der heute genutzten Eisenbahnstrecken wurde – vor allem in Europa – in der Frühzeit der Eisenbahn im 19. Jahrhundert gebaut. Es haben sich im Bereich der Hauptbahnen drei Streckentypen herausgebildet, die der heutigen modernen Betriebsführung in unterschiedlichem Maß Schwierigkeiten bereiten: Flachlandbahn, Mittelgebirgsbahn und Hochgebirgsbahn.

Flachlandbahn

Flachlandbahnen zeichnen sich dadurch aus, dass ihnen die Gestalt der Erdoberfläche keine wesentlichen Hindernisse entgegen stellt. Die Längsneigungen sind gering, das bevorzugte Trassierungselement ist die Gerade; Bogen dienen der Richtungsänderung im Zulauf zu den Bahnhöfen oder zur Umgehung von Ortschaften. Kennzeichen dieses Streckentyps sind Längsneigungen bis zu etwa 5‰, lange Geraden, auf der freien Strecke Radien von etwa 1500 m und eine Höchstgeschwindigkeit von 140 bis 160 km/h, ggf. mehr (s. unten: Aus- und Neubaustrecken).

8.2 Betriebliche und verkehrliche Planung der Bahnanlagen

Mittelgebirgsbahn

Eine Mittelgebirgsbahn ist gezwungen, den Hindernissen des Geländes durch eine geschwungene Linienführung in Flusstälern und um Bergrücken herum auszuweichen. Mittels gelegentlicher Viadukte und kurzer bis mittellanger Tunnel werden Seitentäler überbrückt, Flussschleifen abgeschnitten und Bergflanken durchstoßen. Die Radien liegen häufig im Bereich von 500 bis 800 m. Auf langen Abschnitten haben auch diese Strecken in den Flusstälern Neigungen unter 10‰. Wasserscheiden werden mit Längsneigungen im Bereich von 15 bis 20‰ überwunden, in Einzelfällen auf kurzen Abschnitten, auf denen dann für schwere Züge Schiebebetrieb erforderlich ist, bis zu 30‰. Die erreichbaren Geschwindigkeiten liegen zwischen 80 km/h und 120 km/h, mit Neigetechnik (s. u.) auch mehr.

Hochgebirgsbahn

Hohe Gebirge können von der Eisenbahn nur auf zwei Arten überwunden werden: durch künstliche Längenentwicklungen (meist mit Scheiteltunnel) oder durch Basistunnel, die jedoch erst heute mit moderner Tunnelbautechnologie in der erforderlichen Länge wirtschaftlich hergestellt werden können. Die im 19. Jahrhundert gebauten alpenquerenden Strecken basieren deshalb alle auf dem Prinzip der künstlichen Längenentwicklung, die gekennzeichnet ist durch das Ausfahren von Seitentälern, durch Bogenkehren und Spiraltunnel sowie durch die Anwendung sehr enger Bogenradien (190 bis 300 m) und großer Steigungen (ca. 25 bis 30‰). Die Folge davon sind entsprechend große Umwege, niedrige erreichbare Geschwindigkeiten von 60 bis 80 km/h und entweder geringe Zuglasten oder hoher betrieblicher Aufwand für die Mehrfachbespannung von Zügen.

Heute baut und plant man Basistunnel durch die Alpen mit Längen von mehr als 50 km (Gotthard-Basistunnel, Brenner-Tunnel) und für Geschwindigkeiten von 250 km/h. Die Trassierungsparameter dieser Tunnel entsprechen denen von Hochgeschwindigkeits-Neubaustrecken für Mischverkehr (s. u.). Damit stellen die alpenquerenden Strecken nach Inbetriebnahme der Basistunnel und ihrer modernisierten Zulaufstrecken kein Hindernis mehr für einen leistungs- und konkurrenzfähigen Eisenbahnpersonen- und -güterverkehr dar.

8.2.2.5 Unterscheidung nach Ausbauzustand

Ausbaustrecken

Ausbaustrecken (ABS) sind Eisenbahnstrecken, die durch größere Aus- und Umbaumaßnahmen auf einen zeitgemäßen Stand gebracht werden bzw. worden sind oder entsprechend eines konkreten Bedürfnisses ausgebaut werden bzw. worden sind, z. B. von einer Nebenbahn zu einer Hauptbahn zwecks Geschwindigkeitserhöhung. Im engeren Sinn versteht man darunter Strecken, deren Höchstgeschwindigkeit auf 200 km/h angehoben und deren Leistungsfähigkeit gesteigert wird bzw. wurde.

Folgende Maßnahmen und Ausrüstungsstandards dienen diesem Ziel:
- Herstellung entsprechender Bahnkörper und Streckenquerschnitte mit 4,00 m Gleisabstand [20] einschließlich Lichtraumprofil GC
- Linienverbesserungen
- Linienzugbeeinflussung, Verdichtung und Optimierung der Blockteilung, Flankenschutzweichen, Gleiswechselbetrieb
- Beseitigung der Bahnübergänge, höhenfreie Bahnsteigzugänge
- Verstärkung der Brücken und der Bahnstromversorgung
- Zuglange Überholungsgleise nach Erfordernis

8 Die Infrastruktur

Nach den Bestimmungen der *Europäischen Union (EU)* für die Interoperabilität des transeuropäischen Hochgeschwindigkeitsbahnsystems [30] sind Ausbaustrecken *„eigens für Hochgeschwindigkeitszüge ausgebaute oder auszubauende Strecken, die für Geschwindigkeiten von rund 200 km/h ausgelegt sind, aber auch solche mit aufgrund topografischer Zwänge oder städtischer Umgebung im Einzelfall festgelegter Geschwindigkeit."*

Neubaustrecken

Neubaustrecken im weiteren Sinn sind alle neu gebauten Eisenbahnstrecken, auch Nahverkehrsbahnen oder Flughafenbahnen. Im engeren Sinn sind es Strecken, die für den Hochgeschwindigkeitsverkehr gebaut wurden und durch diesen exklusiv oder gemeinsam mit anderen Verkehrsarten (z. B. Güterverkehr) genutzt werden. Ihre Streckenhöchstgeschwindigkeit beträgt mehr als 200 km/h. Unter diesem Blickwinkel sind die Begriffe „Neubaustrecke", „Schnellfahrstrecke" und „Hochgeschwindigkeitsstrecke" inhaltsgleich.

Für Neubaustrecken (NBS) gelten Anforderungen, die in vielerlei Hinsicht über das Anforderungsniveau an ABS hinausgehen. So beträgt z. B. in Deutschland der Gleisabstand auf NBS 4,50 m (bei älteren NBS noch 4,70 m); durchgehende Hauptgleise sind frei von Bahnsteigkanten, Weichen haben bewegliche Herzstückspitzen.

Nach [30] sind Neubaustrecken *„eigens für Hochgeschwindigkeitszüge gebaute oder zu bauende Strecken, die für Geschwindigkeiten von im allgemeinen mindestens 250 km/h ausgelegt sind."*

Abgesehen von ihrer Lage im Netz sowie den Haltstationen und deren Abstand unterscheiden sich NBS systemtechnisch bezüglich zweier wesentlicher Parameter:
– Streckenhöchstgeschwindigkeit
– verkehrende Zuggattungen

Abhängig von diesen beiden Parametern werden bei der Streckenplanung die maximale Gleislängsneigung im Längsprofil und der minimale Gleisbogenradius im Lageplan festgelegt.

Prinzipiell sind Inkompatibilitäten zwischen Hochgeschwindigkeitsstrecken und Bestandsnetz beherrschbar, z. B.:
– Spurweite: z. B. durch Fahrzeuge mit verstellbarer Spurweite (wie in Spanien)
– Lichtraumprofil: durch entsprechend schmalere Fahrzeuge oder z. B. Verzicht auf größeren Gefahrenbereich/Sicherheitsraum neben den Gleisen (dann keine Arbeiten im Tunnel bei Zugverkehr; ggf. Geschwindigkeitsreduzierung)
– Längsneigung: durch entsprechende Motorisierung und Bremsen (z. B. Wirbelstrombremse)
– Bahnstromsystem: durch Mehrsystemtriebfahrzeuge
– Zugsicherungssystem: durch Mehrfachausstattung

Jedoch stellen eine abweichende Spurweite, ein kleines Lichtraumprofil (z. B. für Huckepackverkehr) oder eine große Längsneigung technische Hürden dar, die eine freizügige Streckennutzung (insbesondere durch Güterzüge) praktisch verhindern. Hinzu kann kommen, dass selbst bei voller technischer Kompatibilität kein Mischverkehr gewünscht ist, weil der Personenhochgeschwindigkeitsverkehr so dicht ist, dass langsamere Züge zu viel Kapazität vernichten würden und weil die Nachtpause für Instandhaltungsarbeiten benötigt wird.

Neubaustrecken für artreinen Personenverkehr (Fall 2, siehe Abb. 8.2.15) sind so ausgelegt, dass sie durch allgemeinen Schienengüterverkehr nicht genutzt werden können, und zwar in erster Linie deshalb nicht, weil ihre Längsneigung für den Zugkraftüberschuss üblicher Güterzüge zu groß ist. Der Ausschluss schwerer Güterzüge von der Benutzung der Strecke erlaubt den Einbau großer Gleisüberhöhungen, die in Verbindung mit großen Überhöhungsfehlbeträgen kleinere Gleisbogenra-

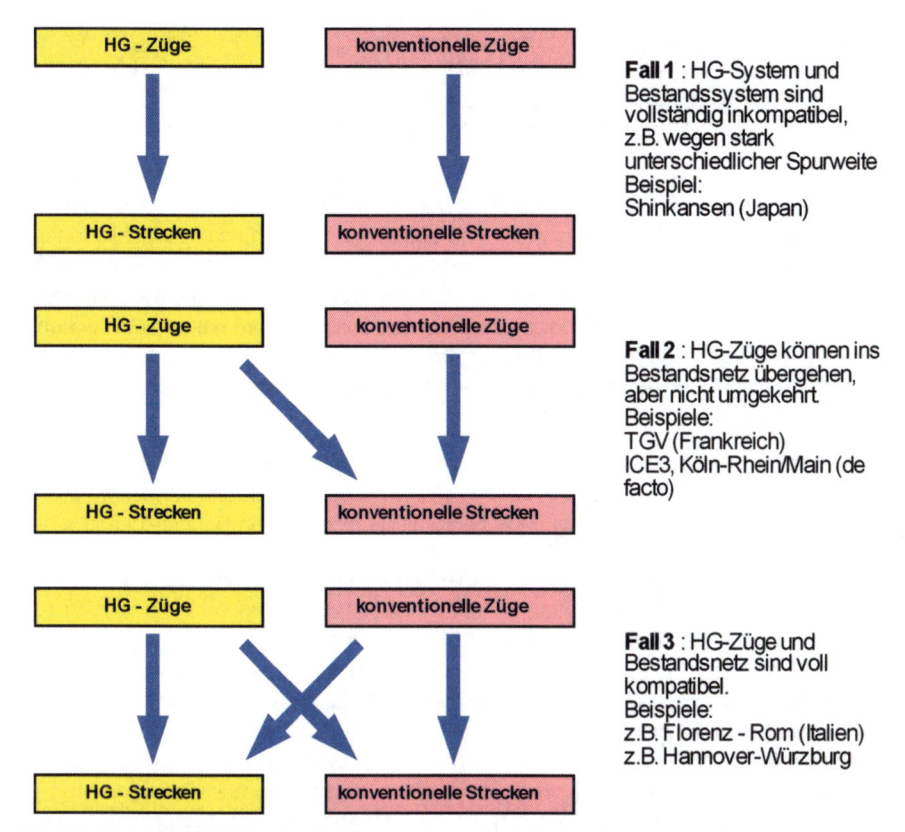

8.2 Betriebliche und verkehrliche Planung der Bahnanlagen

Fall 1: HG-System und Bestandssystem sind vollständig inkompatibel, z.B. wegen stark unterschiedlicher Spurweite
Beispiel:
Shinkansen (Japan)

Fall 2: HG-Züge können ins Bestandsnetz übergehen, aber nicht umgekehrt.
Beispiele:
TGV (Frankreich)
ICE3, Köln-Rhein/Main (de facto)

Fall 3: HG-Züge und Bestandsnetz sind voll kompatibel.
Beispiele:
z.B. Florenz - Rom (Italien)
z.B. Hannover-Würzburg

Abb. 8.2.15: Kompatibilität von Hochgeschwindigkeitssystemen

dien ermöglichen. Dadurch werden weniger Tunnel und Talbrücken benötigt. So ist die Neubaustrecke Köln–Rhein/Main mit einer maximalen Längsneigung von 40‰ geplant, im Lageplan mit einer Überhöhung max u = 170 mm und einem Überhöhungsfehlbetrag max u_f = 150 mm, was für die Entwurfsgeschwindigkeit v_e = 300 km/h einen Gleisbogengrenzradius min r = 3319 m ergibt. Nach der *TSI Infrastruktur* der EU (s. Kap. 12) gelten heute etwas niedrigere Grenzwerte für die Trassierung: Es dürfen 35‰ (über maximal 6000 m Länge, max. 25‰ über gleitende 10 km) gebaut werden, als minimaler Gleisbogenradius müsste min r = 3540 m eingehalten werden (siehe auch Tab. 8.2.2).

Neubaustrecken für Mischverkehr (Fall 3, siehe Abb. 8.2.15) sind so ausgelegt, dass sie von Personen- und Güterzügen befahren werden können. Die maximale Längsneigung der Strecke bestimmt dabei wesentlich die maximale Wagenzuglast der Güterzüge, die befördert werden können. Auf der Neubaustrecke Hannover–Würzburg mit maximal 12,5‰ Längsneigung können Güterzüge mit 2500 t Wagenzuglast verkehren. Sie werden mit weniger „scharfen" Parametern u und u_f trassiert, um zu erreichen, dass die Seitenbeschleunigungskräfte nach bogenaußen durch die schnellen Züge und nach bogeninnen durch langsam fahrende oder stehende Züge auf geringerem Niveau bleiben.

Bei Mischverkehr auf NBS kann die Zugfolge beliebig sein („bunte Mischung" von Hochgeschwindigkeits- und Güterzügen) oder zeitlich entzerrt (tagsüber Personenverkehr, nachts Güterverkehr). Falls im Streckenverlauf zweigleisige Tunnel liegen, kann es bei beliebiger Zugfolge zu Begegnungen von Hochgeschwindigkeitszügen und Güterzügen im Tunnel kommen. Es bestehen Einschränkungen für Begegnungen zwischen Reise- und Güterzügen wegen der hohen aerodynamischen Beanspru-

8 Die Infrastruktur

chung der Güterwagen und ihrer Ladung und ggf. auch wegen der Art der Ladung (Gefahrgut) unter Berücksichtigung des Rettungskonzepts. Zukünftige Hochgeschwindigkeitsstrecken für Mischverkehr werden deshalb mit parallelen eingleisigen Tunneln gebaut, zumal der über Querstollen erreichbare parallele Tunnel im Fall einer Havarie auch als Rettungstunnel dienen kann.

Weiterhin benötigen Strecken für Mischverkehr in regelmäßigen, relativ kurzen Abständen (etwa alle 20 km) Überholungsbahnhöfe und dazwischen für die Gleisinstandhaltung noch Überleitstellen (etwa alle 7 km), die auch für fliegende Überholungen und ggf. für die Umfahrung liegengebliebener (Güter-) Züge genutzt werden können. Strecken für artreinen Verkehr benötigen – je nach verkehrenden Zuggattungen, Haltstationen und Halteregime – keine oder nur wenige Überholungsbahnhöfe. Auch die Anzahl Überleitstellen kann deutlich reduziert werden, insbesondere wenn die Strecken mit der instandhaltungsarmen festen Fahrbahn ausgestattet sind (z.B. NBS Köln–Rhein/Main: zwischen Siegburg und Frankfurt/Flughafen zwei Überleitstellen und zwei Haltbahnhöfe mit Gleiswechseln und Verkehrsüberholungsgleisen).

In Tab. 8.2.2 sind die wesentlichen Systemparameter von NBS gegenübergestellt.

Ausbaustrecken für Neigetechnikzüge

Die Neigetechnik mit gleisbogenabhängiger Wagenkastensteuerung der Fahrzeuge (Neitech-Fahrzeuge) erlaubt nach Durchführung entsprechender baulicher Maßnahmen an der Strecke das Durchfahren von Gleisbogen mit höherer Geschwindigkeit aufgrund eines erhöhten Überhöhungsfehlbetrags von bis zu $u_f = 300$ mm (entsprechend einer höheren Seitenbeschleunigung von bis zu ca. 2,0 m/s^2). Die auf den Reisenden im Wagen wirkende Querbeschleunigung wird dabei durch eine Einrichtung, die den Wagenkasten nach bogeninnen neigt, so reduziert, dass der Sollwert der *EBO* für u_f in Höhe von 150 mm (entsprechend etwa 1,0 m/s^2) nicht überschritten wird. Damit die zulässigen Querkräfte zwischen Rad und Schiene beim Durchfahren der Gleisbogen mit erhöhter Seitenbeschleunigung eingehalten werden, müssen die ungefederten Massen der Neitech-Fahrzeuge reduziert (Radsatzlast ca. 16 t) und die Fahrwerke besonders „bogenfreundlich" konstruiert werden. Die Neitech-Fahrzeuge benötigen eine besondere streckenspezifische Zulassung, und die Infrastruktur der Neitech-Strecken (siehe auch Kap. 8.2.1) muss an das höhere Geschwindigkeitsniveau angepasst werden (Oberbau, Erdbau, Trassierung, Ingenieurbau, Sicherungstechnik, Bahnstromversorgung, Bahnübergänge, sonstige Streckenausrüstung). Außerdem sind speziell für das „bogenschnelle Fahren" (Ausnutzen des hohen Überhöhungsfehlbetrags) einige besondere Anforderungen an die Streckeninfrastruktur zu erfüllen, wie

- Beseitigung von Zwangspunkten der Gleislage, wie starre Beläge von Bahnübergängen, Brücken ohne durchgehendes Schotterbett; Beseitigung von Bogenweichen;
- bei $v \leq 160$ km/h Installation eines zusätzlichen Zugbeeinflussungssystems mit kontinuierlicher Geschwindigkeitsüberwachung;
- Einhaltung geringerer Gleislagetoleranzen und Instandhaltungszyklen.

In Deutschland wird derzeit nur bis 160 km/h „bogenschnell" gefahren, im entsprechenden Merkblatt des *Internationalen Eisenbahnverbands UIC* [31] ist als Obergrenze 230 km/h angegeben. Die *TSI Infrastruktur* lässt die Möglichkeit prinzipiell offen, mit noch höheren Geschwindigkeiten bogenschnell zu fahren.

Die im Bogen zulässige Geschwindigkeit berechnet sich wie folgt (siehe auch Tabelle in Kap. 8.2.1):

Neitech:	max u_0 = max u + max u_f = 160 mm + 300 mm = 460 mm
bei Schotteroberbau:	max u_0 = 160 mm + 130 mm = 290 mm,
bei Fester Fahrbahn:	max u_0 = 170 mm + 150 mm = 320 mm.

8.2 Betriebliche und verkehrliche Planung der Bahnanlagen

Strecke	Land/ Eröffnungs- jahr	Betriebs- art P: artrein Pers. P+G: Per- sonen- + Güterverkehr	Entwurfs- geschwin- digkeit max v [km/h]	Über- höhung max u [mm]	Über- höhungs- fehlbetrag max uf [mm]	minimaler Radius min r [m]	maximale Längs- neigung max l [‰]	Tunnel- anteil [%]	Brücken- anteil [%]
Tokaido Shinkansen	Japan 1964	P	220	180	60 (100)	2500	20	13	34
Direttissima Rom – Florenz	Italien 1977	P + G	250	125	120	3000	8,5	33	12
Joetsu Shinkansen	Japan 1982	P	260	155	45	4000	15	39	60
TGV Südost	Frankreich 1983	P	270	180 (200)	35 (130)	4000 (3200)	35	0	1,3
NBS Hann. – Würz- burg	Deutschl. 1988 (1991)	P + G	250	45 (85)	60	7000 (5100)	12,5	36	9
TGV Atlantique	Frankreich 1990	P	300	150 (180)	27 (86)	6000 (4000)	25	6	2
Madrid – Sevilla	Spanien 1992	P	300			4000 (3250)	12,5 (13,3)		
NBS Köln – Frankf.-M.	Deutschl. 2002	P	300	170	145	3350	40	22	3
TSI [EU02]		P + G P	> 200 - 300	180 200	100 100		35, max 6 km (25 über 10 km)		
		P + G P	> 300	180 200	80 80				

Tab. 8.2.2: Systemparameter ausgewählter Neubaustrecken

8 Die Infrastruktur

8.2.3 Netzspezialisierung

Eisenbahninfrastruktur wird entsprechend den Anforderungen ausgelegt, die an sie gestellt werden. Das kommt zum Beispiel in der Trennung in Haupt- und Nebenbahnen gemäß § 1 Abs. 2 EBO zum Ausdruck.

Der Wechsel der Rolle der Eisenbahn vom nahezu konkurrenzlosen Verkehrsmittel[1] hin zu einem im Wettbewerb stehenden Verkehrsträger, der – verglichen mit dem Straßenverkehr – nur noch relativ geringe Anteile im Personen- und Güterverkehrsmarkt hält, hat die Spezialisierung des Eisenbahnnetzes vorangetrieben. Wurde früher noch fast jeder Bahnhof im Personen- und im Güterverkehr bedient, so findet heute Güterverkehr auf der Eisenbahn – abgesehen von Ganzzugtransporten – „in der Fläche" nur noch in geringem Umfang statt. Gewissermaßen zwangsläufig haben sich dadurch die Eisenbahnstrecken mit nur regionaler Verbindungsfunktion zu mehr oder weniger artreinen Strecken des leichten (meist auch langsamen) Personenverkehrs entwickelt, auf denen außer den Güterverkehrsanlagen auch Überholungsgleise und Kreuzungsbahnhöfe zurückgebaut wurden bzw. werden. So findet man im ländlichen Raum häufig eingleisige Strecken, auf denen nur noch ein ganz bestimmter Personenverkehrsfahrplan fahrbar ist.

Andererseits verfügen die Bahnen dort, wo sie ihre Spitzenprodukte anbieten, über hochleistungsfähige und aufwändig ausgerüstete Strecken, sei es im Hochgeschwindigkeitsverkehr oder im S-Bahnverkehr der Ballungsräume oder sei es auf den Magistralen des sonstigen hochwertigen Personen- und des Güterverkehrs. Da diese Verkehre unterschiedliche Anforderungen an die Streckenausrüstung bezüglich Höchstgeschwindigkeit, Mindestzugfolgezeit, maximale Längsneigung, Abstandshaltung und statisch-dynamische Belastbarkeit stellen, wäre es unwirtschaftlich, jede Strecke so auszurüsten, dass sie von allen Verkehrsarten möglichst optimal genutzt werden könnte. Hinzu kommt, dass die „Geschwindigkeitsschere" zwischen den langsameren und den schnelleren Zügen einer Strecke zur Vorhaltung von Überholungsgleisen und Überleitverbindungen in kurzen Abständen und zur Verdichtung der Blockabschnitte zwingt. Dem lässt sich mit einer Beförderung der langsameren und der schnelleren Zuggattungen auf unterschiedlichen Strecken entgegenwirken. Implizit bewirkt diese „Entmischung" in aller Regel auch eine Trennung der leichten und schweren Züge im Hinblick auf ihre Radsatzlasten. Die Fahrplanleistungsfähigkeit entmischter Strecken liegt, da die Geschwindigkeitsscheren ganz oder weitgehend verschwinden, deutlich über der von Mischbetriebsstrecken. Für die im praktischen Betrieb durchführbare Zugzahl gilt das in noch höherem Maße, weil der Charakter der Betriebsdurchführung entmischter Strecken gleichmäßiger und damit weniger störungsanfällig[2], übrigens auch umweltfreundlicher ist. Im Verlauf spezialisierter Strecken sinken auch die Komplexitätsanforderungen an die Unterwegsbahnhöfe, in denen deshalb Fahrstraßenknoten entflochten und Gleisentwicklungen vereinfacht werden können. Nur dort, wo keine der Zuggattungen eine Bevorzugung rechtfertigt, bleibt es bei der „klassischen Mischbetriebsstrecke" mit Schienenpersonenfernverkehr (SPFV), Schienenpersonennahverkehr (SPNV) und Schienengüterverkehr (SGV), deren Charakteristikum häufige Überholungsbahnhöfen zur Regelung der Zugfolge sind.

Die beschriebene Philosophie der Streckenspezialisierung (Abb. 8.2.16) findet bei der Deutschen Bahn in der Streckenstandardisierung (siehe Kap. 8.2.3.1) und in der Investitionsstrategie „Netz 21" ihren Ausdruck.

---

[1] In den westlichen Bundesländern etwa bis 1960, in den östlichen Bundesländern bis Anfang der 1990er Jahre.
[2] z. B. weniger Weichenumstellungen, weniger Brems- und Anfahrvorgänge

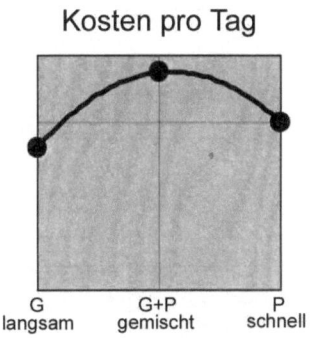

8.2 Betriebliche und verkehrliche Planung der Bahnanlagen

Abb. 8.2.16: Auswirkung der Streckenspezialisierung auf Leistungsfähigkeit und Kosten [29]

8.2.3.1 Streckenstandards und Netz 21

Netzstrukturierung nach Streckenstandards

Mit dem Ziel, die Verkehrsströme entsprechend der in Kap. 8.1.6 erläuterten Strategie zu lenken und dadurch – soweit möglich – die Geschwindigkeiten und den Verkehrsfluss zu harmonisieren, hat die *DB Netz AG* in ihrem Handbuch für betriebliche Infrastrukturplaner drei Netztypen und 10 Streckenstandards definiert [32]. Die Netztypen sind wie folgt charakterisiert:

Vorrangnetz für den weiträumigen Personenverkehr, den Güterfernverkehr und den artreinen S-Bahnverkehr. Das Vorrangnetz umfasst die Strecken für entmischte Verkehre einer der drei Verkehrsarten.

Leistungsnetz für Mischverkehre. Auf den Strecken des Leistungsnetzes, welches das Vorrangnetz verknüpft und ergänzt, findet keine Entmischung statt. Auf stark belasteten Strecken dieses Netzes kann bei Bedarf der mögliche Durchsatz, außer durch infrastrukturelle Maßnahmen, auch durch Verringerung der Geschwindigkeitsspreizung (Begrenzung der Geschwindigkeit der schnellen Personenzüge, soweit möglich Anhebung der Güterzuggeschwindigkeit) verbessert werden.

Regionalnetz vorrangig für den Schienenpersonennahverkehr mit Ausnahme von S-Bahnen sowie für den regionalen Güterverkehr. Abgesehen von seinem Binnen-Verkehrswert dient das Regionalnetz als Zu- und Abbringer für das Vorrang- und Leistungsnetz.

Die zehn Streckenstandards dienen dazu, bei Umbau-, Ausbau- und Neubaumaßnahmen die jeweiligen Strecken entsprechend ihrer Zugehörigkeit zu einem der drei Netztypen zu qualifizieren und auszulegen. Ein Streckenstandard wird mit einem der Buchstaben P (Personenverkehrsstrecke), M (Mischverkehrsstrecke), G (Güterverkehrsstrecke) und R (Regionalverkehrsstrecke) sowie der „Leitgeschwindigkeit" (50 bis 300) bezeichnet, die die zumindest langfristig zu realisierende Streckenhöchstgeschwindigkeit angibt (Beispiel siehe Abb. 8.2.17). Die Ertüchtigung für Neigetechnik wird durch ein „(N)" verdeutlicht (siehe Tab. 8.2.3).

Der Zusammenhang zum Trassenpreissystem wird über die Zugpreisklassen des Personenverkehrs (ZP) und Güterverkehrs (ZG) hergestellt, die eine Zuordnung zum Optimierungskriterium der Streckenstandards erlauben (siehe Abb. 8.2.17).

Weitere Zugpreisklassen neben ZP1 (Hochgeschwindigkeitsverkehr) sind ZP2 (schneller Personenfernverkehr), ZP3 (schneller Personenfernverkehr mit regionalem Bezug), ZP4 (langsamer Personenfernverkehr), ZP5 (regionaler Schienenpersonennahverkehr), ZP6 (lokaler Schienenpersonennah-

8 Die Infrastruktur

Tabelle 1 Zusammenstellung Streckenstandards

Strecken-standards	Leitgeschwindigkeits-stufen	Optimierungs-kriterien	Streckenauslastung (Betriebsprogramm)				Kennziffer
			Summe	SPFV	SPNV	SGV	
1	2	3	4	5	6	7	8
[-]	[km/h]	[-]	[Zp/d]	[Zp/d]	[Zp/d]	[Zp/d]	[-]
P 300 (NBS)	231–300	HGV	120 - 40	120 - 40	0 - 0	*) *) *)	1 2 3
P 230 (ABS)		schneller SPFV	120 - 40	70 - 20	50 - 20	*) *) *)	1 2 3
M 230 (ABS)	161–230	Mischverkehr	150 175 60	50 60 20	40 55 20	60 60 20	1 2 3
P 160 I (Belegung ca. 120 Zp/d)		schneller SPFV und SPNV	120 180 70	70 80 30	50 100 40	*) *) *)	1 2 3
P 160 II (Belegung ca. 60 Zp/d)	121–160	schneller SPFV und SPNV	60 - 40	30 - 20	30 - 20	*) *) *)	1 2 3
M 160		Mischverkehr	150 175 40	50 60 12	40 55 18	60 60 10	1 2 3
G 120	81–120 bei besonderen Bedingungen 140/160 für SPNV	Güterverkehr	100 150 40	*) *) *)	36 36 18	64 124 22	1 2 3

Tabelle 8.2.3: Die zehn Streckenstandards gemäß [32]

8.2 Betriebliche und verkehrliche Planung der Bahnanlagen

Zusammenstellung Streckenstandards

Strecken-standards	Leitgeschwindigkeits-stufen	Optimierungs-kriterien	Streckenauslastung (Betriebsprogramm)				Kennziffer
			Summe	SPFV	SPNV	SGV	
1	2	3	4	5	6	7	8
[-]	[km/h]	[-]	[Zp/d]	[Zp/d]	[Zp/d]	[Zp/d]	[-]
R 120	81–120	SPNV	50	*)	40	10	1
	bei besonderen Bedingungen		60	*)	50	10	2
	140/160		25		20	5	3
R 80	51–100	SPNV	25	–	25	5	1
			35	–	30	5	2
			18		13	5	3
G 50	50	regionaler SGV	10	–	–	10	4
	50–80	Verbindungskurven, -strecken		20	20	10	5

*) siehe Tz 2 (4)
1 = Obergrenze (Zielgröße)
2 = Überschreitung der Zielgröße in relativ kurzen Streckenabschnitten (5 bis 10 km) bei besonderen betrieblichen Bedingungen (z. B. Geschwindigkeitsharmonisierung
3 = Untergrenze
4 = Strecke für geringeren Regionalgüterverkehr
5 = Verbindungskurven, -strecken von 0,5 km bis ca. 3 km Länge, die in keinen übergeordneten Standard einteilbar sind

Tabelle 8.2.3 (Fortsetzung): Die zehn Streckenstandards gemäß [32]

8 Die Infrastruktur

Streckenstandard P 160 I

	Basisparameter		
	Streckenauslastung [Z/d je Richtung]	Obergrenze	Untergrenze
1	Summe/SPFV/SPNV/SGV	120/70/50/*)	70/30/40/*)
2	Leitgeschwindigkeit	121 - 160 km/h	
3	angebotene Zugklassen	ZP3 - ZP6, ZG1* - ZG5*	
4	Optimierungskriterien	schneller SPFV und SPNV	
	Standardelemente		
1	Anzahl der Streckengleise	2	
2	Gleisabstand freie Strecke	4,00 m	
3	Überholungsgleisabstand	15 km	20 km
4	Überholungsgleislängen	300 m (f. Zugklasse ZP3 - ZP6)	
5	Abstand der Überleitverbindungen	15 km (je nach erforderlicher Restleistungsfähigkeit)	20 km (je nach erforderlicher Restleistungsfähigkeit)
6	Blockabschnittslängen	1,5 - 3 km	4 - 5 km
7	$V_{Einf./Ausf.}$	80 km/h	60 km/h
8	$V_{Überleitst.}$	60 km/h	
9	$V_{Abzweig}$	v - Strecke	
10	Max. Neigung	< 25 ⁰/₀₀	
11	Lichtraum	EBO bzw. TSI	
12	Streckenklasse	≤ D4 **)	
13	Schutzweichen	entsprechend Regelwerk	
14	Streckenblock	erforderlich	
15	Gleisfreimeldeeinrichtung	erforderlich	
16	PZB/Indusi	erforderlich	
17	LZB ***)	kann, nach EBO nicht erforderlich	
18	GWB	erforderlich	
19	Zugfunk	erforderlich	
20	HOA, FBOA	erforderlich	
21	Windwarnanlage	grundsätzlich nicht erforderlich, bei NeiTech und leichten Triebwageneinheiten prüfen	
22	Betriebszentralen Dispositionsebene Stellwerksbedienungsebene	ist vorzusehen Bedienung der "Unterzentralen"	
23	Einfachbetriebsweise	nein	
24	Bahnsteigzugänge	in Abhängigkeit von örtlichen Bedingungen	
25	NeiTech-Einsatz	entsprechend Programm	
26	Bahnübergänge	entsprechend EBO, kein Neubau	
27	Bahnstrom	siehe Anhang 11	

Besondere Hinweise
*) ZG1- ZG 5 nur wenn sie sich in Trassen ZP3 - ZP6 einfügen, ohne diese zu behindern.
**) Anzustreben ist die Radsatzlast der Reiseverkehrszüge
Signaltechnik
***) Zugbeeinflussungssystem lt. EBO nicht erforderlich, Einbau nur, wenn neue LST dieses im System ohne Kostensteigerung enthält
Bahnhof A: Großer Bahnhof mit einmündenden Strecken unterschiedlicher Kategorien
Bahnhof D: Überholungsbahnhof, bei P 160 I grundsätzlich nur Reisezugüberholung, für Güterzüge nur in Ausnahmefällen, keine Rangieraufgaben, sonst Bahnhof B oder C analog P 230

Abb. 8.2.17: Planungsparameter Streckenstandard P 160 I

verkehr), ZP7 (S-Bahn), ZG1 und ZG2 (schneller und hochwertiger Güterverkehr), ZG3 (schwerer Güterverkehr), ZG4 (sonstige Güterzüge).

Das Optimierungskriterium und die angebotenen Zugpreisklassen geben die Hauptaufgabe einer Strecke vor. Züge, die den angebotenen Zugpreisklassen und somit dem Optimierungskriterium einer Strecke nicht entsprechen, sollen nur verkehren, wenn sie den Betrieb nicht behindern und keine zusätzliche Infrastruktur benötigen.

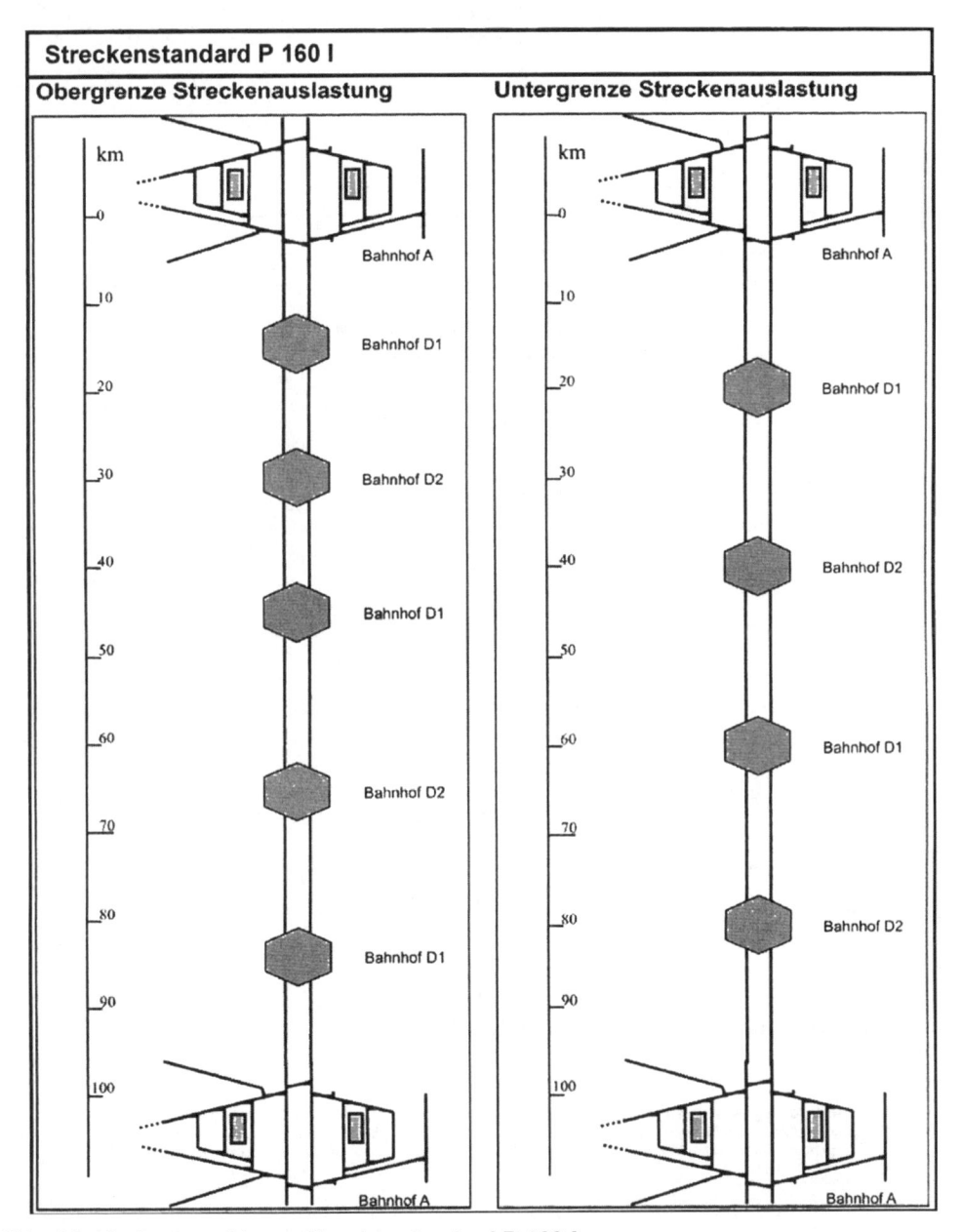

8.2 Betriebliche und verkehrliche Planung der Bahnanlagen

Abb. 8.2.18: Systemskizzen Streckenstandard P 160 I

Die anzustrebende Infrastruktur gemäß Streckenstandard wird durch Planungsparameter (Abb. 8.2.17) beschrieben und durch Standard-Systemskizzen der Strecke (vereinfachte Streckenbänder, Abb. 8.2.18), Topologien von Typenbahnhöfen (Abb. 8.2.19) und Standard-Tagesganglinien der Zugzahlen (Obergrenze und Untergrenze, Abb. 8.2.20) ergänzt.

8 Die Infrastruktur

Bahnhof A
für P 160 I

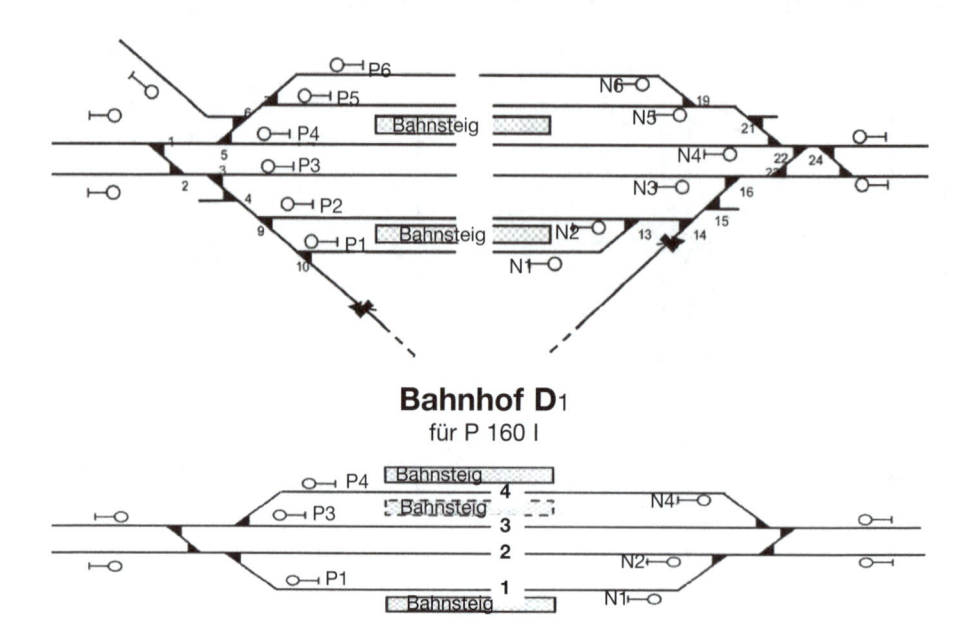

Bahnhof D$_1$
für P 160 I

Bahnhof D$_2$
für P 160 I

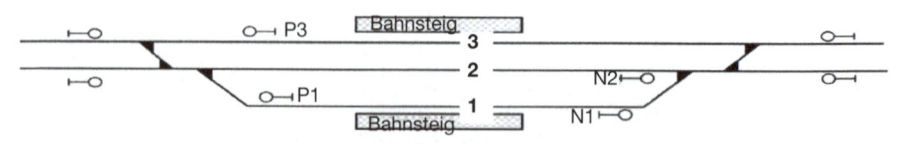

Abb. 8.2.19: Typenbahnhöfe Streckenstandard P 160 I

Standard-Tagesganglinie
Streckenstandard P 160 I (je Richtung)
Obergrenze Streckenauslastung

Standard-Tagesganglinie
Streckenstandard P 160 I (je Richtung)
Untergrenze Streckenauslastung

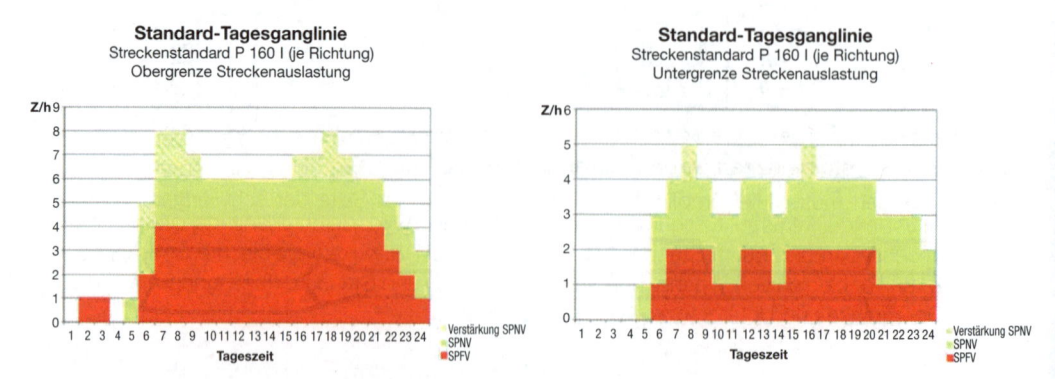

Abb. 8.2.20: Standard-Tagesganglinien Streckenstandard P 160 I

8.2 Betriebliche und verkehrliche Planung der Bahnanlagen

Streckenausrüstung

Wie bereits erwähnt, haben die Anzahl Streckengleise sowie die Ausrüstung der Strecke mit Überholungsgleisen und Überleitverbindungen auf die betriebliche Nutzbarkeit einer Strecke entscheidenden Einfluss. Darüber hinaus sind in den Planungsparametern der Streckenstandards (siehe Abb. 8.2.17) weitere Aspekte aufgeführt, die ebenfalls diesbezüglich wirksam sind.

Eine Auswahl davon und einige weitere, in den Streckenstandards nicht erwähnte Aspekte werden im Folgenden diskutiert:

Überholungsgleise dienen in betrieblicher Hinsicht zum Wechsel der Zugreihenfolge („Betriebsüberholung") und verkehrlich zum Umsteigen von Reisenden zwischen langsamen und schnellen Zügen oder zum Zu- oder Absetzen von Wagen („Verkehrsüberholung"). Vor Grenz- oder Rangierbahnhöfen nehmen die Überholungsgleise zurückgestaute Züge auf, gelegentlich werden sie auch zur vorübergehenden Abstellung gestörter Züge benutzt, z. B. zum Ausrangieren von Schadwagen. Besonders auf Mischverkehrsstrecken haben in regelmäßigen Abständen über die Strecke angeordnete Überholungsgleise, wie schon erwähnt, eine große Bedeutung, weil sie dort wesentlich dazu beitragen, die nicht nutzbaren Zeitlücken zwischen langsamen und schnellen Zügen klein zu halten.

Auf eingleisigen Strecken sind die Überholungsgleise gleichzeitig Kreuzungsgleise. Die erforderliche Anordnung der Kreuzungsgleise im Zuge einer eingleisigen Strecke ergibt sich direkt aus der Struktur des Fahrplans (Schnitt der Zeit-Weg-Linie der Züge entgegengesetzter Fahrtrichtung).

Nach herkömmlichem Verständnis müssen Überholungsgleise den längsten zu überholenden Zug der Strecke aufnehmen können. Bei einer maximalen Wagenzuglänge für Güterzüge von 700 m beträgt die dafür erforderliche Gleisnutzlänge maximal 750 m (700 m + 2 · Loklänge je 20 m einschließlich Signalsicht + 10 m Bremsungenauigkeit). Sieht jedoch das Betriebsregime vornehmlich Güterverkehr vor (z. B. Streckenkategorie G 120), können Überholungsgleisnutzlängen entsprechend der nachrangigen Personenverkehre ausreichend sein, z. B. 250 m für die Überholung eines Regionalzugs während seines Verkehrshalts. Allerdings sollten in gewissen Abständen güterzuglange Überholungsgleise vorgehalten werden, vornehmlich in den Zugangsstellen des Güterverkehrs.

Damit der Betriebshalt bei Reisezugüberholung verkehrlich nutzbar ist, sollen Reisezugüberholungsgleise eine Bahnsteigkante haben. Die erforderliche Nutzlänge der Reisezugüberholungsgleise ergibt sich aus der maximal erforderlichen Bahnsteiglänge für Wagenzüge inklusive Bremsungenauigkeit (max. 400 m) zuzüglich Loklänge (20 m) und Signalsicht (5 m) zu 425 m.

Auf zweigleisigen Strecken können Überholungsgleise in unterschiedlicher Weise angeordnet werden (siehe Abb. 8.2.21).

Betrieblich ideal ist die seitenrichtige Anordnung von je einem Überholungsgleis, bei Bedarf auch mehr (z. B. bei häufigem Rückstau). Die mittige Anordnung bietet sich an, wenn bei einer gegebenen Streckenbelegung ein Überholungsgleis für beide Fahrtrichtungen ausreicht und in dem Bahnhof keine Güterzugverkehrsüberholungen stattfinden. Nachteilig ist allerdings die notwendige Verziehung der Hauptgleise (Flächenbedarf, Komfortbeeinträchtigung schnell durchfahrender Züge). Bei der einseitigen Anordnung nur eines Überholungsgleises ist ungünstig, dass das Gleis der Gegenrichtung gekreuzt werden muss. Hier empfiehlt sich die Anlage auf der Seite der schwierigeren Betriebs-

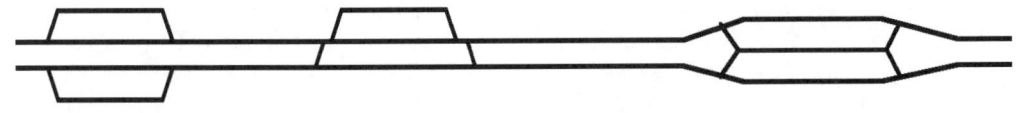

Abb. 8.2.21: Anordnung von Überholungsgleisen auf zweigleisiger Strecke (seitenrichtig, in Gegenlage, mittig)

8 Die Infrastruktur

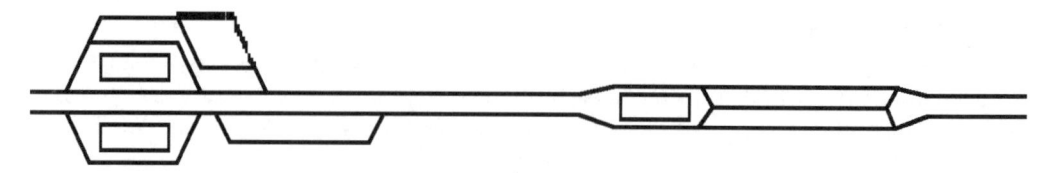

Abb. 8.2.22: Anordnung von Güterzugüberholungsgleisen (links oben Breitenentwicklung, links unten Längenentwicklung)

verhältnisse (Streckenbelegung, Steigung). Güterverkehrsüberholungsgleise werden auf der Seite der Güterverkehrsanlage (z. B. Containeranlage) angeordnet; zwecks Übersicht am stehenden Zug sollen sie möglichst geradlinig verlaufen (siehe Abb. 8.2.22).

Gemeinsame Überholungsgleise für Reise- und Güterzüge mit Reisezugverkehrshalt sind betrieblich schwierig zu disponieren, weil das Gleis vor jedem fahrplanmäßigen Reisezughalt geräumt werden muss.

Betrieblich und verkehrlich ist die Längenentwicklung von Güterzugüberholungsgleisen vorzuziehen (zügige Ein-/Ausfahrt, keine Verlärmung am Bahnsteig), aus Sicht der Instandhaltung und des Baues jedoch die Breitenentwicklung (eine Weiche weniger im durchgehenden Hauptgleis, kürzere Ausdehnung der flachen Bahnhofslängsneigung).

Bei Zugdurchfahrten am Bahnsteig mit v > 200 km/h müssen nach § 13 Abs. 3 *EBO* Vorkehrungen getroffen werden, dass sich keine Reisenden im Gefahrenbereich auf den Bahnsteigen aufhalten. Dem kommt die *Deutsche Bahn* beim Neubau von Schnellfahrstrecken dadurch nach, dass die Durchfahrgleise frei von Bahnsteigkanten bleiben und Reisezughalte daher generell in einem Überholungsgleis stattfinden; allerdings dauern dadurch die Ein- und Ausfahrt länger (siehe Abb. 8.2.23).

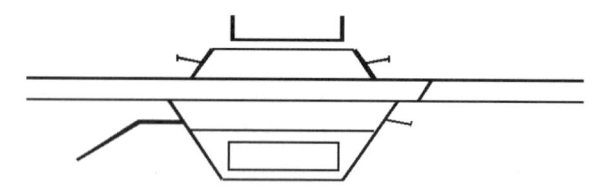

Abb. 8.2.23: Haltestation an Schnellfahrstrecke

Im Zuge des Ausbaus der Strecke Hamburg–Berlin von 160 km/h auf 230 km/h wurden – vorerst im Rahmen eines Betriebsversuchs – die Bahnsteigkanten an den durchgehenden Hauptgleisen belassen. Der Freihaltung des wegen der hohen aerodynamischen Einflüsse 3,70 m breiten Gefahrenbereichs dienen hier Absperrgitter an dessen Grenze, außerdem Markierungen, Schilder und Lautsprecherdurchsagen (siehe Kap. 8.2.5.2).

Die Einfahrgeschwindigkeit in ein Überholungsgleis wird am Einfahrvorsignal angekündigt und muss am Einfahrsignal erreicht sein. Die Ausfahrgeschwindigkeit aus einem Überholungsgleis gilt, bis der letzte Wagen die letzte Weiche des daran anschließenden Weichenbereichs verlassen hat. Daraus folgt, dass die mit herabgesetzter Geschwindigkeit im Strecken- bzw. durchgehenden Hauptgleis zu befahrenden Gleisabschnitte lang sein können. Als Faustformel gilt, dass die Ein- und die Ausfahrgeschwindigkeit in Überholungsgleise bzw. aus ihnen die Hälfte der Streckengeschwindigkeit betragen sollen. Da Weichen mit 190 m Zweiggleisradius in durchgehenden Hauptgleisen schnell verschleißen, soll die Ein- und Ausfahrgeschwindigkeit (außer auf schwach belasteten Strecken) mindestens 50 km/h betragen. Für Ein- und Ausfahrten in bzw. aus Güterzugüberholungsgleise(n) reichen wegen des Brems- und Beschleunigungsverhaltens der Güterzüge maximal 60 km/h aus. Jedoch müssen die Ein- und die Ausfahrgeschwindigkeit eines Gleises nicht gleich hoch sein, und die Einfahrt kann

8.2 Betriebliche und verkehrliche Planung der Bahnanlagen

auch zugabhängig und vom zur Verfügung stehenden (Wahl-) Durchrutschweg unterschiedlich signalisiert werden, z. B. bei einem direkt am Ausfahrsignal liegenden kurzen Bahnsteig in einem langen, auch durch Güterzüge genutzten Überholungsgleis.

Überleitverbindungen sind Gleisverbindungen zwischen dem rechten und dem linken Streckengleis einer zweigleisigen Strecke, die dem Überleiten eines Zuges in das in Fahrtrichtung linke Gleis bzw. wieder zurück dienen. Der Hauptnutzungszweck einer Überleitverbindung besteht darin, eine zweigleisige Strecke bei einer Baumaßnahme oder im Fall einer Betriebsstörung noch eingleisig betreiben zu können. Die planmäßige Nutzung des linken Gleises entgegen seiner Fahrtrichtung kommt eher selten vor, z. B. auf einer längeren Steigungsstrecke.

Überleitverbindungen werden in Bahnhöfen eingelegt. Die Notwendigkeit zusätzlicher Überleitverbindungen auf der freien Strecke ist, abgesehen von der Überleitung an einer Abzweigstelle, nur bei großem Bahnhofsabstand und hoher Streckenbelegung und vor allem bei Mischverkehr gegeben.

Es ist bei der *Deutschen Bahn* zur Kostenersparnis üblich, in einem Zwischenbahnhof in jedem Bahnhofskopf nur **eine** Überleitverbindung anzuordnen und die Form der Anordnung („A-Form", „V-Form") unter Berücksichtigung etwaiger Anforderungen des Rangierbetriebs von Bahnhof zu Bahnhof zu wechseln. Dadurch gleichen sich die „Falschfahrlängen" über die Strecke zwischen Richtung und Gegenrichtung aus (siehe Abb. 8.2.24).

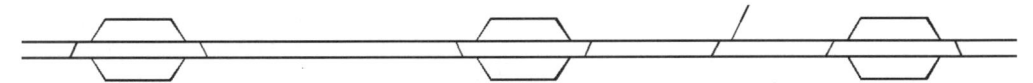

Abb. 8.2.24: Anordnung von Überleitverbindungen

Steht für die Rückleitung aus dem linken Gleis im Einfahrkopf keine Überleitverbindung zur Verfügung, wird der rückzuleitende Zug fahrstraßengesichert durch das Überholungsgleis der Gegenrichtung geleitet, weil so im Bedarfsfall eine Kreuzung mit einem Zug der Regelrichtung durchgeführt werden kann, ohne dass dieser zwangsläufig behindert wird. Die mögliche Überleitgeschwindigkeit ist davon abhängig zu machen, ob die Überleitverbindung fahrplanmäßig genutzt wird oder nicht (Tab. 8.2.5).

Der Abstand der Blocksignale (auf LZB-Strecken der LZB-Blockkennzeichen) begrenzt die kürzest möglichen Zugfolgezeiten und hat damit wesentlichen Einfluss auf das Leistungsverhalten einer

	[km/h]	$V_{Einfahrt}$	$V_{Ausfahrt}$	$V_{Überleitstelle}$	$V_{Abzweigstelle}$
Streckenstandard	P 300	100	100	100	$V_{Strecke}$
	P 230	100 / 80	100 / 80	100 / 80	$V_{Strecke}$
	M 230	100 / 80	100 / 80	100 / 80	$V_{Strecke}$
	P 160 I	80 / 60	80 / 60	60	$V_{Strecke}$
	P 160 II	60	60	60	$V_{Strecke}$
	M 160	80 / 60	80 / 60	60	$V_{Strecke}$
	G 120	60	60	60	$V_{Strecke}$
	R 120	60 / 50 - 40	60 / 50 - 40	entfällt	$V_{Strecke}$
	R 80	50 / 40	50 / 40	entfällt	$V_{Strecke}$
	G 50	40	40	entfällt	40

Tab. 8.2.5: Zweiggleisgeschwindigkeiten der Weichen in Abhängigkeit vom Streckenstandard

8 Die Infrastruktur

Strecke. Deshalb müssen die **Blockabschnittslängen** einer Strecke in der Regel mit eisenbahnbetriebswissenschaftlichen Verfahren nachgewiesen werden. Die Anhaltswerte der Streckenstandards liegen zwischen 1,5 und 5 km, auf hoch belasteten Streckenabschnitten auch im maximalen Bremswegabstand (1000 m) oder Halbregelabstand (500 m). Die Werte für Mischbetriebsstrecken liegen dabei unter denen von Strecken mit dominierender Zuggattung. Auf eingleisigen Strecken entsprechen die Blockabschnittslängen meist dem Abstand der Kreuzungsbahnhöfe; das gilt auch im Fall von Zugleitbetrieb (z. B. bei G 50).

8.2.3.3 Korridorstrategie

Im Personenfernverkehr liegt das bahnaffine Marktsegment im Bereich von Fahrzeiten von Bahnhof zu Bahnhof bei bis etwa vier Stunden. Dies entspricht im Hochgeschwindigkeitsverkehr mit Reisegeschwindigkeiten von 180 km/h und mehr einer Reiseentfernung von maximal ca. 800 km. Damit werden die Bahnen zukünftig in die Lage versetzt, in einem zusammenwachsenden Europa auch international wettbewerbsfähige Personenfernverkehre anbieten zu können. Besonders aber im Güterverkehr, wo es eigentlich keine Obergrenze der Beförderungsdauer gibt, wenn nur die Reisegeschwindigkeit konkurrenzfähig ist, bieten die europäische Integration und die Globalisierung den Bahnen große Chancen, ihre Stärken (lange Züge über lange Strecken) voll auszuspielen. Voraussetzung dafür sind internationale Strecken mit hinreichender Leistungsfähigkeit, die von Zügen unterschiedlicher Eisenbahnverkehrsunternehmen ohne technische, betriebliche und logistische Schwierigkeiten durchgängig befahren werden können. Das interoperable Transeuropäische Eisenbahnnetz (siehe Kap. 8.2.2.5) ist Ausdruck dieser Strategie. Der effektivste Weg hin zum Transeuropäischen Eisenbahnnetz, aber auch und vor allem zur Belebung des Schienenverkehrs ist die Entwicklung einer Korridorstrategie für den Hochgeschwindigkeitsverkehr und den konventionellen (Güter-) Verkehr, bei Letzterem auch unter Einschluss wichtiger außereuropäischer Anschlussstrecken. Da in

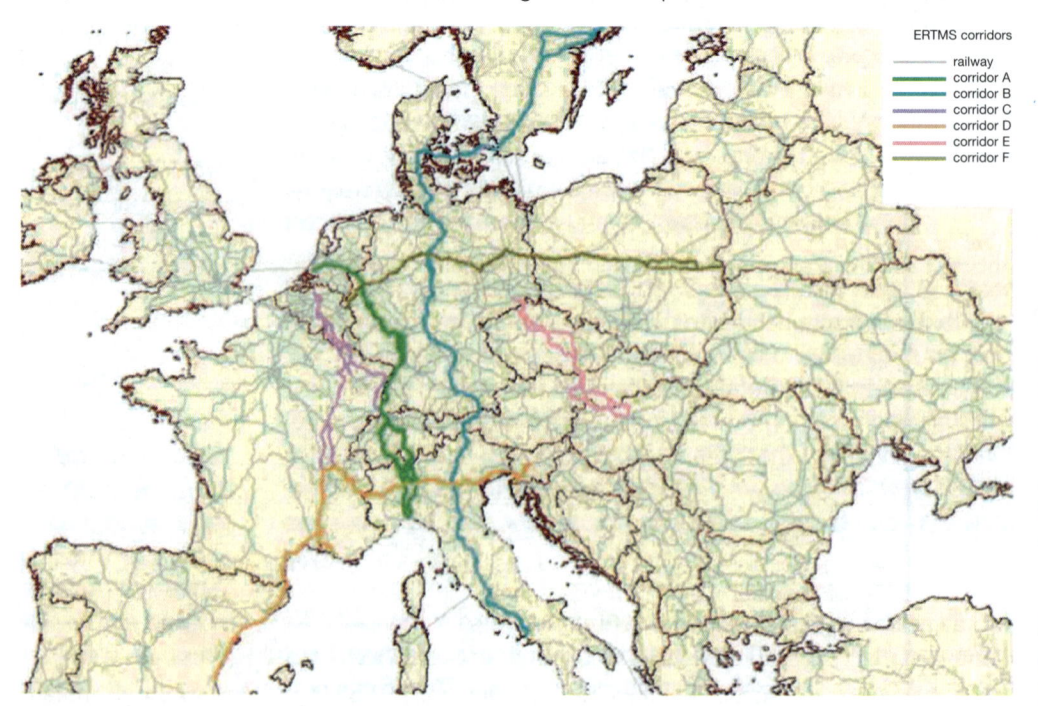

Abb. 8.2.25: Europäische ERTMS-Korridore (Quelle: *UIC*)

8.2 Betriebliche und verkehrliche Planung der Bahnanlagen

einem liberalisierten Verkehrsmarkt der Verzicht auf Lokwechsel an den Grenzen im Güterverkehr bedeutsam ist, ist die Harmonisierung der Technik (vor allem Signal- und Zugsicherungssysteme) und der Betriebsverfahren von großer Wichtigkeit, außerdem natürlich die Aufgabe oder zumindest Vereinfachung von Grenzbehandlungen[3] und die gegenseitige Akzeptanz der Fahrzeugzulassungen. Im Hochgeschwindigkeitspersonenverkehr erfordert allein schon das Triebzugkonzept den internationalen Einsatz der Fahrzeuge. Basis für die Schaffung der Interoperabilität der Infrastruktur ist die Einführung des ETCS als Baustein von ERTMS; seine Implementierungskosten lassen sich aber nur im Kontext der Korridorstrategie rechtfertigen.

8.2.4 Gestaltung der Bahnhöfe

Der Begriff „Bahnhof" ist sehr vielschichtig, je nach Sichtweise: Der Architekt versteht darunter das Empfangsgebäude (EG), der Reisende zusätzlich die Bahnsteige samt ihren Zugängen, der Betriebseisenbahner die Gleisanlagen zwischen den Einfahrsignalen. Eine Gesamtschau für Personenbahnhöfe ist in Abb. 8.2.26 dargestellt.

	Zuständigkeit DB Netz			
inter- und intramodaler Verkehrsknoten Personenbahnhof		Betriebsstation	Gleise, insb. Bahnsteiggleise, Weichen, Fahrleitungen, Signale und dergl.	Bahnhof nach EBO
		Verkehrsstation	Bahnsteig, Personentunnel u. -stege, Treppen, Warteräume, Verkehrsflächen, Service-Point, Toiletten, Reisezentrum, Servicebetriebe	
	Personenbahnhof im Sinne von DB Station & Service	Dienstleistungs- und Einkaufszentrum	Ladenzeilen und Passagen, Hotel, Konferenz-, Sport- und Beauty-Einrichtg., Unterhaltungsstätten, Arztpraxen	
		Vorplatz	ÖPNV-Haltestellen bzw. ÖPNV-Verkehrsstation, Bus-Terminal (Fernverkehr), Vorfahrten Pkw, Taxistände, Kurzparken Pkw, Langparken (Parkhaus), Mietwagen	

Abb. 8.2.26: Der Personenbahnhof als inter- und intramodaler Verkehrsknoten (nach [33])

Die Abbildung macht deutlich, dass Personenbahnhöfe zentrale verkehrliche Aufgaben als Mittler zwischen unterschiedlichen Verkehrssystemen wahrnehmen; in ähnlicher Weise gilt das für Güterbahnhöfe. Hinzu kommen umfassende betriebliche Aufgaben im Netz der Eisenbahn. Die verkehrlichen Aufgaben sind diejenigen, die die Schnittstelle des Transportsystems „Eisenbahn" zu ihren Kunden umfassen; die betrieblichen Aufgaben der Bahnhöfe sind für das interne reibungslose Funktionieren des Bahnbetriebs (vor allem die Verknüpfung der Strecken und das Auflösen und Bilden von Zügen) unerlässlich. Zunehmend kommen heute bei Personenbahnhöfen eigentlich bahnfremde Funktionen hinzu. Ihr Zweck ist es, den früheren Stellenwert der Bahnhöfe in ihrem meist zentralen städtischen Umfeld, der sich aus ihrer monopolistischen verkehrlichen Bedeutung ergab, in Zeiten konkurrierender Verkehrsträger und gewandelter Verkehrsgewohnheiten zurückzugewinnen, indem man attraktive Erlebnis-, Einkaufs- und Dienstleistungsfunktionen im Bahnhof ansiedelt. Damit kann es gelingen, implizit auch die verkehrlichen Funktionen des Bahnhofs zu stärken (Beispiele: Bf Leipzig Hbf, Bf Berlin Friedrichstraße).

---
[3] auch ggf. der Spurwechselanlagen bzw. -techniken

8 Die Infrastruktur

Man kann Bahnhöfe entsprechend ihrer mannigfaltigen Aufgaben auf vielfältige Weise unterscheiden (siehe Abb. 8.2.27), z. B.:

nach ihren verkehrlichen Aufgaben:
- Personenbahnhöfe (Pbf)
- Güterbahnhöfe
  - des allgemeinen Wagenladungsverkehrs (Gbf)
  - Umschlagbahnhöfe des kombinierten Verkehrs (Ubf)
  - Stückgutbahnhöfe[4]
- Werkbahnhöfe
- kombinierte Formen

nach ihren betrieblichen Aufgaben:
- Zugbildungsanlagen des Personenverkehrs
- Zugbildungsanlagen des Güterverkehrs

nach ihrer Schnittstellenfunktion zu einem anderen Verkehrsträger:
- Flughafenbahnhöfe
- Hafenbahnhöfe

nach ihrer Lage im Streckennetz:
- Endbahnhöfe (in Kopfform, in Durchgangsform)
- Zwischenbahnhöfe

nach ihrer Art der Streckenverknüpfung:
- Kopfbahnhof
- Durchgangsbahnhof
- Anschlussbahnhof
- Trennungsbahnhof
- Kreuzungsbahnhof (in Turmlage, in Parallellage)
- Berührungsbahnhof

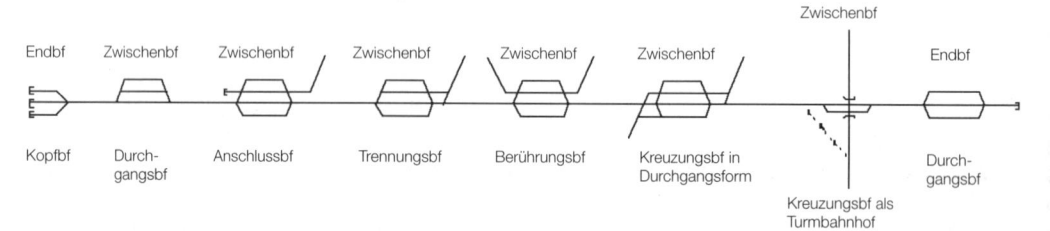

Abb. 8.2.27: Bahnhöfe, bezeichnet nach Lage im Streckennetz und Art der Streckenverknüpfung

Kopfbahnhöfe sind dadurch gekennzeichnet, dass alle in sie einmündenden Streckengleise stumpf an einem Gleisabschluss („Prellbock") enden. Durchfahrende Züge müssen im Kopfbahnhof die Richtung wechseln, bei lokbespannten Zügen muss die Lok umsetzen oder gewechselt werden.

Durchgangsbahnhöfe liegen an **einer** durchgehenden Eisenbahnstrecke ohne weiteren Streckenanschluss; ihr Kennzeichen sind die durch den Bahnhof durchgeführten Streckengleise. Große Durchgangsbahnhöfe können einen „Kopfbahnhofteil" haben, wenn sich die Verkehrsströme (durchfahrende bzw. beginnende/endende Züge) sehr stark unterscheiden („kombinierter Durchgangs- und Kopfbahnhof", z. B. Dresden Hbf).

---

[4] Bei vielen Eisenbahnen stillgelegt, da kein Schienen-Stückgutverkehr mehr

8.2 Betriebliche und verkehrliche Planung der Bahnanlagen

Anschlussbahnhöfe liegen an einer durchgehenden Eisenbahnstrecke und sind gleichzeitig Ausgangs- bzw. Endpunkt einer oder mehrerer nachrangiger Strecken. Zwischen der durchgehenden Strecke und der/den angeschlossenen Strecke(n) gehen Züge nicht oder nur gelegentlich über. Anschlussbahnhöfe sind für die Züge der Anschlussstrecke betriebliche Endbahnhöfe, d. h. dort enden die Zugläufe der Anschlussstrecke.

Trennungsbahnhöfe liegen an einer Streckengabelung. In Trennungsbahnhöfen findet fahrplanmäßiger Zugübergang auf die abgehenden Strecken mit oder ohne Halt statt; ihr Kennzeichen sind deshalb leistungsfähige Gleisverbindungen, die auch im Abzweig mit höherer Geschwindigkeit befahrbar sein sollten.

In **Berührungsbahnhöfen** berühren sich zwei durchgehende Eisenbahnstrecken ohne sich zu kreuzen, mit oder ohne planmäßigem Zugübergang.

Kreuzungsbahnhöfe sind Gemeinschaftsbahnhöfe am Kreuzungspunkt zweier oder mehrerer Strecken. Beim **Kreuzungsbahnhof in Durchgangsform** liegen alle eingeführten Streckengleise parallel nebeneinander, so dass Gleisverbindungen angeordnet werden können und Zugübergänge (ähnlich wie im Trennungsbahnhof) möglich sind. Je nach Leistungsanforderung sind die Kreuzungspunkte in den Bahnhofsköpfen mit niveaugleichen Kreuzungen oder niveaufrei mit Überführungen realisiert. In **Turmbahnhöfen** liegen die sich kreuzenden Strecken am Kreuzungspunkt nahezu rechtwinklig in zwei Ebenen übereinander. Häufig trägt das Brückenbauwerk die oben liegenden Bahnsteige und ist in das Empfangsgebäude integriert. Nachteilig an Turmbahnhöfen ist, dass Zugübergänge den Bau von Verbindungskurven (ähnlich einem Autobahnkreuz, jedoch mit erheblich größeren Radien) erforderlich machen.

Die genannten Grundtypen von Bahnhöfen treten auch in vielfältigen Mischformen auf, die sich im Laufe der Netzentwicklung durch Kombination der Grundtypen herausgebildet haben.

8.2.4.1 Struktur eines klassischen Durchgangsbahnhofs

Ein Durchgangsbahnhof nimmt als verkehrliche Aufgaben den Zugang von Reisenden und von Gütern (in Form von Wagenladungen) zum System Bahn wahr[5]. Die betrieblichen Aufgaben sind die Durchfahrt von Zügen und, je nach Ausprägungsform und Bedarf, das Überholen von Zügen (auf eingleisigen Strecken auch das Kreuzen), das Enden und Beginnen von Zügen und ggf. auch das Ab- und/oder Zusetzen von Wagen von/zu Zügen. Dafür werden Verkehrs- und Betriebsanlagen benötigt, die sich gemäß Abb. 8.2.28 funktional unterteilen und zuordnen lassen.

In einem topologischen Gleisplan eines Durchgangsbahnhofs (siehe Abb. 8.2.29) wurden folgende Prinzipien umgesetzt:
- seitenrichtige Reisezugüberholungsgleise
- Reisezugabstell- und -wendeanlage für endende/beginnende Züge von/nach Westen (Zweirichtungsgarnituren[6]
- seitenrichtige Güterzugbetriebsüberholungsgleise
- Güterzugverkehrsüberholungsgleis direkt benachbart zum Rangierbereich G
- indirekte Verbindung von Güterzugbereich und Rangierbereich G über die Ausziehgleise[7]
- Umschlagbereiche vom Hauptausziehgleis direkt erreichbar

---

[5] Die Bedeutung der klassischen Form des „Bahnhofs mit vereinigtem Dienst", d. h. mit Verkehrsaufgaben im Personenverkehr *und* im Güterverkehr, ist heute aufgrund der betriebswirtschaftlich-institutionellen Aufteilung der Bahnverwaltungen in Sparten stark zurückgegangen. Gleichzeitig spielt der Wagenladungsverkehr über öffentliche Ladestraßen und Rampen nur noch eine geringe Rolle. Dennoch sollen an dieser Bahnhofsform grundsätzliche bahnsystematische Zusammenhänge erläutert werden.
[6] Wendezüge, Triebwagen oder Triebzüge. Für Einrichtungsgarnituren Lokumfahrgleis erforderlich.
[7] Bei entsprechender Gleisplangestaltung kann auch bei direkter Verbindung des Güterzugbereichs mit dem Rangierbereich G ein Flankenschutz durch Weichen erreicht werden.

8 Die Infrastruktur

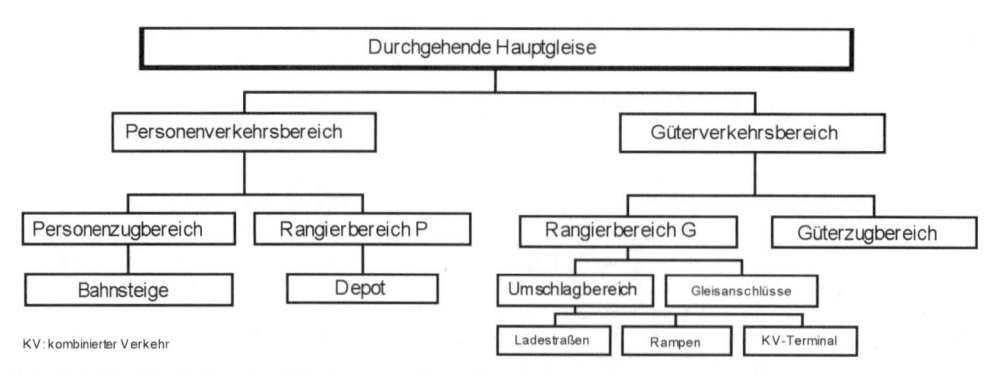

Abb. 8.2.28: Funktionale Gliederung eines Durchgangsbahnhofs

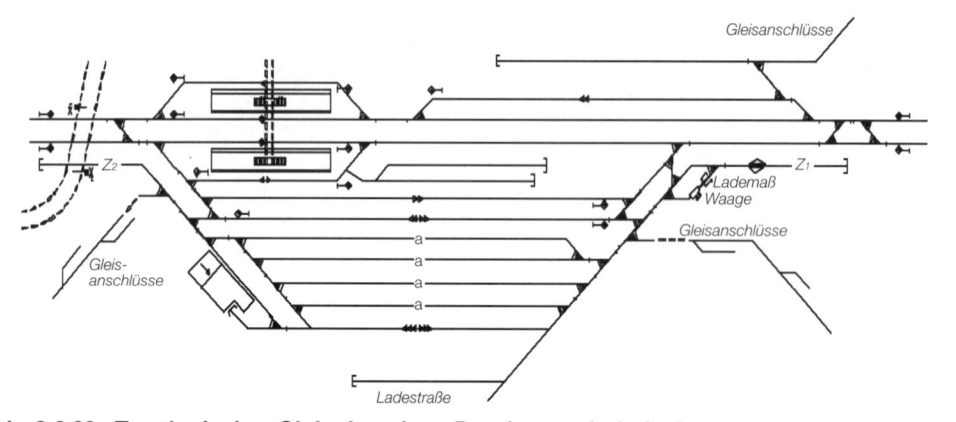

Abb. 8.2.29: Topologischer Gleisplan eines Durchgangsbahnhofs

Im Zuge des Strukturwandels im Güter- und Wagenladungsverkehr wurden in der jüngeren Vergangenheit häufig die Anforderungen an die früher umfangreichen Güterverkehrsanlagen stark reduziert und der Gleisplan bereinigt.

Sollten die Bahnsteigkanten und der möglicherweise abgängige Bahnsteigtunnel zur Erneuerung anstehen, jedoch die Ein- und Aussteigerzahlen so gering sein, dass große Investitionen nicht gerechtfertigt sind, so könnte die Erschließung der Bahnsteige vom benachbarten Bahnübergang her ein „Überleben" des Verkehrshalts sichern (siehe Abb. 8.2.30). Reisezugverkehrsüberholungen

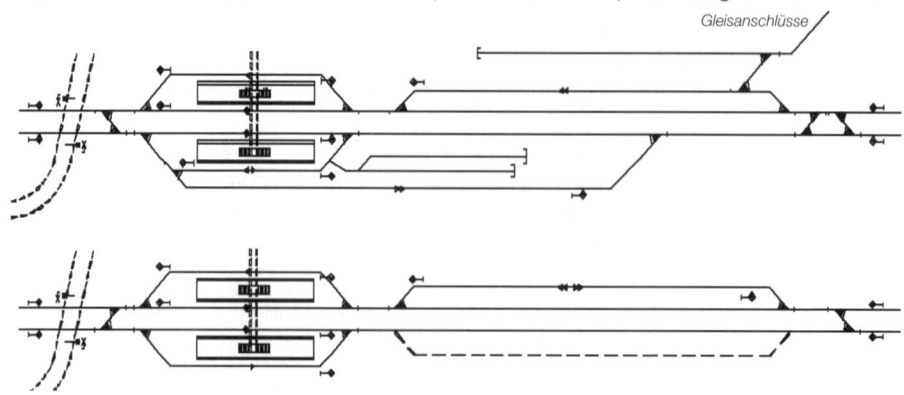

Abb. 8.2.30: Topologische Gleispläne nach Verzicht auf Bahnsteigtunnel

8.2 Betriebliche und verkehrliche Planung der Bahnanlagen

wären dann allerdings nicht mehr durchführbar, die Lösung gemäß Abb. 8.2.30 (oben) ließe nur langsame Einfahrten zu.

Zur Problematik höhengleicher Reisendenübergänge siehe Kap. 8.2.5.2.

8.2.4.2 Topologie komplexerer Bahnhöfe

Die Topologie der Gleispläne von Bahnhöfen wird durch ihre verkehrlichen und betrieblichen Aufgaben bestimmt, aber auch durch ihre Lage im Streckennetz und in ihrem Umfeld sowie durch Art, Anzahl, Führung und Verknüpfung der zulaufenden Strecken im Bahnhof. Einen nicht unerheblichen Einfluss auf die Topologie realer Bahnhöfe hat auch ihre historische Entwicklung.

Wesentliche qualitative Merkmale der Gleistopologie von Bahnhöfen sind die Lage der durchgehenden Hauptgleise der verknüpften Strecken zueinander (Linien- oder Richtungsbetrieb) und die Art und Lage der Behinderungspunkte im Gleisplan (Einfädelungen, Kreuzungen). Während der betriebliche Behinderungspunkt einer niveaugleichen Kreuzung prinzipiell durch ein Überwerfungsbauwerk eliminiert werden kann, kann die betriebliche Behinderung bei der Einfädelung durch eine günstige Anordnung der Vereinigungsweiche zwar gemildert, aber nicht beseitigt werden. Dabei ist eine Behinderung bei der Ausfahrt aus dem Bahnhof für Reisezüge günstiger als während der Einfahrt, weil dann der eventuelle Betriebshalt und der Verkehrshalt zusammenfallen, da die Behinderung keinen zusätzlichen Bremsvorgang verursacht und weil die Sperrzeit einer Einfahrstraße wegen der Annäherungsfahrzeit[8] meist erheblich länger ist.

Beim Linienbetrieb liegen die Gleise einer Strecke im Bahnhof nebeneinander, beim Richtungsbetrieb die Gleise unterschiedlicher Strecken mit gleicher Fahrtrichtung. Daher begünstigt der Linienbetrieb linienbezogene Funktionen (z. B. Zugwenden, Trennung der Verkehrsarten wie z. B. Fernbahn – S-Bahn), der Richtungsbetrieb ist vorteilhaft für Umsteigevorgänge zwischen Zügen mit gleicher Ausfahrrichtung, wie sie typisch für den hierarchischen Sammler-/Verteilerverkehr sind, und er bietet eine konfliktärmere gegenseitige Vertretbarkeit der Bahnsteiggleise, z. B. für Zugüberholungen.

Die konkrete Ausgestaltung der Bahnhofstopologie im Detail mit der Festlegung der erforderlichen Gleiszahlen und der Auslegung der Fahrtstraßenknoten erfordert im Anschluss an qualitative Überlegungen die Anwendung quantitativer Verfahren der Eisenbahnbetriebswissenschaft.

Anhand einiger Beispiele wird dargestellt, wie die betrieblich-verkehrliche Aufgabenstellung die idealtypische Bahnhofstopologie beeinflusst.

Beispiel „Trennungsbahnhof"

Allgemeine Anforderungen: alle Strecken zweigleisig, Mischverkehr, höhenfreie Streckenausfädelung, je Richtung ein Bahnsteiggleis (somit vier), je ein für beide Strecken gemeinsames richtungsreines Güterzug – Betriebsüberholungsgleis (somit zwei), keine Eckverkehrszüge[9], Abstell- und Wendegleise für wendende Züge von/nach Südwesten (Abb. 8.2.31).

Bei schwachem Umsteigeverkehr wird die Variante mit Linienbetrieb (Abb. 8.2.32), bei starkem die mit Richtungsbetrieb (Abb. 8.2.33) bevorzugt.

Beispiel „Kreuzungsbahnhof"

Kreuzungsbahnhof in Parallellage, höhenfreie Streckenkreuzung, alle Strecken zweigleisig, je Richtung zwei Bahnsteiggleise (somit acht), beginnende/endende Züge nach/von W und nach/von SW (Wenden über Abstellanlage), Reisezug-Eckverkehr der Relation W-SW mit Kopfmachen, übrige stumpfwinklige Streckenübergänge ermöglichen (Abb. 8.2.34).

---

[8] Fahrt über den Sichtpunkt- und Vorsignalabstand
[9] Züge, bei denen der Streckenübergang einen Fahrtrichtungswechsel erfordert (hier: W–SW)

8 Die Infrastruktur

V: Vereinigungsweiche, K: Kreuzung
Behinderung einer
E: Einfahrstraße
A: Ausfahrstraße

Haltestelle

Linienbetrieb

symmetrischer Richtungsbetrieb

verschränkter Richtungsbetrieb

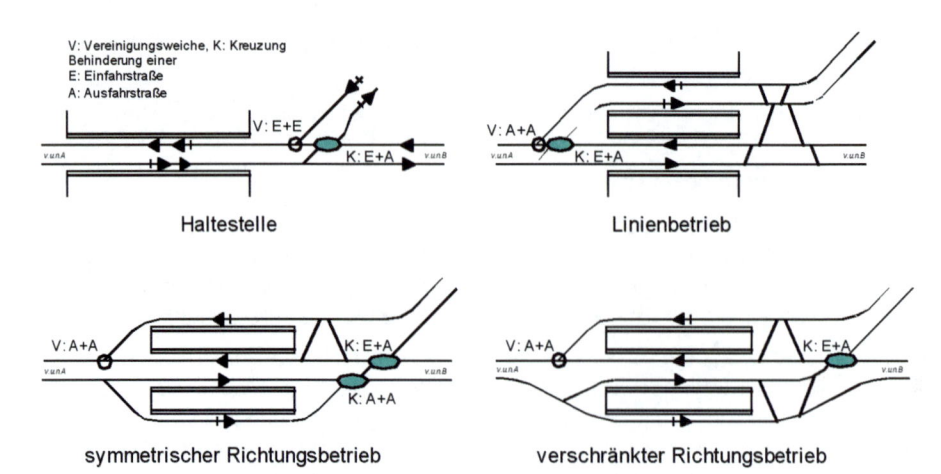

Abb. 8.2.31: Trennungsbahnhöfe mit niveaugleicher Kreuzung

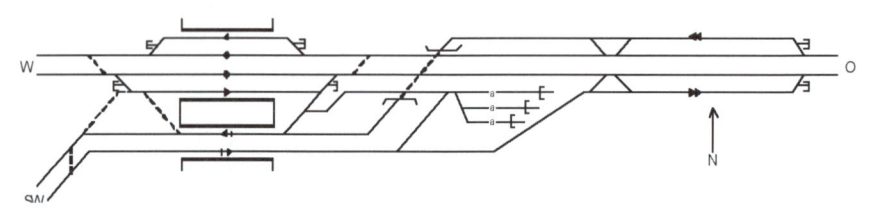

Abb. 8.2.32: Trennungsbahnhof im Linienbetrieb

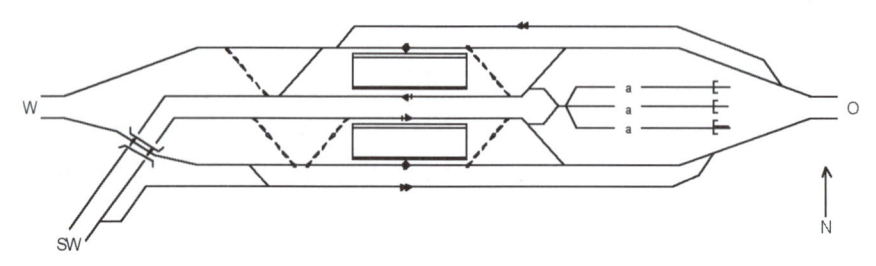

Abb. 8.2.33: Trennungsbahnhof im Richtungsbetrieb (Zweigstrecke innen)

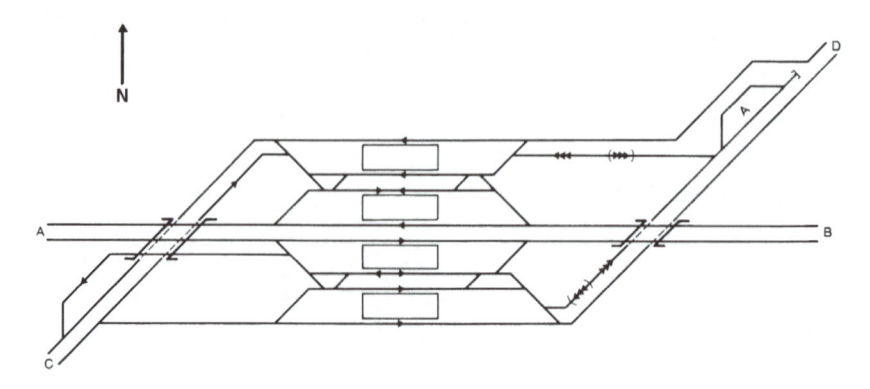

Abb. 8.2.34: Kreuzungsbahnhof in Parallellage mit Eckverkehr A – C

8.2 Betriebliche und verkehrliche Planung der Bahnanlagen

ITF-Knotenbahnhöfe

Damit beim integralen Taktfahrplan (ITF) in den Taktknoten Reisendenübergänge zwischen allen Zügen möglich sind, kommen alle am (ein- oder zweistündigen) Takttreffen teilnehmenden Züge kurz vor der so genannten „Systemzeit" an (meist Minute 0 oder 30) und fahren kurz danach wieder ab. Dabei sind die Mindestübergangszeiten zwischen den Zügen einzuhalten. Bahnhöfe, deren Betriebsstruktur von den Takttreffen eines ITF dominiert wird, leiden daher an einer unausgewogenen Verkehrs- und Betriebsbelastung.

Aufgrund der geschilderten zeitlichen Abhängigkeiten treten in der hoch belasteten Zeit der Takttreffen in einem ITF-Knoten Fahrstraßenkonflikte zwischen **ein**fahrenden und **aus**fahrenden Zügen nicht auf. Dagegen gilt wegen der Gleichzeitigkeit der Einfahrten in besonderem Maß die Forderung, dass zwischen Einfahrstraßen keine Fahrstraßenkonflikte bestehen sollten. Daraus ergeben sich im Fall eines niveaugleichen Kreuzungsbahnhofs je nach den überwiegenden Umsteigevorgängen unterschiedlich günstige Gleissysteme (Abb. 8.2.35, 8.2.36, 8.2.37).

Wenn die Zulaufstrecken zweigleisig und zum Takttreffen keine freien Durchfahrgleise vorhanden sind, können Güterzüge ggf. auf den dem Taktknoten zulaufenden Streckengleisen gepuffert werden.

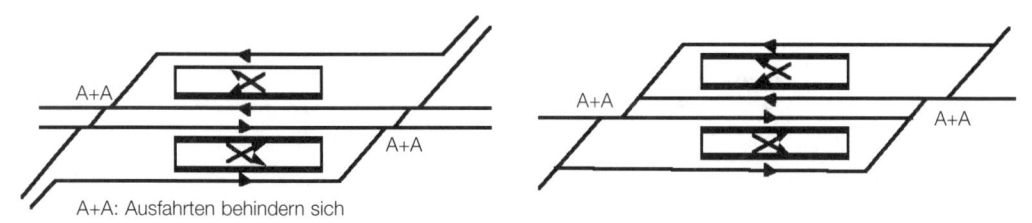

Abb. 8.2.35: Niveaugleiche ITF-Kreuzungsbahnhöfe

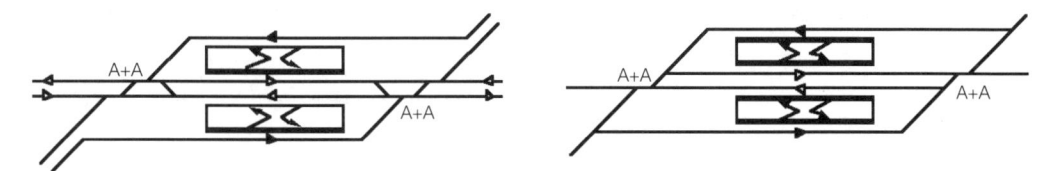

Abb. 8.2.36: Niveaugleiche ITF-Kreuzungsbahnhöfe mit Falscheinfahrten

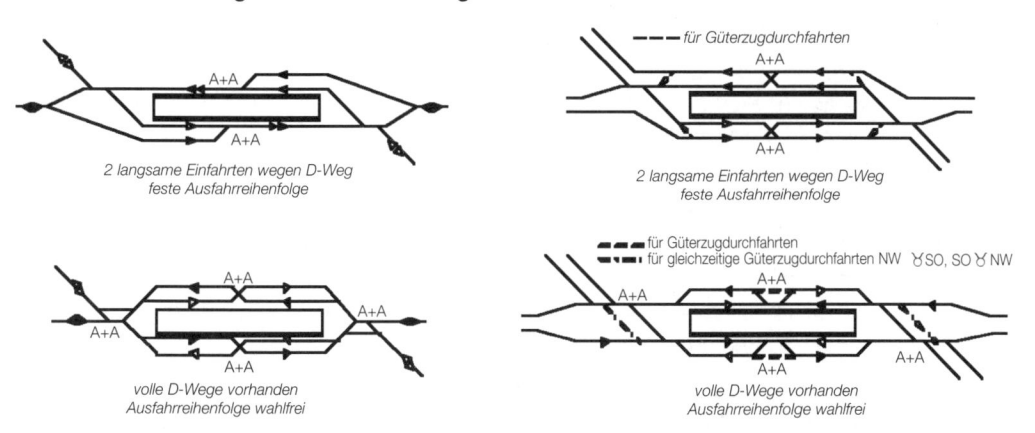

Abb. 8.2.37: Niveaugleiche ITF-Kreuzungsbahnhöfe mit doppelt langem Bahnsteig

8 Die Infrastruktur

Kopfbahnhöfe

Kopfbahnhöfe sind die älteste Bahnhofsform, entstanden als Streckenendbahnhöfe am damaligen Rand der Städte. Verkehrlich ist die heutige meist zentrumsnahe Lage der Kopfbahnhöfe ein großer Vorteil, allerdings erkauft mit erheblichen betrieblichen Nachteilen und Umwegen für durchfahrende Reisende. Ein weiterer Vorteil, der niveaugleiche Zugang zu den Zügen, bringt als Nachteil erhebliche Wege zu den Spitzen der Züge und als Folge davon ungleichmäßige Bahnsteigbelastungen und Zugbesetzungen mit sich. Betriebliche Nachteile sind der Zwang zum Richtungswechsel der Züge, was die Belegungszeit der Bahnsteiggleise verlängert, außerdem die doppelte Belastung des einzigen vorhandenen Bahnhofskopfs, welche noch durch die langsame Einfahrgeschwindigkeit in die Stumpfgleise erhöht wird. Daraus folgt, dass ein Kopfbahnhof ungefähr doppelt so viele Bahnsteiggleise benötigt wie ein gleich leistungsfähiger Durchgangsbahnhof. Durch die breitere Gleisentwicklung verlängern sich wiederum die Zugfahrstraßen und nochmals die Wege der Reisenden. Hinzu kommt im Fall von lokbespannten Zügen die „eingesperrte" Zuglok, was das Umfahren des Wagenzuges oder einen Lokwechsel erzwingt. Will man Fahrstraßenausschlüsse durchlaufender Strecken minimieren, werden diese Strecken im Linksbetrieb durch entsprechende Überwerfungen im Vorfeld in den Kopfbahnhof eingeführt (Abb. 8.2.38).

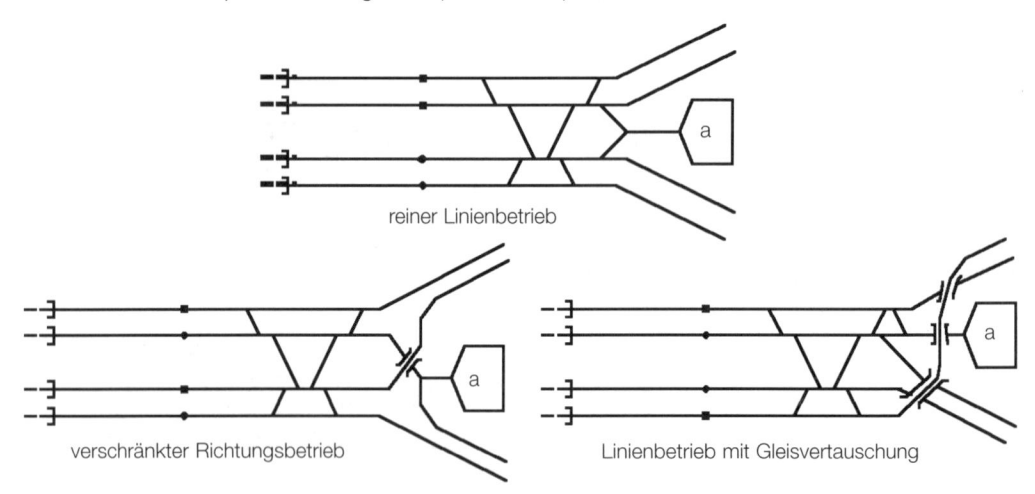

Abb. 8.2.38: Gleissysteme von Kopfbahnhöfen

Wegen der erheblichen Nachteile von Kopfbahnhöfen wurden und werden Anstrengungen unternommen, diese zu beseitigen. Durch den Bau von unterirdischen Nahverkehrsstrecken wurden die bestehenden Kopfbahnhöfe u. a. in Frankfurt am Main und München für den Nahverkehr teilweise in Durchgangsbahnhöfe umgewandelt.

Das Problem des Kopfmachens besteht jedoch nicht nur in Kopfbahnhöfen, sondern auch in Durchgangsbahnhöfen mit Eckverkehr (Trennungsbahnhöfe, Kreuzungsbahnhöfe in Parallellage). Besondere Bahnsteiggleise und/oder Gleisverbindungen können hier zur Verringerung der betrieblichen Behinderungen beitragen.

8.2.4.3 Behandlungsanlagen

Mit dem Oberbegriff „Behandlungsanlage" bezeichnet man Bahnanlagen zur Pflege, Wartung, Reparatur und Abstellung von Bahnfahrzeugen sowie zu deren betrieblicher Vorbereitung für den nächsten Einsatz.

8.2 Betriebliche und verkehrliche Planung der Bahnanlagen

Behandlungsanlagen werden traditionell unterschieden in Betriebshöfe und „Werke". In den Betriebshöfen sind die „betriebsnahen" Funktionen angesiedelt; diese reichen vom Einsatz des Fahrpersonals über die Reinigung der Fahrzeuge, die Versorgung mit Betriebsstoffen, die Wartung und kleinere Instandsetzungsarbeiten bis hin zum Tausch von Baugruppen (siehe Abb. 8.2.39). In den Werken werden die größeren Reparaturen und Revisionen durchgeführt. Hinsichtlich der behandelten Fahrzeugtypen ist zu unterscheiden in Behandlungsanlagen für Lokomotiven, für Triebzüge bzw. Triebwagen und für Reisezugwagen sowie in Werkstätten für Güterwagen.

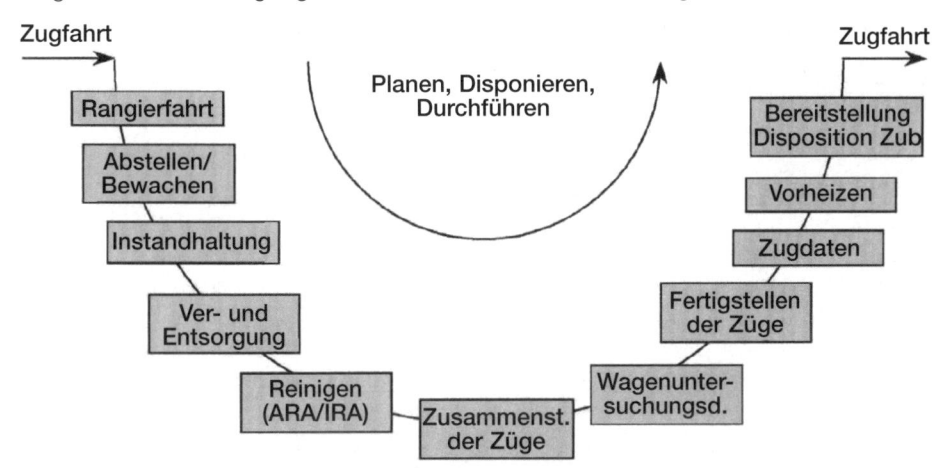

Abb. 8.2.39: Bereitstellungskette für Reisezüge (nach [34])

Die Werke für Lokomotiven und Triebzüge sind meist auf eine oder mehrere Baureihen einer Traktionsart (Diesel oder elektrisch) spezialisiert. Sie sollten so im Netz liegen, dass die Zuführung der Fahrzeuge möglichst wenig Leerkilometer verursacht.

Im Unterschied zu den Werken sind die Betriebshöfe in die Umlaufpläne der Triebzug- und Reisezugwagen-Garnituren sowie der Lokomotiven eingebunden (Abb. 8.2.40). Daraus folgt, dass sie am Ende von Zugläufen in den großen Zugendbahnhöfen des Personenverkehrs und in den Rangierbahnhöfen liegen sollten. Für den fahrplanmäßigen Personenverkehr ist es von Vorteil, wenn sie aus den Bahnsteiggleisen, in denen die Züge enden, möglichst ohne Fahrtrichtungswechsel mit einer Rangierfahrt oder kurzen Zug- bzw. Lok-Leerfahrt erreicht werden können.

Die Anlagen sind so zu gestalten, dass sich ein möglichst behinderungsfreier Arbeitsfluss einstellen kann.

Als Folge der Auflösung des klassischen Betriebsmaschinendienstes im Zuge der Bahnprivatisierung, der für die Bespannung von Reise- **und** Güterzügen zuständig war, und der Zuordnung der

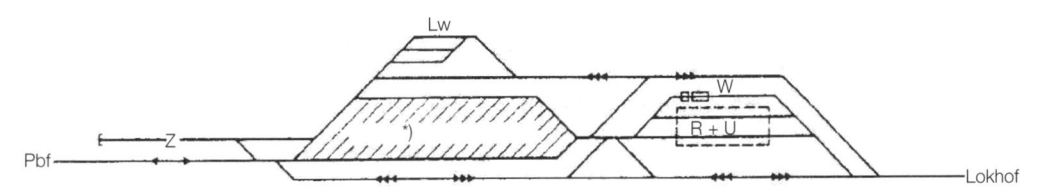

*) Gleisgruppe für Ein-, Ausfahrt, Aufstellung, Kurzwende, Bereitschaftswagen
Z: Ausziehgleis, Lw: Lokwartegleis
R: Innenreinigung, U: Untersuchung, W: Waschanlage

Abb. 8.2.40: Mittlerer Betriebshof für Reisezugwagen

Lokomotiven zu den Eisenbahnverkehrsunternehmen ist mittlerweile ein Wandel der Behandlungskonzepte zu beobachten. Dieser ist durch folgende Tendenzen gekennzeichnet:
– Behandlung der Triebfahrzeuge und Wagen in gemeinsamen Anlagen im Personenverkehr;
– bei lokbespannten Zügen möglichst Verzicht auf die Trennung von Triebfahrzeugen und Wagenpark. Dadurch kann die Behandlung effizient nach ähnlichen Verfahren und in ähnlich gestalteten Anlagen wie die Behandlung der Triebzüge bzw. Triebwagen durchgeführt werden.

8.2.4.4 Bahnhöfe untersuchen und bemessen

Die Eisenbahninfrastruktur kann nur wirtschaftlich betrieben werden, wenn Qualität und Umfang der Anlagen mit der Nachfrage der Eisenbahnverkehrsunternehmen nach Zugtrassen und Anlagen harmonieren. Dies erfordert eine quantitative Bemessung mit Verfahren der Eisenbahnbetriebswissenschaft, die Gegenstand des Kapitels 8.1 „Leistungsfähigkeitsuntersuchungen und Simulationen" sind. Die Verfahren sind aufwändig und werden von Spezialisten angewendet, denen dafür eine genau formulierte Aufgabe zu stellen ist. Dem steht gegenüber, dass Bahnhofsanlagen heterogene Gebilde sind, deren Betriebsverhalten durch das komplexe Zusammenwirken einzelner Anlagenteile bestimmt wird. Der Formulierung der Aufgabenstellung einer eisenbahnbetriebswissenschaftlichen Untersuchung muss deshalb eine detaillierte Analyse vorgeschaltet werden (Abb. 8.2.41). Derartige Bahnhofsuntersuchungen („Knotenstudien") sollten einem einheitlichen Muster folgen und einheitlich aufgebaute Berichte mit Kennzahlen liefern, die untereinander vergleichbar sind.

Motivation und Zielsetzung
Aufnahme und Darstellung des Bestandes
Analyse des bestehenden Knotens
Optimierung von Infrastruktur und/oder Betriebsprogramm
Zusammenfassung der Ergebnisse

Abb. 8.2.41: Grundstruktur einer Knotenanalyse

Jede Knotenuntersuchung hat **Gründe und Zielsetzungen**. Gründe sind Defizite (z. B. Qualitätsmängel, zu hohe Kosten) oder bevorstehende Änderungen (z. B. Elektrifizierung, Änderungen im Betriebsprogramm). Die Zielsetzungen sind meist hierarchisch strukturiert in Form übergeordneter Ziele (z. B. Verbesserung der Wirtschaftlichkeit), die auf die Ziele der Untersuchung herunterzubrechen sind (z. B. Rationalisierung des Gleisplans).

Die **Aufnahme und Darstellung des Bestands** beantwortet die Frage „Was ist vorhanden?" nach Quantität und Qualität. Dazu gehören immer
– die Darstellung der Lage des Betrachtungsbereiches im Netz des Bahnunternehmens,
– topologische Gleisplanskizzen mit allen Gleisen. In den Skizzen sollen die Abzweigrichtung der Weichen, die Bahnsteige und Ladestellen sowie die Standorte der Hauptsignale zu erkennen sein.
– die Kurzbeschreibung der betrachteten Strecken mit Streckennummer, benachbarten Knoten, Streckenkategorie und Nutzungsarten (SPNV, SGV usw.),
– die Darstellung der Altersstruktur der Anlagen, am besten durch Angabe der jeweiligen Restnutzungsdauern.

Die **Analyse des bestehenden Knotens** beantwortet die Frage „Wie funktioniert der Knoten?". Da dies, je nach betrachteter Relation, sehr unterschiedlich sein kann, empfiehlt sich eine systematische relationsbezogene Analyse, die alle theoretisch möglichen Zugfahrbeziehungen untersucht (Abb. 8.2.42).

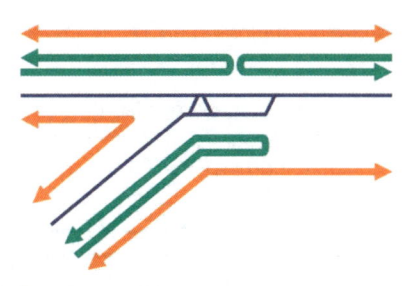

8.2 Betriebliche und verkehrliche Planung der Bahnanlagen

Abb. 8.2.42: Relationsbezogene Betrachtung

Die **Analyse des bestehenden Knotens** unterteilt sich in die Schritte
- Infrastrukturpotenzialanalyse,
- Fahrtenanalyse und
- verkehrliche Analyse.

Die Produktionsanlage Eisenbahninfrastruktur ist langlebiger als die Nachfragestruktur der Betriebsprogramme. Deshalb ist zu empfehlen, sich zunächst Aufschluss über die Möglichkeiten (das **Potenzial**) der Eisenbahninfrastruktur zu verschaffen, d. h. Kenntnis über die Grundausrichtung des Knotens als Angebot der Eisenbahninfrastruktur – zunächst unabhängig davon, ob und wie dieses aktuell durch das Betriebsprogramm genutzt wird. Diese zunächst betriebsprogrammunabhängige Herangehensweise wird in [35] als „Infrastrukturpotenzialanalyse" (Abb. 8.2.43) bezeichnet.

Die **Infrastrukturpotenzialanalyse** umfasst einen topologischen Teil und einen funktionalen Teil. Im topologischen Teil werden die Funktionen im Gleisplan lokalisiert und dargestellt, im funktionalen Teil werden sie, getrennt nach Knoten- und Bahnhofsfunktionen, beschrieben und parametrisiert.

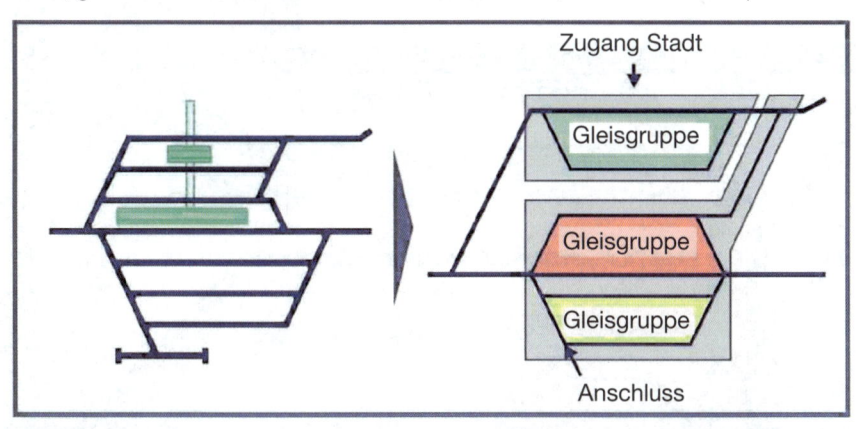

Funktionen des Knotens	Eigenschaften von Funktionen (Auswahl)
Knotenfunktion Übergang von Zügen zwischen verschiedenen Strecken Verknüpfen von Zügen verschiedener Strecken	- Anzahl Gleise, die zur Verfügung stehen - Gleislängen - mögliche Geschwindigkeiten - Konfliktpotenzial beim Erreichen der Gleise - Verbote und Einschränkungen - Abstand benachbarter Überholungsmöglichkeiten usw.
Bahnhofsfunktion Durchfahrt (ohne Halt) Verkehrshalt (SGV, SPFV, SPNV) Trennen und Kuppeln von Zugteilen (z. B. Flügelzüge) Betriebshalt (Überholen, Kreuzen, Wenden) Verknüpfen von Zügen einer Strecke	

Abb. 8.2.43: Infrastrukturpotenzialanalyse

8 Die Infrastruktur

Dies umfasst auch die Feststellung der Zugangs- und der Umsteigebedingungen der Personenverkehrsrelationen.

Die betriebsprogrammunabhängige Grundausrichtung des Knotens wird aus dem Konfliktpotenzial bestimmt, das mit der jeweiligen Funktion verbunden ist („Hauptgleiskonfliktzahl", Abb. 8.2.44). Diese wird unterschieden nach betrieblicher[10] und baulicher[11] Hauptgleiskonfliktzahl.

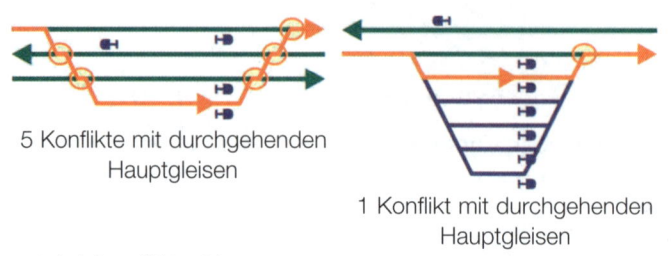

5 Konflikte mit durchgehenden Hauptgleisen

1 Konflikt mit durchgehenden Hauptgleisen

Abb. 8.2.44: Hauptgleiskonfliktzahl

Ziel der anschließenden **Fahrtenanalyse** (Abb. 8.2.45) ist es festzustellen, ob die Grundausrichtung der Knoteninfrastruktur mit den Anforderungen des aktuellen oder geplanten Betriebsprogramms harmoniert. Dazu werden die Zugzahlen des Betriebsprogramms auf der Infrastruktur dargestellt und ausgewertet.

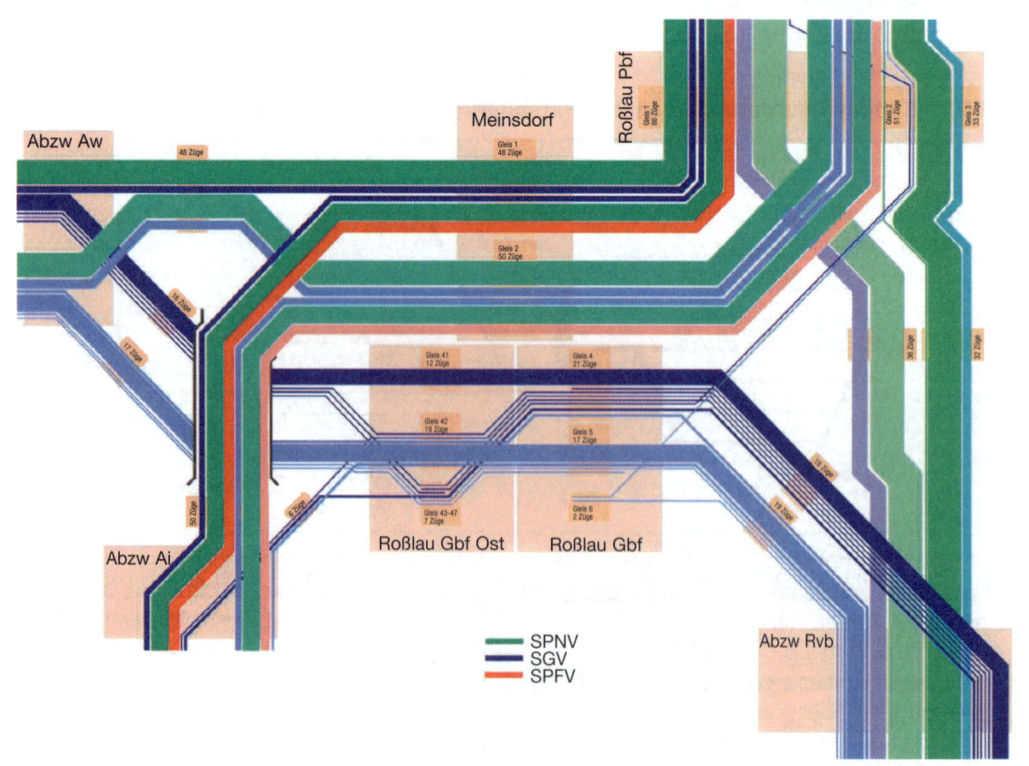

Abb. 8.2.45: Grafische Fahrtenanalyse

---
[10] Alle Konflikte mit den Fahrwegen anderer Relationen
[11] Konflikte mit den Fahrwegen anderer Relationen, die sich durch Baumaßnahmen beseitigen lassen

8.2 Betriebliche und verkehrliche Planung der Bahnanlagen

Ausrichtung des Knotens und Betriebsprogramm passen zusammen, wenn die am stärksten benutzten Funktionen diejenigen mit dem geringsten Konfliktpotenzial aus der Infrastrukturpotenzialanalyse sind. Kennzahlen, die dies verdeutlichen, sind z. B. die mittlere Hauptgleiskonfliktzahl je Zug und der Anteil der Züge mit geringer Hauptgleiskonfliktzahl.

Die **verkehrliche Analyse** ist Grundlage der späteren Dimensionierung der Reisendenanlagen bzw. Nebengleise und Gleisanschlüsse. Sie stellt dar:
– die Hauptziele der ein- und aussteigenden Reisenden (Ortszentren, Schulen, Handelseinrichtungen, Betriebe, Parkplätze usw.)
– die sich daraus ergebende Bedeutung der Reisendenzu- und -abgänge, wichtige Umsteigebeziehungen
– die Intensität der Nutzung der Güterumschlagsanlagen (Wagen oder Züge je Zeiteinheit)

Die genannten Arbeitsschritte werden im Vorfeld der **Optimierung der Infrastruktur und/oder des Betriebsprogramms** abgearbeitet, die den Übergang von der Analyse zur Synthese darstellt. Dafür werden üblicherweise Verfahren der Eisenbahnbetriebswissenschaft angewendet, unterstützt durch entsprechende Softwaretools. Der skizzierte Arbeitsablauf der Knotenanalyse stellt sicher, dass die eisenbahnbetriebswissenschaftliche Aufgabe eindeutig formuliert und die Variantenvielfalt aufwändiger Untersuchungen verringert werden kann.

8.2.5 Zugang zum System Bahn im Personenverkehr – Der Bahnhof als Schnittstelle zu anderen Verkehrssystemen

8.2.5.1 Kundenanforderungen an den Personenbahnhof als Verkehrsstation

Im Laufe der Jahrzehnte hat sich die verkehrliche Rolle und Bedeutung des Personenbahnhofs gewandelt: Bis etwa in die 1960er Jahre war der Personenbahnhof das Aushängeschild der dominierenden monopolistischen Staatsbehörde des Transportssektors, die – überspitzt – ihre Aufgabe in der Abfertigung der Reisenden und der Abwicklung von Beförderungsfällen sah. Mit dem Erstarken des motorisierten Individualverkehrs als ernstzunehmendem Wettbewerber setzte ein allmählicher Bewusstseinswandel ein, in dessen Folge sich bei der Eisenbahn Kundenorientierung und das Selbstverständnis als Dienstleister durchsetzten, was schließlich in der Privatisierung der Bahnunternehmen die betriebswirtschaftliche Entsprechung fand. Seither sind die Wünsche der Kunden und ihre Zahlungsbereitschaft Richtschnur unternehmerischen Handelns. Doch auch schon vor dem ersten Weltkrieg verlangt Cauer *„tunliche Kürze, Bequemlichkeit und Übersichtlichkeit der Wege für die Reisenden"* [36]. Hinsichtlich der heutigen weiteren unverzichtbaren bzw. optionalen Anforderungen an Personenbahnhöfe, je nach Kundennachfrage (siehe Abb. 8.2.26).

Der Wandel der Anforderungen und z. T. auch ihrer Intensität umfasst jedoch nicht nur einen Zuwachs an Funktionen oder deren Qualitätserhöhung, sondern auch eine Zurücknahme von Funktionen wie z. B. den weitgehenden Verzicht auf die Veränderung der Zugkonfiguration während des Zuglaufs, die Aufgabe der „Mitläuferverkehre" Gepäck, Expressgut, Post und Stückgut oder der Abbau der Bahnsteigsperren. Die Folge davon war die Möglichkeit zur Vereinfachung der Gleisplan- und Bahnsteiggestaltung, eine Verringerung des bahnbezogenen Raum- und Flächenbedarfs der Empfangsgebäude sowie ein geringerer Bedarf an Gebäuden im unmittelbaren Bahnhofsumfeld. Mit der zunehmenden Umstellung des Fahrkartenverkaufs auf Automaten und Internet wurden schließlich vielerorts sogar die Empfangsgebäude selbst überflüssig, einschließlich Personal. Allerdings baut diese, wohl alternativlose, Unternehmenspolitik auf den gut (über Internet) informierten oder zumindest geübten Bahnkunden.

8.2.5.2 Personenverkehrsanlagen

Personenverkehrsanlagen im engeren Sinn sind die Bahnsteige mit ihren Zugängen, im weiteren Sinn bzw. bei größeren Stationen auch die Empfangsgebäude und Bahnhofsvorplätze.

Die folgenden Ausführungen beschränken sich auf grundlegende und bahnsystemtechnisch relevante Gesichtspunkte von Personenverkehrsanlagen. Hinsichtlich der Planung und Ausführung im Detail sei auf [20] verwiesen.

Bahnsteige

Bahnsteige sind Personenverkehrsflächen, die dem unmittelbaren Zugang zum Zug mittels einer Bahnsteigkante dienen. Sie werden in folgende Hauptformen unterschieden (Abb. 8.2.46):
- **Außenbahnsteig** (außerhalb der Gleise, eine Bahnsteigkante);
- **Mittelbahnsteig** (zwischen Gleisen)
    - **Zwischenbahnsteig** (zwischen Gleisen, eine Bahnsteigkante);
    - **Inselbahnsteig**[12] (zwischen Gleisen, zwei Bahnsteigkanten);
- **Zungenbahnsteig**[13] (im Kopfbahnhof, zwischen Gleisen, zwei Bahnsteigkanten).

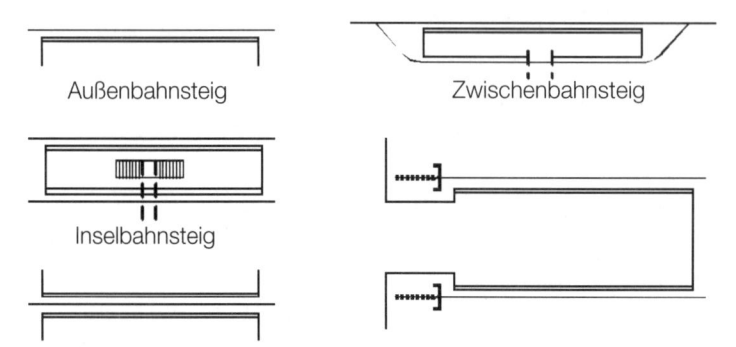

Abb. 8.2.46: Bahnsteigformen

Im Fall des Einsatzes von Wagen mit beidseitigen Türen, wie bei Eisenbahnen üblich, wird im Regelfall nur auf einer Seite des Bahnsteiggleises ein Bahnsteig angeordnet. „Zwillingsbahnsteige" (Bahnsteigkanten auf beiden Seiten des Gleises) kommen als Ausnahme auf stark belasteten Stationen des Nahverkehrs zur Anwendung („spanische Lösung", z. B. S-Bahn München im innerstädtischen Tunnelbereich). Um die Fahrgastströme zu lenken, ist es in diesem Fall hilfreich, die Türen auf der Ausstiegsseite etwas früher als die Einstiegstüren zu öffnen. Im Fall von Fahrzeugen mit Türen auf nur einer Seite (bei den meisten Straßenbahnen üblich) müssen Inselbahnsteige links angefahren werden, an Gleisen im Zweirichtungsbetrieb werden Zwillingsbahnsteige benötigt.

Die heute üblichen modernen Bahnsteigformen in den typischen Durchgangsbahnhöfen der Eisenbahn sind Außen- und Inselbahnsteige. Bei der Auswahl der Bahnsteige sind folgende Gesichtspunkte zu beachten:

Zwischenbahnsteige haben noch eine gewisse Bedeutung auf Nebenstrecken. Sie liegen zwischen zwei Gleisen, haben aber nur zu **einem** eine niedrige Bahnsteigkante; auf der anderen Bahnsteigseite liegt der schienengleiche Bahnsteigzugang[14]. Nach [22] dürfen Zwischenbahnsteige bei Neu- und umfassenden Umbauten nicht mehr als Neubau errichtet werden, weil die Sicherung des höhen-

---
[12] [23] verwendet den Begriff „Inselbahnsteig" nicht.
[13] Der „Querbahnsteig" in Kopfbahnhöfen ist eine Verteilfläche zwischen EG und Bahnsteigen.
[14] auch bezeichnet als höhengleicher (Gleis-) Übergang, Reisendenübergang

8.2 Betriebliche und verkehrliche Planung der Bahnanlagen

gleichen Zugangs auf unbesetzten Betriebsstellen ein Problem darstellt. [36] enthält Regelungen, unter welchen Voraussetzungen höhengleiche Zugänge auf Betriebsstellen ohne örtliches Personal zulässig sind und wie sie baulich, ausrüstungstechnisch und betrieblich zu sichern sind. Die Art der Sicherung (Warntafel, Licht- und Tonsignal, Umlaufsperre, Schranke) oder aber die Notwendigkeit eines höhenfreien Zugangs ist dabei abhängig von der örtlichen baulichen, betrieblichen und verkehrlichen Situation (z. B. Art der Betriebsstelle, Anzahl Streckengleise, Zuggeschwindigkeiten, Anzahl zu überschreitende Gleise, Lage des Übergangs, Anzahl und Art der Reisenden[15] usw.)

Bahnsteigzugang:

Der Bahnsteigzugang erfolgt in der Ebene der Gleise (höhengleich, Abb. 8.2.47) oder durch Unter- bzw. Überquerung (höhenfrei).

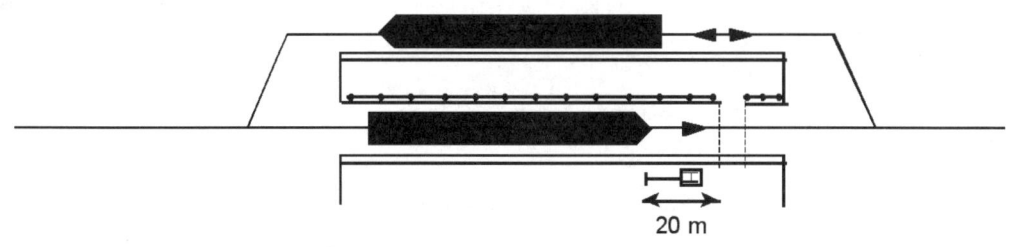

Abb. 8.2.47: Höhengleicher Übergang auf unbesetztem Bahnhof

Vorteile des höhen**gleichen** Zugangs sind der geringere anlagentechnische Aufwand, keine verlorene Höhe und die Nutzbarkeit durch Mobilitätsbehinderte, sein Nachteil ist – außer in Kopfbahnhöfen – die Überquerung der Gleise.

Höhen**freie** Zugänge über Treppen sind nicht behindertengerecht. Sie müssen deshalb bei Neu- und umfassendem Umbau in der Regel durch eine Rampe oder einen Aufzug ergänzt werden; die Türöffnung des Aufzugs auf dem Bahnsteig sollte in Gleislängsrichtung liegen.

Falls die Zugangsebene in Schienenhöhe liegt, ist die zu überwindende verlorene Höhe bei Überführungen größer als bei Unterführungen. Der Wetterschutz ist bei Überführungen schwieriger, ihre Errichtung aber mit geringeren Betriebsbehinderungen verbunden. Zusätzlich zu den festen Treppen sind bei Über- und Unterführungen in Abhängigkeit von Verkehrsaufkommen und Höhenunterschied Fahrtreppen vorzusehen. Die Höhe von Unterführungen sollte mindestens 2,50 m betragen, ihre Mindestbreite sollte drei Gehspuren (2,40 m) betragen, Letzteres gilt auch für feste Treppen. Im Übrigen erfolgt die Breitenbemessung nach Verkehrsaufkommen und für den Evakuierungsfall (s. u., Bahnsteigbreite).

Unter Mitnutzung vorhandener Anlagen können Bahnsteige von einem nahe gelegenen Bahnübergang höhengleich[16], von einer nahe gelegenen Straßenüber- oder -unterführung höhenfrei erschlossen werden (Abb. 8.2.48). Dabei kann durchaus ein gewisser Umweg in Kauf genommen werden; auch ist bei einer umfangreichen Maßnahme die Verlegung der Bahnsteige an einen Bahnübergang oder ein Brückenbauwerk in Erwägung zu ziehen. Für die Erschließung von einem Bahnübergang her eignen sich Außenbahnsteige besser als ein Inselbahnsteig, weil der Zugang zum Inselbahnsteig in den Gefahrenbereich des Bahnübergangs mündet und daher gesichert werden muss.

Oberirdische Fernbahnsteige sollten nur einen Zugang haben (Eindeutigkeit), und dieser sollte möglichst mittig angeordnet werden, sofern die Örtlichkeit dies zulässt. Bei starkem Verkehrsaufkommen

---

[15] Obergrenze: maximal 5000 Reisende pro Tag
[16] Nicht unproblematisch dabei ist, dass der Zugang über den Bahnübergang gerade kurz vor Zugein- und/oder -abfahrt gesperrt ist.

8 Die Infrastruktur

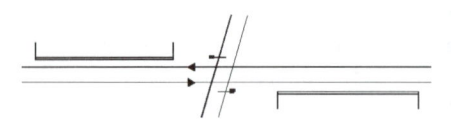

Abb. 8.2.48: Nutzung vorhandener Anlagen als Bahnsteigzugang

kann jedoch auch die Anlage von mehreren Zugängen geboten sein. Mehrere Zugänge können den Anmarschweg verkürzen, was vor allem im Nahverkehr von Bedeutung ist.

Der Brand- und Katastrophenschutz erfordert es, dass sich Reisende im Ereignisfall in sichere Bereiche retten können oder dorthin evakuiert werden können. Die Anwendung dieses Prinzips auf Bahnsteigen innerhalb von Gebäuden (Bahnsteighallen, Tunneln) führt zu der Forderung, dass solche Bahnsteige mindestens zwei Zugänge haben sollten.

Bahnsteighöhe und Abstand der Bahnsteigkanten zur Gleisachse sind in Kap. 8.2.1.3 behandelt.

Breite von Bahnsteigen:

Die Bahnsteigbreite wird nach [22] bestimmt durch das Verkehrsaufkommen, den Evakuierungsfall sowie – unabhängig von der Personenzahl – durch Mindestabmessungen, die nicht unterschritten werden dürfen.

Das erforderliche Mindestmaß der nutzbaren Bahnsteigbreite wird zum einen durch den Gefahrenbereich des Bahnsteiggleises bestimmt, zum anderen durch die mindestens erforderliche Bahnsteigbreite, in deren Bereich sich Reisende auch während Fahrten im Bahnsteiggleis aufhalten dürfen. Letztere ist auch davon abhängig, ob „maßgebende Einbauten"[17] die außerhalb des Gefahrenbereichs liegende Bahnsteigbreite einschränken oder nicht. Die gleisseitige Grenze des (Blinden-) Leitstreifens markiert die Grenze des Gefahrenbereichs.

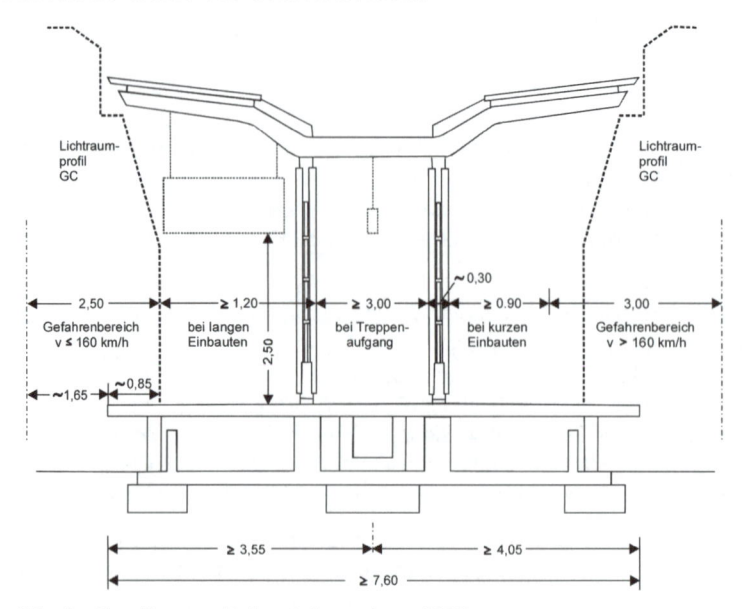

Abb. 8.2.49: Mindestbreite von Bahnsteigen (aus [19])

[17] Einbauten geringer Ausdehnung, wie z. B. Lichtmasten, sind nicht maßgebend.

8.2 Betriebliche und verkehrliche Planung der Bahnanlagen

Ohne maßgebende Einbauten beträgt die Mindestbreite außerhalb des Gefahrenbereichs zwei Gehspurbreiten. Im Bereich maßgebender Einbauten sind dagegen die Mindestanforderungen für barrierefreie Durchgänge zu berücksichtigen (siehe Abb. 8.2.49). Übliche Maße sind 0,80 m für die Gehspurbreite und 1,20 m für barrierefreie Durchgänge neben längeren Einbauten wie z.B. Treppenwangen. Nähere Angaben (auch zur Bemessung nach Verkehrsaufkommen und für den Evakuierungsfall) finden sich in [19, 20, 22].

Länge von Bahnsteigen:

Die Mindestlänge eines Bahnsteigs wird durch den längsten planmäßig haltenden Reisezug bestimmt. Die Mindestlänge ist die erforderliche Länge zwischen den Außenkanten der Türen der von Reisenden benutzten Wagen zuzüglich einer Bremsungenauigkeit von 5 m. Die „klassische" Fernzug-Bahnsteiglänge von 400 m ergibt sich bei 15 Standard-Reisezugwagen nach Abzug des Überstands und mit 5 m Bremsungenauigkeit zu:

$$l_{min} = 26{,}4 \cdot 15 - 2 \cdot 0{,}5 + 5 = 400 \text{ m.} \qquad (8.2.1)$$

Da der Reisezugwagen mit 26,4 m Länge über Puffer heute nicht mehr die Grundlage des Zugangebots bildet und die Eisenbahnverkehrsunternehmen zunehmend Fahrzeuge unterschiedlicher Länge einsetzen, wurden Regellängen definiert [22]. Die Baulänge eines Bahnsteigs ergibt sich aus der Regellänge unter Beachtung örtlicher Besonderheiten wie z.B. Lage der Bahnsteigzugänge, Doppeltraktion, Signalstandort usw., im Kopfbahnhof zusätzlich: Gleisabschluss und ggf. eingeschlossene Lok (Abb. 8.2.50).

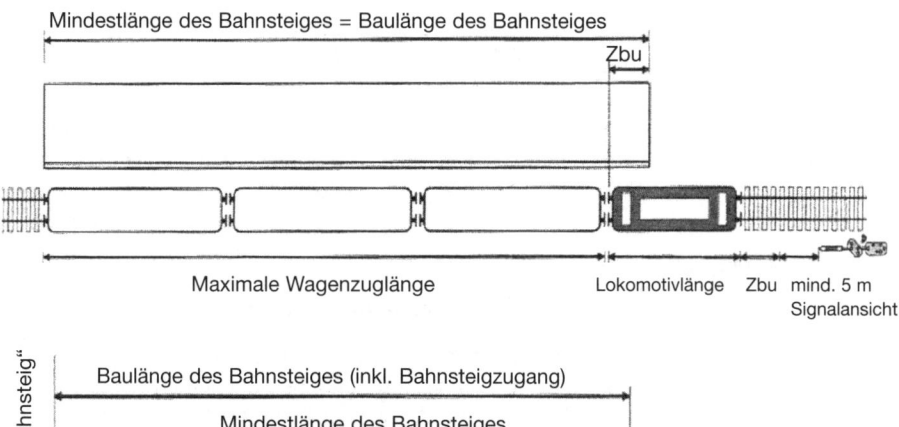

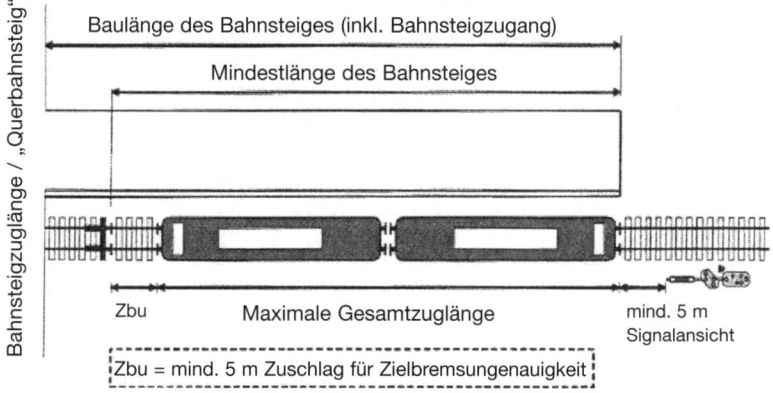

(oben Durchgangsbahnhof, unten Kopfbahnhof)
Abb. 8.2.50: Baulänge von Bahnsteigen

8 Die Infrastruktur

Bahnsteiggleise:

Bahnsteiggleise sollen so trassiert sein, dass Ein- und Ausstieg bequem möglich sind, freie Sicht entlang des haltenden Zuges besteht[18] und in durchgehenden Hauptgleisen Durchfahrten nicht behindert werden. Diese Anforderungen lassen sich nur im geraden Gleis optimal erfüllen. Lässt sich eine Lage im Gleisbogen nicht vermeiden, sollte der Bogenradius möglichst groß gewählt werden und die Gleisüberhöhung möglichst klein, insbesondere im Außenbogen.

Sofern es die Streckenbelegung zulässt, sollte der Bahnsteig am durchgehenden Hauptgleis liegen, weil dann haltende Züge ohne Geschwindigkeitsbeschränkung durch abzweigende Weichen ein- und ausfahren können.

Besondere Reisezugüberholungsgleise mit Bahnsteig werden angelegt
– bei stärkerer Streckenbelegung;
– bei Erfordernis von mehr als zwei Bahnsteigkanten;
– für bequeme Umsteigevorgänge zwischen zwei Zügen an demselben Bahnsteig und
– bei Durchfahrten mit mehr als 200 km/h.

Für Durchfahrgeschwindigkeiten von mehr als 200 km/h fordert § 13 Abs. 3 *EBO* allerdings nicht explizit bahnsteigfreie Gleise, sondern *„Vorkehrungen zu treffen, dass sich keine Reisende im Gefahrenbereich auf den Bahnsteigen aufhalten."* Ob dem auf Bahnsteigen mit Durchfahrten von 230 km/h im Bahnsteiggleis auch durch Absperrgeländer mit Durchgängen an der Grenze des Gefahrenbereichs, Beschilderungen, Markierungen und automatische Lautsprecherdurchsagen Genüge getan werden kann, wird in einem Betriebsversuch auf der Strecke Hamburg–Berlin untersucht.

Stehen keine bahnsteigfreien Durchfahrgleise zur Verfügung, sollten die Bahnsteigkanten zwecks erleichterter Beförderung lademaßüberschreitender Sendungen nicht höher als 55 cm sein.

Die Längsneigung eines Bahnsteigs entspricht der Längsneigung des Bahnsteiggleises, welche auf der freien Strecke an Haltepunkten bis zu 40 ‰ betragen kann, im Bestand auch mehr. Für Bahnsteige an Gleisen mit einer Längsneigung von mehr als 2,5 ‰ sind Schutzmaßnahmen zu treffen, die einer erhöhten Gefährdung durch die Längsneigung entgegenwirken.

8.2.5.3 Verknüpfung mit anderen Verkehrsträgern

Verknüpfung mit dem öffentlichen Personennahverkehr und dem Individualverkehr

Die Betriebsanlagen der Eisenbahn zerschneiden eine Stadt, es sei denn sie liegen unter der Erdoberfläche oder in Hochlage. Verbindende Wirkung haben dagegen die Verkehrsanlagen der Eisenbahn. Das Bindeglied zwischen dem Bahnhof auf der einen Seite und den Stadtstraßen sowie dem städtischen Nahverkehr auf der anderen Seite bildet der Bahnhofsvorplatz mit seinen Vorfahrten für Privat-Pkw, für Taxen, Lieferverkehr und Rettungsfahrzeuge, mit seinen Kurzzeitparkplätzen sowie den verbindenden Gehwegflächen. Der städtische und regionale Nahverkehr ist durch seine Haltestellen für Straßenbahnen und Busse angebunden, die in mittleren und großen Städten durchaus eigene korrespondierende Verkehrsstationen bilden, wie Busbahnhöfe und Nahverkehrsterminals, bis hin zu, meist unter dem Bahnhof liegenden und durch kurze Wege erreichbaren, Zentralstationen von S- und U-Bahnen.

Kriterien der Vorplatzgestaltung sind eine ausreichende Orientierungsfläche für ankommende Reisende, kurze, geradlinige, wenn möglich witterungsgeschützte Fußwege und eine möglichst kreuzungsfreie bzw. kreuzungsarme Führung der Verkehrsströme. Ziel sollte sein, dass Fußgänger

---
[18] Mit der Einführung technisch unterstützter Zugabfertigungsverfahren mit Türüberwachung verliert dieser Gesichtspunkt an Bedeutung.

8.2 Betriebliche und verkehrliche Planung der Bahnanlagen

und Fahrradfahrer vorgefahrene Pkw, Taxen und die Haltestellen des ÖPNV erreichen können, ohne Straßen überqueren zu müssen. Um Fläche zu sparen ist es vorteilhaft, wenn ÖPNV-Linien nicht am Bahnhof enden. Aus betrieblichen Gründen wird dies für Regional- und auch Fernbuslinien eher der Fall sein, so dass dafür entsprechende Wende- und Warteflächen vorzusehen sind; die Wege zu Regional- und Fernbusterminals dürfen ggf. etwas länger sein als zu den Haltestellen des ÖPNV[19]. Die Anbindung an das innerstädtische Straßennetz sollte leistungsfähig sein, aber möglichst ohne Durchgangsverkehr.

Zunehmend bedeutsam werden am Bahnhof neben sicheren und überdachten Fahrrad-Abstellanlagen auch Langzeit-Parkmöglichkeiten für Pkw, sofern der Bahnhof über eine leistungsfähige, kalkulierbare Straßenanbindung verfügt. Denn da so der Vor- und Nachlauf im öffentlichen Nah- und Regionalverkehr entfällt, sinkt für die zeitsensible, anspruchsvolle und zahlungsbereite Kundschaft die Schwelle zur Nutzung der hochwertigen Fernverkehrssysteme.

Nähere Informationen zur Gestaltung von Bahnhofsvorplätzen (Abb. 8.2.51) und zu Verknüpfungsstellen allgemein finden sich in [37] und [38].

Verknüpfung mit dem Luftverkehr

Eisenbahnen und Flughäfen können beides sein: Konkurrenten und Partner. Partner sind sie auf dem Gebiet des Nah- und (erweiterten) Regionalverkehrs, wo Flughäfen mit Bahnanschluss wegen ihrer besseren Erreichbarkeit einen Wettbewerbsvorteil zu anderen Flughäfen haben, auch wenn sie dadurch weniger Parkgebühren einnehmen. In Konkurrenz stehen Eisenbahnen zu Flughäfen auf dem Sektor des Kurzstreckenflugverkehrs, also in einem Entfernungsbereich von etwa 200 bis 600 km Reiseentfernung. Der Kurzstreckenflugverkehr ist allerdings meist nur für mittlere und kleine Flughäfen interessant, die mit „Feeder-Flügen" die Verbindung zu den großen Interkontinentalflughäfen im „Hub-and-Spoke"-System herstellen. In den großen Hubs belegen die Feeder-Flüge jedoch knappe und deshalb wertvolle Slots, so dass die großen Flughäfen daran interessiert sind, Kurzstreckenflüge durch hochwertigen Schienenpersonenfernverkehr zu ersetzen. Vor dem Hintergrund der für einen Bahnanschluss erforderlichen Investitionen und Verkehrsstromstärken kristallisieren sich für die Eisenbahn somit folgende Aufgaben heraus:
– Anschluss mittlerer und großer Flughäfen an den schienengebundenen Nah- und Regionalverkehr
– Anschluss der großen Interkontinentalflughäfen an den hochwertigen Personenfernverkehr

Folgende Möglichkeiten des Anschlusses kommen dafür in Frage:
– Flughafenbahnhof direkt am Flughafenterminal
  – im originären oder nur geringfügig veränderten Streckenverlauf
  – an einer Stichstrecke
  – an einer Streckenausschleifung
– Flughafenbahnhof getrennt vom Flughafenterminal
  – Verbindung mit spezieller Pendelbahn

Im Personenfernverkehr liegen die anzuschließenden Großflughäfen in der Regel nicht am Endpunkt der Fernverkehrslinien, so dass zur Beurteilung des Anschlusses zwei Aspekte von Bedeutung sind:
– Anteil durchfahrender Reisender und
– Fahrzeitverlust für durchfahrende Reisende

Die Forderung von maximal 45 Minuten zeitlichem Abstand zwischen Landung und Abfahrt des Fernzuges lässt sich, wenn wegen insgesamt geringem Aufkommen nur eine relativ geringe Anzahl

---

[19] Beispiel Düsseldorf Hbf: ÖPNV auf der stadtzugewandten, Individualverkehr auf der stadtabgewandten Seite.

8 Die Infrastruktur

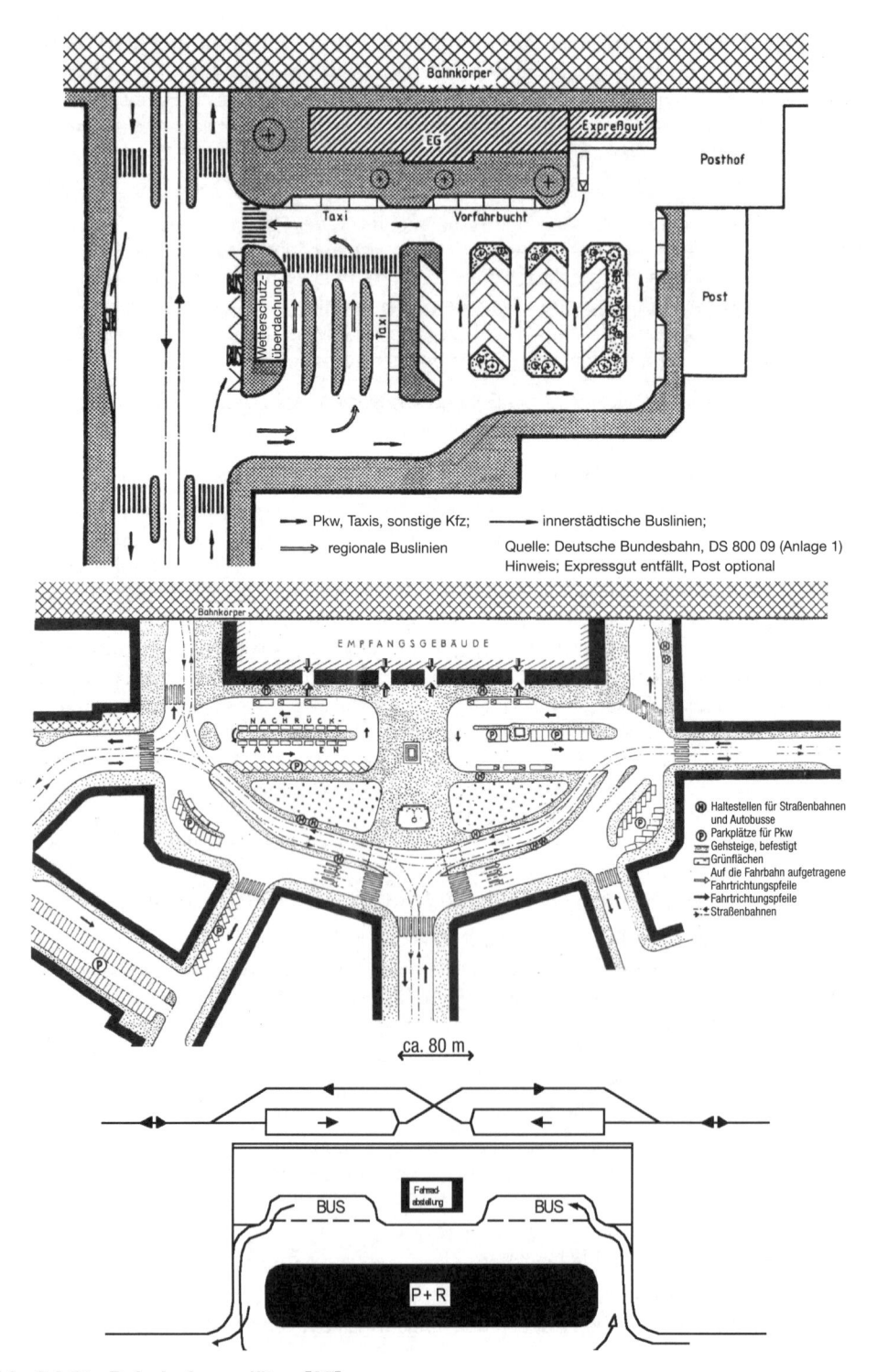

Abb. 8.2.51: Bahnhofsvorplätze [37]

8.2 Betriebliche und verkehrliche Planung der Bahnanlagen

von Fernzügen den Flughafen direkt anfährt, im Mittel kaum einhalten. Als Alternative kommt in einem solchen Fall die Anbindung des Flughafens an einen benachbarten (Flughafen-)Bahnhof mittels einer hochwertigen Bahn-Pendelverbindung in Betracht, die von den Flugreisenden aber nur angenommen wird, wenn ihre Fahrzeit gering (max. ca. 10 bis 15 Minuten) und ihre Nutzung bequem ist (Beispiele: Düsseldorf mit „Sky Train", geplant: München mit Transrapid).

Wesentlich für die Akzeptanz durch die anspruchsvollen Flugreisenden ist vor allem im Fernverkehr neben der Servicequalität die nahtlose logistische Integration der Bahnan- und/oder -abreise in das Produkt „Flugreise".

8.2.6 Knoten des Güterverkehrs im Licht der Kundenanforderungen

Die Knoten des Güterverkehrs unterteilen sich in Güterverkehrsknoten und betriebliche Knoten des Güterverkehrs. Die Hauptaufgabe der Güterverkehrsknoten ist die Ausbildung der Schnittstelle zu den Endkunden des Güterverkehrs, d. h. den Verladern[20]. Die Hauptaufgabe der betrieblichen Knoten des Güterverkehrs ist dagegen nicht die Schnittstellenfunktion zu den Endkunden, sondern die Bildung und Auflösung von Zügen.

Zu den Güterverkehrsknoten zählen
– der Gleisanschluss;
– der klassische Güterbahnhof (Gbf);
– der Umschlagbahnhof des kombinierten Verkehrs (Ubf);
– der Werkbahnhof und
– der Hafenbahnhof

sowie die entsprechenden Anlagen multifunktionaler Bahnhöfe.

Betriebliche Knoten des Güterverkehrs sind die Zugbildungsanlagen (Knotenpunktbahnhöfe, Rangierbahnhöfe).

Funktional können die Güter**verkehrs**anlagen auch nach der Verkehrsart, der sie dienen, unterschieden werden in
– Anlagen des Ganzzugverkehrs
– Anlagen des Einzelwagenverkehrs (Wagenladungsverkehrs)
– Anlagen des kombinierten Verkehrs
– multifunktionale Anlagen

Die Anforderungen der Endkunden an die Güterverkehrssysteme der Bahnen erstrecken sich auf den Zugang zum System sowie die dem Kunden sichtbaren Qualitätsmerkmale des Systems. Letztere sind z. B. gekennzeichnet durch Preis, Schnelligkeit der Beförderung, Verfügbarkeit von Standort-Informationen, Schonung der Ladung während des Transports usw. Die Anforderungen an den Systemzugang beziehen sich auf die zeitgerechte Abnahme bzw. Bereitstellung des Ladeguts, auf eine schonende Ver- und Entladung und ggf. Lagerung sowie eine kundenorientierte vertraglich-kommerzielle Abwicklung.

8.2.6.1 Anschlussbahnen

Anschlussbahnen sind Eisenbahnen des nichtöffentlichen Verkehrs, die mit dem öffentlichen Eisenbahnnetz über (mindestens) eine Weiche der anschlussgewährenden Bahn mittelbar oder unmittelbar in Verbindung stehen (Abb. 8.2.52). Werkbahnen haben dagegen im Unterschied zu Anschlussbahnen keine Verbindung zum öffentlichen Bahnnetz.

---

[20] Im Unterschied zu den Verladern werden Eisenbahnverkehrsunternehmen (EVU) hier zwar als Kunden der Güterverkehrsknoten angesehen, aber nicht als Endkunden.

8 Die Infrastruktur

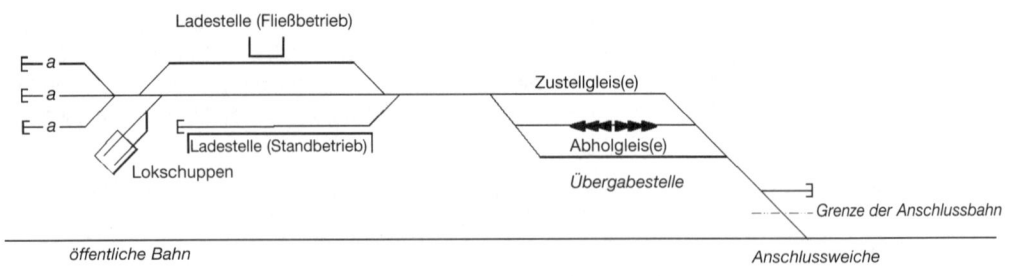

Abb. 8.2.52: Topologischer Plan einer kleinen Anschlussbahn

Ein Gleisanschluss (Anschlussgleis) ist eine Anschlussbahn ohne eigene Betriebsführung. Der Betrieb des Gleisanschlusses, d. h. die Bereitstellung der Wagen an den Ladestellen und das Abholen von dort wird von einem beauftragten Eisenbahnverkehrsunternehmen durchgeführt. Allenfalls geringfügige Wagenbewegungen führt der Inhaber des Gleisanschlusses selbst durch, z. B. mit einer Spillanlage.

Ein Industriestammgleis ist eine Anschlussbahn in kommunalem Besitz zur Erschließung eines Industriegebiets (in der Regel ohne eigene Betriebsführung), an die sich Interessenten mit einem Gleisanschluss anschließen können (Abb. 8.2.53).

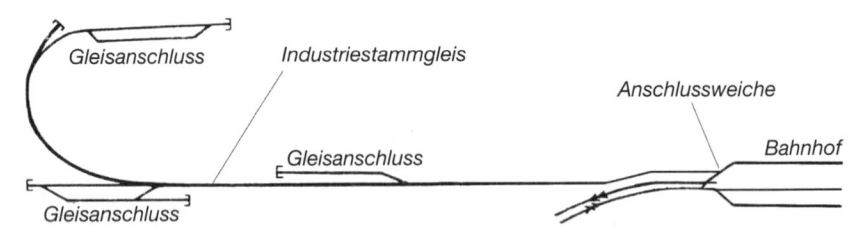

Abb. 8.2.53: Industriestammgleis

Anschlussbahnen und Gleisanschlüsse sind die Hauptquellen des Eisenbahngüterverkehrs. Anschlussbahnen haben vor allem für den Ganzzugverkehr Bedeutung (Massengüter, Pkw-Transport), Gleisanschlüsse auch für den Einzelwagenverkehr. Je nach den Bedürfnissen der Betreiber verfügen die Anschlussbahnen über Allzweck-Verladeeinrichtungen des Eisenbahnverkehrs (Rampen, ggf. auch Ladestraßen) oder/und über spezialisierte Anlagen (z. B. Silos, Tiefbunker, Befüllstationen, Auffahrrampen o. Ä.).

Anschlussbahnen unterliegen der Hoheit der Bundesländer; ihre rechtliche Grundlage sind die *Bau- und Betriebsordnungen für Anschlussbahnen der Länder (BOA)* oder die vereinheitlichte *Eisenbahn- Bau- und Betriebsordnung für Anschlussbahnen (EBOA)*. In Anpassung an die geringeren Geschwindigkeiten (ca. 25 bis 50 km/h) und den meist nur rangierähnlichen Betrieb stellen die *BOA* bzw. *EBOA* in der Regel geringere Anforderungen hinsichtlich Bau und Betrieb als die *EBO*. Um den beengten Verhältnissen im industriellen Umfeld gerecht zu werden, sind z. B. kleinere Gleisbogenradien zugelassen als nach *EBO*.

Anschlussbahnen, die mit Rangierfahrten bedient werden, sollten zur Verminderung des sicherungstechnischen Aufwands und zur Freihaltung der Streckengleise an ein Nebengleis im Bahnhof angeschlossen werden (siehe Abb. 8.2.54).

Die Bedienung einer Anschlussbahn, die in Form einer Anschlussstelle (Anst) oder Ausweichanschlussstelle (Awanst) an die freie Strecke angeschlossen ist, erfolgt mittels so genannter Sperr-

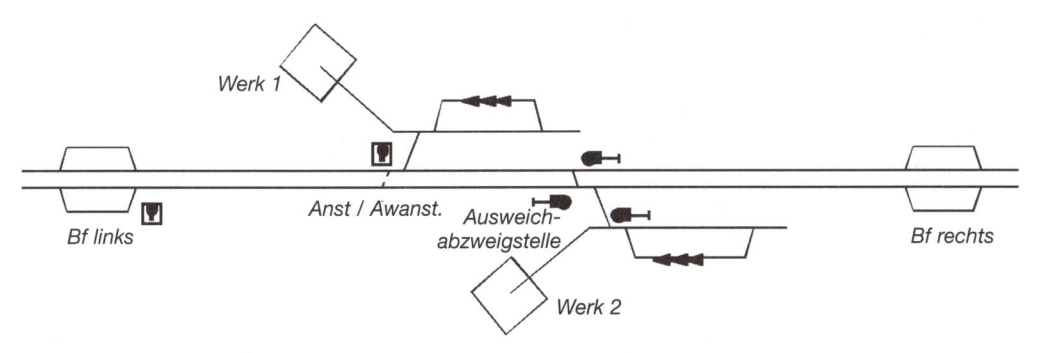

8.2 Betriebliche und verkehrliche Planung der Bahnanlagen

Abb. 8.2.54: Anschlussbahnen mit Anschluss am Streckengleis

fahrten. Je nach sicherungstechnischer Ausstattung kann eine Sperrfahrt eine nicht unerheblich lange betriebliche Sperrung des Streckengleises für Zugfahrten mit sich bringen. Die geringsten Behinderungen, aber den größten sicherungstechnischen Aufwand verursacht der durch Signale gedeckte Anschluss an der freien Strecke[21].

8.2.6.2 Klassischer Güterbahnhof

Da „klassische" Güterbahnhöfe heute nicht mehr geplant und gebaut werden, werden sie hier nicht näher betrachtet.

8.2.6.3 Zugbildungsanlagen (Rangierbahnhöfe)

Aufgabe der Zugbildung ist die Zusammenstellung der Wagen am Abgangsbahnhof (Quelle) zu einem Zug sowie dessen verkehrliche, fahrzeugtechnische und betriebliche Vorbereitung für die Streckenfahrt. Am Endbahnhof (Sinke) sind die Züge in analoger Weise aufzulösen. Da die Verkehrsströme zwischen Quelle und Sinke im Einzelwagenverkehr (per Definition) nicht ausreichen, um einen kompletten Zug auszulasten, müssen die Züge zusätzlich unterwegs auf ihrem Laufweg in der Regel mehrfach unter Umsortierung der Wagen umgebildet werden. Das ist die Hauptaufgabe der „Zugbildungsanlagen", der Knotenpunktbahnhöfe (Kbf) und der Rangierbahnhöfe (Rbf). Dies sind Anlagen, in denen Güterzüge unter Anwendung rationeller Verfahren zerlegt und gebildet werden.[22]

Grundsätzliche Anlagengestaltung:

Abb. 8.2.55 verdeutlicht die Aufgabe und Stellung von Rangierbahnhöfen im Einzelwagenverkehr.

Anlagen	Beförderungseinheiten	Anlage	Beförderungseinheiten	Anlagen
Zusatzanlagen	==> Rangierfahrten[2] ==>	Umbildung im **Rangierbahnhof**	==> Durchgangsgüterzüge[1] ==>	Rbf
Satelliten	==> Übergabezüge[2] ==>		==> Nahgüterzüge[1] ==>	Kbf
Kbf	==> Nahgüterzüge[1] ==>		==> Übergabezüge[2] ==>	Satelliten
Rbf	==> Durchgangsgüterzüge[1] ==>		==> Rangierfahrten[2] ==>	Zusatzanlagen

Rbf: Rangierbahnhof, Kbf: Knotenpunktbahnhof   fett: Hauptaufgabe eines Rbf

[1] Eingruppenzüge ("bunt", d.h. nicht gereiht)   [2] Mehrgruppenzüge (gereiht)

Abb. 8.2.55: Stellung von Rangierbahnhöfen im Einzelwagenverkehr

---
[21] Diese Art des Anschlusses wird gelegentlich auch als „Ausweichabzweigstelle" bezeichnet.
[22] Im Folgenden werden die Begriffe „Zugbildungsanlage" und „Rangierbahnhof" (Rbf) synonym gebraucht.

8 Die Infrastruktur

Einfahrt des Zuges		
Eingangsbehandlung	Abnahme Zugschluss, Entgegennahme Frachtbriefe, Reihungskontrolle, ggf. wagentechnische Eingangsuntersuchung, Absetzen der Zuglok (ggf. mit „Spitzen"), Anfertigen oder Ausdruck des Rangierzettels	*Einfahrgleis*
Vorbereitung der Zugauflösung	Trennen der Luftschläuche, Entlüften der Bremszylinder, Langmachen der Kupplungen	
Auflösen des Zuges	Ansetzen der Abdrücklok, Ausheben der Kupplungen, Rücklauf der Abdrücklok	*(Einfahrgleis) Anrück- und Verteilzone (Richtungsgleis)*
Verteilen der Wagen auf Ausgangszugbildungen	Schwerkraftablauf	
Sammeln der Wagen	ggf. Beidrücken, kuppeln	*Richtungsgleis*
Fertigstellung des Ausgangszuges	Vorziehen der Wagen in die Ausfahrgruppe, Verbinden der Hauptluftleitungen, Öffnen der Luftsperrhähne, Kurzmachen der Kupplungen, wagentechnische Ausgangsuntersuchung, verkehrliche Wagenkontrolle, Füllen der Hauptluftleitungen, volle Bremsprobe, Ansetzen der Zuglok (ggf. mit „Spitzen"), einfache Bremsprobe, Übernahme der Zugbegleitpapiere	*Ausfahrgleis*
Zugausfahrt		

Abb. 8.2.56: Technologischer Hauptprozess im Rangierbahnhof

Die grundsätzliche Gestaltung eines Rbf orientiert sich an der inneren Logik seines Hauptprozesses, der rationellen Auflösung und Bildung von Güterzügen. Die Teilprozesse und die beteiligten Gleisanlagen zeigt Abb. 8.2.56.

Aus der Abfolge der Teilprozesse im Rbf ergibt sich die ideale Anordnung der Gleisgruppen (Abb. 8.2.57).

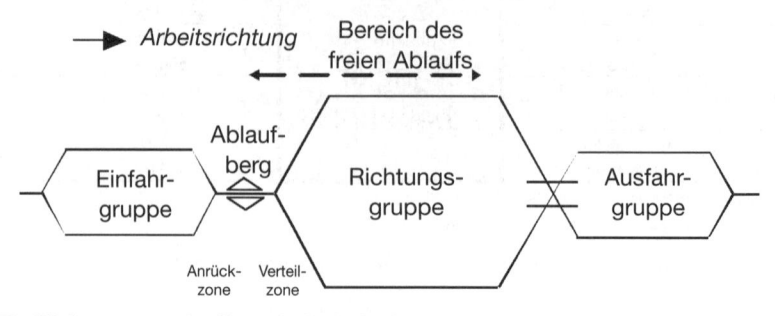

Abb. 8.2.57: Gleisgruppen im Rangierbahnhof

8.2 Betriebliche und verkehrliche Planung der Bahnanlagen

Ablaufanlage:

Die Technologie moderner Rbf ist die des Flachbahnhofs mit Schwerkraftzerlegung. Dahinter verbirgt sich, dass die Wagen im Rbf mit Lokomotiven bewegt werden; ausgenommen davon sind nur der Bereich zwischen dem Ablaufberg und den Spitzen der Richtungsgleise („Ablaufanlage") und die Richtungsgleise selbst, auf denen die Wagen durch ihre Schwerkraft, die dort vorhandene Gleislängsneigung und ihre Massenträgheit im „freien Ablauf" von selbst rollen.

In der Ablaufanlage werden die Wagen bzw. die gekuppelten Wagengruppen („Abläufe") entsprechend ihren Ausgangsrichtungen in die Richtungsgleise sortiert. Dies geschieht durch das Umstellen von Weichen[23] in den Zeitlücken zwischen den frei rollenden Abläufen. In jedem Richtungsgleis wird eine Ausgangsrichtung gesammelt. Bei gefülltem Richtungsgleis wird die gesammelte Wagengruppe gekuppelt und, sofern keine „Nachordnung" (s. u.) erforderlich ist, zur Vorbereitung des Ausgangszuges[24] in die Ausfahrgruppe gezogen.

Der freie Ablauf erfordert eine besondere Gestaltung der Ablaufanlage hinsichtlich ihres Gleisplans und der Gestaltung des Längsprofils. Um die unterschiedlichen Laufeigenschaften der Wagen (Normalläufer, Gutläufer, Schlechtläufer) sowie ihre unterschiedlichen Laufweglängen zu beherrschen, ist es zudem notwendig, die Geschwindigkeit der einzelnen Abläufe gezielt beeinflussen zu können. Dafür kommt heute in zeitgemäß ausgestatteten Anlagen sensor- und prozessrechnergesteuerte Technik (Gleisbremsen, ggf. Förderanlagen im Richtungsgleis) zum Einsatz.

Hinsichtlich der Gestaltung der Ablaufanlage gilt:
- Der Gleisplan soll zur Längsachse des Rbf symmetrisch und so gestaltet sein, dass sich die Streckenwiderstände in den einzelnen Gleisen vom Ablaufberg bis in die Spitzen der Richtungsgleise nur möglichst wenig unterscheiden.
- Das Längsprofil (Abb. 8.2.58) soll zunächst dafür sorgen, dass sich die einzelnen Abläufe schnell trennen (Steilrampe), dann der Schlechtläufer nicht an Fahrt verliert (Zwischenneigung) und schließlich der Gutläufer nicht mehr beschleunigt (Weichenverteilzone).
- Die Talbremse[25] (Abb. 8.2.59) entzieht dem Gutläufer am Ende der Zwischenneigung Energie, damit er den Vorläufer nicht einholt und nicht zu schnell in die Richtungsgleisbremse einläuft.
- Die Richtungsgleisbremse bremst am Beginn des Richtungsgleises den Ablauf so ab, dass er im Richtungsgleis nur mit zulässiger Auflaufgeschwindigkeit (1,5 m/s) auf den letzten stehenden Wagen aufläuft. Da diese Technologie gelegentliches Zusammendrücken der Wagen im Richtungsgleis mit Rangierlok („Beidrücken") erfordert, bremsen in Hochleistungsanlagen die Richtungsgleisbremsen alle Abläufe bis auf die zulässige Auflaufgeschwindigkeit ab; nach dem Verlassen der Richtungsgleisbremse werden die Wagen mit einer Förderanlage (Abb. 8.2.59) kuppelreif beigedrückt, ggf. bis in die Spitzen der Richtungsgleise.

Durch die Einbindung der Steuerung der Abdrücklokomotiven in den automatisierten Ablaufbetrieb lässt sich die Leistung der Ablaufanlage noch dadurch erhöhen, dass die Abdrücklokomotiven während des Abdrückens ihre Geschwindigkeit automatisch an die speziellen Laufeigenschaften der jeweiligen Abläufe anpassen. Dadurch kann die Abdrückgeschwindigkeit von 1,0 bis 1,2 m/s bei manueller Bedienung bis auf maximal etwa 1,7 m/s gesteigert werden. Hochleistungs-Ablaufanlagen erreichen bei voller Automatisierung und dem Einsatz von zwei funkferngesteuerten Abdrückloks Stundenleistungen von bis zu 350 Wagen.

Die Berechnung der erforderlichen Höhe des Abdrückbergs basiert auf dem Energieerhaltungssatz unter Betrachtung des freien Wagenlaufs des Grenzschlechtläufers[26] in das Richtungsgleis mit dem widerstandsreichsten Laufweg.

---

[23] „Schnellläufer" (ohne Verschlüsse)
[24] in diesem Fall Eingruppenzug (bunter Zug)
[25] Große Anlagen mit langen Laufwegen verfügen ggf. zusätzlich noch über eine der Talbremse vorgeschaltete Rampenbremse.
[26] 95 % der Wagen haben bessere Laufeigenschaften.

8 Die Infrastruktur

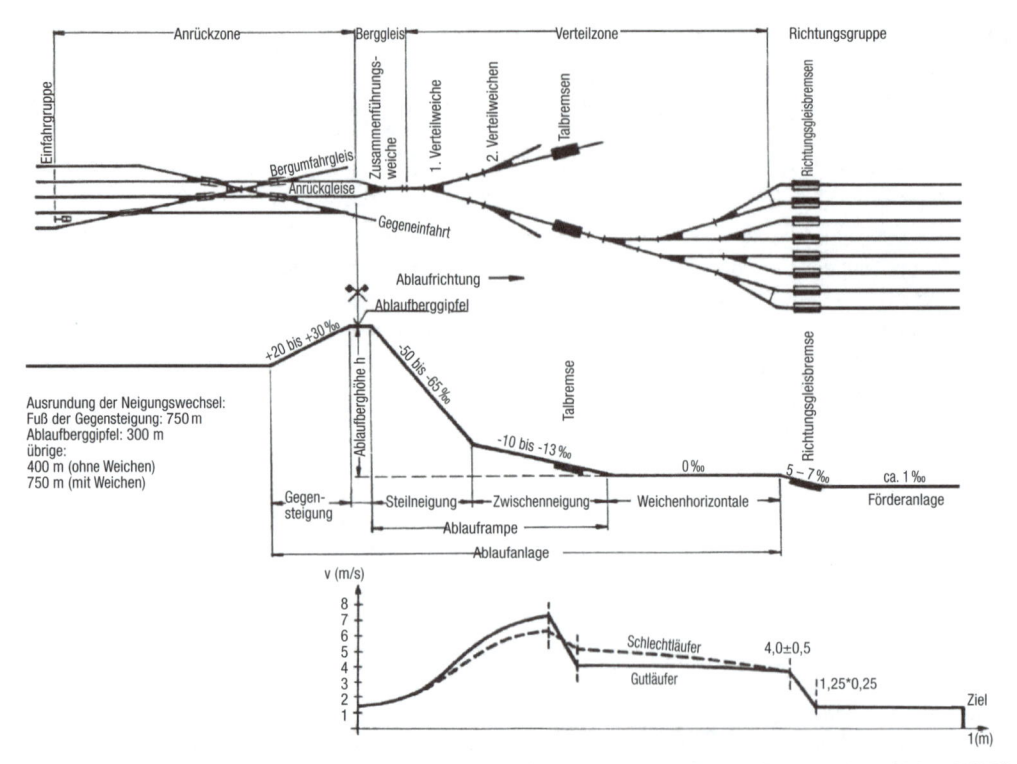

Abb. 8.2.58: Gestaltung der Ablaufanlage mit Geschwindigkeitsprofil im freien Ablauf [39]

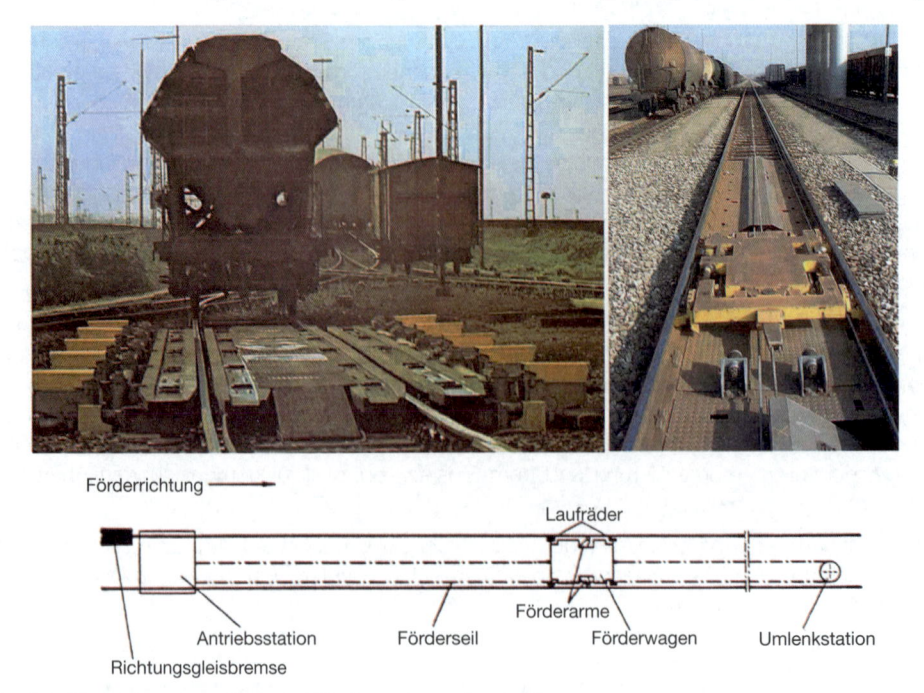

Abb. 8.2.59: Talbremse (links), Förderanlage (rechts)

8.2 Betriebliche und verkehrliche Planung der Bahnanlagen

Streckengleisanschlüsse und Gleissystem innerhalb des Rbf:

Die Verbindung der benachbarten Strecken mit dem Rbf erfolgt über Regel- sowie Gegenein- und -ausfahrgleise[27]; die Verbindung der Gruppen untereinander und ihrer jeweiligen Seiten wird durch das interne Verkehrsgleissystem hergestellt. Falls in erheblichem Umfang nach ihren Zielen „gereihte" Züge gebildet werden müssen[28], ist es sinnvoll, in dem Bereich zwischen den Spitzen der Richtungsgleise und der Ausfahrgruppe eine „Nachordnungsgruppe" vorzusehen. Diese dient dazu, einen in einem Richtungsgleis gesammelten Wagenzug nachzuordnen, d. h. nach Gruppen zu sortieren[29], bevor er in die Ausfahrgruppe überstellt wird.

Wagenaufenthaltszeit im Rbf:

Lange Aufenthaltszeiten in den Rbf sind für die – verglichen mit dem Lkw – geringe Attraktivität des Einzelwagenverkehrs am stärksten verantwortlich. Die kürzeste Aufenthaltszeit im Rbf hat **der** Wagen, dessen Eingangszug ohne Verlustzeiten abgedrückt wird und der als letzter Wagen vor Zulaufschluss zu einer Zugbildung (Zugbildungszeitpunkt) in das entsprechende Richtungsgleis einläuft. Die Durchlaufzeit dieses Wagens wird als Mindestwagenübergangszeit bezeichnet und gilt als Qualitätskriterium für den Rbf. Sie liegt bei etwa 2,5 bis 3 Stunden. Die durchschnittliche Wagenübergangszeit ist wegen der im Durchschnitt mehrstündigen Sammelzeit erheblich größer.

Zweiseitige Rbf:

Ein zweiseitiger Rbf besteht aus zwei Rbf-Systemen mit entgegengesetzten Arbeitsrichtungen, also quasi zwei entgegengesetzt nebeneinanderliegenden Rbf. Ein zweiseitiger Rbf wird benötigt, wenn starke vornehmlich gegengerichtete Wagenströme von einer einzelnen Ablaufanlage – auch bei Anordnung von Schleifengleisen für Gegenein- und -ausfahrten – nicht bewältigt werden könnten. Nachteilig bei zweiseitigen Rbf sind die Eckverkehre, die in beiden Systemen nacheinander über den Ablaufberg müssen. Sie treten auf, wenn Wagen in das eine der beiden Systeme einfahren, aber für Ausgangszugbildungen des anderen Systems bestimmt sind. Die Eckverkehrswagen beider Richtungen werden in Gleisen gesammelt, die zwischen den Richtungsgruppen der beiden Systeme liegen.

Modernisierung von Rbf:

Bei der Modernisierung von Rbf ist es das Ziel, die Leistungsfähigkeit zu steigern, die Rangierqualität zu verbessern (Auflaufstöße, Falschläufer) und den Personalbedarf zu verringern [40]. Dies lässt

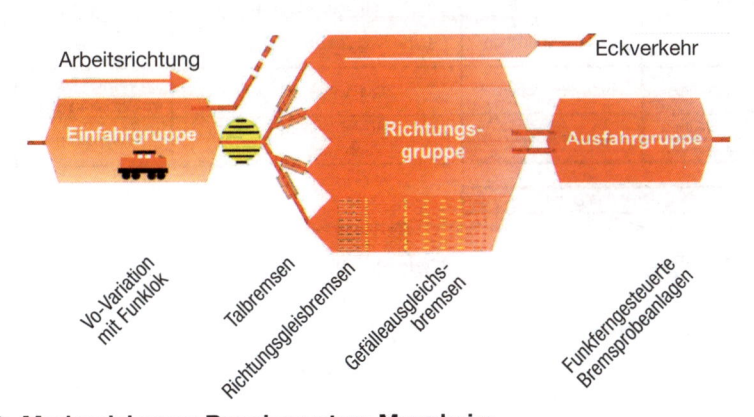

Abb. 8.2.60: Modernisierung Rangiersystem Mannheim

---
[27] An die Stelle der ggf. behindernden Gegenein- oder Ausfahrt können auch Schleifengleise treten.
[28] Im Einzelwagenverkehr der *DB AG* ist das in den Rbf i. d. R. nicht der Fall.
[29] über einen kleinen Ablaufberg, i. d. R. mit Hemmschuhbremsung, d. h. ohne Gleisbremse

sich durch Einsatz moderner weitgehend automatisierter prozessrechnergesteuerter Technologie erreichen (Abb. 8.2.60).

Bei der Modernisierung von Gefällebahnhöfen werden in der Regel die Einfahrgruppe abgeflacht und ein Ablaufberg angelegt; in den Richtungsgleisen regeln *Dowty*-Retarder oder Spiralgleisbremsen die Wagengeschwindigkeit, die Gleisspitzen der Einfahr- und/oder Richtungsgruppe werden durch versenkbare Prellböcke gesichert (Beispiele: Rbf Nürnberg, Bf Dresden-Friedrichstadt).

8.2.6.4 Umschlagbahnhöfe

Im „Kombinierten Verkehr" (KV) werden genormte Ladeeinheiten (Großcontainer, Wechselaufbauten von Lkw), kranbare und nicht kranbare Sattelanhänger sowie Lastkraftwagen befördert. Die Schnittstelle für die Ladeeinheiten des KV (LE) zum Eisenbahnsystem bilden spezielle Umschlaganlagen multifunktionaler Bahnhöfe mit den zugehörigen Gleisen und Gleisgruppen oder besondere Umschlagbahnhöfe (Ubf).

In Analogie zum klassischen Einzelwagenverkehr umfasst ein Ubf prinzipiell sowohl die Funktion der Güterverkehrsanlage (Umschlag Schiene – Straße) als auch die bahninterne Funktion des Rangierbahnhofs beim Umschlag von LE zwischen Zügen (Umschlag Schiene – Schiene). Im Unterschied zum Einzelwagenverkehr kommt dabei jedoch prinzipiell dieselbe Technologie zum Einsatz[30].

Den weit überwiegenden Teil des KV machen die vertikal umschlagbaren LE aus: Container, Wechselaufbauten und kranbare Sattelanhänger (Sanh). Der horizontal umgeschlagene KV[31] (nicht kranbare Sanh, Lkw) findet dagegen nur in speziellen starkströmigen Relationen statt (als begleiteter KV z. B. zur Alpenquerung) und spielt ansonsten eine eher untergeordnete Rolle.

Grundsätzliche Anlagengestaltung:

Ein Ubf umfasst den eigentlichen Umschlagbereich, die Gleisanlagen, die Straßenanlagen und sonstige Einrichtungen [20].

Einen Überblick gibt Abb. 8.2.61.

Umschlagbahnhof						
Umschlaganlage					Zugbehandlungsanlage*)	
Bereich Vertikalumschlag	Mobilbereich		ggf. Bereich Horizontalumschlag	Hochbauten		
Umschlaggleise	Kfz-Verkehrsflächen		Umschlaggleise mit Rampen	Gate	E/A-Gleise	
					Z-Gleise	
Ladestraßen	Ladespuren	Kfz-Parkflächen	Stauflächen für Lkw	Verwaltung mit Sozialräumen	a-Gleise	
	Fahrspuren	Lager für leere LE	Abstellflächen für Sattelauflieger	Werkstätten	Verkehrsgleise	
	Abstellspuren					

 = Arbeitsflächen für mobile Umschlaggeräte
*) entfällt u. U. (teilweise) bei direkter Ein-/Ausfahrt in die / aus den Umschlaggleisen

Abb. 8.2.61: Prinzipielle Struktur eines Umschlagbahnhofs

Bereich für Horizontalumschlag:

Im Bereich für Horizontalumschlag werden selbstfahrende Ladeeinheiten (Lkw, Lastzüge) umgeschlagen sowie nicht kranbare Sanh.

---

[30] Insofern ähnelt der KV dem modernen Personenverkehr, bei dem die Reisenden unterwegs zwischen den Zügen umsteigen. Der klassische Einzelwagenverkehr ähnelt dagegen dem heute seltenen Personenverkehr mit Kurswagen, bei dem unterwegs Wagen umgesetzt werden.
[31] „Rollende Landstraße", „rollende Autobahn".

8.2 Betriebliche und verkehrliche Planung der Bahnanlagen

Die Lkw und Lastzüge werden, gelenkt von ihren Fahrern, über eine (meist mobile) Kopframpe auf Niederflurwagen[32] umgeschlagen, die untereinander überfahrbar kurzgekuppelt sind und als kompletter Zug in einem entsprechend zuglangen, möglichst geraden Ladegleis bereitgestellt sind. Die beiden Schlusswagen des Wagenzuges haben normale Kupplungshaken und eine seitlich abklappbare Pufferbohle. Be- und Entladung erfolgen jeweils vorwärts.

Nicht kranbare Sattelanhänger werden mit „Platzmaschinen" von geschulten Fahrern bei der Beladung rückwärts auf „Wippenwagen" geschoben. Die bei Be- und Entladung angehobenen Wippen sind überfahrbar; nach der Beladung werden die Wippen mit den Rädern der Sanh abgesenkt, wodurch die Sanh die Fahrzeugbegrenzungslinie einhalten können. Damit der Zeitbedarf für die geschobene Beladung nicht zu lang wird, ist das Ladegleis in Abschnitte für jeweils etwa 8 Wippenwagen unterteilt; zwischen den Gleisabschnitten liegen überfahrbare kürzere Gleisabschnitte für die Auf- und Abfahrt der Sanh mittels mobiler Kopframpen.

Bereich für Vertikalumschlag:

Die im Vertikalumschlag arbeitenden Gerätetypen sind der Portalkran und das mobile Umschlaggerät.

Die Portalkrane des KV sind schienenfahrbare elektrisch betriebene Großkrane, die mehrere Umschlaggleise, Lkw-Ladespur(en), Lkw-Fahrspur(en) sowie Zwischenlagerspur(en) für die Abstellung von LE überspannen. Sie haben eine Tragfähigkeit oberhalb von 40 t [33] und sind mit Greifgeschirren („Spreadern") ausgerüstet, die mittels Drehzapfen Container und mittels abklappbaren Greifarmen Wechselbehälter fassen können. Sie können einen voll beladenen Container über 3fach gestapelte und einen kranbaren Sanh über zweifach gestapelte Container heben; sie zeichnen sich durch einen schnellen Zugriff und eine hohe Umschlaggeschwindigkeit aus. Ihre wesentlichen Vorteile gegenüber Mobilgeräten sind:
– geringer Platzbedarf bei großer Umschlagfläche unter dem Kran
– freizügiger Umschlag zwischen allen überspannten Spuren
– ungestörte Betriebsabwicklung mit guter Übersicht des Kranführers
– hohe Umschlagleistung (ca. 30 Einheiten/Stunde);
– geringe Emissionen
– geringe Störanfälligkeit

Nachteile der Portalkräne sind die Bindung an die Kranbahn, die höheren Investitionskosten und der Umstand, dass die Umschlaggleise nicht überspannt sein können.

Mobilgeräte sind kostengünstiger in der Beschaffung und nicht an eine Kranbahn gebunden, benötigen aber wegen ihrer hohen Raddrücke einen verstärkten Fahrbahnaufbau, verursachen Lärm und Dieselabgase und haben eine geringere Umschlagleistung. Moderne „Reach Stacker" haben eine Hubkraft wie Portalkräne und können auch gestapelte Containerreihen überheben, allerdings nur mit verringerter Last.

Geeignete Einsatzgebiete für Mobilgeräte sind kleinere Anlagen bzw. untere Ausbaustufen von Ubf, der Umschlag in überspannten Gleisen, „Feuerwehr-" oder Ergänzungsleistungen sowie das Heben und Bewegen von LE außerhalb der Portalkranbereiche.

Größere Umschlaganlagen arbeiten in der Regel mit Portalkränen. Die Kranbahn muss in der Geraden liegen, die Gleise sollen möglichst kein Längsgefälle haben[34]. Die nutzbare Kranbahnlänge muss

---

[32] Diese Wagen haben eine extrem niedrige Ladefläche (ca. 40 cm über SO, ggf. absenkbar) und Fahrgestelle mit Rädern von nur 30 cm Durchmesser, was spurführungstechnische Probleme mit sich bringt.
[33] Gewicht eines voll belasteten 40'-Containers
[34] im Ausnahmefall maximal 2,5 ‰

8 Die Infrastruktur

mindestens der größten Wagenzuglänge zuzüglich einer Stützenportallänge über Puffer (ca. 20 m) entsprechen. Auf einer Kranbahn arbeiten (um Ausfallzeiten kompensieren zu können) mindestens zwei Kräne. Um die Verlustzeiten durch Längsverfahren der Kräne zu begrenzen, soll der Arbeitsbereich je Kran nicht mehr als 150 m bis 200 m betragen.

Ein größerer Ubf umfasst ein oder mehrere „Module"; mit diesem Begriff werden hier die einer Kranbahn direkt zugehörigen bzw. zugeordneten Anlagen bezeichnet (siehe Abb. 8.2.62).

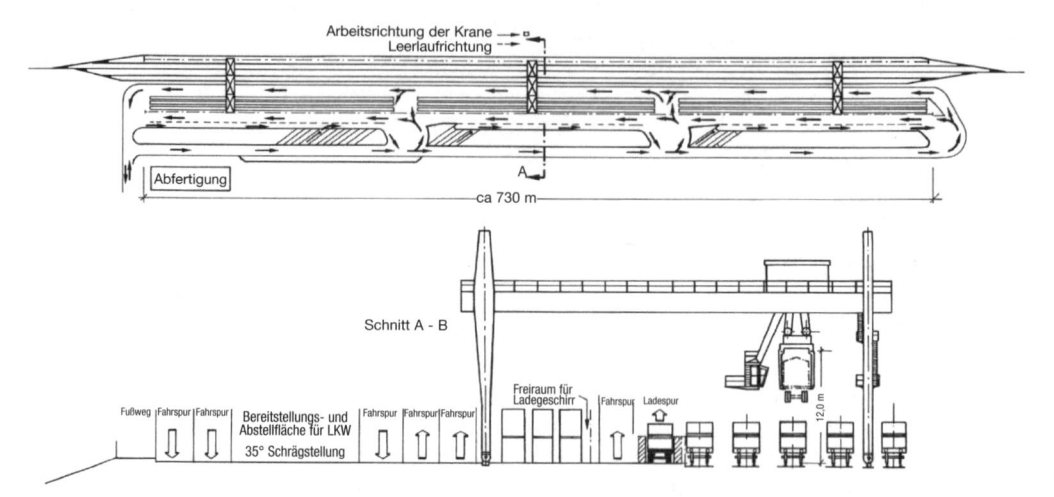

Abb. 8.2.62: Lageplanskizze und Querschnitt eines zuglangen, beidseitig angebundenen viergleisigen Moduls mit drei Portalkränen

Eisenbahnseitig umfasst ein Modul die von einer Kranbahn erreichbaren Umschlaggleise. Straßenseitig gehören zu einem Modul die von den Kränen überstrichenen Flächen (Lkw-Ladespuren, -fahrspuren, LE-Abstellspuren) und die übrigen der Kranbahn direkt zugeordneten Anlagen (gegenläufige Fahrspuren, Wendehammer).

Umschlagverfahren für Vertikalumschlag:

Bei der Be- und Entladung von KV-Direktzügen[35] wird beim Vertikalumschlag in das „Standverfahren" und das „Fließverfahren" unterschieden. Der Unterschied zwischen den beiden Verfahren besteht darin, dass beim Standverfahren nur direkt zwischen Eisenbahnwagen und Lkw ohne Zwischenlagerung der LE umgeschlagen wird. Ent- und Beladung finden in einem verzahnten Prozess statt; der Wagenzug wird vor abgeschlossener Neubeladung zwischenzeitlich nicht aus dem Umschlaggleis abgezogen. Beim Fließverfahren wird der beladene Zug dagegen zügig „abgeräumt" und anschließend aus dem Umschlaggleis in ein Abstellgleis umgesetzt, um im Umschlaggleis den nächsten Zug behandeln zu können. LE, die nicht sofort auf Lkw verladen werden können, werden zwischengelagert. Für die Neubeladung vor Zugabfahrt wird der Wagenzug wieder in das Umschlaggleis umgesetzt; vorher von Lkw aufgelieferte LE werden zwischengelagert.

Beim Fließverfahren können je Modul mehr Züge behandelt werden, Schwankungen in der Zahl der zu behandelnden Züge werden besser verkraftet, Schadwagen können während der Zwischenabstellung ausrangiert werden. Es verringert sich jedoch die Zahl der Direktumschläge zwischen Zug und Lkw, die benötigte Abstellfläche für LE ist größer und der Rangieraufwand höher. Das Stand-

---

[35] Züge, die zwischen Quelle und Ziel ohne Änderung der Zugzusammensetzung und Beladung verkehren.

8.2 Betriebliche und verkehrliche Planung der Bahnanlagen

verfahren eignet sich für kleinere Anlagen oder die erste Ausbaustufe einer größeren Anlage, das Fließverfahren für Hochleistungsanlagen.

KV-Linienzüge[36] werden nur einmal für relativ kurze Zeit im Umschlaggleis bereitgestellt. Dabei wird hauptsächlich zwischen mehreren Zügen sowie zwischen Zug und Lagerfläche umgeschlagen. Die Zugein- und -ausfahrt direkt in die aus den Umschlaggleise(n) (s. u.) ist zwecks Kürzung der Aufenthaltszeit besonders für KV-Linienzüge interessant.

Eisenbahnbetriebsregime und Zugbehandlungsanlage:

Das Eisenbahnbetriebsregime eines Ubf kann unterschieden werden nach
– Anbindung der Umschlaggleise: einseitig oder zweiseitig (Abb. 8.2.63),
– Art der Bedienung der Umschlaggleise: durch Rangierfahrt oder durch Zugfahrt.

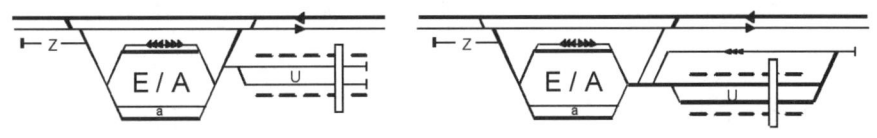

Abb. 8.2.63: Einseitig (links) und zweiseitig (rechts) angeschlossene Umschlaggleise, bedient durch Rangierfahrten

Bei der Bedienung der Umschlaggleise durch Rangierfahrten fahren die Züge von der Strecke in eine separate Ein-/Ausfahrgruppe ein und aus dieser wieder aus. Die Ein-/Ausfahrgruppe erfüllt dabei eine Pufferfunktion zwischen dem diskontinuierlichen Zu- und Ablauf der Züge und dem kontinuierlichen Umschlagvorgang in den Krangleisen. Zusätzlich stehen Abstellgleise als Vorratsgleise für leere Tragwagen zur Verfügung. Bei zweiseitiger Anbindung der Umschlaggleise kann gezogen bedient werden.

Betrieblich interessant ist die Möglichkeit einer direkten Zug**ausfahrt** aus den Umschlaggleisen; dies erspart Rangieraufwand und verkürzt die Aufenthaltszeit im Ubf. Bei Elektrotraktion muss hierfür die Oberleitung mittels eines Abspannjoches bis dicht an die Kranbahn herangeführt werden.

Bei Dieseltraktion kann auch direkt in die Umschlaggleise **eingefahren** werden, bei Elektrotraktion wegen fehlender Oberleitung allerdings nur „mit Schwung". Beim Umschlag ohne Portalkran, d. h. ausschließlich mit Mobilgeräten, ist auch der Umschlag unter einer hoch aufgehängten und abgeschalteten Oberleitung prinzipiell realisierbar.

Direkte Zugein- und -ausfahrten (Abb. 8.2.64) sind aus Zeitgründen vor allem für die Betriebsform der KV-Linienzüge vorteilhaft.

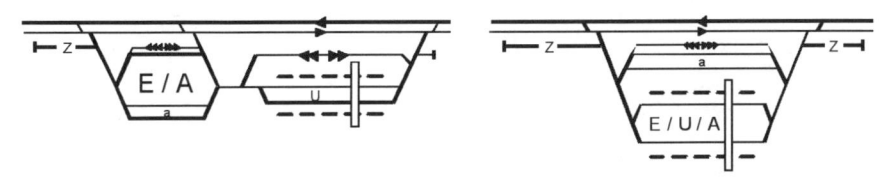

Abb. 8.2.64: Ubf mit direkt an die Streckengleise angeschlossenen Umschlaggleisen

---

[36] Züge, bei denen LE in Unterwegsbahnhöfen „einsteigen" und „aussteigen" (mit „Platzreservierung").

8 Die Infrastruktur

Güterverkehrszentren:

Güterverkehrszentren (GVZ) dienen der verkehrlichen und betrieblichen Verknüpfung der unterschiedlichen Verkehrsträger des Güterverkehrs in einem Umschlagknoten, und zwar hauptsächlich als Systemwechselpunkt zwischen Nah- und Fernverkehr.

Im Unterschied zu reinen Ubf verstehen sich GVZ als „logistische Knotenpunkte"; sie bemühen sich deshalb um die Ansiedlung von verkehrsintensiven Betrieben und Transportunternehmen (Lagereien, Speditionen, Frachtzentren, logistikintensiven Produktionsbetrieben, verkehrsnahen Dienstleistungsbetrieben) in unmittelbarer Nachbarschaft zu den eigentlichen Umschlaganlagen und damit um die Konzentration von Güterverkehrsaktivitäten. Dadurch können Synergieeffekte im Hinblick auf eine umfassende Güterverkehrslogistik entstehen, wie z. B. die Bündelung der Transporte bei der Nahbereichsbedienung per Lkw („City-Logistik"). Durch die Minimierung der Reibungs- und Zeitverluste an den Schnittstellen werden dem KV in den GVZ so beste Entwicklungschancen geboten.

Gesellschafter von GVZ sind meist die Kommunen sowie die beteiligten Partner der Verkehrswirtschaft.

8.2.6.5 Hafenbahnhöfe

Während Flughäfen für den Eisenbahngüterverkehr eher unbedeutend sind und ihre diesbezüglichen Gleisanlagen den Charakter eines Gleisanschlusses für Luftfracht haben, gehören die Seehäfen und großen Binnenhäfen zu den wichtigsten Quell- und Zielpunkten des Eisenbahngüterverkehrs, insbesondere des Massengut- und Containerverkehrs. Die Hafenbahnenanlagen sind in der Regel Anschlussbahnen in der Trägerschaft der Hafengesellschaften, häufig mit eigener Betriebsführung.

Aufgabe der Hafenbahnen ist die Verbindung der Ladestellen und Terminals an den Kais mit dem öffentlichen Eisenbahnnetz sowie auch untereinander. In der Zuführung müssen beladene Wagen und Leerwagen für die Zielpunkte an den Kais sortiert und dort bereitgestellt werden. In der Gegenrichtung müssen die beladenen Wagen zu Zügen zusammengefasst und in das öffentliche Bahnnetz überführt werden. Bei Ganzzügen entfallen Sortierung und Zusammenfassung.

Die klassische Ausbildung einer Hafenbahn ist die Unterteilung der Anlagen in den Haupthafenbahnhof, die Bezirksbahnhöfe und die sie verbindenden Gleisstrecken (siehe Abb. 8.2.65). In diesen Bahnhöfen werden die Wagengruppen und Züge nach den Prinzipien des Einzelwagenverkehrs gebildet und aufgelöst, in Haupthafenbahnhöfen in der Regel mit Schwerkraftzerlegung über einen Ablaufberg (siehe Kap. 8.2.6.3).

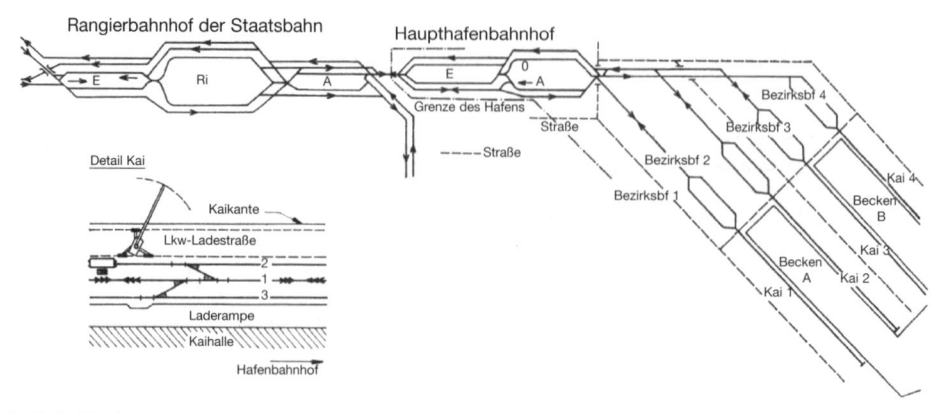

Abb. 8.2.65: Hafenbahnanlagen in klassischer Anordnung [41]

8.3 Planung, Bau und Inbetriebnahme von Infrastrukturprojekten

Im Haupthafenbahnhof werden die Wagen in Wasserrichtung nach Bezirksbahnhöfen sortiert. Die Bezirksbahnhöfe sind zuständig für die Verteilung der Wagen je Kai nach Schiffsliegeplätzen und ggf. anderen Ladestellen (z. B. Speicher); dazu sind einem Bezirksbahnhof einer oder mehrere der bis zu ca. 1000 m langen Kais zugeordnet. Die Kais selbst haben die Funktion von trimodalen Ladestraßen der Verkehrsträger Wasser, Straße und Schiene.

Das Hafen-Containerterminal wird vom Haupthafenbahnhof oder einem Bezirksbahnhof bedient. Sein bahnseitiger Umschlagbereich ähnelt dem eines Umschlagmoduls im Binnennetz der Eisenbahn (siehe Kap. 8.2.6.4).

Je nach Größe des Hafens und örtlicher Situation können die Aufgaben von Haupthafenbahnhof und Bezirksbahnhof, zugeordnetem Rangierbahnhof im öffentlichen Bahnnetz und Haupthafenbahnhof oder sogar aller drei in einer einzigen Anlage zusammengefasst werden. Dadurch lässt sich, abhängig vom Einzelfall, eine erhebliche Aufwandsverringerung und Verkürzung der Warte- und Behandlungszeiten erreichen.

8.3 Planung, Bau und Inbetriebnahme von Infrastrukturprojekten

8.3.1 Planungsrechtliche Vorschriften für den Bau und die Änderung von Betriebsanlagen der Eisenbahnen

8.3.1.1 Planfeststellung

Betriebsanlagen von Eisenbahnen einschließlich der Bahnstromfernleitungen dürfen nach § 18 des *Allgemeinen Eisenbahngesetzes (AEG)* [27] nur gebaut oder geändert werden, wenn der Plan zuvor festgestellt worden ist (Planfeststellung) [42, 43]. Zu den Betriebsanlagen gehören alle Grundstücke, Bauwerke und sonstigen ortsfesten Einrichtungen der Eisenbahnen, die unter Berücksichtigung der örtlichen Verhältnisse zur Abwicklung oder Sicherung des Reise- oder Güterverkehrs auf der Schiene erforderlich sind. Für Bauvorhaben, die nicht Betriebsanlagen sind, z. B. Verwaltungs- und Wohngebäude, gelten das Baugesetzbuch und die Landesbauordnungen.

Das Recht der Planfeststellung ist einheitlich für die Eisenbahnen des Bundes (EdB) und die nichtbundeseigenen Eisenbahnen (NE) in den §§ 18 ff. *AEG* geregelt. Die Planfeststellung erstreckt sich insbesondere auf
– die zu bauenden oder zu ändernden Betriebsanlagen (auch deren Rückbau),
– Vorkehrungen oder die Errichtung von Schutzanlagen,
– Flächen, die zur Durchführung des Vorhabens in Anspruch genommen werden müssen,
– naturschutzrechtliche Ausgleichs- und Ersatzmaßnahmen sowie
– ggf. notwendige Folgemaßnahmen an Anlagen Dritter.

Durch die Planfeststellung werden alle durch ein Vorhaben berührten öffentlich-rechtlichen Beziehungen zwischen der Eisenbahn als Vorhabenträger und den Behörden sowie den Betroffenen – mit Ausnahme der Enteignung – rechtsgestaltend geregelt, wodurch der Bestand der Anlage öffentlich-rechtlich gesichert ist. Im Rahmen des Planfeststellungsverfahrens werden die rechtlichen Rahmenbedingungen ermittelt, unter denen sich eine zu bauende oder zu ändernde Betriebsanlage in ihr rechtliches und tatsächliches Umfeld einfügt.

In Fällen unwesentlicher Bedeutung kann an Stelle eines Planfeststellungsbeschlusses eine Plangenehmigung erteilt werden; diese setzt voraus, dass

8 Die Infrastruktur

- eine vorherige Einigung mit den Betroffenen erfolgt ist,
- Rechte anderer nicht oder nur unwesentlich beeinträchtigt werden und
- keine Umweltverträglichkeitsprüfung durchzuführen ist.

Planfeststellung und Plangenehmigung entfallen in Fällen von unwesentlicher Bedeutung. Diese liegen vor, wenn
- andere öffentliche Belange nicht berührt sind oder die erforderlichen behördlichen Entscheidungen vorliegen und sie dem Plan nicht entgegenstehen,
- Rechte anderer nicht beeinflusst werden oder mit den vom Plan Betroffenen entsprechende Vereinbarungen getroffen worden sind und
- es sich nicht um ein Vorhaben handelt, für das eine Umweltverträglichkeitsprüfung durchzuführen ist.

Regelungen für die Durchführung der planungsrechtlichen Verfahren enthalten die Planfeststellungsrichtlinien des *Eisenbahn-Bundesamtes (EBA)* [44] als der für die EdB zuständigen Planfeststellungsbehörde. Für die NE ist die Zuständigkeit der Länder gegeben.

8.3.1.2 Enteignung

Für Zwecke des Baus und des Ausbaus von Betriebsanlagen der Eisenbahnen lässt §22 *AEG* die Enteignung zu; diese betrifft auch Ausgleichs- und Ersatzmaßnahmen nach dem Naturschutzrecht. Die Zulässigkeit der Enteignung steht unter dem Vorbehalt, dass sie zur Ausführung des Vorhabens notwendig und eine einvernehmliche Regelung mit den Betroffenen nicht möglich ist. Insbesondere bei großräumigen Infrastrukturprojekten, wie Neu- und Ausbaustrecken, ist ein erheblicher Eingriff in Eigentumsrechte Dritter unvermeidlich. Dies verlangt jedoch, dass zuvor entsprechende Alternativen der Trassenführung geprüft und die Auswirkungen gewertet wurden.

8.3.1.3 Umweltverträglichkeitsprüfung

Im Rahmen der Planfeststellung ist eine Umweltverträglichkeitsprüfung (UVP) nach dem *Gesetz über die Umweltverträglichkeitsprüfung (UVPG)* durchzuführen. Das *UVPG* trägt den Vorgaben der Europäischen Union Rechnung, insbesondere durch die Umsetzung der Richtlinien über
- die UVP bei bestimmten öffentlichen und privaten Projekten (*UVP-Änderungsrichtlinie* vom 03.03.1997),
- die integrierte Vermeidung und Verminderung der Umweltverschmutzung (*IVU-Richtlinie* vom 24.09.1996),
- Abfalldeponien (*Deponierichtlinie* vom 26.04.1999) und
- den freien Zugang zu Informationen über die Umwelt (*Umweltinformationsrichtlinie* vom 07.06.1990).

Diese Regelungen haben die Voraussetzungen für eine möglichst umfassende Beschreibung und Reduzierung von Umweltbelastungen geschaffen, die durch den Bau oder den Betrieb von bestimmten Anlagen oder Projekten entstehen können. Mit der Neufassung des *Gesetzes zur UVP* (*UVPG* vom 02.08.2001) ist für den Neubau einer Betriebsanlage der Eisenbahn eine Umweltverträglichkeitsprüfung obligatorisch. Sie umfasst die Ermittlung, Beschreibung und Bewertung der unmittelbaren und mittelbaren Auswirkungen eines Vorhabens auf
- Menschen, Fauna und Flora,
- Boden, Wasser, Luft, Klima und Landschaft,
- Kulturgüter und sonstige Sachgüter sowie
- die Wechselwirkungen zwischen den vorgenannten Schutzgütern.

Bei der Änderung einer Betriebsanlage hat die zuständige Behörde festzustellen, ob auch ein solches Vorhaben, das keinen Neubau darstellt, der UVP-Pflicht unterliegt.

8.3 Planung, Bau und Inbetriebnahme von Infrastrukturprojekten

8.3.2 Bauaufsicht

8.3.2.1 Prüf- und Freigabeprozess

Grundlage für einen reibungslosen Prüf- und Freigabeprozess bei der Errichtung oder Änderung von Eisenbahnbetriebsanlagen ist die *Verwaltungsvorschrift über die Bauaufsicht im Ingenieurbau, Oberbau und Hochbau sowie maschinentechnische Anlagen (VV BAU)* des *EBA* [45]. Hat der Vorhabenträger (EdB) die eisenbahnrechtliche (planungsrechtliche) Zulassungsentscheidung aufgrund eines Planfeststellungsbeschlusses oder einer Plangenehmigung nach § 18 ff. *AEG* erlangt, beantragt er die bauaufsichtliche Prüfung und Freigabe der Ausführungsunterlagen bei der zuständigen *EBA*-Außenstelle. Diese wird bei ihren Prüftätigkeiten durch vom *EBA* anerkannte Prüfer für bautechnische Nachweise unterstützt.

Bei interoperablen Projekten (siehe Kap. 8.3.3) muss darüber hinaus die EG-Prüfung bei einer Benannten Stelle – in Deutschland in der Regel bei der beim *EBA* eingerichteten *Zertifizierungsstelle Eisenbahn-Cert (EBC)* – beantragt werden, um die Konformität der strukturellen Teilsysteme mit den *Technischen Spezifikationen Interoperabilität (TSI)* gemäß *Verordnung über die Interoperabilität des transeuropäischen Eisenbahnsystems (TEIV)* [46] und weiterer Vorschriften festzustellen.

8.3.2.2 Bauaufsichtliche Prüfung

Die bauaufsichtliche Prüfung durch das *EBA* betrifft die Einhaltung der öffentlich-rechtlichen Vorschriften, insbesondere die Auflagen aus der Zulassungsentscheidung nach § 18 *AEG* sowie das

8 Die Infrastruktur

Einhalten eisenbahnrechtlicher Vorschriften und anerkannter Regeln der Technik auf Grundlage der *Eisenbahnspezifischen Liste der Technischen Baubestimmungen (ELTB)* des *EBA* [47]. Die *ELTB* wurde auf Basis der *Musterliste der Technischen Baubestimmungen der Länder (MLTB)* erarbeitet, ergänzt durch eisenbahnspezifische Besonderheiten, technische Regeln und Planungsgrundlagen für Eisenbahnbetriebsanlagen sowie durch die anzuwendenden *TSI*. Diese kompendiumartige Zusammenstellung hat sich als notwendig erwiesen, da sie eine Vielzahl unterschiedlicher Regelwerke erfasst und damit für das komplexe System Bahn deren Anwendung sicherstellt.

Handelt es sich bei Teilmaßnahmen um besondere bautechnische Verfahren oder die erstmalige Anwendung neuer Bauprodukte auf dem Bahnsektor, ist deren Zulässigkeit anhand von Nachweisen der mindestens gleichen Sicherheit ebenfalls zu prüfen und eine Zulassung oder eine Zustimmung im Einzelfall durch das *EBA* zu beantragen. Diese wird bei positivem Ergebnis der Prüfungen erteilt. Auch ist zu prüfen, ob bei Abweichungen von den Vorschriften der *Eisenbahn-Bau- und Betriebsordnung (EBO)* [6] die Nachweise der mindestens gleichen Sicherheit und – sofern erforderlich – die behördlichen Ausnahmen und Genehmigungen vorliegen.

8.3.2.3 Überwachung während der Bauausführung

Nach der bauaufsichtlichen Freigabe der Ausführungsplanung ist dem *EBA* der Baubeginn anzuzeigen. Dieses hat im Zuge der Bauaufsicht zu überwachen, ob nach den festgestellten Plänen und den geprüften Ausführungsunterlagen gebaut wird. Die Überwachungstätigkeit kann sich grundsätzlich auf Stichproben beschränken, da die EdB im Rahmen ihrer Betreiberverantwortung nach § 4 Abs. 1 *AEG* verpflichtet sind, ihren Betrieb sicher zu führen und ihre Anlagen in betriebssicherem Zustand zu halten; dies gilt gleichermaßen für die Bauausführung von Neubauten und die Änderung von Eisenbahnbetriebsanlagen.

Die Komplexität dieser Maßnahmen, vor allem unter Aufrechterhaltung des Bahnbetriebs, erfordert auf Bauherrenseite die Anwesenheit einer besonders sachkundigen Person auf der Baustelle, den Bauüberwacher Bahn. Dieser führt – unbeschadet der Aufgaben und Befugnisse der Aufsichtsbehörden – selbstständig die erforderlichen Zwischenabnahmen durch und kontrolliert auch die Einhaltung der Auflagen aus der eisenbahnrechtlichen Zulassungsentscheidung, die Ausführung der Bauarbeiten entsprechend den freigegebenen Ausführungsunterlagen sowie die Verwendung geeigneter Bauprodukte, Bauarten und zugelassener Komponenten.

Hinsichtlich der Aufgaben des *EBA* im Prüf- und Freigabeprozess zeichnet sich ab, dass mit Blick auf europäische Regelungen und einer daraus resultierenden stärkeren Einforderung der Betreiberpflicht nach § 4 Abs. 1 *AEG* künftig hinsichtlich der Bauaufsicht in der Regel auf eine bauaufsichtliche Prüfung und Freigabe von Ausführungsunterlagen bzw. von bautechnischen Nachweisen verzichtet werden kann. Damit kommt dem Bauvorlageberechtigten nach *VV BAU* die alleinige Verantwortung für die entsprechenden Prüfpflichten zu, welcher dann auch mit seiner Unterschrift bestätigt, dass die Ausführung der Maßnahme begonnen werden kann. Diese Aufgaben einschließlich der Sicherstellung der Prüfung von bautechnischen Nachweisen nach dem Vier-Augen-Prinzip durch einen vom *EBA* anerkannten Prüfer werden im künftigen Bauaufsichtsmodell als originäre Pflicht des Bauherren definiert.

8.3.3 Baumaßnahmen im Transeuropäischen Netz (TEN)

8.3.3.1 Anwendungsbereich

Große Teile des Netzes der EdB unterliegen hinsichtlich der Planung, Realisierung und Inbetriebnahme nicht nur den nationalen planungsrechtlichen Vorschriften, sondern auch den Regelungen der Europäischen Union für den länderübergreifenden interoperablen Zugverkehr. Dieses transeuropä-

8.3 Planung, Bau und Inbetriebnahme von Infrastrukturprojekten

ische Eisenbahnnetz (TEN) setzt sich zusammen aus den bereits in Betrieb genommenen, in Bau befindlichen sowie geplanten Hochgeschwindigkeitszugstrecken und ausgewählten konventionellen Strecken. Die deutschen Strecken sind in Anlage 1 zu § 1 der *TEIV* [46] verbindlich festgelegt.

Allen Strecken ist gemeinsam, dass sie sich für den sicheren und durchgehenden Zugverkehr über die Landesgrenzen eignen müssen und daher für sie die Kriterien der anzuwendenden *Technischen Spezifikationen für die Interoperabilität (TSI)* gelten. Bei Arbeiten an Infrastrukturanlagen des TEN sind die grundlegenden Anforderungen zu berücksichtigen; insoweit wird die Anwendung der *TSI* empfohlen. Bei Neubau und umfangreichen Umrüstungen oder Erneuerungen ist eine Inbetriebnahmegenehmigung nach den Festlegungen der *TEIV* erforderlich, so dass in diesen Fällen die Anwendung der *TSI* verbindlich ist. Ausnahmen von der Verpflichtung zur Anwendung der *TSI* regelt § 5 der *TEIV*.

8.3.3.2 Benannte Stelle

Der EG-Zertifizierungsprozess umfasst die Durchführung der EG-Prüfverfahren einschließlich Überprüfung auf Einhaltung der *TSI*-Parameter (Konformität) für
– Teilsysteme zum Betreiben von Eisenbahninfrastrukturen (*TSI Infrastruktur, TSI Energie, TSI Zugsteuerung, Zugsicherung und Signalgebung*) sowie
– ausgewählte Produkte der Bahnindustrie (Interoperabilitätskomponenten, z. B. Schienen, Oberleitung), die in den *TSI* benannt sind und bei der Errichtung von Teilsystemen verwendet werden.

Voraussetzung für die Inbetriebnahmegenehmigung von strukturellen Teilsystemen im TEN ist die vorausgegangene erfolgreiche EG-Prüfung des interoperablen Fahrwegs, die durch das Eisenbahninfrastrukturunternehmen (EIU) unbeschadet einer vorherigen Planfeststellung oder Plangenehmigung bei einer Benannten Stelle zu beantragen ist [48–51]. Antragsteller kann auch die Bahnindustrie (der Hersteller) sein, die ihre eigenen Produkte zertifizieren lassen muss, sofern es sich um Interoperabilitätskomponenten nach den *TSI* handelt.

Die Benannte Stelle bewertet die Einhaltung der Prüfparameter anhand von *TSI*-Bewertungsverfahren und stellt die EU-weit gültigen Zertifikate (EG-Prüf- oder Konformitätsbescheinigungen) für die Teilsysteme oder Interoperabilitätskomponenten aus. Der Antragsteller kann daraufhin die EG-Prüferklärung für jedes geprüfte Teilsystem abgeben bzw. bei Zertifizierung aller Teilsysteme auf dem Streckenabschnitt die EG-Konformitätserklärung für den geprüften Streckenabschnitt ausstellen. Für Teilsysteme übernimmt das *EIU* die Verantwortung für die Einhaltung des zertifizierten Zustands während des Betreibens des interoperablen Fahrwegs. In einigen Fällen bedarf es zusätzlich einer EG-Gebrauchstauglichkeitserklärung für bestimmte Interoperabilitätskomponenten, nachdem diese unter Betriebsbedingungen getestet wurden.

Die Prüfschritte und die entsprechenden Dokumente für das EG-Prüfverfahren sind in Abb. 8.3.1 dargestellt.

Bei der EG-Prüfung von Teilsystemen wird im Zertifizierungsprozess in zeitliche Phasen unterteilt:
1. der detaillierte Entwurf, das ist die Entwurfs- und Entwicklungsphase einschließlich der Entwurfsüberprüfung,
2. die Ausführungsplanung, das ist die Produktionsphase mit der Planung für den Bau, die Montage und das Aufstellen, und
3. die Bauausführung, das ist die Produktionsphase mit der Montage vor der Inbetriebnahme

Nach Abstimmung zwischen *EBC* und EIU entsprechen diese Phasen dem Kenntnisstand
– der Entwurfsplanung,
– der Ausführungsplanung sowie
– den Unterlagen, die vor einer Inbetriebnahme vorliegen müssen.

8 Die Infrastruktur

Antragsteller – DB Netz AG, regionales Anlagenmanagement	Benannte Stelle – EISENBAHN-CERT (EBC)
Antrag auf das EG-Prüfverfahren • für den benannten TEN-Streckenabschnitt des Infrastrukturverzeichnisses • für alle zum Zeitpunkt des Antrages zu prüfenden Teilsysteme incl. der entsprechenden „Hefte zur Überprüfung der Strecke"	Bestätigung des Antragseingangs
	Prüfung der „**Hefte zur Überprüfung der Strecke**" für die Teilsysteme

Überarbeitung der „Hefte zur Überprüfung der Strecke"
• Präzisierungen, Richtigstellungen
• Nachlieferung von
  - Nachweisen zur Einhaltung einzelner TSI-Parameter, wie Planunterlagen, Prüfberichte usw.
  - ggf. erforderlichen Erklärungen des Betreibers
  - ggf. EG-Konformitätserklärungen von Interoperabilitätskomponenten
• zu weiteren Forderungen
	ggf. teilsystembezogene *EG-Prüfvermerke* mit Hinweisen
	EG-Prüfbericht Teilsystem Infrastruktur mit Auflagen
	
	ggf. teilsystembezogene *EG-Prüfvermerke* mit Hinweisen
	EG-Prüfbericht Teilsystem Energie mit Auflagen
	
	ggf. teilsystembezogene *EG-Prüfvermerke* mit Hinweisen
	EG-Prüfbericht Teilsystem Zugsteuerung, Zugsicherung und Signalgebung

EG-Prüferklärung für jedes geprüftes Teilsystem (Bedingung: Vorlage der EG-Prüfbescheinigung (Zertifikat)) und **EG-Konformitätserklärung** für den benannten Streckenabschnitt des Infrastrukturverzeichnisses	*EG-Prüfbescheinigung (Zertifikat)* Teilsystem Infrastruktur *EG-Prüfbescheinigung (Zertifikat)* Teilsystem Energie *EG-Prüfbescheinigung (Zertifikat)* Teilsystem Zugsteuerung, Zugsicherung und Signalgebung
Beizufügen dem Antrag auf Inbetriebnahmegenehmigung gem. § 6 Abs. 2 TEIV i. V. m. § 11 Abs. 7c VV BAU (Anl. 2.5)	

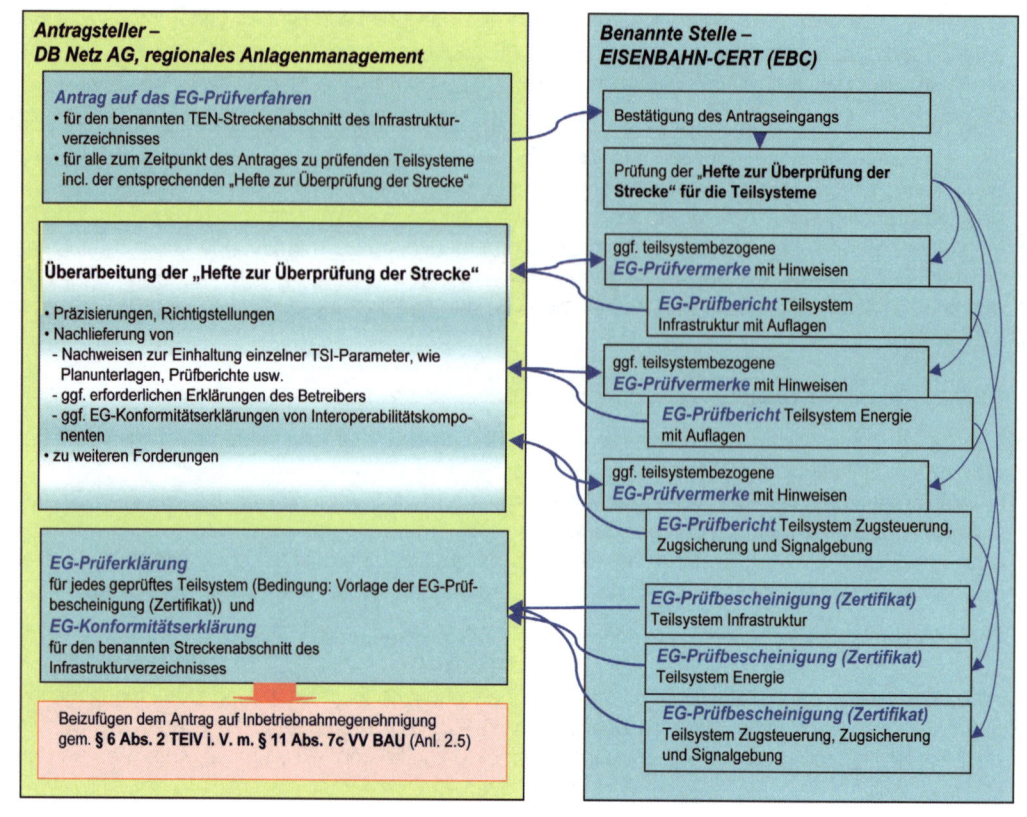

Abb. 8.3.1: EG-Prüfverfahren – Prüfschritte – Dokumente (nach [49])

In Übereinstimmung mit den Regelungen der Europäischen Union sowie den nationalen Regeln ist der Antrag auf EG-Prüfung von TEN-Streckenabschnitten vor der Einleitung von ggf. erforderlichen nationalen Planfeststellungsverfahren durch die EIU (EdB: *DB Netz AG*, *DB Station&Service AG*, *DB Energie GmbH*) an die Benannte Stelle zu stellen. Darin werden festgelegt
– die Regelfahrwege des interoperablen Zugverkehrs und deren Streckenkategorien sowie
– die zu prüfenden Teilsysteme und das zu verwendende Prüfmodul.

Außerdem werden erläuternde Streckenübersichten und die vorgesehenen Zeitabläufe beigefügt. Es empfiehlt sich, zeitnah mit der Beantragung das Gespräch mit dem *EBC*, der zuständigen *EBA*-Außenstelle sowie allen bahnseitig Beteiligten zu suchen.

Der inhaltlichen Strukturierung der EG-Prüfung sowie einer geordneten Übergabe der Unterlagen dienen die für die Teilsysteme Infrastruktur und Energie durch das *EBC* herausgegebenen Hefte zur Überprüfung der Strecke. Diese Hefte enthalten in tabellarischer Form die einzelnen technischen Prüfparameter sowie geforderte betriebliche Aussagen für jeweils einen Prüfbereich (Abschnittshefte). Auch enthalten sie die nationalen Regelungen sowie eine Aufstellung der vorzulegenden Unterlagen, wie Pläne, Prüfberichte usw. Den Abschnittsheften sind auch durch das EIU Angaben zum Infrastrukturverzeichnis und zum Instandhaltungsplan beizugeben.

Nach Prüfung von eingereichten Abschnittsheften erfolgt eine Rückäußerung des *EBC* als EG-Prüfvermerk, in dem Hinweise für einen erfolgreichen Abschluss des Zertifizierungsprozesses gegeben werden. Je nach Vollständigkeit und Aktualität der Unterlagen können sich weitere Prüfläufe

8.3 Planung, Bau und Inbetriebnahme von Infrastrukturprojekten

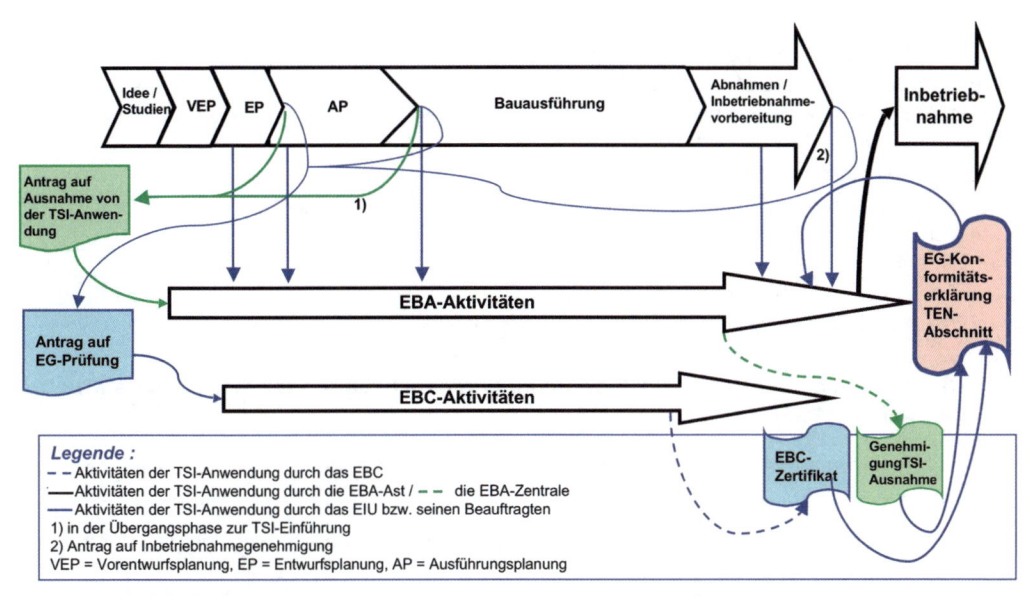

Abb. 8.3.2: EG-Prüfverfahren – Zeitlicher Ablauf und Beteiligungen (nach [49])

anschließen (vgl. Abb. 8.3.1). Den Abschluss bildet der EG-Prüfbericht des *EBC* über den jeweiligen TEN-Streckenabschnitt, der für jedes Teilsystem getrennt angefertigt wird. Nach Vorlage des Berichts werden die EG-Prüfbescheinigungen (Zertifikate) für die Teilsysteme ausgestellt; sie sind Grundlage der auf den jeweiligen Streckenabschnitt bezogenen EG-Prüferklärungen, die für jedes geprüfte Teilsystem dem technischen Dossier beigegeben werden. Spätestens zu diesem Zeitpunkt müssen auch die ggf. erforderlichen Ausnahmen von der Anwendung bestimmter Technischer Spezifikationen entsprechend den Vorschriften des §5 (1) der *TEIV* vorliegen.

Mit den EG-Prüferklärungen bestätigt das *EIU*
– die Übereinstimmung des zertifizierten Teilsystems und der dabei verwendeten Interoperabilitätskomponenten mit den errichteten Anlagen und
– die Übernahme der Pflicht zur Erhaltung des *TSI*-konformen, zertifizierten Zustandes der Eisenbahnbetriebsanlagen gemäß den dem EG-Prüfverfahren zugrunde liegenden interoperablen Nutzungsbedingungen während der Betriebsdauer des Teilsystems.

Danach fertigt das EIU die EG-Konformitätserklärungen für die TEN-Streckenabschnitte des Infrastrukturverzeichnisses aus und fügt diese dem Inbetriebnahmeantrag bei.

Den zeitlichen Ablauf des Zertifizierungsprozesses sowie die Beteiligten zeigt Abb. 8.3.2.

8.3.3.3 Inbetriebnahmeprozess

Das EIU als künftiger Betreiber sollte den Antrag auf Inbetriebnahmegenehmigung nach §6 *TEIV* mit den in der *VV BAU* aufgeführten Unterlagen (Abb. 8.3.3) so früh wie möglich bei der zuständigen *EBA*-Außenstelle einreichen, um eine termingerechte Inbetriebnahme sicherzustellen. Nach der VV BAU soll für Großvorhaben eine Frist von zwei Jahren vor dem geplanten Inbetriebnahmetermin eingehalten werden, bei anderen Vorhaben genügen in der Regel sechs Monate. Nur so bleibt dem *EBA* genügend Zeit für die erforderlichen Prüfungen (Bauzustandsbesichtigung aller erstellter Bauwerke nach *VV BAU*, Abnahme der gesamten Baumaßnahme, EG-Konformitätserklärung für den TEN-Streckenabschnitt unter Einschluss der Teilsystem-bezogenen EG-Prüferklärungen).

8 Die Infrastruktur

- Abnahmebescheinigungen
- Erlaubnis der vorläufigen Nutzung
- Sicherheitsrelevante, vorlagepflichtige Unterlagen, die Grundlage der bauaufsichtlichen Prüfung sind
- Genehmigungen und Erlaubnisse
- Eignungsbescheinigungen für Bauprodukte, Bauarten und Komponenten
- Unterlagen zum beabsichtigten Betrieb
- Eisenbahnbetriebsleiter
- Planfeststellungsunterlagen
- Örtliche Richtlinien, Pläne und betriebsdienstliche Vorschriften

Abb. 8.3.3: Antragsunterlagen zur Inbetriebnahmegenehmigung für eine Strecke (*Auszug aus VV BAU des EBA*)

Einzelheiten sind in der *VV Bau* sowie in der *Verwaltungsvorschrift über die Bauaufsicht über Signal-, Telekommunikations- und Elektrotechnische Anlagen (VV BAU-STE)* [52] des *EBA* geregelt.

Im Inbetriebnahmeprozess müssen vorbereitend drei Betriebsszenarien nacheinander durchlaufen werden:
1. Baustellenverkehr nach dem Baugleisverfahren
2. Durchführung des Versuchsbetriebs mit Hochtast- bzw. Probefahrten und
3. Probebetrieb

Sofern erforderlich, sind weitere Test- und Messfahrten durchzuführen.

Der Baustellenverkehr auf den im Bau befindlichen Gleisen erstreckt sich von der Fertigstellung der bautechnischen Anlagen und des Oberbaus (durchgehend geschweißte Gleise) bis zum Beginn des Versuchsbetriebes. Er dient insbesondere der Erstellung der technischen Ausrüstung, wie der Leit- und Sicherungstechnik, der elektrotechnischen Anlagen und dem Nachweis der Funktionalität der Telekommunikationsanlagen (*GSM-R*). Hinzu kommen statische Messfahrten zur Überprüfung z. B. von Oberbau (gleisgeometrische Messung, Ultraschall-Schienenprüfung), Oberleitung (Oberleitungsmessung), Linienleiter (Pegelmessung) und Funk (*GSM-R*-Messung) sowie auf das Freisein des Lichtraumprofils GC (Lichtraumprofilmessung).

Mit dem Versuchsbetrieb darf erst begonnen werden, wenn alle Voraussetzungen hierfür vorliegen und aufgetretene Mängel beseitigt sind. Der Projektleiter des *EIU* muss dem *EBA* gegenüber den ordnungsgemäßen Zustand aller baulichen, signal-, telekommunikations- und elektrotechnischen Anlagen zusichern.

Der Versuchsbetrieb mit Hochtast- bzw. Probefahrten dient der Vorbereitung und Abnahme der Eisenbahnbetriebsanlagen entsprechend den *TSI*-Teilsystemen sowie den anerkannten Regeln der Technik. Voraussetzung ist u. a. die durchgehende Ausrüstung und Kommunikation (Inbetriebsetzung ESTW und Oberleitungsanlagen einschließlich der Vorhaltung von Ersatzstoffen). Bei den Versuchsfahrten werden dynamische Messungen und Abnahmen vorgenommen; diese betreffen die fahrtechnische Teilfreigabe von Fahrbahn, Weichen, Oberleitung, Linienzugbeeinflussung, aerodynamische Auswirkungen und Umweltverträglichkeit. Nach Durchführung der Mess- und Abnahmefahrten müssen ggf. aufgetretene Mängel an den baulichen Anlagen und der Ausrüstung behoben werden.

Beim abschließenden Probebetrieb mit unterwiesenen Personalen wird das Zusammenwirken von Betrieb, Fahrweg und Fahrzeugen unter den Bedingungen eines Regelbetriebs erprobt; er dient zugleich zur Erlangung der Streckenkenntnis für das Betriebspersonal. Mit diesen Fahrten kann begonnen werden, wenn alle Mängel aus Abnahmen beseitigt sind und örtliche Festlegungen für

8.3 Planung, Bau und Inbetriebnahme von Infrastrukturprojekten

den Fall von Abweichungen vom Regelbetrieb getroffen sind (z. B. Notfallmanagement, Instandhaltungskonzept).

Bei durchzuführenden EG-Prüfverfahren sind die EG-Prüferklärungen für die Teilsysteme sowie die EG-Konformitätserklärungen für den jeweiligen TEN-Streckenabschnitt und ggf. erforderliche Gebrauchstauglichkeitserklärungen vorzulegen.

Die zuständige *EBA*-Außenstelle prüft die Vollständigkeit und Nachvollziehbarkeit der Unterlagen sowie das komplexe Zusammenwirken der Teilelemente der Eisenbahnbetriebsanlage (Kohärenzprüfung) und den auf ihr vorgesehenen Betrieb. Fällt die Prüfung positiv aus, wird die Inbetriebnahmegenehmigung erteilt.

Die Abhängigkeiten zwischen den Beteiligten im EG-Zertifizierungs- und Inbetriebnahmeprozess für einen TEN-Streckenabschnitt zeigt Abb. 8.3.4.

Nach der Aufnahme des Regelbetriebs stehen in der Regel noch verschiedene Arbeiten und Aufgaben zur Nachbereitung an. Hierunter fällt der Abschluss von Restarbeiten durch die Auftragnehmer ebenso wie die Erfüllung der Nebenbestimmungen und Auflagen aus dem Inbetriebnahmeprozess.

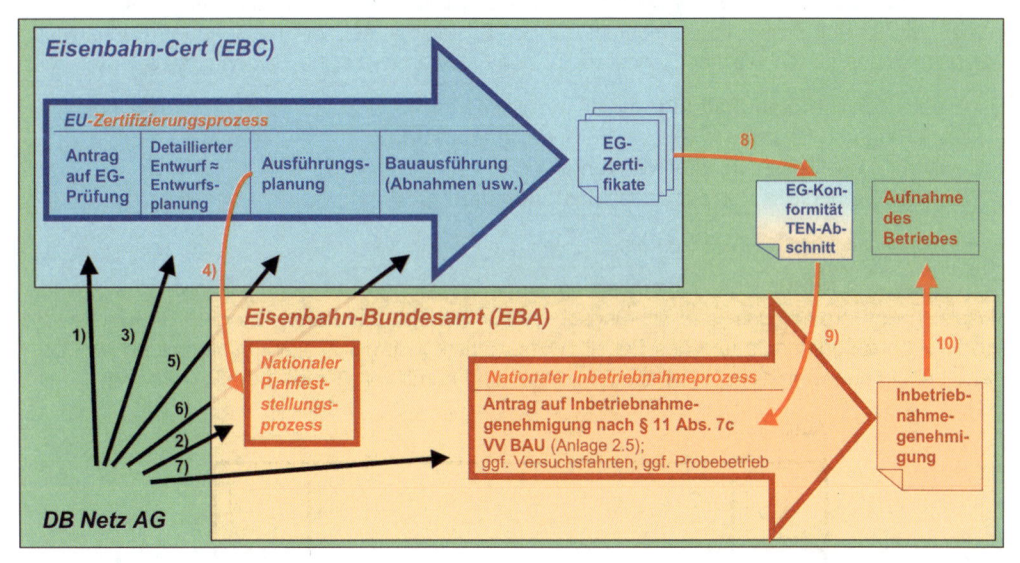

1) = Einreichung des Antrags auf EG-Prüfung; Arbeitsbeginn am Heft zur Überprüfung der Strecke (HzÜdS) – Infrastruktur, Phase 1
2) = Beantragung der erforderlichen Planfeststellungs- bzw. Planänderungsverfahren
3) = Vorlage des HzÜdS – Infrastruktur, Phase 1
4) = Vorlage des EG-Prüfberichts des EBC – Infrastruktur, Phase 1 als Grundlage zur Erteilung des Planfeststellungsbeschlusses
5) = Vorlage des HzÜdS – Infrastruktur, Phase 2; Arbeitsbeginn am HzÜdS – Energie
6) = Vorlage des HzÜdS – Infrastruktur, Phase 3, und des HzÜdS – Energie; ca. 8 bis 12 Wochen vor dem Inbetriebnahmetermin, letzte Einreichung von Zertifizierungsunterlagen
7) = Einreichung des Antrags auf Genehmigung der Inbetriebnahme gemäß § 6 TEIV bis möglichst 4 Monate vor Inbetriebnahme (max. Entscheidungsfrist des EBA)
8) = Erteilung der EG-Prüfbescheinigungen (EG-Zertifikate) für errichtete Teilsysteme spätestens 4 Wochen vor Inbetriebnahme
9) = Ausfertigung der EG-Prüferklärungen für die Teilsysteme sowie der EG-Konformitätserklärung durch den Antragsteller
10) = Erteilung der Inbetriebnahmegenehmigung durch die zuständige EBA-Außenstelle

Abb. 8.3.4: EU-Zertifizierungs- und Inbetriebnahmeprozess (nach [49])

8 Die Infrastruktur

Des Weiteren sind die Auflagen aus dem Genehmigungs- und EG-Zertifizierungsverfahren zu beachten. Abschließend ist die Dokumentation der neuen bzw. geänderten Anlagen sowie des gesamten zertifizierten TEN-Streckenabschnitts an das regionale Anlagenmanagement zu übergeben, das die aktuellen Bestandsunterlagen vorhält.

8.4 Instandhaltung

8.4.1 Grundlagen

Die Instandhaltung der Bahnanlagen soll sicherstellen, dass ein Fahrweg bereitgehalten wird, der den Anforderungen hinsichtlich Sicherheit, Komfort, Geschwindigkeit und Belastung dauerhaft entspricht. In diesem Handbuch werden lediglich einige Grundlagen zur Instandhaltung des Fahrwegs erläutert. Des Weiteren wird auf die Literaturstellen [53–58] verwiesen, in denen dieses Thema ausführlicher behandelt wird.

Die Instandhaltung ist unter Berücksichtigung technischer und wirtschaftlicher Gesichtspunkte immer auf den Soll-Zustand auszurichten. Der Soll-Zustand ist bei der Errichtung der Bahnanlagen herzustellen und im technischen Regelwerk für den Fahrweg und seine Elemente festgelegt.

Unter dem Begriff **Instandhaltung** werden alle Maßnahmen zur
– Feststellung und Beurteilung des Ist-Zustandes (**Inspektion**),
– Bewahrung des Soll-Zustandes (**Wartung**) und
– Wiederherstellung des Soll-Zustandes (**Instandsetzung**)

eines technischen Systems verstanden.

Der wesentliche Nutzen einer Instandhaltung ist die Schaffung eines Abnutzungsvorrates bzw. der Ausgleich des produktions- und alterungsbedingten Substanzverzehrs. Aus dem Blickwinkel des Produktionsmanagements und des Betriebswirtschaftlers liegt der Nutzen im Vermeiden von technisch bedingten Produktionsunterbrechungszeiten und damit von Ausfall- und Folgekosten.

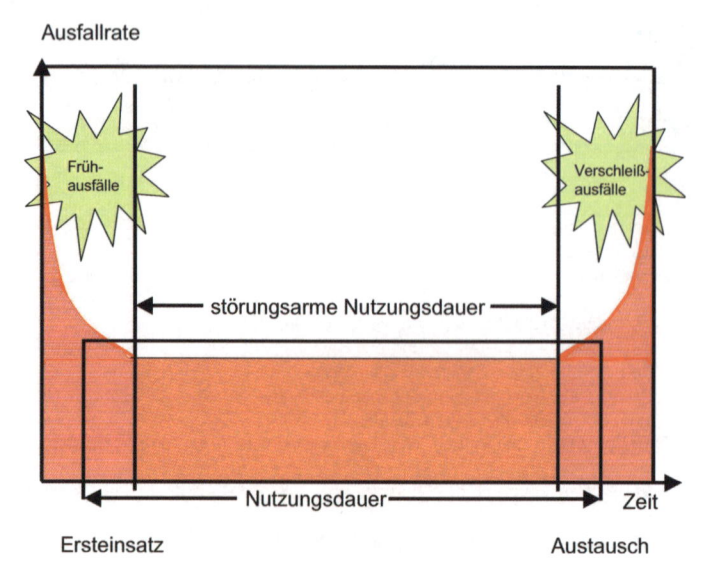

Abb. 8.4.1: Lebenslauf einer Anlage; Abhängigkeit der Ausfallrate von der Nutzungsdauer

8.4 Instandhaltung

Aus diesem Zusammenhang ist indirekt die Bedeutung der Instandhaltung für das Gesamtunternehmen zu erkennen, indem anhand der Ausfallfolgen plausibel die Notwendigkeit der Instandhaltung begründet wird.

Besonders plastisch lässt sich der Lebenslauf einer Anlage als „Badewannenkurve" darstellen (Abb. 8.4.1). Ausgehend von diesem Lebenslauf geben die durch die Ereignisse „Frühausfälle" und „Verschleißausfälle" gekennzeichneten Phasen Hinweise auf die Bedeutung des Instandhaltens. Diese Phasen können im Zusammenhang mit der Altersstruktur der Anlagen beobachtet werden. Sind die „Kinderkrankheiten" der Frühausfälle einzelner Komponenten überwunden, hängt die gesicherte Verfügbarkeit im Hinblick auf die Verschleißausfälle von einer kostenoptimalen, systematischen Instandhaltungsablaufplanung ab.

Abb. 8.4.2. zeigt den Verschleiß von Anlagen über die Zeit ihrer Nutzung. Jedes System oder Teilsystem weist bei seiner Inbetriebnahme den Soll-Zustand mit einem vollen Abnutzungsvorrat auf. Über die Zeit der Nutzung kommt es zu einer zeit- und nutzungsbedingten Verringerung der Fähigkeit des Systems, die Funktion voll zu erfüllen, für die es bestimmt bzw. entworfen wurde. Der Abnutzungsvorrat verringert sich, und die Differenz zwischen Soll- und Ist-Zustand wird immer größer. Die Schadensgrenze und der Ausfall des Systems oder eines Teilsystems darf dabei grundsätzlich nicht erreicht werden.

Der Ist-Zustand und damit der Verschleiß bzw. der noch vorhandene Abnutzungsvorrat wird durch die Inspektion ermittelt. Durch rechtzeitiges Erkennen von Schwachstellen und durch eine ständige Wartung kann der Instandsetzungsaufwand zur Wiederherstellung des Soll-Zustandes gering

---

H. KLOSTERMANN
GmbH & Co KG Bauunternehmung seit 1925

Unser Leistungsprogramm:

- Eisenbahnbau
  Gleis- und Weichen-Unterhaltung, -Umbau, -Neubau einschl. Zusammenhangsarbeiten, LST-Arbeiten, Signalausleger- u. brücken

- Ingenieurbau und Betonbau
  Brückenbau jeder Art,
  Bahnhofsanierungen,
  Wasserbau,
  Industriebau

- Tiefbau- und
  Verbauarbeiten
  einschl. Spezialtiefbau

Hauptniederlassung Hamm
Auf den Kämpen 16, 59071 Hamm
Tel.: 0 23 88 / 305-0, Fax: 0 23 88 / 305-270
E-Mail: info-hamm@klostermann-hamm.de
Internet: www.klostermann-hamm.de

Zweigniederlassung Oranienburg
Germendorfer Straße 73 A-D, 16727 Velten
Tel.: 0 33 04 / 39 34-0, Fax: 0 33 04 / 39 34-90
E-Mail: info-velten@klostermann-velten.de
Internet: www.klostermann-velten.de

8 Die Infrastruktur

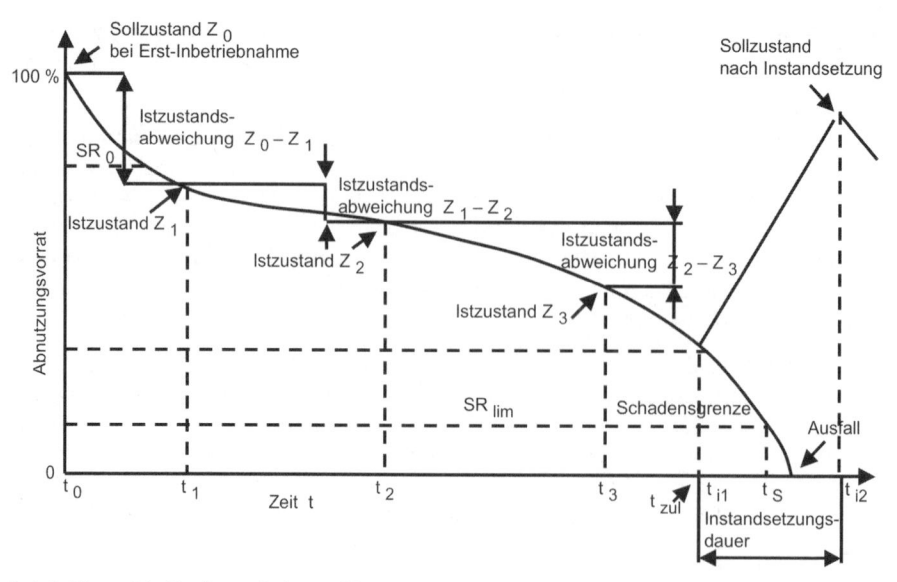

Abb. 8.4.2: Verschleiß einer Anlage über die Zeit der Nutzung

gehalten und besser geplant werden. Der Umfang von Wartung und Instandsetzung sowie deren optimaler Zeitpunkt müssen in Abhängigkeit von den jeweiligen streckenbezogenen Qualitäts- und Leistungsvorgaben unter Beachtung der örtlichen bautechnischen, betrieblichen und finanziellen Randbedingungen festgelegt werden.

Mit der Instandhaltung der Bahnanlagen ist ihre Betriebs-, Verkehrs- und Standsicherheit sicherzustellen und eine Gefährdung von Personen und Sachanlagen im Versagensfall oder bei Mängeln an Sicherungseinrichtungen auszuschließen. Die Bahnanlagen sind deshalb grundsätzlich so herzustellen und instand zu halten, dass
– die Fahrbahn für die vorgesehene Verkehrsbeanspruchung (Entwurfsgeschwindigkeit, Radsatzlasten, Streckenbelegung) und den geforderten Reisekomfort uneingeschränkt verfügbar ist (**Verfügbarkeit**),
– Bruchzustände im Bauwerk und/oder im Untergrund mit Sicherheit ausgeschlossen sind (**Tragfähigkeit**) und
– Die verursachten und entstehenden Verformungen unschädlich für den Eisenbahnbetrieb und für Dritte sind (**Gebrauchstauglichkeit**).

8.4.2 Gleisinstandhaltung

Wie jede industrielle Anlage müssen auch Gleisanlagen gewartet werden. Die Gleisgeometrie unterliegt neben den statischen und dynamischen Beanspruchungen durch die Betriebslasten auch noch den Witterungseinflüssen und anderen externen Einwirkungen (chemischer Art, Vegetation).

Im Sub-System Bahnkörper sind die engen Wechselbeziehungen zwischen den Teilsystemen Oberbau und Unterbau besonders zu betrachten. Die Lage und Liegedauer von Gleisen und Weichen wird im Wesentlichen beeinflusst von
– der betrieblichen Belastung,
– der Geschwindigkeit und der Radsatzlast,
– der geometrischen Lage und der Konstruktion sowie
– den Unterbau- und Untergrundverhältnissen.

8.4 Instandhaltung

Bei der Instandsetzung des Oberbaues wird folglich auch der Zustand des Unterbaues und Untergrundes als Bestandteil des Tragsystems mit einbezogen. Verformungen bzw. Schäden im Unterbau zeigen sich durch Fehler in der Gleislage und einen erhöhten Instandhaltungsaufwand an. Notwendige Maßnahmen zur Wartung und Instandhaltung des Unterbaus können deshalb aus diesen Anzeichen des Oberbaues abgeleitet werden. Dabei spielt die Wechselwirkung von Fahrweg und Fahrzeug eine besondere Rolle (vgl. auch Kap. 6.1.8).

Die Festlegungen der Zulassung und Instandhaltung von Fahrzeug und Gleis bedürfen einer interdisziplinären Abstimmung, um auszuschließen, dass der gemeinsame Abnutzungsvorrat unzulässig und möglicherweise einseitig in Anspruch genommen wird. Dieser gemeinsame Abnutzungsvorrat im System Fahrzeug/Gleis muss durch eine objektive Beschreibung der Ausfallgrenze unter Berücksichtigung der unvermeidbaren Streuungen der Maßstäbe festgelegt werden.

Gemeinsame Basis für die Bestimmung des Abnutzungsvorrates gegenüber der Ausfallgrenze sind die Fahrzeugreaktionen (Kräfte, Beschleunigungen) und die Geometriemessgrößen (Längshöhe, Verwindung usw.). Die hier geltenden allgemeinen Zusammenhänge für Maßstäbe und Streuungen ergeben sich aus Abb. 8.4.3.

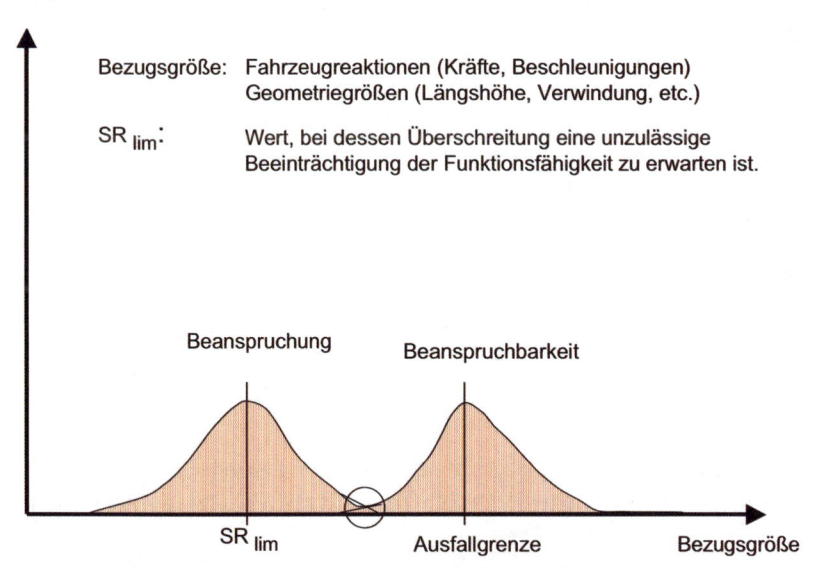

Abb. 8.4.3: Maßstäbe und Streuung der Gleisbeanspruchung

Aufgabe der Gleislagebeurteilung ist die Feststellung des Abnutzungsvorrates des Systems beim Einsatz des Kollektivs zugelassener Fahrzeuge auf dem zu beurteilenden Gleisabschnitt. Die hierfür verfügbaren Verfahren sind mit unterschiedlichen Streuungen behaftet.

Aufgabe der Fahrzeugzulassung ist aus oberbautechnischer Sicht der
- Nachweis eines ausreichenden Abnutzungsvorrates des Systems gegenüber der Ausfallgrenze für das zuzulassende Fahrzeug im Streckenkollektiv des Einsatzbereiches bei einer Instandhaltung gemäß den Richtlinien des Eisenbahninfrastrukturunternehmens,
- Nachweis eines ausreichenden Abnutzungsvorrates für eine wirtschaftliche Instandhaltung mit ihren Anforderungen an die Gleisgeometrie und Gleiskonstruktion sowie die Beanspruchung der Oberbaukomponenten.

Die Instandhaltung des Fahrwegs umfasst Wartung und Inspektion sowie den kurzfristigen Austausch schadhafter Teile zur Sicherung des reibungslosen Betriebes.

8 Die Infrastruktur

Werden die Richtwerte für die Instandhaltung überschritten, soll eine Instandhaltung geplant und durchgeführt werden. Wird der Gefahrengrenzwert überschritten, muss die Fehlerstelle entweder sofort behoben oder aber es muss eine Langsamfahrstelle eingerichtet werden.

Die Verantwortung für den ordnungsgemäßen Zustand des Oberbaues und für die sichere Durchführung der Oberbauarbeiten trägt der Anlagenverantwortliche. Zu seiner Verantwortung gehört auch, Arbeiten am Gleis frist- und formgerecht abzunehmen. Er muss sich auf geeignete Weise (z. B. Vorlage und Beurteilung der Inspektionsergebnisse) einen Überblick über den Anlagenzustand verschaffen. Dies ist erforderlich, damit er ggf. notwendig werdende weitere Maßnahmen (zusätzliche Inspektionen, Instandsetzung) veranlassen kann.

Die Inspektion soll die Funktionsfähigkeit des Oberbaues für das jeweilige Anforderungsprofil (insbesondere hinsichtlich der zulässigen Geschwindigkeit und Radsatzlast) und somit eine sichere Betriebsführung und Hinweise für den Zeitpunkt einer technisch/wirtschaftlichen Instandsetzung geben.

Die Beurteilungsmaßstäbe SR (= Störgröße/Reaktion) für den oberbautechnisch nutzbaren Abnutzungsvorrat sind:
- SR_A ist der Wert, bei dessen Überschreitung eine Beurteilung hinsichtlich der Einplanung einer Instandsetzungsmaßnahme unter wirtschaftlichen Gesichtspunkten erforderlich ist.
- SR_{100} ist der Wert, der den technisch/wirtschaftlichen Abnutzungsvorrat beinhaltet. Bei dessen Überschreitung ist eine Instandsetzung bis zur nächsten Regelinspektion erforderlich. Der späteste Zeitpunkt der Instandsetzung ist durch das Maß der Überschreitung von SR_{100} in Verbindung mit der Fehlerentwicklung bestimmt. Bei einer Überschreitung von SR_{100} kann ohne eine zwischenzeitliche Instandsetzung ein Überschreiten von SR_{lim} bis zur nächsten Regelinspektion nicht ausgeschlossen werden.
- SR_{lim} ist der Wert, bei dessen Überschreitung eine Beeinträchtigung der Funktionsfähigkeit zu erwarten ist. Eine Instandsetzung ist in kürzest möglicher Zeit durchzuführen.

Prüfungen des Oberbaus sind
- Prüfung der Gleisgeometrie mit Gleismessfahrzeugen (GMFZ),
- fahrtechnische Prüfungen,
- Gleisbegehung,
- Streckenbefahrung,
- Inspektion der Weichen, Kreuzungen, Schienenauszüge und Hemmschuhauswurfvorrichtungen,
- Ultraschallprüfung von Schienen mit dem Schienenprüfzug (SPZ) oder Schienenprüfgerät (SPG),
- Prüfung des Schienenkopflängsprofils,
- Stoßlückenprüfung,
- Prüfung der Spurhaltefähigkeit,
- Prüfung und Messung der Abnutzung der Schienen im Gleis,
- Prüfung des Schallpegels mit Schallmesszug,
- Inspektion von Notlaschenverbindungen.

Um den hohen Qualitätsanforderungen – heute besonders auch im Hochgeschwindigkeitsverkehr und für Neigezüge – gerecht zu werden, werden schnell fahrende Oberbaumesswagen mit kontaktlosen Messsystemen eingesetzt, die eine amplituden- und phasengetreue Auswertung der Gleisfehler erlauben. Seit einigen Jahren setzen mehr und mehr Bahnen auch Multifunktionsmessfahrzeuge ein, mit denen gleichzeitig z. B. Oberbau, Fahrleitung und Profil vermessen werden können und parallel Videoaufnahmen von Fahrwegelementen erstellt werden. Für eine effiziente Instandhaltung und Planung werden die Messfahrten ebenso wie die Gleisbauarbeiten mit anderen Inspektionen und Instandhaltungsarbeiten koordiniert. Im Gleis werden Längshöhe, absolute Lage, Wellenlänge, Pfeilhöhe, Überhöhung, Verwindung, Spurweite und Gleislücken gemessen. Weiterhin werden Schienenparameter wie Materialeigenschaften, Oberflächenfehler und Befestigungsmittel (mit Video-

8.4 Instandhaltung

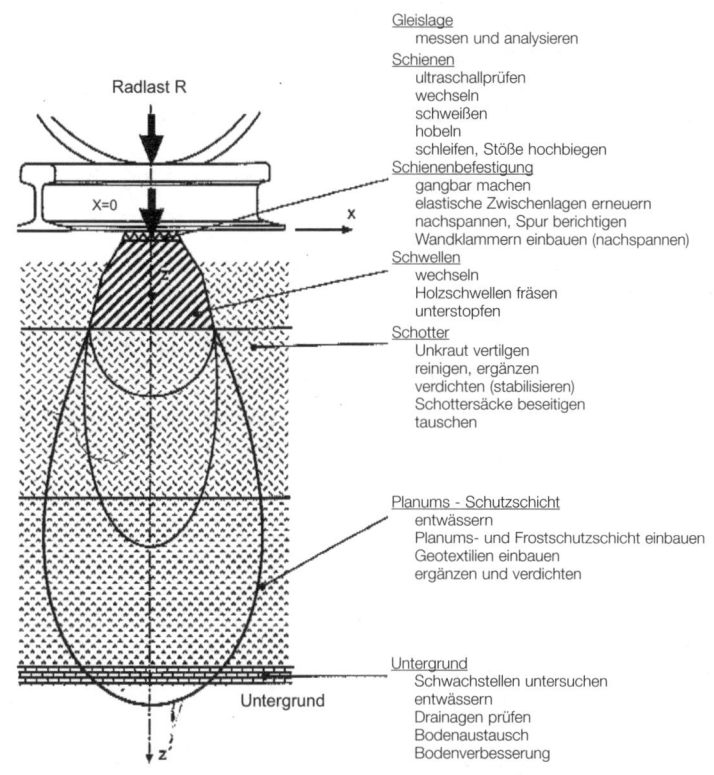

Gleislage
  messen und analysieren
Schienen
  ultraschallprüfen
  wechseln
  schweißen
  hobeln
  schleifen, Stöße hochbiegen
Schienenbefestigung
  gangbar machen
  elastische Zwischenlagen erneuern
  nachspannen, Spur berichtigen
  Wandklammern einbauen (nachspannen)
Schwellen
  wechseln
  Holzschwellen fräsen
  unterstopfen
Schotter
  Unkraut vertilgen
  reinigen, ergänzen
  verdichten (stabilisieren)
  Schottersäcke beseitigen
  tauschen
Planums - Schutzschicht
  entwässern
  Planums- und Frostschutzschicht einbauen
  Geotextilien einbauen
  ergänzen und verdichten
Untergrund
  Schwachstellen untersuchen
  entwässern
  Drainagen prüfen
  Bodenaustausch
  Bodenverbesserung

Abb. 8.4.4: Bauteile des Gleises und Instandhaltungsmaßnahmen

aufzeichnungen), Riffel, Schienenneigung, -abnutzung, -temperatur und Weichenmaße gemessen. Allgemeine Informationen über die Bettung, Pflanzenwuchs, das Fahrleitungssystem, Brücken und Tunnel- und Lichtraumprofil können Videoinspektionssysteme liefern.

Die Bauteile des Gleises verfügen je nach Einsatzdauer und Beanspruchung nur über eine begrenzte Lebensdauer, nach der sie ersetzt bzw. erneuert werden müssen. Eine Übersicht zeigt Abb. 8.4.4.

Bei normalen hoch beanspruchten Hauptgleisen gelten näherungsweise die in Abb. 8.4.5 dargestellten Durcharbeitungszyklen bzw. Lebensdauern für die Gleiskomponenten.

Stopfen	40–70 Mio. t	4–5 Jahre
Schleifen	20–30 Mio. t	1–3 Jahre
Reinigung	150–300 Mio. t	12–15 Jahre
Schienenerneuerung	300–1000 Mio. t	10–15 Jahre
Holzschwellenerneuerung	250–600 Mio. t	20–30 Jahre
Betonschwellenerneuerung	350–700 Mio. t	30–40 Jahre
Befestigungsmittel	100–500 Mio. t	10–30 Jahre
Schottererneuerung	200–500 Mio. t	20–30 Jahre
Sanierter Untergrund	> 500 Mio. t	> 40 Jahre

Abb. 8.4.5: Tabelle der Lebensdauer für Gleiskomponenten

8 Die Infrastruktur

Wegen immer schnellerer Züge, größerer Achslasten, höherer Trassenbelegungen, Kostenoptimierung, Gewährleistung der Sicherheit und wachsender Kundenansprüche an Pünktlichkeit, Schnelligkeit und Komfort kommt der nach Fertigstellung einer Oberbaumaßnahme erreichten Qualität hohe Bedeutung zu. Die Anfangsqualität ist direkt oder indirekt abhängig von
– der Wahl des geeigneten Bauverfahrens,
– der Eignung und Leistungsfähigkeit der eingesetzten Geräte und Materialien,
– dem Einsatz qualifizierter und leistungsfähiger Firmen,
– der Bemessung der zur Verfügung stehenden Sperrpausen,
– der Qualifizierung der eingesetzten Bauüberwacher und
– den zur Verfügung gestellten Wirtschaftsmitteln

sowie nicht direkt zu beeinflussenden Faktoren wie Witterung oder aber auch Abweichungen von der Betriebslage mit Auswirkungen auf die Baustelle (Störung, außergewöhnliche Ereignisse etc.).

Nach Erreichen der Eingriffsschwelle (gewünschter Fahrkomfort) wird das Gleis gestopft. Durch die Stopfarbeit wird das Gleis wieder in seine geometrisch richtige Lage gebracht. Mit der Stopfung
– wird die geforderte Soll-Höhenlage des Gleises hergestellt;
– werden Lagefehler berichtigt;
– werden gleichmäßig verdichtete, tragfähige Schwellenaufleger zur besseren Lastverteilung auf mehrere Schwellen hergestellt;
– wird eine lang währende Lagestabilität erreicht.

Anschließend nimmt der Fehler linear zu. Je nach Betriebsbelastung und konstruktiver Gestaltung des Gleisrostes geht diese lineare Verschlechterungsrate schließlich in eine exponentiell ansteigende über. Dies geschieht vor allem dann, wenn zu spät gereinigt wird oder Untergrundprobleme (Aufsteigen von Feinanteilen usw.) vorliegen. Durch die Verschmutzung des Schotters verliert dieser seine lastverteilende Wirkung. Dadurch steigen die Schotterpressung unter den Schwellen und der Druck auf den Untergrund – die Stopfung ist nicht haltbar. Gleichzeitig sinkt die durch die Stopfung erreichbare Qualität.

Abb. 8.4.6 zeigt gemessene Werte aus der Praxis für den Streubereich der erreichbaren Anfangsqualitäten eines Gleises nach der Stopfung, abhängig von den Verschlechterungsraten. Die obere Begrenzungslinie des Streubereiches im Diagramm entspricht schlechten Gleisen. Von Stopfung zu Stopfung wird die erreichbare Anfangsqualität geringer, die Instandhaltungszyklusdauer immer kürzer. Es müssen grundlegendere Maßnahmen zur Gleislageverbesserung getroffen werden, als jene der Stopfung. Diese Maßnahmen können je nach Art der Ursache z.B. Schotterreinigung oder Planumsverbesserung sein. Die untere Begrenzungslinie ist für Hochgeschwindigkeitsgleise zutreffend. Sie haben sehr hohe erreichbare Anfangsqualitäten, die sich mit der Belastung kaum ändern.

Die Verschlechterungsrate ist durch die folgenden Parameter beeinflussbar:
– ein größeres Trägheitsmoment der Schiene verlangsamt den Verfall
– ein Verkleinern des Schwellenabstandes wirkt sich günstig aus
– enge Kurvenradien wirken nachteilig
– homogene Verdichtung von Untergrund und Schotterschicht ist ein wichtiger Faktor für die Dauerhaftigkeit der Gleislage
– die Schwankung der vertikalen Elastizität zeigt negative Auswirkungen und
– das Spektrum der ins Gleis eingebrachten Kräfte ist insbesondere bei hohen Geschwindigkeiten ein entscheidender Faktor

Dynamische Kräfte, insbesondere die auftretenden maximalen dynamischen Kräfte, bringen eine überproportionale Schädigung des Gleises mit sich.

8.4 Instandhaltung

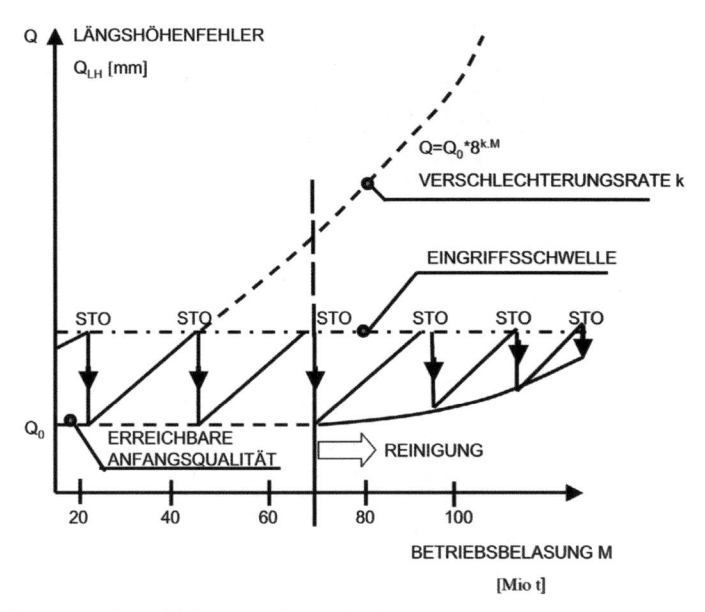

Abb. 8.4.6: Schematischer Gleisqualitätsverlauf

Das Stopfen erfolgt durch moderne Mehrschwellenstopfmaschinen mit Leistungen von über 2 km/Stunde. Diese ermöglichen, dass in einem Arbeitsgang gehoben, gerichtet und gestopft wird. Die dynamische Gleisstabilisation, die z. T. schon in Stopfmaschinen integriert ist, bringt eine Verfestigung des Schotters, erhöht den Querverschiebewiderstand und führt zu einer sehr guten Gleislage (Abb. 8.4.7). Für Weichenbereiche stehen universelle Gleis- und Weichenstopfmaschinen zur Verfügung. Um einen optimalen Bettungsquerschnitt zu erreichen und den Schotter gut zu verteilen, wurden Schotterverteil- und Planiermaschinen mit Kehr- und Aufnahmeeinrichtungen entwickelt.

Für die Hebung des Schotters muss ausreichend Schotter vorhanden sein. Falls der Schotter z. B. durch aufsteigenden Untergrund, herausfallendes Ladegut, Laubfall, Wildbewuchs u. ä. stark verschmutzt ist, muss der Schotter mit der „Bettungsreinigungsmaschine" gereinigt werden, mit der das Schotterbett in seiner gesamten Breite ausgehoben werden muss. Nur so kann ein starker Abfall des Tragverhaltens vermieden und die langfristige Entwässerung sichergestellt werden.

Die Schienen im Gleis bedürfen besonderer Behandlungen. Das Beseitigen der Riffeln und Schlupfwellen erfolgt durch Schleifen, Hobeln oder Fräsen. Die Leistung der Arbeitsmaschinen ist von der abzunehmenden Stahlmasse und deren Qualität abhängig.

Größere Schienenfehler werden durch profilgerechtes Hobeln des Schienenkopfes in mehreren Arbeitsgängen beseitigt. Messvorrichtungen verhindern ein zu tiefes Hobeln. Das hydraulisch betätigte Hobelaggregat bearbeitet mit schnell wechselbaren Werkzeugen die Schienenfahrfläche und deren Rundungen. Damit kann das gewünschte Profil wieder hergestellt werden, ohne dass die Schienen ausgebaut werden müssen.

Riffeln und Schlupfwellen geringer Tiefe werden durch Einsatz von Schleifmaschinen (Schleifzüge) in mehreren Arbeitsgängen beseitigt. Die Schleifmaschinen besitzen einzeln angetriebene Scheiben; ihre Drehzahl und ihr Anpressdruck werden der Fehlergröße angepasst. Seitlich ausragende Grate werden von zusätzlichen Scheiben beseitigt.

Durch Optimierung bestimmter Faktoren (z. B. Wahl qualitativ hochwertiger Materialien (Schotter, Schiene) und sorgfältiger Bauausführung (z. B. Herstellen eines homogenen Schotterbettes, lagenweises

8 Die Infrastruktur

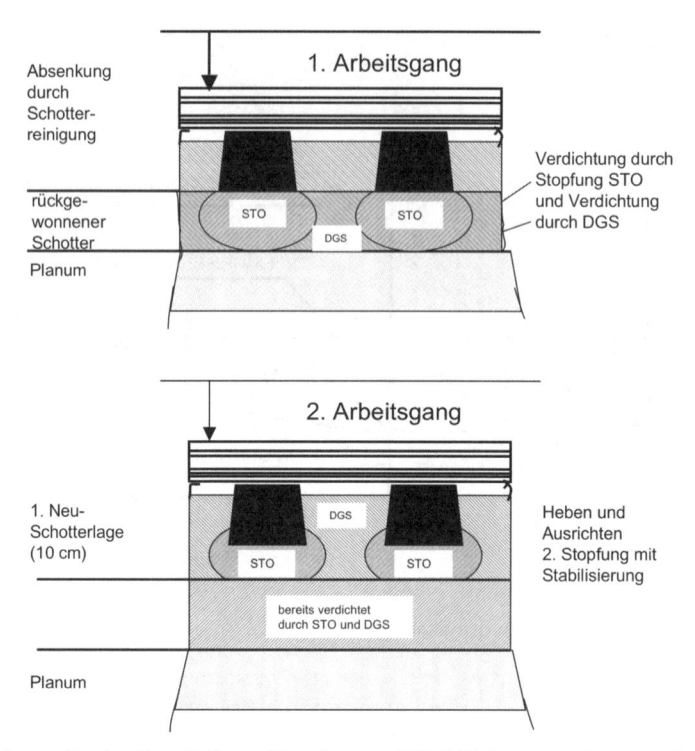

Abb. 8.4.7: Schematische Darstellung Stopfen und Stabilisierung – lagenweises Verdichten

Verdichten usw.) lassen sich die Steigungen der Qualitätsverfallskurven verflachen, was zu einer Verlängerung der Instandhaltungszyklen führt und sich günstig auf die gesamte Nutzungsdauer auswirkt.

Die Sorgfalt der Ausführungen kann durch entsprechende Rahmenbedingungen erhöht werden. Hier setzt die Schnittstelle zur Baubetriebsplanung ein. Die wirtschaftliche Instandhaltung erfordert ausreichende Sperrpausen (oder Zugpausen). In einer Sperrpause muss beispielsweise eine Oberbaumaschine zur Baustelle überstellt werden, dann auf- und abgerüstet werden und ihre Leistung erbringen. Abb. 8.4.8 kann die große Bedeutung der Sperrpausendauer entnommen werden. Bei der Planung von Baustellen sollten daher so lange Sperrpausen wie nur irgend möglich gewählt werden. Der nächst wichtige Parameter ist die Arbeitsgeschwindigkeit der Oberbaumaschine selbst. Eine Erhöhung bringt auch eine Steigerung der Produktion mit sich.

Seitens der Instandhaltungsdienste ist eine detaillierte Planung erforderlich. Diese beinhaltet alle Aktivitäten der an der eigentlichen Baudurchführung Beteiligten. Planungsgrundlage ist u. a.
– das Erstellen eines Bauablaufplanes,
– das Aufstellen eines Betriebsablaufplanes sowie
– weitere vorbereitende Maßnahmen zur Baudurchführung.

In einem detaillierten Bauablaufplan werden alle Arbeiten zeitlich und räumlich aufeinander abgestimmt, um die erforderlichen Baukapazitäten (Personale, Baumaschinen, Transportmittel) zu ermitteln und festzulegen. Ebenso können in diesem Zeitraum Überlegungen zur sinnvollen Ausnutzung der vorhandenen Sperrpause auch für andere Baumaßnahmen angestellt werden, um einerseits die ohnehin knappen Ressourcen der zur Verfügung stehenden Sperrpausen optimal zu nutzen, andererseits um Planungskapazitäten beispielsweise zur Erstellung von Sonderfahrplänen etc. sinnvoll auszuschöpfen.

8.4 Instandhaltung

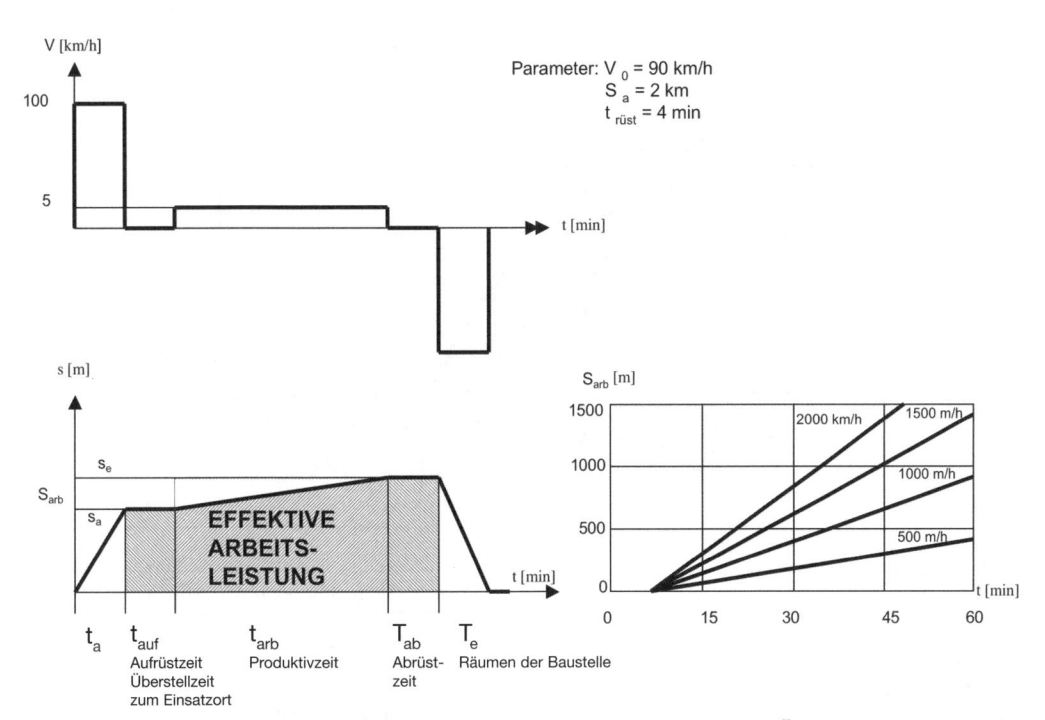

Abb. 8.4.8: Zusammenhang zwischen Arbeitslänge, abhängig von Überstellzeiten, Rüstzeiten, Arbeitsgeschwindigkeit und Produktionszeit

Eine besondere Bedeutung erhält bei umfangreichen Oberbaumaßnahmen die Ermittlung des erforderlichen Gleisbedarfes für Baufahrzeuge und somit das Erstellen von Gleisbelegungsplänen. Der Anlagenbestand lässt derzeit eine Nutzung für Bauzwecke abweichend von der bestellten Nutzung nur noch in besonderen Ausnahmefällen zu. So benötigen Großbaustellen für wirtschaftliche Gleiserneuerungen im Fließbandverfahren große Aufstelllängen.

Bei langen Transportwegen besteht die Gefahr, dass die zur Verfügung stehenden Sperrpausen für den effektiven Einsatz nicht optimal genutzt werden können. Dies führt zwangsläufig zu geringerer Leistungsfähigkeit und Wirtschaftlichkeit. Zudem wird deutlich, dass eine Entzerrung von Baustellen durch eine optimale Baubetriebsplanung schon allein vor dem Hintergrund der zwangsläufigen Belastungen der Knotenpunkte und deren begrenzter Kapazität zwingend erforderlich ist.

8.4.3 Instandhaltung von Brücken und Tunneln

Entsprechend dem Alter ihrer Brücken verfügen Eisenbahninfrastrukturunternehmen über eine langjährige Erfahrung im Bereich der Brückeninstandhaltung. Vereinfacht lässt sich der Alterungsprozess in einer Standard-Alterungskurve darstellen (Abb. 8.4.9).

Kernstück der Instandhaltung ist die so genannte Regelbegutachtung, die alle sechs Jahre stattfindet. Diese Begutachtung wird von erfahrenen Ingenieuren und einem Prüftrupp durchgeführt. Dieser reinigt das zu prüfende Bauwerk vor der Begutachtung und nimmt die vorhandenen Schäden auf. Aufgrund der so erstellten Schadensliste und einer vorwiegend visuellen Inspektion wird für jedes Bauwerksteil einer Brücke (Überbauten, Widerlager und Pfeiler) eine Wertung abgegeben. Ausgehend vom Ist-Zustand hat der Prüfende Prognosen über die zu erwartende Zustandsentwicklung

8 Die Infrastruktur

Standard-Alterungskurve:

[Diagramm: Schadenkategorien über Zeit (Jahre), 6 bis 120]

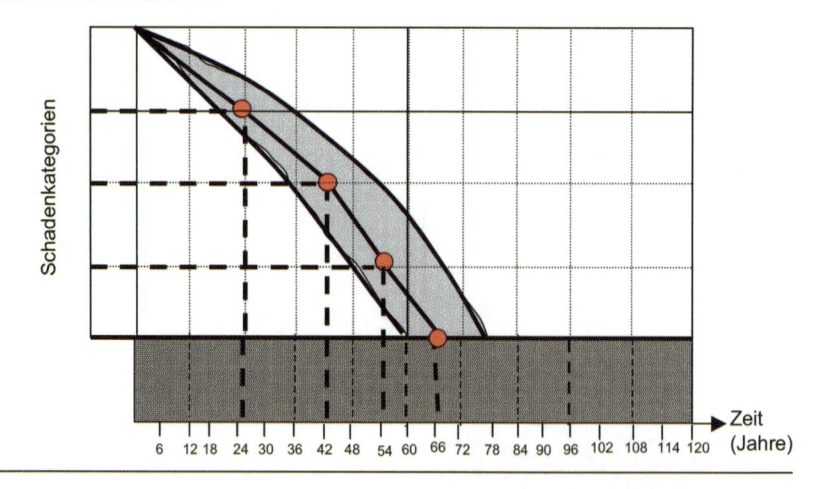

Einflussfaktoren:

Alterung beschleunigend:

- Industrielle Umgebung
- städtische Umgebung
- Meeresnähe
- Brücke über Gewässer mit geringer lichter Höhe
- Einflussbereich von Streusalz
- mindere Qualität der Beschichtungsstoffe

- mindere Qualität der Beschichtungs-Applikation
- 2. und folgende Neubeschichtung
- mangelhafte Entwässerung
- mindere Betonqualität
- ungünstige konstruktive Ausbildung

Alterung verlangsamend:

- ländliche Umgebung
- vor Witterung geschützt

Abb. 8.4.9: Standard-Alterungskurve und Einflussfaktoren

abzugeben. Ggf. werden weitergehende Materialprüfungen auch Prüfungen der statischen Verhältnisse und ggf. Instandsetzungsmaßnahmen angeordnet.

Grundsätze der Beurteilung des Zustandes von Brücken und von Maßnahmen zur Instandhaltung sind:
– Bei der Beurteilung ist klar zwischen den sicherheitsrelevanten und den nicht sicherheitsrelevanten Schäden und Mängeln zu unterscheiden.
– Der Prüfende soll neben der Beurteilung des Ist-Zustandes Prognosen bezüglich des Zustandes in zukünftigen Jahren abgeben.
– Der Mittelbedarf bei einer nach wirtschaftlichen Grundsätzen optimierten Instandhaltung und Darstellung der Konsequenzen beim Abweichen von der optimalen Instandhaltungsstrategie ist aufzuzeigen.
– Es sollen verschiedene Maßnahmenvarianten als Handlungsalternativen aufgezeigt und Aussagen über den Nutzen möglicher Zustandsverbesserungen gegeben werden.

Für Brückenuntersuchungen stehen 2-Wegefahrzeuge für Inspektionen vom Gleis und von Straßen oder freiem Gelände zur Verfügung. An großen Brücken sind – soweit diese nicht von unten zugänglich sind – Brückenbesichtigungsgeräte installiert.

Bei der Inspektion von Tunnelbauwerken werden verschiedene Aufnahmesysteme eingesetzt, die bei Streckenfahrten mit Geschwindigkeiten bis 60 km/h arbeiten. Es werden Tunnelinspektionsfahrzeuge eingesetzt, mit denen manuelle und automatische Inspektionen gleichzeitig durchgeführt werden können. Dabei werden Video, Thermografie, Laser- und elektromagnetische Systeme genutzt.

8.4.4 Instandhaltung der Erdbauwerke

Als Teil der Erdbauwerke gelten Erdkörper, Stützbauwerke und Durchlässe sowie diejenigen Anlagen, die zusätzlich zur Erhaltung der Funktionsfähigkeit von Erdbauwerken notwendig sind, auch Oberflächensicherungen, Absturzsicherungen, Entwässerungsanlagen und ggf. Lärmschutzbauwerke.

Erdbauwerke müssen regelmäßig und ggf. auf besondere Anordnung zusätzlich bezüglich ihrer Betriebs-, Verkehrs- und Standsicherheit inspiziert werden.

Bei den regelmäßigen und mehrstufigen Inspektionen sind die Inspektionsarten
– Überwachung,
– Untersuchung,
– Regelbegutachtung und
– Sonderbegutachtung

zu unterscheiden.

Überwachungen beschränken sich auf die Feststellung von Unregelmäßigkeiten im Rahmen von Streckenfahrten oder Streckengängen im Regelfall vom Gleisbereich aus. Überwachungen in besonderen Fällen können auch bei außergewöhnlichen Ereignissen wie Baumaßnahmen, starken Regenfällen oder Unfällen notwendig werden.

Untersuchungen dienen objektkonkret der Feststellung und Beurteilung des Ist-Zustandes durch Inaugenscheinnahme. Sie sollen vorzugsweise nach Ende der Frostperiode und vor Beginn der Vegetationsperiode durchgeführt werden. Wenn Schäden oder Mängel sowie Veränderungen gegenüber den Erfassungsdaten festgestellt werden, ist ein Befundblatt anzulegen.

Regelbegutachtungen durch Fachbeauftragte sind eingehende objektbezogene Inspektionen durch Inaugenscheinnahme, Untersuchungen und ggf. Messungen.

Grundlage der Inspektion ist die **Erfassung** der Erdbauwerke mit der Feststellung und Beurteilung des Ist-Zustandes, der Bewertung und der Klassifizierung nach Bauwerksklassen. Die Feststellung und Beurteilung des Ist-Zustandes erfolgt anhand von Begehungen. Dabei werden die Erfassungsdaten in Erfassungsblätter eingetragen und in ein EDV-System eingegeben.

Im Ergebnis der Bewertung sind die Erdbauwerke nach vorgegebenen Kriterien in **Bauwerksklassen** einzustufen. Alle Erdbauwerke, bei denen im Versagensfalle oder bei Mängeln an Sicherungseinrichtungen der Eisenbahnbetrieb, Personen oder Sachanlagen gefährdet werden können, sind den Bauwerksklassen 2 oder 3 zuzuordnen. Dabei sind mögliche Gefährdungen durch Naturereignisse besonders zu berücksichtigen.

Für die Einstufung von Erdkörpern in Bauwerksklassen gelten Kriterien entsprechend Abb. 8.4.10.

Für Stützbauwerke und Durchlässe sind vergleichbare Kriterien zur Einstufung angegeben.

Eine Sonderbegutachtung ist in besonderen Fällen auf Grund vorhergegangener Inspektionen z.B. bei außergewöhnlichen Ereignissen zu veranlassen. Sie kann den Umfang der Regelbegutachtung übersteigen, beispielsweise durch vermessungstechnische Aufnahmen, boden- oder felsmechanische Untersuchungen oder geotechnische Kartierungen.

Erdbauwerke sind auf Grund der Ergebnisse der Inspektion, d.h. in Abhängigkeit des festgestellten Zustandes zu warten und instand zu setzen. Aus den Angaben im Befundblatt werden die Art der Maßnahme, der Zeitraum und die Kosten für die Beseitigung der am Bauwerk festgestellten Mängel und Schäden abgeleitet und in Maßnahmeblättern dokumentiert.

Die Wartung als Maßnahme zur Bewahrung des Soll-Zustandes kann umfassen:
– Beräumung von Böschungen, insbesondere von Felsböschungen und Fangräumen,

8 Die Infrastruktur

Bauwerksklasse 1	Bauwerksklasse 2	Bauwerksklasse 3
- nicht der Bauwerksklasse 2 oder 3 zugeordnete Erdkörper - Erdkörper im Eigentum Dritter mit Verpflichtungen des Dritten zur Instandhaltung	- Felsböschungen und -hänge gemäß Zuordnung - technisch nicht gesicherte Lockergesteinsböschungen und -hänge mit einer Böschungshöhe $\geq$ 3,00 m und einer Böschungsneigung < 1:1 - Lärmschutzbauwerke, die nicht im Zusammenhang mit Erdbauwerken zu untersuchen sind	- Felsböschungen und -hänge gemäß Zuordnung - technisch nicht gesicherte Lockergesteinsböschungen und -hänge mit einer Böschungshöhe $\geq$ 3,00 m und einer Böschungsneigung $\geq$ 1:1 - technisch gesicherte Lockergesteinsböschungen - Erdkörper mit besonderem Gefährdungspotenzial aus dem Baugrund - unterirdische Hohlräume im Bereich von Gleisanlagen - Uferböschungen - Erdkörper mit Entwässerungsanlagen zur Sicherung von Böschungen und Hängen (z. B. Kaskaden, Sickerstützscheiben, Böschungsrigolen) - Erdkörper, deren Versagen eine erhebliche Beeinträchtigung der Sicherheit des Eisenbahnbetriebes oder von Betriebsanlagen und/oder von Anlagen Dritter zur Folge haben kann

Abb. 8.4.10: Einstufung von Erdkörpern in Bauwerksklassen

– Pflege von Bepflanzungen (auch zum Freihalten des lichten Raumes und bei Gefahr von Wind- und Schneeeinbruch),
– Reinigung von Entwässerungsanlagen (Beräumung von Bahn- und Vorflutgräben oder Kaskaden, Spülung von Rohleitungen).

8.4.5 Instandhaltung der Anlagen der Leit- und Sicherungstechnik (LST)

Alle Maßnahmen an den Anlagen der Leit- und Sicherungstechnik (LST-Anlagen) müssen darauf ausgerichtet sein, die Sicherheit im Eisenbahnbetrieb zu gewährleisten und die Verfügbarkeit der LST-Anlagen durch Vorsorge gegen Ausfälle zu erhalten und durch rasche Instandsetzung den Sollzustand wiederherzustellen. Wegen der Bedeutung für die Sicherheit gelten strenge Regelungen für den Zugang zu den Anlagen und für die Personen die diese Anlagen planen, bauen und instand halten.

Zur **dezentralen** Instandsetzung der LST-Anlagen gehören
– die Arbeiten zur Wiederherstellung des Sollzustandes durch Behebung von Störungen und der bei Inspektionen festgestellten Mängel,
– das Durcharbeiten (Prüfen und Instandsetzen durch Bearbeiten oder Auswechseln) der Anlagenteile in regelmäßigen Zeitabständen.

8.4 Instandhaltung

Während bei der dezentralen Instandsetzung die Anlagen vor Ort geprüft und ggf. repariert werden, umfasst die **zentrale** Instandsetzung alle Arbeiten zur Herstellung des Sollzustandes an ausgebauten und zur Wiederherstellung vorgesehenen Anlagenteilen. Diese Instandsetzung wird in besonderen Instandsetzungswerkstätten und bei den Signalbaufirmen durchgeführt.

Von der Instandhaltung zu unterscheiden ist die „Montage" (Errichtung oder Veränderung von Anlagen). Die LST-Anlagen werden den Beanspruchungsgraden **normal**, **stark** und **schwach** zugeschieden. Diesen Beanspruchungsgraden entsprechend werden die sie nach unterschiedlichen Fristen instand gehalten.

Die LST-Anlagen dürfen grundsätzlich nur nach geprüften und vom Eisenbahnbundesamt (EBA) bauaufsichtlich freigegebenen Plänen errichtet oder geändert werden.

Werden vorübergehende Änderungen an LST-Anlagen erforderlich
– bei Störungen, die kurzfristig nicht behoben werden können, zur Aufrechterhaltung der Betriebssicherheit,
– bei Unfällen zur temporären Wiederherstellung der Fahrmöglichkeiten unter Beachtung betrieblicher Ersatzmaßnahmen,
– bei Umbauarbeiten im Rahmen der Verfügbarkeit anderer Fahrwege,

sind diese durch den Anlagenverantwortlichen besonders anzuordnen und dem *EBA* anzuzeigen und vorzulegen.

Vorübergehende Änderungen müssen durch einen Planer LST (Planprüfberechtigung in mindestens einer Technik des betroffenen Technikkomplexes erforderlich) geprüft werden. Die örtlichen Planungsunterlagen sind Bestandteile der Anlage. Bei einer erkannten Abweichung der Planunterlagen von den vorhandenen Anlagen muss eine Korrektur der Planungsunterlagen veranlasst werden.

8 Die Infrastruktur

Für die Montage und Instandhaltung dürfen grundsätzlich nur vom *EBA* zugelassene und für die Anwendung bei der *DB AG* freigegebene Materialien sowie Komponenten und Systeme der Hard- und Software verwendet werden.

Die Innen- und Außenanlagen der LST-Anlagen müssen bestimmten Anforderungen entsprechen, damit nur signaltechnisch gesicherte Fahrwege und freie Blockabschnitte zum Befahren mit der jeweils zulässigen Geschwindigkeit freigegeben werden und die Sicherung des Fahrweges ausreichend lange erhalten bleibt. Diese Einrichtungen und deren gegenseitige Abhängigkeiten umfassen alle signaltechnischen Vorbedingungen für die Sicherheit im Eisenbahnbetrieb. Diese Abhängigkeiten betreffen u. a. die Stell- und Überwachungseinrichtungen von
– Signalen,
– Weichen, Gleissperren, Riegeln, Flachkreuzungen,
– technischen Bahnübergangs-Sicherungseinrichtungen,
– Gleisfreimeldeanlagen,
– Blockeinrichtungen und
– Zugbeeinflussungsanlagen.

Können bei Instandhaltungsarbeiten die Abhängigkeiten beeinträchtigt werden, sind vor deren Beginn die für die sichere Durchführung der Zugfahrten und Rangierbewegungen erforderlichen betrieblichen Maßnahmen vom Anlagenverantwortlichen vorzuschreiben.

Betriebliche Maßnahmen sind z. B.
– Erklären der aufgehobenen Signalabhängigkeit,
– Fahrwegprüfung durch Augenschein,
– Räumungsprüfung auf Zeit, Rückmelden,
– Ankündigen,
– Sichern von Weichen durch Handverschluss,
– Einzelsperren von Weichen,
– Zustimmung einer signaltechnischen Fachkraft zu Bedienungshandlungen,
– Sichern von Bahnübergängen.

Während einer Zugfahrt oder Rangierbewegung darf an den Anlagenteilen, die zu diesen Fahrten gehören, ohne Einführung der betrieblichen Maßnahmen nicht gearbeitet werden.

Bei Arbeiten zur Vorbereitung oder Durchführung von Montagearbeiten ist bei Bedarf zusätzlich zu den für die sichere Durchführung der Zugfahrten und Rangierbewegungen erforderlichen betrieblichen Maßnahmen die zulässige Geschwindigkeit zu beschränken.

Wenn bei geplanten Instandhaltungsarbeiten voraussichtlich für mehr als zwei Zugfahrten die LST-Anlagen ganz oder teilweise außer Betrieb gesetzt werden oder die Abhängigkeiten in signaltechnisch gesicherten Fahrwegen aufgehoben werden müssen, neue LST-Anlagen in Betrieb genommen, Montagearbeiten vorbereitet oder durchgeführt werden, Weichen eingebaut oder ausgewechselt werden, muss eine besondere formelle schriftliche Regelung – eine Betriebs- und Bauanweisung (Betra) – aufgestellt werden.

Die Wartungsarbeiten werden im Verbund mit Inspektionen durchgeführt. Die Wartung umfasst Maßnahmen zur Bewertung des Sollzustandes wie das Reinigen und Schmieren der einzelnen Anlagenteile und das Nachfüllen von Hilfsstoffen.

Inspektionen finden mit unterschiedlichem Umfang und unterschiedlicher Prüftiefe satt. Sie dienen der Feststellung und Beurteilung des Ist-Zustandes. Dabei wird unterschieden zwischen
– der durchführenden Inspektion,
– der überwachenden Inspektion und
– der kontrollierenden Inspektion.

8.4 Instandhaltung

Zur Überwachung und Inspektion moderner elektronischer Bauteile stehen rechnergestützte Diagnosesysteme zur Verfügung. Ein Bestandteil der Anlage, an dem bei einer Inspektion eine unzulässige Abweichung vom Sollzustand festgestellt wird, ist instand zu setzen.

Bei der Inspektion werden
– sicherheitsrelevante Tätigkeiten und
– verfügbarkeitsrelevante Tätigkeiten

unterschieden. Nach Abschluss der Instandsetzung werden die betroffenen Anlagenteile geprüft. Die Einhaltung der Fristen von sicherheitsrelevanten Tätigkeiten wird vom *EBA* beaufsichtigt.

8.4.6 Instandhaltung der Oberleitungsanlagen

Die Instandhaltungskonzeption für Oberleitungsanlagen muss vorrangig den Erfordernissen der elektrischen Sicherheit gerecht werden. Die Nutzer der Oberleitungsanlagen für die elektrische Zugförderung fordern daneben eine möglichst störungsfreie Funktionsfähigkeit. Durch Einwirkungen von außen, durch technische Mängel, aber auch durch menschliche Unzulänglichkeit sind Störungen und damit betriebliche Unregelmäßigkeiten unvermeidbar. Ziel ist, diese Störungen auf ein Minimum zu beschränken, damit eine optimale Nutzung der dem elektrischen Zugbetrieb dienenden Anlagen gewährleistet ist.

Instandhaltungsmaßnahmen an Oberleitungsanlagen erfordern ferner in den weitaus überwiegenden Fällen die Herstellung und Sicherstellung des spannungsfreien Zustandes durch Ausschalten und Bahnerden und darüber hinaus die Sperrung von Gleisen und Weichen. Sie greifen damit erheblich in die Betriebsführung ein. Durch die vorrangige Betriebsabwicklung entstehen für das Instandhaltungspersonal häufig erhebliche, die Produktivität hemmende, Verlustzeiten. Ziel ist daher, durch geeignete Maßnahmen die Nutzungszeit der einzelnen Anlagenteile bis zu deren funktions- oder sicherheitsbedingten Erneuerung soweit wie möglich zu verlängern.

Zur Nutzung der verschiedenen betrieblichen Möglichkeiten bei der Abwicklung der Instandhaltungsarbeiten „über dem rollenden Rad" dient ein System gezielter Bestands- und Funktionsprüfungen unter Einschluss moderner Messverfahren, um Schwachstellen zu lokalisieren. Damit ist es möglich, den Zustand der Oberleitungsanlagen kontinuierlich zu überwachen, Störstellen frühzeitig zu erkennen und gezielte Abhilfemaßnahmen zu planen, so dass über vorausschauende Planung und gute Koordinierung der Arbeiten mit anderen Fachdiensten im Rahmen einer multidisziplinären Streckensanierung der Anteil der produktiven Zeiten des Instandhaltungspersonals an der täglichen Gesamtarbeitszeit möglichst hoch ist.

Wartungs- und Instandsetzungsarbeiten der Oberleitungsanlagen lassen sich dabei in drei Kategorien einteilen:
– Vorbeugende Wartung im festen Turnus unabhängig vom jeweiligen Zustand der Anlage zur Bewahrung des Sollzustandes
– Geplante Instandsetzung aufgrund von Inspektionsergebnissen
– Unvorhersehbare Instandsetzung nach einer Störung

Für die Durchführung der Instandhaltungsmaßnahmen an Oberleitungsanlagen sind die elektrotechnischen Normen maßgebend. Inspektions- und Wartungsprogramme orientieren sich außer an VDE-Bestimmungen und Unfallverhütungsvorschriften an den Ergebnissen von Störungsuntersuchungen und an den Erfahrungen über Schadenshäufigkeit, Schadensart und Schadensursache. Daraus ergeben sich die jeweiligen Inspektions- und Wartungsintensitäten. Die Erkenntnisse, die durch Analyse des Verschleißverhaltens und der Ausfallhäufigkeit von Bauteilen der Oberleitungsanlage gewonnen wurden, sowie die Einführung neuer wartungsarmer Bauteile führten dazu, für den Bereich Oberleitungsanlagen keine vorbeugende Wartung in festem Turnus vorzusehen.

8 Die Infrastruktur

Die Inspektionen werden gegliedert in Zustandsprüfungen, Funktionsprüfungen, außerordentliche Prüfungen und Vollinspektionen.

Bei der Zustandsprüfung sind alle Teile des Kettenwerks, der Stützpunkte und der Nachspannvorrichtungen, alle sonstigen Teile sowie die Rückstromführung und Bahnerdung, Einrichtungen der Betriebsführung, Beschilderungen, Schutzvorrichtungen und Abstände zu besichtigen. Die Funktionsprüfungen dienen dazu, das Zusammenwirken von Stromabnehmern und Oberleitung zu beurteilen und die einwandfreie Funktion dieses Systems zu gewährleisten.

Die Prüfung erfolgt durch Oberleitungsmesswagen und auch Multifunktionsmessfahrzeuge, die ebenfalls Oberbauparameter vermessen. Erfasst und aufgezeichnet werden Höhe, Seitenlage und Fahrdrahtabnutzung. Es werden berührungslose optische Lasersysteme eingesetzt und mit Video Bildauswertung auch die Oberleitungstragwerke sowie die wesentlichen dynamischen Kenngrößen des Systems Oberleitung/Stromabnehmer erfasst, wie
– dynamische Fahrdrahthöhenlage,
– Beschleunigungen (vertikal und horizontal) auf den Stromabnehmer,
– Kontaktkräfte zwischen Schleifleisten und Fahrdraht,
– relative Fahrdrahtseitenlage zum Stromabnehmer.

Außerordentliche Prüfungen werden aufgrund besonderer Ereignisse in einem beschränkten Umfang und einem begrenzten örtlichen Bereich angeordnet.

Die zeit- und personalaufwändigste und den Betrieb am meisten behindernde Inspektion ist die Vollinspektion, bei der die einzelnen Bauteile der Oberleitungsanlagen im ausgeschalteten und bahngeerdeten Zustand mit Turmtriebwagen und gleisfahrbahnen Leitern umfassend auf Beschädigungen, Abnutzungserscheinungen und sonstige, die Funktion beeinträchtigende Mängel geprüft werden. Sie erfolgt zustandsbezogen, wenn die Ergebnisse der übrigen Inspektionen oder sonstige Erkenntnisse dies notwendig machen.

8.4.7 Fahren und Bauen – Baubetriebsplanung

In der Baubetriebsplanung werden die Interessen des Vertriebes sowie der Eisenbahnverkehrsunternehmen (EVU) einerseits und der Infrastrukturbetreiber und Bauausführenden andererseits koordiniert. Ziel ist es, die Durchführung von Transporten auf der Schiene mit der Sicherung der Verfügbarkeit des Netzes in Einklang zu bringen [54].

Die Baubetriebsplanung muss in der Verantwortung des Eisenbahninfrastrukturunternehmens (EIU) durchgeführt werden. Dadurch ist sichergestellt, dass
– die Verfügbarkeit der Anlagen insgesamt erhalten bleibt,
– ein ausgewogenes Trassenangebot auch während der Durchführung von Baumaßnahmen vorhanden ist,
– Planungssicherheit erreicht wird, die bauliche Kapazitätsauslastung eigener Kräfte zu optimaler Wertschöpfung führt und
– die aus den Vorgaben der Mehrjahresbaubetriebsplanung resultierenden Angebotseinschränkungen Vertragsgegenstand werden können.

Die Baubetriebskoordination beinhaltet arbeitsübergreifende Abstimmungen aller durch die Bauabwicklung betroffenen Beteiligten. Hierbei werden die Kriterien
– Wahrung der Betriebssicherheit,
– Einhaltung der Bestimmungen zur Unfallverhütung und zum Arbeitsschutz,
– Einhaltung der Bestimmungen zum Umweltschutz,
– Einhaltung der Verfügbarkeit des Fahrweges,

8.4 Instandhaltung

– Einhaltung der Betriebsqualität und
– ergebnisorientierter, wirtschaftlicher Einsatz von Mitteln und Personal unter Abwägung der Beeinträchtigung von Bau und Betrieb

besonders berücksichtigt.

Die Baubetriebskoordination wirkt bei der Entscheidung über die betriebliche Durchführbarkeit, die Durchführbarkeit der Baustellenlogistik sowie u.a. die Notwendigkeit von zusätzlichen signaltechnischen Maßnahmen (zusätzliche Fahrstraßen, Bauweichen etc.) mit. Bereits im Vorfeld wird die Betriebs- und Bauanweisung (Betra) erstellt und überprüft. Die Baubetriebskoordination kontrolliert den Bauablauf vor Ort und entscheidet bei Abweichungen vom geplanten Betriebs- und Bauablauf in Zusammenarbeit mit dem Bauüberwacher und der Betriebszentrale über die Weiterführung des Betriebes und die Fortsetzung der Baumaßnahme oder einen qualifizierten Abbruch und koordiniert die Inbetriebnahme der fertig gestellten Anlage.

Neben der Leistungsfähigkeit der Maschinen und Geräte sind auch insbesondere die Qualifikationen der auf der Baustelle beteiligten und eingesetzten Personale mitentscheidend für Sicherheit, Qualität und Wirtschaftlichkeit der Baumaßnahme. So ist die Kontrolle – d.h. der Vergleich mit den Sollvorgaben – ebenso maßgebend für Durchführung und Abschluss der Baumaßnahme wie die Beauftragung und Anwesenheit eines erfahrenen und qualifizierten Bauüberwachers, der im Rahmen der ihm übertragenen Aufgaben die Funktion des Bauherrn wahrnimmt und der entsprechend seinem Einsatzbereich mit ausreichender Berufserfahrung auch geprüft ist und die Anforderungen erfüllt. Beim Einsatz als Bauüberwacher mit betrieblichen Aufgaben – z.B. im Zusammenhang mit einer Betra – sind neben seiner technischen Qualifikation auch die Anforderungen nach der *Eisenbahnbau- und*

Furrer+Frey AG
Ingenieurbüro, Fahrleitungsbau
Thunstrasse 35, Postfach 182
CH-3000 Bern 6

Telefon +41 31 357 61 11
Telefax +41 31 357 61 00
www.furrerfrey.ch

Furrer+Frey®
baut Fahrleitungen

8 Die Infrastruktur

Betriebsordnung sowie der Nachweis der Befähigung als Betriebsbeamte erforderlich („Technischer Berechtigter"). Der Bauüberwacher ist u. a. dafür verantwortlich, dass die Baumaßnahme
- unter Einhaltung der vorgesehenen Kosten,
- zu den geplanten Terminen,
- zu der vereinbarten Qualität,
- mit den vertraglichen Vereinbarungen und
- unter Berücksichtigung sicherheitsrelevanter Aspekte

erstellt wird.

Zusätzlich zu seinen betrieblichen Aufgaben auf der Baustelle ist er mit umfangreichen fachtechnischen Aufgaben von der Einberufung von Baudurchführungsbesprechungen über die Disposition von beizustellenden Stoffen bis zur Dokumentation und Übergabe von Unterlagen zur Gewährleistungsüberwachung an den Auftraggeber und Bearbeitung von Nachträgen betraut. Es wird festgehalten, ob alle Voraussetzungen für einen sicheren und reibungslosen Ablauf der Baustelle gegeben sind.

Das Spannungsfeld der baubetrieblichen Planung ergibt sich im Wesentlichen aus der Forderung der Kunden nach einem hoch verfügbaren Infrastrukturnetz (Abb. 8.4.11). Ausdruck dessen ist eine hohe Pünktlichkeit auf den Unterwegs- und Endbahnhöfen, der Erhalt von Reise- und Transportketten durch Anschlusssicherung und damit im Zusammenhang stehend die Vermeidung von Umsatzverlusten und Pönalezahlungen. Dagegen steht das Bestreben des Eisenbahninfrastrukturunternehmens, den Fahrweg möglichst kostengünstig, aber dennoch in hoher Qualität, vorzuhalten. Verschärft wird dieses Spannungsfeld noch durch die Forderungen der Bauausführenden nach langen Sperrpausen, um ihrerseits durch einen effizienten Ressourceneinsatz preiswerte Bauleistungen am Markt anbieten zu können. Auch sind die notwendigen Eingriffe in das Betriebsprogramm überwiegend mit Betriebserschwerniskosten verbunden. Dazu gehören Kosten, die durch zusätzliche Besetzung von Stellwerken mit Fahrdienstleitern und durch personelle Verstärkungen in den Dispositions- und Instandhaltungsbereichen des EIU entstehen. Aber auch bei den EVU ergeben sich zusätzliche Kosten durch verlängerten Personal- und Ressourceneinsatz infolge baubedingter Umleitungen und zusätzlicher, kreuzungsbedingter Verspätungen bei der Durchführung des Zugverkehrs über eingleisige Bauzustände.

Die Koordination Betrieb und Bau steht im Spannungsfeld gegensätzlicher Zielsetzungen der Prozessbeteiligten

Erhaltung der Anlagenverfügbarkeit
- zustandsbezogene Erneuerung

Auswirkungen für Kunden
- Anschlussverluste
- verspätete Ankunft
- Pönalen
- Umsatzverluste

Koordination Betrieb und Bau

Baukosten
- lange Sperrpausen/ Taktsperrungen
- Maschineneinsatz
- Personaleinsatz

Betriebserschwerniskosten
- zusätzliche Besetzung Fdl auf Umleitungsstrecken
- längere Arbeitszeit Tf und Zub
- erhöhter Ressourceneinsatz

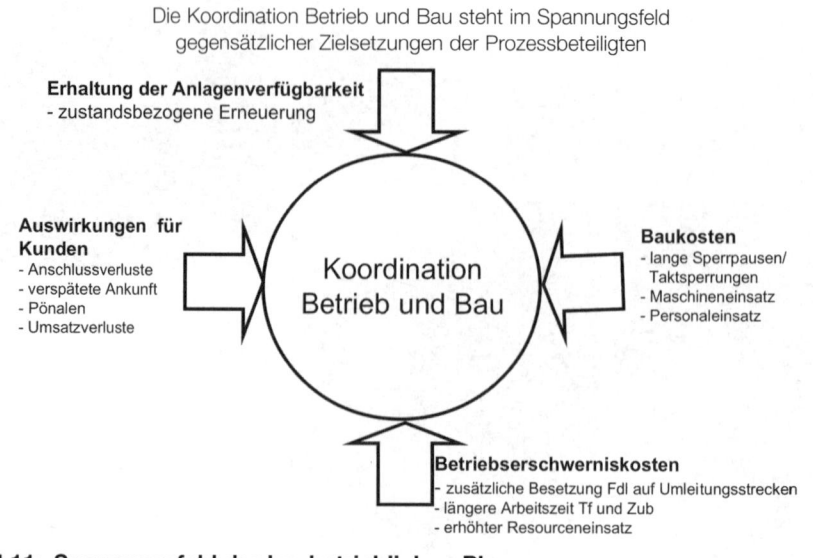

Abb. 8.4.11: Spannungsfeld der baubetrieblichen Planung

8.4 Instandhaltung

Eine Übersicht über die Planungsstadien der Baubetriebsplanung zeigt Abb. 8.4.12. Der Prozess der baubetrieblichen Planung beginnt mit der Mehrjahresbaubetriebsplanung bereits ca. zwei Jahre vor der eigentlichen Festlegung des Jahresfahrplans. Als grobe Regel gilt, dass Baumaßnahmen, die mindestens 30 Tage im Jahresfahrplan mit Einschränkungen im Betriebsprogramm wirken und deshalb bei der Konstruktion des Jahresfahrplans berücksichtigt werden sollten, anzumelden sind. Der Trend geht sogar dahin, tagesgenaue Fahrpläne unter detaillierter Berücksichtigung des Bauablaufs zu erstellen. Aus den konkreten Anmeldungen werden die Anforderungen abgeleitet, die bei der Konstruktion des Jahresfahrplanes zu berücksichtigen sind. Dies sind im Wesentlichen Vorgaben für eingleisig zu konstruierende Streckenabschnitte und zusätzliche Bauzuschläge, die über die berechneten Zuschläge hinaus infolge konzentrierter Bautätigkeit notwendig sind, um die erwarteten Fahrzeitverluste zu kompensieren (siehe auch Kapitel 7.5.3).

Diese Planungsparameter werden den EVU ca. 1 ½ Jahre vor Fahrplanwechsel übergeben, um die Verträglichkeit der Trassenanmeldungen mit dem geplanten Baugeschehen sicherzustellen.

Eine spätere Verschiebung einer Maßnahme führt automatisch dazu, dass Kapazitäten im Netz verschenkt und in der nächsten Fahrplanperiode erneut gebunden werden. Ebenso führt eine unterlassene Anmeldung zur Nichtberücksichtigung der betrieblichen Auswirkungen bei den kundenseitigen Planungen und zu Inkompatibilitäten bei der Trassenkonstruktion, die dann im Rahmen des Konfliktlösungsprozesses mit hohem Aufwand und meistens zu Lasten der Kundeninteressen gelöst werden müssen. Das Risiko liegt in der Abhängigkeit von Planfeststellungsbeschlüssen, vom Baurecht und der Finanzierung aber auch in einer ungenügenden Planungstiefe.

Nach der Mehrjahresbaubetriebsplanung geht der Prozess der baubetrieblichen Planung nahtlos in das Planungsstadium des Jahresbaubetriebsplanes über. Jahresbaubetriebsplanpflichtige Baumaßnahmen sind Maßnahmen in deren Folge
– Züge und/oder Verkehrshalte ausfallen,
– Schienenersatzverkehr für eine größere Zahl Züge eingerichtet werden muss,
– Züge des Fernverkehrs erheblich verspätet werden oder
– erhebliche Kapazitätseinschränkungen für den Güterverkehr entstehen.

Inhalt	Mehrjahres-baubetriebs-planung	Jahres-baubetriebs-planung	Unterjährige Baubetriebs-planung	Bau-durch-führung
	Maßnahmen mit längerer Bauzeit und Auswirkungen auf den Bahnbetrieb, die im Jahresfahrplan berücksichtigt werden sollen	Maßnahmen, in deren Folge - Züge/Verkehrshalte ausfallen - SEV für >10 Z/d - FzV SPFV > 15 Min - erhebliche Kapazitätseinschränkungen im SGV entstehen	Alle Baumaßnahmen sind anzumelden, auch die bereits zum Jahresbaubetriebsplan angemeldeten	Baubetriebskoordination Betra/La erstellen Fahrplan anpassen

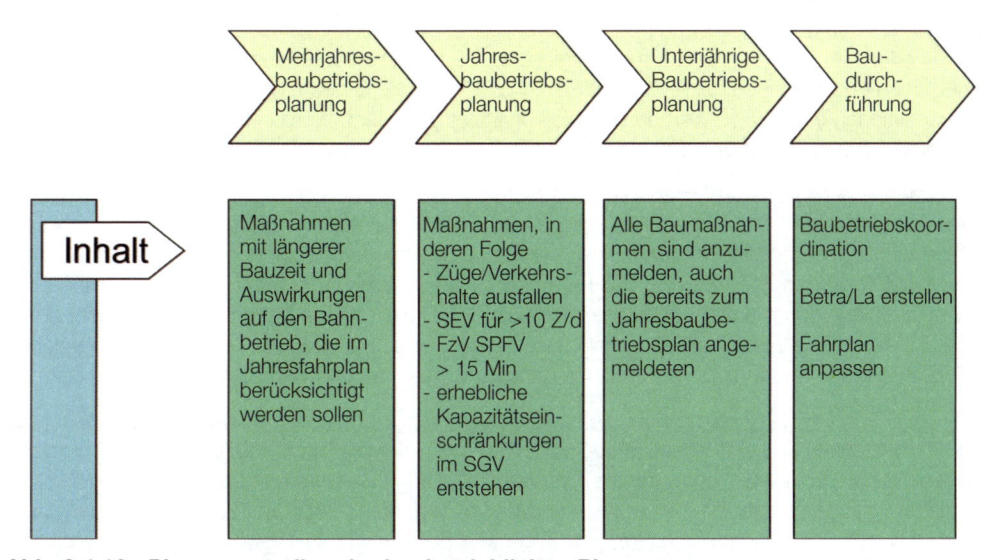

Abb. 8.4.12: Planungsstadien der baubetrieblichen Planung

8 Die Infrastruktur

Nach der Anmeldung durch die technischen Planer erarbeitet die regionale Baubetriebsplanung einen Baubetriebsplan. In diesem Baubetriebsplan werden alle Baumaßnahmen mit konkreten Terminen und Sperrzeiten hinterlegt. Grundlage für die zeitliche und räumliche Einordnung der Baumaßnahmen bilden betriebliche Einschätzungen, die durch den Vertrieb auf Anforderung der Baubetriebsplanung erstellt werden und die die fahrplantechnischen Veränderungen für die Durchführung des Zugbetriebes unter Berücksichtigung der baubedingten Infrastruktureinschränkungen beinhalten.

Nach der Erstellung der regionalen Baubetriebspläne erfolgt in einem nächsten Schritt der überregionale Abgleich der Baumaßnahmen durch die zentrale Koordination Betrieb und Bau. Im Ergebnis dieses Abgleichs entsteht der für alle Prozessbeteiligte verbindliche Jahresbaubetriebsplan. Auf der Grundlage der im Jahresbaubetriebsplan exakt festgelegten Bautermine werden die Bauleistungen entsprechend den gültigen Regularien ausgeschrieben und vergeben.

Die Grundlage für ein qualitätsgesichertes „Fahren und Bauen" wird also weit im Vorlauf des eigentlichen Bautermins gelegt. Hohe Planungssicherheit, verbindliche Einhaltung der zugesagten Bautermine und exakte betriebliche Einschätzungen sind die Erfolgsfaktoren für die baubetriebliche Planung und damit für eine hohe Qualität bei der Durchführung von Baumaßnahmen.

Das anschließende Planungsstadium der baubetrieblichen Planung, die unterjährige Baubetriebsplanung, unterscheidet A, B, und C-Maßnahmen. Den A-Maßnahmen werden Baumaßnahmen zugeordnet, in deren Folge
– Züge oder Verkehrhalte ausfallen,
– Züge vor der veröffentlichten Abfahrzeit verkehren oder
– Züge großräumig umgeleitet werden müssen.

A-Maßnahmen, auch die, die bereits im Rahmen der Jahresbaubetriebsplanung angemeldet und im Jahresbaubetriebsplan festgeschrieben sind, müssen ca. ein halbes Jahr vor Baubeginn bei der regionalen Baubetriebsplanung angemeldet werden. Dieser lange Vorlauf ist notwendig, da einerseits die Buchungssysteme der Kunden verbindliche Buchungen bis zu 106 Tage vor dem Verkehrstag des Zuges zulassen und andererseits die Regularien des Einkaufes von Bauleistungen, abhängig vom Gesamtwertumfang der Baumaßnahme, auch Fristen von bis zu 103 Tagen vorschreiben.

Alle anderen planbaren Baumaßnahmen, die nicht der Kategorie A-Maßnahmen zuzuordnen sind, werden in die Kategorie B-Maßnahmen eingeordnet. Die betriebsverträgliche Einordnung dieser Maßnahmen erfolgt in der Verantwortung der regionalen Baubetriebsplanung unter Berücksichtigung der betrieblichen Auswirkungen der A-Maßnahmen. In die Kategorie C fallen Maßnahmen, die im Ergebnis von Inspektionen erforderlich werden und die kurzfristig ausgeführt werden müssen. Die Einordnung dieser Maßnahmen erfolgt durch die regionale Baubetriebsplanung in Abstimmung mit dem Vertrieb.

Der sequenzielle Prozess der Phasen der baubetrieblichen Planung läuft in der Praxis bezogen auf die unterschiedlichen Fahrplanperioden parallel ab. Diese Parallelität der einzelnen Planungsphasen, der Koordinationsbedarf der unterschiedlich sich gegenseitig widersprechenden Anforderungen einer Vielzahl von Prozessbeteiligten und der permanente Nachsteuerungsbedarf bei der Erstellung der Baubetriebspläne durch äußere Einflüsse führt dazu, dass die Anforderungen, die an die Mitarbeiter in der Baubetriebsplanung gestellt werden, sehr hoch sind. Sie umfassen neben umfangreichen betrieblichen Kenntnissen auch verkehrliche, fahrplantechnische und bautechnische Kenntnisse.

Mit einem Prognosetool ist es möglich, die baubedingten Verspätungsminuten bereits in der Planungsphase zu berechnen und eine Aussage über zu erwartende Pünktlichkeitsverluste zu treffen. Grundlage dafür sind der Fahrplan, die Höhe der im Fahrplan enthaltenen Reserven und die durch die Baustelle ermittelten Fahrzeitverluste. Bei der Anwendung dieses Verfahrens wird dem Baubetriebsplaner visualisiert, in welchen Streckenabschnitten die Züge aus der Pünktlichkeit fallen. Ebenso ist sofort zu erkennen, wie sich die Verzahnung von Baumaßnahmen insgesamt auf den Zuglauf auswirkt.

8.4 Instandhaltung

Ein Vorteil der Visualisierung der Zugläufe ist auch darin zu sehen, dass diese den Disponenten in den Betriebszentralen zur Verfügung gestellt werden. Der Disponent kann erkennen, mit welchen Verspätungen im Zulauf bzw. nach Verlassen des Bauabschnittes zu rechnen ist und in welchen Streckenabschnitten die Fahrzeitverluste durch Bauzuschläge kompensiert werden.

Dem Baubetriebsplaner steht ein „System Baubetriebsplanung" zur Verfügung, in das alle relevanten Baumaßnahmen mit allen notwendigen Informationen für den Baubetriebsplaner eingegeben werden. Bauschwerpunkte können strecken- und zeitbezogen aus dem System heraus angezeigt und ausgewertet werden. Alle Abstimmungs- und Genehmigungsprozesse zwischen den Regionen und der zentralen Koordination Betrieb und Bau werden über dieses System realisiert. Ergänzend werden Qualitätskennzahlen zur Vollständigkeit der Anmeldungen der Maßnahmen, der Plausibilität der Anmeldungen zum Jahresbaubetriebsplan und der Stetigkeit der Baubetriebsplanung verfolgt.

Literaturverzeichnis

8 Die Infrastruktur

8.1 Leistungsfähigkeitsuntersuchungen und Simulationen

[1] Uhlmann, W., Mutschink, K.: Bemessung komplexer Eisenbahninfrastruktur – Die konstruktive Methode; ETR – Eisenbahntechnische Rundschau 53 (2004) H. 7/8

[2] Ferchland, C., Körner, T.: Analytische Verfahren der Eisenbahnbetriebswissenschaft, ETR – Eisenbahntechnische Rundschau 53 (2004) Heft 7/8

[3] Warninghoff, C.-R., Ferchland, C.: Nutzung von Simulationen zur betrieblichen Infrastrukturplanung, ETR – Eisenbahntechnische Rundschau 53 (2004) H. 7/8

[4] Weigand, W., Kübert, K., Beschorner, C.: Stand der Planungen und Bewertungen von Netzknoten, ETR – Eisenbahntechnische Rundschau 53 (2004) H. 6

[5] Weigand, W., Körner, T.: Das Wachstum des Schienengüterverkehrs – Herausforderung für die DB Netz AG, ETR – Eisenbahntechnische Rundschau 56 (2003) H. 3

8.2 Betriebliche und verkehrliche Planung der Bahnanlagen

[6] Wittenberg, K.-D., Heinrichs, H.-P., Mittmann, W., Mallikat, J.: Kommentar zur Eisenbahn-Bau- und Betriebsordnung (EBO), 5. Aufl. Eurailpress Tetzlaff-Hestra-Verlag, Hamburg (2006)

[7] Konzernrichtlinie 408 der DB AG: Züge fahren und rangieren – Fahrdienstvorschrift

8.2.1 Grundlegende Gestaltungselemente des Fahrwegs

[8] Mittmann, W., Weigend, M.: DB-Standards der Linienführung, ETR – Eisenbahntechnische Rundschau 49 (2000), Hestra-Verlag, Darmstadt, S. 391–400 und 50 (2001), S. 143

[9] Mittmann, W.: Infrastrukturgestaltende Parameter und Standards der DB für höhere Geschwindigkeiten, EIK – Eisenbahn Ingenieur Kalender 2003, Tetzlaff-Verlag Hamburg, S. 141–158 (2002)

[10] Weigend, M.: Trassierung und Gleisplangestaltung, Handbuch Eisenbahninfrastruktur (Hrsg. L. Fendrich), S. 1–41, Springer-Verlag Berlin (2006)

[11] Richtlinie 800.0110 der DB Netz AG: Netzinfrastruktur Technik entwerfen; Linienführung (2006)

[12] Jacobs, K., Mittmann, W.: Neue Lichtraumbestimmungen auf kinematischer Grundlage – Regeln, Auswirkungen, Perspektiven, in Heinisch, R., Koch, P., Kracke, R., Rahn, Th. (Hrsg.): Edition ETR: Erstellen und Instandhalten von Bahnanlagen, Hestra-Verlag, Darmstadt, S. 241–249 (1993)

[13] Mittmann, W.: Die Lichtraumbestimmungen bei kinematischer Betrachtungsweise und ihre Auswirkungen auf die Produktion, EIK – Eisenbahn Ingenieur Kalender 1989, Tetzlaff-Verlag Darmstadt, S.101–123 (1988)

8 Die Infrastruktur

[14] prEN 15273-1 bis 3: EURONORM Bahnanwendungen – Lichtraum, Normenausschuss für Schienenfahrzeuge (FSF) im DIN Deutsches Institut für Normung e.V. (2006)

[15] Richtlinie 997.0101 der DB Netz AG: Oberleitungsanlagen; Allgemeine Grundsätze (2001)

[16] Mittmann, W., Zehme, I.: Verkehren von überbreiten Eisenbahnfahrzeugen, EIK – Eisenbahn Ingenieur Kalender 1999, Tetzlaff-Verlag, Hamburg, S. 85–112 (1998)

[17] Richtlinie 800.0130 der DB Netz AG: Netzinfrastruktur Technik entwerfen; Streckenquerschnitte auf Erdkörpern (1997)

[18] Unfallverhütungsvorschrift GUV-V D30.1 „Eisenbahnen"; Eisenbahn-Unfallkasse (EUK), Frankfurt am Main (1998)

[19] Mittmann, W.: Querschnittsgestaltung der Bahnanlagen; Handbuch Eisenbahninfrastruktur (Hrsg. L. Fendrich), S.43–74, Springer-Verlag Berlin (2006)

[20] Freystein, H., Muncke, M., Schollmeier, P.: Handbuch Entwerfen von Bahnanlagen, Eurailpress Tetzlaff-Hestra, Hamburg (2005)

[21] Richtlinie 800.0131 der DB Netz AG: Netzinfrastruktur Technik entwerfen; Mindestabstände in Arbeitsstätten (2006)

[22] Richtlinie 813.0201 der DB Station&Service AG: Personenbahnhöfe planen; Bahnsteige und ihre Zugänge planen; Bahnsteige konstruieren und bemessen (2005)

[23] Ostermann, N., Rüger, B.: Neuartige Ansätze zur barrierefreien Einstiegsgestaltung bei Reisezugwaggons; ETR – Eisenbahntechnische Rundschau 55 (2006), Deutscher Verkehrs-Verlag GmbH/Eurailpress, Hamburg; S. 880–883

[24] COST 335 – Benutzerfreundliche Eisenbahnsysteme; Bericht der Europäischen Kommission, Generaldirektion Verkehr (Hrsg.), (1999)

[25] Dierksmeier, B., Jünger, I.: Erleichtertes Bahnfahren für mobilitätseingeschränkte Personen durch Anwendung der TSI PRM; ETR – Eisenbahntechnische Rundschau 55 (2006), Deutscher Verkehrs-Verlag GmbH/Eurailpress, Hamburg, S. 863–867

[26] Ernst, J.; Kieffer, E.: Barrierefreies Reisen durch Harmonisierung der Einstiegshöhen, in: ETR – Eisenbahntechnische Rundschau 55 (2006), S. 281–288. Eurailpress Tetzlaff-Hestra, Hamburg (2006)

8.2.2 Streckengestaltung nach Verkehrsaufkommen und Verkehrsarten

[27] Allgemeines Eisenbahngesetz (AEG) vom 27. Dezember 1993, zuletzt geändert durch das Dritte Gesetz zur Änderung des Allgemeinen Eisenbahngesetzes vom 8. November 2007, BGBl. I S. 2566 (2007)

[28] Eisenbahn-Signalordnung vom 15. Dezember 1959 (ESO 1959), zuletzt geändert durch Artikel 498 der Neunten Zuständigkeitsanpassungsverordnung vom 31. Oktober 2006 (2006)

[29] Pachl, J.: Die verschränkte Dreigleisigkeit; Der Eisenbahningenieur 49 (1998), Hestra-Verlag Darmstadt, H. 3, S. 27–29

[30] Richtlinie 96/48/EG des Rates vom 23. Juli 1996 über die Interoperabilität des transeuropäischen Hochgeschwindigkeitsbahnsystems (mit Änderungen bis April 2004 in: Suckale, M. (Hrsg.): Kompendium Eisenbahngesetze, 14. Aufl., S. 759–792, Eurailpress Tetzlaff-Hestra, Hamburg (2006)

[31] UIC-Merkblatt 705: Infrastruktur für Neigezüge, UIC-Kodex (2003)

8.2.3 Netzspezialisierung

[32] Richtlinie 413.0302 der DB Netz AG: Betriebliche Infrastruktur gestalten

8.2.4 Gestaltung der Bahnhöfe

[33] Weigelt, H.: Der Personenbahnhof als Verkehrsknoten; ETR – Eisenbahntechnische Rundschau 48 (1999), Hestra-Verlag Darmstadt, H. 7/8, S. 434

Literaturverzeichnis

[34] Zöll, D.: Weiterentwickeltes Bereitstellungs- und Instandhaltungskonzept im Personenverkehr; ETR – Eisenbahntechnische Rundschau 52 (2003), Hestra-Verlag Darmstadt, H. 6, S. 323 u. 332

[35] Bendfeldt, J.-P.: Möglichkeiten der Standardisierung in der Infrastrukturplanung von Eisenbahnknoten, Dissertation am Fachbereich Bauingenieurwesen der TU Hannover (2004)

8.2.5 Zugang zum System Bahn im Personenverkehr – Der Bahnhof als Schnittstelle zu anderen Verkehrssystemen

[36] Cauer, W.: Personenbahnhöfe, Julius Springer-Verlag, Berlin (1913)

[37] Gesichtspunkte zur Gestaltung von Bahnhofsvorplätzen, Deutsche Bundesbahn und Verband Öffentlicher Verkehrsunternehmen (1961)

[38] VÖV-Schrift 1.15.1: Verkehrliche Gestaltung von Verknüpfungspunkten öffentlicher Verkehrsmittel, Verband Öffentlicher Verkehrsunternehmen (1981)

[39] DS 800/4 (Entwurf RiL 800 04) der Deutschen Bundesbahn: Vorschrift für das Entwerfen von Rangierbahnhöfen (bisher nicht veröffentlicht)

[40] Wolfert, K., Holtz, R.: Varianten bei der Modernisierung von Zugbildungsanlagen; ETR – Eisenbahntechnische Rundschau 55 (2006), H. 4, S. 213–220; Eurailpress Tetzlaff-Hestra, Hamburg

[41] Grau, B.: Bahnhofsgestaltung 2, S. 122; Transpress-Verlag, Berlin (1968)

8.3 Planung, Bau und Inbetriebnahme von Infrastrukturprojekten

[42] Muncke, M., Freystein, H., Schollmeier, P.: Verfahrensablauf von Baumaßnahmen im Eisenbahnbau; Handbuch Entwerfen von Bahnanlagen (2005), S. 53–67; Eurailpress Tetzlaff-Hestra, Hamburg

[43] Wittenberg, K.-D.: Bau einer Eisenbahn, in [6], S. 5–61, (2006)

[44] Planfeststellungsrichtlinien (PF-RL) für den Erlass planungsrechtlicher Zulassungsentscheidungen für Betriebsanlagen der Eisenbahnen des Bundes nach § 1 8 AEG sowie für Betriebsanlagen von Magnetschwebebahnen nach §§ 1 und 2 MBPlG, Ausgabe 01/2006; herausgegeben vom Eisenbahn-Bundesamt Referat 23 (2006)

[45] Verwaltungsvorschrift über die Bauaufsicht im Ingenieurbau, Oberbau und Hochbau sowie maschinentechnische Anlagen (VV BAU), Ausgabe 07/2007, herausgegeben vom Eisenbahn-Bundesamt (2007)

[46] Verordnung über die Interoperabilität des transeuropäischen Eisenbahnsystems (Transeuropäische-Eisenbahn-Interoperabilitätsverordnung – TEIV) vom 5. Juli 2007, BGBl. I. S. 1305 (2007)

[47] Eisenbahnspezifische Liste der Technischen Baubestimmungen (ELTB), Ausgabe 6/2007, herausgegeben vom Eisenbahn-Bundesamt (2007)

[48] Schollmeier, P., Köprülü, K., Rübsam, M.: Inbetriebnahmegenehmigung der NBS Nürnberg – Ingolstadt nach der Eisenbahn-Interoperabilitätsverordnung; EI – Der Eisenbahningenieur 58 (2007) H. 4, S. 12–18; Deutscher Verkehrsverlag GmbH/Eurailpress, Hamburg

[49] Pomp, R.: Die Anwendung der Technischen Spezifikationen Interoperabilität (TSI) der EU, DB – Deine Bahn (2007), Bahn Fachverlag GmbH
Teil 1: Eisenbahnpolitische Ziele, in: Heft 4/2007, S. 39–44;
Teil 2: Der EG-Zertifizierungsprozess zur Bestätigung der TSI-Einhaltung, in: Heft 5/2007, S. 46–51;
Teil 3: Der Inbetriebnahmeprozess auf TEN-HGV-Strecken der DB Netz AG, in: Heft 6/2007, S. 38–42

8 Die Infrastruktur

[50] Freystein, H., Behrends, D., Köppel, M.: EG-Prüfung der ABS Hamburg – Berlin, in Heinisch, R., Keppel, A., Klumpp, D., Siegmann, J. (Hrsg.), Edition ETR Ausbaustrecke Hamburg–Berlin für 230 km/h, Eurailpress Tetzlaff-Hestra, Hamburg, S. 32–39 (2005)

[51] Behrends, D., Matthes, U., Puschmann, R.: EG-Prüfung für das Teilsystem Energie (NBS/ABS Nürnberg–Ingolstadt–München; EI – Der Eisenbahningenieur 58 (2007) H. 7, S. 32–40, DVV Media Group GmbH/DVV Rail Global, Hamburg

[52] Verwaltungsvorschrift über die Bauaufsicht über Signal-, Telekommunikations- und Elektrotechnische Anlagen (VV BAU-STE), Ausgabe 03/2007; herausgegeben vom Eisenbahn-Bundesamt, Referat 22 (2007)

8.4 Instandhaltung

[53] Lichtenberger, B.: Handbuch Gleis, Eurailpress Tetzlaff-Verlag, Hamburg (2004)

[54] Göbel, C., Lieberenz, K.: Handbuch Erdbauwerke der Bahnen, Eurailpress Tetzlaff-Verlag, Hamburg (2004)

[55] Erstellen und Instandhalten von Bahnanlagen; Edition ETR, Hestra-Verlag, Darmstadt (1993)

[56] Richtlinien der Deutschen Bahn AG: DS 820 Oberbaurichtlinie und DS 892 LST-Anlagen montieren und instand halten

[57] Moll, F.: Wirtschaftliche Planung und Durchführung von Oberbaumaßnahmen mit betrieblicher Abstimmung, EIK – Eisenbahn Ingenieur Kalender 2004, S. 71–78

[58] Schreinert, H.: Qualitätsgesichert Fahren und Bauen – Eine Herausforderung, EI – Der Eisenbahningenieur 56 (2005) H. 8, S. 12–19

9 Schienenfahrzeuge

Markus Hecht, Uwe Kleemann, Peter Forcher, Dietmar Lübke, Walter Mittmann

Hinweis: In Kapitel 9 werden Schienenfahrzeuge behandelt, die § 18 und den Bauvorschriften der *EBO*, Dritter Abschnitt Fahrzeuge, entsprechen.

9.1 Anforderungen

9.1.1 Nutzeranforderungen

Fahrzeuge sind eng mit der Infrastruktur verknüpft. Dadurch ist es nur selten möglich, Standardfahrzeuge anzubieten oder Fahrzeuge, die für andere Infrastrukturen entwickelt wurden, auf neuen Netzen einzusetzen.

Zudem wird angestrebt, Fahrzeugtypen möglichst artrein einzusetzen. D.h., auf einer Linie in einem Angebotssegment sollten nur Fahrzeuge verkehren, die für dieses Angebot zugeschnitten sind. Im Personenverkehr hat dies fahrgastseitig nicht nur den Vorteil, dass die Reisenden sich in einer gewohnten Umgebung aufhalten und sich so nach persönlichen Präferenzen ihre Aufenthaltsräume je nach angebotener Innenraumgestaltung oder Lage der Einstiegstüren zu der Bahnsteiganordnung wählen können, sondern auch, dass durch gleiches Leistungsvermögen der Fahrzeuge (vgl. Kap. 9.1.4) die Fahrplanstabilität optimal unterstützt wird.

Im Güterverkehr ist es ähnlich. Für Personen- und Güterverkehr gilt, dass für den Betreiber einer Linie eine linienreine Fahrzeugflotte geringste Schulungskosten und Qualifikationen für Fahr- und Werkstattpersonal bedeutet und darüber hinaus Vorteile bei der Ersatzteilhaltung und Fehlersuche entstehen.

Bei Mischverkehr mit Fern- und Regionalzügen oder auch mit Güterzügen auf einer gemeinsamen Trasse geht dieser Vorteil bedienseitig jedoch wieder verloren.

Die Fahrzeugbeschaffung einschließlich deren Betriebseinführung ist so eher mit Prozessen in der Anlagentechnik als mit Vorgängen in der Straßenverkehrstechnik zu vergleichen. So sollte z.B. die Einführung einer neuen Fahrzeuggeneration sinnvollerweise mit dem Fahrplanwechsel kombiniert werden.

Aufgrund der Spurführung können Bahnen den durch die Verkehrswege angebotenen Raum sehr gut ausnutzen. Die Begrenzung des Fahrzeugs im Bewegungszustand unter Berücksichtigung von Gleislageveränderungen (vgl. *EBO* § 22) muss aber kleiner gleich dem Lichtraumprofil der Strecke sein (siehe auch Kap. 8.2).

Durch die zahlreichen engen Tunnel, wie z.B. in Italien, kann dort auf Altbaustrecken nur ein wesentlich kleineres Fahrzeugbegrenzungsprofil als im übrigen Mitteleuropa verwirklicht werden (siehe Abb. 9.1.1).

Insbesondere im Güterverkehr und beim Einsatz von Doppelstockwagen stört die beim G2-Profil vorhandene Einschränkung im oberen Bereich, die beim Profil GC deshalb erweitert wurde. Besonders große Profile werden im Ärmelkanaltunnel verwendet, da dort Lastwagen in geschlossenen Schienenfahrzeugeinheiten transportiert werden.

Die Entwicklungsaufwendungen für Fahrzeuge sind in den letzten Jahren stark gestiegen, da die Anforderungen hinsichtlich Funktionalität, Zuverlässigkeit und Verfügbarkeit stark gewachsen sind. Mit den erweiterten Funktionalitäten wächst zunächst auch die Wahrscheinlichkeit für Störungen und Totalausfälle. Dies ist bei spurgeführten Transportmitteln nicht akzeptabel.

9 Schienenfahrzeuge

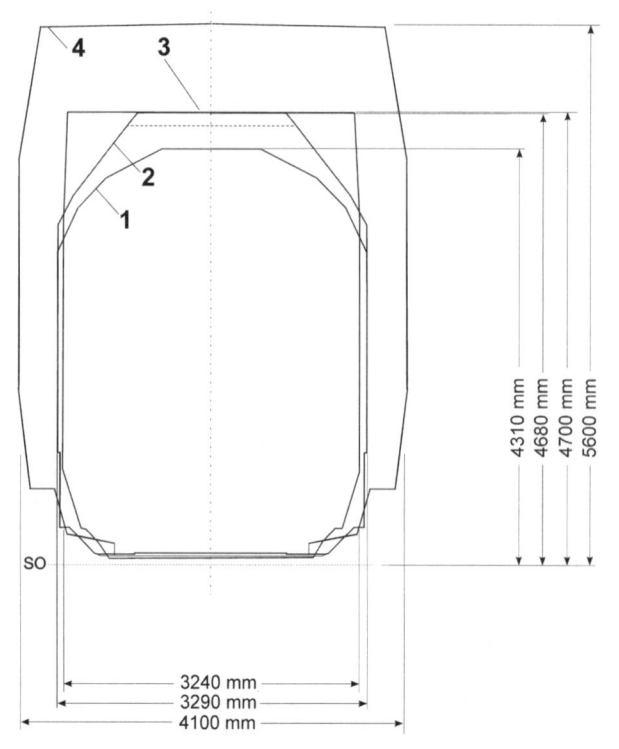

Abb. 9.1.1: Fahrzeugbegrenzungsprofile 1 Profil G1 (Südeuropa), 2 Profil G2 (Mitteleuropa), 3 Profil GC, 4 Profil Ärmelkanaltunnel (Transmanchelink)

Eine Senkung der Entwicklungszeiten und -kosten sowie die Anpassung an speziell geforderte Einsatzbedingungen können durch **modular aufgebaute Plattformkonzepte** erreicht werden (vgl. Kap. 9.2.1.5). Damit und durch die Verwendung **redundant aufgebauter Komponenten** sowie den Einsatz einer gezielten Diagnose können die zuvor genannten Ziele erreicht werden.

9.1.2 Anforderungen seitens der Infrastruktur

Um Fahrzeuge in der Eisenbahninfrastruktur technisch und betrieblich sicher einsetzen zu können, müssen sie die technischen Zugangsvoraussetzungen erfüllen (siehe Kap. 9.6.2). Gemäß *EBO* § 32(1) dürfen neue Fahrzeuge erst in Betrieb genommen werden, wenn sie durch die Sicherheitsbehörde (*EBA*) abgenommen worden sind. Bei Fahrzeugen, die bauliche Besonderheiten aufweisen, muss darüber hinaus dem Infrastrukturbetreiber vor dem ersten Einsatz Gelegenheit gegeben werden, für den vorgesehenen Einsatzbereich den sicheren und störungsfreien Einsatz prüfen zu können.

Näheres über den Fahrzeugzugang zur Eisenbahninfrastruktur, insbesondere auch zu den europäischen Eisenbahnnetzen, siehe Kap. 9.6.

9.1.3 Zuverlässigkeit und Verfügbarkeit

Die Zuverlässigkeits- und Verfügbarkeitsanforderungen nehmen ständig zu, da wegen der hohen Fahrzeugkosten und der hohen Qualitätsanforderungen der Kunden, die Vorhaltung von Reservefahrzeugen auf ein Mindestmaß beschränkt bleiben muss.

Together We Move The World

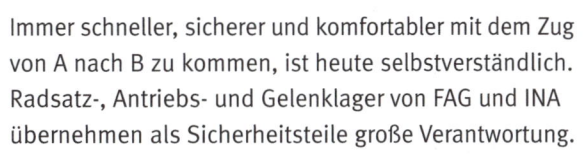

Immer schneller, sicherer und komfortabler mit dem Zug von A nach B zu kommen, ist heute selbstverständlich. Radsatz-, Antriebs- und Gelenklager von FAG und INA übernehmen als Sicherheitsteile große Verantwortung.

Konstruktion, Versuch und Service sind ganz auf die Forderungen der Kunden abgestimmt. Entwicklungspartnerschaft heißt der Weg dorthin.

Dabei entstehen zum Beispiel Radsatzlager für U-Bahnen mit Wartungsintervallen von 1,2 Mio. km Laufleistung. Das Gehäuse bleibt zur einfacheren und schnelleren Wartung zum Teil am Drehgestell befestigt und ist dank spezieller Werkstoffe besonders leicht.

www.ina.com · www.fag.com

SCHAEFFLER GRUPPE
INDUSTRIE

9 Schienenfahrzeuge

Aufbauend auf *DIN EN 50126* (Bahnanwendungen, Spezifikation und Nachweis der Funktionsfähigkeit, Verfügbarkeit, Instandhaltbarkeit und Sicherheit-RAMS) wird das Schienenfahrzeug entsprechend den Regeln des Zuverlässigkeitsengineering spezifiziert und dann von der Industrie konstruiert.

Da Schienenfahrzeuge sehr hohe Zuverlässigkeitsanforderungen erfüllen und große Längskräfte (2000 kN oder mindestens 1500 kN ohne bleibende Verformung gemäß *DIN/EN 12663* (Bahnanwendungen, Festigkeitsanforderungen an Wagenkästen von Schienenfahrzeugen) aushalten müssen, wird die Lebensdauer weiterhin 30, in Ausnahmefällen sogar 40 Jahre betragen. Um den sich in diesem Zeitraum ändernden Markterfordernissen gerecht zu werden, wird meist in der Mitte des Fahrzeuglebens, also nach 15 bis 20 Jahren, eine Kompletterneuerung durchgeführt. Bezüglich der Abschreibungsdauer, die früher bei der *Deutschen Bundesbahn* in der Regel identisch mit der Lebensdauer war, wird auf Kap. 13.1.1 verwiesen.

Die jährliche Laufleistung von Schienenfahrzeugen kann bis zu 600 000 km erreichen. Sie kann aber auch deutlich niedriger liegen. So sind z. B. einige Güterwagenbauarten (Spezialwagen) weniger als 10 000 km/a im Einsatz.

Von Schienenfahrzeugbetreibern wird darüber hinaus eine hohe Verfügbarkeit gefordert, die durch die tatsächlichen und möglichen Einsatzzeiten sowie die Stillstandszeiten eines Fahrzeugs gekennzeichnet ist. Die Verfügbarkeit ist umso größer, je kleiner die Schadens- und Instandhaltungsstunden sind. Das Ziel einer möglichst hohen Verfügbarkeit kann durch sorgfältiges Planen und Entwickeln, Verwenden geeigneter Materialien und gewissenhaftes Ausführen erreicht werden.

9.1.4 Leistungsvermögen

Die Ermittlung der Leistungsfähigkeit von Schienenfahrzeugen setzt die Kenntnis der gewünschten oder technisch machbaren Leistungs- und Zugkraftkurve voraus.

Die Abhängigkeit zwischen Leistung, Zugkraft und Fahrgeschwindigkeit ist gegeben durch

$$N = Z \cdot V/367 \ [kW] \qquad (9.1.1)$$

Hierin sind:

N = Leistung in kW

Z = Zugkraft in kN

V = Fahrgeschwindigkeit in km/h

Die Zugkraft muss den Widerstand überwinden, den der Eisenbahnzug der Fortbewegung entgegensetzt (Zugwiderstand). Bezeichnet W_z den Zugwiderstand, so muss eine Zugkraft $Z \geq W_z$ aufgebracht werden, um den Zug in Bewegung zu setzen und zu halten.

Der Zugwiderstand W_z setzt sich aus dem Triebfahrzeugwiderstand W_{Tfz} und dem Wagenwiderstand W_w zusammen. Er entsteht durch den
- Lauf- oder Rollwiderstand WL ($W_{Tfz} + W_w$) (= Widerstand auf ebener, gerader Strecke im Beharrungszustand des Zuges),
- Steigungswiderstand W_s,
- Krümmungswiderstand W_k und den
- Beschleunigungswiderstand W_b.

Es ist also

$$W_z = W_L + W_s + W_k + W_b = Z \qquad (9.1.2)$$

9.1 Anforderungen

Je nach Bauart des Schienenfahrzeugs (Elektrolokomotive oder -triebwagen, Diesellok oder -triebwagen, Reisezug- oder Güterzugwagen) gibt es unterschiedliche Ansätze zur Ermittlung des Laufwiderstandes. Einzelheiten hierzu sowie zur Berechnung der übrigen Widerstandswerte siehe in [41].

Die erzielbare Zugkraft wird im Bereich geringer Fahrgeschwindigkeiten durch die Haftreibung zwischen Treibrad und Schiene begrenzt. Diese Zugkraft an der Reibungsgrenze (auch als Reibungszugkraft bezeichnet) bleibt bestimmend bis zur so genannten Reibungsgeschwindigkeit. Oberhalb der Reibungsgeschwindigkeit legt allein die Leistung des Triebfahrzeugs den Verlauf der Zugkraftlinie fest. Eine Steigerung der Leistung schiebt die Reibungsgeschwindigkeit weiter hinauf und ermöglicht bei den jeweiligen Fahrgeschwindigkeiten größere Zugkräfte (vgl. Abb. 9.1.2).

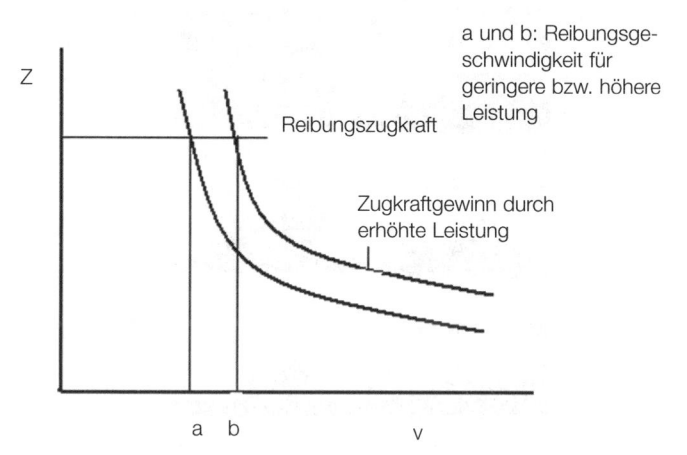

Abb. 9.1.2: Z,v-Diagramm

Das Leistungsvermögen eines Triebfahrzeugs bei V_{max} wird vom Laufwiderstand des Zuges, dem Streckenwiderstand und maßgeblich von der Endbeschleunigung bei V_{max} bestimmt. Die zu fordernde Endbeschleunigung hängt von den örtlichen Gegebenheiten (Trassierungen) des Streckennetzes ab, auf dem das Fahrzeug zum Einsatz kommen soll. Je kurven- und steigungsreicher ein Streckennetz ist, desto höher wird man die Endbeschleunigung ansetzen müssen, um die geforderten Fahrzeiten erreichen zu können. Die Bedeutung der Beschleunigung (und Verzögerung) tritt also für die Gesamtreisezeit umso mehr hervor, je häufiger die Geschwindigkeit geändert werden muss. Mit höheren Beschleunigungen wächst aber auch der Realisierungsaufwand, so dass aus einer strengen Abwägung der damit verbundenen Erschwernisse die jeweils vertretbaren Beschleunigungen – je nach Einsatzart und -gebiet der Schienenfahrzeuge – festgelegt werden müssen.

9.1.5 Passive Sicherheit (Crash-Verhalten)

Bei Eisenbahnen wird die Vermeidung von Unfällen als oberstes Sicherheitsprinzip von Anbeginn der Bahntechnik verfolgt (siehe *EBO* § 2). Da jedoch keine absolute Sicherheit zur völligen Vermeidung von Unfällen erreichbar ist, müssen die Fahrzeuge so gestalten werden, dass in den relativ wenigen noch auftretenden Fällen von Unfallereignissen diese möglichst schadensarm ablaufen. Dabei stehen der Personenschutz und bei Gefahrgütern der Umweltschutz im Vordergrund. Zudem sind Fahrzeuge, die nach den Regeln der passiven Sicherheit ausgelegt sind, auch wesentlich reparaturfreundlicher, so dass schwere Unfallschäden, die früher Reparaturzeiten von 1,5 Jahren und mehr bedingt hatten, heute in wenigen Monaten behoben werden können.

9 Schienenfahrzeuge

Nach *DIN prEN 15227* müssen folgende Szenarien abgedeckt werden:

Mit den heutigen Rechenmethoden (z. B. FEM) kann das Crashverhalten gut vorausberechnet werden. Dies zeigt sich z. B. bei der Auslegung der Crashsituation bei TRAXX-Lokomotiven (siehe Kap. 9.4.1) an der sehr guten Übereinstimmung der Ergebnisse von Rechnung und Versuch.

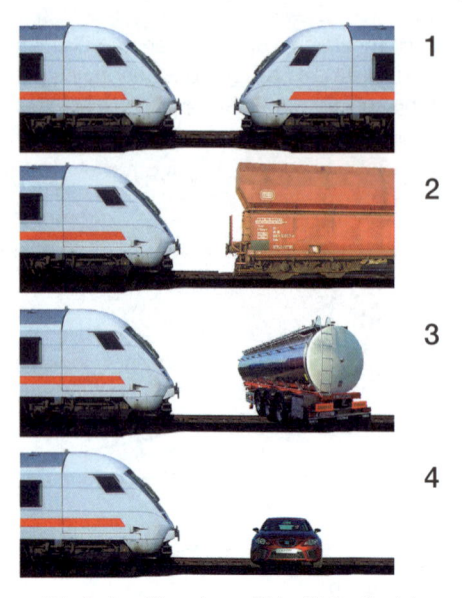

1 = Frontalzusammenstoß zwischen zwei identischen Zügen (v_{Koll} = 36 km/h), **2** = Frontalzusammenstoß mit einem Schienenfahrzeug, ausgestattet mit Seitenpuffern der Kategorie A (v_{Koll} = 36 km/h), **3** = Frontalzusammenstoß mit einem schweren Hindernis (v_{Koll} = 110 km/h); Lkw auf Bahnübergängen (15 t, deformierbar), **4** = Zusammenstoß mit einem niedrigen Hindernis, wie z. B. Pkw, Tiere oder Gegenstände.

Abb. 9.1.3: Crashszenario nach *DIN prEN 15 227*

Abb. 9.1.4: Crashergebnisse von Szenario 1 aus Versuch für die TRAXX-Lokomotive (Bombardier), niedriges Hindernis, wie z. B. Pkw, Tiere oder Gegenstände

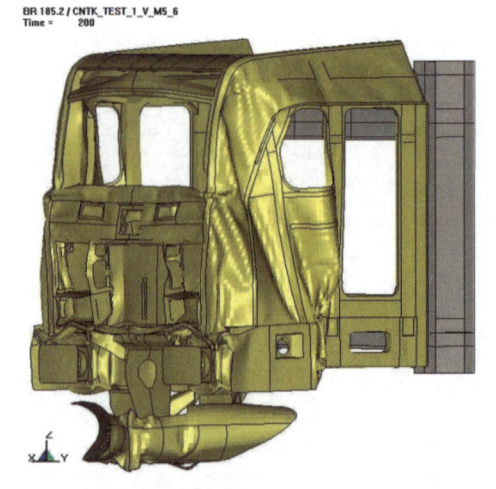

Abb. 9.1.5: Crashergebnisse von Szenario 1 aus Rechnung für die TRAXX-Lokomotive (Bombardier), niedriges Hindernis, wie z. B. Pkw, Tiere oder Gegenstände

9.2 Kennzeichen moderner Schienenfahrzeuge

9.2.1 Triebfahrzeuge

9.2.1.1 Drehstromantrieb und Leistungselektronik

Bei der Erfüllung der Traktions- und Transportaufgaben spielt die Antriebstechnik eines Triebfahrzeugs eine entscheidende Rolle. Vom Beginn der Bahnelektrifizierung um 1910 bis etwa 1990 wurden elektrische Triebfahrzeuge mit 16,7 Hz-**Einphasen-Reihenschlussmotoren** gebaut. Für die Steuerung ihrer Spannung und damit der Drehzahl und des Drehmoments wurden Schaltsysteme entwickelt, die Anzapfungen der Transformatorwicklungen unter Last und möglichst feinstufig zu variieren gestatteten (z. B. Schützensteuerung mit Stromteilerdrosseln, Nockenschaltwerke mit Feinstellern oder Hochspannungsschaltwerke mit Thyristorschaltern oder -stellern).

Als ab etwa 1970 Thyristoren mit immer größerer Leistungsfähigkeit verfügbar waren, konnten stufenlose Antriebssteuerungen ohne Schaltwerk realisiert werden. Fortschritte in der Leistungselektronik, wie z. B. gesteuerte Thyristoren, gestatteten es, so genannte **Mischstrom**-Fahrmotoren über Glättungsdrosseln zu betreiben. Diese Gleichstromreihenschlussmotoren können durch so genanntes Shunting der Feldwicklungen (Parallelwiderstand) gegen die relativ große Welligkeit des Wechselstroms unempfindlich gemacht werden. Bei der *Deutschen Bahn* wird diese Technik seit 1972 z. B. in den S-Bahn-Triebwagen der BR 420 eingesetzt.

Die Grundlagen für die heutige **Drehstromantriebstechnik** mit Asynchronmotor als idealem Fahrmotor, gespeist aus einem Wechselrichter (WR) und Vierquadrantenstellern (4QS), wurde von der damaligen *Fa. Brown Boveri & Cie AG (BBC)* entwickelt. Ab 1987 ging eine Serie von 60 Lokomotiven der BR 120 der *Deutschen Bundesbahn* mit dieser Antriebstechnik in Betrieb. Auch ein Teil der ICE 1-Flotte ist mit dieser Technik ausgerüstet.

In den 1980er-Jahren übernahmen Mikroprozessoren auf der Basis von Gate Turn Off -Thyristoren (GTO) zunehmend Aufgaben in der Leistungselektronik. Ihren Durchbruch auf breiter Front verdankt die Drehstrom-Antriebstechnik diesem GTO-Thyristor. Bei einem Teil der ICE 1-Serie gingen erste Anwendungen dieser Bauart auch in Deutschland in Betrieb.

Inzwischen hat die IGTB (Insulated Gate Bipolar Transistor) -Technik die GTO-Technik verdrängt. Mit der IGBT-Technik werden die Stromrichterbaugruppen kleiner und weniger komplex. Eine eingehende Beschreibung der IGBT-Technik findet sich in [1].

9.2.1.2 Mehrsystemfähigkeit und Interoperabilität

Moderne Triebfahrzeuge müssen grenzüberschreitend einsetzbar sein. Die möglichen Einsatzgebiete zeigt Abb. 9.2.1.

Aufgrund der bei den ausländischen Bahnunternehmungen bestehenden Forderungen sind bei Mehrsystemtriebfahrzeugen im Vergleich zu 16,7 Hz-Lokomotiven Anpassungen insbesondere bei folgenden Komponenten erforderlich:
– Hochspannungsausrüstung
– Stromrichter
– Zugsicherung
– Zugfunk
– Führerraum, Bedienung und Visualisierung sowie
– Brems- und Druckluftausrüstung

9 Schienenfahrzeuge

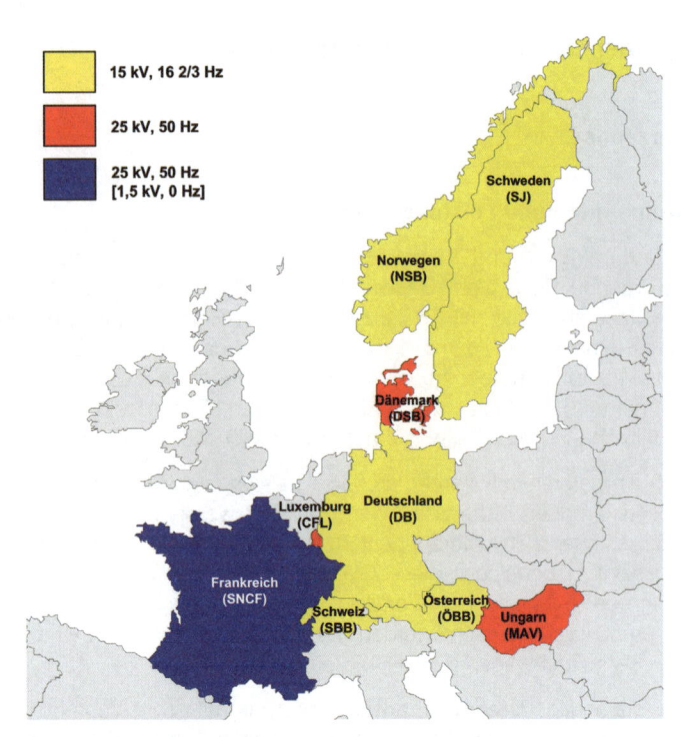

Abb. 9.2.1: Mögliche Einsatzgebiete von Mehrsystemlokomotiven [2]

Grundlage für die Mehrsystemfähigkeit moderner Triebfahrzeuge bildet die modulare Bauweise. Hier werden funktionale Bauteile so zu Teilsystemen zusammengefasst, dass die Triebfahrzeuge den jeweiligen Einsatzgebieten (Stromsysteme) optimal angepasst werden können.

Abb. 9.2.2 zeigt einen Übersichtsschaltplan einer Viersystem-Lokomotive. Wesentliche Abweichungen von Einsystem-Lokomotiven bestehen insbesondere im Bereich der Hochspannungs- und Filterausrüstung. Die Auslegung der Hochspannungsausrüstung wird dabei im Wesentlichen durch die *UIC-Merkblätter* 608 und 611 bestimmt.

Die wichtigsten Anforderungen an die Stromabnehmer nach *UIC Merkblatt* 608 sind in Tabelle 9.2.1 zusammengefasst. Hieraus wird deutlich, dass die Stromabnehmer mit verschiedenen Wippen bestückt werden müssen.

Innerhalb Europas kommen unterschiedliche Signal- und Zugsicherungssysteme zum Einsatz (vgl. Kap. 10). Die Vielzahl der nicht miteinander kompatiblen Systeme stellt – zumindest bis zur europaweiten Einführung des ETCS – für die Ausrüstung von Mehrsystemfahrzeugen mit den jeweiligen nationalen Zugsicherungseinrichtungen bezüglich des Einbaus und der Wirtschaftlichkeit eine große Herausforderung dar.

Auch die Anforderungen der einzelnen ausländischen Bahnunternehmungen an den Zugfunk weichen z.T. erheblich voneinander ab. Durch den Einbau von Zusatzmodulen müssen bis zur Schaffung einer einheitlichen europäischen Zugfunkanlage die jeweiligen landesspezifischen Varianten realisiert werden.

Zur Vertiefung der Thematik wird auf die einschlägige Fachliteratur sowie auf die Literaturstellen am Ende des Kapitels verwiesen.

9.2 Kennzeichen moderner Schienenfahrzeuge

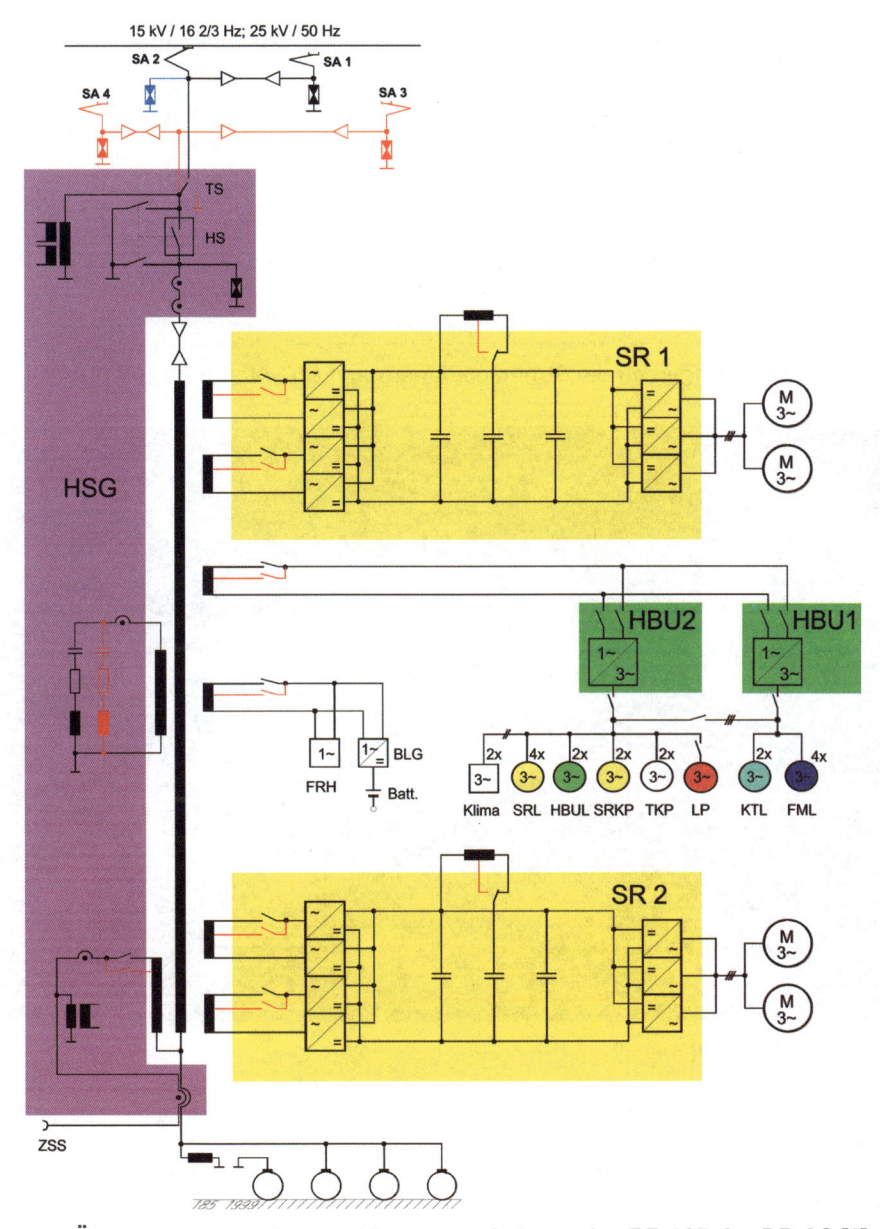

Abb. 9.2.2: Übersichtsschaltplan der Viersystem-Lokomotive BR 185 der *DB AG* [2]

Speziell für den grenzüberschreitenden Einsatz nach Frankreich, Belgien und den Niederlanden wurde der Triebwagenzug ICE 3-M entwickelt (Abb. 9.2.3)

Folgende Entwicklungsziele standen im Vordergrund:
- Erzielung kurzer Reisezeiten durch Geschwindigkeiten bis zu 300 km/h auf dafür geeigneten Strecken
- hohe Wirtschaftlichkeit durch mehr Plätze je Meter Zuglänge

9 Schienenfahrzeuge

Bahnverwaltung	Spannung/Frequenz	Wippenbreite
DB	15 kV/16⅔ Hz	1950 mm
ÖBB	15 kV/16⅔ Hz	1950 mm
SBB	15 kV/16⅔ Hz	1450 mm
DSB	25 kV/50 Hz	1950 mm
SJ	15 kV/16⅔ Hz	1800 mm
CFL	25 kV/50 Hz	1450 mm
SNCF	25 kV/50 Hz	1450 mm
NSB	15 kV/16⅔ Hz	1800 mm
MAV	25 kV/50 Hz	1950 mm

Tab. 9.2.1: Anforderungen an die Stromabnehmer nach *UIC-Merkblatt 608* [2]

Abb. 9.2.3: ICE 3-M [3]

- gute Verträglichkeit mit der Infrastruktur durch niedrige Radsatzlasten, geringe Zugkraft je Treibradsatz und
- gute Umweltverträglichkeit durch z. B. geringe Geräuschemission (Unterflurantriebe), luftgestützte Klimaanlagen und chemiefreie, geschlossene Toilettensysteme (vgl. Kap. 9.3.6)

Eine ausführliche Beschreibung der ICE 3-M-Technologie findet sich in [4]. Mehr zum Thema Interoperabilität siehe Kap. 12.

9.2.1.3 Neigetechnik

Die höchste von Schienenfahrzeugen in Gleisbögen fahrbare Geschwindigkeit wird von den Faktoren Entgleisungssicherheit, Belastung des Oberbaus in Querrichtung sowie durch das Kippmoment des Fahrzeugs bestimmt. Eine wesentliche Rolle spielen hierbei die Masse und die Schwerpunktlage des Fahrzeugs. Bei Reisezügen begrenzt außerdem die maximale, dem Reisenden zumutbare, Seiten-

9.2 Kennzeichen moderner Schienenfahrzeuge

beschleunigung die Höchstgeschwindigkeit in Gleisbögen. Da im Allgemeinen eine quasistatische Seitenbeschleunigung von 1 m/s² noch als komfortabel empfunden wird, gilt dieser Wert gemeinhin als Komfortgrenze.

Um der komfortbedingten Einschränkung der Geschwindigkeit entgegenzuwirken, wendet man Systeme an, die durch gezieltes Neigen des Wagenkastens während der Bogenfahrt die auf den Fahrgast wirkende Seitenkraft vermindern. Auf die Entgleisungssicherheit und die Belastung des Oberbaus in Querrichtung sowie auf das Kippmoment des Fahrzeugs, die die Bogengeschwindigkeit begrenzen, haben diese als Neigetechnik (Neitech) bezeichneten Systeme keinen Einfluss.

Je nach Prinzip der Wagenkastenneigung wird zwischen **passiver** (siehe hierzu Kap. 9.3.1) und **aktiver** Neigetechnik unterschieden. Letztere wird ausführlich in [5] beschrieben.

Die Funktion der **passiven** Neigetechnik entspricht der eines Kettenkarussels. Durch die Verlegung der Aufhängungspunkte der Wagenkästen auf eine Ebene deutlich oberhalb ihres Schwerpunktes erzeugt die Zentrifugalkraft bei Bogenfahrt ein Moment, das die Unterseite des Wagenkastens nach außen „pendeln" lässt. Das System kommt ohne besondere Stellsysteme aus.

Passive Neigesysteme (z. B. der Fa. Talgo) sind in der Regel so ausgelegt, dass sich bei einer nicht kompensierten Seitenbeschleunigung in der Gleisebene von 1,5 m/s² ein maximaler Neigewinkel von 3,5° ergibt.

Bei den **aktiven** Neigesystemen wird bei der Bogenfahrt die nicht ausgeglichene Seitenbeschleunigung in der Fahrwerkebene durch Sensoren gemessen und daraus elektronisch ein Soll-Neigewinkel des Wagenkastens errechnet, der dann meist durch **hydraulisch** oder **elektromechanisch** betätigte Stellsysteme eingestellt wird. Der maximal erreichbare Neigewinkel liegt bei 8° (in Ausnahmefällen kann er bis zu 10° betragen).

Bei Einsatz von Fahrzeugen, die mit Neitech (korrekter: gleisbogenabhängige Wagenkastensteuerung) ausgerüstet sind, ist auf vorhandenen Strecken, je nach Topografie, eine Fahrzeitverkürzung von etwa 20 % realisierbar.

Damit die zulässigen Querkräfte zwischen Radaufstandspunkt und Schiene beim Durchfahren enger Gleisbögen nicht überschritten werden, müssen die unabgefederten Fahrzeugmassen durch den Einsatz „bogenfreundlich" konstruierter Fahrwerke verringert und die statische Radsatzlast begrenzt werden. Die maximal zulässige statische Radsatzlast der Neitech-Fahrzeuge der *DB AG* beträgt 16 t (Tab. 9.2.3).

Der Einsatz von Neitech-Fahrzeugen setzt eine besondere streckenspezifische Zulassung voraus. Außerdem muss die Infrastruktur der Neitech-Strecken dem höheren Geschwindigkeitsniveau angepasst werden (vgl. Kap. 8.2).

Derzeit wird in Deutschland nur bis V = 160 km/h „bogenschnell" gefahren.

9.2.1.4 Modularisierung

Wesentliche Grundlagen zur Vereinheitlichung und Kostensenkung der Produktionsmittel der Eisenbahn sind eine Modularisierung der Fahrzeuge sowie die Standardisierung der Funktionen und Modulschnittstellen. Die Modularisierung darf dabei aber nicht ausschließlich unter dem Gesichtspunkt des Herstellungsprozesses eines Fahrzeugs zur Reduktion der Produktionskosten gesehen werden; sie muss vielmehr eine allumfassende LCC-Optimierung berücksichtigen (vgl. Kap. 13.1.6).

Die Modularisierung der Fahrzeuge schafft die Voraussetzung für eine Stärkung der Wettbewerbsfähigkeit sowie für eine Verringerung der Komplexität der Fahrzeugkonstruktion und darüber hinaus der Betriebs-, Wartungs- und Instandhaltungskosten.

9 Schienenfahrzeuge

Technische Daten		VT 610	VT 611	VT 612	ET 411	ET 415	VT 605
Antriebsart		Dieselmotor	Dieselmotor	Dieselmotor	Asynchronmotor	Asynchronmotor	Dieselmotor
Kraftübertragung		elektrisch	hydraulisch	hydraulisch			elektrisch
Leistung	kW	2x485	2x540	2x560	4000	3000	4x560
Einsatz		Regionalverkehr	Regionalverkehr	Regionalverkehr	Fernverkehr	Fernverkehr	Fernverkehr
Radsatzanordnung		2'(A1)'+(1A)'(A1)'	2'B'+B'2'	2'B'+B'2'	2'2'+(1A)'(A1)'+ (1A)'(A1)'+2'2'+ (1A)'(A1)'+ (1A)'(A1)'+2'2'	2'2'+(1A)'(A1)'+ (1A)'(A1)'+ (1A)'(A1)'+ 2'2'	2'Bo'+Bo'2'+ 2'Bo'+Bo'2'
Zahl der Sitze 1. Klasse 2. Klasse		16 114(+6)	23 112(+13)	24 122(+12)	53 304(+3) Restaurant 24	41 209(+2)	41 148 Elternabt. 6
Max. Zugstärke (Einheiten)		4	4	4	2x7-teilig oder 6+8-teilig	2	4
Vmax konventionell bogenschnell	km/h km/h	160 160	160 160	160 160	230 160	230 160	200 160
Fahrzeugbegrenzung (kinematisch)		UIC 505	UIC 505	UIC 505	UIC 505	UIC 505	UIC 505
Größte Breite	mm	2852	2852	2852	2842	2842	2842
Drehpolhöhe über SO	mm	1644	1696	1696	1620	1620	1582
Neigungswinkel		8°	8°	8°	8°	8°	8°
Kleinster befahrbarer Gleisbogenhalbmesser	m	125	125	125	150	150	150
Raddurchmesser neu/abgenutzt	mm	890/840	890/840	890/840	890/840	890/840	860/790
Größte Radsatzlast Treibrad Laufradsatz	t t	14,2 14,55	14,7 14,9	14,2 14,6	16,3 16,8	16,3 16,8	14,5 14,5

Tab. 9.2.2: Neitech-Fahrzeuge der *DB AG*

Die Modularisierung beginnt bei der Definition der Modulschnittstellen, der funktionalen Beschreibung der Module, der technischen Spezifikation der Schnittstellen und Fahrzeugkomponenten und endet bei der Analyse der LCC-Ziele und -Kostenblöcke. Mit zu beachten sind die Anforderungen, die sich aus der Instandhaltung ergeben.

9.2 Kennzeichen moderner Schienenfahrzeuge

Wesentliche Ziele einer Modularisierung sind die Reduzierung und Vereinheitlichung der Produktionsmittel der Bahn sowie die vereinfachte Tauschbarkeit von Modulen. Das setzt eine Standardisierung der Modulfunktionen und -schnittstellen voraus. Das bedeutet aber nicht, dass genormte oder baugleiche Einheitsmodule zu verwenden sind. Vielmehr muss eine Modularisierung für die Hersteller bewusst den Spielraum eröffnen, eigene, LCC-optimierte Lösungen zu entwickeln.

Beispiele modular aufgebauter Schienenfahrzeuge werden in Kap. 9.4 beschrieben.

9.2.2 Reisezugwagen

Seit der Eröffnung der ersten deutschen Eisenbahnlinie von Nürnberg nach Fürth am 7. Dezember 1835 ist eine Vielfalt verschiedener Reisezugwagentypen entstanden. Allein in Preußen war die Zahl unterschiedlicher Wagen in den siebziger Jahren des 19. Jahrhunderts kaum noch überschaubar [6]. Erst nach dem Zusammenschluss der früheren Länderbahnen zur *Deutschen Reichsbahn* am 1. April 1920 ließ sich durch ein standardisiertes Typenprogramm von Reisezugwagen der so genannten Einheitsbauart eine Bereinigung der Wagenvielfalt erkennen. Die Ganzstahlbauweise erhielt Einzug in den Waggonbau. Die elektrische Zugbeleuchtung wurde eingeführt, außerdem die Kunze-Knorr-Bremse mit zweiteiligen Bremsklötzen und mit selbsttätiger Nachstellung [7].

Die Verwendung von Leichtbaustoffen und Anwendung moderner Schweißverfahren führte mit Beginn der 1930er Jahre zu einer deutlichen Verringerung der Fahrzeugeigenmasse und damit zu einer Senkung der Zugförderungskosten.

Eine systematische Typenbereinigung begann in der Zeit nach 1950, als der 26,4 m lange Einheitswagen nach den *UIC*-Richtlinien eingeführt wurde. Diese für eine Höchstgeschwindigkeit von 140 und 160 km/h geeigneten Fahrzeuge wurden in Schnell- und Fernschnellzügen eingesetzt.

Anfang der 1960er Jahre entstanden ebenfalls 26,4 m lange Neubauwagen mit Klimaanlage für den hochwertigen TEE- und IC-Verkehr. Alle Fahrzeuge zeichnen sich durch einen hohen Ausstattungs- und Fahrkomfort aus (siehe auch Kap. 9.3). Diese Reisezugwagen sind nach einem umfangreichen Re-Design noch heute im EC- und IC-Verkehr der *Deutschen Bahn* eingesetzt.

Anfang der 1960er Jahre erschienen die ersten, ebenfalls 26,4 m langen Serienfahrzeuge einer neuen Generation für den Bezirks- und Nahverkehr. Von anderen Neubaufahrzeugen unterschieden sich diese Wagen in erster Linie durch zwei Mitteleinstiege und durch die Außenwände aus blanken, nicht rostenden Edelstahlblechen. Diese Fahrzeuge verkehren heute im verkehrsroten Farbanstrich der *DB Regio AG*. Die Wagen sind – überwiegend mit Scheibenbremsen ausgerüstet – für eine Höchstgeschwindigkeit von 140 km/h geeignet.

Einzelheiten zur Entwicklung und Technik der Reisezugwagen finden sich in [8–11].

9.2.3 Güterwagen

Der Güterwagenpark musste in der langen Geschichte der Eisenbahn schon immer den vielseitigen Erfordernissen des Marktes angepasst werden. Zu Zeiten der *Deutschen Reichsbahn* bestimmten zunächst drei Hauptbauarten das äußere Bild: zweiachsige gedeckte Güterwagen mit Flach- oder Tonnendach, zweiachsige offene Güterwagen mit hohem und niederem Seitenbord und – meistens zweiachsige – Flachwagen mit und ohne Rungen. Von wenigen Ausnahmen abgesehen dominierten Holzaufbauten. Erst gegen Ende der 1930er Jahre erschienen in größerer Stückzahl geschweißte Ganzstahlwagen.

In einem groß angelegten Neubauprogramm zu Beginn der 1950er Jahre trug die damalige *Deutsche Bundesbahn* den gestiegenen Marktanforderungen des Gütertransports Rechnung. Einige dabei zur

9 Schienenfahrzeuge

Anwendung kommende Komponenten sind in Kap. 9.3 näher beschrieben. Im Vordergrund standen die Automatisierung und Mechanisierung der Be- und Entladevorgänge sowie die Beschaffung dafür besonders geeigneter Fahrzeuge. Es entstanden die offenen und geschlossenen Selbstentladewagen, Wagen mit Schiebedächern und großvolumige gedeckte Güterwagen mit Schiebewänden. Diese Fahrzeuge sind auch heute noch im täglichen Einsatz.

Tief greifende Neuerungen waren auch beim Bau von Autotransportwagen zu verzeichnen. Um das zulässige Lichtraumprofil nicht zu überschreiten, mussten Wagen mit sehr niedriger Ladefläche und mit extrem kleinen Rädern (Durchmesser: 355 mm) entwickelt werden.

Mit der Einführung des Container-Verkehrs Ende der 1969er Jahre prägten vermehrt neue Behältertragwagen und Großbehälter das Bild des Schienengütertransports. Die letzten Jahre waren von dem Bemühen gekennzeichnet, den Güterwagenpark dem technischen Fortschritt und den Wünschen der Bahnkunden anzupassen.

Zur Entwicklung und Technik der Güterzugwagen siehe [11–13].

9.3 Fahrzeugkomponenten

9.3.1 Fahrwerke

Die Hauptanforderungen an Fahrwerke sind vielfältig: Tragen, Führen, Bremsen, teilweise Antreiben und Verbesserung des Schwingkomforts.

Zudem gibt es weitere Anforderungen, die zunehmend an Bedeutung gewinnen. Diese betreffen die Sicherheit, insbesondere die Entgleisungssicherheit auch bei Versagen von Bauteilen, und den Umweltschutz, hierbei insbesondere das Lärmverhalten und die Umweltbelastung durch die Spurkranzschmierung.

a) Tragen:
Über die Fahrwerke werden die Kräfte des Fahrzeugaufbaus an die Schienen und damit an den Oberbau und den Unterbau des Fahrwegs weitergegeben.

b) Führen:
Unter Führen versteht man die Kraftübertragung in die Querrichtung bezogen zur Bewegungslängsrichtung eines Fahrzeugs. Die Führung erfolgt zum einen geometrisch über den Spurkranz, zum anderen über den Kraftschluss zwischen Rad und Schiene (vgl. Kap. 6.1).

c) Bremsen:
Die im Rad-Schiene-Kontaktpunkt übertragbaren Kräfte streuen sehr stark, da die Kraftschlussbeiwerte zwischen Rad und Schiene stark schwanken können. Je nach Verschmutzungszustand können die Kraftschlussbeiwerte im Extremfall zwischen maximal 0,9 und minimal 0,02 variieren. Deshalb ist es sinnvoll und notwendig, jedes Rad und jeden Radsatz mit einer Bremse auszurüsten.

d) Antreiben:
Treibrad und Schiene wirken zusammen als Reibungsantrieb. Die Zugkraft wird durch die Haftreibung zwischen dem angetriebenen Rad und der Schiene erzeugt, sie errechnet sich zu

$$Z_u = \mu \cdot G_r \qquad (9.3.1)$$

wobei μ = Reibungsziffer und G_r = Reibungsmasse in kg, d.h., die Summe der Massen, mit denen die angetriebenen Radsätze auf die Schienen drücken.

9.3 Fahrzeugkomponenten

Die Höchstwerte von μ, mit denen zu rechnen ist, wurden durch Versuche von *Curtius* und *Kniffler* sowie *Kother* ermittelt [41]. Sie streuen zwischen etwa 0,33 und 0,11. Sie fallen mit zunehmender Fahrgeschwindigkeit. Bei Zügen ist mindestens ein Radsatz anzutreiben.

e) Schwingkomfort verbessern:
Gleise sind wie alle Bauteile mit Toleranzen behaftet. Durch Verschleiß und Setzungen vergrößern sich im Betrieb die Gleislagefehler weiter.

Zum Ausgleich der durch Fahrbahnunebenheiten verursachten Stöße werden bei allen Fahrwerken Federungssysteme, wie z.B. geschichtete Blattfedern (vorwiegend bei Güterwagen), Schraubenfedern, Luftfedern oder auch Kombinationen dieser Federn, verwendet. Bei Drehgestellen kommt zusätzlich eine geometrische Dämpfung hinzu.

9.3.1.1 Einzelachsfahrwerke

Bei zweiachsigen Güterwagen hat sich bis heute eine Fahrwerkbauart erhalten, die aus der Frühzeit der Eisenbahn um 1860 stammt, die so genannte Vereinslenkachse [14]. Die Vertikalkraft wird über Federböcke und Schakengehänge übertragen (Abb. 9.3.1 und 9.3.2).

Eine andere weit verbreitete Konstruktion ist das Einachsfahrwerk des Talgo-Zuges (Abb. 9.3.3). Das Prinzip beruht auf der passiven Neigetechnik. Das bedeutet, dass durch die Lage des Schwerpunktes des Wagenkastens unterhalb des Drehpunktes zwischen Wagenkasten und Fahrwerk, auf den Wagenkasten wirkende Querkräfte zu einer Verringerung der auf die Reisenden wirkenden Seitenkräfte führen. Die Luftfedern sind als Drehpunkte deshalb auf Säulen in der Nähe des Daches

9 Schienenfahrzeuge

Abb. 9.3.1 und 9.3.2: Lenkachsfahrwerk, Ansicht mit Bremsgehänge (9.3.1) und Ansicht zusätzlich mit Wagenrahmenteilen (rot) (9.3.2) (*Graaff Transportsysteme,* Elze)

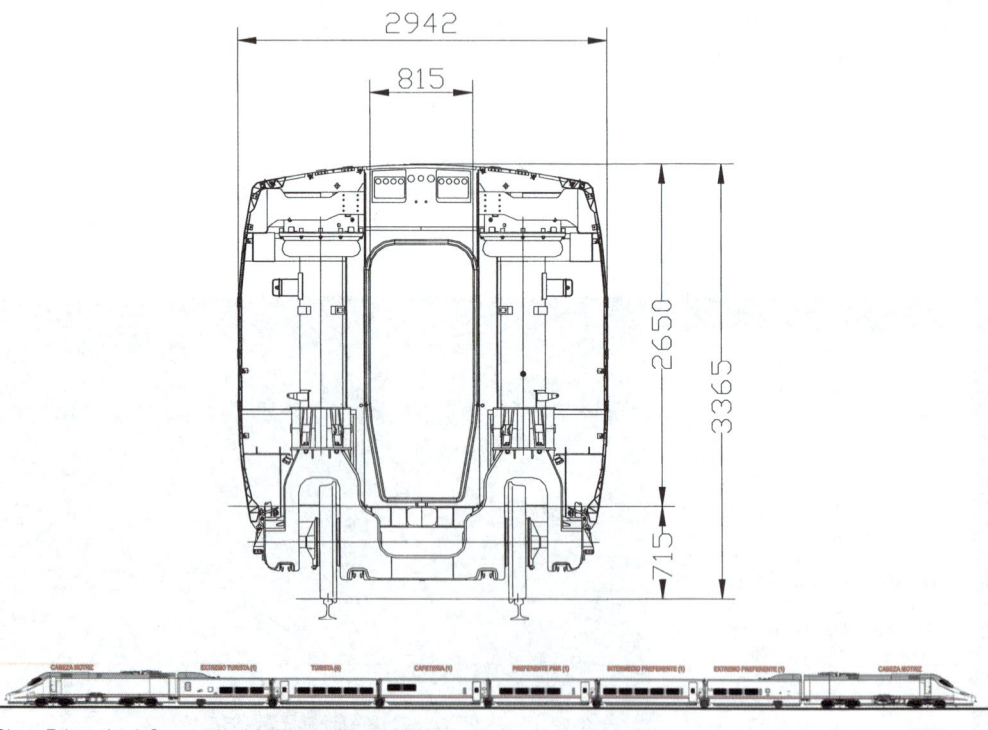

Oben: Fahrwerk mit Spurwechseleinrichtung für den Verkehr zwischen Normalspur 1435 mm und spanischer Breitspur 1668 mm, Fußbodenhöhe 760 mm, zugelassene Seitenbeschleunigung auf Gleisebene 1,32 m/s²
Unten: zugehöriger Zug mit ebenfalls umspurbaren Triebköpfen (3 kV = / 25 kV 50 Hz) an den Zugenden, 2 · 2400 kW Dauerleistung, Höchstgeschwindigkeit 250 km/h, Zuglänge 183 m, 299 Sitzplätze (*Talgo Deutschland*)

Abb. 9.3.3: Talgo XXI (45 Züge)

angeordnet. Diese Säulen sind als Zusatzluftbehälter für die Luftfedern ausgebildet. Die Räder sind als so genannte Losräder (vgl. Kap. 6.1) jeweils in zwei Radlagern rechts und links des Rades gelagert. Es gibt keine durchgehende Achse.

Dadurch kann der Fahrzeugkastendurchgang zwischen den Rädern sehr tief ausgeführt werden, und die Möglichkeit einer Spurweitenanpassung durch Verschieben der Räder (siehe Kap. 9.3.1.3

9.3 Fahrzeugkomponenten

Spurwechselradsatz) ist konstruktiv leichter realisierbar als mit einem starren Radsatz. Zudem sind Schnellfahrten leichter möglich als mit starren Radsätzen, da keine Instabilität auftreten kann (vgl. Kap. 6.1).

9.3.1.2 Drehgestelle

Vierrädrige, bisweilen auch sechsrädrige Fahrwerke, bei denen die Räder (meist elastisch) in einem Rahmen gelagert sind, bezeichnet man als Drehgestelle. Auf dem Drehgestellrahmen stützt sich der Wagenkasten, zumindest um die senkrechte Achse drehbar, ab. Mit Drehgestellen erreicht man infolge ihrer geometrischen Funktion in der Regel eine Minderung der durch Gleislageungenauigkeiten entstehenden Unebenheitsamplitude. Die Abb. 9.3.4 und 9.3.5 zeigen zwei Extremfälle auf: Wenn die Unebenheitsamplitude gegensinnig an den beiden Rädern ansteht, d. h. der Achsabstand ein ungeradzahliges Vielfaches der halben Wellenlänge der Amplitude ist, gleicht das Drehgestell alle Unebenheiten völlig aus. Durch die gegensinnige Bewegung der Räder bleibt die Drehgestellmitte, dort wo die Sekundärfeder angreift, in Ruhe (Abb. 9.3.4).

Im anderen Extremfall bewegen sich die beiden Räder in Phase (Abb. 9.3.5). Dann ist der Achsabstand stets ein ganzzahliges Vielfaches der Unebenheit und die Drehgestellmitte. Dabei bewegen sich die beiden Radaufstandspunkte (die Primärfederung wird bei dieser rein geometrischen Betrachtung als starr angenommen) synchron.

In der Praxis wird die Bewegung zwischen diesen beiden Extremen liegen, was durch die Übertragungsfunktion H beschrieben wird (vgl. Abb. 9.3.6)

Der Wagenkasten stützt sich über die Sekundärfederung elastisch auf dem Drehgestellrahmen ab. Die Primärfederung übernimmt die elastische Abstützung der Räder gegenüber dem Drehgestellrah-

---

Das Standard-Adressbuch der Bahnbranche

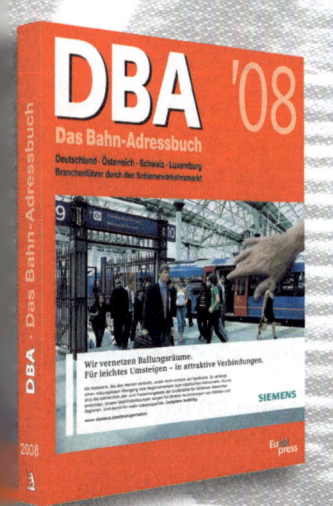

Das Bahn-Adressbuch '08
Deutschland – Österreich – Schweiz – Luxemburg

Im „DBA" 2008 finden Sie über 3.000 gründlich recherchierte und jährlich aktualisierte Adressen (inkl. Ansprechpartner und ihrer Kommunikationsdaten) aus Deutschland, Österreich, der Schweiz und Luxemburg.

Durch umfangreiche Recherchen ist es gelungen, die Adressen noch stärker zu personalisieren, so dass Sie schnell Ihren persönlichen Kontakt bei den Bahnen, den Bahnbehörden, der Politik, der Industrie und Wirtschaft, den Verbänden sowie in der Wissenschaft und Forschung finden. Hilfreich ist Ihnen dabei auch der umfangreiche Personen-Index im Anhang.

Weitere Informationen finden Sie im Internet unter www.eurailpress.de/dba

Technische Daten: Titel: DBA - Das Bahn-Adressbuch, ISBN 987-3-7771-0358-7, 415 Seiten, Format 148 x 215 mm, Broschur
Preis: € 48,– inkl. MwSt. zzgl. Versandkosten **Adresse:** DVV Media Group GmbH | Eurailpress · Nordkanalstraße 36 · 20097 Hamburg · Germany · Telefon: +49 40/2 37 14-292 · E-Mail: service@eurailpress.de

Eurailpress

9 Schienenfahrzeuge

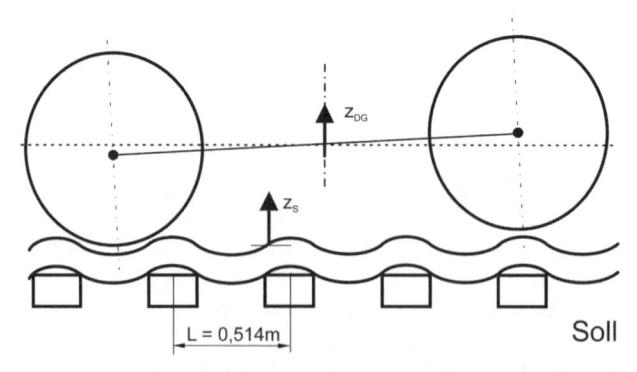

Abb. 9.3.4: Der Achsabstand im Drehgestell ist ein ungeradzahliges Vielfaches der Unebenheitsamplitude. Die Drehgestellmitte bleibt so bei beliebiger Unebenheitsamplitude in Ruhe.

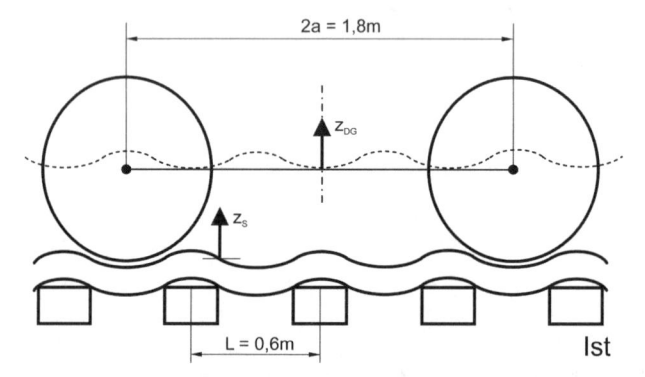

Abb. 9.3.5: Achsabstand ist ein ganzzahliges Vielfaches der Unebenheitswellenlänge. Die beiden Radsätze und die Drehgestellmitte bewegen sich so synchron.

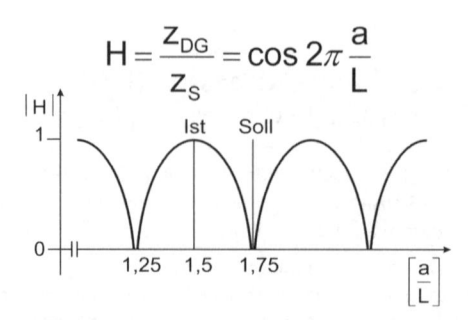

$$H = \frac{z_{DG}}{z_S} = \cos 2\pi \frac{a}{L}$$

a = halber Achsabstand, L = Unebenheitswellenlänge, H = Übertragungsfunktion Verhältnis von Eingang am Rad zu Ausgang in Drehgestellmitte

Abb: 9.3.6: Geometrische Übertragungsfunktion H eines Drehgestells, Gleichung und Graph

men. Die Sekundärfederung wird bei modernen Fahrzeugen als so genannte Flexicoilfeder ausgeführt. Flexicoilfedern lassen Bewegungen in alle drei Raumrichtungen zu. Sie dienen so der vertikalen Einfederung, der horizontalen Federung in Fahrzeugquerrichtung und der Ausdrehbewegung des Drehgestellrahmens gegenüber dem Aufbau, indem sie in Längsrichtung gegensinnig verformt wer-

9.3 Fahrzeugkomponenten

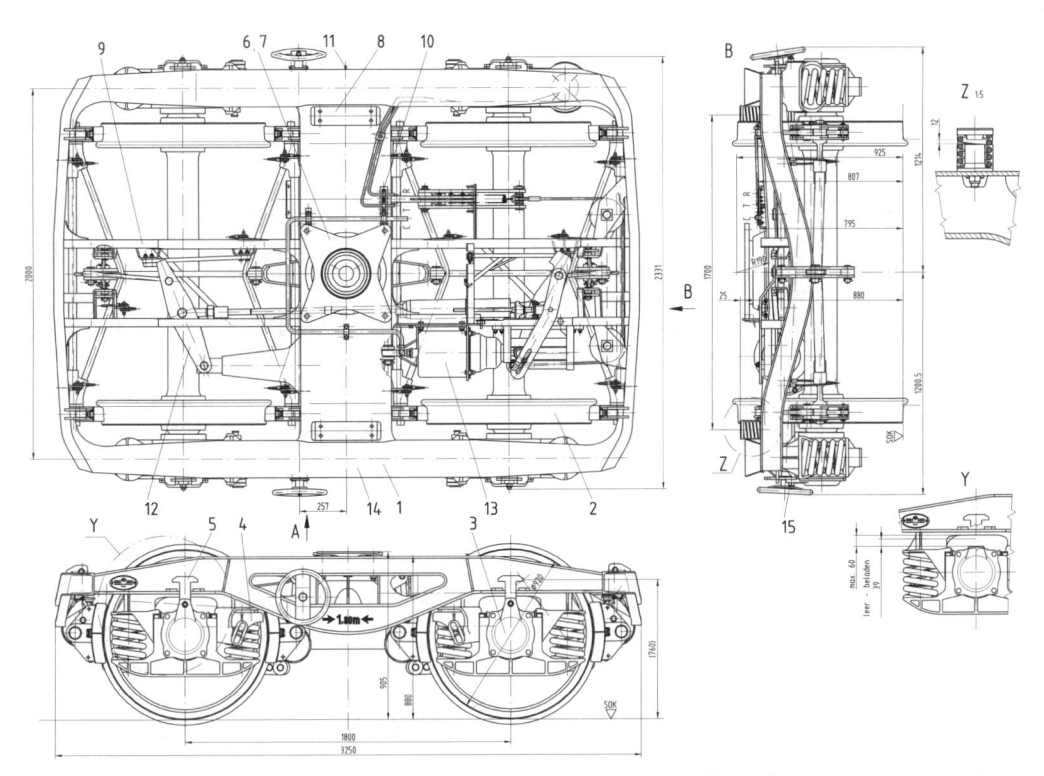

1 = Drehgestellrahmen, **2** = Radsatz, **3** = Radsatzlager, **4** = Federkappe (Lenoir-Gelenk), **5** = Abhebesicherung, **6** + **7** = Drehpfanne, **8** = seitliches Gleitstück, **9** = Bremsträger, **10** = pneumatische Anschlüsse (Bremse), **11** = Erdung, **12** = Bremshebel, **13** = Bremszylinder, **14** = Langträger, **15** = Feststellbremse

Abb: 9.3.7: Lssif-K, 10", das Y25-Drehgestell ist in der Stellung dargestellt, welche es unter einem Wagen mit 20 t Eigenmasse einnimmt (*Eisenbahn Laufwerke Halle ELH*).

den. D. h., die Feder lässt auf der einen Fahrzeugseite eine Bewegung nach vorne oder hinten zu, während die Bewegung auf der anderen Fahrzeugseite genau gegensinnig erfolgt.

Die Bewegungsmöglichkeiten wie Ausdreh- und Querbewegung sind durch Anschläge zu begrenzen. Die Längsanbindung wird bevorzugt steif ausgeführt, da hier kaum Schwingungsanregungen auftreten. Durch die steife Längsanbindung können zudem hohe Zug- und Bremskräfte sowie im Extremfall bei Kollisionen, sehr große Stoßkräfte übertragen werden.

Abb. 9.3.7 zeigt das in Europa momentan stückzahlmäßig am weitesten verbreitete Güterwagendrehgestell der Bauart Y 25.

9.3.1.3 Spurwechselradsätze

Spurwechselradsätze besitzen in der Regel zwei axial verschiebbare Räder, die durch ein Verriegelungssystem mit der Radsatzwelle verbunden sind (Abb. 9.3.8).

Während des Befahrens einer speziellen Spurwechseleinrichtung wird zuerst die Verriegelung automatisch gelöst und damit eine Axialverschiebung der Räder von Normalspur (1435 mm) auf Breitspur (z. B. 1520 oder 1668 mm) und umgekehrt ermöglicht. Anschließend werden die Räder in der Spurwechselanlage in der neuen Spurweitenstellung durch den eingebauten Mechanismus wieder automatisch verriegelt. Nach dem Befahren der Spurwechselanlage ist eine Kontrolle des Verriege-

9 Schienenfahrzeuge

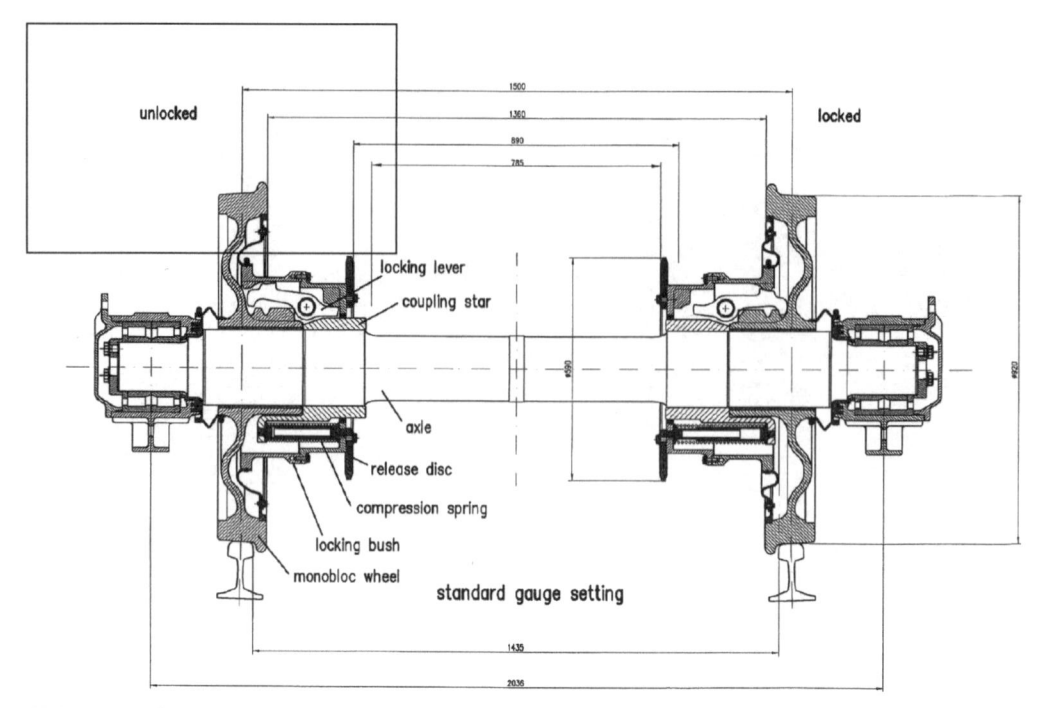

Abb. 9.3.8: Schnitt durch Spurwechselradsatz Rafil/*DB AG* Typ V [15]

lungszustandes der Spurwechselradsätze erforderlich. Diese kann automatisch durch eine eingebaute Diagnoseeinrichtung oder visuell durch geschultes Personal mit Hilfe einer Prüflehre erfolgen. Weitere Einzelheiten zur Spurwechseltechnik können [15] entnommen werden.

9.3.2 Zug- und Stoßeinrichtungen

Schienenfahrzeuge fahren in der Regel im Zugverband. Die Verbindungen übernehmen Zug- und Stoßeinrichtungen. Nach *EBO* §24(1) müssen Schienenfahrzeuge an beiden Enden federnde Zug- und Stoßeinrichtungen haben. Die europäische Standard-Zug- und Stoßeinrichtung (Abb. 9.3.9) besteht aus seitlichen Federpuffern und einer mittleren Schraubenkupplung, bei der mittels eines Kupplungsschwengels mit einem Rechts/Links-Gewinde im gekuppelten Zustand eine Vorspannung gegen die Pufferfedern aufgebracht wird, um Längszerrungen (Längsdynamik) im Zugverband zu unterbinden.

Bei Triebzügen wird die Fahrzeugverbindung im Allgemeinen über **Mittelpufferkupplungen** (in der Regel in der Bauart *Scharfenberg*) hergestellt (Abb. 9.3.10), wobei in Sonderfällen zusätzlich seitliche Federelemente zur Verringerung der Zugdynamik anzutreffen sind. Zug und Stoß werden über dasselbe Element übertragen.

Die Kupplung kann auch vom Führerstand aus getrennt werden. Das Kuppeln vollzieht sich selbständig durch langsames Auffahren auf das zu kuppelnde Fahrzeug. Mit dem mechanischen Kuppeln werden gleichzeitig auch die Luftleitungen sowie die Elektrokabel und Glasfaserleitungen verbunden. Der Greifbereich der Mittelpufferkupplung in vertikaler und horizontaler Richtung soll möglichst groß sein, damit auch in extremen Fahrzeugstellungen (z. B. in engen Gleisbögen und S-Bögen) ein Kuppeln möglich ist.

9.3 Fahrzeugkomponenten

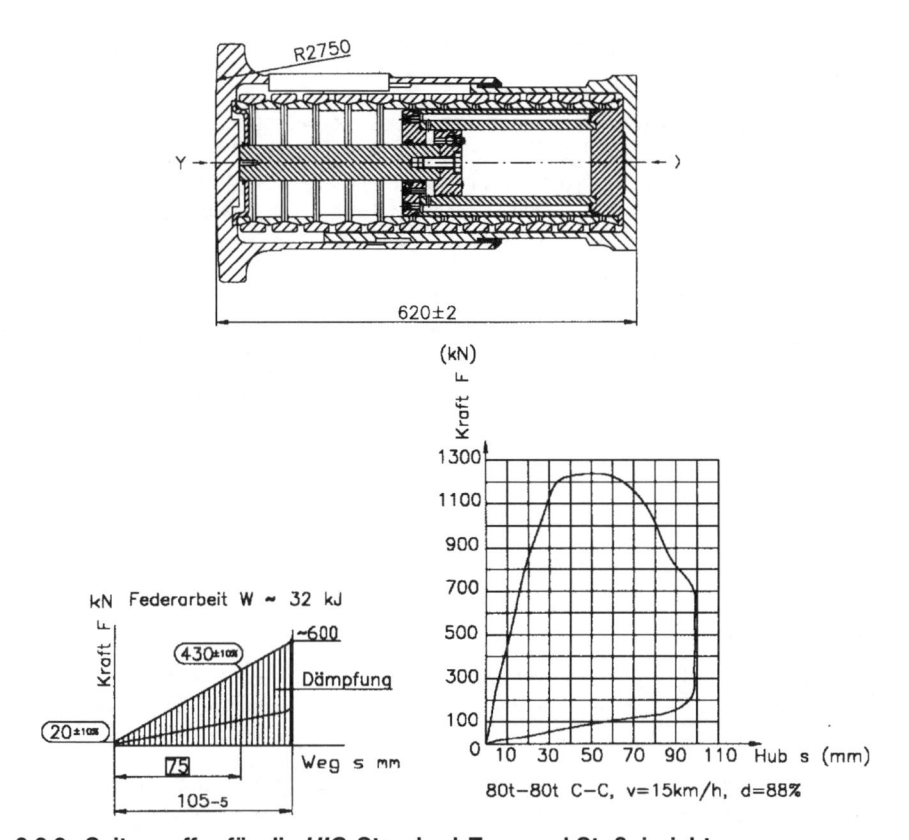

Abb. 9.3.9: Seitenpuffer für die *UIC*-Standard-Zug- und Stoßeinrichtung

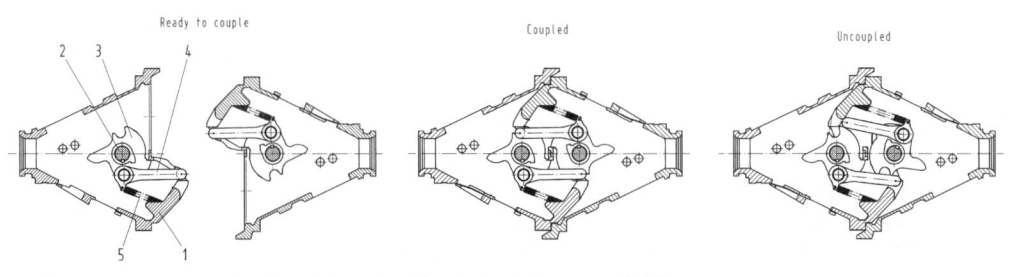

1 = Kupplungskopfgehäuse, 2 = Hauptbolzen, 3 = Herzstück, 4 = Zugstange (*Voith*)

Abb. 9.3.10: Mittelpufferkupplung Bauart *Scharfenberg* in Prinzipdarstellung, links kuppelbereit, Mitte gekuppelt, rechts entkuppelt

Durch die automatische Mittelpufferkupplung wird das Trennen und Verbinden der Zugsegmente wesentlich beschleunigt und sicherer. Nur so sind neue Betriebsformen wie Flügelzugkonzept oder Train Coupling/Train Sharing möglich.

Automatisches Kuppeln

Ein spezielles Profil des Kupplungskopfes mit Kegel und Trichter garantiert bei der Mittelpufferkupplung Bauart *Scharfenberg* (abgekürzt: SCHAKU) einen großen Greifbereich bis 370 mm horizontal und 140 mm vertikal. Das selbsttätige Kuppeln in Kurven und bei unterschiedlichen Kupplungshöhen

9 Schienenfahrzeuge

sowie das automatische Kuppeln bei niedriger Kuppelgeschwindigkeit erfordern damit nur einen geringen Kraftaufwand.

Im gekuppelten Zustand bilden Kopfprofil und Verschluss der Kupplung eine starre Verbindung in Längs- und Querrichtung. Die Parallelogrammanordnung der Kuppelverschlüsse verteilt die Zug- und Bremskräfte gleichmäßig auf die Kupplung. Dank ihres minimalen Verschleißes ist die Lebensdauer der Kupplung sehr hoch. Ruckfreies Beschleunigen und Bremsen mit Hilfe der starren Verbindung garantieren einen hohen Fahrkomfort und verhindert das Aufklettern der Fahrzeuge bei Aufstößen.

Automatisches Entkuppeln

Die Verschlussgeometrie erlaubt ein Entkuppeln selbst bei Kupplungen, die unter Zugkraft stehen. Auch bei ungünstigen Fahrzeugstellungen im Gleis, wie z. B. auf Kuppen und in Wannen sowie in engen S-Bögen, kann automatisch entkuppelt werden. Der Entkuppelvorgang selbst ist irreversibel: Die SCHAKU-Sicherheitsphilosophie erlaubt ein erneutes Kuppeln erst nach dem vollständigen Trennen der Fahrzeuge.

9.3.3 Bremsen

9.3.3.1 Allgemeines

Hohe Zuggewichte von z. B. 10 000 t, hohe Geschwindigkeiten von z. B. 350 km/h und kurze Zugfolgezeiten erfordern Bremsen, die den Zug unter allen Umständen mit höchster Sicherheit zum Stehen bringen können.

Die Suche nach geeigneten Bremssystemen für Schienenfahrzeuge ist so alt wie die Technik der Schienenfahrzeuge selbst. Die Bremsen der ersten Eisenbahnen wurden von Hand über Hebel oder Spindeln bedient. In längeren Zügen fuhren in den Wagen Bremser mit, die die Bremsen auf ein Signal vom Lokführer hin anlegten. Diese Betriebsweise führte zu erheblichen Problemen: geringe Sicherheit und Zuverlässigkeit, ungleichmäßige Höhe der Bremskraft im Zug, zu geringe Bremskräfte, ungleichmäßiger Bremskraftaufbau. Das und viele schwere Unfälle waren ein erhebliches Hemmnis, schwerere und schnellere Züge einzusetzen.

Zunehmender Transportbedarf infolge der fortschreitenden Industrialisierung forderte höhere Zuggewichte und höhere Geschwindigkeiten. Eine technische Lösung war notwendig, um ein durchgehendes und gleichmäßig wirkendes Bremssystem zu realisieren, das alle Wagen erfasst. Nach einer Entwicklungsphase mit unterschiedlichen Systemen (Seilzug, direkte pneumatische Bremse, hydrostatische Kraftübertragung etc.) begann sich ab 1870 die pneumatische Bremse mit indirekter Steuerung durchzusetzen [13]. Sie verwendet die Druckluft nicht nur zur Übertragung der Energie, sondern auch zur Steuerung der Bremse. Nur bei wenigen Bahnen sind Seilzugbremsen oder Vakuumbremsen weiter im Einsatz geblieben.

Auf der Basis dieses Grundprinzips erfolgte eine kontinuierliche Weiterentwicklung bis zu heutigen Bremssystemen höchster Leistungsfähigkeit [20]. Der Einzug der elektronischen Steuerung hat komplexes Bremskraftmanagement, Überwachungsfunktionen, integrierte Diagnose und weitere Funktionen ermöglicht.

9.3.3.2 Anforderungen an Schienenfahrzeugbremsen

Die Anforderungen an die Bremsen von Schienenfahrzeugen ergeben sich zum großen Teil unmittelbar aus den Eigenschaften der Fahrzeuge und den Besonderheiten des Betriebes.

9.3 Fahrzeugkomponenten

Die Bremssysteme unterscheiden sich in führenden Fahrzeugen (z.B. Lokomotiven) oder geführten Fahrzeugen. Führende Fahrzeuge sind mit Bremsbedieneinrichtungen ausgerüstet, die bei Schienenfahrzeugen stets mit der Hand bedient werden. Sie bieten keine Kraftrückkopplung am Bedienhebel.

Schienenfahrzeuge können (bis auf Ausnahmen bei Straßenbahnen) in beiden Richtungen betrieben werden. Bei Fahrtrichtungswechsel wechselt der Fahrer den Führerstand. Die Bremssysteme sind für mehrere, parallele Bedieneinrichtungen gestaltet, von denen in einem Zug im Betrieb nur eine aktiv ist.

Triebfahrzeuge

Die Anforderungen an die Bremse von Lokomotiven resultieren aus der Flexibilität und den Kompatibilitätsanforderungen. Lokomotiven können Reisezüge mit hoher Geschwindigkeit und Güterzüge mit großen Massen ziehen sowie die Bremse dieser Züge versorgen und steuern. Die Länge der Züge kann von der allein fahrenden Lok bis zu mehreren Kilometern reichen. Eine Lokomotive muss sich wie ein Wagen verhalten können, wenn sie abgerüstet und zu Lokomotivzügen zusammengestellt zu neuen Einsatzorten gefahren wird oder im Fall von Störungen. Die Umsetzung dieser vielfältigen Anforderungen führt zu komplexen Anlagen (Abb. 9.3.11).

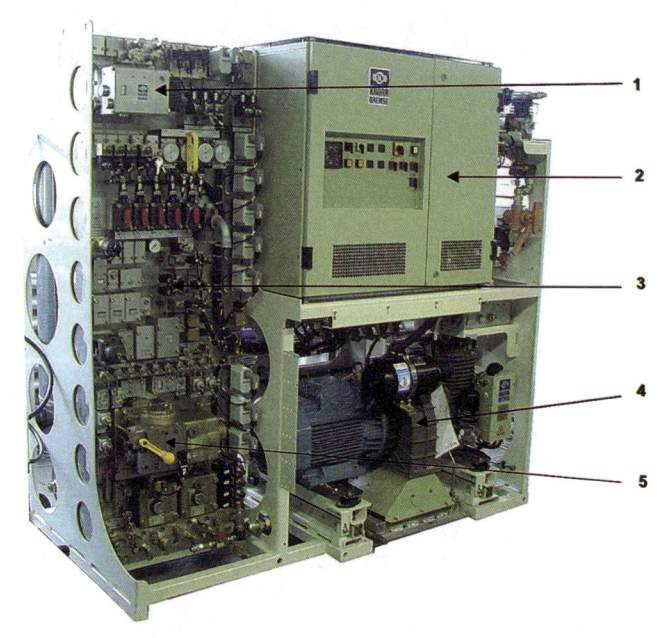

1 = Relaisventil HL-Steuerung, **2** = elektronische Bremssteuerung, **3** = Bremsgerätetafel, **4** = Kompressoraggregat, **5** = Steuerventil

Abb. 9.3.11: Bremsgerüst einer Lokomotive

Triebwagen sind in der Regel mit Fahrzeugen des gleichen Typs kuppelbar und deshalb hinsichtlich der Anforderungen an Schienenfahrzeugbremsen einfacher als Lokomotiven.

Wagen

Die Höchstgeschwindigkeit von Reisezugwagen beträgt heute in der Regel bis zu 200 km/h. Sie sind oft auf Strecken mit konventionellem Signalsystem (ab V = 160 km/h: LZB) unterwegs, so dass die Bremswege kurz sind und folglich die Verzögerung groß ist. Reisezugwagen sind mit einer Fahrgastnotbremse ausgerüstet.

9 Schienenfahrzeuge

Die Bremsanlagen von Güterzügen müssen alle Wagen möglichst gleichmäßig abbremsen, auch während des Bremskraftaufbaus und -abbaus, um Zerrungen und Längskräfte zu vermeiden. Übermäßige Längskräfte können zum Versagen der Kupplungen oder zum Entgleisen führen, wenn Grenzen überschritten werden, die durch Kupplungsbruchlast, Fahrdynamik und Spurführung gesetzt sind.

Bei Güterwagen kann das Gewicht des beladenen Fahrzeugs das Fünffache des Leergewichts betragen (siehe auch Kap. 9.4.7).

Güterwagen werden in der Regel in beliebiger Reihenfolge zu Zügen zusammengestellt. Es gibt allerdings auch Fälle, in denen Wagen am Zugschluss laufen müssen (u. a. § 36(2) *EBO* oder Schadwagen). Im Rangierbetrieb müssen die Wagen mit gelöster Bremse frei rollen und einfach gekuppelt werden können. Die Bremse muss für die nächste Zugfahrt aus Sicherheitsgründen automatisch reaktiviert werden. Das Betriebspersonal soll die Bremsen ohne fahrzeugspezifische Kenntnisse bedienen können. Güterwagen sind meist mit Klotzbremsen ausgerüstet (Abb. 9.3.12).

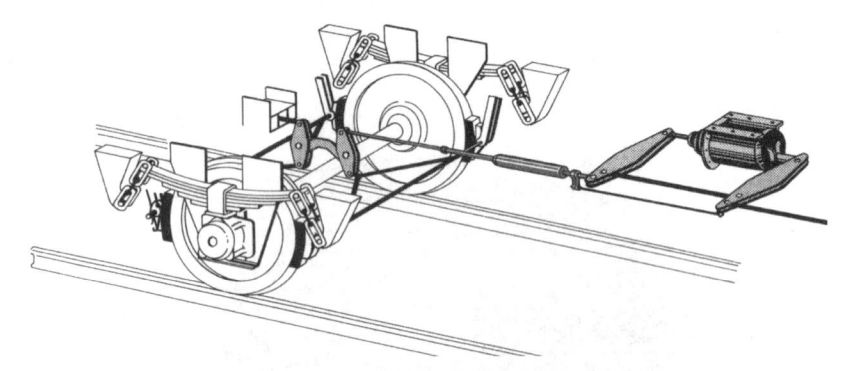

Abb. 9.3.12: Klotzbremse am Güterwagen (*Knorr Bremse*)

9.3.3.3 Bremsbetrieb und Sicherheitsanforderungen

Die höheren Massen als bei anderen Landverkehrssystemen und die hohen Geschwindigkeiten von Schienenfahrzeugen führen zu erheblichen Energien, die bei der Bremsung, sei es eine Stoppbremsung oder im Gefälle, umzusetzen sind.

Wenn ein Zug mit einer Störung auf der Strecke liegen bleibt, wird das Fahrplangefüge empfindlich gestört: hohe Zuverlässigkeit ist für den planmäßigen Bahnbetrieb unabdingbar. Aber selbst bei Störungen am Fahrzeug unterliegen die Bremssysteme hohen Anforderungen an die verbliebene Funktionalität. Die auf den Straßen manchmal zu beobachtende Abhilfemaßnahme, ein Fahrzeug aufzuladen und von der Straße zu räumen, steht bei Schienenfahrzeugen grundsätzlich nicht zur Verfügung. Als letzte Maßnahme muss zumindest die Bremse gelöst und das Fahrzeug rollfähig gemacht werden können.

Die Kuppelbarkeit von Fahrzeugen über Landesgrenzen hinaus und von mehreren Fahrzeuggenerationen führt zu der Anforderung nach Kompatibilität, wodurch jedoch Technologiewechsel, die die Struktur des Bremssystems betreffen, erschwert werden.

Grundlegende Sicherheitsanforderungen

Die grundlegenden Sicherheitsanforderungen an den Bahnbetrieb verlangen, dass alle Züge mit einer durchgehenden und selbsttätigen Bremse ausgerüstet sind. Unter Durchgängigkeit versteht man, dass die Bremsen aller Fahrzeuge des Zuges von einer zugweiten Signalleitung angesteuert werden [16,17]. Eine durchgehende Bremse ist selbsttätig, wenn sie bei jeder unbeabsichtigten Unterbre-

9.3 Fahrzeugkomponenten

chung der Bremsleitung wirksam wird. Die Bremse jedes Fahrzeugs kann im Falle einer Zugtrennung oder Störung autark abbremsen. Die Forderung nach Unerschöpfbarkeit bedeutet, dass die Bremse nach mehrfachen Brems- und Lösevorgängen stets bremsbereit bleibt.

Anforderungen im Bereich der *AAR*-Bahnen

Die Betriebsbedingungen der *AAR*-Bahnen (*American Association of Railroads*) sind gekennzeichnet durch höhere Radsatzlasten (bis 32,5 t), extrem schwere (auch über 10 000 t) und lange Züge (bis ca. 200 Wagen) mit mehreren Lokomotiven, die oft im Zug verteilt sind [18].

Die grundlegenden Sicherheitsanforderungen und die wesentlichsten Merkmale der Funktionalität der Bremsanlagen sind jedoch vergleichbar, auch wenn viele Parameter, Zahlenwerte und Funktionen unterschiedlich sind.

9.3.3.4 Zulassung und Regelwerke

UIC-Merkblätter

Der Internationale Eisenbahnverband *UIC (Union Internationale de Chemins de fer)* gibt Merkblätter mit technischen Anforderungen heraus. Diese Spezifikationen beziehen sich auf Kompatibilität, Sicherheitsanforderungen, Tauschbarkeit von Verschleißteilen, Anforderungen an Typprüfungen und Zulassungsbedingungen. Betriebserprobungen von neuen Komponenten werden von den Mitgliedsbahnen durchgeführt, auf deren Basis der Verband die Zulassung erteilt.

EU-Richtlinien und *Technische Spezifikationen Interoperabilität (TSI)*

Die europäische Gesetzgebung zur Harmonisierung und Liberalisierung des Eisenbahnwesens (siehe Kap. 3.2.1 und Kap. 12) ist sehr vielfältig und noch nicht in vollem Umfang in Kraft [19]. Neben der Forderung nach Trennung von Infrastruktur und Betrieb sowie nach freiem Netzzugang wollen die EU-Regelungen den internationalen Bahnverkehr fördern. Zwei Richtlinien fordern dazu die Interoperabilität, d. h. Kompatibilität im Betrieb, für den Hochgeschwindigkeitsverkehr [19] und für den Güterverkehr [20].

Den Zielen dieser Richtlinien dienen die *TSI* (*Technische Spezifikationen Interoperabilität*, siehe Kap. 12), die Harmonisierungseckwerte definieren, die künftig von interoperablen Fahrzeugen erfüllt werden müssen. Die *Europäische Eisenbahnagentur ERA* (*European Railway Agency*) hat die Aufgabe, die *TSI* zu erarbeiten und weiterzuentwickeln.

Europäische Normen

Durch die technischen Komitees *CEN-TC256* und *CENELEC-TC9X* werden EN-Normen für den Bahnbereich erarbeitet. Komponenten und Systeme, die den so genannten harmonisierten Normen genügen – diese nehmen Bezug auf die *TSI* – erfüllen dann auch die entsprechenden Anforderungen der *TSI*.

Eine Zusammenstellung der wichtigsten Regelwerke, die für Schienenfahrzeugbremsen maßgebend sind, findet sich in Kap. 6.3.6.

Zulassungsbehörden

Die Abnahme bzw. Zulassung der Fahrzeuge (siehe Kap. 9.6.3) erfolgt in Deutschland durch das *Eisenbahnbundesamt* (*EBA*) für den Bereich der Eisenbahnen nach *EBO* (*Eisenbahn-Bau- und Betriebsordnung*) [17]. Das *EBA* erarbeitet zusammen mit Bahnindustrie und Bahnbetreibern Ergänzungsregelungen als Ausführungsbestimmungen. Für die Zulassung von Straßenbahnen und anderer Bahnen nach *BOStrab* (*Bau- und Betriebsordnung Straßenbahnen*) [21] sind Behörden der Bundesländer zuständig.

9.3.3.5 Auslegung von Schienenfahrzeugbremsen

Kraftschluss

Die Spurführung, die bei Kraftfahrzeugbremsen eine wesentliche Rolle spielt, ist für die Bremstechnik von Schienenfahrzeugen unerheblich, denn die Eisenbahnräder werden über den Spurkranz und die geometrische Ausbildung der Rad-/Schiene-Paarung auf den Schienen geführt.

Der Kraftschluss zwischen Rad und Schiene hat jedoch auf Schienenfahrzeuge und deren Bremsen vielfältigen Einfluss.

Kraftschlussabhängige Bremsen erzeugen die Bremskraft über die Abbremsung der Räder. Ihrer Bremswirkung sind durch den zur Verfügung stehenden Kraftschluss Grenzen gesetzt. Zur Auslegung der Bremsen wird meist mit Kraftschlussbeiwerten von 0,13 bis 0,15 gerechnet. Mit einer Sandungseinrichtung, die Sand vor dem ersten Radsatz einer Lokomotive oder eines Triebzuges auf die Schiene aufbringt, kann bei ungünstigen Verhältnissen der Kraftschluss verbessert werden.

Kraftschlussunabhängige Bremsen übertragen die Bremskraft direkt auf die Schiene und können deshalb eine zusätzliche Bremswirkung erreichen (siehe Magnetschienenbremse und Wirbelstrombremse).

Leistungsvermögen

Die Reibungsbremsen der Schienenfahrzeuge müssen ausreichend dimensioniert sein, um die umzusetzenden Energien aufzunehmen. Dies ist in einer thermischen Auslegung entsprechend dem Einsatzprofil und unter Berücksichtigung von thermischer Kapazität und Kühlleistung nachzuweisen. Hierbei kann sich ergeben, dass bei einem Ausfall der elektro-dynamischen-Bremse (siehe ED-Bremse) Geschwindigkeitsbeschränkungen zu definieren sind. Insbesondere bei Güterzügen ist weniger die Stoppbremsung sondern mehr die Befahrbarkeit der großen Gefällestrecken maßgebend für die thermische Dimensionierung.

Die Bremskraft der Schienenfahrzeuge ist so auszulegen, dass die geforderten Bremswege mit ausreichender Sicherheit eingehalten werden können. Bis zu 160 km/h wird meistens ein Bremsweg von 1000 m gefordert. HGV-Züge haben einen Bremsweg von mehreren Kilometern.

Die gesamte Bremskraft eines Zuges ist so auf die Radsätze zu verteilen, dass an allen Achsen der Kraftschluss unter Berücksichtigung der aktuellen Radsatzlast möglichst gleichmäßig ausgenutzt wird und an keiner einzelnen Achse die erforderliche Kraftschlussausnutzung die zulässigen Werte übersteigt.

Bremsgewicht

Das so genannte Bremsgewicht, das in der Einheit t angegeben und an den Schienenfahrzeugen angeschrieben wird, ist weder eine Masse noch ein Gewicht. Es stellt eine Bewertungsgröße für das Bremsvermögen eines Fahrzeuges dar, die zur einfacheren Rechnung dimensionsbehaftet ist. Es dient dazu, das Bremsvermögens von Zügen zu ermitteln, auch von inhomogenen Zügen mit unterschiedlichen Fahrzeugen mit unterschiedlichen Bremsen.

Für die aktuelle Zugfahrt werden aus den Bremsgewichten der n Fahrzeuge $B_{F,i}$ und den Fahrzeugmassen $m_{F,i}$ nach der Formel (vgl. auch Kap. 6.3.3.1)

$$\lambda_{Zug} = \frac{\sum_{i=1}^{n} B_{F,i}}{\sum_{i=1}^{n} m_{F,i}} \times 100 \ (\%) \qquad (9.3.2)$$

die Bremshundertstel des Zuges λ_{Zug} ermittelt. Die vorhandenen Bremshundertstel werden mit den nach betrieblichen Gegebenheiten erforderlichen Bremshundertsteln verglichen. Hat ein Zug weniger Bremshundertstel als für diese Zugfahrt vorgeschrieben sind, z. B. weil zu viele Bremsen im Zug ausgeschaltet sind, muss die Geschwindigkeit gegenüber der Fahrplanvorgabe reduziert werden oder andere Maßnahmen müssen getroffen werden.

Die Bremswirkung von Schienenbremsen wird auf das Bremsgewicht angerechnet. Elektrodynamische Bremsen, die in das Netz zurückspeisen, können nicht auf das Bremsgewicht angerechnet werden, da bei Störungen die Energieaufnahmefähigkeit des Netzes nicht gewährleistet ist.

Das Bremsgewicht eines Fahrzeugs wird nur zur Auslegung durch Rechnung abgeschätzt. Das für den Betrieb des Fahrzeugs gültige Bremsgewicht wird jedoch bei der Bremsbewertung im Rahmen der Fahrzeugzulassung durch Bremswegmessungen ermittelt. Dabei können auch noch Änderungen an der Bremsanlage erforderlich werden, wenn das Auslegungsziel nicht erreicht wird. Referenz für die Skalierung des Bremsgewichts ist ein fiktiver Musterzug mit bestimmter Bremsausrüstung, für den per Definition 100 Bremshundertstel festgelegt wurden.

9.3.3.6 Bremssysteme

Bremsarten

Als **Betriebsbremsung** wird der normale Bremsvorgang zum Verringern der Fahrzeuggeschwindigkeit bezeichnet. Bei Triebfahrzeugen wird vorrangig die verschleißfreie Bremse (z. B. die elektrodynamische Bremse) eingesetzt. Reicht deren Bremskraft nicht aus, um die gewünschte Verzögerung zu erhalten, wird die fehlende Bremskraft durch die Reibungsbremse ergänzt.

Eine maximale Betriebsbremsung wird als **Vollbremsung** bezeichnet.

Bei der **Regulierbremsung** wird die Geschwindigkeit auf einen bestimmten Wert abgesenkt. Hier kommt es insbesondere auch auf das schnelle Lösen der Bremse an.

Die **Schnellbremsung** erreicht die höchste Bremswirkung in kürzest möglicher Zeit. Sofern vorhanden, kommen auch kraftschlussunabhängige Bremsen zum Einsatz.

Ablöse- und **Haltebremsung**: Elektronisch geregelte Reibungsbremsen lösen die bei niedriger Geschwindigkeit ungenügend wirkende elektro- oder hydrodynamische Bremse ab. Kurz vor dem Stillstand wird die Bremskraft automatisch reduziert, um einen ruckfreien Anhaltevorgang zu erreichen.

Systeme zur Überwachung des Fahrers oder der Zugfahrt können selbsttätig eine **Zwangsbremsung** einleiten.

Der Fahrer kann über ein gesondertes Bediengerät die Fahrernotbremse auslösen. Diese wirkt direkt auf die HL-Leitung (siehe indirekte pneumatische Bremse) bzw. elektrische Sicherheitsschleife (siehe direkte elektropneumatische Bremse).

Im Personenverkehr ist zum Einleiten der Fahrgast**notbremse** stets eine durch den Fahrgast zu betätigenden Notbremseinrichtung vorhanden. Sie wirkt im einfachsten Fall direkt auf die Entlüftung der HL-Leitung. Nach Schließen des Notbremsventils durch das Personal kann die Fahrt fortgesetzt werden. Bei Fahrzeugen, die in Tunnelabschnitten verkehren, kann der Fahrer die Bremswirkung der Fahrgastnotbremse aufheben und später einleiten, um den Zug an sicherer Stelle außerhalb des Tunnels oder im nächsten Bahnhof anzuhalten (Notbremsüberbrückung, NBÜ).

Mit der **Parkbremse** kann das Fahrzeug mit ausreichender Sicherheit hinsichtlich Bremskraft zeitlich unbegrenzt im maximalen Streckengefälle abgestellt werden. Neben der Handbremse kommen überwiegend **Federspeicherbremsen** als Feststellbremse zum Einsatz.

9 Schienenfahrzeuge

Übernimmt bei einem Teil- oder Komplettausfall der dynamischen Bremse die Reibungsbremse deren Anteil, so spricht man von einer Betriebsersatzbremse. Im Extremfall muss die mechanische Reibungsbremse bei Totalausfall der dynamischen Bremse die gesamte Bremsleistung übernehmen.

Indirekte pneumatische Bremse (HL-Bremse)

Als indirekte Bremse gilt ein Bremssystem, bei dem eine Druckabsenkung in einer pneumatischen Steuerleitung (Hauptluftleitung, HL-Leitung) zu einem Druckaufbau in den Bremszylindern führt. Diese Umsetzung des Bremsanforderungssignals erfolgt dezentral in den einzelnen Wagen durch das Steuerventil (siehe Kap. 6.3.2.2). Die HL-Bremse erfüllt damit die Forderung nach Selbsttätigkeit und Durchgängigkeit. Das Wirkungsprinzip der indirekt pneumatischen Bremse in Form der *UIC*-Druckluftbremse wird in Kap. 6.3.2 näher erläutert.

Sie hat den großen Vorteil, dass die Steuerung und die Versorgung der Bremsen mit Energie über eine einzige Leitung erfolgen (Einleitungsbremse): Über die HL-Leitung werden die Vorratsluftbehälter in den Wagen mit einem Druck von 5 bar (Überdruck) gefüllt. Die Bremse ist gelöst (Abb. 9.3.13).

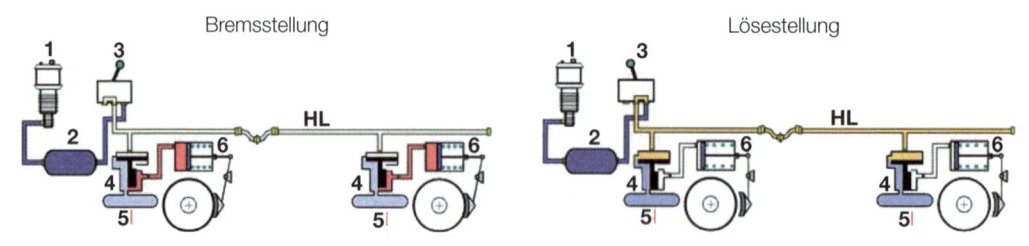

HL = Hauptluftleitung, **1** = Druckluftversorgung, **2** = Luftbehälter, **3** = Führerbremsventil, **4** = Steuerventil, **5** = Vorratsluftbehälter, **6** = Bremszylinder

Abb. 9.3.13: Indirekte pneumatische Bremse

Zum Bremsen senkt das Führerbremsventil den Druck in der HL-Leitung. Die Steuerventile reagieren auf den Druckgradienten und leiten Druck aus den Vorratsluftbehältern in die Bremszylinder. Die Druckabsenkung ist ein Maß für die angeforderte Bremsstufe. Eine Absenkung auf 3,5 bar (Vollbremsung) ergibt maximalen Bremszylinderdruck, meistens 3,8 bar.

Um Züge gleichmäßig zu bremsen ist ein schnelles Durchleiten der Druckabsenkung wichtig. Für Bremsanlagen werden 250–290 m/s gefordert, das entspricht ca. 75 %–90 % der Schallgeschwindigkeit, die hierfür eine absolute Obergrenze darstellt.

Bei einer Schnellbremsung wird die HL-Leitung vollständig entlüftet, um möglichst schnell einen tiefen Druck und damit eine hohe Bremsanforderung zu erreichen. In Reisezügen entlüften bei Schnellbremsungen zusätzliche Schnellbremsbeschleuniger die HL-Leitung dezentral in den Wagen.

Zum Lösen der Bremse wird der Druck in der HL-Leitung wieder angehoben. Mehrlösige Bremsen lösen soweit, wie es dem HL-Druck als Bremsanforderungssignal entspricht. Einlösige Bremsen lösen bei Anhebung des Druckes in der Hauptluftleitung vollständig aus. Sie eignen sich aufgrund des schnelleren Lösevorgangs für längere und schwerere Züge und werden im Bereich der *AAR*-Bahnen eingesetzt.

Mehrlösige Bremsen, die im Bereich der *UIC*-Bahnen üblich sind, bieten höheren Bedienkomfort, da die Bremse in Stufen gelöst werden kann. Das Lösen der Bremse und das Füllen der Vorratsluftbehälter wird dabei so koordiniert, dass stets die Bereitschaft vorhanden ist, mit dem verfügbaren Druck im Vorratsluftbehälter erneut einzubremsen. Die Bremse ist unerschöpfbar.

Die Durchgängigkeit der Bremsleitung als wesentliches Sicherheitsmerkmal der HL-Bremse wird im Rahmen der Bremsprobe vor jeder Zugfahrt geprüft.

9.3 Fahrzeugkomponenten

Bremsstellung	G	P, R
Bremszylinderfüllzeit	18–30 s	3–5 s
Bremszylinderlösezeit	45–60 s	15–20 s

Tab. 9.3.1: Brems- und Lösezeiten der HL-Bremse

Im Fall von Störungen kann die Bremse an einzelnen Fahrzeugen abgeschaltet werden. Das Fahrzeug wird zum Leitungsfahrzeug, bringt keine Bremswirkung auf, aber leitet einen Bremsbefehl durch. Wenn das letzte Fahrzeug im Zug eine wirksame Bremse hat, ist auch bei einer Zugtrennung die Abbremsung der Zugteile gewährleistet.

Bremsstellungen (siehe auch Kap. 6.3.4)

Um den Einfluss der Durchschlagszeit auf Längskräfte und Stöße zu begrenzen, reagiert das Steuerventil mit definierten Füll- und Lösezeiten (Tabelle 9.3.1). Diese sind für lange Güterzüge (Bremsstellung G) länger als für kürzere Reisezüge (Bremsstellungen P und R). Bei Triebzügen können wesentlich kürzere Zeiten angewandt werden.

Abb. 9.3.14 und 9.3.15 zeigen aus Versuchen HL- und Bremszylinderdrücke am 750 m-Zug mit 52 Wagen bei Schnellbremsung für die Lokomotive und die Wagen 3, 7, 12, 22, 38, 47 und 52. Deut-

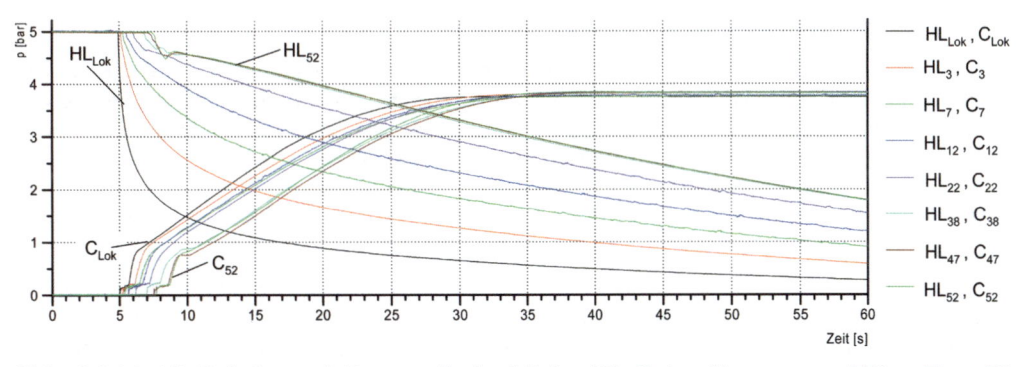

Abb. 9.3.14: HL-Drücke und Bremszylinderdrücke (C), Schnellbremsung, 750 m-Zug, 52 Wagen, Bremsstellung G (*Knorr Bremse*)

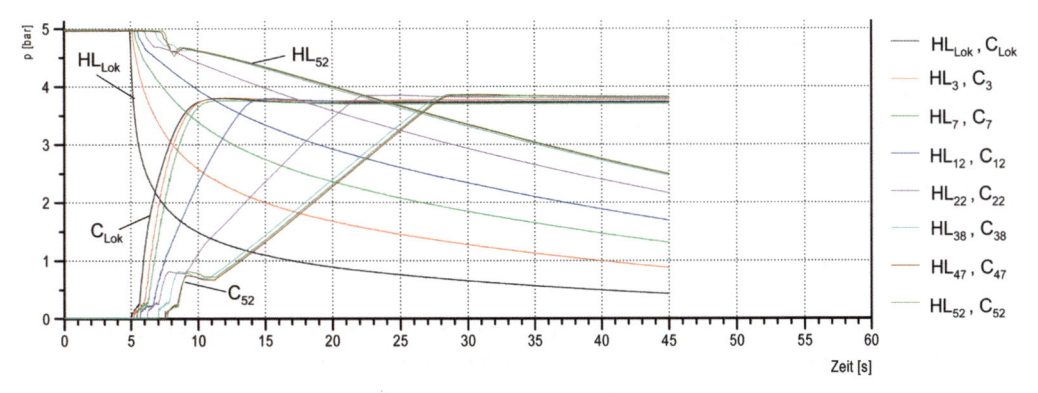

Abb. 9.3.15: HL-Drücke und Bremszylinderdrücke (C), Schnellbremsung, 750 m-Zug, 52 Wagen, Bremsstellung P (*Knorr Bremse*)

9 Schienenfahrzeuge

lich ist an den Kurvenscharen der Unterschied im Druckverlauf zwischen Lokomotive und letztem Wagen zu erkennen. Der langsamere Bremszylinderdruckaufbau in Bremsstellung G reduziert den Unterschied der Bremskraft zwischen Lok und letztem Wagen erheblich.

Die Umschaltung auf Bremsart R, die an Reisezügen möglich ist, ergibt eine Umschaltung auf einen höheren Bremszylinderdruck.

Die längeren Zeiten in Bremsstellung G ergeben längere Bremswege und damit Restriktionen im Betrieb, u. a. geringere Höchstgeschwindigkeit. In Zugbildungsvorschriften, die die Zuglängsdynamik berücksichtigen, ist festgelegt, bis zu welcher Zuglänge und zu welchem Zuggewicht (teils abhängig von der Wagenbauart) auch Güterzüge in Bremsstellung P gefahren werden können.

Lastabbremsung

Um zu große Längskräfte im Zug und das Blockieren von gering beladenen Fahrzeugen zu vermeiden, ist bei Güterwagen und anderen Fahrzeugen mit hoher Nutzlast bezogen auf das Eigengewicht eine Lastkorrektur (Lastabbremsung) vorgesehen. Im einfachen Fall ist eine von Hand oder automatisch durch die Last umschaltbare zweistufige Einrichtung vorhanden, die von niedriger auf hohe Abbremsung umschaltet. Bei höheren Anforderungen an die Toleranz zwischen Mindestverzögerung, um die Bremswege einzuhalten und maximaler Verzögerung, um das Blockieren zu vermeiden, wird der Bremszylinderdruck kontinuierlich durch ein Relaisventil der Last angepasst.

Direkte pneumatische Bremse

Lokomotiven sind zusätzlich mit einer direkten pneumatischen Bremse ausgerüstet, mit der die Bremszylinder der Lokomotive unmittelbar gefüllt und entlüftet werden können. Diese Bremse ist zum feinfühligen Rangieren bei Kuppelvorgängen erforderlich, aber auch zum Festhalten des Zuges, wenn im Rahmen der Bremsprobe die Bremse des Zuges gelöst wird.

Zweileitungsbremse

Da die Hauptluftleitung strikt für die Funktion der durchgehenden indirekten Bremse reserviert ist, wird in Reisezügen für die Versorgung weiterer Verbraucher in den Fahrzeugen, wie Luftfedern, Türbetätigungen, Toiletten, eine zweite Druckluftleitung, die Hauptluftbehälterleitung installiert. Diese Leitung wird direkt aus den Luftbehältern des Triebfahrzeuges gespeist und über die Luftversorgungsanlage auf einem Druck zwischen 8,5 und 10 bar gehalten. Die Hauptluftbehälterleitung wird auch zur Speisung der Vorratsluftbehälter der einzelnen Fahrzeuge mit herangezogen, wodurch die Hauptluftleitung in dieser Funktion unterstützt und das Lösen beschleunigt wird.

Direkte elektropneumatische Bremse

Bei EMU (Elektrotriebwagen-Einheit), DMU (Dieseltriebwagen-Einheit) und Metros werden häufig direkte elektropneumatische Bremssysteme als Betriebsbremse eingesetzt (siehe auch Kap. 6.3.4.3). Die Bremsanforderung wird vom Fahrer mittels seines Bediengeräts an mehrere im Fahrzeug verteilte elektronische Bremssteuergeräte via Steuerleitung (z. B. als pulsweitenmoduliertes Signal PWM) oder über einen seriellen Fahrzeugbus (z. B. MVB, Multifunction Vehicle Bus) übermittelt.

Jedes Bremssteuergerät regelt und überwacht ein oder mehrere elektropneumatische Bremsgeräteeinheiten.

Je nach Grad der Dezentralisierung ist für ein oder mehrere Drehgestelle eine Bremsgeräteeinheit vorgesehen. Dies ermöglicht eine individuelle Bremskraftregelung im Fahrzeug.

Die Druckregler der Bremsgeräteeinheiten erzeugen entsprechend der Bremsanforderung einen Vorsteuerdruck, der von den Relaisventilen in einen Bremszylinderdruck umgesetzt wird.

9.3 Fahrzeugkomponenten

Die individuelle lastabhängige Korrektur der Bremsdrücke erfolgt mechanisch in den Relaisventilen oder wird bereits bei der Sollwertermittlung durch die Bremssteuergeräte berücksichtigt.

Zur Sicherstellung der Selbsttätigkeit wird eine parallel vorhandene indirekte pneumatische Bremse genutzt oder die Sicherheit wird über eine zugweite, elektrische Sicherheitsschleife nach Ruhestromprinzip gewährleistet: Im Falle einer Notbremsung schalten Notbremsventile den Versorgungsdruck direkt auf die Relaisventile. Eine individuelle, lastabhängige Druckbegrenzung für jede Einheit verhindert auch in diesem Fall das Überbremsung.

Die elektrische Sicherheitsschleife steuert die Notbremsventile unabhängig von der elektronischen Bremssteuerung an. Sie gewährleistet für dieses System ohne pneumatische Bremssteuerleitung die Durchgängigkeit und Selbsttätigkeit.

Insbesondere für Triebzüge ist häufig die Kompatibilität zu Fahrzeugen mit HL-Bremse gefordert (z. B. zum Schleppen oder für den Notbetrieb im Schadensfall). Parallel zur direkten Betriebsbremse wird dann eine indirekte pneumatische Bremse installiert.

Bremsmanagement

Das Zusammenwirken der Reibungsbremse mit weiteren Bremssystemen wird durch das elektronische Bremsmanagement geregelt.

Retarder

Fahrzeuge mit Verbrennungsantrieb und hydraulischer Kraftübertragung (dieselhydraulische Fahrzeuge) werden häufig mit Retardern ausgerüstet. Deren Bremsleistung ist durch die installierte Kühlleistung bestimmt.

ED-Bremse

Bei elektrischen Triebfahrzeugen werden die Antriebsmotoren als elektrodynamische Bremse (ED-Bremse, generatorische Bremse) genutzt. Die Energie wird in das Versorgungsnetz zurückgespeist oder über Widerstände an die Umgebungsluft abgegeben.

Bei Lokomotiven ist die Bremskraft der ED-Bremse zu limitieren, da durch übermäßige Druckkräfte an den Puffern Entgleisungsgefahr bestehen kann. Der Grenzwert beträgt meistens 150 kN. Bei Triebzügen besteht diese Einschränkung nicht, so dass mit voller Leistung der Antriebsanlage gebremst werden kann, womit zum Teil eine Verzögerung erreicht wird, die für die Betriebsbremsung ausreicht. Bei schnelleren Fahrzeugen ist die Bremsleistung der ED-Bremse für die Vollbremsung nicht ausreichend.

Zusammenwirken der Bremssysteme

Das Bremsmanagement berücksichtigt die Verfügbarkeit und Auslastung der Teilsysteme, Kraftschlussausnutzung der einzelnen Achsen in Abhängigkeit von Radsatzlast, Verschleiß und damit LCC und führt so zu einer äußerst komplexen Ansteuerung des Zusammenspiels der verschiedenen Bremssysteme.

Um den Verschleiß zu minimieren wird einem verschleißfreien Bremssystem wie der ED-Bremse der Vorrang gegeben, und erst bei dessen voller Ausnutzung wird die Reibungsbremse ergänzend zugeschaltet (Abb. 9.3.16).

Dieses so genannte Blending ist Teil des Bremsmanagements und erfolgt geschwindigkeitsabhängig entsprechend der Kennlinie der ED-Bremse (Abb. 9.3.17).

Darüber hinaus wird bei Ausfall einzelner Teilsysteme (z. B. der ED-Bremse einzelner Drehgestelle) die fehlende Bremskraft auf die restlichen Drehgestelle des Zuges verteilt. So kann die Gesamtbremsleistung des Fahrzeugs bis zu gewissen Grenzen erhalten werden.

9 Schienenfahrzeuge

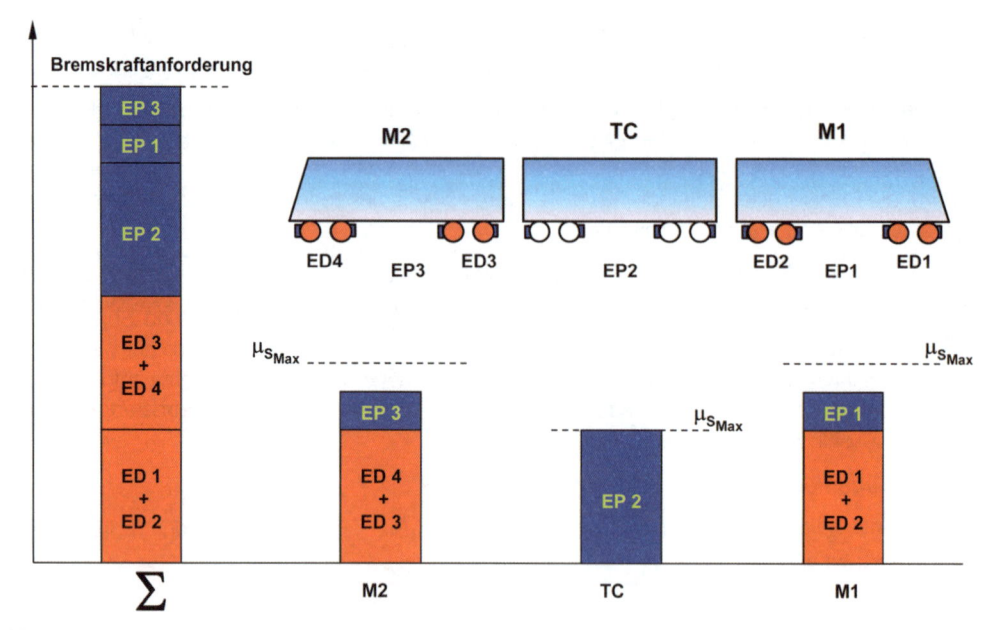

Abb. 9.3.16: Blending – Bremskraftverteilung auf die einzelnen Drehgestelle (*Knorr Bremse*)

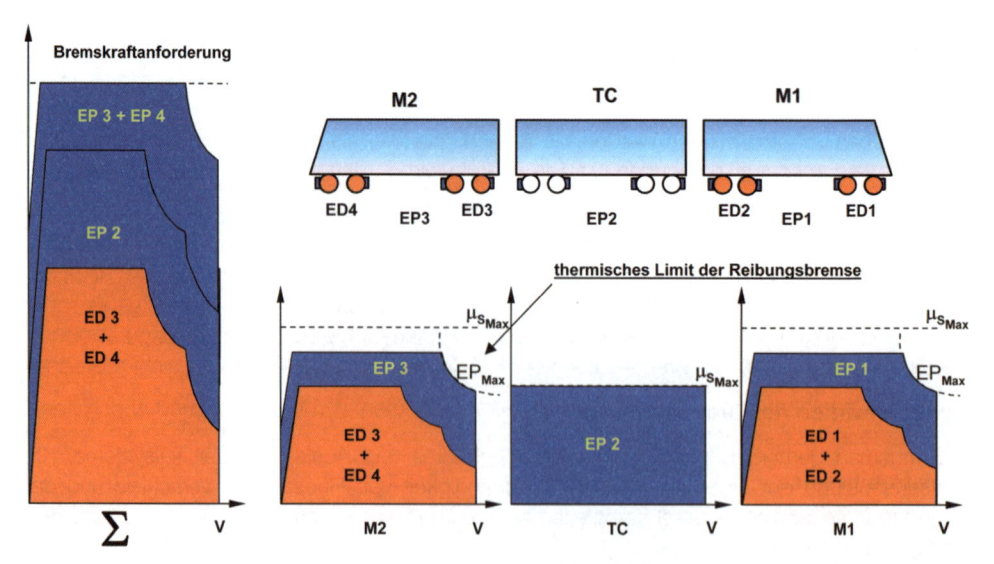

Abb. 9.3.17: Blending – Bremskraftverteilung in Abhängigkeit von der Geschwindigkeit (*Knorr Bremse*)

Während des Anhaltevorgangs wird im untersten Geschwindigkeitsbereich (ca. 20 km/h) die ED-Bremse von der Reibungsbremse ruckfrei abgelöst. Unterhalb ca. 5 km/h wird für den Anhaltevorgang die Bremskraft zur Vermeidung eines Halterucks automatisch reduziert und eine Haltekraft eingeregelt.

Hinsichtlich weiterer Bremskomponenten und Subsysteme, wie Luftversorgung, Luftabsperrhähne und Bremskupplungen, Steuerventile, Führerbremseinrichtungen, Bremsgeräteeinheiten, mechatro-

9.3 Fahrzeugkomponenten

nische Module oder Gleitschutz wird auf die einschlägige Fachliteratur und auf Kap. 6.3 dieses Handbuches verwiesen.

Magnetschienenbremse

Schienenbremsen sind kraftschlussunabhängige Bremsen, da ihre Bremskraft direkt auf die Schienen übertragen wird und der Kraftschluss zwischen Rad und Schiene nicht in Anspruch genommen wird. Deshalb können Schienenbremsen zusätzlich zur Erhöhung der Bremswirkung des Fahrzeuges verwendet und angerechnet werden.

Die Magnetschienenbremsen (Mg-Bremse) (Abb. 9.3.18) werden zum Bremsen abgesenkt und elektromagnetisch an die Schienen angezogen. Die Reibung zwischen Magnet und Schiene führt zur Bremskraft aber auch zu erheblichem Verschleiß. Mg-Bremsen werden deshalb nur bei Schnell- oder Notbremsungen eingesetzt. Ihre Bremskraft ist nicht regelbar und steigt mit abnehmender Geschwindigkeit stark an. Sie werden daher in der Regel vor Erreichen des Stillstands abgeschaltet, um einen unzulässig starken Halteruck zu vermeiden.

Abb. 9.3.18: Magnetschienenbremse (*Knorr Bremse*)

Bei einigen Bahnen sind Mg-Bremsen für Fahrzeuge mit v_{max} > 140 km/h vorgeschrieben.

Bei einer elektrischen Erregerleistung von 1 kW erzeugt ein Bremsmagnet mit 1 m Länge eine Anzugskraft von ca. 84 kN.

In Einzelfällen erfolgt auch der Einsatz von Permanentmagneten, wobei das Ein- und Abschalten der Bremskraft technisch anspruchsvoll ist.

Wirbelstrombremse

Die Wirbelstrombremse (WB-Bremse) (Abb.9.3.19) ist eine verschleißfreie Bremse mit hoher Leistung bei hoher Geschwindigkeit. Die Elektromagnete der WB-Bremse werden zum Bremsen durch die Entlüftung von Luftbälgen abgesenkt und mit einem Luftspalt von wenigen Millimetern über der Schiene geführt. Die wandernden Magnetfelder induzieren in der Schiene kreisende Wirbelströme. Deren Magnetfelder erzeugen in Wechselwirkung mit den Magnetfeldern der Bremsmagnete Kräfte, die der Bewegung entgegengerichtet sind und dadurch den Zug abbremsen.

Da lineare Wirbelstrombremsen verschleißfrei arbeiten, werden sie – im Gegensatz zu den Mg-Bremsen – als Betriebsbremse eingesetzt.

Die Triebzüge ICE 3 (Abb. 9.3.20), deren Konzept auf die Neubaustrecke zwischen Frankfurt und Köln abgestimmt ist, sind in der Lage, allein mit der ED-Bremse und WB-Bremse auch bei 300 km/h in

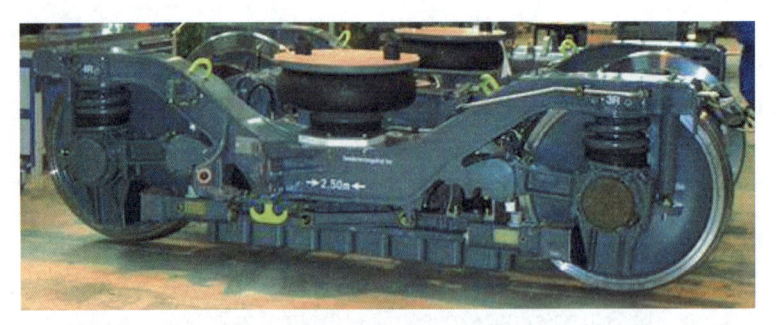

Abb. 9.3.19: ICE 3-Drehgestell mit Wirbelstrombremse (*Knorr Bremse*)

40‰ Gefälle die Geschwindigkeit zu halten. Die Wirbelstrombremse kann am 400 m langen Doppelzug (Zugmasse ca. 920 t) bei Schnellbremsungen eine Bremsleistung von ca. 26 MW aufbringen.

An dieser Stelle sei auf Kapitel 14 (Bahnen besonderer Bauart) des Handbuches hingewiesen, in dem auf hydraulische Bremsanlagen in Straßenbahnen näher eingegangen wird.

9.3.4 Klimaanlage

Klimaanlagen sind eine notwendige Voraussetzung für Eisenbahnschnellverkehr, da zu öffnende Fenster zum einen wegen der Luftzugproblematik im Fahrgastraum nicht zugelassen werden können, zum anderen ist aus Sicherheitsgründen das Herauswerfen von Gegenständen für Gleisbauarbeiter oder an Unterwegsbahnhöfen wartende Fahrgäste nicht zumutbar (siehe auch allg. Erläuterungen zu § 62 EBO 2006 im Kommentar zur *EBO* 2006). Der Kühlkreislauf arbeitet aufgrund der adiabatischen Kompression und Expansion [22] (Abb. 9.3.20).

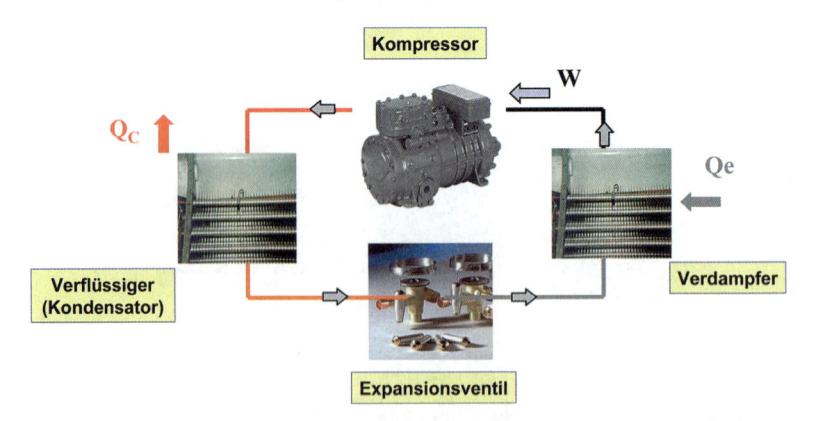

Abb. 9.3.20: Kühlkreislauf (vereinfacht) (*Knorr-Bremse*)

Nachfolgend die Daten der Klimaanlage des Velaro-Hochgeschwindigkeitszuges für Spanien für den Fahrgastraum (Abb. 9.3.21):

Da Führerstände in der Regel aus Design- und Sichtbarkeitsgründen der Signale sehr große Frontscheiben aufweisen, ist auch eine Führerraumklimatisierung heute unverzichtbar (Abb. 9.3.22).

9.3 Fahrzeugkomponenten

Ausführung: Kompakt-System für Dachmontage, Kühlmittel: R134-a, Kühlleistung: 40 kW, Heizleistung: 30 kW, Luftmenge: 3900 m³/h, Gewicht: 840 kg ± 5 %, Stückzahl: 208, Auslieferung: 2003–2007 (aus *Knorr-Bremse Siemens Alstom*)

Abb. 9.3.21: Klimaanlage des Velaro-Hochgeschwindigkeitszuges (Spanien) für den Fahrgastraum

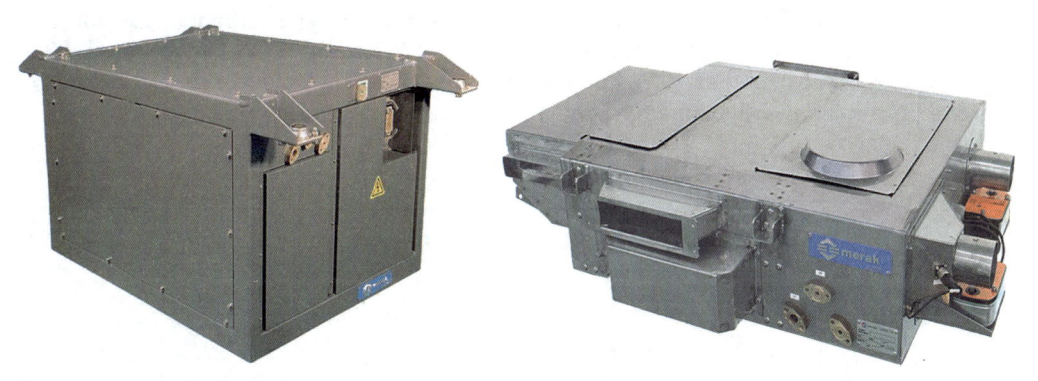

Ausführung: Split-Gerät, Kühlmittel: R134-a, Kühlleistung: 6 kW, Heizleistung: 4 kW, Luftmenge: 850 m³/h, Gewicht: 199 kg (LBG) bzw. 75 kg (VVA) ± 5 %, Stückzahl: 52, Auslieferung: 2003–2007 (aus *Knorr-Bremse Siemens Alstom*)

Abb. 9.3.22: Führerraum-Klimaanlage des Velaro-Hochgeschwindigkeitszuges (Spanien)

9.3.5 Geschlossene Toilettensysteme (Abb. 9.3.23 u. 9.3.24)

Für Fernreisen mit Verweildauern deutlich mehr als zwei Stunden ist das Anbieten von Toiletten für Reisende unabdingbar. Bei der Kundenzufriedenheit spielen funktionstüchtige, hygienisch saubere und nicht anstößig riechende Toiletten eine große Rolle. Zudem muss je Zug mindestens eine behindertengerechte Toilette verfügbar sein. Diese sollte von den Aufenthaltsplätzen der behinderten Reisenden aus gut zu erreichen sein. Behindertentoiletten müssen wesentlich geräumiger als konventionelle Toiletten sein, da ein Behinderter mit seinem Rollstuhl dort rangieren können und eine Begleitperson Platz haben muss. Es macht also Sinn, möglichst viele nichtbehindertenfreundliche Toiletten vorzusehen, um den Raumverlust so gering wie möglich zu halten.

Bis Anfang der 1990er Jahre waren Eisenbahntoiletten als Fallrohre ausgebildet. Primär aus hygienischen Gründen musste auf geschlossene Systeme übergegangen werden, die jedoch auch weitere Vorteile bieten. Korrosionsprobleme an Fahrzeugen, insbesondere Drehgestellen und am Gleis wurden deutlich reduziert und die Instandhaltung von Gleis und Fahrwerk vereinfacht. Schwach verschmutzte Abwässer, so genannte Grauwasser, von Handwaschbecken oder von den Duschen in den Schlafwagen werden weiterhin nicht aufgefangen, sondern direkt auf das Gleis abgeführt.

9 Schienenfahrzeuge

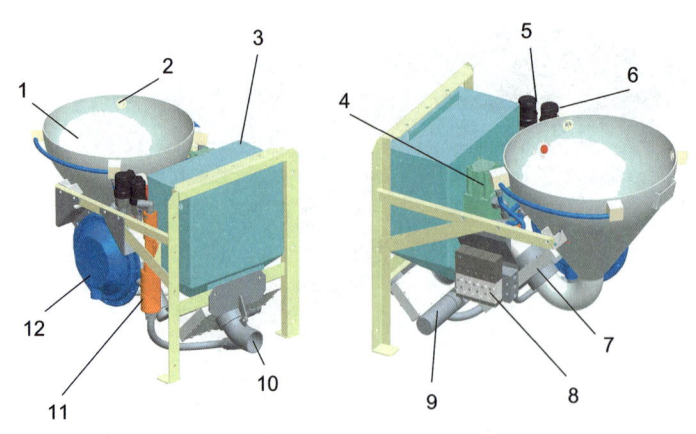

1 = nahtlose WC Schüssel, **2** = Spüldüsen, **3** = Zwischentank, **4** = Spüldosierung, **5** = Taster, **6** = Vakuumschalter, **7** = vorderes Schieberventil, **8** = elektropneumatische Mikroventile, **9** = hinteres Schieberventil, **10** = Fäkalienrohr, **11** = Vakuumpumpe, **12** = Spülwasserpumpe

Abb. 9.3.23: Beispiel für ein geschlossenes Toilettensystem, Wasserbedarf/Spülvorgang 0,4 l; Wasserbedarf für Handwaschbecken 0,5 l je Aktivierung, Druckluftverbrauch 23 nl (Spülvorgang, Energiebedarf 10 W/Spülvorgang, 1 W Standby, beides aus der Fahrzeugbatterie (*Knorr Bremse* Systeme für Schienenfahrzeuge)

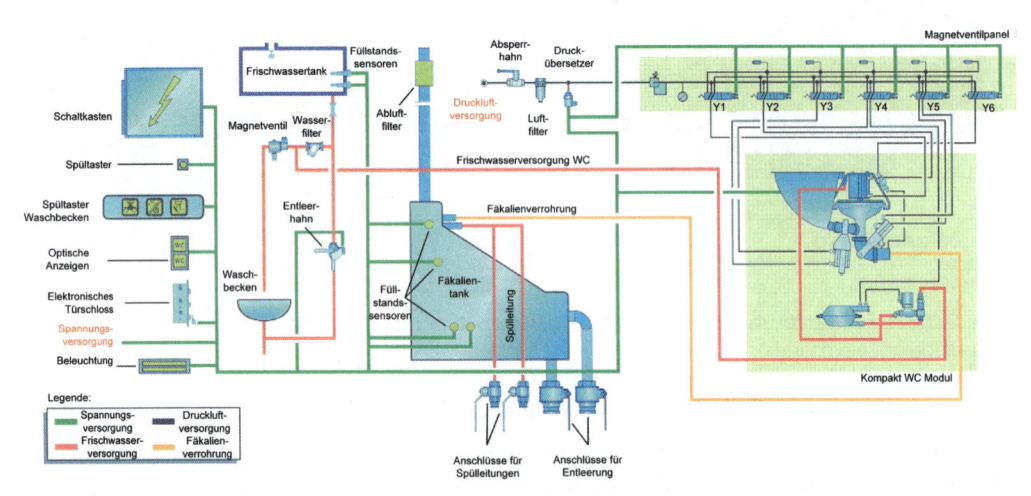

Abb. 9.3.24: Schaltschema und Verknüpfung aller Komponenten bei einem geschlossenen Toilettensystem (*Knorr-Bremse* Systeme für Schienenfahrzeuge)

Geschlossene Systeme brauchen sowohl Wasser- und Druckluft- als auch Strom- und Informationsanschlüsse. Unabdingbar ist der Anschluss an das Diagnosesystem und an den Multi-Vehicle-Bus (MVB), damit die Störungen rasch erkannt und beseitigt werden können.

Als dem MVB vorgelagertes System hat sich der Industriestandard CAN-Bus bewährt.

9.3.6 Türen

Die Anforderungen an Türen erschließen sich bei der Nennung der Eigenschaften eines so genannten druckertüchtigten Türsystems. Siehe auch *DIN EN 14752:2006-03*.

9.3 Fahrzeugkomponenten

Druckertüchtigt bedeutet, dass die äquivalente Öffnungsfläche kleiner 10 mm² ist. Die Druckdichtigkeit ist bei Zugbegegnung und Tunnelein- und -ausfahrt von besonderem Interesse.

Die freie Türöffnung soll 900 bis 1300 mm betragen.

Die Türen müssen im geschlossenen Zustand bündig sein, deshalb hat sich als Mechanismus ein Schwenk-Schiebevorgang durchgesetzt [28], wobei die Ausschwenkbewegung nur 70 mm beträgt, so dass auch bei geöffneter Tür (z. B. durch Betätigen der Notöffnung während der Fahrt) die zulässige Fahrzeugbegrenzung nicht überschritten wird.

Die Türen sollen möglichst leicht sein, z. B. Systemgewicht 150 kg bei 900 mm Öffnungsweite.

Das Schalldämmmaß soll möglichst groß sein, jedoch ist wegen der einschaligen Bauart eine Tür immer eine akustische Schwachstelle (z. B. R_W = 31 dB).

Die Wärmedämmung soll möglichst groß ein, zwischen 4 und 5 W/m²K.

Die Öffnungs- und Schließzeiten für Türen mit 900 mm lichter Weite sollen kurz sein, z. B. 5 s ± 1 s.

Die Schließkraft soll nicht zu groß und nicht zu klein sein, z. B. 150 N im ersten Moment.

Die maximale statische Belastbarkeit beträgt ± 6000 Pa.

9.4 Ausgewählte Fahrzeugbeispiele

9.4.1 TRAXX-Lokomotiv-Familie

Während in der Vergangenheit die Lokomotiven von den einzelnen Staatsbahnen zusammen mit der Industrie konzipiert wurden, werden heute Lokomotiven als modulare Fahrzeuge von der Industrie allein entwickelt und den Bahnen mit anpassbaren Modulen angeboten. Als Beispiel wird hier die

Lokomotivtyp	AC	DC	MS	DE
Netzspannung AC DC	15 kV & 25 kV -	- 3 kV	15 kV & 25 kV 1,5 kV & 3 kV	- -
Höchstgeschwindigkeit	140 km/h 160 km/h 200 km/h	140 km/h 160 km/h 200 km/h	140 km/h 160 km/h 200 km/h	140 km/h 160 km/h -
Anfahrzugkraft	300 kN	300 kN	300 kN	270 kN
Dauerleistung[1]	5,6 MW	5,6 MW	5,6 MW (DC 1,5 kV: 4 MW)	2,2 MW
Gesamtlänge	18,9 m	18,9 m	18,9 m	18,9 m
Gesamtgewicht[2]	82 t	81 t	85 t	80 t
Tankvolumen	-	-	-	4000 Liter

Bemerkung 1: Die Dauerleistung bezieht sich bei AC-, DC- und MS-Lokomotiven auf das Rad, bei DE-Lokomotiven auf den Dieselmotor.
Bemerkung 2: Den Gewichten liegt der Tatzlagerantrieb zugrunde, ab 160 km/h ist der Hohlwellenantrieb einzusetzen. Die Gewichte variieren in Abhängigkeit von eingebauten Länderausrüstungen, wobei die Zulassung zur Erhöhung der Flexibilität grundsätzlich mit maximalen Gewichten erfolgt.
Das Gewicht der DE-Lokomotive ist mit 2/3 Tankfüllung und ohne Zugenergieversorgung dargestellt.
Das Gewicht insbesondere der DC-Lokomotive kann mittels Ballast erhöht werden.

Tab. 9.4.1: Kenndaten der TRAXX-Lokomotive [23]

9 Schienenfahrzeuge

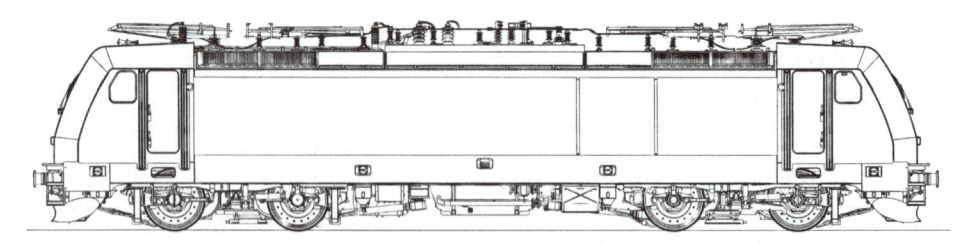

Abb. 9.4.1: TRAXX-Elektrolokomotive MS (*Bombardier*) [23]

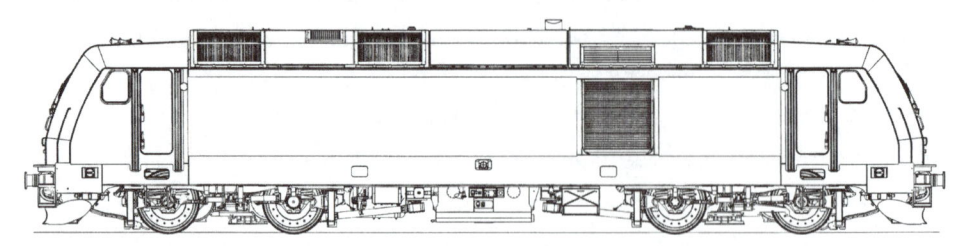

Abb. 9.4.2: TRAXX-Diesellokomotive DE (*Bombardier*) [23]

TRAXX-Familie von *Bombardier* [23, 24] aufgeführt, die mit ca. 75 % Gleichteilen sowohl als Dieselelektrische- (DE) als auch als E-Lok (hier die Wechselstromvariante AC) vorhanden ist. Die E-Version ist sowohl als Einsystemmaschine für jeweils eines der vier üblichen Stromsysteme (Wechselstrom AC 25 kV, 50 Hz, oder 15 KV, 16,7 Hz und Gleichstrom DC 3 kV und 1,5 kV) oder als Mehrsystemmaschine MS mit beliebigen Kombinationen aus den vier Systemen bis hin zur Viersystemmaschine erhältlich. Tabelle 9.4.1 zeigt die Daten für die verschiedenen Ausführungen.

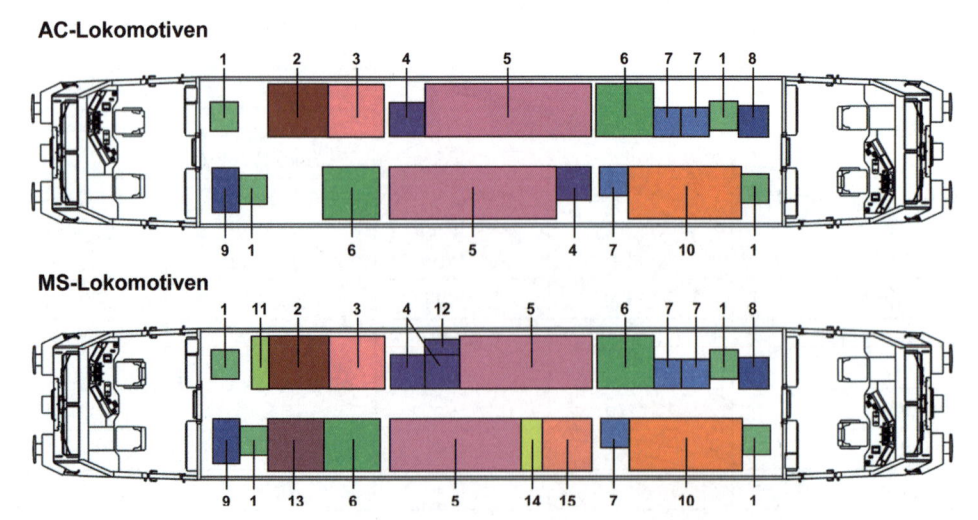

Abb. 9.4.3: Layouts mit sehr hoher Gleichheit bei AC- und MS-Lokomotiven (Auslegung früherer Fahrzeuge) (*Bombardier*) [23]

Legende zu den Abb. 9.4.3 und 9.4.4:
1 = Fahrmotorlüfter, **2** = Hochspannungsgerüst, **3** = Hilfsbetriebegerüst, **4** = Hilfsbetriebestromrichter, **5** = Antriebsstromrichter, **6** = Kühlturm, **7** = Zugsicherungsschrank, **8** = Elektronikschrank, **9** = Niederspannungsgerüst, **10** = Druckluftgerüst, **11** = Getränkeschrank, **12** = Hilfsbetriebetransformator, **13** = Hochspannungsgerüst, **14** = Brandlöschanlage, **15** = Bremswiderstand, **A** = AuxiliaryPackage, **B** = PowerPackage, **C** = Zentralkühlanlage, **D** = Saugkreiskondensatorgerüst [1]

9.4 Ausgewählte Fahrzeugbeispiele

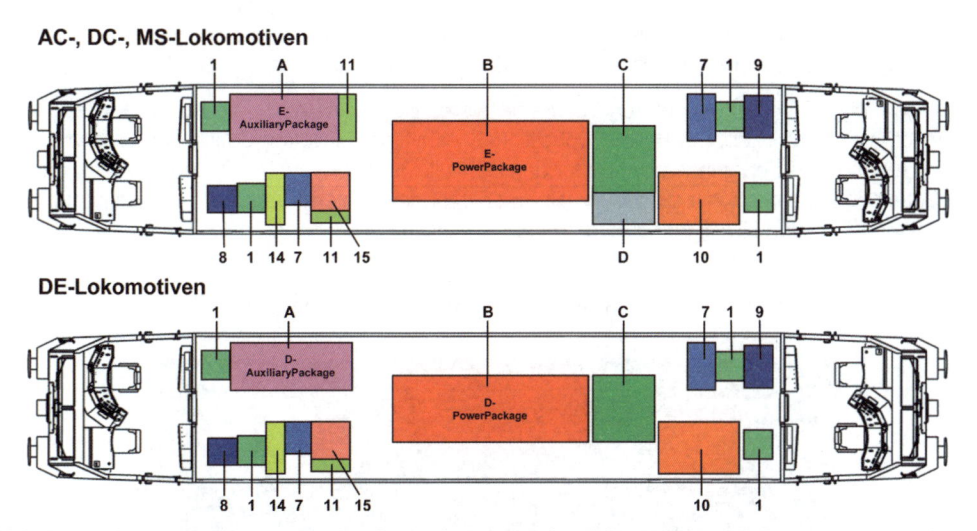

Abb. 9.4.4: Layouts mit maximaler Gleichheit bei AC-, DC-, MS- und DE-Lokomotiven (heutige Auslegung) (*Bombardier*) [23]

Die Maschinenraumanordnung wurde bei der ursprünglichen Ausführung mit einem Mittelgang gestaltet (Abb. 9.4.1). Diese Anordnung ist im Prinzip bei allen Umrichter-Lokomotiven der letzten 30 Jahre so ausgeführt.

Bei Diesellokomotiven jedoch ist der Dieselmotor, sowohl vom Gewicht her als auch von der Masse dominierendes Bauteil, nur in Fahrzeugmitte vorstellbar.

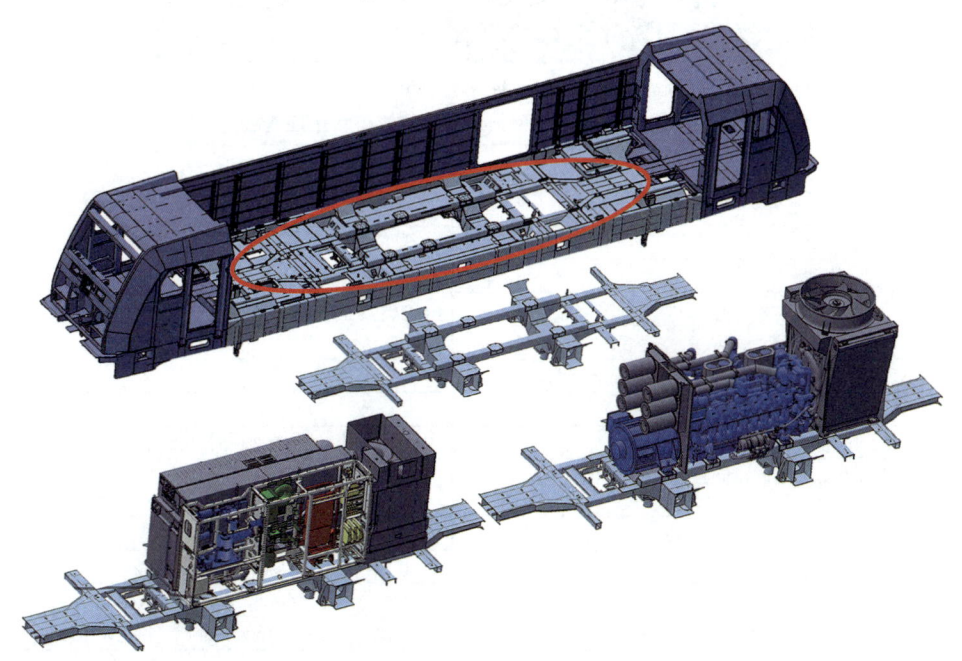

Abb. 9.4.5: Maschineraumlayout: Lokomotivkasten und identischer Tragrahmen für Diesel- und elektrische Lokomotiven (*Bombardier*) [23]

9 Schienenfahrzeuge

Um Gleichheit von Diesel- und Elektroloks zu erhalten, wurde deshalb das Layout der E-Loks (AC, DC und MS) der Diesellok angepasst (Abb. 9.4.3).

Ein wesentlicher Punkt für Kosten und Sicherheit eines Bahnsystems ist die Konzeption der Triebfahrzeugführerräume (Abb. 9.4.6). Die einheitliche Gestaltung für verschiedene Fahrzeugtypen verringert nicht nur den Fertigungsaufwand für den Hersteller, sondern auch den Schulungsaufwand für den Betreiber. Zudem wächst die Sicherheit durch geringere Unterschiede für die Bedienung durch den Lokführer bei den Handlungsanforderungen in Gefahrensituationen.

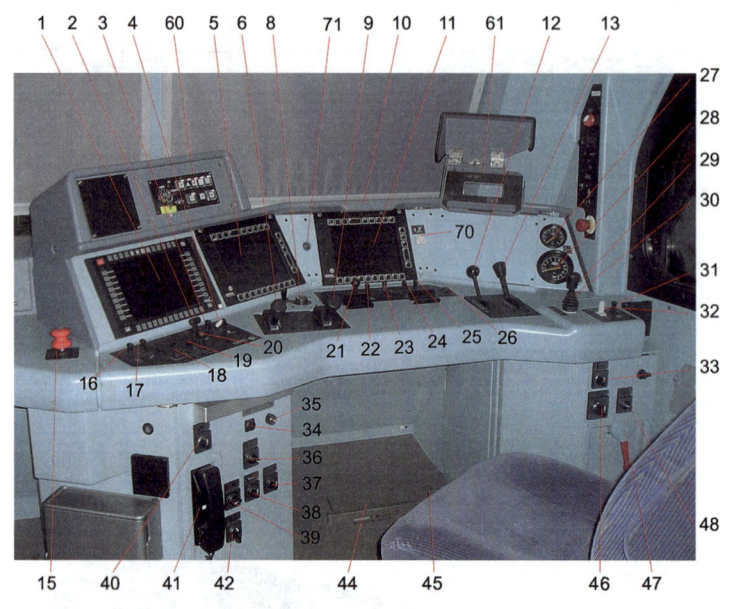

Abb. 9.4.6: Führertisch TRAXX für Ausführung SBB RE 484 (MS-Version) (*Bombardier*) [23]

1	Zugfunk-Bediengerät mit Display	
2	Stromabnehmer	hoch/Ruhestellung/tief/tief mit Sanden
3	Hauptschalter	zu/Ruhestellung/auf
4	Zugsammelschienenschütz	auf/zu/schließen
5	Diagnosedisplay	
6	Vsoll – Steller (Vorgabe Geschwindigkeitssollwert)	
8	Fahrrichtungsschalter	V/keine/Führerstand unbesetzt/R
9	Fahrschalter (Vorgabe Zugkraft) mit Sifa-Taster	
10	Fahrplanleuchte mit Dimmer	
11	ERTMS Display	auch DMI: Driver Machine Interface
12	Führerbremsventil	mit stellungsabhängigen Bremsstufen
13	Vorgabe Elektrische Bremskraft	kann mit Führerbremsventil verklinkt werden
15	Notpilz/Notaus: pneumatische Schnellbremse	

Tab. 9.4.2 zu Abb. 9.4.6: Benennung und Funktion

9.4 Ausgewählte Fahrzeugbeispiele

16	Luftpresser	Aus/Automatisch
17	Lüfter	Ein/Automatisch /Aus
18	Manöverbetrieb (CH-Funktion)	(Taster in DE: „Indusi frei")
19	Befreiung ZUB	anfahren nach Halt vor vormals geschlossenem Signal (in DE: „Indusi Befehl")
20	Quittierungstaste Zugsicherung	(in DE: „Indusi Wachsam")
21	Sanden	
22	Automatische Bremse der Lok lösen	
23	Stirnbeleuchtung	Wahl Signallicht/Scheinwerfer abgeblendet/ Scheinwerfer
24	Signal- und Instrumentenbeleuchtung	
25	Fahrplan- und Führerraumbeleuchtung	
26	Kontrollleuchte Fernlicht	
27	Manometer Bremszylinderdruck	DG1 = roter Zeiger; DG 2 = gelber Zeiger
28	HBL-/HL-Druck	HBL = gelber Zeiger; HL = roter Zeiger
29	HL angleichen	
30	Direkte Bremse	zeitabhängiges Erhöhen und Absenken des Bremszylinderdruckes
31	Makrofon	Tiefton/Aus/Hochton
32	Außentüren Wagen	Freigabe/0/schließen
33	Umschaltung elektronische/pneumatische Regelung des HL-Druckes	
34	Beleuchtung Mittelkonsole ein/aus	
35	Dimmer Manometer- und Konsolenbeleuchtung	
36	Fußboden-/Nischenheizung	
37	Klima/Lüften	Auslüften/Klimatisierung, manuelle Luftmengeneinstellung/Klimatisierung, automatische Luftmengeneinstellung
38	Temperatursollwert	
39	Lüftungssollwert	
40	V-Regelung ein/aus	Aktivierung des Vsoll - Stellers, Pos. 6
41	Handapparat Zugfunk	
42	Druckschutz Führerraum	ein (Klappen zu)/aus/automatisch
44	Fußtaster für Sifabedienung	
45	Fußbetätigung für Makrofon	
46	Scheiben wischen / waschen	
47	Notbremsventil	
48	Stirnfensterheizung	
60	Bediengerät für italienische Zugsicherung „RS 4 codici"	
61	Halter für elektronisches Fahrplangerät SBB	
70	Führerbremsventil ein-/ausschalten	
71	Melder „Geschwindigkeitsanzeige gültig"	Anforderung der italienischen Behörden bez. V-Anzeige auf Display

Tab. 9.4.2 zu Abb. 9.4.6 (Fortsetzung): Benennung und Funktion

9 Schienenfahrzeuge

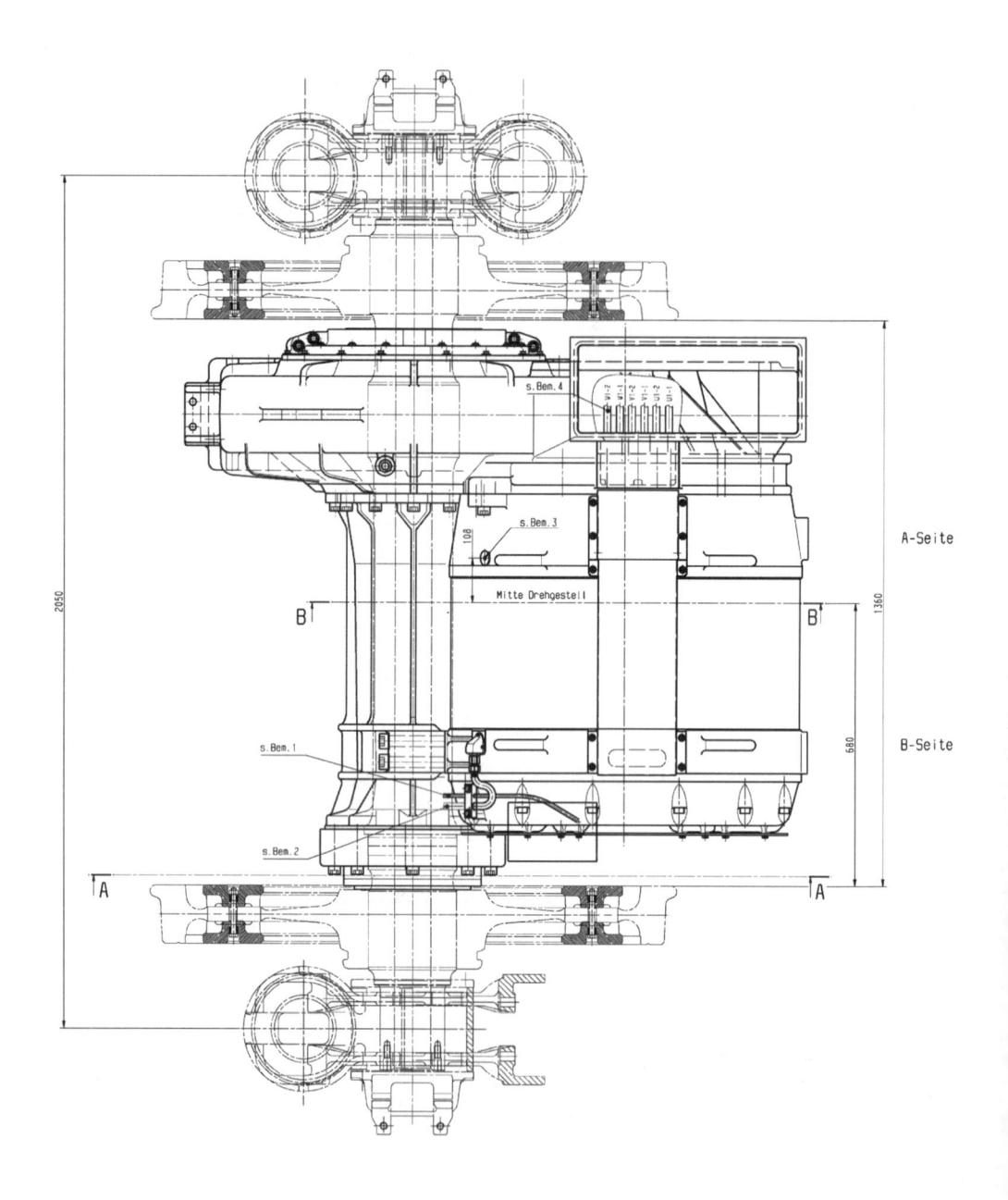

1 = Elektr. Anschluss Drehzahlgeber,
2 = Elektr. Anschluss Temperaturfühler
3 = Erdungsanschluss M12
4 = Anschlussleitung SIWO-KUL 35 mm/6.6 kV/9 V, DR = 14.4 ... 15

Abb. 9.4.7: Draufsicht TRAXX-Tatzlagerantrieb (*Bombardier*)

9.4 Ausgewählte Fahrzeugbeispiele

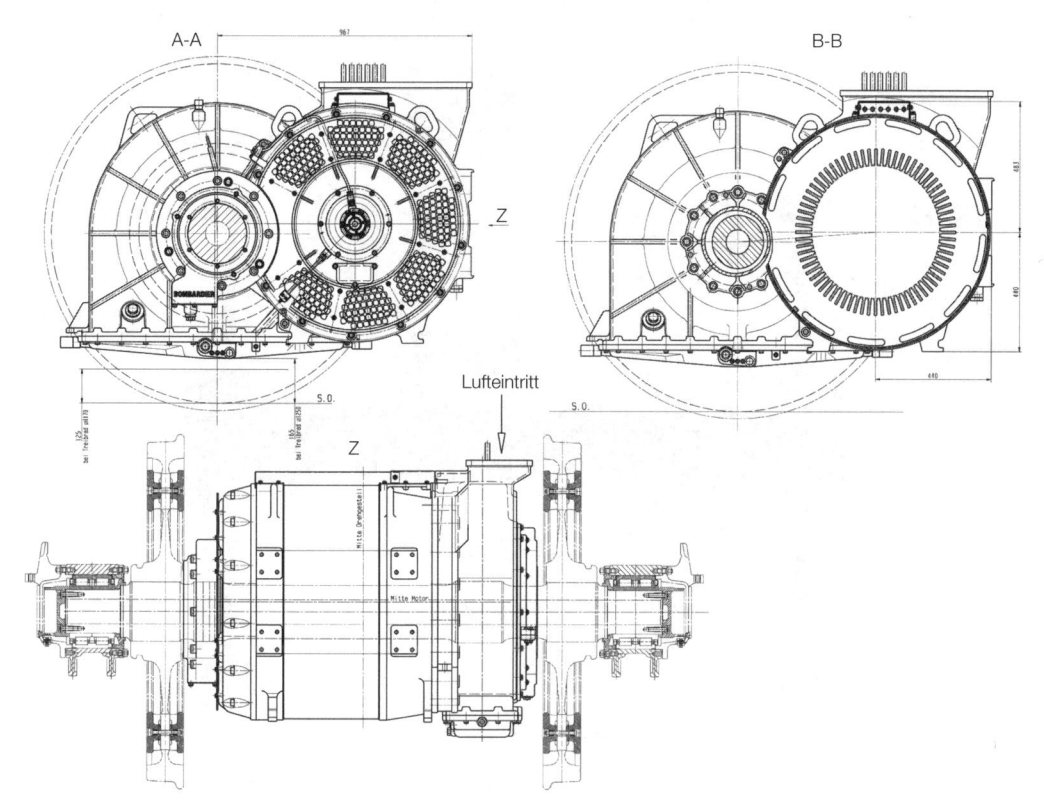

Abb. 9.4.8: Konstruktive Ausführung Treibradsatz TRAXX-Lokomotive (*Bombardier*)

In [25] sind weitere Grundsätze für die europäische Führerraumgestaltung genannt.

Für Fahrgeschwindigkeiten bis 140 km/h und bei guter bis sehr guter Gleislage genügt es vom Zusammenwirken Fahrzeug/Fahrweg her, einen Tatzlagerantrieb zu verwenden. Für höhere Geschwindigkeiten und Einsatzbedingungen mit höheren Beanspruchungen ist ein Hohlwellenantrieb vorteilhafter.

Beim **Tatzlagerantrieb** (Abb. 9.4.9) stützt sich der Fahrmotorständer (= Fahrmotorgehäuse) einseitig über integrierte Lager auf der Radsatzwelle ab, auf der anderen Seite über eine Pendelstütze am Drehgestellrahmen. Das Getriebgroßrad ist direkt auf die Radsatzwelle aufgeschrumpft. Diese Anordnung ermöglicht eine sehr gute Bauraumausnutzung für Getriebe und Fahrmotor. Allerdings ist die unabgefederte Masse sehr groß. Neben dem Fahrmotoranteil, der sich über die Lager auf der Radsatzwelle abstützt, zählt auch das Großrad zur unabgefederten Masse.

Im Gegensatz dazu ist beim **Hohlwellenantrieb** (Abb. 9.4.10) der Anteil der unabgefederten Masse kleiner, da das Großrad zusammen mit dem Fahrmotor im Drehgestellrahmen elastisch befestigt ist und so voll der durch die Primärfederung abgefederten Masse zugerechnet werden kann. Eine Hohlwelle, die jeweils über Gelenkhebel sowohl am Großrad als auch am Triebrad drehsteif angelenkt ist, überträgt das Drehmoment vom Getriebe auf den Radsatz, lässt aber kleine Bewegungen in allen übrigen fünf Freiheitsgraden zu. Die Bewegungsmöglichkeiten und die zusätzlichen Bauteile benötigen jedoch mehr Platz, so dass weniger Raum für die eigentlichen Antriebselemente zur Verfügung steht.

9 Schienenfahrzeuge

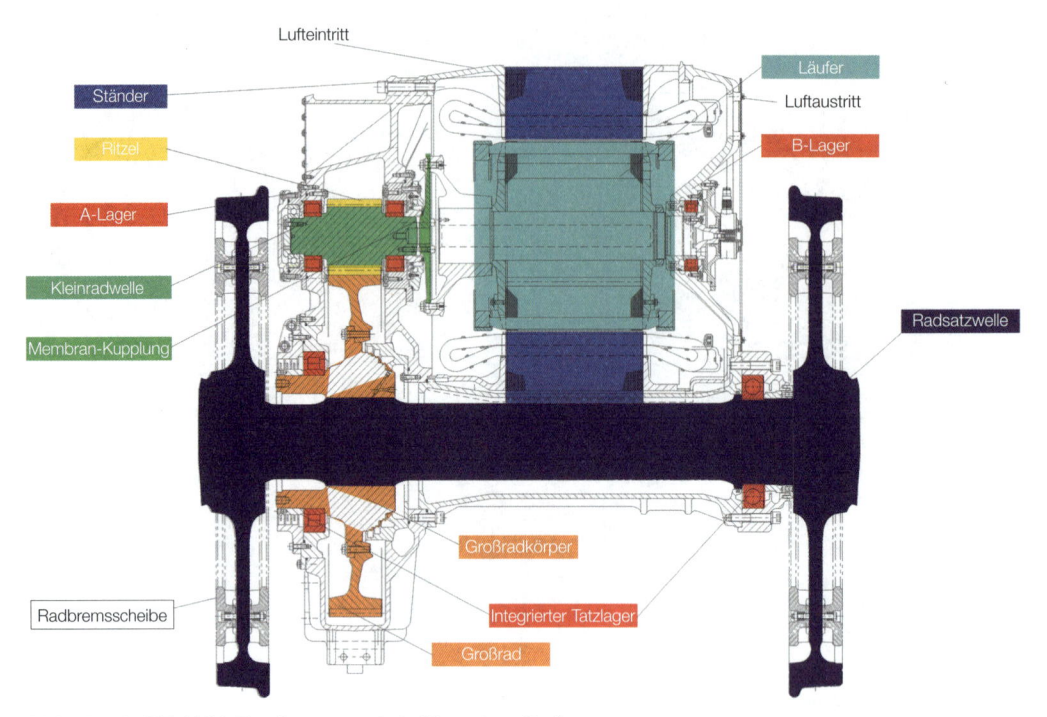

Abb. 9.4.9: TRAXX-Tatzlagerantrieb (*Bombardier*)

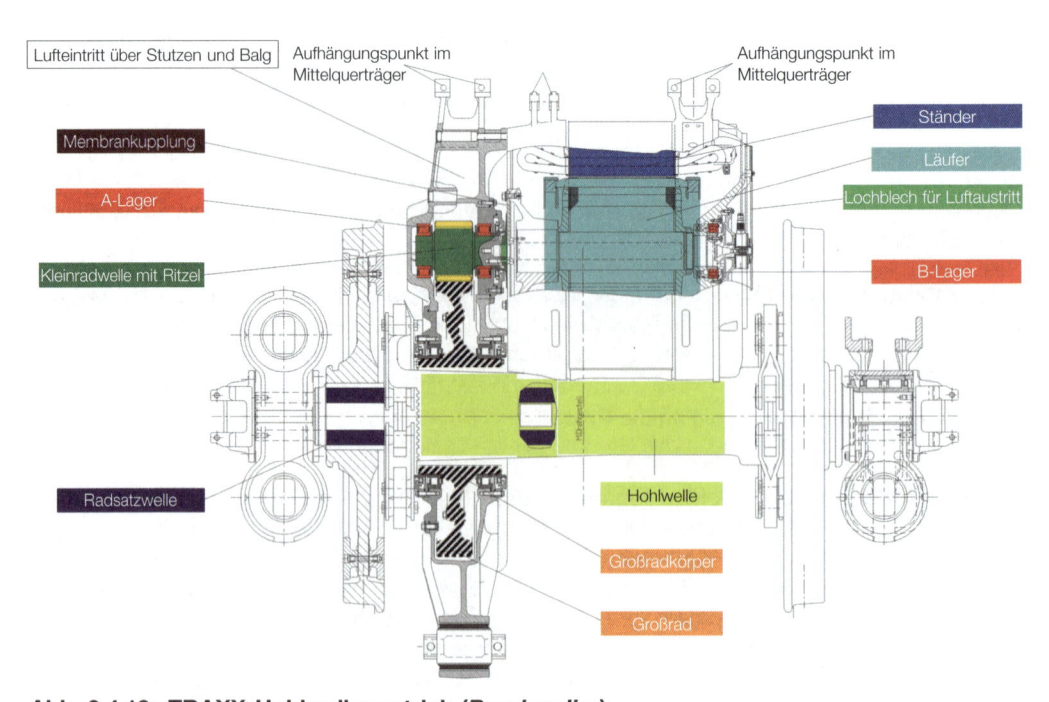

Abb. 9.4.10: TRAXX-Hohlwellenantrieb (*Bombardier*)

9.4 Ausgewählte Fahrzeugbeispiele

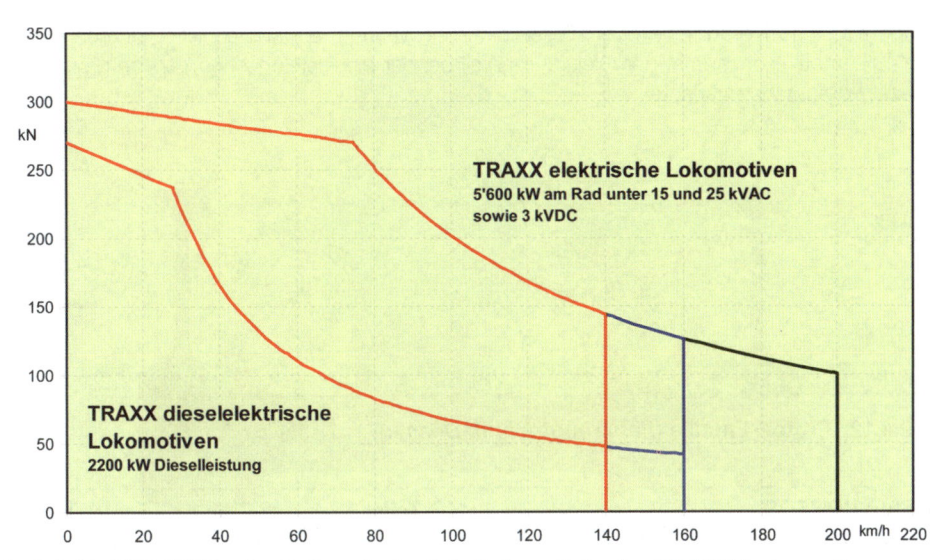

Abb. 9.4.11: TRAXX Zugkraft-Geschwindigkeitskennlinie der TRAXX-Lokomotiven (*Bombardier*)

Beide Antriebe können mit Radscheibenbremsen ausgerüstet werden. Gegenüber einer Klotzbremse weist die Radscheibenbremse eine höhere thermische Kapazität auf und schont die bereits durch die Traktion hoch beanspruchten Radreifenlaufflächen. Zudem wirken die angeschraubten Bremsscheiben dämpfend und versteifend. Das bei Hochleistungslokomotiven unangenehme Makroschlupfpfeifen mit hochfrequenten Reintonkomponenten kann mit Scheibenbremsen wirkungsvoll vermieden werden.

Beide Antriebe können mit einer Dreifachlagerung von Läufer und Ritzel ausgeführt werden. Dabei wird das Ritzel beidseitig statisch bestimmt gelagert, während die Läuferwelle nur ein Lager aufweist und an der Ritzelwelle über eine Membrankupplung angeflanscht ist. Diese Membrankupplung gleicht Fluchtungsfehler aus.

Die Anfahrzugkraft der TRAXX-Lokomotiven ist bei Diesel- und Elektroantrieb nahezu identisch. Da die Leistung bei Elektroantrieb etwa das 3-fache des Dieselantriebs beträgt, fällt im höheren Geschwindigkeitsbereich die Zugkraft bei Dieselantrieb gegenüber dem Elektroantrieb sehr stark ab. Bei 1,5 kV-Gleichstrom ist die übertragbare Leistung vor allem eine Frage der Leistungsfähigkeit des Unterwerks, der Belastbarkeit der Oberleitung und des Stromabnehmers, so dass diese von Betreiber zu Betreiber sehr stark schwanken kann.

9.4.2 Regionaltriebwagen-Familie Protos

Regionalfahrzeuge werden zunehmend linienbezogen von einem bestimmten Betreiber beschafft. Ein **modulares** Fahrzeugkonzept ermöglicht hier auf der Herstellerseite kurze Entwicklungszeiten, einen verringerten Entwicklungsaufwand und die Verwendung von Komponenten, die in anderen Projekten weitgehend erprobt sind. Auch der Betreiber hat Vorteile, da gerade bei kleineren Betrieben weniger Aufwand für das Bedienungs-(Tf) und das Wartungspersonal entsteht. Zudem haben die Werkstätten sowohl für die schwere als auch für die leichte Instandhaltung Vorteile hinsichtlich der Ausbildung des Personals und der Ersatzteilhaltung.

Ein Beispiel für ein derartiges Fahrzeugkonzept ist der **Protos-Triebzug** der *Fahrzeugtechnik Dessau (FTD)* [26], der sowohl für die vier gängigen elektrischen Stromsysteme als auch für Dieselbe-

9 Schienenfahrzeuge

trieb und als dieselhydraulische oder dieselelektrische Variante angeboten wird. Ähnlich wie beim TRAXX-Lokomotiv-Konzept ist der Gleichteileanteil bei der dieselelektrischen Version größer als bei der dieselhydraulischen Variante.

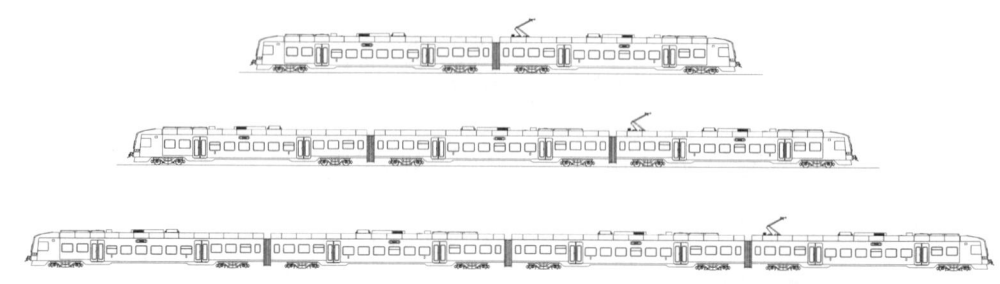

Abb. 9.4.12: Protos-Familie (*Fahrzeugtechnik Dessau*)

Triebzug PROTOS		2-Teiler	3-Teiler	4-Teiler
Umgrenzungsprofil		G2 (EBO)		
Spurweite		1435 mm		
Geschwindigkeit (max.)		160 km/h		
Crashsicherheit		erfüllt nach prEN 15227		
Sitzplatzanzahl (max.)		184	284	384
Sitzteiler Vis-à-vis-Bestuhlung (Standard)		1690 mm		
Sitzteiler Reihenbestuhlung (Standard)		845 mm		
Fußbodenhöhe	Niederflurbereich über den Drehgestellen	600 mm oder 810 mm 1020 mm		
Lichte Türbreite		1300 mm		
Lichte Türhöhe		2100 mm		
Energieversorgung	Elektrisch oder dieselelektrisch	1,5 kV DC oder 3 kV DC oder 15 kV 16,7 Hz AC 25 kV 50 Hz AC		
		2 Dieselmotoren 660 kW	3 Dieselmotoren 660 kW	4 Dieselmotoren 660 kW
Installierte Antriebsleistung		4 x 500 kW	6 x 500 kW	8 x 500 kW
Achsanordnung		Bo'2' + 2'Bo'	Bo'2' + 2'Bo' +2'Bo'	Bo'2' + Bo'2' + 2'Bo' + 2'Bo'
Kupplungen	am Ende zwischen den Wagen	automatische Mittelpufferkupplung zweiteilige Kurzkupplung		
Länge des Zuges	über Kupplung	54 500 mm	81 400 mm	108 300 mm
Länge Endwagen	über Kupplung über Wagenkasten	27 250 mm 26 400 mm		
Länge Mittelwagen	über Kupplung über Wagenkasten	26 900 mm 26 100 mm		

Tab. 9.4.3 zu Abb. 9.4.12

9.4 Ausgewählte Fahrzeugbeispiele

Triebzug PROTOS	2-Teiler	3-Teiler	4-Teiler
Maximale Breite		2820 mm	
Maximale Höhe über SO bei abgesenktem Stromabnehmer		4580 mm	
Eigenmasse (nach DIN 25008)	ca. 103 t	ca. 153 t	ca. 203 t
Maximale Beschleunigung		1,1 m/s^2	
Raddurchmesser neu		760 mm	
abgefahren		685 mm	

Tab. 9.4.3 zu Abb. 9.4.12 (Fortsetzung)

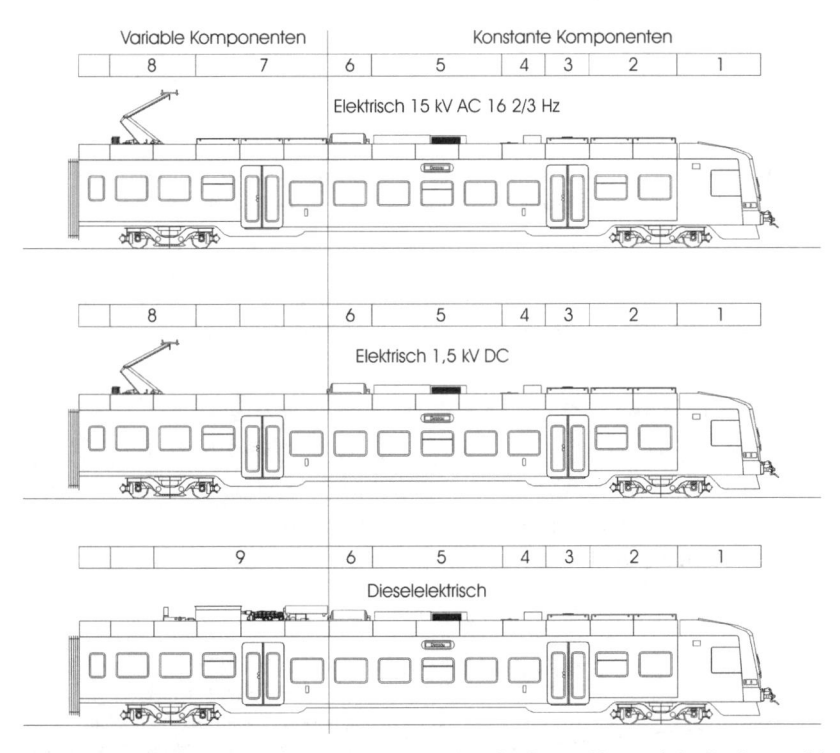

1 = Heizung-Kühlung-Lüftung – Führerstand, **2** = Antriebswechselrichter, **3** = Bremswiderstand, **4** = Bordnetzumrichter/Batterie, **5** = Heizung-Kühlung-Lüftung – Fahrgastraum, **6** = Druckluftmodul, **7** = Transformator/4 QS, **8** = Stromabnehmer, **9** = Dieselmotor – Generator-Einheit

Abb. 9.4.13: Protos-Antriebsvarianten (*Fahrzeugtechnik Dessau*)

9.4.3 Hochgeschwindigkeitstriebwagenzug Velaro

Hochgeschwindigkeitsfahrzeuge stellen ganz besondere Anforderungen an die Sicherheit und Zuverlässigkeit. Die Realisierung des kommerziellen Schnellverkehrs ist erst nach umfangreichen und intensiven Forschungsarbeiten (vgl. Kap. 2) und mit der Weiterentwicklung und Anwendung der Mehrkörperdynamiksimulation [27] möglich geworden. Zwar wurden bereits am 29. März 1955 in Frankreich Versuchszüge mit 331 km/h gefahren (http://mapage.noos.fr/perly.claire/9004/), aber Probleme wie die notwendige komplette Durcharbeitung des Gleises nach jeder Hochgeschwindig-

9 Schienenfahrzeuge

keitsversuchsfahrt oder weggeschmolzene Stromabnehmerschleifleisten zeigten, dass die Technik für einen kommerziellen Hochgeschwindigkeitseinsatz seinerzeit noch nicht reif war.

Eine wesentliche Voraussetzung für die Durchführung eines wirtschaftlichen Hochgeschwindigkeitsverkehrs ist eine niedrige Fahrwegbeanspruchung. Die *TSI HGV* (*Richtlinie 96/48/EG des Rates vom 23. Juli 1996 über die Interoperabilität des transeuropäischen Hochgeschwindigkeitsbahnsystems*) schreibt daher für Fahrzeuge mit über 250 km/h eine maximale Radsatzkraft von 170 kN vor (vgl. auch Kap. 12).

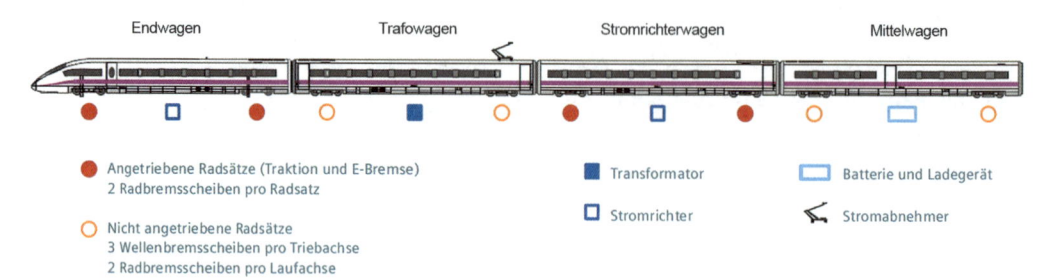

Abb. 9.4.14: Kleinste Einheit des Hochgeschwindigkeitstriebwagenzuges Velaro: Vier Wagen mit acht angetriebenen Radsätzen und 8 Laufachsen (*Siemens Transportation*)

Die gleichmäßige Achslastverteilung über die gesamte Länge des Triebwagenzuges wird dadurch erreicht, dass die Fahrzeuge, die die schweren Transformatoren tragen, keine Triebdrehgestelle erhalten. Angetrieben werden nur die Endwagen und die Stromrichterwagen (Abb. 9.4.14).

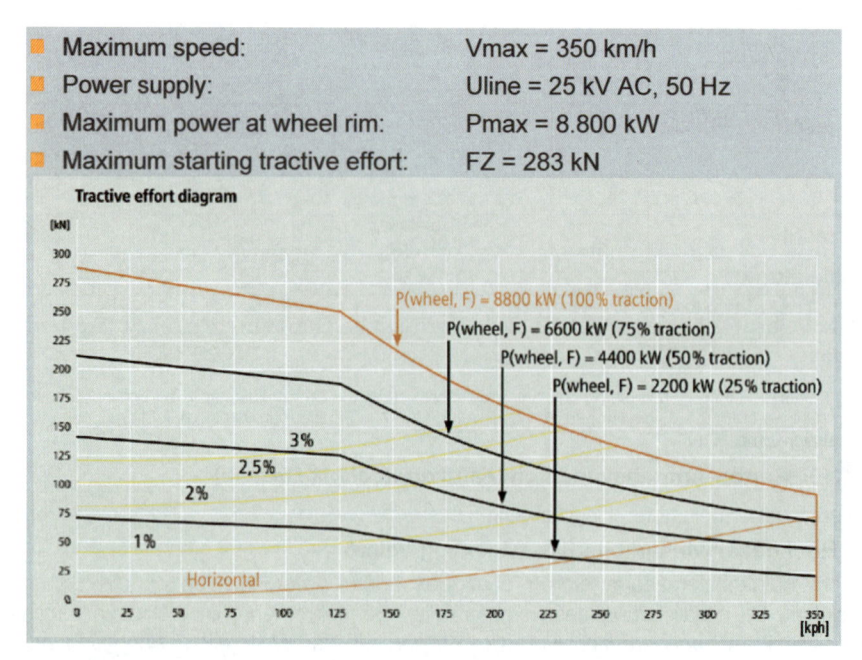

- Maximum speed: V_{max} = 350 km/h
- Power supply: U_{line} = 25 kV AC, 50 Hz
- Maximum power at wheel rim: P_{max} = 8.800 kW
- Maximum starting tractive effort: F_Z = 283 kN

Abb. 9.4.15: Zugkraft-Geschwindigkeitsdiagramm und Fahrwiderstände des Hochgeschwindigkeitstriebwagenzuges Velaro bei verschiedenen Steigungen (*Siemens Transportation*)

9.4 Ausgewählte Fahrzeugbeispiele

Da stets zwei 4-Wagentriebzüge miteinander gekoppelt fahren müssen, ist volle Redundanz vorhanden. Die in Europa übliche Bahnsteiglänge von 400 m wird mit einem 16-Wagentriebzug ausgenutzt. Da bei einem 16-Wagentriebzug vierfache Redundanz vorhanden ist, wurde die Anfahrzugkraft des Fahrzeuges so ausgelegt, dass es auf den teilweise sehr steilen Neubaustrecken des spanischen Hochgeschwindigkeitsnetzes auch in der größten Steigung noch aus dem Stand anfahren kann.

Der Fahrwiderstand von Hochgeschwindigkeitszügen wird insbesondere durch zwei Komponenten beeinflusst: durch den Luftwiderstand nimmt der Fahrwiderstand mit dem Quadrat der Geschwindigkeit zu. Darüber hinaus ist eine starke Abhängigkeit vom Steigungswiderstand gegeben (vgl. Kap. 9.1.4). Selbst bei Ausfall von 25 % der Zugkraft kann der Hochgeschwindigkeitstriebwagenzug Velaro noch Geschwindigkeiten von über 300 km/h erreichen.

Der Velaro-Triebwagenzug ist mit einer elektrodynamischen Bremse ausgestattet, deren Bremskraft gleichgroß wie die Zugkraft angesetzt werden kann. Dadurch lässt sich beim Bremsen ein hohes Maß an kinetischer Energie wieder zurückgewinnen (siehe Kapitel 9.3.3.6).

Die wichtigsten technischen Daten der Velaro-Triebwagenzugfamilie sind in Tabelle 9.4.4 zusammengestellt.

Technische Daten		Velaro E	Velaro CN	Velaro RUS
Fertigungsjahr		ab 2005	ab 2007	ab 2008
Wagenzahl		8	8	10
Betriebsspannung	[kV/Hz]	AC 25/50	AC 25/50	DC 3 und AC 25/50
Höchstgeschwindigkeit	[km/h]	350	300	250, auf 300 aufrüstbar
Spurweite	[mm]	1435	1435	1520
Sitzplatzzahl		404	601	604
Antriebsleistung	[kW]	8800	8800	8000

Tab. 9.4.4: Velaro-Triebwagenzugfamilie – Technische Daten im Überblick (*Siemens Transportation*)

9.4.4 Neigezug ICN

Der Neigezug ICN ist aus dem Zwang heraus entstanden, den Integralen Taktfahrplan in der Schweiz auch auf schwächer belasteten Hauptstrecken systemkonform anbieten zu können. Die stark belasteten Hauptstrecken wurden so ausgebaut, dass in den großen Zentren wie Basel, Bern, Zürich und Genf jeweils zur vollen Stunde Umsteigebeziehungen angeboten werden können. Auf den schwächer belasteten Hauptstrecken war der Infrastrukturausbau bisher nicht gerechtfertigt. Dort wird deshalb stärker in Neitech-Triebzüge der Bauart ICN investiert, um durch höhere Bogengeschwindigkeiten die notwendigen Korrespondenzzeiten des Fahrplans in den Umsteigeknoten erreichen zu können.

Der ICN der *SBB* ist ein 7-teiliger Triebzug mit aktiver gleisbogenabhängiger Wagenkastensteuerung. Das Zugkonzept zeigen die Abb. 9.4.16 und 9.4.17.

9 Schienenfahrzeuge

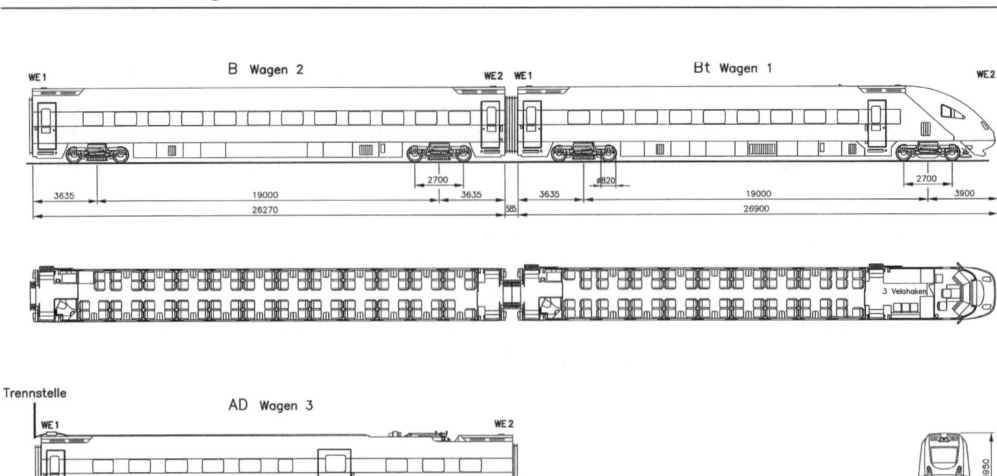

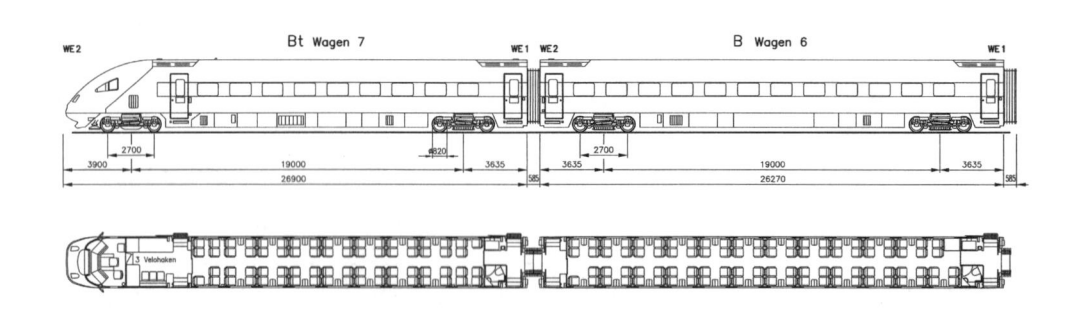

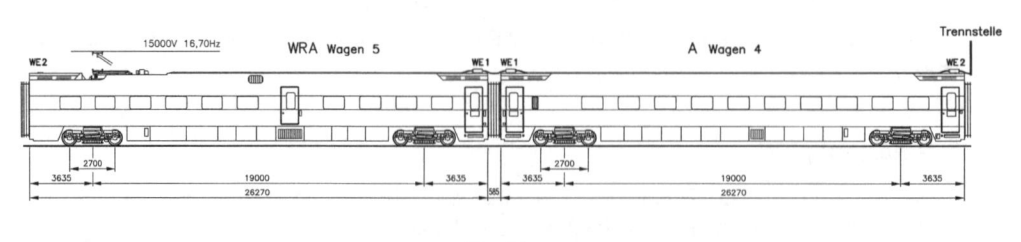

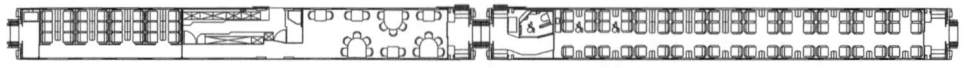

Abb. 9.4.16 und 9.4.17: 7-teiliger Neigezug Achsfolge (1A)´(A1)´+ (1A)´(A1)´+2´2´+2´2´+2´2´ +(1A)´(A1)´+(1A)´(A1)´ der SBB, Zuglänge 188,8 m, Wagenlänge 27 m, Gewicht Tara 355 t, Brutto 399 t, V_{max} 200 km/h, max. Leistung 5,2 MW, maximale Anfahrzugkraft 210 kN, max. zul. Steigung 38‰ volle Traktion, 21‰ halbe Traktion, kleinster befahrbarer Kurvenradius 100 m (*SBB*)

9.4 Ausgewählte Fahrzeugbeispiele

Die Antriebsausrüstung des ICN ist weitgehend unter Flur eingebaut. Die Abb. 9.4.18 und 9.4.19 zeigen die Unterflurausrüstung des Steuerwagens (Bt), eines 2. Klassewagens (B), des Speisewagens WAR und des 1. Klassewagens (A). Die dazu gehörende Legende ist in Tabelle 9.4.5 zusammengefasst.

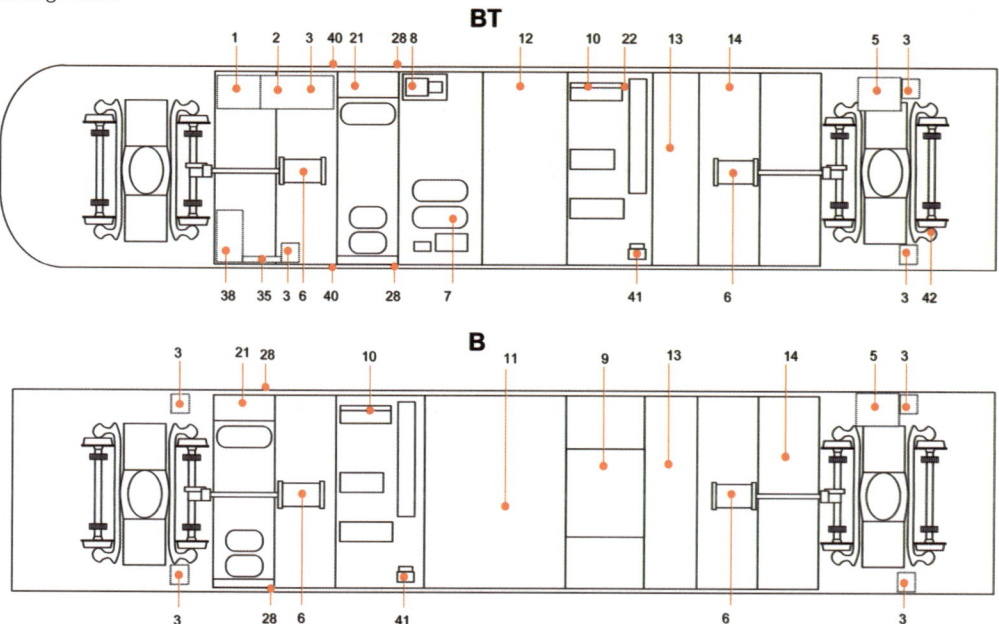

Abb. 9.4.18: Wagenunterbau B und Bt Wagen ICN-Neigezug (*SBB*)

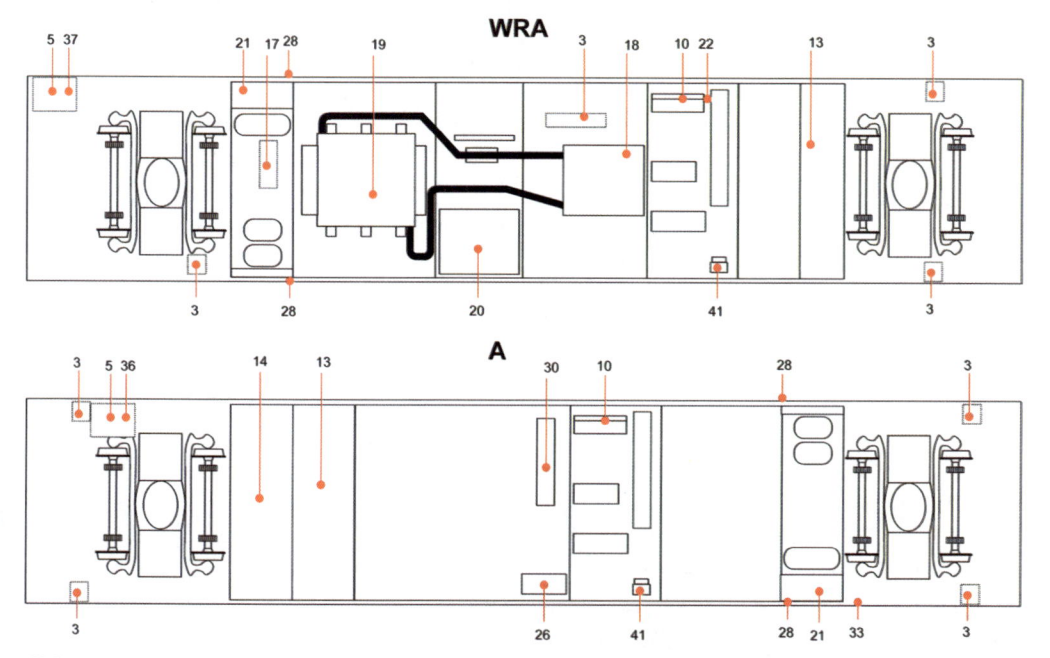

Abb. 9.4.19: Wagenunterbau WRA und A Wagen ICN-Neigezug (*SBB*)

9 Schienenfahrzeuge

1	Pneumatiktafel PTV2
2	Elektronikschrank 1 (Z), 2 (E)
3	Absperrhahnen für Türen
5	Steuerstromblock SBV 1
6	Fahrmotor
7	Luftaufbereitung
8	Kompressor
9	Filtermodul
10	Sicherungsautomat
11	Stromrichter
12	Stromrichterkühlung
13	Wassertank
14	Fäkalientank
17	Hauptschalter/Erdungsschalter
18	Transformaterkühlung
19	Transformator
20	Kühlanlage Küche
21	MG-Steuerplatte PMU 1
22	Depotsteckdose mit Schalter
26	Hilfskupplung
28	Bremsanzeige und Umstellvorrichtung
30	Dachleiter
33	Luftabsperrhahn für halbautomatische Kupplung
35	Rote Signalflagge und Halte-Scheibe
36	Schlüsselvervielfacher 1/Rückstellung Behindertennotruf
37	Pneumatiktafel PTV 1 für Stromabnehmer und Hauptschalter
38	Werkzeug und Ersatzmaterial
40	Notöffnung für Türen
41	Sicherung für Mg-Bremse SBU1
42	Achsgeber für Geschwindigkeitsmessung und ZUB

Tab. 9.4.5 zu Abb. 9.4.18 und 9.4.19

Die ICN-Züge werden mit einer Laufleistung von 370 000 km/Jahr und Triebzug im Schweizer Inlandsverkehr im Mittel sehr intensiv eingesetzt. Diese große Laufleistung wird unter anderem dadurch erreicht, dass die Standzeiten für Fristuntersuchungen sehr knapp bemessen sind:

Für die betriebsnahe Instandhaltung gelten folgende Fristen:
– Frist P1 (nach 8000 km): Standzeit 2 Stunden
– Frist P2 (nach 16 000 km): Standzeit 3 Stunden

9.4 Ausgewählte Fahrzeugbeispiele

- Frist P3 (nach 64 000 km): Standzeit 3 Stunden
- Frist P4 (nach 192 000 km): Standzeit 9 Stunden

Arbeiten der schweren Instandhaltung fallen erst nach 1 Mio. Laufkm für Laufwerk und Neigetechnik, nach 2 Mio. für Fahrzeugkasten und Ausrüstung und erst nach 4 Mio. km für eine Großrevision an [5].

Der 7-teilige Triebzug weist mit vier angetriebenen Radsätzen eine relativ geringe Anzahl angetriebener Achsen auf. Da er jedoch überwiegend im Fernverkehr eingesetzt wird und gerade in der Schweiz viele Geschwindigkeitswechsel aufgrund der Trassierung im oberen Geschwindigkeitsbereich auftreten, ist das Beschleunigungsverhalten durch die Antriebsleistung und nicht durch die Anzahl der Achsen begrenzt.

9.4.5 Doppelstocktriebwagen RABe 514 (S-Bahn Zürich)

Im Regionalverkehr setzt sich in den letzten Jahren auf nachfragestarken Relationen immer mehr der Doppelstockwagen durch [28]. Dies hat mehrere Gründe. Die Fahrgäste schätzen die große Anzahl zur Verfügung stehender Sitzplätze. Gepäck wird in der Regel wenig mitgeführt, so dass der gegenüber der einstöckigen Bauart verringerte mittlere Stauraum weniger ins Gewicht fällt. Für Fahrgäste mit besonders viel oder sperrigem Gepäck, wie Fahrräder oder Kinderwagen, können Mehrzweckabteile vorgehalten werden, die auch von den gängigen Bahnsteighöhen leicht zugänglich sind.

Für den Bahnbetreiber von Vorteil sind geringe Investitions- und Wartungskosten je Sitzplatz sowie einfache Wartbarkeit der Komponenten. Dadurch werden nicht nur geringe Wartungskosten, sondern auch eine hohe Zuverlässigkeit und eine hohe Verfügbarkeit der Fahrzeuge erreicht. Gemäß [28] beträgt die Verfügbarkeit in der Praxis 98 bis 99 %.

Voraussetzung für hinreichende Bequemlichkeit ist ein großes zur Verfügung stehendes Fahrzeugbegrenzungsprofil, so dass in jüngerer Zeit Doppelstockwagen nur nach dem Lichtraumprofil GC, also größer als G2 (siehe Kapitel 9.1), gebaut werden. Hierzu bedarf es jedoch einer Ausnahmegenehmigung nach § 22 *EBO* Abs. 1 bzw. 2. Der *BMVBS* ist allerdings hierbei sehr restriktiv.

Bezüglich der Einstiegssituation gibt es zwei Versionen: Tiefeinstieg im Unterstock und Zwischeneinstieg (Hocheinstieg) über den Drehgestellen. Ein Tiefeinstieg erlaubt kürzere Fahrgastwechselzeiten,

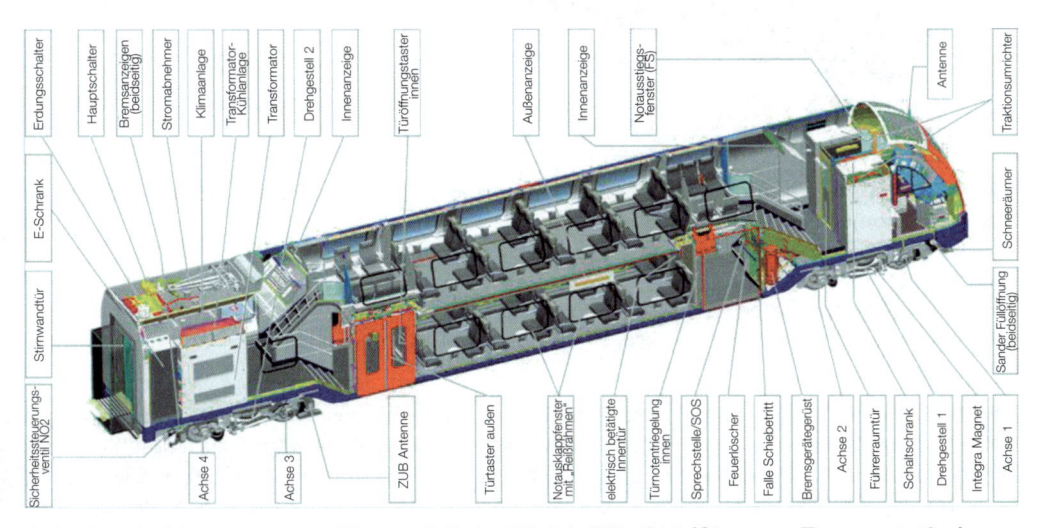

Abb. 9.4.20: Motorwagen 2. Klasse S-Bahn Zürich RBe 514 (*Siemens Transportation*)

9 Schienenfahrzeuge

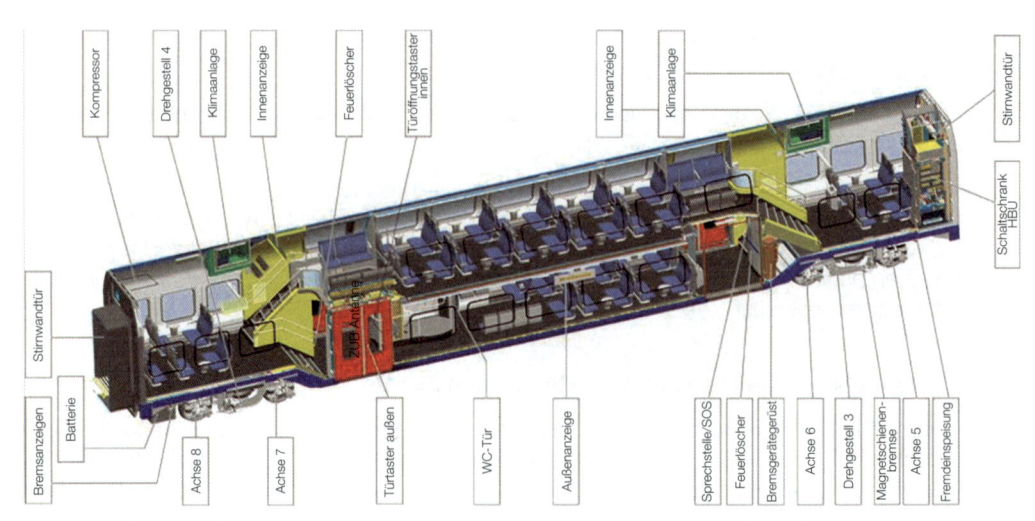

Abb. 9.4.21: Mittelwagen 2. Klasse mit Mehrzweckabteil S-Bahn Zürich RBe 514 (*Siemens Transportation*)

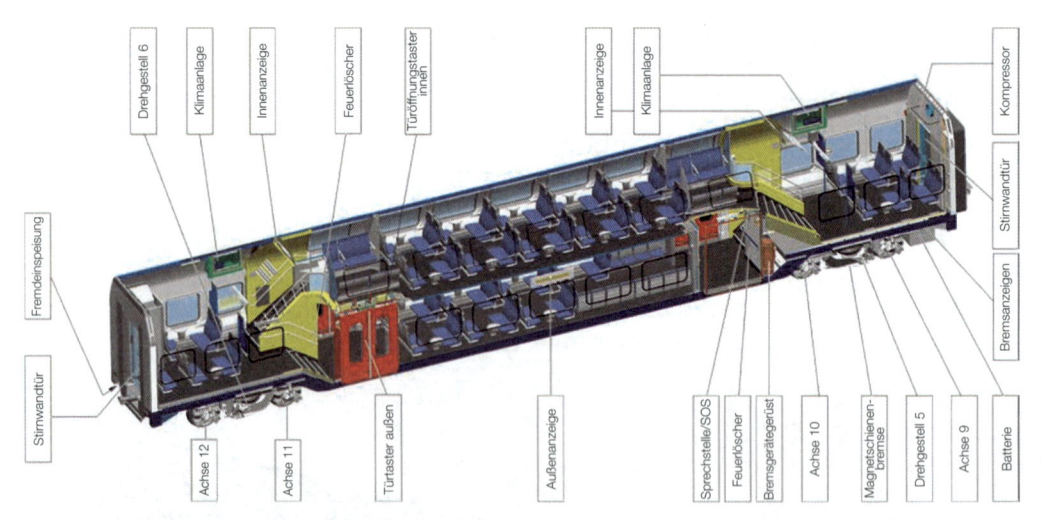

Abb. 9.4.22: Mittelwagen 2. Klasse mit Behinderten WC S-Bahn Zürich RBe 514 (*Siemens Transportation*)

bedingt aber weniger Sitzplätze pro Wagen und eignet sich so eher für den Nah- und Regionalverkehr, der Hocheinstieg eher für den Verkehr über weitere Distanzen, z. B. im Zuführungsverkehr des Großraums Paris.

Als Beispiel eines modernen Doppelstockfahrzeugs wird nachfolgend der Doppelstocktriebwagen RABe 514 beschrieben, der im Zürcher S-Bahn- und Regionalverkehr eingesetzt wird [29]. Da das in Mitteleuropa vorhandene Stromsystem mit 16,7 Hz und 15 kV sehr viel Raum und Masse zur Unterbringung der Traktionsausrüstung beansprucht, war der Bau des RABe 514, wie die Abb. 9.4.20–9.4.23 anschaulich zeigen, eine sehr anspruchsvolle Aufgabe.

9.4 Ausgewählte Fahrzeugbeispiele

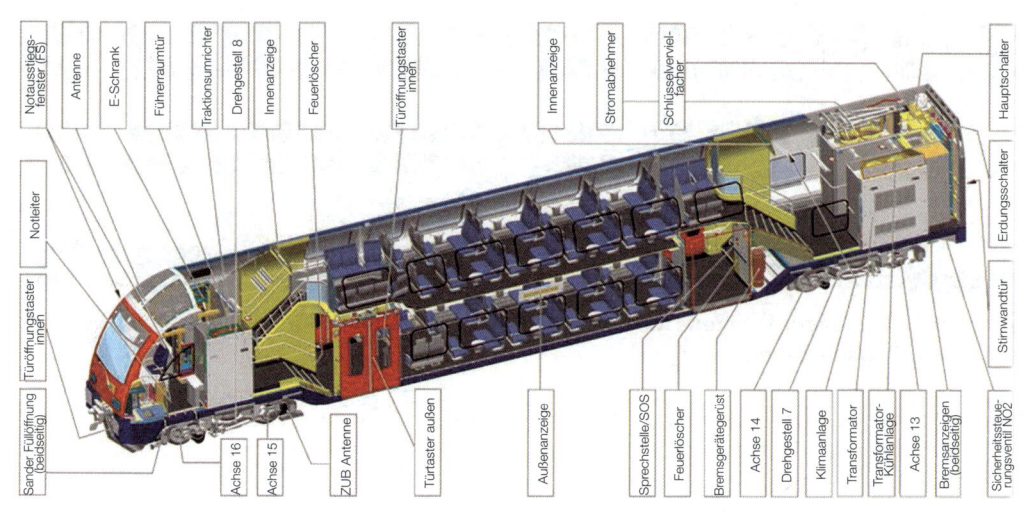

Abb. 9.4.23: Motorwagen 1. Klasse S-Bahn Zürich RAe 514 (*Siemens Transportation*)

9.4.6 Reisezugwagen

Bei steigendem und insbesondere stark variierendem Reisendenaufkommen stoßen Triebzüge rasch an ihre konzeptionellen Grenzen. Viele Eisenbahnverkehrsunternehmen suchen daher nach Lösungen, die den steigenden Anforderungen hinsichtlich mehr Flexibilität besser als Triebzüge gerecht werden.

Moderne Reisezugwagenkonzepte eröffnen hier neue Wege und bieten eine wirtschaftliche Ergänzung zum Hochgeschwindigkeitsverkehr über 300 km/h. Im Vordergrund stehen dabei folgende Ziele:
– Verbesserung des Gesamtkomforts für den Fahrgast z.B. durch eine neuzeitliche, flexible Inneneinrichtung, geschlossene Wagenübergänge, moderne Catering-Angebote und eine umweltverträgliche Klimatisierung
– Volle betriebliche Flexibilität durch leittechnisch autarke Wagen, die im Rahmen der verfügbaren Traktionsleistung zu beliebigen Zugkonfigurationen kombiniert werden können.
– Flexible Wagenschnittstellen, die eine Verbindung mit künftiger Traktionstechnik (z.B. Triebkopfzügen) einfach und skalierbar machen
– Beibehaltung bewährter Bauteile wie Fahrwerke, Türen, Toiletten u.a.
– Flexible Einbaumöglichkeiten zusätzlicher Fahrzeuginnenausstattungen
– Behindertengerechte Ausrüstung
– Modulares, erweiterbares Fahrgastinformationssystem
– Flexibles Plattformkonzept zur Anpassung an unterschiedliche und sich ändernde Einsatzbedingungen

Abb. 9.4.24 zeigt ein Fahrzeugkonzept, das diese Ziele erfüllen kann.

Für Reisezugwagen des **Regionalverkehrs** kommen hinzu:
– Abdeckung aller im Regionalverkehr vorkommenden Bahnsteighöhen
– Niederflurigkeit
– Flexible Anordnung der Fahrzeugeinstiege für einen optimalen Fahrgastfluss mit breiten Einstiegstüren für einen raschen Fahrgastwechsel
– Horizontale und – bei niedrigen Bahnsteighöhen – auch vertikale Spaltüberbrückung zwischen Fahrzeugkasten und Bahnsteig

9 Schienenfahrzeuge

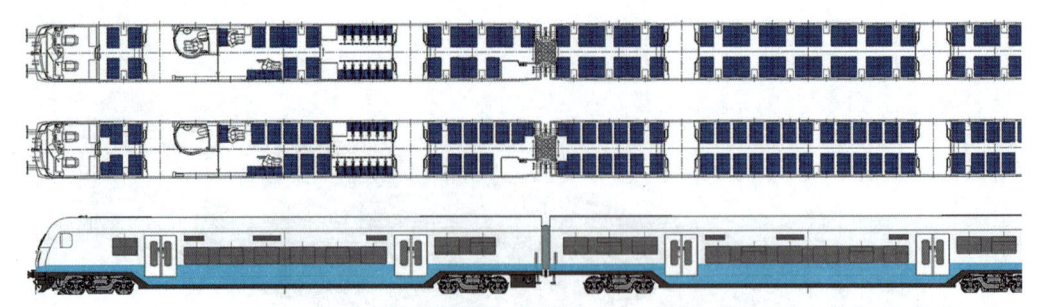

Abb. 9.4.24: Konzept eines modernen Reisezugwagens für den Intercity-Verkehr (*Siemens Transportation*)

Bei der Realisierung dieser Ziele sind insbesondere folgende Aspekte zu beachten:
- Die Flexibilität des Fahrzeugeinsatzes ist nach ihrem Nutzen für den Betreiber und den Fahrgast zu bewerten.
- Flexibilisierungsmaßnahmen, die zu Lasten der Zuverlässigkeit gehen, sind tabu.
- Die Fahrzeuge dürfen aus Gründen einer hohen Zuverlässigkeit und Verfügbarkeit nicht mit neuen Techniken überladen werden, da eine Kombination vieler neuer Komponenten die Ausfallrisiken potenziert. Stattdessen ist eine vorherige konsequente Erprobung in bekannter, praxisgerechter Umgebung notwendig.

Weitere Realisierungsbeispiele finden sich in [30] und [31].

9.4.7 Güterwagen

Im Güterwagenpark der *Deutschen Bahn* vollzog sich in den letzten Jahrzehnten eine laufende Modernisierung durch neue Fahrzeugtypen, besonders für die Marktsegmente Montan, Automotive und chemische Güter. Mit den Neuentwicklungen sind – markt- und wettbewerbsbedingt – Fahrzeuge entstanden, die hinsichtlich Zuladung, Ladevolumen und Fahrzeugeinschränkung an bahnspezifische Grenzen (Fahrzeugbegrenzung nach *EBO* §22, Radsatzlast nach *EBO* §19) stoßen, die sich derzeit noch nicht (z. B. Radsatzlasten > 22,5 t) oder nur durch Speziallösungen weiter hinausschieben lassen (z. B. Spezialwagen mit niedrigem Raddurchmesser zur Anhebung der Fahrzeuginnenraumhöhe bei Schiebewandwagen).

Die Steigerung der Wettbewerbsfähigkeit gegenüber der Straße erfordert von der Bahn eine hohe Flexibilität im Betrieb und in der Bereitstellung markt- und kundengerechter Transportgefäße. Im Güterverkehr führt der Trend auf der einen Seite zu immer differenzierteren Transporterfordernissen und zu einem nach Marktsegmenten spezialisierten Waggonpark. So wurden für den Transport langer Röhren und Stahlträger 25 m (statt bisher 21 m) lange vierachsige Flachwagen der Bauart RBns entwickelt. Zum Transport der zur Röhrenproduktion notwendigen Grobbleche setzt die Bahn spezielle Schrägladewaggons der Bauert Slps-u ein. Die Automobilindustrie misst das rollende Material der Bahn vor allem an der Zahl der zuladbaren Autoteilegestelle. Durch die Beschaffung der speziell auf die Gestellgrößen abgestimmten Güterwagenbauart Hbis-tt 293 (Ladehöhe: 3 m, Ladebreite: 2,58 m) konnte eine deutlich höhere Auslastung erzielt werden.

Auf der anderen Seite sind aber auch Kundenwünsche in Richtung Multifunktionalität zu beachten. So mussten z. B. für Logistikprojekte des Marktbereichs Baustoffe/Entsorgung die beidseitig kippbaren Muldenwaggons der Bauart Fas-126 entwickelt werden.

Eine Herausforderung bei der Entwicklung neuer Fahrzeuge des Güterverkehrs ist die maximal mögliche Senkung der Lebenszykluskosten (LLC) von Güterwagen (vgl. hierzu auch Kap. 13). Dazu ist es

9.4 Ausgewählte Fahrzeugbeispiele

notwendig möglichst identische Standardtypen einer Fahrzeugbauart, wie z. B. zweiachsige gedeckte Schiebewandwagen (Hbbi), vierachsige Schiebewandwagen mit vierteiligen Schiebewänden (Ha), Flachwagen mit Teleskop-Hauben (Shi), vierachsige Schwenkdachwagen (Tae) zunächst weiter zu beschaffen. Wenn dies aufgrund von Forderungen des Marktes nicht mehr möglich ist, muss sich die Weiterentwicklung und Modernisierung des Rollmaterials auf Module und Komponenten beschränken, die die neuen Funktionalitäten mit möglichst geringer Beeinträchtigung der Einheitlichkeit des Gesamtgüterwagenparks optimal erfüllen können. Zur weiteren Vertiefung dieser Thematik wird auf die Literaturstellen [12] und [32] verwiesen.

Güterwagen werden heute zunehmend als vierachsige Drehgestellwagen gebaut, zweiachsige Fahrzeuge mit Einzelachsfahrwerken [14] oder sechsachsige Wagen mit zwei dreiachsigen Drehgestellen sind seltener. Im Containerverkehr sind Gelenkwagen der Bauart Sggmrss90 mit drei zweiachsigen Drehgestellen weit verbreitet (Abb. 9.4.25). Diese Bauart hat seit einigen Jahren die zweiachsigen Containertragwagen mit Langhubstoßdämpfern (Puffer) fast völlig verdrängt. Da Containertragwagen nicht über den Ablaufberg eines Rangierbahnhofes laufen dürfen, sind Langhubstoßdämpfer entbehrlich.

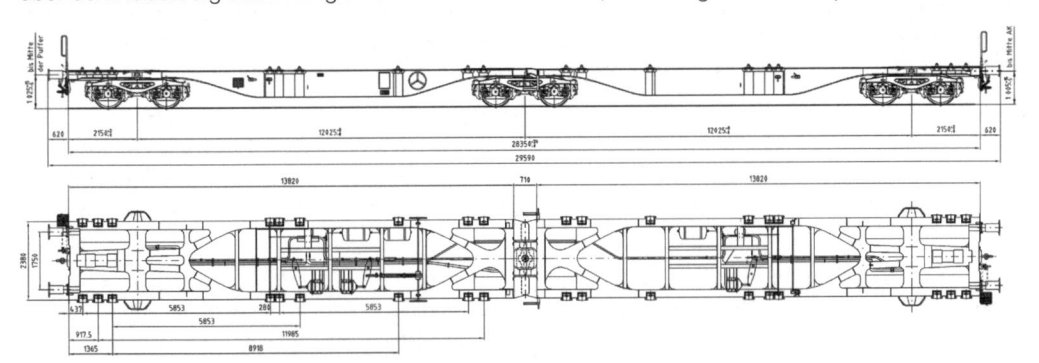

Abb. 9.4.25: Sggmrss90´, 6-achsiger Containertragwagen, Leermasse 29 t, Gesamtmasse beladen 135 t, kleinster Bogenradius 75 m, Höchstgeschwindigkeit 120 km/h bis 20 t Achslast, 100 km/h bei 22,5 t Achslast (*LOSTR a. s., Louny,* Tschechien)

Als Konstruktionsmaterial für tragende Bauteile wird heute bei Güterwagen fast ausschließlich Stahl verwendet. Aluminium wäre zwar leichter, aber Stahl ist in seinem Verschleiß- und Abnutzungsverhalten wesentlich günstiger, so dass insbesondere die im Güterverkehr auftretenden kurzzeitigen Überbeanspruchungen nicht zu Wagenausfällen führen. Zudem sind notwendig werdende Reparaturen bei Stahlbauweise einfacher auszuführen.

Seit den 1970er Jahren werden neue Güterwagen für den Einbau der automatischen Kupplung vorbereitet, aber nur ein kleiner Teil des europäischen Güterwagenparks (in der Regel für Schwerlastverkehre, bei denen die Bruchlast der herkömmlichen Schraubenkupplung überschritten wird), ist – abgesehen von den russischen Güterwagen – bisher damit ausgerüstet.

Für eine sichere Bedienung funkferngesteuerter Rangierlokomotiven durch den auf dem Güterwagen stehenden und sich selbst sichernden Lokrangierführer müssen künftig die Rangiergriffe und -tritte der Güterwagen nach dem *UIC Merkblatt 535* ausgelegt werden.

Als Beispiele moderner Güterwagen werden nachstehend ein Drehgestellwagen der Gattung JMR 2005 für den Transport von staubförmigen Gütern (Abb. 9.4.26) und eine kurzgekuppelte Autotransporteinheit der Bauart Hcceerrs 350 (Abb. 9.4.27) vorgestellt.

Der Wagen für den Transport staubförmiger Güter (insbesondere Zement) weist bei einem zulässigen Gesamtgewicht von 90 t und einem Ladevolumen von 70 m³ sowie einer Eigenmasse von 21 t eine

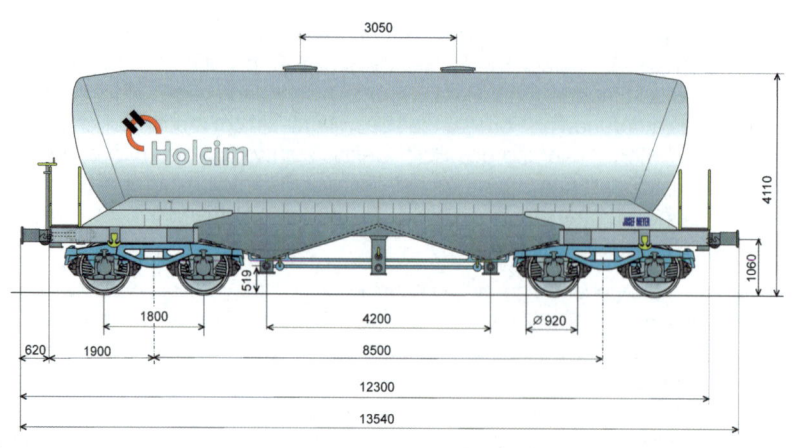

Abb. 9.4.26: Staubgutwagen JMR 2005 Leermasse 21 t, Gesamtmasse beladen 90 t, Ladevolumen 70 m³, kleinster Bogenradius 35 m, Höchstgeschwindigkeit 120 km/h leer, 100 km/h bei 22,5 t Achslast (*Josef Meyer Transportation,* Rheinfelden, Schweiz)

sehr große Lademasse von 69 t auf. Ermöglicht wird dies durch die selbsttragende Bauweise, bei der der Transportbehälter nicht nur das Ladegut trägt, sondern auch die Längs- und Vertikalkräfte aufnimmt. Der Wagen wird über zwei Beladedeckel mittels Druckluft befüllt, so dass ein Besteigen des Wagens bei der Beladung nicht mehr nötig ist. Dies erhöht die Sicherheit und spart Zeit und damit Kosten beim Beladen.

Die Entladung des Staubgutes erfolgt mit über Filtermatten auf der Wagenunterseite ebenfalls eingeblasener Druckluft. Diese Druckluft bewirkt eine Verflüssigung des Ladegutes, das so über Schläuche ausgetragen werden kann. Die typische Entladedauer beträgt ca. 0,5 h. Die im Wagen zurückbleibende Restmenge an Staubgut ist unter 100 kg. Der Betriebsdruck beim Entladen beträgt 2 bar, der Prüfüberdruck liegt bei 3 bar.

Bei der 4teiligen Autotransporteinheit Hcceerrs 330 sind 2achsige Einzelwagen mit 9 m Radsatzabstand über sogenannte Kurzkuppelstellen miteinander verbunden. An allen Kurzkuppelstellen kommen Zugeinrichtungen des Typs ST 9-2 zum Einsatz. Die Einzelachsen des Wagens sind als Doppelschaken-Laufwerk nach UIC 517 mit 2-stufiger 20 t-Parabelfeder ausgebildet. Die maximal zulässige Radsatzlast beträgt 18 t. Die Wageneinheiten wurden für das EBO G2-Profil gebaut. Durch

Abb. 9.4.27: Kurzgekuppelte Autotransporteinheit der Bauart Hcceerrs 330

die Kurzkuppelstellen der Fahrzeuge muss der kleinste befahrbare Gleisbogenhalbmesser auf 75 m eingeschränkt werden.

9.5 Schienenfahrzeuge für den *BOStrab/EBO*-Mischbetrieb

Die Verknüpfung von Stadtbahnnetzen mit Strecken der Vollbahn entstand aus dem Marketinggedanken, die Fahrgäste ohne Umsteigen von der Region in die Stadt zu bringen, also eine S-Bahn für mittlere Großstädte zu schaffen. Der Erfolg der Albtalbahn, die 1959 in das städtische Straßenbahnnetz von Karlsruhe eingebunden wurde, veranlasste in den 1970er Jahren, den damaligen Werkleiter der *Verkehrs-Betriebe Karlsruhe* und Geschäftsführer der *Albtalverkehrsgesellschaft*, *Dr. Ing. E.h. Dieter Ludwig*, über eine Verknüpfung von Straßenbahn und Eisenbahn nachzudenken.

Folgende Ziele sollten dabei erreicht werden:
– Umsteigefreie Verbindung aus der Region in die Innenstadt
– Verknüpfung vorhandener Netze
– Schaffung von zusätzlichen Haltepunkten im Eisenbahnnetz, um die Anbindung der Unterzentren zu verbessern
– Vereinheitlichung des Tarifs
– Verbesserung des Verkehrsangebotes im Eisenbahnnetz

Die Umsetzung der Idee erfolgte schrittweise, da wesentliche Systemgrenzen überwunden werden mussten. In drei aufeinander aufbauenden Forschungsvorhaben wurde der Gemeinschaftsbetrieb auf innerstädtischen Straßenbahn-/Stadtbahn-Netzen und dem regionalen Eisenbahnnetz der damaligen *Deutschen Bundesbahn* (später *DB AG*) in der Zeit zwischen 1983 und 1992 untersucht.

Im Wesentlichen ging es um Klärung
– der betrieblichen Bedingungen,
– der möglichen Antriebskonzepte,
– der technischen Anforderungen an die Fahrzeugkomponenten,
– der Verknüpfungsanlagen,
– der Wirtschaftlichkeit,
– der genehmigungsrechtlichen Fragen.

Einige Beispiele der erarbeiteten Lösungen:
– Abb. 9.5.1 zeigt das für den Mischbetrieb entwickelte Radprofil, welches sowohl die Bedingungen der *EBO* und des Regeloberbaus als auch die der engen Rillenschienenweichen erfüllt.

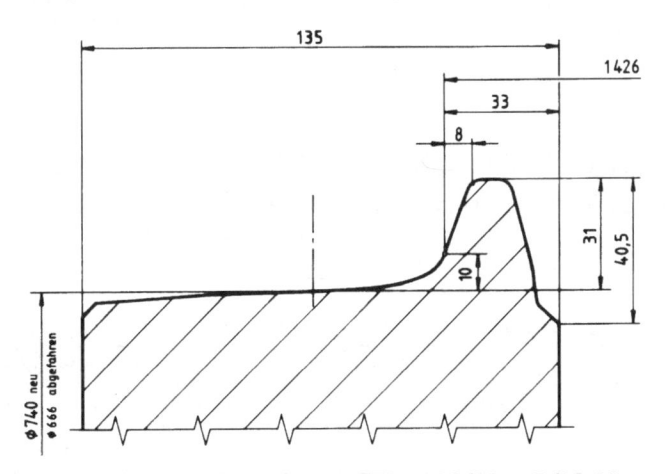

Abb. 9.5.1: Radreifenprofil Stadtbahnfahrzeug GT8-100C/2S D/2S-M

9 Schienenfahrzeuge

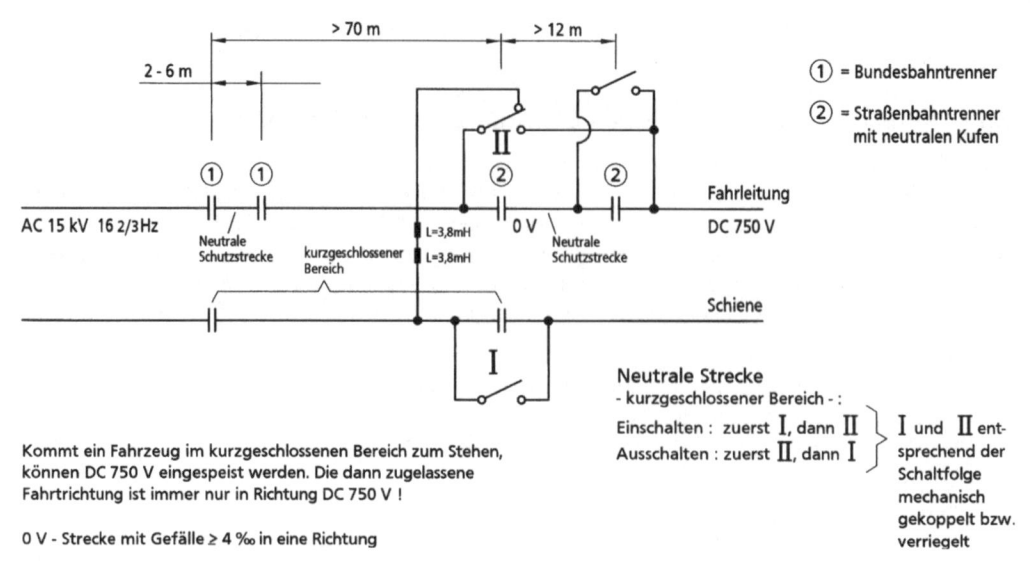

Kommt ein Fahrzeug im kurzgeschlossenen Bereich zum Stehen, können DC 750 V eingespeist werden. Die dann zugelassene Fahrtrichtung ist immer nur in Richtung DC 750 V !

0 V - Strecke mit Gefälle ≥ 4 ‰ in eine Richtung

Neutrale Strecke
- kurzgeschlossener Bereich - :
  Einschalten : zuerst I, dann II
  Ausschalten : zuerst II, dann I

I und II entsprechend der Schaltfolge mechanisch gekoppelt bzw. verriegelt

① = Bundesbahntrenner
② = Straßenbahntrenner mit neutralen Kufen

Abb. 9.5.2: Schaltschema der Systemwechselstelle

- Der Aufbau der Systemwechselstelle ist Abb. 9.5.2 zu entnehmen. An den Verknüpfungsstellen erfolgt der Übergang von 750 V DC auf 15 kV AC. Sie markieren die Systemgrenzen *BOStrab/EBO* und stellen sicher, dass nur dafür zulässige Fahrzeuge diese Stelle passieren.
- Die Unterbringung der zusätzlichen Fahrzeugkomponenten, bei Beachtung einer mit dem innerstädtischen Netz verträglichen Radsatzlast und einem übersichtlichen, geräumigen Fahrgastinnenraum, gelang auf der Grundlage des in der *VDV*-Schrift 150 vorgeschlagenen 8-achsigen Stadtbahnfahrzeugs.
- Zur Realisierung eines Mischbetriebes vorhandener Stadtbahnfahrzeuge im *BOStrab*- und *EBO*-

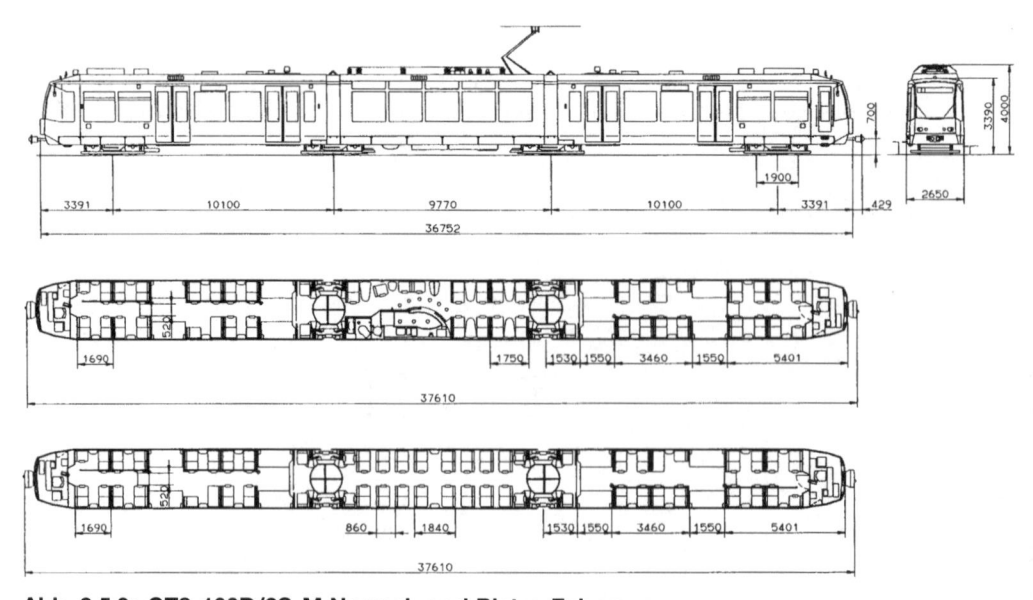

Abb. 9.5.3: GT8-100D/2S-M Normal- und Bistro-Fahrzeug

9.5 Schienenfahrzeuge für den *BOStrab*/*EBO*-Mischbetrieb

Bereich musste ein Umbau der Fahrzeuge vermieden werden, um neben der Vermeidung größerer Achslasten u. a. die Gleisbogenfahrfähigkeit beizubehalten. Es wurde deshalb untersucht, ob und ggf. mit welchen anderen Mitteln die gleiche Sicherheit wie beim Betrieb mit Eisenbahnfahrzeugen erreicht werden konnte. Neben dem Ausgleich der geringeren Rahmensteifigkeit der Stadtbahnfahrzeuge durch das nach *BOStrab* größere Bremsvermögen wurden betriebliche Anforderungen für den Mischbetrieb in den *Besonderen Bedingungen für das Verkehren leichter Nahverkehrstriebwagen (LNT) im Mischbetrieb mit Regelfahrzeugen der Eisenbahnen des öffentlichen Verkehrs* festgeschrieben.

Zweisystemfahrzeug am Beispiel Karlsruhe – GT8-100D/2S-M –

Um einen barrierefreien Zugang zum Fahrzeug zu erhalten, entschied man sich in Karlsruhe für die konsequente Anpassung an eine Bahnsteighöhe von 55 cm. Der in Abb. 9.5.3 vorgestellte Fahrzeugtyp weist folgende Technik und Ausstattung auf:
- Drehstromantriebstechnik
- Bremsausrüstung, die ein Befahren der Steilstrecke Baiersbronn – Freudenstadt zulässt
- ebener Einstieg bei einem 55 cm-Bahnsteig
- Ausblick für die Fahrgäste nach allen Seiten durch große Glasflächen, u. a. Panoramafenster im Mittelwagen
- Klimatisierung des Mittelwagens tragen in Form von gegenüberliegenden – Sitzen, Omnibusbestuhlung und zwei Mehrzweckabteile für Kinderwagen, Rollstühle und Fahrräder
- bei der zuletzt beschafften Serie wurde eine Toilette eingebaut

---

cideon ✦ engineering

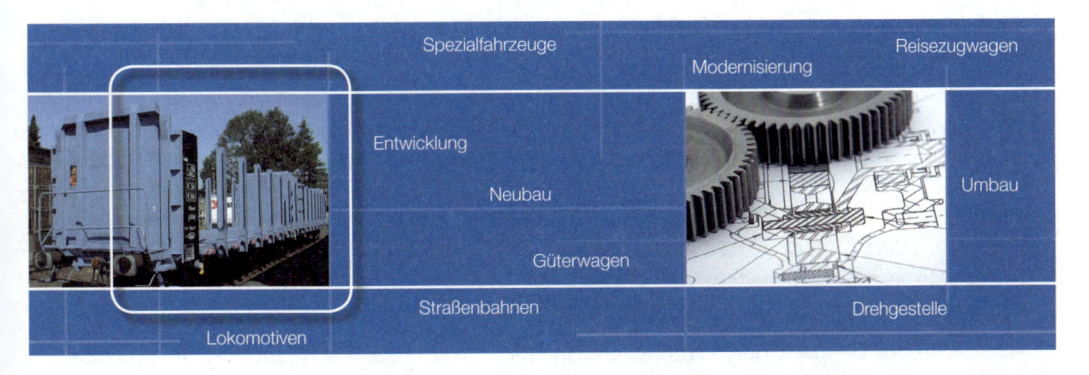

Von der Idee bis zur Serienreife...
...Erfahrungen für die Schiene

- Projektierung
- Konstruktion
- Berechnung
- Technische Dokumentation
- Gutachtertätigkeit

- Vorrichtungen und Betriebsmittel
- Zulassungsbegleitung
- Baubetreuung
- Forschung & Entwicklung

CIDEON Engineering GmbH
Tzschirnerstraße 5a . D-02625 Bautzen
Fon   +49 (0) 3591 3744-60
Fax   +49 (0) 3591 3744-80

Olbernhauer Straße 5 . D-09125 Chemnitz
Fon   +49 (0) 371 7741-510
Fax   +49 (0) 371 7741-539

E-Mail   info@cideon-engineering.de
Web   www.cideon.de

9 Schienenfahrzeuge

Betriebliche Ergebnisse

Der große Erfolg der „Pilot"-Strecke Karlsruhe–Bretten (KB-Strecke 776) im Jahre 1992 mit einer achtfachen Zunahme der Fahrgastzahlen führte zu einem umfangreichen Ausbau des Mischbetriebsnetzes im Karlsruher Raum [33–35].

Die Regionen von Saarbrücken, Heilbronn, Nordhausen und Kassel übernahmen die Idee. In Saarbrücken und Heilbronn brachte das neue System eine Renaissance der Straßenbahn. In weiteren deutschen Städten gibt es Überlegungen zum Aufbau eines Mischbetriebes.

In Frankreich erlebt der Mischbetrieb unter dem Namen „Tram-Train" gerade seinen Anfang.

Mit der Entwicklung eines Zweisystemfahrzeugs zum Betrieb auf Straßenbahn- und Eisenbahnstrecken wurde ein weiteres Element zur Abrundung des Angebotes für den Fahrgast geschaffen.

9.6 Fahrzeugzugang zur Eisenbahninfrastruktur

9.6.1 Europäische Regelungen

Der Zugang von Fahrzeugen zu den europäischen Eisenbahnnetzen ist infolge unzureichender technischer Kompatibilität der Fahrzeuge mit den Anforderungen der Netze nicht überall oder nur mit Auflagen möglich [42, 43, 49]. Dies ist eine Folge der in mehr als hundert Jahren in den europäischen Einzelstaaten bei Fahrzeugen und Infrastruktur sowie bei deren Ausrüstung unterschiedlich verlaufenen technischen Entwicklungen des Systems Bahn, wodurch die Entstehung eines interoperablen Eisenbahnverkehrs, der den Zugang zu allen Netzen nach einheitlichen technischen Kriterien ermöglichen würde, verhindert wurde.

Für die Eisenbahnunternehmen im Bereich der Europäischen Union sind erst in jüngster Zeit die grundlegenden Anforderungen an den interoperablen Zugang zu einem transeuropäischen Eisenbahnnetz (TEN) in Interoperabilitätsrichtlinien, zunächst noch unterteilt nach Hochgeschwindigkeits- [19] und konventionellem Verkehr [20], festgelegt worden. In Deutschland wurden diese Richtlinien auf Gesetzesebene durch das *Allgemeine Eisenbahngesetz* (*AEG*) [45, 48, 54] und durch entsprechende Verordnungen (*EIV* [56], *KonVEIV* [58]) in nationales Recht umgesetzt.

Mit der *Verordnung über die Interoperabilität des transeuropäischen Eisenbahnsystems* (*TEIV*) [59] wurden die bis dahin bestehenden Verordnungen (*EIV, KonVEIV*) zusammengeführt und inhaltlich harmonisiert. Im Hinblick auf die Erfüllung der grundlegenden Anforderungen in den technischen Bereichen werden sie für die Teilsysteme Infrastruktur, Fahrzeuge, Energie, Verkehrsbetrieb und Verkehrssteuerung, Instandhaltung sowie Zugsteuerung, Zugsicherung und Signalgebung durch *Technische Spezifikationen für die Interoperabilität* (*TSI*) [61] ausgefüllt, die die Einzelheiten der Mindestkompatibilität für das Hochgeschwindigkeitsbahnsystem bzw. für das konventionelle Eisenbahnsystem regeln und so die Interoperabilität gewährleisten.

Ein wesentlicher Gedanke der europäischen Rechtsetzung ist das Recht auf diskriminierungsfreie Benutzung der öffentlichen Eisenbahninfrastruktur, das allen Eisenbahnverkehrsunternehmen (EVU) und in bestimmten Sachverhalten weiteren Unternehmen möglichst umfassend garantiert wird [47, 54, 57]. Diese Diskriminierungsfreiheit verpflichtet die Eisenbahninfrastrukturunternehmen (EIU), die betrieblich-technischen Anforderungen an die Fahrzeuge so festzulegen, dass sie nicht nur von einem einzigen oder von wenigen EVU erfüllt werden können. Umgekehrt haben die EVU keinen Anspruch auf Infrastrukturzugang mit einem Fahrzeug, das konstruktiv oder ausrüstungstechnisch nicht mit den vorhandenen Infrastrukturvoraussetzungen kompatibel ist. Die Entscheidungsbefugnis über alle Regulierungsaufgaben im Bereich Eisenbahnen, und damit auch über Fragen des diskriminierungsfreien Infrastrukturzugangs, liegt bei der *Bundesnetzagentur für Elektrizität, Gas, Telekommunikation, Post und Eisenbahnen* als Regulierungsbehörde (*BNetzA*) [55].

9.6.2 Technische Zugangvoraussetzungen

Um die Eisenbahninfrastruktur technisch und betrieblich sicher nutzen zu können, müssen alle eingesetzten Fahrzeuge über die nach europäischem Gemeinschaftsrecht erforderlichen Zertifikate oder die nach innerstaatlichem Recht notwendige Abnahme (§ 32 Abs. 1 *EBO*) verfügen [46, 50]. Dies ist allerdings nicht in jedem Fall eine ausreichende Voraussetzung für den Netzzugang, denn der Infrastrukturbetreiber darf trotz vorhandener Zertifikate und Abnahmen den Netzzugang nicht gestatten, wenn das Fahrzeug nicht über eine für die Betriebssicherheit unverzichtbare Ausrüstung verfügt. Um spätere unwirtschaftliche oder kostenintensive Maßnahmen am Fahrzeug oder am Fahrweg zu vermeiden, sollten daher die EIU, auf deren Eisenbahninfrastruktur der Einsatz geplant ist, möglichst frühzeitig durch den Fahrzeughersteller in die Fahrzeugneu- und -weiterentwicklung eingebunden werden.

Vor der ersten Inbetriebnahme jedes strukturellen Teilsystems bedarf es einer Genehmigung, die durch die Eisenbahnen, die Halter von Fahrzeugen oder auch durch die Hersteller von Eisenbahnfahrzeugen und von Teilsystemen rechtzeitig bei der Sicherheitsbehörde (*EBA*) zu beantragen ist [59, 60]; sie müssen sicherstellen, dass die Voraussetzungen, die für die Erteilung der Inbetriebnahmegenehmigung gegolten haben, auch späterhin erfüllt bleiben. Im Übrigen dürfen EVU nur dann Verkehrsleistungen erbringen, wenn für sie eine Sicherheitsbescheinigung nach § 7a *AEG* ausgestellt wurde, und öffentliche EIU dürfen ihre Infrastruktur nur dann betreiben, wenn sie eine Sicherheitsgenehmigung nach § 7c *AEG* durch die Aufsichtsbehörde erhalten haben.

Bei Fahrzeugen, die bauliche Besonderheiten aufweisen, muss dem Infrastrukturbetreiber vor dem ersten Einsatz Gelegenheit gegeben werden, für den vorgesehenen Einsatzbereich den sicheren und störungsfreien Einsatz zu prüfen. Für Versuchs- und Probefahrten, d. h. für Fahrten zur praktischen

Erprobung neuer technischer oder betrieblicher Parameter, gelten besondere Regelungen (siehe Kap. 9.6.8).

Aus Gründen der Systemsicherheit kann eine umfangreiche Umrüstung oder Erneuerung eines strukturellen Teilsystems, die über den Austausch im Zuge von Instandhaltungsarbeiten hinausgeht, erforderlich werden. In diesen Fällen bedarf es einer (erneuten) Inbetriebnahmegenehmigung, z. B. wenn ein Fahrzeug aufgrund der Fortentwicklung des Stands der Technik den Anforderungen des Netzes, auf dem es weiterhin verkehren soll, nicht mehr entspricht. Ein EVU hat insoweit keinen Rechtsanspruch zur Beibehaltung einer technisch überholten Fahrzeugausrüstung. Der Netzbetreiber darf aus seiner Sicht gebotene Modernisierungen des Netzes vornehmen und die Netzzugangskriterien anpassen, sofern es alle Netznutzer gleichermaßen betrifft und nicht bestimmte Unternehmen gegenüber anderen unangemessen bevorzugt oder benachteiligt werden. Im Zweifel oder Streitfall unterliegt die Entscheidung des EIU der Überprüfung durch die Regulierungsbehörde (*BNetzA*).

Führen Maßnahmen zu Änderungen der Fahrzeugparameter oder erhöhen sich das Fahrzeuggesamtgewicht oder die Radsatzlast, geht dies in der Regel nicht ohne eine neue behördliche Inbetriebnahmegenehmigung. Gleiches gilt, wenn sich z. B. die Konzepte für Notausstieg und Rettung, für Brand-, Arbeits- und Umweltschutz sowie für die Fahrzeugleittechnik einschließlich der entsprechenden Software verändern, neue Sicherheitssysteme (wie Zugbeeinflussung) installiert werden oder Zugfunk nachgerüstet wird. Bei Änderungen im sicherheitsrelevanten Bereich eines Fahrzeugs ist erneut nachzuweisen, dass die Sicherheitsanforderungen weiterhin erfüllt werden.

9.6.3 Abnahme von Fahrzeugen oder Komponenten

Die Abnahme ist öffentlich-rechtliche Voraussetzung für die Inbetriebnahme von Eisenbahnfahrzeugen im Geltungsbereich der *EBO*. Sie ist eine umfassende Prüfung auf Einhaltung der technischen Vorgaben aus dem gesamten öffentlichen Recht und dient der behördlichen Feststellung und Bestätigung, dass das Fahrzeug den Bestimmungen der *EBO*, den Regeln der Technik und den gesamten übrigen öffentlich-rechtlichen Regeln, die die Sicherheit und Ordnung im Bereich der Eisenbahnen beschreiben, genügt [46].

Einzelheiten des Abnahmeverfahrens sind weder durch Gesetz noch durch Rechtsverordnung geregelt. Die Bestimmung der *EBO* in § 32 Abs. 1, wonach lediglich neue Fahrzeuge vor der ersten Inbetriebnahme abgenommen sein müssen, führte in der Praxis zu einer unterschiedlichen Prüfungstiefe, je nachdem, ob es sich um die Abnahme eines erstmals gebauten Fahrzeugs oder um nach denselben Plänen und mit den gleichen Materialien hergestellte Nachbauten handelt.

Um ein einheitliches Verwaltungshandeln in der Praxis sicherzustellen, hat das *EBA* als Abnahmebehörde für die Eisenbahnen des Bundes in einer Verwaltungsvorschrift (*VwV Abnahme* § 32 [62]) die Verfahrensregeln für die Abnahme von Fahrzeugen festgelegt. Die Vorschrift enthält ferner Regelungen über die Aufgaben der Hersteller und Halter, die Prozessabläufe bei Abnahme- und Konformitätsverfahren [50] sowie Hinweise für genehmigungspflichtige Tatbestände bei Fahrzeugumbauten. Bestandteil sind aber auch Regeln der Technik, *UIC-Merkblätter* und sonstige im Zusammenhang mit der Abnahme stehende Normen. Prüfungsumfang und Prüfungsintensität sind je nach Sachverhalt unterschiedlich (Abb. 9.6.1).

Die Abnahme der in den Fahrzeugbestand der nichtbundeseigenen Eisenbahnen aufzunehmenden Fahrzeuge erfolgt durch die Eisenbahnaufsichtsbehörde des jeweiligen Bundeslandes.

Fahrzeuge, für die bereits eine Inbetriebnahmegenehmigung gemäß § 6 Abs. 1 *TEIV* erteilt wurde, bedürfen keiner weiteren Abnahme oder sonstigen eisenbahnrechtlichen Genehmigung und somit auch keines Zulassungsaktes nach der *EBO*. Neben einer Abnahme nach § 32 Abs. 1 *EBO* entfällt auch die Bauartzulassung für überwachungsbedürftige Anlagen der Fahrzeuge nach § 33 Abs. 1 *EBO*.

Bewährt auf Tausenden Kilometern moderner Gleistrassierung

Die Zukunft der Trassierung

OBERMEYER Planen+Beraten GmbH • ProVI • Postfach 201542 • 80015 München • provi@opb.de • www.provi-cad.de

ProVI
Programmsystem für
Verkehrs- und Infrastrukturplanung

9 Schienenfahrzeuge

Sachverhalt	Verfahren	Prüfmaßstab
1. Neue Fahrzeuge und Nachbauten		
1.1 Neue Fahrzeuge Fahrzeuge, die nach der erstmaligen Herstellung (im In- oder Ausland) als 1. Fahrzeug einer Serie oder als Einzelfahrzeug zum Betreiben auf einer öffentlichen Eisenbahninfrastruktur im Inland bestimmt sind	Abnahme mit vollem Prüfumfang für das erste Fahrzeug einer neuen Bauart	Anhang 5 VwV Abnahme (Prozessablauf)
1.2 Nachbauten Fahrzeuge, die nach denselben Plänen eines bereits im Inland abgenommenen Fahrzeugs hergestellt worden sind	Lediglich Prüfung der Produktgleichheit (Konformitätsprüfung durch Konformitätserklärungsstelle)	Anhang 6 VwV Abnahme (Prozessablauf)
2. Fahrzeuge, die wie neue zu behandeln sind		
2.1 Umgebaute Fahrzeuge Fahrzeuge, die vormals im Inland zugelassen worden sind, jedoch infolge baulicher Veränderungen (Umbauten) die technischen Parameter der Bauart verlassen haben, soweit der Umbau bestimmte Kriterien erfüllt	Abnahme mit eingeschränktem Prüfumfang (von Umbauten betroffene Fahrzeugbereiche)	Anhang 5 VwV Abnahme (Prozessablauf); Anhang 8 VwV Abnahme (Kriterienkatalog; dieser entspricht Anlage zu § 8 Abs. 2 Nr. 3 der KonVeIV)
2.2 Importierte Fahrzeuge Fahrzeuge, die in einem anderen Staat hergestellt oder zugelassen oder betrieben worden sind und auf einer inländischen Eisenbahninfrastruktur betrieben werden sollen	Abnahme mit vollem Prüfumfang	Anhang 5 VwV Abnahme (Prozessablauf)
2.3 Re-importierte Fahrzeuge Fahrzeuge, die vormals im Inland zugelassen worden sind und nach Nutzung im Ausland wieder auf einer inländischen Eisenbahninfrastruktur betrieben werden sollen	Abnahme mit eingeschränktem Prüfumfang (ggf. nur von Umbauten betroffene Fahrzeugbereiche)	Anhang 5 VwV Abnahme (Prozessablauf); ggf. Anhang 8 VwV Abnahme (Kriterienkatalog; wie vor)
2.4 Re-aktivierte Fahrzeuge Fahrzeuge, die vormals im Inland zugelassen worden sind und nach erkennbarer dauerhafter Aufgabe des Nutzungswillens wieder in Betrieb genommen werden sollen	Abnahme mit eingeschränktem Prüfumfang (entsprechend der vorgesehenen Nutzung)	Anhang 5 VwV Abnahme (Prozessablauf); ggf. Anhang 8 VwV Abnahme (Kriterienkatalog; wie vor)
2.5 (E)BOA-Fahrzeuge Fahrzeuge, die über eine Betriebsererlaubnis nach landesgesetzlichen Regelungen der jeweiligen (E)BOA verfügen und nicht nur ausnahmsweise eine dem öffentlichen Verkehr dienende Infrastruktur befahren, sondern auf dieser bestimmungsgemäß betrieben werden sollen	Abnahme mit eingeschränktem Prüfumfang (Verwendung im Geltungsbereich der EBO)	Anhang 5 VwV Abnahme (Prozessablauf)

Abb. 9.6.1: Abnahme von Eisenbahnfahrzeugen nach § 32 Abs. 1 *EBO*

9.6 Fahrzeugzugang zur Eisenbahninfrastruktur

Sachverhalt	Verfahren	Prüfmaßstab
2.6 EU-Fahrzeuge Fahrzeuge, die von einer ausländischen Zulassungsbehörde zum öffentlichen Eisenbahnbetrieb zugelassen oder aufgrund solch einer Zulassung im Ausland betrieben worden sind und auf einer inländischen Eisenbahninfrastruktur betrieben werden sollen	Abnahme mit eingeschränktem Prüfumfang (nationale Besonderheiten; Feststellung der Gleichwertigkeit durchgeführter Prüfungen, Übereinstimmung mit inländischen Vorschriften/Infrastruktur)	Anhang 5 VwV Abnahme (Prozessablauf)
3. Fahrzeuge, die keiner erneuten Abnahme bedürfen		
3.1 Fahrzeuge einer NE des öffentlichen Verkehrs Fahrzeuge mit einer Abnahme durch die jeweilige Landesbehörde, die in den Regelungsbereich der EBO fallen und auf dem Schienennetz der Eisenbahnen des Bundes betrieben werden sollen	Abnahme durch die jeweilige Landesbehörde behält ihre Gültigkeit	Dokumentierte Abnahme der Landesbehörde
3.2 RIC/RIV-Fahrzeuge Wagen, die von einer ausländischen Zulassungsbehörde zugelassen worden sind, das RIC/RIV-Kennzeichen tragen und nach Auslandsverwendung innerhalb des Geltungsbereichs der EBO durch ein EVU mit Sitz im Inland betrieben werden sollen	–	Dokumentierte Prüfungen; Verantwortung des Eisenbahnunternehmers
3.3 Fahrzeuge mit abgelaufener Untersuchungsfrist Fahrzeuge, deren Untersuchungsfrist gem. § 32 Abs. 2 und 3 EBO abgelaufen ist und die im Inland weiterhin betrieben werden sollen	–	Lauffähigkeitsprüfung zum Zweck der einmaligen Überführung in eine Werkstatt auf direktem Weg; Mitteilung an die Aufsichtsbehörde; Aufbewahren der Nachweise
3.4 „Historische" Fahrzeuge Fahrzeuge, die z.B. von Museumsbahnen betrieben werden	–	Bei Besonderheiten allenfalls Anwendung allgemeiner Rechtsgrundsätze

Abb. 9.6.1 (Fortsetzung): Abnahme von Eisenbahnfahrzeugen nach § 32 Abs. 1 *EBO*

9.6.4 Feststellung der Kompatibilität

Ist ein Fahrzeug abgenommen, gewährleistet das noch nicht, dass es mit den technischen, betrieblichen und sicherheitlichen Anforderungen des Netzes oder Teilnetzes kompatibel ist, in dem es eingesetzt werden soll. Für die entsprechende Beurteilung bedarf es des Zusammenwirkens beider am Netzzugang beteiligter Unternehmen, denn wie das EVU einen Wissensvorsprung hinsichtlich seiner Fahrzeuge hat, kennt das EIU die Einzelheiten seiner Infrastruktur. Auch ist der Infrastrukturun-

9 Schienenfahrzeuge

ternehmer durch die europäische Gesetzgebung und das innerstaatliche Recht [54, 57] verpflichtet, die EVU ausführlich über die Beschaffenheit seines Netzes zu informieren.

Insbesondere bei Fahrzeugen mit technischen Besonderheiten müssen vor dem Befahren bestimmter Netzbereiche sowohl die technischen Gegebenheiten von Fahrzeug und Fahrweg als auch die örtlichen betrieblichen Möglichkeiten bekannt sein und hinsichtlich der Kompatibilität beurteilt werden. Als Grundlage hierfür dient die durch den Infrastrukturbetreiber erstellte Dokumentation des Schienennetzes; in weiteren Fällen kann dies aufgrund einer Befahrbarkeitsuntersuchung geschehen oder auch durch Versuchs- und Probefahrten, mit denen Fahrzeuge auf ihre systemtechnische Eignung sowie auf das betriebssichere und störungsfreie Verhalten überprüft werden (siehe Kap. 9.6.8). Die zuständige Benannte Stelle (in Deutschland das *Eisenbahn-Cert – EBC beim EBA*) hat in der Zertifizierung nach dem Gemeinschaftsrecht [50] oder die Genehmigungsbehörde (*EBA*) in der Abnahme gemäß § 32 Abs. 1 *EBO* die besonderen Anforderungen betrieblicher und technischer Art an die Kompatibilität von Fahrzeug und Fahrweg festzulegen; diese Anforderungen betreffen fahrzeug- und infrastrukturbezogene Komponenten bzw. Teilsysteme in gleicher Weise. Bei Interoperabilitätskomponenten stellt das *EBC* eine Prüfbescheinigung aus, wenn anhand der eingereichten Unterlagen die Konformität und ggf. die Gebrauchstauglichkeit nachgewiesen wurden (siehe auch Kap. 8.3.3).

Zur Feststellung der Einsatzbedingungen müssen die besonderen Eigenschaften der einzelnen Fahrzeugarten mit den für das zu prüfende Fahrzeug relevanten Fahrwegkomponenten abgeglichen werden. Hierbei sind als wesentliche Systemmerkmale die Planungsparameter, der Fahrweg mit den benachbarten baulichen Anlagen, die Streckenausrüstung (Abb. 9.6.2), die Umweltverträglichkeit und insbesondere die Sicherheitsvorkehrungen zu nennen.

Allerdings betrifft nur ein Teil dieser Komponenten Anforderungen, die im Hinblick auf die betriebliche bzw. technische Sicherheit zwingend erfüllt sein müssen. Solche Kriterien sind streckenbezogen, wie u. a. die Lichtraumverhältnisse, die Bremsanforderungen, die elektromagnetische Verträglichkeit des Fahrzeugs mit Gleisschaltmitteln oder Anlagen in Gleisnähe, die Ausrüstung mit Zugfunk, die Art der Zugsicherung, Beschränkungen der Radsatzlast, aerodynamische Einwirkungen, Längen und Höhen von Bahnsteigen, Einrichtungen zur Notbremsüberbrückung beim Befahren langer Tunnel, die Ausrüstung neuer elektrischer Triebfahrzeuge mit automatischer Stromabnehmer-Senkeinrichtung und die Ausrüstung des Fahrwegs für das Verkehren von Zügen mit Neigetechnik.

Entspricht ein Fahrzeug den sicherheitlichen Anforderungen an einen freizügigen Einsatz nicht, darf es dennoch unter bestimmten Bedingungen in einem festgelegten Einsatzbereich verkehren. Bedingung ist, dass durch das jeweilige EIU nach Abgleich der besonderen Fahrzeugparameter bzw. -eigenschaften mit den spezifischen Infrastrukturverhältnissen die hinreichende Kompatibilität nachgewiesen ist. In strittigen Fällen entscheidet die Regulierungsbehörde (*BNetzA*).

Zur Feststellung der technischen Kompatibilität müssen
– die systembedingten Anforderungen der Infrastruktur an den speziellen Fahrzeugeinsatz erarbeitet,
– die Komponenten an der jeweiligen Nahtstelle Fahrzeug/Fahrweg (z. B. Fahrzeugbegrenzung/ Lichtraumumgrenzung, Rad/Schiene, Stromabnehmer/Oberleitung) untersucht und beurteilt sowie ggf.
– die im vorgesehenen Einsatzbereich veranlassten Befahrbarkeitsprüfungen ausgewertet

werden. Erst danach lassen sich die fahrzeugspezifischen Einsatzbedingungen (strecken- bzw. verwendungsbezogen) festlegen.

So sind z. B. grundsätzlich bei allen Fahrzeugen, die die Bezugslinien nach § 22 *EBO* überschreiten („übergroße Fahrzeuge" [44]), detaillierte lichtraumtechnische Untersuchungen durchzuführen, wobei für jede einzelne Strecken- bzw. Gleisnutzung ein Abgleich mit den örtlichen Infrastrukturdaten vorzu-

9.6 Fahrzeugzugang zur Eisenbahninfrastruktur

nehmen ist. Grundlage hierfür ist eine Einschränkungsberechnung für die Fahrzeugmaße (vgl. Anlage 9 *EBO*), was voraussetzt, dass alle relevanten geometrischen Daten des Fahrzeugs (Abmessungen in den maßgebenden Querschnitten, Anordnung der Radsätze und der Einstiegsbereiche, Raumbeanspruchung fester bzw. beweglicher Trittstufen) vorliegen. Darüber hinaus müssen aber auch spezielle

Technische Kompatibilität Fahrzeug/Fahrweg — Fahrzeugart	Infrastrukturbezog. Komponenten	Sign.-, Zugsich.-, Zugst.-Systeme	Fernmeldeanlagen	Funkeinrichtungen	Achszähler, Gleisstromkreise	BÜ-Sich., autom. Rottenwarnung	Erkennbarkeit optischer Signale	Gefahrenmeldeanlagen	Arbeitshöhe Stromabnehmer	Bauart der Oberleitung	Geometrie der Oberleitung	Wippengeometrie und -spiel	Anpresskraft, Fahrdrahtanhub	Zahl/Abstand Stromabnehmer	Mechanischer Fahrdrahtschutz	Fahrdraht bei NeiTech-Fzg.	Physikal. Oberleitungsschutz	Elektrischer Schutz	Energieversorgung	Betriebsf. elektr. Fz-Einricht.	Rekuperative Netzbremse
									Streckenausrüstung												
Elektr. Streckenlok	✓	✓	✓	✓	✓	✓	✓	✓	✓	✓	✓	✓	✓	✓	✓		✓	✓	✓	✓	✓
Diesel-Streckenlok	✓	✓	✓	✓	✓	✓	✓	✓												✓	
Rangierlokomotiven	✓	✓	✓	✓		✓	✓	✓												✓	
Kleinlokomotiven	✓	✓	✓	✓		✓	✓	✓												✓	
El. Triebwag. SPFV	✓	✓	✓	✓	✓	✓	✓	✓	✓	✓	✓	✓	✓	✓	✓		✓	✓	✓	✓	✓
El. NeiTech SPFV	✓	✓	✓	✓	✓	✓	✓	✓	✓	✓	✓	✓	✓	✓	✓	✓	✓	✓	✓	✓	✓
Diesel-Triebw. SPFV	✓	✓	✓	✓	✓	✓	✓	✓												✓	
El. Triebwag. SPNV	✓	✓	✓	✓	✓	✓	✓	✓	✓	✓	✓	✓	✓	✓	✓		✓	✓	✓	✓	✓
El. NeiTech SPNV	✓	✓	✓	✓	✓	✓	✓	✓	✓	✓	✓	✓	✓	✓	✓	✓	✓	✓	✓	✓	✓
Diesel-Triebw. SPNV	✓	✓	✓	✓	✓	✓	✓	✓												✓	
Wechselstr.-S-Bahn	✓	✓	✓	✓	✓	✓	✓	✓	✓	✓	✓	✓	✓	✓	✓		✓	✓	✓	✓	✓
Gleichstr.-S-Bahn	✓	✓	✓	✓	✓	✓	✓	✓	✓	✓	✓	✓	✓	✓	✓		✓	✓	✓	✓	✓
Diesel S-Bahnen	✓	✓	✓	✓	✓	✓	✓	✓												✓	
Elektr. LNT-Triebw.	✓	✓	✓	✓	✓	✓	✓	✓	✓	✓	✓	✓	✓	✓	✓		✓	✓	✓	✓	✓
Diesel LNT	✓	✓	✓	✓	✓	✓	✓	✓												✓	
Steuerwagen SPFV	✓	✓	✓	✓			✓	✓												✓	
Reisezugw. SPFV	✓							✓												✓	
Steuerwagen SPNV	✓	✓	✓	✓			✓	✓												✓	
Reisezugw. SPNV	✓							✓												✓	
Güterwagen	✓				✓			✓													
Nebenfz. Vk.-Einsatz	✓	✓	✓	✓	✓	✓	✓	✓												✓	

Triebwagen (Tw) = auch Triebzüge und Triebwagenzüge, LNT = Leichte Nahverkehrstriebwagen, SPFV = Schienenpersonenfernverkehr, SPNV = Schienenpersonennahverkehr

Abb. 9.6.2: Prüfkriterien für die Systemverträglichkeit von Fahrzeugen mit den relevanten infrastrukturbezogenen Komponenten am Beispiel der Streckenausrüstung

Fahrzeugkenndaten, wie der Neigungskoeffizient, die Wankpolhöhe und die Spiele beweglicher Teile (z. B. an Drehzapfen und Achslagern), bekannt sein.

Mit einem durch die *DB Netz AG* entwickelten speziellen Anwendungsprogramm lassen sich auf der Grundlage ihrer Infrastruktur-Datenbank die örtlichen Lichtraumverhältnisse von Strecken- und Bahnhofsgleisen aufrufen. Bei Kenntnis der relevanten Fahrzeugkennwerte und der kinematischen Fahrzeugbegrenzung können auf diese Weise Fahrzeuge mit Profilüberschreitungen am Bildschirm mit den Lichtraumbedingungen im Einsatzbereich abgeglichen werden [42]. Durch diese Prüfung kann den EVU kurzfristig Auskunft über die Einsatzmöglichkeiten derartiger Fahrzeuge erteilt werden. Die generelle Freigabe für die Nutzung der Infrastruktur durch Bauarten übergroßer Fahrzeuge, wie z. B. ICE-Triebzüge und Doppelstockfahrzeuge, wird dokumentiert [43], ggf. auch mit betrieblichen Einschränkungen, wie dem Befahren nur ganz bestimmter Bahnhofsgleise, dem Verbot des Ausklappens bzw. Ausfahrens beweglicher Trittstufen an hohen Bahnsteigen oder dem Verbot des Einsatzes der Wirbelstrombremse. Sollte bezüglich der fahrzeugbezogenen Streckenfreigabe keine Einigung zwischen EIU und EVU zustande kommen, entscheidet auch hier die zuständige Behörde (*EBA* bzw. *BNetzA*).

9.6.5 Bekanntgabe der Anforderungen

9.6.5.1 Schienennetz-Benutzungsbedingungen

Die EIU sind nach der *Eisenbahninfrastruktur-Benutzungsverordnung* (*EIBV*) [57] verpflichtet, ihre technischen Bedingungen für den Netzzugang, soweit diese für die Anmeldung von Fahrplantrassen erforderlich sind, öffentlich bekannt zu machen. Dadurch werden alle Kunden gleich behandelt (Diskriminierungsfreiheit). Die Veröffentlichung und deren laufende Aktualisierung dient zur Sicherstellung der Kompatibilität zwischen Fahrzeug und Fahrweg und somit dem systemsicheren Betrieb auf dem Schienennetz.

Grundlage für das Verfahren und die Inhalte sind die Vorgaben der Europäischen Union [52, 53] sowie das innerstaatliche Recht [54, 57]. Eingeschlossen ist das Vorliegen der rechtlichen Nutzungsbedingungen (Genehmigung nach *AEG*, Infrastrukturnutzungsvertrag) für das EVU und ggf. von betrieblich-technischen Nutzungsbedingungen (u. a. zur optimalen Nutzung der verfügbaren Streckenkapazität).

Die *DB Netz AG* als größter deutscher Netzbetreiber stellt ihre Schienennetz-Benutzungsbedingungen (*SNB*) sowie die Nutzungsbedingungen für ihre Serviceeinrichtungen (*NBS*) in der jeweils gültigen Fassung in das Internet ein [51] und weist hierauf im Bundesanzeiger hin. Unter Beachtung ihrer Geschäftsbedingungen können das Schienennetz und die Leistungen der *DB Netz AG* von jedem EVU aus Deutschland und nach Maßgabe des § 14 *AEG* auch von EVU aus anderen Staaten genutzt werden. Hierfür enthält der im Internet zur Verfügung gestellte Leitfaden alle notwendigen Informationen, die die Nutzung des Schienennetzes zur Erbringung von Verkehrsleistungen ermöglichen, wie
- die Anforderungen an das EVU (rechtliche, technische und betrieblich-technische Bedingungen sowie Bedingungen der Genehmigungsbehörde und des Infrastrukturbetreibers),
- die allgemeinen Zugangsbedingungen *ABN* (z. B. Infrastrukturnutzungsvertrag, Anforderungen an Fahrzeuge),
- Informationen über technische Netzzugangskriterien (z. B. digitaler Zugfunk auf der Basis von GSM-R),
- die relevanten betrieblich-technischen Regelwerksmodule,
- generalisierte, unverbindliche Infrastrukturinformationen für eine erste Orientierung (graphische Darstellungen der Infrastruktur, Beschreibung von definierten Infrastrukturmerkmalen, verkehrliche Einschränkungen) sowie
- Informationen über die Anmeldung von nationalen und internationalen Fahrplantrassen.

9.6 Fahrzeugzugang zur Eisenbahninfrastruktur

Auf der technischen Basis der Internet-Anwendung SNB hat das Infrastrukturdatenmanagement der *DB Netz AG* wichtige Streckenmerkmale ebenfalls in einem Anwendungsprogramm erfasst. Für jedes Streckensegment können die Infrastrukturinformationen aufgerufen werden, wie die Anzahl der Streckengleise, die Traktionsart, die größte Streckenneigung, die Kodifizierung für den kombinierten Ladungsverkehr, die Belastbarkeit des Fahrwegs, Einschränkungen des Lichtraumprofils, die Ausrüstung und Art der Zugbeeinflussung und des Zugfunks sowie die Ausrüstung für den Einsatz von Fahrzeugen mit Neigetechnik [43].

9.6.5.2 Fahrzeugeinstellungsregister

Im Hinblick auf den interoperablen Fahrzeugzugang zur transeuropäischen Eisenbahninfrastruktur verlangt die Europäische Union, dass alle EU-Mitgliedstaaten ein Fahrzeugeinstellungsregister für Güterwagen, Reisezugwagen und Triebfahrzeuge erstellen, national umgesetzt in §25a AEG und in der Verordnung über die Interoperabilität des transeuropäischen Eisenbahnsystems (*TEIV*) [59]). Durch diese Verordnung wurden die bisherigen Interoperabilitätsverordnungen *EIV* [56] und *KonVEIV* [58] aufgehoben. Zweck des Fahrzeugeinstellungsregisters ist es, europaweit Informationen über Fahrzeuge bereitzustellen, deren Inbetriebnahme genehmigt wurde. Das Register wird ausschließlich elektronisch geführt, weil Auskünfte hieraus ohne Verzögerungen im Wege des automatischen Abrufs über das Internet erteilt werden sollen (§25a *AEG*).

In Deutschland wurde dem *EBA* als Registerbehörde die Führung des nationalen Fahrzeugeinstellungsregisters durch das am 19.12.2006 in Kraft getretene *Erste Gesetz zur Änderung des Allgemeinen Eisenbahngesetzes* (*AEG*) übertragen. Seit dem 2. Januar 2007 werden dort zunächst alle Fahrzeuge, bei denen zukünftig eine Inbetriebnahmegenehmigung erteilt wird, auf elektronischem Wege registriert, ebenso Änderungen beim Fahrzeughalter sowie die Stilllegung von Fahrzeugen. Zur eindeutigen Fahrzeugidentifikation im Rahmen des internationalen Verkehrs vergibt die Registerbehörde für jedes Fahrzeug anhand europäischer Vorgaben eine unverwechselbare Fahrzeugnummer.

Für das jeweilige Teilsystem oder Teile davon sind im Fahrzeugeinstellungsregister die Hauptmerkmale (z.B. die Eckwerte) und deren Übereinstimmung mit den in den anzuwendenden *TSI* vorgeschriebenen Merkmalen enthalten. So sind u.a. auch die in einem Anhang aufgelisteten spezifischen technischen Merkmale der Fahrzeuge und die sich daraus ergebenden Anforderungen an die infrastrukturseitige Ausrüstung in das Register aufzunehmen, mithin sämtliche für die Implementierung auf einer Strecke relevanten Fahrzeugdaten mit den Merkmalen gemäß den *TSI* (z.B. für Reisezugwagen vgl. Abb. 9.6.3).

Teil	Inhalt	Merkmale
1	Allgemeine Angaben	- Halter, Art des Fahrzeugs, Fabriknummer, Baujahr bzw. Umbaujahr
2	Einsatzbereich	- Inlandsverkehr, TSI- bzw. RIC-konform
3	Technische Beschaffenheit	- Befahrbare Spurweite, Anzahl der Achsen, Drehgestelle, Gewicht, Druckfestigkeit
4	Innenausstattung	- Wagenklassen, Anzahl der Abteile, Seiten-/Mittelgang
5	Weitere Angaben	- Höchstgeschwindigkeit, Heizungsart, Art der Energieversorgung

Abb. 9.6.3: Angaben im Fahrzeugeinstellungsregister für Reisezugwagen (Auszug aus dem *Technischen Erfassungsbogen des EBA*)

9 Schienenfahrzeuge

9.6.5.3 Fahrzeug- und Infrastrukturverzeichnis

Die Inhaber von Inbetriebnahmegenehmigungen haben zu gewährleisten, dass die strukturellen Teilsysteme in dem aus Anlage 1 zu § 1 *TEIV* ersichtlichen deutschen Geltungsbereich der Verordnung dauerhaft die sie betreffenden Anforderungen erfüllen. Nach § 12 *TEIV* sind deshalb die EVU und die Halter von Eisenbahnfahrzeugen verpflichtet, nach Maßgabe der anwendbaren *TSI* ein Fahrzeugverzeichnis zu führen bzw. die EIU ein Infrastrukturverzeichnis zu erstellen, jährlich zu aktualisieren und auf ihrer Internetseite zu veröffentlichen. Mit den hierin enthaltenen Angaben gewährleisten die

Teil	Inhalt	Merkmale
1	Allgemeine Angaben zum Infrastrukturbetreiber	- Beschreibung der Strecke, allgemeine Betriebsregeln und -vorschriften
2	Karten und systematische Darstellungen	
2.1	Lagepläne	- Streckenpläne, Betriebsstellen
2.2	Systematische Streckendarstellung	- Entfernungsangaben, Kennzeichnung von Gleisen, Überleitverbindungen, Signalstandorten
2.3	Systematische Darstellungen der Personenbahnhöfe, Rangierbahnhöfe, Betriebswerke (interoperabler Verkehr)	- Bezeichnung und Art der Betriebsstelle, Gleisplan, Abmessungen der Bahnsteige, Zugangsmöglichkeiten für Personen mit eingeschränkter Mobilität, elektrische Energieversorgung
3	Angaben zu einzelnen Streckenabschnitten	
3.1	Allgemeine Angaben	- Staat, Streckennummer, Art des Verkehrs, zulässige Höchstgeschwindigkeit, besondere örtliche Bedingungen und Einschränkungen
3.2	Teilsystem Infrastruktur	- Spurweite, Schienenneigung, Lichtraum, Gleisabstand, Überhöhungsfehlbetrag, Überhöhung, Radsatz- und Meterlast, Gleisbeanspruchung, Neigungsverhältnisse, kleinster Gleisbogenradius, Kunstbauten, Notfallangaben, Seitenwind
3.3	Teilsystem Energie	- Frequenz, Spannung, Fahrdrahthöhe, Stromabnehmertypen, Kontaktkräfte
3.4	Teilsystem Zugsteuerung, Zugsicherung und Signalgebung	- Abweichungen von der TSI, besondere Bedingungen für das Umschalten zwischen verschiedenen Systemen (einschließlich Funksystemen), Heißläufer- und Festbremsortungsanlagen
3.5	Teilsystem Verkehrsbetrieb und Verkehrssteuerung	- Sonderfälle, Abweichungen von der TSI, Sprache für die Verständigung der Personale in sicherheitskritischen Situationen, klimatische Bedingungen (Vorkehrungen)

Abb. 9.6.4: Angaben im Infrastrukturverzeichnis für eine Strecke (*Auszug*)

Eisenbahnen und die Halter von Eisenbahnfahrzeugen die Kohärenz zwischen den Systemen und dem in ihrer Verantwortung liegenden Regelwerk (Abb. 9.6.4). Das Infrastrukturverzeichnis ist zudem ein Teil der technischen Unterlagen für die EG-Prüfung der Teilsysteme (siehe Kap. 8.3.3.2). Die Verzeichnisse sind der Sicherheitsbehörde (*EBA*) zu übermitteln.

9.6.6 Regelwerk für den Infrastrukturzugang

Die Europäische Union mit ihren in nationales Recht umzusetzenden Richtlinien sowie der deutsche Gesetz- und Verordnungsgeber haben lediglich die technischen und betrieblichen Rahmenbedingungen für den Fahrzeugzugang zur Infrastruktur festgelegt; vor allem die Abschnitte „Bahnanlagen", „Fahrzeuge" und „Bahnbetrieb" in der *EBO* enthalten grundlegende Vorschriften [46].

Neben den gesetzlichen Vorgaben sind jedoch noch zahlreiche Richtlinien, Normen, Technische Mitteilungen, Merkblätter usw. zu beachten. Zur sicheren, störungsfreien und reibungslosen Betriebsführung haben die Eisenbahnen darüber hinaus eigene Regelwerke vorzuhalten. Eine Zusammenfassung aller systemtechnischer Zugangsbedingungen stellt z. B. die größte deutsche Netzbetreiberin, die *DB Netz AG*, mit der *Richtlinie 810 Technischer Netzzugang für Fahrzeuge; Kompatibilität mit den Anforderungen des Netzes* ihren Kunden schrittweise im Internet zur Verfügung; sie wird auch für andere öffentliche Eisenbahninfrastrukturbetreiber wegweisend sein (Abb. 9.6.5).

Modul-Nr.	Modul-Bezeichnung	Modul-Nr.	Modul-Bezeichnung
810.0100	Zugangsvoraussetzungen	810.0222	- Bremse
810.0200	Besondere Anforderungen und Ausrüstungsstandards	810.0231	- Aerodynamik
810.0201	- Lichtraum und Fahrzeugbegrenzung	810.0241	- Elektrotechnische Kriterien
810.0203	- Fahrdynamik, Fahrwegtechnik, Fahrwegbeanspruchung	810.0242	- Zusammenwirken Stromabnehmer – Oberleitung
810.0204	- Streckenklassen, Lastgrenzen	810.0243	- Energiemessverfahren und -einrichtungen
810.0211	- Zugbeeinflussung	810.0250	- Elektromagnetische Verträglichkeit
810.0212	- Neigetechnik	810.0300	Innovative Techniken auf Fahrzeugen
810.0213	- Funkfernsteuerung	810.0400	Versuchs- und Probefahrten
810.0216	- Zugfunk		

Abb. 9.6.5: Gliederung der *Richtlinie 810* der *DB Netz AG*

Die *Richtlinie 810* ist auf die Bedürfnisse der EVU sowie der Fahrzeughalter bzw. -hersteller auf den Strecken der *DB Netz AG* zugeschnitten, indem sie für fahrzeug- und infrastrukturseitige Teilsysteme und Komponenten die Systemzusammenhänge aufzeigt und einen Überblick gibt, wo welche Bestimmungen im Einzelnen zu finden sind. Außerdem stellt sie die festgelegten Ordnungsgrundsätze (z. B. Abnahmebedingungen oder Nachweispflichten) im Zusammenhang dar. Zum besseren Überblick beschreiben die Anhänge zum Modul 810.0300 in Kurzform für ausgewählte Techniken auf Fahrzeugen das Einsatzziel, die besonderen technischen Merkmale und die speziellen Anforderungen an das Fahrzeug hinsichtlich der Notwendigkeit zur Anwendung dieser Techniken sowie zum Zeitpunkt, ab welchem die Ausrüstung verlangt wird (ggf. mit Nach- oder Umrüstzeitraum) [43].

9 Schienenfahrzeuge

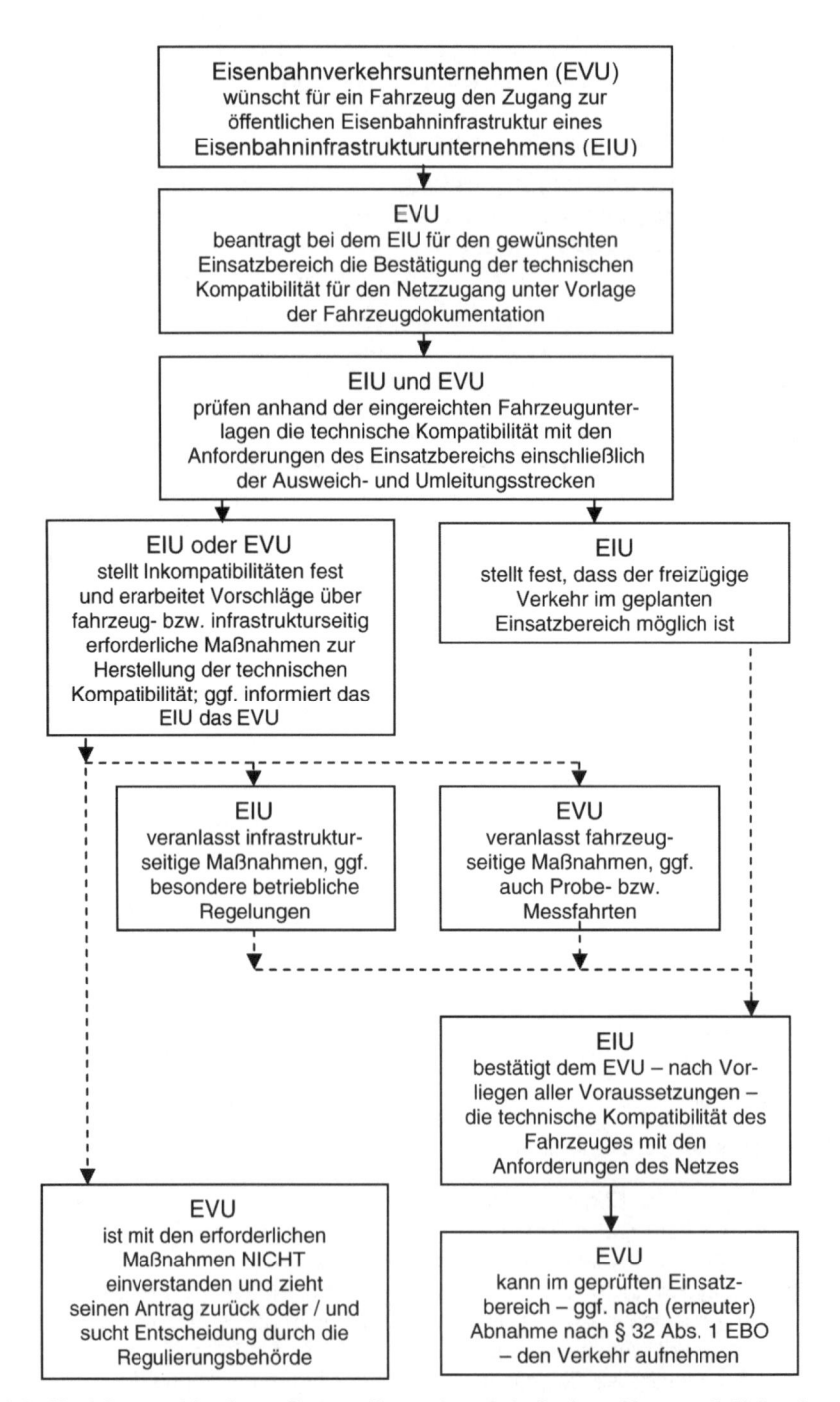

```
┌─────────────────────────────────────────┐
│   Eisenbahnverkehrsunternehmen (EVU)    │
│   wünscht für ein Fahrzeug den Zugang zur│
│   öffentlichen Eisenbahninfrastruktur eines│
│   Eisenbahninfrastrukturunternehmens (EIU)│
└─────────────────────────────────────────┘
                    ↓
┌─────────────────────────────────────────┐
│                  EVU                    │
│   beantragt bei dem EIU für den gewünschten│
│   Einsatzbereich die Bestätigung der technischen│
│   Kompatibilität für den Netzzugang unter Vorlage│
│   der Fahrzeugdokumentation             │
└─────────────────────────────────────────┘
                    ↓
┌─────────────────────────────────────────┐
│              EIU und EVU                │
│   prüfen anhand der eingereichten Fahrzeugunter-│
│   lagen die technische Kompatibilität mit den│
│   Anforderungen des Einsatzbereichs einschließlich│
│   der Ausweich- und Umleitungsstrecken  │
└─────────────────────────────────────────┘
         ↓                          ↓
┌────────────────────┐    ┌────────────────────┐
│   EIU oder EVU     │    │        EIU         │
│ stellt Inkompatibilitäten fest│  │ stellt fest, dass der freizügige│
│ und erarbeitet Vorschläge über│  │ Verkehr im geplanten│
│ fahrzeug- bzw. infrastrukturseitig│ │ Einsatzbereich möglich ist│
│ erforderliche Maßnahmen zur│    │                    │
│ Herstellung der technischen│    │                    │
│ Kompatibilität; ggf. informiert das│ │                │
│ EIU das EVU        │    │                    │
└────────────────────┘    └────────────────────┘
      ↓         ↓
┌──────────────┐  ┌──────────────┐
│     EIU      │  │     EVU      │
│ veranlasst infrastruktur-│ │ veranlasst fahrzeug-│
│ seitige Maßnahmen, ggf.│ │ seitige Maßnahmen, ggf.│
│ besondere betriebliche│ │ auch Probe- bzw.│
│ Regelungen   │  │ Messfahrten  │
└──────────────┘  └──────────────┘
                          ↓
                  ┌────────────────────┐
                  │        EIU         │
                  │ bestätigt dem EVU – nach Vor-│
                  │ liegen aller Voraussetzungen –│
                  │ die technische Kompatibilität des│
                  │ Fahrzeuges mit den │
                  │ Anforderungen des Netzes│
                  └────────────────────┘
  ↓                       ↓
┌────────────────────┐  ┌────────────────────┐
│        EVU         │  │        EVU         │
│ ist mit den erforderlichen│ │ kann im geprüften Einsatz-│
│ Maßnahmen NICHT    │  │ bereich – ggf. nach (erneuter)│
│ einverstanden und zieht│ │ Abnahme nach § 32 Abs. 1 EBO│
│ seinen Antrag zurück oder / und│ │ – den Verkehr aufnehmen│
│ sucht Entscheidung durch die│ │                    │
│ Regulierungsbehörde│  │                    │
└────────────────────┘  └────────────────────┘
```

Abb. 9.6.6: Verfahrensablauf zur Feststellung der technischen Kompatibilität eines Fahrzeugs mit den Anforderungen der öffentlichen Eisenbahninfrastruktur

9.6 Fahrzeugzugang zur Eisenbahninfrastruktur

Eine Basis für die normativen Verweise der *Richtlinie 810* ist die *Richtlinie 807* der *DB Netz AG Ausgewählte Maßnahmen und Anforderungen an das System Fahrweg/Fahrzeug* [43]. Diese Richtlinie ist offen für technische Netzzugangsanforderungen, die (noch) nicht in einem Regelwerk erfasst waren; sie werden anschließend im Verfahren nach der *EIBV* [57] zu Netzzugangskriterien erhoben.

9.6.7 Verfahrensabläufe

Bevor ein Fahrzeug in Verkehr gebracht werden darf, muss das Verfahren zur Feststellung der technischen Kompatibilität erfolgreich durchlaufen sein. In Abb. 9.6.6 sind die wesentlichen Schritte für den Zugang eines Fahrzeugs zur öffentlichen Eisenbahninfrastruktur dargestellt.

Die Prozessschritte machen das Erfordernis des engen Zusammenwirkens zwischen dem beantragenden EVU und dem Netzbetreiber deutlich. Ist der Fahrzeugdokumentation zu entnehmen, dass für das Fahrzeug bereits ein nach dem Gemeinschaftsrecht notwendiges Zertifikat [50] oder eine nach innerstaatlichem Recht notwendige Abnahme nach § 32 Abs. 1 *EBO* vorliegt, ist ggf. ein verkürzter Prüfablauf möglich.

Auf die Aufnahme interner Prüfvorgänge beim EIU wurde verzichtet. Auch das bei noch nicht abgenommenen Fahrzeugen eventuell vorab beim Verordnungsgeber oder der Aufsichtsbehörde erforderliche Erwirken bestimmter Ausnahmen und Genehmigungen für Fahrzeuge oder Fahrzeugkomponenten, die nicht den Vorschriften der *EBO* entsprechen, wurde nicht als eigener Schritt in den Verfahrensablauf aufgenommen, um die Darstellung überschaubar zu halten. In solchen Fällen (z. B. Überschreiten der Fahrzeugbegrenzung [44]) sollten Fahrzeughersteller und bestellende Eisenbahnverkehrsunternehmen schon in der Konzeptionsphase für ein neues Fahrzeug mit den Behörden abklären, ob Aussicht auf Akzeptanz der Abweichungen besteht.

Um bei Störungen des Betriebsablaufs Ausweichmöglichkeiten anbieten zu können, legt die Betriebsführung fest, über welche ebenfalls geprüften Strecken oder über welche anderen Bahnhofsgleise im Bedarfsfall Umleitungen mit diesen Fahrzeugen zugelassen werden dürfen. Hierbei kann für bestimmte technische Anforderungen, die für den Fahrzeugzugang auf dem Regellaufweg zwingend gefordert werden müssen, die Prüfung entfallen. Dies betrifft z. B. die Einstiegsverhältnisse an Bahnsteigen, wenn sich auf der Umleitungsstrecke keine planmäßigen Verkehrshalte befinden oder für bewegliche Trittstufen die Lichtraumfreiheit an den Bahnsteigkanten nicht nachgewiesen werden muss.

9.6.8 Versuchs- und Probefahrten

9.6.8.1 Zweck und Umfang

Die systemtechnische Eignung sowie das störungsfreie Verhalten eines Fahrzeugs, das auf einer öffentlichen Eisenbahninfrastruktur verkehren soll, müssen durch Versuchs- und Probefahrten nachgewiesen werden. Die hierfür erforderliche besondere Genehmigung erteilt die zuständige Aufsichtsbehörde (Sicherheitsbehörde) aufgrund eines von Eisenbahnen, Haltern von Fahrzeugen oder Herstellern gemäß § 6 Abs. 7 *TEIV* [59] gestellten Antrags, der den Versuchszeitraum, den genauen Netzbereich für das Durchführen der Fahrten, den Prüfumfang und eine Beschreibung der Mess- und Versuchsprogramme (z. B. zur Lauftechnik, zum Bremsverhalten, zur Entgleisungssicherheit, Betriebsleittechnik, Traktion, Fahrleitungstechnik, elektromagnetischen Verträglichkeit, Akustik, Aerodynamik und Klimatechnik) enthalten muss. Geprüft wird, ob für die betreffenden Fahrten alle sicherheitlichen Voraussetzungen in Abhängigkeit von der zu befahrenden Infrastruktur erfüllt sind. Überführungsfahrten bedürfen keiner besonderen Genehmigung.

Mit Versuchszügen werden aber nicht nur Fahrzeuge und Fahrzeugverbände, sondern auch Teilsysteme und Komponenten von Fahrzeugen bzw. von deren Ausrüstung im praktischen Betriebseinsatz

9 Schienenfahrzeuge

getestet. Die Versuchsphase bietet insbesondere auch die Möglichkeit, innovative Techniken noch zu modifizieren oder zu optimieren.

Bei der Erprobung neuer Schienenfahrzeuge auf dem Netz der Eisenbahnen des Bundes lassen sich je nach Vorliegen der rechtlichen Rahmenbedingungen (Sitz des EVU im Geltungsbereich des *AEG*, Einhaltung der auf den Eisenbahnen des Bundes geltenden gesetzlichen Vorgaben und technischen Standards) verschiedene Fälle unterscheiden. Während bei Vorliegen dieser Kriterien das Durchlaufen des normalen Mess- und Versuchsprogramms genügt (Fall 1, vgl. Kap. 9.6.8.3), bedarf es in den anderen Fällen streckenspezifischer Untersuchungen bzw. der Anerkennung von ausländischen Zertifikaten durch das *EBA*, um auf die diesbezüglichen deutschen Prüfnachweise verzichten zu können (Abb. 9.6.7).

Fall	Künftiger Einsatz im Geltungsbereich des AEG	EBO-Konformität ist gewährleistet	Ausnahmen bzw. Genehmigungen erforderlich für		Zusätzlich zum erfolgreichen Durchlaufen der Mess- und Versuchsprogramme erforderliche Maßnahmen
			Versuchszüge (EBA)	Regeleinsatz (BMVBS bzw. EBA)	
1	ja	ja	ja	nein	keine
2	ja	nein	ja	ja	Durchführung von streckenspezifischen Untersuchungen vor Beginn der Mess- und Versuchsprogramme
3	nein	ja	ja	entfällt	wie Fall 2; EBA kann nach Gemeinschaftsrecht gültige Zertifikate anerkennen und auf entsprechende deutsche Prüfnachweise verzichten
4	nein	nein	ja	entfällt	wie Fall 2; EBA erkennt nach Gemeinschaftsrecht gültige Zertifikate nur für Komponenten an, die den maßgebenden gesetzlichen Bestimmungen und anerkannten Regeln der Technik im Geltungsbereich der EBO entsprechen

BMVBS = Bundesministerium für Verkehr, Bau und Stadtentwicklung

Abb. 9.6.7: Ergänzende Maßnahmen zum Mess- und Versuchsprogramm für Versuchszüge

9.6.8.2 Ausnahmeregelungen

Das Ausloten von Grenzwerten (z. B. maximal zulässige Krafteinwirkungen auf Oberbau und Bauwerke) oder Reaktionen (z. B. Ansprechen von Gleisschaltmitteln oder Feststellen der Wirkungsweise der Zugbeeinflussung) erfordert bei Versuchs- und Probefahrten Abweichungen von den Vorschriften der *EBO*. So lässt § 40 Abs. 8 *EBO* zur Durchführung erforderlicher Geschwindigkeitstests Ausnahmen von bestimmten Vorschriften dieses Paragraphen durch die zuständige Behörde nach § 3 Abs. 1 Nr. 2 *EBO* zu. Darüber hinaus ist für Eisenbahnen des Bundes durch Erlass des *Bundesmi-*

9.6 Fahrzeugzugang zur Eisenbahninfrastruktur

nisters für Verkehr (BMV) vom 14. Mai 1997 die Befugnis auf eine Reihe weiterer Einzeltatbestände der *EBO* ausgeweitet worden, für die im Rahmen von Versuchs- und Probefahrten Ausnahmen durch das *EBA* zugelassen werden können [43]. Daneben kann von Maßgaben des jeweiligen Infrastrukturbetreibers abgewichen werden, wenn die gleiche Sicherheit gewährleistet ist.

9.6.8.3 Vorgehensweise

Als Veranlasser für Versuchs- und Probefahrten können auftreten
1. der Hersteller
   – eines neuen Fahrzeugs,
   – eines Fahrzeugs, das für Leistungsbereiche außerhalb der gesetzlich geregelten Grenzwerte eingesetzt werden soll (z. B. oberhalb der bisher zugelassenen Geschwindigkeit oder Lastgrenze),
   – einer innovativen Technik,
   – eines neuen Sicherheitskonzepts,
   – eines neuen Werkstoffs oder eines neuen Fügeverfahrens (Verbinden zweier Werkstoffe) im Fahrzeugbau,
2. das für das Fahrzeug zuständige EVU (Halter bzw. Betreiber),
3. eine durch eine Aufsichtsbehörde anerkannte beauftragte Prüfstelle,
4. eine Aufsichts- oder die Regulierungsbehörde selbst.

Der Veranlasser ist in den Fällen 1 bis 3 auch Antragsteller bei der nach § 3 *EBO* zuständigen Genehmigungsbehörde zum Einholen
– der Zustimmung zur Durchführung von Versuchs- und Probefahrten sowie der damit zusammenhängenden Überführungsfahrten, sobald die notwendigen Ausnahmen nach § 40 Abs. 8 *EBO* und ggf. zu weiteren Tatbeständen [43] bei der nach § 3 Abs. 1 Nr. 2 zuständigen Behörde erwirkt sind, außerdem ggf.
– der Zusicherung des Verzichts auf aufsichtsrechtliche Maßnahmen nach § 38 des *Verwaltungsverfahrensgesetzes*.

Durch den Veranlasser ist der Genehmigungsbehörde der Nachweis der Kompatibilität mit den Anforderungen des Netzes bzw. die Feststellung zu den Bedingungen der netzverträglichen, sicheren Versuchsdurchführung vorzulegen. Auch hat er dafür zu sorgen, dass die Anforderungen der *DIN 27201-3 Zustand der Eisenbahnfahrzeuge; Grundlagen und Fertigungstechnologien, Teil 3: Probefahrten* eingehalten werden. Mit dieser Vorgehensweise ist sichergestellt, dass Versuchs- und Probefahrten trotz der Abweichungen von Einzelvorschriften mit der gleichen Systemsicherheit durchgeführt werden, wie dies bei Beachtung von § 2 Abs. 1 *EBO* für den technischen Netzzugang von abgenommenen Fahrzeugen verlangt wird.

Literaturverzeichnis

9 Schienenfahrzeuge
9.1 Anforderungen
9.2 Kennzeichen moderner Schienenfahrzeuge

[1] Runge, W.: Entwicklungen in der Antriebstechnik (GTO, IGBT), ETR – Eisenbahntechnische Rundschau 53 (2004) H. 7/8, S. 464 ff

[2] Buscher, M., Pawlak, J.: Baureihe 185: Moderne Mehrzwecklokomotive für den grenzüberschreitenden Verkehr, ETR – Eisenbahntechnische Rundschau 48 (1999) H. 10, S. 675 ff

[3] Jänsch, E.: Hochgeschwindigkeitsverkehr in Deutschland – 15 Jahre Erfolg, ETR – Eisenbahntechnische Rundschau 55 (2006) H. 10, S. 704 ff

[4] Lankes, P., Pannier, F., Ventoruzzo, S.: Die Baureihe 406 der DB AG, ETR – Eisenbahntechnische Rundschau 55 (2006) H. 7/8, S. 464 ff

[5] ICE-T: BR 411, 415 und 406; Reise & Touristik AG/Konsortium ICE-T (Hrsg.), Hestra-Verlag, Darmstadt (2000)

[6] Konrad, E.: Reisezugwagen der deutschen Länderbahnen, Band 1: Preußen, Franckh'sche Verlagshandlung, Stuttgart (1982)

[7] Deppmeyer, J.: Die Einheits-Personen- und Gepäckwagen der Deutschen Reichsbahn, Franckh'sche Verlagshandlung, Stuttgart (1982)

[8] DV 939 D: Merkbuch für die Schienenfahrzeuge der Deutschen Bundesbahn

[9] Wagner, P., Kroschwald, K.-D., Wagner, S.: Reisezugwagen-Archiv, Alba Buchverlag, Düsseldorf (1973)

[10] Wagner, P., Wagner, S., Deppmeyer, J.: Reisezugwagen deutscher Eisenbahnen, Alba Buchverlag, Düsseldorf (1979)

[11] Deinert, W.: Eisenbahnwagen, Transpress VEB Verlag für Verkehrswesen Berlin (1967)

[12] DV 939 F/1 und DV 939 F/2: Merkbuch für Schienenfahrzeuge der Deutschen Bundesbahn

[13] Köhler, G., Menzel, H.: Güterwagen-Handbuch, Transpress VEB Verlag für Verkehrswesen Berlin (1966)

9.3 Fahrzeugkomponenten

[14] Hecht, M.: European freight vehicle running gear: today's position and future demands, Journal of Rail and Rapid Transit 2001, Proc Instn Mech Engrs Vol 215 Part f, 2001, page 1 to 11

[15] Gasanov, I., Hoffmann, H.K.: Automatische Spurwechseltechnik für Güterwagen, ETR – Eisenbahntechnische Rundschau 58 (2007) H. 6, S. 318 ff

[16] Grundlagen der Bremstechnik, Knorr-Bremse Systeme für Schienenfahrzeuge GmbH (Hrsg.), München (2003)

[17] EBO: Eisenbahn- Bau- und Betriebsordnung vom 8. Mai 1967, zuletzt geändert am 21. Juni 2005

[18] Gärtner, E.: Der Schienenverkehr in den USA, ZEV Glasers Annalen 129 (2005) H. 11–12, S. 468–495

[19] Richtlinie 96/48/EG des Rates vom 23. Juli 1996 über die Interoperabilität des transeuropäischen Hochgeschwindigkeitsbahnsystems, zuletzt geändert durch Artikel 1 der RL 2007/32/EG der Kommission vom 1. Juni 2007 (mit Änderungen bis April 2004 in: [47], S. 759–792

[20] Richtlinie 2001/16/EG des Europäischen Parlaments und des Rates vom 19. März 2001 über die Interoperabilität des konventionellen transeuropäischen Eisenbahnsystems, zuletzt geändert durch Artikel 2 der RL 2007/32/EG der Kommission vom 1. Juni 2007 (mit Änderungen bis April 2004 in: [47], S. 793–833

[21] BOStrab, Verordnung über den Bau und Betrieb von Straßenbahnen vom 11. Dezember 1987

[22] Dubbel, Taschenbuch für den Maschinenbau, Springer-Verlag, Berlin, Heidelberg, New York, 21. Auflage, 2005

9.4 Ausgewählte Fahrzeugbeispiele

[23] Buscher, M., Köck, F., Trotsch, P., Bikle, U.: TRAXX: Integrale Plattform zur Steigerung der Wettbewerbsfähigkeit des Schienenverkehrs, ETR – Eisenbahntechnische Rundschau 55 (2006) H. 9, S. 554 ff

[24] Leder, W., Buscher, M., Zapf, U.: Die neue TRAXX-Diesellokomotive – eine konsequente Fortentwicklung, ZEVrail Glasers Annalen 131, Tagungsband 37. Tagung Moderne Schienenfahrzeuge TU Graz 2007, S. 56–59

[25] Wessner, C.: EUCAB – ungehindert durch Europa, ZEVrail Glasers Annalen 131 (2007) H. 6/7, S. 228–238

[26] Jürgens, R.: PROTOS – Die universelle Triebfahrzeugfamilie, ZEVrail Glasers Annalen 131 (2007) H. 3, S. 68–76 und 131 (2007) H. 6/7, S. 228 ff

[27] Iwnicki, S.: Handbook of Railway Vehicle Dynamics, Taylor&Francis Group, London, New York (2006)

[28] Kammer, R.: Die Doppelstockwagen der Deurschen Bahn, EI – Der Eisenbahningenieur 58 (2007) H. 2, S. 22 ff

[29] Winzer, G.: Doppelstocktriebzug RABe 514: Mehr Transportkapazität für die Zürcher S-Bahn, ZEVrail Glasers Annalen 131, Tagungsband 37. Tagung Moderne Schienenfahrzeuge TU Graz 2007, S. 93–101

[30] Adam, H.-D., Simbürger, A., Oreski, W.: Viaggio Comfort – Intercity-Reisezugwagen für das 21. Jahrhundert, ETR – Eisenbahntechnische Rundschau 58 (2008) H. 1–2

[31] Adam, H.-D., Simbürger, A., Grosser, J.: Viaggio Light: Neue Generation von Niederflur-Reisezugwagen, ETR – Eisenbahntechnische Rundschau 57 (2007) H. 5, S. 276 ff

[32] Engelmann, J.: Moderne Fahrzeuge als Wettbewerbsfaktor im Güterwagenpark der Railion Deutschland AG, ETR – Eisenbahntechnische Rundschau 54 (2004) H. 5, S. 295 ff

9.5 Schienenfahrzeuge für den *BOStrab/EBO*-Mischbetrieb

[33] Ludwig, D., Emmerich, H., In der Beek, M.: Erfahrungen mit der ersten Stadtbahn auf Bundesbahngleisen, DER NAHVERKEHR (1994), H. 1-2, S. 42–50

[34] Ludwig, D., Forcher. P., Schlitter, K.: Das neue Fahrzeugkonzept der Karlsruher Stadtbahn, DER NAHVERKEHR (1995), H. 12, S. 30–37

[35] Forcher, P.: Infrastrukturlösungen zur Verbindung von Region und Innenstadt am Beispiel Karlsruhe, Jahrbuch des Bahnwesens, Nah- und Fernverkehr, Folge 52 (2003)

[36] Pöhl, M.; Sicherheit auf Schiene und Straße. Die Geschichte der Knorr-Bremse AG, München, Piper Verlag (2005)

[37] Forrer, D.: Der Schweizer Neigezug ICN und sein Einzug in die Geschichte, Eisenbahnrevue (2004) H. 12, S. 558–566

[38] BOStrab-Bremsenrichtlinie, Vorläufige Richtlinien für die Bemessung und Prüfung der Bremsen von Fahrzeugen nach der BOStrab, Stand: 15. Mai 1988

[39] EN 13452-1, Railway applications – Braking – Mass transit brake systems – Part 1: Performance requirements

[40] Kottenhahn, V.: Die Züge mit Neigetechnik der Deutschen Bahn, ETR – Eisenbahntechnische Rundschau 49 (2000) H. 5, S. 295 ff

[41] Hütte VB, 28. Auflage (1955), Verlag Wilhelm Ernst & Söhne, Berlin, S. 284 ff

9.6 Fahrzeugzugang zur Eisenbahninfrastruktur

[42] Mittmann, W.: Infrastrukturzugang für Fahrzeuge – Technische Kompatibilität mit den Anforderungen des Netzes, ETR – Eisenbahntechnische Rundschau 53 (2004) H. 9, S. 558–572

[43] Mittmann, W.: Infrastrukturzugang für Fahrzeuge, in Fendrich, L. (Hrsg.): Handbuch Eisenbahninfrastruktur, Springer-Verlag, Berlin (2006), S. 853–871

9 Schienenfahrzeuge

[44] Mittmann, W., Zehme, I.: Verkehren von überbreiten Eisenbahnfahrzeugen, EIK – Eisenbahn Ingenieur Kalender 1999, Tetzlaff-Verlag, Hamburg (1998), S. 85–112

[45] Wittenberg, K.-D., Heinrichs, H.-P., Mittmann, W., Zwanziger, F.: Kommentar zum Allgemeinen Eisenbahngesetz (AEG), Eurailpress Tetzlaff-Hestra, Hamburg (2004)

[46] Wittenberg, K.-D., Heinrichs, H.-P., Mittmann, W., Mallikat, J.: Kommentar zur Eisenbahn-Bau- und Betriebsordnung (EBO), 5. Auflage, Eurailpress Tetzlaff-Hestra, Hamburg (2006)

[47] Suckale, M. (Hrsg.): Kompendium Eisenbahngesetze, 14. Auflage, Eurailpress Tetzlaff-Hestra, Hamburg (2006)

[48] Hermes, G., Sellner, D.: Beck'scher AEG Kommentar, Verlag C. H. Beck, München (2006)

[49] Hartig, K.-J., Schlummer, E., Thomasch, A.: Ohne EU-einheitliche Triebfahrzeug-Zulassung keine grenzenlose Bahn, ETR – Eisenbahntechnische Rundschau 54 (2005) H. 12, S. 779–787

[50] Thomasch, A.: Die europäischen Zulassungsprozesse für Eisenbahnfahrzeuge, ETR – Eisenbahntechnische Rundschau 54 (2005) H. 12, S. 789–803

[51] Schmitt, A.; Kuntze, P.; Höfler, A.: Infrastrukturdaten im INTERNET: Schienennetz-Benutzungsbedingungen und Infrastrukturregister, ETR – Eisenbahntechnische Rundschau 56 (2007) H. 9, S. 533–538

[52] Richtlinie 2001/14/EG des Europäischen Parlaments und des Rates vom 26. Februar 2001 über die Zuweisung von Fahrwegkapazität der Eisenbahn, der Erhebung von Entgelten für die Nutzung von Eisenbahninfrastruktur und die Sicherheitsbescheinigung (mit Änderungen bis April 2004 in: [47], S. 650–675)

[53] Müller, S.: Erteilung von Sicherheitsbescheinigung und Sicherheitsgenehmigung gemäß RL 2004/49/EG, ETR – Eisenbahntechnische Rundschau 56 (2007), H. 7/8 S. 416–420

[54] Allgemeines Eisenbahngesetz (AEG) vom 27. Dezember 1993, zuletzt geändert durch das Dritte Gesetz zur Änderung des Allgemeinen Eisenbahngesetzes vom 8. November 2007, BGBl. I S. 2566 (mit Änderungen bis August 2005 in [47], S. 36–66)

[55] Gesetz über die Eisenbahnverkehrsverwaltung des Bundes (Bundeseisenbahnverkehrsverwaltungsgesetz (BEVVG)) vom 27. Dezember 1993 (mit Änderungen bis Juli 2005 in: [47], S. 111–113)

[56] Verordnung über die Interoperabilität des transeuropäischen Hochgeschwindigkeitsbahnsystems (Eisenbahn-Interoperabilitätsverordnung – EIV) vom 20. Mai 1999, aufgehoben durch [59], in: [47], S. 82–86

[57] Verordnung über die diskriminierungsfreie Benutzung der Eisenbahninfrastruktur und über die Grundsätze zur Erhebung von Entgelt für die Benutzung der Eisenbahninfrastruktur (Eisenbahninfrastruktur-Benutzungsverordnung – EIBV) vom Juli 2005, in: [47], S. 67–81

[58] Verordnung über die Interoperabilität des konventionellen transeuropäischen Eisenbahnsystems (Konventioneller-Verkehr-Eisenbahn-Interoperabilitätsverordnung – KonVEIV vom 9. Juli 2005, aufgehoben durch [59], in: [47], S. 87–95

[59] Verordnung über die Interoperabilität des transeuropäischen Eisenbahnsystems (Transeuropäische-Eisenbahn-Interoperabilitätsverordnung – TEIV) vom 5. Juli 2007, BGBl. I S. 1305

[60] Brauner, R. J.: Das neue Recht der Fahrzeugzulassung – die TEIV, Eisenbahn-Revue International 12/2007, S. 618–623 (2007)

[61] Wiescholek, U.; Potrafke, M.: Technische Spezifikationen Interoperabilität, EIK – Eisenbahn Ingenieur Kalender 2008, S. 102–114 (2007)

[62] Verwaltungsvorschrift für die Abnahme von Eisenbahnfahrzeugen gemäß § 32 Abs. 1 EBO im Zuständigkeitsbereich des Eisenbahn-Bundesamtes (VwV Abnahme § 32) vom 1. September 2004, in der Fassung vom Oktober 2005

10 Betriebsführung
Jörn Pachl

10.1 Regelung und Sicherung der Zugfolge

Der Haftreibungsbeiwert und damit die bei gleichem Gewicht zwischen Fahrzeug und Fahrweg übertragbare Bremskraft ist im System „Stahlrad auf Stahlschiene" ca. achtmal kleiner als im Straßenverkehr. Die daraus resultierenden Bremswege übersteigen bei den im Zugverkehr üblichen Geschwindigkeiten die Sichtweite des Triebfahrzeugführers in erheblichem Maße. Das Fahren auf Sicht ist daher im Eisenbahnbetrieb nur im Bereich sehr niedriger Geschwindigkeiten zu vertreten. Es kommt nur bei Rangierfahrten und in bestimmten Störfällen zur Anwendung. Im regulären Zugbetrieb ist eine von der Sichtweite des Triebfahrzeugführers unabhängige Abstandsregelung der Züge erforderlich. Die Art und Weise, wie dabei die Abstandsregelung der Züge organisiert wird, hängt von zwei entscheidenden Kriterien ab:
– der Art der Übermittlung der Führungsgrößen vom Fahrweg zum Zug
– der Art der Freigabe des Fahrwegs hinter dem Zug

Werden die Führungsgrößen nur an diskreten Punkten übermittelt, z. B. durch ortsfeste Signale oder durch mündliche oder schriftliche Weisungen des Fahrdienstleiters, so führt dies notwendigerweise zu einer abschnittsweisen Zuweisung des Fahrwegs und damit zum Fahren im festen Raumabstand. Auf Strecken, auf denen die Züge kontinuierlich durch Führerraumanzeigen geführt werden, besteht diese Notwendigkeit nicht. Die kontinuierliche Führung der Züge ist jedoch allein noch kein hinreichendes Kriterium, um auf das Fahren im festen Raumabstand verzichten zu können. Dazu ist zusätzlich erforderlich, dass der Fahrweg hinter dem Zug nicht im Takt ortsfester Blockabschnitte sondern kontinuierlich freigegeben wird. Dies erfordert eine permanente, fahrzeuggestützte Überwachung der Zugvollständigkeit, wofür trotz vieler Ansätze bis heute keine im praktischen Bahnbetrieb taugliche Lösung existiert. Auch bei Führung der Züge durch Führerraumanzeigen wird daher heute bei den meisten Bahnen das Fahren im festen Raumabstand beibehalten.

Auf die in der Frühzeit der Eisenbahn übliche Sicherung der Zugfolge durch das Fahren im Zeitabstand wird im Folgenden nicht mehr eingegangen, da die europäischen Bahnen dieses Verfahren mit der Einführung der elektrischen Telegrafie bereits in der zweiten Hälfte des 19. Jahrhunderts verlassen haben. Auf nordamerikanischen Bahnen blieb auf nicht signalisierten Strecken das Fahren im Zeitabstand mit sehr ausgefeilten betrieblichen Regeln bis in die 1980er Jahre erhalten. Eine kurze Beschreibung dieses als „Timetable & Train Order" bezeichneten Verfahrens findet sich in [1] und [2].

Vor dem Einstieg in die einzelnen Verfahren soll ein wichtiger systemtechnischer Zusammenhang des Eisenbahnverkehrs nicht unerwähnt bleiben. Der Bremsweg eines Zuges hängt nicht unmittelbar von der Zugmasse ab, sondern von dem Anteil der Zugmasse, dessen Gewicht zum Übertragen von Bremskraft zwischen Rad und Schiene ausgenutzt wird. Das bedeutet, dass leichte Züge nicht automatisch einen kürzeren Bremsweg haben als schwere Züge. Da vor jedem Zug zur sicheren Abstandshaltung mindestens der erforderliche Bremsweg freizuhalten ist, ist unter Leistungsgesichtspunkten anzustreben, die Zugverbände möglichst lang zu machen, so dass viele zu einem Zug vereinigte Wagen nur einen gemeinsamen Bremsweg benötigen. Eine Aufteilung der gleichen Wagenzahl auf mehrere kürzere Züge (der Extremfall wären motorisierte, einzeln fahrende Wagen) führt zu einem deutlichen Mehrverbrauch an Fahrwegkapazität und senkt damit den möglichen Durchsatz einer Strecke (Abb. 10.1.1). Darin liegt auch der entscheidende Grund dafür, dass im Gegensatz zum Straßenverkehr, wo die Bremswege wesentlich kürzer sind, die Zugbildung ein ganz wesentliches Charakteristikum des Eisenbahnverkehrs darstellt.

10 Betriebsführung

a) einzeln fahrende Fahrzeuge

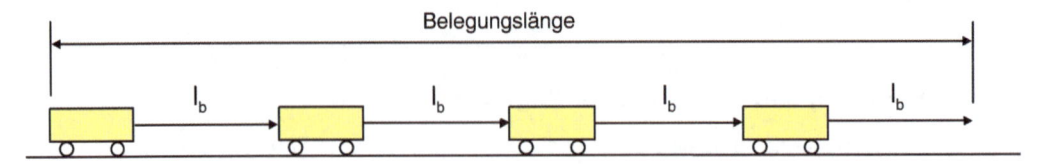

b) Fahrzeuge im Zugverband

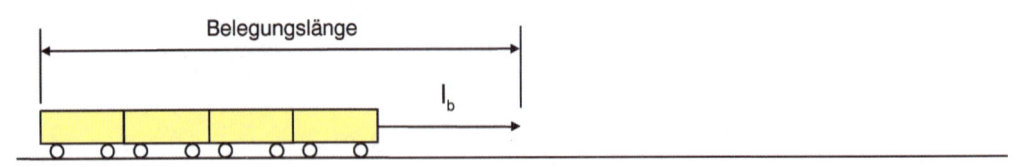

l_b Bremsweg einschließlich erforderlicher Zuschläge zur sicheren Abstandshaltung

Abb. 10.1.1: Einfluss der Zuglänge auf den Kapazitätsverbrauch einer Strecke

10.1.1 Abstandsregelung bei Führung der Züge durch ortsfeste Signale

Die Führung der Züge durch ortsfeste Signale ist die weltweit mit großem Abstand dominierende Betriebsweise für Eisenbahnen. Bei deutschen Eisenbahnen kommt ortsfeste Signalisierung auf mehr als 90 % des Streckennetzes zur Anwendung. Die Führung der Züge durch Führerraumanzeigen beschränkt sich bis heute weitgehend auf Hochgeschwindigkeitsstrecken und einige Stadtschnellbahnen. Es ist davon auszugehen, dass sich dieses Verhältnis auch in den nächsten Jahren nicht nennenswert ändern wird.

Bedingungen für das Fahren im festen Raumabstand

Die Führung der Züge durch ortsfeste Signale ist zwangsläufig mit dem Fahren im festen Raumabstand verbunden. Dies gilt analog auch für Einfach-Betriebsweisen ohne ortsfeste Signale, bei denen die Zustimmung zur Zugfahrt an diskreten Punkten durch mündliche oder schriftliche Aufträge des Fahrdienstleiters erteilt wird.

Beim Fahren im festen Raumabstand wird die Strecke durch Hauptsignale in Blockabschnitte eingeteilt, in die ein Zug nur eingelassen werden darf, wenn sie frei von Fahrzeugen sind. Die Mindestlänge eines Blockabschnitts ist bei ortsfester Signalisierung gleich dem maximalen Bremsweg (bei der *Deutschen Bahn AG* in der Regel 1000 m). Mit besonderen Signalisierungsverfahren, die den Bremsweg auf mehrere Blockabschnitte verteilen, sind jedoch auch kürzere Blockabschnittslängen möglich. Auf den meisten Mischbetriebsstecken betragen die Blockabschnittslängen zwischen 2000 m und 5000 m. Damit einem Zug durch Auf-Fahrt-Stellen des Hauptsignals die Einfahrt in einen Blockabschnitt gestattet werden kann, müssen folgende Bedingungen erfüllt sein:
– Der Blockabschnitt muss frei sein.
– Der Durchrutschweg hinter dem Signal am Ende des Blockabschnitts muss frei sein.
– Ein vorausgefahrener Zug muss durch ein Halt zeigendes Signal gedeckt sein.

Die ersten beiden Bedingungen lassen sich auch zu der Bedingung zusammenfassen, dass der Zug vollständig an der Signalzugschlussstelle vorbeigefahren sein muss. Die Signalzugschlussstelle ist die

10.1 Regelung und Sicherung der Zugfolge

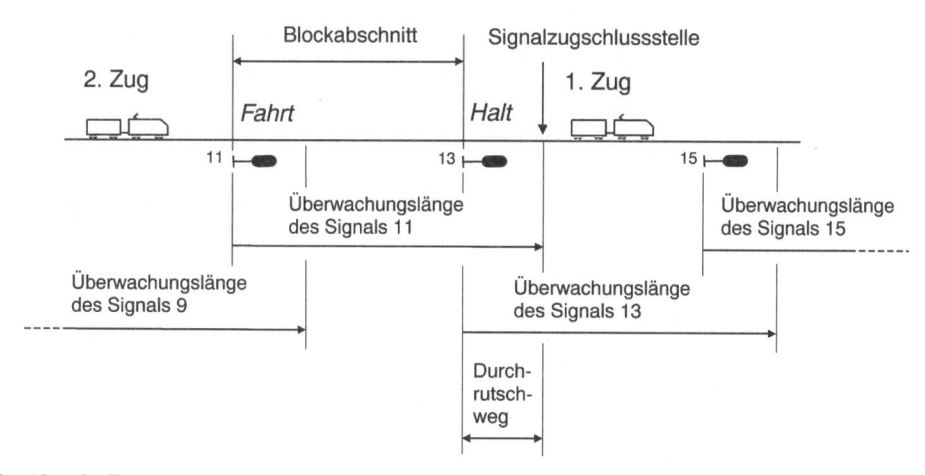

Abb. 10.1.2: Bedingungen für das Fahren im festen Raumabstand

Stelle hinter einem Hauptsignal, die ein Zug geräumt haben muss, bevor der rückliegende Blockabschnitt für einen folgenden Zug freigegeben werden darf. Sie ist in den meisten Fällen mit dem Ende des Durchrutschweges identisch.

Die Bedingungen für das Fahren im festen Raumabstand lassen sich sehr anschaulich anhand der so genannten Überwachungslängen der Signale beschreiben (Abb. 10.1.2). Der im deutschen Bahnbetrieb bislang nicht übliche Begriff der Überwachungslänge eines Signals wurde der nordamerikanischen Begriffswelt entlehnt („control length of a signal" [2]) und beschreibt die auf ein Signal folgende Gleislänge, die frei und gesichert sein muss, damit dieses Signal einen Fahrtbegriff zeigen kann. Die Überwachungslänge eines Signals reicht bis zur Signalzugschlussstelle des nächsten Signals. Die Überwachungslängen aufeinander folgender Signale überlappen sich daher jeweils um die Länge des Durchrutschweges, der deswegen im englischen Sprachraum sehr treffend als „overlap" bezeichnet wird. Zu den genannten Bedingungen für das Fahren im festen Raumabstand kommt bei Zweirichtungsbetrieb noch die Bedingung hinzu, dass keine Gegenfahrt zugelassen sein darf.

Signalsysteme

Bedingt durch die historische Entwicklung existiert eine große Zahl unterschiedlicher Signalsysteme. Bei großen Bahnen sind teilweise sogar in einem Land mehrere Signalsysteme nebeneinander im Einsatz. Die meisten Signalsysteme basieren heute auf dem Prinzip der Geschwindigkeitssignalisierung, indem der Signalbegriff dem Triebfahrzeugführer die Geschwindigkeit anzeigt, die im anschließenden Weichenbereich nicht überschritten werden darf. Das ältere Prinzip der Fahrwegsignalisierung, bei dem vor Fahrtverzweigungen angezeigt wird, welcher Fahrweg eingestellt ist, und der Triebfahrzeugführer die zulässige Geschwindigkeit der einzelnen Fahrtwege kennen muss, wurde von den meisten Bahnen in der ersten Hälfte des 20. Jahrhunderts verlassen. Eine Ausnahme bilden britische und britisch beeinflusste Bahnen, die bis heute am Prinzip der Fahrwegsignalisierung festhalten. In Deutschland wurde die Fahrwegsignalisierung im Jahre 1930 durch die Geschwindigkeitssignalisierung ersetzt. Je nach Gestaltung des Signalsystems kann die Geschwindigkeitsinformation entweder unmittelbar in den Hauptsignalbegriff integriert sein oder durch den Hauptsignalbegriff ergänzende Geschwindigkeitsanzeiger erfolgen. Das zweite Prinzip ist für neuere Signalsysteme charakteristisch. Es ermöglicht eine sehr einfache Gestaltung der Signalbilder, da der Hauptsignalbegriff nur die reine Zugfolgeinformation liefert. Die an einem Hauptsignal signalisierte Geschwindigkeit bezieht sich auf den anschließenden Weichenbereich dieses Signals. Der anschließende Weichenbereich hinter

10 Betriebsführung

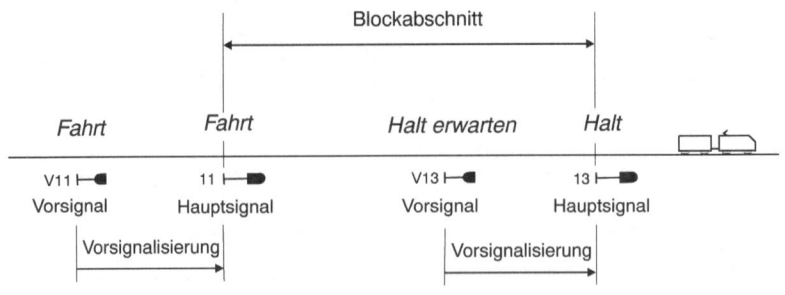

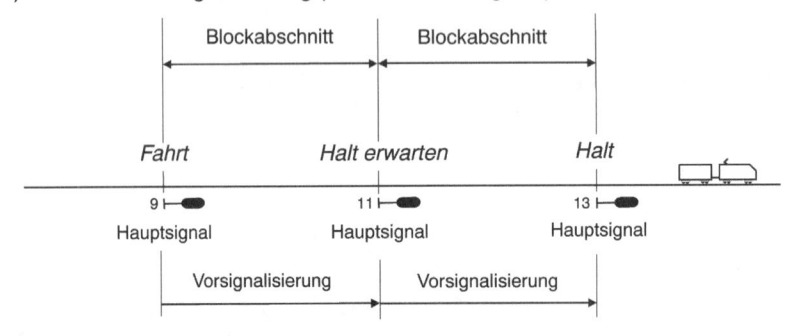

Abb. 10.1.3: Signalisierungsprinzipien

Hauptsignalen für Fahrten in ein Bahnhofsgleis (Einfahrsignale und Zwischensignale), endet am folgenden Hauptsignal oder am planmäßigen Halteplatz des Zuges. Der anschließende Weichenbereich hinter Hauptsignalen für Fahrten in ein Streckengleis (Ausfahrsignale und Blocksignale an Abzweig- und Überleitstellen) endet nach der letzten auf das Signal folgenden Weiche.

Zur Regelung der Zugfolge mittels ortsfester Signale gibt es zwei grundsätzliche Signalisierungsprinzipien (Abb. 10.1.3):
– Einabschnittssignalisierung
– Mehrabschnittssignalisierung

Einabschnittssignale können nur Informationen über den unmittelbar folgenden Abschnitt bis zum nächsten Hauptsignal geben. Eine Vorankündigung des nächsten Signals ist nicht möglich. Daher muss in einem Einabschnittssignalsystem jedes Hauptsignal durch ein besonderes Vorsignal angekündigt werden. Wenn bei dichtester Blockteilung das Vorsignal in Höhe des rückliegenden Hauptsignals zu stehen käme, werden bei Lichtsignalen Haupt- und Vorsignal übereinander am gleichen Signalmast angebracht. Mehrabschnittssignalsysteme geben Informationen über mindestens zwei Blockabschnitte (Zweiabschnittssignale). Dazu ist die Vorsignalfunktion in den Hauptsignalbegriff integriert. Einige Bahnen im Ausland verwenden auch Dreiabschnittssignale, bei denen der Signalbegriff eines Hauptsignals die Vorsignalinformation für das übernächste Hauptsignal enthält. Die Mehrabschnittssignalisierung ist betrieblich jedoch nur dann vorteilhaft, wenn der Signalabstand den Bremsweg nicht wesentlich übersteigt. Da bei Mehrabschnittssignalisierung der Vorsignalabstand dem Abstand zwischen den Hauptsignalen entspricht, führt ein großer Signalabstand dazu, dass für eine behinderungsfreie Fahrt die Signale frühzeitiger auf Fahrt gestellt werden müssen. Bei großen Signalabständen würden sich dadurch bei Anwendung der Mehrabschnittssignalisierung die Mindestzugfolgezeiten erhöhen und damit die Leistungsfähigkeit der Strecke verschlechtern. Die

10.1 Regelung und Sicherung der Zugfolge

meisten mehrabschnittsfähigen Signalsysteme sind daher so konzipiert, dass bei größeren Signalabständen wieder zur Einabschnittssignalisierung übergegangen werden kann.

Bei deutschen Eisenbahnen sind, bedingt durch die historische Entwicklung, noch mehrere Signalsysteme parallel im Einsatz, und zwar

in bestehenden Anlagen
- das HV-Signalsystem
- das Hl-Signalsystem
- das Sv-Signalsystem

in allen Neuanlagen
- das Ks-Signalsystem

Im Folgenden werden diese Signalsysteme mit ihren wesentlichen betrieblichen Eigenschaften kurz charakterisiert. Für eine detaillierte Beschreibung der Signalbilder und -begriffe wird auf das Signalbuch der *Deutschen Bahn AG* [3] sowie auf die reichlich verfügbaren Internetressourcen verwiesen.

Das **HV-Signalsystem** ist das aus der Vorkriegszeit stammende, traditionelle deutsche Signalsystem (Bezeichnung HV abgeleitet von **H**aupt-**V**or-Signalsystem). Es ist heute an Formsignalen noch im Gesamtbereich der *Deutschen Bahn AG* zu finden. Lichtsignale des HV-Signalsystem sind nur in Altanlagen im Bereich der ehemaligen *Deutschen Bundesbahn* vorhanden, sie wurden dort aber bis vor einigen Jahren selbst bei elektronischen Stellwerken auch vereinzelt noch neu eingebaut. Das HV-Signalsystem ist ein reines Einabschnittssignalsystem mit einer integrierten Geschwindigkeitssignalisierung in zwei Stufen („Langsamfahrt" und „Fahrt frei"). Bei Langsamfahrt gilt, wenn keine weiteren Festlegungen getroffen sind, eine Geschwindigkeit von 40 km/h, für „Fahrt frei" die im Buchfahrplan festgelegte zulässige Geschwindigkeit. Durch Geschwindigkeitsanzeiger oder Einträge im Buchfahrplan können jedoch auch andere Geschwindigkeiten vorgeschrieben werden.

Das **Hl-Signalsystem** ist das frühere Standardsignalsystem an Lichtsignalen im Bereich der ehemaligen *Deutschen Reichsbahn* (Bezeichnung Hl abgeleitet von **H**auptlichtsignalsystem). Es wurde nach dem Kriege nach sowjetischem Vorbild entwickelt, nachdem zwischenzeitlich mit einem Zweiabschnittssignalsystem auf Basis der HV-Signalbegriffe (den so genannten „Signalverbindungen für Fernbahnen") experimentiert worden war. Das Hl-Signalsystem war in seinen Grundzügen als so genanntes *OSŽD*-Signalsystem bei allen Mitgliedsbahnen der *OSŽD* (osteuropäische Länder, ehem. Sowjetunion, Mongolei, China) harmonisiert. Es wurde in modifizierter Form auch von einigen Bahnen übernommen, die nicht Mitglied der *OSŽD* sind (Türkei, Griechenland). Diese Signalisierung hat daher weltweit eine außerordentlich große Verbreitung. Das Hl-Signalsystem kann je nach Signalabstand wahlweise als Einabschnittssignalsystem oder Zweiabschnittssignalsystem verwendet werden und verfügt über eine integrierte Geschwindigkeitssignalisierung in vier Stufen (40 km/h, 60 km/h, 100 km/h, V_{max}). Zusätzliche Geschwindigkeitsanzeiger werden nicht verwendet. Die Signalisierung ist äußerst effektiv (in der Regel nicht mehr als zwei Lichtpunkte je Signalbegriff), die fehlende Erweiterbarkeit hinsichtlich der signalisierbaren Geschwindigkeitsstufen (insbesondere fehlt die wichtige Weichengeschwindigkeit von 80 km/h) stand in Deutschland jedoch der weiteren Anwendung in Neuanlagen entgegen.

Das **Sv-Signalsystem** ist das traditionelle Signalsystem der Berliner und der Hamburger Gleichstrom-S-Bahn (Bezeichnung Sv abgeleitet von **S**ignal**v**erbindungen). In Berlin sind seit 2006 keine Sv-Signale mehr in Betrieb, in Hamburg ist das Sv-Signalsystem in Altanlagen noch verbreitet im Einsatz. Es ist ein reines Zweiabschnittssignalsystem (der Begriff „Signalverbindung" ist eine veraltete Bezeichnung für Zweiabschnittssignal) mit integrierter Geschwindigkeitssignalisierung in zwei Stufen („Fahrt" und „Langsamfahrt"). Das Sv-Signalsystem war auf die speziellen Betriebsbedingungen bei der S-Bahn ausgerichtet. Als Besonderheit ist hervorzuheben, dass es im Sv-Signalsystem wegen des bei der Berliner und Hamburger Gleichstrom-S-Bahn an selbsttätigen Blocksignalen zugelassenen Fahrens auf Sicht ohne Auftrag des Fahrdienstleiters neben dem Absoluthaltbegriff auch einen Haltbegriff mit der Signalbedeutung „Halt! Weiterfahrt auf Sicht" gibt. Beim Ersatz von Signalen des

10 Betriebsführung

Sv-Signalsystems durch Signale des Hl- und Ks-Signalsystems wird das Fahren auf Sicht ohne Auftrag des Fahrdienstleiters durch Mastschilder geregelt.

Das **Ks-Signalsystem** ist das nach der Vereinigung der deutschen Bahnen eingeführte Signalsystem, das bei allen Neuanlagen zur Anwendung kommt (Bezeichnung Ks abgeleitet von **K**ombinations**s**ignalsystem). Es basiert auf den Erfahrungen aus einem langjährigen Betriebsversuch mit einem als Sk-Signalsystem bezeichneten Versuchs-Signalsystem. Das Ks-System kann wie das Hl-Signalsystem wahlweise als Einabschnittssignalsystem oder Zweiabschnittssignalsystem zum Einsatz kommen. Die der Abkürzung Ks zugrunde liegende Bezeichnung „Kombinationssignal" sollte ähnlich wie schon die Bezeichnung „Signalkombination" des Sk-Signalsystems die Fähigkeit zur Mehrabschnittssignalisierung durch Kombination von Haupt- und Vorsignalfunktion ausdrücken und den für diese Zwecke veralteten Begriff Signalverbindung ersetzen. Heute wird dafür der betrieblich treffendere Begriff Mehrabschnittssignal verwendet. Das Ks-Signalsystem ist ein reines Zugfolgesignalsystem ohne integrierte Geschwindigkeitssignalisierung. Es gibt nur die drei Signalbegriffe „Halt" (rot), „Fahrt" (grünes Ruhe- oder Blinklicht) und „Halt erwarten" (gelb). Geschwindigkeitsinformationen sind nur durch Zusatzsignale darstellbar (Abb. 10.1.4). Das grüne Blinklicht für den Signalbegriff „Fahrt" wird verwendet, wenn an diesem Signal ein Geschwindigkeitsvoranzeiger angebracht ist, auf den der Triebfahrzeugführer besonders aufmerksam gemacht werden soll.

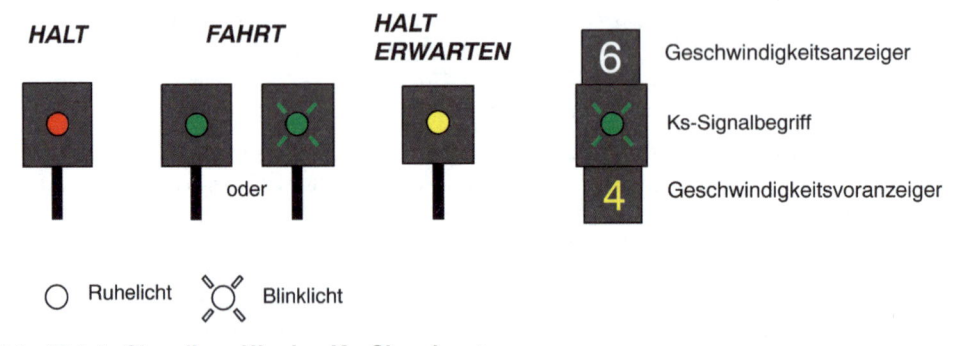

Abb. 10.1.4: Signalbegriffe des Ks-Signalsystems

Sperrzeitenbild

Die Sperrzeit ist einer der grundlegendsten Begriffe der Eisenbahnbetriebslehre und beschreibt die Zeit, in der ein Fahrwegabschnitt (z. B. ein Blockabschnitt, eine Fahrstraße oder Teile einer Fahrstraße) durch eine Fahrt betrieblich beansprucht wird und somit für die Nutzung durch andere Fahrten gesperrt ist. Dieser Begriff wurde Ende der 1950er Jahre von *Happel* eingeführt [4]. In älterer Literatur wird die Sperrzeit von manchen Autoren auch als „Belegungszeit" bezeichnet. Die Sperrzeit eines Blockabschnitts wird durch zwei Zeitpunkte begrenzt. Sie beginnt mit dem Zeitpunkt, an dem spätestens der Stellauftrag für das Hauptsignal am Anfang des Blockabschnitts erteilt werden muss, damit dieses Signal so rechtzeitig einen Fahrtbegriff zeigt, dass ein sich nähernder Zug keinen Bremsvorgang einleitet. Der Zug befindet sich zu diesem Zeitpunkt noch so weit vor dem zugehörigen Vorsignal (bzw. bei Mehrabschnittssignalen dem vorsignalisierenden Hauptsignal), dass dem Triebfahrzeugführer noch eine ausreichende Sichtzeit zur Verfügung steht, um das Freiwerden des Vorsignals sicher aufzunehmen. Die Sperrzeit endet mit dem Zeitpunkt, an dem der Zug den Blockabschnitt wieder für einen nachfolgenden Zug freigibt und die Anlage wieder die Grundstellung einnimmt.

10.1 Regelung und Sicherung der Zugfolge

Die Sperrzeit eines Blockabschnitts besteht für einen durchfahrenden Zug aus folgenden Teilzeiten (Abb. 10.1.5):
– der **Fahrstraßenbildezeit**, das sind Bedienungs- bzw. technische Reaktionszeiten bis zur Fahrtstellung des Signals
– der **Signalsichtzeit**, das ist die Zeit für das sichere Erkennen des Vorsignalbegriffs durch den Triebfahrzeugführer (Erfahrungswert: ca. 0,2 min)
– der **Annäherungsfahrzeit**, das ist die Fahrzeit zwischen Vor- und Hauptsignal
– der **Fahrzeit im Blockabschnitt**, das ist die Fahrzeit zwischen den Hauptsignalen
– der **Räumfahrzeit**, das ist die Zeit vom Erreichen des Signals am Ende des Blockabschnitts bis zum Freifahren der Signalzugschlussstelle (= Ende des Durchrutschweges) mit der letzten Achse
– der **Fahrstraßenauflösezeit**, das sind Bedienungs- bzw. technische Reaktionszeiten bis zum Erreichen der Grundstellung

Die Begriffe Fahrstraßenbilde- und Fahrstraßenauflösezeit werden hier, wie in der Eisenbahnbetriebslehre üblich, unabhängig von der konkreten technischen Realisierung der Zugfolgesicherung

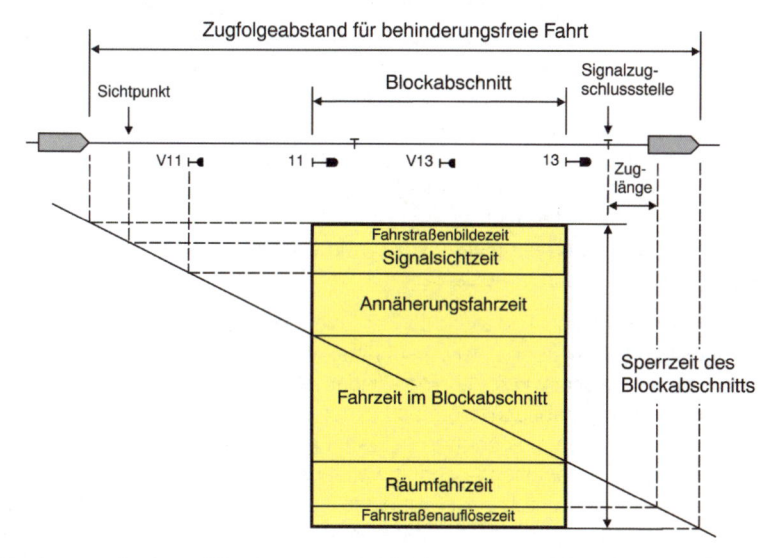

Abb. 10.1.5: Sperrzeit eines Blockabschnitts für einen durchfahrenden Zug

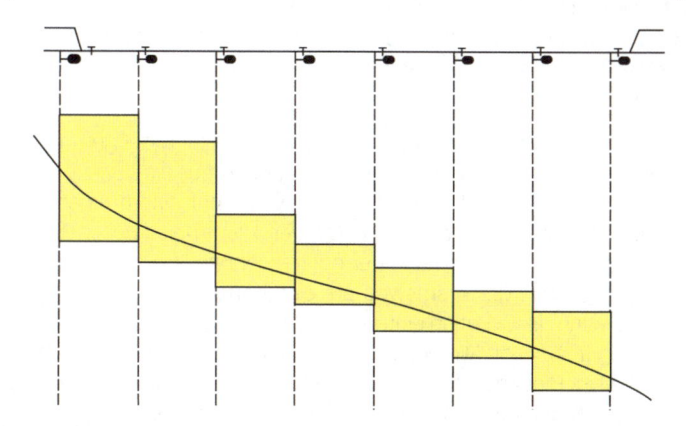

Abb. 10.1.6: Sperrzeitentreppe

verwendet. Die sich ergebende Sperrzeit ist gleichzeitig die in diesem Blockabschnitt technisch mögliche Mindestzugfolgezeit für zwei trassenparallel (d. h. mit gleicher Neigung der Zeit-Weg-Linie) fahrende Züge. Bei einem vor dem Signal am Anfang des Blockabschnitts anfahrenden Zug (z. B. nach einem Verkehrshalt) entfällt die Annäherungsfahrzeit. Die Signalsichtzeit dient in diesem Fall unmittelbar dem Erkennen des Fahrtbegriffs am Hauptsignal. Bildliche Darstellungen von Sperrzeiten sind ein wesentliches Hilfsmittel zur Untersuchung betrieblicher Zusammenhänge bei der Dimensionierung von Bahnanlagen. Das Auftragen der Blockabschnittssperrzeiten einer Zugfahrt über die durchfahrene Strecke ergibt die so genannte Sperrzeitentreppe (Abb. 10.1.6). Die Sperrzeitentreppe visualisiert in idealer Weise die betriebliche Inanspruchnahme einer Strecke durch eine Zugfahrt.

Leistungssteigerung durch Signalisierung verkürzter Blockabschnitte

Bei klassischer Signalisierung stellt der Regelbremsweg eine untere Grenze für die Länge eines Blockabschnitts dar. Auf Strecken mit besonders dichter Zugfolge (z. B. auf Stadtschnellbahnen, stark befahrenen Vorortstrecken und innerstädtischen Verbindungsbahnen) kann es zur Erzielung einer ausreichenden Leistungsfähigkeit erforderlich sein, Blockabschnittslängen vorzusehen, die den Regelbremsweg unterschreiten. Bei Stadtschnellbahnen werden zudem häufig, auch auf Strecken mit ansonsten regulären Blockabschnittslängen, verkürzte Signalabstände vor Bahnsteiggleisen vorgesehen, um bei der Ausfahrt eines Zuges ein zügigeres Nachrücken eines folgenden Zuges zu ermöglichen (Nachrücksignalisierung). Bei verkürzten Blockabschnitten kann der Bremsweg durch besondere Signalisierungsverfahren auf mehrere Blockabschnitte verteilt werden:
– Signalisierung im Halbregelabstand
– Mehrabschnittsbremsung durch abgestufte Geschwindigkeitssignalisierung
– Dreiabschnittssignalisierung (nur im Ausland)

Bei der Signalisierung im Halbregelabstand entspricht die Blockabschnittslänge dem halben Vorsignalabstand. Vorsignalisiert wird über zwei Abschnitte, wobei das zwischenliegende Hauptsignal entweder betrieblich abgeschaltet wird oder eine Wiederholung des Vorsignalbegriffs zeigt. Im Unterschied dazu werden bei der Mehrabschnittsbremsung mit abgestufter Geschwindigkeitssignalisierung zwar ebenfalls Blockabschnittslängen benutzt, die kleiner sind als der Regelbremsweg, trotzdem wird ein Halt zeigendes Signal nur über einen Abschnitt vorsignalisiert. Zur Gewährleistung ausreichender Bremswege wird der Bremsweg durch Geschwindigkeitssignalisierung auf mehrere Blockabschnitte verteilt. Mit dem Freiwerden der Blockabschnitte werden die signalisierten Geschwindigkeitseinschränkungen wieder aufgewertet (Hochsignalisierung). Bei einigen ausländischen Bahnen wird die Dreiabschnittssignalisierung zur Realisierung verkürzter Blockabschnitte verwendet. In diesem Fall ist die Bedeutung des Signalbegriffs, der den Halt am übernächsten Signal ankündet, so festzulegen, dass dieser Signalbegriff gleichzeitig bedeutet, dass ab dem nächsten Signal nicht mehr der volle Regelbremsweg zur Verfügung steht.

Die durch Anwendung verkürzter Blockabschnitte mögliche Leistungssteigerung wird mitunter überschätzt. Da sich durch Verkürzung der Blockabschnittslängen nur eine Komponente der Sperrzeit, nämlich die Fahrzeit im Blockabschnitt, beeinflussen lässt, steht einem erheblichen Mehraufwand an Signalen und Gleisfreimeldeeinrichtungen nur eine vergleichsweise bescheidene Verkürzung der Mindestzugfolgezeit gegenüber, die sich auch nur bei trassenparallelem Fahren voll ausnutzen lässt. Durch die Randbedingung, dass der Bremsweg auf eine ganzzahlige Anzahl von Blockabschnitten aufgeteilt werden muss, kann die Situation eintreten, dass der signalisierte Bremsweg den tatsächlich erforderlichen Bremsweg übersteigt. Die durch die Verkürzung der Blockabschnittslänge gewonnene Reduzierung der Fahrzeit im Blockabschnitt wird in solchen Fällen durch eine Verlängerung der Annäherungsfahrzeit teilweise wieder kompensiert, was den möglichen Leistungsgewinn weiter schmälert und unter ungünstigen Verhältnissen sogar zu Leistungseinbußen führen kann.

10.1 Regelung und Sicherung der Zugfolge

Die Anordnung so genannter Nachrücksignale ist eine Spezialität von Stadtschnellbahnen mit dichter Zugfolge. Auf solchen Bahnen wird die Leistungsfähigkeit nicht durch die Abstandshaltung auf der freien Strecke sondern durch die Bahnsteigwechselzeit (Zeit von der Abfahrt eines Zuges bis zur Ankunft des folgenden Zuges) begrenzt. Bei Anwendung der Nachrücksignalisierung wird hinter dem Einfahrsignal ein weiteres Signal, das so genannte Nachrücksignal, etwa in Höhe des Bahnsteiganfangs angeordnet (Abb. 10.1.7).

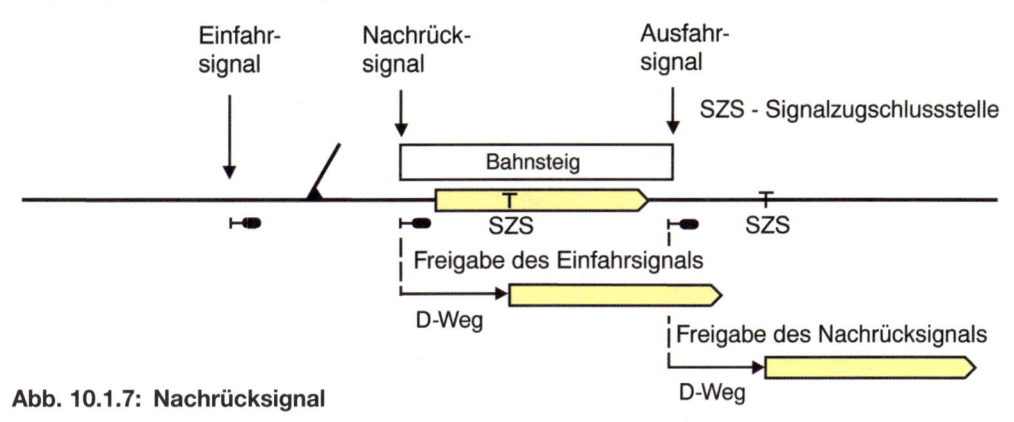

Abb. 10.1.7: Nachrücksignal

Zwischen dem Einfahrsignal und dem Nachrücksignal besteht nur ein sehr kurzer (oft unterzuglanger) Blockabschnitt. Der Durchrutschweg hinter dem Nachrücksignal reicht in der Regel bis in den Bereich des Bahnsteiges hinein. Bei einem am Bahnsteig haltenden Zug zeigen somit sowohl das Nachrücksignal als auch das Einfahrsignal einen Haltbegriff. Der leistungssteigernde Effekt des Nachrücksignals kommt bei der Ausfahrt des Zuges zum Tragen. Zu dem Zeitpunkt, an dem der ausfahrende Zug den Durchrutschweg des Nachrücksignals freigefahren hat, ist die Überwachungslänge des Einfahrsignals frei, das daraufhin bereits wieder auf Fahrt gestellt wird. Da ein ausfahrender Zug normalerweise nicht stehen bleibt, wird das Nachrücksignal so zeitig freigegeben, dass ein folgender einfahrender Zug am Nachrücksignal rechtzeitig einen Fahrtbegriff erhält. Ein Halt vor dem Nachrücksignal tritt nur ein, falls ein vorausgefahrener Zug während der Ausfahrt plötzlich bremst (z. B. beim Ziehen der Notbremse). Mitunter werden auch mehrere Nachrücksignale (jedoch nur selten mehr als zwei) angeordnet.

10.1.2 Abstandsregelung bei Führung der Züge durch Führerraumanzeigen

Die Führung der Züge durch Führerraumanzeigen kommt bei deutschen Eisenbahnen nur in Verbindung mit einer linienförmigen Zugbeeinflussung zur Anwendung. Darunter fällt sowohl die traditionelle LZB mit Kabellinienleiter als auch die Funkzugbeeinflussung im ETCS ab Level 2 (siehe Kap. 10.3). Im Ausland (z. B. USA, Russland) gibt es aber auch reine Führerraumsignalsysteme, die nicht mit einer Zugbeeinflussung kombiniert sind.

Führung durch Führerraumanzeigen mit ortsfesten Blockabschnitten

Bei Beibehaltung ortsfester Blockabschnitte bleibt auch bei Führung des Zuges durch Führerraumanzeigen das Prinzip des Fahrens im festen Raumabstand erhalten. Der wesentliche Unterschied zur ortsfesten Signalisierung besteht in der Unabhängigkeit von einem festen Vorsignalabstand. Die Annäherungsfahrzeit ist nicht mehr die Fahrzeit innerhalb des Vorsignalabstandes, sondern die Fahrzeit innerhalb des geschwindigkeitsabhängigen Bremsweges. Die bei ortsfester Signalisierung anzusetzende Signalsichtzeit entfällt durch die kontinuierliche Anzeige der Führungsgrößen und die

10 Betriebsführung

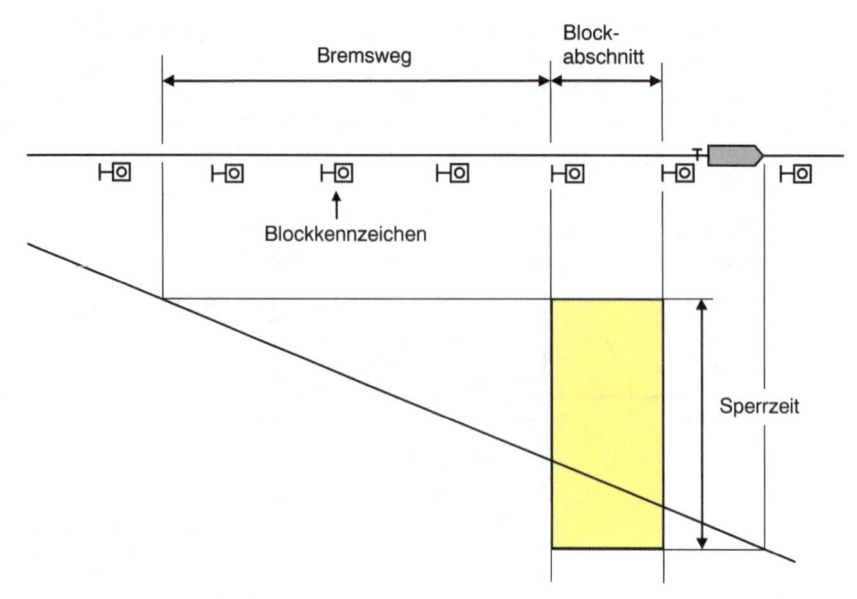

Abb. 10.1.8: Sperrzeit eines Blockabschnitts bei Führung durch Führerraumanzeigen

in den Bremseinsatzpunkt eingerechneten Reaktionszeiten. Abb. 10.1.8 zeigt die Sperrzeit eines Blockabschnitts bei Führung der Züge durch Führerraumanzeigen.

Sofern bei Führung durch Führerraumanzeigen auf ortsfeste Signale verzichtet wird (siehe Kap. 10.3.2), werden die Grenzen der Blockabschnitte durch als Blockkennzeichen bezeichnete Signaltafeln gekennzeichnet. In Deutschland bestehen diese Blockkennzeichen aus einer quadratischen weißen Tafel mit schwarzem Ring und der Blockabschnittsnummer. Durch die Unabhängigkeit der Blockabschnittslängen vom Vorsignalabstand kann die Länge der Blockabschnitte flexibel entsprechend den Leistungsanforderungen der Strecke gewählt werden. So sind auf Hochleistungsstrecken sogar unterzuglange Blockabschnitte möglich. Ein Beispiel ist die S-Bahn München, wo zur Verkürzung der Bahnsteigwechselzeiten in dichter Folge aufgestellte Blockkennzeichen als „virtuelle Nachrücksignale" verwendet werden.

Führung durch Führerraumanzeigen ohne ortsfeste Blockabschnitte

Der Verzicht auf ortsfeste Blockabschnitte ermöglicht den Übergang zum Fahren im Bremswegabstand, wobei noch einmal zwischen absolutem und relativem Bremswegabstand zu unterscheiden ist. Beim Fahren im absoluten Bremswegabstand wird zwischen zwei Zügen ein Abstand freigehalten, der dem Bremsweg des zweiten Zuges entspricht. Beim Fahren im absoluten Bremswegabstand entfällt die Fahrzeit im Blockabschnitt, alle anderen Komponenten der Sperrzeit bleiben jedoch erhalten. Der Effekt des Übergangs vom Fahren im festen Raumabstand zum Fahren im absoluten Bremswegabstand besteht daher im Wesentlichen in einem Abschneiden der „Stufen" der Sperrzeitentreppe. Dadurch geht die Sperrzeitentreppe in ein kontinuierliches Sperrzeitenband über, das durch eine dem Zug vorauslaufende Belegungslinie und eine dem Zug folgende Freigabelinie begrenzt wird (Abb. 10.1.9). Sofern im Bereich niedriger Geschwindigkeiten der absolute Bremsweg den Vorsignalabstand unterschreitet, führt dies zusätzlich zu einer entsprechenden Verkürzung der Annäherungsfahrzeit. Durch die kontinuierliche Freigabe des Fahrweges hinter dem Zug wird das Fahren im absoluten Bremswegabstand auch als Fahren im wandernden Raumabstand oder im Englischen als „moving block" bezeichnet. Der durch Einführung des absoluten Bremswegabstandes

10.1 Regelung und Sicherung der Zugfolge

mögliche Leistungsgewinn wird häufig überschätzt. Dadurch, dass nur eine Komponente der Sperrzeit wegfällt, ist gegenüber einem Fahren im festen Raumabstand mit kurzen Blockabschnitten kaum eine Steigerung der Leistungsfähigkeit möglich. Dazu kommt, dass auf Mischbetriebsstrecken die mittlere Mindestzugfolgezeit schon bei Blockabschnittslängen von ca. 2000 m meist wesentlich stärker von der Geschwindigkeitsschere zwischen schnell und langsam fahrenden Zügen abhängt als von der Sperrzeit der einzelnen Blockabschnitte.

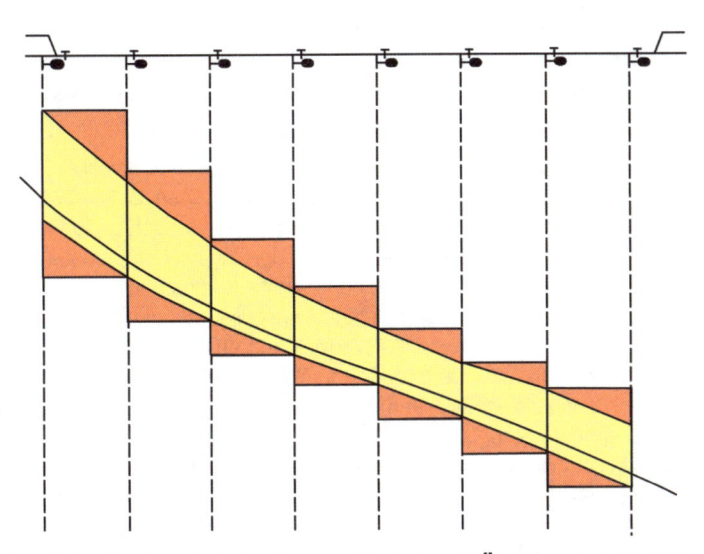

Abb. 10.1.9: Mögliche Reduktion der Sperrzeiten durch Übergang zum Fahren im absoluten Bremswegabstand (rot: wegfallende Teile der Blockabschnittssperrzeiten)

Relativer Bremswegabstand bedeutet, dass der Abstand zwischen zwei aufeinander folgenden Zügen mindestens der Differenz der geschwindigkeitsabhängigen Bremswege entsprechen muss (unter Ansatz gleicher Bremsverzögerungen). Damit ist sichergestellt, dass bei einer Bremsung des vorausfahrenden Zuges ein nachfolgender Zug immer sicher hinter diesem Zug zum Halten kommen kann. Dabei tritt im Sperrzeitenbild die Eigentümlichkeit auf, dass die Freigabelinie ab einer bestimmten Geschwindigkeit den Zug überholt. Und zwar ist das ab der Geschwindigkeit der Fall, ab der der geschwindigkeitsabhängige Bremsweg die Zuglänge übersteigt. Das bedeutet, dass der Bereich, in dem sich der Zug physisch befindet, von ihm betrieblich nicht mehr beansprucht wird und bereits für einen folgenden Zug freigegeben werden kann. Die Anwendung des Fahrens im relativen Bremswegabstand ist in spurgeführten Systemen sehr problematisch, da es zwischen zwei aufeinander folgenden Fahrzeugen möglich sein muss, bewegliche Fahrwegelemente (Weichen) umzustellen und zu sichern. Diese Fahrwegelemente bilden ortsfeste Gefahrpunkte, vor denen immer der volle Bremsweg zur Verfügung stehen muss. Ein weiteres Sicherheitsproblem besteht darin, dass bei einem Unfall des vorausfahrenden Zuges der folgende Zug keine Möglichkeit hätte, rechtzeitig vor der Unfallstelle zum Halten zu kommen. Für ausführlichere Betrachtungen zur Sperrzeit beim Fahren im absoluten und relativen Bremswegabstand wird auf [5] verwiesen. Allerdings sind diese Betrachtungen heute bei Eisenbahnen eher von akademischem Wert, da eine Abkehr vom Fahren im Raumabstand derzeit weder national noch international absehbar ist.

10 Betriebsführung

10.1.3 Zugfolgesicherung

Nichttechnische Zugfolgesicherung

Verfahren ohne technische Sicherung sind dadurch gekennzeichnet, dass die Sicherheit allein vom Beachten von Regeln durch den Menschen abhängt. Solche Verfahren kommen nur auf schwach befahrenen Nebenstrecken mit geringen zulässigen Geschwindigkeiten zur Anwendung. Die Regelung der Zugfolge erfolgt durch fernmündliche Meldungen, die in schriftlichen Unterlagen dokumentiert werden. Die Meldeverfahren unterscheiden sich vordergründig dadurch, dass die Fahrdienstleitung entweder durch die örtlichen Betriebsstellen oder eine zentrale Instanz wahrgenommen wird.

Auf Strecken mit örtlicher Fahrdienstleitung sind die Betriebsstellen mit örtlichen Fahrdienstleitern besetzt, die untereinander fernmündliche Zugmeldungen austauschen. Auf Strecken mit Einrichtungsbetrieb gibt der Fahrdienstleiter, der einen Zug in einen Blockabschnitt einlässt, eine Abmeldung an den Fahrdienstleiter der nächsten Zugfolgestelle (je nach örtlich festgelegten Regeln kurz vor oder unmittelbar nach Abfahrt des Zuges). Wenn der Zug bei der nächsten Zugfolgestelle ein- oder durchgefahren ist, prüft der dort zuständige Fahrdienstleiter das Vorhandensein des Schlusssignals bei Vorbeifahrt an der Signalzugschlussstelle, stellt anschließend das Signal auf Halt und gibt zur Freigabe des geräumten Blockabschnitts eine Rückmeldung an den rückgelegenen Fahrdienstleiter. Diese Rückmeldung ist die maßgebende Information für die Sicherung der Zugfolge. Auf Strecken mit Zweirichtungsbetrieb (eingleisige Strecken) ist durch zusätzliche Zugmeldungen zwischen den Fahrdienstleitern der Zugmeldestellen, die einen solchen Streckenabschnitt, der sich durchaus über mehrere Blockabschnitte erstrecken kann, begrenzen, ein Ausschluss von Gegenfahrten sicherzustellen. Vor dem Einlassen eines Zuges in einen Streckenabschnitt mit Zweirichtungsbetrieb hat der Fahrdienstleiter diesen Zug dem Fahrdienstleiter der korrespondierenden Zugmeldestelle anzubieten. Dieser hat die Möglichkeit, den Zug anzunehmen, also der Fahrt zuzustimmen, oder den Zug zu weigern, wenn er selbst einen Zug in den Streckenabschnitt einlassen möchte.

Hinweis: Zugmeldungen werden zur Regelung der Zugfolge zwischen Betriebsstellen, die unterschiedlichen Fahrdienstleitern zugeteilt sind, auch auf Strecken mit Streckenblock (s. u.) gegeben (siehe Kap. 10.4). Sie dienen auf solchen Strecken im Regelbetrieb jedoch nicht zur Sicherung der Zugfolge. Auf die Rückmeldung wird daher bei funktionsfähigem Streckenblock verzichtet.

Auf Strecken mit zentraler Fahrdienstleitung wird die Zugfolge einer Strecke nicht durch das örtliche Personal der Betriebsstellen sondern durch einen zentralen Fahrdienstleiter geregelt, der bei deutschen Eisenbahnen als Zugleiter bezeichnet wird. Das Betriebspersonal der örtlichen Betriebsstellen oder auch die Zugpersonale selbst geben an den Zugleiter auf fernmündlichem Wege (heute meist per Funk) Zuglaufmeldungen, die von diesem in ein tabellarisches oder grafisches Belegblatt eingetragen werden. Der Zugleiter hat an Hand dieses Belegblattes immer eine aktuelle Übersicht über den Belegungszustand aller Streckenabschnitte. Jeder Zug benötigt vor Einfahrt in einen Streckenabschnitt eine Fahrerlaubnis des Zugleiters, die auf fernmündlichem Wege entweder direkt oder durch das örtliche Betriebspersonal an das Zugpersonal übermittelt wird. Auf Signale wird auf solchen Strecken oft völlig verzichtet. Dieses Betriebsverfahren wird in Deutschland als Zugleitbetrieb bezeichnet (siehe auch Kap. 10.4). Strecken mit nichttechnischer Sicherung der Zugfolge werden heute fast ausschließlich im Zugleitbetrieb betrieben.

Streckenblocksysteme für das Fahren im festen Raumabstand

Der Streckenblock ist eine Sicherungsanlage, die die Zugfolge in einem Blockabschnitt technisch sichert. Die Zugfolgesicherung erfolgt dabei durch Herstellung von Abhängigkeiten zwischen
– den Signalen am Anfang und Ende eines Blockabschnitts (Folgefahrschutz) und
– den auf das gleiche Streckengleis weisenden Signalen benachbarter Zugmeldestellen.

10.1 Regelung und Sicherung der Zugfolge

Abb. 10.1.10 zeigt das Prinzip der Realisierung des Folgefahrschutzes bei den in Deutschland verwendeten Streckenblocksystemen. Nach Einfahrt des Zuges in einen Blockabschnitt wird das Signal auf Halt gestellt und durch eine zwangsläufig wirkende Verschlusseinrichtung in der Haltlage verschlossen. Gleichzeitig wird eine Belegungsinformation an das Signal am Ende des Blockabschnitts gesandt. Dieser Vorgang wird als Vorblockung bezeichnet. Nach Prüfung, dass der Zug den Blockabschnitt und den Durchrutschweg vollständig verlassen hat und durch ein Halt zeigendes Signal gedeckt ist, wird eine Freigabeinformation zum Aufheben des Signalverschlusses zum Signal an den Anfang des Blockabschnitts übermittelt. Dieser Vorgang wird als Rückblockung bezeichnet. Die Begriffe Vorblockung und Rückblockung werden zwar vorwiegend bei älteren Blocksystemen verwendet, das grundlegende Prinzip, dass sich das Signal zur Fahrt in einen Blockabschnitt unter Verschluss der nächsten Blockstelle befindet, gilt aber auch für moderne Anlagen.

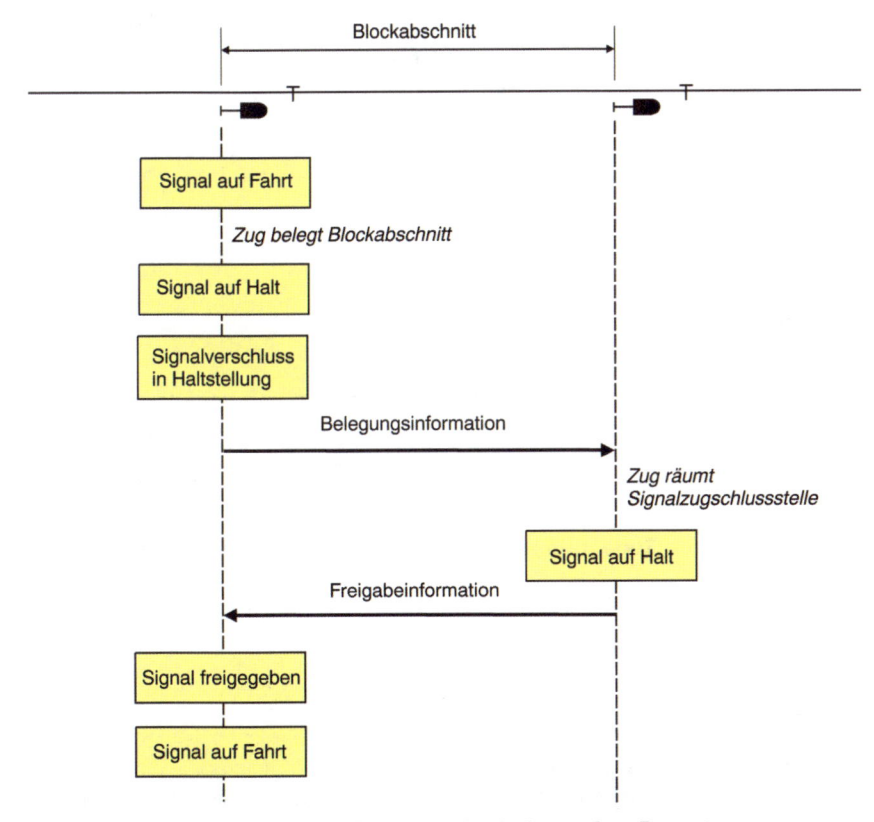

Abb. 10.1.10: Folgefahrschutz beim Streckenblock deutscher Bauart

Diese Form der Verschlusslogik ist nicht auf Gleisen anwendbar, auf denen Züge beginnen und enden. Ein beginnender Zug, der in dem betreffenden Gleis zunächst als Rangierfahrt bereitgestellt wird, würde das Gleis belegen, ohne einen Streckenblockverschluss zu bewirken, da er nicht durch Fahrtstellung eines Hauptsignals in diesen Gleisabschnitt eingelassen wurde. Und bei einem Zug, der in einem Gleisabschnitt endet und diesen als Rangierfahrt verlässt, bliebe der bei der Einfahrt erzeugte Streckenblockverschluss auch nach dem Räumen des Gleisabschnitts bestehen. Aus diesem Grunde werden Bahnhofsgleise in der Regel nicht mit Streckenblock ausgerüstet. Der Folgefahrschutz auf Bahnhofsgleisen wird stattdessen nur über die Gleisfreimeldung realisiert (siehe Kap. 10.1).

10 Betriebsführung

Zur Realisierung des Gegenfahrschutzes kommt bei deutschen Eisenbahnen das Prinzip der Richtungserlaubnis zur Anwendung. Von den beiden Zugmeldestellen, die einen im Zweirichtungsbetrieb befahrenen Streckenabschnitt begrenzen, befinden sich in der Zugmeldestelle, die nicht im Besitz der Erlaubnis für diesen Streckenabschnitt ist, alle auf diese Strecke weisenden Signale in Haltstellung unter Verschluss. Dadurch besteht auf der Strecke immer eine blocktechnisch eingestellte Fahrtrichtung. Bei freier Strecke kann die Stelle, die im Besitz der Erlaubnis ist, die Erlaubnis durch eine Bedienungshandlung an die Gegenstelle abgeben. Dabei wechselt der Signalverschluss zur korrespondierenden Zugmeldestelle (Abb. 10.1.11).

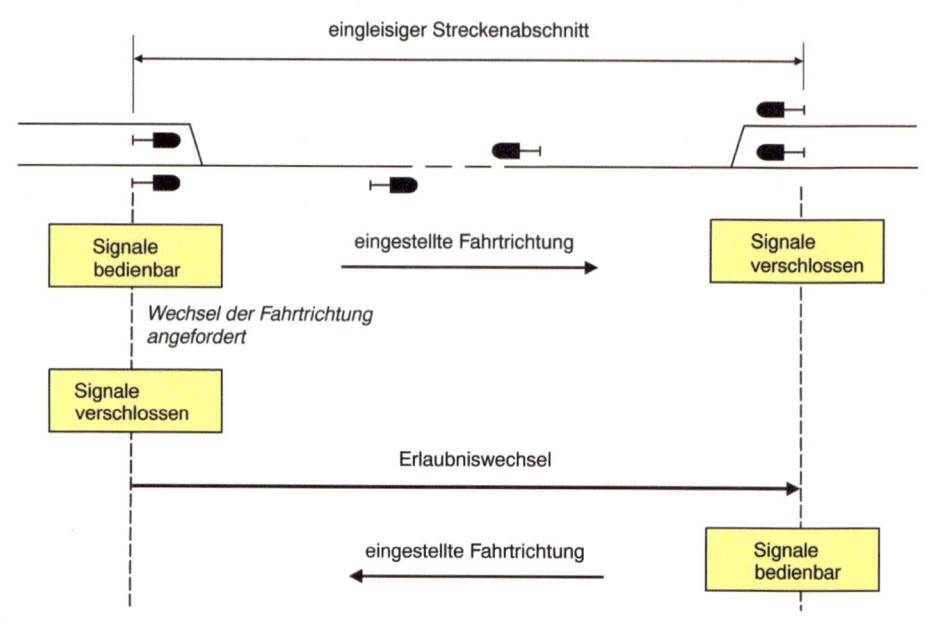

Abb. 10.1.11: Prinzip des Gegenfahrschutzes beim Streckenblock deutscher Bauart

Hinsichtlich der technischen Realisierung des Streckenblocks sind zwei grundlegende Ausführungsformen zu unterscheiden:
– nichtselbsttätiger Streckenblock
– selbsttätiger Streckenblock

Beim nichtselbsttätigen Streckenblock, der nur noch in Altanlagen existiert, ist noch keine technische Freimeldung des Streckengleises vorhanden. Daher ist an jeder Zugfolgestelle die Zugvollständigkeit durch Beobachten des Schlusssignals festzustellen. Dies erfordert die örtliche Besetzung aller Zugfolgestellen. Die Rückblockung (bei sehr alten Anlagen auch die Vorblockung) wird durch eine manuelle Bedienungshandlung abgegeben. Es wird jedoch als Vorbedingung für die Abgabe der Rückblockung technisch geprüft, dass der Zug an der Signalzugschlussstelle vorbeigefahren ist (aber ohne Prüfung der Zugvollständigkeit). Für diese Zugmitwirkung wird in der Regel eine so genannte „isolierte Schiene" verwendet. Dabei handelt es sich um einen kurzen, meist einschienig isolierten Gleisstromkreis (25...30 m) in Kombination mit einem Schienenkontakt und einer Auswerteschaltung. Die Freigabe der Rückblockabgabe wird ausgelöst, wenn der Gleisstromkreis befahren und wieder freigefahren und der Schienenkontakt betätigt wurde. Durch das Befahren und Freifahren des Gleisstromkreises wird ein Letzte-Achse-Kriterium erzeugt. Das zusätzliche Befahren des Schienenkontaktes verhindert eine Rückblockentsperrung beim Vortäuschen einer Zugfahrt durch einen kurzen Stromausfall (Abfall und Wiederanzug des Gleisrelais).

10.1 Regelung und Sicherung der Zugfolge

Beim selbsttätigen Streckenblock ist eine Mitwirkung des Menschen nicht mehr erforderlich. Voraussetzung ist das Vorhandensein einer Gleisfreimeldeanlage, die das Freisein von Blockabschnitt und Durchrutschweg technisch feststellt. Zur Gleisfreimeldung werden Gleisstromkreise oder Achszähler verwendet.

Selbsttätige Streckenblocksysteme lassen sich hinsichtlich der Gestaltung der Blocklogik in dezentralen und zentralisierten selbsttätigen Streckenblock einteilen. Bei deutschen Eisenbahnen werden die dezentralen Systeme als Selbstblock und die zentralisierten Systeme als Zentralblock bezeichnet (Abb. 10.1.12).

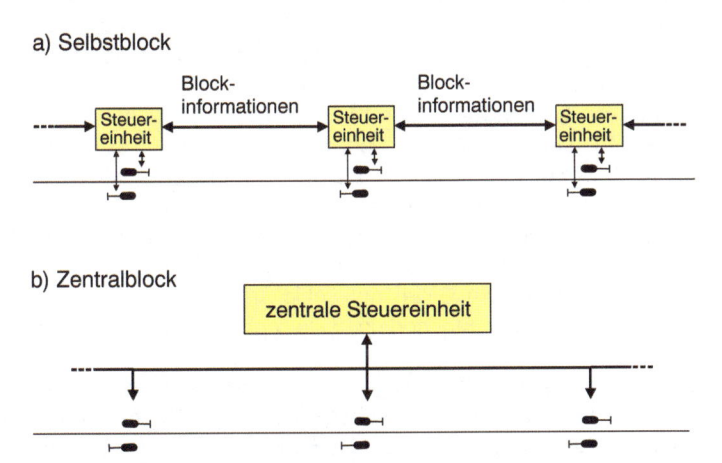

Abb. 10.1.12: Selbstblock und Zentralblock

Beim Selbstblock sind die Steuereinrichtungen für die Blocksignale in dezentralen Schaltschränken an der Strecke angeordnet, die untereinander Blockinformationen austauschen. Die Grundstellung der selbsttätigen Blocksignale ist Fahrt. Während der Fahrtstellung des Signals wird das Freisein des Blockabschnitts und des Durchrutschweges dauernd überwacht. Die beim nichtselbsttätigen Streckenblock übliche Rückblockung als einmaliger Vorgang mit Prüfung aller Kriterien für das Fahren im Raumabstand findet sich in dieser Form beim Selbstblock nicht. Lediglich die Prüfung, dass ein vorausgefahrener Zug durch ein Halt zeigendes Signal gedeckt ist, bleibt als klassische Rückblockbedingung erhalten, indem vor der Fahrtstellung eines Signals geprüft wird, ob das Folgesignal in der Haltstellung gewesen ist.

Beim Zentralblock ist die Steuereinrichtung einer Strecke an einer Stelle (meist einem benachbarten Stellwerk) konzentriert. Durch die zentrale Verwaltung aller Blockzustände entfällt der Austausch von Blockinformationen. Die Blocklogik orientiert sich an den Grundsätzen der Fahrstraßenlogik (zum Begriff der Fahrstraße siehe Kap. 10.2). Für jeden Blockabschnitt gibt es eine so genannte Blockfahrstraße, die als Vorbedingung für die Fahrtstellung des Signals festgelegt und nach dem Freifahren des Blockabschnitts und der Haltstellung des Folgesignals wieder aufgelöst wird. In Grundstellung sind keine Blockfahrstraßen festgelegt und die Signale stehen auf Halt. Wird in einem Bahnhof eine Ausfahrt auf eine Strecke mit Zentralblock eingestellt, so wird dabei die Einstellung der Blockfahrstraße des ersten Blockabschnitts angestoßen. Diese stößt automatisch die nächste Blockfahrstraße an usw., so dass alle Blocksignale der Strecke die Fahrtstellung einnehmen. Die Bedingungen für das Fahren im Raumabstand werden beim Auflösen und Einstellen der Blockfahrstraßen geprüft. Im Unterschied zu der im Kap. 10.2 beschriebenen Sicherung von Fahrstraßen im Bahnhof bleibt die Festlegung einer Blockfahrstraße bei besetztem Blockabschnitt bestehen und dient damit unmittelbar der Sicherung der Zugfolge. Eine Bahnhofsfahrstraße löst hingegen bei besetztem Bahnhofsgleis

10 Betriebsführung

auf, die Zugfolge im Bahnhof wird nur durch die Gleisfreimeldeanlagen gesichert. Für eine ausführlichere Beschreibung der Funktionslogik und technischen Realisierung von Streckenblocksystemen wird auf [6] und [7] verwiesen.

Funkbasierte Zugfolgesicherung

Mit der Entwicklung des digitalen Mobilfunks wurde die technische Voraussetzung geschaffen, die Betriebsführung der Eisenbahn auf eine neue technische Basis zu stellen, die die traditionellen Gleisfreimelde- und Streckenblocksysteme entbehrlich macht. Die funkbasierte Zugfolgesicherung bildet die Grundidee für neue Konzepte zur Führung der Züge durch Führerraumanzeigen ohne ortsfeste Blockabschnitte. Alle Ansätze zur funkbasierten Zugfolgesicherung bauen dabei auf folgenden Grundsätzen auf (Abb. 10.1.13):
– Die Züge orten sich mit fahrzeuggestützten Ortungssystemen selbst. Als Systemlösung wird gegenwärtig die Verwendung von Balisen in Verbindung mit einer Koppelsensorik favorisiert. Die Balisen sind passive Datenträger am Fahrweg, die die Funktion von elektronischen Kilometersteinen haben. Zwischen den durch die Balisen vorgegebenen absoluten Ortungspunkten orten sich die Züge über eine Wegmessung durch Abgriff der Radumdrehung über eine Koppelsensorik (Odometer). Diskutiert werden derzeit auch Möglichkeiten zur Anwendung der Satellitenortung durch das Global Positioning System (GPS) und künftig Galileo.
– Die Züge melden ihren aktuellen Standort in festgelegten Ortungstakten per Funk an eine Funkblockzentrale.
– Die Zugintegrität wird fahrzeuggestützt festgestellt. Das ist die entscheidende Voraussetzung für den Wegfall der aufwändigen fahrweggestützten Gleisfreimeldeeinrichtungen. Bei modernen Reisezügen ist die Feststellung der Zugintegrität über Datenleitungen im Zug problemlos zu realisieren. Noch keine ausgereifte Lösung existiert aber bislang für den klassischen Güterzug. Datenleitungen im Zugverband stehen dort nicht zur Verfügung, die Anwendung aufwändiger Überwachungsgeräte am letzten Wagen wäre ein erhebliches logistisches Problem. Die Entwicklung eines wirtschaftlichen Verfahrens zur Zugschlussüberwachung ist das gegenwärtig drängendste Problem bei der Umsetzung von Pilotanwendungen zur funkbasierten Abstandshaltung.
– Die Zentrale verwaltet die Standortinformationen aller Züge und übernimmt die Regelung der Zugfolge. Ein Zug kann erst abfahren, wenn ihm von der Zentrale auf dem Funkwege eine Fahrerlaubnis bis zu einem definierten Punkt erteilt worden ist.

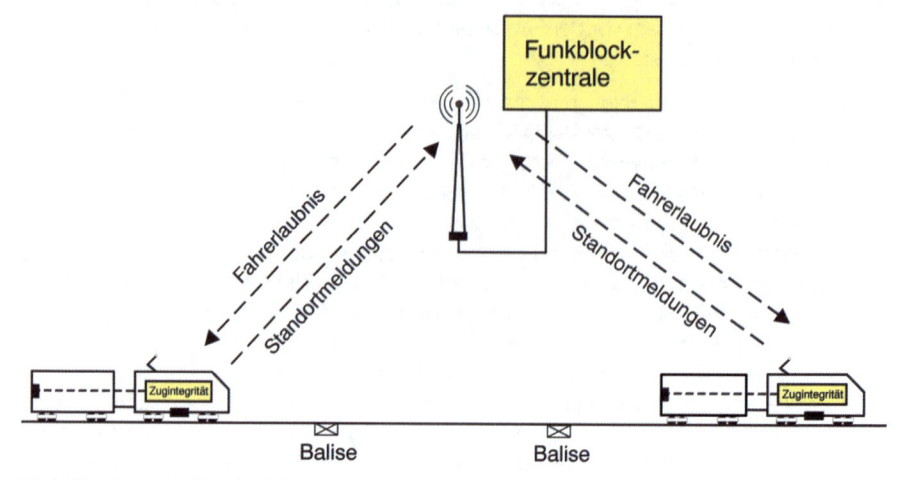

Abb. 10.1.13: Prinzip der funkbasierten Zugfolgesicherung

10.2 Fahrwegsicherung

Bei einigen ausländischen Bahnen wird abweichend von dem vorstehend beschriebenen Verfahren zur funkbasierten Sicherung der Zugfolge die Logik eines tokenbasierten Funkblocksystems verwendet (so genannter „Radio Electronic Token Block"). Das Grundprinzip dieser Verfahren ist in [6] und [2] beschrieben.

10.2 Fahrwegsicherung

10.2.1 Begriff der Fahrstraße

In Bereichen, wo sich Fahrwege verzweigen oder kreuzen, ist zusätzlich zur Zugfolgesicherung sicherzustellen, dass Züge nicht durch falsch gestellte Fahrwegelemente entgleisen oder mit Fahrten auf anderen Fahrwegen zusammenstoßen. In den Weichenbereichen der Fahrstraßenknoten (Bahnhöfe, Abzweig- und Überleitstellen) verkehren die Züge – und in neuerer Technik in der Regel auch Rangierfahrten – daher auf technisch gesicherten Fahrwegen, den so genannten Fahrstraßen. Die Sicherung einer Fahrstraße dient folgenden Schutzzielen:
– Sicherstellung der richtigen Lage aller beweglichen Fahrwegelemente vor Zulassung einer Zugfahrt
– Verhinderung des Umstellens von beweglichen Fahrwegelementen unter dem fahrenden Zug
– Verhinderung der Zulassung gefährdender (so genannter „feindlicher") Fahrten
– Verhinderung seitlichen Einfahrens von einmündenden Fahrwegen in den freigegebenen Fahrweg eines Zuges (Flankenschutz)

Eine Fahrstraße für Züge (Zugstraße) ist zusätzlich vor der Fahrtstellung des die Fahrt zulassenden Signals auf Freisein zu prüfen. Bei Fahrstraßen für Rangierfahrten (Rangierstraßen) entfällt diese Bedingung. Im Folgenden werden nur die Verfahren zur Sicherung von Zugstraßen behandelt, zur Sicherung von Rangierstraßen sind bei den einzelnen Bahnunternehmen unterschiedliche Vereinfachungen zugelassen, bis hin zum völligen Verzicht auf eine technische Fahrstraßensicherung für Rangierfahrten. Eine Fahrstraße beginnt an einem Startsignal (in der Regel ein Hauptsignal). Eine Fahrstraße ist beendet (Abb. 10.2.1),
– wenn ein Zielsignal vorhanden ist (z. B. bei Einfahrt in einen Bahnhof), am Ende des Durchrutschweges hinter dem Zielsignal, d. h. die Fahrstraße deckt sich mit der Überwachungslänge des Startsignals,
– wenn kein Zielsignal vorhanden ist (z. B. bei Ausfahrt aus einem Bahnhof), am Ende des Weichenbereiches. Die für die Sicherung der Zugfolge maßgebende Überwachungslänge des Startsignals reicht in diesem Fall über das Ende der Fahrstraße hinaus bis zum Ende des Durchrutschweges des folgenden Signals (Blocksignal oder Einfahrsignal des nächsten Bahnhofs).

Fahrstraßen mit Zielsignal sind in der Regel Fahrstraßen zwischen aufeinander folgenden Hauptsignalen innerhalb eines Bahnhofs. Da als Teil der Fahrstraßensicherung das Freisein der gesamten Überwachungslänge des Startsignals geprüft wird, wird durch die Fahrstraße auch die Zugfolge in dem Abschnitt zwischen Start- und Zielsignal gesichert, ohne dass zwischen diesen Signalen eine Streckenblockabhängigkeit erforderlich ist. Da der Durchrutschweg ebenfalls Teil der Fahrstraße ist, können sich im Durchrutschweg Weichen oder Kreuzungen befinden, die in die Fahrstraßensicherung einbezogen sind. Fahrstraßen ohne Zielsignal sind Fahrstraßen, die in einen Blockabschnitt führen, in dem die Zugfolge durch Streckenblock oder betriebliche Meldeverfahren gesichert wird (siehe Kap. 10.3). Der Durchrutschweg hinter dem nächsten Signal ist Teil der Zugfolgesicherung, er ist jedoch nicht in die Fahrstraßensicherung einbezogen. Deshalb können in einem auf diese Weise gesicherten Durchrutschweg auch keine Weichen oder Kreuzungen liegen. In den folgenden Kapiteln werden in komprimierter Form nur die wesentlichen Grundsätze der Fahrstraßensicherung beschrieben.

10 Betriebsführung

a) Fahrstraße mit Zielsignal

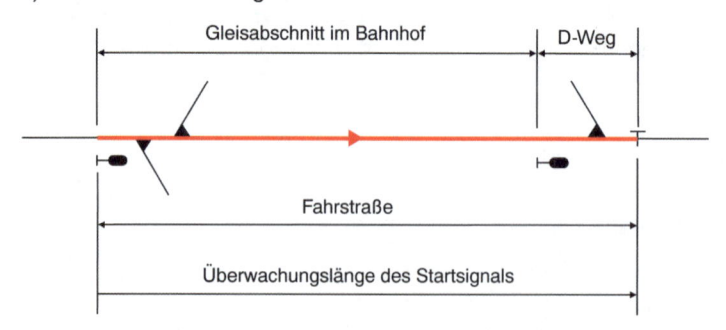

b) Fahrstraße ohne Zielsignal

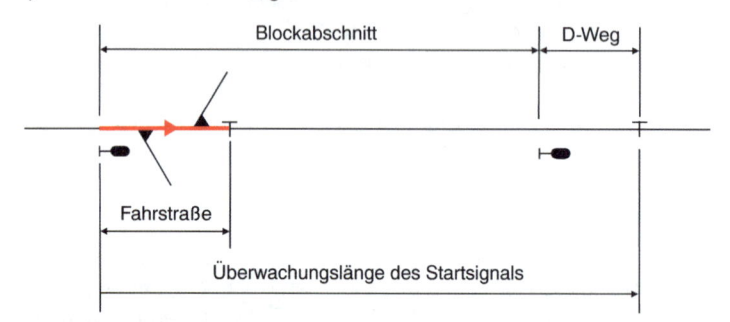

Abb. 10.2.1: Fahrstraße mit und ohne Zielsignal

10.2.2 Verschließen der Fahrwegelemente

Solange eine Fahrstraße oder Teile einer Fahrstraße für eine Zugfahrt freigegeben sind, müssen die zugehörigen Weichen und Flankenschutzeinrichtungen in der für die Zugfahrt erforderlichen Lage verschlossen sein. Dieser Verschluss beinhaltet zwei Kriterien:
– Das Umstellen der Weichen und Flankenschutzeinrichtungen darf nicht möglich sein.
– Die Weichenzungen müssen vor Ort gegen unbeabsichtigte Bewegung formschlüssig festgehalten werden.

Die Verhinderung des unzulässigen Umstellens der Weichen und Flankenschutzeinrichtungen wird durch den Verschluss der Stelleinrichtung durch die eingestellte Fahrstraße bewirkt (Fahrstraßenverschluss im Stellwerk). Das Eintreten des Fahrstraßenverschlusses vor der Zugfahrt und die Aufrechterhaltung des Fahrstraßenverschlusses bis zum Verlassen der Weichen wird durch zwei Sicherungsprinzipien technisch sichergestellt:
– Signalabhängigkeit
– Fahrstraßenfestlegung

Signalabhängigkeit bedeutet, dass Weichen von den für die Zugfahrt gültigen Signalen derart abhängig sein müssen, dass die Signale nur dann in die Fahrtstellung gebracht werden können, wenn die Weichen für den Fahrweg richtig liegen und verschlossen sind. Durch das Wirken der Signalabhängigkeit wird während der Fahrtstellung des Startsignals der Fahrstraße der Verschluss der Weichen durch die Fahrstraße erzwungen. Da ein Hauptsignal nach Vorbeifahrt der Zugspitze bereits auf Halt gestellt werden darf, bevor der Zug den Weichenbereich verlassen hat, wird die Signalabhängigkeit durch die Fahrstraßenfestlegung ergänzt. Durch die Fahrstraßenfestlegung wird der Fahrstraßenver-

10.2 Fahrwegsicherung

schluss auch nach der Signalhaltstellung zwangsweise aufrechterhalten, bis der Zug die Fahrstraßenzugschlussstelle geräumt hat oder am vorgesehenen Halteplatz zum Halten gekommen ist. Die Fahrstraßenfestlegung überbrückt damit die Sicherungslücke vom Auf-Halt-Stellen des Signals bis zu dem Zeitpunkt, an dem der Zug den Weichenbereich verlassen hat. Obwohl die Fahrstraßenfestlegung durch das Wirken der Signalabhängigkeit betrieblich erst benötigt wird, wenn das Signal wieder auf Halt steht, tritt sie in Stellwerken deutscher Eisenbahnen bereits vor der Signalfahrtstellung ein, sie ist technisch sogar eine Vorbedingung für die Fahrtstellung des Signals. Durch dieses Prinzip lässt sich, sobald das Signal auf Fahrt gestellt wurde, der Fahrstraßenverschluss nicht mehr durch Regelbedienungen zurücknehmen. Der Grund für diese Abhängigkeit besteht darin, dass ein fehlerhaftes Nichteintreten der Fahrstraßenfestlegung durch die Verhinderung der Signalfahrtstellung offenbart wird.

Bei den meisten ausländischen Eisenbahnen sowie in Deutschland bei Stellwerken von Stadtschnellbahnen im Geltungsbereich der *Verordnung über den Bau und Betrieb von Straßenbahnen* (*BOStrab*) kommt abweichend davon das Prinzip zur Anwendung, dass das Startsignal einer Fahrstraße zunächst auf Fahrt gestellt wird, ohne dass die Fahrstraßenfestlegung eintritt. In diesem Stadium wird der Fahrstraßenverschluss nur durch das Wirken der Signalabhängigkeit erzwungen. Erst wenn der Zug einen bestimmten Annäherungsabschnitt befahren hat (in der Regel der Gleisabschnitt vor dem Vorsignal oder rückliegenden Mehrabschnittssignal), tritt, ausgelöst durch die Besetztmeldung des Gleisfreimeldeabschnitts, die Fahrstraßenfestlegung nachträglich zum bereits Fahrt zeigenden Signal ein. Dies hat betrieblich den Vorteil, dass, solange der Annäherungsabschnitt noch nicht befahren wurde, eine Fahrstraße nach dem Auf-Halt-Stellen des Signals ohne Weiteres wieder zurückgenommen werden kann. Andererseits muss jedoch durch hinreichend zuverlässige Systemgestaltung sichergestellt sein, dass ein Versagen des Eintretens der Fahrstraßenfestlegung nicht mehr angenommen werden muss

Die Rücknahme der Fahrstraßenfestlegung und des Fahrstraßenverschlusses wird als Fahrstraßenauflösung bezeichnet. Bei Fahrstraßen mit Zielsignal muss man dabei die Auflösung des befahrenen Teils einer Fahrstraße von der Auflösung des Durchrutschweges unterscheiden. Der befahrene Teil einer Fahrstraße kann aufgelöst werden, wenn das Startsignal der Fahrstraße auf Halt steht und der Zug mit der letzten Achse die Fahrstraßenzugschlussstelle freigefahren hat. Die Auflösung erfolgt dann in der Regel zugbewirkt. In älteren Anlagen wird zur zugbewirkten Fahrstraßenauflösung meist das bereits beim Streckenblock erläuterte Prinzip der isolierten Schiene verwendet. In Stellwerken mit Gleisfreimeldung durch Gleisstromkreise wird dazu ein ohnehin vorhandener Freimeldeabschnitt genutzt, wobei aus dem gleichen Grunde wie bei der isolierten Schiene zusätzlich das Befahren eines Schienenkontaktes ausgewertet wird. In moderneren Anlagen ist eine Aufteilung des befahrenen Teils der Fahrstraße in mehrere Teilfahrstraßen üblich, die in der Reihenfolge des Freifahrens nacheinander zugbewirkt auflösen. Jede dieser Teilfahrstraßen hat eine eigene Fahrstraßenzugschlussstelle. Häufig bildet jedes Fahrwegelement eine eigene Teilfahrstraße, so dass alle Weichen unmittelbar nach dem Freifahren einzeln nacheinander auflösen. Dadurch ergibt sich insbesondere bei längeren Fahrstraßen eine deutliche Verkürzung der Fahrstraßensperrzeit und damit eine höhere Leistungsfähigkeit. Auf die zusätzliche Auswertung des Befahrens eines Schienenkontaktes kann dabei verzichtet werden, da die Reihenfolge des Befahrens und Freifahrens der aufeinander folgenden Freimeldeabschnitte ausgewertet wird. Dadurch wird eine durch Stromausfall vorgetäuschte gleichzeitige Besetzt- und anschließende Freimeldung aller Abschnitte nicht fälschlich als Auflösekriterium ausgewertet.

Bei der Auflösung des Durchrutschweges muss zwischen durch- und einfahrenden Zügen unterschieden werden. Bei einem durch einen Bahnhof fahrenden Zug wird bei einigen Stellwerksbauformen der hinter dem Ausfahrsignal liegende Durchrutschweg der Einfahrstraße aufgelöst, sobald die Festlegung der Ausfahrstraße eingetreten ist, bei anderen Bauformen löst der Durchrutschweg zusammen mit der Ausfahrstraße auf. Im Unterschied dazu ist bei einer Einfahrt, die vor einem

10 Betriebsführung

Zielsignal (Ausfahr- oder Zwischensignal) endet, eine zugbewirkte Auflösung des Durchrutschweges nicht möglich. In älteren Anlagen wird die Auflösung durch Mitwirkung eines Mitarbeiters vorgenommen, der durch Hinsehen prüfen kann, ob der Zug ordnungsgemäß zum Halten gekommen ist. In neueren Anlagen, bei denen oft kein örtliches Personal mehr vorhanden ist, wird eine zeitverzögerte selbsttätige Auflösung des Durchrutschweges verwendet. Die Größe der Zeitverzögerung wird so gewählt, dass der Zug bis zur Auflösung des Durchrutschweges mit hoher Wahrscheinlichkeit zum Halten gekommen ist.

Bei Versagen der zugbewirkten Fahrstraßenauflösung oder wenn aus anderweitiger betrieblicher Notwendigkeit eine Fahrstraße zurückgenommen werden muss, ohne dass ein Zug gefahren ist, muss eine Möglichkeit bestehen, eine festgelegte Fahrstraße durch eine besondere Hilfshandlung manuell aufzulösen. Auch hier existieren zwei unterschiedliche Sicherungsprinzipien. In Deutschland wird für solche Fälle eine registrierpflichtige Hilfshandlung vorgesehen. Bei vielen ausländischen Bahnen wird stattdessen eine manuelle Hilfsauflösung ohne Registrierpflicht benutzt, wobei die Rücknahme der Fahrstraße durch eine zeitverzögerte Rücknahme des Fahrstraßenverschlusses (engl. „time locking") gesichert wird. Die Verzögerungszeit ist so bemessen (in der Regel mehrere Minuten), dass der Zug mit hinreichender Wahrscheinlichkeit entweder zum Halten gekommen ist, oder den Weichenbereich verlassen hat. Dieses Verfahren hat den Vorteil, dass sich eine irrtümliche Fahrstraßenhilfsauflösung durch das Wirken des Zeitverschlusses nicht gefährlich auswirken kann. Die Hilfsauflösung einer Fahrstraße ist aber in jedem Fall nur möglich, wenn das Startsignal der Fahrstraße auf Halt steht. Die Wirkung der Signalabhängigkeit kann auch durch Hilfshandlungen nicht umgangen werden.

Zusätzlich zum Verschließen der Weichenstelleinrichtung durch die eingestellte Fahrstraße müssen die Weichenzungen gegen unbeabsichtigte Bewegung unter dem fahrenden Zug gesichert werden. Diese Aufgabe übernimmt der Weichenverschluss. Der Weichenverschluss ist eine beim Umstellen der Weiche rein mechanisch mitbewegte Verschlusseinrichtung, die die anliegende Weichenzunge am Ende des Umstellvorgangs formschlüssig mit der Backenschiene verriegelt. Ein Weichenverschluss ist grundsätzlich an jeder Weiche vorhanden, auch an Weichen, die nicht in Abhängigkeit zu Signalen stehen. Er ist jedoch eine notwendige Voraussetzung für die Realisierung der Signalabhängigkeit. Obwohl das Wirken des Weichenverschlusses vom Stellwerk nicht überwacht wird, gilt für eine Weiche, von der bekannt ist, dass der Weichenverschluss nicht ordnungsgemäß wirkt, die Signalabhängigkeit als aufgehoben. Bei jeder Weiche ist ein Weichenverschluss im Bereich der Zungenspitzen angeordnet (Spitzenverschluss). Bei langen Weichen mit Federschienenzungen sind im Bereich der Zungen weitere Verschlüsse angebracht (so genannte Mittelverschlüsse), die ein Schlottern der langen Zungen verhindern sollen. Weichen mit beweglichen Herzstückspitzen haben zusätzlich einen Herzstückverschluss (bei langen Herzstückspitzen auch mehrere Herzstückverschlüsse). Bei deutschen Eisenbahnen sind mehrere Bauformen von Weichenverschlüssen im Einsatz. Eine verbreitete Bauform ist der Klammerverschluss, dessen Wirkprinzip u. a. in [8] erläutert wird.

10.2.3 Fahrstraßenausschlüsse

Fahrten, die sich gegenseitig gefährden können (so genannte „feindliche Fahrten") dürfen nicht gleichzeitig zugelassen werden. Feindliche Fahrstraßen, die sich in der Stellung mindestens eines signalabhängigen Fahrwegelementes unterscheiden, schließen sich bereits durch das Wirken der Signalabhängigkeit aus. Diese sich von selbst ergebenden Ausschlüsse werden auch als einfache Ausschlüsse bezeichnet. Für feindliche Fahrstraßen, bei denen das nicht der Fall ist, müssen besondere Ausschlüsse vorgesehen werden. Besondere Ausschlüsse sind beispielsweise erforderlich zum
– Ausschluss von Gegeneinfahrten in dasselbe Bahnhofsgleis,
– Ausschluss zwischen Ein- und Ausfahrt auf Bahnhofsgleisen, auf denen keine Durchfahrten zugelassen sind.

10.2.4 Flankenschutz

Flankenschutzmaßnahmen sollen verhindern, dass ein Zug durch in seinen Fahrweg einmündende Fahrten (so genannte Flankenfahrten) gefährdet wird. Der Flankenschutz kann durch unmittelbare oder mittelbare Flankenschutzmaßnahmen gewährleistet werden. Unmittelbarer Flankenschutz wird durch Flankenschutzeinrichtungen bewirkt. Im Unterschied dazu wird mittelbarer Flankenschutz nicht mit Flankenschutzeinrichtungen sondern nur durch betriebliche Anordnungen (Rangier- und Abstellverbote) bewirkt. In Neuanlagen wird in der Regel unmittelbarer Flankenschutz vorgesehen. Als Flankenschutzeinrichtungen werden dabei verwendet (Abb. 10.2.2):
– Flankenschutz bietende Signale
– Schutzweichen
– Gleissperren

Wenn in einmündenden Gleisen damit gerechnet werden muss, dass sich Fahrzeuge unbeabsichtigt in Bewegung setzen (z. B. in Gleisen mit abgestellten Fahrzeugen), ist Flankenschutz nur durch Schutzweichen oder Gleissperren möglich. Gleissperren dürfen jedoch nur in Nebengleisen verwendet werden. Bei der *Deutschen Bahn AG* sind bei Geschwindigkeiten > 160 km/h in Bahnhöfen und Anschlussstellen grundsätzlich Schutzweichen vorgeschrieben. Ohnehin in der Topologie vorhandene Fahrwegweichen, die einer anderen Fahrstraße Flankenschutz bieten können, werden auch dann als Schutzweichen verwendet, wenn eine Schutzweiche nicht vorgeschrieben ist. Es gibt jedoch auch Weichen, die ausschließlich als Schutzweichen dienen.

a) Flankenschutz bietende Signale

Sperrsignal

Hauptsignal

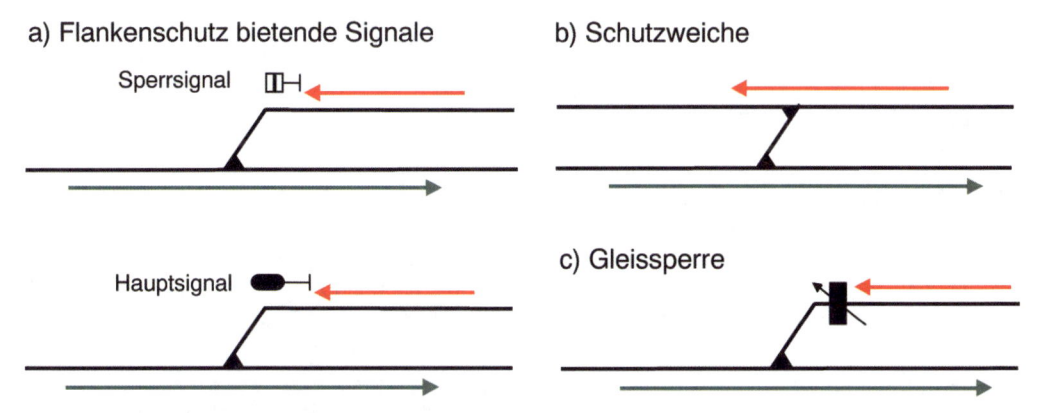

b) Schutzweiche

c) Gleissperre

Abb. 10.2.2: **Flankenschutzeinrichtungen (rot: gefährdende Fahrt, grün: zu schützende Fahrt)**

Flankenschutzeinrichtungen werden in die Signalabhängigkeit und Fahrstraßenfestlegung einbezogen. Im Raum zwischen der Flankenschutzeinrichtung und dem Grenzzeichen der Einmündungsweiche in den zu schützenden Fahrweg (Flankenschutzraum) dürfen sich keine Fahrzeuge befinden, solange die zu schützende Fahrt zugelassen ist. Der Flankenschutz sollte daher nach Möglichkeit durch ein nahe am zu schützenden Fahrweg gelegenes Fahrwegelement bewirkt werden (Nahschutz). Steht kein dazu geeignetes Fahrwegelement zur Verfügung, kann der Flankenschutz auch durch weiter entfernt liegende Fahrwegelemente gewährleistet werden (Fernschutz). Zwischen Fernschutz bietenden Flankenschutzeinrichtungen und dem zu schützenden Fahrweg gelegene Weichen werden als Transportschutzweichen bezeichnet, da diese den Flankenschutz nur „transportieren" ohne selbst Flankenschutz zu bieten. Die Anordnung und Sicherungslogik von Flankenschutzeinrichtungen ist ein komplexes Thema mit vielen Spezialfällen. Für eine ausführlichere Behandlung wird auf [8] verwiesen.

10 Betriebsführung

10.2.5 Sicherung der Durchrutschwege

Maßgebender Gefahrpunkt

Der maßgebende Gefahrpunkt ist die erste, auf ein Hauptsignal folgende Stelle im Gleis, an der beim Durchrutschen eines Zuges eine Gefährdung eintreten kann. Als maßgebender Gefahrpunkt sind anzusehen (Abb 10.2.3):
- der Anfang der ersten hinter dem Signal liegenden spitz befahrenen Weiche, wenn sie nicht verschlossen oder eine Flankenschutzeinrichtung nicht wirksam ist
- das Grenzzeichen einer hinter dem Signal liegenden Weiche oder Kreuzung, über die bei einer Fahrt in Richtung auf das Halt zeigende Signal gleichzeitig Zug- oder Rangierfahrten stattfinden können
- die Spitze oder der Schluss eines am gewöhnlichen Halteplatz zum Halten gekommenen Zuges
- die Rangierhalttafel, über die nicht rangiert werden darf

a) Anfang einer spitz befahrenen Weiche

c) Schluss eines planmäßig haltenden Zuges

b) Grenzzeichen einer stumpf befahrenen Weiche

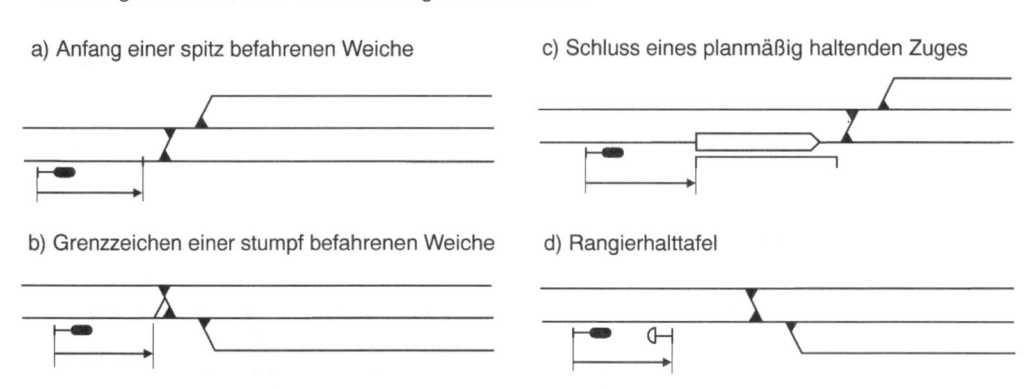

d) Rangierhalttafel

Abb. 10.2.3: Maßgebende Gefahrpunkte

Der Abstand vom Hauptsignal bis zum maßgebenden Gefahrpunkt steht als Durchrutschweg für das Verbremsen eines auf das Halt zeigende Signal zu bremsenden Zuges zur Verfügung. Für den Abstand vom maßgebenden Gefahrpunkt gelten bei der *Deutschen Bahn AG* folgende Mindestlängen:
a) bei Einfahrsignalen und Blocksignalen
   - 200 m, wenn als Gefahrpunkt das Grenzzeichen einer Weiche oder Kreuzung, die Rangierhalttafel oder der Schluss eines haltenden Zuges gilt,
   - 100 m, wenn als Gefahrpunkt eine spitz befahrene Weiche gilt,
   - 50 m, wenn Blocksignale bei Blockabschnittslängen von mindestens 950 m ausschließlich der Zugfolgeregelung dienen.
b) bei Ausfahr- und Zwischensignalen
   - 200 m bei einer Einfahrgeschwindigkeit von mehr als 60 km/h,
   - 100 m bei einer Einfahrgeschwindigkeit von bis zu 60 km/h,
   - 50 m bei einer Einfahrgeschwindigkeit von bis zu 40 km/h.

Der Durchrutschweg hinter Ausfahr- und Zwischensignalen darf auch kürzer als 50 m sein, wenn vor diesen Signalen in der Regel gehalten wird und hinter diesen Signalen keine durchgehenden Hauptgleise mehrerer Strecken zusammenlaufen (typischer Fall: Einfahrt in Stumpfgleise). Am rückliegenden Hauptsignal ist in diesem Fall eine Geschwindigkeit von 30 km/h zu signalisieren.

10.2 Fahrwegsicherung

Durchrutschwegsicherung

Die Durchrutschwegsicherung ist von der Art des Hauptsignals abhängig. Hauptsignale, die nicht Zielsignal einer Zugstraße sind (dazu gehören nach den Regeln der *Deutschen Bahn AG* Einfahrsignale und Blocksignale), werden im vollen Gefahrpunktabstand vor der ersten auf das Signal folgenden Weiche bzw. einem anderen maßgebenden Gefahrpunkt aufgestellt. Diese Form des Durchrutschweges wird nach dem Freifahren dauerhaft bis zur nächsten Zugfahrt freigehalten. Da somit innerhalb des Durchrutschweges keine Weichen und Kreuzungen liegen können, führt die Belegung des Durchrutschweges auch nicht zu Ausschlüssen mit anderen Fahrten. Der Durchrutschweg wirkt sich nur rein auf den Zugfolgeabstand zweier sich in gleicher Fahrtrichtung folgender Züge aus.

Bei Hauptsignalen, die Zielsignal einer Zugstraße sind (dazu gehören nach den Regeln der *Deutschen Bahn AG* Ausfahrsignale und Zwischensignale), wird der Durchrutschweg in die Fahrstraßensicherung einbezogen. Im Unterschied zum oben beschriebenen Verfahren wird ein solcher Durchrutschweg nur so lange freigehalten, wie eine Zugstraße auf das Signal hin eingestellt ist und darf anschließend wieder besetzt werden. Innerhalb des Durchrutschweges können Weichen und Kreuzungen liegen. Diese gelten jedoch nicht als Gefahrpunkte, da durch die Durchrutschwegsicherung spitz befahrene Weichen verschlossen werden und gefährdende Fahrten über stumpf befahrene Weichen sowie über Kreuzungen ausgeschlossen sind. Diese Form des Durchrutschweges wirkt sich daher nicht nur auf den Zugfolgeabstand zweier sich in gleicher Fahrtrichtung folgenden Züge aus, sondern kann auch zu Ausschlüssen mit anderen Fahrten führen.

Der Unterschied dieser beiden Formen der Durchrutschwegsicherung kommt auch in Sperrzeitendarstellungen zum Ausdruck [8]. Der Durchrutschweg hinter Einfahr- und Blocksignalen wird nicht in das Sperrzeitenbild einbezogen, sondern nur über die Räumfahrzeit als Teil der Sperrzeit des rückliegenden Blockabschnitts berücksichtigt. Hinter Ausfahr- und Zwischensignalen muss hingegen für den Durchrutschweg eine eigene Sperrzeit ausgewiesen werden, da die Belegung des Durchrutschweges zu Ausschlüssen mit anderen Fahrten führen kann und da das Ende der Sperrzeit des Durchrutschweges (gleich dem Auflösezeitpunkt) nicht mit dem Ende der Sperrzeit des Gleisabschnitts vor dem Zielsignal identisch ist.

Hinweis: Der Begriff des Durchrutschweges wird im sicherungstechnischen Regelwerk der *Deutschen Bahn AG* durch eine im Jahre 1998 vorgenommene Neufassung der Regeln zur Planung von Signalanlagen [9] nur noch bei Ausfahr- und Zwischensignalen verwendet. Der Durchrutschweg hinter Einfahr- und Blocksignalen wird im Unterschied dazu als „Gefahrpunktabstand" bezeichnet. Dies entspricht der früheren Regelung der ehemaligen *Deutschen Reichsbahn* [10], während bei der ehemaligen *Deutschen Bundesbahn* der Begriff des Durchrutschweges seit Anfang der 1970er Jahre einheitlich bei allen Hauptsignalen verwendet wurde [11]. Letzteres ist im aktuellen betrieblichen Regelwerk der *Deutschen Bahn AG* auch heute noch der Fall. Die Konzernrichtlinie *Züge Fahren und Rangieren* verwendet den Begriff des Gefahrpunktabstandes nicht und spricht stattdessen vom „Durchrutschweg hinter Einfahrsignalen" [12].

Bei den Regeln zur Bemessung und Sicherung der Durchrutschwege gibt es international erhebliche Unterschiede (bis hin zum völligen Verzicht auf Durchrutschwege).

10.2.6 Stellwerksbauformen

Abgesehen von sehr einfachen Verhältnissen sind die Einrichtungen zur Bedienung der Weichen und Signale heute in Stellwerken zusammengefasst. Diese können sowohl örtlich bedient als auch aus Zentralen ferngesteuert sein. Dabei ist die im Vergleich mit anderen technischen Systemen wahrscheinlich einmalige Situation bemerkenswert, dass alle bisher entwickelten Stellwerksgenerationen noch immer in nennenswerter Zahl im Einsatz sind. Die heute im Einsatz befindliche Stellwerkstechnik repräsentiert eine Entwicklungsspanne von über 100 Jahren mit der Konsequenz, dass neue Bauformen grundsätzlich in der Lage sein müssen, über Schnittstellen mit Alttechniken zu korrespondieren.

Mechanische Stellwerke

Mechanische Stellwerke sind die älteste Stellwerksbauform, die Entwicklung begann bereits kurz nach Inbetriebnahme der ersten Eisenbahnen in der ersten Hälfte des 19. Jahrhunderts. Mechanische Stellwerke werden durch Muskelkraft bedient. Die Kraftübertragung von den im Stellwerk installierten Hebeln zu den Weichen und Signalen erfolgt dabei entweder durch Gestänge (in Deutschland nicht verbreitet) oder Drahtzugleitungen. Die Signalabhängigkeit wird im Stellwerk durch ein mechanisches Verschlussregister (so genannter Verschlusskasten) hergestellt. Dieses Verschlussregister besteht aus einer matrixförmigen Anordnung aus von den Weichenhebeln bewegten Verschlussbalken und von den Fahrstraßenhebeln bewegten Fahrstraßenschubstangen. Durch Anordnung von Verschlussstücken innerhalb dieser Matrix wird bewirkt, dass der die Signalbedienung freigebende Fahrstraßenhebel nur dann umgelegt werden kann, wenn sich alle Weichenhebel für die betreffende Fahrstraße in der richtigen Lage befinden. Zwischen Weichenhebel und Weiche besteht eine quasistarre Verbindung, wobei durch die konstruktive Gestaltung sichergestellt ist, dass sich der Hebel nur dann vollständig umlegen lässt, wenn die Weiche ordnungsgemäß in die Endlage gekommen ist. Spitz befahrene Weichen können zur zusätzlichen Sicherheit mit einem durch einen separaten Hebel bedienten Zungenriegel ausgerüstet sein, der die Weichenzungen in der Endlage formschlüssig festhält. Wegen der Bedienung durch Muskelkraft ist die Stellentfernung mechanischer Stellwerke begrenzt (Weichen bis ca. 400 m, Signale bis ca. 1200 m). An der Bildung einer Fahrstraße sind daher oft mehrere Stellwerke beteiligt. Die Abhängigkeiten zwischen diesen Stellwerken werden dabei in der deutschen Stellwerkstechnik auf elektrischem Wege durch Zustimmungs- und Befehlsabhängigkeiten über den so genannten Bahnhofsblock hergestellt (siehe [8]).

Bahnhöfe mit mechanischen Stellwerken sind in Deutschland in der Regel nicht mit Gleisfreimeldeanlagen ausgerüstet. Das Freisein der Gleise kann daher nur durch Hinsehen geprüft werden (entscheidende Sicherheitslücke des mechanischen Stellwerks). Im angelsächsischen Raum, insbesondere in Nordamerika, ist jedoch auch in mechanischen Stellwerken vielfach eine durchgehende technische Gleisfreimeldung vorhanden. Die Fahrstraßenbildezeiten mechanischer Stellwerke liegen in der Größenordnung von 0,5 bis 2,0 min, können jedoch in Abhängigkeit von den örtlichen Bedingungen erheblich schwanken. Mechanische Stellwerke sind insbesondere auf untergeordneten Strecken auch heute noch in größerer Zahl im Einsatz.

Elektromechanische Stellwerke

Zu Beginn des 20. Jahrhunderts begann die Entwicklung der elektromechanischen Stellwerke. In elektromechanischen Stellwerken werden Weichen und Signale durch elektromotorische Antriebe gestellt. Zwischen den Bedienungshebeln wird die Signalabhängigkeit über ein mechanisches Verschlussregister, ähnlich wie im mechanischen Stellwerk, hergestellt. Da eine quasistarre Verbindung zwischen Hebel und Weiche nicht besteht, wird die Übereinstimmung zwischen Hebel- und Weichenstellung durch elektrische Überwachungsstromkreise geprüft. Elektromechanische Stellwerke ermöglichen größere Stellentfernungen als mechanische Stellwerke, allerdings werden in deutschen Anlagen die Steuerbereiche durch die hier meist fehlenden Gleisfreimeldeanlagen und die daraus resultierende Notwendigkeit der Fahrwegprüfung durch Hinsehen begrenzt. Im angelsächsischen Raum sind, abgesehen von frühen Installationen, Gleisfreimeldeanlagen bei elektromechanischen Stellwerken generell Standard, wodurch dort größere Stellbereiche möglich sind (mit bis zu mehreren hundert Hebeln in einem Stellwerk).

10.3 Zugbeeinflussung

Im Ausland haben neben den elektromechanischen auch elektropneumatische Stellwerke eine größere Verbreitung gefunden, bei denen die Außenanlagen durch Druckluftantriebe gestellt, jedoch elektrisch gesteuert und überwacht werden. Die Innenanlagen beider Stellwerksformen sind weitgehend identisch. Die Fahrstraßenbildezeiten elektromechanischer und elektropneumatischer Stellwerke sind durch die leichtere Bedienung und die geringere Ausdehnung der Hebelwerke deutlich kürzer als bei mechanischen Stellwerken, sie liegen im Bereich von 0,2 bis 1,5 min.

Relaisstellwerke

In Relaisstellwerken werden alle Abhängigkeiten über Relaisschaltungen hergestellt. Durch den Entfall des mechanischen Verschlussregisters können die Bedienelemente (Tasten) und Meldeleuchten in einem schematischen Gleisbild angeordnet werden. Relaisstellwerke werden daher auch als Gleisbild- oder Drucktastenstellwerke bezeichnet. Die Ausrüstung mit Gleisfreimeldeanlagen ist bei Relaisstellwerken Standard. Im Regelbetrieb sind dadurch keine sicherheitsrelevanten Bedienungshandlungen erforderlich (deutlicher Sicherheitsgewinn gegenüber älteren Stellwerksbauformen). Relaisstellwerke sind fernsteuerbar, damit können große Knoten oder ganze Strecken von einer Zentrale aus gesteuert werden. Die Fahrstraßenbildezeiten von Relaisstellwerken hängen fast nur noch von der Umlaufzeit der Weichen ab und liegen im Bereich von 0,1 bis 0,3 Minuten.

Elektronische Stellwerke

Elektronische Stellwerke sind die modernste Stellwerksbauform. Von der *Deutschen Bahn AG* werden nur noch elektronische Stellwerke beschafft. Elektronische Stellwerke arbeiten rechnergesteuert, die Stellwerkslogik wird durch Software realisiert. Die Bedienung erfolgt in der Regel über Bildschirmarbeitsplätze. Als ergänzendes Anzeigemedium bieten einige Hersteller die bei Relaisstellwerken üblichen Gleisbildtafeln auch für elektronische Stellwerke an. In Betriebszentralen verwenden viele Bahnen (jedoch nicht die *Deutsche Bahn AG*) auch Videoprojektionswände zur Visualisierung der Betriebslage größerer Netzbereiche. Die betrieblichen Möglichkeiten, die Fahrstraßenbildezeiten sowie das Sicherheitsniveau heutiger elektronischer Stellwerke sind mit Relaisstellwerken vergleichbar. Eine umfassende Beschreibung der betrieblichen Funktionalitäten der elektronischen Stellwerke der *Deutschen Bahn AG* findet sich in [13].

10.3 Zugbeeinflussung

Zugbeeinflussungsanlagen haben die Aufgabe, Daten über die erlaubte Fahrweise vom Fahrweg zum Fahrzeug zu übertragen und bei unzulässigen Abweichungen Schutzreaktionen (Zwangsbremsungen) auszulösen. Nach der Art der Informationsübertragung lassen sich Zugbeeinflussungsanlagen wie folgt einteilen:
– punktförmig wirkende Systeme
– linienförmig wirkende Systeme

10.3.1 Punktförmige Zugbeeinflussung

Bei der punktförmigen Zugbeeinflussung (PZB) werden nur an ausgewählten Streckenpunkten (insbesondere an Signalstandorten) Informationen auf das Fahrzeug übertragen. Die PZB ist eine Ergänzung zum ortsfesten Signalsystem und soll überwachen, dass der Triebfahrzeugführer die Signalinformationen in seiner Fahrweise richtig umsetzt. Ziel ist dabei das Verhindern des Überfahrens Halt zeigender Signale. Für eine selbsttätige Führung des Triebfahrzeugs ist die PZB nicht geeignet, da bei Annäherung an ein Halt zeigendes Hauptsignal der Wechsel des Signals in die

10 Betriebsführung

Fahrtstellung nicht auf das Triebfahrzeug übertragen werden kann, sondern vom Triebfahrzeugführer aufgenommen werden muss. Die PZB beeinflusst das Leistungsverhalten teilweise negativ, da der nach dem Passieren eines Halt ankündenden Signals eingeleitete Bremsvorgang auch bei unmittelbar folgender nachträglicher Fahrtstellung des folgenden Hauptsignals bis zu einer bestimmten Überwachungsgeschwindigkeit weitergeführt werden muss. Dieser leistungsmindernde Effekt ist umso größer, desto ausgefeilter und restriktiver die Geschwindigkeitsüberwachung realisiert ist. Bei den PZB-Systemen europäischer Bahnen existiert eine außerordentliche Vielfalt sowohl hinsichtlich der technischen Lösungen zur Informationsübertragung als auch hinsichtlich der Überwachungsfunktionen. Im Folgenden werden als Beispiel die Grundzüge der bei der *Deutschen Bahn AG* eingeführten PZB vorgestellt.

Bei dem im Netz der *Deutschen Bahn AG* als Standardsystem verwendeten punktförmigen Zugbeeinflussungssystem der Bauart PZB 90 handelt es sich um eine induktive Zugbeeinflussung. Die induktive Zugbeeinflussung (auch noch unter dem von der veralteten Systembezeichnung „Induktive Zugsicherung" abgeleiteten Kürzel „Indusi" bekannt) nutzt die elektromagnetische Induktion zur Informationsübertragung aus. Auf dem Fahrzeug befinden sich drei aktiv gespeiste Schwingkreise, die auf die Frequenzen 500 Hz, 1000 Hz und 2000 Hz abgestimmt sind und permanent erregt werden. Die Induktivitäten dieser Schwingkreise sind in einem so genannten Fahrzeugmagneten zusammengefasst. An der Strecke befinden sich passive Schwingkreise (so genannte Gleismagnete), die bei Fahrt zeigendem Signal durch Kurzschließen deaktiviert werden. Beim Passieren eines wirksamen Gleismagneten, der auf eine der Fahrzeugfrequenzen abgestimmt ist, kommt es durch Gegeninduktion in demjenigen Fahrzeugschwingkreis, der sich mit dem Schwingkreis des betreffenden Gleismagneten in Resonanz befindet, zu einer auswertbaren Stromabsenkung. Diese Stromabsenkung bringt ein Impulsrelais zum Abfall, wodurch auf dem Fahrzeug entsprechende Reaktionen ausgelöst werden. Damit sind durch die drei Festfrequenzen drei verschiedene Informationen übertragbar. Ein Zug passiert bei der Annäherung an ein Halt zeigendes Signal nacheinander folgende wirksame Gleismagnete (Abb. 10.3.1):

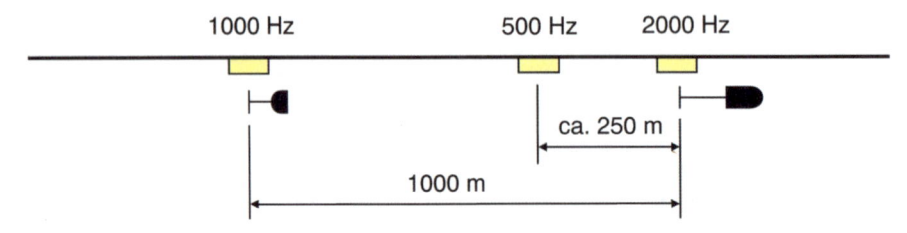

Abb. 10.3.1: Anordnung der Gleismagnete

Nach dem Passieren eines wirksamen 1000 Hz-Gleismagneten muss der Triebfahrzeugführer innerhalb von vier Sekunden eine Wachsamkeitstaste betätigen, um zu bestätigen, dass er die Halt ankündende Vorsignalisierung aufgenommen hat. Bleibt die Betätigung der Wachsamkeitstaste aus, wird eine Zwangsbremsung ausgelöst. Nach ordnungsgemäßer Wachsamkeitskontrolle läuft auf dem Fahrzeug eine Bremswegüberwachung ab. Der Triebfahrzeugführer muss dabei die Überwachungskurve Vü1 unterfahren (Abb. 10.3.2). Die Überwachungskurve folgt einer zeitabhängigen Funktion und endet bei einer von der eingestellten Zugart abhängigen Endgeschwindigkeit. Beim Passieren eines wirksamen 500 Hz-Magneten wird die Bremswegüberwachung fortgesetzt, sofern das Signal nicht zwischenzeitlich auf Fahrt gestellt wurde. Das Überfahren des 2000 Hz-Magneten führt zu einer sofortigen Zwangsbremsung. Diese zweistufige Form der Überwachung mit dem 1000 Hz- und dem 500 Hz-Magneten hat den Vorteil, dass bei einem nachträglichen Freiwerden des Signals nach einer bereits erfolgten 1000 Hz-Beeinflussung der Zug nicht weiter bremsen muss und zumindest mit der Endgeschwindigkeit der 1000 Hz-Beeinflussung weiterfahren kann. Aus der Bremsweg-

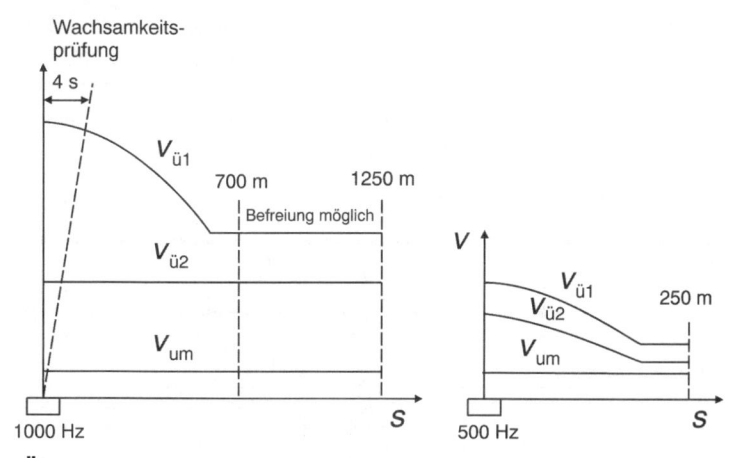

Abb. 10.3.02: Überwachungsprinzip der PZB 90

Überwachung der 1000 Hz-Beeinflussung kann sich der Triebfahrzeugführer nach 700 befreien. Im Falle einer unzulässigen Befreiung wird beim anschließenden Passieren eines wirksamen 500 Hz-Magneten eine Zwangsbremsung ausgelöst. Durch dieses Überwachungsprinzip wird ein auf ein Halt zeigendes Signal zu bremsender Zug mit hoher Wahrscheinlichkeit innerhalb des Durchrutschweges zum Halten gebracht.

Durch die Überwachungskurve Vü1 besteht jedoch nur ein unzureichender Schutz gegen das Anfahren gegen ein Halt zeigendes Signal, da nach der Fahrstraßenauflösung (siehe Kap. 10.2.5) u.U. kein voller Durchrutschweg hinter dem Zielsignal mehr vorhanden ist. Dadurch kann bis zur Zwangsbremsung eine Geschwindigkeit erreicht werden, bei der der Zug innerhalb eines dann nur noch eingeschränkt verfügbaren Durchrutschweges nicht mehr zum Halten kommt. Daher wird, wenn eine sehr niedrige so genannte Umschaltgeschwindigkeit Vum für eine bestimmte Zeitdauer unterschritten wird, so dass ein Halt des Zuges angenommen werden kann, auf die restriktive Überwachungsfunktion umgeschaltet. Ein Wiederbeschleunigen des Zuges ist dann nur bis zur Überwachungsgeschwindigkeit Vü2 möglich. Als Folge ist allerdings für einen Zug, der nach einer 1000 Hz-Beeinflussung vor einem Signal derart zum Halten kommt, dass keine Befreiung aus der Überwachung möglich ist, die restriktive Überwachung auch nach Fahrtstellung des Signals wirksam. Der Zug kann daher bei der Abfahrt erst nach dem Ende der Überwachungskurve weiter beschleunigen. Daher sollte auch für planmäßig haltende Züge das Ausfahrsignal möglichst schon so zeitig auf Fahrt gestellt werden, dass eine 1000 Hz-Beeinflussung vermieden wird.

10.3.2 Linienförmige Zugbeeinflussung

Das Merkmal der linienförmigen Zugbeeinflussung (LZB) ist eine kontinuierliche Informationsübertragung vom Fahrweg zum Fahrzeug. Dadurch ist es möglich, das Triebfahrzeug durch Führerraumanzeigen nach den Vorgaben der LZB zu führen, ortsfeste Signale sind nicht mehr erforderlich. In Verbindung mit einer automatischen Fahr- und Bremssteuerung (AFB) ermöglicht eine linienförmige Zugbeeinflussung auch ein automatisches Führen des Triebfahrzeugs.

Bei linienförmigen Zugbeeinflussungssystemen sind nach der Art der Informationsübertragung folgende grundlegende Bauformen zu unterscheiden:
– LZB mit Kabellinienleiter
– LZB mit codierten Gleisstromkreisen
– Funkzugbeeinflussung

10 Betriebsführung

Die LZB mit Kabellinienleiter wird bei der *Deutschen Bahn AG* verwendet. Zur Informationsübertragung dient eine im Gleis als Antenne verlegte Kabelschleife. Eine Ader der Schleife verläuft in Gleismitte, die andere Ader seitlich auf dem Schienenfuß einer Schiene. In Abständen von jeweils 100 m werden beide Adern auf einer Schwelle gekreuzt (Abb. 10.3.3). Diese Kreuzungsstellen werden vom Triebfahrzeug als Ortungsinformation ausgewertet.

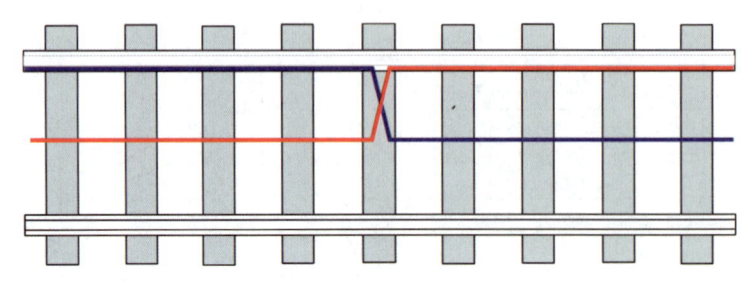

Abb. 10.3.3: Kabellinienleiter mit Kreuzungsstelle

Als Führungsgrößen werden folgende Informationen auf das Triebfahrzeug übertragen:
– örtlich zulässige Geschwindigkeit
– Zielentfernung bis zum nächsten Geschwindigkeitswechsel
– Zielgeschwindigkeit

Aus diesen Werten wird auf dem Triebfahrzeug eine Bremskurve berechnet, aus der sich die aktuell erlaubte Sollgeschwindigkeit ergibt. Obwohl ortsfeste Signale für LZB-geführte Züge nicht mehr erforderlich sind, wird auf deutschen LZB-Strecken auf Signale nicht vollständig verzichtet. Hinsichtlich der Anordnung von Signalen auf LZB-Strecken gibt es zwei Ausrüstungsvarianten:
– Ganzblockmodus
– Teilblockmodus

Im Ganzblockmodus (auch als Vollblockmodus bezeichnet) ist die Strecke vollständig mit ortsfesten Signalen ausgerüstet, so dass die LZB-Blockabschnitte mit den Blockabschnitten des ortsfesten Signalsystems identisch sind. Dies ist betrieblich sinnvoll, wenn auf einer LZB-Strecke planmäßig auch ein hoher Anteil von Zügen ohne Führung durch Führerraumanzeigen verkehrt. Im Teilblockmodus ist nur noch ein reduziertes ortsfestes Signalsystem vorhanden. Dabei werden Signale nur dort aufgestellt, wo Weichen zu decken sind, also in Bahnhöfen und an Abzweig- und Überleitstellen. An Blockstellen ohne Weichen wird auf Blocksignale verzichtet, die Grenzen der Blockabschnitte sind lediglich durch LZB-Blockkennzeichen markiert (Abb. 10.3.4).

Das reduzierte ortsfeste Signalsystem dient einerseits als Rückfallebene zur Weiterführung des Betriebes mit eingeschränktem Leistungsverhalten bei Ausfall der LZB, es ermöglicht anderer-

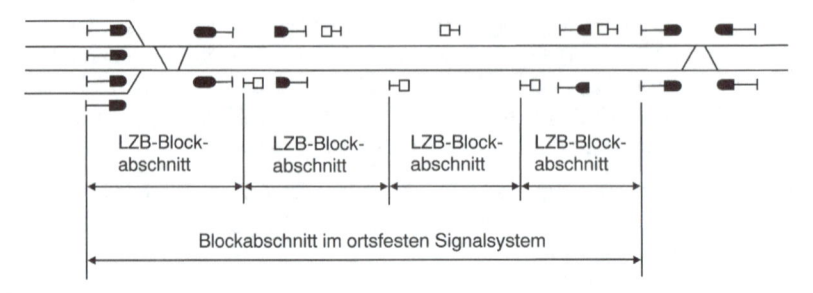

Abb. 10.3.4: Reduziertes ortsfestes Signalsystem (Teilblockmodus)

seits aber auch einen Mischverkehr von Zügen mit und ohne Führung durch Führerraumanzeigen. Obwohl der Fahrweg im Abstand der LZB-Blockabschnitte freigegeben wird, kann ein nicht durch Führerraumanzeigen geführter Zug einem vorausfahrenden Zug nur im Abstand der ortsfesten Signale folgen. Eine Sperrzeitendarstellung einer Strecke mit Teilblockmodus ist in [8] enthalten. Die Anwendung des Teilblockmodus erfordert die Ausrüstung der Strecke mit dem so genannten LZB-Zentralblock. Bei dieser Form des Zentralblocks bildet jeder LZB-Blockabschnitt eine eigene Blockfahrstraße, ein Hauptsignal kann jedoch nur auf Fahrt gehen, wenn alle Blockfahrstraßen bis zum nächsten Hauptsignal festgelegt sind. Bei hinreichend dichter Zugfolge kann es dabei sein, dass ein durch Führerraumanzeigen geführter Zug an einem Hauptsignal vorbeifahren muss, das wegen noch besetzten Blockabschnitts des ortsfesten Signalsystems auf Halt steht. Obwohl die Führerraumanzeige der LZB Vorrang vor den Signalbildern der ortsfesten Signale hat, wird in solchen Fällen die Signalanzeige der ortsfesten Signale aus psychologischen Gründen für durch Führerraumanzeigen geführte Züge dunkel geschaltet.

Bei der LZB mit codierten Gleisstromkreisen (mitunter auch als „Schienenlinienleiter" bezeichnet) wird der Gleisfreimeldestrom mit einem Frequenz- oder Impulscode moduliert, der von den Fahrzeugantennen empfangen wird. Systeme mit Frequenzcodierung sind z. B. auf den TGV-Strecken in Frankreich und auf den Shinkansen-Strecken in Japan im Einsatz. Die Überwachungsfunktionen sind meist so aufgebaut, dass jedem Freimeldeabschnitt eine feste Geschwindigkeit zugeordnet wird. Der Vorteil dieser Form der LZB liegt im Verzicht auf ein besonderes Übertragungsmedium. Nachteilig ist der Zwang zur Verwendung von Gleisstromkreisen. Auch müssen alle Blockabschnitte die gleiche Länge haben (in Frankreich 2000 m), da die Blockabschnittsgrenzen als Ortungsreferenzpunkte verwendet werden. Abgesehen von der fehlenden Flexibilität bei der Planung der Blockabschnittslängen, führt der im Vergleich zu Systemen mit Kabellinienleiter wesentlich größere Abstand der Ortungsreferenzpunkte zu einer geringeren Ortungsgenauigkeit, die ein automatisches Fahren des Triebfahrzeugs ausschließt.

Die neueste Entwicklung ist die Funkzugbeeinflussung. Durch die Wahl des Funks als Übertragungsmedium kann die streckenseitige Ausrüstung sehr sparsam erfolgen. Erforderlich sind lediglich Einrichtungen zur sicheren Ortung der Züge. Diese Ortung ist mit passiven codierten Datenpunkten (so genannten Balisen) relativ einfach zu realisieren. Im Rahmen der Vereinheitlichung der Zugbeeinflussung in Europa (siehe Kap. 10.3.3) ist die Funkzugbeeinflussung als europäischer Standard vorgesehen.

10.3.3 ETCS

Die Vielfalt der Zugbeeinflussungssysteme ist ein wesentliches Hindernis für den grenzüberschreitenden Einsatz der Triebfahrzeuge europäischer Bahnen. Das Projekt ETCS (European Train Control System) verfolgt das Ziel, diesen Zustand durch Schaffung einer interoperablen europäischen Zugbeeinflussung zu überwinden. Das ETCS ist Teil des übergeordneten Projektes ERTMS (European Rail Traffic Management System), das neben der Zugbeeinflussung die Harmonisierung weiterer Komponenten der Betriebsleittechnik betreibt. Wesentliche Komponenten des ETCS sind:

– Eurobalise
– Euroloop
– Euroradio
– Eurocab

Die Eurobalise ist ein nach dem Transponderprinzip arbeitendes System zur punktförmigen Datenübertragung. Je nach Ausrüstung werden mit der Eurobalise signalunabhängige Daten (z. B. Ortsmarken) oder signalabhängige Daten von der Strecke auf das Fahrzeug übertragen. Die Übertragung von Daten vom Fahrzeug auf eine Streckeneinrichtung ist ebenfalls möglich, wovon jedoch im bisherigen

10 Betriebsführung

ETCS-Konzept kein Gebrauch gemacht wird. Euroloop ist ein System zur linienförmigen Datenübertragung über begrenzte Entfernungen (bis mehrere hundert Meter). Mit Euroloop werden hauptsächlich Informationen zur Aufwertung von punktförmig übertragenen Daten übermittelt. Euroradio ist ein sicheres, standardisiertes Übertragungsverfahren auf der Basis einer weiterentwickelten GSM-Funkverbindung (GSM-R) der Fahrzeuge mit einer Streckenzentrale. Eurocab ist eine standardisierte Fahrzeugeinrichtung, deren Elemente über einen ETCS-Bus mit einem sicheren Fahrzeugrechner EVC (European Vital Computer) verbunden sind.

Auf Basis dieser Komponenten werden im ETCS drei abwärtskompatible Ausrüstungsstufen – so genannte ETCS-Levels – definiert.

Im Level 1 (Abb. 10.3.5) übernimmt das ETCS die Rolle einer harmonisierten punktförmigen Zugbeeinflussung. Dabei wird das ortsfeste Signalsystem mit landesspezifischer Signalisierung in der Regel beibehalten. Zur Informationsübertragung dienen schaltbare Eurobalisen, die bei Bedarf durch Euroloop ergänzt werden können. Die für die Zugbeeinflussung benötigten Informationen werden über Anpassungsbaugruppen aus der bestehenden Sicherungstechnik abgegriffen. Im einfachsten Fall sind nur an den Standorten der Haupt- und Vorsignale schaltbare Eurobalisen installiert. Zur Verbesserung des Leistungsverhaltens können zwischen Haupt- und Vorsignal zusätzliche Möglichkeiten zur Informationsübertragung geschaffen werden (durch Euroloop oder Aufwertebalisen), die eine nachträgliche Aufwertung des Signalbegriffs zeitgerecht oder zumindest mit geringem Zeitverzug auf das Triebfahrzeug übertragen. Da im Level 1 alle zur Führung des Zuges erforderlichen Daten übertragen werden können, ist im Gegensatz zu älteren Formen der punktförmigen Zugbeeinflussung eine vollwertige Führerraumsignalisierung möglich. Der vollständige Verzicht auf ortsfeste Signale setzt dabei die Anwendung des Euroloop zur Realisierung einer kurzen linienförmigen Übertragung vor den Hauptsignalstandorten voraus. Bei Verzicht auf den Euroloop besteht eine vereinfachte Lösung darin, anstelle von Hauptsignalen nur so genannte Fahrauftragsaufnahmesignale anzuordnen. Diese zeigen einem auf eine Balise zu bremsenden oder vor einer Balise haltenden Zug an, dass diese Balise eine gültige Fahrerlaubnis enthält. Der Zug kann dann mit reduzierter Geschwindigkeit bis zu dieser Balise vorfahren, deren Information dann die Führerraumanzeige aufwertet. Dieses Verfahren eignet sich insbesondere dort, wo das Level 1 als Rückfallebene zum nachfolgend beschriebenen Level 2 installiert wird.

Das bei der induktiven Zugbeeinflussung beschriebene Problem des Anfahrens gegen Halt zeigende Signale wird im ETCS-Level 1 dadurch gelöst, dass ein Zug nach einer Zielbremsung auf Halt zunächst nur mit einer sehr niedrigen Geschwindigkeit (der so genannten „release speed") weiterfahren kann, bis die nächste Balise erreicht ist, wo eine Aufwertung der Fahrerlaubnis erfolgt. Dies entfällt bei Halt des Zuges im Bereich eines Euroloop, da dort die Signalinformation unmittelbar auf das Triebfahrzeug übertragen wird.

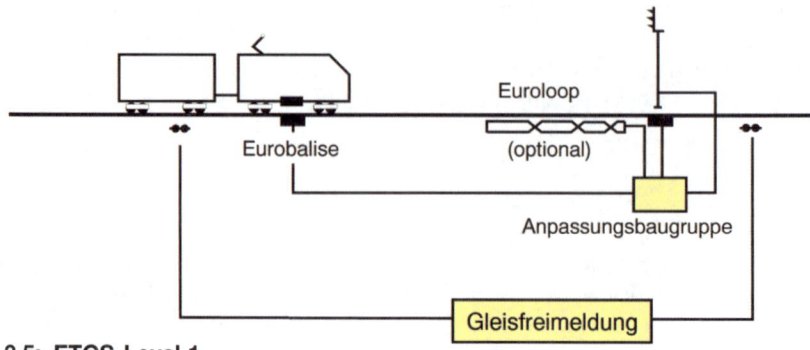

Abb. 10.3.5: ETCS-Level 1

10.3 Zugbeeinflussung

Im Level 2 (Abb. 10.3.6) wird durch das ETCS die betriebliche Funktionalität einer linienförmigen Zugbeeinflussung realisiert. Zur Informationsübertragung wird das Funksystem GSM-R benutzt. Die Züge orten sich selbst und melden ihren Standort in festgelegten Intervallen per Funk (GSM-R) an eine Funkblockzentrale. Die Zugortung benutzt als Ortsmarken nicht schaltbare Eurobalisen, die in regelmäßigen Abständen im Fahrweg verlegt sind. Diese passiven Ortungsbalisen haben sozusagen die Funktion von „elektronischen Kilometersteinen". Zwischen zwei Ortungsbalisen wird die Zugposition über eine Koppelsensorik (Odometer oder Doppler-Radar) ermittelt. Die Ortungsbalisen dienen nur als Referenzpunkte zum Ausgleichen des Ortungsfehlers. Die Funkblockzentrale verwaltet alle Zugstandorte und erteilt den Zügen auf dem Funkwege die Fahrerlaubnis. Die Gleisfreimeldung wird im ETCS-Level 2 konventionell über Achszähler oder Gleisstromkreise realisiert. Die Abstandshaltung der Züge folgt dem Prinzip des Fahrens im festen Raumabstand. Ortsfeste Signale sind im ETCS-Level 2 nicht mehr erforderlich, können jedoch als Rückfallebene vorgesehen werden.

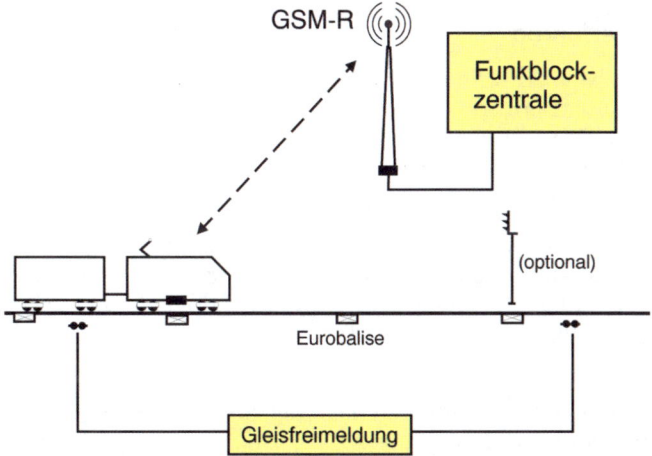

Abb. 10.3.6: ETCS-Level 2

Im Level 3 (Abb. 10.3.7) geht das ETCS über die Funktionalität einer reinen Zugbeeinflussung hinaus, indem eine vollwertige funkbasierte Abstandshaltung der Züge realisiert wird. Ortsfeste Gleisfreimeldeeinrichtungen sind nicht mehr erforderlich. Die Züge orten sich wie im Level 2 mittels Ortungsbalisen und Odometer selbst und müssen darüber hinaus in der Lage sein, die Zugvollständigkeit fahrzeuggestützt festzustellen (Zugintegritätsprüfung). Dadurch kann mit Abgabe der

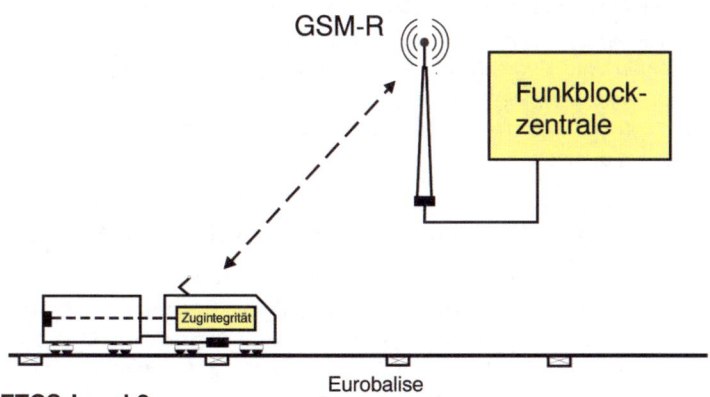

Abb. 10.3.7: ETCS-Level 3

10 Betriebsführung

Ortungsmeldung an die Funkblockzentrale auch immer festgestellt werden, welchen Punkt des Fahrweges dieser Zug sicher geräumt hat. Bis zu diesem Punkt kann einem folgenden Zug bereits wieder eine Fahrerlaubnis erteilt werden. Wenn bei hinreichend kurzen Ortungsintervallen eine quasikontinuierliche Fahrwegfreigabe erreicht wird, nähert sich die Abstandshaltung der Züge dem Prinzip des Fahrens im absoluten Bremswegabstand. Die Installation eines ortsfesten Signalsystems als Rückfallebene ist wegen der fehlenden Gleisfreimeldeanlagen nicht möglich.

Bei mehreren europäischen Bahnen befinden sich bereits Projekte für ETCS-Anwendungsstrecken nach den Levels 1 und 2 in der Umsetzung. Das Interesse der Bahnen am Level 3 ist hingegen wegen des ungelösten Problems der Zugintegritätsprüfung und der fehlenden Rückfallebene bislang sehr zurückhaltend.

10.4 Betriebsverfahren

Ein Betriebsverfahren ist ein System betrieblicher Regeln und technischer Mittel zur Durchführung von Fahrten mit Eisenbahnfahrzeugen auf einer Eisenbahninfrastruktur. Betriebsverfahren lassen sich nach zwei wesentlichen Gesichtspunkten klassifizieren:
– nach der Art der Erteilung der Zustimmung zur Zugfahrt
– nach der Struktur der Fahrdienstleitung

Beide Sichtweisen sind zueinander orthogonal und ermöglichen eine systematische Betrachtung der Betriebsverfahren eines Eisenbahnunternehmens. Sie eignen sich daher auch als Rahmen für die Neustrukturierung historisch gewachsener betrieblicher Regelwerke zur Anpassung an neue betriebliche Randbedingungen.

10.4.1 Einteilung der Betriebsverfahren nach der Art der Erteilung der Zustimmung zur Zugfahrt

Verfahren mit Führung der Züge durch Signaleinrichtungen

Betriebsverfahren mit Führung der Züge durch Signaleinrichtungen setzen die Ausrüstung der Strecke mit einer durchgehenden Signalisierung voraus. Heute ist, von wenigen Ausnahmen abgesehen, die durchgehende Signalisierung auch immer mit einer technischen Zugfolgesicherung (Streckenblock) verbunden. Zu diesen Betriebsverfahren gehören sowohl der Betrieb mit Führung der Züge durch ortsfeste Signale als auch der Betrieb mit Führung der Züge durch Führerraumanzeigen in Verbindung mit einer linienförmigen Zugbeeinflussung. Schriftliche oder mündliche Aufträge kommen in solchen Betriebsverfahren zur Erteilung der Zustimmung zur Zugfahrt nur in der Rückfallebene oder bei Abweichungen vom Regelbetrieb zur Anwendung, wenn die reguläre Signalisierung nicht genutzt werden kann oder darf. Die Fahrdienstleitung einer solchen Strecke kann sowohl von einer zentralen Leitstelle, von der aus die örtlichen Stellwerke ferngesteuert werden, oder durch örtlich besetzte Betriebsstellen erfolgen.

Verfahren mit Führung der Züge durch mündliche oder schriftliche Aufträge

Betriebsverfahren mit Führung der Züge auf nichttechnischem Wege werden zur rationellen Betriebsführung auf Strecken mit einfachen betrieblichen Verhältnissen (Nebenbahnen) benutzt. Eine durchgehende Signalisierung an der Strecke ist nicht erforderlich. Trotzdem kann auch in diesen Betriebsverfahren eine vereinfachte ortsfeste Signalisierung vorhanden sein. Die Fahrdienstleitung solcher Strecken ist heute in der Regel in Form des Zugleitbetriebes zentralisiert. Die örtliche

10.4 Betriebsverfahren

Fahrwegsicherung erfolgt häufig unter Mitwirkung des Zugpersonals. Der Zugleiter verfolgt die Zugfahrten anhand fernmündlicher Zuglaufmeldungen und erteilt die Zustimmung zur Zugfahrt durch fernmündliche Fahrerlaubnis. Die heute in der Regel per Funk direkt mit den Zugpersonalen ausgetauschten Meldungen können unter bestimmten Voraussetzungen durch technische Einrichtungen ersetzt werden, so dass sich die Betriebsweise im Regelbetrieb dem Niveau eines signalgeführten Betriebes annähert.

10.4.2 Einteilung der Betriebsverfahren nach der Struktur der Fahrdienstleitung

Verfahren mit dezentraler Fahrdienstleitung

Die dezentrale Fahrdienstleitung ist die traditionelle Betriebsweise europäischer Bahnen. Hierin unterscheiden sie sich insbesondere von den Eisenbahnen Nordamerikas, wo die Zugfolge von Anfang an durch zentrale Dispatcher geregelt wurde und örtliche Fahrdienstleiter im europäischen Sinne nie existierten [1, 2]. Bei dezentraler Fahrdienstleitung wird die Zugfolge durch Austausch von Zugmeldungen zwischen den Fahrdienstleitern der örtlichen Betriebsstellen geregelt. Auf Strecken ohne Streckenblock wird die Zugfolge unmittelbar durch die Zugmeldungen gesichert, während die Zugmeldungen auf Strecken mit Streckenblock nur aus dispositiven Gründen (gegenseitige Information über die Zugfahrten) erforderlich sind. Bei dezentraler Fahrdienstleitung sind Strecken ohne Streckenblock inzwischen kaum noch vorhanden, da es sich dabei nur um schwach befahrene Strecken handelt, die heute üblicherweise im Zugleitbetrieb betrieben werden. Auf Strecken ohne Streckenblock und mit nichtselbsttätigem Streckenblock müssen alle Zugfolgestellen örtlich besetzt sein. Auf Strecken mit selbsttätigem Streckenblock sind hingegen nur die Zugmeldestellen örtlich besetzt.

Verfahren mit zentraler Fahrdienstleitung

Bei zentraler Fahrdienstleitung wird die Zugfolge von einer zentralen Instanz geregelt, die örtlichen Betriebsstellen sind unbesetzt. Bei deutschen Eisenbahnen fallen darunter im Einzelnen folgende Betriebsverfahren:
– Ferngesteuerter Betrieb
– Zugleitbetrieb
– Signalisierter Zugleitbetrieb

Im ferngesteuerten Betrieb sind mehrere Zugmeldestellen dem gleichen Fahrdienstleiter zugeteilt, der die betreffenden örtlichen Stellwerke von einer Zentrale aus fernsteuert. Zugmeldungen werden nur noch an den Grenzen der Fernsteuerbereiche ausgetauscht. Innerhalb der Fernsteuerbereiche geht die für die dezentrale Fahrdienstleitung charakteristische Regelung der Zugfolge durch Zugmeldungen verloren. Der Fahrdienstleiter verfolgt die Zugfahrten anhand von Standortmeldungen, die durch Zugnummernmeldeanlagen bereitgestellt werden (siehe Kap. 10.5). In den meisten Fällen werden auch die Zugmeldungen an den Grenzen der Fernsteuerbereiche über die Zugnummernmeldeanlage abgewickelt. Obwohl im aktuellen Regelwerk der *Deutschen Bahn AG* für Fernsteuerstrecken formal die gleichen Regeln gelten wie für dezentrale Fahrdienstleitung, unterscheidet sich in der Praxis die Rückfallebene in beiden Betriebsweisen erheblich, da im ferngesteuerten Betrieb nur sehr eingeschränkte Möglichkeiten zur Verfügung stehen, im Störungsfall das Freisein eines Gleises festzustellen (siehe Kap. 10.4.3). Die Steuerbereiche elektronischer Stellwerke sind heute generell so groß, dass sie mehrere Zugmeldestellen umfassen. Damit ist die Betriebsweise selbst bei fehlender Steuerung aus einer Betriebszentrale (siehe Kap. 10.6) dem ferngesteuerten Betrieb zuzurechnen. Durch den fortschreitenden Einsatz elektronischer Stellwerke wird sich damit der ferngesteuerte Betrieb als Standardverfahren auf allen Hauptstrecken durchsetzen.

10 Betriebsführung

Der Zugleitbetrieb ist ein vereinfachtes Betriebsverfahren für Nebenbahnen, bei dem die Zugfolge unter weitgehendem Verzicht auf Sicherungsanlagen durch einen Zugleiter mittels Zuglaufmeldungen geregelt wird. Die für die Zugfolge maßgebenden Betriebsstellen heißen Zuglaufstellen. Diejenigen Zuglaufstellen, auf denen regelmäßig Zuglaufmeldungen gegeben werden, heißen Zuglaufmeldestellen. Auch Anschlussstellen können Zuglaufmeldestellen sein. Zuglaufmeldestellen können mit einem örtlichen Bahnhofsfahrdienstleiter besetzt und in diesem Fall auch mit Einfahrsignalen (ggf. auch mit Ausfahrsignalen) ausgerüstet sein. Auf örtlich unbesetzten Zuglaufmeldestellen übernimmt der Zugführer die örtliche Fahrdienstleitung. Bei der Abwicklung von Zugkreuzungen ist der Zugführer des zuerst einfahrenden Zuges für die örtliche Fahrdienstleitung während der Kreuzung zuständig. Die einem Zugleiter zugeteilte Strecke heißt Zugleitstrecke. An den Grenzen der Zugleitstrecke wird die Zugfolge durch Austausch von Zugmeldungen mit benachbarten Fahrdienstleitern oder – bei anschließender Zugleitstrecke – Zugleitern geregelt.

Der Signalisierte Zugleitbetrieb ist eine weiterentwickelte Form des Zugleitbetriebes, bei der die Strecke mit einem vereinfachten Signalsystem sowie einer Streckenblocksicherung ausgerüstet ist. Nach aktueller Strategie der *Deutschen Bahn AG* soll der Signalisierte Zugleitbetrieb in einer elektronischen Realisierungsform als Standardsystem zur Ablösung der Alttechniken auf Regionalstrecken zum Einsatz kommen. Die im Signalisierten Zugleitbetrieb bewirkte technische Zugfolgesicherung ermöglicht die Zulassung höherer Geschwindigkeiten und Zugdichten als im nur nichttechnisch gesicherten Zugleitbetrieb. Die fernmündlichen Meldungen des Zugleitbetriebes bleiben jedoch in einer leicht angepassten Form erhalten. Das bedeutet, dass trotz des Vorhandenseins ortsfester Signale die Zugfahrten nicht unmittelbar durch die Fahrtstellung der Hauptsignale sondern nach wie vor durch die fernmündliche Fahrerlaubnis des Zugleiters zugelassen werden. Dadurch besteht die Möglichkeit, wenngleich auch nicht bei allen Ausführungsformen des Signalisierten Zugleitbetriebes realisiert, dass die Triebfahrzeugführer das Einstellen der Zugstraßen über örtliche Bedieneinrichtungen vornehmen können und bei erfolgreicher Fahrstraßenbildung den Signalbegriff des Hauptsignals beachten. Es liegt in der Natur der Sache, dass dazu eine vorab erteilte Fahrerlaubnis des Zugleiters erforderlich ist, da sich der Triebfahrzeugführer nicht selbst die Zustimmung zur Zugfahrt erteilen kann. Wenn bei Signalisiertem Zugleitbetrieb eine Zugnummernmeldeanlage mit Zugnummerndrucker vorhanden ist, darf im Regelbetrieb auf die Abgabe von Zuglaufmeldungen durch die Zugpersonale verzichtet werden. In der neuen elektronischen Realisierungsform des Signalisierten Zugleitbetriebes ist unter der Voraussetzung, dass alle Zugstraßen vom Zugleiter eingestellt werden und eine durchgehende ortsfeste Signalisierung vorhanden ist, zugelassen, auf die fernmündliche Fahrerlaubnis zu verzichten, indem der Fahrtbegriff am Hauptsignal unmittelbar als Zustimmung zur Zugfahrt gilt. Damit besteht auf solchen Zugleitstrecken ein vollwertiger signalgeführten Betrieb, der sich von einem ferngesteuerten Betrieb nur noch in der Gestaltung der Rückfallebene unterscheidet. Da im Signalisierten Zugleitbetrieb in der Bedienzentrale keine sicheren Meldebildanzeigen gefordert sind, ist im Störungsfall eine stärkere Mitwirkung des Zugpersonals erforderlich. Bei den meisten ausländischen Bahnen gilt eine solche Betriebsweise als normaler ferngesteuerter Betrieb, da dort durch eine andere Gestaltung der Regelwerke sichere Meldebildanzeigen auf Fernsteuerstrecken generell nicht erforderlich sind.

Hinweis: Bedingt durch die historische Entwicklung werden im aktuellen Regelwerk der *Deutschen Bahn AG* der Betrieb mit dezentraler Fahrdienstleitung und der ferngesteuerte Betrieb formal dem gleichen Betriebsverfahren zugeordnet, obwohl sich beide Betriebsweisen in der Betriebspraxis erheblich unterscheiden. Andererseits wird der Signalisierte Zugleitbetrieb als eigenständiges Betriebsverfahren vom ferngesteuerten Betrieb unterschieden, obwohl die Unterschiede zwischen beiden Betriebsweisen inzwischen nur noch marginal sind. Im Zuge der zunehmenden Zentralisierung der Betriebssteuerung ist eine Neustrukturierung des betrieblichen Regelwerks mit einer an die aktuellen Gegebenheiten angepassten Systematik zu erwarten [6].

10.4 Betriebsverfahren

10.4.3 Rückfallebenen

Ersatzweise Sicherung der Zugfolge

Auf Strecken mit nichtselbsttätigem Streckenblock ist eine Rückfallebene für Störungen des Streckenblocks relativ einfach zu realisieren, da alle Zugfolgestellen örtlich besetzt sind. Bei gestörtem Streckenblock wird die Zugfolge durch Zugmeldungen gesichert. Dazu ist zusätzlich zu den auf Strecken mit Streckenblock auch im Regelbetrieb erforderlichen Zugmeldungen das Rückmelden einzuführen. Damit besteht in der Rückfallebene ein Sicherungsverfahren, das den Grundsätzen der Zugfolgesicherung auf Strecken ohne Streckenblock entspricht.

Auf Strecken mit selbsttätigem Streckenblock gibt es zur ersatzweisen Sicherung der Zugfolge folgende grundsätzliche Möglichkeiten:
– Räumungsprüfung
– Fahren auf Sicht ohne Auftrag des Fahrdienstleiters
– Fahren auf Sicht mit Auftrag des Fahrdienstleiters

Die Räumungsprüfung ist das heute bei der *Deutschen Bahn AG* angewandte Standardverfahren. Dabei werden bei Störung des selbsttätigen Streckenblocks die Bedingungen für das Fahren im Raumabstand durch den Fahrdienstleiter festgestellt. Dazu vergewissert sich der Fahrdienstleiter zunächst anhand der Anzeigen seiner Bedienoberfläche, dass der letzte vorausgefahrene Zug die nächste Zugmeldestelle (Räumungsprüfstelle) erreicht hat und dort durch ein Halt zeigendes Signal gedeckt wird. Anschließend holt der Fahrdienstleiter von einem örtlichen Mitarbeiter für den betroffenen Zug eine Zugschlussmeldung ein. Diese Zugschlussmeldung kann auch von einer weiter entfernt gelegenen Betriebsstelle gegeben werden, wenn die Zusammensetzung des Zuges zwischendurch nicht verändert wurde. Damit liegen alle Kriterien für das Fahren im Raumabstand vor. Der Fahrdienstleiter kann am betroffenen Hauptsignal der Weiterfahrt des Zuges durch ein Zusatzsignal oder schriftlichen Befehl zustimmen. Sofern die Räumungsprüfstelle einem anderen Fahrdienstleiter zugeteilt ist, hat dieser die Durchführung der Räumungsprüfung dem Fahrdienstleiter, der das Signal am Anfang des betroffenen Blockabschnitts bedient, durch eine Rückmeldung zu bestätigen. Da auf zentralisierten Strecken kaum noch auf örtliches Betriebspersonal zur Feststellung des Zugschlusses zurückgegriffen werden kann, ist die Räumungsprüfung auf solchen Strecken nur noch bedingt anwendbar. Zudem verlängert sich der Zugfolgeabschnitt vom gestörten Signal bis zum Hauptsignal der nächsten Zugmeldestelle, was auf stark befahrenen Strecken Rückstaueffekte zur Folge haben kann.

Das Fahren auf Sicht ohne Auftrag des Fahrdienstleiters, bei anderen Bahnen auch als „permissives Fahren" (von engl. „to permit" = „erlauben") bezeichnet, wird von den meisten ausländischen Bahnunternehmen sowie in Deutschland bei Stadtschnellbahnen im Geltungsbereich der *Verordnung über den Bau und Betrieb von Straßenbahnen* (*BOStrab*) benutzt. Im Bereich der *Deutschen Bahn AG* ist dieses Verfahren derzeit nur auf den mit Gleichstrom betriebenen S-Bahn-Strecken in Berlin und Hamburg zugelassen. Das Prinzip besteht darin, dass selbsttätige Blocksignale, die keine ortsfesten Gefahrpunkte decken, mit einem besonderen Mastschild ausgerüstet werden, das dem Triebfahrzeugführer, nachdem er vor dem Signal gehalten hat, erlaubt, bei Haltstellung des Signals vorsichtig auf Sicht weiterzufahren. Hier wird also im Störungsfall das Fahren im Raumabstand durch das Fahren auf Sicht ersetzt. Die betroffenen Züge erleiden im gestörten Abschnitt eine Fahrzeitverlängerung, es kommt jedoch nicht zu Rückstauerscheinungen vor dem gestörten Abschnitt. Insbesondere auf Strecken mit kurzen Blockabschnittslängen und hoher Zugdichte ist das Fahren auf Sicht ohne Auftrag des Fahrdienstleiters unter dem Gesichtspunkt der Leistungsfähigkeit deutlich vorteilhafter als die Anwendung der Räumungsprüfung.

Beim Fahren auf Sicht mit Auftrag des Fahrdienstleiters prüft der Fahrdienstleiter anhand der Anzeigen seiner Bedienoberfläche die Bedingungen für das Fahren im Raumabstand mit Ausnahme der

10 Betriebsführung

Zugvollständigkeit. Die Züge werden mit Hilfe eines Zusatzsignals oder eines schriftlichen Befehls beauftragt, im gestörten Abschnitt auf Sicht zu fahren. Das Fahren auf Sicht dient hier jedoch nicht als ersatzweises Abstandshalteverfahren sondern nur zum Schutz gegen unbemerkte Zugtrennungen. Dieses Verfahren wird bei der *Deutschen Bahn AG* angewandt, wenn bei der Räumungsprüfung der Zugschluss des letzten vorausgefahrenen Zuges nicht festgestellt werden kann, was in der Betriebspraxis auf zentralisierten Strecken heute den Regelfall darstellt.

Auf Bahnhofsgleisen ist die Räumungsprüfung nicht anwendbar, da wegen der Möglichkeit des Rangierens und des Abstellens von Fahrzeugen die Feststellung des Zugschlusses keine Gewähr für das Freisein des Gleises bietet. Das Fahren auf Sicht ohne Auftrag des Fahrdienstleiters scheidet ebenfalls aus, da wegen des Befahrens von Weichenbereichen eine ersatzweise Fahrwegsicherung als Voraussetzung für die Zustimmung zur Zugfahrt erforderlich ist. Daher bleibt bei zentralisierter Betriebsführung zur ersatzweisen Sicherung der Zugfolge auf Bahnhofsgleisen nur das Fahren auf Sicht im Auftrag des Fahrdienstleiters.

Ersatzweise Fahrwegsicherung

In Weichenbereichen ist vor Erteilung der Zustimmung zur Zugfahrt durch den Fahrdienstleiter sicherzustellen, dass sich die Weichen und Flankenschutzeinrichtungen in der richtigen Lage befinden und keine gefährdenden Fahrzeugbewegungen stattfinden. Die Sicherung der Fahrwegelemente kann dabei in der Rückfallebene erfolgen durch
– eine Fahrstraße,
– Einzelsicherung der Fahrwegelemente auf der Bedienoberfläche,
– örtliche Sicherung der Fahrwegelemente in der Gleisanlage.

Wenn die richtige Stellung der Weichen und Flankenschutzeinrichtungen durch das Stellwerk festgestellt werden kann, besteht auch bei Fahrten ohne Signalbedienung in der Regel die Möglichkeit, eine festgelegte Fahrstraße zu nutzen. Weichen und Flankenschutzeinrichtungen, die nicht durch eine Fahrstraße gesichert werden können, sind durch Eingabe von Sperren auf der Bedienoberfläche des Fahrdienstleiters in der für die Zugfahrt erforderlichen Lage einzeln zu sichern. Dies setzt jedoch voraus, dass die ordnungsgemäße Stellung dieser Fahrwegelemente auf der Bedienoberfläche sicher festgestellt werden kann. Ist dies nicht möglich, sind die betreffenden Fahrwegelemente örtlich durch Anbringen von Handverschlüssen zu sichern. Da örtliches Bedienpersonal bei zentralisierter Betriebsführung nicht mehr zur Verfügung steht, wird die örtliche Sicherung meist durch Mitarbeiter des Instandhaltungspersonals vorgenommen, die sich zu diesem Zweck zu der betroffenen Betriebsstelle begeben müssen. Weichenstörungen können daher zu erheblichen Verzögerungen im Betriebsablauf führen. Bei Flankenschutzeinrichtungen kann auf die örtliche Sicherung verzichtet werden, wenn sichergestellt ist, dass auf den einmündenden Gleisen keine Fahrzeugbewegungen in Richtung des zu schützenden Fahrweges stattfinden.

Rückfallebene bei Ausfall der Führung durch Führerraumanzeigen

Bei Ausfall der Führung durch Führerraumanzeigen besteht die Rückfallebene – bei Vorhandensein eines ortsfesten Signalsystems – in einem Übergang zur Führung durch ortsfeste Signale mit einer entsprechend reduzierten zulässigen Geschwindigkeit (in Deutschland 160 km/h). Auf Strecken mit einer durchgehenden ortsfesten Signalisierung (Ganzblockmodus) kann der Übergang zur Führung durch ortsfeste Signale unverzüglich erfolgen. Auf Strecken mit einem reduzierten ortsfesten Signalsystem (Teilblockmodus) ist dies nur dann möglich, wenn der Zug bei Ausfall der Führung durch Führerraumanzeigen vor einem Hauptsignal zum Halten kommt. Wenn der Zug vor einem Blockkennzeichen zum Halten kommt, muss der Triebfahrzeugführer Kontakt zum Fahrdienstleiter aufnehmen. Der Fahrdienstleiter stellt durch eine Räumungsprüfung sicher, dass alle Blockabschnitte

10.4 Betriebsverfahren

bis zum Hauptsignal der nächsten Zugmeldestelle frei sind und beauftragt anschließend den Triebfahrzeugführer durch einen schriftlichen Befehl, die Fahrt im signalgeführten Betrieb fortzusetzen. Da die Blockkennzeichen für signalgeführte Züge keine Bedeutung besitzen, kann der Zug mit diesem Befehl alle Blockkennzeichen bis zum nächsten Hauptsignal passieren und dort seine Fahrt mit Fahrtbegriff des Hauptsignals fortsetzen.

Auf Strecken mit Führung durch Führerraumanzeigen ohne ortsfeste Blockabschnitte (z. B. ETCS Level 3, siehe Kap. 10.3) sind wegen des Fehlens von Gleisfreimeldeanlagen ortsfeste Signale nicht anwendbar. Ein Konzept für eine technisch gesicherte Rückfallebene existiert für solche Strecken bislang nicht. Nach heutigen Möglichkeiten bleibt in der Rückfallebene nur das Fahren auf Sicht.

10.4.4 Besonderheiten

Gleissperrungen

Eine Gleissperrung ist eine betriebliche Maßnahme, durch die das Befahren eines Gleises im Regelbetrieb verhindert werden soll. Eine Gleissperrung kann im Voraus angeordnet sein (planmäßige Sperrung) oder durch Unfälle oder Betriebsstörungen notwendig werden (unvorhergesehene Sperrung). Gleissperrungen können erforderlich werden
– wenn ein Gleis unbefahrbar geworden ist,
– zur Durchführung von Bauarbeiten,
– zur Durchführung von Fahrten mit Lademaßüberschreitungen (Lü-Sendungen), die eine Sperrung des Nachbargleises erfordern,
– auf Streckengleisen zur Durchführung von Fahrten, bei denen Sicherungsanlagen nicht ordnungsgemäß wirken oder nicht bedient werden können oder dürfen.

Die Gleissperrung spricht der zuständige Fahrdienstleiter aus. In ein gesperrtes Streckengleis eingelassene Züge werden bei deutschen Eisenbahnen als Sperrfahrten bezeichnet. Sperrfahrten dürfen in besetzte Blockabschnitte eingelassen werden und auf der freien Strecke Rückwärtsbewegungen ausführen. Sofern das gesperrte Gleis für die Durchführung der Bauarbeiten nicht vorübergehend außer Betrieb genommen wird (Baugleis, s. u.), werden alle Fahrten im gesperrten Gleis weiterhin vom Fahrdienstleiter überwacht. Nach Ausführung von Bauarbeiten darf die Sperrung erst wieder aufgehoben werden, wenn auf Streckengleisen durch den Fahrdienstleiter festgestellt wurde, dass alle Fahrzeuge das gesperrte Gleis verlassen haben (gilt nicht für Baugleise) und die zuständige Fachkraft der bauausführenden Stelle dem Fahrdienstleiter die Befahrbarkeit des Gleises gemeldet hat.

Bei umfangreichen Baumaßnahmen, bei denen in einem gesperrten Gleis eine größere Anzahl von Fahrten durchzuführen sind, ist es betrieblich vorteilhaft, dieses Gleis vorübergehend für den Zugverkehr außer Betrieb zu nehmen und die Betriebsführung auf diesem Gleis der bauausführenden Stelle in eigener Verantwortung zu überlassen. Bei deutschen Eisenbahnen wird ein solches, vorübergehend außer Betrieb genommenes Gleis als Baugleis bezeichnet. Fahrten im Baugleis gelten als Rangierfahrten und werden vom Fahrdienstleiter nicht überwacht. Vor Aufhebung der Gleissperrung eines Baugleises muss die zuständige Fachkraft der bauausführenden Stelle dem Fahrdienstleiter neben der Befahrbarkeit auch das Freisein des Gleises melden.

Fahrten gegen die gewöhnliche Fahrtrichtung

Fahrten gegen die gewöhnliche Fahrtrichtung sind Züge, die das Gegengleis einer zweigleisigen Strecke befahren. Hinsichtlich der Anwendung sind zwei grundsätzliche Fälle zu unterscheiden. Auf zweigleisigen Strecken, deren Gleise sicherungstechnisch für Einrichtungsbetrieb ausgerüstet

10 Betriebsführung

sind, dürfen Zugfahrten auf dem Gegengleis nur ausnahmsweise zugelassen werden, wenn das Regelgleis unbenutzbar geworden ist (z. B. durch Störungen, Bauarbeiten, Unfälle). Die Zulassung der Ausfahrt auf das Gegengleis erfolgt als Zugfahrt mit besonderem Auftrag. Auf zweigleisigen Strecken, deren Gleise sicherungstechnisch für Zweirichtungsbetrieb ausgerüstet sind, dürfen Züge bei betrieblicher Notwendigkeit jederzeit das Gegengleis befahren, z. B. zur Durchführung einer fliegenden Überholung.

Der Auftrag zum Befahren des Gegengleises kann bei deutschen Eisenbahnen erteilt werden durch
– Hauptsignal in Verbindung mit einem Zusatzsignal,
– signalisierte Ersatzaufträge,
– schriftlichen Befehl,
– Führerraumanzeigen,
– den Fahrplan.

Die Fahrt ins Gegengleis mit Hauptsignal ist nur auf Strecken möglich, die sicherungstechnisch für Zweirichtungsbetrieb ausgerüstet sind. Ein Zusatzsignal zeigt dem Triebfahrzeugführer an, dass die Fahrstraße ins Gegengleis führt. Bei vielen ausländischen Bahnen wird bei Fahrt ins Gegengleis mit Hauptsignal auf ein solches Zusatzsignal verzichtet. Auf Überleitstellen kann auch bei deutschen Eisenbahnen auf die Anwendung eines solchen Zusatzsignals verzichtet werden, wenn die Benutzung des Gegengleises im Fahrplan geregelt ist. Signalisierte Ersatzaufträge zur Fahrt ins Gegengleis können sowohl in der Rückfallebene auf Strecken mit Zweirichtungsbetrieb als auch als eigenständige Signalisierung auf Strecken mit Einrichtungsbetrieb zum Einsatz kommen. Im letzteren Fall soll diese Signalisierung bei plötzlicher Unbefahrbarkeit des Regelgleises das Befahren des Gegengleises vereinfachen.

10.4.5 Durchführen von Rangierfahrten

Zustimmung zur Rangierfahrt

Zur Durchführung einer Rangierfahrt ist eine Zustimmung des zuständigen Weichenwärters erforderlich. Die Zustimmung zur Rangierfahrt kann erteilt werden durch
– die Signalisierung der Aufhebung des Fahrverbots,
– mündlichen Auftrag oder Hochhalten eines Armes oder einer weiß leuchtenden Handleuchte.

Die Zustimmung zur Rangierfahrt darf erst erteilt werden, wenn
– alle Beteiligten über die Rangierfahrt verständigt sind,
– keine Zugfahrten oder anderen Fahrzeugbewegungen gefährdet sind und
– der Fahrweg eingestellt ist.

Eine Rangierfahrt über den Bezirk des zustimmenden Weichenwärters hinaus darf nur durchgeführt werden, wenn alle beteiligten Weichenwärter zugestimmt haben.

Fahrwegsicherung und zulässige Geschwindigkeit

In mechanischen und elektromechanischen Stellwerken wird in der Regel ohne Fahrwegsicherung rangiert. In elektronischen Stellwerken und Relaisstellwerken sind, abgesehen von älteren Relaisstellwerken, Rangierstraßen eingerichtet. Stellwerke mit Weichenlaufkette haben immer Rangierstraßen. Steht in einem Stellwerk mit Weichenlaufkette für eine Rangierfahrt keine Rangierstraße zur Verfügung, ist die Weichenlaufkette zu sperren oder die Weichen, Gleissperren und Kreuzungen sind einzeln gegen Umstellen zu sichern. Dadurch wird verhindert, dass die Weichenlaufkette ungewollt Weichen ansteuert, die im Fahrweg einer Rangierfahrt liegen. Rangierfahrten verkehren auf Sicht und dürfen in besetzte Gleise eingelassen werden. Die zulässige Geschwindigkeit beträgt bei deutschen Eisenbahnen 25 km/h. Rangierfahrten, bei denen sich der Triebfahrzeugführer an der Spitze in einem Führerraum befindet und bei denen alle Fahrzeuge an die Hauptluftleitung angeschlossen sind, dürfen bis zu 40 km/h fahren, wenn der Weichenwärter den freien Fahrweg angesagt hat.

Rangieren auf Hauptgleisen

Hauptgleise dürfen nur mit Vorwissen des Fahrdienstleiters von Rangierfahrten besetzt werden. Rangierfahrten dürfen nicht auf die freie Strecke übergehen. Auf das Ausfahrgleis (Regelgleis einer zweigleisigen Strecke) darf mit Rangierfahrten jedoch im erforderlichen Maß ausgezogen werden. Auf Streckengleisen zweigleisiger Strecken mit Erlaubniswechsel, muss der Erlaubnisempfang angezeigt werden, andernfalls muss die benachbarte Zugmeldestelle dem Rangieren zustimmen. Auf dem Einfahrgleis (Streckengleis einer eingleisigen Strecke oder Gegengleis einer zweigleisigen Strecke) darf nicht über die Rangierhalttafel, wenn diese fehlt nicht über die Einfahrweiche rangiert werden. Wenn ausnahmsweise über die Rangierhalttafel oder Einfahrweiche rangiert werden muss, ist dazu ein schriftlicher Befehl des Fahrdienstleiters erforderlich. Der Befehl darf nur erteilt werden, wenn die benachbarte Zugfolgestelle keinen Zug abgelassen hat und zustimmt.

Rangierverbote

Rangierverbote sind Maßnahmen des mittelbaren Flankenschutzes (siehe Kap. 10.4.2). Dabei hat der für die Fahrwegprüfung zuständige Mitarbeiter vor Zulassung einer Zugfahrt, die wegen fehlender Flankenschutzeinrichtung gefährdet werden könnte, anzuordnen, dass gefährdende Rangierbewegungen eingestellt werden müssen. Die Anwendung von Rangierverboten ist nur für Rangierbewegungen auf einmündenden Hauptgleisen zulässig, für in Hauptgleise einmündende Nebengleise ist stets eine Flankenschutzeinrichtung vorzusehen.

Rangieren im Zugleitbetrieb

Auf Betriebsstellen ohne Einfahrsignale darf mit den Fahrzeugen eines dort haltenden Zuges ohne Genehmigung des Zugleiters rangiert werden, wenn für den betreffenden Zug keine Zuglaufmeldungen (ausgenommen Abstellmeldungen) abzugeben sind. Sonst dürfen auf Betriebsstellen ohne Einfahrsignale Rangierbewegungen auf Hauptgleisen nur mit Genehmigung des Zugleiters ausgeführt werden. Der Zugleiter darf die Genehmigung nur erteilen, wenn er keinen Zug nach dieser Betriebsstelle abgelassen hat oder wenn sichergestellt ist, dass ein abgelassener Zug vor der Trapeztafel zum Halten kommt. Im letzteren Fall ist beim Rangieren ein Durchrutschweg von 50 m hinter der Trapeztafel freizuhalten. Über die Rangierhalttafel oder Einfahrweiche darf nur mit schriftlichem Befehl des Zugleiters rangiert werden.

10.5 Betriebsleittechnik

10.5.1 Zuglaufverfolgung

Zuglaufverfolgungsanlagen haben die Aufgabe, die Standorte der einzelnen Züge mit ihren Zugnummern im Netz zu verfolgen und diese Informationen für verschiedene Darstellungen und Auswertungen zur Verfügung zu stellen. Die wichtigsten Anwendungen der Zuglaufverfolgung sind
– Zugnummernmeldeanlagen,
– rechnergestützte Zugüberwachung.

10 Betriebsführung

Zugnummernmeldeanlagen erfüllen folgende Aufgaben:
- Darstellung der Betriebslage für den Fahrdienstleiter durch Zugnummernanzeige im Gleisbild oder auf separaten Monitoren
- Ersatz der fernmündlichen Zugmeldungen
- Ersatz des handschriftlich geführten Zugmeldebuches durch einen Zugnummerndrucker

Zugnummernmeldeanlagen sind die Voraussetzung zur Bildung größerer Steuerbereiche. Sie gehören zur Standardausrüstung auf Strecken mit ferngesteuertem Betrieb.

Bei rechnergestützten Zugüberwachungen werden die von den örtlichen Zugnummernmeldeanlagen bereitgestellten Informationen an eine Betriebsleitstelle übertragen und zur übersichtlichen Darstellung der Betriebslage auf Monitoren ausgewertet. Der Disponent ist von der manuellen Informationsaufnahme entlastet und kann sich vollständig der Beobachtung des Betriebsablaufs in seinem Überwachungsbereich widmen. Zur Darstellung der Betriebslage werden sowohl Zeit-Weg-Linien-Bilder als auch Streckenspiegel verwendet. Durch eine Projektion der Zeit-Weg-Linien über den Ist-Zustand hinaus wird eine vorausschauende Konflikterkennung erleichtert (Abb. 10.5.1). In den Streckenspiegeln werden Zugstandorte und eingestellte Fahrstraßen in einem topologischen Gleisbild dargestellt (ähnlich der Bereichsübersicht eines Stellwerks). Für die Disposition in großen Knoten wurden darüber hinaus Darstellungen von Anschlussleisten und Knotenübersichten entwickelt.

Die aktuelle Entwicklung geht dahin, in die rechnergestützte Zugüberwachung Funktionen zur Fahrplankonstruktion mit sperrzeitenscharfer Abbildung der Fahrplantrassen zu integrieren. Dies ermög-

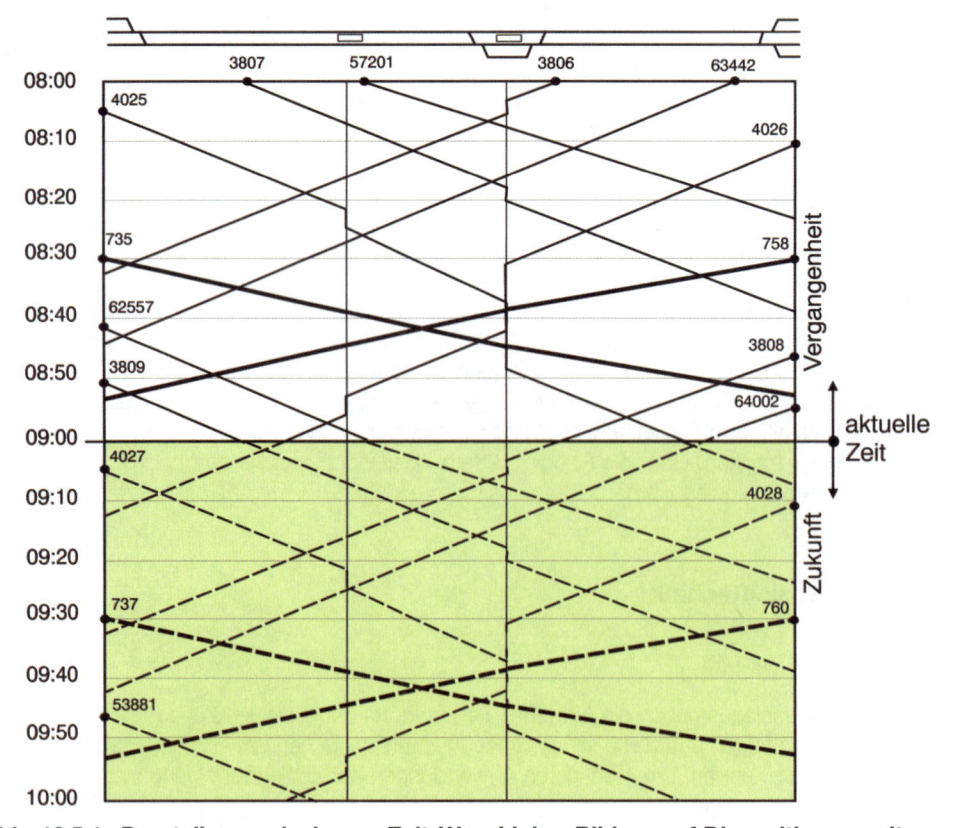

Abb. 10.5.1: Darstellungsprinzip von Zeit-Weg-Linien-Bildern auf Dispositionsmonitoren

10.5 Betriebsleittechnik

licht es den Disponenten, bei kurzfristig einzulegenden Sonderzügen die Fahrplantrassen unmittelbar mit den Dispositionssystemen zu konstruieren.

10.5.2 Zuglenkung

Die Zuglenkung dient der Automatisierung der Fahrstraßeneinstellung in den örtlichen Betriebsstellen. Die bisher realisierten Zuglenkanlagen lassen sich nach dem ihnen zugrunde liegenden systemtechnischen Prinzip der Fahrstraßenwahl in zwei Gruppen einteilen:
– Anlagen mit Programmselbststellbetrieb
– Anlagen mit Fahrstraßenwahl durch den Zug

Beim Programmselbststellbetrieb gibt es für jedes Signal einen Fahrstraßenspeicher, in dem in einer vorausbestimmten Reihenfolge alle Fahrstraßen abgespeichert sind, die an diesem Signal eingestellt werden sollen. Wenn sich ein Zug diesem Signal nähert, wird über einen Einstellanstoß der Fahrstraßenspeicher auf die nächste Position geschaltet und für die dort abgespeicherte Fahrstraße ein Stellbefehl ausgegeben (Abb. 10.5.2). Voraussetzung für die Anwendung des Programmselbststellbetriebes ist ein Fahrplanregime, bei dem sich die Reihenfolge der Züge nur selten ändert. Daher eignet sich der Programmselbststellbetrieb insbesondere für Stadtschnellbahnen mit starrem Fahrplan.

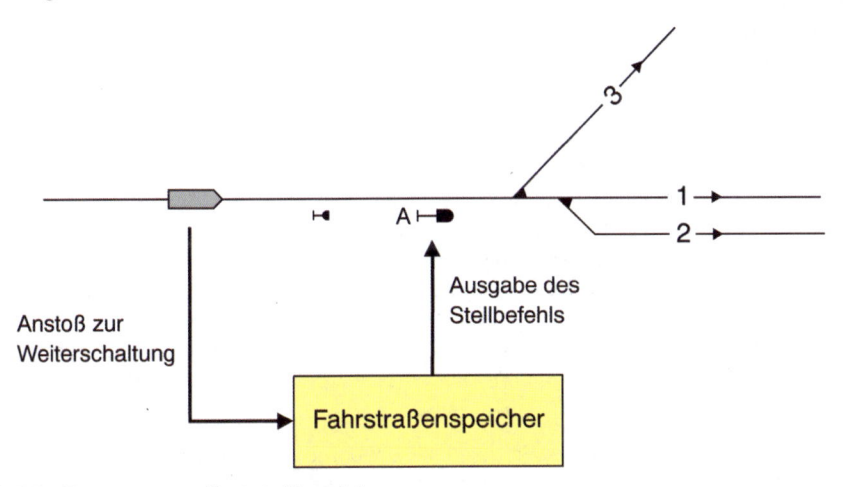

Abb. 10.5.2: Programmselbststellbetrieb

Bei Zuglenkanlagen mit Fahrstraßenwahl durch den Zug wird nicht nur die Annäherung des Zuges erfasst, sondern der Zug anhand einer zugbegleitenden Information identifiziert. Im Voraus werden Zuglenkpläne aufgestellt, die für jeden Zug eine Fahrstraßenfolge enthalten, mit der dieser Zug durch den Steuerbezirk zu leiten ist. Nach Identifizierung des Zuges ermittelt der Zuglenkrechner mit Hilfe des für diesen Zug abgespeicherten Zuglenkplanes die Fahrstraße, die am betreffenden Signal eingestellt werden soll (Abb. 10.5.3). Dieses Verfahren ist unempfindlich gegenüber einer Änderung der Reihenfolge der Züge und gestattet so eine höhere Flexibilität der Betriebsführung. Voraussetzung für die Anwendung ist das Vorhandensein einer Zugnummernmeldeanlage, die die zugbegleitenden Informationen bereitstellt. Als zugbegleitende Information wird entweder unmittelbar die Zugnummer oder – bei älteren Anlagen – eine das Fahrtziel innerhalb des Steuerbereichs codierende Zuglenkziffer verwendet. Bei Verwendung von Zuglenkziffern existiert noch kein editierbarer Zuglenkplan. Stattdessen wird für jedes Zuglenksignal die Zuordnung der Zuglenkziffern zu den an diesem Signal einzustellenden Fahrstraßen fest projektiert. Bei Anlagen mit Auswertung der Zugnummer liegt der Zuglenkplan in Form einer editierbaren Gleisbenutzungstabelle vor.

10 Betriebsführung

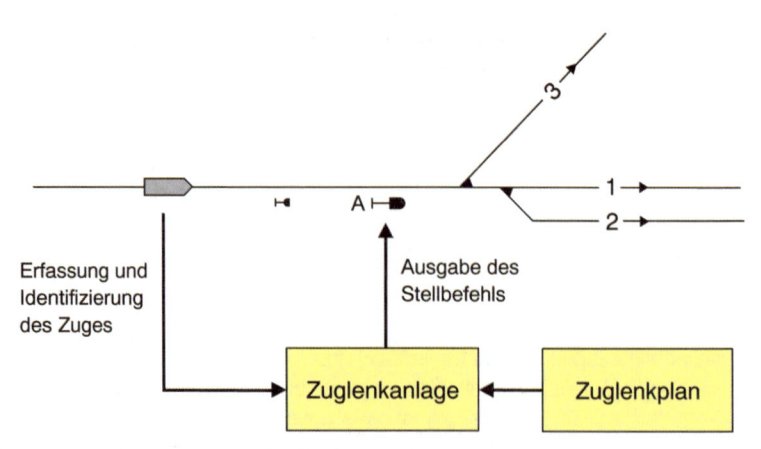

Abb. 10.5.3: Zuglenkung mit Fahrstraßenwahl durch den Zug

Bei Anwendung einer Zuglenkung mit Fahrstraßenwahl durch den Zug sind zwei Zuglenkstrategien zu unterscheiden:
- fahrplanbasierte Zuglenkung
- fahrtzielbasierte Zuglenkung

Die fahrplanbasierte Zuglenkung setzt eine Fahrstraßenwahl durch den Zug mit Auswertung der durch die Zuglaufverfolgung bereitgestellten Zugnummer voraus. In den Zuglenkplänen kann zusätzlich zur Gleisbenutzung auch die im Fahrplan vorgesehene Zugreihenfolge in Form von Wartebedingungen hinterlegt werden. Diese Zugreihenfolge wird durch die Zuglenkung auch bei Verspätungen zwingend eingehalten. Eine solche Zuglenkstrategie erfordert für eine effektive Betriebsführung die Anbindung der Zuglenkanlage an ein Dispositionssystem, das die Konflikterkennung und -lösung übernimmt, und einen ständig an die aktuelle Betriebslage angepassten Dispositionsfahrplan bereitstellt. Ohne ein solches Dispositionssystem wären die Zuglenkpläne vom Fahrdienstleiter bei Bedarf durch manuelle Eingabe zu aktualisieren, was bei kurzfristig auftretenden größeren Fahrplanabweichungen durch den erheblichen Eingabeaufwand ggf. den vorübergehenden Übergang zur manuellen Fahrstraßeneinstellung erforderlich machen kann.

Bei fahrtzielbasierter Zuglenkung (bei Stadtschnellbahnen auch als linienbasierte Zuglenkung) wird bei Annäherung des Zuges die dem Fahrtziel entsprechende Fahrstraße ohne Rücksicht auf die im Fahrplan festgelegte Zugreihenfolge eingestellt. Bei örtlichen Belegungskonflikten erhält, wenn der Fahrdienstleiter nicht durch manuelle Fahrstraßeneinstellung eingreift, immer der Zug Vorrang, der zuerst den Einstellanstoßpunkt befährt. Bei den Zuglenkanlagen der *Deutschen Bahn AG* hat der Fahrdienstleiter zusätzlich die Möglichkeit, in schwierigen Betriebssituationen an ausgewählten Signalen einen so genannten „Dispo-Status" zu aktivieren, durch den bei Annäherung eines Zuges die automatische Fahrstraßeneinstellung zunächst unterdrückt und von einer Mitwirkungshandlung des Fahrdienstleiters abhängig gemacht wird. Die Anwendung dieser Zuglenkstrategie lohnt sich vor allem bei Zuglenkanlagen, die nicht an ein übergeordnetes Dispositionssystem angebunden sind. Bei ausländischen Bahnen sind auch fahrtzielbasierte Zuglenkanlagen im Einsatz, bei denen die örtliche Steuerlogik bei Belegungskonflikten die Zugreihenfolge nach vorgegebenen Vorrangregeln festlegt.

Neben der Vorrangregelung an Behinderungspunkten muss die Steuerlogik einer Zuglenkanlage auch in der Lage sein, Selbstblockierungen (so genannte „Deadlocks") zu verhindern, die entstehen können, wenn durch Reihenfolgeänderungen der Züge ungewollt Betriebssituationen auftreten, in denen der Betrieb durch zyklische Verkettung von Belegungswünschen zum Stillstand kommt. Abb. 10.5.4 zeigt einfache Beispiele für solche Betriebssituationen. Besonders deadlockanfällig sind Spur-

10.5 Betriebsleittechnik

pläne mit einer hohen Zahl von Einmündungen in im Zweirichtungsbetrieb befahrene Abschnitte. Den Extremfall stellt eine eingleisige Strecke mit einer Reihe von Kreuzungsbahnhöfen bzw. Begegnungsabschnitten dar, aber auch in größeren Fahrstraßenknoten können deadlockanfällige Konstellationen auftreten. Die größte Deadlocksicherheit bietet demgegenüber die zweigleisige Strecke, die im reinen Einrichtungsbetrieb befahren wird.

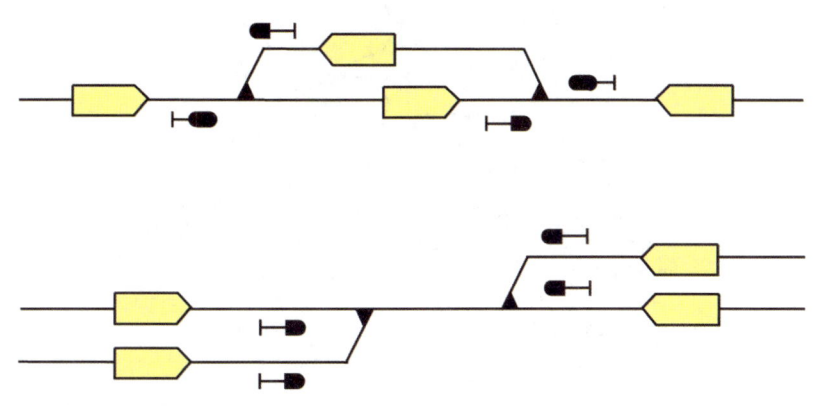

Abb. 10.5.4: Einfache Deadlockbeispiele

Bei fahrplanbasierter Zuglenkung mit vollständiger Hinterlegung aller Wartebedingungen ist automatisch ein deadlockfreier Betrieb gewährleistet, da die durch den Dispositionsfahrplan vorgegebene Zugreihenfolge durch die Zuglenkanlage nicht geändert wird. Für die fahrzielbasierte Zuglenkung existieren theoretische Ansätze zur Vermeidung von Deadlocks durch logische Analyse der sich aus der Einfahrt eines Zuges in einen Gleisabschnitt aufgrund der zwischen den Zugfahrten wirkenden Reihenfolgeabhängigkeiten ergebenden Folgen. In der Praxis wurden bisher bei den Zuglenkanlagen einiger Bahnen lediglich einfache deadlockvermeidende Regeln implementiert, die nur sehr einfache Deadlocksituationen (z. B. das Zufahren eines einzelnen Kreuzungsbahnhofs) beherrschen. Bei vielen fahrtzielbasierten Anlagen wird die Deadlockvermeidung sogar vollständig dem den Betrieb beobachtenden Fahrdienstleiter überlassen, der Deadlocks rechtzeitig erkennen und durch manuellen Eingriff verhindern muss. Aus diesem Grunde kommen solche Zuglenkanlagen fast ausschließlich bei Spurplänen mit sehr geringer Deadlockwahrscheinlichkeit zum Einsatz.

10.5.3 Betriebszentralen

In den 1990er Jahren setzte weltweit bei vielen Bahnen eine Entwicklung in Richtung einer hochgradig zentralisierten Betriebssteuerung ein, deren Zentralisierungsgrad weit über das bis dahin bei ferngesteuertem Betrieb erreichte Maß hinausging. Vorreiter waren die nordamerikanischen Eisenbahnen, die – allerdings unter mit europäischen Bahnen nur bedingt vergleichbaren betrieblichen Randbedingungen – bereits in den 1980er Jahren mit der Einrichtung von Betriebszentralen begannen, deren Steuerbereiche mehrere zehntausend Kilometer Strecke umfassten. Nach der deutschen Bahnreform begann auch die *Deutsche Bahn AG* mit der Umsetzung eines Konzeptes zur Einrichtung von sieben Betriebszentralen, die künftig den Betrieb im Kernnetz steuern sollen (Abb. 10.5.5). Die folgenden Ausführungen beziehen sich auf das Betriebszentralenkonzept der *Deutschen Bahn AG*, die Strategien ausländischer Bahnen können davon abweichen.

10 Betriebsführung

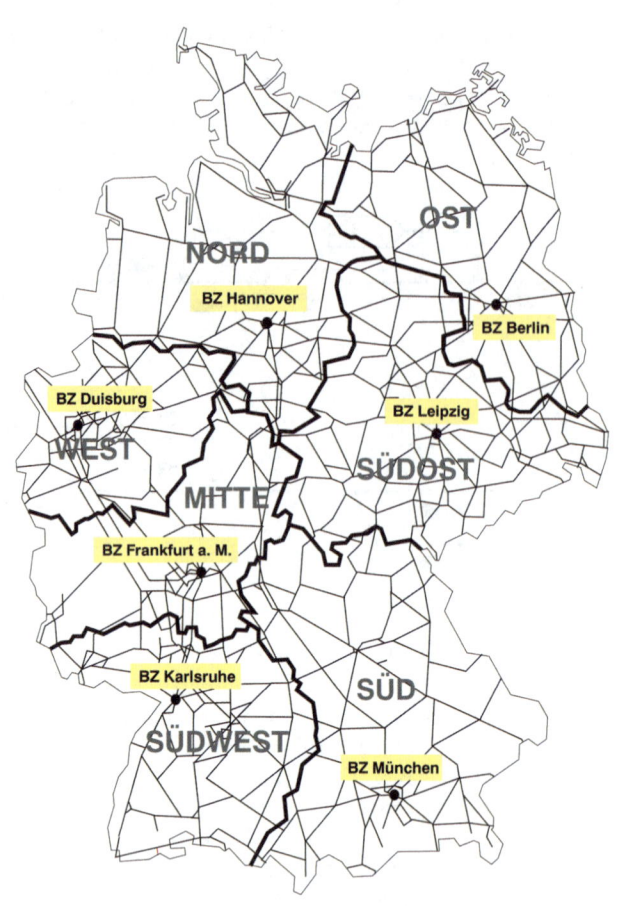

Abb. 10.5.5: Übersicht der Bereiche und Standorte der Betriebszentralen der *Deutschen Bahn AG*

Struktur der Fahrdienstleitung

Die Einrichtung der Betriebszentralen verfolgt zwei wesentliche Aspekte:
- räumliche Zusammenfassung der Fahrdienstleitung eines größeren Netzbereiches an einem Ort
- Zusammenfassung der Hierarchieebenen Disposition und Fahrdienstleitung

In den örtlichen Betriebsstellen befinden sich nur noch unbesetzte Unterzentralen. Die Aufgaben der in der konventionellen Betriebsführung tätigen Fahrdienstleiter und Disponenten werden in einer Betriebszentrale von Zuglenkern und örtlich zuständigen Fahrdienstleitern übernommen (Abb. 10.5.6). Der Zuglenker disponiert den Betriebsablauf in einem größeren Steuerbezirk. Im Gegensatz zum Disponenten einer konventionellen Betriebsleitstelle hat er jedoch Durchgriff auf die Prozessebene der Fahrwegsteuerung. Seine Dispositionsentscheidungen werden unmittelbar in Zuglenkdaten umgesetzt. Er hat jedoch keine Möglichkeit, in die Sicherheitsebene der Stellwerke einzugreifen. Den Betriebszentralen übergeordnet ist die Netzleitzentrale in Frankfurt am Main. Die Netzleitzentrale hat nur dispositive Funktionen und trifft Entscheidungen bei Ereignissen mit netzweiten Auswirkungen.

Die örtlich zuständigen Fahrdienstleiter besitzen in dem ihnen zugeordneten Bezirk die volle Bedien- und Anzeigefunktionalität eines elektronischen Stellwerks. Da für die reguläre Durchführung der

10.5 Betriebsleittechnik

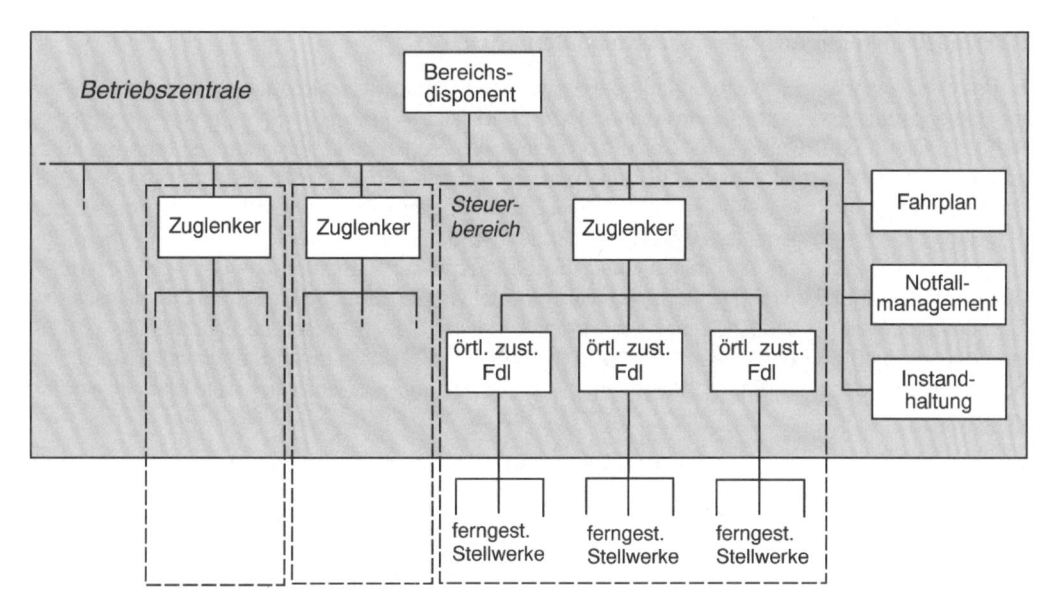

Abb. 10.5.6: Aufteilung der Fahrdienstleitung in einer Betriebszentrale

Zugfahrten in der Regel keine örtlichen Bedienungshandlungen mehr notwendig sind, obliegen den örtlich zuständigen Fahrdienstleitern hauptsächlich folgende Aufgaben:
- Bedienungshandlungen bei Störungen und Abweichungen vom Regelbetrieb (Hilfshandlungen mit Eingriff in die Sicherheitsebene)
- Abwicklung von Rangierfahrten
- Abwicklung von Übergabefahrten zu örtlichen Bedienungsbezirken außerhalb der Betriebszentrale

Ergänzend existieren Arbeitsplätze zum Notfall- und Instandhaltungsmanagement sowie zur operativen Bearbeitung von Fahrplanangelegenheiten. In den an eine Betriebszentrale angebundenen Betriebsstellen soll der aus der Betriebszentrale gesteuerte Gleisbereich auf die zur unmittelbaren Abwicklung der Zugfahrten notwendigen Hauptgleise beschränkt werden. Für Nebengleise wird eine weitgehende Umstellung auf reine Ortsbedienung angestrebt. In einer Betriebsstelle können folgende Gleisbereiche vorgesehen werden:
- Der **Hauptbereich** ist ein ständig aus der Betriebszentrale gesteuerter Bereich.
- Der **Umschaltbereich** ist ein wechselweise aus der Betriebszentrale oder durch Ortsbedienung gesteuerter Bereich.
- Der **Nebenbereich** ist ein Nebengleisbereich, der ausschließlich durch Ortsbedienung gesteuert wird.
- Der **Ortsbereich** ist ein nicht aus der Betriebszentrale gesteuerter Hauptgleisbereich, für den die fahrdienstliche Verantwortung ausschließlich vor Ort wahrgenommen wird. Ortsbereiche werden nur eingerichtet, wenn dafür ein besonderes betriebliches Bedürfnis besteht.

Zuglenkanlagen sind in der Unterzentrale angesiedelt und haben die Aufgabe, die vom Zuglenker und dem rechnergestützten Dispositionssystem ausgegebenen Zuglenkdaten zeitgerecht in Fahrstraßenstellbefehle umzusetzen. Dabei kommt eine fahrplanbasierte Zuglenkstrategie zur Anwendung. Bei Ausfall der Verbindung zwischen Betriebszentrale und Unterzentrale kann der Betrieb auf der örtlichen Ebene durch Abarbeitung der bereits übertragenen Zuglenkdaten noch eine gewisse Zeit autark weiterlaufen.

10 Betriebsführung

Rückfallebenen bei Ausfall der zentralen Steuerung

Neben der Behandlung von Störungen der Fahrweg- und Zugfolgesicherung müssen bei zentralisierter Betriebssteuerung auch Rückfallebenen für den Ausfall der Verbindung zur Zentrale vorgesehen werden. Wenn in der Unterzentrale eine fahrplanbasierte Zuglenkung vorhanden ist, können kurze Verbindungsausfälle durch Weiterlauf der Zuglenkung überbrückt werden. Längerfristige Ausfälle der zentralen Steuerung lassen sich nur durch Bedienmöglichkeiten vor Ort beherrschen. Auf den aus Betriebszentralen gesteuerten Strecken der *Deutschen Bahn AG* werden für solche Fälle in den Unterzentralen Notbedienplätze eingerichtet, die bei Ausfall der Steuerung aus der Betriebszentrale durch Mitarbeiter des Instandhaltungspersonals besetzt werden, die im Auftrag des Fahrdienstleiters Fahrstraßen einstellen, jedoch keine sicherheitsrelevanten Hilfshandlungen vornehmen können. Bei lang dauernden Störungen lassen sich die Notbedienplätze zu vollwertigen Stellwerksbedienplätzen hochrüsten, so dass der Betrieb durch einen vor Ort tätigen Fahrdienstleiter weitergeführt werden kann.

Der Aufwand zur Vorhaltung örtlicher Stellwerksbedienplätze ist nur auf stark befahrenen Strecken vertretbar. Auf Strecken mit geringer Betriebsdichte und topologisch einfach strukturierten Betriebsstellen besteht eine wirtschaftliche Alternative darin, örtliche Bedieneinrichtungen vorzusehen, mit denen das Zugpersonal auf Weisung des Fahrdienstleiters Weichen umstellen oder auch Fahrstraßen einstellen kann.

Literaturverzeichnis

[1] Pachl, J.: Übertragbarkeit US-amerikanischer Betriebsverfahren auf europäische Verhältnisse. Eisenbahntechnische Rundschau 50(2001)7/8, S. 452–462

[2] Pachl, J.: Railway Operation and Control. VTD Rail Publishing, Mountlake Terrace 2002

[3] Deutsche Bahn AG: Signalbuch (SB) 301 DS/DV, in der Fassung der Bekanntgabe 6 vom 14.12.2006

[4] Happel, O.: Sperrzeiten als Grundlage für die Fahrplankonstruktion. Eisenbahntechnische Rundschau 8(1959)2, S. 79–90

[5] Wendler, E.: Weiterentwicklung der Sperrzeitentreppe für moderne Signalsysteme. Signal und Draht 87(1995)7/8, S. 268–273

[6] Pachl, J.: Vorschlag für eine neue Systematik der Betriebsverfahren deutscher Eisenbahnen. Der Eisenbahningenieur 55 (2004) 7, S. 5–10

[7] Fenner, W.; Naumann, P.; Trinckauf, J.: Bahnsicherungstechnik. Wiley-VCH Verlag Weinheim, Berlin 2004

[8] Pachl, J.: Systemtechnik des Schienenverkehrs – Bahnbetrieb planen, steuern und sichern. 4. Aufl., Verlag B. G. Teubner Stuttgart, Leipzig, Wiesbaden 2004

[9] Deutsche Bahn AG: LST-Anlagen planen – Richtlinie 819. eingeführt am 31.08.1998

[10] Deutsche Reichsbahn: Grundsätze für die Ausgestaltung der Sicherungsanlagen auf Hauptbahnen und den mit mehr als 60 km/h befahrenen Nebenbahnen. gültig ab 30. April 1959, unter Berücksichtigung der bis 1. September 1990 eingetretenen Änderungen

[11] Deutsche Bundesbahn: Sammlung signaltechnischer Verfügungen (SSV) DS 818, Ausgabe 1983

[12] Deutsche Bahn AG: Konzernrichtlinie 408 – Züge fahren und Rangieren – (Modulgruppen 408.01–408.09). gültig ab 15.06.2003

[13] Zoeller, H.-J.: Handbuch der ESTW-Funktionen. Tetzlaff Verlag Hamburg 2002

11 Bahn und Umwelt

Markus Hecht, Peter Westenberger, Stephanie Bauer

Die Umweltfreundlichkeit der Eisenbahn beruht auf zwei Systemeigenschaften:
a) geringer Raumbedarf
b) geringer Energieverbrauch

zu a) Durch die Spurführung ist es möglich große und lange Einheiten räumlich sehr genau definiert zu bewegen. Dadurch ist die Eisenbahn für den Einsatz in Ballungsräumen prädestiniert. Es gibt weltweit keine gut funktionierenden Ballungsräume ohne wirkungsvolle Eisenbahnen.

zu b) Der geringe Energieverbrauch hat mehrere Ursachen:
1. geringe Rollreibung zwischen Stahlrad und Stahlschiene
2. geringer Luftwiderstand durch Zugbildung; das im Zugverband jeweils nachfolgende Fahrzeug befindet sich im Windschatten des vorlaufenden.
3. Energierückspeisung bei Betriebsbremsungen bei elektrischem Zugbetrieb. Moderne Elektrotriebfahrzeuge können ohne Zusatzaufwand die Bremsenergie mit hohem Wirkungsgrad ins Netz zurückspeisen.

11.1 Klimaschutz

Die *Deutsche Bahn AG* hat schon frühzeitig die Weichen in Richtung Klimaschutz gestellt und zwischen 1990 und 2002 bereits mehr als ein Viertel des spezifischen Kohlendioxid-Ausstoßes der Traktion eingespart (Abb. 11.1.1). Die Einsparung konnte aber nur mit einem ambitionierten Energiesparprogramm erreicht werden. Mit dem Programm wurden der spezifische Energieverbrauch und die CO_2-Emissionen innerhalb von 15 Jahren um 25 % gesenkt. Stellgrößen dafür waren unter anderem der Einsatz moderner Fahrzeuge, die Effizienzsteigerung der Kraftwerke, die Erhöhung der Auslastung und der zunehmende Anteil an regenerativen Energien.

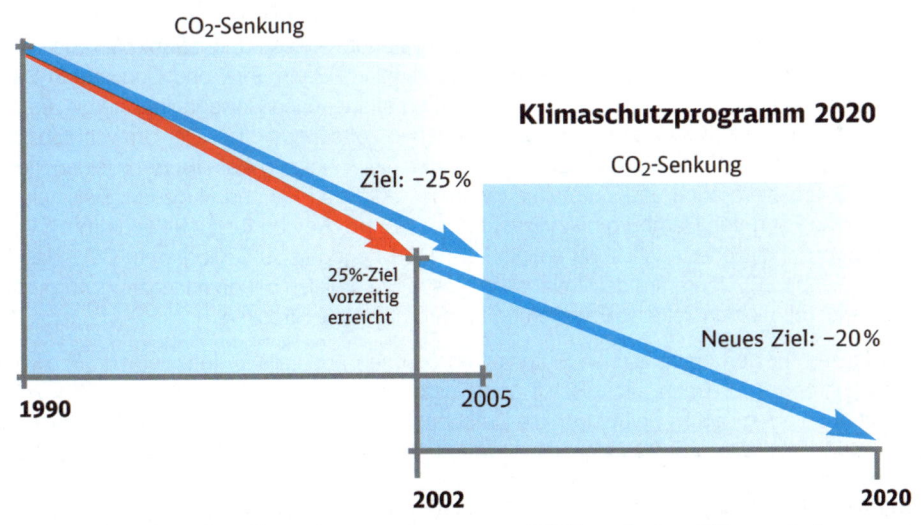

Abb. 11.1.1: Erfolge des Energiesparprogramms 2005 und des Klimaschutzprogramms 2020 der *DB AG*

11 Bahn und Umwelt

Um an diese Erfolge anzuknüpfen, wurde 2002 ein neues Ziel gesetzt – mit dem Klimaschutzprogramm 2020 will die Bahn ihre spezifischen CO_2-Emissionen um weitere 20 % senken. Die begonnenen Maßnahmen werden konsequent weitergeführt. Dabei wirkt sich eine zunehmende Elektrifizierung der Strecken positiv auf die Klimabilanz aus. Auch der Anteil erneuerbarer Energien an ihrem Strommix steigt kontinuierlich an: Fast 13 % des Bahnstroms sind bereits grün. Zusätzlich schult die Bahn seit 2002 ihre Lokführer in **Energiesparender Fahrweise**. Die Lokführer lernen, sparsam zu fahren, ohne Zeit zu verlieren. Im Schienenverkehr ist dies leicht durchzuführen: Wird der Antrieb während der Fahrt abgeschaltet, rollt der Zug weiter und verliert kaum an Geschwindigkeit. Grund ist der geringe Rollwiderstand zwischen Rad und Schienen. Ebenso wichtig sind bewusstes Beschleunigen und eine gleichbleibende Geschwindigkeit. So sind bereits bei einer Reserve im Fahrplan von einem Prozent bis zu sechs Prozent Energieeinsparung möglich. Ein geschulter Lokführer kann auf einer einzigen Fahrt mit einem ICE von München nach Hamburg bis zu 4.000 Kilowattstunden Strom sparen – so viel wie ein Vier-Personen-Haushalt im ganzen Jahr verbraucht.

Durch diese energieeffiziente Fahrweise sparten die Lokführer im Personenverkehr seit 2002 bereits 198 Gigawattstunden Strom – und damit 124 000 Tonnen Kohlendioxid (CO_2). Rechnet man die Einsparungen an Diesel sowie die Ergebnisse von Railion hinzu, wurde die Atmosphäre insgesamt um mehr als 150 000 Tonnen CO_2 entlastet.

Die Bahn baut damit ihren Umweltvorsprung gegenüber anderen Verkehrsträgern konsequent weiter aus. Bereits heute ersparen zum Beispiel Reisende im Fernverkehr dem Klima im Vergleich zum Pkw zwei Drittel des spezifischen CO_2-Austoßes, gegenüber dem Flugzeug sind es sogar 75 %.

Trotz ihrer bisherigen Erfolge leidet die Bahn jedoch immer noch unter klimapolitisch negativen Wettbewerbsverzerrungen. Insbesondere die durch den Handel mit CO_2-Emissionsrechten ausgelösten Kostensteigerungen für Strom treffen im Verkehrssektor ausschließlich die Bahn. Sie erbringt zu rund 90 % ihre Verkehrsleistungen umweltfreundlich mit Strom. Bei verbesserten politischen Rahmenbedingungen könnte die Bahn der Umwelt durch Energiesparinvestitionen noch mehr CO_2 ersparen. 2006 wurde sie mit rund 380 Mio. € Energiesteuern und -abgaben belastet, während die Wettbewerber Luftverkehr und Schiff davon völlig ausgenommen waren. Ganz entgegen der Intention der Ökosteuerreform ist die umweltfreundliche Bahn damit zu einem der größten Ökosteuerzahler Deutschlands geworden.

Damit sich jeder selbst von der Umweltfreundlichkeit der Bahn überzeugen kann, hat die Bahn einen Umweltvergleich im Internet etabliert – der UmweltMobilCheck. Unter www.bahn.de/umweltmobilcheck können für jede beliebige Strecke in Deutschland Bahn, Pkw und Flugzeug in Sachen Umwelt getestet werden. Verglichen werden die Verkehrsmittel nach Reisedauer, Energieverbrauch sowie dem Ausstoß von Kohlendioxid und verschiedenen Luftschadstoffen. Der UmweltMobilCheck beweist: Bei Reisen mit der Bahn ist die Umwelt der Gewinner. So hat die Bahn einen deutlich geringeren Energieverbrauch und sie emittiert weniger CO_2 als Pkw und Flugzeug. Beispielsweise verursacht eine Fahrt von Hamburg nach Frankfurt im ICE pro Person rund 19 Kilogramm CO_2. Bei ebenfalls durchschnittlicher Auslastung emittiert der Pkw dagegen 59,5 Kilogramm CO_2, das Flugzeug sogar knapp 80 Kilogramm des Treibhausgases. Der Vergleich mit dem Flugzeug wurde neu in 2006 eingerichtet. Geplant ist eine Erweiterung für internationale Strecken.

Umweltbilanzen für den europäischen Güterverkehr können ebenfalls im Internet mit „*EcoTransIT*" berechnet werden – für Bahn, Lkw, Schiff und Flugzeug. Eine Berechnung für den Kombinierten Verkehr ist ebenfalls möglich. Dafür steht die Datenbank mit 400 000 Verladestellen im Straßennetz, knapp 40 000 Bahnhöfen und 90 Flughäfen sowie einem weitreichenden Netzwerk an Schifffahrtswegen zur Verfügung. Das Instrument berücksichtigt unterschiedliche technische Standards der Fahrzeuge und nationale Besonderheiten, etwa die Art der Stromerzeugung. Mit *EcoTransIT* können Unternehmen optimal bestimmen, mit welchem Verkehrsmittel ihre Waren am umweltfreundlichsten ihr Ziel erreichen.

11.2 Lärmschutz

Das anspruchsvolle Ziel der Bahn heißt, den Schienenverkehrslärm auf Grundlage von 2000 bis 2020 zu halbieren. Dies ist auch ein bedeutendes strategisches Ziel für den wirtschaftlichen Erfolg. Gelingt die Halbierung des Lärms, ist dies im Wettbewerb auf dem Verkehrsmarkt ein weiteres gutes Argument: Mehr Verkehr auf der Schiene bedeutet umweltfreundliche Mobilität mit weniger Lärm.

Die Strategie der Bahn zur Lärmminderung besteht aus drei Bausteinen:
der Fortsetzung des Lärmsanierungsprogramms des Bundes an Bestandsstrecken und der Lärmvorsorge, dem Einsatz der Verbundstoffbremssohlen sowie der Weiterentwicklung neuer Lärmminderungstechnologien in Zusammenarbeit mit der Bahnindustrie.

Der erste Baustein ist die Lärmsanierung an bestehenden Strecken. Seit 1999 stellt die Bundesregierung im Rahmen eines freiwilligen Programms Mittel für den Bau von Lärmschutzwänden und -wällen sowie für den Einbau von Schallschutzfenstern zur Verfügung. Die Bahn setzt dieses Programm im Auftrag des Bundes um. Profitieren können davon die Anwohner von besonders stark befahrenen Strecken. So wird zum Beispiel das Mittelrheintal die erste Region sein, die vollständig saniert sein wird.

Während im Jahr 1999 zunächst 51 Mio. € jährlich zur Verfügung standen, wurden die Mittel im Jahr 2006 von der Bundesregierung in zwei Schritten erhöht: Zunächst auf 76 Mio. €, ab dem Haushaltsjahr 2007 auf sogar 100 Mio. € jährlich. Die Umsetzung der Lärmsanierung verläuft erfolgreich: Seit Beginn des Programms bis Juni 2007 hat die Bahn bereits 445 Streckenkilometer von insgesamt 3400 saniert. Damit wurden über 140 Kilometer Schallschutzwände gebaut sowie 29 500 Wohnungen mit Schallschutzfenstern ausgestattet.

Zweiter wichtiger Baustein in der Strategie zur Lärmminderung ist für die Bahn der Einsatz von Verbundstoffbremssohlen (K-Sohlen) an Stelle der üblichen Graugussbremsklotzsohlen (GG-Sohlen) in Güterwagen. Sie verhindert das Entstehen des Lärms an der Quelle. Hauptschallquelle für den Schienenverkehrslärm ist das Rollgeräusch. Dieses entsteht, wenn Rad und Schiene durch Rauigkeiten und Unebenheiten, so genannte „Riffel", beim Abrollen des Rades auf der Schiene in Schwingung versetzt werden. Rauigkeiten auf der Lauffläche von Rädern entstehen, weil die

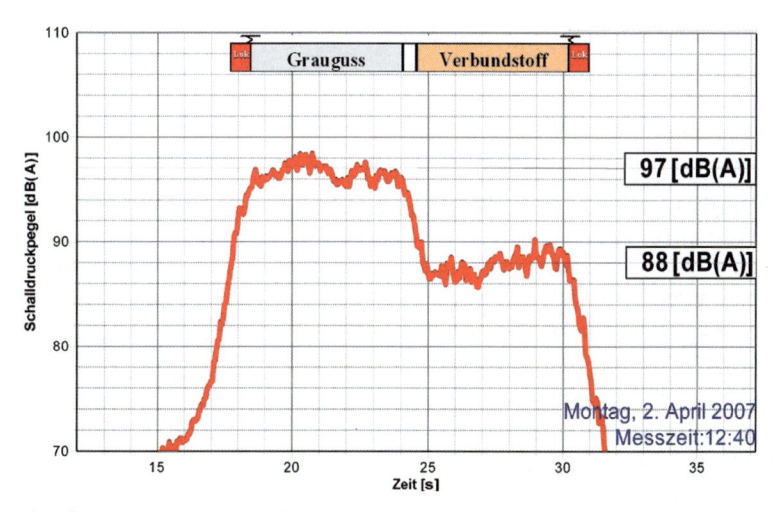

Abb. 11.2.1: In Bingen hat die Bahn die Lärmminderung durch die K-Sohle mit einer Demonstration bewiesen; ein Sonderzug mit K-Sohlen- und GG-gebremsten Wagen hat den Bahnhof drei Mal durchfahren, dabei war die Lärmminderung um die Hälfte deutlich wahrnehmbar.

11 Bahn und Umwelt

herkömmlichen Graugussbremsklötze auf der Lauffläche des Rades bremsen. Dagegen sorgt die Verbundstoffbremssohle dafür, dass die Lauffläche beim Bremsvorgang glatt bleibt.

Im Vergleich zu GG-Sohlen erreicht die K-Sohle auf glattem Gleis eine Lärmminderung des Vorbeifahrpegels um ca. 10 dB(A), das entspricht einer subjektiv empfundenen Halbierung des Lärms. Bei einer Eisenbahnstrecke mit durchschnittlich gemischtem Verkehr aus Güter- und Personenzügen ist damit eine Lärmreduzierung von 4 bis 5 dB(A) möglich.

Die *DB* treibt die Entwicklung für eine Leise Bahn voran. Sie hat schon früh auf die Verbundstoffbremssohle gesetzt. Im Rahmen des internationalen Dachverbands der Eisenbahnen (*UIC*) hat sie die Entwicklung der neuen Sohlen maßgeblich vorangetrieben. Neue Güterwagen beschafft die Bahn bereits seit 2001 ausschließlich mit Verbundstoffbremssohlen. Insgesamt sind schon mehr als 3800 Wagen mit der „Flüsterbremse" im Einsatz – obwohl die entsprechenden Grenzwerte der europäischen *Technischen Spezifikation der Interoperabilität Lärm (TSI Noise)* erst seit Februar 2007 gelten.

Um eine deutliche Lärmminderung zu erreichen, müssen jedoch auch die Güterwagen im Bestand umgerüstet werden. Dies ist kostspielig: Weil die K-Sohle eine andere Bremswirkung als die GG-Sohle hat, muss die Bremstechnik umgebaut werden. Während der Einsatz der „Flüsterbremse" bei neuen Güterwagen nahezu kostenneutral ist, würde die Umrüstung des gesamten für die Umrüstung des in Frage kommenden Güterwagenbestandes in Deutschland von 135 000 Fahrzeugen (einschließlich der Wagen der privaten Einsteller) etwa 600 Mio. € kosten. Diese Kosten können die Güterwageneigner nicht selbst tragen: Bei den Verladern herrscht bisher keine Bereitschaft, für einen leiseren Transport höhere Kosten in Kauf zu nehmen. Deshalb sind die Bahnen für eine Umrüstung auf eine vollständige öffentliche Förderung durch den Bund angewiesen. Weiterreichende technische Lösungen, wie das leisere Drehgestell [1], sind in Deutschland momentan noch nicht vorgesehen.

Im Personenverkehr konnten in der Vergangenheit bereits wichtige Schritte zu einer Lärmminderung erreicht werden: So sind etwa die meisten Reisewagen mit modernen Scheibenbremsen ausgestattet, die bei dem Bremsvorgang nicht auf die Lauffläche einwirken. Im Personenverkehr kommen außerdem – etwa beim ICE – noch andere Technologien zur Lärmminderung zum Einsatz: Radschallabsorber, ein stromlinienförmiges Design sowie Verkleidungen am Fahrzeug sorgen für eine leise Fahrt.

Dritter Baustein für die Lärmminderung ist schließlich die Erforschung und Entwicklung weiterer technischer Lösungen. Dazu arbeitet die Bahn eng mit Hochschulen und der Bahnindustrie im Forschungsprojekt „Leiser Zug auf realem Gleis (LZarG)" zusammen: Ziel der Bahn ist es, von Beginn der Entwicklung an das Know-how des Betreibers einfließen zu lassen. Schließlich nutzen am Ende nur leise Technologien, die den Betriebs- und Wartungsanforderungen gerecht werden und finanzierbar sind.

Ein weiteres Beispiel ist das EU-Projekt SILENCE. In diesem Projekt wird mit Hochdruck daran gearbeitet, Möglichkeiten zur Reduzierung von Straßen- und Schienenlärm speziell in städtischen Ballungszentren zu finden. 47 Projektpartner – darunter die *DB AG* und andere Bahnen sowie Industriepartner und wissenschaftliche Einrichtungen – wollen bis März 2008 weitergehende Möglichkeiten für eine generelle Minderung von Schallemissionen um bis zu 10 dB(A) in Ballungsgebieten erarbeiten.

Den Anstoß für das Vorhaben gab die neu erarbeitete europäische Umgebungslärmrichtlinie. Ziel dieser Richtlinie ist es, die Lärmbelastung europaweit vergleichbar zu erfassen und Lärmminderungsplanungen auszulösen. Für Orte, an denen bestimmte Lärmgrenzwerte überschritten werden, sind dann konkrete Konzepte zur Reduzierung von Schallemissionen zu entwickeln.

11.3 Luftschadstoffe

Die Bahn erbringt schon heute rund 90 Prozent ihrer gesamten Verkehrsleistung klimafreundlich mit elektrischer Traktion – Tendenz steigend. Der Streckenanteil, der mit Dieselfahrzeugen bedient wird, ist in den vergangen Jahren nennenswert reduziert worden. Gleichzeitig setzt die DB AG im Nahverkehr verstärkt auf moderne und leichte Dieseltriebwagen, die eine deutlich günstigere Emmissionsbilanz aufweisen. Darüber hinaus hat die Bahn in den letzten Jahren fast die Hälfte ihrer Rangier- und Streckenlokomotiven mit neuen, umweltfreundlicheren Dieselmotoren ausgestattet. Diese Faktoren haben dazu beigetragen, dass der Ausstoß an Luftschadstoffen kontinuierlich reduziert werden konnte. Seit 1990 ist der Ausstoß an Stickoxiden (NOX), die an der Versauerung des Regens und am Sommersmog beteiligt sind, um 65 % zurückgegangen. Bei den gesundheitsgefährdenden Dieselrußpartikeln waren es sogar 84 %.

Um die Umweltbelastung durch Dieselpartikel weiter zu reduzieren, wird die DB AG – soweit technisch machbar und wirtschaftlich vertretbar – künftig im Fern- und Güterverkehr neue Dieselfahrzeuge mit Partikelfiltern beschaffen. Auch die Nachrüstung des vorhandenen Fahrzeugbestands wird unter lufthygienischen, technischen und wirtschaftlichen Gesichtspunkten derzeit mit verstärktem Engagement geprüft.

So startete beispielsweise im September 2006 das Pilotprojekt LOCEX („Erprobung innovativer Abgasnachbehandlung für Bahndieselmotoren"). In seinem Rahmen wird in Kooperation mit einem Motorenhersteller probeweise eine Rangierlok der deutschlandweit eingesetzten BR 294 mit einer Kombination aus SCR (Selective Catalytiv Reduction)-Katalysator und Partikelfilter ausgerüstet. Ziel ist es, sowohl die Stickoxid- und Partikelemissionen zu senken als auch Betriebserfahrungen in diesem Bereich zu sammeln.

11.4 Abrieb

Die EU-Richtlinien zur Luftreinhaltung haben in der Gesellschaft die so genannte „Feinstaub-Debatte" ausgelöst. Die öffentliche Diskussion hat dazu geführt, dass sich das Wissen um die Entstehung von PM10-Emissionen (Durchmesser der Partikel von 10 Mikrometern-µm) stark erweitert. Feinstaub wird im Verkehr im Wesentlichen durch Verbrennungsmotoren und durch Reibung beim Kontakt des Fahrzeuges mit Fahrwegelementen sowie bei mechanischen Bremsvorgängen verursacht. Während in Deutschland die Datenlage zu den verbrennungsbedingten Feinstaubemissionen des Verkehrs relativ gut ist, existiert zu den Abrieben des Verkehrs noch keine umfassende Darstellung.

Das *Schweizer Bundesamt für Umwelt (BAFU)* hat zu den Feinstaubemissionen des Schienenverkehrs umfassende Untersuchungen vorgenommen. Dies sind nach heutigem Kenntnisstand im europäischen Raum die einzigen behördlichen Untersuchungen zu diesem Thema.

Durch Prüfstandsmessungen – die zum Teil aktiv von der DB AG begleitet wurden –, Expertenwissen und Verbrauchsstatistiken konnten die Emissionen und der Feinstaubanteil der Abriebe von Bremsen, Rädern, Schienen und Fahrdraht eingegrenzt werden. Die neuesten Ergebnisse zeigen, dass die mechanisch erzeugten PM10-Emissionen des Schienenverkehrs in der Schweiz etwa 1200 Tonnen pro Jahr betragen. Bemerkenswert ist, dass fast 60 % dieser Emissionen durch Abrieb beim Bremsen entsteht. Der Rest wird durch den Abrieb beim Rollen des Rades oder am Fahrdraht erzeugt. Im Gegensatz dazu machen die verbrennungsbedingten Emissionen aus dem Rangierbetrieb mit Diesellokomotiven nur 5 % der Gesamtemissionen des Schienenverkehrs aus. Wichtig ist zu wissen, dass Diesellokomotiven in der Schweiz ausschließlich beim Rangieren zum Einsatz kommen. Hier entstehen ca. 70 Tonnen Emission pro Jahr. Damit erzeugt der Schienenverkehr in der Schweiz insgesamt etwa 11 % der Verkehrsemissionen.

Entscheidend für die Bewertung ist jedoch die Auswirkung auf die jeweilige Immissionssituation. Die neuesten Resultate zeigen, dass der Schienenverkehr zwar eine PM10-Belastung verursacht, diese aber wesentlich geringer als die des Straßenverkehrs ist.

11.5 Vegetationskontrolle

Um die Sicherheit auf Bahnanlagen zu gewährleisten, müssen diese kontinuierlich von Bewuchs freigehalten werden. Dabei werden Pflanzenschutzmittel so sparsam wie möglich eingesetzt – und nur dort, wo es unbedingt nötig ist. Lediglich im Gleisbereich, zu dem auch der schmale Randweg zählt, setzt die Bahn – speziell für den Bahnbereich – zugelassene Herbizide ein. 2006 wurden 47 % der 63 608 Gleiskilometer der *Deutschen Bahn AG* auf diese Weise behandelt. Die Bäume und Sträucher außerhalb des Gleisbereichs werden regelmäßig zurückgeschnitten; chemische Mittel kommen hier nicht zum Einsatz. Indem die Pflanzen wieder austreiben können, bleiben die Flächen dauerhaft bewachsen und werden so nachhaltig gepflegt.

Das Streckennetz der *Deutschen Bahn AG* berührt zahlreiche Gebiete, in denen seltene Tiere, Pflanzen und Naturräume besonders geschützt sind. So führen beispielsweise 2066 Kilometer Schienenweg durch FFH-Gebiete (Flora-Fauna-Habitate) und 674 Streckenkilometer durch Naturschutzgebiete.

Seit 2004 hat die Bahn alle digital verfügbaren Schutzgebiete in Deutschland in einem geografischen Informationssystem (GIS) zusammengefasst. So kann sie notwendige Arbeiten am Streckennetz bis hin zur zeitweisen Anlage von Baustraßen besser auf Naturschutzkriterien in den jeweiligen Schutzgebieten abstimmen.

11.6 Fahrtziel Natur

Wölfe, die durch den verschneiten Bergwald streifen oder zarte Orchideen, die sich im Sommerwind wiegen. Diese Ursprünglichkeit gibt es direkt vor der eigenen Haustür – und mit dem Reiseangebot „Fahrtziel Natur" kann man sie entdecken. Neben Tipps, die Regionen auf eigene Faust zu erkunden, kann man unter der Homepage www.fahrtziel-natur.de auch viele Angebote buchen: vom Malkurs in der Sächsischen Schweiz bis zur einsamen Paddeltour auf der Mecklenburger Seenplatte. Es ist garantiert für jedermann etwas dabei.

Entstanden war das Projekt 2001 in Zusammenarbeit mit den vier großen deutschen Umweltverbänden *Bund für Umwelt und Naturschutz Deutschland e.V. (BUND), Naturschutzbund Deutschland e.V. (NABU), Verkehrsclub Deutschland e.V. (VCD)* und *WWF Deutschland*. Bis heute setzt es sich für nachhaltigen Tourismus in Nationalparken, Naturparken und Biosphärenreservaten ein.

Seit Januar 2007 wird Fahrtziel Natur mit der Aufnahme des Schweizerischen Nationalparks nun auch international bekannt. Der einzige Nationalpark des Landes bildet mit einer Fläche von 170 km^2 das größte Schutzgebiet der Schweiz und ist mit seiner Gründung im Jahre 1914 zugleich auch der älteste Nationalpark der Alpen. Er umfasst ein besonders eindrucksvolles Stück alpiner Landschaft mit einer reichen Tier- und Pflanzenwelt.

In 2006 gab es auf internationaler Bühne auch Lob für die Kooperation: „Fahrtziel Natur." Sie hat den Wettbewerb „Umweltfreundlich Reisen in Europa" in der Kategorie Verkehrs- und Transportunternehmen gewonnen. *Josef Pröll*, österreichischer Bundesminister für Land- und Forstwirtschaft, Umwelt und Wasserwirtschaft hatte den Preis Anfang des Jahres in Wien verliehen. Der internationale Wettbewerb war anlässlich der österreichischen EU-Präsidentschaft von der Regierung in Wien initiiert worden und hatte mit 80 teilnehmenden Projekten aus 15 Ländern großen Anklang gefunden.

Literatur

[1] Hecht, Markus; Keudel, Johannes; In Messfahrten nachgewiesene Vorteile des Leila-Güterwagendrehgestells; ZEVrail Glasers Annalen 131, Tagungsband SFT Graz 2007, Seite 32 bis 41

12 Interoperabilität des Transeuropäischen Bahnsystems
Markus Hauner, Eberhard Jänsch

12.1 Begriffsbestimmung

Die *Richtlinie 96/48/EG vom 23. Juli 1996* über die Interoperabilität des transeuropäischen Hochgeschwindigkeitsbahnsystems erklärt den Ausdruck „Interoperabilität" wie folgt:
„Im Sinne dieser Richtlinie bezeichnet der Ausdruck „Interoperabilität" die Tauglichkeit des transeuropäischen Hochgeschwindigkeitsbahnsystems für den sicheren und durchgehenden Verkehr von Hochgeschwindigkeitszügen, die den spezifizierten Leistungskennwerten entsprechen. Diese Fähigkeit beruht auf den gesamten ordnungsrechtlichen, technischen und betrieblichen Voraussetzungen, die zur Erfüllung der grundlegenden Anforderungen gegeben sein müssen".
Die „grundlegenden Anforderungen" sind alle in Anhang III der Richtlinie beschriebenen Bedingungen. Eine entsprechende Formulierung findet sich in der Richtlinie 2001/16/EG, bezogen auf die Interoperabilität des konventionellen transeuropäischen Bahnsystems.

Der Begriff „Interoperabilität" erschien in der Bahnwelt erstmals am 07. Oktober 1991, und zwar in einem Vorentwurf für eine Richtlinie über die rechtlichen und technischen Vorschriften für das Netz der europäischen Hochgeschwindigkeits-Eisenbahn. Vorgestellt wurde dieser Entwurf von *Raymond Mourareau*, Abteilungsleiter für spurgeführte Transportmittel in der Generaldirektion III (Wirtschaft, Binnenmarkt) der EG-Kommission, in der Untergruppe „Technische Harmonisierung" der so genannten „Hochrangigen Gruppe", die im Auftrag der Kommission der Europäischen Gemeinschaft an der Entwicklung eines europäischen Hochgeschwindigkeits-Eisenbahnsystems arbeitete.

12.2 150 Jahre interoperabler Bahnbetrieb in Europa

Die Aufgabe, über die Grenzen eines technisch einheitlichen Eisenbahnnetzes hinweg Zugverkehr durchzuführen, ist allerdings in der Welt der Eisenbahn nichts Neues. In den Anfangsjahren der Eisenbahn war insbesondere in Deutschland – von Kleinstaaten geprägt – die Netzgröße der Staatsbahnen bald zu eng für die anstehenden Transportaufgaben. Die Eisenbahnen schlossen sich hierzulande zum *Verein Deutscher Eisenbahn-Verwaltungen* (*VDEV*, später: *Verein Mitteleuropäischer Eisenbahnverwaltungen*) zusammen. Im Oktober 1849, auf der Generalversammlung dieses Vereins in Wien, legte die Königlich Hannoversche Eisenbahn-Verwaltung „*Vorschläge zur Erreichung einheitlicher Bestimmungen im Deutschen Eisenbahnwesen, insonderheit gleichmäßige Konstruktionen des Bahnbaues und gleichmäßige Betriebseinrichtungen betreffend*" vor. Auch die Hauptabmessungen der Eisenbahnwagen und Lokomotiven sollten so festgelegt werden, dass ein interoperabler Einsatz zwischen den Netzen verschiedener Staatsbahnen möglich wurde. Die Vorschläge wurden aufgegriffen und mündeten 1866 in die *Technischen Vereinbarungen (TV)* des Vereins, mit denen die Grundlagen für die Gestaltung des Eisenbahnsystems in Mitteleuropa gelegt wurden. Beispielsweise wurden die Breite des Regellichtraums im Jahr 1871 zu 4,00 m und die Breite der statischen Begrenzungslinie für Eisenbahnfahrzeuge im Jahr 1876 zu 3,15 m festgelegt.

Am 1. Juni 1882 begann der fahrplanmäßige Bahnbetrieb durch den Gotthardtunnel. Mit der Gotthardbahn wurde zum ersten Mal in Europa ein multinationales Eisenbahnprojekt realisiert. Ihrem Bau lag ein trilateraler Vertrag zwischen Deutschland, der Schweiz und Italien zu Grunde. Noch im selben Jahr fand unter der weiteren Beteiligung von Österreich und Frankreich in Bern die erste Konferenz zu einer vertraglichen Regelung technischer Fragen im grenzüberschreitenden Verkehr auf Regierungsebene statt. Fünf Jahre später als *Technische Einheit (TE)* beschlossen, hat dieses Vertragswerk die Grundlagen für den interoperablen Eisenbahnverkehr in Europa fortgeschrieben.

12 Interoperabilität des Transeuropäischen Bahnsystems

Abb. 12.2.1: Der „Iron Duke", Breitspurlokomotive der *Great Western Railway*, auf einem Gleis mit Normal- und Brunel'scher Breitspur bei Reading (England); Quelle: *Bateman*, UK

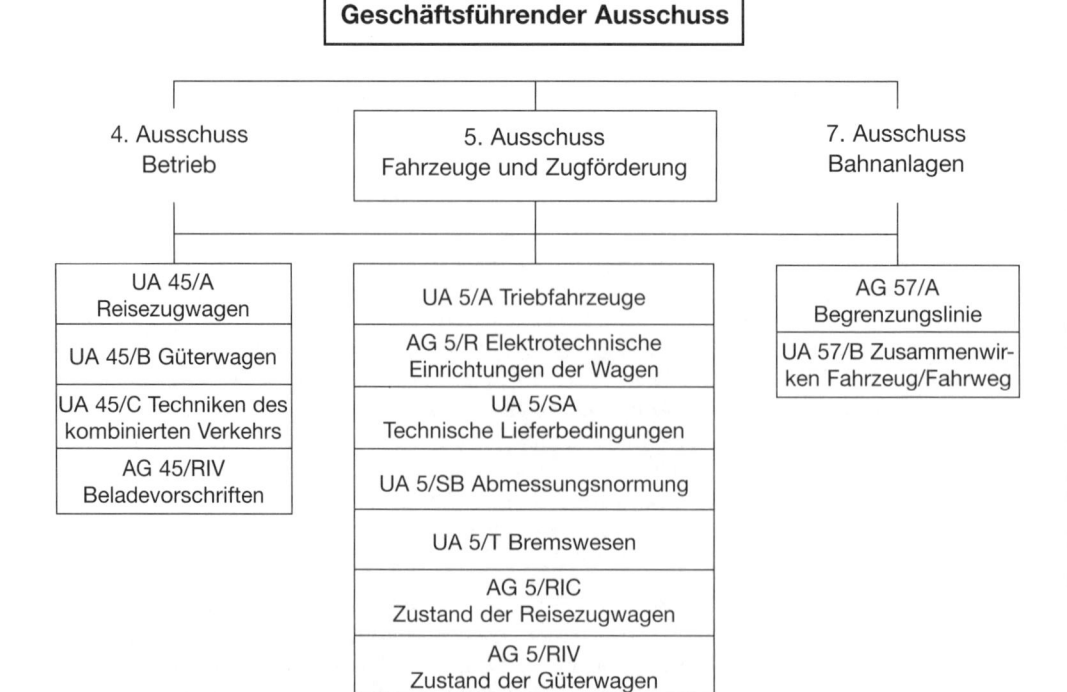

```
                    Generalversammlung
                Geschäftsführender Ausschuss
```

4. Ausschuss Betrieb	5. Ausschuss Fahrzeuge und Zugförderung	7. Ausschuss Bahnanlagen
UA 45/A Reisezugwagen	UA 5/A Triebfahrzeuge	AG 57/A Begrenzungslinie
UA 45/B Güterwagen	AG 5/R Elektrotechnische Einrichtungen der Wagen	UA 57/B Zusammenwirken Fahrzeug/Fahrweg
UA 45/C Techniken des kombinierten Verkehrs	UA 5/SA Technische Lieferbedingungen	
AG 45/RIV Beladevorschriften	UA 5/SB Abmessungsnormung	
	UA 5/T Bremswesen	
	AG 5/RIC Zustand der Reisezugwagen	
	AG 5/RIV Zustand der Güterwagen	

Abb. 12.2.2: Organigramm des 5. Ausschusses der *UIC* mit den für Fahrzeuge und Zugförderung relevanten Gruppen des 4. und 6. Ausschusses, Stand 11/1988. Inzwischen hat sich die Organisation der *UIC* mehrfach geändert; Quelle: *Molle, DB*

12.2 150 Jahre interoperabler Bahnbetrieb in Europa

Die *TE* fußte auf der Normalspurweite von 1435 mm (4 Fuß 8 ½ Zoll), die in den Anfängen der Eisenbahn durch das Wirken des englischen Lokomotivbauers *Richard Stephenson* weite Verbreitung in Europa gefunden hatte. Das englischen Parlament hat im Jahr 1842 hierfür die Bezeichnung „Standard gauge" (Normalspurweite) festgelegt.

Im 19. Jahrhundert wurden die anfänglich weit verbreiteten unterschiedlichen Spurweiten nach und nach auf dieses Maß vereinheitlicht; so auch die in England durch *Isambard Kingdom Brunel*, dem Chefingenieur der Great Western Railway, nach 1830 eingeführte Breitspur von 2140 mm (Abb. 12.2.1), die in ihrer Glanzzeit auf einer Gleislänge von 3380 km verlegt war, und deren letzte 668 km erst 1892 auf 1435 mm umgespurt wurden. Andere europäische Staaten, wie Spanien, Portugal, Irland, Finnland und Russland behielten ihre abweichende Spurweite im konventionellen Bahnnetz bis heute.

Eine aktive Rolle bei der Weiterentwicklung des Eisenbahnsystems übernahm ab 1922 der *Internationale Eisenbahnbahnverband (UIC)* in Paris (Abb. 12.2.2). Der *UIC*-Kodex – eine Sammlung von *UIC*-Merkblättern aus allen Gebieten des Bahnwesens – wird ständig fortgeschrieben, wobei Fortschritte aus Wissenschaft und Technik sowie Erkenntnisse aus dem laufenden Betrieb von Netzen und Zügen berücksichtigt werden. Mehr noch: zur technisch/wirtschaftlichen Verbesserung des Systems Bahn leitet die *UIC* Forschungsprojekte ein und kommuniziert deren Ergebnisse.

Wegen der über Kerneuropa hinausgehenden *UIC*-Mitgliedschaft ist der *UIC*-Kodex auch für Bahnsysteme anderer Länder anwendbar. Die Anpassung bahnspezifischer Regelungen, von technisch/betrieblichen bis hin zu organisatorischen Themenfeldern, wurde so für die EU-Beitrittsländer auf das EU-spezifische Minimum beschränkt.

Der Übergang von Wagen in die Netze anderer Bahnverwaltungen (Infrastukturunternehmen) ist durch den *UIC*-Kodex sowie durch die internationalen Vereinbarungen *RIC* (für Personenwagen) und *RIV* (für Güterwagen) geregelt. Im Regelfall wird bei grenzüberschreitenden Reise- und Güterzügen die Lokomotive im Grenzbahnhof gewechselt. Damit entstehen zwar Grenzaufenthalte; diese spielten jedoch vor Aufnahme des internationalen Hochgeschwindigkeitsverkehrs wegen der ohnehin langen Laufzeiten in internationalen Verbindungen kaum eine Rolle.

Für den Einsatz von Triebfahrzeugen und Triebzügen – Letztere sind Reisezüge mit eigenem Antrieb, die im Betrieb als fahrende, nicht trennbare Einheit behandelt werden – gelten die oben angeführten Vereinbarungen nicht. Bislang bedarf es bilateraler Vereinbarungen zwischen den verschiedenen Zugbetreibern, um den Grenzübergang von Triebfahrzeugen und Triebzügen zu regeln. Derartige Vereinbarungen lagen dem TEE-Verkehr (Trans-Europ-Express) zu Grunde. Die damalige *Deutsche Bundesbahn* hatte in den Jahren 1957-1971 Dieseltriebzüge der Bauart VT 601 im internationalen Einsatz (Abb. 12.2.3). Die 140 km/h schnellen Einheiten fuhren auf vier Linien:

Abb. 12.2.3: Trans-Europ-Express Diesel-Triebkopfzug VT 601, 1957; Quelle: *Deutsche Bundesbahn/Below*

12 Interoperabilität des Transeuropäischen Bahnsystems

- Frankfurt–Amsterdam
- Hamburg–Zürich
- Dortmund–Ostende
- Dortmund–Paris

Probleme mit Inkompatibilitäten sind dabei nicht bekannt geworden.

12.3 Hochgeschwindigkeitsverkehr: beschränkt interoperabel

12.3.1 Deutschland und Frankreich

Ab Mitte der 1960er Jahre begannen die nationalen Bahngesellschaften in Europa, als Antwort auf den steigenden Wettbewerb mit dem Automobilverkehr und dem Luftverkehr die Fahrgeschwindigkeit der Züge zu steigern. Mit kürzeren Reisezeiten wollte man Reisende bei der Bahn halten oder sogar zurückgewinnen. Großbritannien führte im April 1966 einen Intercity-Verkehr mit 200 km/h schnellen Dieseltriebzügen auf zunächst vier Linien ein, der sofort zu einem großen Markterfolg wurde. In Frankreich wurde die Geschwindigkeit ausgewählter Züge auf 200 km/h gesteigert, und in Deutschland startete 1971 das Zugsystem „Intercity-Deutschland im 2-Stunden-Takt", ebenfalls mit 200 km/h schnellen, elektrisch betriebenen Zügen auf vier Linien.

Diese Systeme konnten wegen der langen Bremswege der Züge nicht mehr mit den herkömmlichen ortsfesten Signalsystemen der konventionellen Bahnstrecken betrieben werden. Die englische Eisenbahn (damals *British Rail, BR*) und die französische Eisenbahn (*SNCF*) griffen zu sogenannten 4-Abschnitts-Signalen, mit denen der Bremsweg über zwei Blockabschnittslängen vergrößert werden konnte. Die damalige *Deutsche Bundesbahn (DB)* beschritt einen anderen Weg. Auf den für 200 km/h ausgebauten Streckenabschnitten sorgt die Linienzugbeeinflussung (LZB) für die Erweiterung der Signalsicht auf fünf Kilometer, was auf dem Führerstand der Triebfahrzeuge angezeigt wird („Fahren auf elektrische Sicht"). Die LZB ist hier eine signaltechnische Zusatzeinrichtung; die ortsfesten Signale an der Strecke blieben erhalten.

Mit der Inbetriebnahme der ersten Neubaustrecken für hohe Geschwindigkeiten änderte sich das insofern, als nun die Bremswege und damit die Anforderungen an die Signalsysteme nochmals anstiegen. Die *SNCF* rüstete ihre Neubaustrecke Paris-Lyon (Inbetriebnahme 1981/1983 mit zunächst 260 km/h) mit codierten Gleisstromkreisen aus. Für die Gleisfreimeldung und die Zugsicherung des Train à Grande Vitesse (TGV) wurde das System TVM 300 (Transmission Voie-Machine) installiert (inzwischen auf TVM 430 umgerüstet). Die *DB* ließ das LZB-System in einer verbesserten Bauform mit einer auf 10 km erweiterten Vorausschau auf den beiden Neubaustrecken Hannover–Würzburg (Inbetriebnahme 1988/1991) und Mannheim-Stuttgart (Inbetriebnahme 1991) einbauen, nun als echtes Leitsystem. Die in der Anzahl stark reduzierten ortsfesten Signale entlang der Strecke werden nur noch als Rückfallebene und für die nicht mit LZB ausgerüsteten Fahrzeuge benötigt, zum Beispiel für die Oberbau-Instandhaltungsfahrzeuge. In allen Hochgeschwindigkeitsfahrzeugen werden die Signalbegriffe der nicht mehr an der Strecke angeordneten Signale dem Triebfahrzeugführer im Führerraum angezeigt.

Im elektrisch betriebenen Hochgeschwindigkeitsverkehr gab es natürlich auch wesentliche Fortschritte, und zwar in der Motortechnik und in der Leistungselektronik. Den Antriebsstrom wandeln alle modernen Hochgeschwindigkeitszüge über die eingebaute Leistungselektronik in Drehstrom mittlerer Spannung für ihre Motoren um, unabhängig davon, was die Stromversorgung in der Oberleitung anbietet. Im ICE-Triebkopf werden die Motoren mit variabler Spannung von 0–2 200 V und variabler Frequenz von 0–130 Hz angetrieben. Allerdings bedingen unterschiedliche Oberleitungs-Geometrien und Stromstärken, dass je nach Stromsystem unterschiedliche Stromabnehmer (Schleifleisten) benötigt werden.

12.3 Hochgeschwindigkeitsverkehr: beschränkt interoperabel

Frankreich: Neubaustrecke Paris–Lyon und der TGV (1981)

Im September 1981 wurde der erste Teil der Neubaustrecke Paris-Lyon mit Zügen der Bauart TGV-PSE in Betrieb genommen. Diese Strecke war von vornherein nur für Züge der Bauart TGV geplant; nur sie waren damals in der Lage, die starken und langen Steigungen von 35 ‰ zu bewältigen (Abb. 12.3.1). Für den Fall der Anfahrt am Berg rechnete man mit Ausfall einer Antriebseinheit (2-motoriges Triebdrehgestell und dazugehörige Leistungselektronik), weshalb der 200 m lange Triebzug TGV-PSE zwölf Treibachsen erhielt (Abb. 12.3.2). Auch die Bremsausrüstung der Züge ist beeindruckend: vier Scheibenbremsen pro Laufdrehgestell, doppelt so viele wie bei einem herkömmlichen 200 km/h-Reisezug. Die Strecke wird mit 25 kV Wechselstrom betrieben, inmitten des ansonsten mit 1500 V Gleichstrom betriebenen Netzes im Südosten Frankreichs. Zum elektrischen Befahren werden 2- und 3-System-Triebfahrzeuge eingesetzt. So ist mit der ersten wirklichen Hochgeschwindigkeitsstrecke in Europa auch zugleich die erste damals nicht-interoperable Strecke entstanden. Dem durchgehenden TGV-Verkehr im Netz Paris-Südost – einschließlich der Bedienung von Genf, Bern und Zürich – und seinem wirtschaftlichen Erfolg tat das keinen Abbruch.

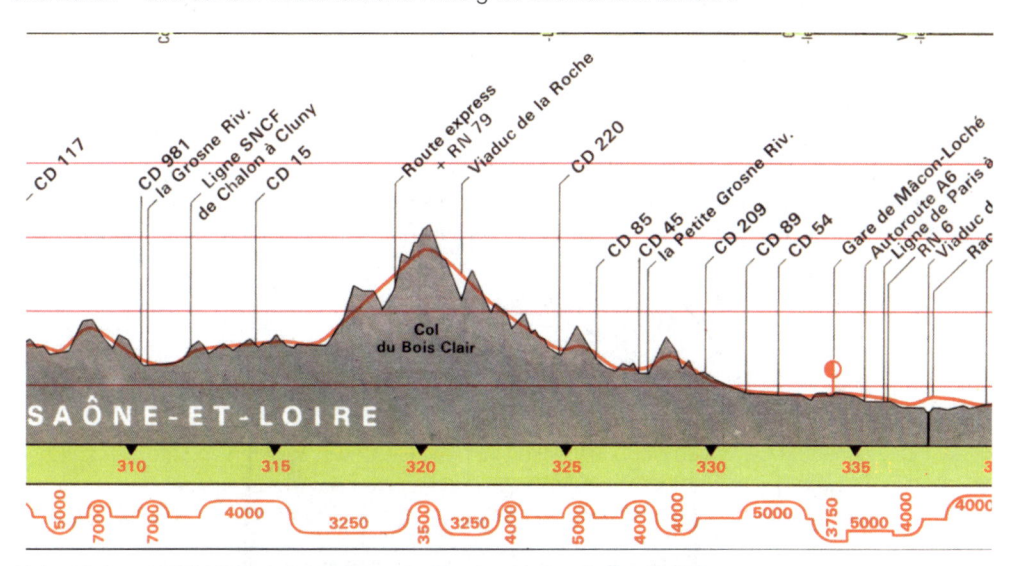

Abb. 12.3.1: TGV-PSE auf der Strecke Paris–Lyon; Foto: *SNCF*

Abb. 12.3.2: Steigungsstrecke am Col du Bois Clair, Neubaustrecke Paris–Lyon, 1981; Foto: *SNCF*

12 Interoperabilität des Transeuropäischen Bahnsystems

Deutschland: Hannover–Würzburg und der ICE (1991)

In Deutschland wurden die ersten Neubaustrecken für den Mischbetrieb von Reise- und Güterzügen konzipiert. Das war zunächst ein Geschwindigkeitsbereich zwischen 80 km/h und 250 km/h (später erhöht auf 120 km/h bzw. 280 km/h). Das Stromsystem wurde wie im sonstigen *DB*-Netz belassen. Auf Grund der zahlreichen Tunnel erwies sich die Druckertüchtigung des Fahrzeugmaterials lokomotivbespannter Züge als notwendig. Maßgebend hierfür ist die Begegnung mit einem schnellen Zug in einem zweigleisigen Tunnel. Andererseits ist die Geschwindigkeit des schnellen Zuges auf 250 km/h zu begrenzen, wenn dieser einem Güterzug mit bestimmten, aerodynamisch empfindlichen Ladungen im Tunnel begegnet – ein Fall, der inzwischen auf Grund der Tunnel-Sicherheitsrichtlinie faktisch auszuschließen ist. Von der anfänglichen Vorstellung, über die genannten Neubaustrecken LZB-geführte Züge und andere, zum Beispiel konventionelle Güterzüge, in bunter Reihenfolge abzufahren, hat man sich bald wieder verabschiedet.

Auch die deutschen Neubaustrecken sind also nicht als voll interoperabel zu bezeichnen. Aus betrieblichen, technischen und sicherheitstechnischen Gründen sind besondere (Netz-Zugangs-) Bedingungen an die Eisenbahnfahrzeuge zu stellen, die auf diesen Strecken verkehren dürfen.

Der in Deutschland eingesetzte Zug für den Hochgeschwindigkeitsverkehr (HGV) war ab 1991 der ICE. Die Mittelwagen der ersten beiden Baureihen (ICE1 und 2) erhielten eine von den bekannten *UIC*-Maßen abweichende maximale Breite von 3,02 m, und zwar in der Höhe der Armlehnen, 1,80 m über Schienenoberkante (Laufebene), (Abb. 12.3.3). Diese Breite (rund 20 Zentimeter mehr als bei den bis dahin im InterCity-Verkehr eingesetzten Reisezugwagen gleicher Länge) war zuvor sorgfältig ermittelt worden. Da der Zug auch auf Strecken der Nachbarbahnen fahren sollte, fanden vorab

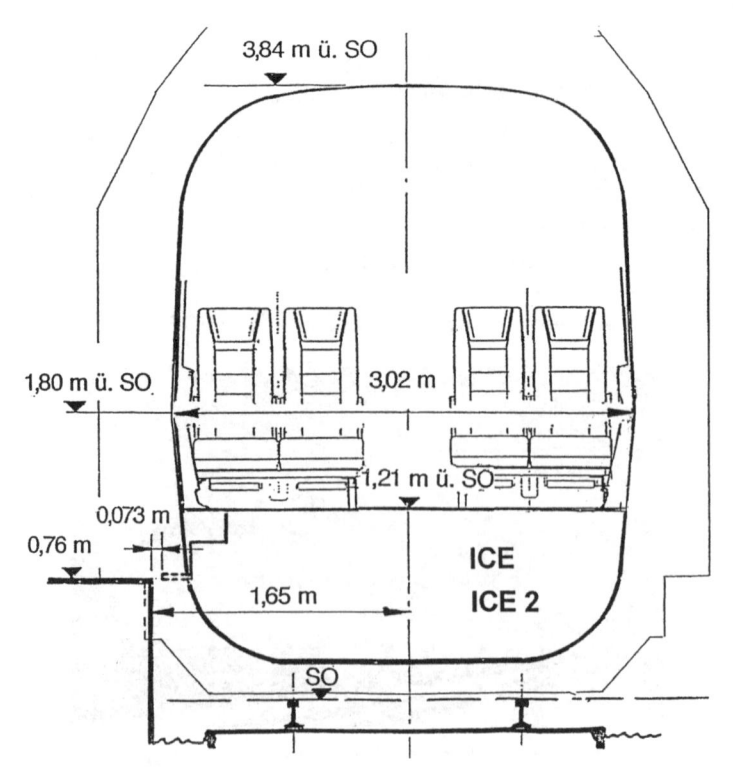

Abb. 12.3.3: Querschnitt ICE 1 am Bahnsteig h=0,76 m, Einstieg mit beweglicher Trittstufe

12.3 Hochgeschwindigkeitsverkehr: beschränkt interoperabel

entsprechende Konsultationen statt. Vor der ersten kommerziellen Fahrt des Zuges lagen Zusagen für die Einsatzfähigkeit der ICE 1-Mittelwagen auf den Strecken nach Wien, Brüssel, Amsterdam und auf dem Netz der *Schweizerischen Bundesbahnen (SBB)* vor. Das exakte Maß für die Wagenbreite – 3,02 m – wurde der DB von der SBB mitgeteilt, deren Hauptstrecken etwas engere Maße aufweisen als die der DB. Die Anpassungen im Bahnnetz der DB waren minimal, sie betrafen nur einige wenige Stellen im Altnetz mit sehr kleinen Gleisbogenradien, zum Beispiel den Weichenbereich in Köln Hauptbahnhof, der seinerzeit ohnehin zum Umbau anstand.

12.3.2 Grenzüberschreitende Hochgeschwindigkeitsbahnsysteme

Im Vorfeld der europäischen Initiativen zur Interoperabilität sind zwei Großprojekte internationaler Hochgeschwindigkeitsverbindungen von besonderer Bedeutung, der Kanaltunnel und die Eurostar-Verbindungen von und nach London und das Projekt PBKA und seine Thalys-Züge.

London–Paris/Brüssel und der Eurostar

Im Januar 1986 fiel die Entscheidung zum Bau des Kanaltunnels. Der Betrieb von Hochgeschwindigkeitszügen zwischen London, Paris und Brüssel stellte die erste große Herausforderung für die Entwicklung interoperabler Eisenbahnfahrzeuge dar. Sowohl die Sicherheitsbestimmungen für die 22-minütige Durchfahrt durch den 50 km langen Kanaltunnel als auch die technischen Bedingungen für den Betrieb im Südostnetz der Britischen Eisenbahn waren zu beachten. In diesem Netz erfolgt die Stromversorgung über eine seitlich am Gleis angebrachte Stromschiene mit 750 V Gleichspannung. Die englischen Bahnsteige sind höher als auf dem Kontinent und stehen enger am Gleis. Der Eurostar-Mittelwagen ist technisch vom TGV Reseau abgeleitet, das Fahrzeugprofil und die Einstiegssituation unterscheiden sich jedoch erheblich davon (Abb. 12.3.4 und 12.3.5).

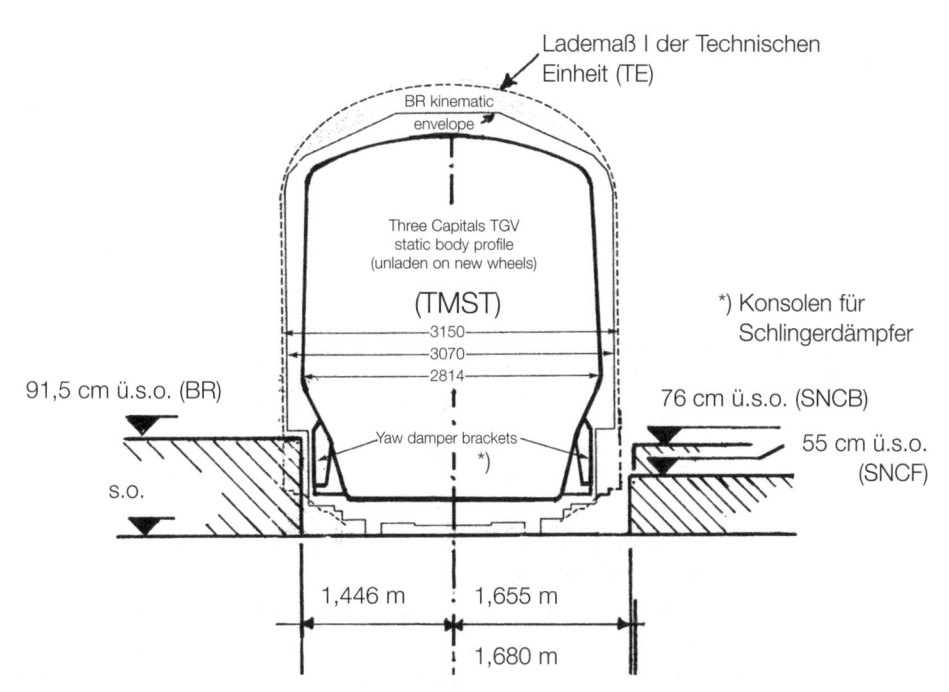

Abb. 12.3.4: Profil des Eurostar-Zuges (TMST)

12 Interoperabilität des Transeuropäischen Bahnsystems

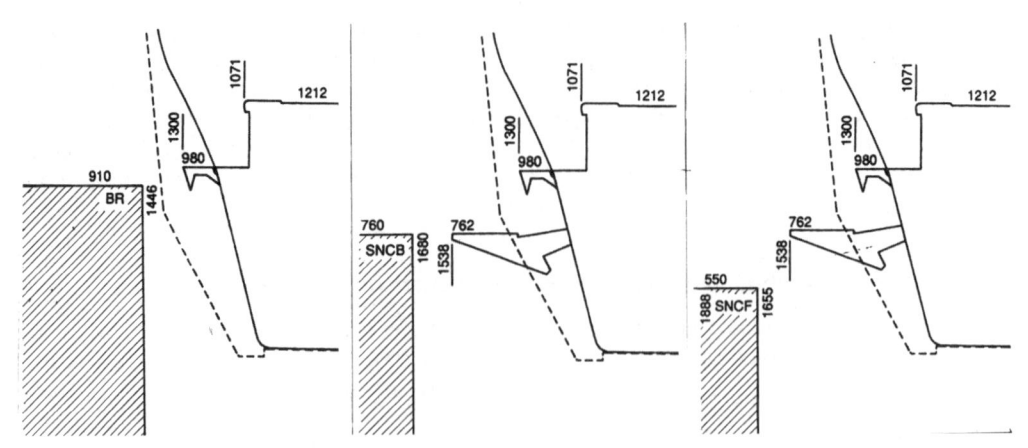

Abb. 12.3.5: Einstieg des Eurostar-Zuges in London (links), Brüssel (Mitte) und Paris (rechts)

Die Eurostar-Züge wurden im Dezember 1989 bestellt, und die ersten Züge durchfuhren den Kanaltunnel fahrplanmäßig am 14. November 1994. Mit der Inbetriebnahme der vollständigen Neubaustrecke CTRL (Channel Tunnel Rail Link) Ende 2007 ist der Einsatz mit Stromschienenversorgung für die Eurostar-Züge London–Paris/Brüssel beendet.

Paris–Brüssel–Köln/Amsterdam, Thalys und ICE 3

Der phänomenale Erfolg der *SNCF* mit dem TGV-System drängte die Verkehrswelt unwiderstehlich zu weiteren Aktionen. 1983 wurde durch Beschluss der beteiligten Verkehrsminister eine multinationale Arbeitsgruppe der Bahnen eingerichtet, um eine Schnellverbindung Paris–Brüssel–Köln auszuarbeiten. Dieser schlossen sich ein Jahr später die Niederlande an: Das Projekt PBKA (Paris–Brüssel–Köln–Amsterdam) war geboren. Auf deutschen Wunsch wurde der Projektumfang später auf die Verbindung Köln–Frankfurt am Main ausgedehnt und das Projekt in PBKA/F (später PBKAF/L) umbenannt (Abb. 12.3.6).

Vorstellungen für einen interoperablen Hochgeschwindigkeitszug entstanden ebenfalls. Zunächst war es das *Gemeinsame Lastenheft HGZ-E-TGV*, Ergebnis einer Zusammenarbeit der *SNCF* mit der *DB* (Januar 1986). Es folgten die *Konzeptionellen Vorgaben für Hochgeschwindigkeitszüge PBKA* (Endfassung April 1990) und die darauf aufbauenden Spezifikationen für Züge der Bauarten TGV und ICE, kompatibel mit den vier Stromsystemen und allen Signalsystemen in ihrem geplanten Einsatzgebiet. Im Januar 1993 kam es zum Beschaffungsvertrag für 4-System-Züge auf Basis des TGV. Der unter dem Namen Thalys von einer gemeinsamen Gesellschaft der vier Bahnen *SNCF*, *SNCB*, *DB* und *NS* betriebene Zug stellte erstmals im Dezember 1997 die Direktverbindung Paris-Brüssel-Köln her (Abb. 12.3.7).

Im Juni 1994 bestellte die *DB AG* weitere 4-System-Züge, diesmal auf Basis der ICE-Technologie. Ab November 2000 wurden die Züge der Baureihe ICE 3M erstmals interoperabel eingesetzt, und zwar im Verkehr Amsterdam–Frankfurt am Main, später auch im Verkehr Brüssel–Frankfurt am Main, und seit Juni 2007 fahren einige Zugeinheiten Paris–Frankfurt am Main nach entsprechendem Umbau und Zulassung für den Einsatz auf der Neubaustrecke TGV EST.

Mit den Zügen Eurostar, TGV, Thalys und ICE 3 ist mittlerweile ein gut funktionierendes, grenzüberschreitendes Zugsystem in Mitteleuropa entstanden (Bild 12.3.8). Nicht dargestellt in diesem Bild sind die schon früher eingeführten grenzüberschreitenden Zugläufe des TGV und ICE 1 nach der Schweiz und die ICE 1-Zugläufe nach Wien.

12.3 Hochgeschwindigkeitsverkehr: beschränkt interoperabel

Abb. 12.3.6: Das Netz PBKAF/L (mit den Verbindungen nach Frankfurt/M und London); Quelle: *Moritz, DB*

Abb. 12.3.7: Thalys-Zug auf Neubaustrecke der DB, 1997; Foto: *DB AG*

12 Interoperabilität des Transeuropäischen Bahnsystems

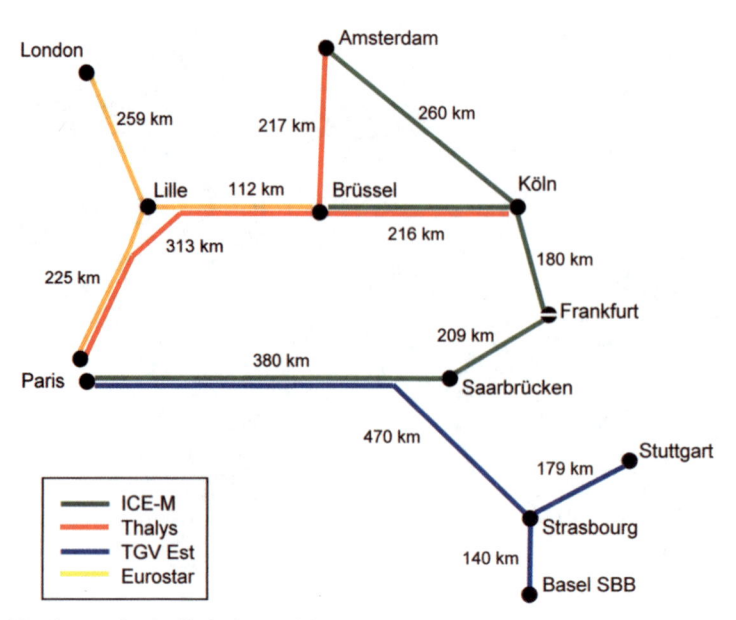

Abb. 12.3.8: Hochgeschwindigkeitsverbindungen mit vier interoperablen Zügen in Europa

12.4 Eisenbahnnetze für Europa

12.4.1 EIL und ERIM

Schon lange vor der Initiative der Europäischen Kommission zur Schaffung eines Transeuropäischen Eisenbahnnetzes hat sich der *Internationale Eisenbahnverband (UIC)* mit Netzentwürfen beschäftigt. 1973 wurde mit dem *EIL* der *Europäische Infrastruktur-Leitplan* der Bahnen vorgelegt. Er definierte ein 40 000 km umfassendes Netz von Eisenbahn-Hauptmagistralen für einen großräumigen europäischen Verkehr, bestehend aus vorhandenen, auszubauenden und Neubaustrecken. Die Reisegeschwindigkeit zwischen dem Start- und dem Zielbahnhof sollte in diesem Netz aus Wettbewerbsgründen auf etwa 2/3 der im Kraftwagenverkehr benötigten Zeit liegen, und zwar im Bereich von 135 km/h bis 160 km/h. Der *EIL* enthielt auch die geplanten Neubaustrecken, mit Ausnahme der Strecke Paris–Lyon. Für Ausbaustrecken war die Entwicklung einheitlicher technischer und betrieblicher Normen vorgesehen. Der *EIL* wurde in den Jahren 1978-81 fortgeschrieben, hat aber keine praktische Wirkung entfalten können.

Ende 2004 griff die *UIC* wieder den Faden auf. Unter der neuen Bezeichnung *European Rail Infrastructure Masterplan (ERIM)* begannen Untersuchungen für ein europäisches Fernstreckennetz. Besonderes Augenmerk wurde nun auf den Güterverkehr gelegt. Wichtige Korridore, wie Rotterdam–Genua (Abb. 12.4.1), sollen bevorzugt und durchgängig mit ETCS ausgerüstet werden, um so den interoperablen Güterverkehr zu erleichtern.

12.4.2 AGC und AGTC

Der Vollständigkeit halber muss noch auf Initiativen der Vereinten Nationen für das europäische Eisenbahnsystem verwiesen werden:
– *Das Europäische Abkommen über die Hauptlinien des Internationalen Eisenbahnverkehrs (AGC)* vom 31. Oktober 1988 (*Bundesgesetzblatt* Teil II, Nr. 36, 1988) und

12.4 Eisenbahnnetze für Europa

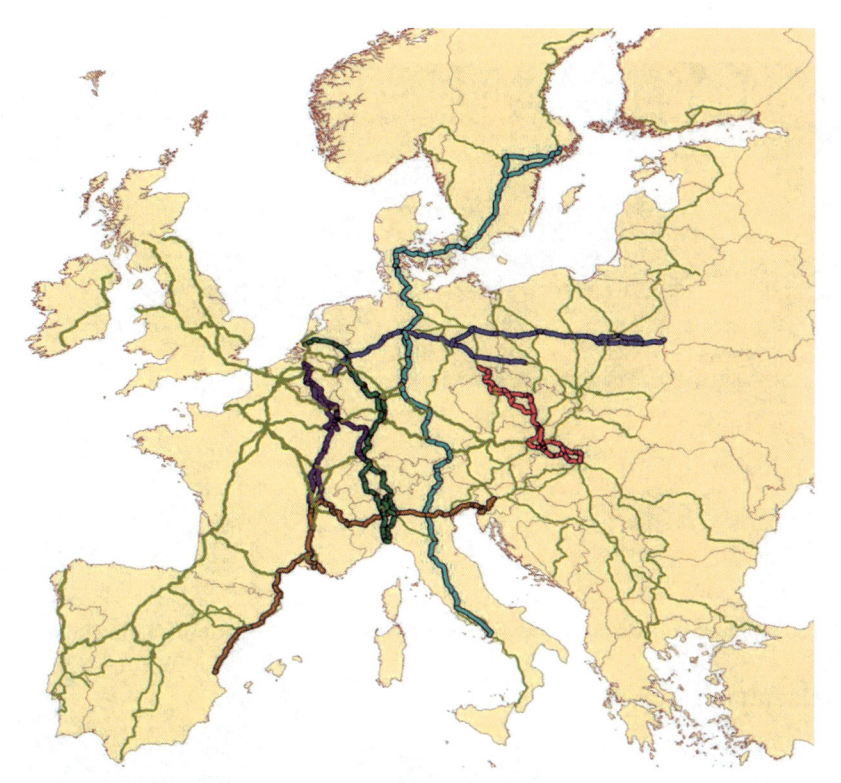

Abb. 12.4.1: Das ERIM-Netz, prioritäre Korridore für ERTMS; Quelle: *UIC* 2007

- *Das Europäische Übereinkommen über wichtige Linien des internationalen Kombinierten Verkehrs und damit zusammenhängende Einrichtungen (AGTC)* vom 1. Februar 1991 (*Bundesgesetzblatt* Teil III, Nr. 30, 1994).

Im *AGC* sind Ausbauwerte für die Infrastruktur und die Fahrzeuge genannt, die später auch in den Technischen Spezifikationen für die Interoperabilität wiederzufinden sind.

12.4.3 Vorschlag für ein europäisches HGV-Netz

Die *Gruppe der Zehn* (später: *Gemeinschaft der europäischen Bahnen*, jetzt *CER*) des *Internationalen Eisenbahnverbands (UIC)* hatte sich im Mai 1985 mit dem Präsidenten des EG-Verkehrsministerrates getroffen. Dieses Treffen war der Startschuss für eine *Untersuchung über ein europäisches Hochgeschwindigkeitsnetz* durch eine *UIC*-Arbeitsgruppe unter Leitung von *Michel Walrave* (*SNCF*) und *Roland Heinisch* (*DB*). Die Untersuchung der Bahnen wurde nach mehrjähriger Tätigkeit im März 1988 vorgelegt. Auf europäischer Ebene fortgeführt von der eingangs erwähnten „Hochrangigen Gruppe" wurde daraus ein Vorschlag der Europäischen Kommission, Brüssel, veröffentlicht unter dem Titel *Europäisches Hochgeschwindigkeitsbahnnetz* im Dezember 1990 (Abb. 12.4.2).

Die Gruppe erstellte ein Leitschema für das Netz, welches 9000 km Neubaustrecken für hohe Geschwindigkeit, 15 000 km Ausbaustrecken und 1500 km Verbindungsstrecken umfasste. Im Bereich innereuropäischer Grenzen wurden 15 Schlüsselverbindungen definiert, die gezielt für den europaweiten Hochgeschwindigkeitsverkehr neu gebaut oder ausgebaut werden müssen. Dafür gab es später Baukosten-Zuschüsse der EG.

Abb. 12.4.2: Europäisches Hochgeschwindigkeitsbahnnetz, Titelblatt der EG-Ausarbeitung, 12/1990

12.4 Eisenbahnnetze für Europa

Im Bericht heißt es weiter:

„Großen Stellenwert misst die Gruppe der Frage bei, wie weit die technische Harmonisierung gehen muss, damit die Hochgeschwindigkeitszüge grenzüberschreitend auf unterschiedlich ausgerüsteten und von verschiedenen Bahnen betriebenen Strecken verkehren können. Aufgrund der historischen Entwicklung gibt es derzeit eine Vielzahl unterschiedlicher Verkehrswege und Ausrüstungen. ..... Die Gruppe schlägt vor, den Prozess zur Herbeiführung der technischen Kompatibilität fortzuführen und die Angleichung der Rechts- und Verwaltungsvorschriften für den Hochgeschwindigkeits-Eisenbahnverkehr voranzutreiben."

Besonders eingehend beschäftigt hat sich die Gruppe mit dem für Betrieb und Steuerung von Hochgeschwindigkeitszügen erforderlichen Betriebsleitsystem. Die derzeit in den einzelnen Ländern bestehenden Systeme sind verschieden und nicht kompatibel. Die Gruppe empfahl, wie folgt vorzugehen:

„Augenblicklich kommt nur die Ausrüstung der Fahrzeuge mit mehreren verschiedenen Bordsystemen in Frage.

Kurzfristig (3 Jahre) müssten durch Verknüpfung gemeinsamer oder kompatibler Elemente der nationalen Systeme harmonisierte Systeme eingeführt werden.

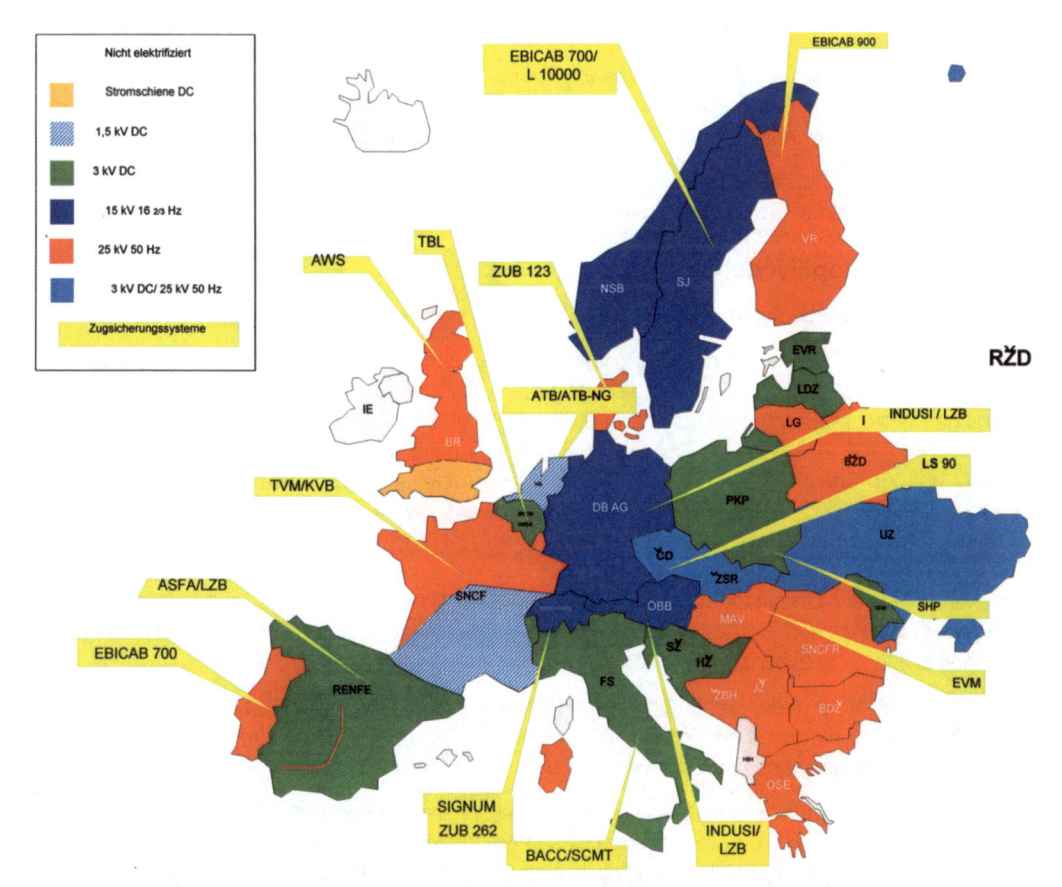

Abb. 12.4.3: Strom- und Signalsysteme in Europa. Anmerkung: Die 25 kV-Hochgeschwindigkeitsstrecken in Spanien, Südostfrankreich, Belgien, Südengland, den Niederlanden und Italien sind hier noch nicht eingezeichnet; Quelle: *DB AG*

12 Interoperabilität des Transeuropäischen Bahnsystems

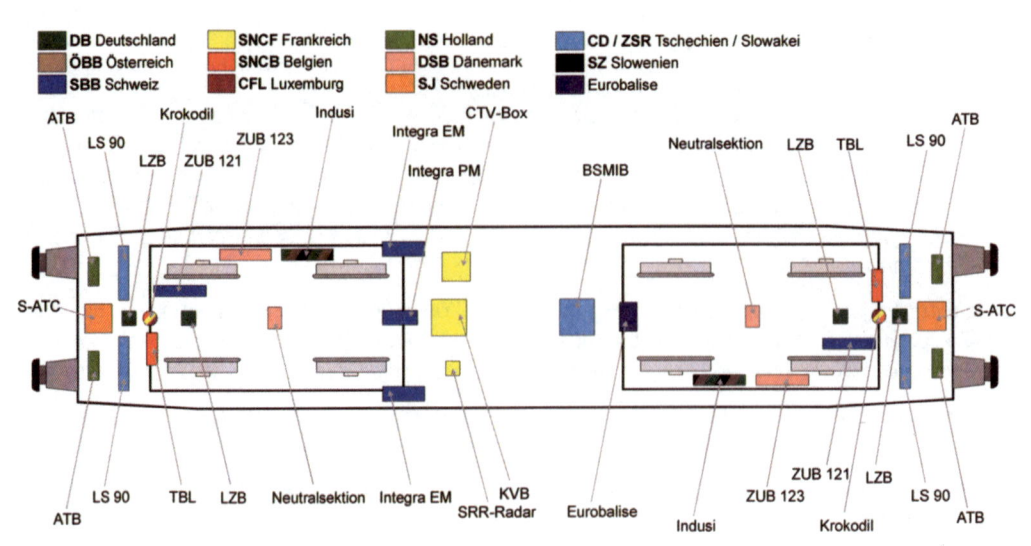

Abb. 12.4.4: Signalsysteme im Unterflurbereich von Mehrsystemlokomotiven; Quelle: *DB AG*

Mittelfristig (7 bis 11 Jahre) gilt es, ein vereinheitlichtes europäisches Betriebsleitsystem festzulegen, das die neuesten technischen Fortschritte in den Bereichen Elektronik, Datenverarbeitung, Telekommunikation und Avionik nutzt."

Das letztgenannte System benötigte etwa 15 Jahre der Entwicklung. Es kommt unter der Bezeichnung „ETCS" (European Train Control System) zur Anwendung.

12.5 Das Europäische Vertragswerk

12.5.1 Rom, Maastricht und die Folgen

Der am 25.03.1957 geschlossene *Vertrag zur Gründung der Europäischen Wirtschaftsgemeinschaft (EWG-Gründungsvertrag von Rom)* hat schon viele vorausschauende Ideen für Europa formuliert. Allerdings wurde erst durch die Anpassung dieses Vertrages im Zuge der Ausarbeitung des Vertrags von Maastricht (07.02.1992) das Ziel der Entwicklung Transeuropäischer Netze eingearbeitet, und zwar in Titel XII, Artikel 129 b und c. Diese erhielten im weiteren Verlauf einen eigenen Titel (XV), gemäß dem Vertrag von Nizza, 2001, als aktualisierte Fassung des Maastricht-Vertrags.

Hier wird in

– Artikel 154 (1) der Gedanken formuliert, dass *„die Gemeinschaft zum Auf- und Ausbau transeuropäischer Netze in den Bereichen der Verkehrs-, Telekommunikations- und Energieinfrastruktur"* beitragen soll, um die Europäischen Staaten einander näherzubringen.

– Im Artikel 154 (2) ist sodann erläutert: *„Die Tätigkeit der Gemeinschaft zielt im Rahmen eines Systems offener und wettbewerbsorientierter Märkte auf die Förderung des Verbunds und der Interoperabilität der eigenstaatlichen Netze sowie des Zugangs zu diesen Netzen ab."*

Wie das realisiert werden soll, ist in Artikel 155 (1) beschrieben, nämlich durch
– Leitlinien, in denen die Vorhaben von gemeinsamem Interesse ausgewiesen werden,
– Aktionen, um die Interoperabilität zu gewährleisten, insbesondere im Bereich der Harmonisierung der Normen, und
– Unterstützung der finanziellen Anstrengungen der Mitgliedsstaaten für die von ihnen finanzierten Vorhaben von gemeinsamem Interesse.

12.5 Das Europäische Vertragswerk

Die Auswirkungen der Europa-Initiativen waren für das Bahnsystem gravierend. Es entstanden
- die *Richtlinie des Rates 91/440/EWG zur Entwicklung der Eisenbahnunternehmen in der Gemeinschaft* (Amtsblatt der EG L 237 vom 24.08.1991), aktualisiert als *Richtlinie 2001/12/EG des Europäischen Parlaments und des Rates* (Amtsblatt der EG L 75 vom 15.03.2001);
- die Entscheidung 1692/96/EG des Europäischen Parlaments und des Rates über gemeinschaftliche Leitlinien für den Aufbau eines transeuropäischen Verkehrsnetzes (Abb. 12.5.01) (Amtsblatt der EG L 228 vom 09.09.1996). aktualisiert als Entscheidung 884/2004/EG (Amtsblatt der EG L 201 vom 07.06.2004);
- die *Richtlinie 96/48/EG des Rates über die Interoperabilität des transeuropäischen Hochgeschwindigkeitsbahnsystems* (Amtsblatt der EG L 235 vom 17.09.1996), aktualisiert als Richtlinie 2004/50/EG (Amtsblatt der EG L 164 vom 30.04.2004);
- die *Richtlinie 2001/16/EG des europäischen Parlaments und des Rates über die Interoperabilität des konventionellen transeuropäischen Eisenbahnsystems* (Amtsblatt der EG L 110 vom 20.04.2001) und
- die *Richtlinie 2004/49/EG des Europäischen Parlaments und des Rates,* genannt *Richtlinie über die Eisenbahnsicherheit* (Amtsblatt der EG L 220 vom 21.06.2004).

Den Richtlinien folgten alsbald die *Technischen Spezifikationen Interoperabilität (TSI)* sowie neue europäische Normen (EN). Dem Hochgeschwindigkeitsbahnsystem kam dabei die Rolle eines Vorreiters zu.

Abb. 12.5.1: Das Europäische Hochgeschwindigkeitsnetz 2020, Planungsstand 1995; Quelle: *UIC/GEB (CER)*

12 Interoperabilität des Transeuropäischen Bahnsystems

12.5.2 Das TEN der Bahnen

LEITSCHEMA DES TRANSEUROPÄISCHEN VERKEHRSNETZES (Horizont 2020)
TRANS-EUROPEAN TRANSPORT NETWORK OUTLINE PLAN (2020 horizon)
SCHÉMA DU RÉSEAU TRANSEUROPÉEN DE TRANSPORT (horizon 2020)
02/2004

DEUTSCHLAND

EISENBAHNEN
RAILWAYS
CHEMINS DE FER

Abb. 12.5.2: TEN-Netz der Eisenbahn in Deutschland im Jahr 2020; Quelle: *TEN-Leitlinien*, 884/2004/EG

12.5 Das Europäische Vertragswerk

Im April 1994 legte die EG-Kommission ihre Entwürfe zum Netzausbau und zur Interoperabilität vor, und zwar:
- Vorschlag für eine Entscheidung des Europäischen Parlaments und des Rates über gemeinschaftliche Richtlinien für den Aufbau eines transeuropäischen Verkehrsnetzes (KOM (94) 106 endg. vom 07.04.1994)
- Vorschlag für eine Richtlinie des Rates über die Interoperabilität des europäischen Hochgeschwindigkeitsbahnnetzes (KOM (94) 107 endg. vom 14.04.1994)

Die Leitlinien für das transeuropäische Verkehrsnetz enthalten Netzkarten für alle Verkehrsträger (Straße, Schiene, Wasserstraße usw.). Sie wurden mit der Entscheidung 1692/96/EG erlassen und mit der Änderungsentscheidung Nr. 884/2004/EG aktualisiert. Damit war der Geltungsbereich der Interoperabilitäts-Richtlinie definiert.

Für das Hochgeschwindigkeitsnetz waren das zunächst die von der „Hochrangigen Gruppe" im Dezember 1990 benannten Neu-, Ausbau- und Verbindungsstrecken.

Mit Erweiterung der EG/EU wuchs das Netz der hier erfassten Strecken immer mehr. Beispielsweise umfasste es im Jahr 1988 bei 15 europäischen Mitgliedsstaaten
- 28900 km Neu- und Ausbaustrecken im Hochgeschwindigkeitsnetz und
- 49700 sonstige TEN-Strecken.

Zum Vergleich:

Mit Stand August 2003 umfasste das TEN-Netz der Eisenbahn in Deutschland (Abb. 12.5.2)
- 5000 km Neu- und Ausbaustrecken und
- 10600 km sonstige Strecken.

Die Netzlänge der *DB*-Strecken betrug in diesem Jahr 35600 km, der Anteil der TEN-Strecken somit 44%.

Die europäischen Bahnen sahen mit den Vorschlägen der Kommission sofort Wünsche zum Ausbau der bislang vernachlässigten grenzüberschreitenden Strecken und deren Verlängerungen in das Herz der nationalstaatlichen Netze auf sich zukommen. Das war der Kommission sehr wohl bewusst. In den Projektseminaren der so genannten *Christophersen*-Runde (1995) stellten die einzelnen Bahnen in Brüssel diejenigen Projekte vor, bei denen sie Finanzierungshilfe durch die EU erhofften. Für die *SNCF* war es die Strecke TGV EST Européen Paris–Strasbourg, für die *DB* deren Fortsetzung (POS), D/F-Grenze-Appenweier und D/F Grenze–Saarbrücken–Ludwigshafen, ferner D/NL–Grenze–Emmerich-Oberhausen als Teil der Verbindung Amsterdam–Köln, Aachen–Köln–Frankfurt am Main als Teil von PBKA/F und Nürnberg–Erfurt–Halle/Leipzig als Teil der Verbindung Berlin–Verona. In der Tat hat sich die EU diesen Bitten nicht verschlossen und die Strecken mitfinanziert.

12.5.3 Die „Richtlinie über die Interoperabilität des transeuropäischen Hochgeschwindigkeitsbahnsystems" entsteht

Die Untergruppe „Technische Harmonisierung (Kompatibilität)" der Hochrangigen Gruppe arbeitete in den Folgejahren unter der Leitung der Generaldirektion (DG) III der EG-Kommission (Binnenmarkt und gewerbliche Wirtschaft, Bereich „Spurgeführte Transportmittel") an dem Entwurf der schon erwähnten Richtlinie über rechtliche und technische Vorschriften. Auf Veranlassung der DG III wurde dem Begriff „Kompatibilität" (technische Vereinbarkeit von Systemen und Subsystemen) der neu erfundene Ausdruck „Interoperabilität" (= Benutzenkönnen und Benutzendürfen jedweder europäischen Hochgeschwindigkeits-Schieneninfrastruktur, netzübergreifende Betriebsführung) zur Seite gestellt. Genaue Kennwerte und Betriebsmerkmale sollten in Technischen Dokumenten für die Subsysteme (*DTSS*) als Ergänzung zur Richtlinie genannt werden.

12 Interoperabilität des Transeuropäischen Bahnsystems

Die „technische Kompatibilität" blieb als Begriff in den besonderen Anforderungen an die Teilsysteme (Subsysteme) in den Richtlinien erhalten. Der Schwerpunkt verschob sich jedoch deutlich hin zu der Anforderung „Interoperabilität", und folglich wurden aus den *DTSS* die *TSI (Technische Spezifikationen für die Interoperabilität)*.

Begründung:

Der Entwurf zur Richtlinie über die Interoperabilität begründet deren Notwendigkeit auf 12 einleitenden Seiten, deren Inhalt nachfolgend auszugsweise wiedergegeben wird:

Zunächst die Analyse:

„Der schrittweise Ausbau der bereits bestehenden beziehungsweise geplanten Streckennetze für Hochgeschwindigkeitszüge der Mitgliedsstaaten zu einem europäischen Hochgeschwindigkeitsbahnnetz erfordert verknüpfte und interoperable Infrastruktureinrichtungen, ortsfeste Anlagen, Versorgungssysteme und Fahrzeuge.

Bis zur Verwirklichung des Hochgeschwindigkeitsverkehrs beschränkte sich der grenzüberschreitende Fahrzeugaustausch der Eisenbahnunternehmen auf Personen- und Güterwagen, da Lokomotiven und Fahrpersonal bisher in aller Regel an den Grenzen ausgewechselt wurden. Mit dem Hochgeschwindigkeitsverkehr auf einem europäischen Gesamtnetz ist dies unvereinbar.

Bisher beruhen der innerstaatliche Netzbetrieb und Zugverkehr auf Recht-, Bau- und Betriebsvorschriften, die sich von einem Mitgliedsstaat zum anderen unterscheiden und weitgehend inkompatibel sind. Dies gilt insbesondere für die Sicherheit, den Umweltschutz, die Infrastrukturkennwerte, insbesondere für das Lichtraumprofil, die Stromversorgungs- und Signalanlagen, die Zugsteuerung und -sicherung sowie die Betriebsvorschriften."

Daraus zog die DG III der EG-Kommission folgenden Schluss:

„Daher waren die Mitgliedsstaaten auf sich allein gestellt nicht in der Lage, die erforderlichen Maßnahmen für die Interoperabilität des europäischen Hochgeschwindigkeitsbahnnetzes zu treffen. Diese Interoperabilität weist naturgemäß eine Gemeinschaftsdimension auf, die durch die Bestimmungen über die Liberalisierung der Auftragsvergabe im Bereich des Verkehrs (Richtlinie 90/531/EWG) und die Entwicklung der Eisenbahnunternehmen der Gemeinschaft (Richtlinie 91/440/EWG) noch verstärkt werden.

All diese Gründe haben die Kommission zu einer Gemeinschaftsmaßnahme mit der Ausarbeitung eines Richtlinienvorschlags veranlasst, der zur Interoperabilität des europäischen Hochgeschwindigkeitsbahnnetzes führen soll.

Dieser Vorschlag fügt sich ein in den Rahmen von Titel XII Artikel 129 b, 129 c und 129 d des EG-Vertrags über die transeuropäischen Netze."

Des Weiteren wird beklagt, dass – so der Kommissions-Entwurf – höhere Kosten für Entwicklung, Bau, Betrieb und Instandhaltung durch spezialisierte Systeme entstehen, und als Beispiel werden die Sitzplatzkosten des Kanaltunnelzuges und des PBKA-Zuges (Thalys) denen der innerfranzösischen TGV-Züge gegenübergestellt. Der PBKA-Zug ist demnach 1,62mal so teuer wie der vergleichbare TGV-Reseau-Zug.

Zu den bisherigen Bemühungen um Kompatibilität befindet die Kommission:

„Weder die freiwillige Ausarbeitung technischer Normen durch die Wirtschaft allein noch die gegenseitige Anerkennung der einzelstaatlichen Vorschriften vermag die politischen und technischen Probleme zu lösen, die der Verknüpfung, Kompatibilität und Interoperabilität eines transeuropäischen Netzes, wie es hier in Betracht gezogen wird, entgegenstehen."

Und nun das Ziel der Richtlinie „Interoperabilität":

„Ziel des Vorschlags ist die Schaffung eines ordnungsrechtlichen Rahmens mit verbindlichen technischen Spezifikationen für die Interoperabilität (TSI) und harmonisierte Normen. Dadurch soll unter Beachtung der wesentlichen Anforderungen die Interoperabilität des europäischen Hochgeschwindigkeitsbahnnetzes gewährleistet, ein Beitrag zur Liberalisierung der Auftragsvergabe für Verkehrsdienstleistungen und Ausrüstungsgüter geleistet und die Wettbewerbsfähigkeit der gesamten Eisenbahnbranche gefördert werden."

In der *Richtlinie 96/48/EG* ist der Ausdruck „Hochgeschwindigkeitsbahnnetz" durch „Hochgeschwindigkeitsbahnsystem" ersetzt worden.

12.6 Die Richtlinien „Interoperabilität" und die TSI

12.6.1 Richtlinie 96/48/EG

Die Richtlinie des Rates 96/48/EG über die Interoperabilität des transeuropäischen Hochgeschwindigkeitssystems wurde im Juli 1996 vom Ministerrat der Europäischen Union (EU) erlassen.

Der Aufbau eines transeuropäischen Hochgeschwindigkeitsbahnsystems soll nach dem Willen der EU-Mitgliedsstaaten schrittweise erfolgen. Dabei ist den Merkmalen der bestehenden einzelstaatlichen Netze und dem Kosten-Nutzen-Verhältnis der verschiedenen technischen Lösungen Rechnung zu tragen.

Die Richtlinie verfolgt zwei wesentliche Ziele, nämlich
- die Schaffung des institutionellen Rahmens für die Angleichung der technischen Systeme der Mitgliedsstaaten, in dem grundlegende Anforderungen für das transeuropäische Hochgeschwindigkeitsbahnsystem rechtlich verbindlich festgelegt werden, sowie
- die Förderung eines offenen, wettbewerbsorientierten Marktes der Bahnindustrie in Europa, damit sie ihre Wettbewerbsfähigkeit auf dem Weltmarkt verbessern kann.

12.6.2 Richtlinie 2001/16/EG

Die *Richtlinie 2001/16/EG* des europäischen Parlaments und des Rates vom 19.03.2001 über die Interoperabilität des konventionellen transeuropäischen Eisenbahnsystems bezieht sich auf alle TEN-Strecken, die nicht Hochgeschwindigkeitsstrecken sind, das sind fast alle wichtigen übrigen Hauptstrecken sowie weitere Netzteile der
- für den Personenverkehr vorgesehenen Strecken;
- für den gemischten Verkehr (Personen- und Güterverkehr) vorgesehenen Strecken;
- speziell für den Güterverkehr konzipierten oder ausgebauten Strecken;
- Personenverkehrsknoten;
- Güterverkehrsknoten einschließlich Terminals für kombinierten Verkehr;
- Verbindungswege zwischen den oben genannten Bestandteilen.

Das bedeutet auch, dass europäische Normen, die in Folge der Richtlinie entwickelt werden, direkt oder indirekt fast das gesamte Netz und dessen Nutzung tangieren. In diesem Zusammenhang schlägt die Kommission Prioritäten für die allmähliche Umsetzung der Richtlinie vor. Sie betont außerdem, dass sich die Umsetzung nicht auf den geographischen Raum der Europäischen Union beschränken darf.

12.6.3 Richtlinie 2004/50/EG (Änderungsrichtlinie)

In ihrer Entschließung vom Mai 2000 haben das Europäische Parlament und der Rat die Kommission aufgerufen, Vorschläge zur Änderung der *Richtlinie 96/48/EG* vorzulegen, um diese der *Richtlinie 2001/16/EG* anzupassen. Das ist mit der *Richtlinie 2004/50/EG* des Europäischen Parlaments und des Rates vom 29. April 2004 geschehen. Beide bereits bestehenden Interoperabilitäts-Richtlinien wurden aktualisiert mit dem Ziel, grenzüberschreitende Verkehrsdienste zu ermöglichen und die Fahrzeugkosten im Hochgeschwindigkeitsnetz zu reduzieren. Ferner sieht die Richtlinie eine Änderung der Arbeitsmethoden vor, um die Erarbeitung der *TSI* zu erleichtern. Geografisch soll die Interoperabilität auf das gesamte offene Schienennetz der Europäischen Union ausgeweitet werden. Diese Ausdehnung soll schrittweise wirksam werden, wenn die in Auftrag zu gebenden *TSI* fertiggestellt sind, voraussichtlich nach 2009.

12.6.4 Aufbau der Richtlinien

Interoperabilität Hochgeschwindigkeit	Interoperabilität konventionell
– Erwägungen	
– Kapitel I: Allgemeine Bestimmungen	
– Kapitel II: Technische Spezifikationen	
– Kapitel III: Interoperabilitätskomponenten	
– Kapitel IV: Teilsysteme	
– Kapitel V: Benannte Stellen	
– Kapitel VI: Ausschuss	Kap. VI: Ausschuss und Arbeitsprogramm
	Kap. VII: Infrastruktur- und Fahrzeugregister **)
	Kap. VIII: Übergangsbestimmungen **)
– Kapitel VII: Schlussbestimmungen	Kap. IX: Schlussbestimmungen

- Anhang I: Das transeuropäische (Hochgeschwindigkeits-/konventionelle) Bahnsystem
- Anhang II: Teilsysteme (Verzeichnis und Beschreibung)
- Anhang III: Grundlegende Anforderungen
- Anhang IV: Konformität und Gebrauchstauglichkeit der Interoperabilitätskomponenten *)
- Anhang V: EG-Prüferklärung für Teilsysteme *)
- Anhang VI: Prüfverfahren für Teilsysteme *)
- Anhang VII: Von den Mitgliedsstaaten zu berücksichtigende Mindestkriterien für die Notifizierung (Benennung *) der Stellen
- Anhang VIII: Allgemeine Regeln für das gemeinsame Gremium **)

*) Formulierung der Richtlinie 2001/16/EG

**) nur in Richtlinie 2001/16/EG

Als „Benannte Stelle Interoperabilität" (Notified Body) nach Kapitel IV und V ist in Deutschland *Eisenbahn Cert (EBC)* bei der Europäischen Kommission und den Mitgliedstaaten der EU notifiziert. *Eisenbahn-Cert* in Bonn prüft sowohl die Konformität und Gebrauchstauglichkeit von Interoperabilitätskomponenten als auch die Konformität von Teilsystemen und stellt die entsprechenden EG-Prüfbescheinigungen aus. *EBC* ist als unabhängige und selbständige Organisationseinheit öffentlichen

12.6 Die Richtlinien „Interoperabilität" und die TSI

Rechts in der Zentrale des *Eisenbahn-Bundesamts* in Bonn eingerichtet worden. Näheres zur Aufgabe der Benannten Stelle siehe *2. Verordnung zum Erlass und zur Änderung eisenbahnrechtlicher Vorschriften des Bundesministeriums für Verkehr, Bau und Stadtentwicklung, hier betreffend die Transeuropäische Eisenbahn-Interoperabilitätsverordnung (TEIV)*, Fünfter Teil „Benannte Stellen", Bundesgesetzblatt Teil I Nr. 30 vom 13. Juli 2007.

Mit der nationalen Umsetzung der einzelnen *TSI* ist die Konformitätsprüfung nun eine notwendige Voraussetzung, um die nationale Inbetriebnahmegenehmigung für die einzelnen Teilsysteme durch das *EBA* zu erlangen.

Bei dem „Ausschuss" nach Kapitel VI der Richtlinie handelt es sich um die Vertreter der Verkehrsminister der EU Mitgliedsländer, die hier Mitspracherecht haben. Dieses Gremium wird in der Fachwelt als „Artikel 21–Ausschuss" bezeichnet. Ausschussvorsitzender ist der Vertreter der Kommission.

In Anhang II der *Richtlinie 96/48/EG* wurden nicht nur die „Teilsysteme" benannt, sondern auch die „Eckwerte". Um diese Eckwerte entbrannte in der Fachwelt ein heftiges Ringen, waren hiermit doch ganz klar Weichenstellungen für die zukünftige Gestaltung des gesamten Bahnsystems in Europa verbunden, mit entsprechenden Folgekosten, denn *„Als Eckwert für die Verwirklichung der Interoperabilität ... gelten insbesondere folgende Parameter"...* Es folgte nun eine Liste von 22 „Eckwerten" wie Lichtraumprofil, Längsneigung der Strecken (siehe Abb. 12.6.1), Radsatzlasten, Bahnsteighöhen usw., jedoch noch ohne Zahlenangaben. Diese wurden erst fünf Jahre später mit einer „Empfehlung der Kommission" nachgereicht (Amtsblatt der EG L 100 vom 11.04.2001), nach intensiven Erörterungen der Parameter in den *TSI*-Arbeitsgruppen.

Die Eckwerte sind inzwischen in die *TSI* der Teilsysteme eingegangen, und deshalb im Anhang II der revidierten *Richtlinie 2004/50/EG* als Zahlenwerte nicht mehr vorhanden. Nach Artikel 2 Absatz j) dieser Richtlinie bezeichnet der Ausdruck „Eckwert" im Sinne dieser Richtlinie:

„alle ordnungsrechtlichen, technischen oder betrieblichen Bedingungen, die für die Interoperabilität von kritischer Bedeutung sind und vor Erstellung der vollständigen TSI-Entwürfe Gegenstand einer Entscheidung oder Empfehlung nach dem in Artikel 21 Absatz 2 genannten Verfahren sein müssen."

Abb. 12.6.1: ICE in 40‰ Steigung (TSI-Sonderfall) auf der Hallerbach-Brücke; Foto: *DB AG/ Mantel*

12.6.5 Teilsysteme

Die Interoperabilitätsrichtlinien gliedern das zu behandelnde Bahnsystem in Teilsysteme, und zwar nach Richtlinie 2004/50/EG in
- strukturelle Bereiche:
  - Infrastruktur
  - Energie
  - Zugsteuerung, Zugsicherung und Signalgebung
  - Verkehrsbetrieb und Verkehrssteuerung
  - Fahrzeuge
- funktionelle Bereiche:
  - Instandhaltung
  - Telematikanwendungen

Der Entwurf der Richtlinie für den Hochgeschwindigkeitsverkehr von 1994 hatte als zusätzliche Teilsysteme „Umwelt" und „Fahrgäste" vorgesehen. In Letzterem sollte unter anderem auch die Qualität des Bordservices einschließlich der Speisen und Getränke im Hochgeschwindigkeitszug technisch spezifiziert werden. Die Kommission hat jedoch alsbald Abstand davon genommen. Umweltfragen sind in die einzelnen Spezifikationen eingeflossen. Zum Beispiel werden die Geräuschemissionen der Hochgeschwindigkeitszüge begrenzt, um eine verlässliche Grundlage für Lärmimmissionsberechnungen zu schaffen. Belange der Fahrgäste werden unter anderem bei der Abstimmung zwischen Bahnsteighöhe und Einstiegstrittstufen der Züge berücksichtigt. Eine besondere Spezifikation *TSI PRM* für Personen eingeschränkter Mobilität (People/Persons with Reduced Mobility), gültig für Hochgeschwindigkeits- und konventionelle Bahnsysteme, wurde Mitte 2006 fertiggestellt.

12.6.6 Technische Spezifikationen (TSI)

Für jedes Teilsystem ist eine *Technische Spezifikationen für die Interoperabilität (TSI)* zu erstellen (Abb. 12.6.2 und 12.6.3), unter Beachtung der „grundlegenden Anforderungen"
- Sicherheit,
- Zuverlässigkeit und Betriebsbereitschaft,

Teilsystem	TSI	Datum	EG-Amtsblatt-Nr.	Dokument-Nr.	In Kraft
Infrastruktur	INS INS Rev.	30.05.2002 21.06.2006*)	L 245 (2002)	2002/732/EG	01.12.2002 Ende 2007**)
Energie	ENE ENE Rev.	30.05.2002 21.06.2006*)	L 245 (2002)	2002/733/EG	01.12.2002 Ende 2007**)
Zugsteuerung, Zugsicherung und Signalgebung	CCS CCS Rev.	30.05.2002 21.06.2006	L 245 (2002) L 342 (2006)	2002/731/EG 2006/860/EG	01.12.2002 11.2006
Fahrzeuge	RST RST Rev.	30.05.2002 21.06.2006*)	L 245 (2002)	2002/735/EG	01.12.2002 Ende 2007**)
Betrieb	OPE OPE Rev.	30.05.2002 21.06.2006*)	L 245 (2002)	2002/734/EG	01.12.2002 Ende 2007**)

*) Verabschiedet im Regelungsausschuss Artikel 21 Komitee
**) Voraussichtlich

Abb. 12.6.2: Teilsysteme/*TSI* für das Hochgeschwindigkeitsbahnsystem, Stand August 2007

12.6 Die Richtlinien „Interoperabilität" und die TSI

- Gesundheitsschutz,
- Umweltschutz,
- technische Kompatibilität.

Die *TSI* enthalten daher Spezifikationen, mit denen
- die grundlegenden Anforderungen erfüllt werden;
- die funktionalen Beziehungen zwischen den Teilsystemen hergestellt werden und
- die Kohärenz des Systems gewährleistet wird.

Sie bestimmen hierzu
- für die Eckwerte die beschreibenden und numerischen Bedingungen; sie sind einzuhalten, damit der Interoperabilität und den grundlegenden Anforderungen der Richtlinien entsprochen wird;

Teilsystem	TSI	Datum	EG-Amts-blatt-Nr.	Dokument-Nr.	In Kraft
1. Gruppe					
Zugsteuerung, Zugsicherung und Signalgebung	CCS CCS Ber.	28.03.2006	L 284 (2006) L 342 (2006)	2006/679/EG 2006/806/EG	28.09.2006 07.11.2006
Fahrzeuge-Lärm	NOI	23.12.2005	L 37 (2006)	2006/66/EG	14.02.2007
Fahrzeuge-Güterwagen	WAG	31.07.2006	L 344 (2006)	2006/861/EG	14.02.2007
Verkehrsbetrieb und Verkehrssteuerung	OPE	11.08.2006	L 359 (2006)	2006/920/EG	14.02.2007
Telematikanwendungen für den Güterverkehr	TAF	23.12.2005	L 13 (2006)	62/2006/EG	19.01.2006
2. Gruppe					
Fahrgäste mit eingeschränkter Mobilität	PRM	21.06.2006*)			vsl. 2008
Tunnelsicherheit	SRT	21.06.2006*)			vsl. 2008
3. Gruppe					
Fahrzeuge - Lokomotiven/Triebzüge	RST	**)			vsl. 2010
Fahrzeuge - Personenwagen	PAS	**)			vsl. 2010
Infrastruktur	INS	**)			vsl. 2010
Energie	ENE	**)			vsl. 2010
Telematikanwendungen für den Personenverkehr	TAP	**)			vsl. 2010
Zertifizierung von Werkstätten		**)			vsl. 2008
Registrierung von Rollmaterial		**)			vsl. 2008

*) Verabschiedet im Regelungsausschuss Artikel 21 Komitee der EU-KOM
**) In Erarbeitung bei der ERA (European Railway Agency)

Abb. 12.6.3: Teilsysteme/*TSI* für das konventionelle Bahnsystem, Stand August 2007

- Sonderfälle, die Abweichungen von den Spezifikationen zulassen;
- die Interoperabilitätskomponenten, das sind diejenigen, von denen die Interoperabilität direkt oder indirekt abhängt, und dafür die beschreibenden und numerischen Bedingungen;
- für jeden Eckwert und für jede Interoperabilitätskomponente die Bedingungen, wie der Nachweis der *TSI*-Konformität zu führen ist.

Damit steht in Europa ein einheitlicher gesetzlicher, prozessualer und technischer Rahmen für die grenzüberschreitenden Verkehre zur Verfügung. Dieser ersetzt die heute noch erforderlichen bi- und trilateralen Abstimmungen zwischen den beteiligten Bahnen.

Alle *TSI* folgen einem formal gleichen Schema. Zum eigentlichen Kern der Sache, zum Teilsystem und seinen Interoperabilitätskomponenten, stößt man erst nach mehreren Kapiteln eher beschreibender Art vor, siehe Beispiel *TSI Güterwagen*.

12.7 Erstellung der *TSI* und Beispiel

Die *TSI* werden im Auftrag der Europäischen Kommission durch ein so genanntes gemeinsames Gremium erstellt. In diesem sind die Betreiber der Infrastruktur, die Eisenbahnunternehmen und die Industrie vertreten.

12.7.1 AEIF (1998-2006)

Für die Erstellung der *TSI* war zunächst die *Association Européene pour l'Interoperabilité Ferroviaire (AEIF – Europäische Vereinigung für Eisenbahninteroperabilität)* zuständig, eine gemeinsame Gesellschaft der europäischen Bahnen (*UIC*), der Bahnindustrie (*UNIFE*) und der *UITP* (Nahverkehrsverband) mit Sitz in Brüssel. Gemäß dem Mandat der Europäischen Kommission hat die *AEIF* neben der Erstellung der *TSI* selbst für jede *TSI* auch eine wirtschaftliche Bewertung (Kosten/Nutzen-Analyse) der spezifizierten technischen Lösungen ausgearbeitet. Die *Deutsche Bahn AG* war in allen *TSI*-Arbeitsgruppen vertreten. Von der *AEIF* wurde die Ersterstellung der *HGV-TSI* im Jahr 1998 begonnen und in 2002 abgeschlossen. Ihr folgte die erste Revision der *HGV-TSI* sowie nahezu zeitgleich die Erstellung der *TSI* konventionelles Bahnsystem, 1. und 2. Gruppe, die mit Ende 2005 fertig gestellt wurden.

12.7.2 ERA (ab 2005)

Die *Europäische Eisenbahn-Agentur (European Rail Agency) – ERA* wurde 2005 mit Sitz in Valenciennes (Frankreich, nahe der belgischen Grenze) gegründet und hat die Aufgaben der *AEIF* übernommen. Sie ist eine Einrichtung der Europäischen Gemeinschaft und besitzt Rechtspersönlichkeit. Die Struktur und Arbeitsweise der *ERA* wird durch die EU-Verordnung 881/2004/EG definiert. Hier heißt es unter anderem:

„Die schrittweise Errichtung eines europäischen Eisenbahnraums ohne Grenzen erfordert eine Regelung der technischen und sicherheitstechnischen Aspekte der Eisenbahn durch die Gemeinschaft; beide Aspekte sind untrennbar miteinander verbunden."

Die Grundlagen der *ERA*-Aktivitäten ergeben sich aus folgenden Richtlinien:
- 2004/49/EG bezüglich der Eisenbahnsicherheit in der Gemeinschaft
- 2004/50/EG zur Interoperabilität des transeuropäischen Eisenbahnsystems (Änderungsrichtlinie zur 96/48/EG und 2001/16/EG)
- 91/440/EG zur Entwicklung der Eisenbahnunternehmen der Gemeinschaft
- 95/18/EG über die Erteilung von Genehmigungen an Eisenbahnunternehmen und
- 2001/14/EG über die Sicherheitsbescheinigung

12.7 Erstellung der TSI und Beispiel

Executive Director	
	Communication & PR
Safety Unit	
	Project Teams & Advisers
Interoperability Unit	
	Project Teams & Advisers
ERTMS Unit	
	Project Teams & Advisers
Economic Evaluation Unit	
	Project Teams & Advisers
Administration Unit	
	Human Resources
	IT & Facilities Management
	Legal Affairs
	Budget & Finance

Abb. 12.7.1: Organisation der *European Rail Agency (ERA)*

Seit Ende 2005 erstellt die *ERA* alle weiteren *TSI*. Sie begann mit den *TSI* für das konventionelle Bahnsystem, 3. Gruppe, und betreibt auch die Umsetzung der Sicherheitsrichtlinie 2004/49/EG. Organisation der *ERA* siehe Abb. 12.7.1.

In zunehmendem Maße beteiligen sich international tätige Organisationen aus dem Bahnsektor an der Arbeit der *ERA*; im August 2007 waren dies nach *ERA*-Angaben:

ALE	Autonome Lokomotivführer-Gewerkschaften Europa
CER	Community of European Railway and Infrastructure Companies
EIM	European Rail Infrastructure Managers
ERFA	European Rail Freight Association

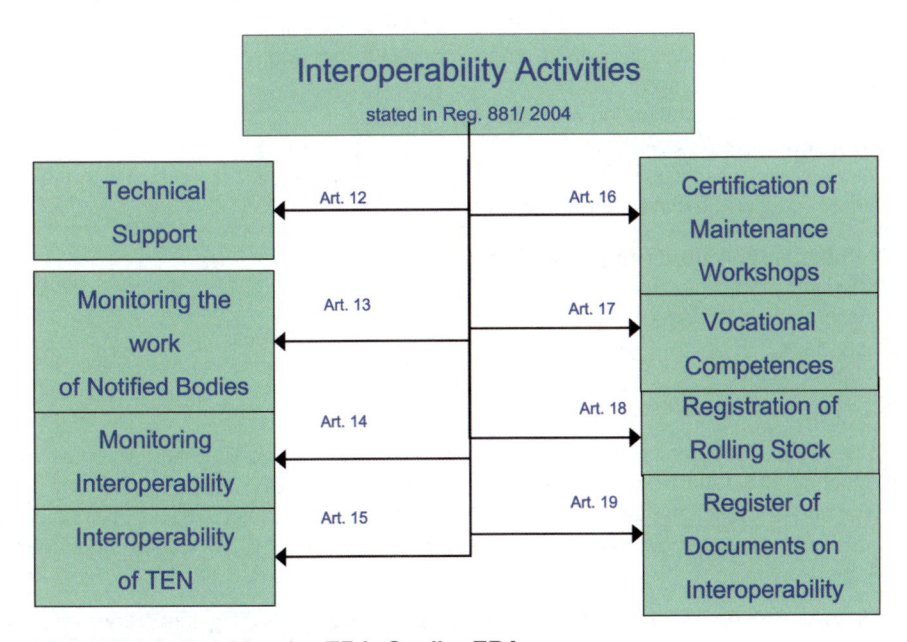

Interoperability Activities
stated in Reg. 881/2004

- Technical Support — Art. 12 — Certification of Maintenance Workshops
- Monitoring the work of Notified Bodies — Art. 13 — Art. 17 — Vocational Competences
- Monitoring Interoperability — Art. 14 — Art. 18 — Registration of Rolling Stock
- Interoperability of TEN — Art. 15 — Art. 19 — Register of Documents on Interoperability

Abb. 12.7.2: Tätigkeitsfelder der *ERA*; Quelle: *ERA*

ETF *European Transport workers' Federation*
UNIFE *Association of European Railway Industries*
UIP *International Union of Private Wagons*
UITP *International Association of Public Transport*
UIRR *International Union of combined Road-Rail transport companies*

Die Hauptaufgaben der *ERA* zielen auf die technische Unterstützung der EU-Kommission und der Mitgliedsstaaten im Hinblick auf die Verbesserung der Interoperabilität und der Sicherheit des europäischen Eisenbahnsystems (Abb. 12.7.2). Die Agentur hat keine eigene Entscheidungsbefugnis, kann aber Empfehlungen und Stellungnahmen für die EU-Kommission und für nationale Behörden erarbeiten.

12.7.3 *TSI* Güterwagen

Als Beispiel für eine *TSI* wird im Folgenden die *TSI Güterwagen* herangezogen. Diese *TSI* gehört zum Bereich des konventionellen transeuropäischen Bahnsystems. Sie wurde am 31.07.2006 im Amtsblatt der EG veröffentlicht und ist seit 14.02.2007 in Kraft.

Die folgende Nummerierung bezieht sich auf die Kapitel der *TSI Güterwagen*.

1. Einführung
1.1 Technischer Anwendungsbereich
1.2 Geografischer Anwendungsbereich
1.3 Inhalt der vorliegenden *TSI*

2. Definition des Teilsystems/Anwendungsbereich
2.1 Definition des Teilbereichs Güterwagen
2.2 Funktionen des Teilbereichs
– hier: Die Güterwagen erfüllen folgende Funktionen:
– Güter laden
– Fahrzeuge bewegen
– Daten über Fahrzeuge, Infrastruktur und Fahrplan liefern und pflegen
– Zugfahrten durchführen
– Leistungen für Frachtkunden erbringen
2.3 Schnittstellen des Teilbereichs
Hier werden die Schnittstellen zu anderen Teilsystemen genannt; diese sind dann im Absatz 4.3 funktional und technisch spezifiziert.

3. Grundlegende Anforderungen in Bezug auf
Sicherheit
Verlässlichkeit und Verfügbarkeit
Gesundheit
Umweltschutz
Technische Kompatibilität

Die grundlegenden Anforderungen der *Richtlinie 2001/16/EG*, Anhang III, gelten als erfüllt für Fahrzeuge (Abschnitt 4) und Interoperabilitätskomponenten (Abschnitt 5), wenn die EG-Prüfung für die Konformität und Gebrauchstauglichkeit der Interoperabilitätskomponenten und die Prüfung der Konformität der Güterzugwagen als interoperable Teilsysteme (Abschnitt 6) *TSI*-konform nachgewiesen werden kann.

Wenn jedoch ein Teil der grundlegenden Anforderungen von nationalen Regelungen erfasst wird, und zwar aufgrund von

12.7 Erstellung der *TSI* und Beispiel

- offenen und reservierten, in der *TSI* mitgeteilten Punkten, oder
- einer Abweichung unter Artikel 7 der *Richtlinie 2001/16/EC*,

ist die entsprechende Konformitätsbewertung gemäß Verfahren auszuführen, die der Verantwortlichkeit des betreffenden Mitgliedsstaates unterliegen.

Diese Fälle können unter folgenden Umständen gegeben sein:

Fahrzeug wurde bereits bestellt oder wird gerade gefertigt, Erneuerung oder Umrüstung einer Strecke, die in Spurweite, Lichtraumprofil, Gleisabstand, Fahrdrahtspannung von der *TSI* abweicht oder die vom europäischen Netz isoliert ist (z. B. Inselbahn), wenn die wirtschaftliche Lebensfähigkeit des Vorhabens oder die Vereinbarkeit mit dem bestehenden System nicht realisierbar ist, bei schneller Reparatur nach Unfall oder Naturkatastrophe, bei Wagen im Verkehr mit Nicht-EU-Staaten mit anderer Spurweite, sowie in Sonderfällen, die in Abschnitt 7.7 der *TSI* beschrieben werden.

4. Merkmale des Teilsystems

4.1 Einführung

Das konventionelle transeuropäische Eisenbahnsystem ist ein integriertes System, dessen Kompatibilität überprüft werden muss, auch hinsichtlich seiner Schnittstellen.

Die in den Abschnitten 4.2 und 4.3 beschriebenen funktionalen und technischen Spezifikationen schreiben keine Verwendung von speziellen Technologien oder technischen Lösungen vor, außer wenn dies für die Interoperabilität des konventionellen transeuropäischen Bahnsystems absolut erforderlich ist. Innovative Lösungen sind nicht ausgeschlossen.

4.2 Funktionale und technische Spezifikationen des Teilsystems Güterwagen
Diese werden nach folgenden Sachgebieten strukturiert:
    Fahrzeugstruktur und Anbauteile (4.2.2)
    Fahrzeug-Fahrweg-Wechselwirkung und Fahrzeugbegrenzungslinie (4.2.3)
    Bremsen (4.2.4)
    Kommunikation (4.2.5)
    Umweltbedingungen (4.2.6)
    Systemschutz (4.2.7)
    Instandhaltung (4.2.8)

Auf 37 Seiten werden nun die einzelnen Spezifikationen abgehandelt und die „Eckwerte" (Basic Parameters) genannt. Das sind die für die Interoperabilität notwendigen Festlegungen für die Bauteile (z. B. Begrenzungslinien und Strukturfestigkeit), für die Funktion, z. B. der Bremsen, und für die Harmonisierung der Schnittstellen zwischen Fahrzeugen (Kupplung und Puffer), Fahrzeuggruppen und der Infrastruktur, auf der sie eingesetzt werden sollen. Die *TSI Güterwagen* ist sehr detailliert. Ein umfangreicher Anhang ergänzt die in Absatz 4.2 gemachten Angaben und berücksichtigt auch einige Sonderfälle.

4.3 Funktionale und technische Spezifikationen der Schnittstellen
Diese bestehen zu folgenden anderen Teilsystemen:
    – Teilsystem Zugsteuerung, Zugsicherung und Signalgebung
    – Teilsystem Verkehrsbetrieb und Verkehrssteuerung
    – Teilsystem Telematikanwendungen für den Güterverkehr
    – Teilsystem Infrastruktur
    – Teilsystem Energie
Weitere Schnittstellen bestehen zu:
    Richtlinie 96/49/EG samt Anhang RID (Gefahrgut)
    TSI Lärm des Konventionellen Eisenbahnsystems.

4.4 Betriebsvorschriften
4.5 Instandhaltungsvorschriften
4.6 Berufliche Qualifikation
4.7 Arbeitsschutz- und Sicherheitsbestimmungen
4.8 Infrastrukturregister / Fahrzeugregister (siehe auch Kap. 9.6)

5. Interoperabilitätskomponenten

5.1 Definition

Interoperabilitätskomponenten sind „Unterbaugruppen oder komplette Materialbaugruppen, die in ein Teilsystem eingebaut sind oder eingebaut werden sollen und von denen die Interoperabilität des konventionellen transeuropäischen Eisenbahnsystems direkt oder indirekt abhängt. Unter ‚Komponenten' sind materielle, aber auch immaterielle Produkte wie Software zu verstehen".

5.2 Innovative Lösungen

Diese erfordern gegebenenfalls eine Spezifikation/Bewertung nach Abschnitt 6.1.2.3.

5.3 Verzeichnis der Komponenten

In diesem Absatz werden die einzelnen Komponenten aufgelistet.

5.3.1 Fahrzeugstruktur und Anbauteile
5.3.1.1 Puffer
5.3.1.2 Zugeinrichtung
5.3.1.3 Aufkleber für Kennzeichnungen
5.3.2 Fahrzeug-Fahrweg-Wechselwirkung und Fahrzeugbegrenzungslinie
5.3.2.1 Fahrwerk (einschließlich Drehgestell)
5.3.2.2 Radsätze
5.3.2.3 Räder
5.3.2.4 Radsatzwellen
5.3.3 Bremsen
5.3.3.1 Steuerventil
5.3.3.2 Regelbares Lastbremsventil / Automatischer Lastwechsel
5.3.3.3 Gleitschutzeinrichtung
5.3.3.4 Bremsgestängesteller
5.3.3.5 Bremszylinder / -aktuator
5.3.3.6 Bremskupplung für HL und HB
5.3.3.7 Luftabsperrhahn für HL und HB
5.3.3.8 Abschalteinrichtung für Steuerventil
5.3.3.9 Bremsklötze
5.3.3.10 Bremsbeläge
5.3.3.11 Schnellbremsbeschleuniger
5.3.3.12 Wiegeventil und Lastwechsel-Umschaltventil
5.4 Leistungswerte und Spezifikationen der Komponenten

Leistungswerte sind in diesem Absatz nicht zu finden. Stattdessen wird auf die Angaben in den Kapiteln 4.2 und 4.3 sowie die Anhänge I (Bremsen) und K (Fahrzeug-Fahrweg-Wechselwirkungen und Fahrzeugbegrenzungslinie) dieser *TSI* verwiesen.

6. Konformitäts- und/oder Gebrauchstauglichkeitsbewertung der Komponenten und Überprüfung des Teilsystems

Zur Bewertung und Qualitätssicherung wird in den Erwägungen zur Richtlinie 96/48/EG ausgeführt: „Die Verfahren der Konformitäts- oder Gebrauchstauglichkeitsbewertung von Komponenten müssen auf Modulen beruhen, die mit Beschluss 93/465/EWG festgelegt wurden. Um die Entwicklung der betreffenden Industrien zu fördern, sind die Verfahren der Qualitätssicherung so weit wie möglich weiterzuentwickeln. Unter Komponenten sind materielle, aber auch immaterielle Produkte wie Software zu verstehen. (......).Die Bezugnahme auf die TSI ist zwingend vorgeschrieben, um die Intero-

12.7 Erstellung der *TSI* und Beispiel

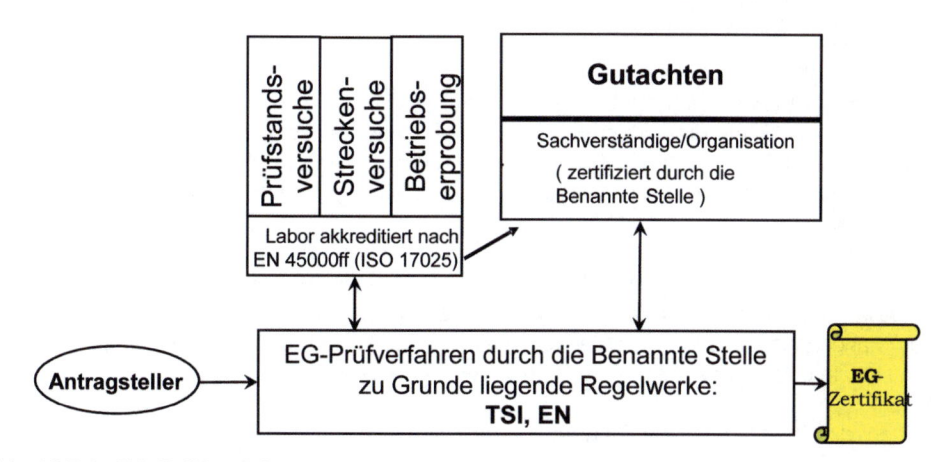

Abb. 12.7.3: EG-Prüfverfahren

perabilität des transeuropäischen Hochgeschwindigkeitsbahnsystems sicherzustellen."
Die EG-Prüfung, fußend auf europäischen Spezifikationen (*TSI* + *EN*), findet unter maßgeblicher Beteiligung der „Benannten Stelle" des Mitgliedstaates statt. Zahlreiche weitere Organisationen, Labors, Prüfstellen und Gutachter finden in diesem Prozess ein neues, breitgefächertes Aufgabenfeld, siehe Abb. 12.7.3:

6.1 Interoperabilitätskomponenten (Interoperability Constituent - IC)
6.1.1 Bewertungsverfahren
Der Hersteller muss vor der Markteinführung von ICs eine EG-Konformitätserklärung oder eine EG-Gebrauchstauglichkeitserklärung durch eine Benannte Stelle erwirken. Zum Verfahrensablauf siehe Abb. 12.7.4:

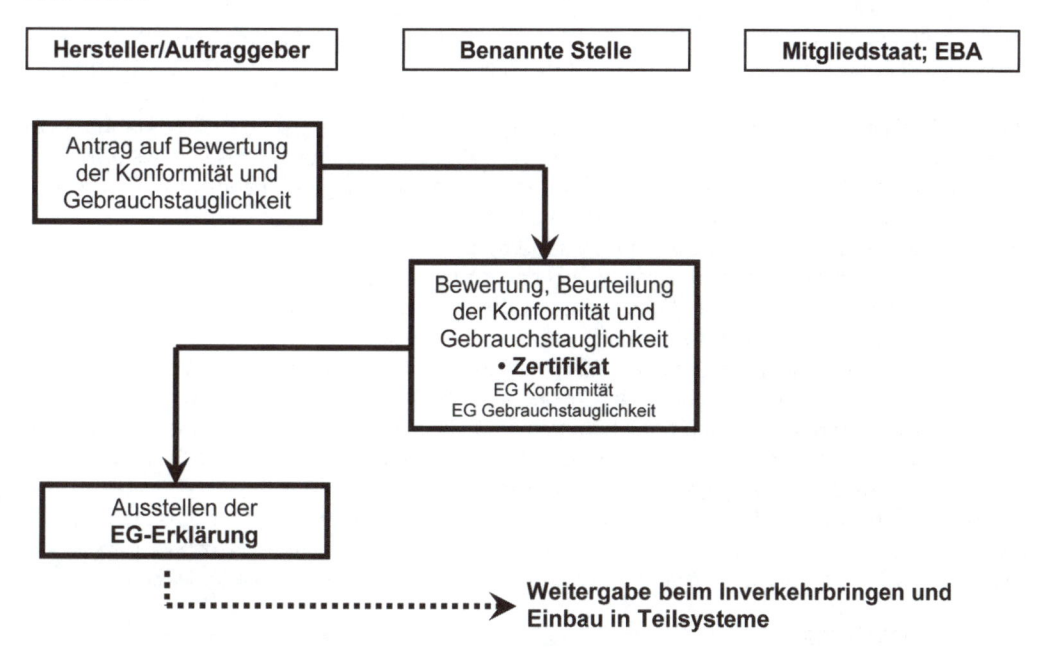

Abb. 12.7.4: EG-Bewertung der Gebrauchstauglichkeit und Konformität für Interoperabilitätskomponenten

12 Interoperabilität des Transeuropäischen Bahnsystems

6.1.2 Module
Der Hersteller hat hierbei die Wahl zwischen
- dem Verfahren „Bauartprüfung" (Modul B) für die Entwurfs- und Entwicklungsphase in Verbindung mit einem Modul für die Produktionsphase, und zwar entweder dem Verfahren „Qualitätsmanagement Produktion" (Modul D) oder dem Verfahren „Prüfung der Produkte" (Modul F), oder alternativ
- dem Verfahren „Umfassendes Qualitätsmanagement mit Entwurfsprüfung" (Modul H2) für alle Phasen, oder
- dem Verfahren „Umfassendes Qualitätsmanagement" (Modul H1)

Wenn eine Lösung für eine Interoperabilitätskomponente bereits auf dem europäischen Markt ist, bevor diese *TSI* in Kraft tritt, muss der Hersteller nachweisen, dass Versuche und Prüfungen der ICs bei vorangegangenen Anwendungen unter vergleichbaren Bedingungen als erfolgreich bewertet worden sind. In diesem Fall bleiben diese Bewertungen in der neuen Anwendung gültig. Anzuwenden sind
- entweder die interne Fertigungskontrolle (Modul A),
- die interne Entwurfskontrolle mit der Fertigungskontrolle (Modul A1) oder
- das Verfahren „Umfassendes Qualitätsmanagement" (Modul H1).

Wenn eine als Interoperabilitätskomponente vorgeschlagene Lösung gemäß der Definition in Abschnitt 5.2 innovativ ist, muss der Hersteller die Abweichung vom relevanten Abschnitt der *TSI* angeben.

Immer wenn ein Bewertungsverfahren auf Grundlage von Betriebsbewährung für eine Interoperabilitätskomponente durchgeführt werden soll, muss der Hersteller das Verfahren „Bauartvalidierung durch Betriebsbewährung" (Modul V) anwenden.

6.1.3 Spezifikation für die Bewertung von ICs
In der *TSI* folgen nun einige Angaben, insbesondere zu Laufwerken.

6.2. Teilsystem Konventionelle Bahnfahrzeuge – Güterwagen
6.2.1. Bewertungsverfahren
Auf Verlangen des Auftraggebers führt die benannte Stelle das EG-Prüfverfahren (Abb. 12.7.5) im Einklang mit Anhang VI der *Richtlinie 2001/16/EG* durch.

6.2.2 Module
Das Prüfverfahren ist ähnlich wie bei IC, siehe 6.1.2. Zur Bewertung der Instandhaltung muss die benannte Stelle laut Artikel 18.3 der *Richtlinie 2001/16/EG* ein Technikdossier zusammenstellen, welches das Instandhaltungsdossier enthält. Die Konformitätsbewertung der Instandhaltung unterliegt der Verantwortung jedes betroffenen Mitgliedsstaates.

6.2.3 Spezifikationen für die Bewertung des Teilsystems
Hierzu werden zwei Beispiele zur Anschauung herausgegriffen:
Beispiel 1: Festigkeit der Fahrzeugstruktur und Ladungssicherung
Die Validierung des Entwurfs folgt den Anforderungen in Abschnitt 6 der *EN 12663*. Das Versuchsprogramm muss einen Rangieraufprallversuch umfassen, wenn kein Nachweis der strukturellen Integrität durch Berechnung durchgeführt worden ist. Wo bereits Versuche an ähnlichen Komponenten oder Teilsystemen durchgeführt wurden, müssen diese Versuche nicht wiederholt werden, wenn die Übertragbarkeit früherer Versuche nachgewiesen wird.
Beispiel 2: Dynamisches Fahrzeugverhalten
Anwendung des partiellen Bauartzulassungsverfahrens: Wenn die Bauart eines Wagens bereits zugelassen ist, können bestimmte Änderungen seiner Eigenschaften oder seiner Betriebsbedingungen, die das dynamische Verhalten des Wagens beeinflussen, eine zusätzliche Prüfung erforderlich machen.

7. Umsetzung
Das Kapitel „Umsetzung" der *TSI* erwies sich von Beginn der *TSI*-Erarbeitung an als nicht ganz unkritisch. Vor allem die Infrastrukturseite fürchtete wegen der Langlebigkeit ihrer Anlagen unabsehbare

12.7 Erstellung der *TSI* und Beispiel

```
┌─────────────────────┐   ┌─────────────────────┐   ┌─────────────────────┐
│ Hersteller/Auftraggeber │   │   Benannte Stelle   │   │  Mitgliedstaat; EBA  │
└─────────────────────┘   └─────────────────────┘   └─────────────────────┘
```

Flussdiagramm:
- Hersteller/Auftraggeber: **Antrag auf EG-Prüfung** → Benannte Stelle
- Benannte Stelle: **Durchführung der EG Prüfverfahren** • Zerfitikat EG Konformität → zurück an Hersteller
- Hersteller: **EG-Prüferklärung für nationale Behörde (Auftraggeber/Bevollmächtigter) und Dossier (techn. Dokumentation, Zertifikate der Benannten Stelle)** → Mitgliedstaat
- Mitgliedstaat; EBA: **Genehmigung der Inbetriebnahme** → zurück an Hersteller

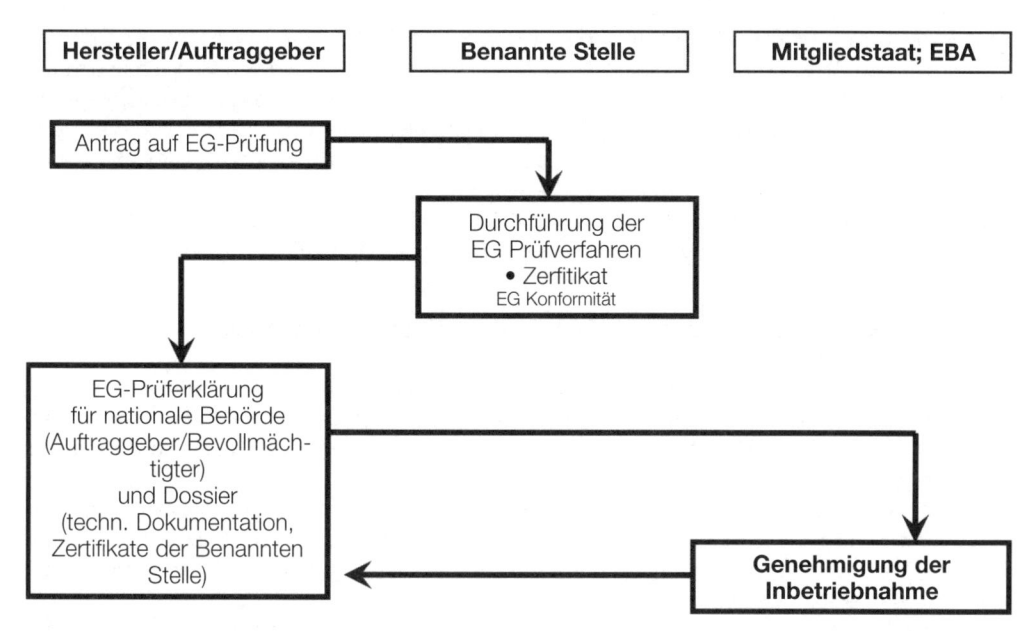

Abb. 12.7.5: EG-Prüfverfahren für interoperable Teilsysteme

Belastungen, wenn die EU hier ein hohes Tempo vorgeben würde, ohne sich um interoperabilitätsbedingte Mehrkosten beim Um- oder Neubau zu kümmern. An unserem Beispiel aus der *Güterwagen-TSI* wird deutlich, wie hier in den nächsten Jahren vorgegangen werden soll.

7.1 Allgemeines

Um den Übergang zur vollständigen Interoperabilität zu unterstützen, können die *TSI* allmählich stufenweise angewandt und umgesetzt werden. Die Umsetzung der *TSI Güterwagen* soll eng mit der Umsetzung der *TSI* Lärm koordiniert werden.

7.2 Überarbeitung der *TSI*

In Übereinstimmung mit Artikel 6 Absatz 3 der *Richtlinie 2001/16/EG*, geändert durch die *Richtlinie 2004/50/EG*, bereitet die Agentur die Überarbeitung und Aktualisierung der *TSI* vor und unterbreitet dem in Artikel 21 genannten Ausschuss alle zweckdienlichen Empfehlungen, um der Entwicklung der Technik oder der gesellschaftlichen Anforderungen Rechnung zu tragen. Ferner kann die vorliegende *TSI* durch die schrittweise Verabschiedung und Überarbeitung anderer *TSI* beeinflusst werden. Aktualisierte *TSI* werden regelmäßig im Abstand von drei Jahren veröffentlicht. Die Agentur ist von allen innovativen Lösungen, die geprüft werden, in Kenntnis zu setzen, damit sie über eine zukünftige Aufnahme dieser Lösungen in die *TSI* entscheiden kann.

7.3 Anwendung dieser *TSI* auf neue Fahrzeuge

Die Abschnitte 2 bis 6 sowie alle besondere Bestimmungen des Abschnitts 7.7 („Sonderfälle") sind in vollem Umfang auf neue Güterwagen, die in Betrieb genommen werden, anzuwenden, mit Ausnahme der Bestimmungen des Abschnitts über die Bremsleistungselemente und das Verzögerungsprofil beim Bremsen, für die das Umsetzungsdatum erst in zukünftigen Überarbeitungen der *TSI* angegeben wird.

7.4 Vorhandene Fahrzeuge

Diese *TSI* gilt nicht für Fahrzeuge, die bereits in Betrieb waren, als diese *TSI* in Kraft trat, solange sie nicht erneuert oder umgebaut werden. Erneuerte oder umgerüstete Güterwagen, für die eine neue

12 Interoperabilität des Transeuropäischen Bahnsystems

Genehmigung zur Inbetriebnahme gemäß der *Richtlinie 2001/16/EG Artikel 14 Absatz 3* erforderlich ist, müssen den Abschnitten 4.2, 5.3, 6.1.1 und 6.2 sowie allen besonderen Bestimmungen des Abschnitts 7.7 („Sonderfälle") entsprechen. Ausnahmen davon betreffen derzeit die Vorgaben für Heißläuferortung, Verzögerungsprofil beim Bremsen, Umweltbedingungen, aerodynamische Effekte und Seitenwinde; diese Vorgaben werden bei der nächsten Überarbeitung der *TSI* festgelegt. Für die Instandhaltung der Wagen gelten nationale Vorschriften.

Im Hinblick auf Wagen, die unter den in 7.5 festgelegten Bestimmungen („Vereinbarungen") betrieben werden, gelten bei Erneuerung und Umbau dieser Wagen gegebenenfalls die Bestimmungen der entsprechenden Vereinbarungen.

7.5   Wagen, die gemäß nationalen, bilateralen, multilateralen oder internationalen Vereinbarungen betrieben werden

Die Mitgliedsstaaten setzen die Kommission innerhalb von 6 Monaten nach Inkrafttreten dieser *TSI* über die folgenden Vereinbarungen in Kenntnis, denen zufolge in den Anwendungsbereich dieser TSI fallende Güterwagen (Bau, Erneuerung, Umbau, Inbetriebnahme, Betrieb und Verwaltung von Wagen entsprechend Kapitel 2 dieser TSI) betrieben werden:

–   nationale Vereinbarungen zwischen den Sicherheitsbehörden und Eisenbahnverkehrsunternehmen oder Infrastrukturbetreibern, die für einen unbegrenzten bzw. begrenzten Zeitraum getroffen werden und sich aus konkreten oder lokalen Gegebenheiten der vorgesehenen Verkehrsleistung ergeben;

–   bilaterale oder multilaterale Vereinbarungen zwischen Eisenbahnverkehrsunternehmen, Infrastrukturbetreibern oder Sicherheitsbehörden, die zu einem beträchtlichen Maß lokaler oder regionaler Interoperabilität führen;

–   internationale Vereinbarungen zwischen einem oder mehreren Mitgliedsstaaten und mindestens einem Drittland oder zwischen Eisenbahnverkehrsunternehmen oder Infrastrukturbetreibern von Mitgliedsstaaten und mindestens einem Eisenbahnverkehrsunternehmen oder Infrastrukturbetreiber eines Drittlands, die zu einem beträchtlichen Maß lokaler oder regionaler Interoperabilität führen. Der dauerhafte Betrieb/die Instandhaltung von Wagen, die unter diese Vereinbarungen fallen, sind zugelassen, sofern sie den Rechtsvorschriften der Gemeinschaft entsprechen.

Bei Vereinbarungen entsprechend dem *RIV* und dem *COTIF* erfolgt keine Inkenntnissetzung.

Bei Abschluss künftiger Vereinbarungen oder Änderungen bestehender Vereinbarungen sind die Vorschriften der EU, insbesondere jedoch diese *TSI*, zu berücksichtigen. Die Mitgliedsstaaten setzen die Kommission von Vereinbarungen/Änderungen dieser Art in Kenntnis.

7.6   Inbetriebnahme von Wagen

In den Fällen, in denen die Einhaltung der *TSI* erreicht und eine EG-Prüferklärung für Güterwagen innerhalb eines Mitgliedstats bewilligt wurde, ist dies in Übereinstimmung mit Artikel 16 Absatz 1 der *Richtlinie 2001/16/EG* in allen Mitgliedsstaaten anzuerkennen.

Ist für die Inbetriebnahme eine Sicherheitsbescheinigung oder eine Sicherheitsgenehmigung in einem Mitgliedstaat erteilt worden, so wird diese von allen Mitgliedsstaaten anerkannt, um zu verhindern, dass die Sicherheitsbehörden mehrere Sicherheits-/Interoperabilitätsprüfungen durchführen. Die Eisenbahnverkehrsunternehmen müssen jedoch sicherstellen, dass die Infrastrukturen, in denen die Wagen eingesetzt werden, vergleichbar sind; dies kann mit Hilfe von Infrastruktur- und Fahrzeugregistern geschehen.

7.7   Sonderfälle

Die Sonderfälle werden zwei Kategorien zugeordnet: die Bestimmungen gelten entweder permanent (Fall „P") oder temporär (Fall „T"). In den temporären Fällen wird den betreffenden Mitgliedsstaaten empfohlen, dem jeweiligen Teilsystem entweder bis zum Jahr 2010 (Fall „T1"), gemäß der Entscheidung Nr. 1692/96/EG des Europäischen Parlaments und des Rates vom 23. Juli 1996 über die gemeinschaftlichen Leitlinien für den Aufbau des transeuropäischen Verkehrsnetzes, oder bis zum Jahr 2020 (Fall „T2") zu entsprechen.

Anhänge der *TSI Güterwagen*

Die *TSI Güterwagen* wird ergänzt durch eine Vielzahl umfangreicher Anhänge (derzeit 38), die insbesondere zu den Interoperabilitätskomponenten (Absatz 4.2 der TSI) weitere Details enthalten.

12.8 Normen

Neben den *TSI* sind weitere europäische Spezifikationen im Auftrag der Kommission zu erarbeiten, und zwar Europäische Normen (Abb. 12.8.1) vom *Europäischen Komitee für Normung (CEN)*, dem *Europäischen Komitee für elektrotechnische Normung (CENELEC)* und dem *Europäischen Institut für Telekommunikationsnormen (ETSI)*.

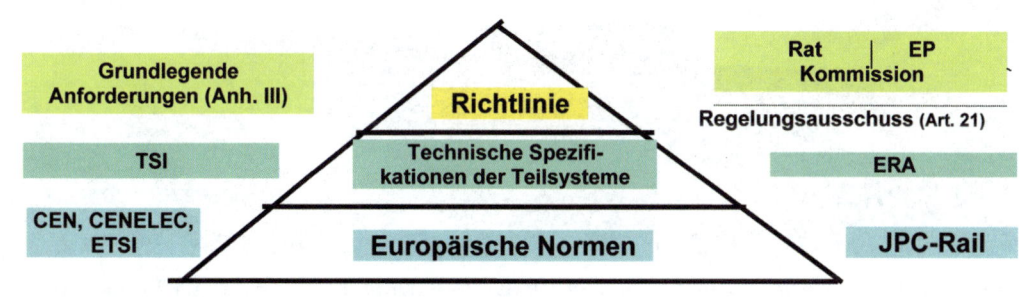

Abb. 12.8.1: Die Normen als technische Grundlage der Eisenbahn; Quelle: *DIN-FSF*

Durch die *Änderungsrichtlinie 2004/50/EG* wurde das wie folgt ergänzt:

„Die TSI können ausdrücklich und mit genauer Fundstellenangabe auf europäische Normen oder Spezifikationen verweisen, sofern dies für die Erreichung der Ziele dieser Richtlinie unbedingt erforderlich ist. In diesem Fall werden diese europäischen Normen oder Spezifikationen (beziehungsweise die betroffenen Teile davon) als Anhang der entsprechenden TSI betrachtet und mit Beginn der Gültigkeit der TSI verbindlich. Liegen keine europäischen Normen oder Spezifikationen vor, so kann bis zu deren Erstellung auf andere eindeutig benannte Schriftstücke normativen Charakters verwiesen werden; in diesem Fall betrifft dies Dokumente, die leicht zugänglich und frei verfügbar sind."

Die 2. Ausgabe der *TSI „Zugsteuerung, Zugsicherung und Signalgebung"* vom 07.11.2006 verweist zum Beispiel auf Spezifikationen der *UNISIG*, das ist die *Europäische Vereinigung signaltechnischer Herstellerfirmen*.

Zum Zeitpunkt der Erstellung der *TSI* für das Hochgeschwindigkeitsbahnsystem waren viele der zur Vervollständigung und Detaillierung notwendigen *Europäischen Normen (EN)* noch nicht vorhanden. Sie wurden daher als notwendige Basisebene für die Interoperabilität von der Kommission bei den Normengremien in Auftrag gegeben (Mandatierung). Da Hinweise auf *UIC*-Merkblätter in den *TSI* nicht geduldet wurden, flossen in die ersten Ausgaben der *TSI* Hochgeschwindigkeitssystem vom Jahr 2002 Detailangaben ein, die hier nicht hingehörten. In den überarbeiteten *TSI* (2006/2007) sind diese Angaben alle wieder entfernt und soweit möglich durch Hinweise auf Euronormen ersetzt worden.

12 Interoperabilität des Transeuropäischen Bahnsystems

Beispiel für Normen, die zur Unterlegung der *TSI* notwendig sind:
- *EN 14363 Fahrtechnische Prüfung für die fahrtechnische Zulassung von Eisenbahnfahrzeugen* (10/2005)
- *prEN 14067 Aerodynamik* (Entwurf 9/2002)
- *prEN 13803-1 und 2 Linienführung* (Entwurf 2004/2006)
- *prEN 15273-1 bis 3 Begrenzungslinien* (Entwurf 2007)

Wie die *TSI* unterliegen auch die Normen dem Zwang zur ständigen Aktualisierung (Abb.12.8.2).

Abb. 12.8.2: Die Normung muss mit der Innovationsdynamik des Systems Bahn Schritt halten; Foto: *DB AG/Mantel*

12.9 Eine neue Bahnwelt entsteht

Die technische Vielfalt in Europas Bahnwelt stand in einigen Bereichen der Schaffung eines transeuropäischen Binnenmarktes für den Schienenverkehr im Wege. Es mussten nicht nur technische Hürden überwunden werden – man hatte sich auch noch gegen unzählige nationale Gesetze und Vorschriften zu behaupten.

Für den Übergang von Wagen im Reise- und Güterzugverkehr war das in der Vergangenheit gut geregelt. Die internationalen Übereinkünfte wie *TE*, *RIC* und *RIV* und die technisch-betrieblichen Regelungen im *UIC*-Kodex sorgten für die Flüssigkeit im grenzüberschreitenden Verkehr. Lokomotivwechsel an den Grenzen war üblich, jedoch gab es schon einzelne Verbindungen mit Diesel-Triebzügen und elektrischen Mehrsystemlokomotiven, die vor allem hochwertige Reisezüge im internationalen Einsatz durchgehend befördern konnten.

Erst in den 1980er Jahren, mit dem erheblich anspruchsvolleren Betrieb von Hochgeschwindigkeitszügen, wurden die Grenzen bisheriger Systeme und Verfahren im grenzüberschreitenden Eisenbahnbetrieb allmählich sichtbar. Industrie und Bahnen haben neue Lösungen erarbeitet und mit großem Erfolg umgesetzt; das allerdings in einem begrenzten Einsatzgebiet.

Für Europa reicht das nicht aus. Die nach dem Vertrag von Maastricht eingeleiteten Maßnahmen zum Aufbau Transeuropäischer Netze (TEN) und zur Herstellung der Interoperabilität des Transeuropäischen Bahnsystems folgen dem großen Gedanken der Schaffung eines europäischen Binnenraums ohne Grenzen.

12.9 Eine neue Bahnwelt entsteht

Wer transeuropäisch mit Zügen fahren will, muss zwangsläufig die Infrastrukturen anderer Bahnverwaltungen nutzen. Damit wird Interoperabilität zwingend. Das geht nicht ohne eine saubere Definition der Schnittstellen und Verantwortlichkeiten im Eisenbahnsystem – zwischen den Eisenbahnfahrzeugen und der Infrastruktur, zwischen den Zugbetreibern und den Infrastrukturmanagern. Fahrzeuge, Fahrweg, Stationen, Energieversorgung, Betriebsleittechnik und Kommunikationseinrichtungen, Instandhaltungswerke sowie Umweltaspekte sind betroffen.

Die Richtlinien Interoperabilität und ihre *TSI* haben diese Schnittstellen und Verantwortlichkeiten geklärt. Dabei war es unvermeidbar, wesentliche funktionelle Anforderungen an die einzelnen Teilsysteme und Komponenten des Bahnsystems neu zu durchdenken und bestimmte Parameter festzulegen. Die nachgeordneten *Euro-Normen (EN)* detaillieren das in einem europäischen Rahmen. Das bietet Gelegenheit, neueste Erkenntnisse aus Forschung und Bahnpraxis in das entstehende europäische Normenwerk einzubringen.

Der gemeinsame europäische Binnenmarkt erfordert auch angepasste Regeln für die Prüfung und Zulassung der Komponenten und Teilsysteme. Dazu geben die *TSI* den Weg vor: ein neues, europaweites Betätigungsfeld ist entstanden.

Herstellung und Zulassung von Teilsystemen und Komponenten in einem beliebigen Land in Europa, Anwendung (in Verkehr bringen) in einem ganz anderen Land, und das mit europaweiter Zulassung ohne nochmalige Prüfung, ist das Ziel aus industriepolitischer Sicht der EU. Mit diesem Konzept wird gleichzeitig der Wettbewerb der Hersteller wie auch der Zugbetreiber gefördert, und auch die Infrastrukturunternehmen können davon profitieren.

Und die Europäische Union geht noch weiter: Die mit Beschluss der europäischen Regierungschefs eingerichtete *Agentur für Eisenbahnwesen ERA* wird neben ihren Aufgaben im Bereich der Betriebssicherheit mehr und mehr die Initiative in europäischen Angelegenheiten der Interoperabilität im Bahnwesen übernehmen und damit das künftige Bahnsystem in Europa wesentlich prägen.

Es führt kein Weg mehr zurück zur alten, heilen Welt der nationalstaatlichen Bahnen, die alles im Griff hatten: Das Bahnsystem wird ein Teil Europas.

Vertiefende Literatur

Bateman, David: Isambard Kingdom Brunel and the track gauge debate in the context of his 200th birthday-celebrations. RTR-Railway Technical Review, H. 3, 2006

Delvendahl, Heinz: Grundlagen und Zielsetzung des Europäischen Infrastruktur-Leitplanes. ETR-Eisenbahntechnische Rundschau, H. 3, 1974

Heinisch, Roland: Europäisches Schnellverkehrsnetz – Ein Beitrag zur aktuellen Diskussion aus unternehmensstrategischer Sicht der deutschen Bundesbahn. ETR-Eisenbahntechnische Rundschau, H. 5, 1986

Heinisch, Roland, und Jänsch, Eberhard: Hochgeschwindigkeitsverkehr in Europa, eine gemeinsame Aufgabe der Bahnen. Eisenbahningenieur, H. 4, 1992

Heinisch, Roland, Klumpp, Dieter, Siegmann, Jürgen, und Stuchly, Horst (Hrsg.): Liberalisierung und Harmonisierung der Eisenbahnen in Europa. Edition ETR, Hestra-Verlag, Darmstadt, 2003.

Hochrangige Gruppe „Europäisches Hochgeschwindigkeitsbahnnetz": Hochgeschwindigkeit Europa. Amt für amtliche Veröffentlichungen, Luxemburg, 1995.

Jänsch, Eberhard, und Rump, Reinhold: Systemtechnik und Innovation am Beispiel des Projekts HGV. Die Bundesbahn H. 3, 1987

Jänsch, Eberhard: Der „überbreite" ICE-Mittelwagen. Die Bundesbahn, H. 9, 1990.

Jänsch, Eberhard: Hochgeschwindigkeitsverkehr in Deutschland-15 Jahre Erfolg. ETR-Eisenbahntechnische Rundschau, H. 10, 2006

Jänsch, Eberhard: High-speed railway systems for Europe. RTR-Railway Technical Review, H. 2, 2007

Kommission der Europäischen Gemeinschaften, Generaldirektion Verkehr: Europäisches Hochgeschwindigkeitsnetz. Brüssel, 1990.

Lankes, Peter, Panier, Frank, und Ventoruzzo, Stefan: Die Baureihe 406 der DB AG – der lange Weg zum grenzüberschreitenden Hochgeschwindigkeitsverkehr. ETR-Eisenbahntechnische Rundschau, H. 7-8, 2004

Lübke, Dietmar, und Jänsch, Eberhard: Die ICE-Familie im internationalen Hochgeschwindigkeitsverkehr (HGV). ETR-Eisenbahntechnische Rundschau, H. 7-8, 1993

Molle, Peter: Eisenbahntechnische Normung im UIC-Ausschuß "Fahrzeuge und Zugförderung". Die Bundesbahn, H. 11, 1988

Moritz, Eckart: Paris-Brüssel-Köln-Frankfurt/Amsterdam, ein europäisches HGV-Projekt. ETR-Eisenbahntechnische Rundschau, H. 4, 1989

Münchschwander, Peter (Hrsg.): Schienenschnellverkehr 1 – 150 Jahre Wettlauf mit der Zeit. R.v.Decker's Verlag, Heidelberg, 1989

Münchschwander, Peter (Hrsg.): Schienenschellverkehr 4 – Hochgeschwindigkeitsverkehr international. R.v.Decker's Verlag, Heidelberg, 1990

Münchschwander, Peter, und Jänsch, Eberhard: Die Systemplanung „Hochgeschwindigkeitsverkehr" der Deutschen Bundesbahn. Eisenbahntechnische Rundschau, H. 5-6, 1991

Verein Mitteleuropäischer Eisenbahnverwaltungen (Hrsg.): Entstehung und Entwicklung der Bestimmungen der TV über die Querschnittsmaße der Fahrzeuge. Bearbeitet von Reichsbahnoberrat Mertz, Reichsbahn-Zentralämter, Berlin, 1935.

Panier, Frank: Zulassung des ICE3 für den Verkehr nach Frankreich – der Prozess, Eisenbahntechnische Rundschau 55 (2006), Heft 9, Seite 586

13 Wirtschaftlichkeit des Systems Bahn
Eberhard Jänsch

13.1 Kostenstrukturen der Eisenbahnverkehrsunternehmen (EVU)

Gemäß den *Richtlinien 91/440/EWG* und *2001/12/EG* sind die meisten Bahnen in Europa aufgeteilt in Eisenbahninfrastrukturunternehmen (EIU) als Infrastrukturbetreiber (Infrastructure Managers) und Transporteure, die Eisenbahnverkehrunternehmen (EVU) oder Train operating companies (TOCs).

In Deutschland sind der Schienenpersonenfernverkehr (SPFV) und der Schienengüterverkehr (SGV) formal eigenwirtschaftlich zu betreiben, erhalten also keine direkte Unterstützung durch den Staat.

Der Schienenpersonennahverkehr (SPNV) findet in Deutschland nur noch auf Bestellung der Länder statt. Die Länder erhalten derzeit dafür vom Bund etwa 7 Mrd. € pro Jahr, die so genannten „Regionalisierungsmittel", von denen etwa 5 Mrd. € direkt in Betriebsleistungen umgesetzt werden. Die Länder können die SPNV-Leistungen in ihrem Bereich ausschreiben, wobei zumeist der den Zuschlag erhält, der den geringsten Zuschussbedarf je Zugkilometer verlangt. Die andere Möglichkeit ist die zunächst nur als Übergang gedachte Pauschalvertragslösung, bei der der SPNV als Ganzes an die *DB AG* vergeben wird. Die Länder übernehmen zumeist die Trassenpreise direkt, die Betreiber werden also vom Risiko sich ändernder Trassenpreise befreit.

Den EVU obliegt der Verkauf ihrer Leistungen an Endkunden und die Organisierung des Transportes einschließlich der Fahrzeugvorhaltung, der Durchführung der Zugfahrten und des Services. Entsprechend sind ihre größten Kostenblöcke die Vorhaltungskosten für die Fahrzeuge, die an die EIU zu zahlenden Trassenpreise – die Länder können diese auch direkt übernehmen – die Personalkosten für Zugförderung, Zugpersonal und Instandhaltung, die Energiekosten und die Kosten der Verkaufsorganisation.

Für Vertrieb, Werbung und Fahrscheinverkauf sowie sonstige Aufwendungen kalkulieren die EVU ca. 7–10 % Anteil an den Gesamtkosten.

13.1.1 Fahrzeugkosten

Abschreibung, Zinsen; alternativ Leasinggebühren

Die Ermittlung der Kapitalkosten für Anlagen und Züge können nach verschiedenen finanzmathematischen Formeln berechnet werden. Mit der Annuitäten-Methode werden die real pro Jahr unterschiedlichen Werte für die Verzinsung auf einen Durchschnittswert über die Abschreibungsdauer nivelliert. Bei dieser Methode ist die Dauer der Laufzeit des kalkulatorisch angesetzten Beschaffungsdarlehens gleich der Abschreibungsdauer.

Die Abschreibungsdauer war bei der früheren *DB* im Regelfall identisch mit der Lebensdauer der beschafften Anlage; so wird auch heute noch bei ortsfesten Anlagen gerechnet. Bei Fahrzeugen setzt man die Abschreibungsdauer jetzt erheblich kürzer an.

Für ICE 1-Züge hat die *DB* bereits in den Wirtschaftlichkeitsrechnungen der 1980er Jahre eine Abschreibungszeit von 15 Jahren und einen kalkulatorischen Zinssatz von 12 % zu Grunde gelegt. Dafür beträgt die Annuität (der Jahresbetrag für den Kapitaldienst) 0,14682. Die Beschaffungskosten für ICE-Züge betrugen ca. 25 Mio. € für einen 12-Wagen-ICE 1, ca. 20 Mio. € für ICE 3 (1-System-Zug mit acht Wagen) und ca. 25 Mio. € für ICE 3 M (ebenfalls mit acht Wagen), jeweils einschließlich späterer Umbauten und unter Beachtung der unterschiedlichen Beschaffungszeit (dazwischen lag etwa ein Jahrzehnt). Für den genannten ICE 1 errechnen sich somit die Kapitalkosten zu 3,67

13 Wirtschaftlichkeit des Systems Bahn

Mio. €. Bei 500 000 km Laufleistung je Triebzug und Jahr ergeben sich je Zugkilometer Kapitalkosten von 7,34 €.

Instandhaltungskosten

Die jährlichen Instandhaltungskosten müssen individuell errechnet werden, da sie von vielen Faktoren wie Qualität und Beanspruchung des Fahrzeugmaterials sowie Organisation des Instandhaltungsdienstes, Ausführungsqualität und Personaleinsatz abhängen; siehe hierzu das Beispiel in Kap. 13.1.6.

13.1.2 Personalkosten

Für die *DB*-Gesellschaften gehen die Personalkosten aus den Geschäftsberichten hervor, siehe folgende Tabelle (Abb. 13.1.1).

	DB Fernverkehr AG	DB Regio AG	Railion Deutschld. AG	DB Netz AG
Beschäftigte (P)[1]	13 492	19 582[2]	20 507	38 311
Personalaufwand Mio €	597	886	912	1641
Zugleistung Mio Trkm	136,3	380	188,9	1005,7
Verkehrsleistung Mio Pkm/tkm	32 200	25 400	88 407	
Personalkosten €/P	44 248	45 245	44 473	42 834
Personalkosten €/Trkm	4,38	2,33	4,83	1,63
Personalkosten €/Pkm, €/tkm	0,018	0,035	0,01	

[1] im Jahresmittel, ohne Azubi
[2] bereinigte Zahl

Abb. 13.1.1: Personalkosten der *DB*-Gesellschaften 2006, ohne Tochtergesellschaften; Quelle: Geschäftsberichte 2006 [1] und Daten und Fakten [2]

13.1.3 Gebühren für die Nutzung des Netzes (Trassenpreise)

Die Trassenpreise werden nach einer für alle EVU gleichermaßen gültigen Gebührenstaffel je nach Streckenkategorie, Streckenauslastung sowie Zugsystem mit und ohne Taktverkehr berechnet. Speziell für den Personennahverkehr werden im Trassenpreissystem 2007 Zuschläge erhoben, mit denen die *DB Netz AG* die Kostendeckung für gewisse Regionalnetze verbessern will [3]. Diese Faktoren liegen zwischen 1,10 (z.B. für das Allgäu-Schwaben-Netz) und 1,91 (für das Mittelsachsen-Netz). Auszüge und Beispiele für die Trassengebühren nach dem Trassenpreissystem 2007 siehe Abbildungen 13.1.2 und 13.1.3.

13.1.4 Anlagen- und Stationspreise

Abstellanlagen und andere Anlagen vermietet die *DB Netz AG* nach einem besonderen Preissystem. Für jeden Zughalt verlangt die *DB Station & Service* eine Gebühr für die Abfertigung, das Informationsmanagement und die Bereitstellung der Bahnhofsanlagen. Diese liegen zwischen etwa 1–30 € je Zughalt, je nach Verkehrswertigkeit des Haltes.

13.1 Kostenstrukturen der Eisenbahnverkehrsunternehmen (EVU)

Streckenkategorie	Geschwindigkeit (km/h)	Trassenpreis €/Trkm	
		Grundpreis	mit A-Faktor[1]
Fernstrecke F plus	280 < V < 300	7,9	9,48
Fernstrecke F 1	200 < V < 280	4,02	4,82
Fernstrecke F 2	160 < V < 200	2,78	3,34
Fernstrecke F 3	100 < V < 160	2,47	2,96
....			
Zulaufstrecke Z 1	V ≤ 100	2,21	2,65
S-Bahn Hamburg[2]		2,09	2,51
S-Bahn Berlin[2]		2,51	3,01

[1] A = bei hoher Auslastung Zuschlag 20 %
[2] Gleichstromstrecken

Abb. 13.1.2: Grundpreise ohne und mit Auslastungsfaktoren A (Beispiele, Trassenpreissystem 2007) [3]

Trassenprodukt	Faktor	Beispiele für Takttrassen		
		€/Trkm	€/Trkm	€/Trkm
Personenfernverkehr		ICE auf NBS	ICE auf NBS	ICE auf ABS
		F plus	F 1	F 2 mit A
Takttrasse	1,65	13,03	6,63	5,51
Personennahverkehr			S-Bahn, F 3 mit A	S-Bahn Berlin, mit A
Takttrasse	1,65		4,89	4,97

Abb. 13.1.3: Trassenprodukte und Beispiele für Takttrassen, 2007; Quelle: [3]
Für Güterzüge interessant sind auch die preiswerteren Streckenkategorien F4 (2,36 €/Trkm) und F5 (1,82 €/Trkm).

13.1.5 Energiekosten

In Deutschland wird der Bahnstrom von 16,7 Hz durch ein bahneigenes 110 kV-Hochspannungsnetz über Unterwerke, die die Spannung auf 15 kV transformieren, in die Oberleitungen eingespeist. Die *DB Energie GmbH* berechnet für Bereitstellung der Versorgungsanlagen und für die Energie selbst entsprechende Gebühren nach einem differenzierten, veröffentlichten Preissystem. In modernen Triebfahrzeugen sind Stromzähler installiert, die den Strombezug ab Stromabnehmer genau erfassen. Auch der Bezug von Dieseltreibstoff ist über die *DB Energie GmbH* möglich.

Der Energieverbrauch der Reisezüge ist beispielhaft für Züge des IC-Systems und des ICE-Systems in der Tabelle (Abb. 13.1.4) dargestellt. Im Rahmen der Konzeption des ICE-Systems wurden hierzu genauere Untersuchungen durchgeführt. Die Angaben in Spalte 2 sind dabei einer Hochrechnung entnommen und müssen zu gegebener Zeit durch Messwerte bestätigt oder korrigiert werden. Insbesondere die Reduzierung des Lokomotivgewichtes bei annähernd gleicher Traktionsleistung und die der Statistik entnommene geringere mittleren Wagenzahl im IC-System, aber auch die Möglichkeit zur Energierückspeisung bei modernen Lokomotiven mit Leistungselektronik und die wieder

13 Wirtschaftlichkeit des Systems Bahn

eingeübte „energiesparsame Fahrweise" der Lokomotivführer wirken sich energiesparend aus (vgl. Kap. 6.2.4).

Das hat auch dazu geführt, dass der CO_2-Ausstoss gesenkt werden konnte. In der Tabelle sind die Umwandlungs-Wirkungsgrade und der Energie-Mix der Bahnstromversorgung berücksichtigt, wie er bis 1992 im Netz der DB anzutreffen war. Zum Vergleich: für den Kraftwagenverkehr wurde in [4] bei einer Kraftwagenflotte mit 27 % Diesel-Anteil, einem Verbrauch von 6,6 kg Treibstoff/100 km und einer mittleren Besetzung von 1,7 P/Personenkraftwagen im Fernverkehr eine Emission von 12 kg CO_2/100 Pkm errechnet. Das ist das Dreifache der Menge, die für 100 Pkm im IC/ICE-System von den Kraftwerken emittiert wird.

Energieverbrauch	1) IC Lok 103 10 Wagen 559 t (1986) kWh/Zugkm	2) IC Lok 101 8,5 Wagen 376 t (2006) kWh/Zugkm	3) ICE 1, 2 Tk + 12 Wagen 1992/2006 kWh/Zugkm
Traktion	17,5	13,5	22,4
Bordenergie	1,7	2	1,6
Rückspeisung	0	-1,3	-1,7
Verbrauch Fahrt	19,2	14,2	22,3
Nebenverbrauch[4)]	0	0,8	1,2
Gesamtenergie el	19,2	15	23,5
Besetzung (P)[5)]	214	195	297
Besetzungsgrad %	35	38	46
kWh/100 Pkm	9	7,7	7,9
kg CO_2/100 Pkm	4,7	4	4,1

[1)] Statistik DB 1986
[2)] Hochrechnung
[3)] Messwerte 1993
[4)] Nachtabstellung, Vorheizung u. a.
[5)] Statistische Jahreswerte

Abb. 13.1.4: Energieverbrauch und CO_2-Emission im IC- und ICE-System, 1986-2006, nach [4] und eigenen Berechnungen

Die Zugbetreiber können ihre Energie selbst bei den Lieferanten (Kraftwerke, Raffinerien) einkaufen oder sie komplett von der DB Energie GmbH beziehen. Im erstgenannten Fall erhebt die DB Energie GmbH für elektrischen Strom Durchleitungspreise. Bei Vollversorgung gibt es viele Preisvarianten, die zudem auch noch je nach Marktlage variieren. Die folgende Tabelle (Abbildung 13.1.5) soll nur Anhaltspunkte geben, um die Größenordnung der spezifischen Energiepreise einschätzen zu können.

13.1.6 LCC-Analyse

Life-Cycle Kosten (LCC) sollen allen neuen Materialbeschaffungen zu Grunde gelegt werden. Die LCC-Methode analysiert das Verhalten des Materials unter Beanspruchung und seinen Einsatz während der ganzen geplanten Nutzungsdauer. Dabei gehen zwangsweise nicht nur direkte kaufmännische und technische Merkmale in die Rechnung ein. Bei Fahrzeugen sind es neben den

13.2 Erlöse der EVU

Energiekosten Anteil	ct/kWh
Energie-Erzeugung	2,5 - 4,0
Durchleitungspreis[1)]	5,5
Stromsteuer	1
Summe	9,0 -10,5
Tarife bei Vollversorgung	
Hochtarifpreis[1)]	10,5
Niedrigtarifpreis[1)]	6,4
[1)] Angaben nach [5]	

Kostenblock	Anteil LCC in %
Beschaffung	34
Instandhaltung	16
Fahrweg	27
Betriebseinsatz	23

Abb. 13.1.5: Energiepreise, Stand 2004, teilweise Schätzwerte, Preise nach [5]

Abb. 13.1.6: LCC-Analyse ICE 2, Anteile der Kostenblöcke, nach [6]

Beschaffungskosten die geplanten Einsätze im Betriebsalltag, die Standzeiten, der Personal- und Energiebedarf, um nur die wichtigsten Felder zu nennen. Eine große Unbekannte in dieser Analyse ist die Prognose der Instandhaltungskosten für Fahrzeuge und deren Subsysteme, die vor Beginn von Preisverhandlungen mit den Herstellern noch nicht einmal als Design-Entwurf existieren. Im Fall der Weiterentwicklung bestehender Baureihen kann man auf Erfahrungswerte zurückgreifen, was die Treffsicherheit der Prognose im Regelfall verbessert.

Für den ICE 2-Triebzug ist eine solche LCC-Analyse nach modernster Methodik erstellt worden [6]. Dabei sind außer den statistischen Erkenntnissen aus der ICE 1-Flotte Daten über die Betriebskosten (Trassen- und Stationsgebühren entlang der geplanten Laufwege) eingegangen; siehe Abb. 13.1.6.

Die aus den Umlaufplänen resultierende jährliche Laufleistung ist eine der Schlüsselgrößen für die Jahreskosten der Züge und damit auch für die LCC: Im IC-System der 1980er Jahre lag diese bei etwa 325 000 km für lokomotivbespannte Züge. ICE-1 Züge sollten etwa 475 000 km je Einsatzjahr laufen, wozu ein völlig neu konzipiertes Instandhaltungssystem mit modernsten Betriebswerken unabdingbar war. Inzwischen liegt der Durchschnittswert für ICE 1 bei etwa 500 000 km.

13.1.7 Interne Geldflüsse in der *DB AG*

Auf Grund der in der EU eingeführten rechnerischen Trennung von Fahrweg und Zugbetrieb weist die *DB AG* im Geschäftsbericht des Konzerns die internen Geldflüsse zwischen den einzelnen zum Konzern gehörenden Gesellschaften aus. In der Abb. 13.1.7 ist diese Auflistung für das Geschäftsjahr 2006 wiedergegeben. Dabei ist zu beachten, dass hier im Regelfall die Geschäftsfeldzahlen angegeben werden. Diese enthalten nicht nur die Zahlen der einzelnen kraft Gesetzes gegründeten Aktiengesellschaften, sondern auch diejenigen der Tochter- und Beteiligungsgesellschaften, soweit sie zum Konzern zu rechnen sind. Außerdem sind die Aufwendungen für den Energieverbrauch angegeben, die in der vollen Höhe an die *DB Energie GmbH* fließen.

In Verbindung mit den statischen Zahlen aus [2] lassen sich daraus Durchschnittswerte für die Ausgaben der Geschäftsfelder je Trassenkilometer (Zugkilometer) bilden, siehe Abb. 13.1.8.

13.2 Erlöse der EVU

Aus den einzelnen Geschäftsberichten der *DB Fernverkehr AG*, der *DB Regio AG* und der *Railion*

13 Wirtschaftlichkeit des Systems Bahn

Geschäftsfeld der DB AG	Trassennutzung	Nutzung örtlicher Infrastruktur	Stationsnutzung	Energie
Angaben in Mio Euro				
Fernverkehr	-715	-17	-91	-281
Regio	-1898	-42	-390	-644
Stadtverkehr	-173	-1	-93	-71
Güterverkehr (Railion)	-473	-140	0	-402
Fahrweg	3263	202	0	-109
Personenbahnhöfe	0	0	574	-54
Sonstige	-1	-1	0	-11
DB Energie GmbH	-3	-1	0	1572

Abb. 13.1.7: Geldflüsse zwischen den Geschäftsfeldern des *DB*-Konzerns, 2006; Quelle: [1]

Geschäftsfeld	Mio. Trkm[1]	Ausgaben je Trassen-km (Euro/Trkm)				
		Trassennutzung	Infrastruktur	Stationsnutzung	Energie	**Summe**
Fernverkehr	152,2	4,70	0,11	0,60	1,85	**7,26**
Regio	506,7	3,75	0,08	0,77	1,27	**5,87**
S-Bahn GmbH[2]	43,8	3,95	0,02	2,12		
Railion	203,5	2,32	0,69	0,00	1,98	**4,99**

[1] nach Daten&Fakten 2006, DB AG
[2] DB S-Bahn Berlin und Hamburg

Abb. 13.1.8: Durchschnittliche Aufwendungen je Trassenkilometer der einzelnen Geschäftsfelder des *DB*-Konzerns 2006

Deutschland AG für 2006 sind die mittleren Einnahmen je Leistungseinheit (Pkm oder tkm) gemäß der Tabelle in Abb. 13.2.1 zu errechnen. In dieser Auflistung sind nur die Erlöse aus Verkehrsleistung (nicht die sonstigen Erlöse) enthalten. Ebenso beschränkt sich die Angabe auf die klar abgegrenzten Unternehmen. Die Geschäftsfelder der *DB AG* enthalten darüber hinaus weitere Unternehmen, die zur Verkehrsleistung im Fern-, Regional- und Güterverkehr der *DB AG* beitragen. Die Geschäftsfeldzahlen in den Abb. 13.1.7 und 13.1.8 haben also eine andere Basis als diejenigen der Abb. 13.2.1.

Alle EVU der *DB AG* machten 2006 Gewinn.

13.3 Kosten- und Erlösstrukturen der Eisenbahninfrastrukturunternehmen (EIU)

Die EIU haben Erlöse aus Entgelten für die Nutzung von Trassen und der örtlichen Infrastruktur, aus Leistungen für Dritte, aus Zuwendungen der öffentlichen Hand, aus Mieten und Pachten und aus vielen weiteren Quellen. Die Kosten der EIU entstehen aus Vorhaltung, Instandhaltung, Betrieb, Instandsetzung und Neu- bzw. Ausbau der Infrastrukturen.

13.3 Kosten- und Erlösstrukturen der Eisenbahninfrastrukturunternehmen (EIU)

Die Erlös- und Kostenstruktur und die dazugehörigen Geldbeträge sind für die großen EIU in Deutschland – das sind die *DB Netz AG* und die *DB Station & Service AG* – in der Tabelle (Abb. 13.3.1) aufgelistet.

Nach dieser Rechnung hat die *DB Netz AG* 2006 einen Verlust ausgewiesen, während die *DB Station & Service AG* einen Gewinn erzielte.

Gesellschaft	Erlöse aus Verkehr bzw. Bestellung Mrd. Euro	Transportleistung Mrd. Pkm	Relative Verkehrserlöse Euro/Pkm
DB Fernverkehr AG	2,972	32,200	0,092
DB Regio AG - aus Fahrkarten - aus Bestellung Summe	 1,720 3,419 5,139	 25,400	 0,068 0,135 0,202
DB S-Bahn GmbH[1)] - aus Fahrkarten - aus Bestellung Summe	 0,376 0,348 0,724	 5,262	 0,071 0,066 0,138
	Verkehrserlöse	Mrd. tkm	Euro/tkm
Railion Deutschland AG	3,357	88,407	0,038

[1)] S-Bahn Berlin und S-Bahn Hamburg

Abb. 13.2.1: Verkehrserlöse der *DB*-Gesellschaften 2006; Quelle: [1]

Für die *DB Netz AG* lässt sich daraus und mit der Zahl der vermarkteten Trassenkilometer der mittlere Erlös für die Anlagen- und Streckennutzung gemäß der nachfolgenden Tabelle errechnen. Die Anlagennutzung ist in dieser Aufstellung als Zuschlag zu den Erlösen aus Trassennutzung interpretiert; das steht zwar nicht unmittelbar im Zusammenhang, ist aber unter Systemgesichtspunkten hinnehmbar.

Im Bundesverkehrswegeplan 2003 [7] wird zu den Aufwendungen für die Instandhaltung des Netzes Folgendes ausgesagt: *„Zur Instandhaltung des Gebrauchswertes des Bestandsnetzes wird bei der Umsetzung der Investitionsstrategie Netz 21 langfristig von einem Ersatzinvestitionsbedarf in Höhe von rund 2,5 Mrd. € p.a. (Bundesmittel) und einem Erhaltungsbedarf in Höhe von rund 1,5 Mrd. € p.a. (Eigenmittel der DB AG) ausgegangen."*

Der Bund hat in den vergangenen Jahren die *DB AG* mit entsprechenden Finanzmitteln ausgestattet. Darüber hinaus wurden weitere Bundesmittel für den Aus- und Neubau nach den Schienenwegeausbaugesetzen zur Verfügung gestellt. Diese Mittel werden entweder als zinslose Darlehen oder als Baukostenzuschüsse gegeben.

Allerdings war der Anteil der zinslosen Darlehen in der Planung am Vorabend der Bahnreform anteilig erheblich größer und der Anteil an Baukostenzuschüssen entsprechend kleiner. Die *DB AG* hat darüber hinaus erheblich mehr Eigenmittel aufwenden müssen als ursprünglich geplant, siehe Abb. 13.3.3.

Abb. 13.3.4 gibt eine Vorstellung davon, wie die Mittel aus den verschiedenen Quellen im Jahr 2006 verwendet werden sollten.

13 Wirtschaftlichkeit des Systems Bahn

	DB Netz AG Mio Euro	Station & Service AG Mio Euro
Umsatzerlöse	3863	929
Bestandsübernahmen	-1	-7
Andere aktivierte Eigenleistungen	423	3
Sonstige betriebliche Erträge	875	145
Materialaufwand	-1602	-406
Personalaufwand	-1641	-203
Abschreibungen	-1017	-123
Sonstige betriebl. Aufwendungen	-781	-236
Beteiligungsergebnis	10	0
Zinsergebnis	-341	-51
Summe	-212	51

Abb. 13.3.1: Gewinn- und Verlustrechnung der *DB Netz AG* und der *DB Station & Service AG* 2006, aus [1]

DB Netz AG, 2006	Mio Euro
Umsatz mit DB-Gesellschaften	3422
Umsatz mit anderen EVU	441
Umsatz gesamt	3863
davon für Tassennutzung	3652
davon für Anlagennutzung	210
Transportleistung auf dem Netz[1]	**1005,7 Mio Trkm**
mittlerer Erlös aus Trassennutzung	3,63 Euro/Trkm
mittlerer Erlös aus Anlagennutzung[2]	0,21 Euro/Trkm
[1] nachrichtlich: zuzügl. 10,3 Mio im Regionetz [2] umgerechneter Wert	

Abb. 13.3.2: Mittlerer Erlös der *DB Netz AG* je Trkm

Die *DB AG* hat seit ihrem Start am 1.1.1994 bis Ende 2006 39,197 Mrd. € an „erfolgsneutralen" Zuschüssen für die Investitionen in Infrastrukturanlagen erhalten, davon 90 % für die *DB Netz AG* [1]. Diese Zuschüsse stammen aus Steuergeldern des Bundes, aus Bundesanleihen, aus EU-Fördermitteln oder aus anderen Quellen. Die EU hat beispielsweise bis Ende 2005 fast 400 Mio. € für die Vorhaben der *DB* im Rahmen der Transeuropäischen Netze (TEN) bezahlt. Weitere Mittel sollen aus dem *Europäischen Fonds für regionale Entwicklung (ERFE)* fließen; bewilligt waren mit Stand Ende 2005 587,9 Mio. € für Projekte im Schienenbereich der *DB AG* [9]. In der Abb. 13.3.5 sind die Investitionszuschüsse aufgelistet. Sie sind bis auf die von den Ländern beigestellten GVFG-Mitteln aufwandsneutral.

Die nicht rückzahlbaren Investitionszuschüsse des Bundes, die Fördermittel der EU und anderer Spender werden im Geschäftsbericht der *DB AG* nur zur Kenntnis genommen und erhöhen, soweit

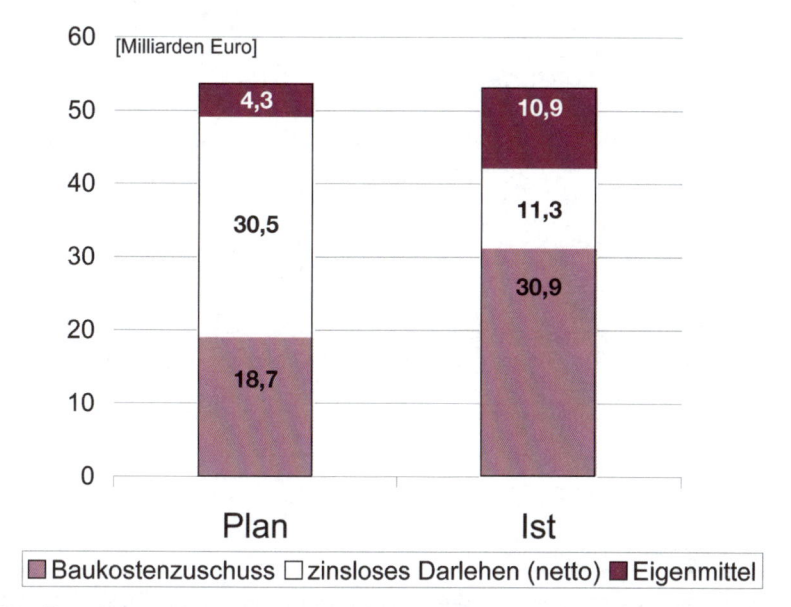

13.3 Kosten- und Erlösstrukturen der Eisenbahninfrastrukturunternehmen (EIU)

Abb. 13.3.3: Bundes- und Eigenmittel nach der Modellrechnung zur Bahnreform von 1993 und nach 10 Jahren *DB AG*; Quelle: Wettbewerbsbericht 2006 [8]

sie nicht zu verzinsen, nicht zurückzuzahlen und auch nicht abzuschreiben sind, den Wert der Sachanlagen der *DB*-EIU buchhalterisch nicht. So betrug der Buchwert der Sachanlagen des Netzes Ende 2006 19,939 Mrd. €; das waren 656 Mio. € weniger als Ende 2005, obwohl die dem Netz im Jahr 2006 zugeflossenen nicht rückzahlbaren Investitionszuschüsse – saldiert 2,763 Mrd. € nach [1] – den Wert der Netz-Infrastruktur zweifellos erhöhten. Mit den oben genannten erfolgsneutralen Zuschüssen – für das Netz Ende 2006 nach [1] insgesamt 35,379 Mrd. € – betrüge der Buchwert der Sachanlagen des Netzes Ende 2006 55,318 Mrd. €, also das 2,77-fache desjenigen Wertes, der in den Büchern des Konzerns steht.

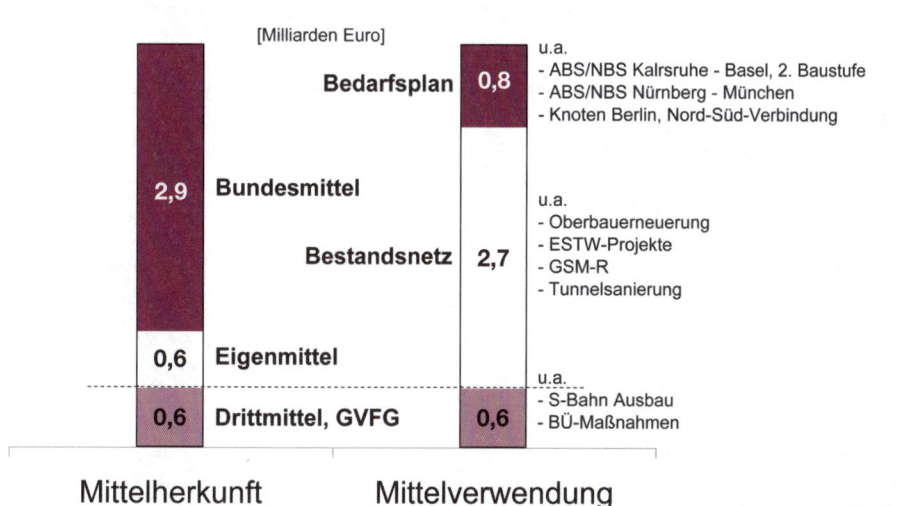

Abb. 13.3.4: Mittelherkunft und geplante Mittelverwendung im Jahr 2006, vorläufige Werte; Quelle: *DB Netz AG*

1. Zuschüsse von Dritten – Eisenbahn-Kreuzungsgesetz (EKrG) – Privatgleisanschlüsse – Gemeinde-Verkehrsfinanzierungsgesetz (GVFG), Landeszuschüsse (nicht AHK-mindernd)
2. Bundeszuschüsse: – Lärmsanierung – VIFG (Erlöse aus LkW-Maut) – Investive Altlasten nach DB GrG (33 Mrd DM/16,5 Mrd €) [10] – zivile Verteidigung – GVFG und Hauptstadtvertrag von 1994 – BSchwAG (Projekte des BVWP) mit Zusatzförderung (2 Mrd € – Programm 2005-2008) – UMTS-Mittel (2001-2003) – Zuschüsse für auferlegte Strecken
3. Zuschüsse der Europäischen Union – TEN: prioritäre Strecken (Essen Projects) – ERTMS/ETCS – ERFE (Fonds für regionale Entwicklung)

Abb. 13.3.5: Investitionszuschüsse für die Eisenbahn-Infrastruktur; Quelle: [1, 10]

13.4 Wirtschaftlichkeitsrechnungen für BVWP-Maßnahmen

Schon im Vorfeld von Überlegungen zum Bundesverkehrswegeplan werden umfangreiche Verkehrsprognosen erstellt, und zwar als koordinierte Gesamtverkehrsprognosen für alle Verkehrsträger, basierend auf soziodemographischen Daten und Entwicklungsszenarien für die Wirtschaft in Mitteleuropa. Sie werden für die Bewertung von Infrastrukturvorhaben weiter detailliert und auf einzelne Korridore oder Streckenabschnitte der jeweiligen Verkehrsnetze umgelegt. Anschließend erfolgt „*die nach einheitlichen Maßstäben zur Feststellung der Bauwürdigkeit und Dringlichkeit durchgeführte gesamtwirtschaftliche Bewertung geplanter („erwogener") Schienen-, Straßen- und Wasserstraßenprojekte.*" [7]

Die Aus- und Neubauprojekte werden einer gesamtwirtschaftlichen Bewertung nach
– nutzen-kosten-analytischen,
– umwelt- und naturschutzfachlichen sowie
– raumordnerischen (einschließlich städtebaulichen)

Kriterien unterzogen; siehe Abb. 13.4.1.

Die Nutzen-Kosten-Analyse ist Kern der gesamtwirtschaftlichen Bewertung. Hierbei werden die Wirkungen monetarisiert und als in der Regel positiver Nutzen dargestellt. Folgende Nutzen-Komponenten gehen nach [7] hier ein:
– Senkung der Transportkosten
– Erhaltung der Verkehrswege
– Erhöhung der Verkehrssicherheit
– Verbesserung der Erreichbarkeit
– Positive räumliche Wirkungen
– Entlastung der Umwelt
– Berücksichtigung des induzierten Verkehrs und
– Verbesserung der Anbindung von See- und Flughäfen

13.4 Wirtschaftlichkeitsrechnungen für BVWP-Maßnahmen

in Geldwerten ausgedrückt	nicht in Geldwerten ausgedrückt
Nutzen-Kosten-Analyse (NKA)	Raumwirksamkeitsanalyse (RWA) — Umweltrisikoeinschätzung (URE) mit FFH-Verträglichkeitseinschätzung (FFH-VE)

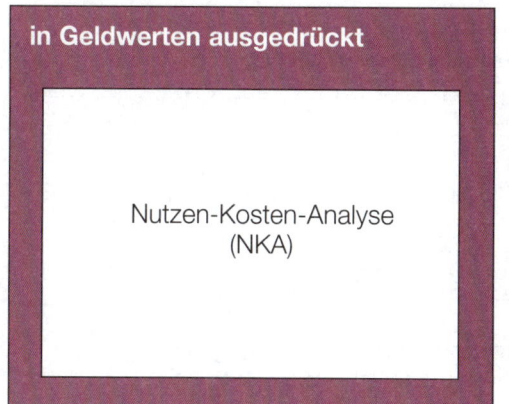

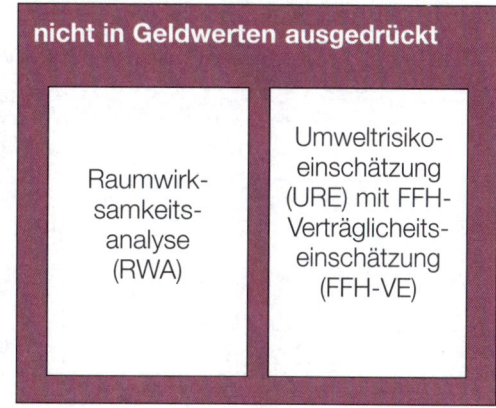

Abb. 13.4.1: Projektbewertung im BVWP 2003; Quelle: [7]

Diesen Nutzenkomponenten werden die Investitionskosten gegenübergestellt. Umso größer das Nutzen/Kosten-Verhältnis als Quotient ist, desto höher ist die Priorität des Projekts im Bedarfsplan.

Die Raumordnung ist im föderal strukturierten Deutschland primär Ländersache. Vorüberlegungen zu neuen Verkehrswegen werden in Deutschland zunächst den Raumordnungsbehörden der Bundesländer (den Regierungspräsidenten) zur Kommentierung vorgelegt. In der Bundesverkehrswegeplanung werden die Aspekte der Raumordnung – soweit sie nicht in der NKA erfassbar sind – als eigenständige Bewertungskomponente „Raumwirksamkeitsanalyse" (RWA) mit nachvollziehbaren Kriterien erfasst. Dabei geht es um die Beiträge des Projekts zu den Verteilungs- und Entwicklungszielen sowie den Entlastungs- und Verlagerungszielen des BVWP.

Hinzu kommt für Maßnahmen des BVWP 2003 die Berücksichtigung umwelt- und naturschutzfachlicher Belange. Die Umweltrisikoeinschätzung (URE) und die Fauna-Flora-Habitat-Verträglichkeitseinschätzung (FFH-VE) ergänzen die Bewertung des Vorhabens, soweit Umweltauswirkungen nicht bereits monetarisiert in der NKA berücksichtigt worden sind. Die URE kennt fünf Bewertungsstufen:

1 = sehr geringes Umweltrisiko
2 = geringes Umweltrisiko
3 = mittleres Umweltrisiko
4 = hohes Umweltrisiko
5 = sehr hohes Umweltrisiko

Die Gebiete von gemeinschaftlicher Bedeutung (Richtlinie 92/43/EWG, die FFH-Richtlinie) und die Vogelschutzgebiete gemäß Richtlinie 79/409/EWG werden mit der FFH-VE in die Bewertung einbezogen. Hierfür sind drei Stufen vorgesehen:
1 = erhebliche Beeinträchtigung ist ausgeschlossen
2 = erhebliche Beeinträchtigung ist nicht ausgeschlossen
3 = erhebliche Beeinträchtigung ist unvermeidbar

In Fällen mit der Projektbewertung URE = 5 und/oder FFH = 3 sind Einzelfallprüfungen notwendig, siehe Abb. 13.4.2.

Bei der Auswahl und der Festlegung der Dringlichkeit von Investitionen in Bundesschienenwege wird daneben die betriebswirtschaftliche Rentabilität aus Sicht des Unternehmens *DB AG* mit einbezogen.

13 Wirtschaftlichkeit des Systems Bahn

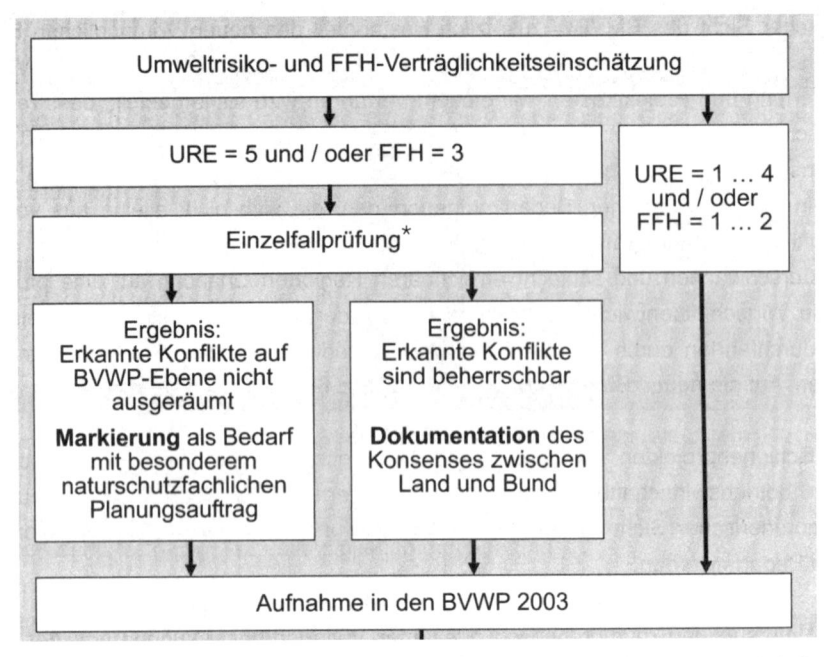

```
┌─────────────────────────────────────────────────────────┐
│   Umweltrisiko- und FFH-Verträglichkeitseinschätzung    │
└─────────────────────────────────────────────────────────┘
              │                                    │
              ▼                                    ▼
   ┌──────────────────────┐              ┌──────────────┐
   │ URE = 5 und / oder   │              │ URE = 1 ... 4│
   │        FFH = 3       │              │  und / oder  │
   └──────────────────────┘              │ FFH = 1 ... 2│
              │                          └──────────────┘
              ▼                                    │
   ┌──────────────────────┐                        │
   │   Einzelfallprüfung* │                        │
   └──────────────────────┘                        │
        │            │                             │
        ▼            ▼                             │
┌─────────────┐ ┌─────────────┐                    │
│  Ergebnis:  │ │  Ergebnis:  │                    │
│  Erkannte   │ │  Erkannte   │                    │
│ Konflikte   │ │ Konflikte   │                    │
│ auf BVWP-   │ │    sind     │                    │
│ Ebene nicht │ │beherrschbar │                    │
│ausgeräumt   │ │             │                    │
│             │ │Dokumentation│                    │
│ Markierung  │ │des Konsenses│                    │
│ als Bedarf  │ │zwischen Land│                    │
│ mit besond. │ │   und Bund  │                    │
│ naturschutz-│ │             │                    │
│ fachlichem  │ │             │                    │
│Planungsauft.│ │             │                    │
└─────────────┘ └─────────────┘                    │
        │            │                             │
        ▼            ▼                             ▼
   ┌─────────────────────────────────────────────────┐
   │          Aufnahme in den BVWP 2003              │
   └─────────────────────────────────────────────────┘
```

* Einzelfallprüfung gemeinsam mit Land, *Bundesministerium für Umwelt, Naturschutz und Reaktorsicherheit, Bundesamt für Naturschutz* bzw. *Bundesanstalt für Gewässerkunde*

Abb. 13.4.2: Ablaufschema URE- und FFH-Verträglichkeitseinschätzung; Quelle: [7]

Sinn der Investitionsrechnung der *DB AG* ist es zu prüfen, ob eine Investition betriebswirtschaftlich gerechtfertigt ist und eine angemessene Verzinsung bringt. Die zu erreichende Verzinsung wird unternehmerisch vorgegeben. Je nach Art der Investition erfolgt die Rechnung über die Lebensdauer der entsprechenden Maßnahme. Ein Bezugsfall – der so genannte Weiterführungsfall ohne die Investition – wird dem Planfall und gegebenenfalls weiteren Alternativen gegenübergestellt. Stehen nur begrenzt Investitionsmittel zur Verfügung, ermöglicht die Investitionsrechnung einen Vergleich verschiedener Maßnahmen und eine Priorisierung. Bei Maßnahmen, die teilweise vom Bund oder Dritten finanziert werden, wird nur die Verzinsung der Eigenmittel betrachtet.

13.5 Staatliche Finanzbeihilfen für die *DB AG* und die Chancen für privates Engagement

13.5.1 Investitionszuschüsse und Privatfinanzierung

Der Bund hat gemäß *Grundgesetz* § 87e die Verpflichtung, für den guten Zustand und den Ausbau des Schienennetzes zu sorgen. Dieses war ein Zugeständnis an die Länder im Zuge der Bahnreform. Auf dieser Basis bewilligt der Bund die Mittel für Ersatzinvestitionen in Höhe von etwa 2,5 Mrd. € für das Bestandsnetz p.a. und übernimmt weitgehend die Kosten für Aus- und Neubau nach den Schienenwegeausbaugesetzen im Rahmen des BVWP. Im Rahmen der anstehenden Privatisierung der *DB AG* wird eine Verstetigung der Mittelflüsse angestrebt. Gegen eine Qualitätsgarantie der Bahn will der Bund über 15 Jahre die oben genannten Mittel für Ersatzinvestitionen für das Bestandsnetz übernehmen. Formal behält er außerdem mindestens 51 % des Netzes in seinem Besitz.

Die Investitionstätigkeit der *DB AG* ist seit ihrer Gründung sehr rege, insbesondere im Infrastruktur-

13.5 Staatliche Finanzbeihilfen für die *DB AG* und die Chancen für privates Engagement

bereich. Ursprünglich sollte die Finanzierung der Infrastruktur (Ersatz und Neubau) weitgehend mit zinslosen Darlehen des Bundes erfolgen, die dann abzuschreiben und im Verlauf von 35 Jahren zurückzuzahlen sind. Das musste jedoch bald geändert werden, weil die Erlöse aus dem Netzbetrieb die finanziellen Möglichkeiten bald überstiegen. Die folgende Grafik (Abbildung 13.5.1), bezogen auf die Investitionen der gesamten *DB AG*, zeigt diese Entwicklung auf.

Privates Engagement beim Ausbau der Verkehrwege des Bundes ist bisher die Ausnahme. Nach dem Stand von 1998 werden insgesamt zwölf Projekte des Bundesfernstraßenbaus mit einem Volumen von 3,3 Mrd. DM (1,15 Mrd. €) privat finanziert.

Im Bereich der Schienenverkehrswege wurde die Regierung 1996 ermächtigt, sich zu verpflichten, die von der *DB AG* eingegangenen Kreditverpflichtungen für den Ausbau der NBS/ABS Nürnberg-Ingolstadt-München im Jahre der Inbetriebnahme zu übernehmen [11]. Danach konnte die *DB AG* das Projekt durchführen und die Ausgaben für den Bau durch von ihr als handelsrechtliche Firma „privat" aufgenommene Kredite finanzieren. Der Bund hat somit die Privatfinanzierung staatlich voll abgesichert, allerdings nur im Umfang des Finanzierungsvertrages. Erhebliche Mehrkosten, die insbesondere aus Baugrundproblemen im Karstbereich und damit einhergehenden Bauzeitverlängerungen entstanden sind, gingen hingegen voll zu Lasten der *DB AG*.

13.5.2 Regionalisierungsmittel und Wettbewerb auf der Schiene

Im Zug der Bahnreform hat sich der Bund verpflichtet, die Länder in die Lage zu versetzen, mindestens das Leistungsangebot des SPNV des Jahres 1994 zu halten und marktgerecht auszubauen. Er gibt daher etwa 7 Mrd. € p.a. als Regionalisierungsmittel an die Länder nach einem bestimmten Verteilerschlüssel. Diese erhalten die Bestellfunktion für den Nahverkehr. Die Bundesländer bestellen nun selbst oder über kommunale Aufgabenträger und Verkehrsverbünde den SPNV und bauen die Systeme aus. Nach und nach werden die bisherigen Pauschalverträge abgelöst, Teilnetze ausgeschrieben und im Wettbewerb vergeben, nicht immer an die *DB Regio AG*. Fast überall werden neue Fahrzeuge eingesetzt, Integrale Taktfahrpläne (ITF) mit guten Anschlüssen untereinander, zum Fern-

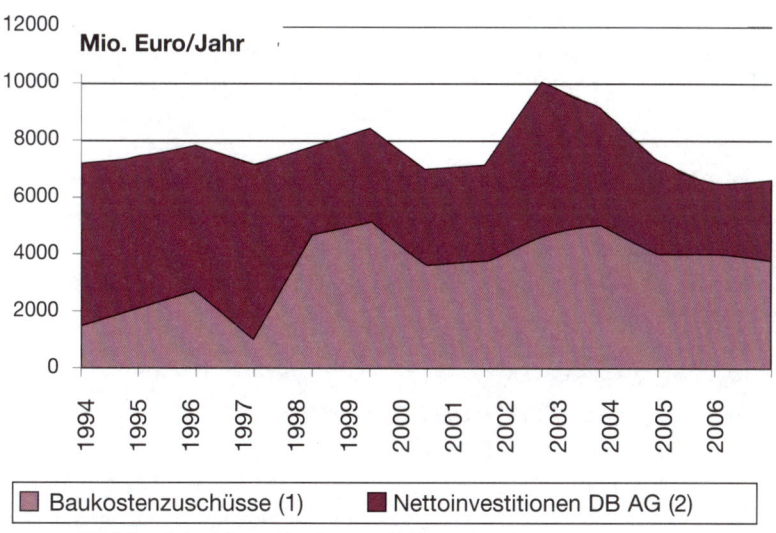

(1) Nicht rückzahlbare Zuschüsse, AKH mindernd
(2) Zinslose Darlehen des Bundes, Eigenmittel DB u. a.

Abb. 13.5.1: Investitionen der *DB AG* 1994 – 2006, nach den Mehrjahresübersichten in [1]

13 Wirtschaftlichkeit des Systems Bahn

verkehr und auch zum Bus geschaffen und die Stationen ausgebaut. Strecken werden reaktiviert. Insgesamt erlebt der SPNV eine Renaissance. Die Zahl der „privaten" Unternehmen im Nah- und Regionalverkehr hat sich nach der Bahnreform steil nach oben bewegt.

Die Länder bestellen außerdem verknüpfte Regionalexpresslinien (RE), die ein Bundesland fast komplett durchqueren und teilweise auch den von der *DB* als Fernverkehrs-Markenprodukt aufgegebenen InterRegio ersetzen. Auf weniger nachgefragten Relationen verkehren Regionalbahnen (RB).

Im Güterverkehr haben sich als Folge der Bahnreform private Unternehmen erfolgreich im Ganzzugbereich etabliert. Mit Ganzzügen werden vor allem Massen- und Massenstückgüter transportiert, also Montangüter, Mineralöl- und Chemieprodukte, aber auch Neuautomobile, Automobilteile und Stahlrohre sowie Container im Seehafen-Hinterlandverkehr und auf transeuropäischen Routen. Im Trend liegt der Transport von Massenstückgütern, die eine verhältnismäßig große Transportweite aufweisen. In diesen Wachstumsmarkt können private EVU relativ einfach eindringen, zumal immer mehr Traktionsmittel und Güterwagen zu leasen sind. Privates Kapital im System Bahn findet sich zunehmend in den Bereichen Wageneinstellung, Leasing-Pools und Servicegesellschaften.

Die EU hat sich in ihren Richtlinien zur Öffnung der Transportnetze dem Wettbewerbsgedanken verschrieben. Die privaten Unternehmen benötigen natürlich faire Wettbewerbschancen, insbesondere im Hinblick auf den Zugang zum Transportnetz. Der Umstand, dass der Hauptwettbewerber auch die Verfügungsgewalt über die Betriebsanlagen besitzt, hat gelegentlich Anlass zur Kritik gegeben. Zur Kontrolle des diskriminierungsfreien Netzzugangs in Deutschland hat die Regierung deshalb ihrer *Bundesnetzagentur (BNetzA)* den Auftrag erteilt, neben den Strom- und Kommunikationsnetzen auch die Bahnnetze zu regulieren.

Auf dem Netz der *DB Netz AG* fahren derzeit mehr als 340 Unternehmen, mehr als auf jedem anderen Bahnnetz in der Welt. Insofern scheint die Realität des Bahnalltags den oben genannten Bedenken nicht zu entsprechen, eher scheint sie das Gegenteil zu beweisen.

Literatur

[1] Geschäftsberichte 2006 der DB AG (Konzern), der DB Fernverkehr AG, der DB Regio AG, der Railion Deutschland AG, der DB Station & Service AG und der DB Netz AG. DB AG, Berlin, 2007

[2] Daten & Fakten 2006, DB AG

[3] Trassenpreissystem der DB Netz AG (ab 12/2006), Stand Mai 2006

[4] Jänsch, Eberhard: Schienenschnellverkehr und Luftfahrt als ökologische Alternativen zum Straßenverkehr. eb-Elektrische Bahnen, Heft 1-2, 1995

[5] Essig, Joachim, und Zajusch, Anne: Durchleitungspreissystem der DB Energie. eb- Elektrische Bahnen Heft 1-2, 2004

[6] Strauß, Peter: Der Hochgeschwindigkeitszug ICE 2 im Spiegel einer LifeCycleCost-Analyse. EI-Eisenbahningenieur, Heft 10, 2002

[7] Bundesverkehrswegeplan 2003, Entwurf, BMVBW, Bonn

[8] Wettbewerbsbericht 2006; DB AG, Berlin

[9] Bericht zum Ausbau der Schienenwege 2006, Stand 31.12.2005. BMVBS, Bonn

[10] Fünfjahresplan für den Ausbau der Schienenwege des Bundes in den Jahren 1998-2002. BMV, Bonn, 1997

[11] Schäfer, Peter: Das Finanzierungsmodell zum Neu- und Ausbau der Schienenwege der DB AG. ETR-Eisenbahntechnische Rundschau, Heft 8-9, 1998

14 Bahnen besonderer Bauart
Markus Hecht, Peter Mnich

Im Folgenden wird zwischen nicht interoperablen Bahnen (Kap. 14.1) und interoperablen Bahnen (Kap. 14.2) unterschieden. **Nicht interoperable Bahnen** sind gekennzeichnet durch Fahrzeuge, die auf isolierten Netzen, wie z. B. Straßen- und U-Bahnen oder auch Werkbahnen, die Netzlängen von über 100 km erreichen können, verkehren.

Interoperable Bahnen sind gekennzeichnet durch Fahrzeuge, die mit einem unterschiedlichen Fahrzeugpark gemeinsam auf einem Netz oder auf Netzen verschiedener Bahnbetreiber verkehren können.

14.1 Nicht interoperable Bahnen besonderer Bauart

Die Charakteristiken nicht interoperabler Systeme und Fahrzeuge sollen nachfolgend an den Beispielen Straßenbahn, Metro/U-Bahn und Magnetschwebebahn aufgezeigt werden.

14.1.1 Straßenbahnen

Straßenbahnen werden insbesondere in Ballungsräumen auf eher kurzen Strecken mit dichter Zugfolge eingesetzt. Deshalb ist in aller Regel eine Gleichspannungselektrifizierung mit niederer Spannung (600 bis 750 V) nahe liegend. Um das Stadtklima zu verbessern, werden zunehmend so genannte Rasengleise verwendet [1].

Um eine gute Zugänglichkeit und kurze Fahrgastwechselzeiten zu erreichen, sind in den letzten Jahren nur noch Beschaffungen von Niederflurfahrzeugen üblich [2], bei denen der Fußboden nur eine Stufe über dem Straßenniveau liegt.

Um die Masse der Fahrzeuge nicht deutlich über die der Straßenomnibusse anzuheben, muss versucht werden, so wenige Achsen wie möglich vorzusehen. Um das Lichtraumprofil möglichst gut auszunutzen, sind die Wagenkastensegmente möglichst kurz zu halten. Wagenübergänge ermöglichen sowohl die freizügige Verteilung der Fahrgäste im Fahrzeug als auch die gute Nutzung der ganzen Fahrzeuglänge.

Abb. 14.1.1 zeigt für ein so genanntes Multigelenkfahrzeug, auch Brückenfahrzeug genannt, die notwendige Beschränkung der Freiheitsgrade, um seitliches Ausknicken bei ungleicher Zugkraftverteilung zu vermeiden.

Um Wannen- und Kuppenfahrten zu ermöglichen, muss bei langen Fahrzeugverbänden auf die Art der Gelenkausbildung besonderer Wert gelegt werden (Abb. 14.1.2).

Abb. 14.1.3 zeigt als Beispiel die Ausführung eines Multigelenkfahrzeugs in Niederflurbauweise von *Alstom* mit 20, 30 oder 40 m Länge.

Deutlich erkennbar sind die Nutzung des Daches durch Gerätekästen für den Hauptschalter, die Fahrzeugentlüftung, den Stromabnehmer, mögliche Batterien für Hilfsantriebe auf fahrleitungslosen Abschnitten, Pufferbatterien für kurzzeitige Stromunterbrechungen, Bremswiderstand, Heizung, Klima und Lüftungstechnik, Fahrmotorgebläse, Traktionsumrichter, Niederspannungsgeräteschrank und Fahrerklimaanlage. Möglich ist auch eine Stromzuführung über eine unterirdische dritte Schiene zur Vermeidung der Fahrleitung. Die Gestalt der Fahrerkabine kann sehr weitgehend den Designwünschen der jeweiligen Betreiber angepasst werden.

Da Straßenbahnen oft in Brennpunkten des Straßenverkehrs eingesetzt werden, ist ein guter Schutz des Fahrers genauso wichtig wie eine gute und schnelle Reparaturmöglichkeit nach Kollisionen.

14 Bahnen besonderer Bauart

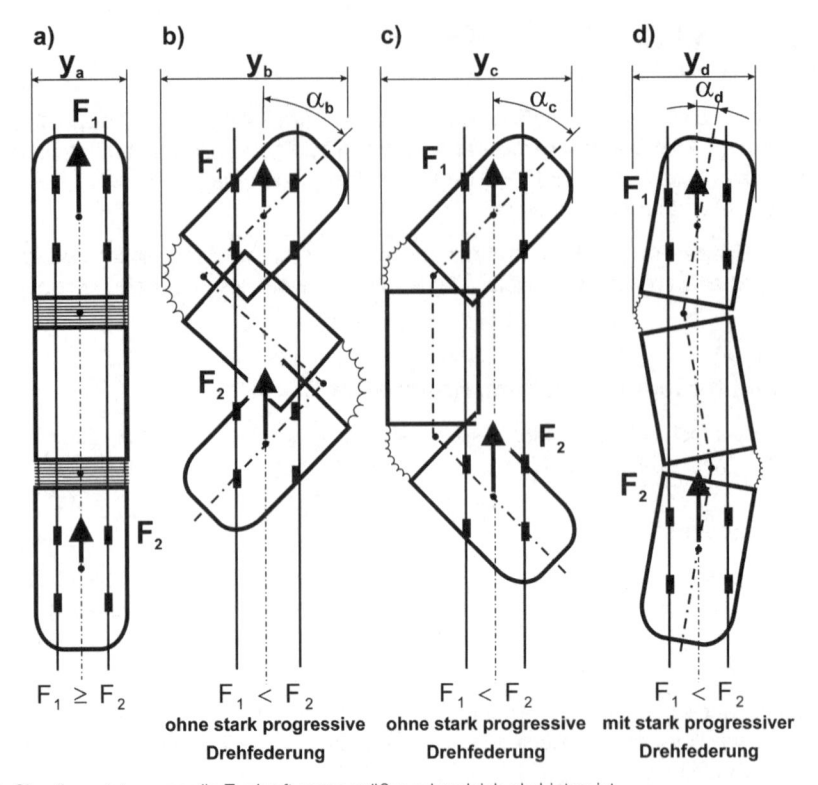

$F_1 \geq F_2$
$F_1 < F_2$ ohne stark progressive Drehfederung
$F_1 < F_2$ ohne stark progressive Drehfederung
$F_1 < F_2$ mit stark progressiver Drehfederung

a) = stabile Situation, stets wenn die Zugkraft vorne größer oder gleich als hinten ist
b), c) = instabile Situationen ohne Ausdrehbegrenzung, wenn die Zugkraft vorne kleiner als hinten ist
d) = stabile Situation durch Ausdrehbegrenzung zwischen Wagenkasten und Drehgestell, auch bei ungünstiger Zugkraftverteilung

Abb. 14.1.1: Multigelenkfahrzeug (=Brückenfahrzeug) mit drei Wagenkästen. F1 Zugkraft vorlaufendes Drehgestell, F2 Zugkraft nachlaufendes Drehgestell

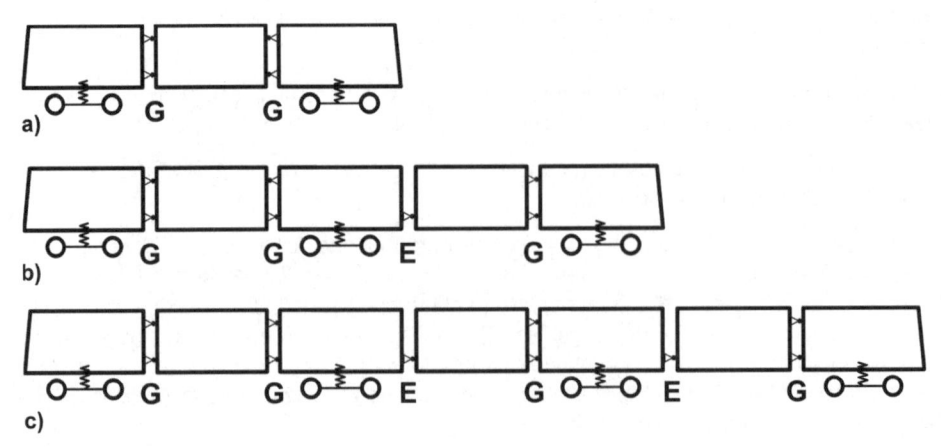

E = einfaches Gelenk, G = Gerbergelenk, a) 3-teilige Einheit, b) 5-teilige Einheit, c) 7-teilige Einheit

Abb. 14.1.2: Anordnung der Gelenke bei drei-, fünf- und siebenteiligen Sänftenfahrzeugen

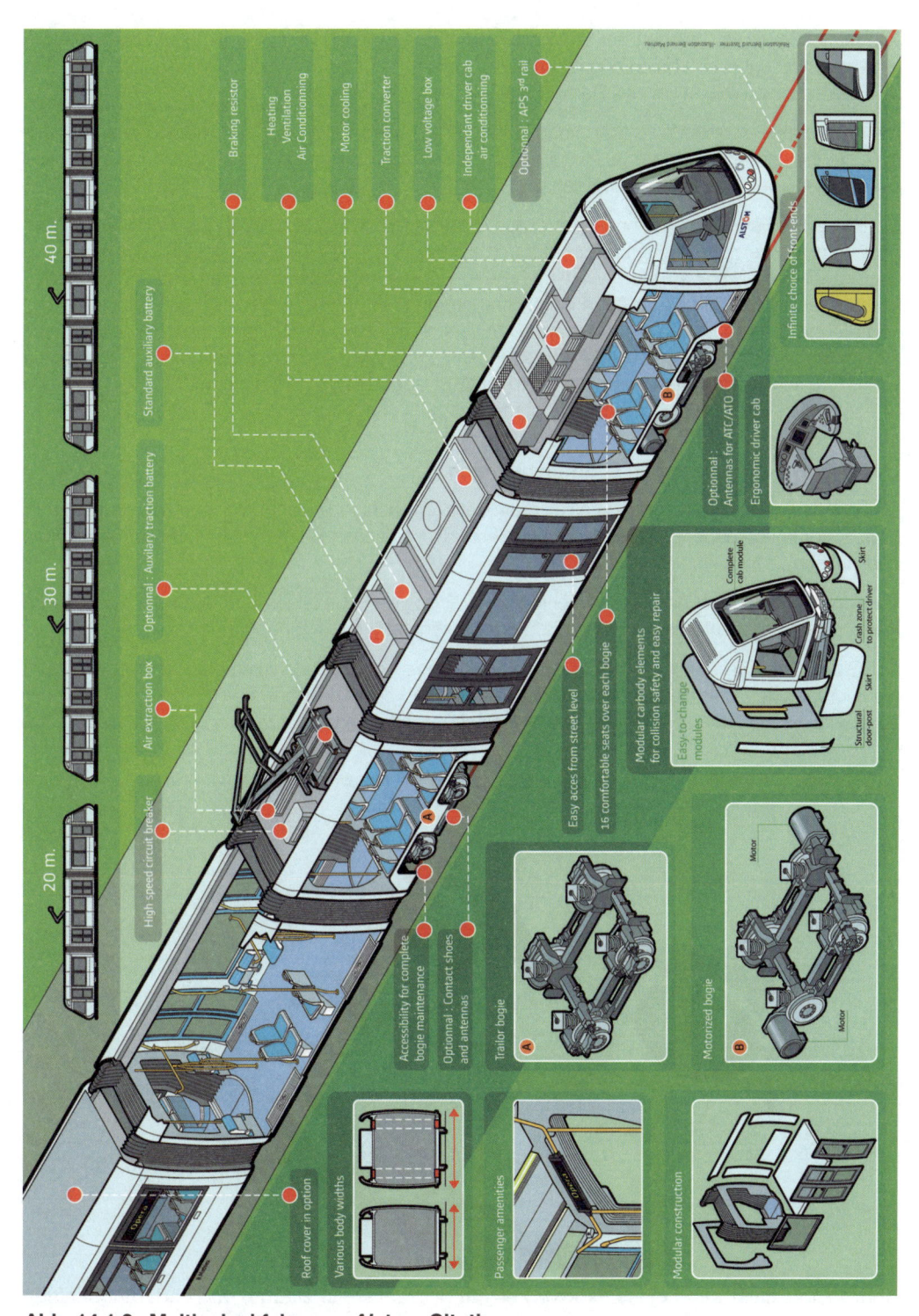

14.1 Nicht interoperable Bahnen besonderer Bauart

Abb. 14.1.3: Multigelenkfahrzeug *Alstom* Citatis

14 Bahnen besonderer Bauart

Aus Platzgründen und wegen der recht großen Höhenfreiheit des Fahrzeugumgrenzungsprofils im unteren Fahrzeugbereich bei Straßenbahnen im Gegensatz zu den europäischen Eisenbahnen, kann die Bremsscheibe außen vor das Rad gesetzt werden.

Die Drehgestelle konnten sehr klein und niedrig gebaut werden, unter anderem auch deshalb, weil auf eine Primärfederung verzichtet wird. Die zwingend notwendigen gummigefederten Räder müssen deshalb sehr weich ausgebildet werden.

Die Breite des Fahrzeugs ist anpassbar, üblich sind Breiten zwischen 2300 mm oder 2400 mm und 2650 mm. Die Leistung je Fahrmotor beträgt in der Regel 120 kW. Die Fahrgastkapazität hängt von der Anzahl der Sitzplätze und der im Stehplatzbereich je m^2 angenommenen Personenzahl (vier, sechs oder acht) ab. Für eine 30 m lange Straßenbahn sind so beispielsweise 100 Sitzplätze und 150 Stehplätze möglich. Da die zu ertragenden Längskräfte gemäß *BOStrab* bei Straßenbahnen mit 200 kN statt 1500 resp. 2000 kN bei regelspurigen Fahrzeugen wesentlich geringer sind, können die Fahrzeuge sehr viel leichter gebaut werden. Ein 30 m langer Zug ist leer etwa 45 t schwer. Dennoch ist es möglich, die Kollisionssicherheit angemessen zu berücksichtigen [3].

Hydraulische Bremsanlagen in Straßenbahnen

Obwohl hydraulisch betätigte Bremsen grundsätzlich auch in anderen Schienenfahrzeugen zum Einsatz kommen können, werden hier speziell die hydraulischen Bremssysteme für Straßenbahnen beschrieben.

Da sich die Straßenbahnen den Verkehrsweg mit anderen Fahrzeugen und auch mit Fußgängern teilen, gelten hohe Anforderungen an die Bremsverzögerung (ca. 2,8 m/s^2).

Auf Grund beengter Einbauverhältnisse werden insbesondere Niederflurstraßenbahnen bevorzugt mit hydraulischen Bremsanlagen ausgestattet, die eine kompakte Bauweise bei gleichzeitig großer Variabilität hinsichtlich Geräte- und Systemgestaltung erlauben. Weit verbreitet sind Anlagen, bei

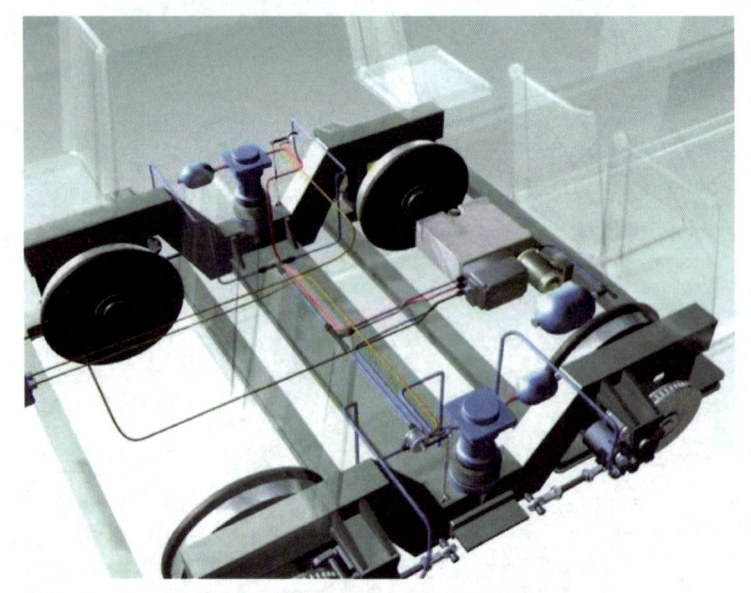

Abb. 14.1.4: Illustration eines Fahrwerkes mit hydraulischer Brems- und Federungsanlage (*Knorr Bremse*)

14.1 Nicht interoperable Bahnen besonderer Bauart

denen die mechanischen und hydraulischen Komponenten in oder um das Fahrwerk angeordnet sind und die Energieversorgung und Ansteuerung auf elektrischem Weg erfolgt.

Die Betriebsbedingungen von Straßenbahnfahrzeugen sind kennzeichnet durch harte Witterungsbedingungen, große Erschütterungen, starke mechanische Belastungen und eine hohe Anzahl von Betätigungszyklen.

Regelwerke und Vorschriften für Straßenbahnbremsen

Die gesetzlichen Anforderungen an Bremssysteme für Straßenbahnen in Deutschland sind im Wesentlichen in der *Bau- und Betriebsordnung für Straßenbahnfahrzeuge (BOStrab)* § 36 [20] sowie in der *Bremsenrichtlinie* [4] geregelt, die derzeit mit entsprechender Übergangsfrist durch die gültige *Europäische Norm EN 13452-1* [5] abgelöst werden. In anderen Ländern gelten die jeweiligen nationalen Vorschriften.

Die gesetzlichen Bestimmungen spezifizieren unterschiedliche Bremsarten, die jeweils ein Zusammenwirken der verschiedenen Teil-Bremssysteme darstellen. Parallel dazu müssen die betreiberspezifischen Gegebenheiten berücksichtigt werden, z. B. topografische Besonderheiten wie Steilstrecken, oder besondere Anforderungen, die sich aus dem Tunnelbetrieb ergeben.

Fahrzeugstruktur

Eine weit verbreitete Konfiguration einer Straßenbahn besteht aus einer Kombination von Triebfahrwerken oder Triebdrehgestellen (TD) an den Enden und einem Lauffahrwerk oder -drehgestell (LD) in der Mitte des Fahrzeuges. Üblicherweise sind in Triebfahrwerken elektrodynamische Bremsen und mehrstufige Federkraftspeicherbremsen installiert. Für das Lauffahrwerk werden meistens aktive Krafterzeuger gewählt.

Bremssysteme

Drei unterschiedliche und unabhängig voneinander wirksame Bremssysteme kommen in Straßenbahnen zum Einsatz.

Magnetschienenbremse

Die Magnetschienenbremse ist vom Kraftschluss zwischen Rad und Schiene unabhängig und bei Straßenbahnen zwingend erforderlich.

Elektrodynamische Bremse

Die kraftschlussabhängigen Bremsen (ED-Bremse und Reibungsbremse) sind auf den Kraftschluss im Radaufstandspunkt angewiesen. Die ED-Bremse arbeitet verschleißfrei und wartungsarm, sie ermöglicht eine gute Regelbarkeit und wird daher bevorzugt eingesetzt.

Elektrohydraulische Bremse

Die mechanischen Reibungsbremsen sind bei den hier betrachteten Systemen als elektrohydraulisch betätigte mechanische Scheibenbremsen (EH-Bremse) ausgeführt.

Bremsmatrix

Das Zusammenwirken der einzelnen Teil-Bremssysteme bei den unterschiedlichen Bremsarten (siehe Bremsarten) kann in einer Bremsmatrix (Beispiel Tabelle 14.1.1) übersichtlich dargestellt werden.

Die verschiedenen Bremsarten bilden die Basis für die Auslegung des hydraulischen Bremssystems. Dabei werden die Beteiligung der anderen Bremssysteme (ED-Bremse und Mg-Bremse) und die notwendigen Verzögerungen bzw. die maximal zulässigen Bremswege unter Beachtung des möglichen

14 Bahnen besonderer Bauart

Bremsarten	TD		LD	TD		Schienen-bremse	Gleit-schutz	Bemerkungen
	ED-Bremse	EH-Bremse	EH-Bremse	EH-Bremse	ED-Bremse			
Betriebsbremsung	X				X		X	Normalbetrieb
Haltebremsung		X	X	X			X	Normalbetrieb
Gefahrbremsung	X			X		X	X	Max. Verzögerung
Betriebsersatzbremsung	Ausfall	X	X	X			X	Ausfall ED-Bremse
Zwangsbremsung	X		X			X	X	Zugtrennung, Tür offen, Fahrgastnotbremse
Fahrernotbremse		X		X			X	---	„Pilztaster"
Parkbremse		X		X			---	„Abstellen"

Tab. 14.1.1: Bremsmatrix

Kraftschlusses zwischen Rad und Schiene berücksichtigt. Es müssen unter anderem sowohl das Halten des Fahrzeuges allein als auch mögliche Abschleppfälle betrachtet werden, z. B. wenn ein intaktes voll bremsfähiges Fahrzeug ein ungebremstes Fahrzeug schleppt.

Schema einer Straßenbahnbremsanlage

In Abb. 14.1.5 sind die Komponenten des hydraulischen Betriebsbrems- und Hilfslösesystems (zusammengesetzt aus den mechanischen und elektrischen Teilkomponenten einschließlich der Bedienelemente), die für den Gleitschutz der EH-Bremse erforderlichen Drehzahlaufnehmer und die Mg-Bremsen dargestellt.

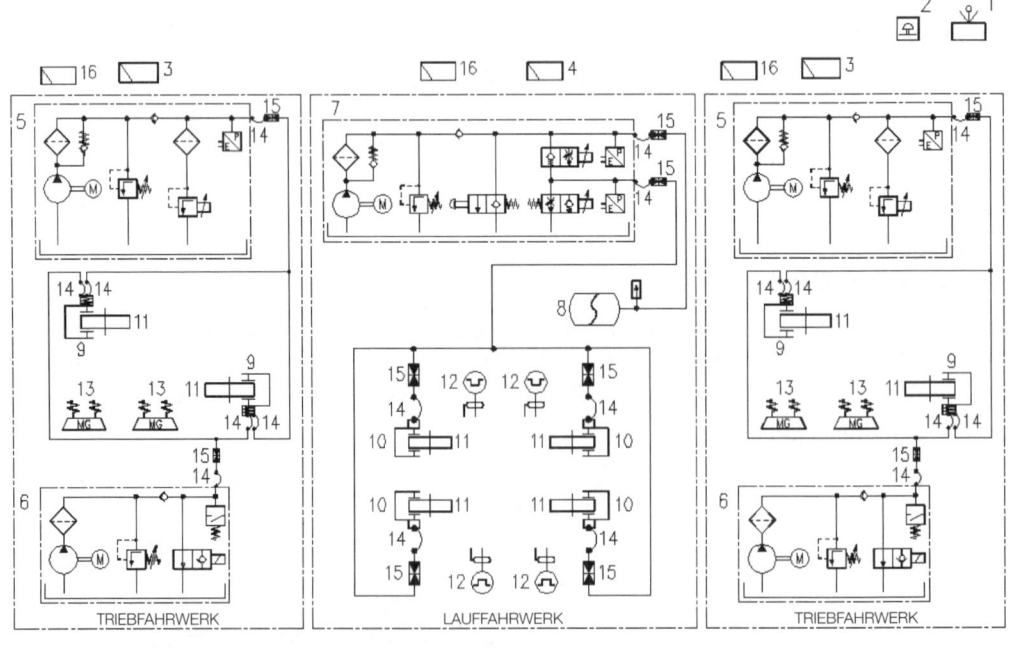

1 = Fahr-/Bremshebel, 2 = Pilztaster, 3 = Bremselektronik, 4 = Bremselektronik, 5 = Hydrogerät, 6 = Hilfslösegerät, 7 = Hydrogerät, 8 = Membranspeicher, 9 = Federkraftspeicher (passiv), 10 = Krafterzeuger (aktiv), 11 = Bremsscheibe, 12 = Drehzahlaufnehmer, 13 = Mg-Bremse, 14 = Schlauchverbindung, 15 = Kupplungen, 16 = Pumpenmotorschütz

Abb. 14.1.5: Schematische Darstellung einer hydraulischen Bremsausrüstung

14.1 Nicht interoperable Bahnen besonderer Bauart

Hauptkomponenten eines hydraulischen Bremssystems

Bremskrafterzeuger, Bremsscheibe, Bremsbeläge

Während sich die Bremsscheiben und Bremsbeläge für hydraulische Bremsen im Grundsatz nicht von denen für pneumatische unterscheiden, ähneln viele hydraulische Bremsaktuatoren in ihrem konzeptionellen Aufbau eher den Bremssätteln von Straßenfahrzeugen. Bei Straßenfahrzeugen werden die Bremskrafterzeuger meist aktiv betrieben, d. h. die Zuspannwirkung wird durch Druckbeaufschlagung erzielt. In der Straßenbahn werden sowohl aktiv wie auch passiv wirksame Aktuatoren (Abb. 14.1.6) eingesetzt. Passiv bedeutet in diesem Zusammenhang, dass die Zuspannkraft durch Federelemente mechanisch bereitgestellt und die Bremse durch Beaufschlagung mit hydraulischem Druck gelöst wird (indirekt wirkender Krafterzeuger).

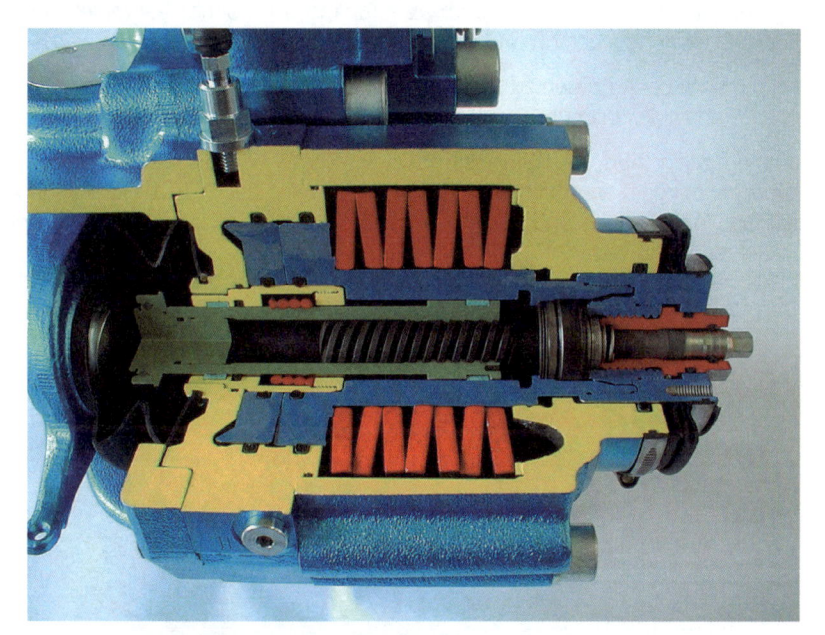

Abb. 14.1.6: Schnitt durch einen federkraftbetätigten, hydraulisch lösbaren Bremsaktuator mit selbsttätig arbeitendem Verschleißnachsteller

Elektrohydraulische Versorgungs- und Steuereinheiten

Die Beaufschlagung der Bremskrafterzeuger mit Öl erfolgt mit elektrohydraulischen Versorgungs- und Steuereinheiten. Diese so genannten Hydrogeräte bevorraten das zum Betrieb erforderliche Ölvolumen, erzeugen über eine Motor-Pumpen-Kombination den Hydraulikdruck und steuern und regeln die Bremsdrücke. Die zur Druckregelung bzw. Steuerung eingesetzten Magnetventile werden von einer Bremselektronik versorgt oder sind direkt mit der fahrzeugseitigen Ansteuerung verbunden. Zur Energiezwischenspeicherung werden insbesondere bei gleitschutzfähigen Anlagen zusätzlich Membranspeicher zur Bevorratung eines unter Druck stehenden Vorratsvolumens angeschlossen. Das darin gespeicherte Öl kann nahezu verzögerungsfrei zur Bremsdruckregelung bereitgestellt werden.

Bremssteuerelektronik

Die mit den Hydrogeräten verbundene Bremssteuerelektronik übernimmt die Druckregelungs- und Steuerungsfunktionen. In der Elektronik des Lauffahrwerkes ist auch die Gleitschutzfunktionalität

14 Bahnen besonderer Bauart

integriert. Die Bremsanforderung und die jeweils anstehende Bremsart werden von der Fahrzeugleitelektronik an die elektronische Bremssteuerung übermittelt. Der Zustand der Bremse sowie Diagnoseinformationen werden von ihr an die Leitelektronik zurückgemeldet.

14.1.2 Metro/U-Bahnen

U-Bahnen werden nach *BOStrab* gebaut und betrieben. Neu zu bauende U-Bahnen werden künftig in aller Regel als fahrerlose automatische Systeme konzipiert (z. B. System RUBIN der Fa. *Siemens Transportation AG*). Da U-Bahnen stets auf eigenem, der Öffentlichkeit unzugänglichem Bahnkörper, meist im Tunnel verkehren, bietet sich hier automatischer Betrieb an. Es können so nicht nur die Personalkosten verringert, sondern auch das Angebot vergrößert werden, da die Kosten für den einzelnen Zug deutlich sinken. Wegen der größeren Zugfrequenz können auf mittelstark belasteten Linien die Bahnhöfe kleiner ausgeführt und die maximale Zuglänge klein gehalten werden.

Um Bahnsteigtüren wie bei Aufzügen zu vermeiden, muss bei fahrerlosen automatischen Systemen eine sehr sichere Bahnsteigkantenüberwachung installiert sein (Abb. 14.1.7).

Die Datenkommunikation (Abb. 14.1.8) muss nicht nur wegen der Sicherheitsanforderungen sehr zuverlässig arbeiten, sondern auch, um nach einem Ansprechen der Sicherheitsfunktionen und den dann erforderlichen Abklärungen und Abhilfemaßnahmen möglichst schnell wieder in den Regelbetrieb zurückkehren zu können. Das RUBIN-System weist die Besonderheit auf, dass auf Teilabschnitten ein Mischbetrieb mit manuell betriebenen und automatisch fahrerlos geführten Fahrzeugen möglich ist.

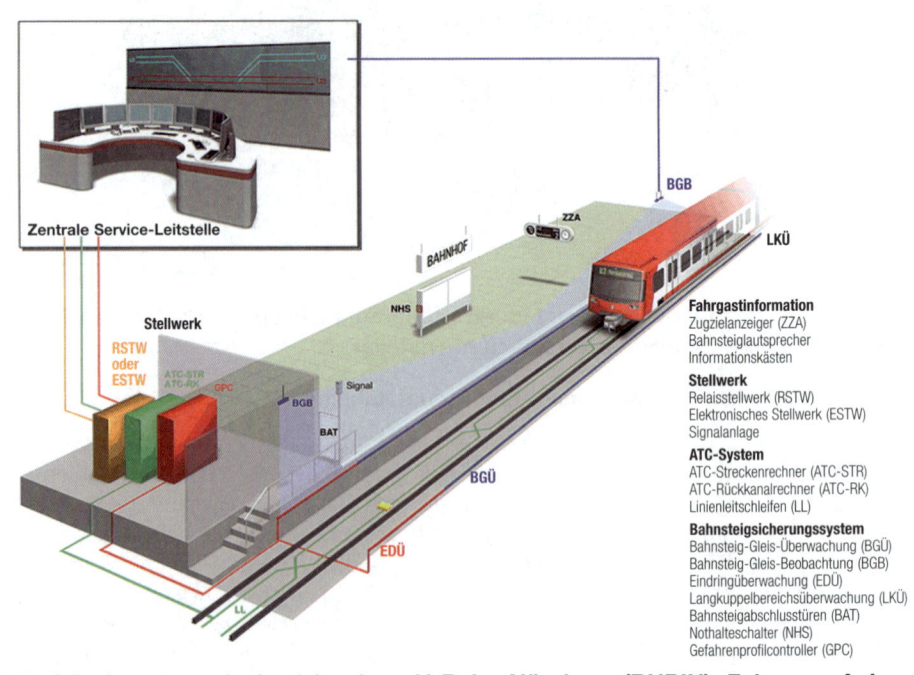

Abb. 14.1.7: **Prinzip automatische fahrerlose U-Bahn Nürnberg (RUBIN), Fahrzeug Achsfolge Bo´Bo`+Bo´Bo´, Leistung 8*140 kW, Länge Doppeltriebwagen 37 720 mm, Fahrzeugbreite 2900 mm, Treibraddurchmesser neu/abgenutzt 850/770 mm, Höchstgeschwindigkeit 80 km/h, Stromsystem 750 V Gleichstrom, max 2 Doppeltriebwagen in Mehrfachtraktion** (*Siemens Transportation AG*)

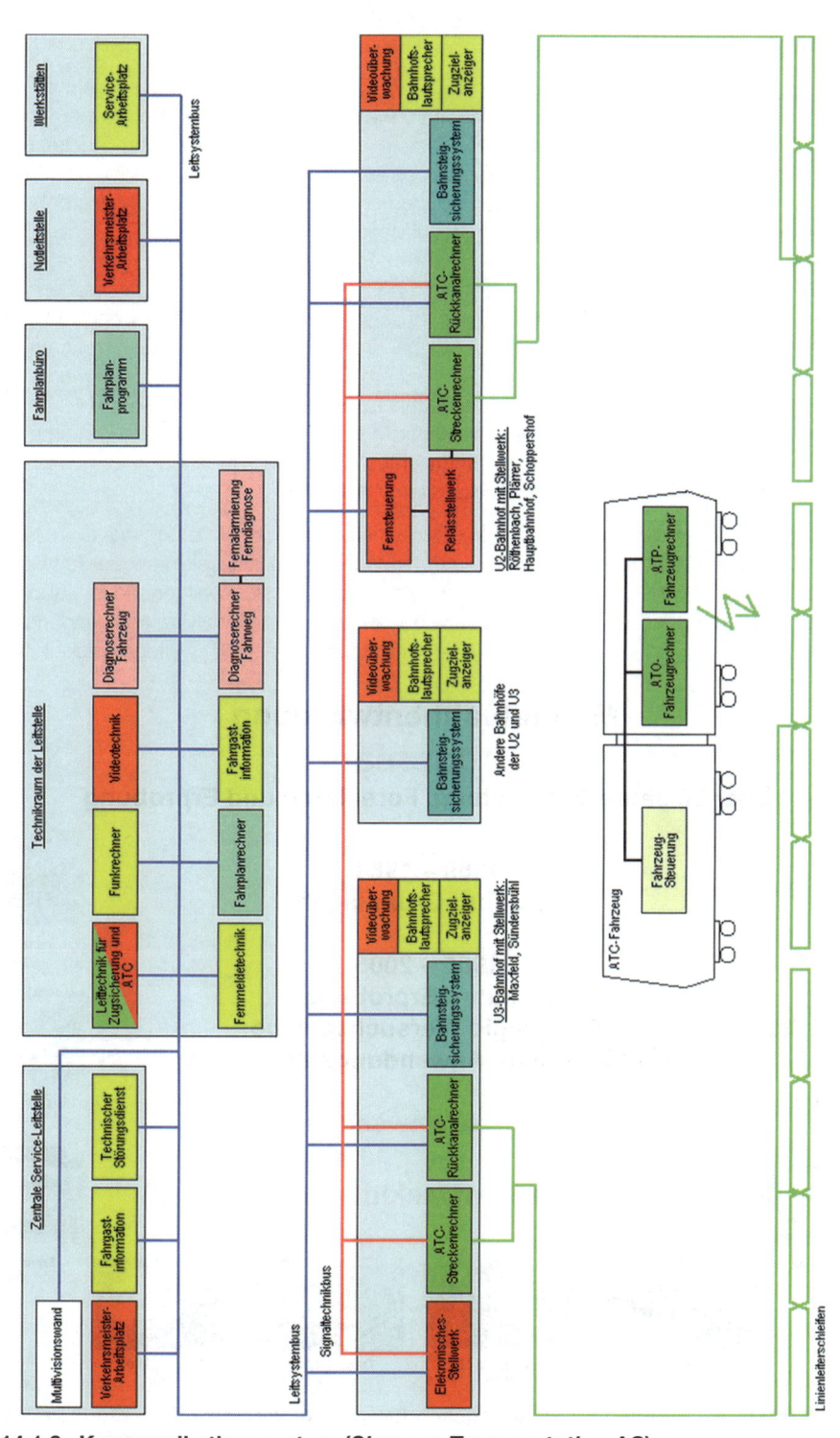

14.1 Nicht interoperable Bahnen besonderer Bauart

Abb. 14.1.8: Kommunikationssystem (*Siemens Transportation AG*)

14 Bahnen besonderer Bauart

14.1.3 Magnetschwebebahnen

Der Start der Magnetschwebebahn-Entwicklung für die kommerzielle Anwendung geht im Wesentlichen auf das Jahr 1969 zurück, obwohl das erste Patent im Jahre 1934 angemeldet worden ist. Ausgangspunkt bildete die so genannte HSB-Studie (Hochleistungs-Schnellbahn-Studie), eine vom damaligen Forschungs- und Verkehrsministerium gemeinsam beauftragte Systemstudie. Diese Systemstudie war die Grundlage für das umfangreiche Forschungs- und Entwicklungsprogramm des Rad/Schiene-Systems ICE und der verschiedenen Magnetschwebebahnsysteme für den Regional- und Fernverkehr. Der Einsatz des ICE 1 gelang 1991. Trotz Bestätigung der Einsatzreife des Transrapid-Systems, ebenfalls im Jahre 1991, federführend durch die damalige *Deutsche Bundesbahn*, wartet die Magnetschnellbahn Transrapid, als aussichtsreichste Magnetschwebebahn-Entwicklungsvariante der unterschiedlichen Magnetschwebebahnsysteme bis heute auf den kommerziellen ersten Einsatz in Deutschland (Abb. 14.1.9). Nach einem Systementscheid von 1977 wurde schwerpunktmäßig die Entwicklungslinie Magnetschnellbahn Transrapid (Abb. 14.1.10 und 14.1.11) für den Fernverkehr weiterverfolgt. Die Entwicklungsvariante M-Bahn war ein separates Programm für den fahrerlosen Nahverkehr. Das M-Bahn-System erreichte Anfang der 1990er Jahre die Zulassung des fahrerlosen Betriebes und endete in Deutschland im Jahre 1994.

Alle Magnetbahnsysteme, die weltweit weiterentwickelt werden (Abb. 14.1.12), so z. B. in Japan und Korea, sind ausschließlich deutsche Patente und deutsche Entwicklungsleistungen. Entwicklungen in anderen Ländern, wie z. B. in den USA und Russland befinden sich weitgehend im Laborstadium und somit mindestens noch etwa 10–15 Jahre von einer kommerziellen Systemanwendung entfernt (Stand: 2007). Das deutsche Magnetbahnsystem mit Kurzstatorantrieb, weiterentwickelt in Japan,

Magnetbahnentwicklung
Deutschland
Über 30 Jahre Entwicklung, Forschung und Erprobung

1969 – 1984
15 Jahre Grundlagen

1985 – 2005
20 Jahre Erprobung
Transrapid Versuchsanlage
Umfangreiche Anwendungsplanungen

2014 erste Anwendung !

Die wichtigen Entwicklungsschritte (10)

Transrapid 01 – 1971
Transrapid 02 – 1973
Transrapid 04 – 1975
EET – 1976
Transrapid 05 – 1979
Transrapid 06 – 1984
Transrapid 07 – 1988
Transrapid 08 – 1989
TR München – 2012
TR Shanghai – 2002

Abb. 14.1.9: Die wichtigsten Entwicklungsschritte der Magnetschwebetechnik in Deutschland

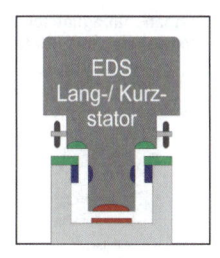

14.1 Nicht interoperable Bahnen besonderer Bauart

EDS Lang-/Kurzstator	EMS Kurzstator	PMS Langstator	EMS Langstator
Entwicklung bis 1979 Antrieb in Langstator- und Kurzstatortechnik	Entwicklung bis 1991 Antrieb in Kurzstatortechnik	Entwicklung bis 1991 M-Bahn[1]) mit Antrieb in Langstatortechnik	Entwicklungslinie seit 1979 Transrapid mit Antrieb in Langstatortechnik
Fahrzeug: EET	Fahrzeuge: TR02, TR04	Fahrzeug: M-Bahn	Fahrzeuge: TR05 bis TR09

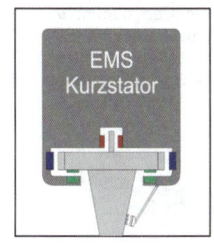

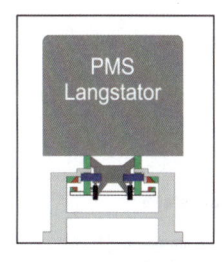

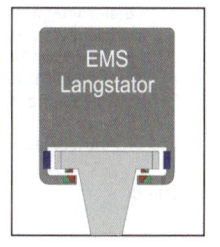

Alle Magnetbahnsysteme auf Versuchsanlagen erprobt!

[1]) Zulassung für den Betrieb im öffentlichen Nahverkehr

- Antreiben
- Tragen
- Führen

EDS: **E**lektro**d**ynamische **S**chwebetechnik (supraleitende Elektromagnete)
EMS: **E**lektro**m**agnetische **S**chwebetechnik (geregelte Elektromagnete)
PMS: **P**ermanent**m**agnetische **S**chwebetechnik (Permanentmagnete)

Abb. 14.1.10: Magnetfahrtechnik in Deutschland – Systementscheid 1977

Wichtige Merkmale	Transrapid-System
Schwebetechnik **Schwebekonzept/ -prinzip**	**EMS-System** Elektromagnetisches Schweben, geregelte Elektromagnete im Fahrzeug, anziehendes Prinzip. Elektromagnete im Schweberahmen, die gleichmäßig über die Fahrzeuglänge verteilt sind. Die Funktionen von Tragen, Führen und Antreiben sind entkoppelt, trotz der Integration von Tragen und Antreiben (jeweils geschlossene Regelkreise). Elektromagnetisches Schweben im gesamten Geschwindigkeitsbereich $0 \leq v \leq v_{max}$.
Magnetspalt	ca. 10 mm
Auslegungsgeschwindigkeit/ Motorfrequenz	bis 450 km/h (500 km/h) / 0 bis 270 Hz [1])
Fahrwegkonfiguration Fahrzeugkonfiguration	ebenerdig, aufgeständert Mehrsektionenfahrzeug, den Fahrweg umgreifend
Weichen/ -antriebe	Biegeweichen, elektrisch/hydraulisch
Betriebsleittechnik	auf Funkbasis
Fahrzeugbetrieb/ -steuerung	automatisch, mit/ohne Fahrerplatz/Fahrer
Antriebskonfiguration	synchroner eisenbehafteter Langstator-Linearmotor

[1]) z.B. Transrapid(Regio): $v \leq 300$ km/h, 0 bis 170 Hz

Abb. 14.1.11: Wichtige Merkmale der Magnetbahn Transrapid

14 Bahnen besonderer Bauart

Elektromagnetische Schwebetechnik (EMS) „anziehendes Prinzip" Transrapid 01 -(03)- 09 1969 – heute		Elektrodynamische Schwebetechnik (EDS) „abstoßendes Prinzip" Erlanger Erprobungsträger (EET) 1969 - 1979	Permanentmagnetische Schwebetechnik (PMS) M-Bahn 1969 - 1994
Antriebstechnik			
Langstator	Kurzstator	EET	M-Bahn
Weiterentwicklung in Deutschland und China	Deutschland eingestellt: 1997 Weiterentwicklung in Japan und Korea	Deutschland eingestellt : 1979 Weiterentwicklung in Japan	Deutschland eingestellt : 1994 Weiterentwicklung in Japan
	Anwendung		
TR Shanghai	Nagoya / noch keine	Yamanashi Testanlage Geplante Verlängerung Tokyo - Osaka	Anwendung: noch keine
TR München	Linimo Expo 2005 / Rotem	Linear Express MLU-System	

Hinweis: Andere Entwicklungen weltweit (z.B. in USA, Russland, ...) nur im Laborstadium!

Abb. 14.1.12: Magnetbahnsysteme weltweit – Eine deutsche Entwicklungsleistung

ist als Nahverkehrsprojekt zur EXPO 2005 in Nagoya realisiert worden. Die Weiterentwicklung in Korea wird in 2008 ebenfalls in einem Nahverkehrsprojekt in einer von fünf zur Auswahl stehenden koreanischen Städten münden.

Das ebenfalls auf deutschen Magnetbahnentwicklungen basierende japanische Fernverkehrssystem in Supraleitungstechnik, seit 1997 auf der Yamanashi-Testanlage erprobt, ist für die Strecke Tokyo–Osaka geplant. Die Weiterentwicklung ist noch nicht abgeschlossen. Eine Entscheidung über die Streckenrealisierung steht noch aus (Stand: 2007).

Die Magnetschnellbahn Transrapid ist das einzige Bahnsystem, das über 10 Jahre durch umfangreiche Tests auf zahlreichen firmeneigenen Versuchsanlagen vorerprobt und seit über 20 Jahren auf der *Transrapid Versuchsanlage Emsland (TVE)* im gesamten Geschwindigkeitsbereich mit inzwischen drei Fahrzeuggenerationen betrieblich erprobt worden ist (Abb. 14.1.13). Daneben sind unterschiedliche Fahrwegausführungen und mehrere Generationen der Betriebsleit- sowie der Langstatorantriebstechniken getestet worden. Die notwendigen Inbetriebnahmetests für die erste Transrapid-Strecke in China sind ebenfalls auf der TVE durchgeführt worden. Für alle wichtigen Systeme des Transrapid liegen Typzulassungen des *Eisenbahn-Bundesamtes (EBA)* vor. Inzwischen liegt auch die *EBA*-Genehmigung für das Sicherheitskonzept vor. Im laufenden Weiterentwicklungsprogramm werden seit dem Jahr 2000 erhebliche Anstrengungen unternommen, die Magnetbahn für unterschiedliche Einsatzfälle technisch und wirtschaftlich zu optimieren. Dabei liegt der Schwerpunkt auf der Reduzierung der Investitionskosten; die Betriebskosten sind nach den vorliegenden Untersuchungen systembedingt günstiger als bei den herkömmlichen Bahnsystemen. Einen endgültigen Nachweis kann selbstverständlich erst die Anwendung der Magnetbahn als ein kommerzielles Projekt erbringen.

Seit dem Jahre 2002 ist in China die Flughafenanbindung Pudong International mit dem Transrapid in Shanghai erfolgreich realisiert (Abb. 14.1.14). Eine Verlängerung innerhalb der Stadt Shanghai wird zur EXPO 2010 fertiggestellt sein. Danach ist eine weitere Verlängerung nach Hangzhou geplant.

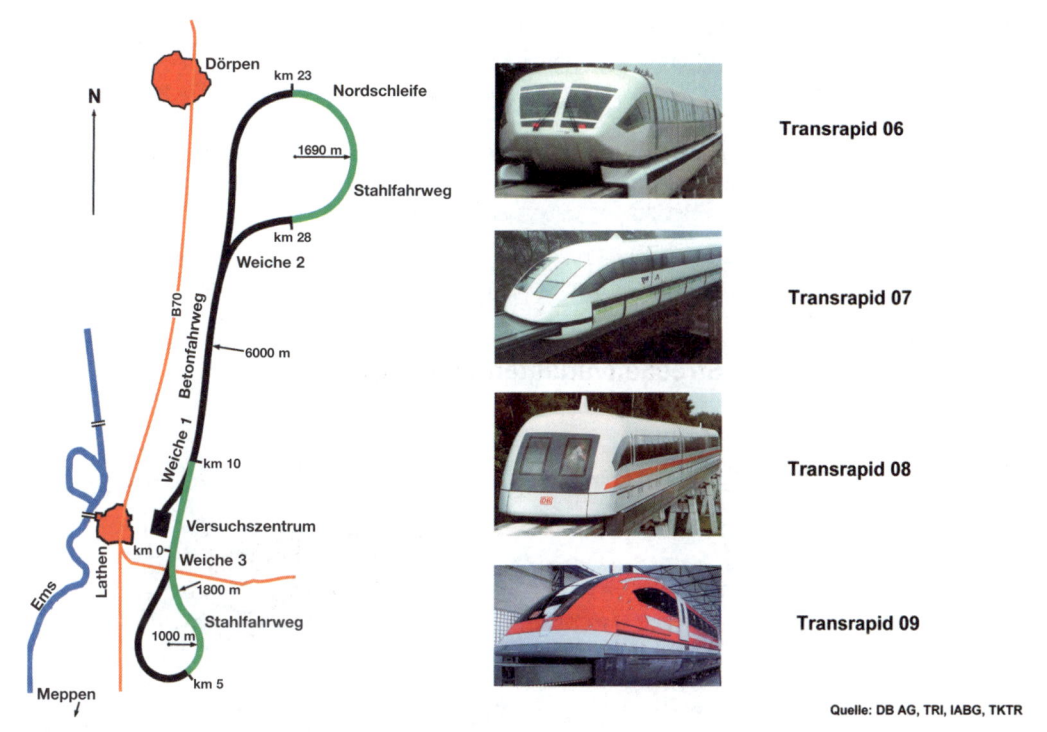

14.1 Nicht interoperable Bahnen besonderer Bauart

Abb. 14.1.13: Transrapid Versuchsanlage Emsland – Strecke und Fahrzeuge

Neue Perspektiven durch Transrapid in Shanghai

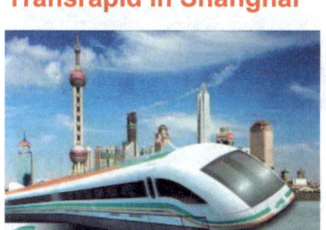

Erste Anwendungsstrecke weltweit und Verlängerung nach Hangzhou

Shanghai – Hangzhou
Streckenlänge   ca. 200 km
Zusätzliche Stationen   5
Betriebsgeschwindigkeit   450 km/h
Fahrzeit   33 Minuten

Abb. 14.1.14: Flughafenanbindung Transrapid in Shanghai und Verlängerung; Quelle: *TRI*

14 Bahnen besonderer Bauart

Die Entscheidung Chinas für den Einsatz des Transrapid war eine strategische Entscheidung. Die chinesischen Bahnexperten sind von der Magnetbahntechnologie überzeugt und setzen bei dem Neu- und Ausbau des chinesischen Bahnnetzes auf die modernen Rad/Schiene-Systeme, wie den ICE und die Magnetschnellbahn Transrapid. Das importierte deutsche Transrapid- System wird in China weiterentwickelt; der Fahrweg ist bereits für die Flughafenanbindung Shanghai von den Chinesen durch deutschen Technologietransfer selbst gebaut worden. Bei der Verlängerung wird der lokale Fertigungsanteil weiter an Bedeutung gewinnen.

Für das deutsche Projekt Flughafenanbindung München (Abb. 14.1.15) ist nach heutiger Terminplanung eine Projektrealisierung der Transrapid Flughafenanbindung in München nicht vor 2014 wahrscheinlich.

Streckenvarianten Transrapid

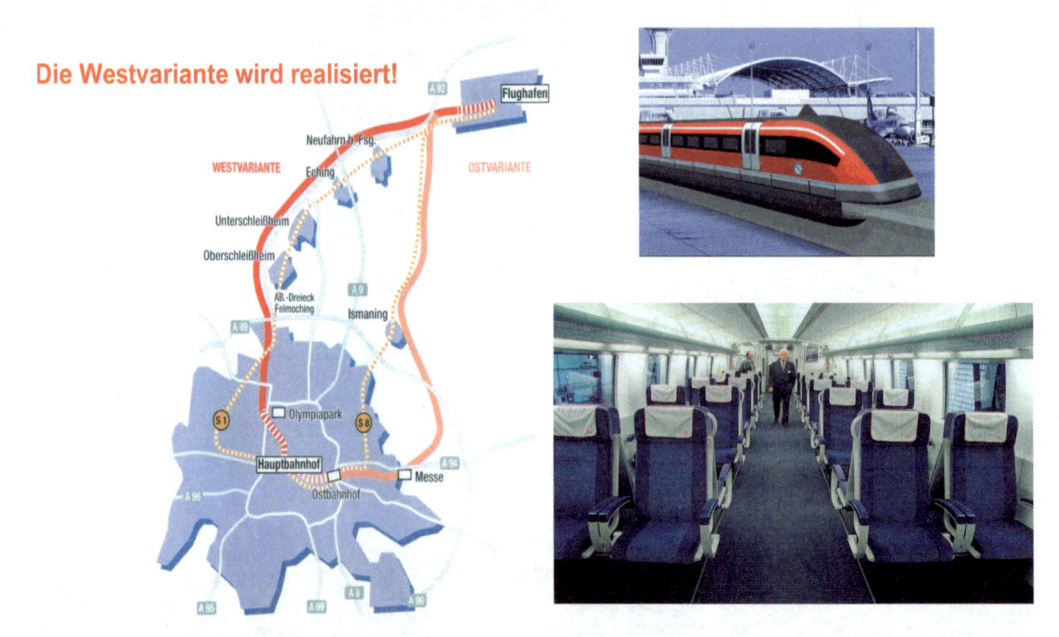

Die Westvariante wird realisiert!

Abb. 14.1.15: Flughafenanbindung Transrapid in München   Quelle: DB AG, TKTR

Die vierte Transrapid-Fahrzeuggeneration, der Transrapid 09 (Prototyp von fünf Fahrzeugen mit drei Wagen für die Flughafenanbindung München), steht auf der TVE für Tests bereit.

Die noch in diesem Jahr beginnende Projektverlängerung des Transrapid in Shanghai wird zu einer hohen Lokalisierung der Fertigung und einer zügigen Weiterentwicklung des Transrapid in China führen, so dass dann die chinesische Transrapid-Technologie nach heutiger Einschätzung ab etwa 2015 für den Bahnmarkt in China und für den Weltmarkt verfügbar sein wird. Ferner ist zu erwarten, dass die Projektkosten des chinesischen Transrapid-Systems sich dann auch für europäische Anwendungen auf interessantem Niveau bewegen werden. Insofern ist es ratsam, unseren Vorsprung in der Technologieführerschaft „Transrapid im System" durch eine kommerzielle Strecke in Deutschland zu dokumentieren und damit den Bahntechnologiestandort Deutschland im internationalen Wettbewerb, insbesondere gegenüber China, zu stärken.

Weitere vertiefende Informationen zur Technik des Transrapid finden sie in den Literaturstellen [6] bis [12].

14.2 Interoperable Bahnen besonderer Bauart

Zu den interoperablen Bahnen gehören die als Bahnen besonderer Bauart eingestuften **Schwerlastbahnen** (z. B. die skandinavischen Erzbahnen MTAB und LKAB).

14.2.1 Schwerlastbahnen

Die bedeutendsten Schwerlastbahnen der Welt haben sich zur *International Heavy Haul Association (IHHA)* (www.ihha.net) zusammengeschlossen.

Es müssen vier technisch/betriebliche Bedingungen erfüllt sein, um als Schwerlastbahn in die *IHHA* aufgenommen werden zu können:
1. Radsatzlast $\geqq 25$ t
2. Zugbruttomasse von üblicherweise betrieblich gefahrenen Zügen $\geqq 5000$ t
3. Mittlere Transportentfernung ≥ 150 km
4. Jährlich transportierte Bruttomasse über die o. g. Transportentfernung $\geqq 20$ Mio. tkm.

In Europa erfüllen nur die Erzbahnen Kiruna-Narvik (170 km) und Kiruna-Boden (Riksgränsen-Boden 398 km) die genannten Bedingungen. Nachstehend sind die entsprechenden Daten (Stand 2007) für

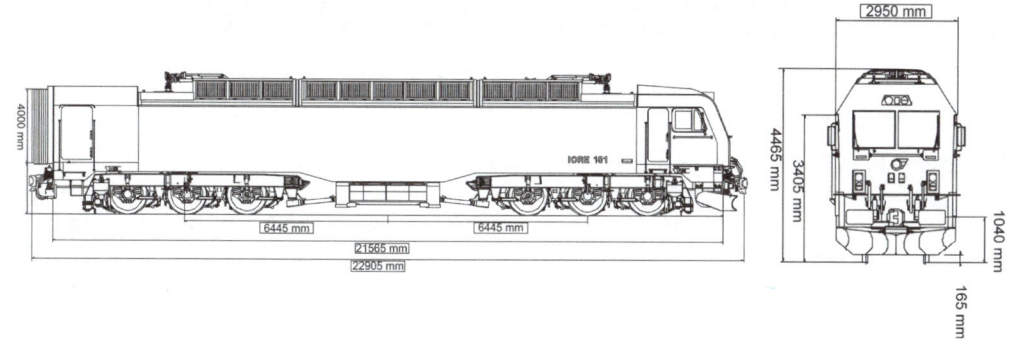

Folgenden Angeben für die betrieblich eingesetzte Doppellokomotive: Spurweite 1435 mm, Achsfolge Co´Co´+Co´Co´, Masse 2*180 t, Achslast 30 t, Höchstgeschwindigkeit 80 km/h, Anfahrzugkraft dauernd 2*600 kN, Dauerleistung 2*5,4 MW

Abb. 14.2.1 und 14.2.2: IORE – Iron-Ore Lokomotive für MTAB / LKAB im Bild eine Hälfte einer Doppellokomotive

14 Bahnen besonderer Bauart

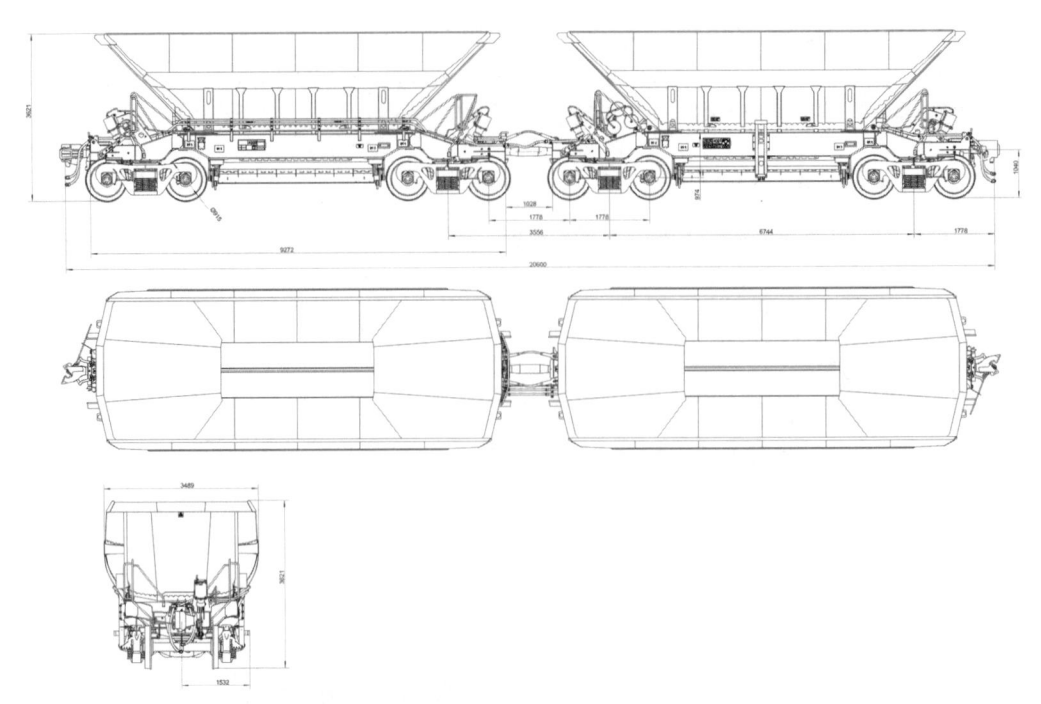

Achslast max. 31 t Leergewicht 2*21,4t, Zuladung 2*102,6 t, Höchstgeschwindigkeit beladen 60 km/h, leer 70 km/h, Laderaum 2 × 50 m³, Schwerkraftentladung über Bodenklappen, Raddurchmesser neu 915 mm, Amsted Motion Control bogie (three piece type), Kupplung SA-3 an den Enden, Kurzkupplung mit Kuppelstange zwischen den Einheiten

Abb. 14.2.3: Schwerlast-Trichterwagen-Malmvagn Fammoorr050-Modell (*KOCKUMSindustrier*, Malmö)

die Linie Kiruna-Narvik, die im schwedischen Teil Malmbanan und im norwegischen Bereich Ofoten-Linie (Länge 42 km) heißt, aufgeführt:
- Radsatzlast: max. 31 t
- Zugbruttomasse incl. Doppellokomotive: 8160 t
- Jahrestransportleistung: 27 Mio. tkm

Der derzeitige Fahrzeugpark umfasst folgende Transportmittel (Betrieb und Beschaffung):
- 9 Doppellokomotiven
- 222 Wagen in Beschaffung (2007)
- Option auf 458 weitere Wagen

Die Lokomotiven vom Typ IORE verfügen über eine sehr hohe Zugkraft bei eher geringer Antriebsleistung (die 80 t wiegende TRAXX Lokomotive von *Bombardier* ist deutlich leitungsfähiger). Die Traktionstechnik basiert auf der in Mitteleuropa üblichen, relativ leichten Drehstromantriebstechnik. Zum Ausgleich der fehlenden Fahrzeugmasse tritt hier der außergewöhnliche Fall auf, dass die Streckenlokomotiven mit Ballast ausgestattet werden müssen. So sind bei den IORE-Lokomotiven 30 t Ballast je Doppellokomotive eingebaut.

Die Wagen bestehen ebenfalls aus Doppeleinheiten. So genügt ein einziges Bremssteuerventil, um eine Gesamtmasse von max. 246 t abzubremsen. Weitergehende vertiefende Informationen zu Bahnen besonderer Bauart finden sie in den Literaturstellen [13] und [14].

Literatur

[1] Waßmuth u.a.; Das Grüne Gleis, IFV-Bahntechnik e.V; Berlin, 2003

[2] Hondius, H.; Variety returns as orders fall away, Metro Report 2007 of Railway Gazette, page 53–62

[3] Hecht, Markus: „Safetram addresses crashworthiness of trams and light rail vehicles" Railway Gazette International, May 2004, S. 288–290.

[4] BOStrab, Verordnung über den Bau von Straßenbahnen

[5] Dubbel, Taschenbuch für den Maschinenbau, Springer-Verlag Berlin, Heidelberg, New York, Auflage 2005

Weitere vertiefende Literaturstellen

Magnetschwebebahnen:

[6] Transrapid, Sonderheft ZEFrail Glasers Annalen, Georg-Siemens-Verlag, Berlin, Okt. 2003

[7] Andersen, S., Überlegungen zur Anwendung der Magnetbahntechnik im spurgeführten Hochgeschwindigkeitsverkehr, ZEVrail Glas. Ann. 128 (2004) Heft 3, S. 98–115

[8] Dörries, W., Berlin: Zukunft des Transrapid in Deutschland – Stand der Magnetbahn-Entwicklung und Ausblick, ZEVrail Glas. Ann. 129 (2005), Heft 3, S. 82–85

[9] Herzberg, S., Das Weiterentwicklungsprogramm Transrapid, ZEVrail Glas. Ann. 129 (2005) Heft 3, S. 86–94

[10] Berichte Fachtagungen Transrapid, TU Dresden, Sept. 2003–2005 u. 2007

[11] Berichtsband Maglev 2006, TU Dresden, Sept. 2006

[12] Mnich, P.: Transrapid in München – letzte Chance in Deutschland, eb – Elektrische Bahnen 104 (2006), Heft 10 (Leitartikel)

Schwerlastbahnen:

[13] Cheng, L.R., Harrison, H., GeMeiner, W., Mc Williams, R., Effects of Improper Loading in Heavy Haul Operations, IHHA Spezialist Technical Session (STS) Kiruna Sweden, June 11–13, 2007, pp. 121–127, ISBN: 978-91-633-0607-5

[14] Darby, M., Mutton, P., Tew, G., Capacity expansion flags up asset management challenges, Railway Gazette International, March 2004, p. 139–142

Rail Media
DVV Media Group

Das umfassendste Eisenbahn-Portfolio weltweit

Global und lokal – Ihr Medien-Partner No. 1

DVV Media Group GmbH, Nordkanalstrasse 36, 20097 Hamburg, Germany
www.eurailpress.de   www.railwaygazette.com

15 Perspektiven des Systems Bahn
Jürgen Siegmann und Eberhard Jänsch

15.1 Verkehrsmarktentwicklung

Die Bahnsysteme haben sich bisher relativ gut im Verkehrsmarkt behaupten können. Die Marktöffnungen, die Umwandlung der Staatsbahnen in handelsrechtliche Gesellschaften, die erweiterten Perspektiven in der Europäischen Union mit dem überproportionalen Anwachsen des grenzüberschreitenden Verkehrs, aber auch die Umstrukturierung des SPNV – mehr Wettbewerb, neue Finanzierungsmodalitäten, engerer regionaler Bezug – haben zu einer Stabilisierung, teilweise auch zu einer Ausweitung der Marktanteile, zu einem enormen Produktivitätsschub und zu höherer Wirtschaftlichkeit geführt.

Im Personenverkehr dominiert nach wie vor der motorisierte Individualverkehr. Sein Anteil betrug im Jahr 2005 in Deutschland 80,5 % (siehe Kap. 4.1.5.1). Bei 46 Mio Personenkraftwagen (Pkw) und 39 Mio Haushalten verfügt statistisch gesehen jeder Haushalt in Deutschland über einen Pkw [1].

15.1.1 SPNV

Im Nahverkehr auf Schiene und Straße sind die Anteile an Fahrten zwischen Wohnung und Arbeitspatz, zum Zwecke der Ausbildung und des Einkaufens besonders hoch. Die Veränderungen in der Bevölkerungsstruktur werden nach heutiger Perspektive zu weniger Schüler- und Ausbildungsverkehr und zu mehr Mobilität bei der älteren Bevölkerungsgruppe führen. Der Freizeitverkehr wird eher noch zunehmen, der Berufsverkehr wird sich etwas entzerren, Wohnen und Arbeiten wird sich ohne steuernde Maßnahmen weiter auseinanderentwickeln, es wird also mehr Pendler, mehr Arbeitsplatzflexibilität, mehr Dienst- und Geschäftsreisen geben. Nah- und Fernverkehrsanbieter müssen sich darauf einstellen, z. B. durch noch bessere Vernetzung ihrer Verkehrssysteme durch Integrale Taktverkehre, kurze Wege, weitgehende Barrierefreiheit im Zu- und Abgang von Verkehrsmitteln und durch Nutzung adäquater Informationssysteme.

Angesichts der aus Gründen der Haushaltskonsolidierung unumgänglichen Mittelkürzungen kann es mittelfristig zur Ausdünnung des SPNV kommen. SPNV ist nur dort wirtschaftlich durchzuführen, wo eine hinreichend große Transportleistungsfähigkeit verlangt wird, wo eine Bahnstrecke auch für andere Verkehrszwecke genutzt wird oder wo die Bahn spürbar kürzere Fahrzeiten erzielt, als das mit dem Bus möglich wäre. In anderen Fällen können allein die Infrastrukturkosten den SPNV in die Unwirtschaftlichkeit treiben (siehe auch Kapitel 13).

Abbau von Leistungen im SPNV bedeutet nicht, dass diese Fahrten unterlassen werden. Wenn der SPNV tatsächlich aus Kostengründen reduziert werden muss, werden diese Fahrten auf die Straße zurückverlagert – teils auf Busverkehr, teils auf Verkehre mit privaten Personenkraftwagen. Je nach Ausmaß der Umschichtung wird dann in den Innenstadtbereichen der Nachbau von Busbahnhöfen und Parkhäusern mit entsprechenden Zuführungsstraßen nötig.

15.1.2 SPFV

Personenfernverkehr findet überwiegend aus privaten Gründen statt, also im Freizeitbereich; dessen Anteil beträgt zusammen etwa 70 %-75 % an der Fernverkehrsleistung. Das gilt sowohl für den motorisierten Individualverkehr als auch den Schienen-Personenfernverkehr [2]. Soweit die Reisenden im Fernverkehr überhaupt eine Wahlmöglichkeit haben, entscheiden sie sich nach Abwägung verschiedenster Einflussgrößen wie Haus-Haus-Reisezeit, Angebotshäufigkeit, Zuverlässigkeit (auch beim Umsteigen), Preis und eventuellem Service für das Transportmittel Personenkraftwagen, Reisebus, Zug oder Flugzeug.

Falls die Wahl auf ein öffentliches Transportmittel im Fernverkehr fallen sollte, stellen sich folgende Fragen: Wie gelange ich zur Abfahrtsstelle oder zum Flughafen, werde ich dort garantiert pünktlich mein Verkehrsmittel erreichen, wie komme ich wieder zurück (zum Beispiel am sehr späten Abend), welche Zusatzkosten verursacht der Vor- und Nachlauf, und habe ich möglicherweise mit unvermittelt auftretenden Transportproblemen bei diesem „gebrochenen Transport" zu rechnen? Mehr als 30 % der Fernverkehrsreisenden in Deutschland benutzen ein öffentliches Verkehrsmittel auf ihrem Weg zum Abfahrtbahnhof [3].

In Deutschland wird 93 % des SPFV im vertakteten ICE/IC/EC-System abgefahren. Dieses System ist wegen der Umsteigebeziehungen in Netzknoten auf gute Pünktlichkeit und auf häufig, regelmäßig und zuverlässig verkehrende öffentliche Nahverkehrsmittel zur Sammlung und Verteilung seiner Fahrgäste angewiesen. Mit dem ICE-System und den Hochgeschwindigkeitsstrecken kann die Bahn im Bereich zwischen 200 und 500 km Reiseweite auf wichtigen Relationen zum schnellsten Transportmittel werden.

Der SPFV ist in Deutschland eigenwirtschaftlich zu betreiben. Die Angebotsplanung wird allein von den EVU bestimmt. Bisher sind die Aktivitäten der nicht der *DB* angehörenden EVU im SPFV marginal geblieben. Nennenswert ist allenfalls der *Connex/Veolia-Express*.

Positiv beeinflusst werden die Marktaussichten für den SPFV durch Engpässe im Luftverkehrsbereich, negativ hingegen durch die so genannten Billig-Anbieter im nationalen und europäischen Binnenluftverkehr. Im internationalen Hochgeschwindigkeitsverkehr werden die Zuwachsraten am größten sein (siehe Kapitel 4.1.5.2). Die großen Bahnen vermarkten ihre grenzüberschreitenden Angebote gemeinsam (*Eurostar, Thalys, DB AG/SNCF-Joint Venture „Alleo GmbH"*). Für eine echte Konkurrenz im SPFV liegen die Einstiegshürden noch relativ hoch.

Die für 2020 prognostizierte Verteilung des SPFV (> 80 km Reiseweite) in Deutschland geht aus Abb. 15.1.1 hervor. Vorausgesetzt wird dabei die Fertigstellung der Neubau- und Ausbaustrecken des BVWP 2003 sowie internationaler Hochgeschwindigkeitsstrecken in den Nachbarländern.

15.1.3 SGV

Auf dem Markt der Montangüter und anderer Rohstoffe hat die Globalisierung bereits vor mehreren Jahrzehnten eingesetzt. Statt Kohle und Eisenerz aus Mitteleuropa werden diese per Schiff aus Übersee importiert, Energielieferungen (Öl, Gas) erfolgen durch Schiffs- und Pipelinetransport. Die Herstellung von Waren in anderen als den bisher klassischen Industrieländern folgt diesem Trend zur Globalisierung. Es ist aber anzunehmen, dass die Exportfähigkeit der deutschen Wirtschaft ebenfalls anhält. Innerhalb der EU werden die Produktionsstandorte in Zentraleuropa aus Kostengründen aufgegeben und stattdessen in die am Rande liegenden Billiglohnländer in West und Ost verlagert.

Aus der neuen weltweiten Verteilung der Hersteller ergeben sich zwangsläufig neue, immer stärker werdende Güterverkehrsströme. Das betrifft zum einen den Seehafen-Hinterlandverkehr, der überproportional wachsen wird und daher alle zur Verfügung stehenden Transportwege nutzen muss (Flüsse und Kanäle, Straßen und Eisenbahnen). Zum anderen sind es die anwachsenden Überlandtransporte in der EU, die alpenquerend in Nord-Süd-Richtung, generell in West-Ost-Richtung und in Richtung Nordwest-Südost (England-Benelux-Deutschland-Österreich-Balkan-Türkei) Deutschland durchziehen. Mitteleuropa ist die Drehscheibe der Warenströme Europas.

Die Prognosen für den BVWP 2003 [5] stellen eine Verdoppelung der Transportleistungen auf der

15.1 Verkehrsmarktentwicklung

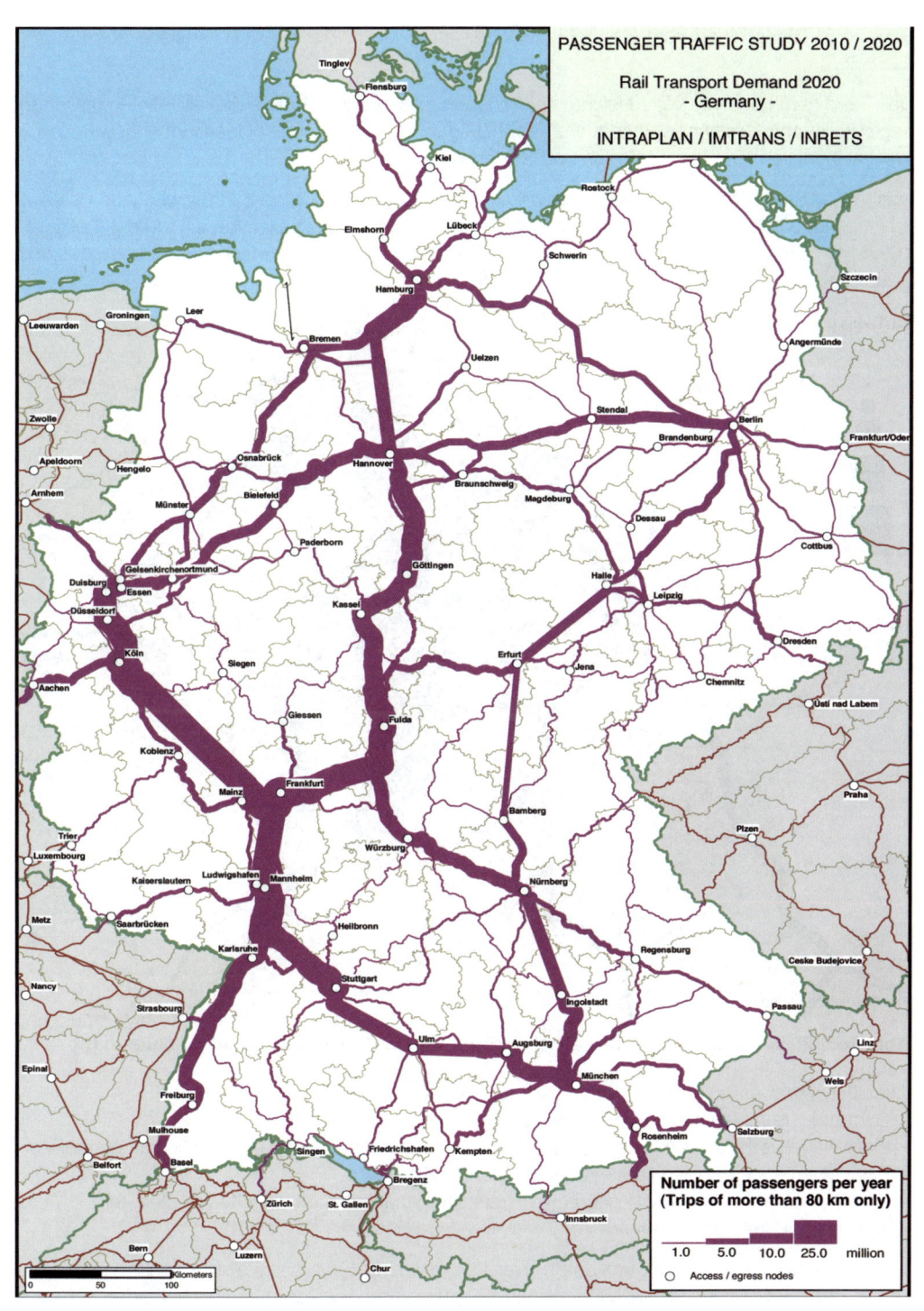

Abb. 15.1.1: Verteilung der Verkehrsströme im SPFV in Deutschland im Jahr 2020; Quelle: [4]

15 Perspektiven des Systems Bahn

Schiene in Deutschland vom Basisjahr 1997 bis zum Jahr 2015 in Aussicht (siehe auch Kapitel 4.2.1.3).

Der Trend geht nach wie vor zu leichteren, transportzeitsensiblen Gütern, die mit Hilfe umfassender Logistiksystemen weltweit versandt werden, häufig in Containern, beim Überlandtransport auch in Wechselbehältern/Trailern auf Straße und Schiene.

Nach einer Studie der *Combined Transport Group* der *UIC* vom Oktober 2004 wird sich das Aufkommen im unbegleiteten Kombinierten Verkehr im Untersuchungsgebiet von 44,1 Mio. t (2002) auf 103,6 Mio. t im Jahr 2015 erhöhen, das ist eine Steigerung auf das 2,35-fache [6]. Abb. 15.1.2 zeigt beispielhaft die Laufwege der Containerzüge und ihre Anzahl pro Tag.

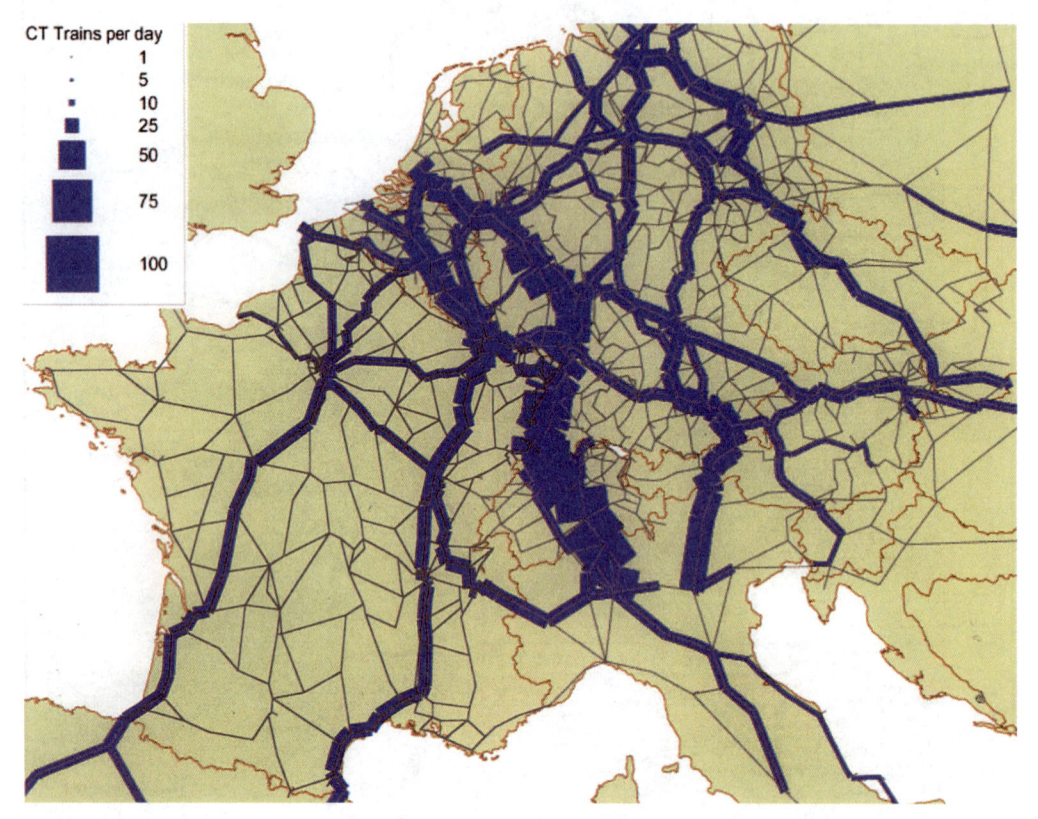

Abb. 15.1.2: Verteilung und Stärke der Ströme im Containerverkehr 2015; Quelle: [6]

Der eigenwirtschaftlich zu betreibende SGV ruht auf drei Säulen:
– Ganzzüge, durchlaufend von der Ladestelle bis zum Entladebahnhof
– Einzelwagenverkehr (EWV, auch Wagengruppenverkehr) über mehrere Zugbildungsbahnhöfe mit Rangiervorgängen (Umsortierungsprozesse) und
– Kombinierter Verkehr (KV) mit genormten Transportbehältern: Container, Lkw-Aufbauten = Wechselbehälter und Sattelanhänger

Der Ganzzugbereich ist stark umkämpft, hier können dritte EVU relativ einfach eindringen, zumal immer mehr Traktionsmittel und Güterwagen zu leasen sind. Im Ganzzugbereich werden vor allem Massen- und Massenstückgüter transportiert, also Montangüter, Mineralölprodukte, aber auch Neuautomobile, Stahlrohre und Container ab Seehafen. Der Trend geht eher weg von Massengütern und

15.2 Anforderungen an das System Bahn der Zukunft

hin zu Massenstückgütern, die eine tendenziell größere Transportweite aufweisen. Daher wird auch zukünftig mindestens die Hälfte des Schienengüterverkehrs mit Ganzzügen abgefahren.

Der Einzelwagenbereich ist eine Domäne der ehemaligen Staatsbahnen, weil ein derart komplexes System von den Dritten nur schwer aufzubauen ist. Nach dem Fortfall der öffentlichen Güterbahnhöfe benötigt der Einzelwagentransport Privatgleisanschlüsse und Be- und Entladestellen in den Anlagen der Versender und Empfänger sowie die Rangierbahnhöfe im Netz. Trotz anhaltender wirtschaftlicher Schwierigkeiten wird der Geschäftsbereich *Railion* der *DB AG* den EWV weiterbetreiben.

Im KV Straße/Schiene übernimmt die Straße den Vor- und Nachlauf und die Bahn den Ferntransport ab Umschlagbahnhof. Der Ausbau der Umschlaganlagen wird im BVWP berücksichtigt und finanziert. In den 1990er Jahren machte sich der Wettbewerb mit dem Straßengüterfernverkehr deutlich bemerkbar, insbesondere auf dem Preissektor. Der gebrochene Verkehr war ab 1998 nur noch wettbewerbsfähig, wenn auf Zwischenhalte und Rangieren unterwegs weitgehend verzichtet wurde. Das komplexe Netz von Gruppenzügen wurde daher ersetzt durch relativ wenige Relationen mit Direktzügen, die nur noch zwischen den großen Umschlagbahnhöfen in Mitteleuropa verkehren. Die Wettbewerbsbedingungen erlauben derzeit einen wirtschaftlichen und zeitlich attraktiven KV nur über Entfernungen von mehr als 400 km. Folglich stagniert der nationale KV seit Jahren. Der internationale Verkehr, insbesondere über die Alpen und nach Skandinavien, weist hingegen große Zuwachsraten auf. Derzeit werden mit ca. 35 Mio. t/a etwa 12 % der Mengen und 23 % der Verkehrsleistungen der deutschen Bahnen im KV erbracht.

Im Jahr 2006 wurden 17,5 Mrd tkm von insgesamt 107,2 Mrd tkm auf dem Netz der *DB AG* durch dritte Güterverkehrsunternehmen abgefahren [7].

Das prognostizierte Wachstum im Schienengüterverkehr setzt voraus, dass die Güterbahnen modernste Kommunikationsmittel einsetzen, Grenzhindernisse innerhalb Europas abbauen und ihre internationale Kooperation verstärken.

15.2 Anforderungen an das System Bahn der Zukunft

15.2.1 Netzentwicklung

Instandhaltung und Ausbau des Netzes in Deutschland sind im BVWP 2003 [5] beschrieben. Danach sollen in den Jahren 2001-2015
- 38,4 Mrd € als Reinvestition in das Bestandsnetz und
- 25,5 Mrd € in den Neu- und Ausbau

fließen.

Für den Personenfernverkehr ist das wichtigste Projekt die geplante Neubaustrecke Rhein/Main–Rhein/Neckar. Hier sind die prognostizierten Verkehrsmengen und die daraus resultierenden Kapazitätsengpässe am größten. Nach [4] werden im gleichnamigen Korridor für 2020 im SPFV bei Reiseweiten über 80 km 25,8 Mio Fahrgäste (beide Richtungen addiert) prognostiziert, von denen die meisten auf die genannte Neubaustrecke entfallen; der Rest verteilt sich auf die drei bereits voll ausgelasteten Mischbetriebsstrecken Mainz-Ludwigshafen-Mannheim, Riedbahn und Main-Neckar-Bahn.

In Deutschland ist der Ausbau für Fernstrecken nur durchsetzbar, wenn gleichzeitig Verbesserungen für den Nah- und Ballungsraumverkehr durchgeführt werden. Zur Entflechtung des Verkehrs sind deshalb im Bedarfsfall eigene Gleise und neue, siedlungsnahe Nahverkehrsbahnhöfe für diese Systeme vorzusehen.

15 Perspektiven des Systems Bahn

Die zu erwartende Expansion im Seehafen-Hinterlandverkehr darf auch nicht an Kapazitätsengpässen im Netz oder an technischen Inkompatibilitäten scheitern. Für den Güterverkehr stellt die Belastung der Netzknoten, in denen vertaktete Personennah- und Fernverkehrssysteme, zuweilen sogar S-Bahn-Systeme, dieselben Fahrstraßen wie die Güterzüge benutzen, ein immer größeres Hindernis dar. Güterzug-Umgehungsstrecken können neuralgische Kapazitätsengpässe entschärfen, jedoch ist deren Durchsetzung in Ballungsräumen schwierig und langwierig, und die Baukosten einschließlich des integrierten Lärmschutzes sind hoch.

Zweifellos steigt die Wirtschaftlichkeit einer Betriebsanlage mit wachsender Auslastung. Jeder Zug mehr im Netz reduziert die Kosten je Zugkilometer. Daher dürfen zusätzliche Züge nicht an wenigen Engpässen im Netz scheitern.

Der weitere Ausbau des Hochgeschwindigkeitsnetzes im TEN, ergänzt um spezielle Güterzugstrecken wie die Betuwe-Linie, die neuen Alpentransversalen und den Pyrenäentunnel als Mischbetriebsstrecken und der Ausbau der Strecken jenseits der Grenzen der EU sowie neue Kupplungs- und Umspurtechniken für Güterzüge werden Langstreckenverbindungen im Reise- und Güterverkehr ermöglichen, die bislang wenig attraktiv waren.

15.2.2 Leit- und Sicherungstechnik, Kommunikation

Die Netzplanung wird durch die Aktivitäten der EU in den internationalen Rahmen der Transeuropäischen Netze eingebracht. Die Konformität mit den technischen Spezifikationen Interoperabilität sorgt schrittweise für eine gewisse technische Harmonisierung der Infrastrukturparameter und der technischen Ausrüstung. Aufbauend auf dem Funksystem GSM-R, das anfänglich nur zu Kommunikationszwecken genutzt wurde, werden die prioritären Korridore mit ETCS (in verschiedenen Ebenen) ausgerüstet. Das Gesamtsystem, von der EU als ERTMS (European Rail Traffic Management System) bezeichnet, wird dann sowohl kundendienstliche Information über Ladungen und Anschlüsse ermöglichen als auch den betrieblichen Belangen der Zugsteuerung und -sicherung dienen.

Mit der Migration der unterschiedlichen Zugsicherungssysteme auf ETCS ist die europäische Entwicklung der nächsten 20 Jahre vorgegeben. Neben den drei funktionalen Ebenen – ETCS Level 1, 2 und 3 – wurde inzwischen eine Einfach-Variante „ETCS Level 1 Limited Supervision" entwickelt, die für Geschwindigkeiten bis 160 km/h ausreicht und die Kosten für die Ausrüstung der prioritären ERIM-Güterzugkorridore im TEN (siehe Kapitel 12, Abb. 12.4.1) erheblich verringert.

Mit ETCS L 2 und 3 können ortsfeste Signale bis auf eine Mindestausrüstung als Rückfallebene eingespart werden. Mit L3 spart man auch noch die separaten Gleisfreimeldeanlagen, vorausgesetzt, alle dort eingesetzten Fahrzeuge verfügen über die entsprechende Bordausrüstung. Die Einsparungen machen sich auch unmittelbar durch vereinfachte und damit billigere Stellwerke bemerkbar. In der Version ETCS L2 CIR-ELKE kann zudem noch die Streckenleistungsfähigkeit erhöht werden, und zwar um etwa 10 % – 15 %, wie in der Technik LZB CIR-ELKE.

Eine europaweite Standardisierung darf nicht zu einem Stopp bei der Weiterentwicklung der Leit- und Sicherungstechnik führen.

Es bleibt die systemtechnische Grundsatzfrage, ob die unternehmensrechtliche Entflechtung von Netz und Transport nicht auch Konsequenzen für die betriebliche Entflechtung haben wird. Die Perspektive „intelligente Fahrzeuge – dummes Netz" mit einer Innensteuerung der Fahrzeuge auf Basis sicherer Informationen über den Zustand und die Belegungen der Netzelemente auf dem geplanten Fahrweg kann bereits skizziert werden. Diese Variante wäre für einfache Verhältnisse – wenig Zugfahrten, keine komplizierten Netzknoten – ausreichend. Insbesondere in den Regionalnetzen mit weitgehend vertakteten, harmonischen Verkehren werden sich Experimentierfelder für vereinfachte

Leit- und Sicherungstechniken, z. B. mit Hilfe des genauen Positionierungssystem Galileo, auftun. Unter Verwendung der ETCS-Basisbausteine müssen hier Kostenreduktionen im Gesamtsystem realisiert werden, um angesichts der langfristig unsicheren Zukunft der finanziellen Unterstützung durch den Staat ein Überleben zu sichern.

Der gegenläufige Trend stärkt die Intelligenz des Netzes. Die Geschwindigkeitsregelung der Züge, früher durch den Fahrdienstleiter auf dem Stellwerk mit Hilfe der K- und L-Scheiben optisch unterstützt, könnte mit Rechnerunterstützung wieder in die Hand der Betriebsleitzentrale gelangen. Die Zugfahrten, insbesondere bei zahlreichen gleichzeitigen Zugbewegungen durch komplizierte Netzknoten hindurch, können dadurch so abgestimmt werden, dass keine Fahrstraßenkonflikte entstehen und außerplanmäßiger Zughalt im Knoten vermieden wird (Projekt FreeFloat der *DB Netz AG*). Die Prüfung des Fahrwegs auf Freisein von Hindernissen – „Fahrweg frei und befahrbar" – ist im Regelfall ohnehin Aufgabe des Fahrdienstes.

15.2.3 Fahrzeugtechnik

Die Kräfte im Schienenbetrieb scheinen es auszuschließen, billigere Fahrzeuge mit einer deutlich geringeren Lebensdauer, aber dafür schnelleren Innovationszyklen zu bauen. Daher müssen Strategien zur technischen und kundenorientierten Anpassung der Fahrzeuge in der Mitte ihrer Lebensdauer erarbeitet werden, mit Konsequenzen auf die Gestaltung schon des Neufahrzeugs. Komponenten sind weiterhin: Leichtbau, neue Fügetechniken, verteilte Traktion, automatische Kupplungen für Güterzug-Einzelwagen sowie Fähigkeit zur Selbstdiagnose. Durch die EG-Konformitäts- und Gebrauchstauglichkeitsbeurteilungen und das EG-Prüfverfahren für Teilsysteme (siehe Anhang *TSI Güterwagen*) wird der Weg für die europaweite Zulassung interoperabler Komponenten und Teilsysteme frei. Die dann potenziell größeren Stückzahlen sollen den Stückpreis europaweit nach unten drücken.

Die Telematik wird bald für das Management und die Überwachung von Wagen und Ladungen unentbehrlich werden. Es sollte auch gelingen, die Güterzüge mit durchgehenden elektrischen Leitungen und ep-Bremsen auszurüsten, um bisherige Schwachstellen im Güterzugbetrieb zu vermeiden und neue Dimensionen für Zuglasten, Zuglängen und Fahrgeschwindigkeiten zu erreichen.

Güterzüge dürfen nicht länger ein Lärmproblemfall sein. Die vorhandenen Lösungen scheitern unter heutigen Randbedingungen bisher an ihrer Wirtschaftlichkeit. Inzwischen wird aber an manchen Strecken die Akzeptanz der Bahn generell infrage gestellt. Durch finanzielle Anreize sollten die Wageneinsteller zum Einsatz lärmarmer Güterzugtechnik angehalten werden. Hierzu kann die lärmarme Kunststoffsohle (K-Sohle) für Reibungsbremsen oder auch die berührungsfrei wirkende elektrische Rotierende Wirbelstrombremse (RWB) beitragen, die sich derzeit in Entwicklung bei einer Privatfirma befindet. Das wäre eher systemgerecht und auch gesamtwirtschaftlich günstiger als erst den Lärm ungehindert entstehen zu lassen und ihn dann nachträglich durch teure Schallschutzwände wieder abzumildern.

15.3 Vision einer Eisenbahn im Jahr 2050

15.3.1 Europa

In dieser Vision Europa 2050 sind Infrastrukturmanager (EIU) und Eisenbahnverkehrsunternehmer (EVU) im Regelfall organisatorisch vollständig getrennt. Nur Deutschland hat seinen Sonderstatus behalten. Alle Netze werden als Teil der jeweiligen nationalstaatlichen Verkehrs-Infrastruktur behandelt. Diese Netze sind gemäß den Richtlinien der EU vollständig interoperabel, und die Eisenbahn-

15 Perspektiven des Systems Bahn

agentur in Valenciennes wacht im Auftrag der Kommission streng über die Einhaltung aller technischen und betrieblichen Regeln und der Sicherheit des Bahnbetriebes. Sie entwickelt auch das Regelwerk im Auftrag der Kommission weiter, unter vorheriger Anhörung der Experten der EIU/EVU und der Herstellerindustrie.

Das maximale interoperable Fahrzeugprofil ist das Profil GB, welches Doppelstockzüge erlaubt, die ungefähr dem französischen TGV Duplex Profil entsprechen und im Wagenobergeschoss seitlich stark eingeschränkt ist. Im Jahr 2050 wird es aber in Deutschland möglich sein, das größere Profil GC, welches von der *DB* mit viel Aufwand seit etwa 1990 bei allen größeren Umbauten und auf den Neubaustrecken hergestellt wird, für Fahrzeugabmessungen auf dem nationalen Netz zu verwenden. Double-stack-Containerzüge und höhere Radsatzlasten als 25 t dürften auch 2050 nicht den Richtlinien Interoperabilität entsprechen, zumal sie umfangreiche und äußerst kostspielige Umbauten im Netz voraussetzen. Das gleiche gilt für Züge, die mehr als 8 t Gewicht pro laufenden Meter oder eine Länge von 750 m überschreiten. Die Bahnanlagen in der EU (Brücken, Bahnhöfe) sind darauf nicht eingerichtet.

Die technische Ausrüstung der Zugsysteme ist wie die Infrastruktur vollkommen interoperabel, sie folgt ausnahmslos den Anfang des Jahrhunderts festgelegten Parametern und passt dank der Plug-and-play Methode zueinander. Viele Hersteller von Bauteilen und Systemen (europäische und solche aus Fernost) konkurrieren miteinander um die Aufträge.

Moderne Leit- und Sicherungstechnik und spezielle Gefahrraumüberwachungen ermöglichen das fahrerlose Fahren auf Hauptstrecken. Diese werden jedoch aus allgemeinen Sicherheitsgründen beibehalten. Auf Hauptstrecken sind alle höhengleichen Bahnübergänge beseitigt, nicht jedoch auf Nebenstrecken, die weitgehend zu den insulären Regionalnetzen zählen. Nahezu alle Strecken im TEN sind mit ETCS/ERTMS ausgerüstet. Sie werden von wenigen Betriebsleitzentralen überwacht und gesteuert.

Einige große EVU, wie die *DB AG* und die *SNCF*, stehen im fairen europaweiten Wettbewerb zueinander. Daneben betreiben viele kleinere EVU Zugsysteme, und zwar Regional- und Ballungsraumverkehr sowie Ganzzüge (für gemischte Kundschaft und Werkverkehr) quer durch Europa. Ein Wettbewerb der Netze existiert nur sehr eingeschränkt, da überall die Kapazitäten bis zur Höchstmarke ausgeschöpft sind und neue Strecken im klein strukturierten Europa kaum noch realisierbar sind. Im Realisierungsfall kommen sie wegen der langwierigen Durchsetzungsphase auch 20 Jahre zu spät. Die Trassenpreise sind wegen des großen Erneuerungsbedarfs der Infrastruktur (Dämme, Brücken, Tunnels aus dem vorigen Jahrhundert) immer noch nicht kostendeckend, so dass die jeweiligen Staaten wie vordem mitfinanzieren müssen.

Die Ganzzüge operieren, soweit es möglich ist, auf getrennten Strecken, etwa nach der Strategie „Netz 21" der *DB Netz AG*. Die Europäisierung hat eine zeitliche Trennung – tagsüber PV, nachts GV – immer schwieriger gemacht. Einzelwagenverkehr ist noch vorhanden, konzentriert sich jedoch auf deutlich weniger Be- und Entladestellen. Einige große Rangierbahnhöfe in Europa bleiben unverzichtbar, alle kleineren wurden inzwischen rekultiviert oder zu Parkplätzen für Lastkraftwagen umfunktioniert. Der Containerverkehr hat wegen der Importe aus Fernost über alle Maßen zugenommen. Er beschränkt sich nicht nur auf die Seehäfen, sondern nutzt auch die schon zu Anfang des 21. Jahrhunderts existierenden Umschlaganlagen in Duisburg, Mainz, Mannheim, Strasbourg, Basel und anderen Rheinhäfen. Der Umschlag von Containern geschieht in den Umschlagbahnhöfen Schiene/Straße vollautomatisch.

15.3.2 Bahnen außerhalb Europas

Weltweit boomt der Bahnmarkt ungebrochen. Von 2050 aus gesehen, sind in China bereits seit mehreren Jahrzehnten über 12 000 km Hochgeschwindigkeitsstrecken in Betrieb. Auch in Indien, Arabien, Iran, in Nordafrika und Russland sind Hochgeschwindigkeitsbahnen nach europäischem und japanischem Vorbild entstanden. Fast alle Hochgeschwindigkeitszüge lehnen sich in Breite und Höhe an das Shinkansen-System an. Alle Bahnhöfe an Hauptstrecken des Personenverkehrs verfügen in diesen Ländern über hohe Bahnsteige, die einen stufenlosen Eintritt in die Züge ermöglichen. Die Bahnhöfe sind grundsätzlich voll klimatisiert, sauber und als abgegrenzte Gebiete besonders sicher. Sie verfügen nach europäischem Vorbild über U-Bahn-Anschluss sowie jeweils über große Busbahnhöfe.

In den rohstoffreichen Gebieten Australiens, Asiens, Arabiens, Afrikas, Südamerikas und Russlands sowie im mittleren Osten gehören im Jahr 2050 Güterzüge auf speziellen Strecken mit Radsatzlasten von 35 t und Zuglasten von 50 000 t zur Normalität. Im Langstreckenverkehr werden außer den Rohstoff-Ganzzügen grundsätzlich Double-stack-Containerzüge gefahren, so auch in den USA, Russland, Nordchina, Iran und Arabien; die Streckeninfrastruktur ist entsprechend großzügig dimensioniert.

Die Leit- und Sicherungstechnik entspricht dem europäischen ETCS, sie ist gemäß *TSI* zertifiziert und weltweit einsetzbar. Als Funksystem kommt GSM-R zu Anwendung. Die Ortung wird durch GPS oder Galileo als Rückfallebene unterstützt. Auch die meisten anderen Komponenten dieser Bahnsysteme (außer den Abmessungen der Fahrzeuge und Züge) entsprechen den durch die EU gesetzten Spezifikationen, sie weisen lediglich Modifikationen auf, die sich aus den klimatischen und topographischen Bedingungen der Einsatzgebiete ergeben.

Literatur

[1] BMVBS (Hrsg.): Verkehr in Zahlen, 2006/2007. DVV, Hamburg

[2] IVT/ITP: Personenverkehrsprognose 2000/2010, Heilbronn/München, 1990, aus: Einsatzfelder neuer Schnellbahnsysteme, Band II, Verkehrsmarkt, S. 42. MVP, München 1991

[3] Inovaplan (Zumkeller): Umsteigeverhalten von Bahnreisenden, München 1988, aus: Einsatzfelder neuer Schnellbahnsysteme, Band II, Verkehrsmarkt, S. 64. MVP, München 1991

[4] Intraplan: Personenverkehrsstudie 2010/2020. UIC, Paris

[5] BMVBW: Entwurf zum BVWP 2003, Bonn, 2003

[6] UIC: Rail and Terminal Infrastructure. Paris, 10/2004

[7] DB AG: Wettbewerbsbericht 2007, Berlin, 2007

www.eurailpress.de

Einblick in die Entwicklung und die Zukunft des europäischen Schienengüterverkehrs

Internationaler Schienengüterverkehr

Der Schienengüterverkehr erlebt eine Renaissance. Aktuelle Prognosen berechnen gar für das Jahr 2050 eine Steigerung der Verkehrsleistung des Schienengüterverkehrs gegenüber 2005 um stolze 138,2 Prozent. Und durch den nun freien europäischen Binnenraum für den Schienengüterverkehr sollen die sechs europäischen ERTMS-Korridore realisiert werden. Dies hat auch immense Bedeutung für den Umwelt- und Klimaschutz in Europa.

Vor diesem Hintergrund kommt diesem Jahrbuch des Bahnwesens mit seinem Schwerpunktthema „Internationaler Schienengüterverkehr" eine besondere Rolle zu: Die politischen und technischen Aufsätze verdeutlichen die Möglichkeiten zu einer verkehrspolitischen Wende zugunsten der Schiene und zum Nutzen des Klimas. Dieses Buch bietet den Leserinnen und Lesern einen qualifizierten Einblick in die bisherige Entwicklung und die Zukunft des europäischen Schienengüterverkehrs.

Weitere Informationen, das komplette Inhaltsverzeichnis sowie das Vorwort finden Sie unter www.eurailpress.de/jdb

Technische Daten: Titel: JdB – Internationaler Schienengüterverkehr, ISBN 978-3-7771-0360-0, 128 Seiten, Format 210 x 300 mm, Hardcover, **Preis**: € 34,– inkl. MwSt. zzgl. Versandkosten **Adresse:** DVV Media Group GmbH | Eurailpress · Nordkanalstraße 36 · 20097 Hamburg · Germany · Telefon: +49 40/2 37 14-246 · E-Mail: service@eurailpress.de

Eurailpress

Glossar

Die wichtigsten Begriffsdefinitionen zum System Bahn

A

Abbremsung: Prozentuales Verhältnis von Bremsklotzanpresskraft zu →*Radlast*, zu berechnen nach der Formel

$$A = \frac{\text{wirksame Bremsklotzkräfte an beiden Rädern} \cdot 100}{\text{Last des Radsatzes auf der Schiene}}$$

Absolute Gleislage: Lage nach Seite und Höhe von Gleispunkten in Bezug auf Punkte, die nicht mit dem Gleis in unmittelbarer Verbindung stehen (z. B. Gleisfestpunkte, Signale, Maste, Gebäude, Brücken usw.). Herstellung der a. G. schließt →*relative Gleislage* mit ein.

Achsfolge: Symbolische Kennzeichnung der →*Radsätze* im →*Laufwerk* von Triebfahrzeugen. Gemäß UIC-Merkblatt 612 V verwenden alle der UIC angeschlossenen Bahnverwaltungen eine einheitliche Achsfolgebezeichnung. Danach wird die Anzahl der aufeinander folgenden Laufradsätze durch arabische Zahlen und die der Treibradsätze durch große lateinische Buchstaben gekennzeichnet, wobei die alphabetische Reihenfolge die Anzahl aufeinander folgender Treibradsätze angibt.

Achslast (*besser: Radsatzlast*): Summe der statischen Kräfte, die senkrecht von einem Fahrzeugradsatz auf Schienen übertragen werden, zu berechnen nach der Formel

$$\frac{\text{Eigengewicht} + \text{Gewicht der Ladung}}{\text{Zahl der Radsätze}}$$

Achszählanlage, *Achszählkreis*: Punktförmige Gleisfreimeldeanlage zur selbsttätigen Frei- und Besetztmeldung von Gleisabschnitten im Bf. und auf freier Strecke, die alle in einem Abschnitt einfahrenden und aus diesem ausfahrenden Fahrzeugradsätze getrennt zählt und aus dem Vergleich der Zählergebnisse die Frei- oder Besetztmeldung ableitet. Ungleiche Zählerstände bedeuten Gleisbesetzung.

Anschlussstelle: Bahnanlage der freien Strecke, wo Züge ein an das Streckengleis angeschlossenes Gleis ohne Freigabe des Streckengleises für einen anderen Zug bedienen können (→*Ausweichanschlussstelle*).

Ausweichanschlussstelle: Bahnanlage der freien Strecke, wo Züge ein an das Streckengleis angeschlossenes Gleis unter Freigabe des Streckengleises für einen anderen Zug bedienen können. Bei der A. beginnt oder endet eine →*Sperrfahrt*.

Automation: Entwicklungsstufe der Mechanisierung in technischen Bereichen, gekennzeichnet durch den Einsatz weitgehend bedienungsfreier Arbeitssysteme.

Automation im Zuge (AiZ): Subsystem zur Erfüllung folgender Aufgaben:
– Fernbedienung von Einrichtungen im Zug durch den Tf (Befehlsrichtung)
– Kontrolle des Zuges durch den Tf (Melderichtung)

Automatische Fahr- und Bremssteuerung (AFB): Elektronische Geschwindigkeitsregeleinrichtung, die dafür sorgt, dass eine vorgegebene Sollgeschwindigkeit kontinuierlich eingeregelt wird. Bei Eingabe der Geschwindigkeitssollwerte, z. B. über →*Linienzugbeeinflussung (LZB)*, ermöglicht die AFB ein automatisches Fahren.

Glossar

B

Bahnsystem: Transportsystem, technologisch gekennzeichnet durch →*Spurführung* der →*Transportmittel* auf dem →*Transportweg*.

Betra: Kurzwort für →*Betriebs- und Bauanweisung*.

Betrieb: Teilgebiet des Eisenbahnwesens; im engeren Sinne die Gesamtheit der Tätigkeiten und Prozesse im Zusammenhang mit dem Bewegen von Fahrzeugen zum Zwecke des Zusammenstellens, Beförderns und Auflösens von Zügen, das Durchführen von Fahrten von Einzelfahrzeugen sowie das Bedienen der Zusatzanlagen.

Betriebsführung: Durchführung aller Tätigkeiten und Prozesse, die das Bewegen von Fahrzeugen zum Zwecke der Zusammenstellung, Beförderung und Auflösung von Zügen zur Folge haben.

Betriebsleitstelle: Zentrale oder dezentrale Steuerungs- und Leitstelle, die auch der Behebung von Störungen und Abweichungen von der feststehenden Planung in der Betriebsabwicklung dient.

Betriebssicherung: Maßnahmen zur Sicherung der freizuhaltenden Fahrwegabschnitte und zur Sicherung der Fahrzeuge gegen Unregelmäßigkeiten, die zu Gefährdungen führen können.

Betriebsstelle: Einrichtung am Fahrweg, die der internen Abwicklung und Sicherung des Betriebs dient.

Betriebssteuerung (-regelung): Steuerung (Regelung) aller Bewegungsvorgänge in Bezug auf die Komponenten Fahrbahn/Fahrzeug.

Betriebssteuerzentrale: Zentrale, von der aus mehrere zum Zweck der Rationalisierung zusammengefasste →*Betriebsstellen* ferngesteuert werden.

Betriebsüberwachung: Überwachung der betrieblichen Prozesse im Hinblick auf die Einhaltung der Vorgaben.

Betriebs- und Bauanweisung (Betra): Betriebsregelung auf Bahnhöfen und Strecken bei Abweichungen vom Regelbetrieb aus Anlass von Bauarbeiten.

Bettungszahl (-ziffer): Maß für das elastische Verhalten des Oberbaus, ausgedrückt durch den Quotienten aus Flächenpressung an der Schwellenunterkante und Einsenkung der Schwelle.

Bildfahrplan: Grafische Darstellung einer Zugfahrt als Zeit-Weg-Linie. Aus der Neigung der Zeit-Weg-Linie lässt sich die Geschwindigkeit eines Zuges erkennen.

Blockstrecke (-abschnitt): Gleisabschnitt einer Strecke zwischen zwei Zugfolgestellen liegend und von Bocksignalen begrenzt, in den ein Zug erst einfahren darf, wenn dieser Abschnitt frei von Fahrzeugen ist.

Brems(gewichts)**hundertstel:** Zu berechnen aus der Formel:

$$\frac{\text{Wirksames Bremsgewicht des Zuges} \cdot 100}{\text{Gesamtgewicht des Zuges}}$$

Nach Höchstgeschwindigkeit des Zuges, maßgebender Streckenneigung und Bremsweg ist in DS 408 (Fahrdienstvorschrift) vorgeschrieben, wie viel B. der Zug mindestens haben muss, um innerhalb der Bremswege auf Halt abgebremst werden zu können.

Bremsweg:
– absoluter Bremsweg: Weg bis zum Anhalten eines Zuges.
– relativer Bremsweg: Weg bis zum Abbremsen eines Zuges auf die Geschwindigkeit des vorausfahrenden Zuges.

Glossar

E

EBO, *Eisenbahn-Bau- und Betriebsordnung*: Rechtsverordnung mit Gesetzescharakter für den Bau und Betrieb von Eisenbahnen. Die EBO ist das wichtigste Regelwerk für die Sicherheit und Ordnung des Eisenbahnbetriebs, sie enthält grundlegende Bestimmungen für Bahnanlagen und Publikum.

EBuLa: Abk. für →*Elektronischer Buchfahrplan und La*.

Elektronischer Buchfahrplan (EBuLa): Vollständiger Ersatz der gedruckten Fahrplanunterlagen durch ein elektronisches Medium. EBuLa ermöglicht eine zug- und tagesbezogene Bereitstellung der Daten für den Tf und berücksichtigt kurzfristig alle Veränderungen zum Regelzustand (z. B. Fahrplanabweichungen, Bauarbeiten). Wiedergabe der Tf-Informationen über ein Bordgerät mit grafischer Bildschirmdarstellung.

ESO, *Eisenbahnsignalordnung*: Gesetzliche Festlegung für eine einheitliche Signalgebung bei den deutschen Eisenbahnen. Die E. ist Grundlage für das Signalbuch der Deutschen Bahnen.

F

Fahrbahn (Fahrweg): Ortsfeste Anlagen, auf denen sich →*Transportmittel* bewegen.

Fahrdynamik: Wissenschaftsdisziplin, die sich, ausgehend von Gesetzen der Technischen Mechanik und empirisch gefundenen Abhängigkeiten, mit den Bewegungen von Fahrzeugen befasst.

Fahren im Raumabstand: Verfahren der Abstandsregelung, bei dem der folgende Zug an einem örtlich markierten Punkt (Signal) erst vorbeifahren darf, wenn der vorausfahrende Zug unter Deckung des nächsten Signals ist.

Fahren auf elektrische Sicht: Verfahren der Abstandsregelung, bei dem jeder Zug aufgrund kontinuierlicher Standortmeldungen an eine zentrale Einrichtung (EDV-Anlage) von dieser kontinuierlich Fahrbefehle erhält, die ein sicheres Abstandhalten zu einem Hindernis gewährleisten.

Fahrgestell: Bauliche Einheit von →*Fahrwerk* und Rahmen der Schienenfahrzeuge.

Fahrleitungsanlage: Gesamtheit aller zur Stromabgabe an Fahrzeuge dienenden *Fahrleitungen* und der auf ihrem Tragwerk geführten *Speise-, Verstärkungs-* und *Umgehungsleitungen*, ferner aller Einrichtungen, die zum Aufhängen und Befestigen dienen.

Fahrplan: *Im engeren Sinn*: Zeit-Weg-Beziehung für die Abfahrts-, Durchfahrts- und Ankunftszeiten eines Zuges und die vom Zuglauf berührten →*Betriebsstellen*.
Im weiteren Sinn: Die Zusammenfassung von Einzelfahrplänen (z. B. einer Strecke, einer Region oder eines Netzes) zu einem Gesamtfahrplan.

Fahrschaubild: Grafische Darstellung des →*Fahrspiels*, wobei die Geschwindigkeit über dem Weg oder der Zeit aufgetragen ist. F. liefert Überblick über fahrdynamischen Verlauf einer Zugfahrt.

Fahrschaulinie: Kurvenzug des Fahrschaubildes mit der Darstellung des Geschwindigkeitsverlaufes eines →*Transportvorgangs*.

Fahrspiel: Sich wiederholender Bewegungsablauf eines →*Transportvorgangs* mit der Gliederung in Beschleunigungsphase, Beharrungsfahrt, Auslauf, Bremsung und Halt.

Fahrstraße: Durch Signalabhängigkeit gesicherter und durch Stellung der Weichen zwangsläufig vorgeschriebener →*Fahrweg* einschließlich Durchrutschweg.

Glossar

Fahrweg: → *Fahrbahn*

Fahrwerk (Laufwerk): → *Transportträger*, mit dem die Beförderung durch rollende Bewegung erfolgt.

Fahrzeugbegrenzung (Lademaß): Abmessungen, die das Fahrzeug mit sämtlichen Auf- und Anbauten (oder seiner Ladung) bei Stillstand und Mittelstellung im geraden Gleis maximal einnehmen darf.

Fale-Safe-Prinzip: Konzeption eines Systems, das bei einem auftretenden Fehler, gleich welcher Art, diesen erkennt und das System selbsttätig in den sicheren Zustand schaltet.

Fernstellen: Fernbetätigen von Stelleinrichtungen.

Fernsteuerung: Steuerung, Bedienung und Überwachung von Anlagen von einer entfernt liegenden →*Leitstelle* aus.

Formschluss: Liegt vor beim Anlaufen des Spurkranzes an der Schienenkopfflanke (→*Kraftschluss*).

Freizuhaltender Raum: Reicht seitlich über das →*Lichtraumprofil* hinaus; ist bei Neubauten und größeren Umbauten einzuhalten.

Führungsschiene: Neben der Fahrschiene angeordnete Hilfsschiene, wie Radlenker, Flügelschiene oder Leitschiene, an der sich die der Gleismitte abgekehrten Flanken der Räder der Schienenfahrzeuge mit der Rückenfläche ihrer Spurkränze führen, ohne sich auf sie zu stützen.

Führungssystem: Gesamtheit der Komponenten von →*Fahrzeug* und →*Fahrweg*, welche die zwischen diesen auftretenden Querkräfte aufnehmen.

G

Gattung: Element der Klassifizierung oder baulichen Gruppierung von →*Transportmitteln* und sonstigen technischen Bauelementen.

Gleisbogenabhängige Wagenkastensteuerung (GSt): Automatisch wirkende Einrichtung zur Neigung des Wagenkastens nach bogeninnen, die es erlaubt, die Geschwindigkeit bei Fahrt durch den Gleisbogen zu erhöhen, ohne dass die durch die EBO begrenzte unausgeglichene Querbeschleunigung im →*Transportgefäß* überschritten wird.

Gleisbremse: Stationäre, im Gleis angeordnete Bremseinrichtung, mit deren Hilfe ablaufende Wagen(gruppen) mechanisch abgebremst werden können. Einsatz als Abstands-, Laufziel-, Tal-, Richtungsgleis-, Halte-, Zulauf- oder Sammelbremse im geführten Ablauf.

Gleisstromkreise: Mit Hilfe von isolierten Gleisabschnitten gebildete Stromkreise, mit denen z.B. selbsttätig festgestellt werden kann, ob sich ein Zug, Fahrzeug oder Fahrzeugradsatz in einem Strecken-, Gleis- oder Weichenabschnitt befindet.

H

Haftreibung: Reaktionskraft im Kräftegleichgewicht an einem stehenden Eisenbahnfahrzeug. H. ist stets nur so groß, dass das Fahrzeug unter dem Einfluss äußerer Kräfte in Ruhe verbleibt. Bei Überschreitung eines bestimmten Größtwertes der H. tritt Gleitreibung ein.

Hauptsignale: Signale, die die Blockstrecken begrenzen.

Hilfsbetriebe: Sammelbegriff für Hilfs- und Zusatzeinrichtungen auf Tfz., die das störungsfreie Arbeiten der Hauptausrüstungsteile (Fahrmotoren, Transformatoren, Bremseinrichtungen u. Ä.) gewährleisten, die Betriebssicherheit erhöhen oder die Bedienung der Tfz. erleichtern.

I

Induktive Zugsicherung (Indusi): Bauart der induktiven →Zugbeeinflussung nach dem Resonanzprinzip mit 3 Frequenzen (500 Hz, 1000 Hz und 2000 Hz). Ausführung als Streckeneinrichtung mit in Abhängigkeit von Signalstellung wirksamen oder kurzgeschlossenen Gleismagneten.

Instabiler Radsatzlauf: s. Radsatzlauf.

Integrierte Transportsteuerung: Umfassendes kybernetisches System zur Steuerung und Regelung von komplexen, zielorientierten sowie dynamischen → Transportvorgängen.

K

Kabotage: Möglichkeit, Schienengütertransporte im innerstaatlichen Verkehr durchzuführen, ohne selbst in diesem Staat niedergelassen zu sein.

Kontinuierliche Zugbeeinflussung: s. Zugbeeinflussung.

Kraftschluss: Verbindung zweier gegeneinander beweglicher Teile (z. B. Rad und Schiene innerhalb des →Spurspiels) durch Haftreibung.

Kraftübertragung: Weiterleitung der Abtriebsleistung der Kraftmaschine eines Triebfahrzeugs auf mechanischem, elektrischem oder hydraulischem Weg auf die anzutreibenden Räder.

L

La: Abkürzung für *Übersicht der vorübergehend eingerichteten →Langsamfahrstellen und sonstiger Besonderheiten.*

Ladegewicht: Gewicht der Ladung, Nutzlast.

Lademaß: s. Fahrzeugbegrenzung.

Langsamfahrstelle: Gleisabschnitt, der ständig oder vorübergehend nur mit verminderter Geschwindigkeit befahren werden darf.

Lastabbremsung: Besondere Einrichtung der Bremsen von Eisenbahnfahrzeugen, deren Gesamtlast im Betriebseinsatz großen Veränderungen unterliegt. Durch L. soll erreicht werden, dass sich die Bremsreibungskraft der veränderten Gesamtlast des Fahrzeugs anpasst und somit das Bremsvermögen des Fahrzeugs weitgehend unabhängig von der Fahrzeuggesamtlast ist.

Lastgrenze: Maximale Belastbarkeit von Güterwagen mit Gütern (Gutmenge). L. ist in Abhängigkeit von jeweiliger Streckenklasse, Meterlast und Geschwindigkeit unterschiedlich.

Lastwechsel: Umstellvorrichtung zur →Lastabbremsung von Eisenbahnfahrzeugen mit Druckluftbremse, gestattet Anpassung der Bremswirkung an das Bruttogewicht des Wagens.

Glossar

Laufgüte: Maß für das Laufverhalten eines Fahrzeugs, ausgedrückt durch die *Laufgüte-Bewertungszahl Wz*, die aus den Quer- und Vertikalbeschleunigungen des Wagenkastens bestimmt wird.

Laufkreis:
- momentaner Laufkreis: Schnittlinie zwischen der durch den momentanen Radaufstandspunkt gelegten Normalebene und der Radlauffläche.
- nach EBO: Schnittlinie zwischen der Lauffläche des Rades mit der Normalebene durch den Radaufstandspunkt, der 70 mm vom Radreifenrücken entfernt ist.

Lauf- oder Grundwiderstände: Aerodynamische Widerstände und Widerstände der →*Spurführungseinrichtungen* bei gerader Fahrt in der Ebene.

Laufsicherheit:
Sicherheit gegen:
- Querverschiebung des Gleisrostes
- Entgleisen durch Aufklettern eines →*Spurkranzes*
- Entgleisen durch zu große Radentlastung
- Überbeanspruchung von Bauteilen des →*Fahrwerks* und des Gleises.

Laufverhalten: Verhalten des Fahrzeugs unter bestimmten Gegebenheiten der Fahrbahn. Als Beurteilungskriterium gelten →*Laufgüte* und →*Laufsicherheit*.

La-Zuschlag: Zuschlag zur Fahrzeit auf Grund des Fahrzeitverlusts für einen Zug beim Befahren einer →*Langsamfahrstelle*.

Leergewicht: Eigengewicht eines betriebsbereiten Fahrzeugs; bei Brennkrafttriebfahrzeugen: Eigengewicht + 2/3 Betriebsvorräte.

Leistungsfähigkeit eines Knotens: Zahl der Betriebsvorgänge, die in einem bestimmten Betriebszeitraum auf den Anlagen eines Knotens (z.B. Bahnhof, Kreuzung, Abzweigstelle) möglich sind. L. wird auch als Durchlassfähigkeit bezeichnet.

Leistungstonnen: Einheit für die Masse eines Zuges, die sich zusammensetzt aus den Massen des Triebfahrzeugs, der angehängten Wagen und der Nutzlast.

Lichtraumprofil: Auf die Gleismittenachse bezogene symmetrische Umgrenzung eines Raumes, in den keine festen Einrichtungen oder Gegenstände hineinragen dürfen. Der lichte Raum dient dem ungehinderten und gefahrlosen Bewegen von Fahrzeugen und berücksichtigt Wank- und Schlingereinflüsse sowie Unregelmäßigkeiten der →*Gleislage*.

Lineare Wirbelstrombremse (LWB): Berührungsfrei nach dem Prinzip der Gleichstrombremsung wirkende Fahrzeugbremse, die die Fahrschiene als Reaktionsschiene benutzt. LWB arbeitet ohne Verschleiß und ist unabhängig vom mechanischen Kraftschluss zur Schiene.

Linienleiter: Elektr. Leiterschleife. Informationsträger zur induktiven Informationsübertragung für die →*Linienzugbeeinflussung (LZB)* und Führerstandssignalisierung.

Linienzugbeeinflussung (LZB): s. *Zugbeeinflussung*.

Logistik: Organisation, Planung und Steuerung der gezielten Bereitstellung sowie des zweckgerichteten Einsatzes von Produktionsmitteln (Arbeitskräfte, Betriebsmittel, Material) und Dienstleistungen zur Erreichung der Unternehmensziele.

Losbrechwiderstand: Bestandteil des Anfahrwiderstands von insbesondere älteren Eisenbahnfahrzeugen infolge Haftens des Achsschenkels an der Lagerschale des Gleitlagers zu Beginn der Fahrzeugbewegung.

Losrad: Mit →*Radsatzwelle* nicht fest verbundenes und auf ihr frei drehbewegliches Rad.

M

Mischbetrieb: Bei M. bewegen sich →*Transportmittel* für verschiedene kommerzielle Zwecke mit unterschiedlichen Geschwindigkeiten auf der gleichen Spur.

Mittlere Geschwindigkeit: Quotient aus zurückgelegtem Weg und reiner Fahrzeit.

Monobloc-Rad (Vollrad): Aus einem Stück bestehende Radscheibe (ohne Radreifen), auf die das →*Radreifenprofil* direkt aufgedreht ist.

N

Nickbewegung: Drehbewegung des Fahrzeugkastens oder des Drehgestells um die Querachse.

O

Oberleitung: s. →*Fahrleitung*

Operation: Teilaufgabenbereich in einem →*Bahnsystem* mit automatischer Steuerung: Ermittlung der Soll-Vorgaben (Soll-Geschwindigkeit, Fahrweg-Solllage) für das Feld anhand der Daten aus dem Dispositionsbereich unter Berücksichtigung der Parameter von Strecke und Fahrzeug und der vom Feld laufend zurückgemeldeten Ist-Werte.

P

Personenkilometer (Pkm): Produkt aus Anzahl der beförderten Personen und mittlerer Reiseweite.

Prozessrechner: Elektronische Rechenanlage zur Steuerung von Prozessen aller Art.

Pufferzeit: Reservezeit zwischen kürzester →*Zugfolgezeit* und tatsächlich vorhandener Zugfolgezeit. P. dient dem Abbau auftretender Störungen oder dem Ausgleich geringfügiger Fahrplanabweichungen.

Punktförmige Zugbeeinflussung: s. *Zugbeeinflussung*.

Q

Querbeschleunigung:
– allgemein: Als Folge von Richtungsfehlern der Spur auftretende aperiodische Beschleunigung, als Folge des →*Sinuslaufs* des Radsatzes periodisch auftretende Wechselbeschleunigung.
– unausgeglichene Querbeschleunigung: Bei Bogenfahrt auftretende Zentrifugalbeschleunigung.

Querverschiebewiderstand: Widerstand des Gleises gegen Gleisverschiebung quer zur Gleisachse. Q. hängt vom horizontalen Trägheitsmoment der Schienen, vom Verdrehwiderstand der Schienen auf den Schwellen und vom Verschiebewiderstand der Schwellen im Schotter, aber auch von der vertikalen Belastung des Gleises durch die Fahrzeuge ab. Q. ist von Bedeutung für die Lagebeständigkeit und Verwerfungssicherheit des Gleises.

Glossar

R

Radaufstandspunkt: Berührungspunkt (bzw. -fläche) zwischen Radlauffläche und Schiene, in welchem Antriebs- und Bremskraft, Vertikalkraft und – bei →*Kraftschluss* die Führungskraft (Querkraft) – übertragen werden.

Radlast: Anteil des Fahrzeugsgewichtes, der auf ein Rad entfällt.

Radreifen: Mit Profil versehener, auswechselbarer Reifen (Verschleißteil), der auf den Radkörper aufgeschrumpft und durch Sprengring gesichert wird.

Radreifenprofil: Form des Radreifenquerschnitts, bestehend aus Lauffläche, Hohlkehle, Spurkranz und Radreifenrücken.

Radsatz: Kraftschlüssige Verbindung zwischen Radsatzwelle und zwei Radkörpern.

Radsatzlauf:
- allgemein: Gesamtheit der Bewegungen des Radsatzes im Spurkanal.
- sinusförmiger Radsatzlauf: Als Folge der konischen Laufflächen: periodische Querbewegungen des Radsatzes im selbst zentrierenden Bereich bei geringen Amplituden.
- instabiler Radsatzlauf: Steigerung der sinusförmigen Querbewegungen des Radsatzes ab einer bestimmten Geschwindigkeit, weil die am Radsatz angreifenden äußeren Kräfte größer werden gegenüber den diesen Radsatz zentrierenden Querkräften aus der Reibung zwischen Rad und Schiene und der Neigung der Lauffläche. Dabei nimmt die Amplitude zu, bis es nach Ausschöpfen des Spurspiels zum Anlaufen der Spurkränze kommt. Bei weiterer Steigerung: Abheben der Laufflächen und schließlich Entgleisen.

Raumabstand: Grundprinzip der Eisenbahnsicherungstechnik; beruht auf Einteilung der freien Strecke in Abschnitte (Räume, →*Blockabschnitt*). Züge verkehren im R., wenn sie in einen Abschnitt der freien Strecke erst abgelassen werden, nachdem feststeht, dass ein vorausfahrender Zug diesen Abschnitt restlos geräumt hat. G e g e n s a t z: Fahren im Zeitabstand, wo weitere Einfahrt erst nach bestimmter Zeit erfolgen darf (z. B. bei Straßenbahnen).

Regelung: Vorgang, bei dem eine physikalische Größe (= die zu regelnde Größe/Regelgröße) fortlaufend erfasst und durch Vergleich mit einer anderen Größe im Sinne einer Angleichung an diese beeinflusst wird.

Regelschiene: Bezeichnung der Breitfußschiene, die aufgrund ihrer oberbautechnischen Vorzüge fast ausschließlich zum Einsatz kommt und gekennzeichnet ist durch bestimmte Querschnittsgestaltung und Masse je Meter Länge.

Reibungskoeffizient, Reibwert: Verhältnis der übertragenen Tangentialkraft zur Normalkraft (stets < 1) beim Vorgang der Reibung.

Reibungslast, Reibungsgewicht: Gesamtlast eines Tfz. (Summe der Radsatzlasten aller angetriebenen Radsätze), die über Treibradsätze auf Schienen übertragen wird.

Reisegeschwindigkeit: Mittlere Geschwindigkeit eines Zuges zwischen zwei Punkten eines Reisewegs. R. ergibt sich als Quotient aus der gesamten Reisestrecke und der Summe aus Fahr- und Aufenthaltszeiten.

Relative Gleislage: Lage und Höhe von Gleispunkten in Bezug auf benachbarte Punkte desselben Gleises. R. G. sagt nichts über Lage und Höhe der Gleispunkte in Bezug auf Punkte außerhalb der Gleise aus (z. B. Signale, Maste, Gebäude usw.). →*Absolute Gleislage*.

Riffeln: Wellenförmige Abnutzungserscheinungen auf der Schienenlauffläche, die in regelmäßigen

Glossar

Abständen von 4…5 cm in verschiedenartigen Erscheinungsformen auftreten. Helle erhabene Stellen werden als R.*berge*, dunkle als R.*täler* bezeichnet, wobei der Höhenunterschied 0,1…0,4 mm beträgt. R. verursachen beim Befahren hochfrequente Schwingungen im Gleis, die ein stark heulendes Geräusch hervorrufen. Beseitigung der R. erfolgt durch Abschleifen oder Abhobeln.

Rollwiderstand: Kraft als Komponente des Fahrzeugwiderstands, besonders des Laufwiderstands der Fahrzeuge, infolge elastischer Formänderung von Rad und Schiene in ellipsenförmiger Aufstandsfläche des Rades auf der Schiene. R. ist identisch mit *Rollreibungskraft*, obwohl Reibung im eigentlichen Sinn nicht vorhanden ist, sondern lediglich elastische Deformation, die der Rollbewegung des Rades entgegenwirkt (Widerstand).

S

Selbststellbetrieb: Selbsttätiges Einstellen der Fahrstraßen durch den Zug.

Sicherheit: Das Vermögen von Anlagen oder Teilen einer Anlage, im Betrieb auftretende technische Fehler oder menschliches Fehlverhalten sich betriebshemmend auswirken zu lassen oder diese zu melden, ohne dass es zu einer unmittelbaren Betriebsgefahr kommt (→*Zuverlässigkeit*).

Sicherheitsabstand: Zusätzlicher Abstand zum Bremsweg zur Berücksichtigung systembedingter Toleranzen (z. B. Abstandsmessfehler) und Reaktionszeiten (z. B. des Bremssystems).

Sicherheitsfahrschaltung (Sifa): Einrichtung zur selbsttätigen Überwachung der Diensttauglichkeit des Tf auf Tfz.

Signalabhängigkeit: Betriebsweise, bei der die Fahrerlaubnis (mittels Signalen) nur erteilt werden kann, wenn alle Voraussetzungen für die Fahrt erfüllt sind, z. B. voraus liegende Blockstrecke ist frei (Blockabhängigkeit) und/oder Schranken sind geschlossen.

Sperrfahrt: Fahrt eines Zuges oder Einzelfahrzeugs in ein gesperrtes Streckengleis, ausgenommen Fahrten in ein dem Baudienst überlassenes Streckengleis. S. erhalten einen Fahrplan.

Spurführung: Führen der Fahrzeuge in horizontaler und vertikaler Richtung in der Fahrspur.

Spurführungseinrichtung: Gesamtheit aller Komponenten und Elemente zum Führen eines Fahrzeugs in der Spur.

Spurmaß: Abstand der beiden vertikalen Ebenen eines Radsatzes, die so liegen, dass ihre Schnittflächen mit dem Rad Kreisscheiben ergeben, deren Halbmesser 10 mm größer ist als der Laufkreishalbmesser (→*EBO*). Spurmaß beträgt bei Regelspur (1435 mm) maximal 1426 mm und minimal 1410 mm.

Spurspiel: Differenz aus →*Spurweite* und →*Spurmaß*.

Spurweite: Abstand der Fahrkanten beider Schienen eines Gleises; die Spurweite wird 14 mm unter Schienenoberkante (SO) gemessen (Regelspur: 1435 mm).

Stellwerk: Technische Bahnanlage (→*Betriebsstelle*) mit zentral zusammengefassten Betätigungseinrichtungen für Weichen und Signale sowie Überwachungs-, Sicherungs- und Fernmeldeeinrichtungen.

Steuerung: Prozess in einem abgegrenzten System, bei dem eine oder mehrere Größen als Eingangsgrößen andere Größen als Ausgangsgrößen aufgrund der dem abgegrenzten System eigentümlichen Gesetzmäßigkeit beeinflussen. Kennzeichen für den Prozess des Steuerns in seiner

Glossar

elementaren Form ist der offene Wirkungsablauf im einzelnen Übertragungsglied oder in der Steuerkette.

Störstellen: Gleislagefehler in der Fahrbahn.

Strecke: Verkehrsweg eines Bahnsystems (Oberbau, Signale, Oberleitung und Betriebsstellen).

System: Gesamtheit von Subsystemen, Komponenten und Elementen, die logisch zusammenwirken, um bestimmte Zwecke (Ziele) zu erreichen.

T

Technische Einheit (TE): (Originalbezeichnung: *Conférence internationale pour l'unité technique des chemins de fer*). Seit 1887 bestehende internationale Konferenz europäischer Staaten, die gleichnamige Vereinbarung über Bauart und Unterhaltungszustand der im internationalen Verkehr verwendeten normalspurigen Wagen, über Spurweite und lichten Raum sowie über betriebssichere Beladung der Wagen getroffen hat.

Tragsystem: Gesamtheit der Komponenten von Fahrzeug und Fahrweg, die die zwischen Fahrweg und Fahrzeug auftretenden vertikalen Kräfte aufnehmen.

Traktionsmittel: Anderer Ausdruck für Lokomotiven, Triebwagen und Triebkopf.

Transport: Beförderung von Personen und Gütern unter Einsatz technologischer und betriebstechnischer Mittel.

Transportanlagen: Gesamtheit aller ortsfesten Komponenten eines Transportsystems.

Transportgefäß: Behältnis zur Aufnahme von Gütern (oder auch Personen) zwecks Bildung von Ladeeinheiten.

Transportkette: Aufeinander folgende Beförderung von Menschen oder Gütern von einer Quelle zu einem bestimmten Ziel in aufeinander abgestimmten, durchgängig organisierten Beförderungsprozessen meist verschiedener Verkehrsmittel.

Transportmittel: Fahrzeuge oder Beförderungseinrichtung, mit denen Personen oder Güter befördert werden.

Transportsystem: Gesamtheit der technischen, kommerziellen und organisatorischen Bereiche, die dem Ziel dienen, Transportleistung zu erbringen und die technologisch gekennzeichnet sind durch die Menge gleichartiger → *Transportmittel* und dazu gehörender → *Transportanlagen*.

Transportträger: Technische Einrichtung zur Beförderung von → *Transportgefäßen*.

Transportvorgang: Durchführung von in ihren Randbedingungen (Start, Ziel, Beförderungsart) beschriebener Ortsveränderung von Personen oder Gütern.

Transportweg: Weg, der zwischen Quelle und Ziel in u. U. unterschiedlichen → *Transportsystemen* zurückzulegen ist.

Transportwesen: Gesamtheit von Wissenschaft und Praxis des → *Transports*.

Transport-(Verkehrs-)Unternehmen (EVU): Unternehmen mit technischer, betrieblicher und kommerzieller Organisation, das seine → *Transportmittel* der Öffentlichkeit oder einem bestimmten Kundenkreis gegen Entgelt zur Verfügung stellt.

Trassenführung: Führung einer Eisenbahnstrecke im Gelände (Topografie).

Trassierungselemente: Technische Festlegungen, die die →*Trassenführung* beeinflussen (z. B. maximale Längsneigung, minimaler Bogenradius).

U

Übergangsbogen: →*Trassierungselement*, das zwischen einem Kreisbogen und einer Geraden gelegt wird und in dessen Verlauf der gewünschte Krümmungsradius beim Einlaufen in den Bogen nach einer bestimmten mathematischen Funktion abnimmt und beim Auslaufen aus dem Bogen wieder zunimmt.

Überhöhung: Maß für die Lageerhöhung der bogenäußeren gegenüber der bogeninneren Schiene zum Zweck der Reduzierung der bei Bogenfahrt auftretenden Seitenkräfte und Zentrifugalbeschleunigungen.

Überhöhungsrampe: In einem →*Übergangsbogen* mit →*Gleisüberhöhung* liegender Gleisabschnitt, auf dessen Länge die →*Überhöhung* der Außenschiene nach einer bestimmten mathematischen Funktion zu- oder abnimmt.

Umgrenzung des lichten Raumes: s. *Lichtraumprofil*.

Untergestell: Rahmen der Wagen mit Zug- und Stoßvorrichtung, der ein →*Transportgefäß* trägt.

V

Verkehr: Gesamtheit aller technischen, organisatorischen und ökonomischen Prozesse, Einrichtungen und Mittel, die der Überwindung von Entfernungen in einem geometrisch oder geografisch bestimmten Raum dienen.

Verkehrsqualität:
– **allgemein:** Summe der Bewertungskriterien des Verkehrsangebotes eines Verkehrsmittels.
– **Komfort:** Annehmlichkeit der Beförderung für den Reisenden.
– **Pünktlichkeit:** →*Zuverlässigkeit*, mit der die Beförderung zu vorher festgelegten Terminen beginnt und endet.
– **Sicherheit:** Gefahrenrisiko für Fahrgäste oder Ladegut (statistische Größe).

Verkehrssystem: Menge aller →*Transportsysteme* und Einrichtungen (Unternehmungen), die zur Überwindung von Entfernungen in einem geometrisch oder geografisch bestimmten Raum dienen.

Verkehrsträger: Gesamtheit der →*Transportunternehmen* gleicher Technologie.

Verkehrswesen: Gesamtheit von Wissenschaft und Praxis des Verkehrsgeschehens.

Verkehrswissenschaft: Wissenschaft, die sich befasst mit der Erforschung der
– Gesetzmäßigkeiten des Verkehrsbedarfs,
– Grundlagen für Analysen und Prognosen im Verkehr insgesamt,
– Wechselwirkungen zwischen Verkehr und anderen sozioökonomischen Bereichen,
– Technologien und ihrer Anwendungen im Verkehrswesen sowie
– der Organisation der Betriebsabwicklung.

Verschleißprofil: Verschleißgünstiges und über einen längeren Laufweg formstabiles →*Radreifenprofil*, das bereits im Neuzustand der durch den Verschleiß sich ergebenden Profilform angepasst ist.

Glossar

Vertikalkraft:
- dynamische Vertikalkraft: Summe aus →*statischer Vertikalkraft* und allen anderen in der Größe zeitabhängigen, stochastisch verteilten Vertikalkräften.
- statische Vertikalkraft: Produkt aus Masse (Fahrzeug + Ladung) und Erdbeschleunigung.

Vorsignal: Signal zur Ankündigung des jeweiligen Signalbegriffs am zugehörigen →*Hauptsignal*, das in der Regel im Bremswegabstand auf das Vorsignal folgt.

W

Wachsamkeitstaste: In umgelegter Stellung nicht feststellbare Taste auf Führerstand eines Tfz. mit →*induktiver Zugbeeinflussung*; vom Tf innerhalb einer bestimmten Zeit (4...5 s) nach Vorbeifahrt an →*Vorsignal*, das Geschwindigkeit einschränkenden Signalbegriff am →*Hauptsignal* ankündigt, zu bedienen. Unterlassene Bedienung der W. bewirkt Zwangsbremsung.

Wankbewegung: Drehbewegung um die Fahrzeugkasten- (oder Drehgestell-)Längsachse, wobei die Drehachse unter der Achse durch den jeweiligen Schwerpunkt liegt, in der Regel kombiniert auftretend mit einer Querbewegung.

Wellen(Sinus-)Lauf: Der Fortschrittsbewegung überlagerte periodische Quer- und Wendebewegung des Radsatzes mit konischen Laufflächen.

Z

Zugartwechsel: Vorrichtung in durchgehender Druckluftbremse, mit der die zeitliche Intensität der Entwicklung des Luftüberdruckes im Bremszylinder entsprechend der Zugart verändert wird.

Zugbeeinflussung:
- kontinuierliche Zugbeeinflussung: Verfahren zur Sicherung von Zugfahrten mittels kontinuierlicher Übertragung von Informationen und Wirkungen zwischen ortsfesten zentralen Einrichtungen und Zügen.
- Linienzugbeeinflussung (LZB): Ausgeführtes System der kontinuierlichen Zugbeeinflussung mittels eines entlang des Fahrwegs verlegten →*Linienleiters*, der →*Fahren auf elektrische Sicht* ermöglicht.
- punktförmige Zugbeeinflussung: Verfahren zur Sicherung von Zugfahrten, wobei nur an bestimmten Punkten (z. B. an Signalen oder Geschwindigkeitskontrollstellen vor Halt zeigenden Signalen und →*Langsamfahrstellen*) eine Beeinflussung mittels Informationsübertragung erfolgt; z. B. →*induktive Zugsicherung (Indusi)*.

Zugleitsystem: Vereinfachte Form des Fahrens im →*Raumabstand*.

Zugwechselzeit: Zeit zwischen der Abfahrt des ersten und der Ankunft des zweiten Zuges an einer Station.

Zuverlässigkeit: Fähigkeit eines Systems, einer Komponente, eines Bauelements oder einer Anlage, innerhalb vorgegebener Grenzen die durch seinen Nutzungszweck gegebenen Anforderungen (→*Qualität*) während einer bestimmten Zeitdauer zu bewahren.

Stichwortverzeichnis

A

AAR-Bahnen 449
Abbremsung 450, 453f, 635
Abdrückgeschwindigkeit 383
Abgestufte Geschwindigkeitssignalisierung 512
Ablaufanlage 383ff
Ablaufbetrieb 383
Ablösebremsung 451
Abnutzungsvorrat 400f, 403f
Abrollbewegung 194
Absolute Gleislage 635, 642
Absoluter Bremswegabstand 174, 514ff
Absorber 229
Abstandshaltung 19, 348, 535f
Achslast 111, 119, 121, 143, 184, 269, 338, 406, 481f, 485, 621f, 635
Achslastverteilung 472
Achsnebenschlusswiderstand 221
Achszählkreis 635
Adiabatische Kompression 458
AEIF 580
AGC 24, 58, 66, 566f
Agentur für Eisenbahnwesen (ERA) 591
AGTC 566f
Allgemeines Eisenbahngesetz (AEG) 71, 275, 422, 504
Analogfunk 23
Anerkannte Regeln der Technik 55, 58, 69, 394, 398, 500
Anfahrzugkraft 117, 461, 469, 473f, 621
Angebotsstrategien 91
Anhängelasten 167, 172f, 279
Anlagen- und Stationspreise 594
Anlaufwinkel 128ff, 136, 144, 148ff, 154, 163f
Anlaufwinkel, kinematischer 128f, 136, 146, 148ff, 153, 162
Annäherungsabschnitt 523
Annäherungsfahrzeit 363, 511
Anschlussbahnen 28, 68, 379ff, 390
Anschlussbahnhof 309, 337, 360f
Anschlussstelle 322, 380, 538, 635
Ansteuerbalg 214
Antriebskonzepte 483
Antriebsleistung 169, 210, 470, 473, 477, 622
Antriebsregelung 127
Antriebssteuerung 431
Antriebstechnik 431, 501
Äquivalente Bremsentwicklungszeit 178, 180
Äquivalente Konizität 13, 138ff, 155, 195
Arbeitsschutz 241, 332, 416, 584
Arbeitsstätten 332, 422
Assemblies 217
Asynchrone Simulation 303
Auffahren der Weiche 191
Aufklettern 150ff, 446, 640
Auflaufgeschwindigkeit 241, 383
Auflaufstöße 385

Aufsichtsbehörde 55ff, 69ff, 394, 487, 491, 499, 501
Ausbauprogramm 45f
Ausbaustrecken 41, 46, 50, 207, 212, 325, 343f, 346, 392, 424, 566f, 573, 626
Ausbreitungsgeschwindigkeit 228
Ausbruchsverspätung 288
Ausdrehbewegung 442
Ausdrehsteifigkeit 166
Ausdrehwiderstand 164f
Ausfahrgruppe 382f, 385, 389
Ausfahrsignal 339, 357, 508, 523, 531, 538
Ausführungsplanung 186, 321, 394f
Ausgeglichene Bogenfahrt 148f
Auslenkung bei Seitenwind 213
Ausrüstungsstandards 186, 188, 191, 193, 343, 497
Außenbahnsteig 372f
Ausweichanschlussstelle 322, 380, 635
Automation im Zuge (AiZ) 635
Automatische Fahr- und Bremssteuerung (AFB) 635
Automatische Kupplung 631
Automatische Senkeinrichtung 213
Automatischer Betrieb 614
Availability 217
Axialverschiebung 443

B

Bahnanlagen 20, 25, 28, 32, 48, 54ff, 68, 71f, 110, 295, 321ff, 325, 327, 329, 331, 333, 335, 337ff, 341, 343, 345, 347, 349, 351, 353, 355, 357, 359, 361, 363, 365ff, 369, 371, 373, 375, 377, 379, 381, 383, 385, 387, 389, 400, 402, 421ff, 497, 512, 556, 558, 632, 635, 637, 643
Bahnbetrieb 28, 33, 54f, 115, 119, 167, 176, 196f, 208, 217, 231, 241, 322, 329f, 358f, 394, 419, 448, 497, 505, 507, 550, 557, 559, 632
Bahnenergieversorgung 196f, 199ff, 205, 207, 209, 212, 243
Bahnenergieversorgung, dezentrale 202
Bahnenergieversorgung, zentrale 202f
Bahnerdung 416
Bahnhofsblock 528
Bahnhofsfahrordnung 246, 290f
Bahnhofsrouter 265
Bahnhofstopologie 363
Bahnkraftwerke 200
Bahnreform 47f, 547, 599, 601, 604ff
Bahnsteigbreite 373f
Bahnsteighöhe 26, 46, 333ff, 374, 477, 479, 485, 577f
Bahnsteigkantenüberwachung 614
Bahnsteig-Nutzlänge 24
Bahnsteigwechselzeit 217, 523f
Bahnstromleitungen 200, 203f, 207
Bahnstromsysteme 203
Bahnübergangssicherung 39, 217

647

Stichwortverzeichnis

Balisen 23, 218, 520, 533ff
Barrenschienen 29
Barrierefreier Einstieg 335f
Basisknoten 260
Bau- und Betriebsordnung für Straßenbahnen (BOStrab) 28
Bau- und Betriebsordnung für Anschlussbahnen der Länder (BOA) 28
Bauablaufplan 408
Bauartprüfung 586
Bauartzulassung 63, 488
Bauaufsicht 70, 393f, 423f
Bauaufsichtliche Prüfung 393f, 398
Baubetriebskoordination 416f, 419
Baubetriebsplanung 21, 408f, 416, 419ff
Baukostenzuschuss 599, 605
Baustellenlogistik 417
Bauvorlageberechtigte 394
Bauwerksklassen 411f
Bauzustandsbesichtigung 397
Bedienungssysteme 257
Befahrbarkeitsprüfung 492
Begrenzungslinie 20, 212, 406, 557f, 583, 590
Behandlungsanlagen 366f
Beharrungsfahrt 169, 223, 281, 637
Behindertengerechte Ausrüstung 479
Belegungszeit 299, 311, 366, 510
Benannte Stelle – Eisenbahn-Cert (EBC) 61
Benannte Stelle Interoperabilität 576
Bereitstellungskette 367
Berührebene 128
Berührellipse 125, 133
Berührfläche 125ff, 129, 132ff
Berührfunktionen 139, 144
Berührgeometrie 123, 133, 138, 141, 154, 164, 194f
Berührpunkt 123ff, 133, 135f, 145, 147ff
Berührwinkel 124
Beschaffungskosten 593, 597
Beschleunigungswiderstand 223, 428
Besonders überwachtes Gleis 234
Bestandsnetz 344, 599, 604, 629
Betonplattenoberbau 39
Betonschwelle 39, 186, 188
Betra 414, 417, 419, 636
Betrieb 21, 24, 28ff, 34, 37, 45, 52f, 60, 65, 68, 70, 104, 109ff, 114ff, 119, 121, 127, 148, 167ff, 181f, 191, 196, 200, 205, 207, 209f, 213f, 216, 218, 221, 224, 229, 236, 246, 248, 268, 288f, 296, 300, 303, 305, 322f, 348, 352, 380, 392, 394f, 398f, 414, 416f, 420f, 426, 431, 439, 447, 449, 451, 454, 480, 485, 490, 494, 502, 509, 523, 536ff, 541, 544, 546f, 549f, 558f, 561, 563, 569, 574, 578, 587f, 590, 598, 613f, 622, 633, 636f, 643
Betriebliche Sicherheit 246, 492
Betriebsablauf 15, 65, 104, 111f, 114, 237, 241, 278f, 288, 290, 295, 303, 305, 317, 499, 540, 544
Betriebsablaufplan 408
Betriebsabwicklung 245, 248, 289, 387, 415, 636, 645
Betriebsanlage 391f, 630
Betriebsart 347
Betriebsbremsung 451, 455, 612
Betriebsbremsverzögerung 281
Betriebserprobung 449
Betriebsersatzbremse 452
Betriebserschwerniskosten 167, 418
Betriebsführung 499, 505f, 540ff, 548, 573, 636
Betriebshalte 282, 285
Betriebskosten 106, 262, 597, 618
Betriebsleistung 293, 288, 296
Betriebsleitstelle 544, 636
Betriebsleitsystem 569f
Betriebsleittechnik 499, 533, 591
Betriebsleitzentrale 631f
Betriebsmaschinendienst 367
Betriebsprogramm 46, 245f, 265f, 288, 300, 302f, 305f, 308f, 318, 320, 325, 338, 350f, 368f, 370f, 418f
Betriebsqualität 283, 286, 288, 295f, 301, 303, 417
Betriebsreserve 268
Betriebssicherung 636
Betriebsstelle 24, 168, 246, 278, 290f, 299, 304, 321f, 373, 496, 516, 537ff, 543, 548ff, 636f, 643f
Betriebssteuerung 111f, 538, 547, 550, 636
Betriebssteuerzentrale 636
Betriebsüberwachung 636
Betriebsverfahren 359, 536ff, 541, 550
Betriebswerke 37, 46, 241, 268, 496, 597
Betriebszentrale 50, 225, 417, 421, 529, 537, 547ff
Bettungsquerschnitt 186, 188, 407
Bettungszahl (-ziffer) 636
Bildfahrplan 289ff, 636
Blattfedern 439
Blending 455f
Blockabschnitt 23, 299, 310, 506f, 510ff, 516f, 519, 521, 642
Blockabschnittslänge 23, 311, 358, 506, 512, 526, 533, 560
Blockfahrstraße 513, 533
Blockinformationen 519
Blockkennzeichen 357, 514, 540f
Blocklänge 26, 311, 338
Blocksignal 311, 340, 357, 508f, 519, 526f, 532
Blockstrecke 636, 638, 643
Blockteilung 260, 311, 314, 340, 343, 508
Bogenfahrt 129, 145, 148f, 164, 435, 641, 645
Bogengeschwindigkeiten 148, 435, 473
Bogenkehren 343
Bogenlaufverhalten 145, 161
Bogenschnelles Fahren 218, 346
Bogenweichen 192, 346
Bogenwiderstand 281
Bohrmoment 134
Bohrschlupf 128f, 131, 134

Stichwortverzeichnis

Bordgerät 293f, 637
Bordsystem 171, 569
BOStrab 28, 449, 483ff, 502f, 523, 539, 610f, 614, 623
Breitspur 440, 443, 558f
Bremsaktuator 613
Bremsanforderungssignal 452
Bremsanlage 117, 175, 448f, 451, 458, 610
Bremsarten 218, 451, 611f
Bremsausgangsgeschwindigkeit 177
Bremsbedieneinrichtung 447
Bremsbeläge 182, 584, 613
Bremsberechnung 181f
Bremsbetrieb 176, 448
Bremsbewertung 451
Bremsdruck 455, 613
Bremse, hydrodynamische 451
Bremse, pneumatische 446, 451f, 454f
Bremselektronik 612f
Bremsenrichtlinie 503, 611
Bremsentwicklungszeit 178, 180
Bremsgewicht 177f, 180ff, 450f, 636
Bremshundertstel 177f, 218, 246, 281, 451
Bremskraft 173f, 177, 279, 446, 454ff, 464, 473, 505, 642
Bremskraftentwicklungszeit 179
Bremskrafterzeuger 613
Bremskraftmanagement 446
Bremskraftniveau 180
Bremskraftregelung 454
Bremskurven 218ff
Bremsleistung 117, 177, 180, 182, 452, 455, 458
Bremsmatrix 611f
Bremsprobe 181f, 382, 452, 454
Bremsprobe, benutzergeführte 182
Bremssteller 179
Bremssteuerelektronik 613
Bremssteuerventil 622
Bremsstufe 176, 452, 464
Bremssystem 122, 446ff, 451f, 454f, 610f, 613, 643
Bremstafel 178
Bremsvermögen 21, 177, 218, 246, 279, 312, 450, 485, 639
Bremsverzögerung 515, 610
Bremswegabstand 23, 174, 358, 514f, 646
Bremszylinderdruck 176, 179, 452ff, 465
Brückendröhnen 232f, 236
Brückeninstandhaltung 409
Buchfahrplan 218, 291ff, 509, 637
BüG-Strecken 241
Bündelungskoeffizient 287
Bundes-Immissionsschutzgesetz 230
Bundesimmissionsschutzverordnung 230
Bundesmittel 599
Bundesnetzagentur (BNetzA) 62, 275, 486, 606
Bundesverkehrswegeplan (BVWP) 45, 100, 599, 602, 606
Bürstenfeuer 199

C

CAN-Bus 460
CEN 58, 68, 449, 589
CENELEC 58, 68, 449, 589
CER 72, 567, 571, 581
Change-Request-Management 118
CIR-ELKE 218, 630
C-Kurve 214f
Class I Railroads 269
CO_2-Emission 596
Containerverkehr 22, 38, 390, 481, 628, 632
Control-Command 217
Controlling 73
COTIF 58, 64, 588
Coulomb'schem Gesetz 131
Crashszenario 430
Crashverhalten 430

D

Dämpfung 137, 142, 144, 155, 158f, 228, 235, 439
Datenbus 181
Datenfernübertragung (DFÜ) 208
DaViT-Spurplan 306
DB-Methode 140, 275
Deadlocks 305, 547
Deregulierung 205
Diagnosesysteme 177, 415, 460
Dichtheitsprobe 176
Dienstplan 246, 268
Dieseltraktion 38, 389
Digitalfunk 23
Direkte elektropneumatische Bremse 451, 454
Direkte pneumatische Bremse 446, 454
Direktzugverkehr 275
Diskriminierungsfreier Zugang 62
Dispatcher System 248
Dispositionsfahrplan 546f
DMU 454
Dokumentation des Schienennetzes 492
Doppelschaken-Laufwerk 482
Doppelstock-Containerverkehr 24
Doppeltraktion 26, 375
Dowty-Retarder 386
Drehdämpfung 155
Drehfederung 442
Drehgestelle 154ff, 160, 162ff, 192ff, 224, 232ff, 334f, 427, 439, 441f, 454ff, 458f, 470, 477ff, 481, 495, 554, 584, 608, 610, 641
Drehgestellwagen 481
Drehscheibensystem 275
Drehstromantriebstechnik 203, 431, 485, 622
Drehstrom-Asynchronmotoren 200
Drehstrom-Oberleitung 34
Dreiabschnittssignalisierung 512
Druck- und Strömungsfeld 221f, 227
Druckabsenkung 178, 226, 228, 452
Druckentlastungsschächte 228
Druckertüchtigung 562

Stichwortverzeichnis

Druckkomforts 228
Drucklasten 222ff, 226
Druckluftbremse 33, 35, 174f, 178, 180, 182, 639, 646
Druckregler 454
Druckschutz 228, 465
Drucktastenstellwerke 529
Druckwellendiagramm 226
Druckwellenfront 228
Durchgängigkeit 181, 448, 452, 455
Durchgangsbahnhof 360ff, 366, 372, 375
Durchleitungspreis 596f, 606
Durchrutschwegsicherung 527
Durchschlagzeit 178, 180

E

(E)BOA-Fahrzeuge 490
EBA 15f, 26, 39, 48, 52, 55ff, 61, 69ff, 392ff, 397ff, 413ff, 426, 449, 487f, 492, 494f, 497, 500f, 577, 587, 618
EBO 20, 24f, 28, 53ff, 68ff, 181f, 321ff, 328ff, 338f, 342, 346, 348, 356, 359, 376, 380, 394, 421, 425f, 429, 444, 448f, 458, 470f, 477, 480, 482ff, 487f, 490ff, 497, 499f, 637f, 640, 643
EBO-Konformität 56, 490, 500
EBuLa 218, 292, 637
Eckverkehr 364, 366, 385
EcoTransIT 552
ED-Bremse 450, 455, 457, 611f
EDV-Verfahren GLEISE 317f
EG-Gebrauchstauglichkeitserklärung 395
EG-Konformitätserklärung 399, 490, 576, 585
EG-Prüfbericht 397, 399
EG-Prüfbescheinigung 397, 399, 576
EG-Prüferklärung 395, 397, 399, 576, 587f
EG-Prüfverfahren 395ff, 399, 585ff, 631
EG-Zertifizierungsprozess 395, 423
Eigenstabilität 195
Eigenwert 142f, 155f
Einabschnittssignalisierung 508
Einachslaufwerk 438
Einbruchsverspätung 288
Einfahrdruckgradient 228
Einfahrsignal 218, 314, 356, 359, 508, 513, 521, 526f, 538, 543
Einfahrvorsignal 356
Einfahrweiche 218, 543
Eingriffsschwelle 234, 406
Einheitsbauart 437
Einleitungsbremse 452
Einlösige Bremsen 452
Einphasen-Reihenschlussmotoren 431
Einphasen-Wechselstrom 34
Einpunktberührung 151
Einrichtungsbetrieb 340f, 541f
Einschränkungsberechnung 493
Einstellanstoßpunkt 546
Einstiegshilfe 333, 336
Einstiegshöhe 332, 336f, 422

Einzelachsfahrwerk 439, 481
Einzelwagenverkehr (EWV) 103, 106, 269f, 272f, 293, 379ff, 385ff, 390, 628, 632
Eisabwurf 188
Eisenbahnaufsichtsbehörde 488
Eisenbahn-Bau- und Betriebsordnung (BO) 53
Eisenbahn-Bau- und Betriebsordnung (EBO) 53, 68, 321, 338, 394, 504
Eisenbahn-Bau und -Betriebsordnung für Anschlussbahnen (EBOA/BOA) 28
Eisenbahn-Bau- und Betriebsordnung für Schmalspurbahnen (ESBO) 68
Eisenbahnbetriebsleiter 59, 65, 398
Eisenbahnbetriebsleiterverordnung (EBV) 59, 65
Eisenbahnbetriebsregime 389
Eisenbahnbundesamt (EBA) 413, 449
Eisenbahn-Cert – EBC 492
Eisenbahnen des Bundes (EdB) 70, 391
Eisenbahninfrastruktur-Benutzungsverordnung (EIBV) 61, 275, 494
Eisenbahninfrastrukturbetreiber 331, 497
Eisenbahninfrastrukturpaket 63, 72
Eisenbahninfrastrukturunternehmen 20, 24, 28, 49, 118, 215, 271, 297, 307, 323, 338, 395, 403, 409, 416, 418, 486, 593, 598f, 601
Eisenbahnkreuzungsgesetz (EKrG) 28
Eisenbahnneuordnungsgesetz 48, 60, 248
Eisenbahnpaket 62ff
Eisenbahnreform 60
Eisenbahnsicherheit 58, 63f, 72, 571, 580
Eisenbahnsignalordnung (ESO) 28
Eisenbahnspezifischen Liste der Technischen Baubestimmungen (ELTB) 394
Eisenbahn-Unfallkasse (EUK) 69, 422
Eisenbahnverkehrsunternehmen (EVU) 21, 24, 245, 275, 379, 416, 486, 593
Eisenbahnverkehrsverwaltung 58, 65, 70, 72, 504
Elastische Entkopplung 238
Elastischer Schlupf 131
Elastizität der Fahrbahn 184, 194
Elektrodynamische Bremse 451, 455, 611
Elektrohydraulische Bremse 611
Elektromagnetische Verträglichkeit (EMV) 492, 497
Elektromechanische Stellwerke 528
Elektronischer Buchfahrplan und La (EBula) 637
Elektronisches Stellwerk 614
Elektronische Bremssteuerung 447, 614
Elektro-pneumatische (ep-) Bremse 180
Emissionspegel 230
EMS-System 617f
EMU 454
Endbahnhof 360f, 381, 418
Endbeschleunigung 429
Energieeinsparung 169, 552
Energiekosten 171, 593, 595, 597
Energiepreise 596f
Energierückspeisung 551, 595
Energiesparende Fahrweise (ESF) 169

Stichwortverzeichnis

Energieverbrauch 13, 112, 117, 121, 169ff, 223, 279, 551f, 595ff
Energieverbrauch, spezifischer 19, 42, 270, 551
Energieversorgung, dezentrale 200
Energieversorgung, zentrale 202
Entgleisen 150, 165f, 174, 448, 521, 640, 642
Entgleisungssicherheit 116, 148, 154, 165, 326, 434f, 438, 499
Entwurfsgeschwindigkeit 20, 46, 345, 347, 402
ep-Bremsen 180, 631
Erdbauwerke 184, 243, 411f, 424
Erdschlusslichtbogen 207
Erdschlusslöschspule 207
Erdschlussreststrom 207
Erdschlusswischer 207
ERIM-Güterzugkorridore 630
Erlös 106, 597ff, 602, 605
Ersatzinvestition 604
Erschütterungen 110ff, 184, 229ff, 233ff, 241, 243, 611
Erschütterungsemission 230f, 233, 236
Erwartungswert 167, 279, 282
ETCS Bremskurven 218
ETCS-Level 534
ETCS-Level 1 534
ETCS-Level 2 535
ETCS-Level 3 535
ETSI 58, 68, 589
EU-Fahrzeuge 491
EU-Richtlinien 48, 58, 61f, 64, 449, 555
Eurobalise 196, 220, 533ff
Eurocab 533f
Euroloop 533f
Europäische Eisenbahn-Agentur (European Rail Agency) – ERA 580
Europäischer Infrastruktur-Leitplan 566ff
Europäischen Normen (EN) 68, 210ff, 571, 589
Europäisches Hochgeschwindigkeitsbahnnetz 567f, 591
European Rail Infrastructure Masterplan (ERIM) 566
European Rail Traffic Management System (ERTMS) 533, 630
European Train Control System (ETCS) 116, 218, 570
Euroradio 533f
Eurostar 186, 563f, 626
Euro-Wippe 216
EU-Umgebungslärmrichtlinie 230
EU-Verordnungen 26, 580
Expositionsgrenzwerte 241

F

Fahrbahnbeanspruchung 184
Fahrbahnsteifigkeit 185
Fahrbahnunebenheiten 439
Fahrdienstleiter 13, 19, 191, 207, 293, 418, 505f, 509f, 516, 537ff, 543f, 546ff, 550, 631
Fahrdienstleitung, zentrale 516, 537f

Fahrdienstvorschrift 25, 69, 182, 246, 322, 421, 636
Fahrdrahtabnutzung 416
Fahrdrahtanhub 212, 493
Fahrdrahtauslenkung 212
Fahrdrahthöhe 211ff, 416, 496
Fahrdrahtneigung 212f
Fahrdrahtspannung 583
Fahrdynamik 104, 167ff, 171ff, 223, 269, 299, 307, 448, 497, 637
Fahren auf elektrische Sicht 560, 637, 646
Fahren auf Sicht 174, 505, 510, 539ff
Fahren im absoluten Bremswegabstand 514
Fahren im festen Raumblock 23
Fahren im festen Raumabstand 505ff, 515f
Fahren im wandernden Raumabstand 514
Fahren im Zeitabstand 505, 642
Fahren in der Rückfallebene 218
Fahrerlose automatische Systeme 614
Fahrernotbremse 451, 612
Fahrfläche 233f
Fahrflächenfehler 193
Fahrgastinformationssystem 179
Fahrgastnotbremse 447, 451, 612
Fahrgastwechselzeiten 477, 607
Fahrkomfort 111f, 116, 148, 154, 161, 183f, 190, 194, 323, 406, 437, 446
Fahrlagenplan 265
Fahrleitungsanlage 637
Fahrleitungsnetz 204
Fahrplan 13, 21, 24, 54, 117, 167ff, 204, 217, 245ff, 251, 256ff, 261, 266, 268, 276, 278f, 282, 284ff, 288, 290, 292f, 296, 299, 301f, 305, 419f, 465, 542, 545f, 552, 582, 637, 643
Fahrplan, rhythmischer 258
Fahrplan einer Strecke 246
Fahrplan einer Zeitperiode 246
Fahrplan eines Netzes 246
Fahrplan eines Zuges 246
Fahrplan für Zugmeldestellen 290
Fahrplanbasierte Zuglenkung 546
Fahrplankonstruktion, rechnergestützte 279
Fahrplankonstruktionsverfahrens RuT-K 306
Fahrplanleistungsfähigkeit 285f, 348
Fahrplanspinne 261f, 264
Fahrplanstabilität 288, 425
Fahrplantrasse 24, 111, 117, 278, 283, 286, 288, 297, 340, 494f, 545
Fahrplanung 250
Fahrplanwirkungsgrad 268
Fahrschaubild 279, 637
Fahrschaulinie 282, 637
Fahrsicherheit 148, 167
Fahrspiel 637
Fahrstraße 33, 510, 519, 521ff, 528, 540, 542, 637
Fahrstraßenauflösezeit 511
Fahrstraßenausschlüsse 291, 366, 524
Fahrstraßenbildezeit 511, 529

651

Stichwortverzeichnis

Fahrstraßendisposition 303
Fahrstraßenfestlegung 522f, 525
Fahrstraßenhilfsauflösung –
Fahrstraßenknoten 246, 260, 282, 296, 300, 302ff, 320, 348, 521, 547
Fahrstraßenspeicher 545
Fahrstraßenverschluss 522, 523,
Fahrstraßenzugschlussstelle 523
Fahrtenanalyse 369, 370
Fahrtzielbasierte Zuglenkung 546
Fahrwegausschlusstafel 265
Fahrwegbeanspruchung 167, 472, 497
Fahrwegelemente 13, 404, 515, 521f, 524f, 540, 555
Fahrwegsicherung 521, 540, 542
Fahrwegsignalisierung 507
Fahrwerk (Laufwerk) 638
Fahrwiderstand 117, 222f, 279, 323, 472f, 640
Fahrzeit im Blockabschnitt 511f, 514
Fahrzeitenheft 292
Fahrzeitenrechnung 167ff, 171, 282, 299
Fahrzeitentafel 282
Fahrzeitermittlung 278f
Fahrzeitreserve 21, 169
Fahrzeitverkürzung 249, 265, 312, 435
Fahrzeitverlust 282, 287, 377, 419ff, 640
Fahrzeitzuschlag 288, 296, 299
Fahrzeugbegrenzungslinie 22, 212, 328, 387, 583f
Fahrzeugbus 454
Fahrzeugdokumentation 117, 499
Fahrzeugdynamik 192
Fahrzeugeinsatzplanung 245, 268
Fahrzeugeinschränkung 480
Fahrzeugeinstellungsregister 495
Fahrzeuggeometrie 334
Fahrzeugidentifikation 495
Fahrzeugkosten 426, 576, 593
Fahrzeugparameter 488, 492
Fahrzeugprüfverwindung 165
Fahrzeugreserve 267, 269
Fahrzeugumlaufplanung 268
Fahrzeugverzeichnis 496
Fahrzeugvorhaltung 593
Fahrzeugwiderstandskräfte 173
Fahrzeugzulassung 359, 403, 451, 504
Fale-Safe-Prinzip 638
Falschfahrlänge 357
Falschläufer 385
Faschine 29
Fauna-Flora-Habitat-Verträglichkeitseinschätzung (FFH-VE) 603
Federkraftspeicherbremse 611
Federpuffer 444
Federungssystem 439
Feeder-Flügen 377
Feindliche Fahrstraße 524
Feinstaub 555
Fernbahnelektrifizierung 204
Ferngesteuerter Betrieb 537f

Fernmeldeanlagen 338f, 493
Fernschutz 525
Fernstellen 638
Fernsteuerung 207, 497, 638
Fernverkehrsknoten 258
Fernverkehrsnetz 251, 256
Fernwirktechniken 209
Feste Fahrbahn (FF) 25, 47, 183, 190, 237, 325ff
Feststellbremse 443, 451
FFH-Gebiete (Flora-Fauna-Habitate) 556
Flachbahnhof 383
Flachlandbahn 342
Flankenschutz, mittelbarer 525
Flankenschutzeinrichtung 525f, 543
Flankenschutzraum 525
Flankenschutzweiche 343
Flexicoilfeder 442
Fliegende Überholungen 346
Fliehbeschleunigung 148
Fliehkraft 147, 329
Fliehkraftüberschuss 148
Flügelzugkonzept 445
Flughafenbahnen 344
Flughafenbahnhof 360, 377
Folgefahrschutz 516f
Folgeverspätung 279, 283f, 288, 290, 340
Fördermittel 600
Formgebung 228
Formschluss 19, 134f, 156, 522, 524, 528, 638
Fouriertransformation 157
FreeFloat 631
Freie Seitenbeschleunigung 148, 326
Freileitungstrasse 207
Frequenzelastisches Netz 201
Frequenzelastische Energieversorgung 200f
Frequenzstarre Energieversorgung 202
Fristuntersuchung 476
Führen 66, 438, 488, 531, 643
Führerbremsventil 174f, 182, 242, 452, 464f
Führerraumanzeigen 505f, 513f, 531, 533, 540ff
Führerraumgestaltung 467
Führerraumsignalisierung 177, 217f, 534
Führerschein für Lokführer 65
Führungskräfte 21, 164
Führungsschiene 638
Füll- und Lösezeiten 179, 453
Füllstoß 175
Funkbasierte Zugfolgesicherung 520
Funkblockzentrale 535
Funkferngesteuerte Rangierlokomotiven 481
Funksystem GSM-R 535, 630
Funkzugbeeinflussung 513, 531, 533

G

G2-Profil 425, 482
Gabionenwand 238
Galileo 520, 631, 633
Ganglinie 257f, 366f

Stichwortverzeichnis

Ganzblockmodus 532, 540
Ganzstahlbauweise 437
Ganzzugverkehr 102f, 106, 269, 272, 379f
Gate Turn Off -Thyristoren (GTO) 431
Gateway 273
Gebrauchstauglichkeit 186, 402, 492, 576, 582, 585
Gebrauchstauglichkeitsbewertung 584
Gebrauchstauglichkeitserklärungen 395, 399, 585
Gefährdungszeit 208
Gefahrenbereich 54f, 70, 339, 344, 356, 373ff
Gefahrgut 99, 101, 247, 346, 429, 583
Gefahrpunktabstand 218, 527
Gefahrraumüberwachung 632
Gefällebahnhof 386
Gefällestrecke 450
Gegenfahrschutz 518
Gelenkwagen 481
Gemeinschaftsbetrieb 483
Generatorische Bremse 455
Geometriekräfte 123
Geräuschquellen 231, 238f, 241
Gesamtbremsleistung 455
Gesamtreisezeit 83, 249, 261, 266, 429
Gesamtschlupf 130
Gesamtwiderstand 281
Geschwindigkeitsheft 292
Geschwindigkeitsregelung 631
Geschwindigkeitsschere 286, 341, 348
Geschwindigkeitsschrittverfahren 169
Geschwindigkeitssignalisierung 507, 509f, 512
Geschwindigkeitswechsel 170f, 218, 220, 291, 477, 532
Gewinn- und Verlustrechnung 600
Gewinnlinse 297f
Gieren 156
Glättungsdrossel 431
Gleichrichterwerk 197
Gleichspannungselektrifizierung 607
Gleichstrom-Reihenschlussmotor 198f
Gleichteileanteil 470
Gleisabsorber 241
Gleisabstand 54, 56, 331f, 341, 343f, 496, 583
Gleisanschluss 40, 99, 269f, 362, 371, 379f, 390
Gleisanschlussverkehr 271
Gleisbeanspruchung 403, 496
Gleisbenutzungstabelle 545
Gleisbild-Stellwerken 39
Gleisbogenabhängige Wagenkastensteuerung (GSt) 327, 435, 638
Gleisbogenfahrfähigkeit 485
Gleisbogenradius 322, 327, 338, 344f, 496
Gleisbremse 241, 383, 385, 638
Gleisbremsen, lärmarme 241
Gleisfreimeldeanlage 414, 519f, 528f, 536, 541, 630, 635
Gleisinstandhaltung 346, 402
Gleislage 111, 144, 156f, 185, 194, 329, 346, 403, 405ff, 467, 635, 640, 642
Gleislage, relative 635, 642
Gleislageabweichungen 144, 154, 156ff, 162, 194
Gleislagefehler 165, 185, 439, 644
Gleislagequalität 119, 190
Gleislageungenauigkeiten 441
Gleislageverbesserung 406
Gleismessfahrzeugen 404
Gleismittenabstand 224
Gleisneigung 56, 323, 339
Gleisschaltmittel 20, 22f, 492, 500
Gleissperre 414, 525, 542
Gleissperrung 541
Gleisstromkreis 23, 220f, 493, 518, 533, 535, 560, 638
Gleistopologie 363
Gleisüberhöhung 28, 147, 344, 376, 645
Gleisverwindung 165f
Gleiswechselbetrieb 340, 343
Gleiten 126ff, 133
Gleitreibungsbeiwert 127
Gleitschutz 457, 612
Gleitzone 131ff
GNT-Balisen 218
GPS 520, 633
Grauguss-Bremsklotzsohle 177
Grenzgeschwindigkeit 142f, 155, 195
Grenzlastberechnung 167, 172
Grenzlast-Map 172f
Grenzlinie 22, 25, 328ff
Grenzlinie bei Oberleitung 329
Grenzschicht 222, 224
Grenzüberschreitender Verkehr 55, 66, 501, 557, 580, 590, 625
Grenzwert 55, 116, 153, 165, 167, 179, 186, 213f, 221, 318, 345, 455, 500f, 554
Grenzzeichen 525f
Grenzzykelbewegung 144
Großrevision 477
Grundtaktzeit 258
Gruppenaustauschverfahren 275
GSM-R 23, 199, 331, 398, 494, 534f, 630, 633
GTO-Thyristor 431
Güterbahnhof 40, 269, 313, 359f, 379, 381, 629
Güterfernverkehr 349
Güterumgehungsbahnen 32
Güterverkehrsanlage 313, 348, 356, 362, 379, 386
Güterverkehrsknoten 379, 575
Güterverkehrslogistik 390
Güterverkehrszentren 390
Güterzugüberholungsgleise 39, 356
Gutläufer 383f
GVFG-Mittel 600, 653

Stichwortverzeichnis

H

Hafenbahnen 68, 270, 344, 390
Hafenbahnhof 360, 377, 390f
Haftreibungsbeiwert 282, 505
Haftwertabhängigkeit 173
Haftzone 131f
Halbachsenverhältnis 125
Halbregelabstand 358, 512
Haltebremsung 451, 612
Handbremse 451
Handverschluss 414
Harmonische Linearisierung 140
Harmonisierungseckwerte 449
Hartkohleschleifleisten 215
Hauptbahnen 338f, 342, 550
Hauptgleiskonfliktzahl 370f
Hauptluftbehälter 174ff, 180, 454
Hauptluftbehälterleitung 180, 454
Hauptluftleitung 174ff, 178, 382, 452, 454, 543
Hauptluftleitungsdruck 175
Hauptschaltleitung 209, 210
Hauptsignal 23, 507f, 510, 512, 521f, 526, 529, 533, 538ff, 646
H-Bahnen 19
Heckvorbeifahrt 227f
Hefte zur Überprüfung der Strecke 396
Heißläufer- und Festbremsortungsanlagen 496
Herzstück 191f, 445, 524,
Herzstücklücke 191f
Herzstückspitze, bewegliche 344
Herzstückverschluss 524
Heumannscher Einser 151
Heuristischen Kraftschlussfunktionen 134
Hilfsauflösung 524
HL-Absenkung 179
HL-Druck 176, 452f, 465
HL-Leitung 451f
HL-Regeldruck 175
Hl-Signalsystem 509f
Hochgebirgsbahn 342f
Hochgeschwindigkeitsnetz 90, 216, 473, 567, 571, 573, 576, 592, 630
Hochgeschwindigkeitsstrecke 25, 90, 183, 190, 193, 212f, 324f, 331, 341, 344, 346, 561, 569, 575, 626, 633
Hochgeschwindigkeitsverkehr (HGV) 562, 592
Hochgeschwindigkeitszug 24, 46, 50, 212, 223f, 344f, 395, 458f, 473, 557, 560, 563f, 569, 574, 578, 590, 606, 633
Hochleistungsbetrieb 217
Hochleistungslokomotive 469
Hochleistungs-Schnellbahn-Studiengesellschaft (HSB) 44
Hochpolwanken 156
Hochsignalisierung 512
Hochspannungsnetz 203ff, 207, 595
Hohlwellenantrieb 461, 467f
Horizontalumschlag 386
HSB-Studie 43f, 616

Huckepackverkehr 344
HV-Signalsystem 509
Hydraulische Bremsanlage 458, 610

I

ICE/IC/EC-System 626
ICE-Liniennetz 255
ICE-Technologie 564
IGTB (Insulated Gate Bipolar Transistor)-Technik 431
Impulswiderstand 168, 223
Inbetriebnahmegenehmigung 63, 395, 397ff, 423, 487f, 495f, 577
Inbetriebnahmeprozess 397ff, 423
Indirekt wirkende Druckluftbremse 174
Induktive Zugbeeinflussung 530
Induktive Zugsicherung (Indusi) 35
Industriestammgleis 380
Informationsmanagement 594
Infrastrukturbetreiber 21, 62, 65, 214, 276, 321, 416, 426, 487, 492, 494, 496, 501, 588, 593
Infrastruktur-Datenbank 494
Infrastrukturdatenmanagement 495
Infrastrukturinformationen 494f
Infrastrukturnutzung 65, 278, 298
Infrastrukturnutzungsvertrag 494
Infrastrukturplanung 305f, 421, 423
Infrastrukturpotenzialanalyse 369, 371
Infrastrukturverzeichnis 396f, 496f
Infrastrukturzugang 54, 486, 497, 503
Inselbahnsteig 341f, 372f
Inspektion 400f, 403f, 409ff, 414ff, 420
Instabilität 143, 441
Instandhaltung 21, 25, 51, 65, 109ff, 117, 119f, 176f, 190ff, 295, 323, 356, 367, 393, 399ff, 423, 436, 459, 469, 486, 574, 578, 583, 586, 588, 593, 597ff, 629
Instandhaltung, betriebsnahe 476
Instandhaltung, schwere 477
Instandhaltungsablaufplanung 401
Instandhaltungsaufwand 185, 190, 403
Instandhaltungskosten 154, 435, 594, 597
Instandhaltungsplan 396
Instandsetzung 111, 114, 193, 400, 402ff, 412f, 415, 598
Instandsetzung, dezentrale 412f
Instandsetzung, zentrale 413
Integraler Taktfahrplan (ITF) 92, 296
Integrierte Transportsteuerung 639
Intercity Experimental 44f
InterCity Express 46
InterCity-System 41, 46, 272
InterCity-Verkehr 480, 560, 562
International Heavy Haul Association (IHHA) 621
Internationaler Eisenbahnverband (UIC) 621, 623
Internationaler Eisenbahn Verband IEV 175
Internet-Anwendung SNB 495
Internettechnologie TCP/IP 209

Stichwortverzeichnis

Interoperabilität 26, 48, 54, 57, 60f, 72, 115f, 186, 210, 212, 216f, 220, 230, 332, 336, 344, 359, 393, 395, 422f, 431, 434, 449, 472, 486, 495, 502, 504, 554, 557ff, 630, 632
Interoperabilitätskomponenten 61, 395, 397, 492, 576, 580, 582, 584f, 589
Interoperabilitätsrichtlinien 64f, 486, 578
Interoperable Bahnen 621
InterRegioCargo-Züge 271
Intramodaler Verkehrsknoten 359
Investitionen 38, 65, 73, 110, 216, 262, 276, 327, 377, 600, 603, 605
Investitionskosten 387, 603, 618
Investitionsrechnung 604
Investitionszuschüsse 600ff
ISO-Container 274
Isolierte Schiene 518

J

Jakobs-Drehgestell 334
Just-in-Time 16, 99, 187

K

Kabellinienleiter 513, 531ff
Kabotage 64f, 639
Kalker 131f, 134
Kantenbelastung 254, 256f
Kapazitätsgrenze 104
Kapazitätsplanung 250, 266
Kapitalkosten 593f
Katastrophenschutz 70, 374
Kettenwerk 416
Kinematische Berechnungsmethode 22
Kinematische Fahrzeugbegrenzungslinie 328
Kinematische Rolllinie 145ff
Kinematisches Fahrverhalten 192
Kippmoment 434f
Klammerverschluss 524
Kleingutverkehr 40
Klimaschutzprogramm 2020 551
Klimatisierung 280, 465, 479, 485
Klingel 136, 195
Klotzbremse 234, 448, 469
Knotenanalyse 368, 371
Knotenpunktbahnhof 103, 270f, 379, 381
Knotenpunktsystem 103, 270f
Knotenzeiten 256
Kohärenzprüfung 399
Kollisionssicherheit 610
Kombinierter Verkehr (KV) 628
Komfort 75, 231, 248, 400, 645
Komfortbewertung 160f
Komfortgrenze 435
Kommunale Aufgabenträger 605
Kompatibilität Fahrzeug/Fahrweg 57, 493
Kompatibilitätsanforderungen 447

Konformität 393, 492, 500, 576, 580, 582, 585, 587, 630
Konformitätsbewertung 583, 586
Konformitätsprüfung 490, 577
Konformitätsverfahren 488
Konizitäten 13, 138ff, 146, 155, 195, 243
Kontaktfläche 21, 125, 131f, 192
Kontaktkraft 213ff, 416, 496
Kontaktkraftkurve 214
Kontaktmechanik 192
Kontaktspannung 125
Kontaktwinkel 124
Konventionelles transeuropäisches Eisenbahnsystem 61, 63, 502, 504, 571, 575, 584
Konzessionsgebiet 205
Koordiniertes Investitionsprogramm (KIP) 45
Kopf- und Heckvorbeifahrt 227
Kopfbahnhof 360, 366, 372f, 375
Kopfvorbeifahrt 222ff, 228
Kopfvorbeifahrt, kritische 229, 232
Körperschalleinwirkung 238
Korridore 119, 358, 566f, 602, 629f
Korridorstrategie 358f
Kostenstruktur 40, 593, 599
Kraftschluss 125, 127, 129f, 133f, 173, 279, 438, 450, 457, 611f, 638ff, 642
Kraftschlussabhängige Bremsen 450
Kraftschlussausnutzung 450, 455
Kraftschlussbeiwerte 127, 438, 450
Kraftschlusskennlinie 134
Kraftschlussmodelle 131
Kraftschlussmodelle, analytische 131, 133
Kraftschluss-Schlupf-Kurve127
Kraftschlussunabhängige Bremsen 450f, 457
Kraftübertragung, hydraulische 455
Kreisfeuer 199f
Kreuzungsbahnhof 309, 340, 348, 356, 360f, 363ff, 547
Kreuzungsgleise 340, 355
Kritische Begegnung 227f
Krümmungswiderstand 428
K-Sohle 182, 234f, 242, 553f, 631
Ks-Signalsystem 509f
Kunze-Knorr-Bremse 175, 437
Kupfer-Stahl-Schleifleiste 215
Kuppelgeschwindigkeit 446
Kuppelstelle 209, 223f
Kupplungsbruchlast 448
Kurvenquietschen 233, 241
Kurzkupplung 470, 622
Kurzschlussprüfungen 208
Kurzstatorantrieb 616
KV-Direktzüge 388
KV-Linienzüge 389
KV-Umschlagbahnhof 274

L

Ladeeinheit (LE) 269, 274, 330, 386, 644
Ladegewicht 639
Lademaß 24, 362, 563, 638f

Stichwortverzeichnis

Lademaßüberschreitung 247, 333, 541
Ladestraße 269f, 322, 361f, 380, 390f
Ladevolumen 480ff
Ladungssicherheit 322
Lagestabilität 39, 323, 406
Länderaufsichtsbehörde 55, 58
Länderbahnen 35, 437, 502
Landeseisenbahnaufsicht (LEA) 26, 70
Landeseisenbahngesetze (LEG) 26, 68
Langhubstoßdämpfer 481
Langsamfahrstelle (La) 168, 246, 282, 291, 404, 639f, 646
Längsanbindung 443
Längsdruckkraft 179ff
Längsdynamik 21, 444, 454
Längsneigung 226, 322, 338, 344f, 347f, 376, 577, 645
Längsreibkraft 126f, 129f, 132, 134, 136
Längsschlupf 125ff, 134, 136
Langstatorantriebstechnik 618
Lärmexposition 231
Lärmkarten 230
Lärmsanierungsprogramm 230, 553
Lärmschutzwand 190, 553
Lastabbremsung 454, 639
Lastbild UIC 71, 185
Lastgrenze 497, 501, 639
Lastspitzen 202, 205
Lastwechsel 584, 639
Lateraldynamik 193f
Lauf- oder Grundwiderstände 640
Lauf- oder Rollwiderstand 428
Laufgüte 161, 640
Laufgüte-Bewertungszahl 160f
Laufkreisradius 136, 143, 155
Laufleistung 46, 427f, 476, 594, 597
Laufsicherheit 640
Lauftechnik 154, 499
Laufverhalten 13, 640
Laufwiderstand 223, 429, 643
La-Zuschlag 640
Leasing 606
Lebensdauer 405, 428, 446, 593, 604, 631
Lebenszykluskosten (LLC) 480
Leistungsnetz 349
Leistungstonnen 640
Leistungsverhalten 296, 320, 357, 530, 534
Leistungsvermögen 307, 425, 428f, 450
Leistungsverrechnung 73
Leit- und Sicherungstechnik (LST) 22, 43, 116, 118, 183, 195, 217ff, 295, 331, 398, 412, 630, 632f
Leitelektronik 614
Leitgeschwindigkeit 308, 349
Leitplatz 208
Leitstelle 270, 614, 636, 638
Leitsystem 209, 560
Leitwarten 207
Lenkachsfahrwerk 440
Liberalisierung 26, 114, 118, 205, 449, 574f, 591

Lichtbogenbildung 216
Lichtbogendauer 214
Lichtraum 22, 422, 496f
Lichtraumhöhe 25
Lichtraumprofil GC 330f, 343, 477
Lichtraumumgrenzung 54, 334, 492
Lichtraumverhältnisse 492, 494
Liegedauer 402
Lineare Wirbelstrombremse (LWB) 640
Linearisierung 138ff, 143
Linienbasierte Zuglenkung 546
Linienbetrieb 254, 341f, 363f, 366
Linienführung 54, 254, 256, 322f, 325ff, 336, 343, 421, 590
Linienleiter 398, 640
Linienleiterkabel 23
Liniennetz 42, 251, 254ff, 264
Linienplanung 250f, 254, 256f, 263
Liniensystem 254, 256
Linienverbesserungen 326, 343
Linienzugbeeinflussung (LZB) 560, 640
Logistik 16, 95, 105, 273, 390, 640
Logistik-/Direktzuglösungen 273
Logistikprojekte 480
Logistische Knotenpunkte 390
Lokrangierführer 481
Losbrechwiderstand 640
Losrad 153, 641
Losradsatz 153f
LST-Anlagen 412ff, 424, 550
Luftfedern 439f, 454
Luftschadstoffe 554
Luftschallemission 242
Luftspalt 457
Luftspaltschnittstelle 217
Luftwiderstand 13, 173, 280, 473, 551
Lü-Sendungen 333, 492ff, 541
LZB-Betrieb 513, 531
LZB-Blockabschnitte 532
LZB-Blockkennzeichen 357
LZB-Bremsung 281
LZB-geführte Züge 532, 562
LZB-Kabel 195f
LZB-Zentralblock 533

M

Magnetbremsen 173, 457
Magnetischer Fluss 199
Magnetschienenbremse 36, 182, 450, 457, 478, 611
Magnetschwebebahn 183, 423, 607, 616, 623
Magnetschwebetechnik 44, 616
Makro- und Mikroprognosen 93
Makroschlupfpfeifen 469
Marktanforderungen 114, 245, 247, 437
Marktforschung 73
Marktwirksamkeit 249
Masse-Feder-Systeme 190, 236
Massenstückgüter 270, 606, 628f
Maßgebender Gefahrpunkt 526

Stichwortverzeichnis

Mechanische Stellwerke 528
Mechatronische Module 456f
MegaHub 275
Mehrabschnittsbremsung 512
Mehrabschnittssignalisierung 508
Mehrfachbespannung 343
Mehrgruppenzüge 275
Mehrjahresbaubetriebsplanung 416, 419
Mehrkörperdynamiksimulation 471
Mehrkörpersystem (MKS)-Programme 154
Mehrlösige Bremsen 452
Mehrmassenschwinger 179
Mehrschwellenstopfmaschine 407
Mehrstoffschleifleiste 215
Mehrsystemfähigkeit 431f
Mehrsystemfahrzeuge 432
Membrankupplung 468f
Membranspeicher 612f
Membransteuerung 175
Mensch-Maschine-Schnittstelle 181
Messfahrten 398, 404, 556
Messfahrzeuge 156, 234
Messradsätze 167
Metallisierte Kohle 215
Metro/U-Bahnen 614
Mikrodruckwelle 228f, 240f
Mikrodruckwellenemissionen 229
Mikrophonarray 239
Mikroprognosen 93f
Mikroprozessoren 431
Mindener Bremsweggleichung 281
Mindestbremshundertstel 178, 291
Mindestbremsvermögen 178
Mindest-Lichtraumprofil 21
Mindestpufferzeiten 301
Mindestwagenübergangszeit 385
Mindestzugfolgezeit 260, 266, 283, 287, 289, 310f, 315, 320, 348, 508, 512
Mischbetrieb 46, 224, 246, 269, 313, 483ff, 503, 562, 614, 641
Mischbetriebsstrecken 258, 313, 315, 348, 358, 515, 629f
Mischstrom-Fahrmotoren 431
Mischverkehr 53, 117, 343ff, 349f, 357, 363, 425, 533
Mitläuferverkehr 371
Mittelbahnsteig 372
Mittelgebirgsbahn 342f
Mittelpufferkupplung 444f, 470
Mittelspannungsnetz 197
Mittelungspegel 240
Mittelverschluss 524
Mobilität 66, 75f, 93, 96, 109, 121, 334, 496, 553, 578f, 625
Mobilitätsbehinderte 335, 373
Modal-Split 76f, 79ff, 85, 98, 108
Modulare Bauweise 432
Modulares Fahrzeugkonzept 469
Modulschnittstellen 435f
Monobloc-Rad 641
Monozentrisches Netz 251

Moving Block 514
Multifunktionsmessfahrzeug 404, 416
Multigelenkfahrzeug 607ff
Multi-Vehicle-Bus 460
Musterverzögerung 177
Mutterunterwerke (MUw) 208

N

Nachhaltigkeit 73
Nachlaufströmung 222, 224
Nachordnungsgruppe 385
Nachrücksignal 513f
Nachspannvorrichtung 416
Nachtreiseverkehr 52
Nachtsprung 45, 101
Nachweis gleicher Sicherheit 57
Nahgüterzüge 271
Nahschutz 525
Nahverkehrsbahnen 344
Nahverkehrsbahnhof 629
NE-Bahnen 26, 28
Nebenbahnen 342f
Neigetechnik, aktive 435
Neigetechnikfahrzeuge 332
Neigungskoeffizient 166, 494
Neitech-Strecken 346, 435
Nennfahrdrahthöhe 213
Nennleistung 296ff, 301, 307ff, 311, 313
Nennleistung einer Strecke 308
Netz 21 348f, 599, 632
Netzausbau 45, 573
Netzbetreiber 207, 488, 494, 497, 499
Netzbetriebsführung 208f
Netzfahrplan 275ff, 293
Netzfahrplanerstellung 275ff
Netzgrafik 263f
Netzknoten 32, 50, 92, 421, 626, 630f
Netzleitzentrale 548
Netzplanung 250, 630
Netzsteuerung 197
Netzstrom 196
Netzzugang 26, 48, 61ff, 215, 449, 487, 491, 494, 497, 501, 606
Netzzugangsanforderungen 499
Netzzugangskriterien 119, 488, 494, 499
Neubaustrecke 29, 31, 49f, 183, 229, 240, 321, 344f, 457, 560f, 564f, 629
Nicht interoperable Bahnen 607
Nichtbundeseigene Eisenbahnen (NE) 57, 69, 270, 391
Nichtlineares Stabilitätsverhalten 144
Nicken 156, 160,
Niederflurfahrzeuge 333, 607
Niederflurigkeit 479
Niederflurstraßenbahnen 154, 610
Normalspurweite 559
Normierte Spin 134
Notbedienplätze 550
Notbremseinrichtung 451
Notbremsüberbrückung (NBÜ) 451, 492

Stichwortverzeichnis

Notbremsung 455, 457
Notbremsventil 451, 455, 465
Notfallmanagement 399
Notified Body 576
Nutzen-Kosten-Analyse 602f
Nutzeranforderungen 425
Nutzungsbedingungen 397, 494

O

Oberbaumesswagen 404
Oberleitungsanlagen 202, 207, 209, 398, 415f, 422
Oberleitungsmesswagen 416
Oberleitungsschaltelemente 209
Oberleitungsschalter 208
Oberleitungssystem 212
Oberleitungstrennstellen 207
Oberschwingungen 200
Operative Planung 73
Ortungsbalisen 535
Ortungsverfahren 171

P

P(eriodic) E(vent) S(scheduling) P(roblem) 266
Parabelfeder 482
Parallelwiderstand 431
Parkbremse 451, 612
Partikelfilter 555
Passive Neigesysteme 435
Passive Sicherheit 429
Permissives Fahren 539
Personen mit eingeschränkter Mobilität 66, 496
Personenbahnhof (Pbf) 32, 313, 341, 359f, 371, 422f, 496, 598
Personenfernverkehr 41, 52, 89, 333f, 349, 358, 377, 595, 625, 629
Personenverkehrsanlagen 372
Planfeststellungsbehörde 48, 392
Planfeststellungsbeschlusses 391, 393, 399, 419
Planfeststellungsrichtlinien 70, 392, 423
Planfeststellungsverfahren 391, 396
Planumsverbesserung 406
Planungsparameter 352f, 355, 419, 492
Plattformkonzept 426, 479
Platzkilometer 245
PM10-Emissionen 555
Poissonzahl 125,134
Polare Kraftschlussgesetze 130
Polyzentrisches Netz 253
Primärenergieverbrauch 42
Primärfederung 164, 441, 467, 610
Primärnetz 254, 256f
Privatfinanzierung 604f
Privatgleisanschlüsse 602, 629
Probebetrieb 398
Produktdifferenzierung 92
Produktionsfaktoren 16, 245, 285
Produktionsplanung 245

Produktionssystem 200X 272, 293
Produkt-Split 76
Profilform 141f, 144f, 645
Profilneigung 124, 138f
Profilseitenkraft 123f, 136, 148ff, 153f, 163f
Profilsteifigkeit 143, 155
Programm STRELE 308
Programmselbststellbetrieb 545
Projekt PBKA 563f
Prozessrechentechnik 209
Prozessregelungstechnik 217
Prozesssteuerung 217
Prüf- und Freigabeprozess 394
Prüfparameter 395f
Pufferhöhen 33
Pufferzeit 246, 279, 283f, 288f, 296, 301, 340, 641
Punktförmige Zugbeeinflussung 529, 641, 646
Pünktlichkeit 21, 75, 82, 101, 108, 112, 114, 119, 196, 245f, 251, 270, 273, 296, 300, 307, 321, 406, 418, 420, 626, 645
PZB 90 218, 530f
PZB-Betrieb 218

Q

Qualitätsmanagement 586
Querbeschleunigung 147f, 223, 346, 641
Quergleitgeschwindigkeit 128
Querhöhe 156, 158
Querkräfte 112, 149f, 154, 163f, 191f, 346, 435, 439, 638, 642
Querreibkraft 123, 129, 134, 137, 149f, 154, 163f
Querschlupf 128ff, 132ff
Querverschiebewiderstand 407, 641

R

Rad/Schiene-Berührgeometrie 164, 195
Rad/Schiene-Dynamik 231
Rad/Schiene-Effekte 134
Rad/Schiene-Kontaktpunkt 19
Rad/Schiene-Versuchs- und Demonstrationsfahrzeug (R/S-VD) 45
Radaufstandpunkt 21, 143, 435, 441, 611, 640, 642
Radbauformen 234
Radentlastung 165, 640
Radialnetz 251f
Radio Electronic Token Block 521
Radkraft 123, 128, 150
Radlast 166, 635, 642
Radlenker 22, 192, 638
Radprofil 112, 123, 136ff, 141f, 147, 483
Radreifenprofil 54, 483, 641f, 645
Radriffeln 234
Radsatz 19, 128f, 135ff, 144ff, 153f, 162ff, 173, 194f, 438f, 441, 443, 450, 467, 496, 642
Radsatzabstand 155, 162, 164f, 482
Radsatzkoppelung 155

Stichwortverzeichnis

Radsatzkraft 472
Radsatzlagerquerkräfte 167
Radsatzlast 21, 54, 184, 339, 346, 402, 404, 435f, 450, 455, 480, 482, 484, 488, 492, 621f, 635
Radsatzlauf 639, 642
Radsatzquerverschiebung 138, 147
Radschallabsorber 554
Radscheibenbremsen 469
Rad-Schiene Impedanz Modell 233
Räder, gummigefederte 610
Railport-Konzept 273
Rangierbahnhof (Rbf) 381
Rangierfahrt 291, 300, 322, 367, 380, 389, 505, 517, 521, 541ff, 549
Rangierpläne 246
Rangierstraßen 521, 542
Rangierverbote 543
Rasengleise 607
Rasternetze 253
Rat für gegenseitige Wirtschaftshilfe (RGW) 38
Rauigkeit 215, 222, 224, 233, 553
Raumabstand 33, 246, 338, 340, 505ff, 513ff, 519, 535, 539, 637, 642, 646
Raumbedarf 22, 328, 331, 334, 551
Räumfahrzeit 511
Räumungsprüfung 414, 539f
Raumwirksamkeitsanalyse 603
R-Behälter 174f, 179f
Reaktionszeit 174, 208, 643
Rechnerunterstützte Trassenkonstruktion RUT-K 277
Reduziertes ortsfestes Signalsystem 532
Regelbegutachtung 409, 411
Regelbetrieb 41, 182, 246, 315, 324, 340, 398f, 516, 529, 536ff, 541, 549, 614, 636
Regelbremsweg 218, 512
Regelgleis 340, 542
Regelkreis 118ff
Regellichtraum GC 25
Regelschiene 642
Regelspurweite 329
Regelung der Zugfolge 348, 508, 516
Regelungsbedarf 53f, 59
Regelungstatbestand 56, 58
Regelwerke 26, 28, 69f, 115, 182, 213, 240, 293, 323, 394, 449, 497, 536, 611
Regelwerksprozesse 57
Regionalbahnen (RB) 606
RegionalCargo-Züge 271
Regionalexpresslinien (RE) 606
Regionalisierungsmittel 593, 605
Regionalnetz 337, 594, 630, 632
Regionalverkehr 52, 80, 92, 188, 248, 377, 436, 477ff, 606
Registerbehörde 495
Regulierbarkeit 180
Regulierbremsung 451
Regulierungsbehörde 275, 486, 488, 492, 501
Regulierungsstelle 48, 62, 66
Reibkraft 123ff, 130ff, 150, 154, 156

Reibleistung 124, 135, 161
Reibungsantrieb 438
Reibungsbremse 450ff, 455f, 611, 631
Reibungsgeschwindigkeit 429
Reibungsgewicht 642
Reibungskoeffizient 642
Reibungslast 642
Reibungsmasse 438
Reibungswinkel 150
Reibungsziffer 438
Reibungszugkraft 429
Reibwert 153, 182, 642
Reihenschluss-Kommutatormotoren 35
Reintonkomponenten 469
Reisegeschwindigkeit 42, 259, 262, 285, 327, 358, 566, 642
Reisezeitminimale Route 256
Reisezeitverkürzung 249, 327
Relaisstellwerke 529, 542
Relaisventil 447, 454f
Relativer Bremswegabstand 515
Reliability 217
Rendezvous-Technik 261
Reservierungssystem 267
Retarder 386, 455
Rettungskonzept 346
RIC 58, 68, 491, 495, 558f, 590
RIC/RIV-Fahrzeuge 491
Richtungsbetrieb 341f, 363f, 366, 516, 518, 537
Richtungsgleisbremse 383f
Richtungsgleis 382ff, 638
Richtungsgruppe 382ff, 638
Riffeln 407, 642
Rillenschienenweiche –483
Risswachstum 192
RIV 58, 68, 558f, 588, 590
rms-Wert 161
Rollen 126, 144ff, 156, 383, 448, 555
Rollende Landstraße RoLa 275
Rollgeräusch 231, 233f, 237f, 553
Rollkontaktermüdung 192f
Rollkreisradius 194f
Rollprüfstand 144
Rollradius 194
Rollradiendifferenz 139f, 148f
Rollreibung 19, 21, 269, 551
Rollwiderstand 168, 223, 280, 428, 552, 643
Rotatorisches Gleiten 128
Rotierende Umformermaschinen 204
Rotierende Wirbelstrombremse (RWB) 631
Rotierender Umformer 200
Rückblockung 517f
Rückfallebenen 114, 539, 550
Rückstromführung 416
Ruhestromprinzip 455

S

Safety 119, 217
Sandstreueinrichtungen 221

Stichwortverzeichnis

Satellitenbahnhof (Sat) 270
Satellitenortung 520
S-Bahnsysteme 252
Schadstoffreduktion 551, 555
Schallabsorber 190, 235, 237, 554
Schallabsorptionsvermögen 238
Schallabstrahlung 185, 190, 232f
Schalldämmmaß 238, 461
Schalldruckpegel 231, 234ff, 241
Schallemission 22, 230f, 233ff, 240ff, 554
Schallgeschwindigkeit 178, 452
Schallimmission 238, 241
Schallmesswagen 234
Schallquellen 230f, 239
Schallschürzen 237
Schallschutzfenster 230, 238, 553
Schallschutzwand 193, 222, 224, 230, 237f, 242, 553, 631
Schalltransmission 238
Schaltanlagen 208f
Schaltdienstleiter 207
Schaltposten 207ff
Schiebebetrieb 343
Schieneneinbauneigung 141
Schienenersatzverkehr 340, 419
Schienenfehler 407
Schienengüterverkehr (SGV) 16, 48, 64, 66, 104, 106, 117, 269, 271f, 344, 348, 421, 593, 629,
Schienenkopfprofile 193
Schienenlagekoordinaten 156
Schienennetz-Benutzungsbedingungen (SNB) 62, 494, 504
Schienenpersonenfernverkehr (SPFV) 275, 348, 377, 493, 593
Schienenpersonennahverkehr (SPNV) 253, 275, 348f, 493, 593
Schienenprofil 111, 141, 193, 195
Schienenprüfgerät (SPG) 404
Schienenprüfzug (SPZ) 404
Schienenriffel 232
Schienenschleifen 192, 234, 241
Schienenstegbedämpfung 236
Schienenverkehrslärm 229, 553
Schienenwegeausbaugesetz 599, 604
Schlechtläufer 383f
Schleudern 126
Schließkraft 461
Schlingern 156
Schlupfkräfte 123, 192
Schlupfwellen 407
Schlusssignal 516, 518
Schnellbremsbeschleuniger 452, 584
Schnellbremsstellung 176
Schnellbremsung 451ff, 458
Schnellfahrstrecke 217, 325, 344, 356
Schnittstellen im System Bahn 115
Schotterbett 190, 234, 236f, 346, 407
Schotterflug 224
Schottergleis 25, 237
Schotteroberbau 20, 185f, 190, 229, 326f, 346

Schotterpressung 406
Schotterreinigung 406
Schraubenfeder 439
Schraubenkupplung 33, 444, 481
Schubmodul 125, 134
Schutzauslösung 207
Schutzstrecke 212
Schutzweiche 525
Schwellenbesohlungen 185
Schwenkdachwagen 481
Schwerkraftzerlegung 383, 390
Schwerlastbahnen 25, 621, 623
Schwerlastverkehr 184, 481
Schwerpunktlage 434
Schwingkomfort 438f
Security 218, 225
Seehafen-Hinterlandverkehr 606, 626, 630
Seilzugbremsen 446
Seitenbeschleunigung 22, 147f, 326, 345f, 435, 440
Seitenbeschleunigung, quasistatische 435
Seitenkraft 435
Seitenlage 33, 341, 416,
Seitenpuffer 21, 430, 445
Seitenwindstabilität 223
Sekundärfederung 164, 441f
Sekundärluftschall 184
Sekundärnetz 254
Selbstblock 519
Selbstblocksignal (Sbk) 39, 311
Selbstdiagnose 631
Selbstlöschfähigkeit 207
Selbststellbetrieb 643
Selbsttätigkeit 174, 179, 452, 455
Selbsttragende Bauweise 482
Sendeleistung 196
Sensoren 214, 336, 435
Setzungsverhalten 185
Shinkansen-System 633
Shunting 431
Shuttlezüge 275
Sicherheit 22, 28, 39, 54f, 57, 61, 64f, 68f, 111f, 165ff, 173, 217f, 221, 223f, 246f, 307, 317, 322, 332, 338, 394, 400, 402, 406, 412, 414f, 417, 428f, 438, 446, 450f, 455, 464, 471, 482, 485, 488, 492, 501, 503, 556, 574, 578, 582, 632, 637, 640, 643, 645
Sicherheitsabstand 24, 54, 643
Sicherheitsanforderungen 11, 65, 219, 324, 448f, 488, 614
Sicherheitsbehörde (EBA) 65, 426, 487, 497, 499
Sicherheitsbescheinigung 61f, 64f, 72, 487, 504, 580, 588
Sicherheitsfahrschaltung (Sifa) 643
Sicherheitsgenehmigung 65, 72, 487, 504, 588
Sicherheitsraum 332, 344
Sicherheitsrichtlinie 65, 562, 581
Sicherungskonzept 23

Stichwortverzeichnis

Sicherungstechnik 13, 22, 35, 43, 116, 118f, 183, 195, 217ff, 225, 295, 299, 331, 346, 398, 412, 630ff
Signal- und Fernmeldetechnik 217
Signal- und Zugsicherungssystem 311, 359, 432
Signalabhängigkeit 33, 339, 414, 522ff, 528, 637, 643
Signalbuch (SB) 28, 550
Signalisierter Zugleitbetrieb 538
Signalsichtzeit 511ff
Signaltechnik 33, 45, 50, 246, 325
Signalzugschlussstelle 320, 506, 511, 518
Sinuslauf 135f, 138, 140f, 194f, 234, 641
Sitzplatzkilometer 247
Sky Train 379
Sollfahrplan 24
Soll-Fahrzeit 262
Sollgeschwindigkeit 219, 532, 635
Soll-Höhenlage 406
Sonderfahrplan 408
Sonischen Druckwellen 226f
Speisespannung 211
Sperrfahrt 322, 381, 541, 635, 643
Sperrpause 114, 406, 408f, 418
Sperrzeit 246, 290, 300, 310f, 363, 420, 510ff, 514f, 523, 527, 550
Sperrzeitenrechnung 283
Sperrzeitentreppe 278, 283, 290, 315, 511f, 550
SPFV 93, 308, 313, 348, 350f, 354, 369f, 419, 493, 593, 625ff, 629
Spießgangstellung 162
Spiralgleisbremse 386
Spiraltunnel 343
Spitzenverschluss 191
Spurführungseffekte 135
Spurführungstechnik 123
Spurkranzanlauf 124, 128, 195
Spurkranzberührpunkt 151, 153
Spurkranz 19, 125, 135, 147, 149ff, 195, 438, 450, 638, 640, 642
Spurkranzschmierung 192, 438
Spurkranzwinkel 151, 153
Spurmaß 54, 141, 643
Spurplanknoten 298
Spurrillen 29
Spurspiel 639, 642f
Spurwechseleinrichtung 440, 443
Spurwechselradsatz 441, 443f
Spurweite 19, 29, 53ff, 66, 111f, 116, 141ff, 155f, 192, 329, 338, 344, 393, 404, 470f, 473, 495f, 559, 583, 621, 643f
Spurweitenanpassung 440
Spurweitenstellung 443
ß/V-Diagramm 279
Stabilität 154f, 286, 288, 317
Stadtbahnfahrzeuge 483ff
Stadtbahnnetze 483
Stadtschnellbahnen 512, 523, 539, 545f
Stahlschienen 19, 21, 29, 505, 551

Standardabweichung 141, 213f
Standard-Fahrzyklus 169
Standverfahren 388
Standzeiten 315, 476f, 597
Starrachsiges Drehgestell 162ff
Starrer Schlupf 131
Statistische Linearisierung 141
Steigungswiderstand Ws 428
Steilstrecken 485, 611
Stellentfernung 528
Stellsystem 191, 435
Stellwerksbauformen 527ff
Steuerleitung 181, 452, 454f
Steuerventil 174ff, 178, 180, 447, 452f, 456, 584
Stoppbremsung 448, 450
Störfestigkeit 288
Störgröße/Reaktion 404
Störstellen 415, 644
Stoßkräfte 443
Straffe Fahrweise 169, 171
Straßenbahnbremsanlage 612
Streckenauslastung 354, 594
Streckenausrüstung 337, 346, 348, 355, 492f
Streckenblock 33, 338f, 516ff, 523, 536f, 539
Streckenblock, nichtselbsttätiger 518
Streckenblock, selbsttätiger 518f, 539
Streckenelektrifizierung 205, 207
Streckenfahrplan 293
Streckengeschwindigkeit 119, 169, 237, 339, 356, 393
Streckenhöchstgeschwindigkeit 21, 307f, 344, 349
Streckenkategorie 355, 368, 396, 594f
Streckenklassen 25, 497, 639
Streckenleistungsfähigkeit 259f, 630
Streckenneigung 177, 204, 281, 495, 636
Streckenprüfung 207
Streckenquerschnitt 20, 343, 422
Streckenspiegel 544
Streckenstandard 307f, 349ff, 357f
Streckentrennung 207f
Streckenversuch 166f
Streckenwiderstand 223, 279, 281, 321, 383, 429
Stromabnahmesysteme 211f
Stromabnehmer 54, 115f, 119, 198, 203, 208, 210ff, 238f, 329, 416, 432, 434, 464, 469, 471, 476f, 479, 492f, 497, 560, 595, 607
Stromabnehmer, geregelter 214
Stromabnehmerabstände 211
Stromabnehmer-Senkeinrichtung 492
Stromabnehmerwippe 213, 216
Stromrichter 431, 476
Stromschiene 54, 563
Stromschienenversorgung 564
Strömungsfeld 221f, 227
Strömungsgeschwindigkeit 221
Strömungsgrenzschicht 222
Strömungslast 222, 224
Strömungsprofil 224

Stichwortverzeichnis

Stromzähler 595
Strukturwandel 42, 109, 362
Stückgutbahnhöfe 360
Supraleitungstechnik 618
Suprastruktur 20
Sv-Signalsystem 509
Symmetriezeit 260, 262
Synchron (Sy)-Synchron (Sy)-Umformer 201
Synchrone Simulation 305
Synchronisationszeiten 282, 284f, 288
Synchronmaschinen 202
Systematische Liniennetze 258
Systemgrenzen 92, 483f
Systemgrenzen BOStrab/EBO 484
Systemhaltebahnhöfe 259
Systemknoten 254
Systempartner 184, 195
Systemsicherheit 488, 501
Systemverbund 13, 16, 176, 228f
Systemverknüpfungen 92, 195
Systemverträglichkeit 493
Systemwechselpunkt 390
Systemwechselstelle 484
Systemzeit 264, 365
Systemzugang 379

T

Tagesganglinie 81, 269, 286, 299, 354
Taktfahrplan 92, 258ff, 287, 296, 365, 473
Taktknoten 264, 296, 301, 365
Taktperiode 258ff
Taktstern 319
Taktuhr 315
Taktverdichtung 256
Taktverkehr 262, 594
Taktverträglichkeitszeitraum 258
Taktzeit 254, 258ff, 264, 268, 287
Talbremse 383f
Talbrücken 345
Tangentialverkehr 252
Tankstellen 196f
Tatzlagerantrieb 461, 466ff
Tauchen 156, 160
Tauschbarkeit 437, 449
Technische Einheit im Eisenbahnwesen (TE) 66
Technische Parameter der Fahrzeuge 54
Technische Parameter des Fahrwegs 54
Technische Sicherheit 492
Technische Spezifikation der Interoperabilität Lärm 554
Technische Spezifikationen Interoperabilität (TSI) 449
Technische Systemschnittstellen Fahrweg/Fahrzeug 54
Technische Vereinbarungen (TV) 557
Technische Zugangvoraussetzungen 487
TEE-Verkehr 559
Teilblockmodus 532f. 540
Teilfahrstraße 523
Teilfahrstraßenknoten 296, 302

Teilladungsverkehr 269
Telegraphie 33
Telematik 331, 631
TEN 47, 54, 186, 394ff, 399ff, 423, 486, 572f, 575, 590, 600, 602, 630, 632
TGV 44, 46, 50, 334, 347, 533, 560f, 563f, 573f, 632
TGV-Duplex 210
Thalys 186, 563ff, 574, 626
Thermografie 410
Thyristoren 431
Tiefeinstieg 477
Tiefpolwanken 156
TLV-Tafel 279
Toilettensysteme 434, 459
Toilettensysteme, geschlossene 434, 459
Torsionsschwingungen 127
Track-Wheel Interaction Noise Software 233
Tragen 155, 327, 438, 513
Tragfähigkeit 387, 402
Tragrahmen 463
Tragsystem 644
Train Coupling/Train Sharing 445
Train operating companies (TOCs) 593
Traktionsausrüstung 478
Traktionsenergie 196
Traktionsleistung 479, 595
Traktionsmittel 29, 47, 314f, 628, 644
Tram-Train 486
Transeuropäisches Eisenbahnnetz (TEN) 107
Trans-Europ-Express 559
Transformatorische Spannung 199f
Transitverkehre 93, 97, 273
Transport 24, 26, 44, 48, 94, 102, 174, 204, 217, 247, 269f, 324, 380, 480f, 554, 582, 606, 628, 630, 644
Transportanlagen 644
Transporteure 26, 593
Transportgefäß 248, 274, 638, 644f
Transportkette 91, 248, 258, 644
Transportkettengraph 264
Transportleistung 40, 94, 599f, 626, 644
Transportmittel 40, 98, 248, 254, 274, 408, 425, 557, 573, 622, 626, 636ff, 641, 644
Transportsystem 19, 29, 43, 271, 359, 440, 636, 644f
Transportträger 638, 644
Transportweg 19, 29, 409, 626, 636, 644
Transrapid 44, 183, 329, 616ff, 620, 623
Transrapid Versuchsanlage Emsland (TVE) 619
Transrapid-Strecke in China 183, 618ff
Trassenanmeldung 276, 419
Trassenbestellung 277
Trassenführung 392, 644f
Trassenkilometer 48f, 207, 597ff
Trassenkonflikt 262, 277f
Trassenmanagement 121, 278, 288, 306
Trassennutzung 598ff
Trassenportal (TPN) 277
Trassenpreis 62, 104, 266, 286, 593ff, 632
Trassenprodukt 595

Stichwortverzeichnis

Trassentausch 254
Trassenübergangszeiten 316f
Trassierungselemente 325, 645
Trassierungsparameter 322f, 327, 343
Trennungsbahnhof 360f, 363f, 366
Triebfahrzeugwiderstand WTfz 428
Triebzugkonzept 359
TSI 24, 26, 57f, 61, 65, 186, 210f, 214f, 220f, 230, 233, 332, 336, 345ff, 393ff, 422f, 449, 472, 486, 495f, 554, 571, 574ff, 631, 633
TSI Energie 211, 395
TSI Fahrzeuge 24, 211
TSI Güterwagen 580, 582ff, 587, 589, 631
TSI Infrastruktur 24, 58, 332, 345f, 395
Tunnelaerodynamik 226, 240
Tunnelbetrieb 611
Tunnelinspektionsfahrzeug 410
Tunnelportal 226, 228, 241
Tunnelquerschnitt 228
Tunnelquerschnitt, lichter 227
Tunnel-Sicherheitsrichtlinie 562
Turmbahnhof 360f
Turmtriebwagen 416
Twenty-foot-Equivalent 274
Typenprogramm für elektrische Lokomotiven 41
Typenprogramm für Dampflokomotiven 40
Typprüfung 449

U

U-Bahnen 19, 28, 69, 265, 376, 427, 607, 614, 633
Überbremsung 455
Überführungsfahrt 499, 501
Übergabefahrt 271, 549
Übergabezug 271
Übergangsbogen 165, 322, 645
Übergangspufferzeit 284
Übergroße Fahrzeuge 330, 332, 492
Überhöhung 147f, 158f, 166, 322, 325ff, 345, 347, 404, 645
Überhöhungsfehlbetrag 147, 167, 326f, 344ff, 496
Überhöhungsrampe 322, 326f, 645
Überhöhungsüberschuss 147f, 325f
Überhöhungswinkel 148, 156
Überholung 117, 246, 259, 282, 287, 303, 315, 346, 355, 542
Überholungsbahnhof 259, 269, 287, 308, 314, 340, 346, 348
Überholungsgleis 315, 338, 340, 343, 348, 355ff
Überleitgeschwindigkeit 357
Überleitstellen 322, 346, 357, 508, 532
Überleitverbindung 308, 340, 348, 355, 357, 496
Übertragungsfunktion 156, 158ff, 441f
Übertragungstechnik 209, 218, 331
Übertragungsverhalten 158, 160

Überwachung 54, 59, 65, 171, 191, 207ff, 217, 394, 411, 415, 451, 505, 530f, 614, 631, 636, 638
Überwachungsstromkreise 528
Überwerfungsbauwerk 363
UIC-Bahnen 452
UIC-Druckluftbremse 174f, 178
UIC-Merkblätter 166, 177, 182, 210ff, 422, 432, 434, 449, 488, 559, 589, 635
UIC-Richtlinien 437
UIP 582
UIRR 582
UITP 580, 582
Umformerwerk 200ff
Umformerwerk, zentrales 201
Umgrenzungslinie „GC" 213
Umlaufplan 246, 268, 367, 597
Umlaufzeit 268, 529
Umlegung 103, 257, 314, 319
Umlegungsverfahren 103f
Umrichter-Lokomotiven 463
Umrichterwerk 197, 200, 202, 204f, 209
Umschlagbahnhof 274f, 360, 379, 386, 629, 632
Umschlaggerät 387
Umschlaggleis 387ff
Umschlagknoten 390
Umspannwerk 204
Umsteigebahnhof 261, 264
Umsteigeknoten 265, 473
Umsteigeverbindungen 92, 257f, 264
UmweltMobilCheck 552
Umweltrisikoeinschätzung (URE) 603
Umweltverträglichkeitsprüfung 392
Unabgefederte Masse 193, 467
Unebenheitsamplitude 441f
Unebenheitswellenlänge 442
Unempfindlichkeitsgrenze 176
Unerschöpfbarkeit 175, 449
Unfallverhütung 54f, 70, 332, 416
Unfallverhütungsvorschriften (UVV) 58, 69, 415, 422
Ungefesselter Radsatz 137, 148
UNIFE 580, 582
UNISIG 589
Unmittelbarer Flankenschutz 525
Unstetigkeitsstelle 192
Unterbau 183, 402f, 438
Unterflurausrüstung 475
Untergesetzliche Regelwerke 57, 69
Unterschottermatten 185, 188, 236
Unterwerk 197, 200ff, 207ff, 469, 595
Unterzentrale 549f
Urverspätung 104, 288

V

Vakuumbremse 446
VDV-Vorschriften 28
Vegetationskontrolle 556

Stichwortverzeichnis

Verband Deutscher Verkehrsunternehmen (VDV) 69, 267
Verbindungsstrecke 212, 567, 573
Verbundstoffbremssohlen (K-Sohlen) 553
Verein Deutscher Eisenbahn-Verwaltungen (VDEV) 557
Vereinslenkachse 439
Verflechtungsmatrix 253
Verformungsgrad 192
Verfügbarkeit 74f, 79ff, 83, 85ff, 92, 101, 117, 119, 174, 190, 196, 208f, 251, 258, 262, 321, 379, 401f, 412f, 416, 425f, 428, 455, 477, 480, 582
Verkehrsanlage 236, 376
Verkehrserlöse 599
Verkehrserzeugung und -verflechtung 96
Verkehrshalt 258, 263, 282, 355, 362f, 369, 419, 499, 512
Verkehrslärm 229, 240
Verkehrsleistung 40, 49, 52, 73f, 87ff, 94, 554, 588, 594, 598
Verkehrsmarktentwicklung 625, 627
Verkehrsmittelwahl 75f, 98ff
Verkehrsnachfrage 73ff, 78ff, 82, 88ff, 92, 96, 106, 248, 250
Verkehrsnetz 107, 247, 253, 264, 573
Verkehrsprojekte Deutsche Einheit (VDE) 47
Verkehrsströme 41, 94, 103, 116, 247, 251, 253f, 256ff, 260, 263, 266, 300, 313f, 321, 349, 360, 376, 381, 627
Verkehrssystem 47, 109f, 118, 645
Verkehrsteilung/Modal Split 94
Verkehrsträger 38, 60, 82, 94, 348, 359f, 390f, 573, 602, 645
Verkehrsumlegung 94, 101f, 266
Verkehrsunternehmen 59, 65, 69, 73f, 85, 120, 268, 423
Verkehrsverbünde 605
Verkehrsverflechtung 94
Verkehrswachstum 87, 89, 96
Verkehrswege 76, 425, 569, 602
Verkehrszählung 74
Verkehrszellen 76, 78
Verknüpfungsbahnhof 262
Verknüpfungsstelle 377, 484
Verkürzter Blockabschnitt 512
Verlorene Steigung 324
Verordnungsgeber 56, 58, 66, 324, 335, 497, 499
Verschiebungen des Stromabnehmers 329
Verschleißminimierung 214
Verschleißnachsteller 613
Verschleißprofi 195, 645
Verschleißverhalten 116, 215, 415
Verschlusskasten 528
Verschlussregister 528f
Verschränkte Dreigleisigkeit 341, 422
Verspätungsanalyse 300
Verspätungszuwachs 304
Versuchs- und Probefahrten 487, 492, 497, 499ff

Vertikaldynamik 193
Vertikale Gleislageabweichungen 194
Vertikalkraft 19, 21, 439, 482, 642, 646
Vertikalumschlag 387f
Verwaltungsvorschriften 57f, 70, 569
Verwindeprüfstand 165
Verzeichnis der vorübergehenden Langsamfahrstellen („La") 291
Verzinsung 593, 604
Verzögerung, mittlere 178
Vier-Augen-Prinzip 394
Vier-Draht-Schnittstelle 191
Viergleisige Strecke 341f
Viergleisiger Linienbetrieb 341
Vierquadrantensteller (4QS) 431
Viersystem-Lokomotive 432f
Virtuell Private Networks (VPN) 209
Vollblockmodus 532
Vollbremsstellung 176
Vollinspektion 416
Vollrad 641
Vorbeifahrpegel 554
Vorbeugende Wartung 415
Vorblockung 517f
Vorhabenträger (EdB) 393
Vorhaltungskosten 593
Vorrangnetz 349
Vorratsgleise 389
Vorratsluftbehälter 174ff, 452, 454
Vorsignalabstand 23, 177f, 246, 363, 508, 513f
Vorsteuerdruck 454

W

Wachsamkeitstaste 530, 646
Wagengruppenverkehr 628
Wagenladungsverkehr 269f, 360ff, 379
Wagenübergänge 211, 239, 246, 284, 607
Wagenübergänge, geschlossene 479
Wagenumstellung 271
Wagenwiderstand Ww 428
Wagenzuglänge 25, 178, 337, 355, 375, 388
Wagenzuglast 345
Wagenzug-Widerstandskräfte 279
Wahrer Schlupf 131
Wandernde Magnetfelder 457
Wanken 22, 156
Wankpolhöhe 166, 494
Wankverhalten 24, 166
Wankwinkel 166
Wärmedämmung 461
Wartung 21, 111f, 114, 120, 177, 366f, 400ff, 411, 414f, 427
Wartungskosten 477
Wartungspersonal 207, 469
Wechselaufbauten 386
Wechsellasten 224, 227
Wechselrichter (WR) 431
Wechselstromtelegraphie (WT) 208
Wechselwirkungsfreiheit 196
Weglinie 290

Stichwortverzeichnis

Weichen 22, 33, 54, 191 ,196, 241, 245, 295, 298, 320, 339, 344, 356f, 359, 361, 368, 376, 384, 393, 398, 401f, 404, 414f, 515, 521ff, 532, 540, 542, 550f, 637, 643
Weichenlaufkette 542
Weichenstopfmaschine 407
Weichenstörung 540
Weichenverschluss 524
Weichenverteilzone 383
Wellen(Sinus-)Lauf 646
Wendegleis 341, 363
Werkbahnen 68, 379, 607
Werkbahnhof 360, 379
Werke 367
Werkstätten 29, 269, 367, 469, 579
Werkstattreserve 268
Widerstand, aerodynamischer 168, 223, 227
Widerstandskräfte 279f
Windkennkurven 223
Windlasten 221
Windleitbleche 214
Windschatten 223, 551
Windschürzen 239
Windschutzwand 223
Wippengeometrie 211, 493
Wippenprofil 216
Wirbelstrombremse 173, 190, 243f, 450, 457f, 494, 631, 640
Wirbelströme 457
Wirkungsgrad 168, 268, 551, 596
Wirtschaftlichkeit 28, 58, 115, 167, 173, 200, 229, 246, 267f, 285, 368, 409, 417, 432f, 483, 593f, 625, 630f
Wurzelortskurve 142f

Y

Y25 Drehgestell 443
Yamanashi-Testanlage 618

Z

Z,v-Diagramm 168, 279, 429
Zeitimpulssteuerung 175
Zeit-Weg-Linien 278, 285, 290, 355, 512, 544, 636
Zentralblock 519, 533
Zentralschaltstelle 208f
Zentralschaltstelle, rechnergestützte 209
Zentrifugalkraft 435
Zertifizierungsprozess 395ff, 423
Zertifizierungsstelle Eisenbahn-Cert (EBC) 393
Zielentfernung 219, 532
Zielgeschwindigkeit 219, 532
Zielsignal 219, 521f, 524, 527, 531
Zinslose Darlehen 599, 605
Zuführungsverkehr 478
Zug- und Bremskräfte 443, 446
Zug- und Druckkräfte 21, 179
Zug- und Stoßeinrichtung 444f
Zugangsbedingungen ABN 494

Zugangsberechtigte (ZB) 276f
Zugangsrechte 60, 62
Zugangsvoraussetzungen 426, 497
Zugartwechsel 646
Zugbeeinflussung 26, 56, 218, 221, 339, 488, 495, 497, 500, 513, 529ff, 533ff, 639ff, 646
Zugbegegnung 224, 227, 461
Zugbildungsanlagen (ZBA) 111f, 271ff, 360, 379, 381, 423
Zugdynamik 178, 180, 444
Zugfahrstraßen 366
Zugfahrt 19, 21ff, 110ff, 114, 167ff, 173, 181f, 218, 245f, 248, 272, 278ff, 283, 285, 290, 295, 297, 299, 302, 306, 320, 322, 337f, 340, 367, 381, 389, 414, 448, 450ff, 506, 512, 518, 521f, 527, 536ff, 540, 542f, 547, 582, 593, 630f, 636f, 646
Zugfahrtmodellierung 173
Zugfahrtrechnung 279, 281, 293
Zugfahrtsimulation 169, 171
Zugfolge 28, 54, 121, 248, 272, 284, 286f, 306, 311, 339f, 345, 348, 505, 508, 512f, 516, 519ff, 533, 537ff, 607
Zugfolgeabschnitt 311
Zugfolgeabstand 249, 527
Zugfolgepufferzeit 310
Zugfolgesicherung 516, 520f, 536, 538f, 550
Zugfolgesicherung, nichttechnische 516
Zugfolgestelle 516, 518, 537, 539, 636
Zugfolgezeit 83, 86, 92, 258, 265, 283, 357, 446, 641
Zugförderung 34, 42, 54, 200, 246, 415, 558, 592f
Zugförderungskosten 106, 437
Zugfunk 291, 339, 431f, 465, 488, 492, 494f, 497
Zuggattung 107, 112, 169, 172, 245, 258f, 279f, 282, 287, 290, 340, 344, 346, 348, 358
Zuggewicht 323, 446, 454
Zugindikator 106
Zuginduzierter Druckwechsel 224
Zugintegrität 220, 520
Zugintegritätsprüfung 535f
Zugkopf 222ff, 226, 228
Zugkraft 13, 21, 129, 179, 279, 281, 323, 428f, 434, 438, 446, 464, 469, 473, 608, 622
Zugkraft-Geschwindigkeits-Diagramm (Zi/V-Diagramm) 168, 279
Zugkraftüberschuss 168, 281, 344
Zugkreuzung 338, 538
Zuglängenrestriktion 178
Zuglängsdynamik 21, 454
Zuglast 21, 343, 631, 633
Zuglaufmeldestelle 538
Zuglaufmeldung 537f, 543
Zuglaufstelle 538
Zuglaufverfolgung 543, 546
Zugleitbetrieb 217, 338f, 358, 516, 536ff, 543
Zugleiter 516, 537f, 543
Zugleitstrecke 538

665

Stichwortverzeichnis

Zugleitsystem 646
Zuglenkanlage 545ff, 549
Zuglenkdaten 545, 549
Zuglenker 548
Zuglenkplan 545f
Zuglenkrechner 545
Zuglenkziffer 545
Zuglinie 290, 313
Zugmassenrestriktion 180f
Zugmeldebuch 544
Zugmeldestelle 290, 516, 518, 537, 541
Zugmitwirkung 518
Zugmix 307, 309
Zugnummernanzeige 544
Zugnummerndrucker 538
Zugnummernmeldeanlage 537, 543f
Zugortung 218, 220, 535
Zugpreisklassen 349, 352
Zugreihenfolge 302, 314, 338, 340, 355, 546
Zugschluss 382, 448, 539f
Zugschlussmeldung 539
Zugsicherung 35, 54, 325, 395, 431, 465, 486, 492, 496, 560, 578f, 583, 589, 639, 646
Zugsicherungssystem 41, 66, 203, 308, 311, 344, 359, 432, 630
Zugsteuerung und -sicherung 574, 630
Zugstraße 521, 527, 538
Zugtrennung 172, 174, 179, 449, 453, 612
Zugüberholung 338, 363
Zugüberwachungen, rechnergestützte 543f
Zugvollständigkeit 518, 535, 540
Zugvorheizanlage 197, 322
Zugwechselzeit 646
Zugwiderstand 428

Zulässige Geschwindigkeit 168, 246, 278f, 281, 314, 324, 346, 414, 532, 542f
Zulassungsbedingungen 449
Zulassungsbehörde 449, 491
Zulassungsentscheidung 393f, 423
Zulaufstrecken 260, 313ff, 319f, 343, 365, 595
Zungenbahnsteig 372
Zungenvorrichtung 191
Zugortung 218, 220, 535
Zusammenwirken von Oberleitung und Stromabnehmer 212
Zuschlagzeiten 282
Zustandsprüfung 416
Zustimmung zur Rangierfahrt 542
Zustimmung zur Zugfahrt 506, 536ff, 540
Zustimmungs- und Befehlsabhängigkeiten 528
Zuverlässigkeit 59, 75, 82, 101, 114, 117, 119, 121, 208f, 216, 270, 273, 425f, 446, 448, 471, 477, 480, 578, 625, 643, 645f
Zuverlässigkeitsanforderungen 428
Zwangsbremseingriff 217
Zwangsbremsung 35, 451, 529, 612, 646
Zwangskräfte 123f
Zweiabschnittssignal 508f
Zweigleisiger Tunnel 22f, 345, 562
Zweileitungsbremse 454
Zweimassenschwinger 159
Zweipunktberührung 148, 150f
Zweirichtungsbetrieb 340, 372, 542
Zweisystemfahrzeug 485f
Zwillingsbahnsteig 372
Zwischenbahnhof 262, 303, 357, 360
Zwischenbahnsteig 372

Abkürzungsverzeichnis

A

AAR	Association of American Railroads (Vereinigung der amerikanischen Eisenbahnen)
ABN	Allgemeine Bedingungen für die Nutzung der Eisenbahninfrastruktur der DB Netz AG
ABS	Ausbaustrecke(n)
AC	Wechselstrom
AEG	Allgemeines Eisenbahngesetz
AEIF	Europäische Vereinigung für Eisenbahninteroperabilität
AFB	Automatische Fahr- und Bremssteuerung
AGC	Übereinkommen über die Hauptlinien des internationalen Eisenbahnverkehrs
AGTC	Übereinkommen über Linien des internationalen Kombinierten Ladungsverkehrs und damit zusammenhängender Einrichtungen

B

BAFU	Schweizer Bundesamt für Umwelt
BAR	Berliner Außenring
BBP	Baubetriebsplanung
BEGebV	Verordnung über die Gebühren und Auslagen für Amtshandlungen der Eisenbahnverkehrsverwaltung des Bundes
Betra	Betriebs- und Bauanweisung
BEVVG	Gesetz über die Eisenbahnverkehrsverwaltung des Bundes
BG Bahnen	Berufsgenossenschaft der Straßenbahnen, U-Bahnen und Eisenbahnen
BGL	Bundesverband Güterverkehr, Logistik und Entsorgung
BImSchG	Bundesimissionsschutzgesetz
BMFT	Bundesminister/Bundesministerium für Forschung und Technologie
BMV	Bundesminister/Bundesministerium für Verkehr
BMVBS	Bundesminister/Bundesministerium für Verkehr, Bau- und Stadtentwicklung (ab 2005)
BMVBW	Bundesminister/Bundesministerium für Verkehr, Bau- und Wohnungswesen (ab 1998)
BNetzA	Bundesnetzagentur für Elektrizität, Gas, Telekommunikation, Post und Eisenbahnen
BO	Eisenbahn-Bau- und Betriebsordnung (1904–1967)
BOA/EBOA	Verordnungen über den Bau und Betrieb von Anschlussbahnen
BOStrab	Bau- und Betriebsordnung für Straßenbahnen
BPolG	Bundespolizeigesetz
BR	Baureihe
Brh	Brems(gewichts)hundertstel
BUVO	Betriebsunfallvorschrift
BÜV	Vorschrift für die Sicherung der Bahnübergänge
BVU-WiZug	Wirtschaftliche Zugführung

Abkürzungsverzeichnis

BVWP	Bundesverkehrswegeplanung
BZ	Betriebszentrale

C

CAN	Industriestandard für Fahrzeugbussysteme
CB	Cargo Bedienfahrt
CEN	Europäisches Normungskomitee
CENELEC	Europäisches Komitee für elektrotechnische Normung
CER	Gemeinschaft der europäischen Bahnen
CIR-ELKE	Computer Integrated Railroading – Erhöhung der Leistung im Kernnetz
COTIF	Convention relatif aux Transports internationeaux Ferroviaires (Übereinkommen über den internationalen Eisenbahnverkehr)
CTRL	Channel Tunnel Rail Link (Ärmelkanaltunnel)
CuMg	Kupfer-Magnesium (Legierung)

D

DaViT	Datenverarbeitung im Trassenmanagement
dB	Dezibel
DB AG	Deutsche Bahn AG
DC	Gleichstrom
DE	Dieselelektrisch
DEAG	Deutsche Eisenbahn-Aktiengesellschaft
DIN	Deutsches Institut für Normung
DMU	Diesel Motor Unit (Dieseltriebwagen)
DTSS	Technische Dokumente für Subsysteme
D-Weg	Durchrutschweg

E

EBA	Eisenbahn-Bundesamt
EBA-Ast	Außenstelle des EBA
EBC	EisenbahnCert (Benannte Stelle)
EBO	Eisenbahn-Bau- und Betriebsordnung (seit 1967)
EBOA	Verordnungen über den Bau und Betrieb von Anschlussbahnen
EBIT od. Ebit	Earning before Interest and Taxes (Ergebnis ohne Zinsen und Ertragsteuern)
EBPV	Eisenbahnbetriebsleiterprüfungsverordnung
EBuLa	Elektronischer Buchfahrplan und La
EBV	Eisenbahnbetriebsleiterverordnung
EBZugV	Eisenbahnunternehmer-Berufszugangsverordnung
EdB	Eisenbahnen des Bundes
EDV	Elektronische Datenverarbeitung
EG	Europäische Gemeinschaft
EIBV	Eisenbahninfrastruktur-Benutzungsverordnung
EIL	Europäischer Infrastrukturleitplan

EIU	Eisenbahninfrastrukturunternehmen
EIV	Eisenbahn-Interoperabilitätsverordnung
ELTB	Eisenbahnspezifische Liste der Technischen Bestimmungen (des EBA)
EMU	Electric Motor Unit (Elektrotriebwagen)
EN	Europäische Norm
EOT	End of Train (Zugende)
ep	elektro-pneumatisch
ERA	European Railway Agency (Europäische Eisenbahnagentur)
ERFA	European Rail Freight Association (Vereinigung des europäischen Güterverkehrs)
ERIM	European Rail Infrastructure Masterplan (Europäischer Schieneninfrastrukturleitplan)
ERRI	European Railway Research Institute (Europäisches Institut für Eisenbahnforschung)
ERTMS	European Railway Traffic Management System
ESBO	Eisenbahn-Bau- und Betriebsordnung für Schmalspurbahnen
ESF	Energiesparende Fahrweise
ESiV	Eisenbahn-Sicherheitsverordnung
ESO	Eisenbahn-Signalordnung
ESTW	Elektronisches Stellwerk
ETCS	European Train Control-System
ETSI	Europäisches Institut für Telekommunikationsnormen
EU	Europäische Union
EUK	Eisenbahn-Unfallkasse
EUV	Eisenbahn-Unfalluntersuchungsverordnung
EVC	European Vital Computer
EVU	Eisenbahnverkehrsunternehmen
EWV	Einzelwagenladungsverkehr

F

Fb	Bremskraft
Fbv	Führerbremsventil
FDE	Führungsgremium Deutscher Eisenbahnen
Fdl	Fahrdienstleiter
FEM	Finite Elemente Methode
FF	Feste Fahrbahn
FFH	Flora-Fauna-Habitate-Gebiete
FTD	Fahrzeugtechnik Dessau
FV	Fahrdienstvorschrift
FV-NE	Fahrdienstvorschrift für NE-Bahnen
Fwg	Fahrweg
Fzg	Fahrzeug

G

g	Erdbeschleunigung (9,81 m/s^2)
GEB	Gemeinschaft Europäischer Bahnen

Abkürzungsverzeichnis

GIS	Geografisches Informationssystem
GISCO	Geografisches Informationssystem der EU-Kommission
GMFZ	Gleismessfahrzeug
GNT	Geschwindigkeitsüberwachung für Neigetechnikzüge
GPRS	Global Positioning Railway System
GPS	Global Positioning System
GSM-R	Global System for Mobile Communication-Rail (Digitales Zugfunksystem für die betriebliche Kommunikation der Eisenbahnen)
GVst	Güterverkehrsstelle

H

HB	Handbuch
HBL	Hauptluftbehälterleitung (Bremse)
HGV	Hochgeschwindigkeitsverkehr
HiK-Bremse	Hildebrand-Knorr-Bremse
HL	Hauptluftleitung
HSB	Hochleistungs-Schnellbahn-Studiengesellschaft
HVZ	Hauptverkehrszeit
HzÜds	Heft zur Überprüfung der Strecke (EG-Prüfung)

I

IHHA	International Heavy Haul Association (Internationale Schwerlastvereinigung)
ICE	InterCityExpress
ICE-T	InterCityExpress mit Neigetechnik
ICN	InterCity-Neigezug / Nachtzug
Indusi	Induktive Zugsicherung
IORE	Iron-Ore (Lokomotive für Schwerlastverkehr)
IRC	InterRegio Cargo
ISO	International Organization for Standardization
IVU	Richtlinie über die integrierte Vermeidung und Verminderung der Umweltverschmutzung

K

KBA	Kraftfahrt-Bundesamt
KB-Strecke	Kursbuch-Strecke
Kbf	Knotenpunktbahnhof
KIP	Koordiniertes Investitionsprogramm
KLV	Kombinierter Ladungsverkehr
KonVEIV	Verordnung über die Interoperabilität des konventionellen transeuropäischen Eisenbahnsystems
K-Sohle	Bremsklotz aus Kunststoff-Verbundwerkstoff
kV	Kilo-Volt
KV	Kombinierter Ladungsverkehr

Abkürzungsverzeichnis

L

La	Langsamfahrstelle
LCC	Life-Cycle-Cost (Lebensdauerkosten)
LD	Laufdrehgestell
LE	Ladeeinheit
LEG	Landeseisenbahngesetze
LNT	Leichter Nahverkehrstriebwagen
LST	Leit- und Sicherungstechnik
LuFV	Leistungs- und Finanzierungsvereinbarung
LZB	Linienförmige Zugbeeinflussung (mit Kabelleiter)

M

Mbrh	Mindestbrems(gewichts)hundertstel
MHz	Megahertz
MLTB	Musterliste der Technischen Baubestimmungen der Länder
MNL	Multinominales Logit-Modell
MVB	Multifunction Vehicle Bus (Multifunktioneller Fahrzeugbus)
MW	Megawatt

N

NBS	Neubaustrecke(n) / Nutzungsbedingungen für Serviceeinrichtungen der DB Netz AG
NBÜ	Notbremsüberbrückung
NE	Nichtbundeseigene Eisenbahn(en)
Neitech	Neigetechnik
NEMO	Netz Evaluations-Modell
NEMOBBFStr	Netzmodell für Bundesfernstraßenplanung
NSB	Norges Statsbaner (Norwegische Staatsbahnen)
NST	Nomenclature uniforme des marchandises pour les Statistiques de Transport (Gütersystematik für die Verkehrsstatistik)
NVZ	Normalverkehrszeit

O

ÖBB	Österreichische Bundesbahnen
ÖPNV	Öffentlicher Personennahverkehr
OSZD	Mitgliedsbahnen der osteuropäischen Länder (ehem. Sowjetunion, Mongolei, China)
OTIF	Organisation intergouvernemental pour les Transports internationeaux Ferroviaires (Organisation für den internationalen Eisenbahnverkehr)

Abkürzungsverzeichnis

P

PAULA-Z	Programm zur Auswertung von Leistungsanforderungen und Zugprogrammen
PBKA	Paris–Brüssel–Köln–Amsterdam
PBKA/F	Paris–Brüssel–Köln–Amsterdam/Frankfurt (Main)
PESP	Periodic Event Scheduling Problem
PF-RL	Planfeststellungsrichtlinien
Pkm	Personenkilometer
PWM	Pulsweiten moduliertes Signal
PZB	Punktförmige Zugbeeinflussung

R

RAMS	Reliability, Availability, Maintainability, Safety (Richtlinie für Zuverlässigkeit, Verfügbarkeit, Instandhaltbarkeit und Sicherheit)
R-Behälter	Vorratsluftbehälter (Bremse)
Rbf	Rangierbahnhof
RC	Regio Cargo
RGW	Rat für gegenseitige Wirtschaftshilfe
RIC	Regolamento Internazionale Carozze (Übereinkommen über den Austausch und die Benutzung der Reisezugwagen im internationalen Verkehr)
Ril/RL	Richtlinie
RIM	Rad-Schiene Impedanzmodell
RIV	Regolamento Internazionale Veicolo (Übereinkommen über den Austausch und die Benutzung von Güterwagen zwischen Eisenbahnverkehrsunternehmen)
RNE	Rail-Net-Europe
R/S-VD	Rad/Schiene-Versuchs- und Demonstrationsfahrzeug
RUT-K	Rechnerunterstützte Trassenkonstruktion

S

Sat	Satellitenbahnhof
SBB	Schweizerische Bundesbahnen
SCHAKU	Scharfenberg-Kupplung
SchO	Schotteroberbau
SCR	Selective Catalytiv Reduction (Selektiv katalytische Reduktion)
SJ	Sveriges Statsbaner (Schwedische Staatsbahn)
SNB	Schienennetz-Benutzungsbedingungen
SNCF	Société Nationale des Chemins de fer Francais (Französische Staatsbahnen)
SO	Schienenoberkante
SPFV	Schienenpersonenfernverkehr
SPG	Schienenprüfgerät
SPNV	Schienenpersonennahverkehr
SPZ	Schienenprüfzug
SR	Störgrößen/Reaktion (SR-Verfahren)
STW/Stw	Stellwerk
SVZ	Schwachverkehrszeit
SZS	Signalzugschlussstelle

Abkürzungsverzeichnis

T

TD	Triebdrehgestell
TE	Technische Einheit im Eisenbahnwesen
TEIV	Verordnung über die Interoperabilität des transeuropäischen Eisenbahnsystems
TEN	Transeuropäisches Eisenbahnnetz
TEE	Transeurop-Express
TESG	Transeuropäisches Schienengüternetz
TEU	Twenty-foot-Equivalent (im Kombinierten Ladungsverkehr)
Tf	Triebfahrzeugführer
TGV	Train à Grande Vitesse
Tkm	Tonnenkilometer
TLV-Tafel	Triebfahrzeugleistungs- und Verkehrstafel
TPN	Trassenportal
Trkm	Tarifkilometer
TSI	Technische Spezifikationen für die Interoperabilität
TSI PRM	Technische Spezifikationen für die Interoperabilität mobilitätseingeschränkter Personen
TV	Technische Vereinbarungen über den Bau und die Betriebseinrichtungen der Eisenbahnen
TVE	Transrapid Versuchsanlage Emsland
Tw	Triebwagen
TWINS	Track-Wheel-Interaction Noise Software

U

u	Überhöhung
Ubf	Umschlagbahnhof (Terminal des Kombinierten Ladungsverkehrs)
uf	Überhöhungsfehlbetrag
UIC	Union Internationale des Chemins de fer (Internationaler Eisenbahnverband)
UIP	International Union of Privat Wagons (Internationaler Verband für Privatwagen)
UIRR	International Union of combined Road-Rail transport companies (Internationaler Verband der Gesellschaften für den Kombinierten Ladungsverkehr)
UITP	Union Internationale des Transports Publiques (Internationaler Verband für öffentliches Verkehrswesen)
UNIFE	Union of the European Railway Industries (Verband der europäischen Eisenbahnindustrie)
uü	Überhöhungsüberschuss
UVP	Umweltverträglichkeitsprüfung
UVPG	Gesetz zur Umweltverträglichkeitsprüfung
UVV	Unfallverhütungsvorschrift(en)

V

v	Geschwindigkeit (m/s)
V	Geschwindigkeit (km/h)
VDB	Verband der Bahnindustrie in Deutschland

Abkürzungsverzeichnis

VDE	Verband der Elektrotechnik Elektronik Informationstechnik/Verkehrsprojekte Deutsche Einheit
VDEV	Verein deutscher Eisenbahnverwaltungen
VDV	Verband Deutscher Verkehrsunternehmen
VO	Verordnung
VT	Verbrennungstriebwagen (Brennkrafttriebwagen)
VV BAU	Verwaltungsvorschrift über die Bauaufsicht im Ingenieurbau, Oberbau und Hochbau sowie maschinentechnische Anlagen
VV BAU-STE	Verwaltungsvorschrift für die Bauaufsicht über Signal-, Telekommunikations- und elektrotechnische Anlagen
VV BAU-STE(Ü)	Verwaltungsvorschrift für die Eisenbahnaufsicht über Signal-, Telekommunikations- und elektrotechnische Anlagen
VV EbAu(F)	Verwaltungsvorschrift für die Eisenbahnaufsicht über Fahrzeuge
VV TAU	Verwaltungsvorschrift über die Technische Aufsicht von bautechnischen und maschinentechnischen Anlagen
VV/VwV	Verwaltungsvorschrift(en) des EBA

Z

ZB	Zugangsberechtigte(r)
ZBA	Zugbildungsanlage
ZEW	Zentrum für europäische Wirtschaftsforschung
Zu	Zugkraft am Radumfang
Zugkm	Zugkilometer

Die Autoren

Stephanie Bauer
Deutsche Bahn AG, Bahn-Umwelt-Zentrum
Nachhaltigkeits- und Umweltinformation
(Kap. 11)

Dr. Gunnar Baumann
Deutsche Bahn AG, DB Systemtechnik
Leiter Fahrbahntechnik
(Kap. 6.4)

Dr. Kristina Birn
BVU Beratergruppe Verkehr + Umwelt GmbH
Nachfrageprognosen, verkehrswirtschaftliche Untersuchungen
(Kap. 4.2)

Dr. Karl Georg Degen
Deutsche Bahn AG, DB Systemtechnik
Leiter Akustik und Erschütterungen
(Kap. 6.9)

Dipl.-Ing. Nils Dube
Deutsche Bahn AG, DB Systemtechnik
Leiter Traktions- und Energietechnik; Fahrdynamik; Fahrzeugsoftware
(Kap. 6.5.4)

Prof. Dr.-Ing. Wolfgang Fengler
Technische Universität Dresden
Gestaltung von Bahnanlagen
(Kap. 8.2)

Dr.-Ing. Christian Ferchland
DB Netz AG, Eisenbahnbetriebswissenschaft
Leiter Analytische Verfahren
(Kap. 8.1)

Dipl.-Ing. (FH) Peter Forcher
Verkehrsbetriebe und Albtalverkehrsgesellschaft Karlsruhe
Leiter Fahrzeuge und stellv. Betriebsleiter
(Kap. 9.5)

Autoren

Dipl.-Ing. Johannes Gräber
Deutsche Bahn AG, DB Systemtechnik
Leiter Fahrzeugtechnik
(Kap. 6.3)

Dipl.-Ing. Thomas Groh
DB Energie GmbH
Geschäftsführer
(Kap. 6.5, 6.5.1–6.5.3)

DI Dr.-Ing. Andreas Haigermoser
Siemens Transportation Systems, Graz
Leiter Fahrwerke Innovationsmanagement
(Kap. 6.1)

Dipl.-Ing. Markus Hauner
Deutsche Bahn AG
Technik-Strategie und Systemverbund
(Kap. 12)

Prof. Dr.-Ing. Markus Hecht
Technische Universität Berlin, Institut für Land- und Seeverkehr
Fachgebiet Schienenfahrzeuge, Geschäftsführender Direktor
(Kap. 9, 11, 14)

Dipl.-Ing. Roland Heinisch
Vorstand der Deutschen Bahn AG a.D.
(Vorwort)

Dr.-Ing. Eberhard Jänsch
Abteilungspräsident a.D.
(Kap. 2, 12, 13, 15)

Dr.-Ing. Ulrich Kleemann
Knorr-Bremse
Leiter Innovation Bremssysteme und Lehrbeauftragter an der TU Berlin
(Kap. 9.3)

Dipl.-Ing. Walter Klein
DB Energie GmbH
Leiter Energieversorgung Südwest
(Kap. 6.5.5)

Autoren

Dipl.-Ing. Florian Kollmannsberger
Deutsche Bahn AG, DB Systemtechnik
Leiter Leit- und Sicherungstechnik; Zugbildungstechnologie
(Kap. 6.7)

Dr. Werner Krötz
Deutsche Bahn AG, DB Systemtechnik
Leiter Stromabnehmer; Oberleitungsanlagen
(Kap. 6.6)

Dipl.-Ing. Hans Peter Lang
Deutsche Bahn AG, DB Systemtechnik
Leiter DB Systemtechnik
(Kap. 6)

Dipl.-Ing. Dietmar Lübke
Vizepräsident eines Bundesbahn-Zentralamtes a. D.
(Einleitung, Kap. 9.2, Glossar)

Dipl.-Ing. Joachim Mayer
Deutsche Bahn AG
Leiter Fahrzeuge Technik/Beschaffung
(Kap. 5)

Dipl.-Ing. Frank Minde
Deutsche Bahn AG, DB Systemtechnik
Leiter Bremse und Kupplungen
(Kap. 6.3)

Dr.-Ing. Walter Mittmann
Abteilungspräsident a. D.
(Kap. 3, 8.2.1, 8.3, 9.6)

Prof. Dr.-Ing. Peter Mnich
Technische Universität Berlin und IFB Institut für Bahntechnik GmbH, Berlin
Fachgebiet Betriebssysteme elektrischer Bahnen
(Kap. 14.2)

Dr.-Ing. Andreas Oetting
DB Netz AG
Leiter Technik-/Verfahrensstrategie, Grundsätze
(Kap. 8.1)

Prof. Dr.-Ing. Jörn Pachl
Technische Universität Braunschweig
Institut für Eisenbahnwesen und Verkehrssicherung
(Kap. 10)

Autoren

Dr.-Ing. Gero Poetsch
Deutsche Bahn AG, DB Systemtechnik
Leiter Fahrdynamik/Verbrauchsrechnungen
(Kap. 6.2)

Dipl.-Ing. Frank Schäfer
Intraplan Consult GmbH
Analysen und Prognosen Verkehrsnachfrage, Entwicklung DV-basierter Planungsverfahren
(Kap. 4.1)

Prof. Dr.-Ing. Jürgen Siegmann
Technische Universität Berlin, Institut für Land- und Seeverkehr
Fachgebiet Schienenfahrwege und Bahnbetrieb
(Kap. 1, 2, 15)

Dr. Thorsten Tielkes
Deutsche Bahn AG, DB Systemtechnik
Leiter Aerodynamik; Klimatechnik
(Kap. 6.8)

Dipl.-Ing. Matthias Uhlmann
DB Netz AG, Eisenbahnbetriebswissenschaft
Leiter Konstruktive Verfahren
(Kap. 8.1)

Dipl.-Ing. Carsten-Rainer Warninghoff
DB Netz AG, Eisenbahnbetriebswissenschaft
Leiter Simulation
(Kap. 8.1)

Dr.-Ing. Werner Weigand
DB Netz AG
Leiter Langfristplanung/Fahrwegkapazität
(Kap. 7, 8)

Dr.-Ing. Kristian Weilandt
DB Energie GmbH
Leiter Anlagenmanagement
(Kap. 6.5.6)

Peter Westenberger
Deutsche Bahn AG, Bahn-Umwelt-Zentrum
Leiter Nachhaltigkeit und Umweltinformation
(Kap. 11)

Inserentenverzeichnis

ARGE LNT, A-Wien	233
Atlas Hannover Baumaschinen GmbH & Co.KG, Laatzen	184
Bahnbau Wels GmbH, A-Wels	67
BWG GmbH & Co. KG, Butzbach	U2
Cideon Engineering GmbH, Bautzen	485
DB ProjektBau GmbH, Berlin	17
Deutsche Plasser GmbH, München	27
faigle Kunststoffe GmbH, A-Hard	285
Furrer+Frey AG, CH-Bern	417
GA-com Telekommunikation + Telematik GmbH, Bietigheim-Bissingen	331
Gummiwerk Kraiburg Elastik GmbH, Tittmoning	307
Heinrich Klostermann GmbH & Co. KG, Hamm	401
Intermetric GmbH, Stuttgart	41
JumboTec GmbH, Beuna	393
Knorr Bremse Systeme für Schienenfahrzeuge GmbH, München	122
Max Bögl GmbH & Co.KG, Neumarkt	183
MIB Ingenieurges. für Verkehrssysteme mbH, Berlin	323
Nexans Deutschland Industries GmbH & Co. KG, Hannover	23
Obermeyer Planen + Beraten GmbH, München	489
Paul Keller Ingenieure AG, CH-Dübendorf	199
Peter Hausmann & Co Bauunternehmung GmbH, Bornheim	71
Plasser + Theurer GmbH, A-Wien	51
PMA Deutschland GmbH, Königsberg	294, 424
RAIL.ONE GmbH, Neumarkt	189
Railbeton Leonhardt & Haas KG, Chemnitz	U3
railtracon GmbH, Idstein	95
A. Rawie GmbH & Co. KG, Osnabrück	39
Rhomberg Bahntechnik GmbH, A-Bregenz	25
Robel Bahnbaumaschinen GmbH, Freilassing	413
Schaeffler KG, Schweinfurt	427
Schaltbau GmbH, München	439
Scheidt & Bachmann GmbH, Mönchengladbach	219
Schwihag AG, CH-Tägerwilen	301

Inserentenverzeichnis

Siemens AG, Erlangen 11
Spitzke AG, Großbeeren 7
Thales Security Solutions & Services, F-Malakoff 225
TSTG Schienen Technik GmbH & Co. KG, Duisburg 187
Tyco-Electronics AMP GmbH, Speyer 211
Wiebe Holding GmbH & Co. KG, Achim 105